Histoire du cinéma français

JEAN-MICHEL FRODON

L'ÂGE MODERNE DU CINÉMA FRANÇAIS

De la Nouvelle Vague à nos jours

Flammarion

ISBN : 2-08-067112-X
Imprimé en France

Pour Dominique et Charlotte,
leurs cinq ans respectifs,
et irrespectueux.

PROLOGUE

(Petit discours d'une méthode incertaine)

A la veille des années soixante, un nouvel épisode de l'histoire du cinéma commence en fanfare, aux accents d'une joyeuse guerre éclair menée, et gagnée, par une bande de jeunes gens qui ne doutent de rien. *« Nous étions en plein rêve »,* dira François Truffaut, moins de quatre ans après ce printemps 1959, printemps gonflé d'espoirs aux yeux de beaucoup. Ce récit ne sera pourtant pas un conte de fées. Aux premières pages, le cinéma, héros au regard si clair, qui a retrouvé une nouvelle vaillance grâce à l'entrée en lice de fringants défenseurs, paraît promis à un règne sans partage. Son histoire va pourtant devenir la chronique d'une guerre marquée par de belles batailles, et de nombreuses victoires, mais tout de même d'une guerre perdue. Avant que le siècle ne s'achève, l'« art du XXe siècle » aura perdu son trône, et l'épopée de son règne cédera la place au récit de hauts faits, d'accommodements et de trahisons, dans lequel le héros dépossédé devient guérillero, survivant, résistant. Cette histoire-là, pleine de bruit et de fureur, pleine de fric et de rêveurs, truffée d'exploits, de drames et d'éclats de rire, ressemble à du Shakespeare plutôt qu'à du Corneille. Mais elle signifie quelque chose. Il reste à essayer de ne pas la raconter comme un idiot.

De ne pas la raconter, non plus, trop sérieusement. Parce que le sérieux risque d'oublier en chemin l'essentiel. Il est évidemment possible, cela a d'ailleurs été fait, d'appliquer au cinéma comme à n'importe quel autre sujet les sages compartiments auxquels se plaisent les universitaires. Ce n'est pas notre propos. Parce que le cinéma, c'est sa force et sa faiblesse, son charme et son importance, est par nature composite, « impur » disait-on naguère. On peut décomposer l'agrégat-cinéma en ses éléments premiers, les classer par ordres génétique et généalogique, on aurait à l'arrivée ce qu'un tableau de chasse est à une faune vivante. Une décomposition, justement, ou au mieux (?) un embaumement. L'histoire qui va suivre ne sera donc pas saucissonnée en « entrées » chronologiques et en cases esthétiques, économiques, technologiques, réglementaires, sociologiques, etc. Il y a sans doute un fil chronologique qui oriente globalement le récit. On s'en écartera, pour revenir en arrière ou sauter dans le temps, chaque fois qu'il paraîtra que la dynamique de l'histoire le réclame, au sens où Michel Foucault disait que *« l'histoire, ce n'est pas une durée, c'est une multiplicité de durées qui s'enchevêtrent et s'enveloppent les unes les autres ».* Il sera parfois surtout question du « contenu » des films, ou des chiffres qui reflètent la situation économique du cinéma et les diverses stratégies qui y ont cours, ou de l'accueil réservé par le public, la critique, les pouvoirs, à tel film, à telle idée, à tel mouvement. Il y aura des portraits quand ils sembleront utiles, des aperçus théoriques, quand bon il plaira à l'histoire d'en réclamer, des statistiques autant qu'il semblera souhaitable (et un index à la fin pour s'y retrouver dans les noms, les dates et les thèmes). Il y aura des commentaires sur des films, commentaires parfois brefs et parfois développés, à propos desquels on demandera au lecteur de bien vouloir se souvenir qu'il ne s'agit pas ici de dire si ces films sont « bons » ou « mauvais » (ce livre n'est pas un guide pour une cinémathèque idéale), ni même de prétendre rendre compte de tout ce que contient telle ou telle réalisation sur laquelle on s'arrête, mais d'essayer d'y repérer en quoi elle participe au récit global qu'essaie d'être la présente histoire. Il y aura des oublis dont il faut s'excuser par avance, mais aussi des choix, des partis pris qui, sans se mettre à la remorque d'une « école » particulière, traduisent le rapport extraordinairement affectif qu'ont noué quasiment tous les protagonistes du cinéma – rapport auquel l'auteur de ses lignes n'échappe pas, et ne souhaite nullement échapper, croyant fermement qu'une histoire « froide » du cinéma passerait tout bonnement à côté de son objet.

L'ouvrage qui va suivre prétend donc être une histoire du cinéma et pas seulement une histoire des films. Mais il est aussi, bien sûr, une histoire des films. Trois méthodes se disputent d'ordinaire la faveur de qui s'y consacre. Celle qui vise à l'exhaustivité, ou, puisqu'elle est impossible, à l'accumulation maximale de noms, de dates et de titres. Ce n'est pas notre propos. Il existe pour cela des dictionnaires, qui ont l'avantage de fournir d'utiles références, et le défaut d'écraser les perspectives, les hiérarchies et les affinités. Une seconde approche privilégie l'accueil public des films, elle mesure leur importance à leur impact sur les spectateurs : c'est l'« histoire culturelle » telle que l'entend par exemple Pascal Ory, c'est la « médiologie » au sens de Régis Debray, où seul compte ce qui est transmis, et reçu par son destinataire, le spectateur (et le cinéma, qui est ou a été, entre autres, un loisir populaire, incite naturellement à cette approche). Enfin, ou d'abord, l'histoire esthétique, qui ne considère que les œuvres produites, dans leurs filiations et leurs ruptures, qui décortique les thèmes et les styles, et élit les créateurs dignes de la postérité. Cette histoire-là nous importe autant que la précédente, mais pas plus. Parce que le cinéma est un art et n'est pas qu'un art, il est nécessaire de tenter son « histoire de l'art » sans s'y limiter. Louis de Funès et Jean-Marie Straub en font tous deux partie. Mais pas ensemble (laissons là la morne fiction de la grande famille du cinéma), dans le même espace mais pas dans le même plan, dans la même période mais pas dans la même durée, dans les mêmes statistiques mais pas dans la même économie, dans une égale implication d'eux-mêmes mais qui n'est ni de nature, ni d'enjeux identiques ou seulement comparables.

Médiologie et histoire de l'art appellent toutes deux des classifications, horizontales et verticales. Abordant le champ du cinéma résolument en diagonale, on fera appel aux catégories de l'une et l'autre approche, en éprouvant sur chacune celle de l'autre. Le risque, l'un des risques de pareille démarche est de se contenter d'ajouter deux conformismes, celui qui s'autorise des chiffres du succès et celui qui reproduit et exalte les valeurs artistiques établies (chaque conformisme semblant dédouaner l'autre). Il nous semble qu'ils peuvent aussi, en partie, servir chacun à contrer l'autre. La « méthode » générale de pareille entreprise n'existant pas à l'avance, on essaiera seulement d'en prouver la validité en l'utilisant, comme on prouve la marche en marchant.

J.-M. F.

Livre Premier

D'UN PRINTEMPS L'AUTRE

(mai 1959-mai 1968)

Introduction

UN NOUVEAU MONDE

Le cinéma qui éclot en 1959 apparaît dans un pays qui est, à bien des égards, lui aussi un nouveau pays. Un pays en guerre, tout d'abord, même si l'Etat prétend qu'il ne s'agit en Algérie que d'« événements », d'« opérations de police » (alors que 2 700 000 jeunes gens y auront été envoyés sous le drapeau tricolore entre le 1er novembre 1954 et le 19 mars 1962). Les Français, eux, jouent un curieux double jeu : la « guerre sans nom » ne leur est ni aussi indifférente qu'on veut le faire croire, ni matière à une mobilisation des esprits aussi importante que le souhaiteraient ceux qui, dans un camp ou dans l'autre, estiment qu'il s'agit de l'affaire du peuple et non de son seul gouvernement. Dans sa majorité, la population est à la fois préoccupée et passive. L'ampleur de la conscription touche de toute façon une grande partie des familles et, dès 1957, un sondage révèle que l'Algérie arrive en tête des sujets d'intérêt de la jeunesse. Mais la guerre reste à distance. Elle ne fera directement irruption dans le quotidien des Français de l'Hexagone qu'avec la menace de l'arrivée de troupes rebelles à Paris en avril 1961, puis surtout avec les campagnes d'attentats de l'O.A.S. en métropole.

La France est aussi un pays qui vient de se doter d'institutions nouvelles (la Constitution de 1958 l'a fait passer de la IVe à la Ve République) et d'une nouvelle équipe gouvernementale, sous la férule autoritaire et charismatique du général de Gaulle, entré en fonction à l'Elysée le 8 janvier 1959. Politiquement, le pays est divisé entre deux grandes forces, une droite nationale et moderniste incarnée par de Gaulle, et le Parti communiste, dont l'influence à gauche s'est encore accrue de la déroute des socialistes, entraînés dans le naufrage de la IVe République. Mais ces grandes forces connaissent, ou s'apprêtent à connaître, des débordements par leurs extrêmes. A droite, le mouvement poujadiste, qui a brièvement condensé, en 1956-1957, le mécontentement des laissés-pour-compte de l'Histoire, est relayé par les mouvements « ultras » issus du refus de toute évolution en Algérie, et qui marquent le retour en force de l'extrême droite, frappée d'indignité publique pour sa complicité avec les nazis. Et si, à gauche, quitter le Parti communiste, comme beaucoup l'ont fait après le rapport Khrouchtchev et l'écrasement de Budapest en 1956, est encore prendre le risque de se retrouver « nulle part », bientôt au sein même de la jeunesse communiste se fera jour un mouvement de contestation qui, faisant le lien avec les nouvelles théories élaborées ici par le groupe Socialisme ou Barbarie, là par l'Internationale situationniste (le n° 1 de l'*I.S.* est paru en juin 1958), ailleurs par Herbert Marcuse, jouera un rôle clé durant les quinze années suivantes. Il faut y ajouter les prises de conscience nées de l'affaire algérienne, qui se transforment parfois en adhésion à un parti politique, le P.S.U., mais se manifestent surtout par le succès d'hebdomadaires comme *L'Observateur* et *L'Express*, en prise sur de nouvelles mentalités. Bientôt, la création à Londres d'Amnesty International (octobre 1962) manifestera elle aussi une autre idée de l'engagement, promise à un considérable succès.

La France de 1959 est également un pays dont la place dans le monde est en train de changer : le mouvement irréversible de la décolonisation, en marche depuis la guerre d'Indochine, va réduire à néant l'« Empire français », la disparition officielle de l'A.-O.F. (Afrique-Occidentale française) cette année-là ouvrant le chemin de la grande vague de décolonisation en Afrique noire de 1960. Simultanément, la Communauté économique européenne (*alias* le Marché commun) est entrée en vigueur le 1er janvier 1959. Et le monde lui-même change, Khrouchtchev voyage en Amérique et s'apprête à consommer la rupture avec la Chine, Castro prend le pouvoir à Cuba, au Sud-Vietnam, soumis à une dictature proaméricaine, le signal de l'insurrection populaire est donné, qui engendrera le conflit emblématique d'une décennie et demie, alors que le 13 août 1961 commence la construction du mur de Berlin, appelé à devenir l'un des plus forts symboles politiques des trente années à venir. Même le ciel n'est pas épargné par le chambardement : alors que le pape nouvellement élu, Jean XXIII, annonce la tenue d'un concile qui va notablement modifier la position de l'Eglise, les spoutniks tournent et les luniks alunissent, loin au-dessus des Boeing 707 qui mettent New York à huit heures de Paris... Le 12 avril 1961, à bord de Vostok 1, Iouri Gagarine deviendra le premier homme de l'espace.

La France est, enfin, un pays prospère, à en croire les graphiques économiques : le pouvoir d'achat a augmenté de 50 % en dix ans ; durant les quinze ans à venir le produit intérieur brut connaîtra une croissance annuelle moyenne de 5,4 %. A mi-chemin de la phase d'expansion économique qu'on appellera, après Jean Fourastié, les « trente glorieuses », le pays entre dans une mutation qui amènera concentration urbaine, logements et loisirs de masses, évolution des mœurs... Est-ce la prémonition de cet avenir matériel qui a fait répondre en 1957 à 85 % des jeunes de dix-huit à trente ans qu'ils se considéraient comme « très ou assez heureux » ? Ou s'agit-il des premiers trompe-l'œil de ces études statistiques qui s'apprêtent à occuper une place prépondérante dans la gestion sociale ? Du moins, à l'évidence, les modes de vie sont en train d'évoluer à grande vitesse (la première pilule contraceptive sera mise en vente en janvier 1961), sous les auspices de la « société de consommation ».

Comme il se doit, l'évolution des mentalités est loin de suivre linéairement ces changements. Alors que la jeunesse urbaine manifeste un appétit de comportements nouveaux, la majorité de la population demeure provinciale, attachée aux « valeurs traditionnelles » — bourgeoises, paysannes ou ouvrières. La télévision s'apprête à exercer sur les esprits une influence décisive : 1959 est l'année où est atteinte la barre du million de foyers équipés d'un téléviseur. Mais l'unification du monde par les images (début des échanges réguliers des informations entre chaînes européennes en janvier 1962, première émission en mondiovision grâce au satellite américain Telstar en juillet de la même année) est encore à venir, le grand média de masse est alors la radio, qui s'est profondément transformée avec l'essor des « postes périphériques », c'est-à-dire des radios commerciales (Radio-Luxembourg et surtout Europe n° 1). Les microsillons tournent avec entrain sur les pick-up. Les mots changent, et les adolescents amateurs de « surboums » font désormais grand usage de termes de franglais, et songent déjà à un « standing » — Vance Packard publiera en avril 1960 *Les Obsédés du standing* — dont ne fait pas encore partie l'« ordinateur ». Les apparences changent aussi ! Le 28 janvier 1959 Pierre Cardin a présenté la première collection de prêt-à-porter, en septembre Yves Saint Laurent lancera la « guerre du genou » en le dévoilant.

Le monde des idées et des arts change lui aussi à toute vitesse. Dans un paysage intellectuel dominé par la polémique entre Camus et Sartre, celui-ci fait paraître en 1960 sa préface à la réédition d'*Aden-Arabie* de Nizan et *Critique de la raison dialectique*, deux textes qui cherchent à poser les bases d'un nouvel engagement, l'année où celui-là est réduit au silence par la mort. Lévi-Strauss a publié *Tristes Tropiques* et Barthes *Mythologies*. Le « Nouveau Roman » flanqué de Duras et de Sagan tient le haut du pavé littéraire. Après que l'*action painting* américaine a mis fin à la suprématie de l'école de Paris, et alors que Kaprow invente le happening, Tinguely fait exploser ses premières machines infernales, le pop art et les femmes bleues de Klein arrivent ; le 7 octobre 1960, Klein, Tinguely, César, Niki de Saint Phalle et Martial Raysse lanceront le manifeste des « Nouveaux Réalistes ». Partout il n'est bon bec que « nouveau », au point que Jean-Louis Curtis demandera bientôt que le C.N.R.S. se penche sur « le mythe de la nouveauté en 1960 ».

Roger Blin monte *Les Nègres* de Jean Genet au théâtre de Lutèce, Merce Cunningham fait danser sur une musique de John Cage, dans un décor de Rauschenberg. Thelonious Monk, Miles Davis, John Coltrane, Charlie Mingus, Art Blakey ont empoigné le brandon bebop pour flanquer le feu au jazz tout entier, l'année suivante Ornette Coleman enregistra le disque *Free-Jazz*. Elvis Presley susurre que « C'est maintenant ou jamais ». Ou jamais ? En septembre 1959, au Moulin-Rouge, un gamin blond en chemise délavée gratte des chansons du Far West dans l'indifférence générale pour 600 francs anciens la soirée. Les francs ne deviendront « nouveaux » que quatre mois plus tard, et c'est dans cette nouvelle monnaie que Johnny Hallyday sera, en 1962, la vedette de variétés la mieux payée de France, loin devant Paul Anka, Dalida, Sacha Distel ou même Richard Anthony, qui serine déjà : *« Nouuuuvelle Vag ! »* L'émission *Salut les copains* a débuté en septembre 1959 sur Europe nº 1. Le magazine du même titre, appelé à devenir l'« organe central » du mouvement yéyé, paraîtra en juillet 1962. N'est-ce pas à un monde tout entier que s'adresse la complainte de Brel, « Ne me quitte pas », avec laquelle il triomphe à Bobino ? Car il ne s'agit pas que d'être nouveau, il faut surtout être jeune. Alfred Sauvy, le mois même (avril 1959) où il inaugure la chaire de démographie sociale au Collège de France, publie *La Montée des jeunes*, Zazie et Lolita sont des vedettes de librairie... Sur ces mutations se penchent, de manière fort diverse, une multitude de nouvelles publications qui n'ont en commun que d'être promises à un avenir durable : *Pilote* (1959) et *Hara-Kiri* (1960) seront les pépinières de la bande dessinée moderne, *Télé 7 jours* (1960) deviendra le premier titre de la presse française par sa diffusion, consacrant la prééminence de l'audiovisuel sur l'écrit, *Tel Quel* (1960) plaide la cause d'une littérature débarrassée du devoir d'engagement, *L'Homme* (1961), animé par Lévi-Strauss, Leroi-Gourhan et Goubert, annonce la place centrale de l'anthropologie dans les sciences sociales. *Les Cahiers de L'Herne* (1961) traduisent une nouvelle approche « pluridisciplinaire » des œuvres littéraires, *Partisans* (1961) témoignent de la naissance d'un tiers-mondisme, qui va renouveler l'engagement politique d'une génération, *Planète* (1961), dirigée par Louis Pauwels, invente un nouvel irrationnel face à une modernité qui intrigue et inquiète. Organe du Centre d'études des communications de masse créé en 1960 sur l'initiative de Georges Friedmann, le nº 1 de *Communications* paraît en novembre 1961, avec notamment un texte d'Edgar Morin, « L'industrie culturelle », qu'il intégrera à son livre *L'Esprit du temps* (tome 1), première analyse de fond des mutations culturelles du moment, publiée en janvier 1962.

A cette culture en pleine ébullition le pouvoir accorde pour la première fois un statut officiel au sein du gouvernement, avec la création, toujours en 1959, du ministère des Affaires culturelles, sur l'initiative et sous la direction d'André Malraux. Le réalisateur d'*Espoir* a dit, dans *Esquisse d'une psychologie du cinéma* (1946), l'intérêt et l'amour qu'il porte à cet art. L'ouvrage, au terme d'un plaidoyer vibrant et généreux sur la nature et l'avenir culturel du cinéma, s'achevait par une phrase demeurée célèbre : *« Par ailleurs, le cinéma est une industrie*[1]*... »* Reprise à qui mieux mieux, elle s'avérera porteuse de bien des erreurs et de bien des incompréhensions, chez tous ceux qui méconnaîtront que la nature particulière du cinéma, son originalité intrinsèque est d'être non pas « par ailleurs » une industrie, mais dans son essence même à la fois un art, une industrie (avec les dimensions économiques et techniques qu'implique ce terme) et un média (même si le mot ne sera admis par l'Académie qu'en 1963), c'est-à-dire un moyen de communication de masse ayant une influence directe sur les esprits.

Commencer ce volume d'histoire du cinéma par un rapide balayage général ne vise pas à accréditer la vieille théorie du reflet. Le cinéma ne « reflète » pas la société en pleine évolution, il en fait partie. Il en fait même plus partie qu'aucun autre objet avant lui : tout objet utilitaire comporte une face technico-économique et une face sociale ; tout produit de l'art comporte une face artistique et une face sociale ; ce sont des objets « plats ». Le cinéma possède à la fois une face techno-économique, une face artistique et une face sociale, c'est un prisme. Il possède ainsi le pouvoir de transmettre, de réfracter et de diffracter les rayonnements de l'époque dans laquelle il est immergé.

Et puisqu'en ces temps le « nouveau » sert à tout, et souvent justifie tout, il en ira de même pour le monde des films. En bien et en mal. L'année 1959 a souvent été choisie comme repère par les historiens du cinéma, et à bon droit, comme étant la date de l'irruption de la Nouvelle Vague, marquée par la présentation des *Quatre Cents Coups* au Festival de Cannes. Repère légitime, mais insuffisant : ce n'est pas seulement une nouvelle écriture cinématographique qui acquiert droit de cité à ce moment, mais une organisation différente de tout le cinéma, modification en phase avec l'évolution de la société tout entière. En enlevant le Centre national de la cinématographie (C.N.C.) à la tutelle du ministère de l'Industrie pour le rattacher au nouveau ministère des Affaires culturelles, l'Etat montre qu'à ses yeux, et à ceux du plus grand nombre, le cinéma est désormais « de la culture » : changement lourd de sens, et d'avenir, non seulement pour le cinéma lui-même mais pour la signification et la place de la culture dans la société. Un nouveau système de rapports se dessine entre les créations de l'esprit, le commerce, la technique et la politique.

1. Malraux paraphrasait une citation, tout aussi discutable d'ailleurs, de Josef von Sternberg : « Le cinéma, une industrie qui pourrait être un art. »

Première partie

AVÈNEMENT DU CINÉMA MODERNE

(1959-1962)

« Tiens voilà L'PRIN-TEMPS. »
Boby Lapointe,
dans *Tirez sur le pianiste*.

Ce qui va se jouer dans ces années-là est sans doute la dernière grande aventure de l'histoire du cinéma français, l'ultime période légendaire, susceptible de donner naissance à des mythes, à des enthousiasmes collectifs, à des affrontements homériques. Ce n'est pas seulement une nouvelle génération, un nouveau style, une nouvelle mode qui apparaissent, mais une nouvelle idée du cinéma qui prend corps et qui, à son tour, influera sur le monde des idées et des représentations. Même si, contrairement à ce qu'elle crut parfois, elle ne remplacera ni ne détruira ce qui l'a précédée.

1959 serait donc l'année d'un mouvement de rupture radicale dans le cinéma français, appelé la Nouvelle Vague... Evidemment, c'est faux. Même sans remonter, pour l'instant, aux ancêtres et aux précurseurs, certains des protagonistes de ladite Vague sont à cette date déjà passés à l'acte, y compris sous la forme canonique du long-métrage de fiction : *Ascenseur pour l'échafaud* est sorti fin janvier 1958, et le film suivant de Louis Malle, *Les Amants*, sera présenté au Festival de Venise de la même année, où il remportera d'ailleurs le Lion d'argent. *Le Beau Serge*, de Claude Chabrol, est sorti en juin 1958, *Goha le simple* de Jacques Baratier avait été montré le mois précédent au Festival de Cannes et y avait obtenu un prix du jury. Quant à l'expression « Nouvelle Vague », employée à tort, à travers et à tour de bras par ses contemporains, elle a déjà deux ans cette année-là.

Il reste que 1959 est bien l'année d'explosion des tendances nouvelles, celle aussi où elles sont massivement reconnues. Il faudra quatre ans pour que l'exacte mesure de ce mouvement puisse être prise, pour que ceux qui s'y rattachent indûment retournent à leur juste place, pour que ses véritables acteurs, qui se comptent en réalité sur les doigts des deux mains, établissent ce qui fonde leur singularité commune — qui aura une influence essentielle sur l'avenir du cinéma français et international — et tracent leur voie personnelle, différente pour chacun. Cette courte période sera marquée par des inventions audacieuses, et qui passionnent encore les foules et les grands médias, dans un va-et-vient souvent trompeur mais tout de même fécond entre recherche de pointe, anecdotes aguicheuses et rentabilisation à grande échelle.

Chapitre 1

CANNES 1959 : BULLETIN DE NAISSANCE

Trois films français retiennent l'attention au Festival de Cannes 1959 : *Orfeu Negro*, de Marcel Camus, *Les Quatre Cents Coups* de François Truffaut et *Hiroshima mon amour* d'Alain Resnais (hors compétition). Ensemble, ils incarnent le renouveau qui se produit alors dans le cinéma national, et sont salués comme tel. La Palme d'or attribué au premier, le Prix de la mise en scène décerné au deuxième, l'admiration immédiate que soulève le troisième consacrent l'ampleur de l'événement. En fait, chacun d'entre eux peut être tenu pour le représentant d'un courant différent, dont on mettra quelque temps à démêler les particularités.

En effet, sur le moment, cette gloire partagée ne permet pas à la plupart des observateurs de distinguer ce qui sépare la transposition, colorée et sentimentale, du mythe d'Orphée dans l'« enfer » du carnaval de Rio par un cinéaste quasi débutant (c'est le deuxième film de Camus), sans grande originalité et dont le succès sera sans lendemain, des démarches singulières, mûrement méditées et promises à des développements cohérents et considérables des deux autres. D'Antoine Doinel, son double cinématographique incarné par Jean-Pierre Léaud, héros de ce premier film explicitement autobiographique, Truffaut fera un personnage clé de son œuvre à venir, la plus « personnalisée » parmi celle de cette génération. Quant à Resnais, secondé durant toute cette décennie par des écrivains (ici Marguerite Duras, plus tard Alain Robbe-Grillet, Jean Cayrol, Jorge Semprun, Jacques Sternberg), il a d'ores et déjà jeté les bases d'un système très personnel d'exploration du temps et de la conscience : Resnais s'intéresse moins au fantastique dans lequel on voudra parfois le ranger qu'au dépassement de la question du réalisme, au profit d'une quête plus incertaine de la vérité, qui s'apparente à l'expérimentation scientifique.

Ignorante de cet avenir, la presse de l'époque titre sur le renouveau du cinéma français – avec quelque hypocrisie parfois. Ainsi le compte rendu du Festival par Jacques Audiberti, à la une du numéro du 20 mai de l'hebdomadaire *Arts*, s'intitule « La Jeunesse triomphe à Cannes », mais fait un éloge appuyé de films médiocres et vieillots (*La Cucaracha* venue du Mexique, un *Héros* suisse et une *Lune de miel* espagnole), démolit *Hiroshima* et envoie une pique à Truffaut (qui, comme critique, officiait jusqu'alors dans ces mêmes colonnes en même temps que dans celles, plus spécialisées et plus confidentielles, des *Cahiers du cinéma*). Puis il chante d'enthousiastes louanges à *Orfeu Negro.*

Profusion et confusion

Pour tenter d'éclaircir les choses, il convient de recourir un court moment aux lumières de la statistique et de la lexicologie. Le premier phénomène à considérer est en effet l'arrivée massive de nouveaux réalisateurs : alors qu'entre 1950 et 1958 avaient été tournés en moyenne 16 premiers films par an, il y en aura 35 en 1959, 38 en 1960, 27 en 1961 et 32 en 1962, soit un total de 132, et une moyenne annuelle de 33 titres. Et ces nouveaux réalisateurs sont pour la plupart très jeunes (surtout dans cette fonction à laquelle on n'accédait traditionnellement qu'au terme d'un long cursus professionnel). Ils sont aussi d'origines très variées : « court-métragistes » membres du Groupe des Trente (Resnais, Kast, Sechan, Menegoz, Paviot...), documentaristes (Resnais et Menegoz encore, Franju, Demy, Fabiani...), membres de la rédaction des *Cahiers du cinéma* (Godard, Truffaut, Chabrol, Rohmer, Rivette, Doniol-Valcroze...), anciens assistants (Louis Malle, qui débuta aux côtés de Cousteau et de Bresson, Michel Deville, ex-assistant de Decoin, Marcel Camus, qui fut notamment le collaborateur d'Astruc et de Buñuel, Jean Valère, qui fit ses premiers pas avec Max Ophuls, Jacques Becker et André Cayatte). Et si Agnès Varda, Pierre Kast, Alexandre Astruc, Roger Leenhardt, Claude Sautet ont déjà réalisé au moins un film, ils sont toujours des « jeunes réalisateurs », catégorie que s'apprêtent à rejoindre Jean-Pierre Mocky, Michel Drach, Philippe de Broca, Edouard Molinaro, Claude Lelouch, Alain Cavalier, Jean-Gabriel Albicocco, José Bénazéraf, François Leterrier, Jacques Deray, Sergio Gobbi... Tous ne sont pas des gamins, loin s'en faut (Franju et Camus sont nés en 1912, Rouch en 1917, Baratier en 1918, Rohmer et Kast en 1920), la moyenne d'âge est pourtant inférieure à trente ans. Profusion de premiers films, découverte pratiquement chaque semaine d'un nouvel « auteur ». En deux ans, soixante-quinze jeunes cinéastes ont tourné et présenté leur premier film. Les choses vont si vite, les noms se multiplient à un tel rythme que Claude Mauriac, tentant à trois reprises de dresser un dictionnaire de la nouvelle génération dans *Le Figaro littéraire*, est chaque fois aussitôt dépassé par les événements. Bien sûr, cette statistique globale dissimule des réalités fort diverses. Une liste de « nouveaux cinéastes » (pas tous débutants) dressée en 1962 ne contient pas moins de cent soixante-deux noms : à peine le tiers d'entre eux se feront connaître comme metteurs en scène. Sur le moment, l'effet de masse est pourtant réel, et la « tonalité nouvelle » des films évidente.

Sur le moment, on nommera donc ce mouvement d'ensemble « Nouvelle Vague ». Pourtant l'expression ne concernait pas, à l'origine, le cinéma : elle apparaît sous la plume de Françoise Giroud, rédactrice en chef de *L'Express*, lorsque l'hebdomadaire annonce, le 23 août 1957, une vaste enquête, en collaboration avec l'I.F.O.P., concernant les quelque huit millions d'hommes et de femmes de dix-huit à trente ans qui, *« dans dix ans* [auront] *pris la France en main, les plus âgés aux commandes, les plus jeunes les y portant ».* Les résultats de l'enquête paraissent dans les numéros du 3 octobre au 12 décembre 1957, avec à la une du premier d'entre eux un visage de jeune fille, le titre « La Nouvelle Vague arrive ! » et cette phrase de Péguy : *« C'est nous qui sommes le centre et le cœur. L'axe passe par nous. C'est à notre montre qu'il faudra lire l'heure. »* Phrase qui dit assez l'importance que prêtent les aînés à la nouvelle génération. « Nouvelle Vague » désigne donc une réalité sociologique, et c'est bien ainsi que l'expression, appliquée au cinéma, sera d'abord entendue : les films qui en relèvent, pour ses contemporains, sont ceux qui témoignent de mœurs nouvelles, montrées avec une franchise inédite et rafraîchissante. *Et Dieu créa la femme* (qui date de 1956) en est l'archétype, Vadim est son premier prophète et Brigitte Bardot la gironde incarnation de cette liberté (en partie fantasmatique) de la jeune génération.

Au sein de cette profusion et de cette confusion, bien peu discernent alors les clivages qui séparent lame de fond et nouvelle vague. Et ceux qui le pourraient n'y tiennent pas forcément. Ainsi, dans un entretien avec Louis Marcorelles pour *France-Observateur* du 19 octobre 1961, illustré d'un portrait légendé : *« François Truffaut : J'aime ce qui brouille les pistes »* (on ne saurait mieux dire : c'est une photo de Godard...), Truffaut affirme : *« La " Nouvelle Vague ", ce n'est ni un mouvement, ni une école, ni un groupe, c'est une quantité, c'est une appellation collective inventée par la presse pour grouper cinquante noms de nouveaux qui ont surgi en deux ans* [...] *cette masse de films n'a en commun qu'une somme de refus (concernant les méthodes de tournage)* [...] *malheureusement, ces films* [ont l'apparence] *de ce qu'on pourrait surnommer le " saganisme " : voitures basses, bouteilles de scotch, amours rapides, etc. La légèreté de ces films passe, parfois à tort, parfois à raison, pour de la frivolité. »*

Cette confusion a été d'emblée ancrée dans les esprits par la tenue, durant le Festival de Cannes 1959, d'un « colloque » dans la bourgade voisine de La Napoule, où se sont réunis les représentants, toutes tendances confondues, de ce jeune cinéma. André Malraux a envoyé un émissaire. Roberto Rossellini a fait une avunculaire apparition, Resnais, déjà peu friand des attroupements, est resté à Paris, mais Truffaut, Chabrol et Godard (qui n'a encore signé aucun long-métrage) sont là. Et aussi Vadim, Hossein (au titre de ses trente ans plutôt que de la réalisation de *Pardonnez-nous nos offenses* et de *Toi le venin*), Molinaro (qui, avec son troisième film, *Un témoin dans la ville*, sorti au début de ce mois de mai 1959, a paru prendre une direction ambitieuse, que démentira bientôt la suite de sa carrière). Louis Malle et son ami le documentariste François Reichenbach, Edmond Sechan (un des rares à avoir fait l'I.D.H.E.C. jusqu'au bout, tant la floraison de jeunes cinéastes a peu à voir avec ce qui est pourtant censé en être la pépinière, mais où domine le conformisme que rejettent les nouveaux venus), le tout jeune Jean-Daniel Pollet (vingt-trois ans), dont nul n'a encore vu *La Ligne de mire*, sur lequel comptent ses aînés. Et le « vieux » Marcel Camus, Louis Felix déjà plus si jeune (il a filmé la libération de Paris) et qui passera comme une étoile filante, Jean Valère riche des maigres promesses de son premier long-métrage, *La Sentence*. Jacques Doniol-Valcroze, qui ne montrera son premier film, *L'Eau à la bouche*, qu'au début de l'année suivante, mais auquel son titre de cofondateur des *Cahiers du cinéma* et ses trente-neuf ans donnent quelque autorité, anime les débats. Les autosatisfecit y voisinent avec les déclarations d'intention, sinon de guerre, où passe une sorte de joie confiante dans un avenir qui semble ouvert à tous les présents. M. Altman, l'envoyé du ministre, pourra bien conclure avec emphase : *« Le cinéma français est en train de devenir le premier du monde »*, avant que Doniol-Valcroze ne mette un point d'orgue quelque peu prétentieux, lui qui l'était si peu : son *« et on peut dire qu'on n'y est pas pour rien »* donne la mesure de l'euphorie qui règne alors.

Sous le titre, là aussi d'un unanimisme trompeur, *« Pour la première fois, avec le colloque de La Napoule, le nouveau cinéma définit sa profession de foi »*, l'hebdomadaire *Arts* a publié les minutes de ce colloque fort peu universitaire. Texte précieux : alors que les protagonistes, pour longtemps encore et quelles que soient leurs motivations, vont s'ingénier à brouiller les cartes, la simple lecture des déclarations des uns et des autres permet, *a posteriori*, de discerner les clivages. Parmi les participants, on distingue un groupe emmené par Hossein (le plus bavard), Molinaro et Camus, qui aimeraient faire du colloque une assemblée constituante du jeune cinéma, scellant un pacte de confraternité où l'entraide corporatiste se mêle aux bons sentiments. Chabrol, Truffaut, Doniol-Valcroze ne cessent d'acquiescer aux généralités bienveillantes, mais réfutent toutes les applications concrètes, tandis que Godard est le seul à prendre cet angélisme à rebrousse-poil, affirmant qu'il se refuse à dire du bien d'un film qu'il trouve mauvais sous prétexte qu'il a été réalisé par un jeune cinéaste. Quant à Louis Malle, il finit par se mettre en retrait, estimant qu'on ne profère autour de lui que des banalités et que les colloques ne servent à rien.

L'effet de masse et la curiosité médiatique sont tels que tout le monde semble alors s'être donné le mot pour entretenir le flou. Ainsi, trois mois après La Napoule, *Le Monde* interviewe un large éventail de réalisateurs, pour une série d'articles publiés du 11 au 14 août 1959. A la question : *« Existe-t-il réellement une Nouvelle Vague ? »*, Tati, Chabrol, Franju, Clair, Renoir, Astruc, Malle et Vadim répondent, chacun de son côté mais avec une belle unanimité : non. Et le producteur alors très en vue Raoul Lévy de conclure : *« Je crois que la Nouvelle Vague est une vaste plaisanterie. »* Puis, à un an d'intervalle, Pierre Billard organise deux rencontres où sont conviés les principaux ténors de cette Nouvelle Vague qui n'existe pas : la première, à la fin de 1959, réunit pour *France-Observateur* Truffaut, Rivette, Doniol-Valcroze et Pierre Kast. Truffaut, monté sur ses grands chevaux, annonce, après les dix nouveaux venus de l'année 1959, plus de trente autres « *quality boys* » (comme il nomme bizarrement les troupes montantes du jeune cinéma) pour 1960 : ce n'est plus un mouvement cinématographique, c'est une rafle. Ou plutôt une opération d'intimidation. Puis, aussitôt après, Kast affirme que *« la Nouvelle Vague n'a jamais été une invention de l'un d'entre nous »* (ce qui est techniquement exact, l'expression ayant précisément été pour la première fois appliquée au cinéma par leur interlocuteur du moment, avant d'être reprise partout, y compris par eux). Le 4 octobre 1960, Billard convie Truffaut, Godard, Rohmer, Kast et Marcel Moussy (scénariste des *Quatre Cents Coups* et de *Tirez sur le pianiste*, futur réalisateur de *Saint-Tropez Blues*, en 1961, et de *Trois hommes sur un cheval*, en 1969). Au terme d'un débat tout aussi peu concluant, les réalisateurs s'esquivent sur la formule fourre-tout : *« La Nouvelle Vague, c'est la diversité. »*

Afin de discerner ce qui se joue en réalité à ce moment, on se propose d'utiliser des termes plus précis que ceux qui eurent cours à l'époque. On désignera donc comme « cinéma de la jeunesse » le phénomène sociologique (renouvellement de génération et nouvelle sensibilité rafraîchissant le cinéma français sans le modifier en profondeur). Et on appellera « cinéma moderne » celui qui représente une révolution dans la pratique du cinéma, produisant des films d'un type nouveau. Au sein de ce cinéma moderne, on réservera l'appellation Nouvelle Vague au petit groupe à l'époque le plus cohérent, celui qui est issu de la rédaction des *Cahiers du cinéma.* Ceux-ci ne représentent pas tout le cinéma moderne, on leur adjoindra bientôt le groupe, moins structuré, du Nouveau Cinéma. Mais le noyau dur constitué aux *Cahiers* permet de préciser d'emblée l'essentiel de ce qui se joue alors de véritablement moderne.

La Nouvelle Vague : un groupe et des idées

Les films de la Nouvelle Vague au sens strict sont le fait d'un petit groupe de gens (Truffaut, Godard, Rohmer, Rivette, Chabrol) qui se connaissent et s'estiment, qui ont été formés sous la conduite spirituelle d'André Bazin, mort le 11 novembre 1958 sans en avoir vu les effets sur les écrans. Chez Bazin se mêlaient les influences du christianisme social d'Emmanuel Mounier, celles d'Albert Camus et de Jean-Paul Sartre, servies par un immense talent de pédagogue et une non moindre générosité. Dans les *Cahiers du cinéma* ou dans *Arts*, la réflexion esthétique menée par les « jeunes Turcs » (comme on les a surnommés) allait parfois bien au-delà de ce qu'envisageait Bazin. Elle se doublait de connivences cinéphiles et littéraires – avec une prédilection pour Balzac et le roman noir américain –, connivences alimentées au cours d'incessantes conversations, et de menées tactiques, destinées à forcer la forteresse corporatiste qui barrait l'entrée dans la carrière de ces impétueux cadets.

C'était très net dans le texte célèbre de Truffaut « Une certaine tendance du cinéma français » (*Cahiers*, nº 31, janvier 1954). En même temps qu'il voue aux gémonies la « qualité française » au nom de son académisme, il réclame avec insistance qu'on fasse place à la génération montante. Quatre ans après cette attaque à l'arme lourde contre le vieux cinéma, et un an avant d'apporter à l'appui de ses thèses les irréfutables *Quatre Cents Coups*, Truffaut rédigeait « Seule la crise sauvera le cinéma français », publié à la une d'*Arts* le 8 janvier 1958. Rien de moins que l'annonce explicite de ce que va être la Nouvelle Vague. Il analyse la dérive structurelle d'une industrie engoncée dans le confort matériel et la course au succès par des procédés de plus en plus routiniers, et, refusant de considérer comme l'avènement d'une « relève » la multiplication des jeunes réalisateurs, repère déjà qu'un Vadim n'est qu'un successeur dans le cycle des générations, mais qu'il n'incarne aucun dépassement. Et de lancer : *« Il faut filmer autre chose, avec un autre esprit. »* Il énonce alors un programme à la fois esthétique et moral, technique et économique. Annonçant la chute des entrées dès le mois de janvier de la première année de la longue glissade (mais sous-entendant que l'arrivée du cinéma moderne serait de nature à y mettre un terme), il exhorte à abandonner les studios en même temps que les types de récit en usage, il clame qu'il ne faut plus tenter de pénétrer l'industrie mais aller planter ses caméras ailleurs. Et conclut, rimbaldien : *« Il faut être follement ambitieux et follement sincère, pour que l'enthousiasme des prises de vues se communique à la projection et qu'il gagne le public. »* C'est précisément ce que vont accomplir, dans les quatre ans qui suivent, Truffaut et ses « copains de la Nouvelle Vague », comme il les appellera plus tard.

A côté de cette proclamation historique, qui sonnait comme un appel au soulèvement, il faut citer un autre texte, moins lyrique et plus tardif, mais qui a le mérite de formaliser une réflexion depuis longtemps à l'œuvre du côté des *Cahiers*, en fournissant un cadre intellectuel à ce qui se produit alors sur les écrans. Rédigé par Jacques Rivette pour le n° 120 (juin 1961) des *Cahiers*, il est intitulé « De l'abjection » et prend prétexte d'un film de Gillo Pontecorvo, *Kapo*, qui se déroule dans un camp de concentration. En le comparant au *Nuit et Brouillard* de Resnais, Rivette explicite combien la mise en scène est une question éthique et non pas technique, combien elle a des comptes à rendre en tant que telle, et non pas parce qu'elle se mettrait au service d'un « bon » ou d'un « mauvais » sujet – ce que Godard, paraphrasant un mot de Luc Moullet, synthétise par la formule devenue célèbre : *« Le travelling est affaire de morale. »* Ce point de vue moral sur la mise en scène, exprimé de manière particulièrement lumineuse dans ce texte mais à l'œuvre dans tout le travail critique des *Cahiers*, et directement inspiré de Bazin, est capital à plusieurs titres.

Tout d'abord, il évite de considérer les films selon la simple analyse du contenu (« progressiste » ou « réactionnaire », par exemple). Et il le fait selon les règles propres au cinéma : en 1960, Roland Barthes fera ainsi fausse route en prétendant transposer mécaniquement aux films les règles d'analyse des textes de la sémiologie dont il est en train de jeter les bases (dans son article « Le problème de la signification au cinéma », *Revue internationale de filmologie*, nos 32-33). Rivette lui répond implicitement en écrivant : *« Faire un film, c'est donc montrer certaines choses, c'est en même temps et par la même opération les montrer par un certain biais ; ces deux actes étant rigoureusement indissociables. De même qu'il ne peut y avoir d'absolu de la mise en scène, car il n'y a pas de mise en scène dans l'absolu, de même le cinéma ne sera jamais un " langage " : les rapports du signe au signifié n'ont aucun cours ici. »* Soit un manifeste pour une éthique de la mise en scène, et une compréhension des films dans l'unité de « ce qu'ils racontent » et de « comment ils le racontent ».

Ces prises de position dépassent le seul domaine du cinéma. Elles font de l'activité critique, puis cinématographique des rédacteurs des *Cahiers* la première tentative concertée et durable, théorique et pratique, de réflexion sur cette « communication de masse » dont on commence à parler à l'époque. Etudier ce qui est à l'œuvre dans l'agencement des images et des sons au-delà de leur sens explicite deviendra l'enjeu ultime de l'esprit critique, face à un environnement saturé de messages, et de messages dont la fonction réelle s'éloigne de plus en plus du sens apparent. La théorie critique élaborée aux *Cahiers*, puis sa mise en œuvre lors du passage à la réalisation de ses rédacteurs, est ainsi le contraire du formalisme qu'on leur a souvent reproché : il ne s'agit pas de privilégier la forme sur le fond, mais de dépasser cette vieille et stérile division, qui faisait que la critique jugeait d'abord s'il s'agissait d'une bonne histoire, puis si le film était « bien » réalisé. Il s'agit d'affirmer l'unité éthique et esthétique du film, en le sortant de la vieille rhétorique cynique de la « fin » (le bon message) et des « moyens » – rhétorique dont on connaît, dans d'autres domaines, les sanglants ravages.

Enfin, au-delà de la réflexion concernant seulement le cinéma ou les moyens de communication, ce travail critique s'inscrit dans un mouvement intellectuel beaucoup plus vaste, qui, souvent sans être conscient de ses convergences, remet en cause les pensées « instrumentales », celles qui reposent justement sur la différence entre les moyens et la fin, selon un modèle mécaniste directement issu de la société technicienne. Du point de vue de l'histoire des idées, il est remarquable que la réflexion interne à la cinéphilie et l'apparition et la diffusion des conceptions des philosophes de l'école de Francfort (Horkheimer, Adorno, Marcuse), du sémiologue Roland Barthes, de l'historien Michel Foucault, du psychanalyste Jacques Lacan soient simultanées... A leur manière, les cinéastes de la Nouvelle Vague appartiennent au grand mouvement intellectuel de l'analyse critique, qui veut décrypter ce qui est à l'œuvre « sous » ou « au-delà » du sens.

Dès lors, on ne s'étonnera pas que ces cinéastes se défient des systèmes de pensée qui réclament une adhésion globale : éloignés du cinéma « engagé » (on le leur a assez reproché !), ils le sont très vite aussi des autres grands discours explicatifs : ni la psychanalyse (malgré leur admiration pour Hitchcock), ni la religion (malgré leur filiation assumée à l'égard de Rossellini et de Bresson), ni les aspirations révolutionnaires ne jouent chez eux la fonction de principe essentiel ou de pivot, quand bien même leur apport n'est pas ignoré. Aucune grille de ce genre ne saurait convenir à des gens qu'intrigue et séduit la complexité du monde, et qui attendent du cinéma non qu'il la réduise, mais qu'il en rende compte.

Décrire ainsi le travail des jeunes critiques passés à la mise en scène (l'un d'eux, Jean-Luc Godard, dira plus tard qu'ils ne faisaient pas de différence entre ces deux activités) ne se justifie qu'*a posteriori*. Il serait ridicule de présenter les jeunes Turcs comme un commando armé d'une pensée théorique toute constituée, ayant mis au point une stratégie globale de conquête et exécutant point par point, et avec un bel ensemble, le plan tramé dans les bureaux de l'avenue des Champs-Elysées où la revue à couverture jaune tient ses quartiers. Evidemment, tout fut plus aléatoire, plus improvisé. Le « plan » le plus concerté, élaboré en 1957, consistait à tenter de collecter des fonds permettant de produire le premier long métrage de Resnais, sur lequel Rivette devait être assistant, puis, sur le même modèle, le premier

Rivette, assisté par Truffaut, etc. Ce plan tourna court avant d'avoir connu un début d'application. Mais qu'un tel plan, même non abouti, ait existé prouve néanmoins que le mouvement ne fut pas si fortuit qu'on l'a dit parfois. D'autre part, si ce mouvement de jeunes cinéastes connut sur le moment une gloire inattendue et tapageuse, c'est évidemment pour de tout autres raisons que celles exposées ci-dessus. Avec le recul, ce n'en sont pas moins ces lignes de force qui signent l'importance historique de la Nouvelle Vague.

Le Nouveau Cinéma

Le petit groupe issu des *Cahiers du cinéma* (et ceux qui s'en réclameront explicitement) ne sont pourtant pas les seuls protagonistes des transformations en profondeur qui se produisent alors. Quelques-uns, et non des moindres, vont apporter leur pierre à cette modernité en train de naître, mais selon des voies différentes. Le plus remarqué d'entre eux est Alain Resnais, signataire en 1959 d'*Hiroshima mon amour*, son premier long-métrage. Aux yeux de tous les défenseurs du mouvement de renouveau, y compris parmi les gens des *Cahiers*, ce n'est d'ailleurs pas *Les Quatre Cents Coups* mais *Hiroshima* qui apparaît sur le moment comme le film le plus important de l'année 1959, et le signal le plus convaincant de l'invention d'une autre « écriture » de cinéma – manière de dire que s'il y a divergence, il n'y a cette fois nulle opposition entre la Nouvelle Vague et ce que nous appelons le « Nouveau Cinéma » ; plus tard, Godard dira, parlant de « bonne jalousie » : *« Je me souviens d'avoir été très jaloux d'*Hiroshima mon amour. *Je me disais : " Ça c'est bien et ça nous a échappé, on n'a pas de contrôle là-dessus. " »* A des titres divers, on rangerait également dans ce groupe Chris Marker, Agnès Varda, qui, après *La Pointe courte* (réalisée en 1954), signera *Cléo de 5 à 7* en 1962, Georges Franju (*La Tête contre les murs* en 1959) ou Jacques Demy (*Lola* en 1961). On y adjoindra, même si leur carrière de réalisateurs n'a pas eu la même pérennité, les noms d'Henri Colpi (*Une aussi longue absence*, 1961), Armand Gatti (*L'Enclos*, 1961), Roger Leenhardt (*Le Rendez-Vous de minuit*, 1962), Pierre Kast (*Le Bel Age*, 1960). Les deux derniers sont des proches des *Cahiers*, auxquels ils ont souvent collaboré, mais les films qu'ils signent à cette époque, construction littéraire en abyme chez Leenhardt, marivaudage élégant et d'une insouciance d'écorché chez Kast, ne ressemblent pas à ceux de la Nouvelle Vague. Les autres, qui se connaissent et s'estiment, qui pour la plupart ont travaillé ensemble, ne forment pas un groupe public comparable à celui des jeunes Turcs, dont ils ne partagent pas le goût pour le tapage médiatique, préférant la discrétion des chats dont ils ont fait un moment leur totem.

Au cours d'une discussion provoquée par Georges Sadoul pour *Les Lettres françaises* (nº 903, 30 novembre 1961) et réunissant Resnais, Varda, Colpi et Gatti, ils tentent de définir la particularité de leur travail. Après qu'aura été évoqué ce qu'ils doivent à la littérature et au documentaire, mais aussi à la composition musicale, Resnais suggérera la métaphore du « film-éponge » : *« Le film attire automatiquement autour de lui, autour du personnage, les événements contemporains, comme une éponge se remplit d'eau. »* On voit la mise en place d'un dispositif très différent de celui de la Nouvelle Vague, qui ne part plus de l'enregistrement de la réalité, mais d'une construction narrative dont l'élément principal est le personnage, et où la captation de la réalité (enjeu commun à tout le cinéma moderne) est un but et non une donnée de départ : démarche à certains égards similaire à celle que connaît la littérature française à ce moment avec l'essor du « Nouveau Roman ».

Dans l'entretien avec Marcorelles déjà cité (*France-Observateur*, 19 octobre 1961), Truffaut proposait lui aussi une clairvoyante (et pacifique) définition de ce qui sépare la Nouvelle Vague du Nouveau Cinéma, en remplaçant la traditionnelle distinction entre cinéma-Lumière (où l'élément documentaire prime) et cinéma-Méliès (où la fiction et la fantaisie dominent) par un autre clivage : *« Je crois qu'il y a deux sortes de cinéma, la " branche lumière " et la " branche Delluc ". Lumière a inventé le cinéma pour filmer la nature des actions* [...]. *Delluc, qui était un romancier et un critique, a pensé que l'on pouvait utiliser cette invention pour filmer des idées, ou des actions qui ont une signification autre que celle évidente, et puis éventuellement, lorgner vers les autres arts* [...]. *La " branche Lumière " : Griffith, Chaplin, Stroheim, Flaherty, Gance, Vigo, Renoir, Rossellini, Godard. La " branche Delluc " : Epstein, L'Herbier, Feyder, Grémillon, Huston, Astruc, Antonioni, Resnais. Pour les premiers, le cinéma est un spectacle, pour les seconds, il est un langage. »* Filant la métaphore, Truffaut nommera « cinéma des Editions de Minuit » (la maison d'édition du Nouveau Roman) les films de Resnais, Varda, Marker, Colpi... Chez eux comme chez les cinéastes de la Nouvelle Vague, la réalité demeure bien un enjeu central (à la différence de l'« évasion » proposée par le cinéma-Méliès), mais le Nouveau Cinéma tente de l'appréhender à partir des « idées », et de fait Marker, Resnais, Gatti, Varda... sont dès cette époque des artistes « idéologiques », beaucoup plus explicitement engagés dans une réflexion politique sur la société. Ce dont ont déjà témoigné leurs documentaires des années cinquante pour les deux premiers, le compagnonnage engagé aux côtés de Vilar et de son Théâtre national populaire pour Varda, l'activisme militant, qui s'exprimera essentiellement au théâtre, pour Gatti.

Le cinéma moderne

Elans parallèles et quasi simultanés, empruntant l'un à l'autre à l'occasion, échangeant leurs expériences et parfois leurs représentants, la Nouvelle Vague et le Nouveau Cinéma constituent ce qu'on appellera, en France, le « cinéma moderne ». Disons, d'un mot, que cette modernité tient à une nouvelle approche de la « matière » même du cinéma, et donnons-en d'abord une image. On trouve, dans la quasi-totalité des films du cinéma moderne, par ailleurs fort divers, « une figure de style » identique. Une image *a priori* anodine, ou anecdotique, et qui pourtant en dit long sur ce qui se produit à ce moment : pratiquement tous ces films (*Les Quatre Cents Coups* de Truffaut, *Hiroshima mon amour* de Resnais, *A bout de souffle* de Godard, *Le Signe du lion* de Rohmer, *Ascenseur pour l'échafaud* de Malle, *Cléo de 5 à 7* de Varda, *La Jetée* de Marker, *Lola* de Demy, *Paris nous appartient* de Rivette, *Adieu Philippine* de Rozier, et la liste pourrait se poursuivre longtemps) montrent des gens qui marchent. Pas parce que l'endroit où vont les personnages est important pour l'intrigue, et pas non plus comme des séquences de transition. Le plus souvent dans les rues de Paris, ils marchent parce qu'on marche dans la vie, ils marchent parce que ce cinéma est un cinéma en mouvement, ils marchent parce que le réalisateur éprouve un tel bonheur de filmer que cette activité, la plus triviale et la moins spectaculaire qui soit, devient sans même y songer comme le signal de l'élan que ces films impriment au cinéma. Avec ces personnages en vadrouille, c'est le monde qui s'engouffre dans la caméra – et sur la bande-son, où bruits du quotidien, voix *in* ou *off*, conversations surprises ou rajoutées, informations de la radio, musiques « de film » ou pas, contribuent non à l'« enregistrement du réel », cette version policière du réalisme, mais au dévoilement d'un monde multiple, dévoilement dont l'enjeu est moins la réalité que la vérité. Si les films académiques étaient soit des films « immobiles » (ceux directement issus du théâtre), soit des films qui courent (les films d'action), ce cinéma-là est bien un cinéma « en marche ». Et ce bonheur de filmer tient, entre autres, à la confiance dans l'acte de faire du cinéma, à la certitude, consciente ou pas selon qu'on est ou non théoricien, qu'il suffisait de filmer pour que quelque chose, déjà, advienne sur l'écran. Que l'« histoire », l'« intrigue », si elle n'est pas pour autant rejetée, n'était pas la condition principale de légitimité d'un film, puisqu'elle pouvait déjà être racontée sans film.

L'un des principaux aspects de la démarche moderne tient à la manière nouvelle dont elle considère les rapports entre l'image et le son, traités ensemble comme un matériau unique, au lieu que la parole soit le lieu du théâtre, du romanesque et de l'explication – et la musique un commentaire émotionnel, les bruits un gage artificiel de « véracité ». En ce sens, le cinéma moderne rendrait aux films l'unité qui avait été la leur à l'époque du muet – *« ce cinéma du silence qui fut notre premier langage universel »*, comme l'avait dit Henri Langlois, le fondateur de la Cinémathèque –, unité détruite par l'arrivée du son, et au premier chef de la parole. Il marque l'irruption dans le cinéma français d'une manière originale de traiter l'ensemble audiovisuel, où la parole *« fait de l'image »* et où l'image *« suscite le verbe »*, comme le notera le critique Jean Douchet.

Changement considérable ! Il abolit l'ancienne hiérarchie qui instituait d'abord le récit, puis sa narration (verbale, au moyen des dialogues, voire de la voix off), illustrée par des images – et soulignée par une partition. Il s'agit au contraire d'obtenir du cinéma ce que lui seul peut fabriquer, en remplaçant l'empilement de strates par une synthèse. Ainsi, par exemple, l'usage que fait Resnais de textes conçus par des écrivains, celui que fait Marker du commentaire ou l'emploi de la musique par Demy instaurent un nouveau statut des images, des sons et des mots. Beaucoup plus tard, au milieu des années quatre-vingt, le philosophe Gilles Deleuze montrera dans ses deux livres *L'Image-Mouvement* et *L'Image-Temps* (Editions de Minuit, 1983 et 1985), que cette mutation représente une véritable révolution : elle a pour effet de changer l'enjeu même de la mise en scène, le temps remplaçant l'espace comme dimension principale et devenant le sujet implicite (ou parfois explicite) des films.

Ascendance...

Pour préciser la nature, et l'importance, du cinéma moderne, il est nécessaire d'évoquer brièvement ses origines et son influence. Il est significatif que bon nombre de films de la Nouvelle Vague évoquent, même si ce n'est pas leur sujet central, un problème de paternité, et plus précisément une absence du père assumant ses fonctions traditionnelles d'affection et d'autorité : c'est explicitement le sort du jeune Antoine Doinel dans *Les Quatre Cents Coups* (père absent, distant et falot, bafoué par la mère), des jeunes gens des trois premiers Chabrol, livrés à eux-mêmes dans *Le Beau Serge* et *Les Cousins*, rebelles à l'autorité parentale ou affligés de la faiblesse du père dans *A double tour*, des deux personnages principaux de *Lola*, Anouk Aimée-Lola abandonnée par le père de son enfant alors qu'elle était enceinte, Marc Michel-Roland orphelin... Plus généralement, on chercherait en vain dans les films fondateurs du cinéma moderne un personnage central d'adulte masculin responsable et protecteur (hormis le personnage, négatif, du médecin interprété par Paul Meurisse dans *La Tête contre les murs*). Cette absence ou ce refus du père, par-delà les explications biographiques (évidentes dans le cas de Truffaut), historiques (qu'as-tu fait pendant la guerre, papa ?) et psychanalytiques (Œdipe à la rescousse de la révolte adolescente), n'est pas fortuite au regard des idées de ces réalisateurs sur le cinéma lui-même. Ces inventeurs de la « politique des auteurs » n'ont jamais fait du metteur en scène celui qui devait régner en maître, voire en dieu, sur son plateau. Ils ont au contraire attaqué les Carné, les Clouzot, ceux qui incarnent la « maîtrise », précisément, de la « qualité française », dont les représentants règnent trop explicitement sur leur œuvre : *« Par " auteur "* [la Nouvelle Vague] *entend l'homme qui répond personnellement à des contraintes et à des commandes réelles, l'homme qui tire avec un style à lui son épingle d'un jeu qu'il ne domine pas »* (Serge Daney, « La Nouvelle Vague. Essai d'approche généalogique »). Mais si le cinéma moderne ne se reconnaît pas de père, il affectionne des oncles, bienveillants ou austères, et des grands frères.

Le frère mythique, disparu en pleine jeunesse et donc éternellement jeune : Jean Vigo. Mais surtout le bon oncle Jean Renoir, de longue date « parrain » des *Cahiers*. Les jeunes Turcs portent au pinacle son invention d'une langue purement cinématographique pour dresser un noir portrait de la société dans *La Règle du jeu*, en faisant mine d'adopter les conventions du théâtre social afin de mieux les miner de l'intérieur, ils rendent grâce à Renoir d'avoir tenté dès 1935 l'expérience quasi documentaire de *Toni* et se passionnent pour ses tentatives d'investir le nouveau média de masse qu'est la télévision, en tournant pour le petit écran *Le Testament du docteur Cordelier* en 1959. Ils seront moins unanimes sur Sacha Guitry, auquel l'étiquette théâtrale colle à la peau, malgré la scène « résolument moderne » de découverte du cinéma dès son premier film, *Bonne Chance*. Resnais semblera plaisanter lorsqu'il dira d'*Hiroshima mon amour* : « Ce dont mon film se rapproche le plus, c'est *Le Roman d'un tricheur*. » Godard avait pourtant aussitôt détecté la parenté entre Guitry et Resnais dans la mise en jeu problématique de la bande-son et des images – mise en jeu dont il fera lui-même bientôt grand usage.

Aucune hésitation, en revanche, dans la référence à l'exigeant et solitaire Robert Bresson. *Les Dames du bois de Boulogne* (1945) est reconnu comme un film précurseur par les jeunes Turcs, *Pickpocket* (1959) est salué comme un *« accomplissement »* par Doniol-Valcroze et Godard. Puis voici Jean-Pierre Melville, pétri de ce cinéma américain tant admiré, qui s'est constitué une enviable indépendance professionnelle et, depuis le coup d'éclat du *Silence de la mer*, innove dans les techniques de récit et de réalisation, réussissant l'improbable greffe du réalisme européen sur le genre hollywoodien du film noir. Jacques Becker, *« frère Jacques »* écrira Godard au moment de sa mort, survenue le 21 février 1960, moins d'un mois avant la sortie du *Trou*, Becker qui représenterait le maillon idéal entre Renoir (dont il a été l'assistant) et le Truffaut de la maturité, dans une généalogie des auteurs français, très français. Jacques Tati, auteur complet (réalisateur-producteur-interprète) d'un comique qui recycle les ressources du burlesque américain du temps du muet pour une critique incisive des mœurs françaises saisies par la société de consommation et l'avènement du goût petit-bourgeois. Max Ophuls, qui passa à travers les époques, les pays, les adaptations, toujours fidèle à lui-même, incarnation même de l'auteur. Jean Cocteau, enfin, qui s'est dès la fin des années quarante institué protecteur des jeunes réalisateurs, de tout ceux qui à ses yeux incarnent le renouveau, la révolte contre le conformisme de l'industrie, notamment en parrainant le Festival du film maudit à Biarritz en juin 1949. Il jouera également les divinités tutélaires des premiers pas de Truffaut, accompagnant de sa verve et de sa célébrité le coup d'éclat de la projection des *Quatre Cents Coups* à Cannes – Godard a raconté la soirée de la projection officielle, le 3 mai 1959 : *« Etrange trio, Cocteau, Truffaut, Léaud. L'ange Heurtebise* [c'est Cocteau guidant ses jeunes protégés] *disait les mots de passe : re-gardez à gauche, re-gardez à droite. Souriez à* France-Soir *et France Roche. Saluez le ministre ! Ralentissez ! Accélérez ! »* Avec un mélange d'habileté et de fidélité bien dans leur manière, les jeunes Turcs voueront un attachement indéfectible au vieux poète (Truffaut produira son dernier film, *Le Testament d'Orphée*) et ne manqueront pas une occasion de monter au créneau défendre son œuvre de réalisateur, à la fois reconnaissance envers ce supporter de la première heure et manière de tirer parti de son prestige. A ces « oncles cinéastes », on pourrait ajouter le cousin solitaire Alexandre Astruc, pour ses films, mais surtout pour ses textes (aujourd'hui réédités dans *Du stylo à la caméra et de la caméra au stylo*), textes qui valent beaucoup mieux que la médiatique formule « caméra-stylo » par laquelle on les résume, et qui annoncent dès 1948 les thèses des *Cahiers*, auxquels il collaborera dès le numéro 1. Ou Roger Leenhardt, éternel « ami de la famille », précurseur brillant et sensible (*Les Dernières Vacances* datent de 1948), fine plume et regard aigu, mais qui reste dans la pénombre.

Les précurseurs du cinéma moderne ne sont évidemment pas uniquement français. Peu de « modernes » ou de « prémodernes » à Hollywood, sinon Orson Welles, archétype de l'auteur créateur de formes cinématographiques, et dans une moindre mesure Samuel Fuller, Nicholas Ray ou Robert Aldrich. Mais, face au cinéma français anémié par l'académisme, l'exemple d'un cinéma classique toujours vivace – celui des Ford, Hawks, Hitchcock, Mankiewicz, Preminger, Walsh, Wilder... –, inépuisable réserve d'inspiration et de références pour les nouveaux arrivants. Sur le Vieux Continent, les grands « classiques » encore vivants – Carl Dreyer ou Fritz Lang – appartiennent pourtant déjà au passé : logiquement, lorsque Jean-Luc Godard conviera ce dernier à jouer son propre rôle dans *Le Mépris*, il en fera l'incarnation du cinéma lui-même, mais dans une forme de perfection en train de disparaître, et dont le cinéma de Godard prendra dans une certaine mesure la place — hommage sincère, éloge funèbre tout de même. Beaucoup plus directes sont les influences de Bergman : la liberté de ton, la subversion des règles théâtrales par ce cinéaste pourtant venu de la scène (où il continue d'œuvrer), l'utilisation audacieuse de l'interprète identifié(e) au personnage ont puissamment marqué les esprits — Truffaut ou Godard ne manqueront pas de dire ce qu'ils doivent à *Monika* ou à *Jeux d'été.* Mais l'inspiration la plus évidente de la Nouvelle Vague vient du néo-réalisme italien, et au premier chef de Roberto Rossellini, qui a défini le mouvement cinématographique né à Rome à la fin de la guerre comme *« une approche morale qui devient un fait esthétique »,* soit exactement l'idée que les auteurs du cinéma moderne se font du cinéma. Truffaut a été son secrétaire, Godard a dit que c'était en voyant l'extrême simplicité des moyens de *Voyage en Italie* qu'il a compris qu'il pouvait lui aussi faire des films. Au-delà de ces reconnaissances personnelles, la cohérence entre partis pris éthiques, narratifs et techniques de Rossellini représente le modèle principal de la pratique à laquelle s'essaient les jeunes Turcs. En Italie toujours, un autre réalisateur, Michelangelo Antonioni, suit à sa manière, et avec quelques longueurs d'avance, depuis le début des années cinquante (*Chronique d'un amour* date de 1950, *Le Cri* de 1957), un chemin très semblable à celui du cinéma moderne hexagonal, « embrayant » sur le néo-réalisme vers l'introspection psychologique — Antonioni pourra être regardé comme le plus important héritier de Rossellini, en Italie tout du moins, mais d'un Rossellini sans Dieu. Tout naturellement, lorsque *L'Avventura* sera en 1960 l'objet d'attaques virulentes menées par les secteurs les plus conservateurs de la critique, Antonioni sera défendu comme un proche compagnon de route par tous les tenants du renouveau cinématographique, au cours de l'une des plus chaudes « batailles d'Hernani » du cinéma moderne.

... et descendance

La Nouvelle Vague et le Nouveau Cinéma français, au sens où nous les avons définis, ont contribué plus que tout autre mouvement cinématographique à donner corps et vigueur au cinéma moderne. Ils ne l'ont pas inventé. S'il fallait vraiment en attribuer la paternité à une « école », le néo-réalisme italien la revendiquerait à meilleur droit — Chabrol disait : *« Le nouveau cinéma français résulte d'une transformation chimique du néo-réalisme. »* Il reste qu'aujourd'hui encore,

« Nouvelle Vague » se dit « en français dans le texte » à New York comme à Tokyo, à Moscou comme à Rio de Janeiro. Et que ce qui s'est accompli à ce moment sur les rives de la Seine demeure l'emblème d'un raz de marée cinématographique pratiquement simultané sur l'ensemble de la planète cinéma (que ses protagonistes se réclament ou non de leurs collègues français) : le *« Free Cinema »* anglais (Lindsay Anderson, Karel Reisz, Tony Richardson...), les indépendants américains, de John Cassavetes à Arthur Penn (bien que *Le Gaucher* date de 1957), Sam Peckinpah et Robert Altman, jusqu'à la « génération cinéphile » qui prendra son essor durant la décennie suivante (Scorsese, Spielberg, Coppola, De Palma, Cimino...), en Italie Marco Ferreri, Bernardo Bertolucci, Marco Bellocchio, en Allemagne les signataires du manifeste d'Oberhausen en 1962 (Herzog, Fassbinder, Reitz, Schlöndorff, Fleischmann, Thome), puis plus tard Wenders, Oshima, Imamura, Yoshida au Japon, le mouvement du « dégel » en Union soviétique (Panfilov, Klimov, Chepitko, Tarkovski, qui réalise *L'Enfance d'Ivan* en 1962), Forman, Passer et Menzel en Tchécoslovaquie, Jancso en Hongrie, Skolimowski et Munch en Pologne, Petrovic en Yougoslavie, le *« Cinema novo »* brésilien, une éphémère risée argentine, ou Satyajit Ray à Calcutta (bien que, Renoir étant passé par là, *Pather Panchali* date de 1955)... Tous prendront la Nouvelle Vague comme référence, sinon comme modèle, quand bien même chaque courant national, et chaque auteur, adopte une démarche particulière, liée à sa réalité – ce qui est encore répondre aux partis pris du cinéma moderne.

Et quelque trente-cinq ans après l'apparition des *Quatre Cents Coups* et d'*A bout de souffle*, le globe-trotter cinéphile s'entendra toujours citer Truffaut, Godard, Resnais ou Rohmer comme des références privilégiées, par des cinéastes de Shanghai, de Tbilissi ou de Dakar nés bien après 1959...

Chapitre 2

LE CINÉMA MODERNE : UNE DÉCLARATION DE GUERRE

Malgré les obscurités de la confusion et les lumières trop vives de la curiosité médiatique, une nouvelle idée du cinéma a donc pris corps durant ces quelques années. Elle est suffisamment originale, et souvent sûre d'elle-même, pour avoir suscité de durables inimitiés. Plus tard, paraphrasant Truffaut, on préférera en faire une « autre tendance du cinéma français ». Ce serait en méconnaître la nature. Le cinéma moderne ne s'est pas contenté de faire croître sa jeune et vigoureuse pousse à côté de la branche maîtresse du cinéma tel qu'on le pratiquait auparavant. Il en représente une critique en acte. Plus précisément, et plus radicalement, le cinéma moderne est la tentative de réaliser une *hypothèse* qui court tout au long de l'histoire du cinéma, et qui serait l'accomplissement de sa singularité fondamentale. On peut donner du cinéma plusieurs définitions pertinentes, en privilégiant tel ou tel de ses aspects : loisir de masse, industrie de l'image (puis de l'image et du son), entreprise de spectacle, fabrique de récits, et même de mythes. Aucune de ces définitions ne s'applique au seul cinéma. Sa nature particulière est son « impureté », le fait d'être un composite au dosage particulier (pouvant varier, mais à l'intérieur de certaines limites) de création individuelle et de création collective, d'imaginaire, de technique et d'argent, d'enregistrement de la réalité et d'invention. Cette « nature », cette « essence du cinéma » a laissé entrevoir l'éventualité qu'il devienne un système d'approche et de compréhension du monde différent de tous les autres, qui tous relèvent du discours — discours scientifique, idéologique, poétique, mystique... Et qu'il offre ainsi la possibilité d'un savoir différent, auquel l'humanité n'avait pas encore eu accès. Plus ou moins consciemment, c'est cette possibilité que le cinéma moderne tente de concrétiser. On verra que, sans échouer entièrement, cette tentative restera marginale, avant d'être réputée dépassée par de nouveaux développements de l'audiovisuel.

Toutefois, le seul fait que cette tentative ait été menée avec force et cohésion à ce moment, puis se soit poursuivie vaille que vaille ensuite, rend impossible de reconnaitre à la fois la validité de cette idée du cinéma et de traiter le cinéma tel que la majorité continuera par la suite à le pratiquer, comme si rien n'était advenu au tournant des années soixante. Voué à demeurer minoritaire, le cinéma moderne ne représente pas moins une instance de référence globale.

Ce qui signifie, aussi, que le cinéma demeure un ensemble organique : ce qui se produit dans l'une de ses zones, même marginale, est susceptible d'affecter, voire d'infecter, l'ensemble. Bricolage inventif de quelques jeunes gens fauchés ? Superproduction bardée de vedettes ? Du moment que le résultat est projeté dans une salle obscure, tout cela relève de plein droit du cinéma. Malgré l'édification de barrières dont nous suivrons le renforcement, pour des années encore, les idées, les hommes, l'argent, les sujets, les techniques conservent la possibilité de circuler d'un bout à l'autre de ce territoire unique. Ajoutons qu'au début des années soixante, quand la télévision semble une province artistiquement et économiquement sous-développée, politiquement esclave, ce territoire ne se reconnaît pas d'ailleurs. Le monde des images mouvantes et sonores, c'est lui, « LE » cinéma.

Cette proximité de tous les habitants du territoire cinéma et cette absence d'alternative expliquent la violence des réactions déclenchées par l'irruption en son sein de la modernité.

Du rififi dans les revues

Comme il arrive souvent, les premiers et longtemps les plus farouches adversaires sinon de tout le cinéma moderne, en tout cas de la Nouvelle Vague sont issus des rangs les plus proches. Sans s'y réduire, cet affrontement est entré dans l'Histoire comme opposant les revues *Cahiers du cinéma* et *Positif*. Les rédacteurs et les supporters de ce dernier, comme ceux des *Cahiers* (et comme les animateurs des autres revues de cinéma qui ont fleuri au cours des années cinquante [1]), sont des cinéphiles acharnés et érudits. Comme eux, ils aspirent à un renouveau du langage cinématographique dominant. Et, comme eux, ils professent une admiration débordante pour le cinéma américain (même s'ils divergent sur les réalisateurs qui l'incarnent le mieux). Ils sont enthousiastes, désintéressés, ils ont de l'humour. La différence fondamentale ? Ceux de *Positif* accordent une place essentielle au contenu, qu'ils souhaitent révolutionnaire, et à des innovations formel-

1. Les revues cinéphiles poussent alors comme des champignons après un bienfaisant orage, le sommet étant atteint en 1962 avec la parution de cinq nouveaux titres, tous éphémères. En revanche, *Jeune Cinéma*, organe de la Fédération des ciné-clubs Jean Vigo, paraît en 1964 et connaîtra une belle longévité.

les déjà élaborées dans d'autres domaines artistiques, les surréalistes demeurant la principale référence.

Le débat entre *Positif* (avec, à ses côtés, des publications telles que *La Méthode* ou *Premier Plan*) et les *Cahiers* (un temps soutenus par *Présence du cinéma*) date de la création de ces revues. Il prend un tour nouveau quand les rédacteurs des *Cahiers* passent à la mise en scène : leurs films font aussitôt l'objet d'attaques à boulets rouges, qui visent les hommes autant que les œuvres. Ces attaques seront systématisées et condensées dans un numéro spécial, *Feu sur le cinéma français* (*Positif*, n° 46, juin 1962) et le petit livre *Nouvelle Vague*, composé d'articles de Raymond Borde, Jean Curtelin et Freddy Buache, préfacé par le fondateur de la revue, Bernard Chardère, qui cite quelques-unes des autres plumes pamphlétaires de son camp (Bénayoun, Ohms, Tailleur, Seguin, Thirard...). On trouve notamment dans cet ouvrage une critique de Buache, futur directeur de la cinémathèque de Lausanne et futur ami proche de Jean-Luc Godard, qui se termine par cette phrase : « A bout de souffle *pose le premier prototype non ambigu de l'arrogance fasciste qui se dissimule au creux de la Nouvelle Vague.* » Phrase qui témoigne de la violence et souvent de l'exagération des jugements proférés de part et d'autre — Truffaut n'avait-il pas traité les rédacteurs de *Positif* de *« crapauds »* et (lui aussi) de *« fascistes »* ? Il est facile d'en sourire aujourd'hui, mais cette virulence traduit, chez les uns et les autres — qui ont fort peu d'intérêts matériels à défendre — une passion sincère, profonde du cinéma. D'où la pratique de ce « terrorisme critique » que dénonce Chardère dans la préface de *Nouvelle Vague*, mais qu'il pratique aussi allégrement que ses adversaires.

Sur le fond, les proches de *Positif* reprochent essentiellement aux réalisateurs des *Cahiers* d'être des petits-bourgeois, qui se contentent de raconter des histoires de coucheries entre jeunes gens sans autre problème que la réussite de leur prochaine drague ou le choix du nouveau disque qu'il conviendra de mettre sur le Teppaz pour que se poursuivre la surprise-partie du jeune cinéma français. Le grand péché, à leurs yeux, est celui de « désengagement ». Procès justifié, du point de vue de ceux qui mènent une vie de militants et qui professent un devoir d'intervention politique à travers un message oppositionnel. Procès non fondé pour ceux qui en font l'objet, et qui défendent justement un déplacement de la manière de poser la question. En privilégiant la mise en scène, l'acte cinématographique, au détriment du message, les cinéastes Nouvelle Vague sont fondés à plaider qu'ils ne peuvent filmer que ce qu'ils connaissent, leur histoire et celle de gens qui leur ressemblent. C'est à ce prix seulement qu'ils peuvent inventer un cinéma « juste », alors que l'illustration de grandes idées encourrait le risque de retomber dans les formules d'apothicaire de ce romanesque filmé qu'ils ont tant condamné comme critiques — risque auquel sauront le plus souvent échapper les réalisateurs du Nouveau Cinéma, plus impliqués politiquement. Les cinéastes de la Nouvelle Vague ont été, dans les années cinquante, des militants du seul cinéma, guère préoccupés des problèmes de la Cité ou de la Nation. Ce parti pris crée, momentanément, une confusion entre la simple sensibilité à l'époque, et en particulier les comportements adolescents, et ceux qui font de cette réalité la matière de leur cinéma. Il faudra quelques années pour faire le tri entre un Vadim, qui, après le coup de soleil d'*Et Dieu créa la femme*, ne tarde pas à montrer le peu d'inclination qu'il porte au langage cinématographique en retournant vers les recettes éprouvées, et les défenseurs d'une nouvelle manière de filmer, fondée sur la nature documentaire de tout film (y compris et surtout ceux de fiction). Cette nature documentaire tient aux procédés mécaniques du cinéma, et fonde sa différence avec les autres arts. Il convient non pas de la faire oublier par l'artifice, mais de l'utiliser pour tenter un « enregistrement du monde ». La mise en œuvre de ces principes explique d'ailleurs qu'on trouve dans leurs films beaucoup plus d'allusions à la réalité historique, en particulier à la guerre d'Algérie, qu'on ne le dit généralement. Mais il s'agit en général de traces, que les événements laissent dans le quotidien des personnages, et non de leur prise en compte comme sujet central. Même dans les deux grandes fictions contemporaines de la guerre d'Algérie et qui s'y réfèrent explicitement (*Le Petit Soldat* de Godard et *Muriel* de Resnais), les motivations principales du personnage central ne sont pas « politiques ». De même, si on voit dans les films de la Nouvelle Vague des jeunes gens profitant de la nouvelle liberté des mœurs, c'est moins parce que leurs réalisateurs la pratiquent eux-mêmes (dans la vie, ils passent alors pour plutôt timides sinon puritains, plus à l'aise avec la filmographie intégrale de Fritz Lang qu'avec les jeunes filles) que parce qu'ils témoignent à vif de ce mouvement de société. Leurs films seront ainsi d'immédiats révélateurs des évolutions sociales, en particulier de l'explosion de la « société de consommation ». Schématiquement, alors que la plupart des films réalisés par les « cinéastes de la jeunesse » sont seulement des « faits de société », ceux du cinéma moderne sont à la fois des faits et des témoignages réfléchis sur ces faits.

« Ciné-enregistrement » des *Cahiers* contre « ciné-engagement » de *Positif*, le divorce est à ce moment total sur le fond. Mais les questions de fond suffisant rarement à faire une bonne polémique, les pamphlétaires de *Positif* s'en vont chercher d'autres arguments, qui les rapprochent inconsidérément des tenants de ce « vieux cinéma » qu'ils se plaisent pourtant à pourfendre. Deux chefs d'accusation reviennent avec insistance : d'abord, les films de la Nouvelle Vague sont « mal faits », c'est-à-dire qu'ils n'obéissent pas aux règles canoniques de l'écriture scénaristique, de la prise de vues et du montage. On imagine comment ce reproche est accueilli par ceux qui veulent justement remettre en cause ces principes, et qui le font (souvent de manière brouillonne, parfois de manière géniale, mais où le génie tient entre autres à un dispositif de réalisation qui accepte l'imprévu). Ensuite, les films de la Nouvelle Vague, « sans intérêt quant à leur sujet et ratés quant à leur réalisation », bénéficient d'une notoriété tout entière due aux talents publicitaires de la petite mafia que constitue la bande des *Cahiers*, et qui déploie à la défense de chacun de ses membres l'énergie et les dons qu'elle aurait mieux fait de dépenser dans ses films.

Le reproche n'est pas totalement sans fondement. Avec toutes les ressources de la bonne et de la mauvaise foi, avec une détermination et une solidarité sans faille (encore que Truffaut ne se soit pas privé d'infliger une volée de bois vert à Doniol-Valcroze lors de la sortie de son premier film, *L'Eau à la bouche*, dans *France-Observateur* du 28 avril 1960 : le cofondateur des *Cahiers* avait eu le malheur de dire dans ces mêmes colonnes le mal qu'il pensait d'un film de Fuller que Truffaut avait aimé), les tenants de la Nouvelle Vague se tiennent les coudes. Ils font preuve d'un très sûr instinct qu'on n'appelle pas encore « médiatique » (et qui doit peut-être au passage de plusieurs d'entre eux par les fonctions d'attachés de presse). Ils trouvent les formules qui marquent les esprits, et contribuent à assurer leur célébrité, sinon à intimider leurs adversaires. Sans doute aussi ont-ils, assez vite, le sentiment que le temps presse, que cet « état de grâce » ne durera pas. En septembre 1960, Truffaut écrit : *« Il faut se bagarrer et profiter de ce que la porte est entrouverte pour faire passer les copains avant qu'il ne soit trop tard. »* La formule « faire passer les copains » a quelque chose de déplaisant, elle conclut pourtant un passage où Truffaut fait part à sa correspondante, Helen Scott, d'un projet fort généreux : il essaie de produire un film à sketches, chaque épisode étant réalisé par un débutant, d'après une des *Histoires extraordinaires* d'Edgar Poe, envisageant même de faire parrainer chaque jeune cinéaste par un membre déjà reconnu de la Nouvelle Vague.

Il faut par ailleurs observer que cette « stratégie de communication » tardera à se doubler d'une véritable argumentation théorique. Il semble plutôt qu'une sorte d'euphorie paralysante se soit abattue sur les bureaux du 146, Champs-Elysées : siège de la revue qui devrait naturellement être le lieu de réflexion privilégié sur le mouvement en cours. Mais le numéro de septembre 1959 se contente d'un : « *Les* Cahiers *s'écrivent tout seuls puisque Jean-Luc Godard commence* A bout de souffle *tandis que Rohmer termine* Le Signe du lion, *que Jacques Doniol-Valcroze termine* L'Eau à la bouche, *et que Jacques Rivette a pu reprendre le montage de* Paris nous appartient *»* — sans mentionner Truffaut et Chabrol, pour qui ça marche encore mieux. Les *Cahiers* disent grand bien de leurs films, mais les grands articles de fond de Jean Douchet ou Luc Moullet sont pour le cinéma américain — hormis le texte remarquable consacré par ce dernier à la sortie d'*A bout de* *souffle.* Et Rohmer, rédacteur en chef, manifeste notoirement plus d'intérêt pour Preminger que pour les œuvres de ses confrères d'hier. Cette relative léthargie s'explique aussi en partie par la réticence de ses rédacteurs à se mêler au concert des échotiers, des publicitaires et des sociologues de magazines qui mettent la Nouvelle Vague, ou ce qu'ils appellent ainsi, à toute les sauces. Intérêt commercial, intérêt politique aussi, que Chabrol analysera ainsi : *« Si la grande presse a tant parlé de nous, c'est qu'on voulait imposer l'équation : de Gaulle = renouveau. Dans le cinéma comme ailleurs. Le Général arrive, la République change, la France renaît. Regardez cette floraison de talents. Les intellectuels s'épanouissent à l'ombre de la croix de Lorraine... Nous avons été promus comme une marque de savonnettes. »* Comme quoi un doute salutaire effleure vite les plus lucides des heureux bénéficiaires de cette gloire-surprise. Il reste qu'il faudra un véritable complot, mené durant l'été 1962 par Doniol-Valcroze, Rivette, Truffaut et Kast, rejoints ensuite par Godard, puis par Douchet, contre la « ligne Rohmer » pour que les *Cahiers* veuillent bien se pencher sérieusement sur le travail de ses anciens rédacteurs. La revue ne réagira véritablement qu'en décembre 1962, avec la parution du n° 138, « Spécial Nouvelle Vague », comportant notamment trois grands entretiens avec Truffaut, Godard et Chabrol.

Publiée par la Fédération française des ciné-clubs, une troisième revue importante, *Cinéma*, adopte une position à part dans l'affrontement entre les *Cahiers* et *Positif.* Tentant une approche non partisane, quoique vigoureuse, du conflit qui fait rage au sein de la cinéphilie, ce mensuel maintient une approche plus équilibrée, qui l'amènera, selon les cas, à prendre parti pour l'un ou l'autre camp, ou à se contenter de compter les coups et de relever les excès et absurdités proférés par les uns et les autres. *Cinéma* vénère Resnais (comme toute la critique cinéphile), admire hautement Varda, estime Malle, reconnaît quelque talent à Truffaut, découvre avec surprise que Rohmer a peut-être une âme, mais n'a pas de mots assez durs pour médire de Godard ou se moquer de Chabrol, dans son « Petit lexique de la Nouvelle Vague » du numéro d'avril de *Cinéma 60.* Du moins cette revue aura-t-elle donné la parole même aux cinéastes qu'elle n'admire pas et aura-t-elle estimé avec plus de recul la nature du mouvement en cours : *« Non, le cinéma français n'est pas un cinéma d'alcôve, de laborantins sans cœur ni entrailles, de petits-bourgeois fascisants... Mais on ne s'engage plus aujourd'hui dans le " cinéma engagé " comme on s'engageait dans la Légion étrangère. Le cinéma social est devenu moins schématique et plus ambigu. Il a perdu en efficacité idéologique ce qu'il a gagné en sincérité et en vérité humaine »*, note son rédacteur en chef, Pierre Billard, en dressant un bilan de ces années tumultueuses dans le numéro de septembre-octobre de *Cinéma 62.* Sa revue aura, dit-il, tenté de *« faire tomber la fièvre ».* Ce n'était pas forcément de saison.

La grande presse tourne casaque

Le spécial *Feu sur le cinéma français* de *Positif* date de juin 1962, le numéro-bilan de *Cinéma* de septembre-octobre et le « Spécial Nouvelle Vague » des *Cahiers* de décembre de la même année. A ce moment, l'étoile du jeune cinéma a commencé de pâlir dans les grands médias. Certains journalistes s'y sont d'emblée opposés, tel Henri Magnan lançant les 3 et 4 novembre 1959 deux pamphlets (« A l'école des mômes » et « Vrais jeunes et petits vieillards » dans *Paris-Jour*, sous le titre global : « Ils n'ont dansé qu'un seul été »), ou, évidemment, la presse d'extrême droite, qui a aussitôt stigmatisé la déchéance morale des nouveaux films (*Carrefour* du 7 octobre 1959 va même jusqu'à enrôler le « rouge » Khrouchtchev pour proclamer qu'au moins, dans son pays, on ne verrait pas des choses pareilles). Mais bon nombre de chroniqueurs avaient dans un premier temps été impressionnés et séduits par ce déferlement. D'autant plus qu'au phénomène de société qu'ils se plaisent à découvrir et à commenter a d'abord correspondu un réel succès public des premiers films. En tête de ce soutien médiatique viennent les deux grands hebdomadaires « modernes » que sont *L'Express* et *L'Observateur*, et des organes de la vie culturelle comme *Arts* ou *Radio-Cinéma* (le futur *Télérama*), et bon nombre de titres généralistes leur emboîtent le pas. Le paternalisme sinon la condescendance ne sont pas absents de ce soutien des premiers temps : attitude d'adultes envers des adolescents qu'il faut bien laisser jeter leur gourme, mais qu'on compte voir revenir bientôt dans le droit chemin – c'est effectivement ce qui se produira pour une partie d'entre eux.

Passé le premier engouement pour la nouveauté, la plupart des « supporters » du jeune cinéma changeront leurs batteries, au moment où se produiront, aussi, les premiers échecs commerciaux retentissants. L'évolution d'*Arts* est significative : sans qu'il lui ait jamais réservé un soutien sans faille, du fait de la diversité de ceux qui écrivent (Audiberti a été très tôt souvent hostile), l'hebdomadaire a représenté un point d'appui pour le cinéma moderne tant que les rédacteurs des *Cahiers* ont eu accès à ses colonnes. Cet important soutien disparaît lorsque la critique de cinéma échoit à un brillant professeur et écrivain nommé Jean-Louis Bory, nettement plus réservé quant aux entreprises de la bande, et à Roger Boussinot, carrément hostile. Dans *Combat*, Pierre Marcabru se fait de plus en plus circonspect, Henry Chapier découvre le bémol, Georges Charensol, dans *Les Nouvelles Littéraires*, est contre et Morvan Lebesque, où qu'il signe, aussi. Quant à la presse communiste, qui exerce à l'époque une influence certaine, ses comptes rendus des premiers ébats de la Nouvelle Vague obéissent à un canevas pratiquement identique d'un article à l'autre : 1) l'histoire n'est pas très intéressante ; 2) mais ce jeune réalisateur a bien du talent, et une irrévérence qu'il convient de saluer ; 3) il ne lui reste plus qu'à mettre ledit talent au service de la vraie bonne cause. Ainsi, typiquement, la critique de *Vivre sa vie* par Samuel Lachize dans *L'Humanité* du 22 septembre 1962 s'achève par : *« Utiliser ce langage à des fins utiles, voilà ce qu'il reste à faire à Godard comme à d'autres... Est-ce l'avenir ? »* (La réponse est non, et *Le Petit Soldat*, puis *Le Mépris* seront descendus en flammes par *L'Huma*). Le même Lachize, favorablement impressionné par *Les Quatre Cents Coups* à Cannes, fera son *mea culpa* au moment de la sortie du film en salles, pour souligner qu'il manque de « point de vue de classe » (et même déceler une attaque contre la laïceté dans les scènes à l'école, scènes destinées selon lui à complaire aux curés, et expliquant le prix de l'Office catholique reçu sur la Croisette...). Le critique sera en revanche un fervent supporter d'Alain Resnais. Au point que la sortie d'*Hiroshima mon amour* entraînera la parution simultanée de deux articles contradictoires dans le même numéro du quotidien communiste, l'autre spécialiste du journal, Armand Monjo, stigmatisant la description du sort de l'héroïne à la Libération, *« qui ne réjouira que les pétainistes ou les collabos d'hier »*. Mais deux avis divergents dans *L'Huma*, ce n'était pas banal. Dans *Les Lettres françaises*, Georges Sadoul, « pape » de la critique communiste et de l'histoire « engagée » du cinéma, reprend les reproches adressés par Monjo, comme un bémol à l'éloge dithyrambique dont il gratifie le film. Avec moins d'enthousiasme, Sadoul a défendu dans le journal dirigé par Aragon les premiers films de Truffaut et de Chabrol, mais il se bat bec et ongles pour *Paris nous appartient* de Rivette. Avec Godard, il aura plus de mal : il reconnaît *« un incontestable, un très grand talent »* à l'auteur d'*A bout de souffle*, qu'il qualifie de *« bête de cinéma »*, mais ne voit dans le film qu'un démarquage de *Quai des Brumes* (?!), et déteste les personnages ambigus du film comme les dialogues, qu'il trouve copiés sur Audiard (?!?!). Il ira jusqu'à les citer faussement, écrivant que Belmondo dit : *« Tu permets que je fasse pipi dans ton lavabo ? »*, alors que la phrase exacte est : *« Je peux pisser dans ton lavabo ? »* ; ce « pipi »-là prouve combien une réplique aussi anodine pouvait encore, à ce moment, choquer non le bourgeois, mais le conformiste... Il faudra attendre le quatrième film de Godard, *Vivre sa vie*, pour que le réalisateur trouve, une seule fois, pleinement grâce aux yeux du rédacteur de l'*Histoire générale du cinéma*... Le moment venu, les réserves de la presse communiste s'aggraveront de la condamnation voilée contre les méthodes de tournage, qui battent en brèche la toute-puissance des organisations corporatives des studios sur lesquels le Parti conserve la haute main.

Les « pros » se rebiffent

Après le débat de tendances entre cinéphiles, sain dans son principe sinon toujours dans ses méthodes, et avant même le retournement de la presse généraliste, la « profession », attaquée non plus seulement sur le terrain de la critique mais dans sa pratique même, n'a pas tardé à donner de la voix. Dans le numéro d'*Arts* de mai 1959, qui publiait la teneur du colloque de La Napoule, paraissait un pamphlet signé de l'une des cibles favorites des jeunes cinéastes, le scénariste Henri Jeanson. Du haut de sa prestigieuse carrière « classique », l'homme qui a écrit *Pépé le Moko, Hôtel du Nord, Entrée des artistes* et *Fanfan la Tulipe* canarde ceux qu'il appelle les *« tricheurs en scène »*, au lieu de « metteurs en scène », et va jusqu'à les traiter de *« putains de petite chapelle »*. Même si cette virulence de ton fait partie du jeu tel qu'il se pratique à l'époque, il y a quelque chose de pathétique dans la violence de cette apostrophe, qui traduit une peur dans une certaine mesure exagérée, née là aussi de la confusion entre la nouveauté différente qu'incarne un petit groupe, celui du cinéma moderne, et l'innocuité de la plupart des représentants du cinéma de la jeunesse, qui vont bientôt venir grossir les rangs de l'industrie pour laquelle travaille, bien, Henri Jeanson. Celui-ci, moins d'un an plus tard et avec une grande honnêteté intellectuelle, se fera d'ailleurs le défenseur enflammé d'*A bout de souffle*, écrivant dans *Paris-Presse* : *« J'aime* A bout de souffle *et j'en suis jaloux. C'est le premier film de révolte du cinéma français, et du cinéma tout court... Grâce à ce merveilleux film, le cinéma reconnaîtra les siens. »* Mais sa première diatribe en annonce bien d'autres, l'un des plus ardents étant Michel Audiard, qui n'a pas sa langue, ni sa plume, dans sa poche.

Les cinéastes de la « qualité française » ont moins de verve, mais tout autant de rancœur. Ainsi Claude Autant-Lara, dans une lettre haineuse publiée dans le numéro de janvier de *Cinéma 62*, s'en prend à la fois aux critiques et aux films des *« petits vieux de la prétendue Nouvelle Vague ou assimilés, composée de petits impatients et d'ignorants de notre métier, et* [dont] *vous* [les revues de cinéma] *avez aidé à ériger leurs navrantes incapacités en soi-disant esthétique* [...] [des] *incapables de bien raconter* [...] *pas foutus de faire juste, sobre et normal »*. Ou Denys de La Patellière, interviewé par la revue corporative *France-Film* (de juillet 1960), revue dont les éditoriaux sont systématiquement consacrés à démolir le « ruineux » cinéma moderne : *« La Nouvelle Vague* [...] *est encombrée de poncifs. Rien n'est plus académique que sa méthode* [...]. *Même si François Truffaut faisait de bons films, je ne le dirais jamais »* – on ne saurait mieux dire qu'il s'agit d'une défense « de principe », conçue par des gens qui se sentent assiégés.

Cette litanie négative, à force d'insistance, finit par répandre l'idée que la Nouvelle Vague aurait coulé le cinéma français, voire le cinéma en général – les gens de cinéma, toutes tendances confondues, ont un penchant singulier pour annoncer régulièrement, et pour les raisons les plus diverses, la mort du cinéma. Symétriquement, les défenseurs de la Nouvelle Vague, par exemple Doniol-Valcroze répondant dans *France-Observateur* à Pierre Billard, prédisent que, contrairement aux craintes de ce dernier, il y aura encore beaucoup de bons films neufs, passé le premier éclat de 1959 (ce qui est vrai), et qu'ils auront beaucoup de succès (ce qui est globalement faux). Il faut dire, au contraire, que la Nouvelle Vague, et plus généralement le cinéma moderne, représente et ne représentera jamais qu'un mouvement marginal en termes quantitatifs et notamment commerciaux, passé les premiers succès (d'ailleurs relatifs) remportés par *Les Quatre Cents Coups* (450 000 entrées en première exclusivité dans les huit plus grandes villes de France), *Les Cousins* (416 000), *A bout de souffle* (380 000) ou *Hiroshima mon amour* (255 000). Ces chiffres sont inférieurs à ceux des grands succès de l'époque, *La Vérité* de Clouzot, *Les Liaisons dangereuses* de Vadim, *Orfeu Negro* de Camus ou *Les Amants* de Malle. Mais Luc Moullet, qui évoque ces chiffres dans le chapitre économique du « Spécial Nouvelle Vague » des *Cahiers*, a raison de souligner que *« la grande majorité de films de la Nouvelle Vague (même ayant obtenu un faible nombre d'entrées) ont réalisé de bien meilleures affaires que les films du Système, étant donné leur faible coût ».* Le passage du temps ne fera qu'accroître ce phénomène : celui qui aujourd'hui encore détiendrait les droits de n'importe quel « échec » de Truffaut, Rohmer, Godard ou Demy en tirerait plus d'avantages matériels que le propriétaire de tous les films de Jean Bastia, de Maurice Cloche et de Jean Stelli réunis...

La distribution : un sacré goulot

Mais ces « bons films » que Doniol appelle de ses vœux, il ne suffit pas de les tourner, comme c'est désormais devenu relativement plus facile. Il faut encore les sortir. Plus grave que les diatribes enflammées des caciques du cinéma académique, les froides lois du marché viennent rafraîchir les ardeurs. En août 1961, trente-six films récents signés par de jeunes auteurs attendent depuis au moins trois mois, parfois depuis plus d'un an, un accès aux salles : les vrais maîtres du financement et de la diffusion des films, ce sont les distributeurs, qui fournissent 25 % des budgets au début de la décennie, et la proportion augmentera encore. Eric Rohmer affirme alors : *« Le rapport distributeur/producteur est celui du maître et de l'esclave, et il ne peut en être autrement puisque l'énormité des capitaux engagés et l'incertitude du succès font que, dans l'industrie cinématographique, la vente, en fait comme en droit, précède la fabrication. »* On peut à la rigueur se passer de l'argent de ces distributeurs, mais l'organisation commerciale n'offre pratiquement pas d'alternative aux réseaux de distribution et d'exploitation en place, le relais des ciné-clubs ayant dès cette époque commencé de s'étioler, sans avoir jamais constitué une solution économique (ce qui n'enlève rien au rôle pédagogique qu'il a effectivement joué). Passé la première euphorie, les distributeurs (et les exploitants) répugnent à encombrer leurs écrans d'œuvres « personnelles », c'est-à-dire, entre autres, celles dont ils n'ont pas eu l'occasion d'approuver le scénario et les têtes d'affiche, et qui risquent de vider leurs salles même si elles remplissent d'aise l'ego de leur réalisateur. Même si elles seront un jour les fleurons de l'histoire du cinéma français.

Les jeunes Turcs ont fait preuve de naïveté : si leur tactique fut d'attaquer de front les pouvoirs établis du cinéma, leur stratégie reposait sur l'idée qu'ils pouvaient très bien se faire une place à côté. Mais il existe en fait fort peu d'espace libre, et si le cinéma moderne est parvenu à élargir la surface de la production, il est beaucoup plus difficile d'en faire autant dans la distribution et l'exploitation. Jean-Charles Edeline, président de la Fédération nationale des cinémas, c'est-à-dire représentant des exploitants, a clairement signifié dans un entretien à *France-Film* d'avril 1961 que la fête était finie et que les « inventeurs » iraient se faire projeter ailleurs que chez ses affiliés, c'est-à-dire nulle part – ou, au mieux, dans le « ghetto » nécessaire mais non suffisant de l'« art et essai ». Il y avait donc quelque utopie dans ce qu'écrivait Jacques Rivette dès 1957 : *« L'idéal pour le cinéma français, ce serait qu'il y ait d'une part des superproductions faites par des gens comme Delannoy ou Le Chanois (des gens qui sont aptes à les faire et qui le font bien, de telle sorte qu'un film de 500 millions en rapporte 800 ou même plus, ce qui est, après tout, ce que tout le monde désire) et que d'autre part les metteurs en scène de talent* [...] [s'en tiennent] *aux films mettons de 100 millions, qui n'ont pas besoin des marchés étrangers pour être amortis, et où ils pourraient faire véritablement œuvre d'auteurs »* (*Cahiers du cinéma,* « Spécial situation du cinéma français », n° 71, mai 1957).

Rivette sous-estime donc l'ampleur des obstacles, notamment à l'échelon de la distribution. Il annonce pourtant la « coupure » du cinéma français, qui sera un des grands enjeux des décennies à venir : la cohabitation, conflictuelle mais viable et féconde, entre deux cinémas de natures différentes, celui qui repose sur des gros films réalisés par ceux qui savent les faire et qui en ont les moyens et celui qu'inventent les francs-tireurs, et dont le coût ne risque de toute façon pas de fragiliser l'industrie, même s'ils sont des échecs. Cette deuxième catégorie de films jouant le rôle de « laboratoire d'étude » pour les réalisations de série du premier. Le problème étant qu'en France pas plus qu'ailleurs, le cinéma n'a jamais atteint un niveau suffisamment « industriel » pour financer de lui-même ces têtes chercheuses dont il a pourtant besoin, comme cela se pratique dans d'autres types d'entreprises. C'est donc dans les marges que le cinéma moderne devra trouver ses nécessaires appuis financiers.

Chapitre 3

FIGURES D'UN CINÉMA EN MARCHE (1)
LES HUIT SAMOURAÏS

Une poignée de cinéastes incarne ce qui s'est produit dans le cinéma français durant la période 1959-1962 et que nous avons appelé le cinéma moderne. Parmi les metteurs en scène apparus à cette époque, une dizaine de noms à peine s'imposent et s'imposeront, la plupart par l'importance et la pérennité de leur travail, quelques-uns pour un coup d'éclat significatif malgré son absence de lendemain apparent. C'est fort peu, au regard de la quantité des nouveaux venus. Avant de faire plus ample connaissance avec ces talents majeurs, il faut encore noter que leur apparition ne se produit nullement dans un paysage morne ou dévasté : les écrans de l'époque regorgent de films de très haute qualité, parmi lesquels ces débutants doués doivent frayer leur chemin. Ainsi, durant la seule année 1959, par exemple, sont sortis sur les écrans français *La Mort aux trousses* et *Vertigo* d'Alfred Hitchcock, *Rio Bravo* de Howard Hawks, *Le Général della Rovere* de Roberto Rossellini, *Nazarin* de Luis Buñuel, *Les Fraises sauvages* et *Le Visage* d'Ingmar Bergman, *Le Tigre du Bengale* de Fritz Lang, *L'Impératrice Yang Kwei-fei* et *Les Contes de la lune vague après la pluie* de Kenji Mizoguchi, *Autopsie d'un meurtre* d'Otto Preminger, *Cendres et Diamants* d'Andrzej Wajda, *Il Bidone* de Federico Fellini, *Comme un torrent* de Vincente Minnelli, *Le Jugement des flèches* de Delmer Daves... Et aussi, pour la première fois, les versions intégrales de deux films d'Eisenstein, *Alexandre Nevski* et surtout *Ivan le Terrible*, dont on ne connaissait que la première partie. Les années suivantes ne sont pas moins prolifiques : le tournant des années soixante est bien, artistiquement, une période faste de l'histoire du cinéma mondial, et cela non plus n'est sans doute pas étranger à l'éclosion des nouveaux talents français.

François Truffaut

La première projection publique des *Quatre Cents Coups* a eu lieu à Avignon, fin mars 1959, devant les cent vingt délégués du congrès de la Fédération française des ciné-clubs. L'atmosphère y est morose : l'insolence souvent agressive de Truffaut n'est guère prisée des animateurs de la cinéphilie populaire, et beaucoup se promettent par-devers eux de faire payer ses blasphèmes au critique passé dans l'arène de la réalisation. Mais quand la lumière se rallume, une onde d'émotion et de reconnaissance fait vibrer la salle des fêtes. Debout dans les premiers rangs, Jacques Becker, président de la Fédération, étreint Truffaut en une longue et tendre accolade. Le vague sentiment d'un passage de témoin saisit le public : François Truffaut quittait sa petite et ardente chapelle. Consécration, six semaines plus tard au Festival de Cannes, sous la baguette magique de Cocteau et face à une salle où, à l'heure des récompenses, les ovations couvrent les sifflets. La vitalité sèche des *Quatre Cents Coups*, sa maîtrise technique sans ostentation, la prestation de Jean-Pierre Léaud tournant le dos à toute l'imagerie mièvre de l'enfance à l'écran suffiraient à justifier la réussite et l'importance du film. Il faut sans doute également en créditer, pour une part, le coscénariste Marcel Moussy, qui, sans du tout édulcorer la rage qui habite le cinéaste, a contribué à en faire le « carburant » bénéfique du film. Truffaut y décrit la confrontation d'un garçon avec toutes les formes d'autorité qu'il est susceptible de rencontrer (famille, école, police, institution de répression des mineurs) et sa volonté farouche d'y échapper, la salle de cinéma, la lecture et l'amitié figurant en bonnes places parmi les issues éventuelles.

L'accueil réservé au film n'est pas seulement pour Truffaut un succès personnel, c'est une revanche. Celle d'un jeune homme, né en 1932, dont l'enfance a été marquée par des conditions matérielles médiocres et un cadre affectif bien pire encore, qui a souffert du peu de tendresse accordé par sa mère et pressenti que le mari de celle-ci n'est pas son véritable père (il en trouvera, bien plus tard, la confirmation). Enfant ombrageux et rebelle, fugueur réfugié dans l'amour des livres et des films, et dans l'amitié de son copain de toujours, Robert Lachenay, Truffaut trouvera dans le cinéma sa vraie famille : famille au sens large de la vaste confrérie des cinéphiles qui hantent les ciné-clubs et la Cinémathèque et discutent de films à perte de voix quand ils n'en regardent pas ; famille plus restreinte et plus solide des *Cahiers du cinéma* bientôt, à partir de 1953 ; famille au sens strict que lui offrent André Bazin et sa femme Janine : interné dans un centre de mineurs délinquants après la faillite du ciné-club qu'il avait fondé, Truffaut en sort grâce à Bazin. Aussitôt Bazin absent, Truffaut s'engage sur un coup de tête, déserte avant de rejoindre son régiment en Indochine, est arrêté, s'évade, est repris et sortira de nouveau grâce à celui qui est devenu son père électif et qui le fait entrer à la revue qu'il dirige. C'est ce garçon instable et mal dans sa peau qui deviendra le pamphlétaire le plus aiguisé de la critique française, et s'attirera ainsi de nouvelles et nombreuses inimitiés. Le triomphe des *Quatre Cents Coups* sonne donc non seulement comme une victoire cinématographique, mais comme une victoire personnelle –, pour Truffaut, c'est tout un.

L'importance de ce premier film tient encore, même si son réalisateur l'ignore sur le moment, à ce qu'il est le premier titre d'une « série », qui contera les aventures d'Antoine Doinel (le sketch de *L'Amour à vingt ans, Baisers volés, Domicile conjugal* et *L'Amour en fuite*), l'un des fils conducteurs de toute son œuvre à venir, œuvre tout entière filmée « à la première personne du singulier ».

Après les *Quatre Cents Coups*, Truffaut adapte un roman noir de David Goodis : *Tirez sur le pianiste* (1960) est un régal d'humour et de mélancolie, servi par la « présence », tout à fait singulière, de Charles Aznavour, petite masse grisâtre au centre de laquelle brûlent une violence, une dureté et une souffrance, une peur surtout. D'une tout autre manière que Doinel-Léaud, une autre incarnation de Truffaut. C'est aussi l'occasion de faire des blagues et des clins d'œil, de brosser en quelques traits la silhouette hilarante de la paire de truands, Momo et Ernest (Claude Mansart et Daniel Boulanger), d'enchaîner les situations aux tonalités opposées, réalistes et au bord de l'absurde ou de l'onirisme, bagarres, scènes de lit, scènes de ménage, passage à toute vitesse d'un monde doré et cultivé à des ambiances de bouge et de ruelle. Et encore un exercice de virtuosité technique, où Truffaut teste pratiquement toute la gamme des méthodes de récit cinématographique (flash-back, écran divisé, ellipses, surimpressions... et cette voix off dont il inventera un usage si personnel, arme de ces arabesques psychologiques teintées d'autobiographie qui seront une de ses constantes). Enfin, l'occasion de donner libre cours à son intérêt, proche de la maniaquerie, pour les petites choses de la vie quotidienne.

Jules et Jim (1962) annonce d'autres composantes de l'œuvre à venir : d'abord, malgré les jolies prestations de Marie Dubois, Michèle Mercier et Nicole Berger dans le *Pianiste*, c'est le premier film où Truffaut se révèle l'extraordinaire cinéaste des femmes – de femmes en mouvement –, le souverain directeur d'actrices qu'il sera. Que l'actrice soit ici Jeanne Moreau n'y est évidemment pas pour rien, mais c'est un formidable cadeau que se font l'un à l'autre la comédienne et le réalisateur. Simultanément, *Jules et Jim* transgresse ce qui semblait deux des règles non écrites de la Nouvelle Vague : filmer un sujet original et une histoire contemporaine. Sans doute le précédent film était-il déjà une adaptation, mais comme il s'agissait d'un roman noir, il fut considéré comme un simple prétexte – Truffaut lui-même prétendra plus tard que seule une phrase du livre lui avait donné envie de faire le film, puis affirmera : *« L'adaptation s'est faite avec beaucoup de désinvolture »* (en réalité, le film est beaucoup plus proche du livre que le cinéaste ne veut l'avouer). En allant cette fois dénicher un roman d'Henri-Pierre Roché, texte « littéraire » et qu'il admire hautement comme tel, Truffaut manifestait pour la première fois explicitement cet amour des livres qui le brûle depuis la prime adolescence. Et s'il adapte le texte, il en respecte et l'esprit, et les mots. En étant fidèle au livre, il est aussi fidèle à ses principes, lui qui pourfendait la recherche d'« équivalences » par les scénaristes Jean Aurenche et Pierre Bost. Et il ne dépare pas dans une équipe des *Cahiers* où tous vénèrent les livres – au point que c'est aussi par respect pour eux qu'ils ont tant plaidé pour la spécificité du cinéma, contre ce qu'ils considéraient comme les troubles tripatouillages des adaptateurs de la « qualité française ». Plus inattendu, voici Truffaut qui s'adonne aux joies, et aux risques, du « film d'époque », en costumes et qui couvre une durée (quelque quinze ans) qui n'a rien à voir avec l'« enregistrement du temps réel » de la machine cinéma bien comprise selon les *Cahiers*. Mais n'avait-il pas aussi écrit (dans la *Revue des lettres modernes* de l'été 1958), à propos de l'adaptation littéraire justement : *« Tous les coups sont permis, hormis les coups bas » ?*

Truffaut décrivait *Jules et Jim* (avant de l'avoir réalisé) comme *« un hymne à la vie et à la mort, une démonstration par la joie et la tristesse de l'impossibilité de toute autre combinaison amoureuse en dehors du couple »*. La censure, derrière ses lunettes à clous, n'a pas dû y voir la même chose, qui a interdit le film aux moins de dix-huit ans (en Italie, le film fut un temps carrément interdit). Plus tard, le cinéaste dira n'être parvenu au bout du film qu'en le tirant vers la tristesse, il le qualifiera même de son *« premier film délibérément emmerdant »*. Emmerdant, *Jules et Jim* ? Certainement pas, et pas triste non plus, d'ailleurs, quoique empreint d'une mélancolie d'écorché. Mais seulement en filigrane – ou, comme le réalisateur l'a écrit ensuite, *« triste dans la ligne mais drôle dans les détails »*. Parce que sur le devant de l'écran large c'est une fête, malgré les drames et les disputes, malgré la boucherie de 1914 et la mort au bout du ponton. Une joie, une vitalité communicatives en rayonnent à chaque plan, et même la fin, quoi qu'en dise Truffaut, n'est pas triste. Il en va au demeurant ainsi de la plupart des films de ces débuts de la Nouvelle Vague : ni la mort de Michel Poiccard dans *A bout de souffle*, ni la fuite sans gloire après la mort de son amour du *Petit Soldat*, ni la révélation à Cléo qu'elle a effectivement le cancer, ni l'échec de l'idylle nouée durant *Lola*, ni le départ de Michel à la fin d'*Adieu Philippine* – autant de fins « dramatiques » et qui refusent le procédé du *happy end* – ne sont « tristes ». Le tonus accumulé pendant le film, la volonté des réalisateurs que « ça continue » contredisent et dépassent la noirceur de l'événement final.

Le choix de *Jules et Jim* par Truffaut n'a rien de circonstanciel :

« La lecture, en 1953, de Jules et Jim, *premier roman d'un vieillard de soixante-quatorze ans, a déterminé ma vocation de cinéaste,* écrit-il à la sortie du film. *J'avais vingt et un ans et j'étais critique de cinéma. J'ai eu le coup de foudre pour ce livre et j'ai pensé : si un jour je réussis à faire des films, je tournerai* Jules et Jim. » Le résultat de ce désir longuement porté n'est certainement pas un « coup bas ». C'est tout de même un coup de canif à l'orthodoxie de la Nouvelle Vague telle qu'elle s'est peu à peu constituée dans les textes entre 1953 et 1959, puis sur les écrans. Ce coup de canif en annonce bien d'autres de la part d'un cinéaste qui voit s'ouvrir devant lui toutes les voies du cinéma français. Avec son sens éthique du cinéma pour boussole, mais aussi poussé par la taraudante soif de reconnaissance éprouvée par cet ancien exclu et la volonté de séduire de ce terrible timide, il va désormais naviguer à vue. Dans une lettre à son ami Claude de Givray, Truffaut disait : *« J'ai tellement écrit sur les pièges du cinéma français, et je suis tombé dedans. »* La phrase, qui date de juste après le triomphe des *Quatre Cents Coups*, traduit un malaise à l'égard du jeu social auquel il se plie, et une inquiétude quant à ses films à venir. Non, pourtant, Truffaut n'est pas « tombé dedans ». De là, il va se bâtir une place singulière dans ce cinéma, en pratiquant un jeu de plus en plus complexe entre ses partis pris critiques et les lois du système. Dans une large mesure, *Jules et Jim* annonce cette évolution, qui va emmener Truffaut loin du « noyau dur » de la Nouvelle Vague. Seul le très singulier et, quoi qu'on en ait dit à l'époque, « très Nouvelle Vague » *La Peau douce*, en 1964, marquera une embardée en direction de ses origines, sur un scénario cosigné avec Jean-Louis Richard : de ce récit au premier degré d'un adultère (entre Jean Desailly et Françoise Dorléac) à l'issue dramatique, il dira lui-même que c'est *« l'inverse en quelque sorte de* Jules et Jim, *comme une réponse polémique »* (*Lettres françaises*, n° 1000, octobre 1963). Sifflé à Cannes, le film est mal accueilli par la plupart des critiques comme par le public. Renonçant durablement à semblable « polémique », Truffaut pourra déclarer à bon droit plus tard : *« Il y a un nouveau cinéma et je n'en fais pas partie, c'est clair »* (dans le *Nouvel Adam*, février 1968). A une époque qui n'est plus celle du classicisme, il sera un classique, le dernier du cinéma français, et cette « aberration historique » fera tout l'intérêt, et toute l'ambiguïté, de sa position.

Aussitôt après *Jules et Jim*, il a réalisé le deuxième épisode de ce qui va devenir le fil le plus apparent de sa filmographie, la série des « Antoine Doinel » : Jean-Pierre Léaud, qui trois ans après *Les Quatre Cents Coups* n'a plus l'air d'un gamin mais d'un adolescent, y reprend le rôle du double à l'écran de Truffaut, pour en conter la première déconvenue amoureuse (avec Marie-France Pisier) dans un sketch de *L'Amour à vingt ans* (1962). Ce petit film réussit le parfait dosage de tristesse et de gaieté, d'insouciance et de mélancolie que Truffaut cherche souvent dans ses films. On retrouvera Antoine Doinel en 1968, dans *Baisers volés*, récit de son dilemme quand se présentent simultanément la chance de se marier avec la jeune fille qu'il convoite (Claude Jade) et la fascination pour une femme plus mûre (Delphine Seyrig) – la récente publication d'un scénario écrit par Truffaut au milieu des années cinquante et dont le thème préfigure celui de *Baisers volés, La Peur de Paris*, montre combien les angles de l'existence se sont arrondis entre-temps pour le cinéaste, devenu une « valeur sûre » du cinéma français. Sur un air de Charles Trenet, Truffaut arpège les dégradés sentimentaux avec une finesse de touche et un humour naturels. Il tire admirablement parti de ce « corps étrange », moins « anachronique » que hors du temps, qu'est devenu Jean-Pierre Léaud adulte (si on peut dire ça de Léaud), et de sa voix en perpétuel état de stupeur : stupeur devant les beautés, les gaietés et les saletés de l'existence, où il bricole ses petits complots et ses grandes naïvetés.

Juste après *La Peau douce*, Truffaut avait tourné *Farenheit 451* (1966). Film audacieux à plusieurs titres, film malheureux, film raté. Adapter le roman de Bradbury permettait au réalisateur de faire d'une de ses grandes passions, l'amour des livres, le sujet même d'un film. Mais l'aspect « science-fiction » ne convenait guère à ce nostalgique. Surtout le genre entraîna des contraintes financières qui obligèrent Truffaut à tourner à l'étranger (Londres), en studio, en langue anglaise. De surcroît, pour la première fois il filmait en couleurs. Et, pour ne rien arranger, il se brouilla avec son acteur principal. Le cinéaste avait confié à son ami de *Jules et Jim*, Oscar Werner, le rôle du pompier Montag, exécuteur des basses œuvres d'un régime totalitaire qui interdit toute autonomie spirituelle en même temps que la possession et la lecture des livres, et qui sera converti après sa rencontre avec la rebelle Julie Christie. Le résultat est d'une raideur un peu niaise, tout le contraire de Truffaut. *Farenheit 451* est, aussi, le premier de ses films distribués par une *major company* américaine (Universal). Ce sera désormais le cas de pratiquement toutes ses réalisations jusqu'à la fin des années soixante-dix – le plus souvent avec les Artistes Associés, à l'occasion avec Columbia ou Warner. Ce sont les avances consenties par les distributeurs américains qui, paradoxalement, permettront la production de ces fleurons du cinéma français et donneront à Truffaut les moyens de son indépendance.

Le film suivant, également adapté d'un roman (de William Irish), n'est guère plus convaincant. Trois figures dominent (trop) *La Mariée était en noir* (1967) : Hitchcock, avec lequel Truffaut vient d'achever son célèbre livre-interview, Cocteau et Jeanne Moreau. Le mélange de l'habileté technique du « maître du suspense » et de l'onirisme hanté par la mort du « prince des poètes » apparaît assez forcé, surtout dans cette construction en sketches qui se veut hommage au talent de Jeanne Moreau. La symbolique trop explicite de cet ange exterminateur qui tire vengeance des responsables de son veuvage survenu le jour même de son mariage ne laisse guère de place à la comédienne pour exprimer l'intensité de son talent. Un an après, *La Sirène du Mississippi*, autre adaptation de William Irish, trébuche sur le même manque d'unité et d'élan : cette rocambolesque affaire de faux-semblants, elle aussi lestée de références hitchcockiennes, peine à trouver sa « vérité intérieure ». Le charme de Deneuve et de Belmondo, de l'île de la Réunion aussi bien, nuit au lieu de servir, en accentuant le côté décoratif des images et le côté forcé des péripéties, ne parvenant pas à se mettre à l'unisson des interrogations du cinéaste sur la vie (avec quoi fabrique-t-on un couple ?) et sur le cinéma (avec quoi fabrique-t-on un personnage ?).

Cela fait, pour la décennie soixante, un bilan mitigé, que recouvrira ensuite la gloire de celui qui sera canonisé comme « le plus grand cinéaste français ». Quatre premiers films aussi dissemblables que réussis, témoignant de l'énorme énergie accumulée durant les années précédentes et encore démultipliée par le premier succès, une certaine incohérence aussi, qui paraît soudain laisser le réalisateur indécis, privé de clairvoyance à son propre sujet au moment où la célébrité et le confort ne lui sont plus comptés, à partir du milieu des année soixante. S'éloignant de plus en plus et de son histoire personnelle, et des choix du critique qu'il n'est plus, Truffaut semble se perdre dans les habiletés et la joliesse d'un cinéma plaisant et de bonne facture, mais sans grande personnalité. Il lui faudra donner un vigoureux coup de barre, et vaincre sa timidité naturelle, pour venir lui-même à l'écran impulser une nouvelle direction à son travail avec *L'Enfant sauvage* (1969), avant de renouer avec Doinel *(Domicile conjugal*, 1970).

Jean-Luc Godard

« Godard a pulvérisé le système, il a fichu la pagaille dans le cinéma, ainsi que l'a fait Picasso dans la peinture, et comme lui il a tout rendu possible », écrira plus tard Truffaut à propos d'*A bout de souffle*. Si la présentation à Cannes des *Quatre Cents Coups* a été l'événement médiatique marquant l'arrivée du cinéma moderne, si *Hiroshima* a été l'événement intellectuel, *A bout de souffle*, sorti en mars 1960, est le troisième coup de ce lever de rideau, le coup proprement — ou salement — cinématographique.

L'individu qui vient de le perpétrer a alors vingt-neuf ans. Il est né en France de parents suisses et protestants, un père médecin renommé et une mère issue d'une très riche famille, les Monod. Son enfance (comme plus tard d'importantes périodes de sa vie adulte) s'est partagée entre la France et la Suisse. Il a bénéficié d'une éducation de bonne qualité, de l'accueil chaleureux de la propriété grand-paternelle, de ses dispositions pour le sport, de la possibilité de voir durant la guerre à la fois les actualités anglaises et les actualités allemandes dans les cinémas suisses... Bachelier sans enthousiasme à Paris, il s'inscrit sans conviction en ethnologie à la Sorbonne, penche pour la littérature ou la peinture, se tourne vers le cinéma au moment où ses parents divorcent. La Cinémathèque devient son adresse la plus régulière. Il la quitte pour l'Amérique du Sud où il passe dix-huit mois, rentre pour signer ses premiers articles dans les *Cahiers du cinéma*, en 1952, se fait engager à la télévision suisse-romande naissante, le temps d'y voler de l'argent et de se retrouver en prison, puis en asile psychiatrique, aux bons soins de son père. Juste avant de mourir dans un accident de voiture, sa mère le fera engager sur le chantier d'un barrage : il y réalisera son premier court-métrage, *Opération béton*, en 1954. De retour à Paris en 1956, il devient un collaborateur régulier des *Cahiers* et d'*Arts*, tourne une volée de courts-métrages et remplace Chabrol comme attaché de presse de la Fox. Le 17 août 1959, il donne le premier tour de manivelle d'*A bout de souffle*, et le dernier le 12 septembre.

L'histoire du petit malfrat Michel Poiccard, histoire un peu trouvée dans une page de faits divers, un peu écrite par Truffaut, pas du tout supervisée par Chabrol même si le producteur crut bon de faire figurer deux noms déjà connus de la Nouvelle Vague au générique, à moins qu'elle n'ait été écrite par Truffaut et Chabrol, comme l'affirme ce dernier, d'après l'affaire Portal, qui défraya (un peu) la chronique, à moins que ni Truffaut ni Chabrol n'y soient pour quelque chose, comme le prétend le chef opérateur Raoul Coutard..., de toute façon inventée par Godard dans la joie et la douleur du tournage, puis réinventée dans l'incertitude et les coups d'audace du montage, saluée par Sartre (peut-être), par Cocteau, par Jeanson, par Becker, par Kessel, par la rédaction de *Socialisme ou Barbarie*, qui d'ordinaire ne se soucie pas de cinéma, bref par pratiquement tout ce qui se mêle de tenir une plume (hormis par *La Croix* et par les mécréants de *Positif*), condamnée par les professionnels de la profession qui n'y retrouvent pas la grammaire du cinéma telle que M. Berthomieu, mort sur le moment même d'une crise cardiaque, l'avait gravée dans le marbre d'un manuel aussitôt oublié, cette histoire-là a fait un film drôle, triste, moralement confus (*« un film sans sujet »*, dira l'auteur), techniquement incorrect et politiquement malpoli, grossier, subtil, truffé de citations et complètement personnel, complètement avec Jean-Paul Belmondo et Jean Seberg aussi, quoiqu'un peu moins... A moins que ce ne soit, à l'inverse, le film qui ait fait l'histoire. Il a, en tout cas, fait l'Histoire. Bref, Truffaut a raison, il aurait pu parler de Faulkner aussi bien que de Picasso, et en plus c'est un succès commercial, ce qui pour un film si neuf, si inventif et dérangeant, n'est tout de même pas normal. Cela ne se reproduira plus.

Trahi par Patricia, la vendeuse du *Herald Tribune* qui ne voulait pas qu'on lui dicte ses sentiments, Poiccard le desperado bon vivant et mal embouché est mort au bout de la rue Campagne-Première, d'une balle dans le dos, de l'amour de sa maîtresse et de la bêtise de ses amis. Sans reprendre haleine, Godard réalise *Le Petit Soldat* à Genève. Louis Terrenoire, ministre de l'Information du gouvernement français, sera son premier et pour longtemps son seul critique : *« ... l'action du film, située en Suisse en 1958, retrace certains épisodes de la vie d'un jeune Français déserteur de notre armée. Son objet est d'analyser le comportement de ce jeune homme, les raisons profondes de son acte ainsi que les attitudes qu'il est amené à prendre dans le conflit où il est impliqué. A un moment où toute la jeunesse française est appelée à servir et à combattre en Algérie, il paraît difficilement possible d'admettre que le comportement contraire soit exposé, illustré et finalement justifié. Le fait que ce personnage se soit paradoxalement engagé dans une action contre-terroriste ne change rien au fond du problème. »* M. Terrenoire (qui sera plus tard, « paradoxalement », comme il le dirait, un actif artisan du rapprochement de la France avec les pays arabes) n'est pas un si mauvais critique ; l'ennui est qu'il est aussi ministre et, de ce fait, peut interdire le film, ce dont il ne se prive pas. Quand *Le Petit Soldat* sortira finalement, en 1963, la guerre d'Algérie sera terminée, et deux autres films de Godard auront déjà paru sur les écrans. Le film sera mal et peu accueilli par la droite, ce qui est la moindre des choses, et tout aussi mal par la gauche, qui, attendant un tract anticolonialiste, le trouve *« paresseux »*, d'une *« dangereuse confusion »*, voire *« pernicieux »*. Il ne faudrait pourtant pas pousser beaucoup le paradoxe (décidément !) pour affirmer qu'il s'agit du vrai premier film de Jean-Luc Godard, après le jaillissement sidérant, euphorique, dans une grande mesure incontrôlé par le cinéaste, d'*A bout de souffle*.

Sur la bande-son du *Petit Soldat*, les premiers mots sont : *« Pour moi, le temps de l'action a passé. J'ai vieilli. Celui de la réflexion commence. »* Le premier plan montre un passage de frontière, suivi d'un panoramique latéral, rapide comme un geste brusque et décidé : aller au-delà de la limite, avec un appétit à la fois gourmand et féroce de voir « ce qu'il y a à côté ». Voilà le film, et ceux qui vont venir. Les citations littéraires crépitent, la réflexion sur la nature du cinéma est l'inspiration dont les péripéties sont l'expiration, au long de cette course d'athlète et d'esthète (mais *« l'éthique, c'est l'esthétique de l'avenir »*), cette fois nullement essoufflé. Très concertée, même si toujours déconcertante. Toutes les questions sont déjà là, qui travailleront désormais Godard cinéaste, et sur lesquelles il commence à travailler, avec un sérieux souriant et opiniâtre. Questions de la vérité des images, de ce qu'on peut montrer et comment, questions des rapports entre bande-son et bande-image, questions sur la révolution et les médias, sur le libre arbitre et le déterminisme social, la liberté et la démocratie. Les réponses ? Le très peu héroïque héros du film n'en a pas, sinon le refus d'obtempérer, stade primitif de la révolte. Après avoir refusé de parler sous la torture *« parce qu'il n'a pas envie »*, comme il a refusé, pour la même raison, ou déraison, d'exécuter l'attentat que lui avaient commandé ses patrons les barbouzes français, le déserteur et journaliste-photographe peut s'en aller le cœur léger vers d'autres expériences. Il sait qu'il retrouvera Veronica Dreyer, assassinée par ceux dans le jeu desquels il a refusé d'entrer. Parce que Veronica Dreyer, c'est Anna Karina.

Godard avait rencontré Karina, actrice d'une publicité pour Monsavon, grâce à une petite annonce dans *Le Film français* où il cherchait une « interprète et âme sœur » (et lui aurait proposé un petit rôle, refusé par l'actrice, dans *A bout de souffle*). L'âme sœur, c'est bien ce qu'il semble avoir trouvé, et il le dit et le montre avec un amour et une tendresse extraordinaires dans *Le Petit Soldat*, notamment durant la mémorable séance de pose pour le photographe-déserteur qu'interprète Michel Subor. On dira que Seberg (à laquelle Godard fera à nouveau appel pour le sketch des *Plus Belles Escroqueries du monde* en 1963) annonçait Karina, ne serait-ce que parce qu'elles sont étrangères l'une et l'autre : l'accent est comme la trace, infiniment séduisante, de la différence que Godard reconnaît aux femmes, et qui l'attire et l'inquiète. Leur imparfaite connaissance de la langue leur permet d'interroger ces mots que les hommes utilisent sans y prendre garde. *« C'est quoi, dégueulasse ? »* demandait Patricia. *« Qui, quoi, où, quand, comment, pourquoi, combien ? »*, Veronica Dreyer pose toutes les questions, et les miroirs peuvent commencer à réfléchir, comme le leur demandait Cocteau.

Comme *Jules et Jim* pour Truffaut, *Une femme est une femme* (1961 également, pas de temps à perdre) est le troisième long-métrage dans la filmographie de Godard. Comme chez Truffaut, il s'agit d'une femme, Karina, et de deux hommes, Brialy et Belmondo, amis et rivaux. Dans un cas comme dans l'autre, les films sont plus « écrits », plus « prévus » — Godard dira en avoir rédigé le « scénario » (deux pages) avant *A bout de souffle*. Pour lui, c'est aussi la première expérience de la couleur et du son direct. *Une femme est une femme* n'est dépourvu ni d'enjeux (vérité et mensonge, cinéma et théâtre), ni d'inventions tactiques dans la façon de mener le récit, avec ses « fausses chansons », son utilisation distanciée et gaiement sentencieuse de la voix off selon une méthode en grande partie mise au point lors du court-métrage *Une histoire d'eau*, ou ces dialogues à coup de titres de bouquins durant une scène de ménage muette. Inspiré d'une idée de Geneviève Cluny, qui avait déjà servi de point de départ au premier film de Philippe de Broca, *Les Jeux de l'amour*, il est d'une légèreté désinvolte, un peu potache et parfaitement réjouissant. C'est une sorte de suite à *A bout de souffle*, plus contrôlée et moins stressée, sans l'angoisse du premier film. Pour une fois, personne ne meurt. Et même, quelqu'un va naître. Un bébé. Ou un autre film : au détour d'une séquence, Belmondo raconte une anecdote, empruntée à Giraudoux. Cette histoire de quiproquo fournira le sujet du sketch de Godard pour *Paris vu par...*, intitulé « Montparnasse-Levallois » (1964).

Mais le quiproquo reste une manière mécaniste, théâtrale, d'interroger la vérité et le mensonge des apparences. Godard compte sur le cinéma pour étudier différemment, et avec plus d'acuité, les jeux de la surface et des profondeurs. Dès *Le Petit Soldat*, Michel Subor demandait : *« A votre avis, qu'est-ce qui est le plus important, l'intérieur ou l'extérieur ? »* L'enjeu de *Vivre sa vie* (1962) est résumé dès le début, sous couvert d'un mot d'enfant : *« La poule est un animal qui se compose d'un extérieur et d'un intérieur. Quand on enlève l'extérieur, il reste l'intérieur. Quand on enlève l'intérieur, on voit l'âme. »* L'enjeu du film sera, en plaçant son héroïne, Nana, sous le microscope de la caméra, de révéler son « âme », et celle du monde dans lequel elle vit. Nana est une poule, une jeune femme insouciante (bien qu'elle ait des soucis, d'argent surtout), obligée de se prostituer pour vivre, et pour mourir. *Vivre sa vie*, film en douze tableaux « dédié aux séries B », est une enquête sur Nana Kleinfrankenheim. C'est-à-dire, à nouveau, aussi sur Anna Karina. La réalisation en « style de vignette » et la construction en chapitres, chacun précédé d'un carton en résumant les temps forts, visualisent la méthode de travail du réalisateur avec la même précision que celui-ci décrit le travail des prostituées, son cadre juridique et économique, les pratiques des macs, des flics et des clients. *Vivre sa vie* obéit à la lettre à la fonction de « recherche » que Godard assigne au cinéma. Dans ce cadre, l'humour désinvolte ou ironique, la sensualité, la poésie ne sont pas des ornementations, mais le style même du film, et les outils de la recherche. Au détour d'une séquence, Jean Ferrat vient lui-même faire jouer sa chanson *Ma môme* au jukebox, et c'est la première irruption du monde ouvrier chez un cinéaste de la Nouvelle Vague. La réflexion intellectuelle acquiert pour la première fois droit de cité, non comme citation mais comme « personnage », avec la conversation entre Nana et le philosophe Brice Parrain, lors d'un vrai débat sur le bon usage des mots. Dans sa radicale remise en cause de la séparation entre fiction et documentaire, Godard reprendra bientôt ce procédé du « quart d'heure théorique », avec les interventions de Leenhardt dans *Une femme mariée*, puis de Francis Jeanson dans *La Chinoise* ; il en avait envisagé une variante avec l'interview du prétendu écrivain Jean-Pierre Melville dans *A bout de souffle*, qu'il simplifiera en pratiquant de vraies interviews de Samuel Fuller (*Pierrot le Fou*), de « Mlle Age tendre » (*Masculin-Féminin*), en employant Fritz Lang dans son propre rôle (*Le Mépris*) ou encore en entrebâillant la porte, le temps d'un sketch, à Raymond Devos (*Pierrot le Fou*)...

Vivre sa vie se présentait explicitivement comme une enquête, un travail d'observation des humains et de leurs relations. Sa suite la plus directe sera *Une femme mariée* (1964), qui aurait dû s'appeler *La Femme mariée*, mais la censure n'a pas voulu. Le sujet est dans le titre, et le corps du problème – celui de Macha Méril – en fragments sur un écran en pleine polémique avec l'imagerie publicitaire alors en train de trouver son vocabulaire. Ces deux films sont ceux qui préfigurent le plus explicitement le « cinéma d'enquête », aspect essentiel de la période suivante du travail de Godard.

Entre-temps, *Les Carabiniers* (1963), film sur la guerre qui ne laisse aucune chance d'aimer la guerre – ce qui est fort rare au cinéma –, auront aussi préludé à l'utilisation des images fixes, des cartes postales, dont Godard se resservira bien plus tard pour ses *Histoire(s) du cinéma.* La même année – Godard dira toujours qu'il est nécessaire de filmer sans cesse si on veut un peu progresser dans son travail –, *Le Mépris* passe pour une superproduction, avec son Scope couleur somptueux, Bardot entourée de Michel Piccoli et de Jack Palance, sans oublier Fritz Lang réalisant, sur un scénario du premier, une adaptation de l'*Odyssée* produite par le second : *« en cent quarante-neuf plans »*, *Le Mépris* est une méditation désenchantée, assez amère même malgré le brio intact des formules et la maîtrise croissante de la mise en images, sur la mort des mythes, les corps et les esprits clivés de la soumission moderne. Aussitôt après, *Bande à part* (1964) en est le contre-pied total, « petit film » à la limite du gag, porté par la joie de filmer de celui qui filme, la joie d'être filmés de ceux qui le sont (Anna Karina, Claude Brasseur, Sami Frey), un bonheur partagé et communicatif de faire un petit polar banlieusard, un petit western pour jouer dans les terrains vagues, où se trafiquent en coulisse des sujets plus graves, que nul n'esquive, ni d'un côté de l'écran ni de l'autre, mais qu'on se garde au chaud pour les jours gris. En 1965, *Alphaville*, film de science-fiction en décors naturels parisiens (Godard en avait déjà tâté avec son sketch pour *Rogopag*, trois ans plus tôt, il y reviendra l'année suivante pour le sketch du *Plus Vieux Métier du monde*), propulse l'agent secret Eddie Constantine dans un monde quotidiennement orwellien, où il trouvera l'aide de la toujours bien disposée Anna Karina. *Alphaville* réussit peu ou prou ce que Truffaut a raté avec *Farenheit 451* : un tour de force formel en même temps qu'un pamphlet politique incisif.

Et puis, la même année 1965, *Pierrot le Fou*, salué et institutionnalisé comme le chef-d'œuvre de Godard. Ce qui est exact : aux trousses de Ferdinand-Belmondo et de Marianne-Karina, J.-L. G. boucle en un virtuose envol tout ce qui compose, de manière bancale mais dynamique, son cinéma depuis *A bout de souffle.* « J.-L. G. » ? Avec *Pierrot le*

Fou, le trublion n° 1 du cinéma français est en passe de devenir un label. Il fait « du Godard », il le fait bien, il le fait drôle, et méchant, et triste, et intelligent ô combien. Mais avec *Pierrot le Fou*, le film qu'aiment ceux qui n'aiment pas les films de Godard, il approche de l'endroit où la force d'attraction de son talent devient zone de gravité extrême, et donc prison. On peut interpréter le *« j'sais pas quoi faire »* de Karina, et le suicide final à la fois choisi et subi (*« merde, merde, c'est trop con »*) de Ferdinand-Belmondo, comme un constat de cette limite atteinte... Un médiocre aurait continué à toucher les dividendes du capital de notoriété et de savoir-faire accumulé ; un sage aurait ralenti la cadence, laissé passer l'écume de la gloire, réfléchi à comment changer sans se renier. Godard n'est ni médiocre ni sage, il va au contraire accélérer pied au plancher : après *Masculin-Féminin*, en 1966, pas moins de quatre longs-métrages et trois contributions à des films collectifs sortiront sur les écrans français durant l'année 1967. Mais ce sera, déjà, une autre histoire. Et, comme il sera parmi les premiers à le voir, un autre moment de l'Histoire.

Jacques Rivette

C'est Rivette qui a commencé. C'est lui qui a, le premier, parmi la future bande des *Cahiers*, tenté l'essai d'un court-métrage, à la fin des années quarante. Et c'est lui qui a réalisé le premier film dépassant la simple page d'exercices, avec *Le Coup du berger*, en 1956. C'est encore lui qui se lance le premier dans l'aventure du long-métrage, avec *Paris nous appartient*. Il sera pourtant le dernier du quintette majeur des *Cahiers* à toucher au but. Exigeant, discret, angoissé, Rivette n'a ni l'aisance ni le talent publicitaire de Chabrol, Truffaut ou Godard, ni la modestie des projets de Rohmer. Ce Rouennais né en 1928, venu en 1949 à Paris *« pour faire du cinéma »*, a rencontré le futur scénariste – de ses deux premiers films et de plusieurs que signeront Truffaut ou Resnais – Jean Gruault dans la librairie que celui-ci tenait place Saint-Sulpice. Gruault a recommandé à Rivette le ciné-club du Quartier latin, on y passait *Les Dames du bois de Boulogne* et c'était Maurice Schérer, qui s'appellera bientôt Eric Rohmer, qui présentait la séance. Ce pourrait être le début d'un film de Rivette (ou, filmé très différemment, de Rohmer), c'est le début de son entrée en cinéphilie parisienne ; les séquences suivantes montrent la rencontre au Studio Parnasse avec un adolescent exceptionnellement doté d'une cravate parce qu'on passe *La Règle du jeu*, et qui se nomme François Truffaut, puis le voisinage sur les fauteuils de la minuscule salle de la Cinémathèque d'alors avec un Suisse à lunettes noires ; une tentative d'entrée, manquée, à l'I.D.H.E.C., les premiers articles pour l'éphémère *Gazette du cinéma* en 1950, à laquelle collaborent également Godard, Schérer et Astruc. Tout ce beau monde se retrouve aux *Cahiers*, où Jacques Rivette signe son premier article en 1953. Il en restera le collaborateur jusqu'en 1969, occupant les fonctions de rédacteur en chef de 1963 à 1965. Durant les années cinquante, il sera également assistant de Becker et de Renoir, et manquera de tourner un premier film que Rossellini devait produire. On n'en sait guère plus – ni du Rivette d'alors, ni du Rivette d'ensuite, ni du Rivette d'aujourd'hui. Il l'a voulu ainsi, et c'est bien son droit. Il est probable, aussi, que son ombrageuse discrétion ne soit pas étrangère aux difficultés que rencontreront longtemps la réalisation et la diffusion de ses films.

Interrompu à plusieurs reprises, victime de problèmes d'argent, *Paris nous appartient* faillit ne jamais voir le jour. Seule l'aide de Chabrol et de Truffaut, qui ont entre-temps connu le succès, permettra qu'il soit achevé, et montré (un peu), en 1961 – encore est-il amputé de la musique prévue par le cinéaste, et qui devait être signée Charlie Mingus.

« C'est l'histoire d'un secret, d'un complot et d'une menace », proclamait la bande-annonce. Ce slogan pourrait être celui de beaucoup de films de Rivette. Il est exact, mais incomplet. Le complot permet effectivement au cinéaste de nouer les labyrinthes de signes que construisent ses scénarios, sa caméra, sa bande-son, ses acteurs, en un tout extrêmement complexe, mais qui semble obéir à une loi intérieure, aussi indicible qu'implacable, et qu'on appellera, faute de mieux, l'éthique de la mise en scène. *Paris nous appartient* annonce également d'autres thèmes, chemins qui seront patiemment explorés dans les films à venir. A commencer par le recours au cinéma pour ausculter les rapports entre le théâtre et la vie, entre le monde et ses représentations codées : dès la scène d'ouverture, une jeune fille qui répète dans sa chambre *La Tempête* de Shakespeare est distraite par des bruits sur le palier, bientôt par l'irruption d'une voisine qui va la lancer dans une aventure embrouillée, où le théâtre (en l'occurrence une mise en scène de *Périclès* que tente de monter Gianni Esposito) est à la fois personnage, territoire et référence stylistique. Esposito dit du drame shakespearien : *« C'est un peu décousu, c'est fait de pièces et de morceaux, mais qui se lient sur un autre plan* [...] *il faut essayer de le faire comprendre aux gens »* ; il a décrit en deux phrases et le film, et la mise en scène de Rivette, qui entrelace politique travaillée par la menace du fascisme, fantasmagorie à la Feuillade, séduction et paranoïa, humour et cruauté. Ce ballet ne semble devoir ses règles qu'aux lois de la physique, ses enchaînements qu'à la géographie de la ville, son dynamisme ludique qu'à un impératif mouvement de particules humaines, traitées cependant avec une constante dignité. Paris, filmé sans afféterie ni trucages, devient un territoire fantastique où les clochers des

églises se font donjons menaçants, phares dominant d'improbables océans. La construction en spirale, l'usage des cartons comme dans les films muets, les citations du Fritz Lang de *Métropolis* et de *Mabuse* participent de ce jeu à multiples entrées.

Seule réalisation de Rivette pour la période 1959-1962, *Paris nous appartient* est un échec commercial aussi injuste que prévisible. Le film suivant de Rivette, *La Religieuse* (1966), adopte en apparence une voie toute différente, et *a priori* plus facile : cette adaptation « en costumes d'époque » d'un texte de Diderot est d'une construction plus classique, elle devrait de surcroît bénéficier de la présence au générique d'un grand nom de la littérature, pour gagner ses lettres de noblesse culturelle. Qui plus est, si le parcours d'enfermement de son héroïne, sobrement incarnée par Anna Karina (démontrant au passage quelle grande actrice elle peut être même en l'absence de Godard), est sans concession, le récit débouche sur une vision plus nuancée, où, après le passage par le couvent dirigé de main tendre par une mère supérieure chaleureuse, raisonnable et lesbienne (mémorable Micheline Presle), l'indomptable résistance de l'héroïne s'achève par une évasion et un suicide, qui d'une certaine manière s'additionnent au lieu de s'annuler. A nouveau, comme dans la plupart des films de la Nouvelle Vague (mais à la différence de *Paris nous appartient*), la fin tragique n'a rien de sinistre – elle est même moins désespérée que la fin du roman de Diderot, où évidemment Marie-Suzanne Simonin ne se suicidait pas, puisque c'est elle qui racontait l'histoire. Cela tient en grande partie aux options de mise en scène de Rivette, qui à nouveau se confronte au théâtre, par le choix des cadres, le confinement des décors, la frontalité du regard. Il se collette également au problème de l'adaptation d'un texte littéraire : à la différence de Truffaut, on ne peut guère y voir un manquement aux principes de la Nouvelle Vague, tant l'enjeu est ici de combattre par les actes les anciennes méthodes de transposition à l'écran. Bref, Rivette voyait dans *La Religieuse* l'occasion d'un combat esthétique (il dira avoir choisi de réaliser ce film par rejet de l'adaptation académique qu'avait faite le révérend père Bruckberger du *Dialogue des carmélites* de Bernanos) ; il va se retrouver avec une affaire politico-médiatico-religieuse, qui mènera à l'interdiction totale, le 12 avril 1966, du film qui s'appellera désormais *Suzanne Simonin, la religieuse de Diderot*. Enfin sorti le 26 juillet 1967, le film sera un succès – le plus important de Rivette avant près d'un quart de siècle – sur lequel le cinéaste ne se leurrera pas. Lui qui a, par tous les moyens qu'autorise la dignité, tenté d'échapper au scandale sait que c'est le scandale qui a rempli les salles. Loin de tirer parti de l'auréole de martyre complaisamment offerte par les puritains et les politiciens, il se convainc qu'il ne sert à rien de faire des compromis, fussent-ils dépourvus de compromissions. Jacques Rivette s'engage alors dans des entreprises autrement marginales et exigeantes.

Eric Rohmer

Bien plus tard, Raoul Coutard dira, en mesurant le chemin parcouru par les uns et les autres depuis les débuts de la Nouvelle Vague : *« Godard et Rivette, les seuls qui sont restés avec leurs combines à pétrole, alors que les autres, dès qu'ils ont pu, se sont assis dans les fauteuils d'Autant-Lara et de Gaspard-Huit. »* Le jugement est sommaire, s'il n'est pas entièrement faux, on verra qu'il est injuste. Et il oublie au moins un nom parmi ceux restés fidèles aux « combines à pétrole » de la Nouvelle Vague, du moins pour ce qui est des méthodes de tournage, domaine qui intéresse au premier chef l'opérateur Coutard. Il s'agit d'Eric Rohmer, le plus littéraire et le moins jeune des jeunes Turcs. Né Jean-Marie Maurice Schérer en 1920, il a publié en 1946 un roman chez Gallimard, *Elisabeth*, sous le pseudonyme de Gilbert Cordier – et sans doute d'autres textes sous d'autres noms, lui qui cultivera toujours une intransigeante discrétion sur sa personne et sa biographie. La réalisation de son premier long-métrage, *Le Signe du lion*, a débuté en 1959 mais le film ne sortira qu'en 1962. Il fait en son cas figure d'avant-propos, de préface à la première des « séries » au sein desquelles le cinéaste agencera la plupart de ses films. Il met en scène un musicien américain installé à Paris, plus précisément à Saint-Germain-des-Prés. Celui-ci vit dans une insouciance qu'on dira d'adolescent prolongé ou d'avant la Chute, selon qu'on privilégie l'approche sociologique ou l'approche religieuse, toutes deux présentes chez ce cinéaste, le seul de la Nouvelle Vague qui aura toujours affaire avec la transcendance. On peut d'ailleurs raconter *Le Signe du lion* comme le récit d'un chemin de croix, une marche vers la rédemption. Ce serait non pas trahir, mais réduire le sens des pérégrinations de Pierre Wesserlin, le personnage central, son long trajet vers la misère avant d'être sauvé par un retournement de fortune. Il y a bien une « promesse », exprimée à travers l'horoscope qu'évoque le titre, mais son accomplissement paraît résulter de ce hasard qui sera l'un des sujets de réflexion constants du pascalien Rohmer. Et si le thème du film a maille à partir avec le spirituel, sa mise en scène est tout entière du côté de la matière, qui donne une présence étonnante aux murs des maisons, au macadam et au pavé que parcourt ce personnage qui n'aurait pu s'appeler autrement que Pierre, interprété avec une pesanteur et une innocence minérales par Jess Hahn. Jamais Rohmer ne donnera de nouveau à un de ses protagonistes une telle présence d'objet, où le verbe compte si peu. *Le Signe du lion*, peut-être sous l'influence de Paul Gégauff, qui a participé aux dialogues, est le prélude taciturne aux films suivants, qui accorderont une place centrale aux mots (sans s'illusionner sur leur pouvoir).

Il est beaucoup question d'argent dans *Le Signe du lion*, histoire d'un héritage perdu puis retrouvé, d'une plongée dans la misère mesurée en pièces de monnaie une à une dépensées. Ce sera le cas dans nombre de films de ce matérialiste intrigué par la Providence. Comme ses amis des *Cahiers*, Eric Rohmer a de longtemps fait sienne l'idée que les conditions matérielles de production font partie du film au même titre que son scénario ou que le choix des comédiens. Dès le film suivant, premier de la série des « Contes moraux », le court-métrage *La Boulangère de Monceau*, tourné en 1962, s'est mise en place la structure logistique qui servira de cadre et de point d'appui à toute la carrière du cinéaste et deviendra bientôt la société Les Films du Losange. S'il aura à l'occasion besoin d'un coup de main amical de Truffaut pour boucler le budget de *Ma nuit chez Maud* (pour lequel Claude Berri, Danièle Delorme, Daniel Gélin et Pierre Braunberger ont également mis la main au gousset) ou du *Beau Mariage*, pour l'essentiel des seize longs-métrages à venir durant les trente ans qui suivent, le Losange, dont Rohmer est cofondateur et actionnaire, lui permet d'approcher l'idéal autarcique qui est une des composantes de son travail. Il repose sur l'utilisation d'équipes encore plus réduites que celles de ses camarades, et qui tendront à diminuer quand celles des autres augmenteront (hormis le « faux pas » de *Perceval le Gallois*, en 1978). De tous les cinéastes de la Nouvelle Vague, Rohmer est sans doute celui qui a élaboré les systèmes les plus cohérents, et qui s'y est tenu avec la plus sourcilleuse rigueur. Ce parti pris économique n'est en effet pas dissociable de pratiques de tournage qui visent à une légèreté et à une rapidité d'action toujours croissantes, dont un des préceptes sera bientôt, par exemple, de ne faire qu'une seule prise pour chaque plan. On l'a compris, il ne s'agit pas uniquement de « procédés » financiers et techniques, mais d'une morale du cinéma.

Et de morale, il est aussitôt question, puisque, dès la sortie du *Signe du lion*, Rohmer travaille à ce qui sera le premier de sa série des six « Contes moraux » (*La Boulangère de Monceau*, 1962 ; *La Carrière de Suzanne*, 1963 ; *La Collectionneuse*, 1966 ; *Ma nuit chez Maud*, 1969 ; *Le Genou de Claire*, 1970 ; *L'Amour l'après-midi*, 1972). Il a précisé lui-même le sens qu'il fallait donner aux mots : *« Non pas un conte avec une morale, mais une histoire qui décrit moins ce que font les gens que ce qui se passe dans leur esprit quand ils le font. Un cinéma qui peint les états d'âme, les pensées tout autant que les actions »*, expliquera-t-il à *Cinéma 71*, peu avant d'avoir mené la série à son terme. En ce sens, *Le Signe du lion* restait en deçà, filmé « de l'extérieur », laissant aux apparences le soin de révéler les mouvements intimes, et sans instaurer de doute sur la réalité de ce que montre l'écran. Cette certitude disparaît dès qu'on se trouve « dans l'esprit » des personnages, moins pour y pratiquer la psychologie que pour mettre en perspective ce qu'ils disent et ce qu'ils vivent. Cette série de six films ne représente pas une évolution linéaire après le premier film, encore moins un choix opportuniste après son échec commercial : non seulement l'idée, mais le contenu même des films fut écrit avant, non comme des scénarios mais comme des textes littéraires, c'est-à-dire laissant toute latitude à la mise en scène. Ici aussi, l'esprit de système d'Eric Rohmer se manifeste avec évidence : il est assez sidérant d'imaginer un auteur n'ayant alors rien filmé, rédigeant d'un seul mouvement l'argument de six films à venir... et les réalisant effectivement presque à la suite les uns des autres, et presque dans l'ordre prévu, en consacrant dix ans de sa vie (1962-1972) à l'accomplissement de ce projet. L'idée de cette « collection de films » répond, également, à une stratégie économique cohérente avec sa démarche artistique : *« Je croyais plus facile de faire respecter mon idée par le public et par les producteurs sous cette forme que sous une autre. Au lieu de me demander quels étaient les sujets susceptibles de plaire au public, je me suis dit qu'il valait mieux traiter le même sujet six fois. Avec l'espoir qu'au bout de six fois le public viendrait à moi. »* En fait, le public viendra dès la troisième fois, c'est-à-dire dès le premier long-métrage de la série, *La Collectionneuse* – les deux premiers titres n'avaient d'ailleurs pas bénéficié, à l'époque, d'une distribution commerciale, ils ne sortiront qu'en 1974.

En vingt-six minutes, *La Boulangère de Monceau* jetait déjà les bases de ces circulations de la séduction, où hasard et destin, calcul de probabilités et disposition spatiale, manœuvres humaines et déterminismes sociaux jouent de leur poids relatif pour aboutir à un résultat logique, mais que la mise en scène, sans tricheries, rend imprévu. Sur une plus brève durée encore (quinze minutes), Rohmer en proposera une variante non sentimentale et plus géométrique avec « La Place de l'Etoile », son sketch de *Paris vu par...*, qui allie la rigueur pédagogique des films courts réalisés par Rohmer pour la télévision scolaire et le « libre parcours » à travers la ville du court-métrage *Nadja à Paris* (1964) – et qui marque, aussi, la rencontre du cinéaste avec celui qui deviendra durant quinze ans son chef opérateur, Nestor Almendros. Un an après la *Boulangère, La Carrière de Suzanne* précise le système qui régit les « Contes ». Une structure plus complexe, avec un double parcours de séduction selon deux modes différents (celui de Bertrand, le narrateur timide, et celui du don juan Guillaume), et des passerelles (le défi, l'argent) entre les différents pôles, eux-mêmes en mouvement (les filles), témoignent que la géométrie du cinéaste n'a rien de simpliste. Ce qui passait pour une histoire sentimentale dans le premier film trouve ici sa vraie raison d'être, qui sera une constante : il ne s'agit pas de sentiments, il s'agit d'ordre ou, si l'on veut, d'harmonie. Rohmer, pour reprendre une définition qu'il étudia lui-même chez d'autres metteurs en scène, est un cinéaste-architecte. Il cherche et décrit du même mouvement la plus judicieuse organisation entre les éléments (humains) à sa disposition – c'est-à-dire qu'il a lui-même choisis. Ce choix, le milieu dans lequel il les fait évoluer et la manière dont il va les déplacer jusqu'à obtenir (ou pas) l'ordonnancement le plus parfait, ou le moins imparfait, recèle la finesse et la sensibilité d'un cinéaste aussi attentif et délicat sur les détails de l'existence de ses créatures qu'il est impérieux quant à leur destin final. Il est évidemment possible d'appeler Dieu cet ordre supérieur auquel le monde doit se conformer sous peine de sombrer, et les commentateurs des films ne s'en priveront pas plus que leurs personnages. Mais ce n'est nullement nécessaire, même s'il y a bien une forme de mysticisme dans cette croyance en une harmonie à laquelle la peinture, la musique, l'architecture ou la danse peuvent viser tout autant que la religion. Mais Rohmer échappe à l'intégrisme ou au conformisme, à tout ce qui ressemblerait à un ordre « supérieur », figé et impératif, en utilisant chaque fois un des protagonistes comme narrateur : celui-ci ne sait pas tout, il peut se tromper ou mentir, ce qui est montré demeure une hypothèse, un point de vue, pas un dogme de vérité ou de beauté.

Premier film en couleurs d'Eric Rohmer, *La Collectionneuse* (1966) évoque, notamment parce qu'un de ses protagonistes est un peintre (interprété par le peintre Daniel Pommereulle), un traité d'harmonisation des nuances. Le film, outre son Ours d'argent gagné au Festival de Berlin, bénéficia pour une part d'un succès de scandale, dû aux mœurs très libres des jeunes oisifs que le film met en scène, à commencer par le personnage-titre (Haydée Politoff), dont les frasques amoureuses excitent le désir des deux jeunes hommes partageant avec elle le toit d'une grande maison provençale. Superficiellement *La Collectionneuse* ressemble à ces œuvres futiles du « cinéma de la jeunesse », en fait il décrit avec une finesse sèche l'incompatibilité entre différentes « tonalités » d'individus. Très dur envers ses protagonistes, le film échappe à une amertume qui pourrait sembler de convention, grâce au sens de la durée auquel le cinéaste peut à nouveau donner libre cours en retrouvant le long-métrage, et qui donne une existence charnelle, attendrissante souvent, aux êtres et aux choses. Le film suivant, *Ma nuit chez Maud*, impose un contraste total : la neige de Clermont-Ferrand succède au soleil de la Côte d'Azur, des personnages de « viveurs » et d'artistes cèdent la place à des théoriciens et à des moralistes, véritables incarnations des thèses qu'ils défendent : un catholique pratiquant (Jean-Louis Trintignant), un marxiste (Antoine Vitez), ou du moins un marxiste tel qu'il intéresse Rohmer, c'est-à-dire plus concerné par le pari de Pascal que par le matérialisme dialectique, une « libre penseuse » (Françoise Fabian) ; seule la quatrième composante du quatuor (Marie-Christine Barrault) ne tient le rôle d'aucune théorie – mais si son importance dramatique est égale, sa présence à l'écran (et sur la bande-son) est nettement moindre. Au terme de chassés-croisés où, à nouveau, se mêlent hasards et manœuvres, chacun recevra selon son dû. Ici toute l'intrigue repose sur les mots et les idées qu'ils expriment. Ce film austère, en noir et blanc, tourné pour une bonne part en studio afin que ses abstractions ne soient pas perturbées par les événements extérieurs, avec cette fois des comédiens chevronnés capables d'énoncer les dialogues ardus écrits par Rohmer, connaîtra un succès inattendu.

Il installera aussi durablement l'image d'un Rohmer « sérieux », professoral. Cette réputation, en partie justifiée, est pourtant contredite par la sensualité lumineuse du film suivant, *Le Genou de Claire* (1970), conçu dans une sorte de paradis bucolique où Auguste Renoir, Gauguin et Bonnard auraient joint leurs palettes. Grâce également à l'interprétation de Jean-Claude Brialy, c'est un film en apparence joyeux et clair après les sombres débats du précédent. En fait peut-être le plus trouble et le plus complexe de la série : s'y mêlent le romanesque représenté par la femme écrivain (et étrangère), le voyeurisme et le fétichisme, la peur de vieillir, et toutes les variantes de la séduction, composant un ensemble étonnamment riche, avant que se mette en place une issue ni certaine, ni hasardeuse, ni heureuse, ni triste, coup de dés scénaristique qui, n'abolissant rien, laisse le film ouvert en l'achevant, coup de grâce administré par le libre arbitre.

Après ce détour par le jardin des délices d'Annecy, retour à Paris pour le dernier des six. *L'Amour l'après-midi* (1972) adresse un clin d'œil à l'ensemble de la série (apparition fugace de la plupart des héroïnes des films précédents durant la séquence imaginée par le protagoniste principal), tout en essayant de se réinstaller dans la vie quotidienne la plus triviale. Tentative hasardeuse : il s'est alors écoulé trop de temps depuis la conception du projet global. La ville paraît factice, et les personnages plus encore, cette fable de la tentation et de la frustration, du choix et du quant-à-soi, interprétée de façon (volontairement ?) terne, risquerait le porte-à-faux complet sans un montage ironiquement elliptique et heurté, qui paraît souvent « sauver les meubles ». Le dispositif compliqué du film ne fonctionne vraiment que dans les ultimes séquences, lorsque le jeune époux conformiste Bernard Verley rend visite à l'aguichante Zouzou, puis s'enfuit vers sa légitime, saisie d'une mystérieuse émotion. Le couple « régulier » peut aller se mettre au lit, il n'y a personne jusqu'à cinq heures. Ils y resteront près de dix ans, avant d'en ressortir, diablement transformés : ce sera, en 1980, l'affaire d'une nouvelle série, celle des « Comédies et Proverbes ».

Claude Chabrol

Membre à part entière de la « bande des *Cahiers* », Claude Chabrol, né en 1930, apparaît, et tient à paraître, un personnage différent de ses copains d'alors : plus mûr, plus « dessalé », ayant vécu une vie avant les *Cahiers*, même si celle-ci se résume en virées de potache avec les peu recommandables membres de la Corpo de droit (dont Jean-Marie Le Pen est le plus haut en couleur), en soirées de drague et de javas à Saint-Germain-des-Prés, auxquelles succèdent un mariage très comme il faut et le passage immédiat à l'état de père de famille. Pareil curriculum adolescent n'est pas, à tout prendre, une plus riche « expérience de la vie » que celles des ex-taulards Truffaut et Godard. Si Chabrol aime rappeler qu'il n'est pas né dans les colonnes des *Cahiers* jaunes, c'est pour échapper aux simplismes qu'il redoute et déteste. L'homme se méfie des clichés, des étiquettes et des dévots, aime à brouiller les pistes, voire à se peindre en noir. Dans l'ouvrage qu'il s'est à lui-même consacré, ni Mémoires ni théorie mais, comme il le dit, traité de « chabrologie », *Et pourtant je tourne*, il avertit : *« Je fais des films et, à ma façon, j'essaie de dire qu'il ne faut pas confondre* [...] *les hommes dans leur réalité complexe avec les mots benêts par lesquels on les qualifie. »* Chabrol arbore un masque d'épicurien comme d'autres se cachent sous la bure, il enrobe sa vivacité d'esprit dans la désinvolture et sa sombre acuité dans ses apparentes rondeurs.

S'il est le premier des *Cahiers* à avoir mené à bien un long-métrage, il dira donc être passé sans vergogne devant ses amis quand un héritage reçu par son épouse permit de produire le premier film de la future Nouvelle Vague, court-circuitant l'informelle « coopérative de production » imaginée par les membres de la revue. Chabrol avait alors deux projets dans ses cartons, *Le Beau Serge* et *Les Cousins*, il décida de tourner sans plus tergiverser, et opta pour le moins cher. Après des péripéties rocambolesques (dont la faconde du réalisateur multiplie éventuellement le nombre et l'ampleur), *Le Beau Serge* sort le 6 juin 1958. Et ce film bricolé dans un village de la Creuse, Sardent, où le cinéaste a passé une partie de son enfance, connaît un succès inattendu. La facture du film possède toutes les caractéristiques de la Nouvelle Vague, son contenu annonce toutes les particularités de Chabrol : en apparence, il s'agit de l'édifiante histoire d'un jeune homme bien (Jean-Claude Brialy) revenu de Paris, où il poursuit ses études, pour tirer de la déchéance et du malheur son ami Serge (Gérard Blain) au prix d'un parcours qui oscille entre la B.A. extrémiste et la passion christique. En fait, le film suggère le contraire, que le « bon » est un paumé narcissique et hypocrite, alors que la brebis galeuse dissimule une cohérence éthique et une plus saine vision du monde sous ses apparents débordements. Il est tout à fait possible d'interpréter le film comme montrant un face-à-face, à peine outré, entre Chabrol (alors, et pour quelques mois encore, catholique pratiquant), incarné par Brialy, et son scénariste, Paul Gégauff (personnage autodestructeur et grand buveur), représenté par Blain. Gégauff, l'individualiste anarchisant et fort en gueule, à la fois bon vivant et suicidaire, grand amateur de femmes, de bouteilles et de mots, Gégauff, rencontré au ciné-club du

Quartier latin (et également ami de Rohmer, pour qui il a écrit *Le Signe du lion*), a profondément influencé Chabrol jusqu'au début des années soixante-dix. Que le réalisateur ait représenté leur relation, dans la mise en scène « à double fond » qu'on a évoquée, serait d'une perversité sans doute partiellement inconsciente à l'époque, mais bien dans sa manière.

Produit sur ses fonds propres par le réalisateur, qui a créé pour l'occasion la société Ajym, pris sous son aile *in extremis* par un gros distributeur, Marceau (c'est-à-dire par le beau-père de François Truffaut), le film est primé à Locarno, bien accueilli par la critique et le public, couronné du prix Jean Vigo et bénéficiaire d'un « prix à la qualité » sonnant et trébuchant, qui permet à Chabrol de tourner son deuxième projet, avec les deux mêmes interprètes principaux. Pour les rôles féminins, Michèle Méritz est toujours là mais Juliette Mayniel a remplacé Bernadette Lafont – et au générique apparaît Stéphane Audran, qui sera l'interprète favorite du cinéaste durant toutes les années soixante et soixante-dix, et sa femme à partir de 1964. La symétrie entre les deux films ne s'arrête pas à l'interprétation, *Les Cousins* sont une sorte de contrepoint parisien, et plus explicitement noir, au *Beau Serge* : le provincial sérieux et bûcheur Gérard Blain monte à Paris, où il est hébergé par son parent noceur, Brialy... Tout se termine dans le drame et une parfaite injustice, non sans que Chabrol se soit livré au passage à une provocation délibérée (la scène où Brialy déguisé en nazi braille des poèmes en allemand). Contre toute logique, le film fait un triomphe public. Chabrol est célèbre, mais moins riche qu'il ne le devrait –, il s'est fait proprement subtiliser sa propre société de production par son comptable. N'importe, plusieurs producteurs renommés sont prêts à financer le film suivant. Chabrol affirme que c'est Paul Gégauff qui lui aurait fait choisir les frères Hakim avec cet argument imparable : ce sont eux qui ont la moquette la plus épaisse. A l'aise financièrement (et cette fois avec l'argent des autres), Chabrol tente une étrange figure acrobatique, dont aurait dû le prémunir son expérience de critique : mettre en scène ses provocations antibourgeoises et anticonformistes dans une forme directement inspirée d'un de ses maîtres en cinéma, Alfred Hitchcock. L'auteur (avec Rohmer) du livre *Hitchcock* aurait dû savoir que la virtuosité dramaturgique du « maître du suspense » non seulement véhicule une vision du monde, mais encore est très précisément adaptée au puritanisme et aux ressorts (psychologiques, historiques ou moraux) simplistes de l'auteur de *Vertigo*, d'*Une femme disparaît* et de *La Mort aux trousses*. C'est-à-dire le contraire de la mentalité de Chabrol. Résultat, *A double tour* est un exercice de style brillant, mais où les personnages paraissent forcés, accusant le trait de leur conformisme pour les membres de la riche famille chez qui se déroule l'intrigue (inspirée d'une « Série noire »), ou caricaturant les comportements contestataires dans le cas du trublion joué par Belmondo (dont c'est le premier rôle), secondé par un Laszlo Szabo éperdu et saoul la moitié du temps.

Avec *A double tour*, Chabrol découvre l'indifférence du public. Cet échec est le premier d'une longue série : *Les Bonnes Femmes* (1960), *Les Godelureaux* (1961), *L'Œil du malin* (1962), *Ophélia* (1963), *Landru* (1963). Ces échecs ne sont pas tous injustes, mais celui des *Bonnes Femmes* est vraiment immérité : aux basques de quatre employées, c'est un film sur l'aliénation mais un film étonnamment libre, où les partis pris de mise en scène de la Nouvelle Vague donnent tout leur suc de bonheur de filmer un quotidien enrichi par un regard qui ne triche ni ne se soumet. Chabrol n'a *« rien à dire »*, mais le monde, même saisi à travers le prisme d'un fait divers, a tant à dire que cela suffit largement pour peu qu'on le laisse s'exprimer. En revanche, les trois titres suivants témoignent d'une recherche plus abstraite, proche des exercices de style qu'on redoute de la part d'un expert en cinéphilie passé derrière la caméra, surtout lorsqu'il est animé d'une certaine misanthropie. *Les Godelureaux* tentent ainsi d'affronter de front un des principaux sujets de Chabrol, sujet difficile à traiter s'il en est : la bêtise. Sous couvert d'un marivaudage cruel (pour une raison futile, Jean-Claude Brialy fait souffrir Charles Belmont grâce à Bernadette Lafont qu'il manipule), c'est en fait un film très théorique, une sorte d'épure conforme à la comparaison que Chabrol aime établir entre metteurs en scène et architectes, mais qui, pour ne pas retrouver la « matière » dont se nourrissait le précédent film, en reste aux plans sur papier. C'est, par ailleurs, la première collaboration comme chef opérateur de Jean Rabier, qui, succédant à Henri Decae, sera désormais le directeur de la photo attitré du cinéaste. *L'Œil du malin* en est pour ainsi dire le contrechamp : les manigances bêtes et méchantes du personnage principal (Jacques Charrier) sont racontées, de l'intérieur et au passé, par ce piètre héros. Du coup, la manière dont ce minable jeune journaliste français installé en Allemagne va pénétrer l'intimité d'un couple heureux (l'écrivain, joué par Walter Reyer, et Stéphane Audran, dont c'est le premier rôle en tête d'affiche) et la saccager est sans cesse soumise au soupçon légitime qu'inspire au spectateur un témoin à la fois aussi impliqué dans l'action et aussi douteux. Mais, à nouveau, *L'Œil du malin* est un « film de critique de films », au mauvais sens du terme, une épure tracée au cordeau par un réalisateur qui connaît son Hitchcock sur le bout du stylo et son Fritz Lang comme s'il en avait été l'opérateur : le film est plus intéressant à analyser qu'à regarder, tant les personnages semblent fabriqués tout exprès pour servir la petite mécanique perverse du réalisateur. Seule Stéphane Audran fait de méritoires, mais assez vains efforts pour donner un peu d'existence à un de ces personnages fantômes.

On ne sort pas des films « théoriques » avec *Ophélia*, où un bien pâle Hamlet contemporain et un tantinet givré utilise le cinéma pour occire son oncle, qu'il prend pour l'assassin de son père alors que c'était l'oncle son vrai père, mais tout cela a-t-il un grand intérêt ? Pas vraiment, et Chabrol change heureusement de direction avec *Landru*, qui, sans rivaliser avec l'insurpassable *Verdoux* de Chaplin, est d'une réjouissante verve mal pensante, mais bien pensée, et admirablement enlevée par un comédien qui débute à l'écran, Charles Denner. On y trouve également la première apparition de ce qui deviendra un leitmotiv du cinéaste, les scènes de repas où le cérémonial comme le menu révèlent ce qui dissimulent le quotidien et les convenances.

Sans atteindre les résultats commerciaux escomptés, notamment grâce à un casting très aguichant (Denner accrochant à son tableau de chasse Michèle Morgan, Danielle Darrieux, Catherine Rouvel...), *Landru* n'est pas un four comme les précédents, et l'étoile de Chabrol reprend du brillant. On voit mal, de toute façon, ce qui aurait pu couper l'appétit de filmer à ce gourmet-gourmand, qui en sera à dix-huit longs-métrages avant que la décennie ne s'achève. Mais il a senti passer le vent de la scoumoune : *« Mon jeune front a été lauré. Les foules m'ont applaudi pour mes deux premiers films, puis... changeante fortune*, notera-t-il plus tard. *Pendant plusieurs années j'ai pu craindre ne plus faire de cinéma — et je n'avais guère plus de trente ans. J'ai accepté des tâches qui ne m'enthousiasmaient pas, autant pour subsister que pour garder un contact quasi magique avec mes outils. »* L'explication, sur laquelle Chabrol reviendra souvent, et en termes plus directs (*« j'ai tourné des vraies merdes »*), est certainement fondée et rend compte de la nature de quatre des cinq longs-métrages à venir : *Le Tigre aime la chair fraîche* (1964), *Marie-Chantal contre le docteur Kha* (1965), *Le Tigre se parfume à la dynamite* (1965), *La Ligne de démarcation* (1966), *La Route de Corinthe* (1967) se coulent dans le moule des films de genre, le jeu consistant alors à évaluer la dose de « chabrolerie » que le réalisateur parvient à y insuffler (réponse : de moins en moins, *Marie-Chantal* étant le plus hilarant, et les deux derniers de la liste étant, effectivement, de « vraies merdes »). Mais Chabrol a donné lui-même une autre explication, également à prendre en considération. Dans le livre que lui a consacré Joël Magny, il déclare avoir essayé d'imiter ses cinéastes de prédilection, ces grands Américains qui, dans les limites du film de genre et sous la houlette de *majors* autrement puissantes que ses propres producteurs, parvenaient à donner un tour personnel à des films de commande (*La Ligne de démarcation* avait d'ailleurs été proposée à, et refusée par, Anthony Mann). Qu'un aussi rusé compère que Claude Chabrol ait échoué donne une idée de la différence radicale entre les systèmes en vigueur de part et d'autre de l'Atlantique. Cette expérience, que le cinéaste rééditera d'ailleurs à l'avenir sans plus de succès, témoigne que le mélange complexe de contraintes, de rapports de forces et de moyens matériels munificents qui fait le système en vigueur à Hollywood n'est pas transposable à Paris. Et que les bons apôtres qui prêchent qu'il n'y a « qu'à faire comme les Américains » manquent singulièrement de clairvoyance.

Dans cette série « commerciale », deux films se sont intercalés : l'un, son sketch pour *Paris vu par...*, où le réalisateur fait une réjouissante apparition (*« j'y incarnais le vieux con avec beaucoup de naturel et brio »*), est un petit bijou, véritable pièce d'anthologie de l'humour vache à la Chabrol, où calembours et critique cinéphile, théologie et fait divers s'emboîtent en un agencement aussi virtuose qu'expéditif. Quant au *Scandale* (1967), il s'agit, comme pour les autres longs-métrages de cette période, d'une commande. Mais la teneur en « chabrolerie » remonte notablement dans ce jeu d'affrontements et de faux-semblants en abyme, où le goût de la manipulation du cinéaste et son penchant pour les citations cinéphiles donnent au film un certain brillant, encore assez superficiel. En 1968, *Les Biches* recyclent avec une virtuosité ironique les ingrédients et les travers des films précédents. Le duo amoureux entre Stéphane Audran et Jacqueline Sassard, réunies sur le pont des Arts, bientôt transportées dans l'ambiance à la fois chic et loufoque d'une villa de Saint-Tropez en hiver, a des apparences de brillant exercice dans son maniement distancié de situations « scandaleuses ». L'entrée en jeu de Trintignant semble d'abord l'occasion d'encore plus habiles arabesques, où les thèmes du dédoublement et les ressorts psychiatriques empruntés à sir Alfred resteraient du domaine des accessoires, si une ombre plus noire, plus délibérément, voire inutilement méchante ne se glissait peu à peu, jusqu'au paisible rictus final. Le succès public considérable, dû pour une bonne part aux évocations des amours lesbiennes et aux images « mode », a hypothéqué la fortune critique du film. Il a en revanche donné à Chabrol les moyens matériels d'une nouvelle et très féconde phase de sa carrière, où il va enfin cesser d'être plus intelligent que ses films, à leur détriment.

Alain Resnais

De tous les cinéastes qui présentent leur premier long-métrage au tournant de la décennie, Alain Resnais (né en 1922) est sans doute alors le mieux connu, grâce à ses films de plus courte durée. Au premier chef, *Nuit et Brouillard*, salué (à juste titre) comme le seul film qui ait su évoquer avec justesse les camps de concentration. Ses courts-métrages consacrés à la peinture, l'attention attirée par l'interdiction des *Statues meurent aussi* (coréalisé avec Chris Marker), sa collaboration avec Queneau pour un « film industriel de création » éblouissant,

Le Chant du Styrène, l'affirmation de parti pris stylistique dans ce qui avait tout pour être un documentaire lambda sur la Bibliothèque nationale, *Toute la mémoire du monde*, ont préparé l'accueil que recevra, d'une part importante de la critique, mais aussi du public, *Hiroshima mon amour* (1959). Non que le film n'ait pas fait de vagues, dès sa première projection hors compétition à Cannes, après que la direction du Festival eut refusé de le prendre en sélection officielle. Le producteur, Anatole Dauman, raconte : *« Le sort du film doit aussi beaucoup à Marcel Achard, président du jury, dont on entendit la voix, mue par l'indignation, s'élever dans le silence religieux qui suivit la dernière image.* "C'est de la merde ! *s'exclama-t-il.* – Non, c'est l'œuvre d'un authentique génie", *repartit non moins bruyamment Max Favalelli, autre membre du jury. »* Un photographe saisit l'échange et la photo parut le lendemain en première page de *France-Soir*, sous le titre « Bagarre au Festival de Cannes ». Alain Resnais, homme discret s'il en est, se garda bien de se mêler aux polémiques.

Le texte splendide de Marguerite Duras, l'invention d'une circulation dans le temps et l'espace non seulement inédite mais d'une extraordinaire puissance d'émotion et d'investigation, l'acuité des problèmes politiques mis dans une perspective qui révoque aussi bien les simplismes du film « engagé » que les myopies intéressées du « c'était il y a longtemps » et « ça se passe loin », la présence charnelle des interprètes (Emmanuelle Riva, Eiji Okada) et l'invention, pratiquement sans lendemain, d'une représentation « juste » de l'amour physique, la création d'un *continuum* où les mots, les images et les idées semblent de même nature, font d'*Hiroshima mon amour* un film véritablement exceptionnel.

« Avec Hiroshima, un certain cinéma vient de se clore », écrit Godard dans les *Cahiers*. Le film lui-même dit qu'un certain monde vient de se clore. Il s'est achevé en 1945, avec les atrocités de la bombe atomique, dont les photos irradient les premières images du film, en contrepoint à la catastrophe absolue des camps de la mort, dont le cinéaste a su murmurer la réalité factuelle et mythique dans *Nuit et Brouillard*. Dans la ville japonaise martyre, lieu symbolique de ce double événement où l'humanité s'est avérée capable de se nier elle-même, deux humains disjoints (un homme et une femme, un Asiatique et une Européenne) peuvent-ils encore s'unir, en une fusion bénéfique, là où eut lieu la fission de ce qui ne pouvait être coupé, l'atome ? C'est ce qu'ils essaieront, de tout leur corps et de tout leur cœur et tout leur esprit. Et le film avec eux. Fusion des corps dans l'amour, accomplie autant qu'il est possible, fusion des cœurs dans l'ardente tentative du partage, fusion des esprits dans l'attention éperdue à l'autre. Mais : *« Tu n'as rien vu... »* Elle, elle a vu le malheur pourtant, elle l'a vécu après le bonheur, là-bas, à Nevers, amante aimante et innocente d'un jeune Allemand, d'un jeune occupant membre des armées nazies. Mais le

malheur au malheur ne ressemble plus. Elle était dans le drame, il lui a infligé la souffrance de voir tuer son aimé, il l'a meurtrie de la douleur et de l'humiliation réservée aux « filles à Boches », dans l'inversion des signes du bien et du mal. Lui a été témoin de la Tragédie, Bien et Mal carbonisés. Elle et lui errant dans les rues de la ville, dans les silences et les mots de Duras, dans les travellings de Resnais désespérant de ne rattraper qu'une distance, qu'une fracture, ce sont les deux morceaux de l'atome d'humanité qui tentent de s'unir et se sépareront pourtant, après être restés longtemps côte à côte et seuls, dans le hall-antichambre des départs. Ils ont essayé d'échanger Nevers contre Hiroshima, c'était impossible, il a voulu être l'autre homme, l'Allemand, dans la cave du premier amour, mais non. A partir des deux personnages (l'homme et la femme, mais aussi, très clairement, les images et les mots), le film accouche de ce double mouvement, de rapprochement et d'impossible union, qui dit la coupure du temps et le clivage de l'être humain. Alain Resnais, qui a très tôt été reconnu comme un maître du montage, lui donne ici, au-delà de l'excellence technique, son véritable sens, celui de la mise en scène d'un rapport au monde.

Deux ans plus tard, *L'Année dernière à Marienbad* créera au moins autant l'événement qu'*Hiroshima* (*Le Monde* organisera même un sondage auprès de ses lecteurs, consacrant de pleines pages à la publication des réponses) : l'élégance de la mise en scène et la sophistication du récit (ainsi que la révélation d'une immense actrice, Delphine Seyrig) étaient effectivement de nature à éblouir – ou à horripiler. La « structure temporelle » du film écrit par Alain Robbe-Grillet représente une des plus belles démonstrations des espaces de rêve, de conscience et d'inconscient que peut s'ouvrir le cinéma, dès lors qu'il s'affranchit des règles du romanesque. Le film n'en est pas moins « seulement » un splendide exercice de style et une impeccable démonstration théorique, mais sans les enjeux politiques et humains qui faisaient d'*Hiroshima*, au-delà de sa virtuosité, un film bouleversant.

A *Muriel ou le temps d'un retour*, sorti en 1963, manquera l'effet de surprise dont a bénéficié le premier long-métrage pour déclencher un identique enthousiasme. Le film (scénario de Jean Cayrol) est aussi, délibérément, plus « sec », mais il est tout aussi passionnant, et plus explicitement courageux puisqu'il se confronte à la torture pratiquée par les troupes françaises au cours de cette guerre d'Algérie toujours en cours quand le film est réalisé. Mais son véritable enjeu est moins la dénonciation des sévices de l'armée colonialiste, ou même de la cécité des habitants de la métropole, qu'une description globale d'un monde contemporain où les anciens liens (familiaux, sentimentaux, politiques, moraux, historiques, voire seulement de voisinage) se dissolvent au profit d'une nouvelle forme de liberté individuelle qui ressemble à la plus désespérante solitude, et à une forme nouvelle de soumission et de lâcheté. Le personnage principal de *Muriel* n'est pas celui dont le prénom sert de titre, victime inconnue sacrifiée hors champ et qui ne hante le film que comme fantôme d'une veulerie sans retour. Ce n'est pas non plus Hélène, interprétée (à nouveau de manière splendide) par Delphine Seyrig, dont la fonction est plutôt celle d'un guide révélateur. C'est Boulogne-sur-Mer, ville marquée par l'Histoire (les bombardements de la Deuxième Guerre mondiale) et quadrillée par une architecture de l'isolement de masse. Des quasi-figurants y poursuivent d'incertaines quêtes de pouvoir, de tendresse, de nostalgie ou de protection, dans un chassé-croisé que règle une même et souveraine chorégraphie, qu'il s'agisse de déambulations dans les rues, de circulation dans un appartement ou d'échanges de mots et de regards lors d'un repas. Y apparaît, plus clairement encore que dans les films précédents, la fonction essentielle de la bande-son : importance des bruits, dialogues rythmés de lieux communs, phrases répétitives comme des refrains, ruptures de ton, passage de la diction au chant. Déjà, Resnais, qui avait voulu que le commentaire du *Chant du Styrène* soit chanté, avait demandé à Duras pour *Hiroshima* d'écrire *« comme Debussy avec le* Pelléas et Mélisande *de Maeterlinck »*. Il voulait *« faire* opéra », *« les deux pôles du récit, Hiroshima et Nevers, allaient s'entrecroiser comme des motifs lyriques que Resnais, monteur-né, orchestrait dans sa tête »* (Robert Benayoun, *Alain Resnais, arpenteur de l'imaginaire*). *Muriel* est plus encore un film-opéra ou, mieux, une cantate filmée, avec les huit interventions de la chanteuse Rita Streich sur cinq airs de Hans Werner Henze, la rupture poétique de la chanson de Paul Colline « Déjà » et le vibrato mélodieux de la voix de la principale interprète. Delphine Seyrig, comme Emmanuelle Riva, a une voix plus musicale que théâtrale. Ce n'est pas par hasard qu'elles « donnent le ton » au cinéma d'Alain Resnais.

Les deux films suivants de Resnais, les derniers pour les années soixante, représentent deux facettes séparées de son travail, la réflexion politique, avec *La guerre est finie* (1966), et la recherche sur les structures temporelles, avec *Je t'aime, je t'aime* (1968). Deux films importants, mais qui ne retrouvent pas la richesse complexe d'*Hiroshima* et de *Muriel*. Le scénario de *La guerre est finie* est l'œuvre d'un nouvel écrivain, Jorge Semprun. Mais, cette fois, l'auteur est aussi le protagoniste : le personnage principal, Diego Mora, interprété par Yves Montand, c'est Semprun lui-même, *alias* Federico Sanchez, dirigeant de la résistance communiste espagnole en exil. Et le poids de son expérience directe pèse sur le film. Resnais et Semprun n'ont pas la même chose à dire, l'écrivain-militant a un message urgent à transmettre, qui concerne sa vie personnelle autant que son combat et ses impasses, quand Resnais développe une vision en même temps plus globale et plus morcelée du monde. La divergence entre ces deux points de vue est d'abord passionnante, tant que le film avance en équilibre entre ses deux supports et parvient, avec les mêmes mots (*« le monde clos où nous vivons est devenu mouvant, trouble, rempli de pièges »*) et les mêmes images éclatées, parasitées de prémonitions, de réminiscences et de fantasmes, à servir simultanément l'écrivain et le cinéaste. Ce redoublement d'auteurs contribue à la mise en scène d'un monde organisé en cercles concentriques autour de chaque protagoniste, chacun de ces cercles (la famille, les camarades de combat, les amis, les amantes, les jeunes terroristes) s'élargissant en zone de flou de plus en plus accentué, mais exigeant toujours sa part de réalité et d'efficacité sur le sort de tous, selon une série de logiques qui s'ignorent mais interfèrent. Quand, vers le milieu du film, la conception du metteur en scène et celle de son scénariste-personnage divorcent, c'est la littérature qui l'emporte, et pas la meilleure (même avec un bon écrivain comme Semprun) : la psychologie, le donjuanisme, les petites salades du couple et de l'adultère se figent en face à face entre Montand et sa compagne (Ingrid Thulin), y compris une scène de lit, avec chœurs angéliques sur la bande-son, aussi ratée que celle d'*Hiroshima* était réussie. On ne sait plus très bien dans quelle mesure Resnais montre le retour du romanesque et dans quelle mesure il le subit, mais le résultat déséquilibre et affaiblit le film.

Celui-ci représente pourtant un tournant notable dans le registre du « cinéma engagé » : l'expression signifiait jusqu'à présent l'évocation de l'espoir révolutionnaire, dans un compagnonnage plus ou moins proche avec le Parti communiste. *La guerre est finie* déclare que non seulement la guerre d'Espagne, mais encore le combat révolutionnaire sont terminés et que les partis communistes (occidentaux) se livrent à une mascarade en incitant à une révolte impossible et inutile. Cette orientation idéologique, qui a valu à Semprun son exclusion du P.C.E., se retrouvera dans les films dont il écrira le scénario dans les années soixante-dix. En 1966, elle anticipait sur le proche destin des partis communistes. Remarquons par ailleurs que la collaboration avec Resnais paraît donner le goût du cinéma aux écrivains auxquels il fait appel : Duras et Robbe-Grillet auront une carrière cinématographique, Semprun (*Les Deux Mémoires*, 1974) comme Cayrol (*Le Coup de grâce*, 1966) tourneront au moins un film.

La guerre est finie recèle encore d'autres indices intrigants : on y voit se dessiner une sorte de dialogue à distance entre les deux grands investigateurs sociopolitiques et moraux du cinéma français, Resnais et Godard, alors même que, pratiquement, les chemins des deux hommes ne se croisent guère. De même que Godard dira avoir voulu poursuivre le travail entrepris par *Muriel* avec *Deux ou trois choses que je sais d'elle* (où Marina Vlady dira : *« D'abord, la guerre est finie »*), Resnais cligne explicitement de l'œil vers Godard (les deux femmes du film s'appellent Nana et Marianne, comme Karina dans *Vivre sa vie* et

Pierrot le Fou), Resnais teste à son tour la méthode essayée par Godard pour montrer de manière à la fois pudique et dénonciatrice (contre l'imagerie publicitaire) le corps féminin, à l'aide de fragments stylisés et sensuels sur un fond neutre, abstrait, quand il filme Geneviève Bujold comme l'était Bardot dans *Le Mépris*, comme Macha Méril dans *Une femme mariée*. Les deux cinéastes occupent en fait des positions symétriques, où les ont menés leurs trajectoires respectives : en 1966, avec la série de quatre films qu'il enchaîne coup sur coup et qui le mène vers une réflexion de plus en plus explicitement politique, Godard dit que les questions ne suffisent plus, au moment même où Resnais, avec ce film, dit que les réponses ne suffisent plus. Ils vont bientôt se croiser, cette fois concrètement, dans le film collectif *Loin du Vietnam*, l'année suivante, avant de poursuivre leur chemin selon des voies divergentes...

Le personnage de l'épisode de Resnais pour *Loin du Vietnam* s'appelle Claude Ridder. Il est le « héros » de *Je t'aime, je t'aime*, en 1968. Resnais y met de côté les réponses (et la critique politique des réponses) pour, sur un scénario de Jacques Sternberg, se consacrer à une spéculation sur le temps. Méditation philosophique et esthétique, ce film-là mérite effectivement la qualification de « film d'idées », avec ce que l'expression peut avoir de restrictif. Le temps, sa superficielle organisation linéaire et les infinis méandres qui s'y dissimulent, a toujours été (et restera) le territoire par excellence du cinéma de Resnais. Champ de bataille politique et éthique dans les précédents films, il prend ici les apparences d'un terrain de jeu encombré d'un bric-à-brac futuriste, ni crédible ni magique. Le film ne bénéficie pas non plus de la rigueur de récit et de l'élégance de mise en images de *Marienbad*, qui légitimait un projet aussi abstrait à force de cohérence interne. Déception artistique, échec commercial, *Je t'aime, je t'aime* clôt sur une note décevante la première époque de Resnais réalisateur de longs-métrages, et va durablement gêner la poursuite de son œuvre.

Agnès Varda

Photographe du T.N.P. aux côtés de Jean Vilar de 1948 à 1960, et aussi photo-reporter, Agnès Varda, née en 1928, a pris de l'avance sur le cinéma moderne : son premier long-métrage, *La Pointe courte*, tourné en 1954, est sorti en 1956. Un film aux origines littéraires, mais aussi un film d'observation sociale. Tous ces ingrédients, et sa pratique intensive et très personnelle du court-métrage jusqu'à la fin des années soixante, manifestent sa proximité d'esprit avec Alain Resnais (qui a été le monteur de *La Pointe courte*). Tout comme le thème du deuxième long-métrage qu'elle souhaite tourner et qu'elle propose, en 1960, au producteur Georges de Beauregard. *La Mélangite* devait raconter *« l'histoire d'un homme qui mélange non seulement son passé, son présent, son futur, non seulement les lieux, mais la vie vécue et la vie rêvée »*, confiera-t-elle à *Cinéma 61*, à un moment où elle avait encore l'espoir de réaliser ce film. Le producteur, qui estime le projet trop cher, accepte de financer un film à moins de 50 millions. Ce sera *Cléo de 5 à 7*. *« Entre l'enquête et la quête de soi-même »*, indique le scénario (publié chez Gallimard), ce *« documentaire subjectif »* (*Le Monde* du 12 avril 1962) réalise une sorte de pont idéal entre Nouvelle Vague et Nouveau Cinéma, dans le va-et-vient souple qu'il introduit entre une observation du monde dans laquelle la fiction sert à mieux voir la réalité et l'adoption du point de vue — parfois très stylisé — d'une protagoniste centrale, sur elle-même et les autres. Le film confirme ainsi le jugement de Jean Douchet qui, dès 1957 et sur la foi de *La Pointe courte* et de trois courts-métrages, saluait en Varda la première représentante d'un cinéma moderne encore presque entièrement dans les limbes : *« C'est elle le véritable précurseur et promoteur de ce renouveau »*, écrivait-il dans *Arts*.

Cléo, jeune et jolie provinciale qui a commencé une carrière prometteuse de chanteuse de variétés (Corinne Marchand, belle et lisse comme une statue fragilisée par une fêlure intérieure), est *« une femme cliché* [...] *qui refuse d'être ce cliché, au moment où elle ne veut plus être regardée, où elle veut regarder elle-même »* (Varda à *Cinéma 75*, n° 204). Le déclencheur de cette crise est l'annonce qu'elle souffre peut-être d'un cancer, et le film couvre l'heure et demie qui sépare une visite aux funestes présages, chez une cartomancienne, de l'annonce du résultat des examens médicaux par le médecin. Avant d'apprendre qu'elle est effectivement atteinte, Cléo aura découvert un autre rapport au monde, au fil de ses déambulations dans les rues de Paris et de rencontres avec plusieurs personnages — dont l'*alter ego* devant le danger de mort, Antoine Bourseiller, en permissionnaire de la guerre d'Algérie.

A sa sortie, *Cléo de 5 à 7* fut beaucoup défendu pour une audace formelle : le film est supposé se dérouler en temps réel, l'écoulement des minutes étant signalé à l'écran en même temps que les chapitres qui organisent le récit. C'était lui faire trop peu d'honneur. Pour commencer, il s'agit d'un « faux temps réel » : les durées des trajets qu'effectue la jeune femme sont fausses, tout est « refabriqué », grâce à un montage aussi supérieurement maîtrisé que l'écriture et la prise de vues, et qui restitue à celles-ci l'apparence du naturel.

Cléo est ainsi une véritable interrogation du temps cinématographique, et pas du tout un exercice de virtuosité chronométrique. Les horloges et les miroirs, qui sont les objets leitmotive du film, participent de l'action, appartiennent à son sujet au lieu de servir de gadgets illustratifs d'une théorie. Ils servent à cette intrigante, souvent drôle et parfois bouleversante exploration d'un monde montré comme un système de signes à la signification indécise, mais avec au bout du chemin une sentence de vie ou de mort. Cette connivence avec le monde, qui doit beaucoup au travail de photographe de la réalisatrice, est encore mieux mise en évidence par deux séquences, une grande et une petite, qui en « cassent » le côté linéaire, non sans une certaine audace de construction. La petite est un court-métrage burlesque « en accéléré », d'une formidable gaieté (dont les interprètes s'appellent Godard, Karina, Constantine, Brialy, Sami Frey, Beauregard, Danièle Delorme, Yves Robert... : un libre et joyeux coup de chapeau au cinéma et aux amis de cinéma). Surtout, la grande séquence centrale du film, dans l'appartement de Cléo, est d'une splendeur visuelle explicitement artificielle. L'univers ici évoqué est, à l'évidence, celui du mari de Varda, Jacques Demy. Dans un décor enchanté signé du décorateur de toujours de Demy, Bernard Evein, avec une apparition dans son propre rôle du musicien de presque tous les films du réalisateur de *Lola*, Michel Legrand, dans une atmosphère de conte de fées teinté de cruauté où le jeu de contrastes, du blanc omniprésent à l'irruption du noir, est traité avec une maestria graphique incomparable. C'est soudain un monde stylisé, où la convention sert à la révélation des sentiments. Le documentaire à ras du trottoir où la fantasmagorie fait irruption, une intelligence rieuse et inquiète du montage, un culot monstre qui transforme le mélo en brûlot : ce seront, pour les années et les décennies qui viennent, la marque de Varda à son meilleur.

Elle est brillamment présente au coin des courts-métrages des années soixante, l'album photo du castrisme, alors d'une bouillonnante et chaleureuse jeunesse, *Salut les Cubains* (1963), la « demi-évocation » du couple Aragon-Triolet, *Elsa la Rose* (1966) (Jacques Demy a renoncé à réaliser le second volet, centré sur l'auteur des *Cloches de Bâle*), puis, aux Etats-Unis, le portrait du hippie *Oncle Yanco* (1967) et *Black Panthers* (1969), reportage durant le procès du leader noir Huey P. Newton. Dans ce parcours explicitement politique s'insèrent deux longs-métrages d'une tonalité bien différente. En 1965, *Le Bonheur* représente une tentative d'une audace à la mesure de son apparente simplicité : filmer très exactement ce « bonheur » qu'annonce le titre, refuser toutes les échappatoires de la « mise à distance », toutes les noirceurs de convention. Aux côtés de Jean-Claude Drouot, le bon menuisier heureusement marié (à celle qui est, dans la vie, sa véritable épouse, Claire Drouot), heureusement papa (de ses enfants réels), heureusement séduit par la charmante postière Marie-France Boyer, le film mènera, malgré un drame, son chemin solaire jusqu'au bout, avec un imperturbable parti pris pour la vie, qui vibre à l'écran comme la plus impertinente provocation en même temps qu'il exprime en toute simplicité la joie de filmer de la cinéaste.

En 1966, *Les Créatures* font, en apparence, exactement le contraire. C'est un film d'une complexité et d'une sophistication qui semblent par moments maniérées, c'est une fable à propos de la création (comme son nom l'indique), celle des humains et celle des œuvres de fiction aux innombrables détours. Autour de Piccoli marqué au front d'une cicatrice de film d'horreur et de Catherine Deneuve rayonnante et muette (le couple a eu un terrible accident sur la bande-son durant le générique) se déploie dans l'île de Noirmoutier un jeu en miroir sans fin entre réalité et fiction, avant de s'emberlificoter dans un bric-à-brac « mabusien » : Piccoli le roi blanc affronte le maléfique Lucien Bodard en haut de son hitchcockien donjon, manipulant l'existence d'une série de personnages au cours d'un jeu qui permet le passage en revue des genres cinématographiques et leur parodie, mais est aussi le fruit de l'imagination du romancier Piccoli, etc. Il reste la beauté des images, une chaleureuse manière de ne pas trop se prendre au sérieux, la lumière qui émane de Catherine Deneuve. Malgré la multiplication des surfaces à carreaux noirs et blancs qui constellent le film, le jeu de dame Agnès fut un échec cinglant. Le pire de sa carrière, pour son seul film avec deux grandes vedettes. Dans le film, Piccoli, en proie au doute, allait en parler à son cheval ; Agnès Varda, elle, ira en parler aux Américains. Et ceux-ci vont lui en raconter de belles. Malgré quelques réapparitions de ce côté-ci de l'Atlantique, ça va l'occuper un temps certain.

Jacques Demy

Déjà grand nom du court-métrage avec son documentaire *Le Sabotier du val de Loire*, mais aussi styliste inventif dans son adaptation du *Bel Indifférent* de Cocteau, Jacques Demy, né en 1931, adoptera dans ses longs-métrages une trajectoire qui l'éloignera de plus en plus du réalisme, vers un univers enchanté, ou « en chanté », comme il le dit, puisque la musique (de Michel Legrand) y joue un rôle croissant. Saluée par les partisans du cinéma moderne comme un renfort bien venu, *Lola*, sortie en 1961, représente un point d'équilibre entre là d'où vient Demy et ce vers quoi il se dirige : un canevas de conte, avec une belle qui se morfond de son prince charmant parti au loin et un paladin amoureux déçu ; une représentation attentive et chaleureuse d'une ville qu'il connaît bien, sa cité natale de Nantes, avec hommage rendu notamment aux quartiers du port et au passage Pommeray ; une culture cinéphilique qui salue explicitement tant la

Lola Montès d'Ophuls (à qui le film est dédié) que la Lola-Lola de *L'Ange bleu*, et aussi la comédie musicale américaine sans oublier un clin d'œil à *A bout de souffle* ; une attention, commune aux cinéastes de la Nouvelle Vague à leurs débuts, pour les « déclassés », chanteuse de cabaret et jeune homme sans emploi ni désir d'en trouver. Le résultat est un petit miracle de tendresse, de gaieté et de sensualité, dont le mérite revient aussi à l'interprétation ébouriffante d'Anouk Aimée.

Le film suivant, *La Baie des Anges* (1963), tente de rééditer l'exploit sur un mode tragique. Un couple de joueurs (Jeanne Moreau et Claude Mann) y suit une trajectoire à la fois réaliste et symbolique, qui n'est pas sans rappeler le chemin de croix de *Pickpocket*. C'est peu dire que Demy, sans être pour autant un cinéaste futile, est moins à l'aise dans ce registre. Malgré l'élégance de la mise en images, le film est décevant. Le cinéaste renverse alors complètement la vapeur, pour un « doublé » qui fera sa gloire mondiale : *Les Parapluies de Cherbourg* (1964, palme d'or au Festival de Cannes) et *Les Demoiselles de Rochefort* (1967). Il s'agit en apparence de deux films fort différents : le premier, tentant le pari fou d'être entièrement chanté, est un mélodrame à la triste conclusion, sur fond de guerre d'Algérie, alors que le second est une pure fête des sentiments, des yeux et des oreilles, où l'hommage à la comédie américaine est encore plus explicite. Mais, ensemble, ils traduisent la mise au point du « système Demy », création de toutes pièces d'univers artificiels, dont les principaux architectes sont, à ses côtés, le décorateur Claude Evein et le musicien Michel Legrand. Cocteau et Gene Kelly, plutôt que Renoir et Rossellini, guident l'inspiration de Jacques Demy, dont la carrière atteint alors un sommet qu'il ne retrouvera jamais ensuite, qu'il aille travailler aux Etats-Unis (*Model Shop*, 1969), revienne en France enluminer *Peau d'âne* (1970), parte en Angleterre faire entendre la mélodie inquiète du *Joueur de flûte* (1972), trousse sans grande conviction la fable de *L'Evénement le plus important depuis que l'homme a marché sur la Lune* (1973), tourne pour les Japonais *Lady Oscar* (1979), mène à bien le projet longuement porté d'*Une chambre en ville* (1982), qui reprend avec plus d'ambition les partis pris des *Parapluies*, rende un hommage laborieux à Cocteau avec *Parking* (1985) et dresse le bilan de sa propre carrière en même temps que de celle d'Yves Montand dans *Trois Places pour le 26* (1989).

Le triomphe de Jacques Demy avec *Les Demoiselles de Rochefort* semble s'être transformé en piège, quand il s'obstinera à en reproduire la formule doublement magique : non seulement les ingrédients ne retrouveront plus leur exact et pétillant dosage, mais jamais l'époque ne se sentira à nouveau assoiffée de ce cocktail-là. Si les cinéastes du cinéma moderne sont des inventeurs, mais aussi des héritiers, il sera revenu à Demy d'assumer la part apparemment la plus ludique et la plus colorée, en fait la moins porteuse d'avenir, entre Cocteau et Minnelli. Après sa mort, le 27 octobre 1990, Agnès Varda lui consacrera une trilogie émouvante et chaleureuse, joyeuse et attentive : *Jacquot de Nantes* et *Les Demoiselles ont eu vingt-cinq ans* devraient être complétés par *L'Univers de Jacques Demy*.

Chapitre 4

FIGURES D'UN CINÉMA EN MARCHE (2) REPÈRES ET LIGNES DE FUITE

Les huit cinéastes dont nous venons d'esquisser le portrait sont les principales figures du cinéma moderne tel qu'il se manifeste au tournant des années cinquante-soixante, dans la forme réputée majeure du long-métrage de fiction. Mais, au sein ou à côté des ascendances déjà évoquées, quelques films de l'époque, signés par des cinéastes déjà confirmés, ou des œuvres singulières, sans lendemains immédiats, représentent également des pôles de référence dans ce « travail de la modernité » qui s'effectue alors. De manière fort différente, les neuf autres réalisateurs dont il sera surtout question ici « délimitent » le cinéma moderne, en incarnent les modèles, les courants souterrains, les tendances extrêmes et les déviations.

Evoquons auparavant brièvement quelques cas voués à rester marginaux. D'abord la situation de grand-oncle original et bienveillant, occupée alors par Jean Cocteau. Nous l'avons vu prendre sous sa cape protectrice les premiers envols des oisillons de la Nouvelle Vague. Ceux-là, et Truffaut au premier chef, le lui rendront de tout cœur, en l'aidant à mener à bien son dernier film, *Le Testament d'Orphée* (1960), fable à l'imagerie mythologique qui exalte le regard surpuissant du poète (joué par Cocteau lui-même) et sa capacité à défier la mort par l'immortalité de son œuvre. On est pourtant loin des audaces formelles du *Sang d'un poète* ou de la sèche beauté d'*Orphée*, transposition de la légende tournée comme un film contemporain. Il faudra aux jeunes Turcs une grande bienveillance, et quelque mauvaise foi, pour considérer comme un monument du cinéma moderne cet amoncellement de métaphores et d'artifices, qui exalte sans doute la « magie du cinéma », mais d'un cinéma très illustratif et très littéraire. Bilan du parcours d'un poète qui passait à travers les murailles et les miroirs, il ferme la porte derrière lui : Jean Cocteau meurt le 11 octobre 1963.

Ensuite, le cas d'un précurseur vite dépassé par des événements qu'il a pourtant, de sa plume alerte et clairvoyante plus que de sa caméra, contribué à déclencher : Alexandre Astruc. Dès 1948, ce jeune écrivain avait posé les fondations d'une théorie critique du cinéma, puis entamé les « travaux pratiques ». Après *Le Rideau cramoisi* (1953) et *Les Mauvaises Rencontres* (1955), son troisième film, *Une vie* (1958), traduisait déjà une nostalgie du classicisme, balancée par l'admiration explicite pour Orson Welles et le recours intensif au plan-séquence. Quand éclate le phénomène du jeune cinéma, Astruc, qui l'appelle depuis longtemps de ses vœux, en devient naturellement un ardent et efficace défenseur. Mais il n'en fait pas partie, et pas seulement parce que, à trente-six ans en 1959, celui que Godard baptise « le tonton de la Nouvelle Vague » n'est plus un « jeune cinéaste ». Son film suivant, *La Proie pour l'ombre*, sort en 1961 mais Astruc a commencé d'en écrire le scénario trois ans plus tôt, à Saint-Tropez, avec Françoise Sagan. L'histoire de cette directrice d'une galerie de peinture – Annie Girardot – qui quitte son mari pour son amant, puis son amant pour son métier et l'épreuve de la solitude, se déroule dans un climat « chic et snob », plus proche de Vadim que du cinéma moderne. L'année suivante, sur un scénario librement adapté de Flaubert par Roger Nimier, Astruc réalise une version actualisée de *L'Education sentimentale*. Saisi durant le tournage par la monotonie conventionnelle des scènes d'amour de ses quatre derniers films, l'envie le prend de repartir à la découverte du monde. Il réalisera pourtant encore un film sur la Résistance (*La Longue Marche*, 1966), et un autre purement alimentaire (*Flammes sur l'Adriatique*, 1968), avant de se tourner définitivement vers la télévision. Astruc, excellent théoricien, a déçu en passant à la pratique. On songe à Degas qui s'étonnait de l'échec de ses poèmes et soupirait : *« Pourtant, j'ai beaucoup d'idées. »* Mallarmé lui répondait : *« Oui, mais ce n'est pas avec des idées qu'on fait de la poésie, c'est avec des mots... »*

Deux autres proches compagnons de route du cinéma moderne, promis à un destin assez similaire, ont, eux, tenté de jouer le jeu de la comédie. Jacques Doniol-Valcroze, cofondateur des *Cahiers du cinéma* et leur directeur après la mort de Bazin, et Pierre Kast, collaborateur régulier de la revue, se situent aux marges immédiates de la Nouvelle Vague, sans en faire partie. Leurs films seront très semblables, bien que les itinéraires de ces deux hommes, nés la même année 1920, aient été différents. Ancien secrétaire clandestin des étudiants communistes, qui a participé à la première manifestation contre l'occupant le 11 novembre 1940, Pierre Kast entre en militance cinéphile dès la Libération, *via* la Cinémathèque (où Langlois l'embauche en 1945), les ciné-clubs, une collaboration poussée (et une grande amitié) avec Jean Grémillon, des postes d'assistants auprès de Jean Renoir et de Preston Sturges, la réalisation de courts-métrages à sujets culturels. Il en résulte un premier long-métrage de science-fiction, *Amour de poche* (1957), d'après un scénario de France Roche, mais directement inspiré de

Sturges. Sa cinéphilie active amène Kast à collaborer à la plupart des revues de cinéma, dont, souvent, les *Cahiers*. Il y retrouve Doniol-Valcroze, ancien secrétaire du magazine grand public *Cinémonde*, devenu animateur d'*Objectif 49* (qui a organisé le Festival du film maudit de Biarritz) et l'un des ténors des ardents débats critiques d'alors. Kast et Doniol ont en commun la culture, le goût et le talent du maniement des idées. Et aussi l'élégance du langage, les références à Choderlos de Laclos et aux libertins du XVIIIe siècle, et le compagnonnage avec Roger Vailland, qui représente le libertinage moderne. Ils commencent un film ensemble, que Kast terminera seul, avec Doniol comme scénariste et interprète : *Le Bel Age* (1960) met en valeur leurs penchants pour les belles-lettres et les jolies femmes, les unes et les autres recherchées au seul motif du plaisir. C'est malin, sympathique et maladroit. La même année, *L'Eau à la bouche* de Doniol-Valcroze brode à nouveau un élégant divertissement sensuel. L'année suivante, *La Morte-Saison des amours* de Kast et *Le Cœur battant* de Doniol-Valcroze complètent ces exercices, auxquels Kast restera fidèle en adaptant le roman de Vailland *Drôle de jeu* (1968), tandis que Doniol, qui tourne désormais surtout pour la télévision, évolue vers le romantisme (*La Maison des Bories,* 1970). Durant les années soixante, ceux qu'on surnomma les « petits marquis » ou les « dandys progressistes » s'avérèrent meilleurs défenseurs du cinéma moderne par leur verve et par leur plume que par leurs films.

Tous trois plus âgés que les cinéastes modernes, Astruc, Kast et Doniol-Valcroze ont sans doute souffert d'être trop « littéraires », au moment du passage à l'acte cinématographique.

Chris Marker

Au sens où la majorité des gens entendent le mot « film », Chris Marker ne fait pas de films. C'est pourtant l'un des plus grands cinéastes de ce temps, qui fait la preuve de ses talents dans tous les registres et exerce une influence indéniable autour de lui. Il ne s'appelle pas Chris Marker, il est né le 29 juillet 1921 dans un lieu situé entre Neuilly, Belleville et Oulan-Bator. Ses films durent entre six minutes et quatre heures, mais jamais une heure trente. Chris Marker est un créateur qui utilise la « matière cinéma » pour concevoir et exécuter son œuvre. Discret à l'extrême, rétif à toute forme d'une médiatisation dont il connaît les pièges, c'est pourtant l'absolu contraire de l'artiste retiré dans sa tour d'ivoire, du puriste de « l'art pour l'art » : passionné par les problèmes contemporains, cœur et yeux grands ouverts à tous ceux qui se battent pour leur liberté et leur dignité, curieux du monde, voyageur impénitent, gourmand de nouveaux territoires, de nouvelles techniques, de nouveaux langages, à la fois érudit, chercheur et essayiste, poète, militant et explorateur, c'est un descendant de Segalen – comme lui très attiré par l'Asie – et aussi un héritier reconnaissant du cinéaste révolutionnaire Alexandre Medvedkine. Incidemment, il est également l'un des très grands photographes contemporains et a fondé la « Petite planète » au Seuil. Déjà auteur d'un livre sur Giraudoux (Seghers), il avait publié en 1950 un roman (curieux panachage de mécanique et d'Asie, renié ensuite, sans doute pour la place qu'y occupe un Dieu trop explicite), *Le Cœur net* (Seuil). Au terme de la préface, Jean Cayrol saluait de manière prémonitoire, chez ce jeune écrivain n'ayant alors rien filmé, la capacité à offrir une *« bonne visibilité »*.

Aussi inclassables qu'inoubliables, ses films – et singulièrement ses principales réalisations des années soixante, *La Jetée* (1962), *Le Joli Mai* (1963), *Si j'avais quatre dromadaires* (1966) – sont autant d'expériences qui témoignent que le cinéma aurait aussi pu être autre chose que ce que l'Histoire et le commerce en ont fait. *La Jetée*, petit film de science-fiction de vingt-neuf minutes composé de photos noir et blanc (à l'exception d'un unique plan en mouvement), qui est un des chefs-d'œuvre du cinéma mondial, propose une explication sur son choix des chemins de traverse. *La Jetée* conte l'histoire d'un homme marqué par le souvenir obsédant d'une mort entrevue dans son enfance. Après qu'une catastrophe nucléaire a réduit la surface du monde en cendres, il sert de cobaye à des savants, qui l'expédient dans le passé, puis dans le futur. A partir de ce canevas « fantastique », Marker montre comment, pour pouvoir filmer décemment un visage de femme, il faut une guerre mondiale, l'anéantissement de Paris, la dictature, le forage au prix d'immenses souffrances d'un tunnel dans le temps, et mourir. Faire UN plan de fiction, suggère le cinéaste, requiert d'être le maître du monde et le maître du temps, et encore le sauveur du monde. Ne se sentant sans doute pas tout à fait de taille, il opte pour une position à peine moins orgueilleuse : être, dans la discrétion et l'ubiquité, le compagnon et le témoin de ses frères humains, de leurs sourires, de leurs souffrances et de leurs révoltes. Au-delà de la beauté et de l'émotion intelligente qui émanent de *La Jetée*, le film serait donc la plus radicale prise de position sur les exigences et les responsabilités de la mise en scène. Et, à ce titre, le manifeste poétique du cinéma moderne.

Pour en comprendre la teneur, il faudrait par exemple voir (mais où ? les films de Marker sont très peu diffusés) un « petit » documentaire tel que *Le Mystère Kumiko*, réalisé à Tokyo durant les Jeux olympiques de 1964. A partir d'images et de sons d'« actualités », de plans glanés dans la rue et de conversations avec Mlle Kumiko Muraoka, Japonaise de moins de trente ans née en Mandchourie, le cinéaste élabore une recherche qui part de ses propres doutes et de ses propres limites, pour avancer pas à pas vers de vraies découvertes, découvertes impossibles sans le travail du film en train de se faire.

Deux ans plus tôt, interrompant un moment sa course aux quatre coins de la planète, Marker avait jeté son sac à Paris, tout le mois de mai de 1962, pour prendre la température d'une capitale et d'un pays. *Le Joli Mai* est une longue enquête sociale et sentimentale, dont chaque image dit combien, malgré ses pérégrinations, Marker garde au cœur la ville de la prise de la Bastille, de la Commune, la ville arpentée par Prévert et Doisneau. L'année suivante, Bob Dylan chantera *« The Times, they Are Changing »*, c'est déjà ce que filme Marker. La voix off d'Yves Montand dit : *« Dans dix ans, ces images nous dépayseront davantage qu'aujourd'hui celles de Paris en 1900. »* C'est vrai : une immense mutation est en cours, dont Marker a mieux que d'autres pressenti l'ampleur et la nature (les voyages lointains servent aussi à être plus attentif à ce qui se passe chez soi). Il en traque les effets dans un urbanisme commandé *« par l'âpreté et l'incompétence »*, il guette, chez les usagers « victimes » d'une grève des transports et souvent solidaires des grévistes, chez les inventeurs du dimanche, chez les artistes sans lavallière, dans le débat entre sociologues, dans le regard d'un jeune Africain, dans les mots calmes et intelligents d'un jeune Algérien sur la France, les moindres indices d'un mouvement social : l'espoir que ce changement pourrait être pris en main par cette entité, que sa caméra constitue et légitime du même mouvement fraternel, qu'on appela le peuple. Dépaysement ? Les images de Pierre Lhomme (chef opérateur promu coréalisateur tant l'acuité du regard, l'attention aux gens, la capacité d'anticiper et d'accompagner sont essentielles à la mise en œuvre de l'entreprise) n'ont pas pris une ride, ni dix ans, ni trente ans plus tard. Ce que disent les gens, le malheur et le bonheur de chaque jour, est toujours d'actualité, la manière de les écouter est aussi « éternelle » que l'amour rêvé par un jeune bidasse et sa fiancée. Marker fait aussi, en passant, de la critique de cinéma : comment supporter encore les mélos lacrymaux des scénaristes joués par des vedettes, quand on a été mis en face de l'émotion de cette femme qui vient d'apprendre qu'elle a obtenu le logement attendu depuis sept ans ? Les flics massacrent la manifestation au métro Charonne, la prison de la Roquette est en forme d'hexagone, bougent les mains du prêtre-ouvrier défroqué qui dit qu'il n'a *« pas assez de temps pour s'interroger sur Dieu »*, passent des visages amis, Rouch, Godard et Karina, Resnais, Rivette, Varda, et des chats de hasard, et une chouette tendrement caressée. Parce que ce sont des images au présent, en phase avec leur présent, ce sont des images qui « tiennent », par-dessus les ans. Les statistiques énumérées à la fin du film ont changé depuis, mais ce qu'elles signifient, pas tellement.

Les trois mages

En 1959, trois cinéastes confirmés, en qui les jeunes tenants du cinéma moderne ne reconnaissent ni des pairs ni des pères, mais des repères, trois prédécesseurs toujours en activité, se penchent sur le berceau du cinéma moderne et, en même temps (leurs films sortent à un mois d'intervalle, respectivement les 16 octobre, 11 novembre et 10 décembre 1959), y déposent des dons précieux. Les nouveaux venus feront bon usage de la *blended* myrrhe de *Deux Hommes dans Manhattan*, des enivrants encens du *Déjeuner sur l'herbe* et de l'or pur subtilisé par *Pickpocket*.

Robert Bresson

De *Pickpocket*, *« cet accomplissement, ce pur diamant »*, comme l'écrit à l'époque Doniol-Valcroze en préface à l'entretien avec Bresson qu'il effectue en compagnie de Godard pour les *Cahiers* (n° 104), Louis Malle a aussitôt écrit (*Arts*, 30 décembre 1959) : *« Si vous niez ce film, c'est le cinéma comme art autonome que vous mettez en question. »* Le film a tellement marqué les esprits cinéphiles, il est à ce point devenu une référence du cinéma d'auteur que, trente ans après sa sortie, quand les *Cahiers du cinéma* organisent un débat autour du film entre quatre réalisateurs que deux générations au moins séparent de Bresson, ceux-ci réaffirment leur admiration à l'égard de *Pickpocket*, mais s'inquiètent de sa trop grande influence...

Récit des activités d'un jeune voleur à la tire, Michel (Martin Lasalle) qui, au cours de ses tribulations, rencontre une jeune femme, Jeanne (Marika Green), qu'il finira par aimer, le film est à la fois d'une radicale simplicité et la mise en œuvre des ressources maximales du langage cinématographique. Plus précisément, il tire un extraordinaire parti de ressources volontairement réduites au minimum. Le titre de l'article de Louis Malle, « Avec *Pickpocket*, Bresson a trouvé », est bienvenu : Bresson, pour la première fois seul auteur du scénario et des dialogues, invente un dispositif où récit et mise en scène paraissent s'engendrer l'un l'autre, où tout superflu anecdotique est impitoyablement rejeté, où le documentaire (extrêmement précis sur les techniques de vol) est d'une enchanteresse richesse, où la représentation des sentiments (entre Michel et Jeanne, entre Michel et sa mère, entre Michel et son ami Jacques) est d'une puissance proportionnelle à l'économie des moyens. Les thèmes spirituels chers au cinéaste (l'homme face au destin et au jugement, la grâce) ne sont pas des « idées », mais les forces vives d'une existence rendue encore plus concrète peut-être que celle du *Curé de campagne*. L'emploi de comédiens non professionnels (les « modèles », comme les appelle le réalisateur) amène à la fois l'authenticité réclamée par l'auteur des *Notes sur le cinématographe* et la stylisation permise par l'usage très contrôlé qu'il en fait. Film aussi antilittéraire que possible, *Pickpocket* réserve également une place de choix aux mots, par le biais du commentaire à la fois écrit, à l'image, et dit en voix off. La manière dont Bresson emploie la voix off, loin des facilités que représente souvent ce procédé, permet à la fois l'accélération du récit et sa mise en profondeur. La voix elle-même, celle de Martin Lasalle, annonce les usages modernes de ce système narratif, qu'on retrouvera chez Truffaut, Godard, Rohmer ou Varda, plus tard chez Duras. Les intonations mêmes de la voix, décalée, « à faux », annoncent la « diction Nouvelle Vague » (*in* ou *off*), si particulière. Elles se démarquent du texte joué, posé, évoquant un phrasé plus ancien, peu naturel à nos oreilles, et qui est celui que l'on entend aux poètes des années vingt et trente dont la voix a été gravée sur disque.

Tout aussi original, et tout aussi propre à passionner les jeunes Turcs, est l'intérêt porté par le film au travail, fût-ce un travail aussi particulier que le vol à la tire, et la façon dont sa description scrupuleuse se transforme en une chorégraphie vertigineuse lors de la grande scène des vols en série à la gare de Lyon. Bresson vise l'exactitude (le générique mentionne : « Conseiller technique pour les gestes de voleurs : Kassagi » — celui-ci, ancien pickpocket devenu prestidigitateur, joue également dans le film), il ne cherche ni l'anecdote ni le spectaculaire. La simplicité des actes et celle des mots — rares — qui les commentent donnent un relief exceptionnel à tous les affects. On dirait la même chose du choix des interprètes, notamment de Marika Green, dont la beauté matérielle, d'une *« sensualité pratique »*, est sans rapport avec les images féminines habituelles à l'écran (sauf peut-être chez le Bergman de *Monika* et de *Jeux d'été*). Les niveaux de lecture sont d'une richesse étonnante pour un film apparemment aussi simple, jusqu'au parallèle avec *Crime* et *Châtiment* suggéré par les relations entre Michel et le commissaire (Jean Pélégri). Sans obtenir un succès public auquel il n'a jamais prétendu, le film obtient un triomphe critique. Cette quasi-unanimité est intéressante aussi dans la mesure où elle ferme les yeux sur la conception parfaitement réactionnaire énoncée par le personnage principal quant aux droits particuliers que la société devrait accorder aux « êtres supérieurs ». De ce point de vue aussi, en emportant l'adhésion grâce à ses seules qualités cinématographiques, *Pickpocket* marque une date importante de l'avènement de la modernité.

Cette modernité éclate à nouveau dans le film suivant de Bresson, bien qu'il se déroule au XVe siècle et n'emploie que les mots de ce temps-là. *Procès de Jeanne d'Arc* (1963) utilise pour seul dialogue les minutes du procès de Rouen. Grâce à la présence, d'une simplicité et d'une rigueur bouleversantes, de sa jeune interprète, Florence Delay, Bresson construit une épure où se lit ouvertement sa vision, à travers un double mouvement. D'une part un affrontement face à face, qui oppose Jeanne la résistante, fière et adroite, à la meute de ses accusateurs et tortionnaires, emmenés par l'évêque Cauchon, tout entier à sa perte attaché. Un combat sans merci se joue dans la succession, d'une sécheresse glaçante, des champs et contrechamps ; une traque mortelle est menée par le regard, concupiscent et haineux, des « autres » sur la jeune fille. D'autre part, mais en même temps, le film suit une trajectoire ascendante, commencée au ras du sol, ancrée dans la matière de l'Histoire et de l'injustice des hommes, et qui gravit un à un les degrés vers le ciel, le martyre et la rédemption. A nouveau, la simplicité apparente des moyens employés et la splendeur visuelle, émotionnelle et intellectuelle qui en résulte imposent Bresson comme un des plus grands de l'histoire du cinéma.

Après l'innocence résistante, Bresson se tourne vers l'innocence impuissante, martyre muette de tout ce dont l'humanité est capable de mauvais. Dans *Au hasard Balthazar*, c'est un âne qui en représente à l'écran la figure pitoyable et primitive, quand tout ce qui l'entoure n'est que manifestation du péché, de la mesquinerie et de la bêtise. La mise en scène de Bresson demeure tout aussi inspirée, certaines scènes du film atteignent à une cruauté totale sans recourir à la moindre complaisance, ou à une profondeur sidérante avec les plus triviaux moyens offerts par la bourgade du Sud-Est où se déroule l'histoire. Parfois en filmant seulement l'œil de l'âne ouvert, comme un objectif sur la bassesse des hommes. Il y a pourtant un systématisme un peu raide, un peu convenu, dans l'attribution à chaque protagoniste d'une fonction à laquelle tout ce qu'il fait se réduit : Marie (Anne Wiazemsky) est la Pureté déchue, son père (Philippe Asselain) est l'Orgueil, le marchand (Pierre Klossowski) est la Concupiscence et l'Avarice, le cheminot (Jean-Claude Guilbert) est la Folie, le soupirant (Walter Green) est l'inutile Bonne Volonté et, surtout, le blouson noir (François Lafarge) est le Mal incarné, posé comme un axiome de départ. Son personnage et de multiples autres indices soulignent combien, si le cinéma de Bresson est moderne, Bresson lui-même déteste le monde moderne, et en particulier la jeune génération, plus encore que les autres catégories d'une espèce humaine qu'il montre désormais vouée à une chute inéluctable. Seuls les saints semblent dorénavant pouvoir espérer en la rédemption, et ainsi est considéré Balthazar à l'instar de Jeanne d'Arc : comme elle, il atteint à la fois la mort et le paradis.

Robert Bresson reste dans la campagne française pour réaliser son film suivant, *Mouchette* (1967), qui est sans doute, avec *Pickpocket*, le plus beau de tous. Parce qu'il retrouve la puissance d'évocation, la cruauté et la délicate précision des précédents films, sans recourir cette fois au support des grands discours et des grands événements (la religion et la littérature dans *Le Journal d'un curé de campagne*, la guerre dans *Un condamné à mort s'est échappé*, l'Histoire dans *Procès de Jeanne d'Arc*), sans non plus les caractères simplistes de *Balthazar*. Sans doute les grands thèmes sont toujours là. Sans doute le scénario est inspiré de Bernanos. Durant la projection, on ne s'en soucie guère, tant sont grandes la densité, la puissance du film et sa beauté — grâce, notamment, aux images du chef opérateur Ghislain Cloquet. La rigoureuse complexité du piège qui se construit autour de la petite fille et qui la mènera à la mort, l'entrecroisement des intérêts, des désirs, des délires et des faiblesses composent une machine infernale d'une terrifiante évidence, et où rien n'est de convention. Le regard et le sexe, la folie et la loi, la détresse et l'orgueil y tiennent leur exacte place. Innocente sacrifiée, la petite Mouchette dont la mère se meurt et qui ne veut pas chanter juste à l'école ? Oui, à nouveau. Mais innocente rebelle, plus rebelle même que Jeanne, qui avait le bon droit pour elle. Certainement pas « déjà sainte », de cette sainteté de principe échue à l'héroïne du *Procès* ou à l'âne Balthazar. Entre chronique villageoise et conte de fées, entre chairs adolescentes et mystères des bois et des guérets, le puritain Bresson construit à main levée le plus troublant des films, un film sans Dieu (sinon, tout à la fin, sur la bande-son avec le *Magnificat* de Monteverdi), un film sans âge aussi. Mais à ses abords grondent sans cesse les gros camions de l'époque moderne, qu'il va lui falloir se résoudre à affronter.

Jean Renoir

Alors que Bresson est considéré à ce moment comme atteignant le faîte de son art, Renoir est tenu par beaucoup comme sur le déclin, depuis son départ aux Etats-Unis, ou au moins depuis *Elena et les hommes* (1956). Les *Cahiers du cinéma*, qui ont fait de la défense tous azimuts de Renoir l'une des pierres de touche de leur fidélité « auteuriste », défendent ses films avec d'autant plus d'ardeur qu'ils se savent en contradiction avec l'avis commun : Rohmer rédigera un ardent « Jeunesse de Jean Renoir » (*Cahiers du cinéma*, n° 102), quand la plupart des commentateurs, s'ils n'osent l'écrire, suggèrent que Renoir est gâteux. Jugement très excessif, même si les derniers films ne sont certainement pas comparables à *La Règle du jeu* ou au *Carrosse d'or*. En tout cas, tournant presque coup sur coup (respectivement en janvier et en juin-juillet 1959), *Le Testament du docteur Cordelier* et *Le Déjeuner sur l'herbe*, Renoir — qui n'est pas si vieux : il a alors soixante-cinq ans — ne manque pas de vitalité. Il ne manque pas non plus d'idées, ni d'audace. En apparence, tout oppose ces deux films, mis à part un goût commun pour l'onirisme et la fantasmagorie. Le *Testament* fait appel à un noir et blanc volontiers expressionniste, comme le jeu extraverti, symbolique, des comédiens, et d'abord de l'interprète principal, Jean-Louis Barrault. Tandis que le *Déjeuner*, d'une rafraîchissante naïveté (au moins à première vue), ruisselle de couleurs évoquant la palette des impressionnistes et des nabis. Dans le premier film, transposition de *Docteur Jekyll et Mister Hyde*, Renoir s'amuse à multiplier les effets visuels et sonores (remarquablement soutenus par la musique de Joseph Kosma) au profit d'une parabole faustienne. Pour le *Déjeuner*, il se baguenaude, folâtre dans la nature, s'enchante de digressions, de clins d'œil et de cadeaux qu'il s'offre à lui-même autant qu'à son public dans son fabliau bucolique, histoire d'un grand savant moderniste et puritain (durant la première heure, Paul Meurisse semble avoir un manche à balai le long de la colonne vertébrale), théoricien de la fécondation artificielle promis à une carrière politique, et qui découvre les joies de la nature aux côtés d'une jeune paysanne (Catherine Rouvel, débordante d'appas on ne peut plus naturels).

On semble loin du cinéma moderne ? Pas tant que cela. Le désir commun qui préside à la réalisation des deux films était de pouvoir travailler le plus rapidement et le plus librement possible. Aux yeux de Renoir, la machine cinématographique traditionnelle est devenue un obstacle : *« J'étais convaincu, et je le suis encore, qu'un personnel* [...] *habitué aux fignolages et aux lenteurs de la production cinématographique ne me permettrait pas de réussir ma tentative »* (*Cahiers du cinéma*, n° 100). Il a donc choisi de travailler pour la télévision, qu'il tient pour plus souple et moins onéreuse. A l'origine de ce choix, une réflexion à la fois économique et esthétique : *« Tourner des films assez bon marché pour qu'ils deviennent nombreux, ne serait-ce pas la meilleure concurrence aux films étrangers en "version française"* ([c'est-à-dire doublés : le réalisateur déteste le doublage autant qu'il redoute l'invasion de productions commerciales hollywoodiennes] ? » Il a même d'abord envisagé de réaliser *Cordelier* « en direct ». Il doit y renoncer, mais tente d'en conserver l'esprit : « Le Testament du docteur Cordelier *est un film expérimental qui résulta de mon travail au théâtre. Ma conviction que les prises de vues hachées du cinéma nuisent au jeu de l'acteur me mena à tenter un système de prises de vues dans lequel l'acteur pourrait appliquer sa propre progression* » (*Ma vie et mes films*). Utilisant de nombreuses caméras (jusqu'à huit pour le *Déjeuner*) et de nombreux micros, à la manière dont la télévision enregistre les grands événements sportifs ou officiels, il tourne « en continuité », par scènes entières et non plus par plans. La méthode, qui requiert une grande maîtrise du réalisateur, des techniciens et des comédiens, ne fera pas école et ne produit d'ailleurs aucun effet notable à l'écran. Mais son esprit est bien, ici aussi, de casser les lois du découpage, et de subvertir ainsi la rhétorique du plan telle qu'elle s'est figée. Il s'agit de permettre qu'« autre chose » advienne sur le plateau pendant les prises de vues, et d'offrir au montage de nouvelles possibilités.

Cette curiosité, cette volonté d'explorateur suffirait à justifier la « jeunesse » que Rohmer prête alors à Renoir. Mais elle est aussi dans les films. *Le Testament du docteur Cordelier* (qui sortira finalement en salle en 1961, en même temps qu'il passera sur les petits écrans) est un film étrangement exalté. S'il refuse les effets faciles, notamment la métamorphose à l'image de Cordelier en Opale, il impose un Jean-Louis Barrault mi-clown, mi-danseur, d'autant plus effrayant qu'il est aussi plus souple, agile, sensuel, bref, vivant et séduisant malgré sa laideur dans le « mauvais rôle », qu'il est raide, glacial et antipathique dans le « bon » (sans parler du crétin compassé et moralisateur qu'est le notaire, ami et confesseur de Cordelier). Et les méfaits d'Opale sont filmés (et joués) avec une évidente jubilation, tandis que Renoir retrouve son regard caustique sur les mondanités, le temps d'une soirée bourgeoise ridiculisée en finesse.

Le Déjeuner sur l'herbe sera comme le versant ensoleillé de la même promenade. Film léger, joyeux, qui cligne de l'œil vers *Partie de campagne*, tournée plus de trente ans auparavant, ce « songe d'une après-midi d'été » évoque pourtant en se jouant nombre des sujets graves des décennies à venir : l'intervention de la science dans la vie quotidienne, la construction européenne, l'écologie, le rôle des médias... *« Le point de départ de ce film est extrêmement sérieux,* dira Renoir, *j'en ai fait une espèce de farce. »* Pareilles farces, et pareilles frasques, applaudies ou tolérées chez des débutants, le public et la critique de l'époque ne les admettent pas de l'auteur de *La Bête humaine.* Les films sont des échecs d'autant plus cuisants pour Renoir qu'il pensait s'adresser à une large audience, d'autant plus douloureux qu'ils sont produits par sa propre société, la Compagnie Jean Renoir. Il est devenu un *« metteur en scène pas à la mode »*, comme il le notera lui-même avec quelque amertume. Il ne tournera plus qu'un film « de cinéma », *Le Caporal épinglé* (1962), comédie de mœurs bon enfant et hymne au désir de liberté située dans un camp de prisonniers en Allemagne : on jugera le film à l'aune de *La Grande Illusion*, ce qui est injuste, pour le déclarer bien inférieur, ce qui est exact. Renoir, qui a souffert durant le tournage de ce film de commande où il a dû se soumettre à la production et à ses émissaires, en était d'ailleurs d'accord. Pour la télévision, il réalise encore *Le Petit Théâtre de Jean Renoir* (1970), *« après sept ans de chômage forcé »*, exercice un peu forcé lui aussi, où il présente quatre sketches illustrant les vertus comparées du réalisme et de l'artifice. Trois de ces sketches montrent, sur des modes différents, un spectacle auquel assistent des spectateurs, avec une outrance qui dénonce les mécanismes de la représentation. Renoir élargit la « frange », ce décalage ennemi du naturalisme dont parlait André Bazin, dans un texte essentiel à la fois sur le réalisateur et sur la modernité au cinéma, « Renoir français », paru dans les *Cahiers du cinéma* de janvier 1952. Il y a du ricanement dans la manière dont le cinéaste pousse ainsi à l'extrême cette coupure, si riche de sens et de poésie dans les films où elle nichait discrètement au cœur de la mise en scène. Ces sketches sont des survivances d'un projet intitulé *C'est la révolution*, que le cinéaste souhaitait tourner après *Le Caporal épinglé* et auquel il a dû renoncer, après qu'on lui eut refusé l'avance sur recettes : ultime affront de son pays natal, qui veut bien considérer son œuvre passée comme la meilleure incarnation du génie français au cinéma (après avoir, à l'époque, rejeté la plupart de ses films), mais regarde avec condescendance le « vieux monsieur ». C'est finalement le quatrième sketch que l'on gardera en mémoire, ce plan fixe d'une émotion simple et poignante comme un adieu, où Jeanne Moreau chante *« Quand l'amour meurt »*.

Le « chômage forcé » n'a pas été inactif, Renoir a beaucoup écrit, des romans, un livre sur son père et cette autobiographie en pointillé qu'est *Ma vie et mes films*. En exergue : *« Je dédie ce livre aux auteurs que le public a désignés sous le nom de Nouvelle Vague, et dont les préoccupations sont aussi les miennes. »* Mais il est retourné vivre avec sa famille en Californie, où il mourra le 12 février 1979. L'article nécrologique du *Los Angeles Times*, paru le 16, s'intitule « Jean Renoir, the Greatest of all Directors ». Il est signé Orson Welles.

Jean-Pierre Melville

Depuis ses débuts avec *Le Silence de la mer* (1949), Melville pratique des méthodes de tournage qui préfigurent celles de la Nouvelle Vague. Mais c'est son quatrième film, *Bob le flambeur* (1956), qui en a fait un « éclaireur » du cinéma moderne, en réussissant l'impossible tour de force d'une synthèse entre trois sources d'inspiration contradictoires : le documentaire, le film noir américain et le réalisme poétique français de la haute époque. En allant tourner à New York son film suivant, et en choisissant, pour la seule fois de sa carrière, de tenir le premier rôle, il va montrer à la fois combien sa démarche est personnelle et combien elle ne tient pas seulement à une virtuosité d'exécutant, mais à un dépassement possible, et dont il détient la formule, des anciennes catégories. *Deux Hommes dans Manhattan*, récit d'une enquête qui respecte en apparence les trois unités de la dramaturgie classique pour mieux la miner de l'intérieur, est un film gigogne, un film en abyme qui fonctionne sans cesse sur plusieurs registres — l'un des plus troublants parmi ces jeux de miroir étant l'apparente modestie de l'entreprise, qui la distingue d'une œuvre à laquelle on pourrait à de nombreux autres égards la comparer, celle d'Orson Welles.

A première vue, le sujet est tout simple : un journaliste de l'A.F.-P. (Melville) et un photographe (Pierre Grasset de *Paris-Match*, rebaptisé *France-Match* pour dire plus librement le peu de considération du réalisateur pour la presse à scandales mondains) cherchent une nuit durant à travers New York ce qu'il est advenu du délégué français aux Nations unies. Celui-ci étant retrouvé mort dans l'appartement de sa maîtresse, plusieurs points de vue s'affrontent sur ce qu'il convient de faire, et de dire, du disparu. Le photographe ayant mis en scène une mort plus spectaculaire pour mieux vendre ses clichés, au risque de déshonorer la mémoire du défunt, le journaliste le poursuit pour récupérer la pellicule avant qu'elle soit vendue aux journaux. Il échoue, mais à l'aube le photographe jette ses rouleaux à l'égout.

Après un prologue documentaire, durant toute la première partie du film, la plus longue, la fiction ne semble être que le carburant d'une formidable balade dans la nuit new-yorkaise, où la bande-son de Martial Solal guide autant la construction du film que les réponses des trois femmes interrogées, où les images-preuves (les photos qui servent à l'enquête) provoquent les bifurcations, les arrêts, les aperçus sur les bars de nuit, les coulisses du théâtre, l'enregistrement d'un disque de jazz, les boîtes, les rues... Sous l'« argument », nourri par des commentaires très théâtraux, en porte à faux, et joués avec une maladresse certaine par Melville, un monde complexe et fourmillant se dessine. A ce moment, autant que *Deux Hommes* il y a « Deux Films dans Manhattan », la petite fiction recouvrant mais donnant existence au grand document poétique. Avec la révélation du lieu et de la cause du décès, qui clôt cette première partie, Melville parvient à dépasser cette dualité, qui dévalue le récit et donc l'un des aspects du cinéma. Il rend d'abord sa force à la fiction en tant que telle, lors d'une superbe double scène à l'hôpital, entre le journaliste, puis le photographe, et la jeune femme qui, à cause d'eux, a tenté de se suicider. Et démolit au passage les catégories morales (le bon journaliste et le méchant photographe) sur lesquelles semblait construite l'action. Puis il organise la fusion du documentaire et de la fiction, et les amène à s'interroger l'un l'autre, au cours d'un véritable débat éthique et politique qui oppose les deux hommes, et fait soudain intervenir plusieurs autres approches (celle de la fille du disparu, celle du directeur de l'A.F.-P.), porteuses d'autres savoirs et d'autres impératifs. Très simplement, et en relation directe avec l'action, tous les thèmes concernant l'image, la mise en scène, les rapports à l'Histoire, les choix moraux sont mis en perspective, dans ce qui devient aussi une critique du film lui-même tel qu'il s'est jusqu'alors déroulé. Enfin, dans une sorte de bouquet final d'une expéditive virtuosité — la traque du photographe —, Melville prouve que les trois niveaux (fiction, documentaire, réflexion) peuvent se combiner dans un cinéma total. Malgré une « chute » un peu forcée, la démonstration est splendide.

Melville est donc alors en parfaite synchronie avec la Nouvelle Vague naissante, il assumera un moment avec jovialité le rôle de parrain, notamment en jouant un petit rôle d'écrivain « de retour d'Amérique » dans *A bout de souffle* (il avait également figuré dans *Amour de poche* de Kast, et apparaîtra dans *Landru* de Chabrol). La manière dont ce cinéphile érudit utilise les leçons du cinéma américain autant que l'indépendance économique qu'il s'est donnée dès son premier film (non seulement il est son propre producteur, mais il possède son propre studio, rue Jenner, dans le 13e arrondissement), s'imposant au monde du cinéma contre les règles corporatistes, en font une figure tutélaire naturelle pour les jeunes Turcs. Cela ne va pas durer. Son film suivant est une surprise, plus encore *a posteriori*, lorsque la suite de son œuvre aura créé une image de marque avec laquelle *Léon Morin, prêtre* (1961) ne colle plus du tout. Sur le moment, elle incite au contraire à maintenir le parallèle avec Bresson, évoqué par certains dès *Le Silence de la mer*, puis *Bob le flambeur* et *Deux Hommes dans Manhattan*.

Melville fait appel à l'un des acteurs fétiches du jeune cinéma, Jean-Paul Belmondo. Il l'affuble d'une soutane pour raconter une aventure spirituelle et charnelle, mélange insensé d'hypocrisie et de sincérité inspiré par le roman homonyme de Béatrix Beck. *Léon Morin, prêtre* relate une histoire qui ne tient pas debout, celle de l'affrontement intellectuel entre une jeune libre penseuse et un jeune prêtre dans une ville de province, durant l'Occupation, puis après la Libération. Affrontement faussé par la victoire systématique du curé à chaque passe d'arme, amenant à une conversion dont la « clé », aussi lourde que les travaux de ferronnerie d'Hitchcock quand il se mêle de psychanalyse, réside dans le désir charnel de la demoiselle pour ce beau et vigoureux ecclésiastique, athlète et prestidigitateur de la foi, qui soulève la fonte de la tentation pour laisser retomber les duvets de la sainteté. Du Bernanos de gare. Sauf que, et c'est là qu'on retrouve Melville, tout cela est porté par une intense jubilation, partagée et amenée à l'incandescence par un Belmondo épatant de naturel et de duplicité, toujours à la fois petit prêtre intellectuel et jeune premier du cinéma de la jeunesse. Et si, face à lui, Emmanuelle Riva est la « chair à canon » du récit – et ne semble jamais s'en douter –, Melville multiplie les à-côtés là aussi à double détente : sous les poncifs psychologiques et moraux (la complexité du bien, la puissance des pulsions, etc.), il y a une attention aux choses, aux faits, aux matières, une véritable ascèse cinématographique qui travaille contre le scénario et fait la puissance cachée du film. Melville poursuivra son double jeu jusqu'après son achèvement, déclarant par exemple aux *Cahiers du cinéma* : *« Je crois que le film marchera bien. Pour le producteur, pour le public, ce sera une réussite. Tout est en ordre, la machine tourne à point, mais pour vous, pour moi, il y a juste deux ou trois idées qui m'appartiennent... J'entends par là que je n'ai pas pris de risques. C'est le film de la prudence, lisse et parfait, confortable dans le moral comme dans la technique. »* Il suffit pourtant de savoir que *Léon Morin, prêtre* est un projet qu'il a cherché pendant neuf ans à porter à l'écran pour se douter qu'il ne s'agit pas seulement d'une opération commerciale destinée à se refaire après les échecs publics des deux précédents films. Et on a compris que, pas plus que les précédents ni les suivants, ce film n'a quoi que ce soit de commun avec Bresson, ennemi irréductible de toute forme de duplicité, « vrai croyant » dans la possible sincérité du cinématographe, quand Melville est, et sera de plus en plus, le rusé manipulateur du cinoche.

On a dit la dualité des films de Melville, elle tient à deux approches contradictoires dont *Bob, Deux Hommes* et d'une autre manière *Léon Morin* ont réussi des synthèses. L'une de ces approches va vers le document, la prise à vif de ce que la caméra voit du monde, des choses, des comédiens... L'autre est un penchant pour la stylisation, l'épure, l'utilisation de codes narratifs et visuels non comme des moyens pour raconter des histoires, mais comme des objets « en soi ». Cette seconde tendance va prendre le dessus et permettre à Melville, échappé du ghetto du « cinéma d'auteur », de toucher un vaste public. Il s'agira de maintenir l'illusion qu'il réalise des polars pour le public du samedi soir, alors qu'il élabore des films de plus en plus intellectuels, de plus en plus audacieux et de plus en plus désespérés.

Parmi les sept films qu'il tournera jusqu'à sa mort, en 1973, *L'Aîné des Ferchaux* (1963) et *L'Armée des ombres* (1969) sont à mettre à part. Le premier, adapté de Simenon, offre l'occasion d'un retour dans une Amérique cette fois traitée de manière beaucoup plus décorative et folklorique que dans *Deux Hommes* (très peu de scènes ont été réellement tournées aux Etats-Unis, et Belmondo et Charles Vanel n'y sont même pas allés). Cette histoire de filiation voulue et ratée brasse des thèmes chers au cinéaste (l'inadaptation au monde, la révélation des vraies natures dans l'épreuve, les familles d'élection, la trahison...) mais sans construire ces univers clos et cohérents qui vont devenir sa marque de fabrique. Quant à *L'Armée des ombres*, malgré, là aussi, la présence des thèmes fétiches, il se présente comme un film « simplement » dédié à l'héroïsme de la résistance gaulliste, dont Melville a fait partie. Il investit dans la « grande forme » historique la maestria technique acquise dans la « petite forme » du film policier. Maîtrise formelle, lyrisme sobre, engagement intact pour un idéal : *L'Armée des ombres* est l'un des meilleurs films français sur la Résistance — maigre compliment, vu la fadeur de la concurrence. C'est aussi, on y reviendra, l'une des clés du travail de Melville.

Les cinq autres films qui vont figer l'image de leur réalisateur, *Le Doulos* (1963), *Le Deuxième Souffle* (1966), *Le Samouraï* (1967), *Le Cercle rouge* (1970) et *Un flic* (1972), appartiennent donc au genre du film policier ou, plus exactement, au « sous-genre » qu'est le film de gangsters — même le dernier, bien que son héros émarge à la Préfecture. Cinq films de plus en plus stylisés, et qui trahissent de plus en plus ouvertement les règles du genre, dont ils passent pour être des illustrations magistrales. Avec eux, Melville joue une difficile partie d'équilibriste, menant une recherche austère sur le fonctionnement du cinéma populaire tout en cherchant à profiter de sa popularité. Il gagnera quatre fois, malgré une démarche de plus en plus ardue : *Le Doulos* et *Le Deuxième Souffle* gardent les apparences de récits habilement construits, et n'exigent aucune distance des spectateurs, même si, sous ces histoires de balances, de gangsters d'honneur et de flics retors, le cinéaste s'interroge sur les trafics des apparences et les mécanismes de la fascination. Il vend en quelque sorte la mèche avec *Le Samouraï*, sorte de documentaire entièrement fabriqué, non pas sur un vrai tueur professionnel mais sur un personnage de tueur au cinéma. Film glacial, dans lequel il ne se passe pratiquement rien ; c'est pourtant un succès, en grande partie grâce à l'aura (à l'écran comme dans les médias) d'Alain Delon. Avec un total aplomb, *Le Cercle rouge* pousse le bouchon encore plus loin, remplaçant les intrigues d'une complexité presque incompréhensible du *Doulos* et du *Deuxième Souffle*, puis la quasi-absence d'intrigue du *Samouraï* par l'invraisemblance totale. Melville a jusqu'alors joué des ressorts schizophrènes du double (Reggiani/Belmondo, le bon et le mauvais truand du *Doulos*, Ventura/Meurisse, le truand et le flic du *Deuxième Souffle*), puis des mécanismes paranoïaques du solitaire avec *Le Samouraï*. Dans *Le Cercle rouge*, il corse la figure en « détriplant » le héros, sous les apparences du bandit Delon, du flic Bourvil et du flic devenu truand Montand, tout en continuant, en joueur d'échecs confirmé, à pousser habilement les pièces secondaires qui masquent les véritables enjeux. La mise en scène est aussi audacieuse que la construction : Melville filme ainsi, avec le même réalisme impassible, les visions du *delirium tremens*, l'impossible horlogerie du hold-up parfait, le mécanisme de la trahison réduit à un médiocre vaudeville et le ridicule et shakespearien massacre général de la fin. Le film pousse également à l'extrême une autre constante : l'absence des femmes. Jusqu'alors réduites à des fonctions minimes et utilitaires, depuis *Bob* et y compris dans *Léon Morin*, elles ont cette fois complètement disparu. Il est tout à fait exceptionnel de multiplier ainsi les succès commerciaux en se privant de ce qui est supposé en être un ingrédient indispensable : une présence féminine et une histoire d'amour, fût-elle secondaire. Même parmi les grands maîtres américains de Melville, bien peu ont osé cela. Misogyne, Melville ? Sans doute, mais seul *Léon Morin, prêtre* en porte un témoignage explicite. Inconsciemment homosexuel ? Plutôt capable d'enregistrer frontalement l'ambiguïté de ces « sociétés d'hommes » régies par des codes qui masquent la sexualité sous la manipulation de gros calibres et de gros mots. Ce sont les exigences de sécheresse, le refus radical de la psychologie qui l'amènent à évacuer les présences féminines et l'expression des sentiments pour mieux laisser apparaître des règles de fer dont il dénonce l'inhumanité et le ridicule, sans laisser entendre qu'il existe d'alternative. D'une extraordinaire finesse et d'une totale dérision, *Le Cercle rouge* sera un triomphe commercial. Le malentendu est total, et donc la réussite de Melville absolue.

Il va pousser la plaisanterie trop loin avec son ultime réalisation, *Un flic*, film complètement dingue, qui évoque le baroud d'honneur d'un desperado. Sur un scénario déséquilibré, dans un monde vide aux couleurs mortuaires, des fantômes interchangeables s'affrontent à mort, en un ballet glacial, presque muet. Règne d'une violence absurde – mais, à l'écran, jamais complaisante – et fascination pour la technique, celle du cinéma étant explicitement assimilée à celle du grand banditisme. Dans *Un flic*, les hommes sont déjà morts, ils agissent comme des robots programmés ou des canards qui courent encore et s'entre-déchirent, la tête tranchée. Catherine Deneuve, unique femme à peine entrevue, est un ange de mort énigmatique et malheureux, intermédiaire inutile entre deux mondes identiques au point de se confondre, celui du flic Alain Delon et celui du truand Richard Crenna. Jadis, semble-t-il, ces hommes ont cru à une cause, peut-être même ont-ils combattu côte à côte. Sous son titre désignant un film policier, *Un flic* est un film de guerre, de guerre d'après la fin du monde, entre les « armées des morts » dont parle Delon au sortir de la morgue. Guérilla, torture, cynisme, désespoir sans fond, jeu infini de masques, de faux-semblants, de reflets, de distorsions – la plus audacieuse étant l'immeuble tire-bouchonné supposé servir de Q.G. à la police. Un film de guerre ou d'espionnage, surclassant en noirceur désabusée et en constat de la confusion des valeurs les romans les plus crépusculaires de John Le Carré. A nouveau, la réalisation est à la mesure du sujet : délirante. Impossible de considérer comme des maladresses, de la part d'un cinéaste alors aussi maître de ses moyens, l'interminable et parfaitement antispectaculaire séquence du vol de la drogue dans le train, ou le fait de frustrer trois quarts d'heure de suite le public de sa vedette Delon. Scénario et mise en scène ne font qu'une seule machine morbide, qui tourne à vide et ne produit que du malheur. Très, très loin du prétendu modèle américain auquel on confine le cinéaste : dans le dernier plan, son assistant (Paul Crauchet) offre à Delon un chewing-gum Hollywood, sèchement refusé. Le film, descendu en flammes par la critique, est « flingué » par l'indifférence du public. Melville meurt

L'évolution de Melville, qui dit : *« Lorsque je représente une boîte de nuit, il est évident qu'il s'agit d'un rêve de boîte de nuit »,* fait par certains côtés songer à celle de Fellini, passant des apparences du réalisme des années cinquante à la fabrication d'un fantastique très personnel. Mais, à la différence du grand cinéaste italien, Melville reste à l'intérieur d'un genre et brouille ainsi davantage les pistes. La principale comparaison, il faut évidemment la chercher du côté des metteurs en scène américains. De manière anecdotique au niveau de la maîtrise technique qu'il a apprise en voyant, très tôt et intensivement, leurs films, sur lesquels il est incollable. De manière plus essentielle en réussissant comme eux à infiltrer un système dominant de production et de récit, avec ses propres interrogations, mais sans en faire étalage, et sans en faire la théorie (avant le milieu des années soixante, Melville a pris ses distances avec la Nouvelle Vague, et en parlera bientôt avec une ironie mordante, qui, comme ses films, fait la joie des secteurs les plus conservateurs de la critique). John Huston, que Melville admirait énormément, champion du double jeu avec le système des studios, représente sans doute la référence la plus exacte à la démarche de Melville, à cette différence que, le cinéma étant ce qu'il est en France, elle aura dû être menée de manière secrète. Bien des indices incitent d'ailleurs à voir dans son attitude la suite de ce qu'il a expérimenté dans la Résistance – à commencer par le fait que le nommé Jean-Pierre Grumbach ait conservé pour faire du cinéma son pseudonyme de combattant de l'ombre. Melville serait resté un clandestin, ou le serait redevenu après les défaites à visage découvert de *Bob le flambeur* et de *Deux Hommes dans Manhattan*. Il a rompu avec les réseaux trop voyants de la Nouvelle Vague, s'est inventé une fausse identité de cinéaste de genre virtuose, s'est constitué une planque qui assure sa sécurité et son autonomie (le studio de la rue Jenner, jusqu'à l'incendie qui le détruit en 1966)... Ce qui amène à envisager différemment *L'Armée des ombres*, non plus comme un écart du côté du monument historique, passagère déviation d'un parcours voué à la distraction des foules, mais comme la proclamation codée de ce que Melville n'a en réalité jamais cessé de faire : de la résistance. De là à considérer les passagers de l'ambulance qui, sous l'uniforme ennemi, pénètrent dans l'immeuble de la Gestapo comme la métaphore d'une équipe de tournage de Melville...

« Sous l'uniforme ennemi » : publiquement, Melville a adopté une attitude de dénigrement systématique du cinéma d'auteur et de soutien aux positions les plus conservatrices, devenant membre de la commission de censure au début des années soixante-dix (quand l'immense majorité des cinéastes vient d'en réclamer la disparition), et regrettant à haute voix que les subsides publics soient dilapidés pour soutenir le cinéma de création. Camouflage, schizophrénie, contradiction entre le citoyen Melville et ce que filme le metteur en scène Melville ? Il y a du dandy chez celui qui s'était forgé une silhouette faite d'un Stetson, de lunettes noires, d'une gabardine et d'une Rolls Royce. Mais un dandy au sens de Baudelaire, d'un ombrageux désespoir dissimulé sous la désinvolture et la faconde, celles d'un inadapté à l'époque et qui sait comment y briller pourtant.

A titre d'indices en faveur de l'hypothèse d'un Melville combattant clandestin au cœur du cinéma, voici quelques répliques extraites du long entretien qu'il accorda à Rui Nogueira, à la fin de 1969. Sur lui-même : *« Le livre qui m'a marqué pour toujours,* Pierre ou les Ambiguïtés *d'Herman Melville. »* Sur son rapport aux autres, et en particulier aux gens du cinéma : *« Il n'y a rien à faire, chaque fois que je collabore avec quelqu'un, il y a quelque chose qui ne colle pas* [...]. *Si on est deux, il y a un traître. »* Sur le prétendu changement complet de son cinéma, dont il a été lui-même le chantre : *« Il est essentiel que le dernier film ressemble absolument au premier. »* Sur l'adhésion sans réserve aux modèles hollywoodiens : *« L'impérialisme américain, ce n'est pas seulement un impérialisme industriel* [...] *mais aussi un impérialisme de civilisation. »* Et enfin : *« Dans mes films, il y a beaucoup de choses qui ne sont pas faites pour être remarquées.* [...] *Je ne fais que du faux. Toujours.* [...] *Vous avez l'air de me prendre pour un menteur. – Moi, pas du tout,* répond Nogueira. – *Vous avez tort. »*

A la veille de la crise cardiaque qui le terrasse le 2 août 1973, il travaillait à un scénario intitulé *Contre-Enquête*. Au producteur qui s'inquiétait du sujet il aurait simplement répondu : *« Dites que ce sera un Melville : ça suffira. »*

Jean Rouch

Autre figure tutélaire du cinéma moderne, Jean Rouch (né en 1917) campe quant à lui sur les territoires du cinéma ethnologique. Travaillant dans le cadre du Comité du film ethnographique du musée de l'Homme, qu'il a créé en 1953 avec Leroi-Gourhan, il met en œuvre une approche très personnelle du documentaire. La nature forcément problématique de son regard sur l'Afrique à l'heure de la décolonisation, la beauté et souvent la violence de ses images, l'invention de techniques légères adaptées à son travail mais susceptibles d'être réutilisées par les réalisateurs de fiction contribuent à faire de Rouch un point de repère dans la galaxie cinématographique de la fin des années cinquante, reconnu comme tel par la critique et par les festivals (*Les Maîtres fous*, tournés en 1954, primés à Venise en 1957). Mais, à côté des influences exercées par les documents tournés en Afrique, un autre film occupe une place très significative de ce qui se joue alors dans le cinéma, *Chronique d'un été*.

Réalisée durant l'été 1960, *Chronique d'un été* est née de la rencontre entre Rouch et Edgar Morin. Morin, lui, n'est pas cinéaste mais sociologue. Il avait trente ans en 1951, quand il fut exclu du P.C.F., auquel il avait adhéré dans la Résistance. Cette expérience lui inspirera une des premières réflexions critiques françaises « modernes » sur les formes et les limites de l'engagement des intellectuels dans la politique. La même année, il publie *L'Homme et la Mort*, une méditation (à propos de la littérature) sur la représentation artistique de la *« réalité de l'homme et du monde »*. Précurseur, en France, de l'étude de la communication de masse, il écrit en 1956 *Le Cinéma ou l'Homme imaginaire*, qui part de la question : *« Dans quel sens et de quelle façon nouvelle l'univers cinématographique moderne ressuscite-t-il l'univers archaïque des doubles* [étudié par *L'Homme et la Mort*] ? *Pourquoi le cinématographe, à l'origine une technique de reproduction du mouvement dont l'usage semblait devoir être pratique, voire scientifique, a-t-il dès sa naissance dérivé en cinéma, c'est-à-dire en spectacle imaginaire ? »* Morin, sans en faire partie, est à l'unisson de la réflexion critique qui se produit au même moment dans la sphère cinéphile. Il écrit ensuite *Les Stars* (1957), puis participe à la création de la revue *Communications* de l'Ecole pratique des hautes études, où, dès la première livraison, en novembre 1961, il consacrera un article au cinéma, développé ensuite dans *L'Esprit du temps* (Grasset, 1962).

C'est Edgar Morin qui, au cours du Festival du film ethnographique de Florence de 1959, aurait dit à Rouch (ils sont tous deux attachés au C.N.R.S.) qu'*« il serait temps qu'il fasse un film sur les Blancs »*. Le résultat, *Chronique d'un été* (1961), sera doublement instructif : directement, comme précieux témoignage sur l'époque, puisqu'il s'agit d'une enquête sociologique, et, indirectement, comme mise en œuvre délibérée, expérimentale, des idées sur le cinéma qui ont cours à l'époque. Le film est composé d'entretiens avec une dizaine de personnes habitant à Paris durant la belle saison de 1960 (plus quelques séquences de vacances dans le Midi), de petits reportages sur leurs conditions de vie, de conversations à deux ou en groupe, auxquelles les réalisateurs se mêlent souvent. La plupart des séquences (mais pas toutes) sont filmées en toute connaissance de cause des interviewés. Le film tourne autour d'une question, dont la nature comme l'imprécision témoignent de la démarche de ses auteurs : *« Comment vis-tu ? »* Dispositif très souple, donc, qui est censé mettre en évidence toutes les possibilités de ce « cinéma-vérité » dont il se veut le manifeste. Malgré quelques réticences, il est effectivement salué comme tel à sa sortie : il est applaudi par les cinéphiles, mais aussi par des philosophes, des sémiologues et des poètes. Surtout, il représente l'un des points limites du cinéma moderne, comme le souligne l'éditorial du numéro de mai de *Cinéma 61*, qui le compare à *Marienbad*, sorti au même moment : *« Les contradictions fondamentales qui opposent* L'Année dernière à Marienbad *à* Chronique d'un été *témoignent non d'oppositions stériles, mais, au contraire, de la richesse, de la vérité, de la profondeur des expériences en cours. Les voies royales choisies par Resnais et Rouch méritent d'être suivies dans tous leurs prolongements. »*

Chronique d'un été est pourtant un film ambigu, du fait même de sa volonté démonstrative. Ses « personnages » (une enquêtrice pour un institut de sondages, un ouvrier de Renault, un ancien militant communiste, une secrétaire, un étudiant, un couple « artiste »...) sont traités comme des archétypes socioculturels plutôt que pour leur singularité individuelle. Lorsqu'il s'avère que l'enquêtrice (c'est Marceline Loridan, la future compagne de Joris Ivens) est la petite amie de l'étudiant, cela ne rajoute aucune épaisseur à son cas, mais apparaît comme un trucage. L'intérêt « en creux » de *Chronique d'un été* est ainsi de montrer que le vrai cinéma-vérité ne dépend pas du seul parti pris théorique (on filme le monde) servi par la « machine enregistreuse du cinéma ». La « fiction » est souvent le moyen, dont les auteurs se privent ici, de donner un sens général à des situations individuelles sans les réduire à des cas d'étude. Et surtout, dans le documentaire comme dans la fiction, la mise en scène reste la clé de voûte d'un rapport au monde qui doit être construit. Lorsqu'il tournait en Afrique, Rouch paraissait trouver naturellement, peut-être inconsciemment, la bonne distance et le sens de la juste durée (encore qu'il faudrait demander aussi à des Africains de faire la critique de ses films). Cette fois, l'une des rares séquences vraiment convaincantes et émouvantes (la première apparition de Marie-Lou, la jeune secrétaire immigrée italienne et malheureuse en ses multiples amours) tient à un vrai parti pris de mise en scène, le plan-séquence en gros plan, qui soudain permet à la jeune femme de dépasser ses seules caractéristiques sociologiques. De même Angelo-l'ouvrier-de-chez-Renault n'échappe à son statut qu'en faisant soudain quelque chose d'inattendu et de personnel (s'entraîner à la lutte dans le jardin de son pavillon). *A contrario*, beaucoup de séquences traduisent une maladresse ou une inconscience des droits et devoirs de la mise en scène. Ceux-ci devraient notamment régir les apparitions à l'écran de Morin et de Rouch, et leur interdire de susciter artificiellement des rencontres entre leurs protagonistes. De même aurait-on dû éviter la séquence fabriquée où Marceline Loridan soliloque en pleine rue sur la déportation de son père. La dernière partie du film est significative à la fois de la démarche du film et de ses limites : les deux réalisateurs invitent tous leurs « personnages » à se regarder et à critiquer leurs passages à l'écran, effet retour scientifiquement intéressant, même s'il est parfaitement hétérodoxe au cinéma, qui n'a jamais impliqué de feed-back de la salle vers l'écan. Mais ensuite, arpentant tous deux le musée de l'Homme à la suite de cette séance de « critique-autocritique », Rouch et Morin critiquent à leur tour le comportement de leurs sujets : ils n'auront pas un mot de réflexion sur leur propre travail de cinéastes.

Chronique d'un été représente effectivement un point limite du cinéma moderne : on y repère ses éventuelles dérives, lorsque manque ce centre de gravité qu'est la mise en scène. De ce point de vue, le film de Rouch et Morin, bien malgré lui, annonce plutôt le rapport au monde qu'instaurera la télévision. Remarquons enfin, pour revenir à la comparaison déjà citée, que *L'Année dernière à Marienbad* était effectivement l'autre frontière extrême de ce même cinéma, en danger de basculer dans un formalisme abstrait imposé par un auteur tout-puissant — et qui apparaîtra lorsque Robbe-Grillet passera lui-même à la réalisation. Deux risques symétriques, nés de la perte du lien entre le metteur en scène et ce qu'il filme. Ce qui ne méritait peut-être pas d'être « suivi dans tous ses prolongements », mais le sera pourtant.

La même année 1960, Rouch tente seul un développement de l'expérience *Chronique d'un été* avec *La Punition* (1962), guère plus concluant bien qu'il s'appuie cette fois sur un canevas de fiction. Il retournera ensuite à son intense travail de cinéaste ethnographe en Afrique : trente-deux courts-métrages jusqu'en 1968, date à laquelle il revient à toute vitesse à l'annonce des événements du mois de mai. Il réalisera ensuite un projet longuement médité, *Petit à petit*, regard ethnologique d'Africains sur la France. S'il faudra attendre 1974 pour qu'il s'essaie à nouveau au long-métrage de fiction (*Cocorico monsieur Poulet*), il se sera par deux fois brillamment infiltré dans des courts-métrages de fiction parisiens. D'abord avec *Les Veuves de quinze ans* (1964), « essai sur les adolescentes de Paris durant l'été 64 », qui déjoue cette fois tous les pièges du regard sociologique ou ethnologique, en observant deux lycéennes de bonne famille à l'heure des premiers émois : simple (mais pas simpliste) et ironique, sec et chaleureux en même temps. Puis, encore meilleure, sa contribution au film à sketches *Paris vu par...* (1965). Deux plans-séquences seulement composent « Gare du Nord », l'un d'une scène de ménage teintée de tendresse et de mal-vivre dans le petit appartement que partagent Nadine Ballot et Barbet Schroeder, l'autre de rue, où la femme refuse l'offre d'une vie différente et laisse voir la superficialité de son aspiration au changement, tandis que son séducteur de rencontre (Gilles Quéant) pousse la rigueur intellectuelle jusqu'à mettre *illico* fin à ses jours. Vitesse d'exécution et sens de la durée, attention aux mots et à l'espace, humour noir, révolte et tendresse, Rouch vient de démontrer combien il suffit de peu de moyens pour faire de l'excellent cinéma. Pourvu qu'on ait l'ivresse du talent.

Jacques Rozier

Réalisateur d'un premier et unique long-métrage durant les années soixante, Jacques Rozier fait, lui, figure de « poulain » de la Nouvelle Vague. Pourtant, né en 1926, il est plus âgé que la plupart de ses fondateurs. Rozier a débuté selon un schéma classique (études à l'I.D.H.E.C., assistant réalisateur à la télévision) et n'a jamais appartenu à la « bande des *Cahiers* ». Dès 1947, il s'est essayé au court-métrage, mais c'est en 1958 que son court, *Blue Jeans*, le fait remarquer des jeunes Turcs. Notamment par Truffaut, qui l'exhorte à passer au long-métrage, et par Godard, qui le présente à Georges de Beauregard, lequel lui signe un contrat en mars 1960 – pour une comédie musicale baptisée *Embrassez-nous ce soir.* Le résultat s'intitule *Adieu Philippine*, ce n'est plus une comédie musicale, et ce n'est plus une production de Beauregard (mais d'Alain Raygot). Le film ne sera présenté au public qu'en septembre 1963 – retard d'autant plus dommageable que la guerre d'Algérie, qui représente le futur (ou l'absence de futur) du personnage principal, a pris fin entre-temps. Malgré la position marginale de son auteur vis-à-vis du « noyau dur » de la Nouvelle Vague, et malgré sa distribution tardive, *Adieu Philippine* est pourtant le film qui en condense le mieux l'esprit commun [1].

Cette chronique au jour le jour d'un jeune homme, Michel, éphémère porteur de câbles à la télé, qui drague un soir deux copines, la description de leurs atermoiements sentimentaux, leur recherche d'un travail prestigieux (dans le cinéma, évidemment), les scènes saisies sur le vif, entre filles, entre garçons, en famille, leur départ à trois en vacances et en toute immoralité avant que Michel ne rejoigne son régiment, ne font pas une « histoire » au sens classique du terme. Ils font une rivière dansante de moments, de regards, de gestes, de mots (en réalité laborieusement retrouvés en auditorium par le réalisateur, après l'échec des prises en son direct). Malgré la difficulté de vivre, sur laquelle Rozier ne jette aucun voile, passe une vitalité joyeuse, une santé rieuse et tendre, émaillée d'éclats de pure loufoquerie, soudain obscurcie par les sombres bouffées venues d'Algérie, le temps d'un insert sur le téléfilm *Montserrat* évoquant la torture, ou du silence d'un copain « qui en revient ». *« Après ce film, tous les autres paraissent faux »,* s'emballent les *Cahiers*, avant de le sacrer *« parangon de la Nouvelle Vague, où les vertus du jeune cinéma brillent de leur éclat le plus pur, où ses méthodes reçoivent la plus claire et la plus convaincante démonstration de leur bien-fondé, qu'il s'agisse du tournage à la sauvette, du choix de nouveaux visages (Jean-Claude Aimini, Yveline Cery, Stefania Sabatini), des emprunts au style T.V., de la désinvolture du récit, du thème de la jeunesse ».* Très injustement, Jacques Rozier devra attendre 1969 pour pouvoir tourner son deuxième film, *Du côté d'Orouët*, qui ne sera distribué qu'en 1973.

1. Alors qu'un autre film, déjà souvent mentionné, souligne à la fois les convergences et les spécificités des réalisateurs de la Nouvelle Vague : en six sketches, *Paris vu par...* (1965) réunit Godard, Rohmer, Chabrol, Rouch, Pollet et le critique des *Cahiers du cinéma* Jean Douchet – dont ce sera la seule réalisation pour le cinéma. Chacun, à propos d'un quartier de Paris, livre une brève et presque toujours brillante illustration de ses thèmes et de sa manière – la contribution de Godard étant la moins probante. Déjà producteur des premiers « Contes moraux » d'Eric Rohmer, Barbet Schroeder a formellement créé (avec le réalisateur) la Société des films du Losange pour ce film. Celui-ci, unique « manifeste » de groupe de la Nouvelle Vague (bien qu'il y manque, déjà, François Truffaut), sort à un moment où cette tendance a déjà cessé d'exister comme mouvement concerté.

La bifurcation Pollet

Autre cas marginal (mais plus prolifique), celui de ce tout jeune cinéaste, aussitôt reconnu par les fondateurs de la Nouvelle Vague après son court-métrage *Pourvu qu'on ait l'ivresse* (1958). Le destin de Jean-Daniel Pollet semble alors tracé, il devrait devenir le benjamin d'un cinéma moderne dont on s'attend à ce qu'il croisse et se multiplie. Ce ne sera pas le cas, ni pour le cinéma moderne, ni pour Pollet. Ce ne sera d'ailleurs, durant une décennie, le cas de personne. Les héritiers présomptifs du mouvement resteront confinés dans une quasi-clandestinité ou attendront jusqu'à l'aube des années soixante-dix. Ni les nouveaux collaborateurs des *Cahiers*, qui presque tous réalisent un ou plusieurs courts-métrages sans lendemains immédiats, ni Doniol-Valcroze ni Kast, partis avec un temps de retard, ni Rozier, qui reste l'homme d'un seul film, ni Pialat, qui demeure confiné au court-métrage jusqu'en 1968, ni Eustache, qui tourne son premier court en 1963, ni Garrel, qui le rejoint l'année suivante, ni Doillon, qui tente de passer à l'action en 1966... Jean-Daniel Pollet n'échappe pas à cette « malédiction » d'avoir, d'un cheveu, raté le coche. Son premier long-métrage, très attendu par ses aînés (de peu, il est né en 1936, quatre ans après Truffaut), les déçoit. Et, semble-t-il, le déçoit lui-même : après avoir beaucoup peiné sur le tournage et surtout le montage de *La Ligne de mire*, marivaudage ironique entre jeunes riches occupant leurs loisirs au trafic d'armes, il livre (en retard : le film était attendu au Festival de Cannes 1960) un film qui ne sera jamais distribué et qu'il reniera bientôt. Avec le court-métrage *Gala* (1962), il repart dans ce qui sera désormais sa direction personnelle.

Tous les cinéastes modernes travaillent la relation entre documentaire et fiction. Presque tous le font en expérimentant leurs convergences. Sans négliger ni l'un ni l'autre, Pollet sera l'un des rares à préférer les envisager comme parallèles, ou se croisant pour s'éloigner aussitôt. Ainsi est né *Pourvu qu'on ait l'ivresse* : après avoir tourné un documentaire sur une guinguette de Nogent, il a repéré en visionnant les rushes un jeune homme qui se trouvait là, est retourné sur les bords de la Marne chercher ce garçon, qui se nomme Claude Melki, et a conçu son premier film de fiction avec lui, héros « réel » d'un après-midi d'ennui et de drague embarrassée, sauvée par l'opportunité de porter un masque pour aborder une jeune mariée. Avec *Gala*, Pollet retrouve Melki, désormais et définitivement rebaptisé Léon, qui hante cette fois une boîte de nuit parisienne fréquentée par des Africains. Le moyen-métrage suivant, *Méditerranée* (tourné en 1963 mais sorti seulement en 1967), dessine l'autre axe selon lequel progressera désormais Pollet : l'enregistrement du réel (documentaire, si on veut) sert de matière à une composition plus proche du poème que du reportage. Le cinéaste se réclame d'ailleurs de Ponge, et de son « parti pris des choses », en même temps que du Nouveau Roman – ce dont Sollers lui donnera acte. Ce voyage subjectif à travers les territoires, les mémoires, les lumières et les sons du pourtour méditerranéen longuement arpenté constitue une expérience de cinéma sans équivalent. De retour dans les vieux quartiers de la capitale, Pollet retrouve ensuite Melki-Léon, face à Micheline Dax en brave pute, pour l'hilarant et douloureux sketch « Rue Saint-Denis » de *Paris vu par...* (1965), qui affirme les traits de ce personnage mal dans sa peau, tendre et travaillé par le désir, évoluant dans des décors de cinéma populiste, déjà vieillot, filmé avec un respect teinté d'ironie. Il en ira ainsi des longs-métrages *L'Amour c'est gai, l'amour c'est triste* (tourné en 1968, sorti en 1971) et *L'Acrobate* (1976) : deux très beaux moments d'attention aux corps des comédiens, aux nuances des sentiments, à la chorégraphie quotidienne des postures (qui contrastent avec celles du tango dans le second). Ces films demeurent, dans le registre de la fiction, les plus grandes réussites de Pollet.

Il s'est en revanche fourvoyé dans un *« western pseudo-sicilien grec », Une balle au cœur* (1966), puis a réalisé *Tu imagines Robinson* (1967), méditation politique, philosophique et onirique autour du personnage de Defoe. Vient ensuite, sur un scénario de Pierre Kast, une peu convaincante fable historico-politique au Brésil, *Le Maître du temps* (1971). Mais ce fil fictionnel en croise un autre, tendu vers la recherche esthétique – liée à l'archéologie dans *Bassae* (1964), à la couleur dans son adaptation du *Horla* de Maupassant (1966), à la peinture dans *La Femme aux cent visages* (1966), plus tard à la poésie avec *L'Arbre et le Soleil* (1990). Un troisième « film » serait plus strictement « documentaire », il court des *Morutiers* (1966) à *Au Père-Lachaise* (1986), avec comme sommet le bouleversant et pugnace voyage à l'asile de lépreux de *L'Ordre* (1973). En 1988, Jean-Daniel Pollet tentera une synthèse, ou plutôt une mise en jeu de ces différentes démarches, avec un montage de plans extraits de ses précédents films, *Contretemps*, qui est accompagné de commentaires de Philippe Sollers et Julia Kristeva. Il propose ainsi une réflexion originale et aride sur une œuvre hors normes, composée de films portés par des courants divergents, aux durées très inégales, souvent inédits ou distribués tardivement et confidentiellement, et qui pourtant dessinent une approche du monde à la fois gourmande, audacieuse et modeste. Jean-Daniel Pollet aura ainsi arpenté bien des chemins, voisin des auteurs du cinéma moderne sans parvenir à les rejoindre, tentant à plusieurs reprises, mais en vain, de se rapprocher du cinéma « grand public », exilé en un lieu dévolu à lui seul. Il s'en retournera l'arpenter, au fil des pas et des mots de Francis Ponge, dans *Dieu sait quoi* (1994).

Les mutants

Voici enfin deux cinéastes importants entrés dans la carrière au tournant des années cinquante-soixante, et qui ne seront pas, eux, des marginaux, mais des irrédentistes, s'éloignant chacun selon sa voie du cinéma moderne au sein duquel on les a d'abord repérés.

Louis Malle

S'il est un cinéaste promis à une carrière durable qui semble échapper à la distinction proposée entre cinéma de la jeunesse et cinéma moderne, c'est bien Louis Malle. Documentariste et adepte du romanesque spectaculaire, il aura mené une carrière faite d'embardées à travers les genres, les continents, et des ambitions contrastées. Troisième fils d'une famille de sept enfants, il est né le 30 octobre 1932, et avec une cuiller en argent dans la bouche : sa mère, demoiselle Beghin, est l'héritière d'une des plus grandes fortunes sucrières du nord de la France, papa dirige l'usine. Education de grande bourgeoisie catholique de province, collège de jésuites à Paris sous l'Occupation, pension religieuse. Il dira que c'est la vision des *Dernières Vacances* de Leenhardt (1948) qui a décidé de sa vocation de cinéaste : un an après être entré à Sciences-Po, il s'inscrit à l'I.D.H.E.C. Il quittera l'un et l'autre pour rejoindre la *Calypso* du commandant Cousteau, durant l'été 1953, comme cinéaste-cameraman-plongeur. Expérience captivante, dans tous les sens du terme : il y restera trois ans, et en reviendra avec *Le Monde du silence*, et la reconnaissance inattendue d'une Palme d'or partagée à Cannes, en 1956, avec l'océanologue. Assistant de Bresson sur *Un condamné à mort s'est échappé* la même année (mais pas de Tati, contrairement à la légende), il reçoit ensuite des mains de son ami Alain Cavalier le livre *L'Ascenseur pour l'échafaud* de Noël Calef. Il en écrit l'adaptation avec Roger Nimier (alors la meilleure plume de la littérature engagée à droite, quand Malle est de « gauche »). Le résultat sera, chronologiquement, le premier long-métrage du Nouveau Cinéma (*Ascenseur pour l'échafaud*, 1957), par son ambition, la construction « abstraite » de récits et de personnages qui ne se croisent pas, la rigueur de sa mise en scène au service d'une intrigue romanesque minimale qui enfante un monde sensoriel, le jeu intériorisé de Jeanne Moreau et de Maurice Ronet, l'utilisation inventive de la bande sonore où flambe la trompette de Miles Davis.

Pourtant, le deuxième film de Malle – qui a racheté la société de son producteur, N.E.F., et en fera durant toute sa carrière sa « base arrière » économique – est un fleuron du cinéma de la jeunesse. Elégant récit d'un adultère bourgeois, *Les Amants* (1958) mènent adroitement une intrigue volontiers provocante envers la morale en vigueur, exaltent le plaisir physique, mais dans une mise en scène descriptive, extrêmement fabriquée et fermée sur elle-même. Sur la bande-son aussi, Brahms a remplacé Miles. Le film aura un grand succès, tout auréolé de scandale. La suite de la « première carrière française » de Malle (jusqu'en 1967) manifestera le même va-et-vient entre cinéma moderne et ce qui sera bientôt un néo-classicisme où se mêlent virtuosité et sens très concerté de la provocation. Le mouvement de balancier prend même de l'amplitude durant les années suivantes : du côté « moderne », la tentative audacieuse, sinon réussie, de *Zazie dans le métro* (en 1960). Dans le roman de Queneau, en apparence inadaptable tant il repose sur les jeux du langage, Malle a trouvé prétexte à une série d'« exercices de style » qui, malgré le systématisme et l'artificialité, représentent un essai souvent intrigant de passage en revue du vocabulaire cinématographique. C'est également la première apparition d'un thème sur lequel le cinéaste reviendra à plusieurs reprises : les enfants face à un monde adulte hypocrite et médiocre.

Retour aux effets de manches et à la psychologie avec *Vie privée* (1962), sur un scénario écrit avec Jean-Paul Rappeneau (comme *Zazie*), dénonciation de l'attitude des médias vis-à-vis des vedettes. Brigitte Bardot, en actrice célèbre traquée dans son intimité, y joue pratiquement son propre rôle : dispositif typique d'un film moderne, contredit par les éléments de dramatisation conventionnels. La comparaison des interprétations de Bardot chez Louis Malle et chez Jean-Luc Godard (dans *Le Mépris*, soit dans un emploi assez voisin) témoigne bien de la différence entre l'illustration romanesque du premier et la mise en scène moderne du second : Malle « utilise » une vedette pour jouer une vedette, cela reste au mieux un « truc » anecdotique, au pis un « truc » publicitaire. Godard, en imposant à Bardot une liberté déstabilisante, l'oblige à laisser transparaître une « vérité intérieure » à laquelle n'a pas non plus eu accès Clouzot réalisant avec la même actrice un film pourtant nommé *La Vérité*. *Vie privée* décrit l'existence d'un personnage qui ressemble à Bardot alors que *Le Mépris*, en apparence beaucoup plus « fictif », est (entre autres) un vrai reportage, à la fois sur la jeune femme nommée Brigitte Bardot et sur la star B.B., convoitée et morcelée, exigeante et manipulée. La comparaison entre l'utilisation par Godard et par Malle de Jean-Paul Belmondo (dans *A bout de souffle* et *Pierrot le Fou* pour l'un, dans *Le Voleur* pour l'autre) donnerait d'ailleurs les mêmes résultats.

Mais, après un détour par le documentaire, en Algérie (images jamais montées, jamais montrées), puis sur la route du tour de France (*Vive le Tour*), Louis Malle réussit en 1963 un audacieux coup de maître, avec la transposition contemporaine du *Feu follet* de Drieu la Rochelle. Les derniers jours et les dernières nuits d'un type (incarné avec une impeccable et bouleversante austérité par Maurice Ronet) qui veut, et va, se suicider, évitent avec une simplicité qui semble d'évidence tous les écueils du romanesque, de la psychologie, de la glose. Le poids des choses, la froideur du monde, la colère destructrice du protagoniste y acquièrent une présence extraordinaire. Cinquième long-métrage de fiction de ce cinéaste, *Le Feu follet* est aussi parmi les dix-huit titres que comptera sa filmographie au début des années quatre-vingt-dix, le dernier qui soit filmé en France et au présent. A la suite de cette poignante réussite minimaliste, Louis Malle va donc s'empresser de faire aussitôt le contraire. Après le premier de ses voyages cinématographico-exotiques (le documentaire *Bons Baisers de Bangkok*, tourné pour la télévision), il réalise en 1965 une comédie qui est aussi un western et en même temps un « musical », et une superproduction avec Brigitte Bardot et Jeanne Moreau, les deux plus grandes vedettes féminines du moment : *Viva Maria* (1965). Qui comptait que le cinéaste du *Feu follet* se consacrerait désormais à une œuvre rigoureuse en sera pour ses frais et ne manquera pas de regretter qu'il galvaude son talent en savoir-faire au service d'une pochade à grand spectacle, et qui s'embrouille parfois dans le pastiche et les citations. *Viva Maria* (écrit avec Jean-Claude Carrière), spectaculaire et porté par une joyeuse inventivité, au moins dans sa première partie, consacre les ambitions « grand public » d'un réalisateur qui démontre sa capacité à diriger une grosse production vouée au seul divertissement, selon les recettes éprouvées d'Hollywood — le film est d'ailleurs financé par une compagnie américaine, United Artists. Malle fait figure de pionnier, dans un genre — la comédie à grand spectacle — qui aura des émules à la fin des années soixante.

Ensuite, Louis Malle tourne un autre film, qui n'a vraiment rien de pionnier, en aucun domaine. C'est d'autant plus décevant qu'il prétend exprimer une révolte radicale, totalement absente de l'écran : *Le Voleur* (1967), adaptation, toujours en compagnie de Carrière, du roman de l'anarchiste Georges Darien, avec Belmondo dans le rôle principal, laissait espérer une joyeuse virulence. Le résultat relève de la bonne vieille « qualité française », avec ses antiennes antibourgeoises et anticléricales, son imagerie soigneusement décorative et ses répliques usinées à la lime à ongles. L'épilogue sans grand relief de cette première partie de la carrière de Malle sera un sketch des *Histoires extraordinaires*, « William Wilson » (1967), avec Delon et Bardot. Mais à l'automne de la même année, le cinéaste part pour l'Inde, présenter des films français. Pour lui, c'est le début d'une autre histoire.

Georges Franju

Si, au regard des types de cinéma que nous avons proposés, la carrière de Louis Malle suit une série de zigzags, celle de Georges Franju représente plutôt une lente et imprévisible dérive du moderne vers l'académisme. Lorsqu'il aborde le long-métrage de fiction, il est attendu comme l'un des leurs par les représentants du cinéma moderne, bien qu'il soit de beaucoup leur aîné (il est né en 1912).

N'est-il pas le cofondateur, avec Langlois, de la Cinémathèque française, l'ancien responsable de l'Institut de cinématographie scientifique de Jean Painlevé ? Et surtout le réalisateur de courts-métrages admirés, depuis *Le Sang des bêtes* (1948) salué comme il se doit par Cocteau et par les jeunes Turcs – et par la vindicte des hypocrites, assortie d'une interdiction de fait du commerce cinématographique. Franju débute dans le long-métrage de fiction avec *La Tête contre les murs* (1959), pour ainsi dire par raccroc. C'est un comédien, considéré jusqu'alors comme un prometteur jeune premier, qui a écrit cette adaptation d'Hervé Bazin en vue de la mettre en scène : Jean-Pierre Mocky. Les producteurs sont convaincus par le projet, pas par son auteur, qu'ils jugent trop inexpérimenté. Contraint de passer la main, Mocky choisit très intelligemment un cinéaste à la fois chevronné et débutant, capable de l'attention du documentariste et des élans oniriques que requiert son sujet. Du moins garde-t-il le rôle principal, et sa présence rageuse en jeune révolté enfermé par son père en asile psychiatrique est d'autant plus convaincante qu'on y devine en demi-teinte la fureur du comédien d'avoir été blackboulé comme cinéaste. Il donne au film, parfois menacé de coquetteries esthétiques auxquelles Franju ne résistait pas toujours, une énergie de survivant. Et une matière documentaire qui parasite la dramatisation conventionnelle (l'affrontement entre la victime d'un ordre absurde et ses représentants bornés). S'y ajoute la mélancolie des apparitions d'Aznavour ou d'Anouk Aimée, qui subvertit les aspects anecdotiques de la description des fous. *La Tête contre les murs* dépasse ainsi sa fonction de pamphlet (contre l'organisation sociale figée et contre les méthodes psychiatriques), en une traversée du miroir éminemment dérangeante.

L'année suivante, Franju fait un pas de plus dans la direction du fantastique avec *Les Yeux sans visage* (1960), qu'on dira réussi dans la mesure où on ne lui fait pas grief de s'éloigner de la part documentaire qui faisait la puissance et la singularité de ses courts-métrages et du premier long. Cette « dérive » se confirme avec *Pleins Feux sur l'assassin* (1961), exercice de style virtuose qui mêle les genres les plus antagonistes de la fiction (burlesque, mystère, grand spectacle, comédie de mœurs...) dans l'écheveau d'un récit policier où se faufile une charge contre l'hypocrisie des classes dominantes. On retrouve les mêmes caractéristiques (dénonciation sociale et imagerie), poussées à l'extrême, avec *Thérèse Desqueyroux*, d'après François Mauriac (1962). Emmanuelle Riva (loin de la charge d'émotion qui émanait d'elle dans *Hiroshima mon amour*) y est la victime sacrifiée sur l'autel de la respectabilité de la bourgeoisie bordelaise. Face à elle, Philippe Noiret campe l'époux-propriétaire, porteur de la loi et de l'hypocrisie en même temps qu'incarnation d'une insondable bêtise mêlée à une certaine cruauté. Cette fois, la vision « fantastique » des lieux se charge d'un symbolisme pesant. La mise en scène devient aussi figée et respectueuse des apparences que le monde qu'elle décrit, les personnages sont fonctionnels : le film appelle les mêmes reproches que ceux qu'adressait Sartre au livre de Mauriac, dans son article de la *Nouvelle Revue française* de février 1939 : Sartre réclamait, pour les personnages littéraires, cette liberté que réclame à son tour le cinéma moderne pour les personnages cinématographiques. Faute de la leur laisser, *Thérèse Desqueyroux*, film à thèse « antibourgeoise », en devient pourtant un film bourgeois. Le cinéma de Franju est arrivé au bout de l'étrange phénomène d'inversion, à l'œuvre depuis que le réalisateur est passé au long-métrage : la fiction a achevé de prendre le pas sur la force documentaire de ses films.

Le cinéaste entre d'ailleurs ensuite de plain-pied dans la fantasmagorie avec son hommage aux feuilletons de Louis Feuillade, *Judex* (1964), même s'il n'est pas exempt d'arrière-pensées sociales. La dénonciation des mœurs avides et conformistes des classes riches sera également le ressort de son adaptation, en 1965, du roman de Cocteau *Thomas l'imposteur*. Le « sens de la mise en images », intact et souvent d'une remarquable inventivité (le célèbre cheval à la crinière enflammée), relève désormais de la talentueuse illustration. Synchrone du cinéma moderne naissant (plutôt côté Nouveau Cinéma que côté Nouvelle Vague) à la fin des années cinquante, Georges Franju aura ainsi glissé vers une position sans issue d'héritier tardif du réalisme poétique des années trente. Il en connaîtra ensuite la forme fatiguée de l'académisme « qualité française », avec son adaptation de Zola (*La Faute de l'abbé Mouret*, 1970), d'un démonstratif anticléricalisme. Franju ne travaillera plus ensuite que pour la télévision. Avec la série *L'Homme sans visage*, il tente un nouvel hommage à Feuillade en même temps qu'un mixage de ses propres thèmes fantasmagoriques, transposés dans un Paris contemporain auquel il paraît soudain tout à fait étranger. La distribution en salle d'une version abrégée de la série, *Nuits rouges* (1974), ne risquait pas d'arranger les choses.

Georges Franju, qui mourra en 1987 entouré d'un respect un peu compassé, un peu embarrassé, aura très vite été conscient qu'il n'arrivait pas à trouver sa place dans le cinéma tel qu'il s'est organisé, artistiquement et économiquement. Méfiant à l'égard de la fiction, mal à l'aise avec les comédiens comme avec le romanesque, pas assez rusé avec les producteurs qui demandent des projets identifiables, il restera catalogué comme un cinéaste du « fantastique », lui qui disait de ce genre : *« C'est de l'esbroufe, de la camelote, du tape-à-l'œil, de la foutaise, du toc ! »* Il y aura du renoncement, et une grande mélancolie, dans la manière dont, au soir de sa vie, et après avoir revendiqué fièrement le fait d'avoir beaucoup refusé de projets de films, il a fini par *« se laisser porter par la télévision ».* Parmi tous les hypothèses ouvertes dans le cinéma français au tournant des années cinquante-soixante, Georges Franju metteur en scène de longs-métrages incarne certainement l'une des impasses, ou des occasions manquées.

Chapitre 5

L'ARGENT, LA TECHNIQUE, LES CORPS

Chambardement esthétique, le cinéma moderne est tout autant une révolution économique. Ici aussi, les actes de colloque de La Napoule sont éclairants : alors que Doniol-Valcroze avait ouvert la discussion en proposant, sans illusions d'ailleurs, d'essayer de définir cet introuvable « jeune cinéma », les interventions ont presque immédiatement dévié sur la question de la production ou, plus précisément, du financement. A nouveau, le clivage est patent : Hossein, Molinaro, Camus ont suivi la filière de la production classique, qui n'est pas, loin s'en faut, sans difficulté pour des quasi-débutants, mais qui préfigure leur intégration aux normes. Les représentants du cinéma moderne ont, eux, employé des voies particulières. Mais les uns comme les autres ont bénéficié d'une conjoncture favorable, et qui tient à la fois à une décision de l'administration et à la présence, au sein de cette même administration, d'une personnalité singulière.

La génération spontanée d'une foule de nouveaux cinéastes (toutes tendances mêlées) ne tient pas seulement, en effet, à des causes sociologiques et esthétiques. Un coup de baguette politico-administratif est venu lui apporter un puissant renfort : on verra au prochain chapitre comment, sitôt arrivé aux Affaires culturelles, Malraux a fait procéder à une modification des mécanismes financiers d'aide au cinéma (décret du 16 juin 1959). La principale de ces mesures, pour le long terme, est la création de l'« avance sur recettes », qui se substitue à l'« aide à la qualité », en vigueur depuis 1953 mais dont ne bénéficiaient que des films réalisés, alors que le nouveau système fonctionne sur scénario. Cette avance va permettre un rajeunissement constant du cinéma français pendant les décennies suivantes. Ironie de l'Histoire, ce système qui va introniser le jeune cinéma en guerre contre l'académisme d'inspiration littéraire se voit doté d'une commission totalement livrée aux écrivains : Audiberti, Queneau, Queffélec, Duras, Nimier, Gracq, Moinot... Mais dans la nouvelle « loi de soutien » promulguée par le ministre, c'est une autre décision qui aura les effets les plus immédiats : les producteurs possédant des avoirs issus de l'ancien système ne peuvent les transférer au nouveau : contraints d'investir cet argent avant le 30 juin 1961, ils vont le miser sur ces jeunes gens, qui, à en croire leurs premiers essais, paraissent capables de transformer des vilains petits films à deux ronds en poules aux œufs d'or. Encore faut-il qu'on les laisse travailler, dans un secteur tenu en main par de puissantes corporations inféodées à la C.G.T. Cela se fera aussi grâce aux interventions pleines de diplomatie du responsable de la production au Centre national de la cinématographie, Jacques Chausserie-Laprée. Cet esthète aux idées originales, cet aristocrate démocrate ne déteste pas amoindrir la puissance des syndicats de techniciens. Il y parviendra d'autant mieux qu'il est dans les meilleurs termes avec l'un des dirigeants communistes du cinéma, Claude Jaeger, qu'il a connu dans la Résistance et qui participa avec lui à la direction du C.N.C. à sa création, avant de devenir le patron de Procinex (la société de production et de distribution du Parti). Méconnu, le rôle de Chausserie-Laprée n'en est pas moins considérable. C'est en pensant surtout à lui que Jean-Luc Godard dira, bien plus tard, que la Nouvelle Vague a été fille de la Cinémathèque (pour la fonction de découverte des films assumée par Henri Langlois) et du C.N.C. (pour les portes entrebâillées sur le passage à l'activité professionnelle, par un fonctionnaire favorable aux innovations). Ces coups de pouce et ces parrainages variés « mettent de l'huile » — ils n'auraient servi à rien sans le mélange de débrouillardise et de volontarisme déployé par les jeunes cinéastes.

Solutions individuelles et solidarité

Chabrol, le premier à terminer un film, l'a fait sans accord avec un distributeur, et donc sans aucune assurance que son film pourra sortir un jour. Une projection bien accueillie pendant le Festival de Cannes (hors compétition) lui vaut, après réalisation, le soutien du distributeur Edmond Tenoudji, qui non seulement accepte de diffuser le film, mais s'engage également pour le suivant, qui sera donc *Les Cousins*, pour lequel Chabrol producteur bénéficie par ailleurs de l'« avance à l'aide », le soutien automatique du C.N.C. Ce deuxième film, réalisé dans des conditions plus confortables — dont une partie du tournage en studio —, ayant connu également le succès, permettra à Chabrol de produire pour un budget cette fois cossu son *A double tour*, avec le soutien des prospères frères Hakim, en même temps qu'il produit *Le Signe du lion* de Rohmer, *Les Jeux de l'amour* et *Le Farceur* de son ancien assistant Philippe de Broca, *L'Américain*, le premier court-métrage d'Alain Cavalier, *La Ligne droite*, de Jacques Gaillard, et qu'il permet à Rivette d'achever *Paris nous appartient*... L'itinéraire de Chabrol, fondé sur un coup de chance (l'héritage) et un coup d'audace (la mise en production sans soutien d'un distributeur), suit ensuite, pour un temps, la trajectoire d'un sans faute de producteur avisé, bien servi par son réalisateur (lui-même), et qui laisse place à des actes de vraie générosité.

Le cas de Truffaut est encore plus singulier. En 1956, il a rencontré une charmante jeune femme, Madeleine Morgenstern, qu'il épousera le 29 octobre 1957. Et Mlle Morgenstern est tout naturellement la fille d'un M. Morgenstern, Ignace de son prénom. C'est-à-dire du patron d'une société de production, la Sedif, et surtout de la très importante société de distribution Marceau-Cocinor. Ignace Morgenstern s'est non seulement laissé convaincre que sa fille puisse fréquenter un olibrius qui tire à boulets rouges sur les films qu'il produit et distribue, mais encore donnera un vigoureux coup de main financier à son futur gendre lorsque celui-ci créera sa propre société de production, baptisée les Films du Carrosse, en hommage à Renoir et à son *Carrosse d'or*. Avec le Carrosse, Truffaut produit son court-métrage *Les Mistons*. Mieux, beau-papa, qui a eu le temps d'apprécier le sérieux et la compétence de son gendre, financera *Les Quatre Cents Coups*, qui seront officiellement une coproduction à égalité entre la Sedif et le Carrosse (dont le principal apport est le talent et l'énergie de son jeune P.-D.G.). Grâce au succès du film, ce qui pouvait passer pour une gracieuseté familiale devient une excellente affaire pour Morgenstern (qui demeure producteur, mais a vendu Marceau-Cocinor à Edmond Tenoudji). Simultanément, voici le Carrosse sur roues, il fera une embardée à la mort d'Ignace Morgenstein en 1961, mais tiendra la route plus de vingt ans grâce à son responsable direct, Marcel Berbert. En créant sa société, qu'il gardera toute sa vie, François Truffaut s'est assuré une indépendance, une liberté de mouvement et un contrôle de ses films infiniment précieux (avant lui, Agnès Varda avait, dès *La Pointe courte*, en 1954, créé sa société de production, Ciné-Tamaris, selon une stratégie identique, qui inspirera plus tard de nombreux cinéastes). Truffaut fera aussi, sur-le-champ et pour toujours, du Carrosse un lieu d'accueil attentif aux projets de ses amis impécunieux. Comme Chabrol, en même temps que lui dans le cas de Rivette, il aidera au démarrage, ou à la bonne fin, de plusieurs projets « alliés ».

Quant à Eric Rohmer, après le difficile aboutissement de la production du *Signe du lion*, il s'est lancé dans le tournage du premier de ses « Contes moraux », le moyen-métrage *La Boulangère de Monceau*, dans des conditions matérielles qui confinent à l'amateurisme. L'interprète principal en est un jeune homme de vingt-deux ans, cinéphile impénitent devenu familier de la « bande des *Cahiers* », Barbet Schroeder, qui voue une admiration particulière à Rohmer parmi les jeunes Turcs. Schroeder trouvera moyen de financer l'achèvement du premier conte, puis le tournage du deuxième, en mettant en gage un tableau offert à ses parents par leur ami le peintre expressionniste allemand Nolde. Ensuite, Barbet Schroeder conçoit le projet du film-manifeste *Paris vu par...*, qui sera aussi l'ultime manifestation (relativement) organisée de la Nouvelle Vague, et crée pour le produire la Société des Films du Losange, en partenariat avec Rohmer. Le Losange, qui plus tard sera dirigé par Robert Cotrell, puis par Margaret Menegoz, restera désormais la « maison de Rohmer », produisant tous ses films selon les conceptions esthétiques et matérielles du cinéaste. Cela vaudra bientôt à la société sinon une grande prospérité, du moins une exceptionnelle stabilité, les films de Rohmer se trouvant être pratiquement tous des succès commerciaux (à la mesure de leurs faibles coûts) à partir du troisième des « Contes moraux », *La Collectionneuse*. Le Losange permettra également à Schroeder de produire ses propres films lorsqu'il deviendra metteur en scène, à la fin de la décennie, puis sera en mesure d'accueillir et de soutenir certains des projets les plus audacieux des années soixante-dix, signés Rivette, Eustache ou Duras. Cette société artisanale offre ainsi l'exemple rarissime d'une « maison d'auteurs » qui réussira à se maintenir (elle a fêté ses trente ans en 1994) sans aliéner son indépendance.

Les trois parrains

Ni l'héritage, ni le mariage doré, ni les quelques bénéfices engrangés lors des premiers succès, ni le coup de main des copains n'auraient sans doute suffi à ce que le mouvement prenne l'ampleur qu'il a connue. Il ne faut pourtant pas sous-estimer, malgré leur aspect bricolé ou anecdotique, l'importance des expériences de production effectuées alors : les réalisateurs de la Nouvelle Vague, instruits en cela par leur bonne connaissance de l'histoire du cinéma, du cinéma américain en particulier, n'ont jamais sous-estimé ni méprisé la fonction du producteur (ce qui n'a rien à voir avec leur opinion sur tel ou tel d'entre eux). Et leur cinéma contiendra toujours une « idée de production » autant qu'une idée artistique. Il reste qu'à l'époque l'argent manque souvent. Et la nouvellement créée avance sur recettes est loin de soutenir systématiquement le cinéma moderne : en fait, les réalisateurs « littéraires », ceux qui sont en mesure de présenter des scénarios très écrits (Resnais, Demy, Varda, Truffaut quand il adapte *Jules et Jim*, Leenhardt, Doniol-Valcroze ou Bresson), en bénéficieront souvent, tandis que ceux qui tiennent qu'un film s'invente durant sa mise en scène (Godard, Rivette...) n'y auront presque jamais droit. Mais il se trouve à ce moment des producteurs prêts à miser sur ces jeunes gens entreprenants et peu dépensiers : Pierre Braunberger, Georges de Beauregard, Anatole Dauman. Comme toujours, les clichés abondent à propos de cette période devenue légendaire dans l'histoire du cinéma français. Ces producteurs ne sont ni des aventuriers sans scrupule suçant le sang des jeunes réalisateurs beaucoup moins désarmés qu'on ne le dit parfois, ni de généreux mécènes investissant leurs derniers sous au service des rêves des inventeurs du cinéma moderne pour la beauté du geste. De manière à la fois plus simple et plus complexe, ce sont des producteurs « normaux », qui travaillent dans l'industrie classique sans avoir ni le goût ni les moyens de prendre en charge les grosses productions traditionnelles, et qui vont trouver dans les tournages à bon marché des jeunes Turcs l'occasion d'engagements financiers à leur mesure, en même temps qu'une certaine complicité intellectuelle. Dans un premier temps, ils en tirent une rentabilité inattendue grâce à l'engouement dont bénéficie le jeune cinéma (ce qui attire un moment sur leurs traces les « gros » producteurs traditionnels). Ensuite, par fidélité et par intérêt bien compris à la fois, ils continueront à prendre des risques proportionnels à la modicité des budgets. Leur premier talent aura tout simplement été d'être là, d'avoir répondu « présent » lorsque se fit jour la demande de producteurs d'un nouveau type. Et ils sauront laisser l'indispensable espace de liberté aux nouveaux réalisateurs, sans laquelle soit ils auraient refusé de tourner, soit ils seraient bientôt rentrés dans le moule.

Pierre Braunberger

Le premier sur la liste n'est pas précisément un nouveau venu. Né en 1905, Braunberger a débuté dans la production avec un jeune réalisateur de sa génération, lui aussi débutant : Jean Renoir. C'était en 1924 ; le film, coréalisé par Albert Dieudonné, s'appelait *Catherine ou une Vie sans joie.* De Renoir, Braunberger produira ensuite *Nana, Tire-au-flanc, La Chienne, On purge bébé, Partie de campagne.* Il restera un ami du réalisateur, l'aidant à mettre sur pied ses films, en particulier *La Grande Illusion*, même lorsqu'il n'en est pas le producteur en titre. Et Renoir n'est pas un cas isolé : Braunberger a été, à plusieurs reprises durant sa longue carrière, en phase avec ce qui se faisait de plus audacieux dans le cinéma français, de l'avant-garde des années vingt aux grands documentaristes de l'après-guerre. On conçoit que Truffaut l'ait surnommé, bien plus tard, *« le plus cinéphile des producteurs »,* on conçoit surtout qu'un tel homme ait été capable de déceler, en 1955, le génie singulier d'un jeune homme que lui présente Marc Allégret et qui se nomme Jean-Luc Godard (*« Ce qui allait être, après Thalberg et Renoir, la troisième rencontre décisive de mon existence »,* écrira le producteur dans son livre autobiographique *Cinéma-mémoire*). Il fréquente bientôt la « bande des *Cahiers* », à moins que ce ne soit l'inverse, produit *Le Coup du berger*, coup d'essai de Jacques Rivette, et, la même année 1956, un autre court-métrage, *O saisons, ô châteaux*, d'Agnès Varda. Tout le désigne pour devenir « LE » producteur de la Nouvelle Vague lorsque celle-ci passe à l'acte. Mais Braunberger n'est ni un nabab, ni un mécène. Il notera, avec quelque amertume : *« La réalité est que j'ai contribué à lancer beaucoup de réalisateurs, et que je n'ai pas pu continuer à les suivre. »* Il ne sera le producteur d'aucun des premiers longs-métrages du cinéma moderne. Il se rattrapera ensuite, participant dans des proportions variables à la production de *Tirez sur le pianiste* de Truffaut, *Cuba Si* de Marker, *La Dénonciation* de Doniol-Valcroze, *Vivre sa vie* de Godard, *Muriel* de Resnais, *Ma nuit chez Maud* de Rohmer. Et les premiers courts-métrages de Pialat, les premiers longs-métrages de Lelouch, les films animaliers de Calderon... Egalement distributeur, Braunberger a aussi joué un rôle important dans la découverte en France des cinématographies étrangères, en programmant dans sa salle, le Panthéon, les réalisateurs néo-réalistes, Flaherty, Eisenstein, les films mexicains de Buñuel, Kurosawa, Fellini, Bergman, Wajda, Mizoguchi... Pourtant, hormis avec Rouch et Reichenbach, Braunberger, effectivement, n'a « pas suivi ». Mais il a été extraordinairement présent, courageux et clairvoyant. Il aura fourni, en argent parfois, mais aussi en conseils et en contacts, le carburant du premier étage de la fusée Nouvelle Vague.

Georges de Beauregard

Edgar Denys Nau de Beauregard avait quatre ans quand Braunberger produisit son premier film. Après-guerre, après avoir tâté du journalisme et de la politique, il vient au cinéma par le commerce, importe et exporte des films, s'installe en Espagne pour le compte des frères Jo et Samy Siritzky, producteurs, distributeurs et exploitants, y fait la connaissance du réalisateur Juan Antonio Bardem, dont il produit deux films. Rentré en France, il rencontre Kessel en 1956, et élabore avec lui un projet faramineux de film en Afghanistan, auquel se joignent trois autres baroudeurs, le réalisateur Jacques Dupont, qui a fait la guerre de Corée, le futur réalisateur Pierre Schoendoerffer et le déjà chef opérateur Raoul Coutard, jeunes vétérans de la prise d'images en Indochine. Au terme d'une série d'aventureuses catastrophes, ils en ramènent *La Passe du diable*, présentée à Berlin en 1958. Beauregard entre en contact avec la « bande des *Cahiers* », grâce à son attaché de presse, Richard Balducci, qui est aussi celui des deux premiers films de Chabrol. Le producteur était en train de travailler sur son film suivant, *Ramuntcho*, adaptation du roman de Pierre Loti qui marque le passage à la mise en scène de Schoendoerffer, lorsqu'un jeune homme impécunieux s'en vient lui demander de l'employer. Du moins est-ce ainsi que Chantal de Beauregard, qui a consacré un livre de souvenirs à son père, relate la rencontre entre celui qu'elle n'appelle que « Papiton » et Jean-Luc Godard. Papiton donne 4 000 francs à Godard et l'envoie à

Concarneau travailler à l'adaptation de *Pêcheurs d'Islande*, toujours d'après Loti. Godard rentre dare-dare à Paris, et propose au lieu du mélodrame breton (que récupérera le brave Schoendoerffer), un embryon de synopsis troussé par François Truffaut : *A bout de souffle*. Produit dans la confusion, l'angoisse et l'enthousiasme, ce sera le début de la longue connivence de Beauregard avec le cinéma moderne, confortée par l'alliance, de 1960 à 1965, entre le producteur et le magnat Carlo Ponti, qui mettra un peu de beurre italien dans les épinards de la cinéphilie française : *Le Petit Soldat, Une femme est une femme, Les Carabiniers, Le Mépris, Pierrot le Fou, Numéro Deux, Comment ça va ?* de Godard, *Lola* de Demy, *Adieu Philippine*, de Rozier, *Cléo de 5 à 7* de Varda, *L'Œil du malin, Landru, Marie-Chantal contre le docteur Kha, La Ligne de démarcation* de Chabrol, *La Religieuse* et *L'Amour fou* de Rivette, *La Collectionneuse* de Rohmer, et aussi *Léon Morin, prêtre* et *Le Doulos* de Melville...

« Un vrai travailleur de la production... ce Georges de B..., et il s'en allait combattre... l'ogre dans la banque... le dragon au C.N.C... plus souvent K.O. que victorieux... mais ça produisait le premier sourire de Belmondo et le dernier de Bardot... je vous salue, Georges de B. », écrira Godard, achetant tout exprès une page de publicité pour lui expédier un dernier message par-dessus la mort, survenue le 10 septembre 1984.

Anatole Dauman

Anatole Dauman, c'est une autre histoire. Celle d'un juif polonais, né en 1925, immigré en France, résistant, membre du service de recherches sur les crimes de guerre, intellectuel, amateur d'art, qui fonde en 1949 (avec Philippe Lifchitz) la société Argos Films. Habitué des nuits germanopratines, joyeuses et philosophiques, voire pataphysiques, il produit dès l'aube des années cinquante des courts et moyens-métrages, signés notamment par Chris Marker, Jean Aurel, Pierre Kast sous la supervision de Grémillon, ou de l'historien de cinéma Jean Mitry. Et surtout *Le Rideau cramoisi*, passage à l'acte de l'inventeur de la « caméra-stylo », Alexandre Astruc, et *Paris la nuit* de Jacques Baratier. Après l'étape mémorable de *Nuit et Brouillard*, Argos produira *L'Année dernière à Marienbad* et *Muriel* de Resnais, *Dimanche à Pékin, Lettre de Sibérie, La Jetée, Sans soleil* de Chris Marker. Logiquement, on retrouve dans les mêmes parages les courts-métrages d'Agnès Varda, puis de William Klein, de Franju, de Joris Ivens, de Jean Rouch, dont Argos produit aussi *Chronique d'un été*, ou encore de Mario Ruspoli, qui enquête caméra en main chez les pêcheurs du Groenland (*Les Hommes de la baleine*), les zonards de banlieue (*Les Enfants des courants d'air*) ou les paysans des Cévennes (*Les Inconnus de la terre*). Dauman s'est rapproché du cercle de la Nouvelle Vague avec *Le Rendez-vous de minuit* de Roger Leenhardt, ce sera ensuite *Deux ou trois choses que je sais d'elle* et *Masculin-Féminin* de Godard. Et encore Bresson (*Au hasard Balthazar, Mouchette*) et Jean-Daniel Pollet (*L'Amour c'est gai, l'amour c'est triste*), avant qu'Argos ne s'ouvre à des vents plus cosmopolites, pour produire Schoendoerffer, Oshima, Wenders, Tarkovski...

Et pourtant, ils tournent

S'ils n'ont pas produit tout le Nouveau Cinéma (on a vu Truffaut, Chabrol et Rohmer élaborer leur propre système, et il faudrait aussi citer Mag Bodard — *Les Parapluies de Cherbourg, Les Demoiselles de Rochefort, Je t'aime, je t'aime*, la coproduction d'*Au hasard, Balthazar* et de *La Chinoise* — ou Philippe Dussart parmi les partenaires financiers fréquentés par les « nouveaux cinéastes »), ces trois producteurs, quel qu'ait été leur apport exact en argent (pas toujours, loin s'en faut, la majorité du budget), en ont bien été les interlocuteurs privilégiés, et souvent les défenseurs acharnés. Ils ne leur laissent pourtant pas complètement la bride sur le cou, et les conflits ne manquent pas entre eux et les réalisateurs — Raoul Coutard, l'opérateur des premiers films de Godard, raconte même que celui-ci se serait battu physiquement avec Beauregard durant le tournage d'*A bout de souffle*. Il faut dire que ces producteurs, qui avaient débuté avant l'irruption de la Nouvelle Vague, connaissent quelques sueurs froides : avant même que, sur l'écran, se manifeste la nouveauté des films, celle-ci se traduit par les méthodes de tournage. Non pas, quoi qu'en aient dit les jeunes Turcs, qu'ils ignorent tout de la technique : ils sont tous passés par l'apprentissage du court-métrage. Et ils sont d'ailleurs presque toujours secondés par d'excellents praticiens. Les plus prestigieux, ceux dont l'apport est le plus visible, sont les chefs opérateurs : Raoul Coutard, ancien photographe baroudeur en Indochine qui met ses ressources et sa solidité au service des turbulents et inventifs jeunes gens, Henri Decae, Pierre Lhomme, Sacha Vierny, Ghislain Cloquet... Mais il faudrait aussi rendre justice aux ingénieurs du son, aux scripts et aux monteurs qui surent s'adapter aux nouvelles méthodes des jeunes cinéastes, et souvent contribuèrent à les inventer. Jusqu'au machiniste Bernard Largemains, « pousseur de travelling de la Nouvelle Vague » et donc grand moraliste devant l'éternel, auquel Agnès Varda tint à rendre hommage pour ses contributions à *Jules et Jim, Bande à part, Les Parapluies de Cherbourg, Alphaville*, et à ses propres films. Et malgré leurs formules provocatrices (Truffaut : *« N'importe qui peut devenir metteur en scène »* — il affirmait aussi, quelques lignes plus loin, que seule la fonction de chef opérateur *« réclame quelque technologie »* ;

Chabrol : « *En quatre heures on peut apprendre à faire son premier film* »), qui mettent en émoi les syndicats de techniciens et les défenseurs de la « belle ouvrage », ces admirateurs de Hitchcock ne méprisent pas plus la technique qu'ils ne l'ignorent. Ils l'ont apprise avec le reste, en voyant des films, le plus de films possible, dans tous les endroits possibles, et d'abord à la Cinémathèque, leur école à tous. En revanche, il importe fort aux nouveaux réalisateurs de ne pas se laisser commander par la technique. Cette conception du cinéma exclut des habitudes qui représentent, pour un producteur, autant de garanties et de moyens de contrôle : un scénario « complet et définitif » et un plan de travail détaillé. Comment en irait-il autrement, dès lors qu'ils défendent les possibilités spécifiques du cinéma, qui ne peuvent donc se manifester que dans la réalisation même (tournage et montage) du film ?

Du moins, au service de leurs inquiétantes conceptions, les réalisateurs de la Nouvelle Vague utilisent-ils des méthodes qui, elles, font l'affaire des petits producteurs – mais pas du tout celle des salariés appartenant aux corps constitués du cinéma, ni surtout des gros investisseurs, qui calculent leur marge proportionnellement au budget des films. Refuser ou ne pas pouvoir tourner en studio [1] et avec des vedettes importantes, c'est remettre en cause, en partie par choix, en partie par obligation, toute l'organisation du métier, et les surcoûts, financiers et autres, qu'elle entraîne. Fini le nombre d'heures fixe et à tarif défini (et progressif), fini le pouvoir des « aristocrates » de la technique, terminée la lourde logistique du confort exigé par des seigneurs de l'affiche en plus de leurs cachets princiers et leur capacité d'imposer leur loi ou leurs caprices aux réalisateurs. Cette remise en cause radicale des habitudes de travail tient autant, sinon plus, aux contraintes subies par des débutants sans référence qu'à leur théorie d'anciens critiques : auraient-ils voulu tourner « à l'ancienne », désir qui les a tous, au moins momentanément, travaillés, qu'ils ne l'auraient pas pu. A nouveau, on retrouve cette conjonction de choix intellectuels et de nécessité pratique qui gouverne toute l'histoire des débuts du cinéma moderne et lui donne la force des actions menées le dos au mur.

Quoi qu'elle doive aux contraintes matérielles, cette révolution des méthodes de tournage est constitutive de la modernité du cinéma qui s'invente alors. On a comparé, non sans raison, le « geste » de jeunes cinéastes quittant les studios (ou plutôt renonçant à y entrer) pour planter leurs caméras dans la rue à celui des peintres du XIXe siècle quittant les ateliers pour travailler sur le motif, en pleine nature, et jetant les bases de l'impressionnisme et du surgissement de l'art moderne. Ce geste implique de notables conséquences pour l'appareil

1. Devenu l'emblème des temps nouveaux, le passage en décor naturel représente à lui seul une rupture moins radicale qu'on ne l'a dit : dès le milieu des années cinquante, un grand nombre de films, même « académiques », étaient tournés hors des studios.

de production cinématographique : dans une petite fable publiée par le n° 43 de *Cinéma 60,* Jean Cotet résumait avec humour à la fois le nouvel état d'esprit des producteurs un temps alléchés par ces économies, et les conséquences qui en découleraient : *« On entend dans un bureau : "Amenez-moi un jeune, n'importe qui, je veux un jeune, un qui n'a pas encore servi." Le sujet du film comporte quatre décors en appartement ? "Chabrol a tourné dans une cave qui n'était pas construite en studio, on tournera les quatre appartements dans de vrais appartements". Tête du directeur de production s'il n'est pas habitué à ce genre de sport ! Tête du président de la Fédération des industries techniques, dont le rôle est de se préoccuper de l'avenir des studios qui ont été construits pour faire des films et qui, par insuffisance d'occupation, se loueront à la télévision ou se transformeront en garage ! Tête des décorateurs, des ouvriers, peintres, menuisiers, staffeurs, qui risquent de devoir changer de métier ou d'aller s'inscrire au chômage. »* Mis à part qu'on a trouvé plus rentable que les garages comme usage de substitution, tout cela se produira effectivement.

L'œuf technique et la poule artistique

L'irruption du cinéma moderne et de celle de nouvelles méthodes d'enregistrement des images (caméra légère, pellicules plus sensibles) et des sons (son direct grâce au magnétophone Nagra) sont à peu près simultanés. Ici aussi, le parallèle avec la naissance de l'impressionnisme vient à l'esprit : il a été contemporain de la découverte de nouveaux pigments, stockés en tubes et donc susceptibles d'être emmenés hors des ateliers par les peintres soudain saisis par la bougeotte et le goût du grand air. Sans tubes, pas d'*Impression, soleil levant* ? Peut-être, mais ce ne sont pas les tubes qui ont fait de Monet un grand peintre, tout au plus sont-ils arrivés au bon moment. Ce sera moins encore la Kodak 4X ou la Coutant qui feront de Truffaut ou de Godard de grands cinéastes : au moment où ils débutent, ils ne disposent pas de ces innovations techniques, même si leur manière de travailler les réclame, et en anticipe l'existence.

Il n'empêche que la technique fait alors de sérieux progrès. Très logiquement, les caméras légères et dites « silencieuses » (aucune ne l'est encore complètement), permettant donc le son direct, sont dans un premier temps destinées au documentaire. Ces appareils, conçus pour accueillir de la pellicule 16 millimètres, sont inventés à peu près en même temps, à la fin des années cinquante, aux Etats-Unis par les chefs de file du « cinéma direct », Leacock et Pennebaker, en transformant une Auricon, et en France par André Coutant, à qui on devait déjà la Cameflex et la Bolex. Après de nombreux tâtonnements, Coutant aboutit à l'Eclair 16 N.P.R., utilisée dès 1961 par Jean Rouch, mais qui ne sera fabriquée en série qu'en 1963. Deux ans plus tard, la marque allemande Arriflex lance son Arri B.L., qui sera l'autre outil favori des jeunes cinéastes durant les années à venir. Plus discrète, une autre invention a son importance, dans le cas des tournages avec des engins 35 millimètres, trop lourds pour être portés à l'épaule : il s'agit de la Dolly Elemack, support mobile de caméra d'une maniabilité et d'une souplesse suffisantes pour autoriser les plans-séquences en mouvement avec une grande liberté. Enfin, le fabricant d'optique Angénieux met sur le marché en 1963 (pour l'Eclair 16) un zoom 12 millimètres/120 millimètres d'une telle qualité qu'il sera encore utilisé vingt ans plus tard sur de nombreuses caméras, dans sa version adaptée au format 35 millimètres (soit du grand angle de 25 millimètres au téléobjectif de 250 millimètres).

Quant à la prise de son, elle bénéficie de l'invention, en 1959, de deux magnétophones portables et de haute fiabilité, permettant le développement du son direct, considéré comme un élément indispensable à une plus grande authenticité du film, à l'instar de la prise de vues en décors réels. C'est le Nagra III, fabriqué en Suisse, qui l'emportera sur le prototype français Perfectone pour devenir l'appareil par excellence de la prise de son direct. Celle-ci bénéficie simultanément de l'apparition des micros « ultradirectionnels », permettant d'isoler la voix de celui qu'on souhaite enregistrer au milieu des bruits ambiants, et des micros-cravates, inventés pour la télévision. Les tables de montage connaissent également des modifications, la plus significative donnant la possibilité à plusieurs personnes de visionner en même temps les images à la table, et donc permettant une meilleure collaboration entre le réalisateur (dont les prérogatives d'auteur s'appliquent à tous les stades de fabrication) et son monteur. Sans suffire évidemment à l'expliquer, cet aménagement matériel n'est probablement pas étranger à la multiplication des plans longs, des coupes sèches, des ellipses et des « faux raccords » dans le cinéma moderne, autant de procédés qui contreviennent aux « règles du métier » telles que les ont apprises les monteurs professionnels. Dès 1956, dans un article remarqué des *Cahiers* intitulé « Montage, mon beau souci », Godard avait souligné l'identité de nature entre tournage et montage. Et, pour des films dont le récit a cessé d'être commandé par une clé psychologique animant des mécanismes de cause à effet, les lois du montage s'assouplissent et se diversifient – beaucoup plus qu'au stade de la prise de vues, cette évolution va peu à peu renouveler la grammaire du cinéma, y compris du cinéma commercial, et jusqu'à Hollywood.

Le support-film aussi fait des progrès. Pierre Braunberger aurait le premier eu vent d'une pellicule américaine ultrasensible inventée par Kodak, que lui aurait montrée son petit-cousin, François Reichenbach, après l'avoir utilisée *« dans un bordel d'hommes de Tanger ».* Braunberger envoie derechef son jeune parent aux Etats-Unis, expérimenter les possibilités de ce matériel ; il en ramène un court métrage documentaire, *L'Amérique insolite* (1960). Pourtant, là aussi, les premiers films de tous les représentants du cinéma moderne auront été réalisés avec les anciens appareils, plus ou moins bricolés pour s'adapter à leurs méthodes. Ainsi *A bout de souffle* est tourné avec des rouleaux de Hilford H.P.S. de 18 mètres, conçus pour les appareils photo, que l'opérateur Raoul Coutard colle à la suite les uns des autres pour obtenir des bobines de 120 mètres, correspondant au magasin de la caméra Cameflex et permettant un temps de prises de vues suffisant. Et, utilisant pour la première fois cette technique dans un long métrage de fiction, Coutard fait développer la pellicule dans un bain spécial qui permet d'en augmenter la sensibilité, Godard ayant voulu (ou dû, l'ambivalence entre choix et arrangement avec les contraintes se retrouve à tous les niveaux) tourner uniquement avec les lumières disponibles dans la réalité... Raoul Coutard, sans doute grâce à sa formation dans le reportage, sera l'un des grands « bricoleurs d'images », répondant aux demandes inhabituelles de Godard : par exemple, le deuxième film de celui-ci, *Le Petit Soldat,* sera tourné avec une pellicule cette fois utilisée à sa sensibilité nominale (l'Agfa Rekord, dont les mérites sont explicitement vantés par la voix off), mais avec un éclairage additionnel particulier, qui produit une image en tous points différente de celle obtenue avec des projecteurs de studio, fût-ce en décors « naturels ».

Tous ces changements ne font pas seulement partie de la « cuisine » de prise de vues. Ils entraînent, ou rendent possibles, des modifications qui influent sur le jeu des comédiens, leur apparence physique à l'écran et celle des objets qui les entoure, et plus généralement sur le type de relation qui s'établit entre le spectateur et le film.

Le corps américain

Cette relation dépend surtout des êtres humains visibles sur l'écran. En ce domaine aussi, les choses changent. On a déjà évoqué la fascination exercée par l'Amérique sur la plupart des jeunes cinéastes. Même les plus politisés, prêts à conspuer dans la rue et dans leurs films l'impérialisme U.S., considèrent toujours, au début des années soixante, les Etats-Unis comme la patrie d'un cinéma inventif, généreux, ouvert sur l'espace, d'un cinéma-cinéma, par opposition au cinéma-roman ou au cinéma-théâtre qui prévaut en France. En cela, les cinéphiles purs et durs sont à l'unisson de la majorité de leur génération, même lorsqu'elle ne se préoccupe pas particulièrement de cinéma : les musiques d'outre-Atlantique (le rock arrive, c'est aussi l'époque où Paris est l'un des principaux havres pour les musiciens de jazz, maltraités et peu considérés aux Etats-Unis), les modes vestimentaires, les comportements adolescents dont James Dean et le Marlon Brando de *L'Equipée sauvage* ont fourni les archétypes, conspirent à créer une image idéalisée et séduisante de l'Amérique. Et puis cela ne fait pas si longtemps qu'« ils » ont libéré la France.

L'Amérique, on la retrouve donc tout naturellement dans les films de cette époque. On a dit comment s'en sert Jean-Pierre Melville, on en dira autant de Jacques Tati, qui en serait, à cet égard, le symétrique dans la comédie : les sujets, les ambiances et les costumes sont éminemment français dans ses films, ils constituent même de véritables enquêtes sur la France de cette époque-là. Mais le comique de Tati ne doit rien au boulevard, qui alimente les facéties des rigolos de Paris, et énormément au burlesque hollywoodien tel qu'il s'est développé jusqu'à une sorte de perfection à l'époque du muet. L'Amérique, c'est aussi la moto et le blouson de cuir de Jean-Pierre Mocky dans *La Tête contre les murs* de Franju, c'est le pays mythique où le père du fils de Lola est parti faire fortune et d'où il revient au volant d'une interminable limousine, le pays aussi de ces marins joyeux et décontractés qui marchent comme Gene Kelly dans le premier film de Demy. Ce sont Art Tatum et Erroll Garner auxquels songe Aznavour dans *Tirez sur le pianiste,* après Miles Davis chez Louis Malle et Thelonious Monk chez Vadim (et avant que le « jazz » ne devienne dans de nombreux films un label de modernité acquis à peu de frais avec un roulement de caisse claire et trois notes de sax). C'est la musique sur les pick-up de Chabrol et même du premier Rohmer, c'est la guerre de Sécession durant laquelle se déroule *Au cœur de la vie,* le premier film de Robert Enrico inspiré de trois nouvelles d'Ambrose Bierce, c'est le sujet des premiers documentaires de Reichenbach, c'est la puissance fruste, mais aussi le sex-appeal et la forme de droiture du producteur Jack Palance dans *Le Mépris,* après les clins d'œil à la comédie musicale d'*Une femme est une femme,* avant ceux au western et au film noir de *Bande à part...*

L'Amérique, éternelle rivale du cinéma français, est donc alors très présente dans les films réalisés à Paris. Elle l'est aussi, de manière plus discrète mais peut-être plus importante, au travers d'une nouvelle génération d'acteurs. En 1959, l'écran français a ses géants, Jean Gabin, Michel Simon, Fernandel, Pierre Brasseur, Pierre Fresnay : ils ont respectivement cinquante-cinq, soixante-quatre, cinquante-six, cinquante-quatre et soixante-deux ans cette année-là. Et cette année-là, le seul acteur qui ait paru capable de leur assurer une succession, Gérard Philipe, est mort brutalement, le 25 novembre, à trente-sept ans. Mais l'âge n'est pas seul en cause. Les vedettes (masculines et féminines) du cinéma français ressemblent au cinéma français, à ce qu'il est devenu dans les années cinquante, notamment dans les films qu'ils interprètent, les plus prestigieux, ceux de la « qualité française ». La comparaison avec les stars américaines dit la distance entre les deux cinématographies. A propos de ces comédiens et comédiennes, il n'est pas question d'une inégalité dans l'apparence physique ni dans le talent, mais d'une différence de présence et de puissance d'attraction, d'une différence d'aura. Et aussi d'une symbiose entre les acteurs, les personnages et les ambiances des films. Paraissant « de la matière dont sont faits les films », les vedettes hollywoodiennes déclenchent une autre sorte d'identification, impossible pour les acteurs français formés au théâtre ou inspirés par lui.

La première irruption sur un écran français d'une personnalité susceptible de rivaliser avec le *glamour* américain, c'est évidemment celle de Brigitte Bardot. Les puritains la trouvent vulgaire, les tenants d'une « présence classique », inspirée du théâtre, ronchonnent qu'elle ne sait pas parler, pas jouer, pas bouger. Bientôt plus personne ne ronchonne : B.B. fait courir les foules et tinter les tiroirs-caisses, B.B. séduit les hommes et inspire les accoutrements des femmes, B.B. fait passer un violent courant d'air. Elle peut, elle, rivaliser avec une Marilyn Monroe, ce n'est plus une actrice, c'est un phénomène de société. Et qui dépasse les frontières, jusqu'en Amérique ! Truffaut a raison d'écrire que, sans s'en douter, elle a bien travaillé pour le cinéma français. Elle sera l'incarnation du cinéma de la jeunesse, et éphémère comme lui. Le cinéma moderne et surtout la Nouvelle Vague vont entraîner l'avènement de toute une génération de comédiens fort éloignés du « type » de l'acteur français classique : la désinvolture d'un Brialy ou d'un Gérard Blain n'ont rien à voir avec celle de Gérard Philipe, la sensualité exubérante de Bernadette Lafont, celle plus complexe mais tout aussi libre d'Anouk Aimée, le naturel de Juliette Mayniel, la vitalité et le mystère d'Anna Karina en sont quelques-unes des plus évidentes manifestations. Et aussi ces « corps étranges », Laszlo Szabo, qui sera le « métèque » de toutes les origines, et plus encore Jean-Pierre Léaud, dont la présence seule vaut tous les traités de distanciation. Mais sont-ils de véritables acteurs, au sens théâtral et français du terme, c'est-à-dire des professionnels capables de s'adapter à une grande variété de rôles ? Dans un premier temps, la question ne se pose guère : leur principale qualité est d'incarner au naturel les personnages que le cinéma moderne met en scène. Mis au défi d'évoluer ou de se diversifier, bien peu y parviendront.

La « nature » généreuse et gouailleuse, sans complexes, de Bernadette Lafont fait merveille dans *Les Mistons* de Truffaut ; la comédienne est sollicitée par Chabrol *(Le Beau Serge, A double tour, Les Bonnes Femmes, Les Godelureaux),* par Doniol-Valcroze *(L'Eau à la bouche),* devenant l'« égérie » de la Nouvelle Vague, avant que les representants de la génération suivante, de Jean Eustache à Jacques Davila fassent à leur tour appel à elle. Elle a détrôné dans ce rôle Juliette Mayniel : sa présence dans trois films de Chabrol *(Les Cousins, Ophélia, Landru),* dans *Les Yeux sans visage* de Franju, ou *Un couple* de Mocky lui a valu des attaques où la violence le disputait à la vulgarité lors d'une des diatribes de Michel Audiard contre le Nouveau Cinéma, mais pas une carrière durable... *« C'est moi, Lola »,* chantait Anouk Aimée dans le film de Demy, et de fait *Lola* achève de l'imposer et de l'identifier à ce personnage de sensualité pétillante et en même temps un peu mystérieuse, même si elle avait déjà vingt-trois films à son actif et qu'elle était loin d'avoir laissé indifférent dans *Les Amants de Vérone* de Cayatte, *Montparnasse 19* de Becker, *La Tête contre les murs* de Franju, *Les Dragueurs* de Mocky (sans oublier *La Dolce Vita* de Fellini). Karina ? Bien que sa carrière ne s'y limite pas (elle figurait à son avantage, dès 1961, dans *Ce soir ou jamais* de Michel Deville), elle reste étroitement associée aux films de Godard. Entre le cinéaste franco-suisse et la comédienne franco-danoise (M. et Mme Jean-Luc Godard de 1961 à 1967), ce n'est pas seulement l'utilisation d'un talent et d'une plastique par un réalisateur, c'est un véritable travail en commun auquel on assiste de film en film, et dans les registres les plus divers. Godard n'aurait pas pu aller si vite et si loin sans cette collaboration, même parfois orageuse.

On trouve des parcours similaires du côté des garçons, circulant et créant un lien visible entre les nouveaux réalisateurs. Brialy et son élégance détachée, aisément d'une ironie proche du cynisme, est chez Chabrol (*Le Beau Serge, Les Cousins, Les Godelureaux,* le sketch « L'avarice ») ; il passe chez Malle *(Ascenseur pour l'échafaud)* et chez Kast *(Un amour de poche),* s'installe chez Rivette *(Paris nous appartient),* chez Godard *(Une femme est une femme),* chez Rohmer *(Le Genou de Claire),* chez Truffaut *(La Mariée était en noir).* Blain, le séducteur inquiet et inquiétant, est passé de chez Chabrol *(Le Beau Serge, Les Cousins),* aux courts-métrages de Truffaut *(Les Mistons)* et de Godard *(Charlotte et son jules),* il sera appelé par Howard Hawks soi-même pour jouer dans *Hatari.* On le reverra chez Mocky *(Les Vierges),* mais, en élargissant sa palette de comédien, Blain se plaira ensuite à servir avec le même charme des cinéastes que tout sépare, de Costa-Gavras à Bénazéraf et de Wim Wenders à Michel Vianey. Le cas de Léaud est singulier, tant il se trouve identifié au personnage d'Antoine Doinel, double fictionnel de Truffaut, au risque de s'y perdre. Il apparaîtra chez Cocteau *(Le Testament d'Orphée),* tiendra son rang chez Godard *(Masculin-Féminin, La Chinoise, Week-End),* mais c'est quand même Truffaut qui lui ouvrira l'échappatoire à Doinel, avec le personnage très littéraire de *Deux Anglaises et le continent...*

Les comédiens qu'on vient de citer sont ceux qui, *a posteriori,* demeurent attachés au cinéma moderne, du moins à leurs débuts. Sur le moment, pas plus que pour les réalisateurs, les distinctions n'apparaissent aussi clairement. Ainsi, lorsqu'il réalise *Le Caporal épinglé,* Jean Renoir est persuadé d'avoir engagé les représentants les plus « modernes » de la nouvelle génération. La plupart sont effectivement des comédiens d'avenir, mais dans une direction beaucoup plus classique. Ils s'appellent Jean-Pierre Cassel, Claude Rich, Claude Brasseur, Jean Carmet, Mario David, Guy Bedos.

Belmondo et Moreau mènent le bal

Parmi les acteurs, le cas le plus spectaculaire durant ces années-là reste pourtant celui de Jean-Paul Belmondo. Pour échapper à la typologie française, Godard avait dû faire venir Jean Seberg des Etats-Unis (pour 12 000 dollars versés à la Columbia). Mais dans le premier rôle masculin d'*A bout de souffle,* il tenait son acteur « américain » : Belmondo. Elève de Pierre Dux au conservatoire, celui-ci avait obtenu un médiocre deuxième accessit au concours de comédie classique. Le critique théâtral du *Monde,* Robert Kemp, qui assista à la scène, notait : *« Accessit vraiment indulgent. M. Belmondo en Scapin de la place Pigalle - accent traînant qui rappelle Prosper le roi du macadam - était impossible. Molière se serait fâché. »* Molière, dans la maison duquel Belmondo ne sera jamais admis, peut-être. Mais pas Humphrey Bogart, auquel le jeune acteur rend explicitement hommage dans *A bout de souffle.* A la différence des pastiches de films de genre hollywoodiens comme en tournait Paul Paviot à Saint-Germain-des-Prés quelques années plus tôt, il ne s'agit cette fois ni de parodie, ni d'imitation. La gestuelle, la diction, le rythme : rien chez l'interprète de Michel Poiccard n'évoque le jeu des comédiens français, tout vient d'ailleurs, de l'aisance et de la présence physique du cinéma de genre américain. *« Trop gouape »,* avait tranché Marcel Carné après avoir un moment songé à Belmondo pour le premier rôle des *Tricheurs* (dans lesquels il aura finalement un petit emploi, où il ne passera pas inaperçu). Trop gouape ? Ce qui a fait fuir Carné fait accourir Godard, qui écrit qu'il sera *« le Michel Simon et le Jules Berry de demain »* dans une critique, par ailleurs assassine, d'*Un drôle de dimanche* de Marc Allégret, où Belmondo tient à nouveau un rôle secondaire. Godard sollicite donc ce comédien « différent » pour son ultime court-métrage, *Charlotte et son jules.* Mais aussitôt après le tournage, Belmondo est rappelé sous les drapeaux, en Algérie : le réalisateur devra doubler lui-même l'acteur (Becker aurait refusé de prendre Belmondo dans *Le Trou* après avoir entendu « sa » voix, qui était en réalité celle du cinéaste vaudois). A son retour à la vie civile, le comédien ne songe plus guère au cinéma lorsqu'il croise Godard sur les Champs-Elysées, qui lui dit : *« Cours vite chez les frères Hakim, il y a un rôle pour toi. »* Le jeune acteur rétorque qu'il ne veut plus faire de films, *« c'est trop con ».* Godard le convainc. *A double tour* de Claude Chabrol sera le premier « long-métrage Nouvelle Vague » de Belmondo, et son premier grand rôle à l'écran. Comme promis, Godard lui propose ensuite d'être la vedette d'*A bout de souffle.* L'agent du comédien lui intime l'ordre de refuser (*« Vous faites la plus grosse erreur de votre vie »*), d'autant que ce réalisateur débutant n'est plus seul à avoir repéré le talent de l'acteur : l'un des cinéastes les plus prestigieux d'alors, Julien Duvivier, le sollicite au même moment pour jouer dans *Boulevard.* Et un autre chef de file de la Nouvelle Vague, Jacques Doniol-Valcroze, le réclame également pour son premier film, *L'Eau à la bouche,* que doivent aussi interpréter ses amis Michel Galabru et Françoise Brion. Belmondo, qui s'est fait une spécialité de transgresser les règles en vigueur dans le monde du spectacle, choisit l'iconoclaste Godard : c'est Pierre Mondy qui ira chez Duvivier, et Jacques Riberolles chez Doniol. Hélas pour eux.

Au bout du compte, la participation de Jean-Paul Belmondo au cinéma moderne est assez réduite : trois films avec Godard *(A bout de souffle, Une femme est une femme, Pierrot le Fou),* un avec Chabrol et un autre avec Truffaut *(La Sirène du Mississippi),* trois avec Melville *(Léon Morin, prêtre, Le Doulos, L'Aîné des Ferchaux),* auxquels on peut ajouter *Moderato Cantabile,* adapté par Peter Brook de Marguerite Duras en 1960. Ce petit nombre de films ne diminue en rien l'importance de sa contribution : il aura, mieux peut-être qu'aucun autre interprète masculin, incarné l'esprit du cinéma moderne à ses débuts. Mais, dès le tournage d'*A double tour,* l'acteur s'était lié d'amitié avec l'assistant de Chabrol, Philippe de Broca. Sous sa direction, la carrière de Jean-Paul Belmondo va prendre une autre direction, qui l'éloignera bientôt sans retour.

Jeanne Moreau occupe chez les comédiennes un statut comparable à celui de Belmondo, sans qu'il y ait matière à pousser plus avant le parallèle entre leurs deux carrières : lorsqu'elle impose l'étonnant personnage de Florence Carala dans *Ascenseur pour l'échafaud,* elle a déjà derrière elle un passage par la Comédie-Française, elle compte vingt films à son actif, elle a joué en vedette chez Decoin, Marc Allégret, Grangier ou La Patellière, elle a été la reine Margot pour Dreville, elle a été la partenaire de Jean Gabin, de Jean Marais, de Paul Meurisse, de Lino Ventura, de Danielle Darrieux, de Françoise Rosay, souvent de Raymond Pellegrin. C'est une bonne actrice que tout semble destiner à une carrière classique, quand le film de Louis Malle démontre soudain qu'elle est d'une autre trempe et d'une autre profondeur, qu'il suffit de la regarder marcher, de la regarder regarder, pour que quelque chose de fort advienne sur l'écran. Chez Malle toujours, elle sera la seule étincelle de modernité et toute l'irrévérence des *Amants* (comme elle avait été la chance, gâchée par Vadim, de faire des *Liaisons dangereuses* le film au présent qu'il prétendait être). Bientôt Antonioni, Losey, Welles, Buñuel feront appel à cette force et à ce charme, à ce visage et à ce corps, à ces postures et à cette voix, où la lumière et les ténèbres, l'intelligence et la sensualité jouent une insoluble partie de cache-cache. Mais après le coup d'éclat d'*Ascenseur pour l'échafaud,* le coup de maître est évidemment *Jules et Jim* de Truffaut.

Moreau (qui toute sa carrière se « mouillera » aux côtés de jeunes réalisateurs) faisait une brève apparition dans *Les Quatre Cents Coups* (comme elle en fera une dans *Une femme est une femme*). Truffaut a reconnu Moreau dans le personnage de Catherine décrit par le roman d'Henri-Pierre Roché, Moreau s'est reconnue dans le scénario envoyé par Truffaut, mieux, Roché a reconnu dans la comédienne la femme dont il évoquait le souvenir dans son livre... Ces histoires d'accordailles idylliques autour d'un film, les publicitaires en répandent à foison, et on a toutes raisons de ne pas trop y prêter de crédit. Sauf lorsque, comme c'est le cas avec *Jules et Jim,* le film lui-même confirme cette improbable harmonie de toutes les composantes, cette euphorie intelligente et synchrone qui semble s'être emparée de tous les protagonistes. Dans le film, Moreau sera cent femmes tour à tour, *« avec la même sincérité »,* comme le dit son personnage, elle sera drôle, triste, rebelle, fatale, possessive, évanescente, amoureuse de la vie à en mourir... belle toujours, et toujours naturelle, malgré les robes début de siècle ou même, à l'occasion, un déguisement chaplinesque. Elle est elle-même ce *« Tourbillon de la vie »* qu'elle chante dans le film – puisqu'en plus elle chante, et bien. *« Je voulais faire du bien à Jeanne Moreau actrice, et il m'a semblé que je devais l'empêcher de devenir prestigieuse, qu'il fallait lui épargner toute exhibition »,* explique le cinéaste au *Monde* à la sortie du film. Truffaut a « fait du bien » à Moreau, elle le lui rend sans compter, sans doute parce que, comme l'écrit Jean-Louis Bory, elle est *« chez elle dans ce film. On le sent à chaque plan ».* Cette communauté d'esprit entre le cinéaste et l'actrice explique qu'ils se retrouvent pour *La Mariée était en noir,* qui cherchera vainement à faire renaître l'instant magique qu'avait été *Jules et Jim.* Tout simplement géniale dans *La Notte* d'Antonioni et *Le Journal d'une femme de chambre* de Buñuel, Jeanne Moreau est impressionnante dans *Moderato Cantabile* de Peter Brook (unique occasion où elle partage le haut de l'affiche avec Belmondo), elle défendra vaillamment son rôle de *La Baie des Anges de* Demy. Comme Belmondo, la participation quantitative de Moreau aux films du cinéma moderne est nettement moindre que, par exemple, celle de Brialy ou de Bernadette Lafont, elle y a pourtant imprimé la plus mémorable empreinte.

Jeanne Moreau n'a jamais travaillé avec Alain Resnais, c'est la seule parmi tous ces nouveaux comédiens et comédiennes qu'on imagine pourtant pouvoir prendre place dans l'univers de ce cinéaste. On a dit que Resnais, à la différence des réalisateurs de la Nouvelle Vague, va vers la réalité à partir de personnages de fiction, conçus comme des catalyseurs. Dans d'aussi complexes emplois, il ne s'agit plus seulement d'« exister », d'être « nature », il faut une maestria peu commune. Dans *Hiroshima,* on découvre Emmanuelle Riva, le temps d'une interprétation exceptionnelle mais aux rares lendemains, puis *L'Année dernière à Marienbad* révèle l'admirable Delphine Seyrig. Elle sera au-dessus de tout éloge à nouveau chez Resnais *(Muriel)*, puis chez Truffaut *(Baisers volés),* ensuite chez Buñuel, chez Duras, chez Akerman. En revanche, lorsque Alain Resnais fait appel à Yves Montand pour *La guerre est finie,* celui-ci donne libre cours à son « métier » classique, assimilé au cours de sa déjà longue carrière. Fabriquée pour la scène du music-hall, la décontraction du meilleur *showman* français reste un procédé, alors même que les préoccupations politiques du personnage sont voisines de celles de son interprète. De même l'échec de *Je t'aime, je t'aime* tient pour une part à l'emploi de Claude Rich, acteur solide et qui appelle la sympathie, mais dépourvu de la complexité et de l'étrangeté qui auraient légitimé et alimenté les élans fantasmagoriques du récit.

Le cas d'Agnès Varda est différent : elle non plus ne fait pas appel à des acteurs « différents » : son œil acéré de documentariste préfère aller rechercher le naturel, la singularité chez des interprètes plus classiques, et plus anodins (Corinne Marchand dans *Cléo de 5 à 7,* Jean-Claude Drouot, Marie-France Boyer dans *Le Bonheur*) : ils sont formidables à l'écran, jamais on n'éprouve le désir de les retrouver dans un prochain film, tant ce qu'ils font semble ne tenir qu'à ce film-là. De même pour les seconds rôles des *Créatures,* avec notamment l'écrivain Lucien Bodard en méchant. Dans les emplois principaux, face à Michel Piccoli, on découvre une Catherine Deneuve de rêve, icône magique plutôt que personnage. Servie et desservie par sa joliesse un peu lisse, Deneuve est sans doute l'une des « oubliées » du cinéma moderne à ses débuts : Demy a fait appel à elle pour le rôle impossible des *Parapluies de Cherbourg,* dont elle se sort avec brio ; il la retrouvera en compagnie de sa sœur Françoise Dorléac (disparue en 1967, laissant le souvenir impérissable de son interprétation de *La Peau douce* de Truffaut) dans *Les Demoiselles de Rochefort* : il n'aura filmé que sa plastique parfaite et sa pétulance. Vadim *(Le Vice et la Vertu)* avait fait pire, Kast *(Vacances portugaises),* Deville *(Benjamin)* et Truffaut *(La Sirène du Mississippi)* n'ont pas fait mieux. Il faudra attendre Polanski (*Répulsion,* avant que le cinéaste polonais ne rende également justice à Françoise Dorléac dans *Cul-de-sac*), puis Buñuel *(Belle de jour, Tristana)* pour que se révèlent la complexité troublante et les zones d'ombre de cette impeccable silhouette blonde.

Réputée, à juste titre, rivale mortelle du cinéma, la télévision ne lui joue pas que des mauvais tours. En témoignage de sa toute nouvelle puissance, elle va, phénomène rarissime, lui offrir une vedette. Lorsque, sous la direction de Marcel Bluwal, il interprète le rôle-titre du *Dom Juan* de Molière pour la télé en 1965, Michel Piccoli est loin, très loin d'être un débutant : sa carrière compte déjà plus de trente films, avec nombre de rôles importants, et la rencontre d'au moins trois cinéastes qui l'ont profondément marqué : Luis Buñuel, Jean-Pierre Melville et Jean-Luc Godard. Il est connu du public, il a déjà cette image de séducteur qui le servira souvent et l'embarrassera parfois. Mais ni *La Mort en ce jardin,* ni *Le Doulos,* ni *Le Mépris* n'ont déclenché à son propos le quart de l'attention et de l'enthousiasme que suscite son interprétation dans *Dom Juan.* Avant, il était un acteur connu et apprécié, après la diffusion, à une heure de grande écoute et accompagnée d'une considérable « couverture » de la presse populaire, il est une vedette. Piccoli aurait entièrement loupé le coche du cinéma moderne des années soixante, si Godard n'était venu le chercher pour en faire le partenaire de Brigitte Bardot. Ce statut nouvellement acquis grâce à la télévision, il va le mettre au service du cinéma et, avec Varda *(Les Créatures),* Resnais *(La guerre est finie),* Demy *(Les Demoiselles de Rochefort),* Buñuel à nouveau et beaucoup plus significativement *(Le Journal d'une femme de chambre, Belle de jour, La Voie lactée),* et bientôt Ferreri, il ne ratera ni les prochaines accélérations, ni les prochains tournants. Mais il faudra attendre les années soixante-dix pour que, au-delà de l'éclectisme de ses choix, sa contribution à l'aile marchante du cinéma apparaisse en pleine lumière.

Deuxième partie

LE CINÉMA, RÉPUBLIQUE UNE ET DIVISÉE

(1959-1967)

En 1959, une nouvelle génération accède au cinéma. En 1959, une nouvelle idée du cinéma s'instaure. Malgré le grand tumulte qui accompagne ces deux événements distincts, mais simultanés, la vie du cinéma français ne s'y résume évidemment pas. D'autres bouleversements, de nature différente et aux origines plus ou moins anciennes, se produisent eux aussi durant les années 1959-1962 : un phénomène économique, avec la fin de l'âge d'or de la fréquentation des salles ; un double phénomène politique, avec d'une part l'intervention accrue de l'Etat pour mieux protéger les intérêts matériels du cinéma, d'autre part un plus grand contrôle de ce même Etat sur le contenu des films, au moment où les cinéastes remettent en cause la notion d'engagement telle qu'elle a été la grande affaire de l'intelligentsia d'après-guerre... Face à l'évolution de la société, face à la baisse des entrées qui a commencé dès 1958 (sans qu'on sache à cette époque qu'elle sera irréversible), plusieurs réponses se mettent en place. Les films des jeunes cinéastes en sont un aspect, l'avènement d'un nouveau style de comédies populaires et l'arrivée de nouvelles vedettes constituent d'autres adaptations de la totalité du cinéma à la situation de l'heure. Soit un ensemble de phénomènes nullement concertés, et souvent même conflictuels : si on n'a pas attendu cette époque pour distinguer entre « cinéma commercial » et « cinéma d'art », la période 1959-1962 marque l'approfondissement de cette division qui, durant les vingt ans qui suivront, sera source à la fois de dynamisme et de blocages.

C'est un sacré changement. Jusqu'à présent, les grands auteurs célébrés par la critique la plus exigeante, la plus « auteuriste » (les Hawks, Hitchcock, Ford, Wilder, Huston...) visaient — et généralement obtenaient — un immense succès populaire dans le monde entier. Et même les « artistes » les plus conscients de créer une œuvre personnelle, Renoir, Rossellini, Welles, travaillaient dans le même esprit que leurs collègues, et concevaient le manque de réussite commerciale comme un échec, et non comme la preuve de leur singularité. A partir des années soixante, le cinéma français se casse en deux : d'un côté le spectacle populaire, de l'autre les œuvres d'art, qui connaîtront diverses périodes comparables, dans une certaine mesure, à celles par lesquelles sont passés les autres arts majeurs, littérature, peinture ou musique : l'abstraction, le baroque, le maniérisme, etc. Avec ce clivage s'achève, malgré quelques beaux combats d'arrière-garde, l'âge classique du cinéma.

Chapitre 1

ÉTAT DES COMPTES
COMPTER AVEC L'ÉTAT

La fin d'un âge d'or

En 1959, le cinéma vient donc d'entrer dans une période d'affaiblissement économique et de perte de popularité, du moins dans l'unique mode de consommation qu'il se connaît alors, et qui porte le même nom que lui : pour voir « du cinéma », on va « au cinéma ». C'est-à-dire dans les salles obscures, à l'entrée desquelles on paie pour s'asseoir devant un grand écran. Cette crise du cinéma sera sans retour. Le cinéma ne le sait pas encore.

Rappelons qu'au terme d'une phase de croissance, 1957 a vu les entrées en salles atteindre le meilleur score de fréquentation depuis le record absolu de 1947, avec 411,7 millions de spectateurs. Malgré quelques rémissions conjoncturelles, la chute qui s'amorce dès l'année suivante ne s'arrêtera plus. Dès 1958 (371 millions d'entrées), on parle de crise, mais le terme est tellement galvaudé (déjà !), les professionnels sont tellement coutumiers des jérémiades que bien peu s'inquiètent de ces sempiternels « au loup ! ». Pour ce qui est de la vision des films en salles, c'est pourtant un véritable effondrement qui commence : on en est à 353 millions d'entrées en 1959, on atteindra 182 millions dix ans plus tard, pour passer sous la barre des 120 millions en 1990. Il faut en revanche remarquer que cet effondrement, bien réel, est beaucoup moins violent que celui enregistré à l'étranger : dans un contexte hostile, commun aux pays industrialisés, la « politique du cinéma » au sens large (à laquelle contribuent politiques, professionnels, créateurs et cinéphiles) a ainsi permis le relatif maintien d'un public dans les salles (voir tableaux p. 852-853). Au phénomène crucial de la baisse de fréquentation s'en ajoute un autre, moins spectaculaire, mais également d'une grande portée : pour la première fois,

1967 verra se croiser la courbe (ascendante) qui mesure le public des films durant leur année de sortie et celle qui rend compte de leur audience les années suivantes. Ces courbes vont dès lors diverger vertigineusement, traduisant le raccourcissement considérable de la « durée de vie » des films en salles, qui passe de plusieurs années à quelques semaines.

Il est d'usage de désigner la télévision comme responsable de la chute des entrées, phénomène qui touche tous les pays développés. Elle l'est effectivement, mais d'une manière plus complexe que comme simple concurrente qui viendrait enlever des consommateurs au grand écran : outre cet effet direct, bien réel, la télévision va modifier ces mêmes spectateurs, changer leur attente du spectacle et donc ce spectacle lui-même, avant de devenir le principal financier et le principal débouché des films, et donc de leur imprimer directement la forme qui lui convient le mieux, à elle. Mais la télévision n'est pas seule en cause : l'aube des années soixante est celle de l'avènement d'un nouveau partage du temps, de cette « civilisation des loisirs » telle qu'on la baptise à l'époque (dès juin 1959, la revue *Esprit* lui consacre un numéro spécial), et qui représente un bouleversement fondamental de la vie sociale, où le « temps libre » sort de la sphère privée, opposée à la sphère sociale du travail. La généralisation de la voiture individuelle (d'où le départ en week-end, d'où la résidence secondaire...) et de l'électroménager (dont le téléviseur n'est qu'un des fleurons), et aussi la prise en compte de la jeunesse comme grande catégorie de consommateurs, entraînent la mutation de l'ensemble des pratiques de temps libre de la population. Le tableau établi par le C.R.E.D.O.C. (voir p. 857) traduit de manière spectaculaire l'amoindrissement de la place des films dans les dépenses de loisir de familles qui sont encore loin d'avoir toutes un poste de télé à la maison. La salle de cinéma n'est plus le temple du loisir de masse. Elle ne sera d'ailleurs pas remplacée dans ce rôle : même s'il faudra du temps avant qu'on en prenne conscience, le phénomène qui se met alors en branle est la dégénérescence des organisations sociales (du travail, de la vie politique, du logement, du loisir, etc.) fondées sur le rassemblement, au profit d'une individualisation généralisée, voire même du clivage des individus en fonctions distinctes (producteur, consommateur, citoyen...). Il n'est pas dit que cette individualisation aille dans le sens d'un moindre conformisme.

Donc le nombre des spectateurs diminue. Les recettes au guichet des salles, beaucoup moins, du fait de la constante augmentation du prix du billet. D'où le soupçon que ce renchérissement contribue à faire fuir le public. Le maintien volontariste à bas prix du tarif des entrées aurait-il permis d'enrayer la chute de la fréquentation ? Ou, pour poser la question autrement : la réaction à courte vue des exploitants a-t-elle contribué à vider leurs propres salles, après la tentative d'encadrement des prix par l'Etat (mis en place en 1952, réduit en 1962, supprimé en 1968) ? Ceux-ci rétorquent systématiquement que l'augmentation du prix du billet est restée inférieure à la hausse moyenne du coût de la vie. C'est ce qu'on appelle, en bon français, un gros mensonge, et même une longue succession de mensonges : le coût moyen de la place de cinéma était de 1,86 franc en 1960. S'il avait suivi l'augmentation moyenne du coût de la vie, il aurait dû être en 1970 de 2,82 francs, alors qu'il s'élève à 4,78 francs, ce qui signifie que le tarif a été multiplié par 2,57 quand l'indice global des prix enregistrait une multiplication par 1,51. De même, entre 1970 et 1980, sera-t-il multiplié par 3,37 quand l'ensemble des prix ne sera multiplié que par 2,53, atteignant un tarif moyen de 16,13 francs, alors qu'il n'aurait dû être que de 12,20 francs. Les choses ne s'arrangeant, relativement, que durant la décennie suivante, qui voit le billet n'augmenter que de 16,13 francs à 31,40 francs en moyenne en 1990, alors que si son prix avait accompagné le coût de la vie, il aurait dû être de 30 francs tout ronds. Mais, si le multiplicateur est cette fois plus modéré (1,94 au lieu du 1,85 commun), on est encore loin de la prétendue « augmentation inférieure à celle du coût de la vie ». Au total, le prix du billet sera multiplié par 16,8 en trente ans quand le prix moyen des biens de consommation le sera par 7. Rien d'étonnant à ce que toutes les enquêtes sur la désaffection des salles obtiennent pour principale réponse, et de loin, la chèreté des places. Aller voir un film est effectivement devenu plus onéreux. C'est surtout devenu subjectivement « trop cher », puisque d'autres secteurs de loisir ayant enregistré une hausse encore plus forte n'ont pas subi la chute de consommation correspondante. Loisir populaire par excellence, le cinéma se devait d'être bon marché, et l'accès « gratuit » aux films grâce à la télévision n'a fait que renforcer ce sentiment.

Par un phénomène qui restera lui aussi constant durant les trois décennies à venir, cette baisse de débouchés des films en salles n'affecte pratiquement pas le nombre de titres mis en production : 119 films français en 1960, 118 en 1969 — il y en aura encore 107 en 1990, quand la fréquentation aura baissé des deux tiers [1]. Cette « anomalie » s'explique, en partie, par une bien moindre perte de rentabilité, due à la relative stabilité des recettes : convertie en francs 1990, la recette de l'année 1959 s'élèverait à 4,1 milliards, celle de 1969 à 3,9 milliards. Elle sera en 1990 de 3,4 milliards. Cette constance profite à tout le monde dans le cinéma (sauf au spectateur payant), tant que les coûts de production n'augmentent pas trop, et

1. Si le nombre de films produits connaît pourtant d'importantes variations durant les trente-cinq ans concernés par ce livre, c'est pour des raisons sans lien direct avec la fréquentation.

ne viennent donc pas rogner « en amont » les marges bénéficiaires. Or, durant les années soixante, les prix de fabrication restent relativement sages : le coût moyen des films (toujours converti en francs 1990) passe de 10 millions en 1959 à 12,5 en 1969 (il faudra attendre les années quatre-vingt pour que les coûts de production explosent, mais à ce moment le cinéma se sera trouvé bien d'autres sources de revenus que le guichet des salles). Cet amortissement de la baisse des entrées par la hausse du billet explique aussi en partie le maintien du parc de salles : elles sont 5 821 en 1960, 4 380 en 1970, 4 540 en 1980 et 4 518 en 1990 (alors qu'en Italie on passera de 10 508 salles en 1960 à 3 293 en 1990, en Allemagne de l'Ouest de 6 950 à 3 222, en Grande-Bretagne de 3 034 à 1 552 durant la même période). Mais ce ne sont plus du tout les mêmes salles : les 5 821 salles de 1960 sont autant de lieux d'exploitation, les 4 518 de 1990 sont regroupées en 2 300 emplacements, 860 complexes (soit 19 % des emplacements) concentrant 3 078 écrans (soit 68 % du total). Et, en moyenne, elles sont de plus en plus petites : on compte en effet 2,798 millions de fauteuils en 1960, 2,115 en 1970, 1,408 en 1980, pour arriver à peine à plus d'un million en 1990. La capacité moyenne d'accueil d'une salle est passée de 481 sièges à 223 en trente ans. Rapportée à la hausse de la population globale, cette chute est encore plus importante, puisque de 62 fauteuils pour 1 000 habitants en 1960, on passe à 18 en 1990. Ici aussi, la seule « consolation » serait de regarder chez les voisins : la baisse a été deux fois plus brutale dans les autres grands pays européens.

Au maintien de la production spécifiquement française il faut enfin ajouter le grand nombre de coproductions : les 119 films français de 1960 sont en réalité 79 à 100 % français et 40 coproductions majoritairement françaises. S'y ajoutent 39 coproductions minoritaires, dont le résultat est, pour le sens commun, des films étrangers (par le sujet, la langue, le réalisateur et les acteurs), mais qui participent pourtant de la vitalité de l'industrie cinématographique nationale. En 1969, il y aura 70 films à 100 % français, 48 productions majoritairement françaises et 51 coproductions minoritaires. Globalement, le nombre de coproductions sera multiplié par deux entre les années cinquante (moyenne annuelle : 45 films) et les années soixante (moyenne annuelle : 88 films). Avec, de manière constante, l'Italie comme partenaire privilégié, représentant plus de 80 % des accords de coproduction. Cette augmentation correspond presque toujours à un « montage financier », sans rapport avec le sujet ni les nécessités artistiques des films, même si, en vertu de règles bureaucratiques, on retrouve souvent à l'écran la trace de ces participations — en 1967, Godard se moquera de ce phénomène en plaçant dans un coin d'un plan de *Week-End* une bande de figurants affalés, déclarant d'un air las : *« Nous sommes les comédiens de la coproduction italienne. »*

L'Etat à la rescousse

Une autre cause du maintien du volume de production tient, en France, à la sollicitude constante, et de plus en plus active, de la puissance publique. A la différence de ce qui se produit dans la plupart des autres pays d'Europe occidentale, l'Etat considère le cinéma comme un élément de la richesse matérielle et culturelle nationale, qui doit être protégé comme tel. Anecdote symbolique de cette attention au plus haut niveau, et même lorsque les circonstances paraissent requérir toute l'énergie dans d'autres secteurs : lors de la même séance de l'Assemblée nationale du 29 mai 1958, durant laquelle le président de la République, René Coty, annonce la nomination du général de Gaulle à la présidence du Conseil en termes dramatiques (*« Dans le péril de la Patrie et de la République, je me suis tourné vers le plus illustre des Français... »*), les députés discutent ensuite d'un accroissement du nombre des courts-métrages pouvant prétendre à la « prime à la qualité » délivrée par le Centre national de la cinématographie (C.N.C.)... La sollicitude de l'Etat français à l'égard du cinéma est ancienne, André Malraux va lui donner une ampleur et une tournure nouvelles après le passage du C.N.C., le 3 février 1959, de la tutelle du ministère de l'Industrie à celle du tout nouveau ministère des Affaires culturelles. Rue de Lubeck, siège du Centre, Michel Fourré-Cormeray retrouve le poste de directeur qu'il occupa de 1946 à 1952. A sa mort, en 1965, c'est le propre directeur de cabinet de Malraux, André Holleaux, qui lui succédera. La même année, par décret du 16 juin 1959, se mettent en place les versions modernes des systèmes de soutien public au secteur. Celui qui fut la cheville ouvrière de ce décret, Pierre Moinot, en a raconté la rocambolesque mise au point : résistant, écrivain, chasseur, conseiller à la Cour des comptes, judoka, Moinot était entré rue de Valois un peu par hasard, en mars 1959, au moment où Malraux s'improvisait un cabinet de bric et de broc. Il se retrouve bombardé conseiller technique pour le cinéma, et découvre que la réglementation en vigueur arrivera à son terme au mois de juin suivant : en l'absence de nouveaux textes, tout le dispositif public de soutien au cinéma s'évaporera purement et simplement. Avec Fourré-Cormeray et surtout son adjoint Jean Gründler, il met au point à toute vitesse, mais en concertation avec les représentants des organisations professionnelles, une réglementation nouvelle. Tâche considérable, expédiée en quelques semaines – même les puissants barons de l'exploitation ont apparemment compris qu'il y avait le feu au lac. Malraux signe le projet, mais – grande constante – le ministère des Finances lanterne : M. Pinay n'aime pas le cinéma. Le 15 juin, après avoir littéralement assiégé son bureau, Moinot lui arrache sa signature grâce à la complicité d'un « collègue » de la Cour des comptes, fonce chez le Premier ministre, Michel Debré ; celui-ci est trop occupé à mettre sa jaquette pour aller dîner à l'Elysée. Lorsque, le 16 au matin, Pierre Moinot annonce à la presse que le décret est signé, c'est un mensonge, qui deviendra une vérité un peu plus tard dans la journée.

Les nouveaux systèmes d'aide publique créés par ce décret, essentiellement le compte de soutien et l'avance sur recettes, iront en se diversifiant. Ils reposent sur deux grands mécanismes fondamentaux, tous deux représentés dans ce texte : les aides automatiques (toute activité donne accès à certains fonds publics ou gérés par l'Etat selon des pourcentages définis à l'avance) et les aides sélectives (des projets, des œuvres, voire des sociétés sont aidés au coup par coup après avoir été sélectionnés par une commission *ad hoc*). Le compte de soutien est l'héritier du Fonds d'aide au cinéma de 1948, devenu le Fonds de développement en 1953. Après avoir dépendu, de 1959 à 1965, de trois prélèvements d'ampleurs différentes (sur les recettes des films français, des films étrangers et des ventes des films français à l'étranger), cette aide automatique dans sa forme moderne sera financée par une taxe unique (la T.S.A. : taxe spéciale additionnelle) prélevée aux guichets, et donc proportionnelle au succès de tous les films distribués en France. Les fonds ainsi recueillis, gérés par le C.N.C., sont reversés aux producteurs comme participation au financement de leur projet suivant, dès lors que leur film a versé sa quote-part. Trois grands avantages à ce mécanisme : la ponction fiscale indirecte autorise un contrôle public des recettes, qui fait de l'exploitation française l'une des plus transparentes du monde ; ce sont les spectateurs, et non les contribuables, qui alimentent le fonds, et celui-ci ne dépend pas des débats budgétaires ; l'aide au financement de films français repose sur tous les films projetés en France ou, pour le dire plus crûment, le succès des films américains alimente les caisses de la production nationale. La T.S.A. n'alimentera pas seulement les caisses, et de manière très conséquente, elle alimentera également un débat jamais tranché sur le fond, prêt à resurgir à la moindre bisbille entre professionnels et puissance publique (c'est-à-dire tout le temps) : à qui « appartient », juridiquement, le produit de la taxe ? *« A moi*, dit l'Etat, *puisque ce sont des sommes prélevées par mon administration et non pas une contribution volontaire. – A nous*, rétorquent les professionnels, *puisque la loi interdit qu'un impôt soit affecté à l'avance, et que la T.S.A. est prélevée sur nos seuls revenus et strictement destinée à revenir au cinéma, la puissance publique n'est qu'un intermédiaire dans cette affaire. »* En jonglant avec le droit, la politique et la mauvaise foi, l'un, l'Etat, et les autres auront l'occasion de se livrer à de belles empoignades loin d'être toutes théoriques.

Quant à l'avance sur recettes, aide sélective issue de l'ancienne aide à la qualité, elle consiste en une somme allouée à la production sur lecture du scénario d'un projet précis, et remboursable à partir d'un certain seuil de réussite commerciale. Si le principe n'en sera plus remis en cause, le montant des aides et surtout la nature des films qu'il convient de soutenir (sans parler de la définition des gens qui ont qualité pour siéger à la commission d'attribution) feront l'objet de bien des variations et débats. Après la production, l'exploitation (pour laquelle est rétablie, par décret du 21 avril 1967, une procédure qui avait existé jadis), puis la distribution et l'exportation bénéficieront, les années passant, d'aides comparables. D'autre part, dès 1959 sont mis en place des systèmes de prêts bonifiés, consentis ou garantis par l'Etat, et dont peuvent bénéficier producteurs, exploitants et studios. Rappelons par ailleurs que l'Etat est encore à l'époque producteur-distributeur-exploitant, par le biais de la société U.G.C. (Union générale cinématographique), née de la nationalisation de la Continentale à la Libération, complétée par les filiales françaises des sociétés allemandes de l'Occupation : en 1959, André Malraux s'est âprement opposé au ministre de l'Economie, Antoine Pinay, et à son secrétaire d'Etat aux Finances, Valéry Giscard d'Estaing, qui voulaient privatiser l'U.G.C. L'auteur du rapport commandé par la rue de Valois sur cette question, Charles Frappart, y affirmait qu'il *« était important pour l'Etat d'avoir un élément de production et de distribution témoins, qui vivraient au jour le jour l'évolution économique du cinéma et permettraient au C.N.C. de juger de l'intérieur ce qui se passait sur le terrain »*, comme l'expliquera plus tard Pierre Moinot, qui plaida avec succès la thèse des Affaires culturelles devant le Premier ministre. La thèse de Frappart est intéressante, elle préfigure ce qui deviendra le C.N.C. quinze ans après, par d'autres moyens, en cherchant l'équidistance entre administration et professionnels. L'U.G.C. ne remplira guère, concrètement, sa fonction de « témoin », mais demeure donc dans le giron public. Cette situation perdurera, du moins pour la distribution et l'exploitation (ses dirigeants ont abandonné la production en 1961), jusqu'au début des années soixante-dix. Dans les faits, l'U.G.C. se comporte comme une société privée (plutôt mal gérée).

En fin de compte, deux phénomènes de natures différentes se superposent, et dans une certaine mesure se masquent l'un l'autre : d'une part une tendance structurelle à la baisse des entrées en salles, qui traduit un affaiblissement de la conception classique du film comme spectacle capable de réunir des foules immenses dans les salles obscures, d'autre part un grand nombre d'initiatives, publiques ou privées, qui feront qu'à la différence de ce qui se produira dans la plupart des autres grands pays de cinéma européen, il existera toujours un cinéma français de quelque importance trente ans plus tard. Plus qu'une crise économique, c'est une faille sociologique qui s'est ouverte, liée à l'évolution des comportements de loisir. Plutôt que la rentabilité immédiate du secteur et le bien-être matériel de ceux qui y travaillent, elle affecte profondément l'« idée du cinéma », sa place dans le corps et l'imaginaire social et collectif.

Censure, censures

Il serait tentant, mais simpliste, de lier directement l'intervention de l'Etat en faveur de l'industrie cinématographique et le renforcement de la censure qui se produit alors : on connaît assez de gouvernements autoritaires qui, sans soutenir le moins du monde leur cinéma, lui imposent un contrôle drastique. Du moins ce double mouvement d'attention de la puissance publique aux films témoigne-t-il d'une réalité : le gouvernement gaulliste est certainement le premier en France à prendre aussi au sérieux les images. De Gaulle lui-même, formé aux humanités classiques, écrivain, et qui a fait irruption sur la scène publique grâce à un autre médium, la radio, un certain 18 juin 1940, a compris la puissance des images et en fait grand usage par ses interventions télévisées. Son entourage plus encore, qui organise une marche forcée du pays vers la modernisation, avec une foi inébranlable dans les vertus de la technique. Malraux étant chargé de fournir le « supplément d'âme », par la prise en compte des aspects culturels de ce développement. Les années soixante seront celles d'un cinéma mieux défendu, mais aussi où plus de choses lui sont défendues.

Cette époque verra ainsi éclater un certain nombre d'« affaires ». La décennie a d'ailleurs mal commencé : avec 10 films totalement interdits, 49 réservés aux plus de dix-huit ans et 31 qui ne sont autorisés qu'aux prix de coupures, l'année 1960 est sans doute l'un des plus mauvais millésimes de l'histoire de la liberté d'expression cinématographique. Comme toujours, la censure porte sur deux domaines principaux : la politique et les mœurs. Pour la première, aux anciennes contraintes nées de la guerre froide, et qui ne s'assouplissent pas, s'ajoutent celles liées à la guerre d'Algérie. Le moins qu'on puisse dire est que le cinéma français des années cinquante ne s'était pas empressé d'affronter le problème. Par anticipation de la censure qui ne manquerait pas de s'exercer dès qu'on approcherait cette brûlante question, sans doute. Par manque de cadre idéologique, quand les grandes formations politiques (le Parti communiste au premier chef) ont une attitude à tout le moins floue sur la question. Et, plus encore, par faiblesse d'un cinéma devenu plus expert dans l'adaptation des grandes œuvres littéraires du passé que dans le traitement des questions d'actualité. Lorsque viendront les premières tentatives, il s'agira d'œuvres militantes, et non de la prise en compte de la situation historique par de véritables créateurs, comme l'avaient fait, par exemple, Renoir, Carné-Prévert, Duvivier à l'époque du Front populaire et du mouvement antifasciste (encore que les films « politiques » ne pullulent pas non plus à cette époque). La phrase prononcée par Grémillon à l'issue du Festival de Cannes 1947 est toujours de saison : *« Je m'étonne vraiment*, disait-il, *de voir à quel point le cinéma peut s'écarter de l'actualité, comme il se refuse à traiter les problèmes essentiels de notre temps. »*

A l'aube des années soixante, cette situation persiste, augmentée d'un élément nouveau . la notion même d'engagement, conçue comme la transformation acceptée des intellectuels en instruments d'un projet politique – pour beaucoup, celui du Parti communiste, censé incarner les aspirations du peuple à la révolution –, est remise en cause. Ce n'est pas tant que les nouveaux créateurs s'y opposent, plutôt qu'ils tentent de se situer dans une autre perspective (ce qui, évidemment, aux yeux du P.C., revient au même : « Qui n'est pas avec nous est contre nous », etc.). Beaucoup de grandes figures de l'intelligentsia ont été exclues du Parti ou l'ont quitté, bon nombre des nouveaux défricheurs des arts et de la pensée ne s'y réfèrent plus explicitement, même si la rupture est loin d'être consommée. Même Sartre, malgré les atermoiements, n'en est plus à l'époque où il ne fallait à aucun prix « désespérer Billancourt ». Cette évolution explique que, sans être aussi absente des films qu'on le dit souvent, la situation politique, notamment la guerre d'Algérie, y apparaisse généralement en arrière-plan, en proportion de la place qu'elle occupe dans la vie quotidienne des jeunes Français dont parlent les nouveaux films. Le cinéma cesse de « s'écarter de l'actualité », il « traite des problèmes du temps », mais d'une tout autre manière que celle réclamée par Grémillon. Signe que la génération montante est moins indifférente aux questions de l'heure qu'on l'a souvent dit, on trouvera les noms de cinq jeunes cinéastes (Doniol-Valcroze, Kast, Resnais, Sautet, Truffaut) parmi les signataires du « Manifeste des 121 », cette prise de position radicale d'une poignée d'intellectuels courageux contre la guerre coloniale, en septembre 1960. On n'y trouve le nom d'aucun réalisateur des générations précédentes.

Il existe tout de même quelques films expressément politiques. Ils ont aussitôt affaire à la censure. Ainsi *Morambong* de Jean-Claude Bonnardot (sur la guerre de Corée) ou *Les statues meurent aussi* de Alain Resnais et Chris Marker restent interdits, *Cuba Si* de Marker (1961) ou *Les Honneurs de la guerre* de Jean Dewever (1961), présentation insuffisamment hagiographique de la France résistante, le sont à leur tour. De même que plusieurs films directement liés au conflit algérien. Le pionnier en la matière s'appelle René Vautier, titulaire de la croix de guerre pour faits de Résistance (à seize ans), puis de treize inculpations et de plusieurs mois de prison (à dix-neuf ans) pour son film anticolonialiste *Afrique 50.* Il a rejoint les maquis algériens dès 1956, et mis sa caméra au service du F.L.N., quand il ne se bat pas l'arme à la main – il sera d'ailleurs blessé, puis à nouveau emprisonné. Il réalise des courts-métrages militants, *Une nation, l'Algérie,* aujourd'hui perdu, puis *Algérie en flammes* (1957). Après sa libération, il tournera en 1962 *Cinq Hommes et un peuple,* sur le retour en Afrique du Nord des chefs historiques du F.L.N. au lendemain du cessez-le-feu, puis se consacrera au cinéma algérien naissant. Cécile Decugis, réalisatrice des *Réfugiés* (et par ailleurs monteuse des *Mistons,* le court-métrage de Truffaut, et d'*A bout de souffle* de Godard), fera deux années de prison pour son soutien au F.N.L. La même année 1958, Pierre Clément a lui aussi tourné un court-métrage documentaire, sur le même thème et avec le même titre. Toujours en 1958 *58-2/B* de Guy Chalon, l'année suivante *Secteur postal 89 098* de Philippe Durand, *J'ai huit ans* de Yann et Olga Le Masson, puis *Octobre à Paris,* de Jacques Panijel, document unique sur le massacre des manifestants algériens par la police parisienne, le 17 octobre 1961 (Prévert : *« Beaucoup d'Arabes ont coulé sous les ponts, à Paris »*) ; en 1962, *Le Joli Mai* de Chris Marker, et aussi *Algérie année zéro* de Marceline Loridan et Jean-Pierre Sergent, prouvent que certains cinéastes français ont tout de même tenté de témoigner. D'autres tentent le long-métrage de fiction, Godard le premier avec *Le Petit Soldat,* réalisé en 1960 et aussitôt interdit, plus tard Robert Enrico (*La Belle Vie*), James Blue (*Les Oliviers de la justice,* d'après le roman homonyme d'un ami d'Alain Cavalier, Jean Pélégri), Paul Carpita *(Demain l'amour)* et, bien sûr, Alain Resnais, avec *Muriel.* Ou encore, d'une manière bien différente, Claude Autant-Lara : son film *L'Objecteur,* entrepris en 1958 sur un scénario datant de 1947 et approuvé par les autorités en 1956, ne sera présenté qu'au Festival de Venise 1961, sous le titre *Tu ne tueras point,* comme « film yougoslave », achevé après avoir connu bien des vicissitudes – pression de l'armée, retrait des premiers producteurs. Interdit en France (ainsi qu'en Italie et en Allemagne), ce – médiocre – plaidoyer pacifiste ne sortira qu'en 1963, amputé de treize séquences, après la fin de la guerre et alors qu'un statut d'objecteur de conscience est enfin annoncé. Parmi les films tournés avant la signature des accords d'Evian, il faut ajouter au moins le premier film d'Alain Cavalier, *Le Combat dans l'île,* réalisé en 1961 mais qui ne sortira qu'en 1963, après avoir attendu son visa plus d'un an. Sans faire référence directement à l'Algérie, il met en scène des comportements violents où chacun reconnaît la dérive terroriste et fascisante de l'O.A.S. « En face », du côté officiel, on ne trouve guère que quelques tentatives de propagande, avec en particulier une série consacrée, sans grand écho, au « Sahara français ». Le cinéma colonial s'est éteint avant la colonisation, il reviendra à l'ancien de l'Indo Pierre Schoendoerffer, loin de Pierre Loti, d'évoquer ses « soldats perdus » dans une série de films de guerre situés au Vietnam – *La 317e section* (1965), ensuite *Le Crabe-Tambour* (1977), *Diên Biên Phu* (1992) – ou en Algérie – *L'Honneur d'un capitaine* (1982) – ou par le biais du film policier – *Objectif cinq cents millions* (1966).

De l'interdiction pure et simple aux obstacles qui en retardent la sortie (avec parfois de véritables loufoqueries bureaucratiques, comme l'exigence de couper d'*A bout de souffle* le plan où apparaissait le général de Gaulle descendant les Champs-Elysées), les cinéastes de l'époque, même quand en apparence ils ne « font pas de politique », ont affaire à un homme de grande constance dans les principes et de grande inventivité dans la rédaction des attendus. Son ministère est pourtant, officiellement, celui de l'Information : Louis Terrenoire, successeur à ce poste de Roger Frey (qui gagnera bientôt le surnom de « Frey le Boucher » pour la délicatesse avec laquelle il traitera, comme ministre de l'Intérieur, la manifestation de Charonne). Il faut noter au passage que c'est Malraux qui a voulu que la censure du cinéma continue de relever de ce ministère, et non du sien, refusant de se charger de cette « basse besogne »... M. Terrenoire a fort à faire, il aura sous peu les moyens de le faire. Alors qu'un décret du 10 octobre 1959 avait déjà alourdi les dispositions du système existant en ajoutant l'interdiction aux moins de dix-huit ans à celle aux moins de seize ans (à peine quinze jours après sa parution, la pourtant très anodine *Jument verte* d'Autant-Lara sera la première à en faire les frais), Frey a élaboré un nouveau code de censure complet. Terrenoire le fera entériner par le décret du 18 janvier 1961. Ce texte porte modification de la composition de la commission de censure, dite « de contrôle » (avec des représentants des ministères de l'Information, de la Justice, des Affaires étrangères, de l'Intérieur, des Armées, de l'Education nationale, des Affaires sociales, du secrétariat d'Etat aux Départements et Territoires d'outre-mer, plus des membres recommandés par l'Union nationale des associations familiales, du Haut Comité de la jeunesse et de l'Association des maires de France) ; il institue une censure préalable basée sur le scénario *« et tous autres éléments de nature à révéler le déroulement de l'action et les caractères du film »* — le cinéma est alors le seul moyen d'expression passible de censure *a priori* ; il ajoute pour faire bonne mesure le contrôle des affiches et autres matériels publicitaires ; il crée enfin, à côté de l'interdiction totale et des interdictions aux moins de seize et dix-huit ans déjà existantes, celle aux moins de treize ans. Pas moins de dix ministres et un secrétaire d'Etat cosignent ce décret d'une extrême précision quant aux moyens de répression, mais parfaitement muet sur ce qu'il convient exactement d'interdire (partiellement ou totalement). Ce qui a le « mérite » de laisser la porte ouverte à toutes les initiatives. *Le Monde,* annonçant les dispositions du décret dans son édition du 13 janvier, rappelle que les « sages » chargés de préparer la réforme avaient recommandé de rendre la commission de censure souveraine, et donc de ne plus la faire dépendre du choix du ministre. Le journal souligne que cette disposition n'a pas été retenue, et annonce : *« La censure politique du cinéma — qui est déjà extrêmement sévère — sera donc encore renforcée. »* Il faut d'ailleurs noter qu'une bonne partie de la « profession » acquiesce plus ou moins franchement à ces mesures, si on en croit l'enquête du *Film français* menée aussitôt après l'annonce des nouvelles dispositions : M. Trichet, représentant des exploitants, est *« en faveur du système actuel »* mais souhaite que *« la commission se montre plus énergique* [...] *procède à plus d'interdictions totales et définitives* [...]. *Des exemples sont absolument nécessaires pour faire réfléchir les producteurs ».* Parmi les producteurs, justement, Alain Poiré, responsable de ce secteur chez Gaumont, trouve que *« la censure actuelle ne va pas si mal que ça »*, et même parmi les réalisateurs, si Autant-Lara reste un adversaire déterminé de toute forme d'interdiction, Cayatte réclame une *« censure professionnelle »*, Clément *« n'a pas d'opinion très précise »*, et le « jeune » Molinaro estime que *« trop de gens font n'importe quoi et il faut les freiner dans certaines de leurs audaces ».* Autant de réactions qui traduisent à la fois un acquiescement de principe et la peur qu'en l'absence d'une réglementation nationale, d'autres autorités moins identifiées ne s'opposent à la réalisation et à la diffusion des films – ce qui, pourtant, ne manquera pas de se produire..., en plus de la censure d'Etat.

La censure politique au niveau de l'Etat continuera de s'exercer, au moyen d'interdictions (totales ou partielles, telle l'interdiction aux moins de dix-huit ans qui frappe en 1963 le premier film d'un tout jeune cinéaste dont on entendra à nouveau parler beaucoup plus tard, Bertrand Blier : *Hitler, connais pas* était pourtant une enquête documentaire... sur la jeunesse) ou de coupures imposées. Ainsi, en 1963, une assez médiocre comédie, *Carambolage* de Marcel Bluwal, est-elle sélectionnée pour représenter la France au Festival de Cannes (donc désignée en haut lieu ministériel), mais est simultanément amputée d'une réplique (de Michel Serrault en commissaire : *« Du temps de la rue Lauriston, les baignoires facilitaient les interrogatoires »*). La censure n'obtient pourtant pas toujours gain de cause : ainsi le représentant du ministère des Armées à la commission de contrôle avait-il demandé l'interdiction totale de *Pierrot le Fou.* Et puisque les avis doivent être motivés, il avait justifié cette demande par le fait qu'il n'avait rien compris au film... Durant l'année 1968, plus du quart des films distribués feront l'objet d'une interdiction partielle, pour atteindre plus de la moitié au début de l'année suivante.

La censure ne s'applique pas non plus au seul domaine « politique ». De tous temps, les dirigeants ont non seulement éprouvé un penchant naturel à museler leurs opposants partout où ils le pouvaient, mais se sont aussi institués en gardiens d'une moralité publique dont ils fixent eux-mêmes les canons, en général à l'unisson des institutions les plus conservatrices. Cela est particulièrement flagrant en ces temps de changements de mœurs, qui voient se défaire ou s'assouplir les lois de la famille et du couple, les usages du corps et du vocabulaire, etc. Le contrôle des mœurs (que Malraux, dans un discours particulièrement jésuitique devant le Sénat, le 8 décembre 1959, subdivise entre d'une part la *« sexualité »*, d'autre part la *« délinquance juvénile »*) sera donc au moins aussi actif que celui des idées politiques. Après *J'irai cracher sur vos tombes* (1959), *Les Amants* (1959) et *Les Liaisons dangereuses* (1960) seront les grandes affaires du début de la décennie, où les ciseaux d'Anastasie ont fort à faire pour enrayer les « débordements libidineux » du grand écran. *Viridiana,* de Buñuel, sera interdit en 1961 malgré sa Palme d'or au Festival de Cannes, autant pour complaire au général Franco que pour ses atteintes à la morale publique – tant il est vrai que censures politique et de mœurs se donnent aisément le bras. *Les Cousins* de Chabrol, *Jules et Jim* de Truffaut, *Vivre sa vie* de Godard sont interdits aux moins de dix-huit ans, *Les Vierges* de Mocky sont interdites aux moins de dix-huit ans et à l'exportation... Quand l'Etat mollit, ce sont les maires qui prennent le relais, multipliant les arrêtés municipaux d'interdiction pour risque de troubles de l'ordre public (Jacques Siclier notera judicieusement, dans *Radio-Cinéma,* que la plupart des films du cinéma de la jeunesse se nourrissent d'un « libertinage parisien » qui tour à tour aguiche et choque les provinciaux). Dans une enquête publiée dans son numéro de juin, *Cinéma 60* décerne le record d'interdictions au maire de Nice, M. Médecin, mais relève, au fil d'une liste non exhaustive, des cas de censure à Marseille, Dijon, Le Mans, Mulhouse, Calais, Orléans, Rennes, Aix, Reims, Cherbourg, Nîmes, Angers, Rouen, Beauvais, Biarritz... les « vieux » cinéastes n'échappent pas non plus aux foudres des édiles : *La Jument verte* (1959), puis *Les Régates de San Francisco* (1960) de Claude Autant-Lara sont censurées dans plusieurs grandes villes. Souvent ces arrêtés répondent à des mouvements de rejet, pas toujours spontanés, d'une partie de la population ou d'associations. Parfois, ils sont pris à titre préventif, sans qu'ait eu lieu le moindre scandale, et en contradiction avec les jugements de la commission de censure nationale. La situation instaurée par le décret de janvier 1961 avait été anticipée par une ordonnance du 5 janvier 1959, qui, avant même la codification de l'intervention étatique, prévoyait que les préfets pourraient, dans chaque département, *« interdire l'accès aux mineurs de moins de dix-huit ans à tout établissement* [...] *des distractions ou spectacles de nature à exercer une influence nocive sur la santé ou la moralité de la jeunesse ».* Ce dispositif sera encore alourdi, toujours en 1961, par un texte qui précisera et étendra la censure municipale.

Les représentants de la puissance publique se laisseraient-ils aller à un improbable laxisme, l'Eglise entre à son tour dans le jeu, encouragée par le pape lui-même, qui vient de dénoncer *« les graves dangers que peuvent constituer les films pour la société, les individus et surtout la jeunesse ».* Les « cotes » attribuées aux films par la Centrale catholique du cinéma aident les croyants à se détourner du mauvais chemin : en mai 1960, dans *La Croix du Nord,* le journaliste Jean Rochereau étudie ainsi 44 films du cinéma de la jeunesse, et « démontre » combien celui-ci est pernicieux : 24 d'entre eux n'ont-ils pas été déclarés « moralement inadmissibles » par la Centrale catholique ? Au même moment, évêques et curés dénoncent en chaire les « spectacles immoraux » et ceux qui, parmi les fidèles, auraient *« cédé à la curiosité et aux instincts les plus bas »* (*dixit* monseigneur Puech, évêque de Carcassonne). Ce n'est pas que la société française de l'époque soit devenue plus prude mais, face à un double phénomène, elle se crispe et renforce son arsenal défensif. D'une part, l'évolution des mœurs, bien réelle, se fait à des vitesses très variables : lorsque le cinéma, sciemment ou pas, en évoque les pointes les plus avancées, il perturbe ceux qui sont encore à l'écart, au plus grand profit de toutes les démagogies. D'autre part, s'effarouchant de l'emprise croissante des moyens de communication de masse sur les esprits, la puissance publique tente d'en limiter les effets. Le cinéma n'est pas seul à en en faire les frais : en 1960, la première émission (un peu) satirique de l'O.R.T.F., *La Boîte à sel,* se saborde plutôt que de se soumettre à la censure préalable ; l'année suivante voit l'apparition sur le petit écran du carré blanc, inauguré lors de la diffusion de *Riz amer.* Mais c'est l'« information » qui fait surtout l'objet de la sollicitude des commissions de contrôle, officielles ou officieuses. La télévision, explicitement considérée comme la « voix de la France », c'est-à-dire du gouvernement gaulliste, en sera la principale victime. Malgré une mise au pas déjà presque complète, le Général note dans ses *Carnets,* en 1963 : *« Tant que le nettoyage réel de tout le personnel de la R.T.F. n'aura pas été fait (il y a d'ailleurs cinq fois trop de monde), cet instrument magnifique de soutien de l'esprit public restera un moyen de l'empoisonner. »* Mais le cinéma non plus n'y échappe pas : on a vu, lors d'un épisode particulièrement farfelu, mais significatif, un envoyé du ministre de l'Information saisir les actualités *Pathé-Journal* pour « atteinte à la sûreté intérieure de l'Etat ». Le délit ? Un sketch comique de Poiret et Serrault tenant, à la manière des chansonniers, la chronique des événements politiques.

Cette frayeur face au phénomène médiatique n'est d'ailleurs pas le seul fait des institutions. Elle entraîne d'étranges alliances dans le camp des censeurs. Ainsi la Société des gens de lettres se retrouve aux côtés de l'Etat pour s'opposer à la sortie des *Liaisons dangereuses* de Vadim, au motif que la transposition dans une moderne station de ski des démêlés de Valmont, Merteuil et Tourvel porte atteinte au droit moral de Choderlos de Laclos. Interdit la veille de sa première, prévue pour le 9 septembre 1959, le film sortira le 26 du même mois sous le titre *Les Liaisons dangereuses 1960* – et fera l'objet de nombreux arrêtés municipaux d'interdiction, pour une immoralité bien morne comparée aux flamboiements du roman d'origine. De même Alain Cavalier verra-t-il se dresser contre son *Insoumis* non seulement les habituels défenseurs des valeurs de l'armée et de la tradition, auxquels il sera contraint de faire des concessions, mais aussi une avocate progressiste, Monique Glayman, enlevée par l'O.A.S. en janvier 1962, qui plaide que le scénario est trop proche d'événements qui lui sont arrivés, et obtient d'importantes coupures dans le film. Si l'Etat est intervenu pour motifs politiques, contraignant le cinéaste à plusieurs coupes, l'action intentée par l'avocate relève plutôt d'une « affaire de mœurs », de la tentative de préserver un quant-à-soi auquel Cavalier portait atteinte avec les meilleures intentions du monde (et la sourcilleuse probité qui le caractérise), mais qui sera bientôt battue en brèche, pour des raisons bien moins honorables, par les moyens de communication modernes.

La très exemplaire histoire de « La Religieuse »

La grande affaire de censure des années soixante, qui mêle toutes ces composantes, restera celle de *La Religieuse.* Le 25 septembre 1965 est parue dans *La Cinématographie française* l'annonce du prochain début de tournage d'un film de Jacques Rivette, adapté de l'ouvrage de Denis Diderot. C'est un projet déjà ancien : en mai 1962, le cinéaste et son producteur d'alors, Eric Schlumberger, avaient présenté à la commission de contrôle un scénario de Rivette et Jean Gruault d'après *La Religieuse,* qui leur avait déjà inspiré une pièce de théâtre. Le producteur avait été averti que, tourné en l'état, le projet risquait de faire l'objet d'une interdiction totale. Un an plus tard, nouvelle version du script, présentée par un nouveau producteur, Georges de Beauregard. Le 5 juillet, la commission fait une réponse mi-chèvre, mi-chou, comme quoi le film pourrait ne pas être interdit, mais pourrait bien l'être aussi, *« et qu'il lui est difficile de donner une assurance formelle quant à la décision qui sera prise ».* Producteur et cinéaste s'obstinant, le C.N.C. accorde le 7 octobre l'autorisation technique de tournage, non sans renouveler sa mise en garde. Mais voilà qu'avertie par une bonne sœur lectrice de la *Cinémato*, la présidente de l'Union des supérieures majeures, organisation des responsables de couvent, informe le nouveau ministre de l'Information, Alain Peyrefitte, de l'inquiétude que suscite parmi les sœurs ce projet *« blasphématoire, et qui déshonore les religieuses ».* Après ce coup d'éclat, celles-ci vont retourner au silence des couvents : n'importe, une mèche est allumée, qui va déclencher une explosion. L'Association des parents d'élèves de l'enseignement libre (A.P.E.L.), puissant groupe de pression (au moins six cent mille membres à l'époque) voué à la défense des valeurs les plus traditionnelles, déclenche une campagne de pétitions réclamant l'interdiction d'un film qui *« diffame et travestit la vie religieuse, porte atteinte à la dignité de la femme, à l'honneur des religieuses, anciennes éducatrices de nos Mères et de nos Epouses, le plus souvent encore éducatrices de nos enfants »* (Jeanne Favret-Saada, qui a réuni un dossier très complet sur l'« affaire », notera au passage que l'emploi de l'expression « nos Epouses » suppose que les parents sont tous des Epoux). Des dizaines de milliers de lettres arrivent au ministère de l'Information, ou... chez Yvonne de Gaulle, considérée par les pétitionnaires comme une alliée de poids au sommet du pouvoir. Il semble que l'épouse du président de la République ait refusé de leur prêter l'oreille. Il n'en va pas de même du ministre : à l'unisson de plusieurs hommes politiques de droite, Peyrefitte emboîte le pas à l'A.P.E.L. Le 15 novembre, il écrit à la présidente de l'Union des supérieures majeures : *« Je partage entièrement les sentiments qui vous animent.* [...] *Je n'hésiterai pas à utiliser dans leur plénitude les pouvoirs qui sont les miens en matière de contrôle cinématographique. »* L'un des premiers effets de cette campagne est de priver Rivette du lieu où il souhaitait tourner, l'abbaye de Fontevraud, bien qu'il ait obtenu les autorisations nécessaires, le ministre de la Justice et député du lieu, Jean Foyer, ayant estimé que le tournage *« risquait de gêner ses électeurs catholiques »*. Finalement réalisé à Avignon (dont le député-maire est socialiste), le film, terminé, est présenté à la commission de contrôle le 22 mars 1966. Afin de réfuter l'un des reproches qui lui sont adressés à l'avance (puisque personne n'a encore vu la moindre image), à savoir que sous couvert de film d'époque il s'agirait d'attaquer les religieuses actuelles, le titre est devenu *Suzanne Simonin, la religieuse de Diderot.* C'est peine perdue. Après les ecclésiastiques et les politiciens, un troisième appareil s'est mis en marche : la presse. Dans sa très grande majorité, elle est opposée à une éventuelle interdiction, et le fait savoir à sons de trompe. Beaucoup de gens ont compris que la menace contre le film de Rivette était « de trop » : à gauche, on y voit l'occasion de dénoncer le principe de la censure à travers ses excès les plus absurdes, beaucoup à droite (à l'exception des gazettes extrémistes ou ultracléricales) estiment que l'affaire risque de remettre en cause tout le système de contrôle. Sentiment partagé, semble-t-il, au sommet des hiérarchies concernées : le 20 mars 1966, le chef de l'Eglise française, le cardinal Feltin, rencontre le chef de l'Etat français, le général de Gaulle. *« Et cette affaire de* La Religieuse, *quelle sottise !* lâche le prélat. – *Eh oui, quelle sottise* ! » confirme le président. Mais même eux n'y peuvent rien : *La Religieuse* est en passe de devenir une « bavure ». Elle ira loin, portée par des hommes politiques en quête de voix catholiques (les municipales ont lieu les 14 et 21 mai), et par les chrétiens conservateurs rebutés par la libéralisation prônée par le concile Vatican II, dont les travaux s'achèvent.

Pour l'heure, *La Religieuse* n'est toujours pas interdite, elle attend d'être présentée devant la commission de censure. Et, contre toute attente, celle-ci refuse d'obtempérer à la demande d'interdiction totale, réitérée par le nouveau ministre, Yvon Bourges. Elle se contente d'une interdiction aux moins de dix-huit ans, qui, sur le moment, fait figure de victoire des anticenseurs. Furieux, le ministre demande, comme il y est obligé, un deuxième avis à la commission et lui inflige un exposé du directeur de la Sûreté nationale, Pierre Grimaud, sur les dangers que représente le film. Les censeurs assortissent l'interdiction aux moins de dix-huit ans d'une autre concernant l'exportation, mais refusent à nouveau la censure complète. Le 31 mars, Bourges décide donc seul l'interdiction de *La Religieuse,* avec une motivation qui vaut son pesant d'amphigouri : *« Ce film est de nature, en raison du comportement de quelques personnages comme de certaines situations, ainsi que de l'audience et de la portée spécifique d'un film commercialement distribué, à heurter gravement les sentiments et les consciences d'une très large partie de la population. »*

Tollé général. La presse tire à boulets rouges, les *Cahiers* titrent : « La guerre est commencée », un « Manifeste des 1789 » trouve illico son nombre métaphorique de signatures, la ville de Bourges menace de se débaptiser pour prendre le nom de Diderot ou de Rivette. Godard, qui avait à l'occasion l'oreille de Malraux, n'a pu cette fois se faire entendre rue de Valois ; il publie dans *Le Nouvel Observateur* du 6 avril une incendiaire « Lettre au ministre de la *Kultur* » qui s'achève par : *« Comment donc pourriez-vous m'entendre, André Malraux, moi qui vous téléphone de l'extérieur, d'un pays lointain, la France libre ? »* Encore Godard est-il considéré comme un « rebelle ». Mais les Mauriac (François et Claude) ? Ou l'abbé Oraison ? Malraux se dédouanera en infligeant un camouflet à son collègue du gouvernement : il laissera aller à Cannes, en sélection officielle et au nom de la France, cette *Religieuse* alors interdite. Auparavant, le 30 avril, Yvon Bourges avait dû répondre longuement à l'Assemblée nationale (le compte rendu de la séance occupe une pleine page du *Monde* du 2 mai) : après avoir rappelé que les gaullistes n'ont pas le monopole de la censure, il déclare en substance : 1) qu'il n'a pas été interdit à Rivette de tourner son film mais seulement de le montrer ; 2) que ce qui est acceptable en littérature ne l'est pas sur un écran. Puis conclut par un vibrant plaidoyer pour l'action des bonnes sœurs... Début 1967, Georges de Beauregard, qui a déposé plainte devant le tribunal administratif, obtient gain de cause. *La Religieuse* est à nouveau présentée devant la censure, qui recommande la seule interdiction aux moins de dix-huit ans. Le nouveau (!) ministre de l'Information, Georges Gorce, entérine. Le film sort le 26 juillet 1967.

Quelques années plus tôt, personne ou presque ne s'était dressé pour défendre *Le Petit Soldat* ou *Les statues meurent aussi.* Cette fois, toutes les autorités « morales » ou prétendues telles (l'Etat, l'Eglise, la presse, les intellectuels) ont donné de la voix, considérations politiques et religieuses, publiques et privées se sont mêlées, et ont condensé sur le film de Rivette, qui n'en demandait pas tant, des conflits plus ou moins latents. Ils traduisent un mécontentement profond, où la liberté d'expression, notamment cinématographique, est devenue un enjeu de taille. On s'en rendra encore mieux compte six mois après la sortie de *La Religieuse*, sur les marches du palais de Chaillot.

La fronde des « pro » (de la fronde)

Les différends entre l'Etat et les gens de cinéma ne concernent pas seulement la liberté d'expression. Malgré la sollicitude dont les pouvoirs publics ont fait preuve à leur endroit, une question empoisonne depuis longtemps les relations entre l'administration et les professionnels : le poids trop lourd des impôts infligés à leur secteur (30 % de fiscalité indirecte, nationale ou locale, selon la Chambre syndicale des producteurs). Le C.N.C. ne serait pas contre un allégement, mais l'affaire est du seul ressort du ministère des Finances. Début 1963 a eu lieu une première passe d'armes, quand les producteurs ont purement et simplement envisagé d'interrompre toutes les productions. Outre la question fiscale, la peur concernant l'entrée en fonction de la deuxième chaîne de télévision avive l'ire des professionnels. Et aussi (ce n'est qu'un début...) la découverte qu'à leurs traditionnels interlocuteurs du gouvernement s'ajoute désormais l'administration du Marché commun, mal disposée envers les systèmes d'aide. Le mouvement des producteurs fera long feu, du fait du manque de solidarité des autres secteurs (distributeurs, exploitants et techniciens). Ce n'est que partie remise. L'affaire des taxes déclenche en 1965 un mouvement de protestation, cette fois unitaire, et d'une ampleur sans précédent sur un terrain aussi « technique ». Au terme d'une série d'alliances entre les différentes branches professionnelles, les représentants de l'industrie organisent le 30 mars une « journée de défense du cinéma français » durant laquelle presque toutes les projections sont gratuites, et réclament avec une insistance accrue une forte baisse des taxes à l'exploitation. Dix jours plus tôt était paru dans une publication corporatiste un brûlot cosigné par René Clair, Clouzot, Ciampi, Daquin, Godard, Molinaro et Resnais et intitulé « Le cinéma en colère ». Cette assemblée disparate s'assignait un objectif *« simple, clair et défini : la détaxation »* (*La Cinématographie française,* 20 mars 1965). Cent dix-sept professionnels, de Belmondo à Edwige Feuillère, en passant par le scénariste Pierre Bost, ont soutenu cet appel.

Et voilà que, fort imprudemment, leur ministre, André Malraux, promet l'allégement fiscal tant souhaité. Mais ni son collègue des Finances d'alors, Valéry Giscard d'Estaing, ni Matignon, ni les collectivités locales, qui perçoivent le produit de la taxe sur les salles de spectacle, ne l'entendent de cette oreille. Le conseil interministériel du 12 novembre 1965 refuse la mesure promise. Furieux, les exploitants, partiellement soutenus par les autres secteurs regroupés dans un Comité de défense et d'action du cinéma français, déclenchent le 24 novembre 1965 la grève des bordereaux destinés au C.N.C., et celle des actualités dans leurs salles (en pleine période de campagne électorale de la présidentielle du 5 décembre, qui verra de Gaulle mis en ballottage par un rival inattendu : François Mitterrand). Avant même cette crise ouverte, et destinée à durer (une nouvelle grève des bordereaux aura lieu durant l'été 1966, un certain calme ne revenant, très provisoirement, qu'en 1967, avec le rétablissement du soutien financier à l'exploitation), les relations entre le ministre et les professionnels s'étaient tendues lors de la discussion du budget de la Culture à l'Assemblée, le 14 octobre 1965. André Malraux, appliquant à la lettre sa fameuse conception du « par ailleurs » (le cinéma est une industrie), avait dit tout crûment le grand bien qu'il pensait du *« cinéma français qui compte*, [c'est-à-dire] *un très petit nombre de films, qui sont presque toujours des œuvres de jeunes* [...] *une sorte de cinéma d'amateur d'une certaine génération* [à laquelle] *nous devons absolument donner tous les moyens ».* A ceux-là, en qui tout le monde a reconnu la Nouvelle Vague, il propose de faire attribuer par une commission de sélection les aides jusqu'alors réparties entre tous. Il envisage même de les faire bénéficier seuls de la détaxation qu'il a auparavant promise à tous, et qu'il n'obtiendra pour personne. On imagine les réactions outrées des représentants des grandes organisations patronales du cinéma à ce brûlot « auteuriste ». On imagine moins, aujourd'hui, que les éventuels bénéficiaires de cette bienveillance aient été, à l'époque, plus que réticents à ce qui leur apparaissait comme un droit de regard de l'Etat sur leur travail.

De la contestation politique à la revendication corporatiste, en passant par la défense de l'indépendance artistique, les motivations divergent dans les réactions de méfiance ou d'hostilité des gens de cinéma envers la puissance publique. Il reste qu'à cette époque, où la législation française est, économiquement en tout cas, déjà l'une des plus favorables au cinéma de par le monde, l'Etat demeure soit un adversaire, soit un interlocuteur qu'il convient de traiter avec la plus grande suspicion. Les années qui viennent verront cette attitude se radicaliser, avant que l'administration ne commence à apparaître comme l'un des plus sûrs remparts à des dangers autrement menaçants.

Chapitre 2

LES SEIGNEURS DE L'ÉCRAN

Les maîtres du jeu, en termes de succès populaire et de réussite commerciale, seront durant toute cette décennie les spécialistes du rire. La comédie a de tout temps fourni un fort contingent de spectateurs, la comédie française va régner en maître sur le box-office des années soixante. Elle devient le genre roi au sein d'un cinéma grand public qui est encore essentiellement un « cinéma de genres ». Il faut revenir ici sur la « cassure » du cinéma évoquée dans les chapitres précédents à propos de l'avènement du cinéma moderne. Les coups de boutoir critiques des années cinquante ne portaient pas sur le cinéma commercial en tant que tel, et ne reprochaient pas alors aux films d'avoir du succès. Ils s'en prenaient aux films à prétention culturelle, aux cinéastes que le sens commun considérait alors comme les grands artistes du cinéma français. En 1954, Truffaut affirmait ainsi : *« Si le cinéma français existe par une centaine de films chaque année, il est bien entendu que dix ou douze seulement méritent de retenir l'attention des critiques et des cinéphiles... »* Pour les comédies sans prétention et les petits polars, les jeunes Turcs n'avaient qu'une indifférence souvent teintée de bienveillance – dans la mesure où ils y décelaient un cousinage avec la série B américaine, portée aux nues. A la veille des années soixante, on se trouvait donc devant un corps écartelé dans trois directions : un cinéma de pur divertissement sans complexes ni états d'âme, un cinéma de « qualité », aux thèmes et aux moyens ambitieux mais gangrené par l'académisme, et le cinéma moderne. Les frontières sont évidemment floues : *A bout de souffle* se présente comme un polar de série B, Chabrol en jouera bientôt le jeu avec un aplomb non dénué de rouerie, et les brûlots ironiques d'un Mocky se rangent volontiers du côté de la comédie populaire, à laquelle ils empruntent ses interprètes favoris.

Les très nombreux jeunes metteurs en scène apparus au tournant de la décennie évolueront dans l'une ou l'autre de ces trois directions. Et changeront parfois de camp. Cette confusion, souvent féconde, est possible parce que, si violentes soient les dissensions qui opposent ces différentes tendances, elles constituent toujours, ensemble, « le cinéma », régi par les mêmes règles économiques, juridiques et imaginaires.

« Qualité française » : bilan ou autopsie ?

Le cinéma moderne entraîne une mutation en profondeur du cinéma français, de son esthétique comme de ses structures. Mais, d'un point de vue statistique, il demeure minoritaire. Non que le « reste du cinéma » ait, de 1959 à 1968, continué comme « avant » : le choc moderne a déclenché des ébranlements dont les effets se propagent au loin. Il n'en existe pas moins un « cinéma de la continuité », poursuivant une production traditionnelle. En son sein, les films les plus remarqués par le public, la critique ou les jurys de festivals appartiennent à des catégories que le cinéma moderne ignore ou déserte, par choix ou par nécessité. Ainsi, évidemment, des superproductions : plusieurs films à gros budget et bénéficiant d'une affiche prestigieuse, parfois tournés avec une aide financière ou matérielle des Américains, font événement. Parmi les plus notables, *Un taxi pour Tobrouk* de Denys de La Patellière (1961), *La Fayette* de Jean Dreville (1962), *Week-End à Zuydcoote* d'Henri Verneuil (1964), *Paris brûle-t-il ?* de René Clément (1967) — incidemment, on remarque, pas nécessairement dans le registre du grand spectacle, une floraison de films concernant la Seconde Guerre mondiale, juste après l'arrivée de De Gaulle au pouvoir : l'historien du cinéma Jean-Pierre Jeancolas en a dénombré dix-neuf pour les seules années 1959-1961. Ensuite, l'adaptation des chefs-d'œuvre littéraires demeure une grande tentation. Jean Delannoy, avec une *Princesse de Clèves* (1961) d'une joliesse empaillée, vient confirmer *a posteriori* la charge déjà ancienne des *Cahiers du cinéma* contre ce procédé. Adapté de Mme de Lafayette par Jean Cocteau, qui, loin de ses jeunes amis de la Nouvelle Vague, en signe également la décoration, ce sera l'ultime acte cinématographique du poète. Le film vaut à Delannoy un Grand Prix du Cinéma français, d'une évidente portée polémique. Parmi les membres de la nouvelle génération, Jean-Gabriel Albicocco, pour ses débuts, s'appuie sur Balzac (*La Fille aux yeux d'or,* 1961), puis sur Alain-Fournier (*Le Grand Meaulnes,* 1967) pour laisser libre cours au maniérisme de son père, l'opérateur Quinto Albicocco. Mais, avec *Les Mauvais Coups* (1961), d'après Roger Vailland, et surtout *Un roi sans divertissement* (1963), d'après Jean Giono, l'interprète d'*Un condamné à mort s'est échappé,* François Leterrier, trouve le chemin d'un lyrisme stylisé qu'il n'aura plus guère l'occasion de confirmer. Enfin, le feuilleton populaire conserve ses adeptes : parmi les grands succès de la décennie, la série de cape et d'épée de Bernard Borderie (*Angélique, marquise des Anges,* 1964, et quatre autres *Angélique* consacrent Michèle Mercier, la Martine Carol du pauvre). Les trois *Fantômas* (1964, 1965, 1966) tournés par André Hunebelle opposent le tandem inattendu Jean Marais-Louis de Funès. *Fantômas* glisse du fantastique au comique. Et le Tout-Cinéma avec lui.

Car si la comédie submerge le box-office, il lui reste beaucoup de places à prendre sur les écrans. Au moment où le cinéma moderne polarise l'attention, que deviennent les maîtres de cette « qualité française » contre lesquels il s'est levé ? Le bilan est celui d'un sinistre. Julien Duvivier meurt en 1967, après avoir réalisé deux films à suspense assez ternes, *Chair de poule* (1963) et *Diaboliquement vôtre* (1967). Marcel Pagnol, qui ne tourne plus depuis 1954, accueille en 1960 à l'Académie française son ami René Clair, qui réalisera les évidemment académiques *Tout l'or du monde* (1961) et *Les Fêtes galantes* (1966). Abel Gance, toujours hanté par des projets grandioses, tourne en 1963 son dernier film, *Cyrano et d'Artagnan,* où passent de la jeunesse et de la folie. Il a soixante-quatorze ans. Il mourra en 1981. Marc Allégret, après trois films nuls, renouera pour son dernier film, en 1970, avec l'inspiration de ses débuts en adaptant *Le Bal du comte d'Orgel* de Raymond Radiguet, qu'un très bon Brialy n'arrivera pas à sauver. Il meurt en 1973. Son frère Yves, qui poursuivra sa carrière jusqu'en 1976, ne réalise qu'un seul film digne d'intérêt, un modeste et très dramatique *Germinal* (1963). Marcel Carné, le plus jeune de tous ces anciens (il n'a que cinquante-trois ans en 1959), confirme la chute de tonus déjà amorcée pendant les années cinquante. Dans son autobiographie, *La Vie à belles dents,* il attribue ses échecs aux difficultés matérielles qui se sont multipliées à l'époque : crises de financement, maladie des vedettes prévues, censure, hostilité de la presse. Ces pages accablées et hargneuses traduisent le trouble où se sont trouvés précipités les maîtres d'hier, au moment où leur magistère passait de mode. Des quatre films tournés par Carné pendant les années soixante, le dernier, *Les Jeunes Loups* (1967), est si raté que l'auteur lui-même le renie ; *Du mouron pour les petits oiseaux* (1963) ne vaut guère mieux. *Terrain vague* (1960), film à ambitions sociales sur le désarroi des jeunes, et *Trois Chambres à Manhattan* (1965), adapté de Simenon et qui vaudra à Venise un prix d'interprétation féminine à Annie Girardot, répercutent l'écho assourdi des anciennes réussites. A peine de quoi nourrir la nostalgie.

De loin le plus prolifique parmi les « anciens », Claude Autant-Lara tourne douze films pendant les années soixante. Il y a une sorte de frénésie du désespoir dans cette précipitation, de la part d'un homme qui s'est trouvé en première ligne face à l'assaut polémique de la Nouvelle Vague (n'est-il pas le metteur en scène privilégié des adaptations contestées de Aurenche et Bost ?). Tribun pugnace, Autant-Lara n'est pas du genre à tendre l'autre joue quand on le frappe. Ses articles et interviews vomissent les « usurpateurs ». Malheureusement, sur l'écran, cette rage semble freiner sa créativité plutôt que l'alimenter, et le déclin du cinéaste se confirme. Parmi quelques farces paysannes et quelques films de commande, sa grande affaire durant cette période sera les films de combat social. Après la course d'obstacles de *Tu ne tueras point* (1963), Autant-Lara sera plus à sa main avec *Le Journal d'une femme en blanc* (1965), où il expose avec un simplisme cette fois pédagogique l'un des grands dossiers du moment, celui du contrôle des naissances et de l'avortement. Aucune ambition artistique, mais une certaine efficacité sociale. L'année suivante, *Le Nouveau Journal d'une femme en blanc,* privé de l'actrice-héroïne Marie-José Nat, souligne les limites de l'entreprise. La carrière cinématographique d'Autant-Lara s'achève. En 1972-1973, il terminera son cycle stendhalien en tournant *Lucien Leuwen.* Pour la télévision.

Entre deux nouveaux dossiers judiciaires et justiciers (*Le Glaive et la Balance,* 1963 ; *Les Risques du métier,* 1967), André Cayatte se lance dans une étrange aventure, pour laquelle il n'est guère armé. *La Vie conjugale* (1964) est constitué de deux films jumeaux, l'un, *Jean-Marc*, raconté du point de vue du mari, l'autre, *Françoise*, de celui de la femme : cet exercice de style, dont la nature même est supposée mettre en valeur l'importance du « point de vue », donc de la mise en scène, se contente des aspects les plus anecdotiques de son parti pris, pour aboutir à un résultat plus proche du vaudeville que de *Rashomon.* Quant au plus grand succès de Cayatte, *Le Passage du Rhin* (1960), Lion d'or au Festival de Venise, il aurait pu marquer le cinéma français par son rejet des clichés récurrents sur la guerre, l'Occupation et la Résistance. Courageusement éliminés du scénario, ces clichés se retrouvent intacts dans une mise en scène et une construction dramatique rigides et conventionnelles. Subsiste l'attachante présence de Charles Aznavour, immédiatement après *La Tête contre les murs* et *Tirez sur le pianiste.*

René Clément obtient un triomphe en 1960 avec *Plein Soleil,* d'après l'ouvrage à suspense de Patricia Highsmith. L'image d'Henri Decae (intelligente utilisation de l'Eastmancolor), l'adaptation décontractée de Paul Gégauff, la musique de Nino Rota, l'éclat juvénile d'Alain Delon, de Maurice Ronet et de Marie Laforêt fournissent au film les apparences de la modernité. Mais une certaine raideur dramatique et stylistique contredit cet apport. En 1964, Clément retrouve Delon, cette fois en noir et blanc, pour *Les Félins,* efficace acclimatation du film noir américain. Refusant de s'enfermer dans un genre, Clément goûte, non sans réussite, à la comédie (avec un Delon inattendu) dans *Quelle joie de vivre !* (1961), en partie gâché par les aléas de la coproduction avec l'Italie, puis complète son exploration de la période de l'Occupation et de la Libération avec *Le Jour et l'Heure* (1962), suivi d'une évocation emphatique de la libération de Paris où se retrouve tout le *Who's Who* des vedettes françaises, *Paris brûle-t-il ?* (1966). Devant le naufrage de la tradition, René Clément, qui ne s'est guère senti concerné par les débats idéologiques du cinéma, a trouvé son issue personnelle en se réfugiant dans un perfectionnisme « à l'américaine », techniquement impeccable, et dont on soupçonne l'artisan de traquer en secret une architecture cachée, un absolu dont il n'avouera jamais la recherche. En 1975, René Clément cesse de tourner sans élucider son mystère.

Cayatte, avec sa double *Vie conjugale*, Clément, avec *Plein Soleil*, ont expérimenté des tentatives, délibérées ou non, en tout cas chimériques, de fusion entre « qualité française » et cinéma moderne. L'un des plus grand succès publics de la décennie représentera, lui, le déni le plus vigoureux des apports de la modernité : *la Vérité*, de Henri-Georges Clouzot.

« La Vérité », épreuve de mise en scène

Au sommet du box-office de la période 1959-1968 ne figurent, parmi les films français, que des comédies. A une exception près, *La Vérité*. Plus encore que René Clément, Clouzot est dans doute à ce moment le meilleur challenger du cinéma moderne. Il est d'ailleurs significatif, et regrettable, que les *Cahiers du cinéma* aient carrément passé *La Vérité* sous silence, même dans la liste strictement informative des sorties du mois...

Sortie le 2 novembre 1960, *La Vérité* fait suite aux *Tricheurs* de Marcel Carné (champions du box-office 1959) : à nouveau, un cinéaste chevronné se penche sur les mœurs de la jeunesse. Et, à nouveau, il en fait un spectacle épicé de folklore volontiers outrancier. Le projet avoué du cinéaste n'est pourtant pas une attaque contre les adolescents, mais contre le conformisme social qui transforme leur désarroi et leurs frasques en crime. Utilisant le dispositif théâtral d'une cour d'assises et un système de flash-back en cascade, Clouzot transforme le procès d'une « jeune fille perdue », jugée pour avoir tué son amant (Sami Frey) mais promise à la condamnation pour ses mœurs dissolues, en une sorte de cauchemar où chaque personnage et chaque comportement peuvent à tout moment se transformer en leur contraire. Multipliant les portraits-charges (notamment ceux des deux avocats qui s'affrontent à la barre — Charles Vanel et Paul Meurisse), il cherche à mettre en évidence l'obscénité du regard que porte le système judiciaire (et, de manière secondaire ici, le système médiatique) sur la vie d'un individu. Mais sa mise en scène procède exactement du même regard que celui qu'il prétend critiquer. Plus encore que la présentation caricaturale du « demi-monde » de Saint-Germain-des-Prés et l'outrance des « méchants » hommes de justice (qui rassure le spectateur, forcément moins salaud), l'utilisation racoleuse de Brigitte Bardot témoigne de cet « art sans conscience » : le cinéaste prend prétexte du regard des autres, prétendument dénoncé par le film, pour émoustiller le public. Dès lors, sa réalisation apparaît comme de même nature que la plaidoirie malhonnête de l'avocat, qui poussera la jeune fille au suicide. C'est d'autant plus notable que *La Vérité*, sans retrouver la noire folie du *Corbeau*, est certainement un des « meilleurs » films de Clouzot, l'un de ceux où son savoir-faire se manifeste de la manière la plus complète. Le scénario est complexe, et se refuse à ces rebondissements d'audience dont sont friands les « films de prétoire » et que Clouzot traite avec mépris de « trucs de cinéma ». Les images d'Armand Thirard (et de Claude Renoir quand le chef opérateur en titre tombe malade) sont composées et éclairées avec un sens très sûr de la dramatisation, même si elle se retrouve ici aussi en accord avec cette « lumière brutale des assises » que le metteur en scène veut par ailleurs dénoncer. Surtout, pour la première fois, Brigitte Bardot démontre des possibilités dramatiques que la critique lui déniait, — son producteur Raoul Lévy et ses réalisateurs ne lui avaient jusqu'alors guère demandé d'en faire la preuve. Cinéma de la maîtrise dépourvu de morale de la mise en scène, *La Vérité* est l'archétype de ce qu'ont dénoncé les jeunes Turcs, de manière d'autant plus flagrante que le film sort après leurs premières réalisations, et qu'il prend pour cadre celui du cinéma de la jeunesse.

Film terriblement efficace, et disposant d'une martingale presque infaillible avec Bardot dans un rôle « scandaleux », *La Vérité* est un triomphe public immédiat, conforté par le soutien de la majorité des critiques. Heure de gloire dans la carrière d'un cinéaste alors au faîte de sa renommée, c'est aussi un moment sombre : sur le plateau, Clouzot, victime d'un malaise, s'est écroulé ; peu après la fin du tournage, Bardot a fait, le 29 septembre, une tentative de suicide, assez semblable à celle de son personnage dans le film, un mois avant la sortie en salles elle est entre la vie et la mort ; au même moment, Véra Clouzot, la femme du cinéaste, après avoir été hospitalisée d'urgence, dépérit, échappe à la douleur par la drogue et l'alcool. Elle meurt le 15 décembre 1960... Devant le succès du film, nul ne devine que *La Vérité* marque en réalité un point d'arrêt dans la carrière de Clouzot, dont ce sera l'avant-dernière réalisation. En 1964, il commence à tourner *L'Enfer*. Sur le thème de la jalousie, le cinéaste a prévu des utilisations inédites de l'image (en se référant aux recherches de la peinture cinétique) et du son. Mais au bout d'une semaine, Serge Reggiani, l'interprète principal, doit être hospitalisé. C'est en répétant avec son remplaçant, Jean-Louis Trintignant, que Clouzot fait un infarctus. Le tournage est interrompu et ne reprendra pas [1]. Contraint au repos, le cinéaste fait de la photo. Il retournera derrière la caméra, à la demande de Karajan, pour filmer en 1966 le chef d'orchestre dirigeant la quatrième symphonie de Schumann, le cinquième concerto pour violon de Mozart (avec Yehudi Menuhin), la cinquième symphonie de Beethoven, la neuvième symphonie de Dvorak, puis, l'année suivante, le *Requiem* de Verdi (avec Leontine Price et Luciano Pavarotti). La collaboration entre le musicien et le cinéaste est significative. Clouzot (grand amateur de musique classique et de peinture moderne) avait fait état de son intérêt pour la profession de chef d'orchestre, métier de Sami Frey dans *La Vérité*. Cet intérêt n'est pas fortuit : le travail du chef d'orchestre est très semblable à l'idée qu'il se fait du metteur en scène de cinéma. Et un maestro démiurge et autoritaire comme Herbert von Karajan était naturellement proche de lui.

En septembre 1967, Clouzot commence le tournage de son ultime film, *La Prisonnière* (qui sera à son tour interrompu, mais cette fois temporairement, du fait de l'état de santé du réalisateur). Ses travaux de photographe lui ont inspiré une histoire policière centrée sur un homme qui fait des photos de nus. Mais la sortie de *Blow-Up* d'Antonioni l'amène à remanier le scénario, teinté d'autobiographie, où la compagne d'un peintre adepte de l'art cinétique est séduite par un grand bourgeois impuissant, voyeur et autoritaire, avant que leur relation perverse ne se transforme en un profond et fatal amour. Le film, à côté de ses aspects scandaleux et volontiers racoleurs, comporte des recherches esthétiques très élaborées, et suggère une interprétation religieuse, chez un cinéaste devenu croyant après la mort de sa femme. Sorti six mois après les événements de Mai 68, *La Prisonnière* paraîtra alors singulièrement hors de propos : le film, fraîchement accueilli par la critique, ne réussira guère mieux dans les salles. Pendant neuf ans, le cinéaste cherche un nouveau sujet, quand il ne s'absorbe pas dans des méditations et des conversations religieuses. Croit-il, en 1976, avoir enfin trouvé un projet à sa convenance ? Il s'avère qu'André Cayatte est en train de tourner sur un thème similaire (*A chacun son enfer,* 1977). Henri-Georges Clouzot, cinéaste paranoïaque à qui l'existence aura fourni plus que son content de motifs pour alimenter cette paranoïa, mourra le 12 janvier 1977, en écoutant *La Damnation de Faust.*

1. Trente ans plus tard, Claude Chabrol reprendra le scénario de Clouzot pour tourner sa propre version de *L'Enfer* (1994).

Une relève ?

Parmi les ténors des décennies précédentes, beaucoup disparaissent ou cessent de tourner au cours des années soixante. Passage normal de générations, mais accéléré et théâtralisé par le surgissement en trombe du jeune cinéma. La « tradition de la qualité », au sens strict du terme, tombe en désuétude. S'il fallait vraiment en désigner un continuateur, ce serait sans doute, ironie de l'Histoire, Roger Vadim, parti en tête de la course à la jeunesse, et qui, de *Liaisons dangereuses* (1960) à *La Curée* (1965), ne songe plus qu'à affubler ses polissonneries bien convenables d'alibis culturels.

En fait, cette tradition, rien ne la remplacera littéralement. Reste qu'à côté du cinéma moderne, le cinéma traditionnel perdure. Cinéma alimentaire, cinéma commercial, cinéma plus ou moins de routine, d'où sortent parfois des films qui sonnent plus juste ou plus fort que les autres. Cinéma de genre, surtout : films de vedettes, films de producteurs, films d'équipes. Les meilleurs sont ceux qui rassemblent les meilleures équipes professionnelles. Parmi les cinéastes qui incarnent ce cinéma professionnellement plus ambitieux et plus abouti que le tout-venant de la production, Henri Verneuil est à ce moment le plus représentatif. Compétent, organisé, exigeant, il a conquis, depuis ses débuts en 1951 (il est né en 1920), la confiance de quelques vedettes (Fernandel, Martine Carol, Jean Gabin) qui lui permettent toujours des affiches prestigieuses. Sur des scénarios très élaborés, disposant de moyens importants, il obtient, de 1962 à 1969, une série de succès impressionnants avec une forte adaptation de Simenon (*Un singe en hiver,* 1962), deux films de gangsters de solide facture (*Mélodie en sous-sol,* 1963 et *Le Clan des Siciliens,* 1969), une cavale aventureuse à travers le Sahara (*Cent Mille Dollars au soleil,* 1964) et une fresque dramatique à grand spectacle sur le sort des soldats bloqués sur les plages de Dunkerque lors de la débâcle militaire de juin 1940 (*Week-End à Zuydcoote,* 1964). Tous ces films bénéficient de la présence, selon des combinaisons variables d'un, deux ou trois membres du quatuor vedette Gabin-Ventura-Belmondo-Delon. Mais ces affiches, qui permettent des investissements généreux, ne suffisent pas à expliquer la réussite. Au sens artisanal de l'expression, ces films sont, aussi, de la « belle ouvrage ».

Parmi les réalisateurs qui commencent leur carrière dans les années soixante, certains adoptent ou rejoignent le cinéma de genre. Au moins trois d'entre eux, nés entre 1928 et 1931, vont s'installer parmi les notables de cette catégorie. Lorsque Edouard Molinaro tourne *Le Dos au mur* (en 1957), on le confond dans la même louange avec, la même année, *Ascenseur pour l'échafaud* de Louis Malle. *Des femmes disparaissent* et *Un témoin dans la ville,* tous deux sortis en 1959, entretiennent l'impression d'un cinéma personnel, les deux films suivants, *Une fille pour l'été* (1960), sur un scénario de Maurice Clavel, et *La Mort de Belle* (1961), scénario de Jean Anouilh d'après Simenon, témoignent encore d'une certaine ambition. Mais très vite Molinaro ne laisse plus parler que l'habileté, la technique, et investit la même maîtrise anonyme dans la comédie (*Oscar,* 1967), l'adaptation littéraire (*Mon oncle Benjamin,* 1969) ou le policier.

Processus comparable avec Robert Enrico, dont les débuts avec *Au cœur de la vie,* juxtaposition de trois courts-métrages adaptés de trois nouvelles du recueil *Morts violentes* d'Ambrose Bierce, et *La Belle Vie* (1962), évoquant les existences détruites par la mobilisation en Algérie, laissent attendre une œuvre personnelle. Mais Enrico change de trajectoire pour tourner des aventures de plein air dans la catégorie policiers-gangsters : *Les Grandes Gueules* (1966), *Les Aventuriers* (1967), *Ho !* (1968). Tous trois sur des histoires de José Giovanni, avec, selon les cas, Ventura-Bourvil, Ventura-Delon ou Belmondo.

Avec *Le Gigolo* (1960), typique film du cinéma de la jeunesse sur les amours compliquées d'un jeune homme et d'une veuve plus âgée (Jean-Claude Brialy et Alida Valli), Jacques Deray semble s'intéresser surtout à la psychologie et aux sentiments. Dès son second film, *Rififi à Tokyo* (1961), il se spécialise dans le film policier et de gangsters, dont il restera le servant fidèle, avec une réussite variable suivant la forme de sa vedette ou de ses scénaristes.

Le rire-roi et le roi du rire : Louis de Funès

A ce passage en revue des cinémas de genre et des succès publics, il manque... l'essentiel, du moins si on prend le succès public pour référence. L'essentiel, c'est-à-dire les comiques.

Face à cette diversité souvent conflictuelle que reflètent les écrans, les goûts dominants du public français des années soixante se lisent à livre ouvert dans les statistiques du succès. Dix-sept films sortis durant cette décennie ont attiré plus de 6 millions de spectateurs. Huit sont américains : ce sont des films de guerre (*Le Jour le plus long, Les Canons de Navarone, La Grande Evasion*) ou des fresques historiques (*Ben Hur, Docteur Jivago*), des aventures spectaculaires *(Goldfinger),* une comédie musicale *(West Side Story)* et un dessin animé *(Le Livre de la jungle).* Soit, hormis la notable absence des westerns, déjà en perte de vitesse, et celle des comédies, encore peu exportables, toute la gamme des grandes orgues hollywoodiennes. Parmi les neuf films français, un seul, *La Vérité* de Henri-Georges Clouzot, n'est pas une comédie. Les huit autres s'intitulent (par ordre décroissant de résultats au box-office) : *La Grande Vadrouille, Le Corniaud, La Guerre des bou-*

tons, Le Gendarme de Saint-Tropez, Les Grandes Vacances, Le Gendarme se marie, La Cuisine au beurre, Oscar.

La Guerre des boutons est un cas particulier. Réalisée par Yves Robert en 1962 avec des enfants, d'après un roman de Louis Pergaud, elle n'a pas véritablement de vedette, sinon le gamin nommé dans le film Petit Gibus (Martin Lartigue), dont la réplique *« Si j'aurais su, j'aurais pas v'nu »* est alors sur toutes les lèvres. Le film use et abuse des mimiques et des « mots » d'enfants. Il est pourtant dépourvu de mièvrerie dans sa description des règlements de comptes entre bandes de mômes rivales issues de deux villages voisins. Sans jamais renoncer à sa vocation de distraction (qui lui procure un énorme succès : 9,8 millions d'entrées), il s'offre de vigoureuses déclarations de civisme et s'entrebâille parfois sur d'inquiétants aperçus du sens réel de ce que font ou de ce que pourraient faire ses jeunes personnages. Il évoque également avec ironie mais sans mépris, le comportement des adultes d'une France profonde marquée par les querelles de clocher, mais aussi la mémoire de la Résistance. Sa mise en scène garde une constante attention aux gestes, aux objets et aux lieux, qui donne à *La Guerre des boutons* un « ancrage » dans la réalité et une épaisseur matérielle bienvenus. Yves Robert lorgnera souvent du côté de Pagnol (dont il adaptera deux livres vingt-cinq ans plus tard), il n'en a jamais été aussi proche.

Louis de Funès, seul ou en tandem, est la vedette des sept autres films – remarquons au passage que, bien qu'on associe généralement star-system et Hollywood, aucun des films américains qui ont triomphé à notre box-office durant cette période ne doit son succès à la présence d'une grande vedette, alors que c'est bien sur le nom de De Funès, et de quelques autres, que se construisent les triomphes commerciaux du cinéma français... en France.

De Funès, né Louis de Funès de Galarza le 31 juillet 1914, fils d'un hidalgo andalou et sans le sou élevé dans la banlieue parisienne, ancien élève éphémère de Germaine Dulac à la classe de réalisation de l'école de cinéma de Vaugirard, réformé de l'armée française pour constitution malingre (le futur adjudant Cruchot !), ex-pianiste de bar nécessiteux (parfois en tandem avec le futur Eddie Barclay), brun aux yeux bleux, époux en secondes noces de Jeanne Barthélemy de Maupassant, cachetonneur à la chaîne entrevu chez Becker, Guitry, Decoin, Autant-Lara (*« Jambier ! 45, rue Poliveau ! »*), dans *Papa, maman, la bonne et moi* ou *Le Capitaine Fracasse* et trente autres films, plus souvent encore sur les scènes du boulevard, Louis de Funès, donc, est un véritable phénomène : qu'un seul acteur ait ainsi été associé à pratiquement tous les grands succès d'une décennie est probablement un cas unique dans l'histoire du cinéma mondial. L'omniprésence de De Funès, qui a déjà cent douze films à son actif lorsque *Pouic-Pouic* devient, en 1963, son premier très gros succès à l'écran, ne se limite pas aux six champions du box-office déjà mentionnés. Du *Grand Restaurant* à *Hibernatus*, en passant par la série des *Gendarme*, son palmarès, même en se limitant à cette seule décennie, durant laquelle il apparaît dans trente-deux titres, est encore plus impressionnant.

Malgré une carrière déjà fournie, de Funès a été véritablement remarqué pour la première fois en 1952 dans *Ah ! les belles bacchantes,* avec la joyeuse troupe des Branquignols, emmenée par Robert Dhéry. Mais c'était au théâtre. Et c'est encore sur scène qu'il continue d'asseoir sa notoriété, grâce à *Ornifle,* en 1955, puis surtout à *Oscar,* en tournée dès 1959, à la Porte-Saint-Martin en 1961, qui est ovationné par le public et aussi par une bonne part de la critique – jusqu'à l'implacable Jean-Jacques Gautier, du *Figaro,* qui écrit : *« Il est le burlesque* [...]. *Il touche au grandiose dans le clownesque. »* 1962 sera une étape importante pour de Funès acteur de cinéma, qui figure dans quatre titres : *La Vendetta* de Jean Cherasse, où il joue les bandits corses aux côtés de Francis Blanche ; *Le crime ne paie pas,* adaptation sous forme de sketches des bandes dessinées que publiait alors *France-Soir,* et qui n'aurait guère d'intérêt si son jeune réalisateur, alors quasiment inconnu et qui reste sur l'échec d'un premier film *La Main chaude* (1960), n'y confortait ses liens d'amitié avec le comédien. Ce réalisateur se nomme Gérard Oury – c'est d'ailleurs de Funès qui aurait, durant ce tournage, révélé à Oury que sa vocation était dans la comédie. Un autre film à sketches, *Le Diable et les dix commandements* : on a peine à croire que c'est le réalisateur de *David Golder* et de *La Belle Equipe*, Julien Duvivier, qui met en scène ces piètres transgressions contemporaines des commandements bibliques. Enfin et surtout, le meilleur des quatre, *La Belle Américaine*, où il retrouve les Branquignols. Aucun de ces films ne met particulièrement de Funès en valeur, et pas plus son face-à-face avec Gabin dans *Le Gentleman d'Epsom*, ou les deux films tournés avec Toto en Italie. Les producteurs reconnaissent que son délire grimacier fait rire, le temps d'une scène, mais les plus chevronnés d'entre eux en matière de cinéma grand public, à commencer par Robert Dorfmann et Alain Poiré, hésitent toujours à lui confier le rôle principal. Il est vrai que les premières tentatives, *Comme un cheveu sur la soupe* (1957), *Ni vu ni connu* (1958) et *Taxi, roulotte et corrida* (1958), n'avaient guère été probantes. Le comédien retourne glaner un nouveau triomphe sur scène avec les Branquignols, *La Grosse Valse*, quand l'un des réalisateurs qui piaffent de tirer enfin parti à l'écran de l'explosif de Funès obtient gain de cause. Jean Girault, qui a fait les beaux jours du box-office dès sa première réalisation, *Les Pique-Assiette*, en 1960 (avec Darry Cowl et Francis Blanche), ne se le fait pas dire deux fois et tourne deux films d'affilée : *Pouic-Pouic* (1963) et *Faites sauter la banque* (1964). Le second est un succès, le premier a été un triomphe. Confirmation avec *Des Pissenlits par la racine* de Georges Lautner (tournés avant les deux films de Girault, mais sortis après, et qui voient aussi les débuts de Mireille Darc) et *Une souris chez les hommes* de Jacques Poitrenaud, qui sort le 17 juillet 1964. Louis de Funès ne sera plus jamais un faire-valoir. Il a cinquante ans.

On n'a encore rien vu. Cinquante-quatre jours plus tard, *Le Gendarme de Saint-Tropez* prend ses quartiers sur les écrans de France. Ce n'est plus un triomphe, c'est un raz de marée. C'est, en 1964, le premier d'une série de six films qui se poursuivra jusqu'en 1982 (*Le Gendarme à New York, Le Gendarme se marie, Le Gendarme en balade, Le Gendarme et les Gendarmettes, Le Gendarme et les Extraterrestres*). Les gags lourdauds puisent allégrement dans les plus saumâtres poncifs d'une France frileuse, rétrograde et veule. Flanqué de Michel Galabru, Jean Lefebvre, Christian Marin, Guy Grosso et Michel Modo, de Funès y perfectionne ce qui constituera de film en film les caractéristiques de ses personnages : hargneux, lâche, sournois, obséquieux avec les puissants, méchant avec les faibles. Gérard Oury notera : *« Une des vertus de l'acteur Funès est de pouvoir se comporter de façon odieuse sans jamais être antipathique, aptitude permettant de traiter de tous les vices et évidemment d'en rire. »* L'usage veut que, dans les comédies tournant autour des travers humains, les personnages soient finalement punis pour (et généralement par) leurs défauts. Ce n'est presque jamais le cas des personnages joués par de Funès. Il dépendra des cinéastes qui l'emploient de faire de cette ambiguïté un éloge complaisant de la mesquinerie franchouillarde, ou une dénonciation de la noirceur essentielle de l'espèce humaine.

Au fil de sa carrière, de Funès aura occupé des emplois situés de plus en plus haut dans l'échelle sociale. Ni la puissance, ni l'argent, encore moins la séduction ne caractérisent les héros auxquels il prête ses traits. La principale constante de ses personnages est d'« être arrivés », d'occuper un certain statut social, familial, etc., et de vouloir s'y tenir. Lorsque celui-ci est menacé, ils sont capables de déclencher des tourmentes de méchanceté, d'hypocrisie, de système D triomphant de dispositifs techniques beaucoup plus modernes et en principe plus efficaces. Ils sont même capables, à l'occasion, d'héroïsme plus ou moins volontaire. Ces réactions extrêmes ne visent pas à conquérir un graal, un trésor ou un cœur, mais à préserver ou à retrouver l'ordre antérieur malencontreusement perturbé. L'intérêt de la situation tient à ce que ses personnages sont fondamentalement conservateurs, mais que lui, de Funès, est fou. Pas l'homme, mais l'acteur de Funès, inquiétant parce que ses crises de folie sont à la fois attendues et imprévisibles. L'acteur de Funès, la « figure de Funès » se rattache à une tradition ancienne et compliquée, à la fois contestataire et participant du maintien de l'ordre, celle du carnaval et de ses figures grotesques, qui autorisent le défoulement de l'infantile, du scatologique, de l'inavouable. Ses accès de délire peuvent devenir d'authentiques moments de subversion. *Le Gendarme de Saint-Tropez* en offre un bel exemple : alors que le scénario dévide mollement ses blagues de corps de garde, soudain et le plus souvent sans rime ni raison, de Funès explose. Il devient une machine à grimaces, à éructations, à gesticulations, quelque chose d'à peine humain et d'un peu effrayant, d'une vacherie noire qui entrebâille des abîmes, loin, très loin de l'anodine farce qui était en train de se dérouler. Du côté de Beckett plutôt que du boulevard. Plus tard, l'auteur dramatique d'avant-garde Valère Novarina lui dédiera un *Pour Louis de Funès*, où il écrira : *« De Funès en savait plus sur l'homme que tous les experts en humanitude, orthoscénistes, anthropothérapeutes, spécialistes du foie, des synapses, des communications, experts en castrations, syntagmeurs de Dogons, fléchisseurs de langues agglutinantes, et mensurateurs de zones de Broca ; il en savait beaucoup plus que tous ceux-là parce qu'il savait — là, sur le plateau — que l'homme, ça se réinvente tout le temps, que ça se fabrique chaque soir avec des paroles, que ça se déconstruit perpétuellement et refait, que c'est tout neuf à chaque respiration... »* Novarina parle surtout de l'acteur de théâtre, mais au cinéma aussi il passe quelque chose de cette « invention de l'homme », dans les moments de transes de De Funès. Le texte de Novarina date de deux ans après la mort de l'acteur. De son vivant, celui-ci n'aura eu droit qu'à l'indifférence ou au mépris du monde « culturel » et notamment cinéphile.

De Funès fabrique soigneusement les numéros de bravoure qui font sa gloire. Il sait très bien que, pour eux, il ne doit rien à personne : le délire de De Funès est « en plus », il échappe au scénario et au réalisateur, même si l'un et l'autre tableront de plus en plus sur ces moments, dont l'éruption est aussi prévisible que leur manifestation demeure hors norme. La virulence de sa *vis comica* encourage aussi — les exemples, hélas, ne manquent pas — la paresse des scénaristes et des réalisateurs. Du moment qu'on a « Fufu » pour faire le zouave... Lui-même, qui ne déteste pas tirer la couverture à lui, ne s'en plaint guère. Il dira (au *Journal du dimanche*) : *« La chance de ma vie a été de ne jamais rencontrer un grand metteur en scène* [...]. *Moi qui n'ai tourné qu'avec des metteurs en scène commerciaux, il fallait bien que je me débrouille tout seul. Il n'y avait, dans les personnalités que je jouais, que ce que j'amenais. »* C'est dans la plupart des cas exact, pour le meilleur et pour le pire. C'est, aussi, au moment où il accorde cet entretien, une amabilité pour ceux avec qui il vient de travailler, et en l'occurrence c'est injuste. De Funès sort du « super-triomphe » du *Corniaud,* qui n'est pas un film paresseux, et qui doit une part de sa réussite à l'autre vedette, Bourvil, et à son réalisateur, Gérard Oury. Cet ancien pensionnaire de la Comédie-Française, fin connaisseur de Feydeau comme de Racine et qui connaît Molière par cœur, a réglé en compagnie de son coscénariste, Marcel Jullian, la cascade de gags qui émaillent les tribulations d'un bon gros bêta véhiculant une voiture bourrée de drogue, d'or et de pierres précieuses, et apparemment manipulé par un caïd perpétuellement furibard. Mais la grande inspiration du film consiste à avoir « réuni » de Funès et Bourvil — même si, à l'écran, ils ont très peu de scènes en commun.

Avant le tournage, la vedette était encore Bourvil, dont ce n'est « que » le trente-cinquième film, mais qui occupe depuis longtemps le haut de l'affiche, après avoir débuté chez Jean Dreville à la Libération *(La Ferme du pendu),* avoir côtoyé Jouvet chez Clouzot *(Miquette et sa mère),* tenu tête à Gabin durant *La Traversée de Paris,* servi Jean Marais dans *Le Bossu,* partagé la tête d'affiche avec Fernandel dans *La Cuisine au beurre,* et à deux reprises quitté les chemins rectilignes qui mènent au tiroir-caisse pour participer aux balades buissonnières d'un Jean-Pierre Mocky *(Un drôle de paroissien, La Grande Frousse).* Il est, aussi, une vedette de la chanson, de l'opérette, de la radio et du music-hall, il est surtout aimé de bon cœur par la France profonde. Bourvil connaît depuis longtemps de Funès, qui jouait avec lui dans *La Traversée de Paris* et *Poisson d'avril* de Gilles Grangier, il connaît également Oury qui, alors acteur, fut brièvement son partenaire dans *Le Passe-Muraille* de Jean Boyer et *Le Miroir à deux faces* d'André Cayatte, dont Oury était aussi coscénariste. Quand Gilles Grangier réalise, en 1963, *La Cuisine au beurre* avec Fernandel et Bourvil, on pense assister au passage du témoin : Bourvil, qui a commencé sa carrière en imitant Fernandel, semble devoir désormais occuper la place de premier comique français, place libérée par Fernandel à la suite de cet ultime succès, après qu'il l'a occupée durant près de trois décennies. Mais c'est de Funès qui va s'adjuger le titre.

Le Corniaud s'est tourné dans des conditions difficiles, qui ont mis à rude épreuve les nerfs de l'équipe et du producteur, Robert Dorfmann. Le budget a gravement dérapé, de Funès a piqué une crise lorsqu'il s'est rendu compte qu'il avait moins de lignes de dialogue que son partenaire, la météo a été épouvantable... On ne voit guère trace de ces déboires en suivant des péripéties pas toujours finaudes, mais adroitement agencées en une double poursuite à travers l'Italie et le sud de la France. Surtout, le film tire le meilleur parti de la confrontation à distance entre le tendre et chaleureux Bourvil et le vociférant de Funès. Succès monstre : Oury demeure, dira-t-il, *« les yeux écarquillés devant les cascades de fric dégringolant dans* [son] *escarcelle ».* Avec un total de plus de neuf millions de spectateurs, le film obtiendra le plus grand nombre d'entrées enregistré par un film français depuis les scores additionnés des deux époques des *Misérables,* dans la version de Le Chanois, en 1958. Le quatuor gagnant, Dorfmann-Oury-Bourvil-de Funès, est prêt à remettre ça au plus tôt. Mais il faut attendre, le temps que le réalisateur rachète un ancien script, puis qu'il l'adapte à la nouvelle martingale : dans la première version de ce qui va devenir *La Grande Vadrouille,* les personnages principaux étaient deux sœurs jumelles.

En attendant, Bourvil tourne quatre films, dont *Les Grandes Gueules* de Robert Enrico, qui (outre le penchant des distributeurs pour les titres argotiques et comportant l'adjectif « grand ») rappelle au public que le registre du comédien ne se limite pas au comique. Pareille diversification n'est pas, ne sera jamais le problème de De Funès (ou alors il l'aura gardé secret toute sa vie) : de tous les grands « rigolos » du cinéma français, Fufu est sans doute le seul qui n'ait jamais tenté le passage à la tragédie. Il a, lui, tourné dans trois films entre les deux Oury : deux sont des « suites », *Le Gendarme à New York* et *Fantômas se déchaîne,* où il retrouve le personnage du commissaire Juve face à un Jean Marais qui, bien que dans le rôle-titre, est désormais réduit au rôle de faire-valoir de la nouvelle bombe comique. Le troisième titre, *Les Bons Vivants,* prend pour « thème » la fermeture des maisons closes. Que deux réalisateurs, Georges Lautner et Gilles Grangier, aient uni leurs forces pour signer ces trois sketches, laisse perplexe.

La Grande Vadrouille, récit des tribulations d'un brave type peintre en bâtiment et d'un chef d'orchestre teigneux et arrogant, convoyant à travers la France occupée des aviateurs anglais, sera le plus grand succès de cinéma en France depuis la Libération, et le reste à ce jour (13,25 millions de spectateurs pour sa seule première exploitation, et plus de 17 millions au total dans les salles, sans compter ses nombreux passages à la télévision). Oury, épaulé pour le scénario par Marcel Jullian et par sa propre fille, Danièle Thompson, et le producteur Robert Dorfmann ont repris plusieurs ingrédients du *Corniaud.* Le récit est constamment en mouvement (à pied, à cheval – l'un sur l'autre –, en train, en planeur et dans des véhicules variés), même si le chemin parcouru à l'écran est en fait assez court : il faut près de quarante minutes au scénario pour quitter Paris, pratiquement tout le reste se déroule dans un périmètre réduit, entre Meursault et Beaune, soit un kilométrage bien moindre que le Naples-Bordeaux du précédent film. Servant de cadres à cette succession de jeux de cache-cache, on retrouve également l'emploi de décors « typiques » : vue aérienne de Paris, Opéra, hospices de Beaune, et même les amoncellements préhistoriques de Montpellier-le-Vieux, embauchés comme figurants contre toute vraisemblance géographique. Et les ressources comiques du mélange des langues (le pataquès franco-anglo-germanique fournissant sa ration de gags après le télescopage du français, de l'italien, et de l'allemand dans *Le Corniaud*). Et, bien sûr, l'opposition entre Bourvil et de Funès, qui raffine sur l'affrontement entre un brave type honnête homme et un malfaisant hargneux – sans avoir changé de caractère, les deux personnages sont cette fois tous les deux des « bons ». Le contraste est mis en évidence dès la première rencontre des deux héros, en petite tenue dans un bain turc : contraste physique (l'un massif et rougeaud, une pomme normande, l'autre malingre et jaunâtre, une figue ridée), contraste social, déjà symbolisé au début du *Corniaud* par la collision entre la limousine de De Funès et la 2 C.V. de Bourvil, et qui donne lieu cette fois à des « conflits de classes » – mais que le scénario s'empresse chaque fois de résoudre sur l'air de : « Et tout ça, ça fait d'excellents Français. » Contrastes qui sont encore accentués par l'usage immodéré du travestissement. Oury aime aussi relever ses recettes d'une goutte de piment absurde, justement dosé pour intriguer le spectateur sans le déstabiliser : ainsi du « montage caméra » à la Méliès lors de l'arrivée à l'hôtel romain dans *Le Corniaud,* ou du gag totalement irréaliste de la perruque transformée en objet vaudou dans *La Grande Vadrouille.* La construction dramatique est aussi plus solide que dans *Le Corniaud,* même si le scénario est trop long (encore n'a-t-il pas été tourné en entier). Mais surtout, cinéaste et producteur n'ont pas lésiné sur les moyens : reconstitution d'époque, cascades, nombreuse figuration. Le film s'ouvre sur un générique quasi « james-bondien » de film de guerre, avant de basculer dans la comédie avec le bombardier anglais abattu par la D.C.A. allemande. Autant qu'une « vadrouille » géographique, d'ailleurs toute relative, il s'agit d'une escapade entre les genres, mêlant scènes d'action et gags en chambre, séquences de grande ampleur et numéros d'acteurs exécutant leurs « classiques » tels que le public les attend. Ce dernier aspect paraît parfois pénible avec Bourvil, que l'on sent prêt à donner d'autres preuves de son talent que ces intermèdes de benêt geignard qui ont fait sa gloire. Et on aurait aimé qu'Oury s'abstienne de hacher au montage la scène de la répétition de *La Damnation de Faust,* pour offrir à de Funès l'occasion de montrer à l'écran l'émotion qui, selon le cinéaste, a étreint l'ancien petit pianiste de bistrot lorsqu'il a dirigé « pour de vrai » l'orchestre de l'Opéra de Paris.

La Grande Vadrouille est la version « riche », et poussée à l'extrême efficacité, de la nouvelle formule du cinéma comique français. Au moins depuis la guerre, celui-ci reposait principalement sur la transposition à l'écran du théâtre de boulevard et du spectacle de cabaret. A partir de quelques quiproquos et caleçonnades canoniques, le numéro des acteurs et la verve des répliques faisaient la différence. Si on excepte les cas atypiques (Guitry, Pagnol, Tati), le précurseur du changement qui s'annonce serait *La Vache et le Prisonnier* d'Henri Verneuil – énorme succès de 1959. Mais le jeu de Fernandel est trop marqué par les anciennes méthodes pour profiter de l'espace soudain ouvert sous les pas de son personnage de prisonnier de guerre tentant de s'évader en compagnie de sa Marguerite à cornes. Il en serait peut-être allé différemment si le rôle principal avait été interprété par Bourvil, pour qui Henri Jeanson avait écrit le scénario. Et, malgré ses scènes de plage et ses facéties routières, *Le Gendarme de Saint-Tropez* reste confiné dans le comique de tréteaux. *Le Corniaud* est donc sans doute le premier vrai signal du changement, que *La Grande Vadrouille* va développer et qui influencera les comédies à venir : réhabilitation du comique visuel, soin apporté au rythme, importance des actes physiques, utilisation de l'espace. Ce sont les leçons du burlesque muet, américain surtout, qui sont ainsi recyclées. A cet effet sont aussi engagés de grands chefs opérateurs (Henri Decae, l'un des pionniers de la photo Nouvelle Vague, pour *Le Corniaud,* plus tard *La Folie des grandeurs,* Claude Renoir, neveu et collaborateur habituel de Jean, pour *La Grande Vadrouille,* Sacha Vierny, l'opérateur attitré de Resnais, qui fera la lumière du *Tatoué*...) à la place des « éclairagistes » auxquels était d'ordinaire confiée la besogne — avec des résultats inégaux. Dans *Le Corniaud,* par exemple, les plans restent inondés de cette lumière drue et plate qui aide à suivre le récit et impose la présence des vedettes, mais écrase les images et enlève tout intérêt à l'environnement.

En « vadrouille » par les routes et par les champs (bien moins souvent par les rues), le « nouveau comique » recycle l'héritage du comique muet... à ceci près — merci, monsieur de La Palice — que le cinéma est devenu sonore. Non seulement parlant (le mot d'auteur continue de régner sans partage), mais bruyant. Et même, en l'occurrence, extrêmement bruyant : la bande-son devient un tintamarre de sonorités diverses, qui cherchent à la fois l'effet comique et une forme de réalisme dont ne se souciait nullement le vaudeville adapté à l'écran. C'est sur ce terrain qu'apparaît le mieux la différence, très habilement rendue complémentaire, entre Bourvil et de Funès. Bourvil reste un représentant de l'ancienne école, celle du dialogue, où les intonations particulières de sa voix lui ont taillé un personnage qui inspire tendresse en même temps que rire. Bourvil a essayé d'en faire un usage plus large — Jean-Pierre Melville aura le temps de lui en donner, *in extremis,* la possibilité avec *Le Cercle rouge,* sorti en 1970, l'année de la mort du comédien. La présence et la puissance de De Funès, elles, ne reposent que très accessoirement sur les mots. De Funès est d'abord un mime, et un bruiteur. Moins on comprend ce qu'il dit, plus il fait rire. Dans *Le Corniaud,* on trouve parfois au détour d'un plan un geste à peine utile à la narration et qui le remet à égalité avec son partenaire, *a priori* mieux mis en valeur par le scénario. Ainsi de la scène dans la douche avec un culturiste, ou de sa manière de jaillir d'une tente, ou de la pantomime insensée pour expliquer par gestes (alors qu'il n'y a nul besoin d'explication ni de silence) ce qu'est, justement, un silencieux — de revolver. Du côté du geste et du son (voir aussi l'incroyable scène des ronflements dans *La Grande Vadrouille*) plutôt que des mots, de Funès représente donc la veine nouvelle de la comédie. Cette nouvelle tendance a besoin d'espace, et d'argent : les deux films d'Oury (et, d'une autre manière, *Viva Maria* de Malle, sorti dans l'intervalle) vont légitimer l'idée de superproduction humoristique, qui caractérisera les films suivants de Gérard Oury, mais aussi ceux de Jean-Paul Rappeneau, de Philippe de Broca, plus tard de Jean Yanne.

Rires éclatés

En France, où les premières images animées de fiction étaient vouées au rire (*L'Arroseur arrosé,* seule fiction présentée par les frères Lumière lors de la séance inaugurale du 28 décembre 1895), il ne s'est jamais constitué, au cinéma (à la différence du théâtre), une « identité comique » : il existe une « comédie américaine », une « comédie à l'italienne », une « comédie britannique », mais l'expression « comédie française » a été retenue pour un usage bien différent. Les films drôles ont toujours existé et ont toujours eu les faveurs du public. Mais ils se présentent en ordre dispersé. Est-ce pour cela que la comédie reste considérée, en France, comme un genre mineur ? Sous-estimée, elle a rarement suscité en tant que telle l'intérêt de cinéastes de grande envergure, et reste plutôt associée à des comédiens qui, par nature, de Max Linder à Fernandel, cultivent leur singularité.

A côté de la branche maîtresse que représentent, du point de vue de leur audience, les films avec de Funès (et leurs moins mémorables ramifications, sans la dynamite Fufu), plusieurs autres poussent donc en des directions différentes, même si leurs ramures s'entremêlent à l'occasion. Deux sont directement issues de l'époque précédente. D'abord la « branche » Branquignols, que Robert Dhéry a transposée des planches à l'écran, en tentant d'importer un esprit burlesque qui, mêlé de chronique dans *La Belle Américaine* (1961), inspire une souriante sympathie, mais semblera bien usé au moment d'*Allez France* (1964), avant que Dhéry se mette à la disposition de De Funès dans *Le Petit Baigneur* (1968), puis se perde dans les méandres de *Vos gueules, les mouettes* (1974). On peut tenir pour un surgeon fécond de cette branche l'escouade de comédiens comiques échappés du cabaret, du boulevard et des programmes comiques de la radio, et qui, tout en se contentant presque toujours durant cette décennie de participer à d'oubliables pochades, savent donner à leur personnage une force et une singularité parfois attachantes (Darry Cowl), parfois inquiétantes (Francis Blanche), qui amèneront beaucoup d'entre eux à se partager ensuite entre emplois comiques et dramatiques, rapidement (Jean Yanne dès *Week-End* de Godard, 1967) ou plus tardivement (Jean Carmet, Michel Serrault, Michel Galabru).

Un autre rameau serait représenté par Yves Robert : hormis *Bébert et l'Omnibus,* qui tente en 1963 de prolonger le succès de *La Guerre des boutons* en retrouvant Petit Gibus transformé en Bébert, cette fois dans une ambiance urbaine (et face à un jeune acteur nommé Jacques Higelin), la carrière de cet ancien du cabaret la Rose rouge, également solide comédien, repose jusqu'à la fin des années soixante sur des adaptations d'Alphonse Allais (*Ni vu ni connu,* 1958), Maurice Leblanc (*Signé Arsène Lupin,* 1959), Christophe (*La Famille Fenouillard,* 1961), Louis Pergaud (*La Guerre des boutons,* donc), Jules Romains (*Les Copains,* 1965), Marcel Aymé (*Clérambard,* 1969). La gentillesse souriante et chaleureuse de ces transpositions et l'académisme de leur mise en scène édulcorent souvent la charge critique de leurs modèles. De même, sur un scénario original, *Alexandre le Bienheureux* (1968) est une fable aux apparences anarchistes, en réalité très consensuelle, alors que, moins remarqué, *Monnaie de singe* (1966) montrait plus d'ambition, sur un mécanisme comique voisin de celui du *Corniaud,* un an presque jour pour jour après la sortie du film d'Oury.

Ensuite, ce qu'il faut appeler la « branche » Audiard. Sans se cantonner, loin s'en faut, au genre comique, Michel Audiard, né en 1920, représente l'héritage sans doute le plus vivace de la « qualité française » durant les années soixante. Truffaut avait brocardé le tandem de scénaristes Aurenche et Bost, au sein duquel Pierre Bost était le responsable attitré des dialogues. Audiard, lui, sera l'incarnation de cette fonction étrange : dialoguiste. Plus de cent vingt films seront ainsi « mis en mots » par lui – on imagine ce que pareille division du travail inspira aux défenseurs de la Nouvelle Vague, dont Michel Audiard fut d'ailleurs un virulent détracteur. La filmographie d'Audiard (avant qu'il passe à la réalisation, à la fin de la décennie) compte autant d'histoires de gangsters que de comédies, mais c'est bien la charge comique des répliques ciselées à la commande (en s'inspirant, selon lui, d'expressions glanées dans la rue) qui fait sa gloire. Son habileté gouailleuse épice les apparitions les plus imposantes de Gabin en caïd comme les facéties de Francis Blanche. Avec une efficacité telle qu'Audiard, de spécialiste à façon, devient un atout maître dans la mise en œuvre des films, quand ce n'est pas lui qui achète les droits d'un livre, en fait accepter le projet d'adaptation et le choix des principaux interprètes par un producteur avant de commander le scénario (souvent à Albert Simonin durant les années soixante) afin de pouvoir le festonner de ses « perles » souvent racoleuses, presque toujours brillantes.

La grande force d'Audiard est de savoir écrire pour un interprète particulier, et les vedettes qu'il met ainsi en valeur lui en sont grandement reconnaissantes. Parmi celles-ci, Jean Gabin fait l'objet d'un soin tout spécial, et prolifique. Cela ne sauve pas la majorité des films auxquels il participe durant cette décennie (dont une « pure comédie », *Le Tatoué,* faux pas exécuté de conserve avec de Funès en 1968, et mis en images par La Patellière). Audiard aura aussi fourni avec diligence les munitions d'*Un singe en hiver* et de *Mélodie en sous-sol.* Mais le véritable florilège du « style Audiard », on le trouve dans un film plus singulier qu'il n'y paraît, *Les Tontons flingueurs* de Georges Lautner.

En 1963, lorsqu'il réalise le film, Lautner, fils de la comédienne Renée Saint-Cyr, a trente-sept ans et sept films derrière lui. Après *La Môme aux boutons* (1958), il a enchaîné à toute allure durant les années 1960-1962. Statistiquement, il appartient au cinéma de la jeunesse, mais, pas plus que ses contemporains Oury ou Girault, il ne s'est mêlé au mouvement, même dans sa phase la plus confuse. Ses débuts doivent beaucoup au soutien d'une personnalité plus importante que ce que laisseraient prévoir les seconds rôles auxquels il est le plus souvent abonné : Bernard Blier, pilier du cinéma de genre français depuis la fin des années trente, archétype du comédien doué mais qui ne vaut jamais mieux que les metteurs en scène auxquels il prête son concours – et ceux-ci sont, le plus souvent, médiocres. Après *Marche ou crève* (1960) et *Arrêtez les tambours* (1961) et avant *Le Septième Juré* (1962), films « sérieux », Blier figure à l'affiche du *Monocle noir* (1961), mais c'est Paul Meurisse qui tient le haut du pavé publicitaire. Celui-ci pastiche avec ironie ses rôles habituels, dans une parodie du cinéma d'espionnage qui se poursuit avec *Le Monocle rit jaune* (1962) : la parodie, genre peu usité dans le cinéma français, sera le fil conducteur de la carrière de Lautner durant les années soixante. Le meilleur sera atteint avec *Les Tontons flingueurs,* qui reprennent les poncifs du film de gangsters, et certains de ses interprètes les plus chevronnés (Lino Ventura, Bernard Blier, Robert Dalban), avec le renfort plus explicitement comique de Francis Blanche. Le scénario est transposé par Albert Simonin d'un de ses propres romans, *Grisbi or not Grisbi,* mais c'est l'apport d'Audiard, dopé par le télescopage farfelu de ses deux genres de prédilection, qui fera du film une sorte de modèle, transformé plus tard, et après ses passages répétés à la télévision, en « film culte » dont on se répète les répliques. Après les *Monocle*, Lautner reprend du service dans la parodie du film d'espionnage, à l'enseigne des *Barbouzes* (1964), qui font presque aussi bien. Georges Lautner restera fidèle un certain temps au principe des *Tontons flingueurs*, trame policière enrobée de comique ou de romanesque.

Pendant plusieurs années, ses films auront pour pivot une nouvelle venue, Mireille Darc, dont l'absence totale de sophistication et le dynamisme vont faire la représentante de la jeune femme moderne, libre de son corps et de son mode d'existence, avec *Galia* (1966), suivi en mineur par *La Grande Sauterelle* (1967). Toujours en compagnie de Mireille Darc, Lautner retourne ensuite au cocktail comico-policier, avec pour scénaristes deux nouveaux venus promis à un bel avenir, Bertrand Blier (*Laisse aller, c'est une valse,* 1971) et Francis Veber (*Il était une fois un flic,* 1972 ; *La Valise,* 1973), sans oublier (cette fois sans Mireille Darc) un autre futur expert en comédie, Jean-Marie Poiré, qui contribue à *Quelques messieurs trop tranquilles* (1972). Bien que la réalisation de Lautner ait perdu beaucoup de sa verve, il aura ainsi contribué à mettre le pied à l'étrier à la génération montante du comique français. Ensuite, le réalisateur s'enlise dans la convention, ratant quelques projets ambitieux (telle l'adaptation du roman d'angoisse de Richard Matheson *Les Seins de glace*, 1974), puis se dévouant sans états d'âme apparents aux phases les plus routinières de la carrière de Jean-Paul Belmondo, et à de déplorables copies du boulevard.

Un cinéma d'auteur comique ?

La dérision des *Tontons flingueurs* ne faisait, à vrai dire, de mal à personne, c'était une pochade supérieurement combinée. Dans la même veine, mais avec une autre virulence, voici Jean-Pierre Mocky, semant ses pétards vachards. Refusé comme metteur en scène de *La Tête contre les murs,* l'ex-jeune premier a pourtant débuté en 1959 avec un film plutôt mélancolique, *Les Dragueurs,* longue dérive de deux types esseulés (Jacques Charrier et Charles Aznavour) qui errent dans la nuit parisienne, entre frustration, rêve de femme idéale et entrée dans les ordres familiaux. A nouveau, Mocky a maille à partir avec les producteurs, qui refusent la fin trop pessimiste et, après destruction du négatif, le contraignent à tourner une chute plus « ouverte ». Ecrit avec Raymond Queneau, *Un couple* (1960) reste d'abord une étude de mœurs, même si Juliette Mayniel et Jean Kosta, confrontés à l'usure de leur relation, sont dotés de voisins caricaturaux qui, comme la présence dans un petit rôle de Francis Blanche, laissent entrevoir la direction que prendra Jean-Pierre Mocky dès son film suivant, et premier digne représentant de son esprit frappeur. *Snobs* (1962) est une désopilante charge contre les notables de province et les fonctionnaires bornés, où passe un vent de folie pas si douce, attisé avec ardeur par Francis Blanche, Jacques Dufilho, Michael Lonsdale, Pierre Dac, Noël Roquevert, Jean Tissier... Ce sera, avec plus ou moins de réussite, le chemin que suivra Mocky jusqu'à la fin des années soixante. L'une des grandes forces de ce cinéaste est de savoir, souvent, obtenir le meilleur de ses comédiens qui manifestement aiment (re)tourner en sa compagnie. Ainsi de la bande des *Snobs* (dont Francis Blanche, impayable dans *Les Compagnons de la Marguerite,* 1966), à laquelle se joindront Jean Poiret, Darry Cowl, Michel Galabru, Jean Carmet, Michel Serrault, Roland Dubillard... et même Fernandel, qui retrouve un instant de jeunesse pour *La Bourse ou la vie* (1966). Et surtout Bourvil, inattendu dans l'irrévérencieux *Un drôle de paroissien* (1963), plus encore aux côtés de Jean-Louis Barrault dans la fantasmagorique *Grande*

Frousse (1964, rebaptisée ensuite *La Cité de l'indicible peur*), Bourvil, en pleine jubilation dans *La Grande Lessive* (1968), charge sabre au clair contre l'abrutissement cathodique.

Dès 1960, Jean-Pierre Mocky a créé sa propre société de production, Balzac Films : les producteurs ne lui dicteront plus ses scénarios (qu'il écrit ou coécrit toujours) ni son montage, qu'il effectue lui-même. Et, en ayant dès cette époque trouvé un ton dont il ne se départira plus, il s'affirme comme un véritable auteur, ayant fait de la comédie son terrain d'action. Dans un genre radicalement différent, il occupe une position comparable à celle du seul véritable auteur de comédie répertorié à l'époque, Jacques Tati – qui, depuis *Mon oncle* (1958), se débat dans des difficultés dont il ne sortira, pour y replonger encore plus irrémédiablement aussitôt, qu'avec *Playtime* (1967). Mais Mocky est, lui aussi, un solitaire : la mise sur pied de chaque film sera un parcours d'obstacles, franchis en force par un cinéaste toujours pressé d'en découdre. Ces obstacles, qui amènent souvent Mocky à se contenter d'à-peu-près ou de solutions bancales, seraient sans doute insurmontables sans le soutien constant apporté par des acteurs célèbres.

Héritier plus direct de Tati, dont il fut l'assistant, auteur comique, et même exagérément (exagérément auteur, pas exagérément comique), Pierre Etaix entre en piste en 1961 avec deux courts-métrages, *Rupture* et *Heureux Anniversaire*, suivis par cinq longs-métrages en dix ans : *Le Soupirant* (1963), *Yoyo* (1965), *Tant qu'on a la santé* (1966), *Le Grand Amour* (1969) et *Pays de cocagne* (1971). Qu'il s'agisse d'aventure sentimentale ou de critique sociale, deux références dominent l'univers très cohérent de Pierre Etaix, le cirque et le burlesque muet américain. Sur des scénarios écrits avec son ami Jean-Claude Carrière, l'ancien clown donne des témoignages de sa virtuosité d'acteur, de sa délicatesse de réalisateur et de sa mélancolie personnelle. Mais un rythme délibérément ralenti, une froideur d'expression plus proche du mime que de la comédie, un certain systématisme dans la mécanique des gags expliquent sans doute qu'Etaix n'obtiendra jamais l'adhésion du grand public. Il retournera à ses activités antérieures, le cirque (aux côtés de sa femme, Annie Fratellini), l'écriture et l'illustration, avant de tenter, dans les années quatre-vingt, un retour sans éclat à l'occasion d'un film de promotion des nouvelles technologies de l'image.

Badinage et libertinage

Sans y jouer un rôle central, la veine comique n'était pas absente du cinéma de la jeunesse. Deux de ses cinéastes reprennent et actualisent la tradition de la comédie de mœurs : ni les enjeux ni la construction ne sont véritablement nouveaux, mais le rythme s'accélère, le vocabulaire s'enhardit, le décor change, et le raz de marée de nouveaux visages et de nouvelles voix souligne l'évolution annoncée par *Et Dieu créa la femme*... Sur le mode du badinage, on découvre ainsi Philippe de Broca et Michel Deville. Né en 1933, de Broca entre en scène dans les rangs de la Nouvelle Vague : opérateur sorti de l'école de Vaugirard et formé, sur le terrain, en Algérie, par le Service cinématographique des armées, il est l'assistant de Chabrol, puis l'efficace conseiller technique des *Quatre Cents coups.* Chabrol produit ses deux premiers films, *Les Jeux de l'amour* (1960) et *Le Farceur* (1961). On y retrouve quelques collaborateurs du cinéma moderne (Jean Penzer puis Pierre Lhomme à la caméra, Jacques Saulnier et Bernard Evein aux décors, Georges Delerue pour la musique), mais guère de modernité. *Les Jeux de l'amour,* écrits par une jeune comédienne proche de la bande des *Cahiers du cinéma,* Geneviève Cluny, ont retenu l'intérêt de Godard, qui travaille sur l'adaptation, y renonce, puis finalement en fait *Une femme est une femme* quand de Broca a achevé son propre film, d'une plaisante virtuosité dans un registre tout à fait traditionnel — les deux films fournissent ainsi un « cas d'école » pour la comparaison entre deux tendances certaines du cinéma français. De Broca poursuivra sur la même voie, prenant de l'ampleur avec *Cartouche* (1962), puis *L'Homme de Rio* (1964) et *Les Tribulations d'un Chinois en Chine* (1965). Après six films et deux épisodes de films à sketches, tournés les uns après les autres et qui l'installent comme une valeur sûre de la production nationale, il voudra évoquer de manière plus personnelle les arrière-plans amers de son monde souriant et agité. Mais l'échec public du *Roi de cœur* (1966) le ramène bientôt sur la trajectoire d'amuseur sans prétention, où il a désormais fait ses preuves.

Comme de Broca, Michel Deville, né en 1931, a été l'assistant d'Henri Decoin, qui manifesta toujours une grande disponibilité à l'égard des débutants. Il a coréalisé un film policier, *Une balle dans le canon* (1958, avec Charles Gérard) quand l'essor du cinéma de la jeunesse lui offre l'opportunité de se lancer sur une voie plus personnelle, sous les auspices de Musset et de Marivaux, avec *Ce soir ou jamais* (1961) puis *Adorable Menteuse* (1962), qui tous deux auraient pu s'appeler *On ne badine pas avec l'amour.* La manière dont il introduit les apparences contemporaines et dont il renouvelle, avec adresse, les préciosités formelles de la « qualité française » en fait l'un des héritiers les plus notables, ni servile ni réellement impertinent, du cinéma traditionnel. On y retrouve d'ailleurs l'empreinte déterminante de sa scénariste, Nina Companeez (fille de Jacques Companeez, 1906-1956, qui écrivit notamment *Les Bas-Fonds, La Maison du Maltais, Casque d'or*). Leurs cinq films suivants sont peu mémorables, mais

Benjamin ou les Mémoires d'un puceau (1968), puis *Raphaël ou le Débauché* (1971) marqueront le sommet, et la fin, de la collaboration du tandem, avec deux films en costumes, exercices de libertinage chic et peu compromettants. Entre-temps, le plus moderne *L'Ours et la Poupée* (1970) avait offert à Brigitte Bardot, alors en fin de carrière, un rôle qui la mettait agréablement en valeur face à Jean-Pierre Cassel... qui avait été la vedette des premiers films de De Broca.

Chapitre 3

NOUVELLES VOIX, NOUVELLES VOIES

Période de transition du cinéma traditionnel, les années soixante sont marquées par un renouvellement des têtes d'affiche, qui ouvrent les portes de la célébrité à une génération de comédiens dont certains ont commencé dans le cinéma moderne, ou y ont fait un mémorable détour. Cette époque voit également la montée en puissance d'un nouveau type de producteurs, et le déroulement de grandes manœuvres qui préfigurent la restructuration du cinéma durant la décennie suivante.

Belmondo (suite), Noiret, Delon et les autres

Jean-Paul Belmondo doit ses débuts aux cinéastes de la Nouvelle Vague, Chabrol et Godard. Sa présence « moderne » est parfaitement en place chez Melville (*Léon Morin, prêtre* et *Le Doulos*), elle est déjà plus folklorique dans *Un singe en hiver.* Le tournant dans la carrière du comédien a eu lieu lors de sa rencontre avec Philippe de Broca, consacrée par *Cartouche* (1962). Devenu une vedette grâce au premier film de Godard, mais aussi dans la confusion entre cinéma de la jeunesse (dont il est naturellement la figure de proue, lui que les gazettes comparent alors à James Dean) et cinéma moderne, Belmondo n'entretient guère d'affinités intellectuelles avec les cercles de la Nouvelle Vague, et sa carrière va bientôt s'en éloigner sans retour. Avec seulement le « flash-back » de *Pierrot le Fou* en 1965, où la présence du comédien en pleine gloire aide Godard à trouver son financement, et où la collaboration avec ce cinéaste conforte l'image d'un comédien à l'aise dans tous les registres cinématographiques, quand *Pierrot le Fou* et *Les Tribulations d'un Chinois en Chine* sortent à un mois d'intervalle. Mais le succès public de *Cartouche* (3,6 millions d'entrées) a imposé l'image du personnage bondissant qu'affectionnera Belmondo, dans des films dont la mise en scène se résume à l'utilisation efficace des cascades et des mots d'auteur mis au point par des spécialistes. Comme le genre « cape et épée » s'élime, ses procédés seront alors transposés dans des situations contemporaines, où l'exotisme compense la perte de l'imagerie historique. Viendront ainsi, toujours avec de Broca, les films qui assoiront la célébrité de Belmondo, *L'Homme de Rio* et *Les Tribulations d'un Chinois en Chine,* puis les films « grand public » dirigés par Verneuil, Deray, Enrico...

Nous avons vu le cinéma moderne utiliser Catherine Deneuve surtout pour son aspect physique. C'est encore sous cette apparence charmante et superficielle qu'elle apparaît en 1966 dans *La Vie de château,* premier film de Jean-Paul Rappeneau. Cette comédie enjouée, irrévérencieusement située durant l'Occupation, assouplit les ressorts du vaudeville et de la psychologie d'une verve d'apparence moderne, mais qui opte systématiquement pour l'effet, le gag, la pirouette distrayante, au détriment du réalisme. Salué à l'époque comme un novateur, et récompensé du prix Louis Delluc (de préférence à *Pierrot le Fou*), Rappeneau participe avec brio au rafraîchissement de la comédie classique, sans la contester réellement. Il est tout naturel que face à Deneuve, le rôle principal soit tenu par Philippe Noiret, qui représente la génération montante d'un « néo-académisme » dont il sera, à l'écran, un représentant majeur. Noiret avait pourtant « mal » commencé : acteur du T.N.P. de Jean Vilar, il fit ses débuts au cinéma sous la houlette d'Agnès Varda dans *La Pointe courte,* en 1955. Il y était utilisé comme Varda utilise les comédiens, plus pour ce qu'ils sont que pour ce qu'ils font. Philippe Noiret y était excellent, il s'y détesta. *« Je suis absent du film »*, dira-t-il plus tard, de manière significative : il est au contraire très présent, c'est son jeu qui est absent du film. Il ne sera pas absent longtemps. Après être passé par le cabaret, on retrouve Noiret dans *Zazie dans le métro* (dont Rappeneau cosigne l'adaptation avec Louis Malle). Première de ces apparitions truculentes, imposantes, où l'acteur envahit l'écran de sa stature déjà respectable, et la bande-son des riches harmoniques de sa voix : il vise le registre des grands comédiens de théâtre passés au cinéma, sans égard pour ce qui a changé depuis l'époque de Raimu et de Jouvet. Après des détours chez Lamoureux, chez Gaspard-Huit, chez Delannoy, chez René Clair au plus mal, on le retrouve dans *Thérèse Desqueyroux* de Franju, où son interprétation, redondante par rapport à son personnage, contribue à figer le film et à désamorcer sa charge critique. Acteur « théâtral », jouant avec aisance de sa rondeur et de sa faconde, Noiret, le plus souvent « en costume », sera durant les années soixante un interlocuteur de choix pour les survivants de la « qualité française » et leurs épigones : *La Porteuse de pain* de Maurice Cloche (1963), *Les Copains* d'Yves Robert (1964), *Monsieur* de Jean-Paul Le Chanois avec Gabin

(1964), *Les Sultans* de Jean Delannoy (1966), *Le Voyage du père* de Denys de La Patellière (1966), et surtout *Alexandre le Bienheureux,* à nouveau d'Yves Robert (1968), sans doute son rôle le plus représentatif et qui a le plus marqué son image durant cette décennie, puis *Clérambard* (1969), *Les Caprices de Marie* de Philippe de Broca (1969)... Il participera également à plusieurs superproductions internationales : *Lady L.* de Peter Ustinov (1965) avec Sophia Loren, *La Nuit des généraux* d'Anatole Litvak (1966), *Sept Fois femme* de Vittorio De Sica (1967) avec Shirley MacLaine, *Justine* de Joseph Strick et George Cukor (1968), *L'Etau* (1969), sans doute le plus mauvais film d'Alfred Hitchcock (mais Noiret n'y est pour rien). Par deux fois, pourtant, son chemin avait croisé celui de cinéastes à la mise en scène plus inventive et moins prévisible, William Klein (*Qui êtes-vous, Polly Magoo ?,* 1965, puis *Mister Freedom,* 1968) et René Allio (*l'Une et l'Autre,* 1967) : chaque fois il confessera avec une franchise certaine à son biographe, Dominique Maillet, ne pas avoir partagé, voire ne pas avoir compris les conceptions de son metteur en scène... Son intelligence n'est évidemment pas en cause. Mais Noiret se reconnaît dans une « certaine idée du cinéma », et demeure étranger aux autres, qui assignent aux comédiens un statut bien différent de celui qu'il entend tenir. Au terme des années soixante, il aura derrière lui une carrière prestigieuse, bien remplie, rassurante, mais étrangement « lisse ». Il faudra attendre la décennie suivante pour que d'autres réalisateurs révèlent, cette fois en plein accord avec lui, une personnalité plus complexe.

Maurice Ronet et Jean-Louis Trintignant sont, eux, des jeunes premiers « classiques ». Tous deux ont été associés très tôt au cinéma moderne, et en même temps, avec *Ascenseur pour l'échafaud* (Trintignant jouait déjà dans *Et Dieu créa la femme*), tous deux y ont été remarquables. On retrouve Ronet dans *Le Rendez-Vous de minuit* de Leenhardt, plus tard dans *La Femme infidèle* de Chabrol, *Le Dernier Saut* d'Edouard Luntz, et surtout *Le Feu follet* de Malle, où il brûle d'une sorte de feu blanc et froid, impressionnant. Trintignant est dans *Le Combat dans l'île* de Cavalier, puis dans *Les Biches* de Chabrol et *Ma nuit chez Maud* de Rohmer, mais à ce moment le triomphe d'*Un homme et une femme* lui a créé une « image de marque » à la fois élogieuse et encombrante. L'un et l'autre ont durant cette décennie une carrière prolifique, qui rend hommage à leur talent mais brouille leur image, et fait qu'ils n'auront pas assidûment participé au renouveau cinématographique. Celle de Trintignant se poursuivra avec éclat, celle de Ronet, qui a fait un premier essai de réalisation en 1965 (*Le Voleur de Tibidabo*), s'étiolera durant la décennie suivante, malgré une très intéressante seconde mise en scène, *Bartleby,* adapté d'Herman Melville en 1975. Après avoir transposé pour la télévision des récits d'Edgard Poe, Maurice Ronet, dont on garde l'impression qu'il a été un peu laissé de côté par le cinéma français à partir des années soixante-dix, est mort en 1983, à cinquante-cinq ans.

Il reste le cas singulier de la deuxième star masculine apparue à cette époque, et très vite posée en rival de Belmondo, Alain Delon. Il est assez inexplicable que le cinéma moderne (français) ait si peu fait appel à sa présence physique, à son magnétisme, à la force qui émane de lui et qui va bien au-delà de son irréfutable « belle gueule » — et il y aura comme une mélancolie de cet oubli dans l'utilisation qu'en fera Godard, qui avait envisagé de tourner avec Delon le sketch du *« Plus vieux métier du monde »*, bien plus tard, dans un film nommé justement *Nouvelle Vague.* Seuls Alain Cavalier (*L'Insoumis*) et Jean-Pierre Melville *(Le Samouraï, Le Cercle rouge, Un flic)* sauront, en France, en tirer parti — alors que les Italiens Visconti *(Rocco et ses frères, Le Guépard)* et Antonioni *(L'Eclipse)* ont été plus clairvoyants. Confiné presque toujours dans le cinéma de genre, Delon est surtout employé pour son apparence, selon un mécanisme assez semblable à celui dont souffre le début de carrière de Catherine Deneuve. Il apporte à ces productions une énergie rentrée qui, à la différence de l'extraverti Belmondo, n'a pas besoin de cascades et de bagarres à tout bout de champ pour donner un étonnant tonus à des scénarios souvent d'une conventionnelle pesanteur — même s'il ne rechigne pas à jouer les héros bondissants le cas échéant. Chez Clément (*Plein Soleil,* 1960, qui lui doit l'essentiel de son intérêt, puis *Les Félins,* 1964), chez Christian-Jaque (*La Tulipe noire,* 1964), chez Enrico (*Les Aventuriers,* 1967), chez Duvivier (*Diaboliquement vôtre,* 1967), chez Deray (*La Piscine*, 1969), chez Jean Herman (*Jeff,* 1969), que les films soient classés « policiers », « aventures » ou « drames psychologiques », il apporte toujours cette ambiguïté où se confondent séduction et danger et qui, lorsqu'elle est employée à bon escient, emmène le film un peu au-delà de son récit.

Delon comme Belmondo ont très vite eu la carrure suffisante pour porter seuls un film. Mais l'un des grands ressorts du cinéma commercial de ses années-là sera d'organiser des face-à-face entre vedettes de générations différentes. Le principe n'est certes pas nouveau, mais l'attention portée alors à la « jeunesse », les bouleversements intervenus dans les mœurs, le langage, l'apparence fournissent la matière de contrastes, sinon de conflits, plus efficaces. Précurseur dans le genre, l'affrontement entre Pierre Brasseur en médecin défenseur de la société et Jean-Pierre Mocky en adolescent tête brûlé dans *La Tête contre les murs* représente une opposition de fond, la guerre sans merci entre deux mondes qui s'ignorent et se haïssent à la fois. C'est un cas d'espèce : les jeunes Turcs de la Nouvelle Vague, qui avaient tiré à boulets rouges sur leurs aînés dans leurs critiques, ne se soucieront pas de montrer des conflits de générations. S'il y eut bien une « querelle des Anciens et des Modernes », *« A bas les vieux »* n'est en aucun cas un slogan du cinéma moderne. Plus simplement, ou plus radicalement, il n'y a pratiquement pas de personnages âgés jouant un rôle important dans les premiers films du cinéma moderne. Il en va différemment du cinéma de genre, où le cas de figure le plus fréquent utilise la rencontre, dans un cadre qui leur est commun, entre un vieux roi et un jeune prétendant. Et le vieux roi, c'est alors sans conteste Jean Gabin. Et Gabin va littéralement « auditionner » et « adouber » les deux jeunes gens qui montent, à moins d'un an d'intervalle et sous la houlette d'Henri Verneuil, dans ce qui sera aussi ses deux meilleurs films de la décennie : Belmondo en 1962 avec *Un singe en hiver,* Delon en 1963 avec *Mélodie en sous-sol.* Le premier porte la nostalgie de ce qu'a été l'acteur de Renoir, de Duvivier, de Carné-Prévert, le second extirpe le meilleur de cette massive statue du commandeur qu'est devenu Gabin, vedette n° 1 du cinéma français, qui le plus souvent se parodie lui-même en pontifiant les répliques d'argot archaïque que Michel Audiard se fait un plaisir de lui tricoter. Celui qui incarna une France populaire et en mouvement ne représente plus qu'une société figée sur ses acquis matériels et ses conformismes moraux. Gabin est devenu un « monument historique ». Un monument, cela se visite, et il en est souvent lui-même le guide complaisant. Il aurait tort de se gêner, le public en redemande : en 1965, *Le Tonnerre de Dieu,* film médiocre et antipathique de Denys de La Patellière, où Gabin pousse à l'extrême l'autocaricature, sera le plus grand succès de sa fin de carrière.

Aux côtés de Gabin, Belmondo et Delon ont prouvé qu'ils étaient désormais des stars d'égale magnitude. Mais ils ne seront ni ne se veulent être ses successeurs dans les mêmes emplois. Cette fonction est dévolue à un autre, dont le chemin a croisé celui de Gabin dès le milieu des années cinquante, lors d'une rencontre demeurée célèbre avec un ex-catcheur jouant un petit rôle dans *Touchez pas au grisbi* de Becker. Celui-là sera le dauphin. Entendons-nous : le dauphin du « roi Gabin » tel qu'il règne sur un royaume soigneusement circonscrit à la fin de sa carrière — il n'y a pas de successeur au Gabin de *La Bête humaine,* de *La Belle Equipe,* du *Jour se lève,* et il ne peut y en avoir, Gabin incarnait alors un monde désormais disparu. Ce successeur abonné aux rôles de truand ou de flic massif et bougon, respectueux d'une règle de vie personnelle et imposant sa volonté par sa supériorité « morale » autant que physique, c'est Lino Ventura. Volontiers sombre et taciturne, même lorsqu'il joue dans un suspense psychologique comme *Marie Octobre* (1959) de Duvivier ou dans des comédies comme *Les Tontons flingueurs* (1963), *Le Monocle rit jaune* (1964) ou *Ne nous fâchons pas* (1966) de Lautner, Ventura demeure une « anti-vedette », dont le jeu souvent minimal, sinon intériorisé, correspond malgré tout (et peut-être malgré lui) à une certaine modernité.

Tout le contraire de ce qu'est devenu le sémillant et toujours souriant Jean Marais, bien loin de *L'Aigle à deux têtes* et des *Parents terribles*. Il sera le héros sans peur et sans reproche de la dernière série de films de cape et d'épée qui, au début des années soixante, font encore quelques beaux jours du box-office : *Le Capitaine Fracasse* de Pierre Gaspard-Huit (1961), *Le Masque de fer* d'Henri Decoin (1961), *Le Bossu* (1960), *Le Capitan* (1960), *Le Miracle des loups* (1961), d'André Hunebelle, qui l'emploiera également dans *Les Mystères de Paris* (1962) et la série des « Fantômas ».

Où sont les femmes ?

Que ce soit par conviction, parce que les filles arrivent au premier rang des préoccupations de jeunes cinéastes qui filment des histoires qui leur ressemblent, ou simplement parce que la moitié des êtres humains est de sexe féminin, le cinéma moderne fait la part belle aux personnages féminins et aux actrices. Il n'en va pas de même avec le cinéma de « divertissement ». Celui-ci reste pour l'essentiel un cinéma de genre, et les genres à la mode sont en nombre limité. Pas de péplum, pas de fantastique, pas de comédie musicale (hormis Demy), rien d'équivalant à ce que représente le western pour les Américains ou le film de samouraï chez les Japonais, c'est-à-dire un récit d'aventures codé, ancré dans une réalité historique – fonction jamais remplie par les déclinants films de cape et d'épée. Le cinéma français commercial, ce sont d'abord et surtout des comédies, ensuite des polars. Ajoutons-y les films d'aventures, qui reposent sur très peu d'interprètes : Belmondo au premier chef, Ventura ou Delon à l'occasion. Tous ces genres ont en commun d'être éminemment... du genre masculin : le cinéma ignore, pour longtemps encore, le comique au féminin, les dames ne sont ni voleuses ni gendarmes, et nul n'imagine faire exécuter des cascades au beau sexe... à la notable exception de *Viva Maria* de Louis Malle. Brigitte Bardot et Jeanne Moreau ont droit à tout ce qui est d'ordinaire réservé aux messieurs – faire rire, se bagarrer, mener l'action –, sans rien renier pour autant de leur exubérante féminité. Pour Bardot, ce sont les derniers feux de son immense gloire du tournant des années cinquante-soixante. N'ayant la plupart du temps été utilisée que comme « icône », voire comme fantasme, plutôt que comme interprète, elle lasse ou se lasse, d'autant plus qu'elle est loin de toujours choisir ses films avec discernement. Le courageux éclectisme de Jeanne Moreau, prêtant son talent à des débutants et à des projets audacieux entre deux passages dans la production traditionnelle, l'a consacrée depuis *Ascenseur pour l'échafaud* et *Jules et Jim* comme une grande dame de l'écran, sans en faire une star pour autant.

Les emplois de Catherine Deneuve puis de Mireille Darc leur ont donné la célébrité, elles sont des actrices connues, appréciées à l'écran comme à la une des magazines, mais des vedettes de second rang : en France, le star-system s'avère beaucoup plus sélectif pour les comédiennes que pour les comédiens.

Aussi n'est-il pas surprenant qu'en 1969, lorsque la revue *Valeurs actuelles* analyse les cotes à la Bourse des vedettes, ce soient trois hommes qui occupent le haut du tableau : Jean-Paul Belmondo est à 5 millions de francs par film, Louis de Funès à 3,5 millions, Alain Delon à 3 millions. Celle qui arrive ensuite fait figure d'exception : Annie Girardot, dont la cote est à 2,5 millions. Elle a suivi une carrière en zigzag, débuté au théâtre, notamment chez Cocteau, en même temps qu'au cabaret, été sociétaire de la Comédie-Française, est passée ensuite par le tout-venant des polars de la fin des années cinquante, où elle a côtoyé Gabin à plusieurs reprises, conviée en Italie par Visconti (qui l'avait dirigée au théâtre) pour *Rocco et ses frères,* travaillant ensuite avec Astruc comme avec Vadim, avec Carné comme avec Lelouch, sans négliger une carrière internationale qui la mène souvent en Italie et parfois en Yougoslavie. Girardot n'est pas une pin-up mais un « caractère ». *« Pourquoi est-ce que je fais partie de votre famille ?* demande-t-elle au lecteur dans son autobiographie, *Vivre d'aimer. Pourquoi moi et pas Marlene Dietrich ? Parce que je vous représente ! Je suis votre cousine, votre tantine, votre maman, votre fiancée. »* Ce côté « Madame Tout-le-Monde », allié à une impressionnante énergie et à une maîtrise certaine de son métier, permet à Girardot, qui n'est la vedette d'aucun grand succès commercial de l'époque, d'échapper à la loi des genres. Malgré une éclipse au milieu des années soixante, elle reconquiert vite une place de choix au goût du grand public. En fait, elle annonce le cinéma de la décennie suivante (qui sera celle de sa plus grande gloire), quand un grand nombre de films, y compris « commerciaux », se classeront dans le non-genre de la « comédie dramatique », fondé sur une transposition simplifiée et dramatisée de situations quotidiennes.

Les producteurs

Nous avons décrit au début du chapitre précédent le cinéma français comme divisé en trois, « qualité française », cinéma moderne et divertissement de genre. La quasi-disparition du premier de ces trois termes, loin de réduire la fracture, l'aggrave. Les trois tendances formaient un tout conflictuel. Les réduire à deux éléments, désormais considérés moins comme antagonistes que comme de natures différentes, le « cinéma d'auteur » et le « cinéma commercial » (puisque ainsi seront-ils dénommés), signifie qu'une déchirure bien plus dangereuse s'est ouverte dans le cinéma français. Le destin d'un homme symbolise cette transformation : au milieu des années cinquante, Raoul Lévy était devenu l'archétype du jeune producteur à qui tout sourit quand, pour ses débuts, il finança *Et Dieu créa la femme,* suivi d'une brochette de succès (*En cas de malheur, Babette s'en va-t'en guerre).* Il est à nouveau aux commandes du premier triomphe commercial des années soixante, *La Vérité.* Quand *France-Film* le qualifie alors de *« producteur démesuré »*, c'est un éloge. Mais aussitôt après, Lévy prend des risques inconsidérés avec la superproduction *Marco Polo,* confiée à Christian-Jaque en 1962 et qui ne sera jamais achevée. Pour le producteur, c'est une déroute dont il ne se remettra pas : après quelques films médiocres, il se suicidera à Saint-Tropez, en 1966. Sa disparition semble la métaphore de l'essoufflement du cinéma dont *La Vérité* serait l'ultime emblème : l'alliance d'ambition artistique et de stratégie commerciale qui a permis la « qualité française » des années cinquante. Celle-ci représentait un trait d'union entre commerce et création, elle aura été une manière de croire encore à un cinéma à la fois « grand public » et culturel. Mais, du fait de sa propre usure autant que sous les coups de boutoir du cinéma moderne, elle est moribonde. Entérinée par les professionnels et les médias (qu'ils la revendiquent ou s'en plaignent), la division en cinéma d'auteur et cinéma commercial s'installe, dans les esprits comme dans les faits.

Imputée, non sans quelques raisons, aux nouveaux metteurs en scène et à la critique qui les soutient, cette rupture est au moins autant le fait des grands producteurs de l'époque, capables d'audaces financières parfois impressionnantes, mais qui distinguent nettement entre projets « grand public » et prises de risques artistiques. Dans la course au succès, ils ont connu un petit passage à vide au tout début de la décennie : ainsi, en 1961, ce sont trois films américains *(Les Cent Un Dalmatiens, Les Canons de Navarone, Les Sept Mercenaires)* qui, pour la première fois dans l'histoire du cinéma français, occupent les premières places du box-office. La manière dont les producteurs français vont mettre sur pied les nouvelles stratégies de conquête du public dépend, aussi, du nouveau cadre intellectuel créé avec les notions d'« auteur » et de « commerce » désormais en vigueur. Même si le terme « auteur » est devenu flou. Bon nombre des cinéastes de genre (comique ou policier) que nous avons évoqués au chapitre précédent ne sont pas de simples exécutants interchangeables : ils ont une « patte », reconnaissable, celle qui distingue les artisans spécialisés. Ce sont des partenaires importants du processus de fabrication des films, qui ont souvent un style, mais qui n'imposent aucun regard original sur le monde, fût-ce à l'intérieur d'un genre. Au gré de rapports de forces fluctuants, ils collaborent avec des vedettes, des scénaristes (et le dialoguiste Audiard) et des producteurs. Mais ce ne sont pas non plus des « auteurs ». Et aucun n'aurait sans doute songé à se revendiquer tel si le terme, galvaudé et mis à toutes les sauces dans le sillage de la Nouvelle Vague, n'était devenu une sorte de label syndical qu'il serait soudain infamant de ne pas se voir reconnaître. Comme si, malgré leurs personnalités souvent fortes et l'influence dont disposent les vedettes, les films qu'ils réalisent n'étaient pas, en fin de compte, soumis aux demandes et aux décisions des producteurs.

Parmi ceux-ci, les années soixante voient l'avènement ou la confirmation de quelques grands spécialistes du cinéma populaire, tandis que d'autres s'effacent. Ainsi, de manière moins dramatique que pour Raoul Lévy, les frères Robert et Raymond Hakim, importants producteurs d'avant-guerre et qui avaient reconstitué leur puissance après la Libération, mais dont l'étoile pâlit durant les années soixante. Désormais, et pour longtemps, les « patrons » de la production s'appellent Robert Dorfmann, Alain Poiré, Alexandre Mnouchkine et Georges Dancigers, Léon Beytout. Ils sont les véritables maîtres d'œuvre du cinéma français commercial de l'époque. Robert Dorfmann, d'abord exploitant de salles, a fondé sa société de production, Corona, à la Libération. Durant les années cinquante, il produit Clouzot, Cayatte, Clément, Becker, Carné... Pas impressionné le moins du monde par l'irruption du cinéma moderne, il sera à l'origine de quelques-uns des plus gros succès comiques du cinéma commercial des années soixante : *La Cuisine au beurre, Les Bons Vivants, Le Corniaud, La Grande Vadrouille, Le Petit Baigneur, Le Tatoué.* Au tournant des années soixante-dix, il sera également le partenaire de *L'Armée des ombres,* du *Cercle rouge* et *d'Un flic* de Melville, et même de *Trafic* de Tati et de *Tristana* de Buñuel. Le succès de ses entreprises nationales lui ayant permis de se lancer dans des ambitieuses coproductions avec les Américains dès 1967 *(Mayerling),* il fera encore monter les enchères en 1972 avec *Papillon.*

Evoquant sa fascination d'adolescent pour le cinéma dans la préface de son autobiographie, *Deux Cents Films au soleil,* Alain Poiré écrit : *« Le cinéma, pour moi, c'était... Hollywood »,* ce qui n'est pas très original. Ce qui est beaucoup plus original est qu'il soit devenu sans doute le cas unique d'un producteur « à l'américaine » dans le cinéma français. C'est-à-dire quelqu'un travaillant dans et pour un « studio », ou ce qui s'en approche du plus près, la Gaumont, en y développant ses propres projets. *« Très circonspect »*, en réalité franchement hostile au cinéma moderne, Poiré devient en février 1962 le patron d'une filiale de la *major* française, Gaumont International, qui assume la quasi-totalité des initiatives de la firme en matière de production. La société mère a en effet pour longtemps décidé de se consacrer surtout à la distribution et à l'exploitation, même si elle n'a pas entièrement abandonné les autres domaines : les films produits par Alain Poiré sont le plus souvent tournés dans les studios Franstudio de Saint-

Maurice, et développés par le laboratoire G.T.C., qui tous appartiennent à la firme à la marguerite (en participation avec Pathé). Poiré, qui est par ailleurs un homme cultivé (ce n'est pas le cas de tous les producteurs, ni forcément des meilleurs), n'a aucun état d'âme « artistique » quand il s'agit du cinéma. Il connaît sur le bout des doigts les recettes du métier et, pour les seules années soixante, aligne comme à la parade des succès qui s'intitulent *Un taxi pour Tobrouk, Carambolages, Les Tontons flingueurs, Fantômas* (et ses suites), *Les Barbouzes, Cent Mille Dollars au soleil, Le Grand Restaurant, Ne nous fâchons pas, La Grande Sauterelle, Oscar, Faut pas prendre les enfants du bon Dieu pour des canards sauvages, Le Pacha, Le Cerveau, Hibernatus, Mon oncle Benjamin...* Sa position chez Gaumont lui permet de signer des coproductions avec les studios hollywoodiens, de prendre sous contrat des vedettes comme de Funès ou Ventura, des réalisateurs comme Oury, et des scénaristes. Elle lui avait permis de faire débuter des réalisateurs dont les promesses seraient, au box-office, souvent tenues (Yves Robert, Denys de La Patellière, Edouard Molinaro, plus tard Michel Audiard).

Alexandre Mnouchkine et Georges Dancigers, associés depuis 1937 (leur premier film est *Alerte en Méditerranée,* de Léo Joannon), ont une carrière parsemée de réussites (dans des genres aussi différents que ceux de *Fanfan la Tulipe* et *L'Aigle à deux têtes*) lorsque arrivent les années soixante. Prenant en marche le train du cinéma de la jeunesse, ils accueillent Philippe de Broca dès son troisième film, *L'Amant de cinq jours* (1961), où Jean-Pierre Cassel poursuit peu ou prou dans la veine inaugurée avec *Les Jeux de l'amour* et *Le Farceur.* Les deux patrons des films Ariane décident ensuite, non sans clairvoyance, de renouveler l'opération réussie avec Gérard Philipe, dont ils voient un successeur en la personne de Belmondo, et en confient à nouveau la réalisation à de Broca : *Cartouche* et surtout *L'Homme de Rio* et *Les Tribulations d'un Chinois en Chine* remplissent les caisses des Films Ariane. On retrouvera Mnouchkine et Dancigers un peu plus tard aux côtés de Claude Lelouch, qu'ils épauleront pour la distribution d'*Un homme et une femme,* et aussi d'Alain Cavalier durant sa période la plus « académique » (*Mise à sac,* 1967 ; *La Chamade*, 1968).

Quant à la S.N.C. (Société nouvelle de cinématographie), dirigée par Léon Beytout et son associé René Pignères, auxquels succédera Gérard Beytout, elle existe depuis le début des années trente. Avec sa filiale de distribution, Imperia, elle a développé à partir de la fin des années cinquante une double stratégie : produire, seul ou avec un coproducteur étranger (généralement italien), de grosses machines commerciales (toute la série des *Gendarme*, y compris l'apocryphe *Le Gendarme se marre, Les Grandes Gueules, Les Cracks* d'Alex Joffé, *La Piscine*), et soutenir comme partenaire minoritaire des œuvres plus audacieuses (*A bout de souffle, Le Petit Soldat,* et plus tard *Numéro deux* et *Comment ça va ?* de Godard ou *La Religieuse* de Rivette).

Monsieur l'agent

Entre producteurs et vedettes se joue l'essentiel de l'existence et parfois du contenu des films commerciaux. Leurs relations sont réglées par le rapport de forces entre la richesse et la puissance de conviction des uns et la notoriété et les envies des autres. (Exemple d'école : le producteur Raymond Hakim engage une vedette masculine pour jouer dans un film qui est loin d'être confié à un simple exécutant, puisqu'il s'agit de René Clément. Il engage ensuite un jeunot pour tenir le second rôle masculin. Mais ledit jeunot, dont la carrière tient alors en cinq films mineurs, veut le premier rôle, l'exige et l'obtient d'Hakim. Maurice Ronet, jeune premier en vue, n'aura que la deuxième place dans *Plein Soleil,* et l'interprète n° 1 devient grâce à ce film la star Alain Delon.) Entre ces deux pôles de pouvoir intervient le traditionnel intermédiaire qu'est l'imprésario ou, comme on le dit de préférence dans les milieux du cinéma, l'agent. Dans ce domaine aussi, de façon d'abord à peine visible, les choses changent.

Tout a commencé dans une 2 C.V. garée de guingois sur un trottoir de la rue du Faubourg-Poissonnière, une nuit de 1959. A l'intérieur se trouvent quatre jeunes gens, quatre anciens élèves du cours dramatique Simon, qui, après avoir vu l'un d'eux jouer *Tchin-Tchin* au Théâtre de poche-Montparnasse, viennent de faire un bon dîner à la Coupole. Ils parlent d'agents, comme tous les jeunes comédiens, c'est-à-dire qu'ils se plaignent de leurs agents. Ils s'appellent Gérard Lebovici, Michèle Méritz, Serge Rousseau et Claude Berri. La chronique veut que ce soit ce dernier qui ait proposé de créer une nouvelle agence artistique – il sera finalement le seul à ne pas en faire partie. Beaucoup plus tard dans la nuit, les passagers de la 2 C.V. ont pris leur décision : naissance de l'agence Lebovici-Méritz, effective en 1960, et qui deviendra à la fin de la décennie, quand elle assumera la succession du principal imprésario d'alors, André Bernheim (et après que Rousseau aura rejoint l'équipe dirigeante), Artmédia. Gérard Lebovici, esprit politique, homme d'affaires virtuose et aventurier du spectacle, qui à l'époque gagnait (bien) sa vie en vendant des brosses, sera l'âme de l'entreprise. Ce n'est pas un agent comme les autres, et Artmédia ne sera pas une agence comme les autres : ce sera un des centres de pouvoir du cinéma français, quand durant la décennie la plupart des vedettes auront rejoint Jean-Pierre Cassel, son premier poulain. Avec Belmondo, Jeanne Moreau, Romy Schneider, Yves Montand, Catherine Deneuve, Michel Piccoli, etc., parmi ses clients, c'est une véritable forteresse de stars, qui est désormais en mesure de négocier les projets des producteurs, quand ce n'est pas Artmédia qui en prend l'initiative.

Mais l'heure de la puissance d'Artmédia est encore à venir, quand l'agence deviendra une pièce maîtresse sur le complexe échiquier du cinéma français. En attendant, un personnage y occupe durant les années soixante une position stratégique. Il s'agit de Georges Cravenne (le futur organisateur des Césars), qui à cette époque occupe les fonctions d'attaché de presse. Cravenne est bien plus que cela : une institution. Grand ordonnateur des festivités cinématographiques, hôte d'avant-premières prestigieuses, amphitryon des stars, médiateur obligé du contact entre les professionnels et les grands médias populaires, il sait tirer parti de la situation intermédiaire qui prévaut alors : c'est-à-dire au moment où l'outil publicitaire et promotionnel a acquis toute son importance aux yeux de ceux qui ont quelque chose à vendre (leur film ou leur image), mais où le marketing, technique encore insuffisamment au point pour pouvoir être confiée à des exécutants, doit rester personnalisé. Par lui.

Les distributeurs et les circuits

Producteurs, vedettes, réalisateurs-artisans de pointe du succès ne suffisent pas pour composer le *Who's Who* des puissances du cinéma commercial : il faut y ajouter les distributeurs, dont les circuits possèdent des salles ou les programment. Les gros distributeurs jouent un rôle clé dans la naissance et la vie des films, rôle qui tend à s'accroître au cours des années soixante : ainsi, rien qu'en 1964 et 1965, la part de l'apport distributeur dans la production augmente de plus de dix points, passant de 18,34 % à 28,78 % du total des investissements. Le terme « distributeur » recouvre en fait des réalités fort différentes. Les 154 sociétés appartenant à cette catégorie en 1960, qui seront encore 120 en 1968, sont pour la plupart des petites entreprises locales ou régionales, intermédiaires nécessaires à la circulation des copies sur l'ensemble du territoire, ou interlocuteurs utiles dans les secteur « Art et essai », mais de peu de poids dans les grands choix économiques. Une poignée d'entre elles seulement jouent un rôle national, soit que leur activité s'étende à l'ensemble du pays, soit que, depuis Paris, elles aient accès aux principales régions ou disposent de relais suffisants chez des homologues de province. Notons d'abord que les distributeurs en France ne sont pas nécessairement des distributeurs français. Sept sociétés américaines (ce chiffre demeurera immuable durant toute la décennie, et correspond aux célèbres « sept sœurs » d'Hollywood) figurent parmi les distributeurs opérant sur l'ensemble du pays. En 1960, elles s'adjugent 32 % du chiffre d'affaires global, elles en seront à 45,6 % en 1968. Elles ne distribuent d'ailleurs pas seulement des films américains : en 1965, les deux films qui symbolisent les rêves de grandeur du cinéma français (alimentant l'éternel fantasme du « film de niveau international qui va conquérir tous les marchés du monde, comme les Américains, y compris sur le marché américain », leurre récurrent, non quant à la possibilité de quelques titres d'y parvenir, mais quant à l'éventualité d'installer durablement ce rapport de forces sur un grand nombre de titres chaque année), ces deux films, donc, *Viva Maria* de Louis Malle et *Paris brûle-t-il ?* de René Clément, sont majoritairement produits par des *majors* hollywoodiennes, et distribués par elles, y compris en France : United Artists pour l'un, Paramount pour l'autre.

Six sociétés françaises de distribution opéraient à l'échelle nationale en 1960, dès le milieu de la décennie elles ne seront plus que trois. Le nombre des sociétés « multirégionales » diminue, lui aussi, passant de dix à huit. On assiste donc à un phénomène de concentration, qui contraint les petites entreprises à s'intégrer aux grandes ou à disparaître. En 1960 seize sociétés nationales ou multirégionales françaises et les sept américaines s'adjugent 74,4 % du chiffre d'affaires, en 1968 les onze « gros » français restants et les sept américains en détiennent 90 %. Pourtant, cette concentration est toujours considérée comme insuffisante par les ténors français du secteur, notamment pour faire face à la concurrence américaine, aussi bien au stade de la mise en production que dans la puissance de diffusion. Leur problème n'est pas tant d'éliminer les petits que, faute de pouvoir se détruire, de s'allier entre eux. Pour remédier à cette faiblesse structurelle, dès avril 1961 la première société française de cinéma, Gaumont, a signé un accord de coproduction et de distribution avec Metro-Goldwyn-Mayer. Mais Jean Le Duc, le président de la firme à la marguerite, ne compte guère sur l'alliance avec les Américains pour renforcer durablement l'industrie française. Aussi met-il à profit le changement en 1963 de la législation, qui, jusqu'à présent, interdisait les « ententes de programmation » — ce qui n'empêchait pas des alliances plus ou moins clandestines, notamment entre des sociétés de distribution opérant pour la plupart à l'échelle régionale. Gaumont entame une série de manœuvres de rapprochement destinées à élargir sa capacité d'intervention et à réduire la concurrence entre les distributeurs. En avril 1963 est signé un accord avec Cinédis (qui dépend de Pathé), en juillet 1964 Gaumont préconise *« une collaboration étroite entre les exploitants des sociétés de distribution »* et suggère *« la création d'un réseau de salles de cinéma pilotes groupant les exploitants leaders de la profession ».* Accord et suggestions qui préludent à la création, en janvier 1966, de l'entente de programmation Pathé-Gaumont, *« effort de rationalisation par la constitution d'un vaste circuit national d'exploitation »,* selon les termes du communiqué publié le jour même. Les exploitants indépendants sont conviés à se rallier au circuit ainsi formé, qui regroupe cent cinquante salles, soit 3 % des écrans, mais 20 % des recettes. Il resserrera et précisera ses liens en 1968, en créant un G.I.E. (groupement d'intérêt économique). Entre-temps, Gaumont aura tenté, sans suites, une diversification dans la production télé, tout en essayant de maintenir à flot une activité qui a fait partie de ses fleurons, mais est désormais condamnée – par cette même télévision –, les Actualités cinématographiques.

Depuis 1959, les différentes sociétés Pathé ont été regroupées en un groupe unique, Pathé Consortium, que préside Pierre Cabaud, auquel succédera Marcel Lathière en 1964. La société au coq ne prend plus d'initiative dans la production, mais sera partenaire de la télévision sur les trois derniers films de Renoir, et coproduira minoritairement quelques titres (dont *La Dolce Vita*) ; son rôle traditionnel dans la fabrication de matériel s'effondre lui aussi. Et si elle conserve des parts dans les studios et les laboratoires, l'essentiel de son activité concerne la distribution et l'exploitation. En 1963, en même temps que sa filiale Cinédis se rapproche de Gaumont, Pathé Consortium rejoint la société commune de distribution de l'U.G.C. et Sirius, la C.F.D.C. Le résultat est peu concluant, et c'est une firme en très mauvais état (quoique toujours détentrice d'un important réseau de salles, sa bouée de sauvetage), sur laquelle des rumeurs de cessation totale d'activité ont couru, qui signera un accord avec sa rivale historique, Gaumont, au début de 1966. Quant à l'U.G.C. (Union générale cinématographique), société nationalisée, elle était dans un état financier catastrophique à la fin des années cinquante. En mettant l'accent uniquement sur l'exploitation (22 salles, auxquelles s'ajoutent les 70 programmées), son nouveau patron, Philippe Baer, est parvenu à redresser les comptes sans modifier le rôle de sa firme dans le cinéma. Ainsi, lorsque l'U.G.C. a tenté de créer un nouveau studio à La Colle-sur-Loup, dans l'arrière-pays niçois, son échec est venu ternir la réussite de ce strict gestionnaire. Et si le distributeur U.G.C., par le biais d'avances, a recommencé à intervenir dans la production, ce n'est jamais en prenant l'initiative. On remarque enfin que, Pathé étant resté membre de la C.F.D.C. après avoir signé son entente avec Gaumont, les trois grands circuits ont à ce moment des liens croisés. Sans qu'il en résulte le « renforcement structurel » annoncé, mais en réduisant la marge de manœuvre des producteurs indépendants.

Parmi les poids lourds de la distribution et de l'exploitation, c'est le plus « petit des grands » qui joue le rôle le plus dynamique : le groupe Siritzky. A son origine est Léon Siritzky, juif russe immigré en France dans les années vingt et devenu une puissance dans l'exploitation, avant que la guerre ne le force à s'embarquer pour les Etats-Unis. Au retour, il ne peut récupérer ses salles, nationalisées (elles sont dans la giron de l'U.G.C.). Mais ses deux fils, Jo et Sammy Siritzky, créent deux nouvelles sociétés, Athos, pour la production et la distribution, et E.C.P.P., pour l'exploitation de nouvelles salles. En 1960 les deux frères signent un accord avec Gaumont, en 1962 ils récupèrent une salle qui avait appartenu à leur père (mort en 1955). A la même époque la rive gauche, où ils détiennent plusieurs écrans, attire un public croissant. Au milieu de la décennie, ils sont les premiers exploitants à Paris, avec 27 écrans, contre 20 à l'entente Pathé-Gaumont et 14 à l'U.G.C. (mais E.C.P.P. contrôle seulement 38 écrans dans la France entière). Plus modernes, plus entreprenants que leurs concurrents, les Siritzky inventent de nouvelles techniques de promotion, rénovent les façades des cinémas, et surtout misent sur une politique de diversification. Elle leur permet de profiter de gros succès américains, notamment les Walt Disney, sur les Champs-Elysées et les boulevards, et, dans les petites salles conçues à cet effet, de tirer le meilleur parti de l'engouement pour le jeune cinéma, auquel ils donneront un vigoureux (et intéressé) coup de main. Comme coproducteurs ou distributeurs, ils contribuent ainsi à la naissance du *Bel Age* de Kast, des *Dragueurs* de Mocky, de *Vivre sa vie* et de *La Chinoise* de Godard et de *Cléo de 5 à 7* de Varda. En 1965, un rapprochement plus poussé avec Gaumont n'ayant pas porté beaucoup de fruits, c'est avec leurs amis américains que Jo et Sammy Siritzky vont mettre sur pied une opération d'envergure, la création en février 1968 de la *major* Parafrance, qui alimentera la chronique de la période suivante.

Chapitre 4

AU MITAN DES SIXTIES

S'il était besoin de confirmer que le « mouvement » de 1959-1962 n'était que de façon secondaire une affaire de renouvellement de génération, la suite de la décennie le prouverait amplement. Le nombre de nouveaux cinéastes demeure élevé, et la profession de réalisateur, valorisée culturellement par la « politique des auteurs » et médiatiquement par les magazines et la télévision, a effectivement acquis une curieuse séduction. Au point qu'un observateur étranger du cinéma français, Len Deighton, note avec surprise à la fin de 1967 : *« Tout se passe comme si 99 % de la population mâle désirait devenir metteur en scène. »* La proportion est certes légèrement exagérée, du moins l'adjectif « mâle » est-il tout à fait approprié, concernant une profession où une femme cinéaste comme Agnès Varda fait figure d'exception. En revanche, à la même époque, tout le monde ne veut pas devenir producteur : de 1960 à 1967, le nombre de sociétés ayant produit au moins un film par an a chuté de 177 à 109.

Une relève clairsemée

Les nouveaux réalisateurs continuent donc de se presser au portillon. On est pourtant loin de la floraison de talents des années précédentes. Alors que la moyenne du nombre de premiers films par an s'établit, entre 1959 et 1962, à 33 titres, 25 premiers longs-métrages sont tournés en 1963, 20 en 1964, 11 en 1965, 14 en 1966, 17 en 1967. Parmi ces 62 débutants, seule une poignée aura un avenir dans le cinéma : ils se nomment René Allio, Claude Berri, Yves Boisset, Christian de Chalonge, Philippe Clair, Marguerite Duras, Claude Faraldo, Philippe Garrel, Constantin Costa-Gavras, Marcel Ophuls, Jean-Paul Rappeneau, Paul Vecchiali. On peut y adjoindre le photographe et cinéaste américain William Klein, dont les trois films de fiction *(Qui êtes-vous, Polly Maggoo ?, Mister Freedom, Le Couple témoin)* sont français, de même que les premiers films de l'Américain Melvin Van Peebles *(La Permission)* et du Belge André Delvaux *(Un soir un train),* ou, inversement, Jean-Marie Straub, cinéaste français dont les films sont de nationalité allemande. On mettra à part *Les Abysses* (1963), premier et pour longtemps unique film de Nico Papatakis, qui s'inscrit avec un goût affirmé de la provocation dans une filiation littéraire (le fait divers évoqué par le film avait inspiré *Les Bonnes* à Jean Genet), « rive gauche ». Ce qui est logique pour un film réalisé par l'ancien patron du cabaret la Rose rouge à Saint-Germain-des-Prés, qui a suivi de près les mouvements intellectuels et artistique des années cinquante.

Cela fait une liste bien courte, et de surcroît parfaitement hétéroclite. Nous avons déjà parlé de *La Vie de château* (1966) de Jean-Paul Rappeneau et, sur la plupart des autres cinéastes cités, souvent auteurs d'un seul long-métrage avant le tournant de 1968, dont les styles et les centres d'intérêt ne s'affirmeront qu'après cette date, il faudra revenir ultérieurement : c'est le cas de Claude Faraldo après *La Jeune Morte* (1965), d'Yves Boisset après *Coplan sauve sa peau* (1967) et de Christian de Chalonge (*O Salto*, 1967), tout comme celui de Costa-Gavras, qui changera d'orientation après avoir débuté avec deux films policiers, *Compartiment tueurs* (1965), suivi d'*Un homme de trop* (1967), où il faisait preuve d'une dextérité certaine, sans échapper aux contraintes du film de genre. C'est aussi le cas, quoique de manière différente, de Marguerite Duras (*La Musica,* coréalisé avec Paul Seban en 1966), de Philippe Garrel (*Marie pour mémoire,* 1967), de Paul Vecchiali (*Les Ruses du diable,* 1965) : du moins les débuts de ces trois-là annoncent-ils clairement la suite de leur œuvre, à la différence de Marcel Ophuls, le fils du grand Max, qui, après deux tentatives peu mémorables dans le cinéma de genre (*Peau de banane,* 1963 ; *Feu à volonté,* 1965), se révélera durant les années soixante-dix un extraordinaire documentariste. Mais sur le moment, et à l'exception de Marguerite Duras, qui est une vedette de la littérature, ils n'attirent guère l'attention, pas plus que Jean-Marie Straub et Danièle Huillet avec *Non réconciliés,* en 1965. A l'autre extrême du paysage cinématographique, on dira seulement de Philippe Clair, fabricant à la chaîne de comédies boulevardières du plus bas niveau durant les années soixante-dix et quatre-vingt, que son premier film, *Déclic et des claques* (1964), fit vaguement illusion à un moment où la nouveauté demeurait source de curiosité. Tandis qu'un José Giovanni (*La Loi du survivant,* 1967) rejoignait les rangs des exécutants de films policiers, après en avoir été l'un des scénaristes habituels.

Il faut en revanche s'arrêter sur deux noms, ceux d'Allio et de Berri. Après avoir été peintre, René Allio est devenu décorateur de théâtre, collaborant en particulier avec Roger Planchon. Et c'est par le théâtre qu'il est venu au cinéma, réalisant d'abord des petits dessins animés pour une adaptation scénique des *Ames mortes,* puis un court-metrage, *La Meule* (1963), avant de s'inspirer de Brecht pour son premier film, *La Vieille Dame indigne* (1965). Rien à voir avec du théâtre filmé, mais une virulente et revigorante diatribe contre tous les conformismes, à travers le portrait d'une femme âgée, magnifiquement interprétée par Sylvie, qui à la mort de son mari envoie par-dessus bord les habitudes et la respectabilité auxquelles est supposée tenue une personne de son sexe et de son âge, qui plus est veuve, et méditerranéenne. Sans se répéter, il poursuit dans le même élan avec son film suivant, qui lui aussi raconte le changement radical d'existence d'un personnage qui ne manifeste aucune révolte exprimée, mais récuse soudain le cadre de vie qui lui avait jusqu'à présent paru naturel et auquel il s'était soumis. *L'Une et l'Autre* (1967) décrit une femme mariée, malheureuse de sa vie de couple, et qui endosse la personnalité de sa sœur. Allio, de manière plus explicite qu'avec *La Vieille Dame indigne,* applique au cinéma les idées brechtiennes sur la distanciation, en renforçant sa critique sociale d'une réflexion sur le double et sur les apparences. Réflexion qui demeurera présente quand il abordera ensuite des thèmes similaires, mais dans une tonalité beaucoup plus exacerbée.

Nous avons déjà croisé Claude Berri, dans la 2 C.V. où fut décidée la création d'Artmédia. Cela n'a rien de surprenant : plus encore que les nombreuses casquettes qu'il arborera successivement ou simultanément, ce qui définit le mieux ce personnage appelé à devenir une figure clé de l'industrie cinématographique française, c'est sa capacité à se situer aux points de rencontre, son talent pour identifier et utiliser les confluences entre réseaux, entre pouvoirs. Berri avait voulu être acteur. Comme on ne lui proposait pas de rôles, il décida de les écrire lui-même et devint scénariste. Comme nul ne se souciait de tourner ses scripts, il se fit réalisateur. Et comme on ne se décidait pas non plus à le produire, il s'auto-institua producteur, créant Renn Production en 1963 — en attendant de devenir également distributeur. Son premier essai, un court-métrage nommé *Le Poulet,* fut un coup de chance : Oscar du meilleur film court à Hollywood. Sa première tentative de long-métrage, *Le Vieil Homme et l'Enfant* (1967), bénéficia d'un coup de maître : avoir convaincu un monstre sacré comme Michel Simon, alors en semi-retraite, de tenir le rôle principal de cette histoire autobiographique d'un enfant juif, envoyé chez un vieux paysan franchouillard pour échapper aux nazis. La performance du comédien tire le maximum du juste mélange de sentimentalisme et d'humour du scénario, filmé sans grande invention mais avec une sorte de tendresse naturelle. Le film sera un succès, qui permettra à Berri de produire sans peine ses films suivants, mais aussi d'aider à financer ceux des autres, Eric Rohmer d'abord, à la demande de François Truffaut pour *Ma nuit chez Maud,* puis Maurice Pialat — toujours aux côtés de

Truffaut –, pour son premier long-métrage, *L'Enfance nue* (Berri avait, dès 1962, produit le premier court-métrage de fiction de Pialat, *Janine,* dont il a écrit le scénario et qu'il interprète, montrant au passage un visage moins « gentil » que ce que laissent apparaître ses propres réalisations). Puis, bientôt, beaucoup d'autres : durant la décennie suivante, Claude Berri deviendra un producteur qui tourne des films plutôt qu'un cinéaste qui s'occuperait de production.

Claude Lelouch en « Monsieur Plus »

Après le feu d'artifice du début des années soixante, le milieu de la décennie apparaît donc relativement pauvre en nouveaux réalisateurs de premier plan. Un seul cinéaste connaît durant cette période une gloire nouvelle et spectaculaire : Claude Lelouch (né en 1937). Fou d'images, il vit l'œil rivé au viseur d'une caméra depuis qu'il en a reçu une en cadeau, à douze ans ; il a complété sa formation de cinéaste-opérateur au Service cinématographique des armées, où il tourne ses premiers documentaires. Son début de carrière, avec *Le Propre de l'homme* (1961), *L'Amour avec des si* (1962, mais distribué seulement en 1966) et deux films restés inédits, *La Femme-spectacle* (1963) et *Les Grands Moments* (1965), en font apparemment un parfait représentant du cinéma de la jeunesse, ce que confirmerait la réalisation de « scopitones », ces ancêtres du clip musical apparus dans la mouvance « yéyé ».

Au début du mois de mai 1966, lorsque s'ouvre le Festival de Cannes, Claude Lelouch est encore un quasi-inconnu, dont les précédents films soit ne sont pas sortis, soit ont été des échecs. A peine si *Une fille et des fusils* (1965) a un peu attiré l'attention, le temps d'un éreintement critique pour ce film qui, sur un argument de court-métrage, s'éternise en effets de caméra et en clins d'œil appuyés – alors que, sur un canevas similaire, Godard avait, juste avant, inventé la sarabande joyeusement désespérée de *Bande à part.* Mais Lelouch est à Cannes, avec un nouveau film. Quinze jours, un accueil triomphal et une palme d'or plus tard, *Un homme et une femme* a fait de lui la vedette montante des cinéastes français. Et l'énorme succès, en France et à l'étranger, de la difficile romance de deux êtres déjà marqués par l'existence et qui trouveront le moyen de s'aimer malgré leurs blessures (soit un typique récit de roman-photo), succès encore conforté par deux Oscars et une quarantaine de récompenses à travers le monde, consacre la place de Claude Lelouch au firmament des jeunes réalisateurs en même temps que sa fortune puisque, étant son propre producteur, il recueille également les fruits matériels de son triomphe. Lelouch se servira de cette manne pour asseoir sa capacité à faire les films qu'il souhaite et comme il le souhaite, grâce à la société qu'il a créée dès 1960, les Films 13 : *Vivre pour vivre* (1967), ou l'usure d'un couple sauvé par les épreuves au contact des drames planétaires, *La Vie, l'amour, la mort* (1969), plaidoyer contre la peine de mort, *Un homme qui me plaît* (1969), récit d'une liaison sans lendemain, rendue enchanteresse par le double décor de l'Amérique et du monde du cinéma (il n'est pas certain que ce soit différent aux yeux du réalisateur). On ne retrouve guère dans ces films la trace de ce qui a bougé dans le cinéma depuis une décennie, et pourtant ils ne relèvent pas non plus de la vieille « qualité française » : aucun chantage à la culture, rien de théâtral dans la réalisation. Lelouch, qui aime les femmes mais plus encore la famille, ne professe non plus aucun goût pour cette « immoralité » plus ou moins convenue qui était l'un des piments de la « qualité française » : chez lui, les couples légitimes trouvent ou retrouvent le bonheur, les adultères font figure d'impasses. S'il fallait trouver un prédécesseur à ce cinéaste à la fois éloigné des préoccupations et des audaces du cinéma moderne et détenteur d'une véritable originalité, on se tournerait vers Abel Gance, inventeur et conformiste, populaire et mégalomane – Lelouch viendra d'ailleurs en aide à Gance pour son nouveau montage, en 1971, de *Napoléon* (et, devenu propriétaire du film, il en fera don à l'Etat en 1989).

Surtout, le style de Claude Lelouch est une véritable nouveauté, en phase avec les changements visuels de l'époque : avec son penchant pour « l'image pour l'image » et son rythme efficace, il s'inspire directement de la publicité, qui commence alors à se prendre pour une esthétique, alors qu'elle est en fait une technique. Et Lelouch est en premier lieu un technicien – tout comme le sont, d'ailleurs, les héros de son film-avènement : Trintignant est pilote de course, Anouk Aimée est script-girl, son mari disparu (Pierre Barouh) était cascadeur. La publicité est partout à l'œuvre dans *Un homme et une femme* : dans l'omniprésence des voitures en cette décennie du « règne de la bagnole », dans l'évocation mythique et folklorique d'un Brésil enchanté en cette période d'essor du tourisme de masse, dans la fameuse ritournelle « Chabadabada » de Francis Lai, chantée par Pierre Barouh et Nicole Croisille, qui est plus un jingle qu'un morceau de musique... L'univers de Lelouch apparaît ainsi à la fois comme celui d'une midinette fascinée par la société de consommation et comme celui d'un promoteur de cette même société, qui maîtrise les méthodes de sa mise en valeur. Mais s'il y a de la naïveté et de l'habileté chez Lelouch, on n'y détecte aucun cynisme. Grâce à l'évidente générosité qu'il met à inonder son écran de sentiments (à commencer par ceux de sa vie privée) comme d'effets de caméra, de vedettes (Montand, Girardot, Belmondo, Deneuve, Morgan...) comme d'inconnus qui sont souvent ses copains. Simplement, cette générosité ne trouve à s'exprimer qu'à l'intérieur d'un cadre centré sur Lelouch, son monde, son regard, ses affects. Lelouch est une sorte de « Monsieur Plus », chez lui le mieux est l'ami du bien. On ne sera pas surpris de le retrouver filmant les Jeux olympiques d'hiver à Grenoble en 1968 (en compagnie de Reichenbach) : dans tous ses films, et presque dans chacune de leurs séquences, il y a quelque chose comme la quête d'un record, la recherche d'un exploit. Autant dire que toute la réflexion critique remettant en cause la notion de spectacle, née dans les années cinquante et qui a pris corps sur les écrans durant les années soixante, n'a aucune place chez lui.

En couleurs et dans les grandes largeurs

Cinéaste de la surenchère visuelle et émotionnelle, Claude Lelouch est à l'unisson de cette société de consommation en plein essor que vante, précisément, la publicité. Plus directement, la nouvelle gloire de ce technicien de la mise en scène symbolise parfaitement les évolutions en cours dans les salles obscures, à un moment où le spectacle cinématographique connaît de sérieux changements. Non que l'époque donne naissance à des inventions majeures : si bien des améliorations techniques sont encore à venir, au sein des technologies « classiques » l'ère des grandes innovations est terminée (le film en trois dimensions, présenté comme le futur du cinéma, n'ira pas au-delà du statut de curiosité). On assistera à des changements quantitatifs (matériel plus léger, pellicules plus sensibles, optiques mieux définies, couleurs plus stables, son plus riche, plus puissant, plus spatialisé, etc.) mais à aucun bouleversement qualitatif. Signe que le cinéma est sorti de sa jeunesse, de sa période de croissance comme moyen d'expression, et aussi qu'il va bientôt cesser de représenter un enjeu économique de première importance : les recherches des laboratoires se tournent vers d'autres supports et d'autres technologies de communication.

Mais cette décennie voit se généraliser, jusqu'à devenir la norme pour les films français, ces deux « améliorations » que sont la couleur et, moins systématiquement, l'écran large. Le quart des quelque cent films français sortis en 1959 étaient tournés en couleurs : films à grand spectacle, mais aussi documentaires de Marker, de Rouch, de Menegoz... En 1967, seuls quatre des cent vingt films produits dans l'année sont en noir et blanc. Le « tout-venant » du cinéma (comédies et films policiers), auquel nul n'aurait songé devoir offrir l'atout supplémentaire de la couleur dix ans plus tôt, en bénéficie désormais comme d'un droit naturel. Devenu la norme pour les films commerciaux, le noir et blanc passe dans un premier temps pour un signe de pauvreté. Dès qu'ils le pourront, les réalisateurs du cinéma moderne « passeront à la couleur » – Godard avec *Une femme est une femme,* Resnais avec *Muriel,* Chabrol avec *A double tour,* Truffaut avec *Fahrenheit 451,* Rohmer avec *La Collectionneuse,* Rivette avec *La Religieuse,* Varda avec *Le Bonheur,* Demy avec *Les Parapluies de Cherbourg,* soit pratiquement toujours à leur troisième film. Qu'ils aient ou non tâté de la couleur dans leurs courts-métrages ou des participations à des films à sketches, il est certain que tous ces cinéastes testent les possibilités de la couleur, et que même s'il y a le plaisir d'essayer un nouveau « jouet », et parfois la pression des producteurs pour valoriser le film, aucun n'utilise inconsidérément ce nouvel outil. Plus encore qu'un moyen de faire des économies, le noir et blanc va devenir un parti pris stylistique, utilisé dans des directions diamétralement opposées : soit le film vise à un « rendu » documentaire, se plaçant en concurrent de la télévision (qui, à l'époque, ne connaît que le noir et blanc), soit au contraire il cherche une stylisation qui, le plus souvent, se nourrit de références au cinéma classique ou aux séries B des périodes précédentes.

Moins systématiquement, la projection sur écran large se généralise elle aussi : de 30 films sur 158 en 1960, on est passé en 1967 à 74 films sur 130. Grâce surtout au Scope, successeur de l'éphémère CinémaScope, qui permet de passer d'une projection sur un écran dont la largeur fait 1,37 mètre par mètre de hauteur à un écran d'une largeur de 2,35 mètres par mètre de hauteur, à partir d'une pellicule qui conserve l'habituelle largeur (35 millimètres) mais sur laquelle l'image est anamorphosée, c'est-à-dire réduite et « tordue » à la prise de vues et retrouvant son format normal à la projection. Le 70 millimètres, qui renonçait à l'anamorphose pour utiliser une pellicule deux fois plus large, et donc deux fois plus définie, tenta de concurrencer le Scope mais fut vaincu par les coûts de tournage, de laboratoire et d'équipement des salles qu'il impliquait. En revanche, une norme intermédiaire entre l'ancien format, 1,37, et le 2,35 du Scope se développe rapidement : le 1,65 (en Europe) permet de donner une plus grande ampleur au cadre sans supporter le surcoût du Scope. Considéré comme « bâtard » par les puristes, qui préfèrent les choix radicaux en faveur du 1,37 ou du Scope, ce format s'imposera pourtant comme le plus courant au cours de la décennie. Les Américains, de leur côté, marqueront bientôt une prédilection pour la projection en 1,85, plus large, qui repose sur une astuce : la plupart de ces films sont en réalité tournés en 1,37 ; l'image « carrée » qui en résulte est destinée à la télévision, en prenant soin que le haut et le bas du cadre ne soient occupés que par le sol et le ciel, ce « remplissage » disparaissant lors des projections en salles sur des écrans larges où les mêmes images sont amputées en haut et en bas.

Face à ces « améliorations » quantitatives, les tournages légers en 16 millimètres, même gonflés ensuite en 35 millimètres, manifestent plus explicitement leur différence avec les normes commerciales. Mais, pas plus qu'à propos de la couleur, les promoteurs du cinéma moderne n'ont manifesté d'opposition de principe à l'écran large (il était même défendu par Eric Rohmer dans les *Cahiers* dès 1954), et bon nombre de leurs films seront tournés en Scope.

Ou en « pseudo-Scope » : le détenteur du procédé original, Panavision, n'accordant qu'avec parcimonie, et contre une forte somme, les licences d'utilisation, on assiste à ce moment à la multiplication en Europe de procédés rivaux : Dyaliscope, Franscope, Superscope, Ultrascope, Totalscope... Mais surtout, à côté de ce « piratage » juridique, la manière dont les jeunes réalisateurs utilisent le format large représente un détournement esthétique de ses objectifs premiers : Hollywood avait inventé le Scope pour mieux restituer les grands espaces des westerns et des films d'aventures, et rendre ainsi ces produits plus spectaculaires. Le cinéma français commercial, en règle générale plus étriqué et plus porté sur la performance d'acteurs, celui qui se concentre sur le comédien ou sur le groupe et n'use guère de plans larges, s'y sentira souvent un peu perdu : le Scope n'est plus alors qu'un argument publicitaire, il « fait riche » plutôt qu'il ne répond à une nécessité de mise en scène. Il n'en va pas de même avec les auteurs du cinéma moderne lorsqu'ils choisissent de s'en servir. Le format large permet une nouvelle écriture : il aide à trouver de nouvelles manières d'échapper au champ-contrechamp, ce pont aux ânes de la réalisation (par exemple dans *Jules et Jim*), il autorise une nouvelle architecture du plan (par exemple dans *L'Année dernière à Marienbad*) ou traduit un nouveau rapport des humains avec le monde matériel et spirituel qui les enveloppe et les écrase (par exemple dans *Le Mépris*).

Small is powerfull ?

L'écran large et la couleur, quelque utilisation que leur ait trouvée le cinéma moderne, ne s'en sont pas moins répandus dans le monde sur l'initiative et sous l'influence de l'Amérique. Et c'est, évidemment, contre la montée en puissance de la télévision que ces innovations se sont généralisées : la télé est petite et en noir et blanc [1], le cinéma sera grand, de plus en plus grand, et en couleurs. Quand les films sont montrés gratuitement à domicile, il faut « en donner plus » aux gens pour qu'ils acceptent de sortir de chez eux et de devenir, encore, des spectateurs. Et à ce jeu du « plus » (plus grand, plus coloré, plus spectaculaire, plus cher – plus simple et plus prévisible aussi quant aux récits et aux procédés narratifs), les Américains ont prouvé leur maî-

1. La première diffusion d'émissions en couleurs sur la deuxième chaîne française a lieu le 1er octobre 1967. Mais à ce moment, pratiquement personne n'est équipé pour sa réception.

trise. Ces deux influences majeures, celle de Hollywood et celle de la télévision, influences pas nécessairement synchrones et ne poursuivant pas toujours les mêmes buts mais déterminant ensemble le devenir du cinéma, seront désormais le moteur de l'histoire du cinéma français (et, de manières différentes, de toutes les cinématographies du monde).

Face à ces deux puissances, et à côté de la stratégie du « toujours plus », la seule dont soit capable l'industrie, d'autres tentent la guérilla de la « différence », qui passe souvent par des moyens modestes et ne se soucie pas de surenchérir sur les Américains. Dès 1962, Godard prédisait dans le « Spécial Nouvelle Vague » des *Cahiers* : *« L'industrie du cinéma évolue inexorablement vers : soit le film ultra-bon marché, soit le film ultra-cher. Le film moyen, financièrement et artistiquement parlant, devient petit à petit la proie de la T.V. C'est comme ça, hélas ou tant mieux. »* Il faudra vingt ans pour que cette analyse prémonitoire se réalise entièrement, mais ses prémisses sont justes, et se vérifient de plus en plus au fil des années. Ici aussi, la télévision et Hollywood interfèrent : la puissance des studios se maintient en Amérique parce qu'ils deviennent eux-mêmes producteurs de télévision en même temps que de films. L'industrie du cinéma devient, là-bas, une industrie globale de l'image, où les effets de la concurrence entre les deux médias contribuent à la puissance de l'ensemble. En France, la situation est toute différente. D'une part, la télévision est encore entre les mains d'un monopole d'Etat, l'O.R.T.F., ce qui place les gens de cinéma dans un rapport de forces défavorable lors des négociations avec elle pour la vente des films – à ce moment, le petit écran représente, financièrement, un marché dérisoire pour les producteurs de films. D'autre part, le statut culturel du « septième art » est tel que, et pour longtemps encore, la plupart des gens de cinéma n'envisagent nullement comme une alternative décente de travailler pour la télévision. Dès 1964, un rapport pour son ministre de tutelle de l'inspecteur des Finances Paul Reverdy [1] soulignait ce fait, et constatait le blocage des relations entre représentants du cinéma et O.R.T.F., l'institution télévisuelle étant désignée comme le principal responsable de cet état de fait. Six ans plus tard, un « rapport général » du Centre national du cinéma aboutira rigoureusement aux mêmes conclusions. Ayant atteint le million de téléviseurs durant l'année 1960, la France en comptera 10 millions avant que la décennie ne s'achève. Durant la même période 1960-1969, le nombre de spectateurs en salles est presque divisé par deux (de 354,67 millions d'entrées à 182,11 millions), la fréquentation par habitant par plus de deux (de 7,8 à 3,6, l'année où la population du pays atteint 50 millions). Le phénomène en recoupe un autre, aussi significatif et aussi massif : une enquête de 1965 montre

1. L'un des rédacteurs de ce rapport était un jeune fonctionnaire alors débutant, nommé Edouard Balladur.

que les Français consacrent 81 % de leurs dépenses culturelles à des activités à domicile : se cultiver, ce n'est plus « sortir », au contact et à la découverte du monde.

A l'époque, on proteste volontiers contre le comportement de l'O.R.T.F. vis-à-vis du cinéma, mais bien peu se méfient de la télévision en tant que telle : dans une enquête du *Nouvel Observateur* du 10 décembre 1964, on trouve côte à côte le secrétaire général de la Fédération du spectacle (C.G.T.), Jean Mourier, et le cinéaste commercial Edouard Molinaro : le premier prétend que *« les gens découvrent le cinéma, celui de Donskoï, de Vigo, de Welles, grâce à la télévision »;* le second affirme qu'*« il n'existe plus qu'un seul producteur digne de ce nom, c'est la télévision »* ; et tous deux, comme nombre de leurs pairs, comptent sur le petit écran pour sauver le grand, présenté (une fois de plus) comme à la dernière extrémité. Cet aveuglement sur ce que représente réellement la télévision pour le cinéma (non pas seulement un concurrent, mais, de manière beaucoup plus essentielle et dangereuse, l'outil de la substitution d'un rapport au monde par un autre) n'est pas l'apanage de l'*establishment* du cinéma. Curieusement, à nos yeux des années quatre-vingt-dix, mais assez logiquement si on considère les espoirs mis à l'époque dans les possibilités pédagogiques, démocratiques et non commerciales de la télévision, ce sont des représentants du cinéma moderne qui ont tenté, les premiers, de jouer l'alliance avec le petit écran. Ici, à nouveau, les précurseurs se nomment Roberto Rossellini et Jean Renoir. Le premier s'y est essayé avec *India* en 1959, et s'y est définitivement résolu à partir de 1965. Nous avons vu le second tourner pour la télé *Le Testament du docteur Cordelier,* puis son *Petit Théâtre.* Aucun des deux cas n'est véritablement probant : s'il existe des chefs-d'œuvre dans le travail de Rossellini pour la télévision, à commencer par *La Prise du pouvoir par Louis XIV,* c'est au talent du cinéaste qu'est due cette qualité. Et quand Renoir invente un système de tournage qu'il considère adapté au petit écran, il doit attendre deux ans avant que *Cordelier* soit diffusé. A défaut de convaincre véritablement sur l'écran, ils ont brisé un tabou d'ailleurs tout relatif : à ses origines, les *Cahiers* s'étaient voulus, sans grand effet réel, « revue du cinéma et du télécinéma ». Bazin s'était penché très tôt sur l'*« érotologie de la télévision »* et, en octobre 1960, Rohmer ne mesurait pas son enthousiasme de cinéphile pour la retransmission des Jeux olympiques de Rome, qu'il n'hésitait pas à qualifier de spectacle cinématographique *« puisqu'il est donné sur un écran de cinéma »* (l'O.R.T.F. ayant organisé des diffusions publiques, et payantes, des principales épreuves). Surprenante méconnaissance des singularités du langage cinématographique, surtout de la part de Rohmer. Il y entre une part de provocation, mais aussi de la fascination pour ce nouveau et conquérant médium, et les gages qu'en apparence il donne au réalisme (et que Rohmer a expérimentés lorsqu'il travailla pour la télé).

Au mois d'avril suivant, les *Cahiers* abandonnaient d'ailleurs leur habituelle couverture jaune, le temps d'un « Spécial T.V. » (bleu). Dans son éditorial, on lisait cette affirmation pour le moins expéditive : *« Sur l'écran individuel ou collectif,* Le Cuirassé Potemkine *reste* Le Cuirassé Potemkine », qu'on ne peut guère lire que comme une affirmation de parfaite mauvaise foi (ce dont la revue n'est pas avare) pour imposer une réflexion sur un moyen de communication à propos duquel, effectivement, la critique de cinéma a *« quelque chose à dire ».* Mais, traduisant une paralysie durable des cinéphiles devant l'étrange lucarne, les rédacteurs de la revue renoncent tout aussitôt à s'exprimer, laissant la parole aux professionnels de la télé dans une succession de textes, d'ailleurs souvent intéressants, mais qui n'ont aucune pertinence particulière dans les pages d'une revue de cinéma. Signifiant à la fois qu'il faut se préoccuper de la télé et que les critiques maison ne savent pas quoi en dire, ce numéro spécial traduit un embarras et une ambiguïté tout à fait instructifs. La phrase sur *Potemkine* (probablement à nouveau de Rohmer, alors rédacteur en chef des *Cahiers* et auteur des éditoriaux non signés) exprime tout de même un déni de l'ensemble des paramètres qui font la particularité du cinéma. Il est pour le moins léger de faire fi de certaines composantes de ce qui constitue le cinéma – *a fortiori* celui d'Eisenstein ! –, telles que le procédé même de la projection, la vision collective des films, dans l'obscurité, après avoir payé sa place, et dans des conditions de reproduction conformes à celles voulues par le réalisateur au moment du tournage.

Les *Cahiers* n'ont d'ailleurs pas le monopole de pareil « aveuglement » : arguant quelle n'était pas obnubilée par les préoccupations particulières des exploitants, la rédaction de *Cinéma 60* avait dès octobre 1960 créé une rubrique, « Le cinéma à la télévision », présentée par un texte d'un bel optimisme : *« La guerre des deux écrans n'aura pas lieu !* [...] Cinéma 60, *qui a toujours manifesté un pacifisme serein dans cette querelle entre les tenants du grand et du petit écran, reste convaincu que la collaboration cinéma-télévision est inéluctable, et qu'elle promet d'être féconde pour les deux. »* De fait, la guerre aura bien lieu, elle a déjà commencé. Elle fera un vainqueur et un vaincu. Et le mot « collaboration » prendra alors un sens beaucoup plus déplaisant que celui que lui donnaient les prophètes des lendemains heureux.

Sur un terrain très différent de celui de la réflexion critique (et des illusions qui y ont alors cours), un autre phénomène témoigne des relations moins simples qu'il n'y paraît entre grand et petit écrans. A la même époque, plusieurs parmi les meilleurs et les plus en vue des réalisateurs de télévision (Maurice Cazeneuve, Marcel Bluwal, Stellio Lorenzi) s'en vont tenter leur chance derrière une caméra de cinéma. Il y aura autant d'échecs que de tentatives. C'est que la télévision, malgré ses apparences de légèreté et de rapidité, est une machine encore plus lourde et contraignante que le cinéma, plus rassurante aussi. D'une certaine manière, les studios de l'O.R.T.F. (les fameuses Buttes-Chaumont) sont appelés à prendre la succession des studios du cinéma des années cinquante, et il n'y aura rien d'étonnant, comme le notera Serge Daney, à voir les pontifes de la « qualité française » (Delannoy, Christian-Jaque, Grangier, La Patellière) aller y terminer leur carrière. Il est plus surprenant de voir le même chemin emprunté par des représentants du jeune cinéma, qui n'ont pas réussi en salles : ce sera le cas d'Alexandre Astruc, de Jacques Doniol-Valcroze, de Claude de Givray, de Paul Paviot, de Jean-Claude Bonnardot.

Mais tous n'ont pas la même complaisance, ou le même aveuglement, envers la télévision et les dangers qu'elle représente, non seulement pour le cinéma mais pour un certain type de rapport au monde. Et des cinéastes tels que Godard, Rozier ou Varda n'attendent pas pour l'épingler au détour d'un plan ou d'une réplique. Sans oublier Marker : *« C'est très bien, la télévision. Ça bouge, c'est gai, on dirait un aquarium avec des perroquets à l'intérieur »* (dans *Si j'avais quatre dromadaires*).

Troisième partie

LEVEZ-VOUS, ORAGES DÉSIRÉS (OU PAS)

(1967-1968)

Chapitre 1

1967 : ÇA SENT LE ROUSSI

Tout art reflète son époque, dit-on ; le cinéma témoigne de son temps, affirme-t-on. Ce sont banalités creuses, si on ne prend pas la peine de distinguer plus avant : toute création de l'esprit, même du plus conformiste (surtout du plus conformiste ?), porte la trace des conditions réelles au sein desquelles elle a été conçue et exécutée ; tout film, du fait de la part d'enregistrement mécanique qui entre dans sa fabrication et de sa plus grande dépendance des conditions économiques, recèle *a fortiori* de telles informations. Et l'« esprit du temps » impressionne toujours, bon gré mal gré, la pellicule. Mais un nombre très limité de films représentent un travail conscient de recherche sur leur époque, non seulement par la réflexion intellectuelle de leur auteur, mais par la mise en œuvre des moyens d'investigation particuliers qui tiennent au cinéma.

C'est cette distinction qui nous avait fait séparer le cinéma de la jeunesse, empreinte laissée sur les films par une génération et une époque, du cinéma moderne, inventant un nouveau langage cinématographique susceptible de rendre le monde mieux visible et mieux compréhensible. On se retrouve confronté à la même distinction à la veille de ce bouleversement de société désigné dans le langage courant par l'expression « Mai 68 ». Des comédies les plus anodines aux œuvres artistiquement les plus ambitieuses, les films ont enregistré les changements de mœurs, de langage, de vêtements, d'habitat, de goûts musicaux, etc., advenus durant la deuxième moitié des années soixante. Ils s'en sont souvent servis à des fins décoratives. Bien peu en ont fait un enjeu, bien peu ont utilisé le cinéma pour comprendre ce qui se produisait durant ces années, et ce qui s'annonçait. Deux cinéastes assumeront, chacun de son côté, l'essentiel de ce travail : Jean-Luc Godard et Jacques Tati.

Godard et Tati à la lorgnette

Au début de 1967, lors de la sortie de *Deux ou trois choses que je sais d'elle,* Godard affirme : *« Tous mes films ont constitué des rapports sur la situation du pays, des documents d'actualité, traités d'une façon particulière peut-être, mais en fonction de l'actualité moderne. »* En fait, l'idée que Godard se fait du cinéma, et qu'il va s'en faire de manière de plus en plus précise, ne se limite pas à un « rapport » sur la situation existante, mais attend du cinéma un travail de mise au jour comparable à ce que permettent les expériences pour la recherche scientifique – plus tard, il parlera des films comme de *« systèmes experts ».* Il est donc logique que ce soit dans ses films, et presque uniquement là, que l'on distingue la prémonition des événements à venir. Le premier indice de la sensibilité du « sismographe Godard » aux bouleversements qui s'annoncent, et qui vont secouer la planète durant l'année 1968, apparaît avec l'intense activité de 1967 : en quarante-huit semaines, cette année-là, du 27 janvier au 29 décembre, quatre films réalisés par Godard sortent sur les écrans, auxquels il faut ajouter son sketch pour *Le Plus Vieux Métier du monde,* « Vangelo 70 », et sa contribution au film collectif *Loin du Vietnam.* Après le sommet romanesque de *Pierrot le Fou* (dont l'actualité n'est nullement absente, comme en témoigne notamment la pantomime sur la guerre du Vietnam), le mouvement est amorcé avec *Masculin-Féminin* (1966), enquête filmée sur la « jeunesse ». Godard, qui s'intéresse désormais de près à la Révolution chinoise, va faire sienne une maxime de Mao Tsé-toung : *« Qui n'a pas fait d'enquête n'a pas droit à la parole. »* Depuis ses débuts, le cinéaste utilisait des matériaux glanés dans la presse, introduisait des informations précises sur le milieu décrit, à l'occasion intégrait au récit des séquences d'interview avec des personnalités jouant leur propre rôle et défendant leurs idées : le reportage, le « rapport », comme il le dit, n'a jamais été absent de son travail. Mais, cette fois, le dispositif journalistique de l'entretien est le principe même du film, dont les moments charnières sont les discussions-interrogatoires, sous prétexte de flirts (entre Jean-Pierre Léaud et Chantal Goya, puis entre Michel Debord et Catherine-Isabelle Duport), l'interview de *Mademoiselle Age tendre* par Léaud promu enquêteur de l'I.F.O.P., puis la critique du mécanisme des instituts de sondages. Cette critique vaut d'ailleurs aussi pour le film lui-même. Godard, renonçant partiellement à ses prérogatives d'auteur, semble mal à l'aise avec ces flots de paroles qu'il suscite, il est pris dans la contradiction entre simplement enregistrer les discours (parfois idiots, parfois rendus idiots par leurs conditions d'énonciation) et y apporter son commentaire.

Il en ira différemment avec *Deux ou trois choses que je sais d'elle,* inspiré par un reportage publié dans *Le Nouvel Observateur* et qui, bien que lui aussi taillé dans le quotidien (bâtiments, langage, idées et apparences), reste trente ans après une analyse efficace, et toujours passionnante de la réalité sociale. Entre les deux, Godard a réalisé un film dont le style endiablé rappelle *Une femme est une femme* et *Pierrot le Fou,* si le thème est explicitement politique : *Made in U.S.A.,* parabole goguenarde sur la dégénérescence de la gauche française et pamphlet bariolé contre l'impérialisme américain, télescope et chorégraphie les emprunts à la bande dessinée, aux polars, aux manchettes des journaux et à la littérature, avec une réjouissante santé, qui témoigne mieux d'une grande virtuosité formelle que d'une réflexion politique sur le cinéma et sur la société. Sur le chemin où progresse le cinéaste, *Masculin-Féminin* était un petit pas en avant, assez laborieux, *Made in U.S.A.* un pas en arrière effectué avec une grâce farceuse. *Deux ou trois choses que je sais d'elle* sera un grand bond en avant, décisif pour toute la suite de son travail. La bande-annonce du film affirme que le « elle » du titre désigne *« la cruauté du néo-capitalisme, la prostitution, la région parisienne, la salle de bains que n'ont pas 70 % des Français, la terrible loi des grands ensembles, la physique de l'amour, la vie d'aujourd'hui, la guerre du Vietnam, la call-girl moderne, la mort de la beauté moderne, la circulation des idées, la gestapo des structures ».* Programme chargé. *« Elle »,* toutes ces *« elle »* seront étudiées en compagnie d'une jeune femme (Marina Vlady) qui pratique « non professionnellement » la prostitution dans les nouvelles cités-dortoirs de la banlieue parisienne. *« L'objectif réel du film est d'observer une grande mutation »,* explique alors Godard. La mutation est d'abord celle de la ville, au double sens d'agglomération et de cité (politique), telle que la bouleverse la politique de construction intensive (cinq cent mille logements construits chaque année de 1962 à 1969), et les changements qui en découlent : changements dans les habitudes de consommation (explosion de l'électroménager, stimulée par l'assouplissement du crédit aux ménages) ; rupture des communautés traditionnelles basées sur l'habitat ; nouvelle gestion du temps (accroissement des temps de transport, passage d'un temps divisé entre travail et non-travail à un temps unique où emploi et loisir sont deux moments également pris en charge par la société) ; naissance d'une existence où l'exploitation perd en violence visible ce qu'elle gagne en efficacité et en étendue. Changements violents. Et la violence, comme le savent bien les cinéastes de la Nouvelle Vague, est toujours aussi une violence esthétique, les barres de béton qui prolifèrent à la porte des villes avant de les envahir en témoignent avec un grisâtre éclat.

Deux ou trois films au moins avaient précédé celui de Godard sur ce terrain, *Le Joli Mai* de Marker en 1962, *Muriel* de Resnais, auquel Godard se réfère explicitement, et dès 1960 un court-métrage d'une radicale noirceur dans sa dénonciation du saccage urbain : *L'amour existe,* première réalisation d'un cinéaste de trente-cinq ans dont on reparlera, Maurice Pialat. Mais Godard, en mêlant la fiction au documentaire, se donne les moyens d'une mise en perspective qui intègre le témoignage dans une réflexion à grande échelle, en prise sur la planète et sur les tendances longues de l'Histoire. Pour y parvenir, il faut en passer par ce que le critique François Albera appellera *« l'abandon de toute logique narrative ».* La première victime de cet abandon sera ce pilier du romanesque : le personnage. C'est le sens des multiples significations données au « Elle » du titre et de la distinction effectuée au début du film entre Marina Vlady, actrice, et Juliette Janson, protagoniste. A défaut de psychologie, jamais utilisée, on trouvait encore dans les précédents films l'idée d'un « intérieur », d'un « secret intime » qu'il fallait dévoiler. D'où l'interrogation répétée sur les visages : *« Je voudrais savoir ce qu'il y a derrière ton visage »* (Seberg dans *A bout de souffle*) ; *« Mais il n'y a pas de différence sur ton visage. – Et alors ? – On devrait en voir puisque la vérité est différente du mensonge »* (Karina dans *Une femme est une femme*) ; *« Tu n'as qu'à savoir ce que cache mon regard »* (Macha Méril dans *Une femme mariée*) ; *« J'essaie de savoir qui tu es exactement »* (Belmondo dans *Pierrot le Fou*), etc. On est passé de la révélation d'une vérité au-delà des apparences supposées à la fois masquer et trahir l'« âme » (fût-ce de la poule dans *Vivre sa vie*) à l'observation, au sens scientifique. Corps, bâtiments, travail, sentiments, images, sons, il ne reste que des « objets » et des « rapports » (de forces et de formes) entre ces objets. Avec ce film, Godard devient le premier cinéaste complètement matérialiste (alors que Rossellini et Bresson font des films matérialistes au service d'une idée spiritualiste). Il cesse aussi d'être un héritier direct de Renoir, celui qui filmait la *« robe sans couture de la réalité »* (Bazin). Renoir refusait les « coutures » artificielles de la réalisation, ne correspondant à rien dans la réalité. Godard aussi (comme tous les cinéastes modernes), mais il s'intéresse désormais aux « coutures » d'une réalité qu'il voit disjointe et conflictuelle, et non plus seulement complexe et nuancée.

A l'époque de *Deux ou trois choses,* Godard affirme : *« On peut tout mettre dans un film. On doit tout mettre dans un film. »* Mélange de générosité, d'exigence et d'utopie, qui signe la singularité d'un cinéaste, quand ses collègues, même les plus audacieux, cherchent à « isoler » (un récit, un sentiment, un point de vue, un style). Du coup, l'isolé, c'est lui. Il n'est pourtant pas seul. En cette même année 1967 sort un film fort différent, et en même temps très proche de *Deux ou trois choses que je sais d'elle* : *Playtime,* de Jacques Tati. Son précédent film, *Mon oncle,* avait été un triomphe : prix spécial du jury à Cannes, Oscar à Hollywood, immense succès public. Mais c'était en 1958. Et c'était, surtout, un malentendu. Le public et les producteurs (français mais aussi américains) avaient cru identifier un nouvel amuseur, prêt à transformer en formule reproductible les gags qu'il concevait et interprétait. Tati, qui a eu cinquante ans en 1958, n'en a que faire. Il aime mieux ne pas tourner du tout que de se lancer dans pareille opération de rentabilisation, il dit qu'il préférerait construire un immeuble. Il a pourtant plusieurs projets, qu'il abandonne lorsque, en 1959, lui vient l'idée sur laquelle il va tout miser, et tout perdre : *Playtime,* fresque comique des « temps modernes », dont l'ambition s'apparente à celle du classique de Chaplin. Lorsqu'il dépose le scénario, en juillet 1961, à l'avance sur recette, il sait que le projet est énorme, il ignore qu'il va lui prendre les six ans qui suivent. Sans être une superproduction (le budget est légèrement supérieur au coût moyen des films français de l'époque), l'entreprise *Playtime,* produite par sa propre société, Specta, est d'une dimension peu en rapport avec les moyens dont dispose l'indépendant que tient farouchement à rester Jacques Tati. Il a vu grand, pas par goût de luxe mais parce que les moyens qu'il réclame sont ceux qu'exige le sujet : il lui faut le 70 millimètres pour filmer comme il l'entend les immensités glacées de l'urbanisme moderne, et le son stéréo pour rendre compte de la saturation cacophonique de l'espace sonore. Il lui faut surtout le décor approprié, dont il s'avère vite qu'il doit être entièrement construit. Donc il va « construire un immeuble ».

Et même, ne soyons pas mesquins, une ville. Sa géographie cristallisera les phénomènes sociaux qui suscitent la réflexion, l'inquiétude et l'ironie du cinéaste. C'est seulement en juillet 1964 qu'il peut lancer la construction, près de Vincennes, de « Tativille », composée de plusieurs buildings en verre et acier, de vraies rues que sillonneront une multitude de vraies voitures, tandis que des systèmes de façades sur rail élargissent et multiplient les perspectives. On vient visiter du monde entier, Malraux annonce que l'endroit sera conservé après le tournage pour l'édification des générations futures. Tativille est devenue une vraie-fausse ville lorsque les travaux s'achèvent, en janvier 1965. Le tournage avait commencé dès octobre 1964. Un tournage difficile, constamment tiraillé entre deux impératifs opposés : d'une part l'extrême précision requise par la mécanique comique, d'autre part la liberté, que le metteur en scène tient à conserver, de pouvoir à tout moment innover en fonction de ce qui se passe sur son « plateau » — un plateau précisément conçu pour susciter de nouvelles idées. Ce perfectionnisme vaut à Tati le surnom de « Tatillon », et de graves difficultés financières ; le budget est dépassé, plusieurs fois les prises de vues sont interrompues faute d'argent, le réalisateur devra hypothéquer sa maison pour que, après trois cent quarante-cinq jours de tournage, le film arrive à son terme, à l'automne 1967, et puisse sortir en décembre. C'est, à tous points de vue, l'un des plus grands films français d'après-guerre. Artistiquement, financièrement et techniquement ambitieux, il recèle une invention comique d'une extraordinaire fécondité, qui en autorise de multiples visions, chaque fois riches de découvertes. Et c'est aussi, malgré son caractère très fabriqué, un film étonnamment moderne. Moderne par ce qu'il montre : dans ses dédales de murs vitrés, de robots se substituant aux hommes, de faux-semblants technologiques, de réglementations bureaucratiques, de soumission souriante et de convivialité organisée, il met en évidence avec une clairvoyance que lui envieraient les meilleurs sociologues l'organisation unifiée du travail et du loisir, de la socialité et de l'intimité, qui sera bientôt la pierre de touche de la critique du capitalisme « post-industriel ». Mais la construction même de *Playtime* est tout aussi moderne : sous son apparent artifice, le film fonctionne comme une expérience scientifique en laboratoire. En construisant Tativille, le réalisateur a reconstitué les données caractéristiques d'une situation réelle ; il lâche en plein milieu, durant le temps prédéfini d'une journée, un élément perturbateur : M. Hulot (c'est-à-dire lui-même), porteur d'une « autre idée du monde ». *Playtime* sera l'enregistrement minutieux de la collision réelle entre deux éléments stylisés : Hulot et ce concentré du monde moderne. L'expérience s'avère d'une complexité croissante, que la mise en scène ne cherche jamais à édulcorer, et qui culmine avec la scène dans le restaurant (qui occupe à elle seule près de la moitié des deux heures vingt de projection), où une multitude de personnages, traités sur un pied d'égalité, composent un système narratif qui se démultiplie et s'entrecroise, sans jamais devenir confus. Et sous les coups de boutoir dévastateurs du bonhomme à la pipe, la « rationalité » de l'organisation sociale vole en éclats. En éclats de rire.

Mais il n'y a pas grand monde pour rire. Mal accueilli par la critique, le film essuie un échec public encore plus cinglant. Il est jugé trop long, on lui reproche de ne pas rester centré sur le personnage de Hulot, l'équipement des salles ne rend le plus souvent pas justice à son image 70 millimètres, fréquemment tronquée, et à la piste sonore très élaborée – et ce n'est rien à côté de la télévision, où il est irregardable et inécoutable. Avec une fidélité à ses idées d'un panache suicidaire, le film est lui-même réfractaire aux procédés contemporains qu'il dénonce, et en meurt.

L'échec commercial de *Playtime* ruine définitivement Jacques Tati. En 1974, Specta Films est déclaré en faillite, les négatifs de tous les films du cinéaste sont saisis. Il a pourtant tourné entre-temps *Trafic,* en 1970, avec un financement hollandais : fable pleine d'entrain et de finesse sur l'emprise de la voiture, film difficile à juger après *Playtime,* où se lisent à la fois la verve intacte du cinéaste-acteur et une sorte de prudence, après les ambitions déçues du film précédent. Encore Tati, qui n'avait été embauché que comme scénariste et interprète (une quasi-humiliation), a-t-il au moins pu récupérer son statut de metteur en scène après quelques jours de tournage assumés par Bert Haanstra. C'est à nouveau une commande de l'étranger, en l'occurrence la télévision suédoise, qui lui permettra son ultime réalisation : *Parade* (1973), évocation de son univers et de son amour du monde du cirque, où il est à la fois M. Loyal et l'interprète de ses anciens numéros burlesques. Le film, réalisé en vidéo, sera transféré sur pellicule pour être projeté en salles. Comme le précédent, il n'obtient qu'un succès d'estime. Malade, à la fois célébré comme personnalité et isolé comme cinéaste, Jacques Tati meurt le 4 novembre 1982 sans avoir réussi à porter à l'écran son dernier projet, *Confusion*.

Sur des modes différents, *Deux ou trois choses* et *Playtime* auront été les deux grands portraits de la mutation du paysage social des années soixante. Avec son film suivant, Godard change de perspective ou, si l'on préfère, de cadrage. Après le large panoramique de *Deux ou trois choses,* la réalisation, début 1967, de *La Chinoise* propose un gros plan stylisé qui préfigure les engagements et les impasses d'une génération (au moins d'une notable fraction de génération) durant la décennie à venir. Le réalisateur fréquente à l'époque le campus de Nanterre, où est étudiante Anne Wiazemsky, « modèle » de Bresson dans *Au hasard Balthazar.* Il s'intéresse aux groupes politiques d'extrême gauche qui y fleurissent, et auxquels est liée sa compagne et future interprète. Un autre en tirerait la matière d'un document militant ou folklorique. C'est la mise en scène qui, à partir d'une situation alors très marginale, permet à Godard de voir à l'avance ce que sera la révolte de jeunes intellectuels, fils de bourgeois en rupture de société, qui s'enferment dans l'imagerie exotique de la révolution et le carcan de discours théoriques. Parfaite illustration de la puissance d'analyse que le réalisateur prête au cinéma, *La Chinoise* n'est pas une politique-fiction ironique et microcosmique. C'est le télescopage, pour ainsi dire filmé au ralenti, entre questions justes mais mal posées et situations fausses porteuses de vérité. Godard n'a pas prévu dans le marc de café le folklore maoïste qui fleurira les années suivantes, il a vu par le cinéma comment ce folklore traduira les contradictions légitimes du mouvement gauchiste, et en même temps les recouvrira de son linceul d'imagerie.

A la suite, *Week-End* représente une sorte de reprise au vol virtuose des connaissances accumulées en huit ans de pratique du cinéma et d'observation sociale. Le film est composé de deux parties, la première plutôt « narrative » (à la manière, fort peu linéaire, de ses premiers films), la seconde complètement déstructurée. Durant la première partie, on est en présence d'un couple (Jean Yanne et Mireille Darc) qui sert de guide à une sorte de chronique de la guerre civile en France à la fin des années soixante : amour, travail, loisirs, consommation... Godard montre tous les aspects de la vie quotidienne comme un enchevêtrement de conflits ultra-violents, et sans issue autre que la catastrophe. Une fois celle-ci advenue, il balance ses protagonistes complètement déboussolés dans un *no man's land* onirique où se démène un hypothétique Front de libération de la Seine-et-Oise, à la fois vert paradis des utopies, théâtre des fantômes historiques et littéraires de la pensée révolutionnaire, et lieu expérimental des mécanismes d'oppression et de révolte. A nouveau, avec les ressources d'une mise en scène qui combine de manière poétique et humoristique l'information et la réflexion, le film répond à l'avance à une question qui, cinq mois plus tard (*Week-End* sort le 29 décembre 1967), sera sur les lèvres de tous ceux qui se demanderont pourquoi se battent avec une telle rage des étudiants qui sont les privilégiés d'un monde privilégié, pourquoi explose une violence ouvrière qui refuse la sage représentation de ses organisations et les augmentations proposées. Bref, pourquoi Mai 68 a éclaté partout dans le pays. Godard montrait qu'une guerre se déroulait dans la France paisible des « trente glorieuses », une guerre cachée mais meurtrière, où la voiture et la publicité, le couple et la maison de campagne, le vocabulaire et l'aménagement de l'espace sont à la fois les champs de bataille et les armes. Cette guerre, si elle a des effets bien réels et dramatiques, concerne des enjeux symboliques, immatériels, elle est l'onde de chaleur d'une évolution majeure de l'histoire sociale et, contre cette évolution – on le verra dans les années qui suivent –, la résistance sera dérisoire et romantique, passéiste et exotique, et elle aussi symbolique.

En quatre films tournés coup sur coup avec l'énergie sidérante de celui qui a vu que quelque chose de déterminant était en train de se produire, Godard a non seulement tiré le portrait de la France gaulliste des années soixante (ce qui serait déjà énorme), mais enregistré les secousses d'une révolution en train de se produire en secret. Les fameux événements de l'année suivante seront sa violente et joyeuse dénégation, qui, loin de la détruire, lui permettra d'entrer plus aisément dans les mœurs. La première partie de *Week-End* dressait une sorte de bilan du travail accompli depuis dix ans ; au milieu du film, le « plus long travelling de l'histoire du cinéma » le long d'un paysage de fin du monde mène vers de nouveaux territoires, de nouvelles aventures, une nouvelle solitude aussi.

Marchant toujours, Jean-Luc Godard a, dès la fin de 1967, commencé à tourner un film, *Le Gai Savoir,* qui est déjà un film d'après-Mai 68.

Air du temps et regards politiques

Si les films de Godard et de Tati dominent l'année 1967 par leur clairvoyance, d'autres cinéastes ont bien entendu, à leur façon, humé l'air du temps, et exprimé leur point de vue. Et l'air du temps est à l'irrévérence, qu'on appellera bientôt la « contestation ». De nouveau apparaît la division entre ceux qui, à côté de leur œuvre principale, se consacrent à des films de témoignage et de dénonciation, et ceux qui soit glissent dans des sujets romanesques des allusions à la réalité sociale et politique, soit tirent prétexte de cette situation pour inventer une fiction. Parmi les réalisations de ces derniers se rangent des titres, d'une qualité fort variable mais tous sortis entre le 1er janvier 1967 et le 1er mai 1968, tels que *Les Cœurs verts* d'Edouard Luntz, *Pop' Game* de Francis Leroi, *Qui êtes-vous, Polly Magoo ?* de William Klein, *Les Jeunes Loups* de Marcel Carné, *Les Teenagers* de Pierre Roustang. Qu'il s'agisse des jeunes délinquants, blousons noirs chez Luntz ou blousons dorés chez Leroi, du monde factice de la mode avec Klein, d'un montage à effets de documents chez Roustang ou de Carné tentant de rééditer l'opération des *Tricheurs,* tous prétendent à une description sociologique. D'autres adoptent un ton plus indirect, plus « fictionnel ». Bon nombre d'entre eux se situent dans le passé, avec une prédilection pour les temps de guerre : la fable pacifiste *Un homme de trop* de Costa-Gavras, *L'Horizon* de Jacques Rouffio, qui plaide à la fois contre la guerre et contre le conformisme des mœurs, *Le Roi de cœur* de Philippe de Broca, *Le Voleur* de Louis Malle, *Benjamin ou les Mémoires d'un puceau* de Michel Deville, *Drôle de jeu* de Pierre Kast, *Le Crime de David Levinstein* d'André Charpak, jusqu'au montage irrévérencieux d'archives allemandes et vichyssoises du *Temps des doryphores* de Dominique Remy et Jacques de Launay, avec un commentaire d'Yvan Audouard. Quelques-uns se projettent dans l'avenir (la fable libertaire *Le Socrate* de Robert Lapoujade), ou hors du temps (*L'Homme qui ment* et *Trans-Europ-Express* d'Alain Robbe-Grillet, *Les Gauloises bleues,* belle méditation sur l'enfance et la solitude du critique Michel Cournot, à la stylisation empruntée au théâtre et à l'expressionnisme, et qui révèle une Annie Girardot inattendue – mais le film ne sortira qu'à la fin de 1968).

Au présent, la fable identitaire *L'Une et l'Autre* de René Allio, la fable psychanalytique *Le Viol* de Jacques Doniol-Valcroze, la fable humaniste *Tante Zita* de Robert Enrico, la décapante pochade *Les Compagnons de la Marguerite* de Jean-Pierre Mocky, l'ironie anti-show-biz des *Idoles* de Marc'O (mémorable surtout pour avoir révélé à l'écran des comédiens tels que Bulle Ogier ou Jean-Pierre Kalfon), les notations au vol des *Biches* de Chabrol, les sous-entendus d'un « film de genre » comme *Mise à sac* d'Alain Cavalier, chacun à sa manière et de façon à nouveau très inégale, véhiculent une remise en cause des valeurs établies. Agnès Varda avait tramé un pamphlet contre la société de consommation intitulé *Christmas Carol,* qui ne verra pas le jour. C'est dommage, entre autres parce qu'on y aurait découvert dans son premier rôle un grand flandrin blond, bègue, barbu et chevelu nommé Gérard Depardieu... Il faut en revanche dûment enregistrer la récidive du trublion Luc Moullet, héritier de la Nouvelle Vague sur un mode qu'elle ne fit qu'effleurer, celui du burlesque. Dès *Brigitte et*

Brigitte (1966), il avait fait la preuve d'un mauvais esprit qui témoignait en fait d'un esprit fort bien fait, en mettant en scène deux provinciales étudiantes à la Sorbonne pour un réjouissant tintamarre anticonformiste. Malgré le battage organisé par ses copains des *Cahiers du cinéma* (auxquels il collabore toujours), malgré Chabrol jouant le rôle d'un oncle obsédé, Samuel Fuller celui de Samuel Fuller, André Téchiné celui d'un cinéphile et Eric Rohmer celui du professeur Scherer, qui reproche à une des Brigitte (la petite ? la grande ?) son approche trop directe du cinéma, la fusée fit long feu. L'approche de Moullet est sans doute trop loufoque, trop peu réaliste (qu'est-ce que c'est que ce monde où les poules ne pondent pas et où les vaches refusent de se laisser traire ?) pour que les petits cochons du spectacle cinématographique aient jamais sa peau. Il remet cela avec *Les Contrebandières* (1967), présentées par lui comme *« une fable qui met au jour tous les rouages de la vie moderne »*, et qui, sur fonds alpestres, ne tresse de lauriers ni à la police, ni à l'armée, ni aux douanes, ni aux organisations socioprofessionnelles représentatives. On fait semblant de croire qu'il plaisante. Il insistera avec la bizarre *Aventure de Billy the Kid* (1971), où Jean-Pierre Léaud jouera aux cow-boys et aux Indiens pour les beaux yeux de Rachel Kesterber...

Toute différente se revèle la démarche de réalisateurs « politiquement conscients », qui n'ont pas renoncé à défendre leurs opinions une caméra à la main. Le romanesque à thèse étant déconsidéré, il s'agit pour l'essentiel de documentaires. A part Godard, aucun des fondateurs de la Nouvelle Vague ne manifeste de telles préoccupations, mais on retrouve, à côté du documentariste militant chevronné qu'est Joris Ivens, Chris Marker, Agnès Varda ou de façon plus surprenante et donc plus significative, Louis Malle. Convié en Inde pour représenter le cinéma français, le réalisateur, qui paraissait avoir trouvé sa place dans les fastes du cinéma conformiste, a été passionné et bouleversé par ce qu'il a découvert à Calcutta. Loin des studios, des scénarios et des vedettes, là-bas, il ne tourne même pas « un » documentaire, mais les plans qui lui paraissent nécessaires et suffisants, dans l'ignorance de ce qu'il en fera ensuite – un long-métrage, *Calcutta* (1969), et une série télévisée en cinq épisodes, *L'Inde fantôme, réflexions sur un voyage.*

Dans la France gaulliste qui semble digérer sans bruit la prospérité des trente glorieuses, dans l'Europe en proie aux joies de la société de consommation, la révolution paraît loin. On va donc chercher au loin des horizons plus exaltants. Le 9 octobre 1967, le dirigeant révolutionnaire Ernesto Guevara est abattu par la dictature bolivienne : le « Che » devient le symbole de la lutte des peuples opprimés, dans laquelle les intellectuels et la jeunesse progressiste placent leurs espoirs de temps nouveaux. A leurs yeux, la grande scène de ce drame qui les passionne se joue au Vietnam, où se déroule un conflit réel et métaphorique entre petit peuple et géant impérialiste. Le Vietnam va aussi fédérer les énergies cinématographiques, pour donner naissance au grand film des cinéastes progressistes français. Œuvre collective, *Loin du Vietnam* sera du même coup l'emblème d'un retour vers un discours explicitement politique, qui va occuper une grande partie des écrans dans les années à venir.

« Loin du Vietnam », près du cinéma et du futur

Le projet est né d'une idée de Chris Marker, qui rassemble autour de lui, rue de Ponthieu, des dizaines de bonnes volontés parmi les gens de cinéma. Ils veulent composer en commun un film *« pour affirmer, dans l'exercice de leur profession, leur solidarité avec le peuple du Vietnam dans sa résistance à l'agression »,* comme l'expliquera un carton au générique. Ce carton succède aux noms des participants, Resnais, Klein, Ivens, Varda, Lelouch, Godard et bien d'autres, *« et d'autres techniciens, assistants et amis ».* Il a été convenu que Marker coordonnerait le projet et en assurerait le montage définitif. Très vite, le projet de Jacques Demy (un sketch sur un G.I. et une prostituée vietnamienne) est refusé par le groupe, et Demy part aux Etats-Unis filmer *Model Shop*, qui s'en inspire en partie. Le sujet réalisé par Agnès Varda (l'histoire d'une habitante du 20e arrondissement qui confond peu à peu la démolition des vieux immeubles de son quartier avec les bombardements sur Hanoi) ne figurera pas dans la version finale.

Loin du Vietnam reflète à la fois l'engagement profond et les divergences d'approches politiques et cinématographiques, en même temps qu'il capte les mouvements de société alors en cours. On y voit comment l'immense manifestation new-yorkaise du 15 avril 1967 contre l'intervention américaine révèle (d'abord à elle-même) l'existence d'une génération nombreuse, capable de se mobiliser et de peser sur le cours des événements ; elle montre aussi l'extrême diversité de ceux qui composent ce mouvement et, en même temps, à quel point, physiquement au moins, ils se ressemblent encore, et ressemblent à leurs adversaires massés sur les trottoirs — cela ne durera pas. Les manifestations d'étudiants parisiens et leur répression préfigurent les images de l'année suivante, bien que la police soit encore en pèlerine et képi. Simultanément, alors qu'une partie du film utilise les armes traditionnelles du documentaire militant tel que l'incarne Joris Ivens (dont *Le Dix-Septième Parallèle,* chronique du village de Vinh Linh en guerre, sortira le 6 mars 1968), avec le récit des atrocités des uns et de l'héroïsme des autres en voix off, et tandis que Fidel Castro vient délivrer la bonne parole sur les nécessaires vertus de la lutte armée populaire, d'autres éléments proposent des visions différentes du cinéma engagé. Quand William Klein enregistre des visages américains saisis dans les rues, il cherche une autre vérité, un état des corps et des esprits que nul commentaire ne rend démonstratif ; l'utilisation de symboles, de graphismes, d'images de bandes dessinées, d'imageries publicitaires, mêmes des rayures et taches advenues à la pellicule durant le tournage dans les rizières, parasite le discours, de manière à semer un peu de trouble et d'interrogation au sein d'un public qu'on devine tout acquis à la grande cause. Le lien entre l'Amérique puissance militaire mondiale et l'Amérique puissance cinématographique mondiale, lien éludé par les cinéphiles depuis quinze ans, est cette fois abordé de face. De même, la comparaison entre les « techniques des riches » et les « techniques des pauvres », sur laquelle s'ouvre le film, concerne au premier degré les moyens militaires mis en œuvre par les belligérants, mais renvoie tout autant aux techniques du cinéma. Eloge de la guérilla dans les luttes de libération nationale, *Loin du Vietnam* est aussi un éloge de la guérilla cinématographique telle qu'elle sera menée (mais perdue) durant l'après-68.

Au sein d'un ensemble surtout composé d'images documentaires tournées au Vietnam et aux Etats-Unis, deux apports détonnent. Ils représentent l'irruption explicite de l'approche moderne dans le cinéma engagé. Le premier est réalisé par Alain Resnais, et met en scène un intellectuel parisien (joué par Bernard Fresson), qui s'interroge à haute voix sur l'aspect médiatique de cette guerre (*« la première que tout le monde peut voir* [...] *personne ne peut dire : "Si j'avais su", maintenant ils savent, ils voient »*), la manière dont la télévision (*« ce meuble domestique »*) absorbe l'impact de la réalité, l'utilisation de stéréotypes visuels qui faussent la perception des événements. Et aussi la difficulté à penser une situation complexe avec des schémas intellectuels issus de la Seconde Guerre mondiale et de la guerre froide, et la complicité des personnels politiques de gauche et de droite français pour maintenir un statu quo. Soit l'essentiel des interrogations politiques qui feront l'originalité du « mouvement de Mai » à venir. Le second sketch est réalisé par Jean-Luc Godard, d'une manière qui préfigure la « période militante » dans laquelle il s'engagera bientôt : présent à l'image entre des plans d'école et des images de mécanismes de caméra, Godard explicite qui il est, « d'où il parle », pourquoi il n'est pas allé au Vietnam. Il annonce ce qu'il s'apprête à commettre : au sens strict, une trahison. *« Ce que je peux faire de mieux pour le Vietnam, comme cinéaste, ce n'est pas de l'envahir même d'une générosité qui commande la reconnaissance en retour, mais au contraire laisser le Vietnam nous envahir. »* Godard, désormais introduit dans la forteresse du cinéma dont il est devenu une personnalité, ne rêve que d'ouvrir ses portes à des puissances extérieures. C'est selon des modes différents ce qu'il ne cessera plus de faire. Affirmant qu'aider le Vietnam consiste à créer des Vietnam ici même, à *« créer un Vietnam en soi-même* », il remet en cause son propre statut de cinéaste coupé du public populaire. Son travail se concentrera bientôt sur l'étude des mécanismes qui acculent le cinéma soit à l'isolement, soit à la collaboration avec les pouvoirs dominants, et sur la recherche assidue d'une rupture qui permette d'échapper à cette alternative.

On trouve de surcroît une idée commune aux contributions de Resnais et de Godard, un éloge du cri (de souffrance du pays bombardé, de colère contre ses agresseurs, de joie sur la capacité de résistance du Vietnam à la première puissance militaire du monde) : méfiance envers les discours articulés, valorisation de la réaction instinctive, au niveau des tripes et de l'inconscient. Aucun de ces deux cinéastes ne poursuivra sur cette voie qui privilégie l'émotionnel, mais elle traduit leur méfiance non envers la politique mais envers le « discours politique ». Cette attitude-là aussi sera une des caractéristiques de Mai 68 et de ses suites. Plus globalement, par sa nature composite admirablement mise en forme par Chris Marker, *Loin du Vietnam* signe les retrouvailles d'une démarche moderne, critique quant au cinéma lui-même, mais qui s'était jusqu'à présent surtout exercée de manière individuelle, sous les auspices de l'« auteur », avec une démarche collective, et destinée à interpeller la collectivité.

Chapitre 2

LE TEMPS DES CERISES, DES MARRONS ET DES QUEUES DE CERISES

Ici et maintenant pour les plus clairvoyants, ailleurs dans l'espace ou dans la fiction pour les autres, les quelques cinéastes dont il a été question dans le chapitre précédent ont filmé ce qui n'apparaissait ni dans les statistiques pourtant « exactes » de la croissance, ni dans les reflets officiels que la société se donnait d'elle-même. C'est sans doute de cette absence que la France s'ennuyait, ou était ennuyée, pour reprendre le titre d'un éditorial prémonitoire de Pierre Viansson-Ponté à la une du *Monde* du 15 mars 1968. Le cinéma, au moins une petite partie du cinéma, a enregistré le choc profond dont les ondes vont bientôt constituer le spectaculaire événement social que sera Mai 68. Et c'est encore lui, le cinéma, qui aura le privilège d'en interpréter avec quelques semaines d'avance une « répétition générale », à l'échelle de son microcosme mais avec une grande précision dans la préfiguration des secousses qui vont ensuite remuer le pays entier.

La bataille de la Cinémathèque

Une incroyable bévue du gouvernement va en fournir l'occasion. Le vendredi 9 février 1968, lors d'une réunion du conseil d'administration de la Cinémathèque française, Henri Langlois est démis de ses fonctions de délégué général à la demande du ministre des Affaires culturelles. *« Une décision surprenante »,* titre *Le Monde*, qui cultive avec art les fleurs de litote. Dix jours plus tard, Françoise Giroud résumera l'ampleur prise par l'« affaire » : *« M. Georges Pompidou* [Premier ministre] *est ému* ; *M. Michel Debré* [ministre des Finances] *est irrité* ; *M. Couve de Murville* [ministre des Affaires étrangères] *mécontent* ; *M. François Mitterrand* [principal dirigeant de l'opposition] *exige des explications* [...]. *La plus belle vitrine des Affaires culturelles vient de voler en éclats* » (*L'Express*, 19 février). De fait, la « décision surprenante » a déclenché une violente décharge, aussi sûrement que si l'on avait rapproché deux fils électriques.

Une situation explosive

L'un de ces fils est l'« humeur » qui règne à ce moment dans certains secteurs de la population, en particulier parmi la jeunesse et chez les intellectuels : une humeur frondeuse, qui ne se satisfait plus des habituels mécanismes de l'opposition politique. Ceux-là, qui ont fait de la guerre du Vietnam, des révoltes des ghettos noirs nord-américains et des guérillas en Amérique latine les symboles d'un affrontement avec les valeurs d'un monde occidental puissant, riche, arrogant, et aux mœurs encore très rigides, entretiennent un esprit rebelle dont personne, pas même eux, ne devine qu'il est susceptible de trouver un large écho dans l'ensemble de la population. Du moins se sentent-ils en phase avec la situation internationale. La plupart des pays développés connaissent des révoltes estudiantines de plus en plus violentes et déterminées, du Japon à l'Allemagne, et évidemment sur les campus américains, où les jeunes opposants à l'intervention au Vietnam et au système éducatif sclérosé tentent de se rapprocher des responsables de la communauté noire. En France, et à titre de symptômes, sont parus en 1967 des ouvrages tels que *La Société du spectacle* de Guy Debord, *De la misère en milieu étudiant,* de Mustapha Khayati et *Traité de savoir-vivre à l'usage des jeunes générations* de Raoul Vaneigem, trois membres de cette Internationale situationniste qui esquisse les voies d'une rébellion radicale contre une société qu'elle tente d'analyser selon une approche plus contemporaine que les épigones du marxisme. Et aussi, *La Révolution sexuelle* de Wilhelm Reich, qui fait de la libido l'enjeu principal de toute relation sociale, et de sa libération la voie royale du combat contre l'oppression. Ou, de manière plus diffuse et donc plus diffusée, *Sergeant Pepper's Lonely Hearts Club Band*, disque des Beatles qui, au-delà de l'inventivité de sa musique, suggère de nouveaux comportements familiaux, vestimentaires, philosophiques, de vocabulaire, sans oublier le recours aux drogues comme méthode d'« ouverture d'esprit ».

Une part importante d'une génération se reconnaît dans ce phénomène, présent dans bien d'autres disques et bien d'autres livres, et aussi au cinéma. Très marginalement dans le cinéma français, on l'a vu. Mais, en Europe, les Scandinaves deviennent les prophètes de la libération sexuelle (*Ma sœur, mon amour* et *Je suis curieuse* de Sjöman), tandis que les nouveaux cinémas tchèque (*Eclairage intime* d'Ivan Passer, *Les Petites Marguerites* de Vera Chytilova, *Trains étroitement surveillés* de Jiri Menzel), hongrois (*Les Sans-Espoir* de Miklos

Jancso, *Dix Mille Soleils* de Ferenc Kosa) et yougoslave (*Trois* d'Aleksandar Petrović) traduisent une révolte existentielle plus évidemment politique que ses équivalents à l'ouest du continent, du fait des régimes sous lesquels ces films sont réalisés. D'Amérique latine (*Le Dieu noir et le diable blond* de Glauber Rocha, *Os Fuzis* de Ruy Guerra) ou d'Afrique (*La Noire de...,* puis *Le Mandat* d'Ousmane Sembene) arrivent les témoignages de la grande révolte qui monte – croit-on volontiers – chez les damnés de la terre. Même (pour en rester aux seuls films distribués en France durant les douze mois précédant l'« affaire de la Cinémathèque »), les sanglantes tribulations d'un couple de gangsters américains filmées par Arthur Penn (*Bonnie and Clyde,* réalisation proposée à Truffaut puis à Godard) deviennent symbole de révolte contre l'ordre établi... Bref, l'idée qu'« on a raison de se révolter », comme le scandent les jeunes gardes rouges lancés, au bout du monde, dans la violente tornade de la révolution culturelle, est dans beaucoup de têtes, et ne cherche qu'un prétexte pour se transformer en acte. Le « malaise de la jeunesse » est sans doute perceptible, mais nul ne semble avoir pris la mesure de sa profondeur et de sa violence, qui sidérera jusqu'à ceux qui s'étaient donné pour tâche de le réveiller et de l'organiser, lors des premiers affrontements de Mai 68. Au sein de cette jeunesse, de son imaginaire et de ses codes de communication, le cinéma occupe alors une place considérable.

L'autre facteur d'explosion est interne au cinéma. Il tient à la personnalité d'Henri Langlois, à ce qu'il représente dans le cinéma mondial et singulièrement chez les réalisateurs du cinéma moderne. Depuis qu'il a commencé de collectionner les films pour les protéger de la destruction, au début des années trente, Langlois symbolise la reconnaissance du cinéma comme art. Erudit, secret, tatillon, égocentrique, il règne sur des quantités faramineuses de films, qui lui ont été confiés par les cinéastes du monde entier, et dont nul – pas même lui, disent ses critiques – ne connaît ni le nombre, ni l'état, ni le contenu, ni l'emplacement. Langlois, nul ne le conteste, n'est pas un gestionnaire. Mais ce n'est pas non plus seulement un collectionneur, « le dragon qui veille sur nos trésors », comme l'a surnommé Cocteau. C'est aussi un pédagogue, pour qui les films doivent non seulement être conservés mais montrés ou, plus exactement, pour qui les films ne sont véritablement sauvés que s'il sont vus. Les projections qu'il organise sans relâche, par leur diversité et par les rapprochements qu'il propose entre œuvres de pays et de genres très éloignés, ont été une irremplaçable école pour les cinéphiles boulimiques des années cinquante et soixante. Les salles du musée Guimet, de l'avenue Messine, puis de la rue d'Ulm et, depuis juin 1963, du palais de Chaillot ont été les lieux de rendez-vous, les antres, les cabanes secrètes, les couvents et les prytanées, les terrains de chasse et les champs de bataille des jeunes cinéastes français. *« Quand on dit que la Nouvelle Vague est née rue d'Ulm* [salle de projection de la Cinémathèque], *c'est vrai,* dira Jean Rouch. *On allait rue d'Ulm comme on allait à la Sorbonne, on s'asseyait au premier rang. Moi, je ne savais pas qui étaient mes voisins, peu à peu j'ai appris qu'ils s'appelaient Truffaut, Rivette, Godard... Langlois a été en fait responsable d'une école de cinéma sans table ni pupitre, sans tableau noir, je ne sais pas s'il le savait lui-même mais il nous disait : "Si vous voulez faire du cinéma, il faut manger deux ou trois films par jour."* »

Le lendemain même de la « mise à la porte » de Langlois, un texte menaçant du retrait immédiat de leurs films est signé par Truffaut, Godard, Resnais, Marker, Varda, Rivette, Chabrol, Rohmer, Demy, Franju, Doniol-Valcroze, Rouffio, Kast, Moullet, Deville, Berri, Pollet, Chalonge, et une vingtaine d'autres dont, parmi les plus âgés, Renoir, Bresson, Ivens, Gance, bientôt Tati. Puis tous les grands noms du cinéma des générations précédentes, de Carné à Clouzot, de Le Chanois à Audiard, ainsi que Nicholas Ray, premier cinéaste étranger, qui sera bientôt rejoint par Hitchcock et Kurosawa, Bergman et Chaplin, Lang et Rossellini, Forman, Walsh, Dreyer (décédé peu après, le 20 mars), Ford, Antonioni, Preminger, Pasolini, Cassavetes, Buñuel, Welles, Visconti, Kazan, Losey, Minnelli... Les comédiens, les techniciens, les producteurs, les distributeurs, les critiques des responsables de musées du cinéma à l'étranger rejoignent le mouvement par bataillons entiers, mais aussi des écrivains et des dramaturges (Sartre, Duras, Beckett, Queneau, Soupault, Aragon, Anouilh, Sollers, Vercors, Blin, Vilar, Planchon, Giono, Ionesco...), des plasticiens (Picasso, Max Ernst, Man Ray, Calder, Vasarely...), des savants, des universitaires, la presse presque unanime... Entraînés par les jeunes Turcs, c'est le cinéma mondial qui se lève pour défendre Langlois, l'« homme-cinéma », le « troisième frère Lumière », comme le surnommera Dominique Noguez, et c'est toute la culture française qui se dresse au nom de l'esprit contre l'Etat français.

Dans un texte lui aussi publié dès le lendemain du renvoi de Langlois, Alexandre Astruc a parfaitement exprimé à la fois ce qu'est effectivement, et ce que représente affectivement aux yeux du « peuple du cinéma », celui qui vient d'être ainsi remercié : « *A la seconde où Henri Langlois quitte la Cinémathèque française, la Cinémathèque française cesse d'exister. Un point c'est tout. Il ne s'agit pas, comme on pourrait le croire, d'un organisme officiel dont on remplace, pour des raisons qui peuvent se discuter, le responsable par un autre ; il s'agit d'une œuvre privée, personnelle, individuelle, unique,* [...] *qui un jour a éprouvé le besoin de se camoufler derrière un organisme officiel.* [...] *Langlois, quels que soient ses ennemis, est investi depuis le commencement, de droit divin, parce qu'il est le musée du cinéma comme, par exemple* [...] *aux yeux des gaullistes, de Gaulle est la France. C'est pourquoi, quels que soient le respect qu'on peut devoir à l'Etat français et les droits qu'il a sur nous, celui-ci ne doit pas s'étonner si les réalisateurs français vont retirer les films qui avaient été donnés à Langlois. Ils les lui avaient donnés à lui, et à lui seul* [...]. *Parce qu'ils savaient qu'il se serait fait couper en morceaux plutôt que de truquer un millimètre de pellicule. »*

Les arrière-plans du conflit

En décidant de remplacer Henri Langlois à la tête de la Cinémathèque par Pierre Barbin, animateur du ciné-club de Versailles devenu responsable des festivals de Tours et d'Annecy, les représentants de l'Etat ne se doutaient évidemment pas de la tourmente qu'ils allaient déclencher. Leur initiative traduit le développement de deux logiques différentes, qui ont fini par devenir contradictoires. Si, parmi les vingt-quatre membres du conseil d'administration de l'association régie par la loi de 1901 qu'est la Cinémathèque française, huit sont des représentants de cet Etat, c'est que celui-ci la finance presque complètement. Depuis la création du ministère des Affaires culturelles et l'entrée en fonction d'André Malraux, la puissance publique a considérablement augmenté son soutien. Elle a permis en particulier la création de la seconde salle de projection à Chaillot et, à la demande insistante de Langlois submergé par l'afflux de copies souvent dans un état déplorable, la construction des premiers entrepôts adaptés au stockage des films, au fort de Bois-d'Arcy, dans la banlieue ouest de Paris. Il est compréhensible, et légalement obligatoire, que l'Etat souhaite être un tant soi peu informé de ce qu'il advient de ses subsides. Pour Langlois, qui s'est battu comme un diable afin d'imposer l'idée même de Cinémathèque (notamment contre la puissance publique), qui chaque jour vit un combat planétaire à la fois avec et contre ses homologues du monde entier, les autres responsables d'archives du film, et qui est habitué à se battre dans l'ombre afin de localiser, récupérer et conserver ses films, cette exigence représente un danger mortel. D'autant qu'il n'existe aucune garantie légale de son droit à détenir et à montrer ces films.

Ce sont donc deux démarches étrangères l'une à l'autre qui s'affrontent, et tournent à la bataille rangée à partir du 9 février 1968. Ce dont témoigne la seule prise de position importante contre Langlois durant les événements. Elle émane d'un autre archiviste du cinéma, Raymond Borde, responsable de la cinémathèque de Toulouse qui déclare s'exprimer au nom de la majorité de ses confrères. Parlant des *« collections à l'abandon de la Cinémathèque française »,* Borde affirme la priorité d'importance des films sur celle des personnes, et souligne : *« Aucun de mes collègues n'a jamais pris sa collection pour un prolongement de soi. S'il faut de la passion pour être archiviste et une manie de la recherche qui frise la folie, cette passion se tait devant son objet »* (*Le Monde,* 5 mars 1968). Cette prise de position, d'un courage certain tant elle va alors à contre-courant, a le mérite de suggérer d'autres explications au coup de force de Malraux que la pure bêtise, ou la méchanceté incarnée. Auparavant, l'Etat n'avait pas manqué de s'inquiéter de la nature et de l'état de collections pour lesquelles on lui demandait un effort financier de plus en plus lourd, sans lui laisser jamais savoir ce qui en était fait. Les autres grandes cinémathèques de par le monde avaient d'ailleurs manifesté les mêmes inquiétudes à propos des trésors amassés par Langlois, au point de l'exclure de la Fédération internationale des archives du film. Et il y avait effectivement matière à s'émouvoir de ce que, trente ans après sa création, cette institution fondatrice demeurait incapable d'offrir aux cinéphiles et aux chercheurs le musée, la bibliothèque et les possibilités de visionnage que proposaient alors non seulement les « grandes » cinémathèques, de Londres ou de New York, mais les « petites », de Bruxelles ou de Lausanne. Et, chez Malraux, on connaissait assez la capacité manœuvrière, face à une approche frontale, d'un Langlois se sachant intouchable, pour avoir fini par choisir la technique du putsch.

Au-delà des événements de l'époque, et de leur immense retentissement, l'« affaire de la Cinémathèque » annonce en fait l'évolution des décennies suivantes, que l'on pourrait résumer par le passage de l'« art » à la « culture ». L'art, auquel le cinéma a gagné son droit d'appartenance durant les années cinquante et soixante, demeure affaire de création individuelle (d'où l'importance de la notion d'« auteur » imposée dans un moyen d'expression dont la fabrication est par nature collective), il se doit de rester distant, sinon méfiant, du pouvoir sous toutes ses formes. Il est singularité, exception, différence. Langlois est un artiste, il est l'« auteur » de la Cinémathèque. La culture, en revanche, est une gestion commune de la création et du patrimoine, un lien, un forum. Dès son arrivée au gouvernement, André Malraux s'en est fait le chantre enflammé, notamment avec les maisons de la culture précisément, ces « cathédrales pour le temps présent » dont il rêve de consteller le pays. Si elle ne prendra pas les formes prévues par Malraux, cette mutation de l'art à la culture se produira bel et bien. Et le cinéma est un terrain privilégié de cette transformation. Du fait de son caractère collectif, déjà tissé de technique et d'économie, du fait de son audience populaire infiniment plus vaste que celle à laquelle peuvent prétendre le théâtre, la peinture ou même la littérature.

Egalement parce que l'Etat, en France, y intervient déjà beaucoup, et que les gens de cinéma auraient plutôt tendance à lui reprocher de ne pas s'en mêler davantage. Aux confins de l'institution et de la cinéphilie, la Cinémathèque représente le terrain d'affrontement logique entre ces tendances contradictoires. A son sujet, on discernera bientôt quelle a été l'ambition de Malraux : être le Richelieu d'une « Bibliothèque nationale des images ». L'idée, qui fera d'ailleurs plus tard son chemin, est loin d'être par elle-même honteuse. Mais le moment est singulièrement mal choisi, la méthode pire encore : le comportement autoritaire de l'Etat, le manque de transparence quant aux objectifs et de concertation quant aux moyens, la présence ombrageuse d'un Langlois sanctifié, l'air d'un temps prompt à la révolte vont transformer ce qui aurait pu faire l'objet d'un débat en émeute, et en symbole.

Le putsch avorté

Revenons au fameux conseil d'administration du 9 février. Le ministère de la Culture y est représenté par le directeur général du C.N.C., André Holleaux, et par le directeur des Arts et Lettres, Pierre Moinot (l'ancien architecte du décret de juin 1959 créant le Fonds de soutien et l'avance sur recette) qui, au début de la séance, a obtenu le poste de président de la Cinémathèque. Après avoir rendu hommage à l'œuvre accomplie par le délégué général Langlois, il propose son remplacement par Pierre Barbin. La décision a été prise par Malraux en personne, sur pression, semble-t-il, du ministère de Finances. Moinot raconte ainsi comment lui a été confiée la mission : *« Malraux me convoque et me dit : "Vendredi prochain, vous prendrez la présidence de la Cinémathèque. Holleaux et les Finances en ont assez de ces fantaisies comptables. Il faut que Langlois rende des comptes. Puisque l'Etat est majoritaire, on va vous élire président, vous mettrez de l'ordre dans tout ça et Langlois ne s'occupera plus que des films. – Est-ce que Holleaux a négocié cette nouveauté ?* demande Pierre Moinot. *– Non, mais je crois qu'il n'y a pas de problème." »* L'administration veut jouer de l'effet de surprise, la décision est assenée devant le conseil d'administration sans même que soit acceptée la proposition d'un délai de réflexion et d'explication, sans même offrir un nouveau poste à Langlois. Ce n'est pas une réforme, c'est un putsch. Huit des vingt-quatre membres du conseil, dont Truffaut et Pierre Prévert, mais aussi les importants hommes d'affaires que sont Ambroise Roux et Antoine Riboud (le premier est P.-D.G. de la Compagnie générale d'électricité et vice-président du Centre national du patronat français, le second P.-D.G. du trust Schlumberger), quittent les lieux. Les seize autres votent à l'unanimité une décision qui semble avoir été préparée de longue date, son contenu ayant alimenté des rumeurs plusieurs semaines auparavant. L'après-midi, Barbin, flanqué de son nouvel adjoint, Raymond Maillet, et un « commando » occupent les bureaux du 82, rue de Courcelles, en changent les serrures, rédigent la lettre de licenciement de Mary Meerson, compagne et bras droit de Langlois depuis les origines, alors qu'elle se trouve dehors devant l'immeuble. L'une des plus proches collaboratrices de Langlois, Marie Epstein (sœur du cinéaste Jean Epstein et cinéaste elle-même), ignorant les événements, se retrouvera enfermée dans les bureaux. Délivrée le lendemain, elle y retournera et y restera durant toute la crise, à la demande du délégué général évincé.

Il a besoin d'un agent dans la place, et ses successeurs ne peuvent se passer d'elle, seule capable de s'y retrouver dans l'hallucinant bazar qu'est la caverne Langlois. André Holleaux, lui, est parti aux sports d'hiver, persuadé que l'affaire est réglée.

On a vu le joli tollé qui s'est au contraire déclenché. Sans en avoir le monopole, les cinéastes du cinéma moderne sont à la pointe des protestations : Truffaut a retrouvé toute la verve de son passé de critique, Chabrol et Godard sont en pleine forme, les *Cahiers* se transforment en P.C. de campagne, d'où partent des centaines de messages appelant le monde à la solidarité. Et le monde répond. Le ministère, lui, se tait, depuis le communiqué embarrassé publié juste après la décision, qui rend hommage à l'œuvre accomplie par Langlois, mais affirme que son ampleur *« exclut désormais la gestion artisanale de ses débuts. C'est ce qui a amené le gouvernement à subordonner l'octroi de la subvention dont vit la Cinémathèque* [au départ de Langlois et à son remplacement par Barbin] ». Trois jours plus tard, quarante employés de la Cinémathèque (soit la quasi-totalité) sont licenciés. Rue d'Ulm se réunit une manifestation spontanée, au cours de laquelle Michel Simon prend la parole, où l'on empêche les spectateurs d'assister à une projection de la « Barbinothèque ». L'idée du piquet de grève fera long feu : le lendemain, les deux salles de la Cinémathèque sont fermées. Outre les messages de soutien, qui se compteront bientôt par centaines, les syndicats prennent position, les politiques montent au créneau. A l'Assemblée nationale, François Mitterrand interpelle Malraux, au Sénat Henri Caillavet fait de même. Un texte acéré de Truffaut, paru dans *Combat,* renvoie dans les cordes le ministre après qu'il a tenté d'attribuer à son collègue des Finances la responsabilité de la décision, et appelle à un rassemblement devant la Cinémathèque.

Le 14 février, une manifestation réunit près de trois mille personnes devant le palais de Chaillot. La plupart des réalisateurs français en sont, mais aussi Belmondo, Signoret, Piccoli, Darc. Et la police, venue en force dans une trentaine de cars. Godard, Truffaut, Rivette, Jean-Pierre Kalfon qui lit le tract « Les enfants de la Cinémathèque », mènent la marche. Celle-ci se heurte une première fois à la maréchaussée, Godard réussit à passer et se retrouve seul de l'autre côté du barrage (une habitude). La manifestation se poursuit, elle est chargée et matraquée avec une violence qui surprend tout le monde, on soigne plusieurs blessés légers, dont Truffaut, Godard, Bertrand Tavernier... La télévision est là aussi. L'O.R.T.F. ne montrera rien, mais les télés étrangères font leurs choux gras de cette foule de prestigieux cinéastes bastonnés. Malraux n'envoie pas ses félicitations au préfet de police. Dans les quarante-huit heures suivantes, le mouvement de solidarité a décuplé ; le 16, trois cents journalistes assistent à la conférence de presse, animée par Godard, mais qui réunit à la table une véritable « union sacrée du cinéma », comme il n'en a jamais connu et n'en connaîtra plus : Rivette, Chabrol, Carné, Le Chanois, Simone Signoret, Henri Tisot... ainsi que l'avocat Georges Klejman.

Au cours de ces événements, qui vont *« donner le goût des barricades »,* comme le devine Henry Chapier dans *Combat* dès le 10 février, on a vu se produire, « en petit », le scénario qui sera celui de la mise à feu de Mai 68, moins de trois mois plus tard : décision bureaucratique, ignorance des enjeux symboliques, mobilisation, répression d'une violence disproportionnée, solidarité, rôle des médias malgré le mutisme d'une télévision aux ordres, incapacité de l'Etat à répondre à une situation qui le dépasse. Pourquoi le petit monde du cinéma a-t-il le privilège de jouer ainsi les boules de cristal ? A cause de sa similitude avec l'organisation globale de la société, dotée d'un pouvoir grossissant par le « culte » qui l'entoure encore, la mythologie qui s'y rattache. Ce qu'a bien vu Claude Mauriac, dans *Le Figaro littéraire* du 19 février : *« Le cinéma est aujourd'hui un des domaines privilégiés du sacré. Nous quittons, lorsqu'il s'agit du cinéma, les paisibles zones de la logique et de la raison. »* André Malraux était pourtant bien placé pour savoir cela. Jamais une tentative de mainmise du gouvernement sur la peinture n'aurait provoqué pareil charivari, et jamais des événements similaires se produisant chez des fabricants de chaussures n'auraient soulevé le quart de cette émotion. On a également vu se réaliser, un instant, un fantasme beaucoup plus partagé que ne l'auraient laissé croire les virulents affrontements du début des années soixante : lorsque François Truffaut va demander à Henri-Georges Clouzot et à Marcel Carné, deux des cibles favorites de ses philippiques de jadis, de présider avec lui une conférence de presse consacrée à l'affaire Langlois, il ne cherche pas seulement l'efficacité maximale que permet une liste aussi longue que possible de noms célèbres. Il traduit en actes, et ils seront nombreux de cette nature à ce moment, l'espoir d'une unité retrouvée du cinéma français. Cet espoir-là aussi annonce les élans, et les désillusions, du printemps 1968.

Dans les jours qui suivent, la liste des protestations émanant de personnalités ou d'organisations continue de s'allonger vertigineusement, de Roland Barthes à Gloria Swanson, du C.N.R.S. à Marlene Dietrich. De nouveaux députés, d'obédiences politiques variées, réclament des explications à Malraux, qui se tait toujours. Pierre Barbin ajourne son voyage aux Etats-Unis, destiné à prendre contact avec les producteurs américains. Une nouvelle manifestation, emmenée par Jean Marais, Françoise Rosay et René Allio, a lieu rue de Courcelles le 20. Une vitrine est enfoncée, la police intervient, et embarque un lycéen. Comme les manifestants s'apprêtent à se disperser, un jeune homme roux les apostrophe : *« Camarades ! »* Camarade Rosay ? Camarade Marais ? Camarade Truffaut ? Ce type divague ! Mais il exhorte les personnes présentes à exiger la libération du lycéen arrêté ; les célébrités se rendent en délégation au commissariat, et obtiennent gain de cause. Truffaut demande qui est ce rouquin inconnu des milieux du cinéma, on lui répond qu'il vient de Nanterre. Personne, semble-t-il, ne connaît son nom, Daniel Cohn-Bendit.

Après quinze jours d'ébullition et de silence officiel, le ministre publie au *Journal officiel* du 24 février 1968 un communiqué... qui ne résout rien. Il reprend à la fois les éloges dithyrambiques de l'œuvre accomplie par Langlois et les griefs actuels : « *Le Centre du cinéma n'est jamais parvenu à savoir le nombre exact et les titres des films qui sont en la possession de la Cinémathèque, non plus que les bases légales sur lesquelles ils sont déposés et utilisés, non plus que l'endroit où ils sont conservés.* » Un tel texte n'étant pas de nature à calmer les esprits, l'« affaire » se poursuit de rebondissement en tentative d'apaisement dilatoire. Elle durera deux mois et demi, jusqu'à ce qui apparaîtra aux yeux de tous comme la défaite en rase campagne de l'Etat, le 21 avril. Des dizaines de réunions et de manifestations ont eu lieu à Paris et en province, des « comités » en tous genres se sont créés, la police a trouvé moyen d'administrer quelques nouvelles preuves de sa délicatesse, la presse a entretenu le feuilleton jour après jour, Truffaut est parvenu à se glisser sur un plateau de l'O.R.T.F. pour qu'enfin il soit rendu compte des événements à la télévision. Alors que Malraux se rencognait dans un mutisme peut-être blessé mais qui passe pour insultant, Mendès France a élevé la voix, dénonçant l'absence d'explications du gouvernement, établissant le lien entre l'affaire de la Cinémathèque et les visées centralistes et autoritaires de l'Etat dans d'autres secteurs de la vie publique. C'était lors d'une manifestation à Grenoble, menée par Truffaut, Lelouch, de Broca, Michel Simon. C'était le 22 mars 1968, jour de l'occupation par un groupe d'étudiants de la tour administrative de l'université de Nanterre : ceux-là allaient former le Mouvement du 22 mars, l'un des principaux animateurs de Mai 68.

Dépassés, les représentants de l'Etat ont tenté en vain de couper la Cinémathèque en deux, pour confier à Langlois l'organisation des projections, en réservant à la tutelle le soin de l'archivage et de la conservation. A nouveau, ce n'était pas une mauvaise idée, c'est d'ailleurs dans les grandes lignes ce qui se produira quelques années plus tard à la satisfaction quasi générale. Sur le moment, c'est une idiotie de plus, en aucun cas susceptible d'apaiser des esprits qui ont fait de la Cinémathèque l'enjeu d'un combat global, et d'Henri Langlois, demeuré tout ce temps absolument muet, un personnage mythique. Pour « le dragon qui veille sur les trésors », pareille proposition est parfaitement inacceptable. Le dimanche 21 avril, à la veille de l'assemblée générale extraordinaire convoquée par les adhérents de la Cinémathèque, le ministère des Affaires culturelles publie un communiqué qui annonce la création d'un organisme public qui « *aura vocation pour recevoir les dépôts de films et les conserver* », la Cinémathèque pouvant comme toute autre personne privée en faire usage. « *Dès lors* [...], *il n'est plus nécessaire ni souhaitable que les représentants* [de l'Etat] *figurent dans les organes de direction de la Cinémathèque française.* » Langlois peut rester à sa tête, et garder ses films, mais l'Etat coupe les vivres – non sans apurer les dettes, et en laissant à la Cinémathèque la jouissance de ses deux salles. Le lendemain, l'assemblée générale réélit triomphalement Henri Langlois à la tête de « sa » Cinémathèque.

Auréolé par son martyre et son triomphe, il régnera sans partage jusqu'à sa mort, le 13 janvier 1977. Entre-temps, il aura vu s'ouvrir les locaux modernes de Bois-d'Arcy et refusé de confier ses précieux films au nouveau Service des archives du film qui s'y sera installé, il sera allé porter la bonne parole cinéphile outre-Atlantique, aura trouvé vaille que vaille, en France et en Amérique, les fonds nécessaires à la survie de la Cinémathèque après la suppression des subventions, poursuivi son intense activité de programmation, tenté l'aventure d'une Cinémathèque itinérante en province, perdu la salle de la rue d'Ulm en 1973. Il n'aura rien amélioré de la pagaille administrative et gestionnaire, apparemment indispensable à son travail. Pourtant l'Etat, bon gré mal gré, sera peu à peu revenu à la rescousse d'une institution incapable de vivre sans lui, et qu'il n'est plus possible de laisser mourir. En 1976, après des atermoiements de part et d'autre, la puissance publique reprendra son rôle de principal soutien financier. Langlois aura surtout mené à bien la création du musée du Cinéma (quand bien même il le présente comme le « film-annonce » du véritable musée dont il rêve), inauguré le 14 juin 1972 par le ministre de la Culture. Chef-d'œuvre traduisant dans l'espace la vision cinématographique de Langlois pour les uns, lubie inutilement dispendieuse pour d'autres, fussent-ils d'aussi indiscutables fidèles que Truffaut ou Jean Riboud, ce musée en pointillé sera l'ultime grande affaire de sa vie, même s'il poursuit son inlassable activité jusqu'à sa mort. D'une crise cardiaque, ont dit les médecins. De passion et d'épuisement, ont dit ses amis.

Le drôle de Mai du cinéma français

Dans une immense ovation à Henri Langlois triomphant, la salle de la rue d'Ulm de la Cinémathèque rouvre le jeudi 2 mai. Le lendemain après-midi, à cent mètres de là, dans le fracas des slogans, des grenades lacrymogènes et des cris des premiers blessés, Mai 68 commence. La police a violé le sanctuaire universitaire en pénétrant dans la Sorbonne, arrêtant quelques centaines d'étudiants d'extrême gauche. Aussitôt, et de manière spontanée, le Quartier latin s'embrase. Le 3 mai sera le premier des quatre « vendredis rouges » qui rythmeront, dans la rue, les événements du mois. Le suivant verra des affrontements encore plus violents. Le suivant sera, aussi, le jour d'ouverture du Festival de Cannes.

Cannes en rideau

Pour la plupart des gens de cinéma, de par le monde et plus encore en France, le mois de mai n'est pas celui du printemps, encore moins celui de la révolution, c'est le mois de Cannes. Sur la Croisette, *Autant en emporte le vent* a ouvert les cérémonies le 10. Ce choix montre combien la planète cinéma est loin de ce qui se passe alors en France – même si le titre prendra bientôt des résonances prémonitoires. Le romancier André Chamson préside le jury, appelé à départager une sélection qui fait, pour la première fois, bel accueil aux jeunes cinématographies, en particulier en provenance d'Europe de l'Est. Depuis une semaine, à Paris mais également dans de nombreuses villes de province, plusieurs manifestations ont tourné à l'affrontement avec la police, les universités, les lycées, puis des entreprises se sont mises en grève. Pourtant, huit jours durant et alors que la tension continue de monter dans le pays, le Festival fait honneur à sa réputation de monde clos sur lui-même, malgré les problèmes qui commencent à affecter les transports, et occasionnellement la fourniture d'électricité. Seul le 13 mai, jour de grève générale et de manifestations de masse dans toute la France, a vu s'interrompre un moment le cycle régulier des projections, à la demande de l'association des critiques : le film qui devait être montré ce jour-là, *Peppermint frappé,* de Carlos Saura, avec Geraldine Chaplin, est repoussé au 18.

Le 18, justement, une conférence de presse doit évoquer la récente affaire Langlois. Truffaut (qui présente à Cannes *Au feu, les pompiers !* de Milos Forman, dont il a acquis les droits avec Claude Berri), Vadim (coréalisateur d'*Histoires extraordinaires,* programmées hors compétition), Berri, Rouch et Resnais (dont *Je t'aime, je t'aime* est en compétition) y sont attendus. Les deux derniers, coincés par les grèves de trains, n'ont pu atteindre la Croisette. A quelqu'un qui s'inquiète de leur absence François Truffaut répond : *« Ce n'est pas grave, nous sommes venus pour autre chose. »* De fait, il ne sera pas question de la Cinémathèque. Sur l'estrade de la petite salle du palais du Festival, ce sont finalement Truffaut, Jean-Luc Godard, Claude Lelouch et Claude Berri qui prennent place. Le premier annonce : *« Un comité de cinéastes s'est constitué à Paris en Etats généraux. Il appelle tous les participants à mettre fin au Festival de Cannes en témoignage de solidarité avec les étudiants et les travailleurs. On parlera de la Cinémathèque une autre fois. Ce qu'il faut maintenant, c'est que le Festival s'arrête. Il est impossible de continuer, alors que tout ce qui est un peu digne et important s'arrête en France. »* La plupart des présents dans la petite salle sont d'accord sur le principe, mais, à la tribune même, Truffaut et

Godard divergent sur la forme que doit prendre cette décision. Le premier est pour la clôture immédiate, le second pour des projections non-stop, gratuites et ouvertes à tous : *« De toute façon, les films sont faits pour être vus. »* Tandis que le débat s'engage, sur l'estrade et dans la salle, des cinéastes commencent à faire savoir qu'ils retirent leurs films de la compétition : Resnais a fait parvenir un message en ce sens, imité par Dominique Delouche, par Claude Lelouch comme producteur du film de Cournot, *Les Gauloises bleues,* par Carlos Saura, Maximilian Schell, Richard Lester... Juré de la compétition officielle (et méconnaissable avec la barbe qu'il arbore depuis son retour d'Inde), Louis Malle s'est immédiatement solidarisé avec les contestataires. Il réclame une réunion du jury. Celle-ci se tient tandis que les débats continuent dans la petite salle, puis se transportent dans la grande, où les participants se retrouvent mêlés au public de notables, de producteurs et de vedettes, venu assister à la projection officielle du film de Saura. Quatre autre jurés suivent la proposition de Malle : Monica Vitti, Roman Polanski, Terence Young et Serge Roullet. André Chamson décide que toute délibération est désormais impossible et annule la compétition.

On en serait peut-être resté à la formule d'un Festival sans palmarès si, dans la grande salle, les débats n'avaient repris sur un mode beaucoup plus houleux. Cette fois, la majorité de l'assistance ne veut entendre parler ni d'interruption du Festival, ni de solidarité avec les étudiants et les travailleurs : elle a des intérêts financiers importants en jeu, ou elle est à Cannes pour les fêtes et le prestige, ou encore elle est opposée aux idées incarnées par la révolte de Mai... « Mai 68 », ce n'est pas son problème, et elle le fait bruyamment savoir. La confusion grandit, et bon nombre de participants étrangers perdent rapidement le fil du débat. Malle et Polanski rejoignent les contestataires à la tribune, qui menace à chaque instant d'être prise d'assaut par les récalcitrants de la salle. On se bagarre un peu pour l'accès au micro. Il y a maintenant une centaine de personnes sur scène, la salle ovationne et conspue en même temps les propositions les plus contradictoires. Truffaut tient ferme sur l'interruption totale et immédiate, son ton de tribun justifie cette fois le « camarade ! » dont l'avait affublé Cohn-Bendit quelques semaines plus tôt. Godard réfléchit à haute voix aux formes d'action les plus efficaces, son vocabulaire « révolutionnaire » provoque allégrement les producteurs en smoking et les bourgeois de Cannes, mais ne contribue pas à éclaircir le débat. A un critique qui l'interpelle sur la qualité de ses films, il lance : *« Je vous parle solidarité et vous me parlez travelling ! Vous êtes une canaille ! »* Jean-Gabriel Albicocco et le producteur Claude Nedjar tentent d'organiser les prises de parole, Polanski se perd dans des comparaisons fumeuses avec le stalinisme qui écrase la Pologne, Claude Berri est en transe. De la salle, Jean-Louis Bory apporte le renfort de son humour caustique, des cinéastes continuent de faire savoir qu'ils retirent leurs films d'une compétition qui n'existe déjà plus... Les lumières s'éteignent, la direction du Festival tente de faire démarrer la projection de *Peppermint frappé.* Si elle pensait ramener ainsi le calme, elle s'est trompée : Truffaut, Godard, Berri, Albicocco se suspendent au rideau pour l'empêcher de s'ouvrir, Carlos Saura demande avec des sanglots dans la voix qu'on ne montre pas son film, Géraldine Chaplin fait le coup de poing pour atteindre le micro, où elle veut signifier son opposition à la projection, une partie de la salle scande : *« Projection ! Projection ! »* ; l'autre : *« Pas de projection, révolution ! »* La lumière revient sur un tumulte général. Les discussions reprennent de plus belle, elles vont durer jusqu'à deux heures du matin. La conférence de presse avait débuté la veille à onze heures.

Dans la matinée du dimanche 19 mai, le président du Festival international du film de Cannes, Robert Favre-Lebret, annonce que le conseil d'administration a décidé d'arrêter la manifestation (qui devait s'achever le 24), *« ce dimanche 19 mai à douze heures ».* Douze seulement des vingt-neuf films en sélection officielle ont pu être projetés. Ayant eu gain de cause, les cinéastes français se débrouillent, malgré les grèves, pour remonter à Paris. Ils viennent participer aux travaux de ces « états généraux du cinéma français » dont a parlé Truffaut à la tribune, mis en place dans la foulée du déclenchement des « événements ». Beaucoup pensent que le Festival de Cannes est mort.

Des Etats généraux très particuliers

Excepté quelques cas individuels, les gens de cinéma ont mis du temps à réagir ès qualités. Même ceux qui n'étaient pas à Cannes. Pourtant, le 15 mai, soit douze jours après le début des événements et quarante-huit heures après la plus grande manifestation populaire de l'après-guerre en France, alors que la grève générale s'étend au pays entier, se crée à la Sorbonne une « commission cinéma », sur l'initiative de quelques jeunes techniciens. Le même jour commence l'occupation de l'École nationale de photographie et de cinéma, école technique qui est le pendant de l'institution « artistique » (l'I.D.H.E.C.) et que tout le monde appelle « Vaugirard », du nom de la rue où elle est alors située. Le lendemain, Vaugirard devient le quartier général de la contestation cinématographique. Le 17, la C.G.T. du spectacle rejoint le mouvement. Décision est prise de la convocation de ces fameux Etats généraux du cinéma, qui doivent remettre à plat toute l'organisation de la profession, en même temps qu'est réclamée la mise en grève de tous les lieux où on travaille pour le cinéma, des laboratoires aux studios et aux salles. On y propose également l'interruption du Festival de Cannes, des prises de parole dans toutes les salles qui resteraient ouvertes et l'occupation du C.N.C. Le jour même, le travail s'arrête aux studios de Boulogne, de Saint-Maurice et de Francœur. Bientôt, alors que les « Cannois » rallient Paris, les travaux des Etats généraux s'organisent en multiples commissions et sous-comités, la grève dans la production est à peu près totale – en revanche, après une expédition dans les salles et des discussions avec les projectionnistes, on renonce à s'opposer aux projections. Entre deux manifestations, où les gens de cinéma se rendent en corps constitués sous la bannière des Etats généraux, et le vote de motions plus ou moins applicables, telle la déchéance du C.N.C. adoptée le 21 mai, d'innombrables discussions, à l'école de Vaugirard puis au théâtre de Suresnes (et aussi, de manière plus informelle, dans un amphithéâtre de la Sorbonne), vont se tenir dans une ambiance exaltée jusqu'à la fin du mois.

Avant d'en évoquer le contenu et le destin, et pour éviter l'ironie facile que permet le recul du temps, il convient de rappeler que, depuis le milieu du mois, face à l'apparente vacance d'un pouvoir dont les seules survivances visibles sont les exactions d'une police de plus en plus violente et de plus en plus débordée, nombre d'esprits pondérés considèrent la situation comme insurrectionnelle, et croient le gouvernement prêt à tomber. La France connaît la grève générale la plus massive de son histoire, Front populaire compris, et l'heure est à l'invention de nouvelles relations, de nouveaux discours, de nouvelles idées. Dans ces conditions, chacun se sent autorisé à rêver tout haut, ce qui n'est pas toujours le plus mauvais moyen pour aboutir à des projets originaux et viables. La limite de cet exercice d'imagination au pouvoir se trouve, même pour s'en tenir au seul secteur cinématographique, dans la diversité de ceux qui y prennent part. Sous l'élan unanime qui fait rire et gronder les foules dès que le nom d'un représentant du pouvoir est prononcé, il reste des intérêts, des passés et des objectifs fort divers. Certains sont là pour changer le monde, d'autres pour améliorer un peu leur condition quotidienne. On trouve, aux états généraux, des intellectuels politisés et des vieux routiers du syndicalisme, des romantiques et des tacticiens, des inconnus rêvant de gloire et des stars rêvant de révolution, des Saint-Just de la vingt-cinquième heure et des briscards de l'activisme, des partisans du socialisme qui veulent supprimer toute intervention de l'Etat et des libertaires qui veulent tout nationaliser... Sans parler du Comité permanent du cinéma, qui s'est constitué le 22 mai et réunit les syndicats (patronaux) de la distribution et de l'exploitation pour *« sauver le cinéma français sur le plan économique »,* et qui met laborieusement au point des propositions fort peu révolutionnaires, en essayant de paraître solidaire des Etats généraux. De son côté, la C.G.T. des techniciens de la production cinématographique, dont le dirigeant est Roger Vadim, publie des revendications strictement corporatives. Cette confusion, fertile dans un premier temps, bientôt promise à se scléroser en débats sans fin par manque de perspective politique, est peu ou prou celle qui règne dans les milliers de comités, conseils, groupes et assemblées générales constitués dans tous les secteurs à travers le pays.

Il y a donc, pour ce qui est du cinéma, trois grandes tendances générales distinctes, et qui ne se rejoindront pas : les états généraux des « créatifs », la grève classique des « ouvriers » du secteur (qui est en soi un événement, dans une branche où, du fait de l'émiettement et du sous-emploi chronique, la grève paraissait impossible) et un attentisme prudent des patrons.

Les « créatifs en lutte » n'ont pas chômé. A l'heure où les différentes tendances des Etats généraux présentent le fruit de leurs réflexions, le 26 mai à Suresnes, ce ne sont pas moins de dix-neuf projets différents qui sont proposés à la discussion et au vote des mille cinq cents personnes présentes. Leur nombre dit assez la confusion ambiante, et aussi les étranges rapprochements engendrés par la rédaction de ces « plates-formes ». Au hasard d'alliances éphémères, d'affinités personnelles ou de convergences réelles mais sur le moment incompréhensibles, les regroupements les plus hétéroclites se constituent. Le préambule de l'une de ces motions résume assez bien l'esprit commun qui a présidé aux débats : *« Les Etats Généraux* [et généreux en majuscules] *du Cinéma Français, réunis en Assemblée Générale le 26 mai 1968, constatent la faillite des structures économiques, réactionnaires et incohérentes de l'Industrie Cinématographique en France. Le Centre National de la Cinématographie et son pouvoir réglementaire ont codifié et officialisé la politique réactionnaire et incohérente des responsables du cinéma français : exploitants, distributeurs, producteurs et industries techniques.* [...] *LES ETATS GENERAUX DU CINEMA, SE CONSIDERANT COMME SOUVERAINS, SE SONT REUNIS POUR QUE DE NOUVELLES STRUCTURES NAISSENT DE LEURS ASSISES.* [...] *LE CINEMA EST UN MODE DU LANGAGE UNIVERSEL. EN TANT QUE TEL, IL APPARTIENT A TOUS LES HOMMES »* (projet n° 13, défendu par le chef opérateur Pierre Lhomme).

Quant aux contenus, ils vont de la vague proclamation d'intention à des projets très élaborés, avec graphiques et organigrammes des futures instances, clés de répartition des finances... Les thèmes les plus constants ou les plus notables sont l'unification des professions de cinéma et de télévision, une aspiration à la concertation entre les différents secteurs (production, distribution, exploitation, exportation, réalisateurs, acteurs et techniciens, au sein d'un organisme commun non soumis à l'autorité de l'Etat), un appel à la subvention totale du secteur par la puissance publique (toujours dépossédée de tout contrôle), à côté de promesses de rentabilisation par la transparence et la suppression des intermédiaires superflus. On trouve aussi un penchant prononcé pour l'égalitarisme, un projet de cinéma gratuit, quelques astuces pour pomper les revenus des Américains, la création d'« unités de production » assurant la totalité des activités nécessaires à l'existence d'un film et disparaissant après son achèvement, celle d'un établissement de crédit public, la suppression des distributeurs (très prisée), des dispositions soudain très précises sur la rémunération de telle catégorie de travailleurs, un effort considérable dans l'éducation (à la fois l'apprentissage des métiers du cinéma et l'enseignement général de l'image aux élèves), la collaboration avec les spectateurs populaires à tous les stades de l'élaboration et de la diffusion des films, la création d'un circuit de salles autogérées, celle d'un organisme de perception professionnel comparable à la S.A.C.E.M. et à la S.A.C.D., la suppression de la censure sous toutes ses formes, la création d'un établissement public mixte géré à égalité par des représentants de l'Etat et de la profession, une convention collective unique pour tous les professionnels, des quotas de diffusion... En compilant ainsi les propositions, on voit qu'au-delà de formulations souvent hasardeuses, et hormis les propositions les plus généreuses qui tablent sur un bouleversement de la société qui ne se réalisera pas, bon nombre de propositions concrètes sont finalement envisagées. Et beaucoup d'entre elles seront d'ailleurs instituées, plus tard et sous une forme différente. Depuis dix jours, dans la fébrilité et l'enthousiasme, des centaines de personnes ont réfléchi à leur travail, tenté de mettre en forme les améliorations qu'elles imaginent pouvoir leur apporter. Au moment où ces motions sont présentées, elles représentent l'accomplissement d'un travail réel et considérable. C'est ici que les embêtements vont vraiment commencer.

Exposés le 26, les textes font l'objet d'un vote vers six heures du matin. Trois motions, présentées respectivement par Louis Malle, Pierre Lhomme et Michel Cournot, soit les numéros 16, 13 et 19, recueillent, dans cet ordre, le plus grand nombre de suffrages. Le lendemain est consacré à la tentative d'élaboration d'une plate-forme commune sur la base de ces trois textes, assez voisins : ils reposent tous sur la création d'un « secteur public » du cinéma, autogéré, à côté du secteur privé existant et dont on accepte le maintien. Un quatrième projet, arrivé légèrement en retrait, préconise des solutions beaucoup plus radicales. Claude Chabrol, qui l'a défendu avec humour, convient qu'il n'est guère applicable en l'absence d'une véritable révolution. Sans plus s'abriter derrière Chabrol, et avec moins d'humour, les partisans de cette tendance vont accroître la confusion des débats, en pratiquant une obstruction systématique sur des positions maximalistes. Les états généraux dégénèrent. Déjà, certains parmi les plus en pointe au début du mouvement, voire depuis l'affaire Langlois, ont pris leurs distances. Truffaut est resté d'une absolue discrétion depuis son retour de Cannes, Godard est parti filmer *One + One* à Londres, Resnais s'est enfermé dans le mutisme, Lelouch s'est mis en retrait. Le 5 juin doit avoir lieu la promulgation du texte de synthèse, qui servira de charte à des Etats généraux conçus comme devant se transformer en organe permanent d'animation de la future cinématographie française.

Elle n'aura jamais lieu. Au pied de l'estrade, le dernier carré (Malle, Kast, Allio, Albicocco) regarde s'effilocher au fil des débats l'ultime plate-forme de discussion, péniblement élaborée au cours de la semaine en rapprochant tout ce qui était conciliable...

Plusieurs causes à cette gabegie. D'abord, entamée sous les auspices enthousiasmants de la démocratie directe, l'assemblée a fait la preuve de sa non-représentativité : beaucoup de ceux qui y prennent la parole n'ont rien à voir avec les métiers du cinéma, tandis que de nombreux secteurs sont absents des travaux – les distributeurs et exploitants du Comité permanent n'ont jamais rejoint les Etats généraux, à l'exception de quelques personnalités, les producteurs sont absents et la plupart des comédiens siègent ailleurs, au syndicat des acteurs, qui tient ses propres assemblées rue de Chaillot. Une majorité de techniciens « de base » n'a jamais participé aux débats. Bref, la quasi-totalité des patrons, la grande majorité des ouvriers et une bonne part des « artistes » manquent. Même dans une proportion d'environ 2 000 sur les quelque 40 000 personnes qui, en France, vivent du cinéma, une minorité peut être agissante si elle est cohérente et déterminée : la pose et le verbiage « révolutionnaires », d'autant plus agressifs qu'ils sont en porte à faux avec l'évolution des événements nationaux, réduisent à néant cette éventualité. Incapable de décider s'il s'agit d'améliorer le fonctionnement de son secteur ou de prendre date pour le grand soir, l'assemblée fluctue au fil des déclarations enflammées, souvent démagogiques. On s'égare, on se perd. Philippe Noiret doit lire une ultime tentative de synthèse, il renonce. Pierre Vaneck s'y essaie : sa voix est noyée sous les injures et les slogans. A dix-neuf heures, le projet de synthèse est abandonné. A vingt-trois heures est adopté un texte en six points, qui ne dissimule guère le naufrage. Il s'agit de positions de principe : abolition des monopoles, création d'un organisme national des moyens techniques, lutte contre le « mandarinat » et la bureaucratie par des représentations élues et révocables à tous les niveaux, création de groupes de production autogérés qui *« ne seront pas soumis à la loi du profit capitaliste »*, abolition de la censure, intégration de l'enseignement audiovisuel au régime général des études, union du cinéma et de la télévision autogérée, *« indépendante du pouvoir et de l'argent »*. Tant de discussions et d'espoirs pour en arriver là, c'est peu, et c'est triste. Il en résultera une énorme amertume, qui se fera sentir durant longtemps. Il est vrai que, même si beaucoup refusent d'en prendre acte, l'élan de Mai 68 comme mouvement de masse est brisé, depuis le 30 mai (discours de De Gaulle, annonce de la dissolution de l'Assemblée, grande manifestation gaulliste aux Champs-Elysées), et après la signature des accords de Grenelle, dont se satisfont les syndicats ouvriers sinon toujours leur base. Bientôt, les élections législatives porteront au Palais-Bourbon la Chambre des députés la plus à droite de l'après-guerre.

Pourtant, les Etats généraux du cinéma eux-mêmes ne sont pas finis. Constitués en association régie par la loi de 1901 durant la dernière semaine de mai, ils vont se survivre plusieurs années comme groupuscule d'action cinématographique d'extrême gauche. Que reste-t-il de ses heures de gloire ? Une poignée d'organismes éphémères, le plus notable étant le G.R.E.C. (Groupement de recherches et d'essais cinématographiques), piloté par Braunberger, et qui doit aider les premiers films. Ce seront surtout des « non-cinéastes », saisissant l'occasion de s'exprimer une fois par le cinéma, qui en bénéficieront. Et surtout une organisation durable, la Société des réalisateurs de films (S.R.F.). Constituée le 14 juin, elle tente de tirer les leçons des élans et des dérapages des semaines précédentes, mais aussi d'une évolution de dix ans : celle qui a fait entrer dans les mœurs la particularité du réalisateur dans le processus cinématographique. La « politique des auteurs » en avait jeté les bases conceptuelles, que le cinéma moderne a traduites en actes. Elle a gagné une nouvelle évidence, avec le rôle de pointe joué par les réalisateurs dans les récents événements : ce ne sont ni les « travailleurs du cinéma » et leurs organisations syndicales, ni les stars et leur potentiel médiatique, ni les dirigeants économiques qui ont animé le mouvement, de l'affaire de la Cinémathèque aux Etats généraux, mais bien les cinéastes.

Ouverte à tous les réalisateurs, mais aux seuls réalisateurs, la S.R.F. se veut une « quatrième force », comme l'affirme la motion de sa première assemblée générale, le 25 juin, face au C.N.C., aux organismes patronaux de la production, de la distribution et de l'exploitation et aux syndicats de techniciens. La constitution de la S.R.F. en organisme professionnel représentatif marque donc aussi l'une des innombrables défaites ponctuelles subies par le Parti communiste à la suite de Mai 68 : depuis 1944, les apparatchiks du P.C.F. tenaient les syndicats de techniciens, et par là contrôlaient l'attribution des cartes professionnelles (y compris aux réalisateurs). De Bresson à Lautner, en passant par Deville, Tati, Rivette, Vadim, Verneuil, Kast, Etaix, Malle, Carné, Lelouch, Resnais, Enrico et Cournot..., la S.R.F. réunit bientôt la grande majorité des réalisateurs français. Doniol-Valcroze en est élu président. Cent trente-quatre membres sont recensés dès août 1968 – on remarque toutefois l'absence de Truffaut et de Godard. Son programme d'action immédiate résume les buts de l'association : défense du droit moral des auteurs, à la fois contre la censure et contre les intérêts financiers, défense des intérêts matériels et moraux spécifiques au réalisateur, contribution aux débats sur la réforme des structures du cinéma, à partir des grandes lignes des motions majoritaires aux états généraux, notamment la constitution d'un secteur public du cinéma. Ce dernier aspect restera un souhait sans traduction réelle, et la S.R.F. serait devenue une organisation professionnelle classique si elle n'avait continué de s'activer aussi pour la défense des films, et pas seulement pour l'amélioration des conditions de vie de ses membres. Paradoxalement, c'est au Festival de Cannes, que bon nombre de ses membres fondateurs ont contribué à interrompre, et que la plupart considéraient alors comme mort et enterré, que se tiendra sa manifestation la plus spectaculaire. Organisée en marge de la sélection officielle et dans un rapport perpétuellement conflictuel avec les dirigeants du Festival, la Quinzaine des réalisateurs, non compétitive, contribuera durant les décennies suivantes à la découverte d'un grand nombre de cinéastes du monde.

Par ailleurs, le cinéma est une arme

Avec un certain retard, mais ensuite avec un enthousiasme et une détermination peu en rapport avec ce qui en est finalement résulté, les gens de cinéma ont donc pris part au « mouvement de Mai ». Bien peu, en revanche, ont fait ce qu'ils sont censés savoir faire : ni tenir des réunions, ni rédiger des motions, mais tourner des films. Une fois de plus, dans une situation particulièrement « chaude », le cinéma français aura fait la preuve de sa difficulté à rendre compte de l'événement. Quelques cinéastes se sont pourtant, pratiquement dès les premières heures d'ébullition, retrouvés dans la rue. Sans surprise, on retrouve là Jean-Luc Godard, qu'on avait vu attentif aux signes avant-coureurs de la révolte. Une série de « ciné-tracts » et *Un film comme les autres* résulteront de ces prises de vues, qui l'ont mené plusieurs fois au contact des forces de police, et lui ont valu d'être brièvement arrêté. William Klein a retrouvé aussitôt son instinct de documentariste et de reporter-photographe. Il en tirera, dix ans plus tard, *Grands soirs et petits matins.* Chris Marker, qui ne s'est à aucun moment mêlé aux autres cinéastes, ni pendant l'affaire de la Cinémathèque ni durant le mois de mai, est lui aussi dans la rue ou dans les usines. On aperçoit parfois dans une manifestation une caméra tenue par Claude Lelouch, à qui sa formation d'opérateur donne une autonomie qui fait défaut à beaucoup de ses confrères. Selon Godard, un grand film en 35 millimètres a été réalisé sur le mouvement par Philippe Garrel, mais tout le matériel a disparu. Parmi les noms connus, c'est à peu près tout. Mais, outre la « commission cinéma travailleurs-étudiants », que Klein anime à la Sorbonne, les Etats généraux commanditent plus ou moins des tournages sur les « lieux de lutte ». Le matériel ainsi enregistré est stocké au secret, afin de ne pas compromettre ceux qui y apparaissent. Ces bobines serviront de matériaux au film de trois heures dix, *Mai 68,* mis en forme par la monteuse Gudie Lawaetz, qui sortira en 1974. Et, en relation plus ou moins conflictuelle avec les Etats généraux, des militants tels que ceux de l'A.R.C. (Michel Andrieu, Jean-Denis et Muriel Bonan, Pierre David) ou Jean-Pierre Thorn ont tourné comme ils le pouvaient, monté et diffusé avec encore plus de difficultés des petits films réalisés sur le vif des occupations d'usine et des affrontements avec la police : *Ce n'est qu'un début, Le Joli Mois de mai, Le Droit à la parole, Oser lutter, oser vaincre...* (dix ans après, cet ensemble sera présenté en salles, dans l'indifférence quasi générale, sous le titre générique *Mai 68 par lui-même*). Et comme, dès que le personnel de la télévision a rejoint le mouvement, il a été lock-outé, la maison de l'O.R.T.F. étant tenue en main par des hommes entièrement dévoués au pouvoir et qui vont servir sa seule propagande (alors que la majorité des journalistes en poste est licenciée), très peu d'images de Mai 68 auront en fin de compte été diffusées. Du point de vue médiatique, les événements de Mai, ce sont des émissions de radio (sur les postes « périphériques », Europe 1 et R.T.L., la station nationale étant également aux ordres), des journaux, des photos, des affiches...

En schématisant, on dira que le cinéma français a raté Mai 68 : il a préféré discuter que filmer, et ces discussions sont loin d'avoir produit, sur le moment, les résultats espérés par ceux qui y ont participé. Mais le mois de mai, l'« esprit de Mai » ne va pas, lui, « rater » le cinéma français des années qui suivent. Sous des formes variées, les bouleversements en profondeur qui se sont mis en branle durant ces quelques semaines vont profondément affecter les films, les hommes et les institutions.

Livre Deuxième

L'ONDE DE CHALEUR

(1968-1975)

« Please, don't put a price on my soul. »
(« S'il vous plaît, ne fixez pas de prix
à mon âme. »)
Bob Dylan (1968).

Introduction

LES ANNÉES POLITIQUES

Les années 1968-1975 ont été celles de l'onde de chaleur dégagée par Mai 68. Période de changements et d'agitation. Cette relativement courte période voit trois présidents se succéder à l'Elysée (Charles de Gaulle démissionne le lendemain du « non » au référendum du 27 avril 1969, son successeur, Georges Pompidou, meurt cinq ans plus tard, et Valéry Giscard d'Estaing est élu le 19 mai 1974). Elle voit s'achever le conflit symbolique des années soixante, la guerre du Viet-nam, avec la signature des accords de Paris le 27 janvier 1973, et la disparition des dictatures en Europe de l'Ouest (chute des colonels grecs et « révolution des œillets » au Portugal en 1974, mort de Franco en 1975). Les Beatles, groupe musical devenu le symbole d'une époque, se séparent, des foules immenses de jeunes gens en rupture d'ordre social s'assemblent lors de gigantesques concerts (Woodstock, 15-18 août 1969). Cette période « voit » aussi de nouvelles images, qui changent et changeront le regard des hommes sur eux-mêmes et sur le monde : la première publicité à la télévision en octobre 1968, la première échographie en mars 1969, l'alunissage d'Apollo le 21 juillet de la même année, le général de Gaulle mort (le 9 novembre 1970) et Jean-Paul Sartre sur un tonneau haranguant les ouvriers, les « visions » liées à l'usage d'hallucinogènes, un avortement sur grand écran, un président de la République s'évertuant à descendre du piédestal de sa fonction pour « regarder la France dans les yeux », Nixon chassé du pouvoir et les Américains fuyant Saigon, l'irruption du spectacle terroriste avec la meurtrière prise d'otages durant les Jeux olympiques de Munich en septembre 1972.

Manifestation particulièrement spectaculaire d'une mutation en cours dans l'ensemble des pays développés, Mai 68 a engendré des effets que l'on peut regrouper selon trois axes. Le premier concerne les conséquences immédiates, traduites par des textes, en particulier les accords de Grenelle pour le monde du travail et la loi Edgar Faure pour l'éducation. Le deuxième prend en compte l'ensemble des modifications de comportement qui se diffusent dans la société, qu'il s'agisse d'aspect physique et vestimentaire, de langage, de sexualité, de rapports individuels au sein du couple, de la famille, de l'école, de l'entreprise, des loisirs, de l'habitat, de la consommation, ou encore des relations entre ce qu'on commence alors à désigner comme la « société civile » et toutes les formes de délégation et de hiérarchie, du contremaître, du délégué syndical, du professeur ou du père de famille jusqu'au président de la République. Une transformation qui, pour partie, prolonge celle de la fin des années cinquante – tandis que la « jeunesse » apparaît encore plus à la fois comme une « valeur », positive ou négative, et comme une catégorie sociale –, mais de manière plus profonde et plus large. Enfin, le troisième « axe » concerne une minorité de la population, mais une minorité numériquement importante et très agissante au sein de cette même jeunesse et parmi les intellectuels. Pour eux, Mai 68 a représenté la possibilité d'une rupture radicale avec l'organisation sociale en vigueur. Ceux-là, qu'on nommera plus tard avec une nuance péjorative les « soixante-huitards », tentent, durant les années suivantes, soit de vivre individuellement ou en groupe des relations humaines différentes, soit de transformer la société par un activisme virulent, soit de combiner ces deux formes de remise en cause de la société.

L'omniprésence de la politique dans le monde intellectuel entraîne la floraison de recherches, de pensées, de revues et de cercles de réflexion, qui tendent à la découverte d'une « pierre philosophale » théorique permettant d'unifier l'emprise intellectuelle sur le monde, afin de le transformer de manière révolutionnaire. Le principe essentiel en est recherché dans le marxisme (dans la pureté du texte d'origine ou dans les adaptations proposées par Lénine, Trotski ou Mao), dans le structuralisme supposé synthétiser les sciences humaines, ou dans des approches qui font meilleure place à la libido et à l'individu. Plus que Sartre, dont la pensée est moins sollicitée que la personnalité, et la caution qu'elle représente, Louis Althusser, Roland Barthes, Gilles Deleuze et Félix Guattari, Michel Foucault, Jacques Lacan, Herbert Marcuse sont les chefs de file de cette réflexion à multiples entrées.

Le cinéma français d'alors reproduit tout naturellement ces tendances. D'une part son organisation générale va assimiler une partie des propositions élaborées sur un mode volontariste durant la « révolution » de Mai, quitte à en édulcorer la charge transformatrice. Elle prend ainsi en compte les évolutions sociologiques révélées et accélérées par les « événements » (nouveaux couples, nouveaux jeunes, nouveaux habitats, nouveaux rapports au loisir...). D'autre part, un grand nombre des films font la part belle à cette prééminence du « politique », au sens large. A l'intérieur de cette tendance confuse, il est possible d'introduire une division selon la ligne de partage (énoncée, à l'époque, par Godard), entre *« films politiques »* et films *« filmés politiquement »*. Les premiers se veulent une représentation de la société, qui peut aller de la description au pamphlet. Les seconds tentent d'inventer de nouvelles manières de faire du cinéma, cohérente avec la volonté de rupture idéologique de leurs auteurs. Cette rupture concerne aussi bien les méthodes de production et de diffusion des films que leurs systèmes de narration et de représentation ; elle tend à introduire soit une parole collective, soit, au contraire, radicalement individualiste. L'un des « événements » de Mai, peut-être le plus important, sans doute celui qui sera le plus vite effacé de l'Histoire, a été la multiplication des prises de parole, de circulation d'un dialogue hors des circuits organisés et par-delà les barrières institutionnelles. Son empreinte la plus importante et la plus secrète est moins l'affrontement politicien (contre les pouvoirs constitués, mais avec leurs moyens et leurs systèmes de représentation, et qui alimentera le « cinéma politique ») que les formes d'indifférence au pouvoir lui-même qui s'y sont manifestées — *« l'autorité renversée, ou plutôt négligée »* dont parlera Maurice Blanchot. Cette dénégation, qui fonde en de multiples manières le « cinéma filmé politiquement », renie aussi bien les autorités économiques, administratives, corporatives, que celles du récit, de la technique et de la mise en scène — y compris, dans certains cas, la « conquête » de la période précédente qu'avait été la reconnaissance du cinéaste comme auteur.

Par ailleurs, le plus loin possible de l'« esprit de Mai » qui inspire aversion et frayeur à une dite « majorité silencieuse », une deuxième grande catégorie de films cherche à offrir une alternative tournée vers la distraction. Logiquement, il s'agira donc surtout, et à nouveau, de comédies. On semble donc face à un premier clivage, entre les films impliqués politiquement et les autres, puis, au sein de la première catégorie, entre ceux qui privilégient le « contenu » et ceux qui mettent l'accent sur la « forme » ou sur les méthodes de production et de diffusion. La réflexion moderne sur le cinéma a déjà montré l'illusion de cette distinction. Plus profondément, le cinéma « engagé » qui ne critique pas ses propres formes d'expression et le cinéma de divertissement fonctionnent de la même façon. Même lorsqu'ils adoptent des positions polémiques vis-à-vis de certaines formes de pouvoir, de certains dysfonctionnements sociaux, lorsqu'ils dénoncent l'injustice ou reviennent sur des heures sombres, et occultées, du passé, les films « politiques » visent à produire le même genre d'effets sur leurs spectateurs : la jouissance du spectacle et le réconfort quant à la situation de chacun. A propos de la littérature qui joue une fonction identique,

Umberto Eco parle (dans *De Superman au surhomme*) d'un *« catalogue de solutions consolatoires »*. Lorsque ces films se penchent sur une question politique, sociale ou historique « à problème », leur effet réel est de combler des manques, de « mettre de l'huile dans les rouages », ces mêmes rouages dont les blocages ont déclenché la déflagration de Mai 68. Il s'agit donc, au plus, d'un cinéma réformiste, au sortir d'événements qui, à tort ou à raison, ont été vécus comme révolutionnaires. S'il y eut un cinéma révolutionnaire au lendemain de Mai, c'est le cinéma « filmé politiquement » et lui seul, qui correspond à ce qu'Eco appelle, dans le domaine qu'il étudie, *« la littérature problématique »*. Il la déclare *« intimement révolutionnaire »*, dans la mesure, précisément, où elle n'est pas *« une machine gratifiante »* mais *« cherche à cerner le cœur des contradictions* [...] *et postule un renversement global de l'ordre des événements »* : un renversement global de l'ordre du récit tel qu'on est accoutumé à en tirer du plaisir, simultané d'un renversement de l'ordre social.

Ce clivage recoupe, bien sûr, celui déjà repéré dans le livre 1 entre cinéma classique (devenu académique) et cinéma moderne, l'irruption du politique en Mai 68 modifie l'espace auquel il s'applique explicitement : ce qui apparaissait durant la période précédente comme un débat de nature esthétique, et privé, « entre artistes », se révèle alors clairement pour ce qu'il fut toujours : un enjeu de société. Aux interrogations dérangeantes du « cinéma problématique », les tenants des formes traditionnelles de récit (filmé ou autre) opposent la jouissance immédiate qu'elles sont susceptibles de produire, *« la joie du récit comme fin en soi »* (Eco toujours). Il n'est pas indifférent que cette époque ait donné lieu, en marge du cinéma, du côté de la psychanalyse et de la philosophie politique, à une réflexion de fond sur les natures opposées du désir et de la jouissance.

Et, au sein de ce cinéma du récit, la véritable nouveauté des films à « sujets politiques », celle qui caractérise cette période, est de ne plus chercher le plaisir du récit dans des valeurs collectives mais au contraire d'exalter les individus – ce qui passe aussi, alors, dans le jeu de faux-semblants et la réthorique propres à l'époque, pour « révolutionnaire ».

Paysage après la manif

Pratiquement rien, dans le monde du cinéma du deuxième semestre 1968, ne traduit ce qui s'est passé au printemps de cette année. Rien dans les statistiques du cinéma de 1968 ne laisse apparaître que ce ne fut pas une année comme les autres : ni dans la production (92 films totalement ou majoritairement français, 207,57 millions de francs investis), ni dans l'exploitation (203 millions d'entrées). Aucun de ces chiffres ne traduit une rupture par rapport à la période précédente. Seules les interventions de la censure ont été exceptionnellement vigoureuses cette année-là (12 interdictions totales, 153 interdictions partielles, 65 autorisations après coupures). Quatorze films étaient en tournage dans les studios français lorsqu'ont commencé les événements de Mai. Après l'interruption due de la grève, onze se sont poursuivis dès la mi-juin, une fois signés les accords catégoriels provisoires anticipant la mise en place des nouveaux barèmes de paiement et des nouveaux horaires, conformes aux accords de Grenelle. Ces films-là ne porteront guère de traces des événements qui ont interféré avec leur fabrication. De même, les sorties en salles du deuxième semestre 1968 paraissent-elles en porte à faux avec les événements qui occupent toujours l'esprit d'une part importante de la population. Explicable par le délai de fabrication d'un film classique, ce décalage semble, sur le moment, un signal du retour à l'ordre. Signal négatif pour les « enfants de Mai », signal bienvenu pour tous ceux, encore plus nombreux, qui après avoir porté à l'Assemblée une majorité ultra-conservatrice, veulent oublier les « enragés », les grèves, et surtout la grande frousse qui les a saisis. Ceux-là se rassurent avec l'apparition sur les écrans de nouveaux épisodes de séries très populaires : pour la cinquième fois, Michèle Mercier toute déshabillée de costumes grand siècle subit la méchanceté et la concupiscence masculines, mais pas les derniers outrages *(Angélique et le sultan)* ; et la maréchaussée n'est pas uniquement vouée à matraquer les étudiants, puisque *Le Gendarme se marie.* On va se distraire du face-à-face entre de Funès et Gabin dans *Le Tatoué,* ou aux aventures musclées de Ventura (*Le Rapace,* de Giovanni) et de Belmondo (*Ho !* de Enrico). Gros succès de la fin de l'année, *L'Astragale* serait très oubliable si Marlène Jobert n'y était (très) découverte.

Ce décalage affecte aussi, logiquement, les films de cinéastes qui ont été, au moins à un moment, partie prenante des événements. Ainsi de *Baisers volés,* où Truffaut poursuit avec élégance, nostalgie et humour son récit autobiographique en compagnie d'Antoine Doinel/Jean-Pierre Léaud, ou *de Mazel Tov* de Claude Berri, également autobiographique, et également consacré aux tribulations sentimentales du passage à l'âge adulte. Et de quel pays parle *Treize Jours en France,* documentaire tourné début 1968 par Claude Lelouch durant les Jeux olympiques d'hiver, quand vient de se dérouler le plus grand mouvement populaire de l'après-guerre, et quand les Jeux d'été sont marqués par le massacre des étudiants par la police sur la place des Trois-Cultures à Mexico et par le poing levé des athlètes noirs américains ? Et où retrouver le cinéaste du *Combat dans l'île* et de *L'Insoumis* dans la très sage adaptation effectuée par Alain Cavalier du roman bourgeois de Françoise Sagan, *La Chamade* ? Même *Chronique d'Anna-Magdalena Bach,* où s'affirment les partis pris de mise en scène radicaux de Jean-Marie Straub, semble sur le moment bien sage. Et bien conformiste, le polar de Jean Herman, *Adieu l'ami,* dont le réalisateur sera pourtant, sous le pseudonyme de Jean Vautrin, l'un des « enragés » du roman noir à la française.

Deux premiers films paraissent plus en phase avec l'esprit du temps (même s'ils ont, évidemment, été tournés avant mai) : *Les Gauloises bleues* de Michel Cournot, et *Ballade pour un chien* de Gérard Vergez. Un seul document réalisé à chaud bénéficie d'une distribution commerciale, *Les Deux Marseillaises* conçu par deux proches des *Cahiers du cinéma,* Jean-Louis Comolli et André Labarthe, propose un témoignage engagé sur les élections de juin. Parmi les indices de la nouvelle époque qui s'ouvre, on trouve aussi deux films érotiques affichant des ambitions soit spectaculaires (*Barbarella,* de Roger Vadim), soit intellectuelles et esthétiques (*Un épais manteau de sang,* de José Bénazéraf). En attendant, la police ferme trois salles pornos à Paris, tandis que la respectable Gaumont exclut de ses écrans, malgré son contrat de distribution, *La Grande Lessive* de Mocky, sans doute le plus virulent pétard de l'automne 68, même s'il semble assez inoffensif après les explosions du printemps. Autre forme de censure économique, le dépeçage du film de John Berry, *A tout casser,* « repris en main » par son producteur Jean Kerchner.

A la différence de ce qui se produit dans d'autres secteurs, on verra très peu de cinéastes déjà peu ou prou installés remettre en cause leur statut et leurs méthodes de travail. Seul Godard choisit à ce moment la rupture radicale avec le « système » : Louis Malle, Agnès Varda et Jacques Demy avaient en quelque sorte anticipé les transhumances adolescentes qui se déclenchent alors, le premier vers l'Inde, les seconds vers la Californie, « terre promise » de la contre-culture. S'il tente d'inventer de nouvelles méthodes de production et de diffusion, on ne peut guère parler de rupture pour un cinéaste déjà aussi marginal que Chris Marker. Par amitié et par acquiescement idéologique, Resnais lui a un moment prêté main-forte, mais il n'a rien d'un activiste. Lui aussi cherche à travailler aux Etats-Unis, sans résultat. L'auteur d'*Hiroshima* ne parviendra pas à tourner durant six ans. Et c'est à peu près tout : Truffaut, Chabrol, Rohmer poursuivent leur chemin sans marquer d'infléchissement notable, pas plus que Rivette habitué des marges inconfortables, ou que, dans un genre très différent, Claude Lelouch. Sans parler des cinéastes encore plus « installés », et qui retrouvent sans sourciller la direction des studios.

Que l'on se place du point de vue de ce que le cinéma français propose au public ou de celui de la carrière de ses principaux réalisateurs, le paysage semble donc avoir peu évolué. Illusion d'optique.

Première partie

LES BELLES HISTOIRES

Chapitre 1

LES PLAIDEURS

Ressenties sur le moment comme en décalage avec les événements récents, les sorties du deuxième semestre 1968 traduisent à la fois l'incapacité de la grande majorité du cinéma français à anticiper la secousse de mai et, hormis quelques voltigeurs, un temps de réaction relativement lent : non seulement le cinéma reste une industrie aux mécanismes lourds, mais c'est bien ainsi que l'admettent et l'utilisent la plupart de ceux qui y travaillent, même lorsqu'ils sont, à titre personnel, influencés par les événements. Parmi eux, une nouvelle génération de cinéastes sera porteuse de cette tendance que nous avons appelée « cinéma politique ». Le terme « politique » est entendu ici au sens le plus large de prise en compte de la réalité sociale contemporaine. Alors que certains se soucieront surtout d'en témoigner, sur le mode humoristique ou dramatique, d'autres s'attachent à en dénoncer avec virulence les dysfonctionnements. Par la chronologie comme par l'attention qu'il attire, Costa-Gavras sera le premier de ces plaideurs.

Costa-Gavras

Le 26 février 1969 apparaît sur les écrans un film salué par l'enthousiasme de la grande presse. D'abord accueilli assez fraîchement par le public, il gagne peu à peu une énorme notoriété et sera un triomphe de box-office. Souvent, à la fin des séances, des applaudissements émus prouvent qu'il s'agit d'autre chose que d'un simple succès commercial. *Z* est signé d'un cinéaste d'origine grecque, de son vrai nom Konstantinos Gavras. Né en 1933, immigré en France après avoir été victime de l'intolérance politique dans son pays, cet ancien élève de l'I.D.H.E.C. a été l'assistant de René Clair, d'Yves Allégret, d'Henri Verneuil, de René Clément et de Jacques Demy. On avait remarqué son savoir-faire avec son premier film, le polar *Compartiment tueurs* (1965), tourné grâce à l'appui de ses amis Yves Montand et Simone Signoret, rejoints au sein de la distribution par Piccoli et Trintignant. Costa-Gavras poursuit avec une fable pacifiste située sous l'Occupation, ambitieuse et confuse, *Un homme de trop* (1967). Avec *Z,* il réalise un percutant pamphlet contre les militaires au pouvoir à Athènes. Sur un scénario de Jorge Semprun (d'après le livre homonyme de Vassilis Vassilikos) et servi par une distribution prestigieuse (Yves Montand, Jean-Louis Trintignant, Irène Papas, François Perier, Pierre Dux, Charles Denner), *Z* est le récit de l'assassinat du leader de la gauche grecque, le député Lambrakis, victime le 22 mai 1963 des séides de la police acoquinée à l'extrême droite et aux militaires, puis de l'enquête menée tambour battant par un petit juge refusant de se laisser intimider par les représentants de l'Etat. Conçu au lendemain du coup d'Etat des colonels à Athènes en 1967 (donc avant Mai 68), le film ne trouvait pas de producteur. Mais l'interprète du jeune photographe blond, en qui les admirateurs des *Demoiselles de Rochefort* reconnaissent le jeune marin « en perm' à Nantes » du film de Demy, a eu le courage de s'autoproclamer producteur pour rendre possible une entreprise que les professionnels compétents ont tous promis à l'échec. Fils d'un régisseur et d'une comédienne, Jacques Perrin a débuté sur les planches à quinze ans, et, à vingt, était une vedette en Italie, grâce aux films de Zurlini. Il jouait déjà celui par qui la vérité arrive dans *Compartiment tueurs,* cette fois son coup d'éclat aux côtés de Costa-Gavras annonce une double carrière d'acteur et de producteur, ouverte à toutes les audaces. Elles seront rarement couronnées d'autant de succès que dans *Z,* où le metteur en scène utilise toutes les ressources du thriller, et tient en haleine un public ravi de découvrir qu'un aussi noble sujet peut servir d'argument à un film d'action. Son succès public (2,7 millions d'entrées en France, une glorieuse carrière internationale consacrée par deux Oscars à Hollywood) et sa réussite à l'intérieur des limites qu'il s'est fixées (privilégier l'émotion sur l'analyse politique et sur l'interrogation des moyens cinématographiques utilisés) en feront le symbole du « film-plaidoyer », dont Costa-Gavras lui-même devient l'un des spécialistes durant les années à venir.

Z a été conçu en ce lieu de rencontre de l'intelligentsia qu'est devenue la maison de campagne d'Yves Montand et de Simone Signoret à Autheuil, dans le bocage normand. C'est là qu'avait démarré la carrière de Costa-Gavras qui, devant tourner l'adaptation d'un polar de Sébastien Japrisot, avait songé à confier un rôle à la jeune Catherine Allégret, et s'était vu proposer par la mère de celle-ci, Signoret, puis par Montand, de jouer dans son film : ainsi était né *Compartiment tueurs.* Après *Z,* c'est également de là, dans ce creuset de relations amicales et de débats d'idées, que partira le projet suivant, politiquement et affectivement plus audacieux pour les intellectuels et les gens de spectacle appartenant à ce cercle, et qui tous ont été membres ou « compagnons de route » du Parti communiste. Dénoncer la dictature des colonels grecs à travers un fait divers politique qui l'avait préfigurée était, pour eux, naturel. S'en prendre, aussitôt après, au comportement dictatorial des régimes communistes, écrasant physiquement et psychologiquement ceux qui ont tout donné pour eux, représente un défi d'un autre ordre. C'est celui entrepris, avant même la sortie de *Z*, avec *L'Aveu* (1970), adaptation la plus littérale possible du récit autobiographique du Tchèque Artur London. Ce héros de la Résistance, déporté, militant entièrement dévoué à la cause communiste, fut emprisonné en 1951, contraint aux aveux et condamné par le régime socialiste de Prague à l'avènement duquel il avait consacré sa vie. Pour Costa-Gavras, Jorges Semprun, Yves Montand et Simone Signoret, même dix-huit mois après l'invasion de la Tchécoslovaquie par les troupes du pacte de Varsovie mettant un terme à l'expérience démocratique du printemps de Prague, *L'Aveu* représente une déchirante révision publique de leurs engagements d'autrefois. Les souffrances que s'impose Montand pour interpréter avec plus de vérité le rôle de London ressemblent à une expiation physique des erreurs et des aveuglements passés. Entièrement bâti sur ce calvaire, celui d'un homme et celui d'une idée, le film est dépourvu des ressorts dramatiques de *Z*. Mais le revirement idéologique qu'il représente est tellement d'actualité, et le martyre physique, mais surtout intellectuel et moral de l'acteur comme du personnage est tellement mis en évidence, que *L'Aveu* déclenche une intense émotion, partagée par un public beaucoup plus nombreux que prévu. Rompant avec le tabou qui pèse encore sur la dictature stalinienne, passant outre au fameux argument « attaquer le communisme c'est faire le jeu de la droite », *L'Aveu* est un film très démonstratif, trop appliqué à transmettre plan après plan son unique message. Mais il est certainement un signe des temps, et son succès aussi. Bénéficiant de l'habituel, mais cette fois inefficace, tir de barrage de la presse communiste dénonçant le complot réactionnaire (alors que le reste de la presse est d'un enthousiasme unanime), il témoigne que l'emprise du Parti sur les intellectuels s'érode après Mai 68 et l'invasion soviétique de la Tchécoslovaquie, et annonce la prochaine dégénérescence du P.C.F. comme force politique de premier plan.

Toujours avec Montand en vedette et Semprun au scénario, Costa-Gavras tente ensuite une approche plus complexe d'une réalité politique et de ses protagonistes, avec le récit de l'enlèvement d'un agent de la C.I.A. par des membres d'une guérilla urbaine d'Amérique latine : *Etat de siège* (1973). Si les sentiments qui animent ce trio majeur de la « conscience de gauche » de l'époque demeurent généreux, le récit souffre néanmoins d'une certaine confusion. Malgré ses habiletés, la mise en scène de Costa-Gavras ne se prête ni à l'analyse ni à la nuance. D'autant que Montand tient cette fois le mauvais rôle. Pas question d'en faire pour autant un salaud absolu, comparable aux conspirateurs de *Z* ou aux geôliers de *L'Aveu* : l'identification entre l'homme Montand, l'acteur Montand et les personnages qu'il interprète est beaucoup trop grande dans l'esprit du public. Le cinéaste, le scénariste et l'acteur tentent donc de donner une certaine épaisseur psychologique à leur « méchant », mais celle-ci joue contre la construction dramatique. Et les réflexions sur la lutte de libération dans le tiers monde durant les interrogatoires de Montand par ses ravisseurs, brodant sur l'éternel dilemme des « mains sales », ralentissent et embrouillent ce qui demeure essentiellement un cinéma d'action, sans enrichir beaucoup la réflexion politique.

Le film suivant s'en prend, à nouveau, à un tabou : le comportement zélé de la justice française durant l'Occupation. *Section spéciale* (1975) est d'un simplisme extrême : les personnages représentant l'autorité ne sont que d'odieux pantins, animés dans le castelet d'une salle de tribunal. L'échec public du film contraindra le cinéaste à quatre ans de silence, et à une réflexion dont sa réalisation suivante porte les traces. Changeant de registre, *Clair de femme* (1979), d'après Romain Gary, délaisse les grandes orgues de l'Histoire et de la lutte révolutionnaire pour un drame intimiste. Semprun, occupé à l'écriture d'un de ses meilleurs livres, *Quel beau dimanche !* n'est plus là, mais Yves Montand reste fidèle au poste, pour une longue nuit de doute avec Romy Schneider. S'il s'agit cette fois d'attitude individuelle face à la vie et à la mort, Costa-Gavras plaide au fond toujours la même cause, celle des « droits de l'homme », en passe de supplanter les idéologies révolutionnaires. Il retournera ensuite vers les fureurs de l'Histoire au présent, avec *Missing* (1982), évocation de la dictature chilienne qui cherche à gagner en profondeur par l'observation d'une situation tragique à travers le regard d'un intermédiaire (l'« Américain bien tranquille » joué par Jack Lemmon), et qui lui vaudra une Palme d'or à Cannes, puis avec *Hanna K* (1983), où sa mise en scène « carrée » aura fort à faire avec la complexité politique et psychologique du conflit israélo-palestinien.

Le cinéma de Costa-Gavras va ainsi incarner le retour de cette forme d'engagement critiquée par le cinéma moderne au début des années soixante, cinéma des « hommes de bonne volonté », qui savent à l'avance où est le Bien et le Mal, et n'attendent rien d'autre du cinéma que d'illustrer et de diffuser leur bonne parole. Avec deux nouveautés : d'abord, le Bien n'est plus révolutionnaire et collectif, mais démocratique et individuel ; simultanément, au style « français », issu du théâtre, se sont substituées des méthodes de réalisation inspirées par le cinéma d'action hollywoodien et son indéniable efficacité spectaculaire, alors même que « l'impérialisme américain » reste l'ennemi désigné de plusieurs de ces films. On retrouve donc l'ancienne illusion de la séparation entre le fond et la forme, entre la fin et les moyens (utiliser les moyens de l'adversaire pour atteindre des buts inverses). De manière d'autant plus efficace que nul ne doute de la sincérité de Costa-Gavras, le retour en force de cette attitude, et le succès qu'elle remporte, achèvent de marginaliser les acquis de la « révolution cinématographique » des années soixante.

Yves Boisset

Durant la première moitié des années soixante-dix, les films d'Yves Boisset représentent une variante plus « franco-française », et plus aguicheuse, du cinéma-plaidoyer. Ce sont essentiellement les tares du régime politique, sa collusion avec les milieux d'affaires et la pègre, et les mauvais instincts d'une partie de la population, que dénonce cet ancien élève de l'I.D.H.E.C., né en 1939. Boisset a été un critique spécialiste du cinéma américain, avant de devenir assistant, puis de passer à la réalisation avec deux polars, *Coplan sauve sa peau* (1968) et *Cran d'arrêt* (1969). L'année suivante, *Un condé* glisse vers le film de dénonciation : le sujet (les méthodes ultraviolentes d'un flic paranoïaque, puissamment interprété par Michel Bouquet) et la réalisation, directement inspirée du cinéma noir américain, en auraient fait en d'autres temps un portrait individuel. Vu la réputation dont jouit à ce moment la police, le public y reconnaît aisément une charge contre l'institution tout entière et ses méthodes expéditives — et la censure ne s'y trompe pas : elle cherche au cinéaste des noises dont il deviendra bientôt coutumier. Même si elle sert de prétexte, ou de toile de fond, au film suivant, la politique est explicitement présente dans *Le Saut de l'ange* (1971), puisque c'est la rivalité électorale entre deux gangs de politiciens mafieux qui déclenche la fureur meurtrière de Jean Yanne mettant Marseille à feu et à sang. Mais le « message » est des plus douteux : en dénonçant les magouilles criminelles des pouvoirs en place, il prend parti pour un tueur solitaire dont l'esprit de vengeance anime seul la révolte. Boisset abandonne alors l'époque contemporaine pour revenir à deux reprises sur des aspects particulièrement sensibles, et toujours occultés, du passé récent : *L'Attentat* (1972), au scénario duquel Semprun a prêté la main, est une transposition transparente de l'affaire Ben Barka, épisode honteux de l'histoire gaulliste durant lequel les services français collaborèrent avec la police politique marocaine pour permettre l'assassinat, en 1965, d'un dirigeant progressiste réfugié à Paris. L'entreprise est audacieuse tant « l'Affaire » demeure entourée d'ombre et de tabous, mais l'usage intensif des ficelles du polar, et une distribution en forme de défilé de célébrités (Trintignant, Piccoli, Jean Seberg, Gian Maria Volonte, Michel Bouquet, Bruno Cremer, Philippe Noiret, François Perier) désamorcent la charge contestatrice du projet.

L'année suivante, *R.A.S.* fait partie du petit groupe de films qui entreprennent alors de lever le voile sur la guerre d'Algérie (lire chapitre 2). Revenu aux temps présents, le cinéaste conçoit ensuite un film qui se veut un virulent plaidoyer antiraciste, et c'est bien ainsi qu'est généralement accueilli *Dupont-Lajoie* en 1975, récit du viol d'une jeune Française par un cafetier franchouillard, veule et frustré, qui fera accuser et lyncher à sa place, par une foule toute prête aux excès racistes, les ouvriers arabes travaillant sur le chantier voisin du camp de vacances où se déroule les faits. *Dupont-Lajoie* est sans doute l'archétype du cinéma plaidoyer tel que le conçoit Yves Boisset. Avec sa caractérisation tellement simpliste et méprisante des personnages qu'elle ne risque jamais de troubler les spectateurs, sa succession de scènes « exemplaires » qui ne laissent place à aucune réflexion ni à aucun doute, un goût prononcé pour les séquences à effet, le film est une caricature du divorce entre les intentions et la mise en scène. C'est surtout dans les « moments de bravoure » qu'elle contredit ses objectifs déclarés, qu'il s'agisse de la séquence du viol où le cinéaste laisse toute opportunité à son public de se rincer l'œil avec bonne conscience, de la complaisance avec laquelle est montré le lynchage des immigrés par les occupants du camping, ou de la scène finale, quand le frère de l'ouvrier arabe assassiné décharge son fusil sur l'ignoble bistrotier (dont Jean Carmet a pris grand plaisir à souligner les traits antipathiques). Rassuré, le spectateur peut rentrer chez lui, le méchant a été puni. Quitte à satisfaire, sous les dehors d'un pamphlet « progressiste », les plus douteux penchants sécuritaires.

Boisset sera mieux inspiré d'aller chercher son prochain sujet chez Jean-Patrick Manchette, chef de file du « nouveau polar ». Adapté de *O dingo ô châteaux !*, *Folle à tuer* (1975), bien défendu par Marlène Jobert, gagne beaucoup en se débarrassant de toute prétention réaliste. Cette fable violente et cruelle rappelle que le cinéma de genre a bien des vertus, lorsqu'il ne se trompe pas de registre. Mais le cinéaste retourne aussitôt à ses précédents errements, en tentant à nouveau de recycler l'actualité politique en polar équarri à la hache : *Le Juge Fayard, dit « le shérif »* (1977) reprend la récente affaire de l'assassinat du juge lyonnais Renaud, sans doute abattu pour avoir enquêté de trop près sur les liens entre les gangsters lyonnais et le parti gaulliste. Ce serait un film d'action très oubliable si Boisset n'avait eu l'astucieuse audace (ou l'audacieuse astuce) de citer explicitement le S.A.C., service parallèle gaulliste aux pratiques de truands politiques : la censure, toujours aussi bête, imposera que des *« Bip ! Bip ! »* remplacent le nom de l'organisation « secrète », dont toute la France entend ainsi parler. Les *« Bip ! Bip ! »* contribuent grandement au succès du film. Si la dénonciation des « affaires » politico-financières mâtinées de gangstérisme est alors devenue un poncif qui ne dérange plus grand monde, le film bénéficie néanmoins de la vigoureuse interprétation d'un jeune acteur en pleine ascension : Patrick Dewaere.

Yves Boisset est le principal représentant d'une tendance qui fait florès à l'époque, et se faufile jusque dans les films les plus anodins : de manière centrale ou au détour d'une scène, il convient alors de dire du mal de la police, de l'Etat, des militaires, des hommes d'affaires, le cas échéant des médecins, des syndicalistes ou des architectes, bref de tout ce qui ressemble à un « corps constitué ». Parmi ces films, *Rak* (1971) de Charles Belmont et, plus tard, *Sept Morts sur ordonnance* (1975) de Jacques Rouffio (contre le pouvoir médical), *L'Héritier* (1972) de Philippe Labro (sur la collusion des grands capitalistes et des groupes fascistes), *Défense de savoir* (1973) de Nadine Trintignant (contre les magouilles politiciennes), *Le Bougnoul* (1974) de Daniel Moosmann (sur le sort des immigrés), *La Race des seigneurs* (1974) et *Adieu poulet* (1975) de Granier-Deferre (sur l'ambition politique, puis les méfaits de la police). Signalons aussi, eu égard à ses anciennes lettres de noblesse, la contribution d'un Marcel Carné bien fatigué, avec *Les Assassins de l'ordre* (1971), où Jacques Brel campe bravement un petit juge qui mettra en déroute la malfaisance policiéro-judiciaire, avec le soutien de la presse et des étudiants. Cette « critique sociale » n'a rien de révolutionnaire, elle est devenue une convention, tout à fait comparable au pseudo-anarchisme voisin de la râlerie poujadiste dénoncé par Truffaut dans les films de la « qualité française » (les curés y échappent désormais : on ne se soucie plus d'eux). La plupart de ces films fonctionnent avec le même carburant : la transgression des tabous. Ils tiennent plutôt de la provocation infantile, où l'on cherche le mot interdit pour le lancer à la face de parents pudibonds – et l'Etat, jouant volontiers le rôle du père obtus qui punit chaque fois, légitime ainsi l'audace commise. Il n'y a aucune raison que le jeu s'arrête ; il ne fait grand tort à personne. On trouve ici l'un des avatars de l'« esprit de Mai », celui qui croit en la vertu de principe de toute provocation, que l'on retrouvera à propos du cinéma pornographique.

Un peu à l'écart de ces films qui, à bon droit ou pas, se réclament des idées de Mai 68, il faut également citer quelques titres utilisant les procédés du cinéma-plaidoyer à des fins différentes : ceux qui sont inspirés par le Parti communiste, et dont les adversaires désignés sont précisément les gauchistes. Ainsi, *Valparaiso, Valparaiso* de Pascal Aubier (1970) ironisant sur le romantisme révolutionnaire, *Beau Masque* de Bernard Paul (1972), qui transpose Roger Vailland, ou *Il pleut toujours où c'est mouillé* de Jean-Daniel Simon (1975), dénoncent les « irresponsables ».

André Cayatte

Parmi les cinéastes de la dénonciation, il faut aussi mentionner le cas d'un spécialiste depuis longtemps déjà rôdé à ce type d'entreprise, et qui tout naturellement va connaître dans cette ambiance l'un de ses plus grands succès : André Cayatte. Né en 1909, Cayatte, qui a commencé à tourner en 1942, a déjà vingt-deux longs-métrages à son actif lorsque sort *Mourir d'aimer,* le 22 janvier 1971. Depuis *Justice est faite* (1950), Cayatte est friand de « phénomènes de société », comme aiment à les traiter les magazines, dont il fait des dossiers de plaidoirie déguisés en mélos, souvent inspirés de faits divers réels même si le réalisateur affirme toujours au générique que « les faits et les personnages sont imaginaires ». Juste avant 68, il s'était ainsi inspiré d'un incident rapporté par la presse pour ourdir *Les Risques du métier,* où Jacques Brel était un instituteur victime des mensonges d'une de ses élèves : c'était faire preuve d'une réelle sensibilité aux problèmes de l'heure (le malaise dans l'Education) qui allaient exploser l'année suivante et d'un sens certain de l'efficacité, pour construire de toutes pièces un procès où le cinéaste manipule de la même manière ses personnages et ses spectateurs. Même sens de l'à-propos dans *Les Chemins de Katmandou* (1969), qui se penchent avec une bienveillance pateline sur le sort des adolescents partis chercher vers l'Orient de nouveaux mythes et dans le haschisch de nouveaux rêves, et qui jouent en réalité sur les frayeurs des parents déboussolés par les lubies de leurs rejetons.

Le cas type, promis au plus grand succès, se fondera sur un autre fait divers, l'« affaire Russier », dont Cayatte fera *Mourir d'aimer* (1971). La chronique vient d'être défrayée par l'histoire d'une enseignante marseillaise, Gabrielle Russier, ayant eu pendant Mai 68 une liaison avec l'un de ses élèves, mineur. Tandis que le jeune homme est placé en hôpital psychiatrique, elle est sanctionnée, jugée et condamnée après que les parents eurent porté plainte, et se suicide en prison en 1969. L'affaire est montée en épingle, comme fable exemplaire et tragique condamnant les adultes (parents et enseignants) et les institutions (école et justice) qui tuent l'amour. Cayatte s'en empare, déplace son récit à Rouen et modifie les noms des protagonistes, mais accentue encore le simplisme de la démonstration. Sur une structure de mélodrame classique, il décrit des méchants si méchants qu'ils ne risquent pas d'indisposer qui que ce soit, et des victimes si pures qu'elles en deviennent parfaitement irréelles. Il ajoute une bonne pincée de démagogie en direction de la « jeunesse », figurée par des adolescents « contestataires » doux et sages comme des premiers communiants. Et confie à Annie Girardot, vedette dont l'impressionnant abattage est cette fois tout entier consacré à la pantomime de la douleur digne (c'est le début d'une durable collaboration dans ce registre entre l'actrice et le réalisateur), le soin de faire pleurer dans les chaumières. Résultat obtenu au-delà de toute espérance : déclenchant remous et prises de position publiques, le film sera l'un des plus gros succès de la décennie. Il attire près de six millions de spectateurs, dont une proportion inhabituelle de provinciaux – il se classe cinquième au box-office de la décennie pour la France entière, et seulement soixante-dixième à Paris : *Mourir d'aimer* aura été l'illustration par excellence des bouleversements de l'après-Mai à l'usage de la « France profonde ».

Cayatte n'allait pas s'arrêter en si bon chemin. Il aborde à présent directement un sujet politique, toujours en affirmant faire œuvre d'imagination, alors que le meurtre d'un colleur d'affiches socialiste durant la campagne municipale à Puteaux est le point de départ évident d'*Il n'y a pas de fumée sans feu* (1973). Ce mélodrame familial sur fond de magouilles électorales et de photos (truquées) de partouzes, où Annie Girardot trouve une nouvelle occasion de jouer les victimes déterminées et émouvantes, devra une partie de son succès à la bêtise des politiciens, qui vont faire passer le réalisateur pour un martyr de la liberté d'expression : après qu'on s'est inquiété « en haut lieu » de ce portrait d'élus de droite usant de la violence et du chantage pour garder le pouvoir, le C.N.C. retire l'autorisation de tournage précédemment accordée, ce qui rend caduc le plan de financement du film et interrompt le tournage. Après une active campagne de dénonciation, celui-ci pourra reprendre, mais une scène devra être réalisée à Rome. Cayatte revient ensuite à son sujet favori, le (mauvais) fonctionnement de la justice, avec *Verdict* (1974), dont le trait le plus mémorable est d'avoir mis face à face Jean Gabin et Sophia Loren, puis offre à Annie Girardot un autre emploi de femme courageuse avec *A chacun son enfer* (1977), sur le sujet toujours payant, et traité ici avec toutes les nuances qu'on imagine, des meurtres d'enfants.

L'intérêt de Cayatte, ancien avocat, pour les affaires judiciaires, n'est pas nouveau. Il est particulièrement en phase avec cette époque, sous l'angle particulier non de l'erreur judiciaire mais du déni à la collectivité du droit de juger les individus : *« Je suis très sensible [...] à tout un mécanisme qui a pour but de prendre au piège l'individu. Et qu'est-ce que c'est, justement, la Justice ? La sanction apportée à une certaine rupture du contrat social. Pour moi, ce qui compte, c'est l'individu, qui est plus important que la société. »* Cayatte est, depuis longtemps, à l'unisson de l'individualisme qui a été une des idées-forces de Mai 68 (et qui est à l'œuvre dans la quasi-totalité des films-plaidoyers). Sous l'étiquette libertaire, cette attitude passe pour une forme avancée de contestation. Il faudra du temps pour se rendre compte qu'assenée telle quelle, elle contribue aussi à détruire les solidarités et les communautés, les repères éthiques et historiques.

Chapitre 2

AILLEURS, AVANT

Mai 68 avait fait rêver d'un autre monde. Une partie de la jeunesse s'en va chercher sous d'autres horizons ce monde meilleur auquel la réalité française se dérobe. Pas du tout en Europe de l'Est, dont le pseudo- « socialisme réel » ne fait plus rêver personne, surtout après l'invasion de la Tchécoslovaquie. Mais vers le tiers monde où l'on imagine que se déroule le grand affrontement entre les puissances cacochymes du capital et l'espoir montant d'une liberté nouvelle, dont on croit les fondations en place dans la Chine de Mao et de la révolution culturelle, ou du côté des guérilleros sud-américains, palestiniens ou africains, qui semblent mener le glorieux combat de toutes les indépendances. Tentation de l'« ailleurs », aussi, sur un mode plus individualiste, vers un Orient qui paraît d'autant plus attirant qu'il est vu à travers les brumes du cannabis et celles d'un mysticisme le plus souvent superficiel et folklorique, offrant juste ce qu'il faut d'alternative à un quotidien occidental déprimant et « matérialiste ». La Californie offre une autre destination, réelle ou imaginaire, à ces tentatives d'évasion, au moment où s'y rassemblent des foules de jeunes gens mettant en pratique une liberté de mœurs inconnue, et placée sous le signe du pacifisme et du partage, sur des rythmes nouveaux inventés par des groupes de rock comme les Doors, Jefferson Airplane, Grateful Dead, Crosby, Still, Nash and Young, Soft Machine, Pink Floyd, le Velvet Underground ou par Jimi Hendrix, Janis Joplin et Bob Dylan. Parmi tous ces exotismes, chacun peut composer à sa convenance son propre cocktail de révolte politique, d'expérience hallucinogène, d'ethnologie amateur, d'amour de la nature, du sexe et de divinités variées.

Mai 68 a aussi donné à une génération le sentiment d'« entrer dans l'Histoire », et d'avoir eu l'opportunité d'en infléchir le cours. Dans les années qui suivent, le retour sur le passé, notamment sur les époques de conflits et de révolutions, sera tout naturellement à l'ordre du jour pour ceux qui cherchent soit des modèles, soit des éléments de réflexion permettant de mieux comprendre le présent et de le transformer. Cette *« passion de l'Histoire »* (comme le titre à la une un grand hebdomadaire) gagne par contagion de larges secteurs de la population : ceux qui ont eu peur de Mai ont également de bons motifs d'aller chercher dans le passé des éléments pour en évaluer la portée réelle et les chances de pérenniser l'« état des choses ». Ce goût de l'Histoire aura des effets imprévus, et pour certains entièrement opposés à ceux recherchés par les « enfants de Mai ». On retrouve tout naturellement dans les films ce double mouvement vers le lointain et vers le passé.

Rappel en Algérie

Aux confins de cette attention au tiers monde et de ce goût pour l'Histoire, le cinéma-plaidoyer trouve naturellement un sujet dans le passé encore chaud, et pour beaucoup symbolique des luttes contemporaines, de la guerre d'Algérie. En 1965, l'Italien Gillo Pontecorvo avait réalisé *La Bataille d'Alger,* spectaculaire reconstitution du démantèlement du F.N.L. dans la capitale algérienne par les parachutistes. Longtemps interdit, le film ne sort en France qu'en 1972, et déclenche aussitôt des incidents dans les salles où il est projeté, témoignant combien le sujet reste brûlant. En France même, Michel Drach (né en 1930) a été le premier à revenir sur la question avec *Elise ou la Vraie Vie* (1970), évocation du sort des Algériens en France durant le conflit, qui fait plus de place à la psychologie sentimentale qu'à l'analyse historique. C'est le cinquième long-métrage de cet ancien assistant de Jean-Pierre Melville, dont il est le cousin et dont il partage le besoin d'indépendance : il sera, non sans problème, son propre producteur. Son premier film, *On n'enterre pas le dimanche,* lui avait valu en 1960 le prix Louis Delluc de préférence à *A bout de souffle*. Encombrant privilège, et source de confusion, entretenue encore par le ton personnel d'*Amélie ou le Temps d'aimer* (1963) : nombre de critiques rattachent alors Michel Drach au cinéma moderne. Ils fermeront les yeux sur les deux films de divertissement réalisés ensuite (*La Bonne Occase,* 1965, et *Safari diamants,* 1966). *Les Violons du bal* (1974), reconstitution historique et autobiographique, repose sur une construction « distanciée » (en noir et blanc, les difficultés contemporaines de réalisation du film alternent avec les scènes d'époque en couleurs), idée narrative que n'assume pas la mise en scène. *Le Pull-Over rouge* (1979), évocation du fonctionnement de la justice qui condamna Christian Ranucci à mort dans des conditions douteuses, achève de lever les illusions sur un cinéaste intelligent et généreux, mais dont les films ne sont pas à la hauteur de ses ambitions. Drach sera encore moins inspiré avec ses drames psychologiques et sentimentaux (*Parlez-moi d'amour*, 1975 ; *Le Passé simple*, 1977 ; *Sauve-toi Lola*, 1985 ; *Il est génial, papy*, 1989), et se fourvoiera complètement avec sa tentative d'évocation de l'univers de Maupassant (*Guy de Maupassant*, 1982). Lorsqu'il meurt en 1990, il laisse le sentiment amer d'une carrière enlisée dans l'incertitude de ses choix cinématographiques.

Nulle incertitude, en revanche, chez René Vautier que nous avons vu, en plein conflit, risquer sa liberté et sa vie aux côtés des combattants algériens. Praticien du cinéma militant, Vautier profite de l'air du temps pour réintégrer un moment la production classique, en réalisant *Avoir vingt ans dans les Aurès* (1972), film à la puissance schématique qui tente de démontrer comment l'armée « retourne » les esprits réfractaires pour en faire des soldats d'élite. On y remarque trois jeunes comédiens dont on retrouvera les noms à des titres différents, Philippe Léotard, Jean-Michel Ribes et Alexandre Arcady. Vautier donnera une autre œuvre anticolonialiste, contemporaine celle-ci, avec *La Folle de Toujane* (1974), située en Tunisie vingt ans après l'indépendance, et dont il avait tourné l'esquisse dès 1970 avec le court-métrage *La Caravelle*. Sur un sujet voisin de celui d'*Avoir vingt ans dans les Aurès* (des « fortes têtes » prises dans l'engrenage de la guerre et la révolte individuelle de l'un des appelés), Yves Boisset utilise dans *R.A.S.* (1973) son sens de la construction efficace appuyée sur un manichéisme à toute épreuve, et ne se refuse pas quelques scènes de spectaculaire racoleur lors de la destruction d'une mechta. Notons, là aussi, la découverte de jeunes comédiens d'avenir : Jacques Spiesser, Jacques Weber, Jean-François Balmer, Jacques Villeret. Dans le même registre, Laurent Heynemann adaptera *La Question* (1977), le livre-témoignage du militant communiste Henri Alleg torturé par les parachutistes français. Interdit au moment de sa parution, l'ouvrage reste assez sulfureux pour qu'il y ait du courage à le porter à l'écran. Mais la démonstration et la dénonciation sont tellement évidentes qu'elles perdent à peu près tout impact. Beaucoup plus ambigu est *Le Complot* (1973) de René Gainville, qui prend comme protagonistes des activistes de l'O.A.S., traqués par les services officiels. Tiraillé entre choix politiques et nécessités du genre cinématographique, le cinéaste peine dangereusement à prendre position vis-à-vis de ses personnages.

Deux documentaires apportent un éclairage apparemment plus neutre sur cette guerre, dont le grand public français n'a jusqu'alors jamais vu les images : *La Guerre d'Algérie* de l'historien Yves Courrière et Philippe Monnier (1972) se veut une reconstitution objective des événements à travers des documents filmés. C'est un considérable travail d'archiviste, mais le point de vue de Courrière, déjà exprimé dans l'ouvrage en quatre volumes qu'il a consacré au sujet, transparaît assez pour inspirer le doute sur ses prétentions à l'objectivité, sans s'affirmer suffisamment pour pouvoir donner lieu à un débat avec les spectateurs. Et *Je vous ai compris,* troisième volet de l'enquête *Français si vous saviez,* menée par André Harris et Alain de Sédouy (1973), compose un percutant mélange de documents d'archives et d'entretiens avec des protagonistes, premiers rôles ou simples quidams. Finalement, c'est un film algérien qui, pour la dernière fois avant longtemps, attirera l'attention d'un vaste public (français) sur la guerre d'Algérie : *Chronique des années de braise* (1975), fresque historique de Mohammed Lakhdar Hamina, couronné d'une Palme d'or au Festival de Cannes.

Cinéma immigré, cinéma exotique

Pour évoquer brièvement un autre groupe de films relevant du plaidoyer, il faut faire un détour par une question jusque-là considérée comme résolue : qu'est-ce que le cinéma français ? Au moins depuis la Libération, le cinéma français est, de manière très majoritaire, produit par des producteurs français avec de l'argent français dans le cadre d'une législation du Centre national du cinéma. Il est mis en scène par des réalisateurs français et interprété par des comédiens français. La règle en vigueur dans les festivals internationaux, qui veut que les films arborent une bannière nationale, celle du producteur exécutif (celui qui détient le contrôle effectif du film et en est, en principe, le principal bailleur de fonds), s'applique sans trop d'illogisme. La multiplication des coproductions n'affecte pas encore la nationalité « principale » des films. Sans doute trouve-t-on des cas singuliers, de Rossellini réalisant *La Prise du pouvoir par Louis XIV* à Louis Malle produit par les Américains pour *Viva Maria* tourné au Mexique, mais les génériques continuent d'arborer une dominante nationale, clairement identifiée par le public. Malgré la multinationalité de leur financement et de leurs interprètes, *Le Mépris* ou *Paris brûle-t-il ?* sont « instinctivement », et à juste titre, tenus pour des films français. Plusieurs phénomènes simultanés vont, à partir des années soixante-dix, brouiller les réponses à la question nationale. Il ne s'agit pas, au sens strict, d'évolution économique : le nombre moyen des coproductions annuelles reste stable durant la première moitié de la décennie, avec plus de 80 titres, et décroîtra ensuite. Mais il s'agit bien des possibilités de financement et de création que trouvent en France des cinéastes étrangers. Et si les cas de deux grands réalisateurs italiens, Marco Ferreri (*La Grande Bouffe ; Touche pas à la femme blanche*) et Bernardo Bertolucci *(Le Dernier Tango à Paris),* du Polonais Andrzej Zulawski *(L'important c'est d'aimer)* ou du Yougoslave Dusan Makavejev *(Sweet Movie)* paraissent encore marginaux, il n'en va pas de même avec les cinéastes des anciennes colonies françaises qui, en Afrique noire et au Maghreb, tentent de se doter d'un cinéma national, mais n'ont d'autre choix que de chercher dans l'ex-métropole, où beaucoup d'entre eux résident, les soutiens sonnants et trébuchants. Ils tournent eux aussi des films-plaidoyers, consacrés au sort des immigrés en France, au racisme, aux relations inégales entre les peuples nouvellement indépendants et leurs anciens colonisateurs. Mais, bien que produits et tournés en France, avec le concours de techniciens français, il ne s'agit pas à proprement parler de films français : *Mekhtoub,* d'Ali Galhem (1969) est bien un film arabe, *Soleil O* (1973) et *Les Bicots-Nègres vos voisins* (1974) de Med Hondo, ou *Concerto pour un exil* (1968) et *A nous deux, France* (1970) de Désiré Ecaré sont des films africains. C'est la nature des films qu'il faut ici prendre en compte : pas plus que le financement, la langue ne serait un critère acceptable, surtout à un moment où s'épanouissent le cinéma suisse francophone emmené par Alain Tanner, Michel Soutter et Claude Goretta, le cinéma québecois avec Gilles Carles comme chef de file, et le cinéma wallon qui connaît une période d'éphémère fécondité, à laquelle survivra le seul André Delvaux.

Les scénarios aussi se tournent vers le vaste monde. C'est l'un des mérites de Costa-Gavras de s'intéresser aux enjeux internationaux et pas seulement aux travers franco-français. Deux autres films, sortis en 1970, s'ouvrent aux tragédies du tiers monde. Le premier attire l'attention du fait de son sujet, et de son réalisateur : *Hoa Binh* est la première réalisation non militante à se préoccuper de la guerre du Vietnam, qui occupe alors ardemment les esprits. C'est aussi la première réalisation d'un des principaux chefs opérateurs de la Nouvelle Vague, Raoul Coutard. Mais Coutard, « ancien de l'Indo », y exprime sa nostalgie des paysages de l'Asie du Sud-Est, sans utiliser le moins du monde le langage cinématographique pratiqué aux côtés de Godard. Le résultat se borne à une très superficielle, très décorative et très mélodramatique dénonciation de la guerre. En apparence fort différent, le second film repose finalement sur une démarche assez semblable : *Remparts d'argile* est réalisé par un inconnu, Jean-Louis Bertucelli ; il s'en prend à un sujet beaucoup moins médiatique, le sort des femmes dans la société traditionnelle arabe, et il met en œuvre une mise en scène beaucoup plus exigeante, sans parole, uniquement alimenté par la chorégraphie répétitive des gestes quotidiens, la tension des regards, la splendeur des paysages et des matières dont sont faits les objets de tous les jours. Triviale chez Coutard, sophistiquée chez Bertucelli, il s'agit de deux variantes de l'imagerie tiers-mondiste, qui portent un regard de touriste bienveillant sur des univers « différents », au moyen de plans dont beaucoup serviraient sans mal de publicité aux agences de voyages.

On trouve une autre forme d'exotisme dans *More* (1969) de Barbet Schroeder : exotisme du lieu (Ibiza, ses plages, ses rochers, son moulin), exotisme de mœurs (la « libération » par le sexe et la drogue, qui se termine en impasse meurtrière), avec la musique de Pink Floyd en contrepoint aussi halluciné que les images et les personnages. Né en 1941, Schroeder, compagnon de route de la Nouvelle Vague, est le producteur d'Eric Rohmer dans le cadre des Films du Losange ; il a collaboré aux *Cahiers du cinéma* et a été l'assistant de Godard sur *Les Carabiniers.* Paul Gégauff, l'habituel complice de Chabrol, cosigne le scénario. Impressionné par la contre-culture qui s'est développée à partir de la côte ouest américaine, Schroeder tente à la fois de lui rendre justice et de montrer les dangers de ses dérives. Par manque de rigueur dans la mise en scène, où la fascination (pour le corps de Mimsy Farmer, pour les paysages, pour les nouvelles perceptions qu'ouvre la drogue) se mêle à la dénonciation, le film est d'une douteuse ambiguïté, qui lui vaudra un beau succès en salle. Trois ans plus tard, *La Vallée,* également scénarisée avec Gégauff et également dotée d'une musique (moins inspirée) de Pink Floyd, conte sur le ton de la légende la quête d'un lieu préservé des turpitudes du monde par un groupe de jeunes gens emmenés par Jean-Pierre Kalfon et Bulle Ogier. Cette parabole hippie et esthétisante ne fait pas courir les foules. Barbet Schroeder se tourne alors vers le documentaire, avec un extraordinaire portrait du dictateur ougandais *Général Idi Amin Dada* (1974), puis la description d'une expérience scientifique de dialogues par gestes avec un singe, *Koko, le gorille qui parle* (1977), qui intéresse toutes les formes de communication. Entre-temps, le cinéaste, dont la carrière future confirmera l'intérêt pour les perversions obsessionnelles, avait tenté un retour vers la fiction avec *Maîtresse* (1976), histoire d'amour située dans le monde de la prostitution sadomasochiste.

Après l'expérience malheureuse, pour elle, de *Loin du Vietnam,* Agnès Varda est retournée en Californie, rejoindre Jacques Demy qui prépare *Model Shop,* « suite » désenchantée de *Lola* sur fond de guerre du Vietnam. Elle découvre les « Flower People », ces jeunes gens venus de tous les Etats-Unis qui essaient de mettre en pratique une vie sans violence, sans tabous et sans argent. Elle a tenté de réaliser un film dénonçant la dictature des colonels grecs. Sollicité comme producteur, l'O.R.T.F. mettra deux ans à répondre. A répondre oui, d'ailleurs, mais *Nausicaa,* tourné en 1970, ne sera jamais diffusé : malgré sa poésie et ses références mythologiques, il est jugé trop malpensant pour les ondes nationales. Installée à Los Angeles, Varda filme un de ses oncles, peintre hippie, *Oncle Yanco* (1967), « rate » Mai 68 mais pas le mouvement révolutionnaire noir auquel elle consacre un documentaire, *Black Panthers* (1968), avant de réaliser en 1969 *Lion's Love.* Sorti l'année suivante en France, le film présente avec humour et décontraction les nouvelles mœurs californiennes, à travers les facéties loufoques d'un ménage à trois composé de James Rado, Jerome Ragny (deux des principaux membres de la troupe de *Hair,* la comédie musicale devenue l'emblème commercial de la contre-culture californienne) et Viva, vedette de la scène hippie, qui jouent plus ou moins leur propre rôle. En grande partie improvisé, très imprégné de l'esprit local encore peu acclimaté en Europe malgré le mensuel *Actuel* qui s'en fait l'ardent propagandiste, le film prend pour contrepoint politique l'élection, puis l'assassinat de Robert Kennedy. La critique salue une « modernité » inspirée de Warhol, voire un côté prémonitoire, en fait les galipettes physiques et intellectuelles du trio ne dépassent guère le folklore doré de la contestation. Varda rentre en France où, après *Nausicaa* et un détour par le documentaire, le temps d'un remarquable portrait du quartier parisien où elle réside, *Daguerréotypes,* tourné en 1975 mais sorti seulement en 1978, elle rejoindra tardivement les rangs du cinéma-plaidoyer, au service de la cause féministe.

Naissance du « rétro »

On trouve, parmi les films du début des années soixante-dix, des « films de guerre », et en particulier des films se déroulant en France durant la Seconde Guerre mondiale. Rien d'étonnant à cela, le cinéma a toujours été friand de ce genre, qui n'a jamais durablement quitté l'écran depuis la Libération. Pourtant le nombre de titres, l'attention qu'ils suscitent et la manière de traiter le sujet traduisent un phénomène nouveau, qu'on baptise alors du sobriquet de « rétro ». Ce terme désigne les modes passéistes qui fleurissent alors, modes qui servent à la fois de refuge dans le passé pour ceux qu'effraient les changements de la société et de recherche d'une légitimité historique pour ceux qui aspirent à la transformer. Si de nombreux films évoquent donc l'époque de l'Occupation, ils le font de manières différentes.

La première manière est officielle et héroïque, elle ne compte que deux représentants : *L'Armée des ombres* de Jean-Pierre Melville (1969) est, en apparence, le film digne de ce nom qu'attendait l'historiographie officielle gaulliste depuis vingt-cinq ans, celui que les autorités avaient tenté de susciter avec *Paris brûle-t-il ?* de René Clément trois ans plus tôt – pour aboutir, bien loin de *La Bataille du rail,* à un monument officiel couronné par un hymne pompier chanté par Mireille Mathieu, un album de clichés relié par les ficelles d'un artificiel consensus politique. Alors que Melville, entouré de solides comédiens (Signoret, Ventura, Meurisse, Reggiani, Paul Crauchet, Christian Barbier, Claude Mann), donne un film ample, au lyrisme sec et sombre, où la reconstitution minutieuse d'un haut fait (une évasion des locaux de la Gestapo lyonnaise) et l'imagerie gaulliste de la Résistance trouvent le meilleur point d'équilibre qu'on puisse attendre d'un film de propagande réalisé par un véritable cinéaste. Sorti le 10 septembre 1969, quatre mois après le départ de l'Elysée du Général, le film pose la première pierre de la statue posthume du « sauveur de la France ». On a dit quel autre sens on peut lui prêter, celui d'une idée toujours contemporaine de Résistance, présentée sous un jour désenchanté : dans *L'Armée des ombres,* seuls les chefs s'en tirent. Sept ans plus tard, beaucoup plus modestement, Franck Cassenti tentera de donner un pendant « de gauche » à ce monument gaulliste, en exaltant la mémoire des premiers et des plus déterminés parmi les résistants armés aux nazis, ces étrangers de la M.O.I. sauvagement réprimés par les Allemands et dénoncés sur ces affiches *« qui semblaient une tache de sang »* que chantera ensuite Louis Aragon. *L'Affiche rouge* (1976) est lui aussi un film de propagande, schématique (et cette fois pauvrement réalisé), où les membres du groupe Manouchian sont d'exemplaires héros, puis martyrs, taillés dans un marbre qui rappelle celui du réalisme socialiste. Le film se veut à la fois rappel et règlement de comptes historique, dans le droit-fil du cinéma-plaidoyer et en contrepoint de *Section spéciale* de Costa-Gavras. En mettant en valeur un réseau de résistance révolutionnaire internationaliste, où les immigrés jouent un rôle de pointe, il n'est évidemment pas exempt non plus de sous-entendus contemporains.

Mais entre le film de Melville et celui de Cassenti, la vision rassurante, homologuée, de cette époque de l'Histoire de France a changé. Un film au retentissement considérable est venu chambouler le beau dispositif hagiographique mis en place à la Libération, sous les auspices de la réconciliation nationale, avec la fiction de la France résistante. Logiquement, c'est un documentaire qui vient faire voler en éclats cette fiction. Commandé par la télévision à Marcel Ophuls, *Le Chagrin et la Pitié* sera refusé par elle, et ne pourra être diffusé sur le petit écran que dix ans plus tard et sous un autre régime politique (les 28 et 29 octobre 1981). Cette enquête, dont l'essentiel concerne la ville de Clermont-Ferrand et ses environs, rompt une véritable omerta nationale, puisque tous les Français, au moins tous ceux qui avaient atteint l'âge de comprendre avant la Libération, savaient ce que « révèle » en détail le film : la collaboration active de beaucoup, la passivité résignée ou complice de la majorité, les dissensions au sein de la Résistance, la survivance de nostalgiques du fascisme. Sorti dans une petite salle du Quartier latin le 5 avril 1971, moins d'un an après la mort de De Gaulle, moins d'un an avant la grâce accordée par Pompidou au chef milicien Paul Touvier, le film sera très largement « couvert » par la presse. Il accédera aux Champs-Elysées et attirera plus de 600 000 spectateurs à Paris. En quatre heures et dix minutes d'entretiens avec des protagonistes, célèbres ou inconnus, le fils de Max Ophuls, alors âgé de quarante-quatre ans et à peine connu pour une anodine comédie (*Peau de banane,* 1963, avec tout de même

Jean-Paul Belmondo, Jeanne Moreau, Claude Brasseur, Jean-Pierre Marielle et Alain Cuny), témoigne de ses talents d'interviewer percutant et de monteur engagé, sachant donner à la fois dynamisme et parti pris à la mise en forme de ses reportages.

De manière plus conventionnelle, plus discrète et moins aboutie, une fiction tentera trois ans plus tard d'évoquer à son tour, sous un angle particulier, l'histoire collective vécue dans les années quarante. *Les Guichets du Louvre* de Michel Mitrani (1974) raconte la « journée terrible » d'un jeune Parisien qui, le 16 juillet 1942, tente de sauver au moins une personne de cette rafle du Vel' d'Hiv', jamais jusqu'alors évoquée à l'écran. Malgré une dramatisation assez artificielle, une interprétation (Christian Rist, Christine Pascal) trop appuyée et un abus de psychologie (et la regrettable musique de Mort Shuman), le film échappe dans une certaine mesure aux pièges de la reconstitution romanesque, grâce à son parti pris de huis clos dans le quartier du Sentier bouclé et ratissé par la police : le décor labyrinthe devient une quasi-abstraction de murs lépreux, où la tragédie côtoie le jeu dangereux des deux adolescents traqués. Le film s'en prend simultanément à plusieurs tabous : la participation active de la police française aux exactions nazies (on se souvient de la censure obligeant Resnais à faire disparaître le képi d'un gendarme français dans *Nuit et Brouillard*), l'impuissance de la Résistance organisée, l'indifférence de la majorité de population, l'existence de profiteurs pillant les biens des juifs déportés. Et, de manière plus insistante, le comportement des juifs eux-mêmes, acceptant de porter l'étoile jaune, refusant de s'enfuir lorsque l'occasion leur en est donnée, par incrédulité devant l'horreur mais aussi par conformisme social ou religieux. Le réquisitoire dressé par le film est universel, et implacable, sans même la consolation d'un petit happy end individuel. Dans une situation paroxystique, mais réelle et dont la description s'appuie sur une solide documentation historique, il dénonce en fait toutes les formes de soumission à l'ordre établi. C'était apparemment trop et le film, dérangeant pour tout le monde, fut mal reçu et même accusé d'antisémitisme.

Deux autres films font écho, en mineur, à ces deux titres de référence : *Français si vous saviez* (1973), série documentaire de André Harris [1] et Alain de Sedouy en trois épisodes retraçant l'Histoire de France de 1917 à la guerre d'Algérie, consacre sa deuxième partie *(Général nous voilà),* à l'Occupation et la Libération. Les témoignages complètent, sans en retrouver la puissance iconoclaste, ceux recueillis par Ophuls. Mais la démarche même de ce triptyque, qui, de l'entre-deux-guerres aux accords d'Evian, cherche à mettre en valeur les constantes du comportement français en insistant sur la propension du peuple à se chercher un « père » (Pétain, puis de Gaulle), est signifi-

1. Qui a participé à la réalisation du *Chagrin et la Pitié*.

cative de l'insistant parallèle entre l'Occupation et la période contemporaine. La même année, *Le Train* de Pierre Granier-Deferre anticipe dans une certaine mesure sur *Les Guichets du Louvre* : malgré le romanesque sentimental envahissant et une mise en scène toute plate, le recours ici aussi au huis clos (un wagon de marchandises traversant la France durant l'exode) et la volonté de faire des protagonistes des archétypes donnent au film un côté « petit théâtre des valeurs de la nation » qui l'ancre dans l'histoire collective.

Au moment où sortent ces films, les années de guerre ont une fonction à la fois de repoussoir, de substitut et de part maudite – dans *La Maman et la Putain,* Jean Eustache fait dire à Jean-Pierre Léaud : *« Tu as recommencé à vivre sans que l'angoisse t'étreigne, tu es tranquille, tu crois que tu te relèves alors que tu t'accoutumes tout doucement à la médiocrité. Après les crises il faut vite tout oublier, tout effacer, comme la France après l'Occupation, après Mai 68. »* En cassant le consensus historique, *Le Chagrin et la Pitié* a également brisé le cadre collectif que constituait, même de manière mensongère, le souvenir commun de l'Occupation, élément du patrimoine national. Le film d'Ophuls a ainsi ouvert la voie à une approche individualiste de cette période, significative de l'esprit qui émerge alors. Paradoxe très moderne d'un travail de vérité comme celui effectué par Ophuls, et qui, en jetant bas le mensonge de l'Histoire officielle, ouvre la possibilité de remettre en cause l'Histoire elle-même, ses élans, ses tragédies, ses atrocités, mais aussi ses promesses de temps meilleurs. De la démystification à la démythification, il y a si peu... De l'une à l'autre, il y a la mise en place d'un nouveau dispositif d'acceptation de l'ordre quotidien. Cette opération est menée, à des niveaux différents, par des gens qu'en apparence tout oppose : une nouvelle droite prête à s'emparer du pouvoir (1974, année de la mort de Pompidou, de l'élection de Giscard d'Estaing et de la liquidation du gaullisme au sommet des institutions, verra logiquement la multiplication des titres allant en ce sens), une gauche démocratique prête à jeter le bébé de la révolution avec les eaux souillées du totalitarisme (qu'incarne bien, au cinéma, le trio Costa-Gavras-Semprun-Montand), une extrême gauche « libertaire » issue de Mai 68, formée d'adeptes plus ou moins folkloriques du *« seul l'un existe »* de Stirner. Les « films de guerre » qui contribuent à ce mouvement ne comportent guère de batailles ni d'actes héroïques, ils retracent tous des trajectoires individuelles, dont les ressorts sont sentimentaux ou psychologiques : *Les Violons du bal* de Michel Drach (1974) ; *L'Ironie du sort* de Molinaro (1974) ; *Un sac de billes* de Jacques Doillon (1974) ; *Le Vieux Fusil* de Robert Enrico (1975) ; *Le Bon et les Méchants* (1976) de Claude Lelouch. Et la comédie apporte ses contributions troupières (*Où est passé la 7e compagnie ?* de Robert Lamoureux en 1973), boulevardières (*Gross Paris* de Gilles Grangier et *Führer en folie* de Philippe Clair en 1974), chansonnières

(*Opération Lily Marlène,* à nouveau de Lamoureux, 1975), métaphoriques (*Les Chinois à Paris* de Jean Yanne, 1974). Mais le film emblème, et qui sera reconnu comme tel par le public et les médias, est évidemment *Lacombe Lucien* de Louis Malle [1], lui aussi sorti en 1974.

Après son expérience en Inde et celle de Mai 68, toutes deux vécues intensément, on attendait un Louis Malle différent du personnage composite révélé par son début de carrière. Encore sous le coup des événements, Malle a d'ailleurs envisagé, avec Pierre Kast, un film inspiré par l'esprit utopique qui s'était manifesté au mois de mai. Sans suite. Il retourne alors vers la plus traditionnelle de ses sources, l'évocation « provocatrice » du monde figé de cette grande bourgeoisie dont il vient, et où il s'est déjà illustré avec *Les Amants* et *Le Voleur.* Anticipant sur la « grande libération des mœurs à l'écran », *Le Souffle au cœur* (1971) est, selon les propres termes du réalisateur, un « mélange d'autobiographie et de fantasmes », où une scène de masturbation adolescente et une séquence d'inceste furtif feront bouillir la marmite à scandale. Les prévisibles repères de l'anticléricalisme, du parallèle entre le trouble du garçon et celui du pays (à l'heure de Diên Biên Phu), l'éloignement dans le temps, le charme de Léa Massari, la forme d'humour complice avec le spectateur que manipule très habilement le cinéaste en font pourtant un film très « confortable ». Il a fallu beaucoup de zèle aux pompiers pyromanes de l'ordre moral (et aux responsables de la publicité) pour faire passer *Le Souffle au cœur* pour un brûlot menaçant l'Occident chrétien.

Le film suivant, *Lacombe Lucien,* est plus audacieux, et plus dérangeant. Ecrit avec le renfort du romancier Patrick Modiano, ce récit de l'itinéraire d'un jeune paysan du Sud-Ouest devenu milicien, et qui assouvit dans l'exercice meurtrier de sa puissance à la fois ses désirs et ses peurs d'enfant et la vengeance d'une immémoriale humiliation, n'est pas plus un film « procollabos », comme il en fut accusé à l'époque, que *Les Guichets du Louvre* n'est un film antisémite. Mais ce qui sauvait le film de Mitrani, l'inscription dans la collectivité, fait ici défaut : la collaboration, la compromission avec le nazisme, l'exercice de la torture, la trahison de la jeune femme aimée (puisque, avec un goût prononcé pour le mélodrame, Malle a imaginé que son « héros » s'éprenait d'une jeune juive puis livrait le père de celle-ci à la Gestapo) deviennent des « options » individuelles, des hypothèses équivalentes à d'autres, opposées ou seulement différentes. Louis Malle a raconté, dans ses *Conversations avec Philip French,* que la première étincelle du film lui était venue de la rencontre d'un tortionnaire « ordinaire » durant la guerre d'Algérie : *« C'était la première fois que j'étais confronté à la banalité du mal. »* L'expression est reprise d'Hannah Arendt, qui l'employa à pro-

1. *Le Chagrin et la Pitié* a été distribué par la N.E.F., société des frères Louis et Vincent Malle et de Claude Nedjar.

pos du procès Eichmann, précisément pour dénoncer cette banalisation. Et, chez le cinéaste, la « banalité » n'est pas la « complexité du mal » qui exigerait une réflexion plus approfondie que les caractérisations manichéennes, c'est même le contraire, le mal est partout, au-delà de clés psychologiques il n'y a rien à comprendre. Cette banalisation du mal, ou plus exactement du Mal absolu qu'était jusqu'alors l'hitlérisme (dont le film ne dissimule pas les atrocités), abolit un *mythe,* non pas un mythe au sens d'illusion, mais de récit fondateur autour duquel s'organise une communauté. Il l'abolit non pas au profit d'une compréhension plus fine ou plus profonde, comme le faisait Ophuls, mais au nom d'une « nature humaine », par essence capable du meilleur comme du pire. Du point de vue du cinéma, cette banalisation constitue le franchissement d'une limite (même si dès 1961, mais reçu alors dans une indifférence très significative, *Vacances en enfer* de Jean Kerchbron avait déjà évoqué le même sujet). On retrouve chez Malle, qui en est grand spécialiste, cette idéologie de la transgression et du scandale – elle en fait l'éclaireur des « briseurs de tabous » du cinéma-plaidoyer, convaincu du bien-fondé libérateur de ses entreprises. *Lacombe Lucien* opère ainsi simultanément deux transgressions, dans des champs différents : au niveau de l'imaginaire collectif, il contribue à rendre discutable, objet d'un débat possible, et de nuances, ce qui était jusqu'alors marqué d'un signe moral négatif sans appel (la collaboration active avec les nazis). Au niveau du cinéma, il « dépasse » le grand débat éthique de la décennie précédente opposant les tenants du message « juste » aux défenseurs de la morale de la mise en scène ; cette fois, la morale est hors le film, ni chez le protagoniste ni chez le cinéaste. C'est (en toute bonne foi du réalisateur, cela va sans dire) la porte ouverte à tous les révisionnismes et à tous les cynismes. L'hebdomadaire *Le Point*, qui consacre la couverture et six pages de son numéro du 11 mars 1974 au sujet « L'Occupation : pourquoi tout le monde en parle », note à juste titre que *« ce qui intéresse aujourd'hui, ce n'est pas l'exemplaire mais l'authentique. Pas l'héroïque mais l'ambigu. Pas l'historique mais le quotidien. Bref pas le mythe, mais la réalité ».* S'exprimant d'un point de vue très différent, et portant un jugement opposé, les *Cahiers du cinéma* repèrent néanmoins le même processus, où *« la psychologie rend l'Histoire impardonnable.* [... où le film sert à] *culpabiliser l'Histoire »*, et ainsi déculpabilise ceux qui remettront bientôt en cause les leçons, factuelles, politiques et morales, de cette même Histoire.

A partir de ce film, on peut aussi relire *a posteriori* la filmographie de Malle, dont on a jusqu'à présent souligné l'apparente diversité : au-delà de leurs styles différents, les films de Malle sont unis par la valorisation constante des pulsions, de l'inhumain, de ce qui n'est ni pensé, ni réfléchi, ni socialisé. Cette « part sauvage » passe fréquemment pour contestataire, mais elle concerne toujours l'individu contre le groupe et contre ses règles : en cela, Louis Malle est « en avance sur son temps », et les abîmes marins dans lesquels il plongea avec Cousteau sont ceux mêmes que visitera, bien plus tard, un Luc Besson.

La démarche de Louis Malle dans *Lacombe Lucien* met aussi en lumière un penchant plus général du cinéma français, comparé à son habituel référent, le cinéma américain. On dit souvent que les Français ne savent ni ne veulent filmer les grands événements historiques encore dans l'actualité ou dans un passé immédiat, alors que les Américains ont ce talent, cette liberté, ou cette absence de scrupules. Appréciation globalement exacte. Mais il faut y ajouter que lorsque les Américains font de tels films, ils ne rendent pas compte de la réalité, ils fabriquent du mythe. Alors que, lorsque les Français se décident, avec retard, à tourner leurs caméras sur leurs heures sombres, ils détruisent la puissance symbolique que celles-ci avaient acquise. Qu'ils fassent des westerns, des films sur la Seconde Guerre mondiale ou bientôt à propos du Vietnam, les cinéastes hollywoodiens travaillent à fabriquer l'Amérique à coup d'imagerie (le célèbre *« Imprimez la légende »* de John Ford dans *L'Homme qui tua Liberty Valance*), quand le cinéma français – et les autres cinémas d'Europe de l'Ouest de l'après-guerre – émiette et singularise. Cette différence n'étant évidemment pas étrangère à l'inégale force de séduction des deux cinématographies. Ni, sans doute, à la puissance politique de leurs pays d'origine.

Chapitre 3

LES TÉMOINS

A la différence des « plaideurs », d'autres cinéastes portant également leur attention sur l'état de la société adoptent le ton du témoignage et de la chronique. Leur sujet, tout aussi « politique », n'est plus la dénonciation des travers de la société au nom de valeurs individuelles, mais la description de l'état du tissu social, de ses relâchements et de ses déchirures. Même si ces cinéastes, à titre personnel, ont des opinions progressistes, leurs films prennent comme référence une situation antérieure, un état ancien des relations humaines, dont ils mettent en évidence la dégradation. Ces films mesurent une évolution, ils sont mis en scène « depuis le passé », un passé réel ou mythique, où le monde et ses habitants (et les auteurs eux-mêmes) étaient plus jeunes, leurs rêves plus beaux, leur vision des choses plus simple et plus plaisante. Rien de surprenant si leur mise en scène est, elle aussi, issue de la tradition.

Claude Sautet

Lorsqu'il devient un cinéaste en vue à l'aube de la décennie, Sautet est loin d'être un débutant. Né en 1924, ancien élève de l'I.D.H.E.C. et ancien assistant (également ancien critique musical à *Combat*), il a réalisé jadis un peu par hasard un premier long-métrage alimentaire (*Bonjour sourire,* en 1956, avec Henri Salvador et Annie Cordy) qu'il renie, puis deux films policiers de solide facture : *Classe tous risques* (1960), avec Ventura et Belmondo, utilise les lois du genre pour dessiner, déjà, le portrait d'un homme d'âge mûr, un homme vaincu avant même que le film ne commence. *L'Arme à gauche* (1965) est un exercice de style à huis clos sur un bateau, également sur le thème de la solitude de l'homme (Ventura toujours), qui se dépêtre vaille que vaille des obligations de séquences d'action et de happy end. La contribution de Claude Sautet au cinéma des années soixante est en fait beaucoup plus importante, mais reste difficile à cerner, du fait de la discrétion dont il ne se départira jamais, même la gloire venue. Scénariste et adaptateur de talent, Sautet apporte, et continuera toujours d'apporter, le plus souvent sans en être crédité aux génériques, ses contributions à de nombreux films, dont ceux de ses amis Alain Cavalier ou Jean-Paul Rappeneau, mais aussi bien à Franju, à Jacques Deray, à Philippe de Broca, et à beaucoup d'autres de moindre envergure : indépendamment de sa carrière de réalisateur, Claude Sautet aura sans doute été le plus grand *« ressemeleur de scénarios »* (comme l'appellera joliment François Truffaut) du cinéma français depuis 1960 – fonction dans laquelle excellent également Rappeneau ou Cavalier. Passé relativement inaperçu dans le tourbillon du début des années soixante, où il aurait pu sans mal occuper les positions du cinéma traditionnel laissées pratiquement à l'abandon, Sautet voit son heure arriver au début de la décennie suivante. Il signe alors coup sur coup quatre films qui vont lui donner une « image de marque », pour le meilleur et pour le pire ineffaçable : *Les Choses de la vie* (1970), *Max et les ferrailleurs* (1971), *César et Rosalie* (1972), *Vincent, François, Paul et les autres* (1974).

Sautet n'est pas un contestataire. Ce n'est pas un « enfant de 68 » et, à la différence de beaucoup de ses confrères de sa génération, il ne tente pas de prendre en marche le train d'une révolte souvent sans grand danger ni pour la société, ni pour celui qui prétend la combattre. S'il a pourtant sa place dans ce chapitre, c'est que ses films constituent très sciemment des témoignages sur une partie de la société du temps, l'honnêteté intellectuelle du cinéaste étant de ne montrer que ceux qu'il connaît bien parce qu'il est l'un d'eux : des bourgeois à l'approche de la cinquantaine. Claude Sautet est « un oiseau qui chante dans son arbre généalogique », comme disait Cocteau. Et sa mise en scène, sage et sûre d'elle-même, « bourgeoise » elle aussi, est en parfaite cohérence avec le sujet qu'il traite, ce qui à tout prendre vaut mieux que les outrances d'un Boisset ou les effets de manche d'un Cayatte. Avec la complicité du scénariste Jean-Loup Dabadie et d'acteurs qu'il dirige à sa main, Sautet compose une série de portraits chaleureux, souvent relevés d'une pointe de cruauté ironique, sur les travers et les faiblesses de ces architectes, médecins, avocats, petits patrons, installés dans des lieux fétiches (cafés, maisons de campagne) et de situations types (réunion de copains, description des métiers). Au sein de cette « tétralogie », *Max et les ferrailleurs* occupe une place un peu à part : il s'agit d'un film policier, et même d'un portrait de paranoïa policière. Ce thème en vogue permet d'autant mieux de vérifier le sens de la nuance de ce réalisateur, par comparaison avec ses collègues du cinéma-plaidoyer : une onde de folie court sous la surface du film, et ne renvoie à aucune explication rationnelle, ni rassurante. Les trois autres films sont des *« études de mœurs »*. L'accident de voiture de l'architecte Michel Piccoli dans *Les Choses de la vie,* adaptées d'un roman de Paul Guimard, fournit à la fois l'ingrédient spectaculaire et le prétexte narratif à une construction en flash-back, par bribes, pour dire l'absurdité fondamentale de l'existence humaine et l'importance essentielle des « petits riens de tous les jours » qui en font la matière. Cette philosophie modeste et consensuelle, version de l'épicurisme pour cadre vieillissant, sous-entend la vanité de tout engagement. Elle n'est au fond guère éloignée du renoncement aux grandes causes que proposent les films écrits par Semprun, même s'il n'est guère question ici de « politique » au sens strict. Le film présente en revanche une description précise d'un mode de vie, celui d'un bourgeois français du début des années soixante-dix, dont l'absence de schématisme fait l'évidente valeur sociologique. On y distingue également, en sourdine, un pessimisme plus morbide, laissant pressentir que le personnage cherche sa propre mort. Mais cette « note noire » est constamment étouffée par une mise en scène très rassurante.

Sociologie et étude de caractère président à nouveau à la comédie sentimentale *César et Rosalie,* où il s'agit, sur un canevas de vaudeville (César/Montand aime Rosalie/Romy Schneider qui est attirée par David/Sami Frey), de tracer en finesse une série de descriptions psychologiques autour des relations entre hommes et femmes, mais aussi de décrire les comportements sociaux significatifs des générations successives et de l'évolution des mœurs. La rivalité entre les deux hommes est aussi une rivalité entre deux générations et deux « rapports au monde », traduits par la profession des protagonistes : César est *« dans les métaux »*, David dessinateur de B.D., soit deux âges successifs du monde du travail, l'industrie et la communication. Si l'accident des *Choses de la vie* ou les « gueulantes » de César restent dans les mémoires, c'est sans doute *Vincent, François, Paul et les autres* qui, comme son titre l'indique, synthétise le mieux la description du microcosme qui intéresse Claude Sautet. Cette « photo de groupe » d'une génération en butte aux soucis de santé, de sentiments, de travail et au crépuscule de leurs rêves, souligne la maîtrise du récit et de la composition des personnages d'un artisan de précision, bien servi par ses interprètes favoris, en tête desquels on retrouve Yves Montand et Michel Piccoli, flanqués ici de Serge Reggiani et Gérard Depardieu. Si le cinéaste s'est toujours référé à la musique pour évoquer ses mises en scène, rarement il en aura autant utilisé les principes pour composer un récit apparemment « choral », et qui en fait organise une hiérarchie dont le titre annonce l'ordre de préséance – ordre complété par le générique de ce film d'hommes, où le nom des comédiennes n'apparaît que précédé de la mention *« avec la participation de »* (Stéphane Audran, Marie Dubois, Ludmilla Mikaël, Antonella Lualdi).

Le film débute par l'image d'un feu de camp, et par un prologue évoquant la vie d'un clan, d'une tribu de copains, de leurs compagnes, de leurs enfants, etc. Mais les mères n'ont pas assez surveillé les gamins, ceux-ci ont flanqué le feu à une baraque, cet incendie (sans conséquences graves) n'est peut-être pas une métaphore volontaire de Mai 68, c'est lui en tout cas qui révèle les dissensions au sein des couples. Puis bientôt, lors de la reconstruction, entre les copains eux-mêmes : Montand le petit entrepreneur en proie aux ennuis sentimentaux, financiers et cardiaques, Piccoli le médecin arriviste, égoïste et cocu, Reggiani l'écrivain qui accepte des tâches médiocres faute d'écrire son livre. Ces hommes mûrs, décevants et qui cachent leur âge et leurs failles sous des masques, ont rêvé ensemble, jadis, de changer le monde. Issus de milieux modestes, ils se sont élevés dans l'échelle sociale et ne trouvent que déception là où ils ont abouti. Il y a une cruauté presque inquiétante dans la manière dont Sautet, surtout avec le personnage de Piccoli, saisit par instants ces parcours et ces abandons. Et, plus encore que dans les précédents films de Sautet, une série de croquis vifs et justes d'un mode de vie, avec ses lieux, ses codes et ses problèmes matériels et psychologiques, voire physiologiques. Mais il y a aussi, et d'autant plus que le personnage de Montand devient « leader » du récit, une volonté de souligner par des phrases et des symboles ce qui gagnerait à n'être qu'effleuré.

Mado (1976) sera à nouveau un film témoignage, sur l'époque giscardienne, ses « affaires », son langage moderniste et son cynisme, qui mène à ce que le cinéaste décrit comme un enlisement collectif. C'est également à nouveau un film orchestral, où chaque personnage tient sa partie dans un ensemble dont Michel Piccoli est le premier violon. Les protagonistes cette fois ne sont pas des amis au sens fort que prenait ce mot dans *Vincent, François...,* mais des « relations », définies par un système de rapports différencié pour chacun d'eux. Ce film sombre, sans doute le meilleur de Sautet durant cette période quoique moins remarqué que les quatre précédents, s'ouvre sous le signe de la mort (le suicide de l'associé de Piccoli), pivote autour d'un meurtre crapuleux et impuni, s'achève dans une longue scène cauchemardesque « au milieu de nulle part », retraçant l'impuissance des personnages à prendre leur sort en main. Le prénom qui lui donne son titre n'est pas celui du personnage principal, mais de celle qui, par sa profession, prostituée, comme par son intervention dans le scénario (trafic de sentiments au bénéfice d'une magouille), en exprime le sens, et le point de vue du réalisateur sur un monde où tout se vend. *Mado* tire sa force et son étrangeté de la contradiction dont il est issu : une histoire d'individus disjoints, mus par leurs intérêts propres (et sales), racontée par un cinéaste du groupe, dont toute la mise en scène se fait à la recherche du lien social. Le déséquilibre du récit, et le malaise qui en émane, chamboulent par moments la toujours impeccable sagesse de la réalisation, laissant percevoir chez le cinéaste une fureur rentrée, désenchantée, nouvelle chez Claude Sautet.

Michel Piccoli et Yves Montand sont donc devenus les principaux porte-parole du cinéaste. La carrière de Piccoli est à cette époque trop variée pour être déjà évoquée ici, celle de Montand connaît alors une sorte d'apogée, dans le sillage de Costa-Gavras et de Claude Sautet. A l'aube des années soixante-dix, il était pourtant déjà une star, et même une triple star : s'il se produit moins souvent en scène, on n'oublie pas l'extraordinaire showman qu'il fut, qui reste capable de mettre sur pied un concert aussitôt après le coup d'Etat de Pinochet le 11 septembre 1973 par solidarité avec les exilés chiliens (Chris Marker en a filmé la préparation dans *La Solitude du chanteur de fond,* 1974), tandis que ses disques se vendent toujours aussi bien, même auprès d'un public jeune qui les range volontiers entre ceux de Léo Ferré et de Georges Brassens, sur l'étagère voisine de celle réservée à Woodstock et aux œuvres complètes de Bod Dylan ; star politique aussi : il est depuis le milieu des années cinquante, et aux côtés de Simone Signoret, une personnalité en vue de la gauche culturelle proche du Parti communiste ; star de cinéma enfin : si *Les Portes de la nuit* de Carné (1946) avaient été un échec, ses rôles dans *Le Salaire de la peur* de Clouzot (1953), *Le Milliardaire* de Cukor (1960), *La guerre est finie* de Resnais (1966) ou *Vivre pour vivre* (1967) de Lelouch ont largement assis sa gloire de vedette de l'écran, riche d'une carrière qui compte déjà vingt-sept titres lorsqu'il apparaît dans *Z.* Qu'il en soit considéré comme la vedette, alors qu'il tient un rôle relativement court, traduit d'ailleurs bien le statut alors acquis par Montand : autant que le député Lambrakis, son interprète représente à l'écran les idées progressistes que veut éliminer la dictature, et c'est bien ainsi que le public perçoit le film. Montand est alors un acteur, mais aussi un personnage, et c'est ce qui donnera tout son poids à sa participation à *L'Aveu* : le militant communiste qui découvre le dévoiement de ses idéaux, c'est lui après l'écrasement du printemps de Prague aussi bien qu'Arthur London aux débuts des années cinquante. Claude Sautet lui donne la possibilité d'exprimer l'autre versant de sa personnalité, son sens du spectacle et sa faconde, dont il tire le maximum dans *César et Rosalie* avant de pousser vers l'autocaricature dans *Garçon !* Montand est sympathique, même lorsqu'il se comporte en tyran domestique et en hâbleur, le réalisateur et l'interprète savent que l'image de marque du comédien permet de « faire passer » les vilenies, les lâchetés ou le conformisme de ceux qu'il incarne à l'écran.

Bertrand Tavernier

A leur sortie, les films de Claude Sautet se sont attiré les sarcasmes de la « génération de 68 » : pour tous ceux qui aspiraient à changer le monde dans les embrasements de la révolution, ces demi-teintes douces-amères apparaissaient comme une insulte, un anachronisme. D'autant plus que ses personnages ont eux aussi, en leur jeune temps, cru aux lendemains qui chantent, mais que la vie les a ramenés à un réalisme que les soixante-huitards considèrent comme une trahison, avant que beaucoup d'entre eux ne deviennent, quelques années plus tard, des César, des François ou des Paul. Il faudra du temps avant de percevoir qu'il y avait plus d'honnêteté intellectuelle, et moins de compromis, dans ces évocations lucides que dans bien des pseudo-pamphlets où l'on bouffait du flic à chaque bobine. Le cas de Bertrand Tavernier donnera également matière à polémique, mais d'une manière différente. Le clivage n'est plus ici sociologique et de génération, mais cinéphilique. Bien des « enfants de 68 » se reconnaîtront dans son cinéma, à l'exception des partisans du cinéma moderne qui se dressent contre celui qui passe pour le restaurateur des anciennes valeurs de la « qualité française ». Tavernier a annoncé clairement la couleur en faisant appel à ceux que Truffaut avait pris pour cible principale, les scénaristes Jean Aurenche et Pierre Bost, pour écrire son premier film. Bertrand Tavernier, Lyonnais et fier de l'être, né en 1941, a agi en toute connaissance de cause : ce cinéphile boulimique et érudit, ancien critique affilié à la bande américanophile des mac-mahoniens, a publié des articles dans les *Cahiers* comme dans *Positif* (dont il est plus proche). Il était entré (grâce à l'appui de Melville et de Sautet) comme attaché de presse chez Georges de Beauregard, qui lui a ouvert les portes du court-métrage, avant de devenir avec Pierre Rissient attaché de presse indépendant, composant un duo de militants cinéphiles plutôt que de mercenaires chargés de relations publiques (qu'ils maîtrisent également fort bien). Autant dire que Tavernier n'ignore rien des querelles de la communauté cinématographique.

Tavernier a choisi ses scénaristes sans doute un peu par goût de la provocation, et à cause de son côté Don Quichotte qui lui fait chaque semaine tenter de réhabiliter un réalisateur selon lui, et souvent à raison, « injustement oublié ». Mais surtout parce qu'il aime leur travail et se soucie fort de reconnaissance publique. Et qu'il sait que Aurenche et Bost, pratiquement sur la touche depuis l'avènement du cinéma moderne, sont des as dans leur partie (ce sera le dernier travail de Bost, mort l'année suivante, Tavernier continuant ensuite à travailler avec Aurenche). Le résultat, qui sort en 1974, s'intitule *L'Horloger de Saint-Paul.* Adaptée de Georges Simenon, grand fournisseur de sujets au cinéma français depuis les années trente, l'histoire de cet artisan lyonnais qui apprend que son fils a commis un crime et essaie de comprendre, affiche sa filiation avec la « vieille qualité française » : personnages dessinés à l'avance et très typés, penchant pour le mot d'auteur, construction qui ne laisse aucun espace à l'inattendu durant le tournage. Il ne s'agit pourtant pas d'une simple restauration. L'attention aux lieux et aux choses, l'importance accordée au temps qui s'écoule, l'absence de motivation psychologique ou politique au geste du jeune criminel, la structure proprement cinématographique du film bâti sur une double poursuite où personne n'est l'ennemi de personne, mais qui fait que le policier n'obtiendra pas ce qu'il cherche de l'horloger, et qu'on ne saura pas vraiment si l'horloger obtient ce qu'il cherche de son fils, bref, tout ce qui fait (ou cherche à faire : le film n'est pas toujours à la hauteur de ses ambitions) de *L'Horloger de Saint-Paul* la description ouverte d'un monde clos signe l'originalité d'un cinéaste avec lequel il faudra compter. Et qui est d'ailleurs aussitôt identifié comme tel par une part de la critique, et une honorable fraction du public. Sans « discours politique » explicite, le film se développe à partir des doutes et des désarrois d'une époque où les générations ne se comprennent plus, où les règles de vie sont remises en cause sans être remplacées par rien de positif. Que Tavernier ait été capable d'adopter le point de vue du père, et non celui, à ce moment beaucoup plus facile et payant, du « jeune », sans pour autant passer illico pour un vieux con, est non seulement une manière de prouesse, mais la marque d'un regard capable de saisir dans ses contradictions l'ensemble du corps social, sans prétendre détenir de solutions toutes faites.

Dès son deuxième film, l'année suivante, Tavernier manifeste ce qui sera désormais une de ses constantes : changer de registre à chaque nouvelle réalisation. Après un film contemporain, un film d'époque ; après un film d'intériorité et de grisaille, un film extraverti et spectaculaire. *Que la fête commence* (1975) s'habille grand siècle pour conter avec truculence et force détails curieux... finalement une histoire assez similaire. Celle d'un homme vieillissant, saisi par le doute sur lui-même et l'incertitude sur sa relation aux autres. Il s'agit à présent du Régent, Philippe d'Orléans, et non plus d'un artisan des bords du Rhône, mais l'un comme l'autre apparaît déboussolé face à une époque de transition et d'incertitude. Cette deuxième réalisation donne également à Tavernier l'occasion de montrer une maîtrise mieux affirmée, et de donner libre cours à son goût pour les mouvements de caméra, et pour une utilisation folklorique des anecdotes « significatives ». Si le cinéaste sait brosser avec bonheur des personnages qu'il parvient à rendre plus intéressants que leur fonction dans le scénario (Jean Rochefort en abbé Dubois, Jean-Pierre Marielle en marquis de Pontcalec), il n'évite pas la complaisance dans les scènes de gaudriole. Le film, malgré les différences de ton, de sujet et d'ampleur avec *L'Horloger de Saint Paul,* conforte les supporters comme les adversaires du réalisateur. Il en ira de même avec *Le Juge et l'assassin* (1976), également un film d'époque, et d'époque de mutation, mais qui met cette fois aux prises deux hommes qui ne doutent pas. En faisant appel à l'imagerie du roman populaire diffusé par les colporteurs, il s'agit d'évoquer la transformation politico-sociologique opérée à la fin du

XIXe siècle, et dont Michel Foucault vient de décrire les mécanismes dans un ouvrage très remarqué, *Surveiller et punir* : le quadrillage administratif, policier et judiciaire du territoire, anéantissant les anciens espaces d'errance et de dissidence populaires, dessinant ainsi le nouveau cadre des affrontements sociaux. Ce sont eux qu'annoncent brièvement la séquence finale, illustration chromo d'un roman populiste révolutionnaire avec drapeaux rouges et hymne à la Commune. Elle sera beaucoup reprochée à Tavernier, historiquement, elle était pourtant la nécessaire icône du « nouveau monde » issu de la victoire du juge sur l'assassin. Le cinéaste y laisse aussi libre cours à son penchant pour l'effet, pour la réplique qui « fait sens ». Plus encore que dans les précédents films, il y a quelque chose d'appliqué et de trop prévu dans *Le Juge et l'assassin,* et de la complaisance dans le traitement du personnage féminin. Mais on perçoit aussi, et c'est neuf, une colère, et même une haine du cinéaste contre le magistrat, et une cruauté délibérée dans la représentation des scènes familiales, ou à propos du personnage épisodique du procureur suicidaire interprété par Jean-Claude Brialy. La bizarrerie, et une bonne part de l'intérêt du film, viennent de ce que sa mise en scène est très « carrée », alors qu'on sent que le doute est cette fois chez le cinéaste : jusqu'à quel point, par aversion de tout ce que représente le juge, peut-il être, lui, Bertrand Tavernier, du côté de l'assassin, fantasque, mystique, affabulateur, rusé, moraliste à sa façon... Le réalisateur n'en finit plus d'ajouter de nouvelles touches à son portrait.

Pour cet assassin qui bat la campagne et à l'occasion les petits campagnards, il est allé débaucher Michel Galabru, pilier du comique boulevardier qui peut, dans le registre dramatique, cabotiner d'autant plus à son aise que son personnage appelle toutes les outrances. Face à lui, et pour la troisième fois en trois ans vedette de Tavernier, Philippe Noiret est le juge après avoir été l'horloger et le Régent. Entre le cinéaste et le comédien s'est produit une véritable rencontre où entre en jeu la connivence intellectuelle, les goûts partagés, et jusqu'à une certaine ressemblance physique. Noiret tournera dans trente-deux films durant les années soixante-dix, mais nulle part, hormis chez Ferreri, ses apparitions n'approcheront en densité ces trois rôles. En horloger lyonnais, il avait mis une sourdine à ses effets de contrebasse, et la retenue de son personnage comme effondré à l'intérieur de lui-même était pour beaucoup dans les qualités du film. S'il retourne ensuite à ses démonstratifs numéros de virtuose, c'est en compagnie et au profit d'un cinéaste qui sait les utiliser au mieux, qui en a besoin, et dont la mise en scène s'écrit au même diapason, sans que, désormais, ni l'un ni l'autre ne pâtissent de ce redoublement.

Un quatrième film de Bertrand Tavernier paraîtra sur les écrans avant que la décennie ne s'achève : *Des enfants gâtés* (1979), qui marque un retour à l'époque contemporaine, à travers un sujet

« engagé » (la lutte des locataires contre les promoteurs immobiliers) : décevant, mais temporaire faux pas de Tavernier dans le chemin trop balisé du film-plaidoyer.

Bien qu'une génération les sépare, Claude Sautet et Bertrand Tavernier se seront finalement, durant cette période, livrés au même exercice : filmer cette société, contestée par une grande partie de la jeunesse, du point de vue des adultes. Que le premier, peut-être à cause de son âge, l'ait fait « de plain-pied », alors que le second allait par deux fois chercher une perspective historique, est accessoire. Ni pamphlétaires des temps nouveaux ni conservateurs attachés aux anciennes valeurs, l'un et l'autre décrivent la dissolution de groupes humains et de liens sociaux. Les deux cinéastes témoignent d'un état ancien du monde, que la mise en scène moderne ne peut pas saisir, elle dont le principe même est de se rendre disponible à ce qui advient, et d'accompagner et de se laisser transformer par les évolutions, et, le cas échéant, les révolutions. Paradoxalement, le cinéma de Sautet et de Tavernier, celui de Costa-Gavras également (au moins au moment de *L'Aveu* qui enregistre lui aussi, sur le mode de la reconstitution historique, une mutation réelle contemporaine du tournage) utilise son académisme comme un moyen de mesurer des mouvements en train de se produire dans la société. Ce qui interdit de faire de ces réalisateurs de simples continuateurs de la « qualité française ».

Scénaristes à la barre

Les liens avec la « tradition de la qualité » n'en sont pas moins réels chez ces trois cinéastes : mise en scène au service d'un « sujet », recours à des principes explicatifs (politiques, sociologiques ou psychologiques) donnés comme précédant le film lui-même. Ce cinéma réhabilite le scénario et les scénaristes. A l'inverse de la « qualité française », si beaucoup de leurs films s'appuient sur des adaptations littéraires, aucun n'est inspiré d'un de ces grands textes qu'aimaient illustrer les réalisateurs académiques. On a vu la valeur symbolique, et polémique, donnée par Tavernier au retour de Aurenche et Bost qu'il a orchestré. Ceux-ci, puis Aurenche seul, donneront en sa compagnie la mesure d'un savoir-faire évident, qui avait sans doute fini par être bridé par les contraintes du cinéma fossilisé des années cinquante, et qui a probablement été stimulé par le long silence auquel ils ont été contraints ensuite, et par le fait de travailler avec un nouveau réalisateur. Dans son livre d'entretiens, *La Suite à l'écran,* Jean Aurenche raconte que Tavernier leur avait d'abord proposé d'écrire avec lui un film sur Bony et Laffont, tristes sires de la Gestapo française. Les scénaristes ont refusé, arguant qu'ils risquaient de rendre *« dramati-*

quement intéressant des personnages ignobles ». Il n'est pas certain qu'ils auraient eu le même judicieux scrupule vingt ans plus tôt, face à Autant-Lara ou à Duvivier.

Au même moment, deux autres hommes de plume impriment leur marque à ces films : Jorge Semprun plutôt chez les « plaideurs », Jean-Loup Dabadie chez le « témoin » Sautet. Significativement, l'un et l'autre poursuivent simultanément une part importante de leur travail à l'extérieur du cinéma.

Semprun, né à Madrid en 1923, élevé dans une famille républicaine, en exil depuis la victoire du franquisme, déporté à Buchenwald, fut d'abord un militant, puis à partir de 1954 un dirigeant clandestin de la résistance communiste espagnole. Il a publié son premier roman un an avant d'être exclu du P.C.E., tous ses textes littéraires se nourrissent de ses expériences politiques (et aussi sentimentales et esthétiques). C'est dire que le futur ministre de la Culture espagnol n'a rien d'un façonnier qui se met au service d'un metteur en scène : ses thèmes, ses engagements, son style — sa manière d'envisager l'existence, sinon de tenir un stylo — restent présents lorsqu'il travaille avec un réalisateur. Ce fut tout à fait apparent dès son premier essai en compagnie d'Alain Resnais avec *La guerre est finie,* ce le sera plus encore avec des réalisateurs moins affirmés, Costa-Gavras *(Z ; L'Aveu ; Section spéciale),* Yves Boisset *(L'Attentat),* Pierre Granier-Deferre avec *Une femme à sa fenêtre* (1976), d'après Drieu la Rochelle. Lorsqu'il travaille pour le cinéma, Semprun reste un écrivain. Mais chez lui, à la différence des scénaristes d'antan, l'« homme de mots » cède le pas à l'homme d'idées, qui doivent être exprimées, dont on devine devant l'écran qu'elles étaient toutes déjà sur le papier — c'est aussi le cas du montage documentaire, *Les Deux Mémoires,* qu'il a lui-même réalisé en 1973. Néanmoins, comme lorsqu'il écrit des romans, Semprun ne dépend de personne pour traduire son message, et y gagne en sécheresse et en profondeur, dans une réflexion sans complaisance sur la guerre d'Espagne et l'exil. Au « bon mot » de la qualité française s'est substituée la bonne parole (démocratique), le scénariste homme de culture « passeur des grands textes » a laissé place au scénariste intellectuel engagé « transmetteur d'une vision politique ». Le dispositif est différent, le résultat est, à nouveau, de tendre à réduire le réalisateur au rang d'illustrateur de ses textes.

Cette relation est particulièrement intéressante lorsque Semprun a en face de lui un cinéaste de première force comme Alain Resnais. On l'a vu avec *La guerre est finie,* c'est encore le cas quand Resnais, traversant un passage à vide de plusieurs années après l'échec de *Je t'aime, je t'aime,* retrouve son scénariste pour *Stavisky...* (1974). Le cinéaste aura fort à faire pour ne pas devenir seulement le décorateur-narrateur de cette parabole sur la fin d'une époque et sur les connivences entre spectacle et politique, pour instiller un trouble strictement cinématographique dans ce trop parfait dispositif de récit. D'autant que les luxueux accessoires d'époque alourdissent le film, et plus encore la présence d'une grande vedette, Jean-Paul Belmondo alors roi du box-office. Sans Belmondo le film ne se serait pas fait, avec lui, le film tend à dériver vers le numéro de charme. Entre parabole historique à thèse et star-system, vedette et scénariste risquent à tout moment de tirer les marrons du feu, aux dépens du cinéma. La géométrie des cadres, et des mouvements de caméra croisant les horizontales et les verticales, les travellings et les panoramiques parviennent pourtant à rendre en partie sa puissance à la mise en scène, pour exprimer les circulations de pouvoir, et les systèmes de regards qui enserrent et animent à la fois les protagonistes. Un labyrinthe secret fait communiquer, « sous le film », les époques différentes, les castes antagonistes, les vérités et les mensonges. *Stavisky...* est tout de même un film d'Alain Resnais.

Jean-Loup Dabadie n'a, lui, aucun message particulier à délivrer, sinon une idée bon enfant de la société humaine réduite au cercle des proches. Mais il possède une virtuosité éclectique pour transmettre par les mots son talent d'observation de ses contemporains, sa sensibilité aux modes et aux mœurs. Après avoir tâté du roman, il exercera ce don en traduisant-transposant des pièces de théâtre anglo-saxonnes, en écrivant des sketches (notamment pour Guy Bedos), des chansons (pour Juliette Gréco, Michel Polnareff, Serge Reggiani, Yves Montand, Julien Clerc...) et des scénarios : onze pour les seules cinq premières années de la décennie soixante-dix, dont les quatre Sautet, et deux films pour Philippe de Broca (*La Poudre d'escampette,* 1971 ; *Chère Louise,* 1972), une collaboration avec Truffaut (*Une belle fille comme moi,* 1972), deux avec Claude Pinoteau (*Le Silencieux,* 1973 ; *La Gifle,* 1974), une avec Rappeneau (*Le Sauvage,* 1975), et une autre avec Yves Robert (*Salut l'artiste,* 1973). Avec Sautet, la symbiose semble si complète qu'il devient difficile d'évaluer l'apport de l'un et de l'autre (*« Sautet m'a tout appris du métier »*, dira-t-il un jour). Mais c'est sans doute leur complicité qui permet au scénariste d'exécuter avec ce réalisateur les plus réussis de ses tours de force de construction narrative, le va-et-vient dans le temps des *Choses de la vie,* l'ellipse finale de *César et Rosalie* ou la polyphonie de *Vincent, François, Paul et les autres.* On mesure plus aisément la « Dabadie's touch » quand un cinéaste de comédie comme Yves Robert se met au diapason du scénariste, avec *Salut l'artiste* (1973) – ils s'étaient déjà fréquentés sur *Monnaie de singe* et *Clérambard.* Yves Robert, tel un honnête pharmacien, exécute avec un soin impersonnel les « ordonnances » du scénariste, dosages précis de mélancolie, de psychologie, d'humour doux-amer, toujours prêt à offrir un numéro aux interprètes (en l'occurrence Marcello Mastroianni, Jean Rochefort, Françoise Fabian). Dabadie écrit « pour les acteurs », c'est-à-dire en fonction de leur image de marque, d'où le risque de redondance entre le dialogue et celui qui le prononce. Faisant de la part d'enfance chez l'adulte et de la peur de vieillir, des relations amoureuses et des problèmes familiaux ses thèmes toujours repris, Jean-Loup Dabadie écrit avec l'adresse et la sagesse un peu lasse d'un homme qui « connaît la vie » et est revenu de beaucoup de choses. Il avait pourtant juste trente ans en 1968.

Des films de femmes

La multiplication, après 1968, du nombre de films réalisés par des femmes est une figure particulière du « cinéma-témoignage » : avant même leur « contenu » (cette bonne vieille illusion toujours vivace), contenu d'affirmation féministe le plus souvent, le sexe de leurs auteurs est supposé faire preuve d'une nouveauté, sinon d'une révolution. En ce domaine pas plus que dans les autres, la « preuve » ne prouvera grand-chose...

Bien que le premier réalisateur français de fiction soit une réalisatrice, Alice Guy, le cinéma n'a guère été accueillant pour les dames, en tout cas aux postes de commande que sont la mise en scène et la production. De l'apparition du parlant à 1954, une dizaine de femmes seulement ont été réalisatrices, une seule apparaît durant les années cinquante, Agnès Varda ; entre 1960 et 1968, on ne compte guère, outre Marguerite Duras (et Danièle Huillet mais en association avec Straub, Marceline Loridan mais aux côtés d'Ivens), que Paula Delsol (*Une fille à la dérive,* 1964) et Nadine Trintignant (*Mon amour, mon amour,* 1967). Trois productrices aussi, Mag Bodard qui a fondé Parc Films en 1961, l'année où Danièle Delorme créait la Guéville en compagnie d'Yves Robert, puis Véra Belmont avec Stephan Films en 1965. Michèle de Broca les a rejoint en 1968, créant Fildebroc pour produire le film de son mari Philippe, *Le Diable par la queue.* En ce domaine, Mai 68 a très clairement ouvert une porte. Le relâchement de la pression sociale et la volonté de se libérer des anciennes contraintes poussent de jeunes ou moins jeunes femmes à sauter le pas de la mise en scène. Quatorze réalisatrices sont apparues entre 1968 et 1975. Si la réalité statistique du phénomène ne fait pas de doute, il faut bien aussi constater qu'on ne découvre aucune cinéaste de grande envergure parmi elles : leur plus grand mérite aura moins tenu à la qualité de leurs œuvres qu'au fait d'avoir ouvert une brèche. La faute en revient certainement au « sexisme » du monde cinématographique, dont l'esprit n'a pas changé du jour au lendemain. Mais aussi, pour partie, au fait que ces films se seront voulus « films de femmes » avant d'être des films de cinéastes. Ce volontarisme démonstratif en fait un cas particulier des impasses où se perdra le cinéma de l'après-68.

A mi-chemin entre le travail de groupe et l'œuvre personnelle, le documentaire *Mais qu'est ce qu'elles veulent ?* marque en 1975 (mais le film ne sortira qu'en 1978) les débuts de réalisatrice de Coline Serreau. Elle a trouvé à la Librairie des Femmes, fondée par l'une des chefs de file du M.L.F., Antoinette Fouque, les (maigres) moyens financiers d'une vaste enquête sur les conditions de vie, les inégalités dans le couple et dans le travail, les opinions et les revendications de femmes de toutes conditions sociales, interviewées dans la France entière. Tandis qu'elle mène à bon port ce projet, grâce à de nombreux actes de solidarité, elle écrit le scénario de son film suivant, *Pourquoi pas !,* comédie sentimentale reposant sur une inversion des clichés sexistes, pour présenter sur le mode souriant un ménage à trois vivant une utopie douce dans un pavillon de banlieue, version féminine (et tardive) de *Bof !* ou version franchouillarde de *Lion's Love,* comme on voudra. Seul Sami Frey y était mémorable, en homme de ménage keatonien.

Juste après 68, Coline Serreau a brièvement fait partie du Café de la gare, troupe de théâtre contestaire qui sera une pépinière de talents. En son sein officie notamment Sotha, qui, après la contribution de la bande à *L'An 01* et la participation de deux de ses membres les plus éminents (Patrick Dewaere et Miou-Miou) aux *Valseuses,* s'avise de transposer à l'écran les facéties dispensées chaque soir sur scène par la troupe. Avec le soutien de ses acolytes habituels, elle réussit un joli exercice d'utopie farceuse et noire, *Au long de la rivière Fango* (1975), suivi avec presque autant de réussite, mais dans un registre plus naturaliste, par *Le Graphique de Boscop* (1976).

S'étant déjà fait admettre dans le monde du cinéma, Nadine Trintignant réalise un thriller psychologique, *Le Voleur de crime* (1969) à la construction assez artificielle, sauvée par l'interprétation de son mari d'alors (Jean-Louis Trintignant), puis un drame de facture très conformiste bien qu'il concerne un événement tragique, la mort d'un enfant, dont elle a été personnellement victime (*Ça n'arrive qu'aux autres,* 1971). Elle s'essaiera ensuite au cinéma-plaidoyer, avec *Défense de savoir* (1973). Ayant elle aussi, comme scénariste, ses entrées dans l'industrie, Nina Companeez passe derrière la caméra pour tourner avec une préciosité aguicheuse l'un de ces scripts qu'elle confiait auparavant à Michel Deville (*Faustine et le bel été,* 1972). S'essayant à la réalisation, Anna Karina ne convainc guère avec sa version féministe d'un fait divers, *Vivre ensemble* (1973). La cinéaste la plus notable découverte durant cette période demeure Yannick Bellon, née en 1924, dont le premier court métrage documentaire date de 1948 *(Goémons).* Après avoir surtout travaillé pour la télévision, elle réalise sans grands moyens trois longs-métrages de fiction remarqués. *Quelque part, quelqu'un* (1972) est une promenade impressionniste à travers Paris, portrait symphonique d'une capitale à travers ses habitants, reliés entre eux seulement par le regard de la cinéaste filé en longs travellings, et les jeux du montage. *Jamais plus toujours* (1976) sera un exercice de même ambition, centré cette fois sur les objets et la mémoire, au fil d'une promenade de Bulle Ogier dans l'Hôtel Drouot où les souvenirs matériels de Lolleh Bellon (comédienne et sœur de la réalisatrice) sont mis en vente. Malgré un certain sentimentalisme, il émane du film une mélancolie tendre qui fait de ce travail sur le temps un digne pendant du travail sur l'espace du premier film. Entre les deux, Yannick Bellon avait réalisé *La Femme de Jean* (1974), sans doute le plus valeureux représentant féministe dans la catégorie des films-plaidoyers. On y démontrait avec détermination qu'une femme (France Lambiotte) peut reconstruire son existence, et l'améliorer, après avoir été abandonnée par son mari, fût-ce Claude Rich. Yannick Bellon poursuivra ensuite dans la même voie dénonciatrice, plaidant vigoureusement, mais non sans complaisance, la cause des femmes violées (*L'Amour violé,* 1978) puis celle de la volonté de vivre et de s'affirmer, malgré le cancer du sein qui menace la féminité et le goût d'exister de Marlène Jobert (*L'Amour nu,* 1981).

Avec quelque retard pour cause de déplacement californien, la cause féminine trouvera une nouvelle et ardente avocate en la personne d'Agnès Varda. En réalité, les lignes aériennes entre Los Angeles et Paris fonctionnent suffisamment bien pour que Varda ait participé avec énergie et dévouement aux combats féministes du début de la décennie. Mais c'est seulement en 1976, et après avoir tourné un film-tract joyeusement provocateur pour la télévision (*Réponse de femmes,* 1975), qu'elle commence à tourner *L'une chante, l'autre pas,* qui sortira l'année suivante. Son idée est de présenter une image optimiste et pleine de vitalité de la conquête par les femmes de leur indépendance et du droit à disposer librement de leur corps, pour faire ou ne pas faire d'enfants. Projet réjouissant, après de nombreux films décrivant sur le mode de la complainte ou de la récrimination les multiples vilenies infligées par la société et sa composante mâle à la composante femelle. Sans doute faut-il reprendre le commentaire de Varda elle-même à propos de *Loin du Vietnam* (*« Des personnalités fortes et intelligentes réunies en groupe ne sont pas forcément les plus aptes à transmettre une émotion, ni les plus efficaces pour signaler l'urgence des prises de conscience »*) pour comprendre l'échec patent de *L'une chante, l'autre pas* – « l'une » étant joué par Valérie Mairesse « l'autre » par Thérèse Liotard. Cette démonstration simpliste a sans doute été élaborée dans la joie et l'enthousiasme d'un travail collectif, il n'en reste guère à l'écran que les manifestations les plus folkloriques, chansons à textes, petites fleurs et robes afghanes, que le temps achèvera de rendre ridicules.

L'échec artistique de *L'une chante, l'autre pas* est particulièrement significatif de la part de la réalisatrice du *Bonheur* :

en 1964, elle pouvait encore filmer avec un tranquille aplomb cette imagerie positive, elle en restait assez maîtresse pour y glisser l'ironie de son regard sans avoir à prendre du recul ni à adresser de clins d'œil à ses spectateurs. Douze ans plus tard, lorsqu'elle s'y essaie à nouveau, il s'avère qu'on ne peut plus filmer ainsi le bonheur : sa représentation au premier degré a été annexée par la publicité, et les images du film sont, malgré les partis pris qui l'animent, des images publicitaires.

En 1975, un projet de film avait réuni quatre femmes cinéastes : Nadine Trintignant, Nelly Kaplan, Anna Karina et Liliane Dreyfuss. Selon cette dernière, il s'agissait de réaliser quatre sketches « fantastiques et érotiques ». L'entreprise comme son échec (le film ne se fera pas) témoignent à la fois des tentatives d'alors et du bilan relativement maigre de l'entrée en scène d'une génération de réalisatrices.

Chapitre 4

LES PROVOCATEURS

Humanistes en colère chez Costa-Gavras, vitupérants chez Boisset, mélodramatiques chez Cayatte, « sociologiques » chez Sautet, mélancoliques ou historiques chez Tavernier, tous ces films sont des films « sérieux ». Une autre tendance cherchera les chemins de la contestation du côté de la loufoquerie et de la provocation, dans le voisinage de publications comme *Hara-Kiri* et *Charlie Hebdo* (qui a remplacé *Hara-Kiri Hebdo* après son interdiction par le pouvoir, suite à la mémorable une au moment de la mort de De Gaulle). L'éphémère *Enragé* diffusé pendant les événements du printemps 68 et les plus inventifs slogans qui avaient alors ricané sur les murs parisiens ont alimenté cette veine reprise de l'irrévérence méthodique des surréalistes, théorisée par les situationnistes ou leurs épigones, qui voient dans la « guérilla symbolique » l'unique terrain d'affrontement réel avec la société.

Au lieu des traditionnels débats et combats politiques, il s'agit de dynamiter par l'absurde et la dérision les rapports qui régissent la vie quotidienne, et ainsi d'ouvrir les esprits à une relation différente avec le monde et entre les hommes (et entre hommes et femmes, entre adultes et enfants, etc.). Beau programme, mais dont la réalisation peine souvent à faire le détail entre la charge rebelle du grotesque, d'extraction très ancienne (les bacchanales), très populaire (le carnaval) et très mystérieuse (la scatologie, le sadomasochisme, le fétichisme), et la très conformiste gauloiserie ou le très élitiste dandysme « décadent ». Bien rares seront les films qui sauront, dans ce registre, retrouver le juste équilibre, ou plutôt le juste déséquilibre dont *Un chien andalou* de Buñuel ou, plus récemment, *Week-End* de Godard avaient donné l'exemple.

Jean-Pierre Mocky

Si l'on attendait un cinéaste sur le terrain de la dérision provocatrice, c'est bien Jean-Pierre Mocky, qui avait de manière assez solitaire durant les années soixante entrepris de le défricher. Il se trouve naturellement à l'unisson des événements de 68 (même si ceux-ci ont perturbé le tournage de la dernière scène, au sommet de la tour Eiffel, de *La Grande Lessive* !). Quand ce ne sera plus à la mode, il persistera d'ailleurs dans cette connivence avec l'esprit de Mai : *« Cette génération qui secouait le cocotier, s'en prenait aux institutions, contrait les conventions et les tabous de toutes sortes, je ne pouvais que me retrouver dans sa démarche. J'approuvais et je comprenais sa colère »*, dira-t-il encore début 1989. Absent des écrans en 1969, Mocky ne leur fournira pas moins de sept films entre le 1er janvier 1970 et le 31 décembre 1975 : *L'Etalon* (1970), *Solo* (1970), *L'Albatros* (1971), *Chut !* (1972), *L'Ombre d'une chance* (1974), *Un linceul n'a pas de poches* (1975) et *L'Ibis rouge* (1975). Et si, dans le premier, il retrouve Bourvil et Francis Blanche, dès le second il se donne le premier rôle, rôle de héros promis à l'anéantissement par la société corrompue jusqu'à la moelle, manière de mieux signifier encore combien l'époque et son esprit l'inspirent, et lui inspirent de rage iconoclaste.

Solo, unique film « grand public » directement consacré à Mai 68 et à ses suites dont ait été capable le cinéma français en restant fidèle à l'esprit de son sujet, est le titre le plus important de cette « passe de sept ». Mocky en a conçu le projet dès le reflux des événements. Son but n'est pas de reconstituer ce qui s'achève, mais de témoigner sur ce qui se poursuit : l'esprit de rébellion qui s'est allumé chez une partie de la jeunesse sur les barricades du Quartier latin, et qui cherche à « continuer le combat », comme on le scandait alors, après la retombée de la grande fièvre du printemps. Mais personne ne veut produire pareille histoire d'un groupuscule d'activistes zigouillant avec entrain tous les représentants de l'ordre établi. Il faudra le soutien du patron du champagne Taittinger, mis en demeure par le cinéaste de se conformer à ses propos sympathisants pour les *« jeunes gens de Mai »*, et d'un tenancier de cabaret à Anvers, pour que le film soit tourné, dans des conditions précaires. Aucun distributeur ne veut le sortir. Mais le producteur François Harispuru accepte de s'en occuper, si Mocky lui réalise auparavant une comédie dans le style d'*Un drôle de paroissien,* qui avait été un grand succès. Ce sera donc *L'Etalon,* tourné après mais distribué avant *Solo,* film assez décevant sur une escouade de supermâles organisée pour pallier les défaillances sexuelles des messieurs, dans une veine qui appartient encore à la période antérieure du cinéaste. Sa mise en œuvre a été affectée par la révélation que Bourvil est atteint d'un cancer, et le tournage s'est effectué dans des conditions à la fois tristes et compliquées, les assureurs refusant de couvrir la production. C'est un échec commercial, auquel succède le succès considérable du film dont personne ne voulait.

Solo repose sur un scénario original, mais d'un esprit très proche de celui qui s'éveille dans le nouveau roman noir français sous l'impulsion des Jean-Patrick Manchette, Vautrin, Demouzon, Fajardie, Vilar... La noirceur et la violence du film sont d'autant plus remarquables que, par instinct de cinéaste sinon par lucidité politique, Mocky parvient à ne pas en faire, malgré son sujet, un plaidoyer pour ce terrorisme politique dans lequel vont se fourvoyer et se salir les gauchistes allemands et italiens, alors que leurs homologues français, avec une clairvoyance assez voisine du pessimisme du film, éviteront *in extremis* cette dérive. Le talent très singulier de Mocky et la sincérité de sa révolte expliquent que ce film de facture pourtant classique demeure, à la différence de pratiquement tous ceux cités jusqu'à présent, inconfortable et jubilatoire à la fois, « agent trouble » comme Mocky nommera beaucoup plus tard un autre de ses meilleurs films.

Le film suivant, *L'Albatros,* est le dernier grand succès public du cinéaste avant très longtemps, et le premier qui tente la greffe de l'esprit *Solo* sur les schémas antérieurs de la comédie et du film noir. Comme *Chut !,* comédie autour du scandale politico-financier de la « Garantie foncière » alors en pleine actualité, assez décevant malgré Dufilho, Lonsdale et une touche fantastique (l'hermaphrodite) ajoutée en fin de parcours, comme *Un linceul n'a pas de poches* adapté de Horace McCoy et qui brocarde assez pesamment l'emprise des partis politiques de toutes tendances sur la presse, *L'Albatros* appartient au cinéma-plaidoyer, cette fois contre les méthodes policières. La causticité de Mocky et le côté toujours bricolé de ses films sauvent chaque fois au moins quelques scènes de la démonstration et de la complaisance. Dans cette série à thèse, mais plus proche du pamphlet que du dossier, le cinéaste aura intercalé un curieux exercice de psychologie autobiographique, épicé d'érotisme, avec *L'Ombre d'une chance.* Quant à *L'Ibis rouge,* c'est une comédie d'humour noir à la vacherie très appuyée, qui annonce les films futurs du cinéaste, et dont on se souviendra surtout comme de la dernière apparition à l'écran de Michel Simon (avec, à ses côtés, Michel Serrault et Michel Galabru). L'interprète de *Boudu* y est pourtant décevant : sa « folie » personnelle, assez proche de celle du cinéaste, apparaît ici de convenance, quand elle faisait merveille chez des réalisateurs plus « raisonnables ». Mocky, éternel et inégal contempteur des institutions, du bon goût, de l'ordre établi et de la bêtise, reviendra explicitement sur la mémoire de Mai 68 avec *Le Piège à cons,* en 1979.

Kaplan, Faraldo, Yanne, Girod, Corneau...

Cinq réalisateurs font leurs débuts publics dans une veine similaire durant cette période, de manière d'autant plus significative de l'esprit d'alors que leur carrière prendra, ensuite, des orientations fort différentes. Le premier d'entre eux (chronologiquement) a comme première caractéristique d'être une réalisatrice, la seule parmi les nouvelles venues à la réalisation qui paraisse alors susceptible d'échapper au stéréotype du « film de femme ». Proche collaboratrice d'Abel Gance, Nelly Kaplan a trente-cinq ans quand elle franchit le pas de la mise en scène de fiction, avec une fable joyeusement irrévérencieuse, *La Fiancée du pirate* (1969). Bernadette Lafont y est une fille aux mœurs libres vivant à l'écart d'un village. Ses habitants ayant occis le bouc de cette pourtant bien innocente sorcière, elle les fera passer à la casserole, puis exposera leurs turpitudes, au grand désarroi de ce ramassis d'hypocrites. Il faut beaucoup de bonne volonté ou d'aveuglement pour considérer cette farce comme un brûlot révolutionnaire ; Mocky avait dès le milieu des années soixante plus de virulence. Mais qu'une femme filme ainsi sans complexe la gouaille et les ébats de Bernadette Lafont vaudra au film un label « subversif », et un joli succès public. Deux ans plus tard, sans attirer autant l'attention, *Papa, les petits bateaux* sera une autre variation « féministe », dans le registre de la comédie policière. Nelly Kaplan se fourvoiera ensuite dans une adaptation (très soft) d'Emmanuelle Arsan, l'auteur d'*Emmanuelle,* avec *Néa* (1976).

Claude Faraldo, né en 1936, a réalisé en 1965 un drame paysan, psychanalytique, esthète et inédit, *La Jeune Morte.* Ses deux films du début des années soixante-dix vont cristalliser, dans des tonalités différentes, les particules libertaires en suspension dans l'atmosphère de ces années-là. *Bof, anatomie d'un livreur* (1971) est un rigolard et nonchalant éloge de la paresse, photographié en couleurs chaudes par Sacha Vierny pour conter, à la manière d'une fable utopique, comment un livreur de vin (métier que le réalisateur a exercé), son père, sa femme, une jeune fille et un balayeur noir se retranchent sans bruit de la vie sociale, pratiquent paisiblement l'amour libre, le vol pour subsister, l'euthanasie..., avant de partir dans le Sud mener une vie d'éternelles vacances. Deux ans plus tard, *Themroc* adopte un ton beaucoup plus grinçant. On y voit Michel Piccoli régresser de l'état de citoyen normal à celui d'homme de Cro-magnon, traduisant par des vociférations, des destructions (et à l'occasion la mastication de C.R.S.), un refus radical de la société contemporaine. La performance du comédien, l'humour sans véritable méchanceté du cinéaste, et les effluves fantastiques qui émanent du film, le sauvent de ce que la fable pourrait avoir d'appliqué. On retrouvera un livreur, interprété par Faraldo lui-même, dans *Les Fleurs du miel* en 1976, pour une nouvelle parabole sur la libération des sentiments, mais qui semble déjà plus forcée, plus démonstrative. A la fin du film, la belle chanson de Jefferson Airplane a beau annoncer l'arrivée d'un enfant, elle paraît teintée de nostalgie. C'est le printemps de Mai et l'été de *Bof* qui s'en vont. En 1980, *Deux Lions au soleil* tentera vainement de retrouver l'esprit des premiers films, les temps ont trop changé.

Le débutant suivant est bien connu du grand public, comme des cinéphiles. Lorsqu'il passe derrière la caméra pour réaliser *Tout le monde il est beau, tout le monde il est gentil* (1972), Jean Yanne est non seulement le comique qui anime avec une décontraction loufoque les scènes, les ondes et les écrans depuis quinze ans, mais il a déjà donné, chez Godard, chez Chabrol et chez Pialat, les preuves de la variété de son talent d'acteur. S'en prenant à un milieu qu'il connaît bien, celui de la radio, il compose une succession de sketches ironiques sur les compromissions des médias avec la publicité et les politiques, où il se donne le beau rôle. La farce, réjouissante, est trop caricaturale et trop bon enfant pour choquer, elle l'est cependant assez pour déplacer beaucoup de monde (4 millions d'entrées). Il en ira de même, avec moins d'allant, dans *Moi y en a vouloir des sous* (1973), qui se moque des patrons, des syndicalistes et des féministes, avec le travers commun à ce genre d'entreprise (qu'avait si bien détecté Truffaut à propos de la « qualité française », même si le contexte est ici différent) : le mépris de l'auteur pour ses personnages, qui, sous prétexte de complicité, dissimule mal un mépris pour son propre public. Celui-ci, pas si regardant, lui fait de nouveau bon accueil (2,5 millions d'entrées). Cela s'aggrave avec *Les Chinois à Paris* (1974), qui asticote les maoïstes sectaires de l'époque en montrant l'invasion de la France par les troupes de Pékin, mais se veut surtout une dénonciation du penchant national à la collaboration : sujet épineux, qui perd ses épines à force de complaisance et de simplisme. *Chobizenesse* (1975), sur le monde du spectacle, puis *Je te tiens, tu me tiens par la barbichette* (1979) sur la télévision, poursuivront dans le même sens, et selon la même courbe descendante, du point de vue de la qualité comme du succès.

1974 voit les débuts de deux benjamins de la bande : Francis Girod a alors trente ans et Alain Corneau trente et un. Avec *Le Trio infernal,* Girod, ancien assistant de Mocky, mais aussi de Vadim et de Reichenbach, qui a été journaliste, réalisateur de télévision, puis producteur du premier film de Jacques Rouffio, *L'Horizon,* se fait remarquer en jouant la carte de la provocation à outrance. Il conte en détails scabreux les méfaits d'un avocat marseillais (Piccoli) et de ses deux maîtresses (Romy Schneider et Masha Gomska) qui, dans les années vingt, pratiquèrent l'escroquerie et le meurtre avec entrain. C'est la qualité française revue par le professeur Choron, soit de très prévisibles charges contre les tenants de l'ordre établi enluminées de décors d'époque, et prétendument modernisées par quelques séquences « osées », de lesbianisme et surtout d'humour noir – la dissolution des cadavres des victimes dans des baignoires d'acide, puis le transport laborieux du magma qui en résulte... Le film tentait de mêler humour et critique sociale. Girod séparera ensuite ces aspects dans ses deux films suivants : *René la Canne* (1977), autre reconstitution d'époque (l'Occupation et l'après-guerre) vise, à beaucoup plus grands frais mais sans guère de réussite, à un humour nettement plus consensuel, sous les auspices d'Arsène Lupin et de Bibi Fricotin. Ensuite, aux côtés du romancier et scénariste Georges Conchon, il choisit une dénonciation beaucoup plus classique dans *L'Etat sauvage* (1978), sur le néo-colonialisme, avant de réutiliser les ressorts du film-plaidoyer pour le très décoratif *La Banquière* (1980), avec Romy Schneider en vedette, autre reconstitution historique à gros moyens, qui sera son plus grand succès.

Diplômé de l'I.D.H.E.C., ancien assistant lui aussi (notamment de Costa-Gavras), Alain Corneau débute avec une pochade contestataire, *France S.A.* (1974) qui fait du trafic de drogue la métaphore du commerce capitaliste en général – et du cinéma en particulier –, dénonçant à la fois la volonté monopoliste des Américains et la « récupération » sans fin des contre-feux « révolutionnaires ». Le scénario, assez fumeux, apparaît surtout comme un prétexte pour rendre hommage au jazz et aux musiques du delta du Mississippi qu'affectionne le cinéaste, et davantage aux films noirs américains abondamment cités. Mais il faudra attendre les films suivants pour que Corneau, se consacrant à ce genre sans plus de fantaisie apparente, y démontre une efficacité certaine.

On peut également loger à l'enseigne des provocateurs Serge Gainsbourg effectuant des débuts qui resteront, à l'écran, longtemps sans suite, avec *Je t'aime, moi non plus* (1976), conte érotico-onirique cultivant le style « crado » pour détailler l'initiation aux plaisirs anaux d'une serveuse androgyne (Jane Birkin) par un beau camionneur homosexuel, campé par une des figures de proue de l'underground new-yorkais, Joe Dalessandro. Comme dit la chanson, la farce était bien bonne et valait le coup d'œil, mais guère plus : Gainsbourg aura plus, un assez joli succès de scandale. Au rayon des contestataires humoristes, on trouve également le William Klein de *Mister Freedom*. Dès 1969, mais loin de ses travaux documentaires, il reprenait la piste loufoque et formaliste déjà explorée par *Polly Magoo*, pour une sorte de Grand Guignol bariolé et symbolique, dénonçant l'impérialisme américain en utilisant l'imagerie de la B. D. fantastique américaine. C'était sympathique, et anodin. Le film fournit ainsi un bon exemple des malentendus qui affectent la plupart de ces réalisations. La peur inspirée par Mai 68 à une partie de la population, et à la quasi-totalité de la classe politique, a été telle qu'ils ne manquent pas de décerner des brevets de subversion à tout ce qui (leur) en évoque le souvenir. Ainsi, *Mister Freedom* vaudra à son producteur une lettre du secrétaire d'Etat chargé de l'Information, Joël Le Theule, datée du 15 octobre 1968 et ainsi libellée : *« Pour des raisons d'ordre public, il n'y a pas lieu de faire écho aux événements de mai-juin 1968, dont le rappel par la voie du film peut être de nature à ressusciter des passions, provoquer des mouvements dans les salles et déclencher un processus de manifestations et contre-manifestations.* [La Commission de contrôle] *propose donc l'allégement de quelques scènes de sadisme au cours de l'entraînement des French anti-Freedom (fille dans la baignoire, sang), la coupure de certaines paroles prêtées au chef de l'Etat, du discours du ministre de l'Intérieur, des scènes de manifestation de rue que les emblèmes brandis et les slogans scandés ou chantés permettent d'identifier, ainsi que le chant de* L'Internationale *et les manifestants (poings levés) dans les dernières images du film. Me rangeant à l'avis ainsi exprimé, j'ai décidé de vous accorder le visa à l'exploitation sous réserve de l'interdiction aux mineurs de treize ans et le visa d'exportation dès que vous aurez fait connaître que les coupes demandées ont été pratiquées. »* C'était, comme presque toujours, faire beaucoup de cas (et souvent de publicité) à des gros pétards souvent sincères, rarement dangereux. C'était aussi, le machiavélisme des autorités n'étant jamais aussi efficace que lorsqu'il est involontaire, conforter ceux qui les allument dans le sentiment qu'ils sont d'authentiques guérilleros faisant trembler le « vieux monde » sur ses bases. En convainquant cinéastes et spectateurs qu'ils contribuaient si aisément à la Révolution en se fendant la pipe, on marginalisait d'autant plus ceux qui cherchaient des chemins autrement radicaux, et autrement ardus. Les cinéastes « révolutionnaires » adeptes de la boutade assassine commettent ainsi une faute stratégique bien connue : dans le domaine de la guérilla symbolique que mène alors le cinéma plus encore que dans les opérations militaires réelles, ceux qui se battent sur le terrain de l'adversaire et au nom des valeurs de l'adversaire, quitte à s'en moquer ou à les insulter, sont promis au mieux à la défaite, au pis à la complicité.

Le gang des Italiens

On reste dans le registre de la provocation, mais plusieurs crans au-dessus, avec les dynamiteros les plus efficaces du cinéma français. Ils ne sont pas français, mais italiens. Dans des registres très éloignés, ils vont déclencher des scandales d'une ampleur que leurs collègues ont parfois visés, et jamais obtenus. Ce n'est pas un hasard. Le cinéma français de l'époque, malgré des efforts qui restent marginaux et à quelques exceptions près, peine à trouver le chemin du grand public avec des films contestataires : les Anglais, les Suisses, les Allemands y réussissent mieux, quant aux Italiens, à l'école de Francesco Rosi, ils multiplient des films-plaidoyers à la mise en scène conventionnelle, mais aux récits plus subtils et plus percutants que leurs équivalents français. Simultanément, une « nouvelle vague » italienne est apparue durant les années soixante, et ce sont deux de ses représentants qui viendront en France allumer quelques-uns des plus explosifs cocktails.

Chef de file du renouveau italien aux côtés de Bellocchio et à la suite de Pasolini, Bernardo Bertolucci avait été remarqué dès son premier film, *Prima della revoluzione,* et avait à nouveau impressionné par l'étendue de son talent et la subtilité de sa mise en scène, dans *La Stratégie de l'araignée* et *Le Conformiste.* L'érotisme explicite des scènes, et des dialogues, entre Marlon Brando et Maria Schneider offrira un énorme succès de scandale (près de 5 millions d'entrées) au *Dernier Tango à Paris* (1972). Une fois n'est pas coutume, la critique, généralement favorable, n'y est pas pour grand-chose. Même ceux que dérangent les excès saluent pour la plupart la qualité de la mise en scène. Même le pamphlétaire de droite Jean Cau, y voyant comme de bien entendu *« un tas d'excréments »*, concède que celui-ci est contenu dans un *« bas de soie admirable »*. Il n'y aura guère que *Télé 7 jours,* à ce moment bastion du conformisme borné, pour crier à l'abjection, l'écrivain Barjavel pour vilipender le film dans *L'Aurore,* et Gabriel Matzneff pour le déclarer tout bonnement *« nazi »* dans *Les Nouvelles littéraires.* Mais, adroitement relayés par la publicité, les médias, justement nommés « à scandale », et une rumeur qui s'enfle démesurément sur telle ou telle réplique (le *« passe-moi le beurre »* de Brando), alimentent une réputation sulfureuse et aguicheuse. C'était en même temps assurer le succès du film et en réduire considérablement l'importance. Récit schizophrène, où les jeux des corps, des regards, des fantasmes, des terreurs, de la ville aussi, semblent écrits sur des partitions différentes et qui toutefois s'accordent, s'opposent ou se font écho, *Le Dernier Tango* est une réflexion complexe et spectaculaire à la fois sur la peur de l'autre, les pulsions amoureuses et morbides, l'imperfection humaine. C'est, également, l'un des rares bons films où l'amour physique clairement évoqué joue un rôle central. Ce ne sont pourtant pas les concurrents qui lui ont manqué.

Marco Ferreri avait déjà derrière lui dix films provocants d'humour macabre, de destruction des tabous sexuels et de parasitage de la vie quotidienne par la fantasmagorie, lorsqu'il réalise un film réputé italien, mais dont les deux interprètes principaux sont Michel Piccoli et Annie Girardot : *Dillinger est mort* (1969). Presque entièrement consacré à la préparation simultanée d'un dîner et d'un meurtre, c'est une fable paisiblement subversive, l'un des grands rôles de Piccoli, et une impeccable leçon de mise en scène. Le film est apprécié, sans déclencher de remous particuliers. Le suivant, *Liza,* passera inaperçu en 1972, on y voyait pourtant Catherine Deneuve devenir la chienne de Marcello Mastroianni. Le scandale arrive en 1973, avec *La Grande Bouffe.* Ce scandale aurait été moindre si le film n'avait été sélectionné pour représenter la France au Festival de Cannes : mais que le spectacle de Piccoli, Noiret, Mastroianni et Tognazzi s'empiffrant jusqu'au délire, se vautrant dans le stupre, la crème anglaise et les déjections, porte les couleurs nationales, cela déclencha la fureur de bien-pensants plus nombreux et plus bruyants que ne l'avaient sans doute prévus les sélectionneurs. A l'issue de la projection sur la Croisette, on aurait vu des rombières cracher au visage de Philippe Noiret, des messieurs dignes menacer Ferreri de leur canne. Est-ce bien sûr ? Rien ne met mieux en voix la déesse aux cent bouches qu'un bon scandale, et il y a des gens payés pour ça. La presse ne se fait pas prier pour jeter à pleins baquets de l'huile sur le brasier, avec parfois des réactions imprévues. Que Jean Cau dans *Paris-Match* s'exclame *« Voir* La Grande Bouffe *et vomir »*, ajoutant au passage quelques considérations xénophobes, que *Minute* propose de *« tirer la chasse d'eau sur cette merde »* et que *Carrefour « hurle son dégoût et sa colère »*, que Louis Chauvet du *Figaro* éprouve *« une répugnance physique et morale à parler de ce film »*, qu'il fasse *« honte »* à *La Croix* et provoque sa *« nausée »*, quoi de plus probable ? Ces porte-parole institutionnels de la réaction et du conformisme sont les cibles mêmes que vise un cinéaste comme Ferreri. Mais voilà que des journaux habitués à plus de tolérance, ou de nuances, leur emboîtent le pas, du *Monde* au *Canard enchaîné,* sans oublier *Télérama* qui consacre pas moins de trois articles pour dire son dégoût de cette *« vomissure »* [...] *« œuvre d'un malade... qui blasphème l'homme et... sacralise l'excrément »*. Ces cris d'orfraie, les vertes réponses des défenseurs du film, la transformation d'une projection en « affaire » aux arrière-pensées politiques firent le succès, lui aussi pantagruélique, de la vigoureuse sarabande des quatre larrons, flanqués de la généreuse Andrea Ferreol. Ici également, la réussite de la provocation de Ferreri, le chahut de ses contempteurs comme de ses supporters cachèrent ce qui faisait du film plus qu'une bonne farce de collégiens sous couvert de dénoncer la société de consommation : une vraie tristesse cachée dans les débordements de victuailles et de merde, une folie inquiète et désabusée auxquelles les quatre comédiens, au meilleur d'eux-mêmes, donnaient quatre jeux de nuances différents.

Le film suivant, sans doute le chef-d'œuvre de Ferreri avec *Dillinger,* sera, lui, à peine remarqué. *Touche pas à la femme blanche* (1974) a été tourné dans le « trou des Halles », le « ventre de Paris » construit par Baltard, ayant été détruit l'année précédente, malgré un été de bagarres avec la police menées par des gauchistes soudain convertis en défenseurs de l'architecture du début du XIXe siècle. Transformé en Monument Valley moderne et immémoriale, cet immense chantier est le théâtre d'un western urbain, délirant et désespéré, où une pléiade de grands comédiens (Mastroianni, Noiret, Deneuve, Piccoli, Alain Cuny, Serge Reggiani, Darry Cowl...) jouent la grinçante parodie d'un massacre général des Indiens et des cowboys d'hier et d'alors.

Tout le monde est mort

Ce massacre n'est qu'un cas particulier d'une hécatombe plus générale. La mort est la règle pour les personnages principaux de ce cinéma-là. Chez Boisset, chez Cayatte, chez Malle, chez Mocky, chez Girod et chez Corneau, chez Ferreri et chez Bertolucci : des morts, des morts, des morts. Seuls quelques fabulistes bon enfant (Faraldo, Kaplan) et d'une manière plus conséquente Costa-Gavras, Sautet (même, d'une certaine manière, dans *Les Choses de la vie*) et le Tavernier de *L'Horloger* osent laisser entendre que « la vie continue ». Tous les autres, dont les films sont pourtant issus, directement ou indirectement, de Mai considéré par ces cinéastes eux-mêmes comme une fête de la vie, choisissent une issue morbide (au moins Mocky a-t-il l'élégance d'aller se faire tuer lui-même à l'écran). Au-delà des poncifs romanesques, du refus alors perçu comme contestataire du happy end et des dénonciations que ce massacre autorise, il y a quelque chose de sinistre dans ce cinéma, où le trépas n'a jamais le sens d'un passage, comme à la fin des premiers films de la Nouvelle Vague. Sinistre au sens strict : de mauvais augure. Ce cinéma-là va bientôt mourir.

Chapitre 5

LA POLITIQUE HORS CIRCUIT

Ces sombres présages ne sont pas du goût de tout le monde, et le sujet à thèse, quel que soit son traitement, ne saurait convenir à la majorité du public, pour qui le cinéma reste une distraction, même s'il n'est plus le premier de ses loisirs. En 1970, un sondage commandé par le C.N.C. auprès des spectateurs de cinéma indique que 78 % d'entre eux préfèrent la comédie, 73 % les films policiers, 71 % les westerns, 66 % les reconstitutions historiques et 61 % les « films engagés ». Mis à part l'usage douteux, dans ce contexte, du terme « préférer » (et la catégorie « western » qui ne concerne pas le cinéma français), cette enquête est contredite par les résultats du box-office, qui donnent une image beaucoup plus contrastée des goûts réels : parmi les films français sortis entre le 1er janvier 1969 et le 31 décembre 1975, 53 titres ont dépassé les deux millions d'entrées. On y trouve un honnête contingent de films policiers, dix exactement *(Le Clan des Siciliens, Borsalino, Le Cercle rouge, Le Voyou, Le Casse, Il était une fois un flic, L'Héritier, Deux Hommes dans la ville, Peur dans la ville, Flic Story).* Et, bien que l'intitulé ait apparemment, à bon droit, rebuté les sondés, des « drames psychologiques » en égale quantité *(La Piscine, Le Passager de la pluie, Les Choses de la vie, Mourir d'aimer, Le Souffle au cœur, Le Dernier Tango à Paris, César et Rosalie, La Gifle, Vincent, François, Paul et les autres, Lacombe Lucien, Le Vieux Fusil),* mais seulement deux films « engagés », *Z* et *L'Aveu,* flanqués d'autant d'« érotiques » (imprévus au moment du sondage), *Emmanuelle* et *Histoire d'O.* Mais surtout, surclassant largement les autres genres, la comédie demeure reine, recrutant plus de la moitié des vainqueurs avec 26 titres : *Le Cerveau, Hibernatus, Mon oncle Benjamin, Elle boit pas, elle fume pas, elle drague pas mais... elle cause !, Le Gendarme en balade, La Folie des grandeurs, Les Bidasses en folie, Les Mariés de l'An II, Tout le monde il est beau, tout le monde il est gentil, Le Grand Blond avec une chaussure noire, L'aventure c'est l'aventure, Les Fous du stade, Docteur Popaul, Les Aventures de Rabbi Jacob, L'Emmerdeur, Le*

Magnifique, Moi y en a vouloir des sous, Mais où est donc passée la 7e compagnie ?, La moutarde me monte au nez, Le Retour du grand blond, Les Chinois à Paris, L'Incorrigible, Le Sauvage, On a retrouvé la 7e compagnie, La Course à l'échalote.

Les valeurs sûres

Cette stabilité dans les goûts se retrouve à l'égard des vedettes. Le haut de l'affiche reste occupé par les ténors de la période précédente. Jean-Paul Belmondo est le seul à rayonner du même éclat à la fois dans le genre policier et dans la comédie, si tant est qu'on puisse toujours distinguer, dans des films conçus pour lui et qui mêlent les atouts des deux genres. Cette période lui est très favorable, mais elle ne comporte que de rares rôles mémorables, chez Chabrol (*Docteur Popaul*), chez Resnais (*Stavisky...*) et dans la comédie historique mouvementée de Jean-Paul Rappeneau, *Les Mariés de l'an II,* sortie en 1971. Les gazettes ont annoncé à sons de trompe le choc au sommet avec son « rival » Alain Delon dans *Borsalino* de Jacques Deray (1970) ; la présence des deux vedettes assure au film un imparable succès. Succès encore renforcé par le déclenchement *in extremis* de l'affrontement entre les deux vedettes, affrontement guetté en vain pendant le tournage, mais qui se produit lorsque Delon, dont le nom, par contrat, devait figurer à égalité avec celui de Belmondo comme covedette, fait précéder les deux patronymes d'un « Alain Delon présente », qui lui valut un procès, gagné par Belmondo.

S'il se partage entre interprétation et production, Alain Delon ne mélange guère les genres cinématographiques. Il ne se risque guère à la comédie (hormis *Doucement les basses* de l'infatigable Deray, en 1971), mais tâte du drame psychologique, dans *La Piscine* (Deray toujours, 1969), puis au cours d'un autre « face-à-face au sommet », avec Simone Signoret cette fois, dans *La Veuve Couderc* de Granier-Deferre (1971), d'après Simenon. Mais ses grands rôles sont dans les films policiers, chez Melville toujours, dans *Le Clan des Siciliens* de Verneuil (1969) ou *Flic Story,* à nouveau de Deray (1975). Il avait précédé Belmondo/Stavisky sur le chemin de la reconstitution « années trente » dirigée par un grand nom du cinéma, en interprétant *L'Assassinat de Trotski,* luxueusement réalisé par Joseph Losey en 1972, et où il campait un meurtrier travaillé par d'obscures et contradictoires pulsions.

Beaucoup plus éclectique, Yves Montand triomphe chez Costa-Gavras, chez Melville, chez Sautet, il poussera une pointe jusque chez Godard *(Tout va bien)* mais se diversifie aussi dans l'humour, chez de

Broca (*Le Diable par la queue,* 1969) comme chez Rappeneau (*Le Sauvage,* 1975). Dans ce registre, Montand est surtout allé prêter main-forte au tandem invincible de la période précédente, de Funès-Oury. Pour *La Folie des grandeurs* (1971), Gérard Oury voulait reconstituer le duo de Funès-Bourvil – la mort de ce dernier en a décidé autrement. Mais Simone Signoret convainc Oury, puis Montand, de donner au valet de comédie Blaze les traits du député assassiné de *Z.* Elle obtient même de l'ancien interprète de *La guerre est finie* qu'il aille faire le pitre au pays de Franco. Mais voilà que le vieux dictateur se met en tête d'exécuter une poignée de prisonniers politiques, Montand ne marche plus. Heureusement, une vigoureuse campagne internationale détournera *in extremis* la main du bourreau... Outre de Funès et Montand, Oury a embauché Victor Hugo et son *Ruy Blas* comme « souffleur » de cette bien nommée *Folie des grandeurs* (reconstitution historique fastueuse et Grand Guignol). Dans une Espagne d'opérette, de Funès en noble déchu et Montand en valet promu animent ce qu'il faut bien appeler, déférence gardée au dieu box-office (5,4 millions d'entrées !), de piètres pantalonnades. Passant de Bourvil à Montand, le rôle de Blaze a bien sûr été réécrit, il semble l'avoir été pour Belmondo plutôt que pour Montand, tant celui-ci, raide et empourpré, s'épuise dans les cabrioles d'un film qui tente de joindre l'action à la comédie. De Funès, quant à lui, exécute sans une fausse note sa partition de grimaces et d'onomatopées, mais c'est comme s'il jouait dans un autre film, dont il serait l'unique vedette.

Bien que le succès soit toujours au rendez-vous, le duo avec Montand n'est pas plus satisfaisant que celui avec Belmondo dans *Le Cerveau.* C'est en « mano a mano » qu'Oury et de Funès vont réussir leur meilleur film à tous deux, et leur troisième plus gros succès en commun (7,35 millions de spectateurs) : *Les Aventures de Rabbi Jacob* (1973). Le film repose sur un quiproquo parfaitement improbable : la confusion entre un rabbin orthodoxe new-yorkais et un petit patron français, atrabilaire et raciste, tous deux interprétés par de Funès. Ce pataquès prend corps au milieu de règlements de comptes entre des sbires d'une police politique arabe et des opposants au régime. Il alimente un comique de situation qui atteint parfois le franc délire. Ainsi la scène où de Funès est plongé dans une cuve de chewing-gum vert, puis, transformé en une sorte de martien informe et gesticulant, y précipite hargneusement ses poursuivants. Le scénario et les répliques s'en prennent, avec une hardiesse qu'on n'attendait ni du réalisateur ni de l'acteur, aux meurtrières absurdités de la guerre, du racisme et du conformisme. Ils s'offrent même le luxe d'une allusion transparente à l'affaire Ben Barka. *Rabbi Jacob* n'est certes pas un « film politique ». Mais sans doute l'atmosphère de ces années soixante-dix débutantes contribue à ce que les conflits idéologiques y trouvent naturellement leur place. Surtout, pour la première fois, le réalisateur ne se contente pas de régler au millimètre ses effets et ses gags : on le sent concerné par cette bouffonnerie que traversent les noirs fantômes de l'antisémitisme. Cette implication personnelle guide sa caméra, et lui inspire une émotion, une exigence et une attention qui donnent au film une épaisseur inattendue, sans gêner pour autant le feu d'artifice de gags et de répliques peaufinées par Oury à nouveau avec sa fille Danièle Thompson. Le 6 octobre, douze jours avant la sortie d'un film qui met en scène des juifs et des arabes (pour conclure à une réconciliation bien optimiste), les événements réels semblent devoir torpiller cette entreprise de rigolade publique : la guerre du Kippour entre Israël et les pays arabes éclate, il ne fait alors pas bon blaguer avec la question. Les producteurs et distributeurs envisagent de retarder la sortie. Et voilà que dans un gag absurde et sanglant, Danielle Cravenne, la femme du publiciste Georges Cravenne responsable de la promotion du film, détourne un Boeing d'Air France, exige l'interdiction du film le jour même de sa sortie, et est tuée par la police. Mais « le spectacle doit continuer » (paraît-il), le film sort malgré tout, soutenu par un gigantesque dispositif promotionnel, et remporte un triomphe. Pourtant, de l'intermède Franco à la guerre du Kippour, la manière dont l'actualité interfère avec la production et la sortie de comédies traduit aussi l'emprise de la politique sur ces années-là.

Oury et de Funès envisageront d'ailleurs un autre projet « politique », une charge parodique des dictatures intitulée *Le Crocodile*. Elle sera étouffée dans l'œuf par un infarctus du comédien, le 20 mars 1974. L'alerte est sérieuse. De Funès le boulimique de rôles restera absent de l'écran jusqu'en octobre 1976. Outre ses deux expériences avec Oury, il avait poursuivi durant la période 1969-1975 la série des *Gendarme*, sans renouveler quoi que ce soit, et connu un autre triomphe avec *Hibernatus* d'Edouard Molinaro (1969), adaptation d'un succès du boulevard que même son interprète principal trouvait calamiteuse. Ce qui n'empêche pas cette histoire d'une famille contrainte de faire semblant de vivre dans le passé d'attirer plus de trois millions de spectateurs.

Jean Gabin, de plus en plus confit dans sa respectabilité et sa gloire passée, effectue un ultime tour de piste. En solo dans *La Horse* de Pierre Granier-Deferre (1970), *Le Tueur* de Denys de La Patellière (1972), *L'Affaire Dominici,* de Claude Bernard-Aubert (1973), jusqu'à son ultime film, *L'Année sainte* de Jean Girault, pochade sortie en avril 1976, quelques mois avant la mort de l'acteur le 15 octobre. En trio avec Delon et Ventura dans *Le Clan des Siciliens* (1969), en duo avec Delon dans *Deux Hommes dans la ville,* de José Giovanni (1973), ou, plus incongru, avec Sophia Loren dans *Verdict* de Cayatte (1974). Plus mémorable est son face-à-face avec Simone Signoret dans *Le Chat* de Granier-Deferre (1971), exercice d'intimisme populiste et psychologique qui repose entièrement sur la prestation des acteurs. La même année, Gabin sera également allé soutenir de sa présence le dialoguiste qui l'a durant des décennies abreuvé en bons mots, Michel Audiard désormais réalisateur. Avec *Faut pas prendre les enfants du bon Dieu pour des canards sauvages* (1968) et *Elle boit pas, elle fume pas, elle drague pas mais... elle cause !* (1970), celui-ci avait prouvé que les nombreux succès auxquels il avait participé comme dialoguiste tenaient, en général, plus à sa plume qu'à leur mise en scène. Mais sa verve s'épuise et ne pallie pas indéfiniment le simplisme de la réalisation, comme en témoignent *Le Cri du cormoran au-dessus des jonques* (1971), puis ce *Drapeau noir flotte sur la marmite* (1971), adaptation de René Fallet qui, malgré la présence de Gabin (et la musique de Brassens égaré sur ce « radeau de la Méduse »), s'enfonce un peu plus dans les flots d'une indifférence qui va peu à peu noyer les films suivants d'Audiard — encore que, grâce à Jean Carmet, mémorable représentant en apéritifs frelatés, *Comment réussir quand on est con et pleurnichard* (1974) recèle quelques instants réjouissants. Gabin, lui, garde pavillon haut dans l'estime du public, même si c'est surtout au nom de sa carrière d'antan : un sondage I.F.O.P. de 1972 en fait le comédien préféré des Français, obtenant 31 % des suffrages, loin devant Belmondo (21 %), Fernandel (12 %), Bourvil (10 %), Delon (9 %), de Funès (7 %) — nouvelle occasion de vérifier les divergences entre enquêtes d'opinion et verdict du box-office. Et, à la mort du vieil acteur, c'est un « trésor national », une incarnation de la France que les médias porteront en terre et que pleureront des millions de ses concitoyens.

Un peloton de nouveaux comiques

Ces quelques vedettes demeurent les piliers d'un star-system toujours d'actualité, et très conservateur (et les Noiret, Ventura, Yanne, Piccoli, Trintignant qu'on aurait pu joindre à la liste des « valeurs sûres » avaient eux aussi déjà une carrière considérable derrière eux, même si certains révèlent alors des aspects nouveaux de leurs talents). Quelques autres noms se fraient pourtant un chemin. Et c'est à nouveau la comédie qui fournit le meilleur véhicule. Le plus notable est un grand flandrin blond, à peine remarqué dans l'ombre de Noiret/Alexandre le Bienheureux, et dont le personnage d'hurluberlu éclate dès son premier grand rôle, *Le Distrait* (1970), dont il est également le réalisateur. Pierre Richard, qui vient du music-hall où il a travaillé en tandem avec Victor Lanoux et fréquenté Jean Yanne, renouvelle l'emploi traditionnel de l'ahuri. Il invente un ahuri moderne, un ahuri des villes (alors que Fernandel ou Bourvil restaient fondamentalement des « ahuris des champs »), d'une bonne volonté capable de déclencher les pires catastrophes et d'horripiler tous ceux qu'il croise à l'écran – sans susciter l'agacement du public, ce qui n'est pas si simple. Après un deuxième succès personnel avec *Les Malheurs d'Alfred* (dont il est à nouveau le réalisateur, 1971), il commettra des ravages – au box-office aussi – avec *Le Grand Blond avec une chaussure noire,* d'Yves Robert l'année suivante, canevas classique mais rondement mené de l'innocent calamiteux déjouant par inadvertance les sombres menées d'une bande de tueurs. Epoque oblige à nouveau, ces tueurs sont des flics, pastichés avec entrain par Blier, Rochefort et Mireille Darc. Surtout, le réalisateur et le comédien principal se sont « trouvés ». Ils ont l'un et l'autre un grain de folie, et savent d'instinct éviter la vulgarité où se complaisent tant de succès du rire français. Sur sa lancée, Pierre Richard enchaînera quinze films avant que la décennie s'achève. Dont *Je sais rien mais je dirai tout* (1973), *Je suis timide mais je me soigne* (1978), *C'est pas moi c'est lui* (1979) qu'il réalise lui-même, un *Retour du grand blond* (1974) toujours dirigé par Yves Robert, et *Le Jouet* (1977), première réalisation d'un futur roi du box-office, Francis Veber. Celui-ci, scénariste des *Grand Blond,* avait entre-temps décliné, sur un mode plus sentimental, la même formule de l'innocent pris dans une embrouille policière avec *L'Emmerdeur,* de Molinaro (1973), où Jacques Brel réduisait à néant les plans méticuleux du tueur Lino Ventura.

Fin 1971, un autre phénomène comique déboule sur les écrans. Il marque les débuts simultanés d'un réalisateur promis à un bel avenir dans la comédie, Claude Zidi, et d'un groupe de fantaisistes, les Charlots, au destin plus éphémère. Musiciens de variétés (ils accompagnaient le chanteur Antoine sous le nom de « Problèmes », avant de voler de leurs propres portées), les Charlots sont alors cinq : Gérard Filipelli, Gérard Rinaldi, Jean Sarrus, Jean-Guy Fechner et Luis Régo (ces deux derniers devaient quitter le groupe avant la fin de ses tribulations). Après un tour de piste chez Philippe Clair (*La Grande Java,* 1969), ils obtiennent un triomphe inattendu avec *Les Bidasses en folie* (1971), première réalisation de Claude Zidi : 7,47 millions d'entrées. Il s'agit rien moins que de réactualiser aux couleurs du temps (volontiers antimilitariste et irrévérencieux) les anciennes facéties du comique troupier. Si les mots et les physiques sont « modernes », les gags sont sans âge – et navrants le plus souvent – la mise en scène de l'ancien cameraman de Chabrol et de Michel Drach, un enregistrement efficace que vient rythmer un montage au millimètre. La formule fonctionne si bien que le groupe et son réalisateur récidivent aussitôt avec *Les Fous du stade* (1972), leur meilleure collaboration, marquée par une série d'emprunts au burlesque muet. Les acteurs font ensuite une infidélité à Zidi en tournant *Les Charlots font l'Espagne,* indigeste paella cuisinée par Jean Girault (1972), avant de le retrouver dans *Le Grand Bazar* (1973), puis

Les bidasses s'en vont en guerre (1974) après un détour la même année chez Hunebelle pour expédier *Les Quatre Charlots mousquetaires* et *A nous quatre, Cardinal !* Tout cela, qui ne volait pas très haut, dégénère, et descendra encore plus bas avec les films tournés ensuite par le groupe, réduit à trois compères. Pourtant, le succès des *Bidasses* a « inspiré » une résurrection du comique troupier, cette fois dans sa forme la plus traditionnelle et la plus cocardière, avec *Mais où est donc passé la 7e compagnie ?* de Robert Lamoureux (1973), dont le succès sera suffisant pour donner naissance à deux suites, *On a retrouvé la 7e compagnie* (1976) et *La 7e Compagnie au clair de lune* (1978). De son côté, dès 1974, Claude Zidi a élargi sa palette farceuse en faisant appel à... Pierre Richard, pour *La moutarde me monte au nez,* où le comédien brode sur son emploi de distrait maladroit, face à Jane Birkin. Celle-ci y fait preuve d'un joli tempérament, au service d'un divertissement anodin et plutôt sympathique. Avec moins de légèreté, Zidi réunira le même couple vedette pour *La Course à l'échalote* (1975).

Derrière la double réussite de box-office incarnée par Zidi et les Charlots se dissimule un autre duo, celui des producteurs. Le premier était jusqu'alors un inconnu : Christian Fechner. Frère d'un des Charlots, il a débuté sur scène à dix ans, en faisant de la prestidigitation, art où il restera expert. Devenu l'imprésario du chanteur Antoine rendu célèbre par ses « Elucubrations », il organisera le passage au cinéma du groupe de musiciens, en dénichant le chef opérateur Claude Zidi. Collaborateur du producteur prodige Jean-Pierre Rassam, proche de Claude Berri, il a servi d'intermédiaire auprès de ce dernier, avant de devenir coproducteur à part entière avec Berri, à partir des *Fous du stade.*

Auteur-réalisateur-interprète, Claude Berri avait jusqu'à présent tâté de la production pour lui-même, et comme partenaire de cinéastes amis. A cette époque, il se lance véritablement dans les affaires de la production. En même temps qu'il amasse un trésor de guerre avec les comédies de Zidi ou de Pierre Richard (également coproduites avec Fechner), il acquiert la société de distribution régionale A.M.L.F. (Association méditerranéenne de location de films), dont il fera une des premières de France, en compagnie de son beau-frère, Paul Rassam, frère de Jean-Pierre. Berri a le sens de la famille, plus encore celui des réseaux qui entrecroisent les fils du pouvoir.

Les deux Claude en leurs bastions

Cette activité n'empêche pas Claude Berri de continuer à réaliser lui-même des films. Embrayant sur le succès du *Vieil Homme et l'Enfant,* il poursuit dans la veine autobiographique, sous le patronage revendiqué de François Truffaut et de la série des « Doinel ». Des sept films sortis entre 1968 et 1977 et dont le personnage principal, nommément ou non, est Claude Berri lui-même, trois (*Le Pistonné,* 1970 ; *Le Cinéma de papa,* 1970 ; *La Première Fois,* 1976) sont « au passé ». Ce sont aussi les meilleurs, lorsque le cinéaste évoque son service militaire à l'heure de la décolonisation, son désir de faire du cinéma assorti d'un bel hommage à son père, et ses débuts amoureux. Il passe un humour et une sincérité, beaucoup moins évidents dans les films contemporains : *Mazel Tov* (1968), *Sex Shop* (1972), *Le Mâle du siècle* (1975), *Un moment d'égarement* (1977), qui traitent sur le mode de la comédie des situations « de société », et où la libido compliquée du personnage central joue un rôle prépondérant.

Lui aussi producteur, mais essentiellement à son propre service (encore qu'il ait notamment produit ou coproduit durant cette période, après les étranges et belles *Gauloises bleues* de Cournot, *Camarades* de Karmitz et le deuxième film de Jacques Brel, *Le Far West*), Claude Lelouch poursuit sur sa lancée des années soixante avec une égale intensité : neuf films tournés et sortis entre début 1969 et fin 1975. A quelques faux pas près, c'est une période plutôt allègre et légère dans la carrière du cinéaste, couronnée par une succession presque ininterrompue de succès. Après l'exotisme américain et cinéphile d'*Un homme qui me plaît* (1969), *Le Voyou* (1970), sur un canevas de polar, et *Smic Smac Smoc* (1971), du côté de la chronique sociale un peu loufoque, sont d'une modestie réjouissante, que dynamise une pointe de comédie musicale. Ensuite, *L'aventure c'est l'aventure* (1972) tente de combiner les deux genres pour composer une histoire de Pieds nickelés qui évoque le scénario d'*Une fille et des fusils,* avec des moyens et une maîtrise bien supérieure. Mais on perçoit, sous la comédie, une certaine amertume dans la manière dont l'ancien coréalisateur de *Loin du Vietnam* maltraite toutes les idéologies, tous les engagements. Lelouch, comme il se plaira de plus en plus souvent à le faire avec des personnalités du show-biz ou de la télévision, a engagé Johnny Hallyday dans son propre rôle (il avait aussi embauché un jeune comédien, qui n'osera pas se présenter sur le plateau — son rôle sera finalement tenu par Aldo Maccione, qui en profite pour populariser son personnage de macho abruti —, mais qui réalisera aussitôt après un film resté inédit, et intitulé *Carte bleue*. Ce timide s'appelait Bernard Tapie). La même année 1972, Lelouch est à Munich où il participe au tournage du film collectif sur les Jeux olympiques. Il se retrouve, caméra au poing, au beau milieu de la prise en otage des athlètes israéliens par un commando palestinien et du massacre général qui en résulte. Les organisateurs allemands, propriétaires du film, en feront un montage qui dissimule la réalité des faits, peu glorieuse pour les forces de l'ordre, si l'on en croit l'acteur et ami de Lelouch, Charles Gérard, présent aux côtés du cinéaste. A nouveau, un drame de l'actualité a déboulé dans le travail d'un cinéaste voué à la distraction. Cela n'affecte apparemment pas trop la belle humeur de Lelouch, puisqu'il réalise ensuite une nouvelle comédie sentimentale, dans une ambiance de film de gangsters, *La Bonne Année* (1973). Mais il inaugure ensuite la première de ses vastes sagas à travers le temps, qui seront bientôt un de ses terrains de jeux favoris : ambitieux et emberlificoté, *Toute une vie* (1974) mêle odyssée sentimentale, reconstitution historique, métaphysique et science-fiction. Exercice de style virtuose autour de la chronique à travers les années d'un couple désaccordé, *Mariage* (1974) est surtout remarquable en ce qu'il fait appel à deux acteurs peu accoutumés aux productions grand public, Rufus et Bulle Ogier... et en ce que, justement, et pour la première fois depuis *Un homme et une femme,* ce même grand public boude un film de Claude Lelouch. Il rétablira la situation avec l'intrigue sentimentalo-policière et très manipulatrice *Le Chat et la Souris* (1975), qui marque le retour à l'écran, pour son ultime premier rôle, de Michèle Morgan.

Rire en société

Il est tentant de considérer les comédies de l'époque comme un dérivatif aux préoccupations politiques, et le succès qu'elles remportent comme la preuve qu'une majorité de la population ne cherche qu'à oublier les débats du moment en se fendant la pipe. Force est pourtant de constater qu'un certain nombre de comédies laissent affleurer les événements du temps. On l'a mentionné à propos de *Rabbi Jacob* et des films de Jean Yanne, c'est également le cas de ceux réalisés par Pierre Richard, notamment *Je sais rien mais je dirai tout,* dû à un réalisateur qui, sans en faire état ouvertement, s'est senti en connivence avec « l'esprit de Mai ». Et la séquence d'ouverture de *L'Emmerdeur* fait directement référence à un fait divers politique célèbre à l'époque, l'affaire Aranda, tandis que Berri ou Lelouch, sans en faire le sujet de leurs réalisations, se plaisent à glisser des allusions à l'actualité. En 1973, Remo Forlani réunit trois grands noms de l'époque, Annie Girardot, Marlène Jobert et Pierre Richard, dans une comédie aux prétentions contestataires : l'échec commercial de *Juliette et Juliette* témoignera une fois de plus que le star-system n'est pas une martingale infaillible, son ratage cinématographique prouve que ne rejoint pas qui veut les rangs humoristes rebelles. Mais le cinéaste qui, sans prétendre en faire le moins du monde une arme contre la société, utilisera le plus systématiquement les mots et les attitudes de l'immédiat après-68 est Gérard Pirès. Avec *Erotissimo* (1969), il offre un réjouissant face-à-face entre Jean Yanne et Francis Blanche, bien secondés par Girardot : le prétexte

« sociologique » consiste à se moquer de la publicité et du couple « moderne », en fait le meilleur du film tourne autour de l'affrontement immémorial entre un petit patron (Yanne) et un contrôleur des impôts (Blanche). Suivra *Elle court, elle court la banlieue* (1973), comédie allègre et bénigne autour des tracas de la vie moderne, bien servie par Jacques Higelin et Marthe Keller. Pirès, qui avait en revanche raté l'adaptation de *Fantasia chez les ploucs* (1971), s'essaiera ensuite au film noir d'une violence relevée d'humour avec *L'Agression* (1975), sans grand intérêt malgré Trintignant, Deneuve et Claude Brasseur. Il reviendra sans plus d'allant à la parodie avec *Attention les yeux* (1976), qui brocarde l'industrie du porno, puis à la comédie noire (*L'Ordonnateur des pompes funèbres,* 1976).

Le cas de Pascal Thomas est différent, en ce qu'il détourne délibérément sa caméra des questions tenues pour politiques. Ce cinéaste né en 1945 se veut pourtant, lui aussi, témoin de son époque. Mais dans un genre différent, la comédie, et dans un cadre rarement traité sans caricature, la province. Saluant la sortie de son premier film, *Les Zozos,* en 1973, Gérard Lenne dans *Télérama* discerne *« un retour au naturel »* dans le cinéma français. Pascal Thomas s'essaie à une chronique de mœurs – en l'espèce celles d'une paire d'adolescents confrontés à de cafouilleuses entreprises de séduction – qui reflète cette « France profonde » dont la carte envahit l'écran lors de la séquence finale. La mise en scène est sans apprêt, ce qui n'exclut pas les coups de coude au public : pour bienveillant qu'il soit, le regard posé par le réalisateur sur ses personnages et leur environnement est assez superficiel. Le plus remarquable dans ce petit film sans vedettes est sans doute le succès inattendu qu'il obtient, témoignage d'une demande de simplicité de la part d'une partie du public qui, apparemment, commence à éprouver quelque lassitude envers les effets de mode et les « dossiers à thèse ». Pascal Thomas poursuit donc aussitôt dans la même veine, mais avec des protagonistes plus âgés : *Pleure pas la bouche pleine* (1973) puis *Le Chaud Lapin* (1974) sont à leur tour des succès. Cherchant ensuite à renouveler son style, le cinéaste s'essaiera a des projets à la construction ou aux thèmes plus ambitieux (*La Surprise du chef,* 1976 ; *Un oursin dans la poche,* 1977 ; *Celles qu'on n'a pas eues,* 1981 ; *Les Maris, les Femmes, les Amants,* 1989 ; *La Pagaille,* 1991), sans retrouver l'efficace aisance de ses débuts.

Pour quelques producteurs de plus

La grande stabilité des valeurs sûres (genres cinématographiques, cinéastes, vedettes) s'accompagne logiquement du maintien en position dominante des principaux producteurs de la décennie précédente : Alain Poiré chez Gaumont, Jacques Dorfmann ou Alexandre Mnouchkine continuent d'appliquer les formules où ils sont experts, et qui leur réussissent si bien. En marge de cette nomenklatura, on verra aux chapitres suivants Jean-Pierre Rassam inventer une pratique dissidente et tonitruante de la production, on a entrevu Jacques Perrin créant sa société, Reggane, pour que *Z* puisse vivre. Perrin retrouve Costa-Gavras pour *Etat de siège* et *Section spéciale* ; il a participé à la production du *Camarades* de Karmitz, bref, ses engagements se lisent dans ses choix de producteur. Autre « produit de l'époque », Albina de Boisrouvray renforce la maigre cohorte des productrices. Albina Films produit *Jaune le soleil* de Duras, *Bof* de Faraldo, mais aussi la comédie de Pierre Tchernia, *Les Gaspards.* Surtout, ayant misé dès ses débuts sur Alain Corneau, avec *France S.A.,* la productrice accompagnera la suite, prolifique, de la carrière de ce réalisateur. De son côté, si Michèle de Broca a débuté dans la production pour venir en aide à son époux d'alors, Philippe de Broca, on la retrouvera aux côtés de Chalonge pour le courageux *O Salto,* avec Sautet pour *César et Rosalie,* avec Tavernier pour *Que la fête commence.* A des titres divers, ces producteurs et productrices contribuent aux changements que connaît alors le cinéma français. Il en va de même pour Christian Fechner et Claude Berri, tandis que la nouvelle réglementation du C.N.C. permet à un nombre croissant de cinéastes de devenir, par goût ou par besoin, leur propre producteur.

Mais si un jeune producteur semble incarner à ce moment le renouvellement et la stabilité qui caractérisent le cinéma commercial d'alors, c'est sans doute Raymond Danon. A la Libération, son père avait racheté la branche française de la société de cinéma allemande U.F.A. Son beau-père, Maurice Jacquin, régnait sur le principal circuit de distribution en Afrique noire. Jeune homme doué pour les affaires, lui *« qui ne connaissait rien au cinéma »*, comme il le dit lui-même, fera des affaires avec le cinéma comme il en avait fait avec des laveries et les bananes aux colonies. Il fonde sa société de production, Copernic, en 1960, avec Jacquin. *Les Grands Chemins, Le Tonnerre de Dieu, Diaboliquement vôtre* contribuent à sa prospérité. En 1968, il rachète à Lino Ventura Lira Films, où il volera de ses propres ailes. Il produit ou coproduit *Le Chat, La Veuve Couderc, Le Train* de Granier-Deferre, *Les Granges brûlées* de Chapot, *Les Seins de glace* de Lautner, *La Scoumoune* et *Le Gitan* de Giovanni, *Le Sauvage* de Rappeneau, soit une conséquente proportion des succès de l'époque, avec souvent Alain Delon en vedette. Mais il sera également un partenaire régulier de Sautet *(Les Choses de la vie, Max et les ferrailleurs, Vincent, François, Paul et les autres),* de Tavernier *(L'Horloger de Saint-Paul, Le Juge et l'assassin),* de Boisset *(Le Saut de l'ange, Folle à tuer).*

Jeux de dames

Si l'époque a vu la génération spontanée de réalisatrices et l'apparition de productrices, il faut de nouveau constater combien les recettes commerciales alors vouées au succès font peu de place aux femmes. On mettra à part les cas particuliers d'*Emmanuelle* et d'*Histoire d'O,* et aussi celui de *Mon oncle Benjamin* de Molinaro (1969), qui pioche dans le souvenir de *Tom Jones* la matière de cette comédie « leste » et prétendument libertaire — en fait dans la bonne tradition de la gaudriole française. Pour le reste, les films ayant une femme pour personnage central, même à égalité avec un partenaire masculin, sont rarissimes parmi les grands succès de l'époque. Jeanne Moreau, puis Catherine Deneuve sont devenues des célébrités, on reconnaît leur talent et leur beauté, on chercherait en vain un film qui fasse carrière grâce à elles. Simone Signoret est une personnalité aimée et admirée du public, mais lorsqu'on la décrit c'est toujours « l'inoubliable interprète de *Casque d'or* », qui date de 1952. Seule personnalité féminine apparue en haut de l'affiche à la fin de la période précédente, Annie Girardot persévère, montrant l'étendue de son talent en alternant les rôles de femmes fortes dans l'adversité que lui proposent Cayatte et les personnages de comédie mitonnés par Audiard ou Molinaro. Dans un registre voisin lui est apparue une rivale, Marlène Jobert, entrevue chez Godard en 1965 *(Masculin-Féminin),* puis chez Deville, Yves Robert, Malle, Audiard, avant d'exploser dans un film pourtant fort mauvais, *L'Astragale* de Guy Casaril (1968) : cette adaptation du livre autobiographique d'Albertine Sarrazin lui donne l'opportunité d'un rôle omniprésent, où elle met en évidence sa force de conviction (et sa plastique peu conventionnelle, mais qui apparemment fait de l'effet au public masculin). Aussitôt après, *Le Passager de la pluie* de Clément (1970), *Dernier Domicile connu* de Giovanni (1970), *Les Mariés de l'an II* de Rappeneau (1971) lui permettent de tenir la dragée haute à Charles Bronson, Lino Ventura, Jean-Paul Belmondo, puis à Piccoli et Michael York dans *La Poudre d'escampette* de Philippe de Broca (1971), comédie spectaculaire sur fond de Seconde Guerre mondiale. Marlène Jobert sera tout autant à son avantage dans *Nous ne vieillirons pas ensemble* de Pialat face à Jean Yanne, et dans *Folle à tuer* de Boisset. Puis, curieusement, sa carrière déclinera rapidement à la fin des années soixante-dix.

Cependant c'est Romy Schneider qui incarne cette époque avec le plus d'éclat et de séduction. Née à Vienne en 1938, elle a débuté dans des films allemands et autrichiens, obtenant une célébrité mondiale, et encombrante, avec les rôles de Sissi. A l'automne 1968, lorsqu'elle revient en France tourner *La Piscine* de Jacques Deray, elle a trente-deux rôles à son actif, dont des apparitions remarquées chez Orson Welles *(Le Procès),* chez Alain Cavalier *(Le Combat dans l'île),* chez

Visconti (un strip-tease au téléphone qui fit un certain effet dans un sketch de *Boccace 70*), dans *Le Cardinal* de Preminger, dans *What's New Pussycat ?* de Peter Sellers. Elle avait le premier rôle féminin de *L'Enfer*, interrompu, de Clouzot. Mais les médias, alors, guettent surtout avec intérêt les retrouvailles entre la comédienne et Alain Delon, qui a été pendant cinq ans son compagnon au tournant des années soixante. La reconstitution du couple, à l'écran, contribuera largement à la célébrité du film avant même qu'il soit terminé. A l'unisson des paparazzi, la caméra se repaît d'ailleurs plus des formes généreuses de l'actrice que des talents de tragédienne dont elle est supposée faire preuve dans ce « suspens psychologique », truqueur et racoleur. Bref, le film est un triomphe. Mais il reviendra à Claude Sautet de permettre à la comédienne de donner libre cours à son charme et à son talent : *Les Choses de la vie* et *Max et les ferrailleurs* aux côtés de Piccoli, puis surtout *César et Rosalie* où son humour, sa vitalité sensuelle et son intelligence autant que sa beauté tournent la tête du public avec celles de Montand et de Sami Frey. Sautet offrira à Schneider une scène unique, mais l'une des plus mémorables du film, dans *Mado* (1976), avant de faire d'elle le centre d'*Une histoire simple* (1978), qui achève sa consécration. Entre-temps, outre une apparition remarquée dans le *Ludwig* de Visconti, elle a retrouvé Delon devant la caméra de Losey (*L'Assassinat de Trotski,* 1972), elle sera ensuite deux fois face à Trintignant, et avec le même éclat, dans *Le Train* de Granier-Deferre puis *Le Mouton enragé* (1974) de Michel Deville, fable psycho-sociale lorgnant vers la cruauté. Elle retrouve ensuite Michel Piccoli, et se révèle aussi à l'aise dans les outrances du *Trio infernal* de Francis Girod que dans les nuances de Sautet, avant que le cinéaste polonais installé en France, Andrzej Zulawski, lui donne l'occasion de donner libre cours à son potentiel érotique dans *L'important c'est d'aimer,* face à Jacques Dutronc. Il manquait Philippe Noiret à la liste de ses partenaires masculins, elle partage avec lui la vedette du *Vieux Fusil* de Robert Enrico, avant de retrouver Yves Montand dans *Clair de femme* de Costa-Gavras. Bertrand Tavernier lui offrira l'un de ses plus beaux rôles dans *La Mort en direct* (1980), la même année *La Banquière* de Girod ne paraît fait que pour la mettre en valeur, sa brève apparition dans *Garde à vue* (1981) sera l'un des sommets du film de Claude Miller, son double rôle dans *La Passante du Sans-Souci* de Rouffio (1982) est la raison d'être de ce qui sera son dernier film. Frappée par des drames en série dont se repaissent les médias (mort de son premier mari, puis de son fils aîné victime d'un accident), dépressive et en mauvaise santé, elle se suicide le 29 mai 1982.

Second rôle féminin dans *La Piscine,* une jeune Anglaise de vingt-deux ans au physique « moderne » paraît devoir prétendre elle aussi au statut d'actrice vedette de la décennie qui commence. Après une dizaine de films qui ne font pas honneur à son discernement, Jane Birkin croise à nouveau le chemin de Romy Schneider dans *Le Mou-*

ton enragé, avant de démontrer un tempérament comique imprévu chez Zidi *(La moutarde me monte au nez, La Course à l'échalote).* Ce sera, du point de vue du box-office, un feu de paille : la rencontre de la comédienne avec Serge Gainsbourg, puis avec Jacques Doillon, l'entraînera vers d'autres chemins, plus escarpés.

Maigre relève

Le bilan du renouvellement des troupes du cinéma français « grand public », durant cette période en apparence agitée et féconde, est assez mince. C'est le cas chez les acteurs comme chez les réalisateurs – hors les cas singuliers du cinéma « filmé politiquement », qui reste le plus souvent confidentiel, et la brusque et brève efflorescence du porno. En la matière, les statistiques sont trompeuses : deux cent vingt-deux réalisateurs (chiffre considérable) ont vu leur premier long métrage de fiction sortir sur les écrans entre fin 1968 et fin 1975. On a mentionné les plus notables : Audiard, Corneau, Girod, Pirès, Pierre Richard, Tavernier, Pascal Thomas, Yanne, Zidi, auxquels nous ajouterons dans les chapitres suivants les noms de Doillon, Karmitz, Pialat et Téchiné. Pour être complet, évoquons également les cas de deux réalisateurs dont on reparlera, Claude Pinoteau (*Le Silencieux,* 1973, très professionnel film policier avec Lino Ventura) et l'ancien critique Jean-Charles Tachella (*Voyage en grande Tartarie,* 1974, errance libertaire au goût acidulé, bien servi par un Jean-Luc Bidault alors tête d'affiche de l'inventif jeune cinéma suisse). Pour le reste, cette profusion de nouveaux réalisateurs traduit surtout une grande confusion. Elle tient aux tentatives, presque toutes sans lendemain, de jeunes gens poussés vers des « expériences créatives » dans l'immédiat après-Mai. Et, aussi, la fascination qu'exerce la réalisation sur des scénaristes (Gérard Brach, Nina Companeez, Jorge Semprun), des acteurs (Gérard Blain, Jean-Claude Brialy, Marcel Bozzufi, Roger Hanin, Anna Karina, Jean-Louis Trintignant), des techniciens (Yvan Chiffre, Raoul Coutard, Pierre William Glenn), des critiques (Robert Benayoun, Henry Chapier, Michel Cournot, Michel Mardore, René Gilson, Pierre Philippe), des écrivains et journalistes (Jean-François Bizot, Remo Forlani, Philippe Labro, Georges Perec – coauteur avec Bernard Queysanne d'une splendide transposition de son livre *Un homme qui dort* –, Michel Polac, Cécil Saint-Laurent), des hommes de théâtre (Patrice Chéreau, Ariane Mnouchkine, Jérôme Savary), de musique (Pierre Barouh, Jacques Brel) ou de télévision (Pierre Badel, Jacques Rouland, Pierre Tchernia). Bien peu (Blain, Gilson, Labro, Chéreau, Tchernia) poursuivront dans cette voie.

Deuxième partie

FILMER POLITIQUEMENT
OU
QUAND LE CINÉMA
N'EST PAS UN DÎNER DE GALA

« Vous savez, le peuple manque. »
Paul Klee.

Au-delà d'une estimation floue, et sans grand intérêt, du degré de sincérité de l'engagement des uns et des autres, la coupure parmi les cinéastes qui, d'une manière ou d'une autre, ont pris en compte le choc de Mai tient à deux attitudes différentes : « faire des films pour changer la vie », ou « changer de vie (de manière de vivre et de travailler) pour changer les films ». La première, la plus massive, que nous avons appelé « cinéma politique », s'exprime à travers des films faits dans le cadre traditionnel du système de production (financement, construction du récit, utilisation des techniciens et des comédiens, distribution...). La seconde attitude procède d'une position théorique à la fois rigoureuse et utopique — c'est son insoluble contradiction : elle considère qu'on ne peut pas remettre réellement en cause l'ordre social sans rompre avec les structures existantes, aussi bien les structures économiques que les modes de construction du récit. Certains tentant de se fondre dans des communautés plus vastes et d'autres travaillant au contraire à se donner les moyens d'une autarcie complète, on assiste à de multiples tentatives de constituer des « lieux » extérieurs et opposés au fonctionnement dominant de la société. Le but de ces démarches, presque toujours entreprises dans une tension, un engagement personnel (affectif et matériel) extrême, n'est évidemment pas de distraire un public. Ces films sont destinés à contribuer à la Révolution, que beaucoup ont crue imminente. Mao Tsé-toung disait que *« La révolution n'est pas un dîner de gala »* — ce cinéma-là non plus, même si ni l'humour ni l'émotion n'en sont forcément absents.

Ces tentatives, même fécondes, sont à moyen terme vouées à l'échec, dans la mesure où l'évolution radicale de la société tout entière n'a pas lieu. Godard résumera cette situation lorsqu'il dira : *« Il s'agissait, dans cette mouvance de Mai 68, de réagir : le fait de contester, de se sentir contesté, conduisait à s'exprimer avec sincérité, c'est indiscutable, mais aussi, parfois, à bondir pour prendre le train en marche. Assez vite quelques-uns se sont aperçus qu'il y avait des marches, mais pas de train.* » (Entretien avec Freddy Buache en juin 1989.) Pourtant, cette « mouvance » aura non seulement donné durant son éphémère existence quelques-uns des plus beaux films du cinéma français, elle aura aussi ouvert un vaste champ de réflexion théorique et pratique sur d'autres manières de faire du cinéma, dont les effets, fussent-ils dilués ou isolés, continueront de se faire sentir dans les années suivantes.

Cet apport peut être décrit schématiquement comme le résultat de deux approches distinctes. D'une part les cinéastes qui privilégient un nouveau rapport social, au sujet expressément politique, et qui font des films militants, ou « d'intervention ». D'autre part ceux dont le travail repose en premier lieu sur une remise en cause des modes de fonctionnement des films eux-mêmes, parfois au nom de théories politiques et parfois dans le simple exercice de leur création individuelle, quand leur manière de « filmer poétiquement » devient une remise en cause radicale des systèmes dominants de représentation. Les premiers accordent l'importance principale aux sujets des films et à leurs possibilités de toucher un public et de le mobiliser, les seconds font porter l'essentiel de leur effort sur la mise en scène des films, soupçonnés de reproduire l'idéologie bourgeoise même lorsque leurs sujets se veulent révolutionnaires. Simultanément, il se produit une rencontre entre deux générations de cinéastes : une partie de ceux qui ont donné naissance au cinéma moderne (Godard, Marker, Rohmer, Rivette, sans oublier le vétéran Bresson et, d'une façon singulière, Luis Buñuel), et l'autre composée de gens qui, même quand ils avaient déjà commencé à tourner avant 68, ne prennent leur véritable statut qu'à ce moment (Jean Eustache, Jean-Marie Straub et Danièle Huillet, Marguerite Duras, Philippe Garrel, Jacques Doillon, André Téchiné, Maurice Pialat...). Etant entendu que cette liste de personnalités ne reflète pas la totalité du cinéma « filmé politiquement », dont une grande partie s'effectue dans l'anonymat de « collectifs » qui, le plus souvent, n'accèdent pas à la distribution commerciale. Et qui, parfois, n'y aspirent pas.

Chapitre 1

LE CINÉMA D'INTERVENTION

A la différence des films politiques évoqués dans la première partie, les films d'intervention sont pour l'essentiel des documentaires. Mais, comme eux, ils présentent une image partielle de la réalité sociale : rares sont ceux qui se préoccupent du fonctionnement des grandes institutions. Préférant les joies et les facilités de la fiction, les films « politiques » occultent la réalité politique, au sens traditionnel, politicien, du terme : les élus, les candidats, les policiers et les juges de fiction pullulent sur leurs écrans, leurs traits romanesques masquent le fonctionnement réel du système électoral, policier et judiciaire plus souvent qu'ils ne le révèlent. Les cinéastes d'intervention se détournent des « appareils bourgeois » qu'ils méprisent ouvertement. Ainsi, on ne trouve guère qu'une poignée de films rendant compte à chaud de la vie civique : *Les Deux Marseillaises* de Comolli et Labarthe (1968) déjà évoqué, les enquêtes à propos des élections municipales de 1971 à Arras *(Aux urnes, citoyens),* puis législative à Nancy où est candidat Jean-Jacques Servan-Schreiber *(Politikon)* d'Edouard Bobrowski, également auteur de *53 Minutes d'avance,* sur la manière dont la télévision rend compte des résultats électoraux, et qui auraient dû inspirer bien d'autres travaux du même ordre (au cinéma, puisque la télévision en paraît incapable). Et aussi *50,81 %* de Raymond Depardon, passionnante observation de la campagne de Giscard d'Estaing pour les présidentielles de 1974, à ce jour toujours interdit de diffusion par son « producteur » et personnage principal. Ces films auraient pourtant offert un utile contrepoint au « cinéma d'intervention » qui éclot à ce moment. Il vise à mettre les caméras au service des secteurs les plus engagés dans la lutte politique et à témoigner de leurs combats. Le risque de cette démarche est de fausser les véritables rapports de force dans la société, en donnant un relief extrême à des mouvements réels, et sur lesquels l'information officielle est d'un coupable mutisme, mais qui demeurent localisés et minoritaires. A la différence, par exemple, de ce que savent faire au même moment les cinéastes contestataires en

Grande-Bretagne, le cinéma militant français ne donnera jamais qu'un reflet partiel, donc inexact, d'une réalité sociale qu'il est incapable d'observer dans son ensemble. De manières opposées, cinéma politique et cinéma militant tendent ainsi à caricaturer la réalité politique et sociale. Tandis que la majorité de la population est maintenue dans l'ignorance de ces phénomènes (ce dont elle ne se plaint pas nécessairement), ceux qui s'intéressent aux mouvements sociaux issus de Mai auront tendance à en surestimer l'importance. Dangereuse erreur de perspective : lorsque les « enfants de Mai » découvriront les véritables rapports de forces, le désenchantement poussera la plupart vers le cynisme et le reniement.

Les collectifs de production

Le premier réflexe de ceux qui, dans un esprit militant, ont voulu participer à Mai 68, puis prolonger son élan grâce au cinéma, a été de remettre en cause la hiérarchie de toute équipe de tournage et l'individualisme de l'auteur. Au sein ou à proximité des innombrables comités de lutte, comités d'action et autres groupes révolutionnaires qui fleurissent alors, se mettent donc en place des « collectifs de cinéma ». Dès le mois de mai, l'A.R.C. (Atelier de recherche cinématographique, qui éclatera ensuite en plusieurs tendances) fait preuve d'une certaine efficacité. La remise en cause simultanée du centralisme parisien entraîne la constitution d'un grand nombre de ces groupes en province, directement reliés aux conflits sociaux et politiques locaux. On a dit que les cinéastes reconnus avaient été très peu nombreux à filmer ces événements dont ils étaient pourtant partie prenante. En revanche, des groupes de techniciens mettant leur savoir-faire au service du mouvement, et des amateurs issus ou non d'organisations d'extrême gauche ont multiplié les tournages « sauvages », souvent loin des grandes manifestations spectaculaires, dans les entreprises en grève, dans les quartiers, à Paris comme en province. Parmi leurs réalisations, la plus diffusée, et la plus remarquée est sans doute *Reprise du travail aux usines Wonder,* tournée par des élèves de l'I.D.H.E.C. en juin 1968, et soulignant la rupture entre les appareils syndicaux, qui considèrent les négociations comme une victoire, et la « base », pour qui la fin de la grève est une défaite. Dans les années qui suivent, une vingtaine de ces collectifs parviendront à se structurer suffisamment pour pouvoir produire et diffuser régulièrement, hors des circuits commerciaux de distribution. Il s'agit de films aux durées très variables, de quelques minutes à la dimension de longs-métrages, le plus souvent tournés en super-8 ou en 16 millimètres. Ce circuit parallèle est loin d'être négligeable, puisqu'on recense à la fin de 1975 environ 500 titres, et 10 000 lieux de projection « sauvages ». Durant la même période, parfois à l'instigation de journalistes et de techniciens licenciés de l'O.R.T.F. lors de la purge d'août 1968, se multiplient les premiers groupes employant, dans le même but, les techniques plus légères de la vidéo. « Collectif » d'un genre particulier, Dynadia (qui deviendra Unicité), créé et animé par Jacques Bidou, est quant à lui l'organe d'action cinématographique du Parti communiste français. Celui-ci n'a jamais beaucoup compté sur le cinéma pour diffuser ses idées, et il fait désormais figure d'ennemi pour la majorité des militants directement issus de Mai. Traité de complice, sinon de chien de garde du patronat et de la police, le Parti réplique à chaud avec *La C.G.T. en mai-juin 68* (1969), réalisé par Paul Seban, ou, plus tard avec *Avec le sang des autres* (1974) de Bernard Muel, tourné aux usines Peugeot de Sochaux. Les municipalités et les comités d'entreprise acquis aux communistes assurent une large circulation de ces réalisations, elles n'en sont pas moins, désormais, « politiquement minoritaires ».

Malgré leur parti pris d'anonymat, ces groupes de cinéma militant se sont souvent constitués autour d'une personnalité (Chris Marker à S.L.O.N., René Vautier à l'Unité de production de cinéma Bretagne, Roger Louis à Crepac-Scopcolor, Gilles Nadeau à Cinéma rouge, Jean-Denis Bonan à Cinélutte, Christian Zarifian et Vincent Pinel à l'Unité cinéma de la Maison de la culture du Havre, Jean-Michel Carré au Grain de sable, Henry Moline et Guy Cavagnac à Ciné-oc...). Mais les membres de Cinéma libre, de Front paysan ou de Cinéma politique, par exemple, se passent de carte de visite personnalisée. Parmi les collectifs, le plus remarquable est certainement S.L.O.N. (Service de lancement des œuvres nouvelles, devenu I.S.K.R.A. en 1974), fondé autour de Chris Marker, à la suite de *Loin du Vietnam* et de la critique de cette manière de pratiquer le cinéma politique. Critique qui s'est traduite, toujours avant Mai, par le premier film du collectif S.L.O.N., *A bientôt j'espère,* consacré à la grève chez Rodhiaceta à Besançon, que d'autres cinéastes sont également venus filmer, entre autres Godard. Ce film servira de point de départ à d'autres réalisations, effectuées par les ouvriers bisontins eux-mêmes. Simultanément, S.L.O.N. met sur pied le tournage de courts-métrages d'intervention pendant Mai 68 et les mois qui suivent. Ils seront diffusés sous le titre *Nouvelle Société n°s 1, 2, 3...,* avec l'objectif de devenir un périodique en images rapportant les luttes issues de Mai. On y trouvera aussi bien des comptes rendus de grèves que le portrait de l'éditeur et libraire d'extrême gauche François Maspero (plusieurs cinéastes, dont Alain Resnais, participent à la fabrication de ces films). S.L.O.N. ne se contente pas de produire mais diffuse des films, y compris étrangers, reflétant les activités militantes dans le monde et notamment les mouvements révolutionnaires du tiers monde. Et aussi

Le Bonheur d'Alexandre Medvedkine, considéré comme l'un des premiers cinéastes révolutionnaires, autant par ses films que par leur méthode de tournage et de diffusion, au moyen du « ciné-train » dont un documentaire de montage réalisé par Marker rappelle l'odyssée. Le travail de S.L.O.N.-I.S.K.R.A., qui à la fin de 1975 aura produit 60 films et en diffusera 80, est exemplaire d'une démarche qui privilégie un engagement progressiste « global », sans se mettre sous la coupe de l'une des innombrables tendances de l'extrême gauche (alors que la plupart des autres collectifs sont directement liés à des groupuscules), ni faire de la réflexion sur la forme cinématographique son enjeu prioritaire : refusant le cinéma militant *« noir et âpre »* (le mot est de Medvedkine), le collectif déclare souhaiter que ses films *« ne soient pas plus ennuyeux qu'un bon western ».* « Filmer politiquement », dans son cas, signifie moins une remise en cause de la mise en scène de cinéma que de l'ensemble des éléments concrets dont sont issus les films (sujets, moyens de production, personnalité des gens qui font le film, réseau de diffusion), avec l'hypothèse que cela modifiera de soi-même la mise en scène.

Dans un autre genre, il faut aussi mentionner le « pseudo-collectif » M.K.2, constitué par un ancien des Etudiants communistes devenu membre du groupe maoïste la Gauche prolétarienne, Marin Karmitz. Né en 1938, réalisateur de courts-métrages dans les années soixante, Karmitz a tourné en 1967 *Sept jours ailleurs,* sur le mal de vivre d'un compositeur joué par Jacques Higelin. Il tente ensuite deux expériences de cinéma militant, qui mêlent dans des proportions différentes l'enquête et la fiction, les techniques d'intervention et celles de la production classique. *Camarades* (1970), consacré à la prise de conscience révolutionnaire d'un jeune ouvrier, puis *Coup pour coup* (1972), sur des ouvrières en grève affrontant la trilogie répressive patronat-syndicats-police, sont deux films didactiques, dont le discours est certes nettement plus radical que celui du cinéma politique évoqué au chapitre précédent, mais tout aussi illustratif dans l'emploi de situations exemplaires, interprétées par des comédiens (ou, pour partie dans le second, de « vraies » ouvrières auxquelles on « fait jouer » leur propre rôle). Les films de Karmitz essaient de dépasser l'opposition entre le simple enregistrement des luttes ouvrières que pratique le cinéma d'intervention et la mise en scène guidée par une théorie politique. Après ces deux expériences, Karmitz poursuivra sa recherche d'une combinaison entre point de vue révolutionnaire et utilisation des procédés du système. Pour « ouvrir une brèche » dans le système de distribution et d'exploitation traditionnelle, il crée en 1973 une « mini-*major* » destinée à la production et à la diffusion des films progressistes, complétée par l'acquisition des premières salles « 14 Juillet » en 1974. Sur le terreau militant de l'après-68 vient de prendre racine une entreprise commerciale, qui acquerra durant les périodes suivantes un poids notable.

Qu'elle s'y réfère explicitement ou non, la mouvance militante née de Mai 68 partage la thèse marxiste selon laquelle le changement radical de la société dépend de l'issue de la lutte de classes, qui oppose la bourgeoisie au prolétariat exploité, mais porteur de l'avenir. Ce « front principal » tardant à entrer en action avec toute l'ampleur espérée, des conflits annexes, et qui souvent concernent plus directement les « enfants de Mai », sont mis en avant comme « fronts secondaires », auxquels certains consacrent toutes leurs forces tandis que d'autres essaient de les mettre en perspective avec le « schéma global » de la Révolution. Ces « fronts secondaires » concernent des groupes humains maltraités par l'organisation sociale traditionnelle, et l'après-68 va effectivement représenter, dans la plupart des cas, l'occasion d'une amélioration relative de leur sort, souvent conquise de haute lutte face aux résistances des institutions et des mentalités. Sans pour autant déclencher la réaction en chaîne vers le grand soir sur laquelle certains comptaient, mais en permettant, au contraire, une meilleure intégration de l'ensemble de la société. A des titres divers, et de manière plus ou moins importante, les enfants et les adolescents, les malades et notamment les malades psychiatriques, les prisonniers, les immigrés, les provinciaux attachés aux spécificités de leurs régions, les consommateurs, les défenseurs de la nature, etc., vont ainsi parfois bénéficier de mesures réelles, parfois seulement conquérir une reconnaissance en tant que telle, qui dans tous les cas tend à améliorer leur sort ou à donner une légitimité à la cause pour laquelle ils se sont engagés. Parmi ces groupes humains, les femmes — ne serait-ce que parce qu'elles représentent statistiquement la majorité de la population et parce que leur sort, en droit et en fait, demeure particulièrement injuste dans une société de tradition patriarcale, paternaliste et sexiste — sont parmi les plus actives, et parmi celles qui obtiendront les victoires les plus notables.

Les militantes féministes se cherchent des moyens d'expression et de mobilisation par les images. Des collectifs, pas toujours uniquement féminins, consacrent tout ou partie de leurs efforts à cette cause et aux dossiers les plus brûlants qui s'y rattachent, le droit à l'avortement au premier chef, mais aussi la vie quotidienne et ses mille « petites » injustices. Souvent, plus souvent encore que chez les hommes, la vidéo pallie le manque de moyens matériels. C'est, sans doute, que cet outil léger, bon marché, dont le résultat peut être aussitôt visionné et commenté, convient mieux à une action qui se veut aussi le plus proche possible du « terrain » et vise à des modifications modestes mais immédiates du comportement des hommes et des femmes. La plus durable de ces structures, Vidéo-out, est animée pendant toute cette période par Carole Roussopoulos.

Sans toujours ignorer les enjeux théoriques, le cinéma d'intervention se fait sous le signe de l'urgence et d'une efficacité qui s'évalue immédiatement dans le soutien aux luttes sociales et leur popularisation. Emanation directe du bouillonnement activiste de l'après-Mai, il ne pouvait que s'effacer avec lui. Il est déjà trop tard quand, début 1976, un autre collectif, Cinélutte, animé par Richard Copans, Jean-Pierre Thorn et François Dupeyron, tente de solidariser ces efforts sous l'égide d'une Fédération française du cinéma populaire et, cherchant à échapper à *« un certain jansénisme formel »*, suggère un plus grand recours à la fiction. Chant du cygne de cette démarche au moins comme courant quantitativement important dans le cinéma français, la même année 1976 paraît sur les écrans l'œuvre-fleuve d'un vétéran du documentaire militant, Joris Ivens : coréalisé par Marceline Loridan, *Comment Yukong déplaça les montagnes* est composé de douze films d'inégale durée qui, ensemble, se veulent un portrait global — et « globalement positif » — de la Chine au lendemain de la révolution culturelle.

Deux films collectifs

En marge des collectifs militants construits pour durer, d'autres films sont tournés dans des conditions similaires, mais au coup par coup, au sein d'une nébuleuse de bonnes volontés, d'engagements plus ou moins radicaux, plus ou moins globaux. Deux d'entre eux illustrent la diversité des modes de recours au cinéma engagé. *Histoires d'A,* réalisé par Charles Belmont et Marielle Issartel en faveur du droit à l'avortement, a été tourné dans les conditions du cinéma d'intervention et en utilise les procédés habituels : il est produit avec le soutien d'organisations activistes – le M.L.A.C. (Mouvement de la libération de l'avortement et de la contraception) et le Planning familial –, il commence par un événement concret à forte charge symbolique — un avortement — auquel succèdent des témoignages qui en explicitent la méthode et la portée, puis l'expression de considérations globales sur le thème choisi et la proclamation des revendications qu'il entraîne. Le film était destiné à une diffusion commerciale à l'automne 1973, il va devenir la plus spectaculaire affaire de censure de l'époque. La commission de contrôle l'a autorisé, mais à la suite d'une lettre ouverte de l'association « Laissez-les vivre » publiée par *La Croix* du 10 novembre (un mois avant que la question de l'avortement vienne devant l'Assemblée nationale), le ministre de la Culture Maurice Druon interdit le film au motif qu'il comporte « des images enregistrées d'un délit réellement commis ». Ce qui est parfaitement exact : l'avortement (illégal) montré au début a effectivement eu lieu, devant la caméra. Les auteurs et producteurs du film décident de passer outre à l'interdiction et de le montrer dans l'une des trois salles où il devait sortir. Dès la première projection, le 15 novembre, la police saisit la copie au bout de quelques minutes. Le 20, la commission de contrôle réitère son autorisation, et le ministre confirme son interdiction. Le 22, nouvelle « projection sauvage », à Grenoble cette fois. La maréchaussée est à nouveau présente, il lui faudra charger pour mettre la main sur les bobines... d'un autre film, préparées à cet effet. Une véritable partie de cache-cache à travers le territoire se déclenche alors. Traqué par la police, protégé par les militant(e)s d'extrême gauche qui n'hésitent pas à faire le coup de poing pour le défendre, montré sous le manteau — un manteau volontairement très transparent — par des universitaires, des prêtres, le Collège de France, *L'Express,* les syndicats, les sénateurs socialistes, l'Unesco, le Grand Orient de France (mais pas le Parti communiste, qui y est opposé), *Histoires d'A* connaît une carrière exceptionnelle à l'écart des circuits normaux de distribution. Lorsque, le 16 octobre 1974, Michel Guy, nettement plus libéral successeur de Druon, autorise finalement le film (après le vote de la loi Veil qui légalise l'avortement), il sort en revendiquant « 200 000 spectateurs sauvages ». Il s'est alors produit, mais cela restera une exception, le phénomène après lequel court tout le cinéma d'intervention : un public qui se constitue lui-même, se reconnaît, s'élit et se débrouille pour se donner existence en même temps qu'il donne une existence sociale au film.

Dans un genre fort différent, *L'An 01* (1973) est, lui aussi, un film collectif. Reprenant les utopies douces défendues chaque semaine par l'auteur de bandes dessinées Gébé dans *Charlie Hebdo,* il est réalisé par le dessinateur secondé par un jeune débutant d'avenir, Jacques Doillon, et illustre sous forme de reportages-fictions la possibilité d'un monde pacifique, écologiste et convivial. La plupart des membres de la rédaction du journal (Cabu, Cavanna, Wolinski, Delfeil de Ton, Choron) participent au film, qui bénéficie également de contributions amicales de Jean Rouch et d'Alain Resnais, réalisant chacun une brève séquence. On reconnaît, par ailleurs, parmi les interprètes des différents sketches, des jeunes gens promis à de beaux lendemains : Gérard Depardieu, Miou-Miou, Jacques Higelin, Gérard Jugnot, Coluche, Christian Clavier, Thierry Lhermitte... Sympathique et anodin, *L'An 01* sera distribué sans problème dans le circuit art et essai.

Construire politiquement

L'un des épisodes les plus remarquables [1] dans l'histoire du cinéma issu de Mai 68 ne se traduit pas, directement au moins, sur les écrans.

1. Début 1978, les *Cahiers du cinéma* ont consacré quatre numéros successifs (n°s 285, 286, 287 et 288) au récit de son expérience par Jean-Pierre Beauviala. La suite de ses aventures fera l'objet, dans la même revue, de deux entretiens mémorables entre Beauviala et Godard, publiés durant l'été 1983.

Il s'agit cette fois de remettre en cause le processus même d'existence des films, en inventant un nouveau matériel adapté aux besoins d'un nouveau cinéma – matériel lui-même fabriqué selon de nouveaux rapports de travail. En 1967, Jean-Pierre Beauviala, jeune et brillant ingénieur, maître assistant en électronique à l'université de Grenoble et passionné de cinéma, conçoit le projet de tourner un film. Projet éminemment politique puisqu'il s'agit de raconter la place des hommes dans la ville. Ayant constaté que le matériel correspondant à son projet tel qu'il l'imagine n'existe pas, il entreprend de le fabriquer. Il construit donc un prototype, dont la principale nouveauté consiste à donner aux prises de vues et de son une référence unique : l'heure à laquelle ces images et ces sons ont été captés s'inscrit en clair sur la pellicule et sur la bande magnétique. Ce procédé permet de retrouver ensuite la simultanéité d'événements que la technique de tournage oblige à disjoindre. Il ne révolutionne pas seulement les conditions pratiques de réalisation et de montage, il dépasse l'une des frontières auxquelles se heurtait le « cinéma-enregistrement », tel que le concevait le cinéma moderne, contraint de ne prélever simultanément qu'une image et un son à la fois – contraint, donc, de recourir à un artifice pour inscrire dans un film l'existence au même moment de réalités différentes, et éventuellement contradictoires. Sans renoncer aux prérogatives de la mise en scène, le « marquage temporel » de Beauviala donne la possibilité d'élargir le « cinéma-fenêtre sur le monde » des dimensions d'une lucarne à celles d'une baie panoramique.

Les responsables du premier fabricant français de caméra, Eclair, n'ont pas plus tôt vu des photos de ce qu'a fabriqué Beauviala en bricolant une Arriflex qu'ils l'engagent comme ingénieur-conseil. Ils ne se soucient pas des enjeux politiques et esthétiques qui ont donné naissance au prototype, mais la virtuosité de sa réalisation et les solutions pratiques qu'elles permettent suffisent à susciter l'intérêt pour l'invention, et pour l'inventeur. Chez Eclair, qui fabrique les caméras conçues par André Coutant, Beauviala mettra notamment au point la première caméra 16 millimètres légère, avec prise de son intégrée. Quelques barricades plus tard, alors qu'Eclair est racheté par un producteur anglo-saxon (Harry Saltzman, enrichi par les *James Bond*) en même temps que l'autre fleuron de la fabrication de caméra français, Debrie, Beauviala s'installe à son compte, toujours à Grenoble. Il n'a pas d'argent, mais il a des idées, et des amis. Il a surtout l'idée de travailler en fonction des besoins de ses amis cinéastes, le plus connu parmi les Français étant Jean Rouch, susceptible à la fois de préciser les demandes d'un documentariste chevronné et de faire connaître à l'extérieur les découvertes de la toute jeune société, Aäton, installée dans une ancienne fabrique de chaises. Parmi ces amis précieux, il y aura aussi la fine fleur du documentaire militant américain (Pennebaker, Leacock, les frères Maysles, Barbara Copple), et encore Louis Malle, Jean-Luc Godard, Félix Guattari... Mais aussi des techniciens et des ingénieurs, pour la plupart rencontrés chez Eclair, et qui, tentés par l'ambition et l'esprit de cette aventure, rejoignent Beauviala à Grenoble. Malgré son aspect hirsute et son ignorance des règles élémentaires de la gestion, la créativité de cette équipe et le prestige de ceux qui l'appuient convainquent des financiers d'investir dans cet atelier, bien qu'on y remette en cause les plus fondamentales notions de hiérarchie et de discipline d'entreprise. Encore faut-il savoir ce qu'on cherche à fabriquer : deux projets concurrents vont à la fois stimuler et disperser les forces du groupe. D'une part, à l'instigation d'un militant du documentaire installé en Amérique et lié aux Black Panthers et aux organisations du tiers monde, Jean-Philippe Carson, une « caméra de brousse », aussi simple et robuste que possible, et capable d'utiliser du matériel et de la pellicule de récupération, ou facile à dérober. Elle est destinée à être utilisée par des guérilleros, sur les lieux mêmes de leur action. Fabriquer cet appareil fait partie d'un projet global d'utilisation « pauvre » de l'image par les révolutionnaires, que Carson appelle « Cinéminima », dont les règles sont la pédagogie et l'indépendance vis-à-vis de l'industrie et des pouvoirs. Partageant les motivations strictement militantes de son ami, Beauviala est pourtant réticent envers l'objet qu'il est censé fabriquer, pour des raisons théoriques : la « caméra de brousse » exige que la prise de son soit incorporée dans la caméra. Poussant la réflexion politique qui sous-tend le cinéma moderne, il a compris que lier ainsi son et image, c'est asservir l'un à l'autre, perdre leur richesse propre et la richesse des rapports qui les unissent et les opposent dans l'enregistrement distinct : bref, sur cette question comme sur beaucoup d'autres, il est en avance de vingt ans dans la réflexion sur ce que sera la misère audiovisuelle.

Le second projet est techniquement beaucoup plus sophistiqué, et moins « politique » en apparence : il s'agit de la caméra (16 millimètres toujours) dite « du chat sur l'épaule ». Une caméra intelligente, conforme aux contraintes physiques comme aux besoins techniques du cinéaste opérateur, légère, rationnelle, ergonomique. Et avec le fameux marquage en temps universel. Destinée à modifier les conditions de travail de tous les usagers, elle présente, aussi, des perspectives commerciales bien plus prometteuses pour une entreprise en permanence au bord du dépôt de bilan. Aäton va travailler simultanément sur les deux idées, jusqu'à la mort accidentelle de Carson en 1974. Mais le « chat sur l'épaule », qui a la préférence de Beauviala, progresse le plus vite, et séduit bientôt opérateurs, techniciens et acheteurs de la B.B.C., de la télé suédoise, puis de la S.F.P. et de la première chaîne : dès 1971, la première maquette de la caméra 16 millimètres, qui sera effectivement livrée en 1973 sous le nom d'Aäton 7A, présente des qualités inconnues de maniabilité, de fiabilité et de précision. Aäton semble alors promis à un bel avenir. Mais en 1974-1975, comme cela se produit alors pour la plupart des tentatives issues de Mai 68, les lois dominantes de la société vont rattraper l'expérience doublement pilote de Beauviala, dans le domaine technique sur lequel il travaille et dans l'organisation différente de la production qu'il a tenté d'initier. La société grenobloise tangue dangereusement, mais ne coule pas. Mieux, les caméras qui sortent de ses ateliers sont désormais équipées d'un viseur vidéo permettant de suivre sur un écran exactement ce que filme la caméra. Le procédé est déjà par lui-même riche de potentialités (et aussi de dangers, comme on le verra plus loin avec les dérives de la Louma). Mais, pour le mettre au point, Beauviala s'est livré à des recherches de miniaturisation, qui lui ont permis d'inventer... une autre caméra. Une caméra vidéo celle-là, baptisée la Paluche, et qui possède l'apparence et la maniabilité d'un micro au bout de son fil. Comme toujours chez Aäton, cette invention technique s'accompagne d'une réflexion théorique promise à un bel avenir, cette fois sur les avantages respectifs des techniques cinéma et vidéo.

Jean-Pierre Beauviala finira par réaliser ce qui avait été son objectif de départ, le marquage en clair du temps sur la pellicule et sur la bande-son. En modifiant les conditions de tournage en équipe légère, et le montage, il permet à des équipes travaillant dans des conditions de reportage ou d'enquêtes de ne plus être obligées de suivre les normes élaborées pour le 35 millimètres en studio. L'aventure « technique » d'Aäton n'est pas seulement celle d'un inventeur génial qui ne serait liée à Mai 68 que parce que le type a les cheveux longs et un vocabulaire de contestataire. Certes Beauviala a l'esprit fertile et un impressionnant bagage technique. Pourtant c'est bien en se posant des questions nouvelles, des questions politiques sur le cinéma, et en se rebellant contre les habitudes et les conformismes en usage chez les fabricants, qu'il a inventé une multitude de réponses mécaniques, optiques et électroniques. Réponses assez fécondes pour que les grandes sociétés internationales de fabrication de matériel de cinéma et de vidéo tentent ensuite de les imiter, ou de les voler. Un procès intenté par Arriflex entraînera ainsi, en février 1985, le dépôt de bilan d'Aäton, qui renaîtra néanmoins de ses cendres.

Chapitre 2

LES THÉORICIENS

Les « Cahiers » et « Cinéthique », Vincennes

Bien qu'elles ne soient pas directement consacrées à la création de films, les expériences de Beauviala représentent un lien entre l'activisme pratique des militants de terrain et d'autres héritiers de l'« esprit de Mai », qui adoptent une démarche différente, fondée sur une réflexion théorique à propos du fonctionnement du cinéma. Logiquement, des revues de cinéma et un site universitaire leur serviront de points d'appui. Trois lieux principaux servent de repères à cette réflexion, qui cherche à mettre au point les conditions d'une mise en scène dégagée des influences « bourgeoises » : les *Cahiers du cinéma, Cinéthique* et le département cinéma de l'université de Vincennes, tout entière acquise au mouvement gauchiste.

Alors que les autres revues de cinéma existantes, elles aussi marquées par le choc de Mai, se contentent pour l'essentiel de rendre compte des diverses expériences qui en découlent, les *Cahiers* vont à partir de 1968 s'essayer à mettre sur pied une succession de « plates-formes politiques » définissant à la fois le cinéma tel qu'il doit être fait pour travailler à la révolution, et la critique de cinéma telle qu'elle doit être pratiquée pour « servir le peuple ». Il s'agit en réalité de l'aboutissement d'une série d'évolutions de la rédaction durant les années soixante, surtout à partir de la remise en cause de la politique des auteurs en 1965, évolutions contées par le menu dans le second volume de *Cahiers du cinéma, histoire d'une revue* d'Antoine de Baecque. Le virage explicitement politique a commencé fin 1967, sous la double influence de Godard et du tiers-mondisme, dont le réalisateur brésilien Glauber Rocha, figure de proue du « cinema novo », s'est fait le porte-parole. A partir de 1968, la revue effectue un travail considérable, mais terriblement confus, englué dans un verbiage abscons ou terroriste – ce qui attirera tout naturellement les foudres ironiques de la vieille rivale *Positif,* notamment dans un célèbre « les Enfants du paradigme », affûté par Robert Benayoun dans le numéro de décembre 1970. La réflexion des *Cahiers* mêle des lambeaux des thèses mises au point à l'époque des *Cahiers* jaunes (officiellement reniés), une référence constante au « marxisme-léninisme-pensée Mao Tsé-toung », des influences en proportion variable des structuralistes, de Barthes et de Derrida, de Michel Foucault, du philosophe marxiste Louis Althusser, des travaux sur la psychanalyse de Lacan. Aux côtés des nouveaux responsables de la revue (Jean-Louis Comolli, Jean Narboni, Pascal Bonitzer, Sylvie Pierre, Serge Daney, Serge Toubiana, Jacques Aumont, Bernard Eisenchitz...), deux théoriciens exercent alors une influence notable sur leurs travaux sans intégrer la rédaction : Noël Burch et surtout Christian Metz. Dès le milieu des années soixante, celui-ci a élaboré une sémiologie du cinéma cohérente avec les recherches de Barthes, mais prenant en compte la singularité du langage cinématographique (*« qui n'est pas une langue »*).

Le débat théorique est aiguillonné par la naissance en janvier 1969 de *Cinéthique,* créé par deux critiques, Gérard Leblanc et Jean-Paul Fargier (et par le réalisateur Marcel Hanoun, qui les quittera bientôt). Cette revue défend des positions assez proches de celles des *Cahiers* pour que les deux revues consacrent beaucoup de papier et d'énergie à s'excommunier l'une l'autre (et à se disputer des collaborateurs, notamment ceux de la rédaction de *Tel Quel,* Philippe Sollers, Julia Kristeva, Marcelin Pleynet). Cet aspect folklorique, les outrances de langage, la rhétorique parfois farfelue et parfois dangereuse employée ici et là ont pour effet d'exclure beaucoup de lecteurs et de partenaires intellectuels potentiels. Elles risquent de rendre incompréhensibles les réflexions menées alors, réflexions pourtant importantes, qu'il s'agisse de l'analyse des mécanismes économiques de production et de diffusion, de débats très poussés sur l'emploi du montage, du cadre, des mouvements d'appareil, des comédiens, ou du retour sur l'histoire du cinéma, avec comme principale référence l'avant-garde russe des années vingt et les thèses de Brecht. Cet ensemble de réflexions, auquel on peut adjoindre celles de Jean-Patrick Lebel, dans des articles de la revue communiste *La Nouvelle Critique* poursuivie par son livre *Cinéma et Idéologie* (qui, étant fort proche des *Cahiers* et de *Cinéthique,* les combat hardiment), puis l'apport, sous les auspices de la psychanalyse, de la revue *Ça/cinéma* qui naît en 1972, se poursuit dans le cadre de la faculté de Vincennes, où a été créé en 1969 un département « Cinéma », en même temps qu'un autre à la faculté de Censier, lui aussi acquis aux idées d'extrême gauche mais moins productif.

L'enclave universitaire de Vincennes, ouverte aux non-bacheliers, est alors une base d'activisme théorique dans tous les domaines, dont Jean-Michel Carré filme en 1971 les innovations et les impasses (*Le Ghetto expérimental,* qui ne sortira qu'en 1975). Deux collectifs sont directement issus de cette partie de la nébuleuse militante : Cinéthique, émanation de la revue, et le Groupe cinéma de Vincennes, dont les membres sont plus proches des *Cahiers*. Pur produit de cette mouvance, la *Cécilia* de Jean-Louis Comolli (1974) sera un essai de fiction historique, à partir de l'expérience réelle d'une communauté agraire d'anarchistes italiens installée au Brésil au XIXe siècle. L'échec auquel est vouée la tentative que raconte le film témoigne, aussi, de la conscience du cinéaste qu'une expérience révolutionnaire isolée ne peut aboutir — ce qui ne manque pas d'advenir à son film. L'année suivante, le Groupe cinéma de Vincennes (Ali Akika, Guy Chapouillié, Danièle Dubroux, Serge Le Péron, Jean Narboni, Dominique Villain) donnera naissance à un travail documentaire sur la Palestine occupée, *L'Olivier*.

Cinéthique, déserté par ses fondateurs, finira par abandonner les questions cinématographiques pour devenir un lieu de réflexion sur les luttes révolutionnaires en général, en même temps que sa parution se fera de plus en plus espacée et irrégulière. Pour les *Cahiers,* la sortie de l'impasse « ultra-théoriques » s'amorce en mai 1974, avec la publication d'un éditorial signé de deux de ses rédacteurs, Serge Daney et Serge Toubiana. Dans ce texte intitulé « Les *Cahiers* aujourd'hui », ils reconnaissent être devenus des « commissaires politiques » et notent : *« Il faut bien admettre que, vu le caractère dogmatique de certaines de nos interventions, de nos textes, conjugué à une image de marque qui pèse encore lourdement sur nous (revue "illisible", "trop théorique"), ce milieu* [de cinéphiles d'extrême gauche intéressés par leur démarche] *commençait à se rétrécir dangereusement. »* En clair, les *Cahiers* (et leurs frères ennemis de *Cinéthique* ou de Vincennes) sont en voix d'isolement total. Les deux signataires, qui s'apprêtent à prendre la direction de la revue, appellent donc à un retour vers la critique de cinéma. On va recommencer à parler de films. Il était temps : de toute l'histoire du cinéma, et, hormis les réalisations de Godard et Straub, seuls les films issus de la Révolution russe trouvaient encore grâce à leurs yeux, ceux de Vertov et d'Eisenstein notamment faisant l'objet d'études approfondies. Il faut dire que la « Grande Révolution culturelle prolétarienne », qui a par ailleurs toute leur adhésion, avait eu la déplaisante idée d'anéantir entièrement le cinéma chinois. Cette remise sur pied de la revue a donc moins été stimulée par la vision de films que par le contact avec d'autres formes d'expression : le théâtre tel que le pratiquent la troupe italienne de Dario Fo ou Ariane Mnouchkine au Théâtre du Soleil ; la presse quotidienne, grâce aux liens tissés avec le quotidien *Libération,* qui paraît depuis le milieu de 1973. Le « recentrage » des *Cahiers* s'explique également par la parution, en 1972, de deux nouvelles revues issues de « l'esprit de Mai », tout en se voulant strictement cinéphiles, *Ecran*, animé par Guy Hennebelle, et *Cinématographe,* fondé et dirigé par Jacques Fieschi, qui recueillent une partie des lecteurs effarouchés par les débordements théoriques et terroristes des *Cahiers*.

Au-delà des excès, des impasses intellectuelles et des mesquineries de petits bureaucrates, ces critiques, ces enseignants, ces cinéastes activistes, à la fois péremptoires et prêts à de nombreuses remises en doute, n'avaient pas cessé de parler, sinon de films, au moins de cinéma. D'en parler avec le sentiment (amoureux) que le sort du monde s'y jouait (pas seulement là, mais là aussi), et une obscure prescience que le temps du cinéma comme « art du XXe siècle » allait bientôt s'achever, qu'il y avait urgence à lui inventer une autre fonction, avant que le « système » ne le réduise à un second rôle décoratif, entre spectacle « son et lumière » touristique et culture chic. Mais c'était un cinéma presque sans film. Contradiction ? Evidemment. Mais contradiction logique, puisqu'il s'agissait de découvrir une autre manière de filmer, en rupture radicale avec pratiquement tout ce qui avait été fait jusqu'alors. Personne, toutefois, n'ira jusqu'à se demander si, le cinéma étant, historiquement, une invention de la bourgeoisie, un art et une technique de l'époque bourgeoise, il ne serait pas, par nature et irrémédiablement, bourgeois.

Pas même le plus radical d'entre tous, Guy Debord, bien qu'il ait théorisé le spectacle comme le mode principal de contrôle social moderne, quand le Capital a atteint *« un tel degré d'accumulation qu'il devient image »*. Debord, déjà auteur de courts-métrages, n'en réalisera pas moins trois films (*La Société du spectacle,* 1974 ; *Réfutation de tous les jugements, tant élogieux qu'hostiles, qui ont été jusqu'ici portés sur le film « la Société du spectacle »,* 1975 ; *In girum imus nocte et consumimur igni,* tourné en 1978, sorti en 1981). Trois films composés d'extraits de documents et de scènes de fiction d'autres films, accompagnés d'un monologue de l'auteur, trois films certes de critique radicale du système spectaculaire, mais qui ne peuvent être consommés pourtant que comme des spectacles. Debord se débarrasse avec désinvolture de cette contradiction, d'une seule phrase dans la *Réfutation,* en affirmant que ceux qui la lui opposent ne visent qu'à le faire taire. Il l'élude durant toute la première partie de *In girum*, en déclarant faire un film *« sans concession au public »*, un film différent *« des milliers de films quelconques »* qui constituent le cinéma, sans pour autant justifier qu'il fasse tout de même un film, et que celui-ci s'adresse, fût-ce avec agressivité, à un public. Au-delà des ruses tactiques qu'il invoque à demi-mots, cette attitude du penseur situationniste, qui sera par la suite plus conséquent en cessant de faire des films, puis en retirant ses copies de la circulation, traduit à sa manière la fascination exercée par le cinéma, même sur les esprits les plus critiques, la place qu'il occupe encore dans l'imaginaire social. De même, ceux qui se réclament de l'auteur de *La Société du spectacle* ne dédaignent pas de se servir du cinéma, sous forme de

« détournement » : montage sauvage de textes, de mots ou d'images (souvent extraites de bandes dessinées) rajoutées sur des films préexistants. Ainsi des proches de la Bibliothèque asiatique animée notamment par René Vienet, qui a élu comme principale cible les illusions entretenues par une partie de l'intelligentsia européenne sur la véritable nature du régime maoïste. L'exemple le plus célèbre de sa verve redoutable sera *La dialectique peut-elle casser des briques ?,* qui trafique un film de kung-fu pour une virulente et très ironique attaque contre les prochinois. Vienet lui-même réalisera ensuite un montage documentaire impitoyable sur la réalité chinoise et l'aveuglement des prochinois occidentaux, *Chinois, encore un effort pour être révolutionnaires* (1977).

Godard, collectif et solitaire

Un cinéma « presque sans film », avons-nous dit. Quelques films existent, pourtant, qui servent de repères, de modèles le plus souvent, de contre-exemples parfois, à tous ceux qui travaillent sur la transformation révolutionnaire de la matière cinématographique. Et d'abord, évidemment, ceux de Jean-Luc Godard. Plus vite que les autres, on a vu Godard effectuer avant Mai l'essentiel du trajet sur lequel se lancent ensuite les *Cahiers, Cinéthique,* Vincennes et quelques autres. Et l'effectuer en filmant, beaucoup plus encore qu'en parlant ou en écrivant (même si c'est l'interview-fleuve avec Godard à propos de *La Chinoise* qui a amorcé le virage politique des *Cahiers* en octobre 1967).

En Mai 68, le cinéaste a participé à la confection des « ciné-tracts » imaginés par Marker comme moyen d'intervention rapide et direct – et où Godard, déjà, accorde plus d'intérêt à la pédagogie implicite de leur fabrication collective qu'à leur contenu et à leur diffusion. Puis il fonce à Londres tourner *One + One,* avec les Rolling Stones enregistrant *Sympathy for the Devil* en contrepoint des séquences de « fiction théorique » et de saynètes brechtiennes. Aussitôt après, il réalise *Un film comme les autres,* montage d'images de Mai et de discussions entre deux ouvriers de Renault et trois étudiants de Nanterre, redoublé par la lecture, off, de textes révolutionnaires. La bande-son tente de mettre dans la perspective de l'Histoire des mouvements révolutionnaires les images de Mai montrées à l'écran. En août, il reprend de manière différente et complète le matériel tourné fin 1967, pour faire du *Gai Savoir* la leçon inaugurale d'un nouveau travail pédagogique. Explicitement, Godard utilise l'écran comme un tableau noir, et les textes révolutionnaires comme manuels, pour remettre en cause les fondements du cinéma et en inventer d'autres. Le prologue définit la manière dont le cinéaste conçoit désormais son travail : sous des parasites sonores qui évoquent le brouillage par les Allemands des émissions de la B.B.C. durant l'Occupation, on distingue à peine la voix de Godard tentant de faire passer un message de Résistance. A l'écran, Jean-Pierre Léaud l'intellectuel progressiste et Juliet Berto la révolutionnaire du tiers monde décident *« d'apprendre à retourner contre l'ennemi l'arme du langage »*, en procédant, *« comme l'a recommandé le président Mao »*, à des enquêtes (bien que Godard n'ait pas attendu d'être maoïste pour le faire). Avant que ne s'achève cette année agitée, il aurait semble-t-il tenté en vain de mettre sur pied, au Canada, un projet intitulé *Communications,* puis commencé un dessin animé à Cuba...

Aux yeux de Godard, la question du cinéma révolutionnaire ne se pose rapidement plus en termes de diffusion, mais en termes de production, qui commande la nature des films : *« Alors que tout le cinéma militant se définit par une tentative de diffuser les films autrement, à notre avis cela ne pouvait pas se faire et cela a toujours abouti à des échecs ; au contraire, en marxistes, nous pensons que c'est la production qui doit commander à la diffusion et à la consommation »* (*Cinéma 70,* nº 151). Il s'agit de trouver, *« dans les contradictions du Système »*, les espaces ou les rapports de forces permettant une autre manière de faire du cinéma, quitte à savoir que *« les premiers films ne seraient quasiment pas vus »*. Premier pas, dès 1969 : révocation du professionnel (*« il faut partir des milliers de cellules de cinéastes amateurs »*) et de l'auteur (*« la notion d'auteur est une notion complètement réactionnaire »*). En février 1969, Godard est de retour en Angleterre pour *British Sounds,* coréalisé avec Jean-Henri Roger, membre du collectif Cinélutte et enseignant de cinéma à Vincennes (et plus tard coréalisateur des films de Juliet Berto). C'est une nouvelle étape sur la voie des expériences de décomposition de la communication en ses éléments premiers, et de définition de leur caractère de classe, qui sera l'enjeu de la période à venir. Godard ira ensuite aux Etats-Unis travailler en compagnie des documentaristes militants, Richard Leacock et D.A. Pennebaker (le film, qui devait s'appeler *One American Movie – One A.M.* n'a jamais été terminé, à la suite d'une brouille entre ses réalisateurs, il sera achevé par les deux Américains sous le titre *One P.M.*).

Ces collaborations préfigurent la création, la même année, d'un « collectif » baptisé – toujours la référence aux cinéastes russes des années vingt – « Groupe Dziga Vertov ». On lui connaît, de nom, cinq membres. En fait, et comme Godard le dira lui-même plus tard, « Dziga Vertov », c'est lui et Jean-Pierre Gorin (les trois autres s'appellent Gérard Martin, Nathalie Billard et Armand Marco). Militant de cette extrême gauche maoïste que Godard a rencontré grâce à Anne Wiazemsky, le normalien Gorin lui est apparu comme l'alter ego politique qui lui manquait. De 1969 à 1972, ils réaliseront ensemble six films : *Pravda, Vent d'Est, Luttes en Italie, Vladimir et Rosa, Tout va bien* et *Letter to Jane*. Jusqu'au début de 1972, Godard, privé de financements « classiques », joue double jeu, critiquant le fétichisme publicitaire attaché à son nom (qu'il fait mine de dissimuler sous le pseudonyme collectif Groupe Dziga Vertov) tout en utilisant sa célébrité pour obtenir des commandes, qu'il détourne sciemment : *Le Gai Savoir* avait été produit puis refusé par l'O.R.T.F., *British Sounds* produit puis refusé par la B.B.C. ; il en ira de même avec *Pravda, Luttes en Italie* et *Vladimir et Rosa,* respectivement commandés et refusés par les télévisions tchèque, italienne et allemande (comme Godard le fera lui-même remarquer à plusieurs reprises, justifiant implicitement ces détournements, « Dziga Vertov » se différencie des autres groupes militants en ce que le cinéma est la seule ressource matérielle de ses membres).

Les films signés par le Groupe sont autant de tentatives de combiner la dextérité et l'intelligence cinématographique de Godard et une transposition de théories révolutionnaires élaborées dans d'autres conditions et à d'autres fins. Le destin de ces films sera de devenir doublement « invisibles » : ils ne sont pratiquement montrés nulle part, et la majorité de ceux qui parviennent à en prendre connaissance les tiennent pour incompréhensibles. Ils sont pourtant loin d'être « nuls » (et encore moins « non avenus ») pour autant. *Pravda,* qui observe la complicité entre domination « communiste » et capitaliste en Tchécoslovaquie au lendemain de l'écrasement du printemps de Prague, *Luttes en Italie,* qui tourne autour du passage de la révolte à la révolution d'une militante italienne, *Vladimir et Rosa,* qui s'inspire, sur le mode brechtien et parodique, du procès mené contre huit activistes américains fin 1968-début 1969, et surtout *Vent d'Est,* prenant comme matériau les codes visuels du western, fourmillent d'intuition, souvent d'humour, parfois d'émotion, surtout d'éclairs de lumière libérés par le montage des images entre elles, des images avec les sons, des mots avec les images. Sous les mots assenés par la bande-son des films de « Dziga Vertov », il reste une énorme et stimulante curiosité : Godard demeure un chercheur, pour qui le cinéma est à la fois appareil et objet de recherche. Le seul carton *« ce n'est pas une image juste, c'est juste une image »* (dans *Vent d'Est*) fera ainsi couler des flots d'encre théorique et polémique, loin d'être tous vains.

Cette affaire « d'image juste » est trop complexe pour pouvoir être élucidée ici ; notons tout de même que lorsque Godard inscrit à l'écran cet aphorisme, il tente rien moins qu'une sortie du cinéma moderne : le cinéma classique avait existé dans un état d'innocence (parfois criminelle, parfois féconde et salvatrice, la question n'est pas là). Cette période « innocente » s'est achevée, historiquement et intellectuellement, avec Auschwitz et Hiroshima, cinématographiquement un peu après, à la fin des années cinquante, quand s'est posée dans les films (français) la question de la « justesse », de la dignité des images. La question de l'« image juste » a été celle du cinéma moderne, dont l'un des principaux représentants nie désormais l'éthique interne, au nom d'une idéologie extérieure au cinéma. Celle-ci (les « positions justes du marxisme-léninisme ») a élu domicile sur la bande-son, d'où elle est supposée critiquer les images – comme si les mots, et ceux-là en particulier, n'étaient pas tout autant susceptibles d'être soumis à la critique. Moins qu'un reniement, la tentative de Godard est alors un dépassement des acquis de la Nouvelle Vague. Comme dix ans plus tôt, il pense toujours que *« pour parler des autres, il faut avoir la modestie et l'honnêteté de parler de soi ».* Mais *« la nouveauté, c'est de ne pas parler de soi-même en soi, mais de parler de ses propres conditions sociales d'existence et des idées qui en découlent »* (*Le Monde* du 27 avril 1972). Pour cela il fait appel à des grilles intellectuelles venues d'ailleurs : *« Il ne s'agit plus pour les cinéastes militants de choisir une route. Il s'agit de déterminer ce qu'ils doivent faire sur une route que l'histoire des luttes révolutionnaires leur a appris à connaître »,* énonce ainsi la « Voix révolutionnaire » de *Vent d'Est.* Cette approche du cinéma politique entraîne, outre la prééminence accordée aux mots, un retour en force du montage, au détriment de la prise de vues (et de son) : c'est sur la table de montage que la « juste ligne idéologique » doit organiser les matériaux enregistrés, à rebours de la confiance accordée à la nature même du cinéma comme machine à comprendre le monde (et, incidemment, à rebours de Dziga Vertov, qui disait que le montage devait se faire « dans la caméra », durant le tournage).

Au sein de ce « cinéma sans films » ou « de films invisibles », il est assez logique que le film le plus important du groupe « Dziga Vertov » soit un film qui n'existe pas. Godard, accompagné de Gorin et de l'opérateur Armand Marco, passe la fin de 1969 et une bonne partie de 1970 en Jordanie et au Liban. Ils tournent un film qui doit s'intituler *Jusqu'à la victoire,* commandé par la résistance palestinienne. Elias Sanbar, qui fut son interprète sur place, a raconté (dans *Trafic* n° 1) sa rencontre avec le cinéaste apparaissant en marchant sur les mains au milieu d'une ardente discussion entre camarades. L'anecdote suggère qu'à l'époque Godard a la tête à l'envers, mais aussi qu'il ne manque ni de force ni d'humour. Pourquoi le film reste-t-il inachevé ? A cause du massacre des Palestiniens de Jordanie en septembre 1970, et aussi parce que Godard, ayant rencontré un officier de la résistance qui se sert du cinéma pour remonter le moral de ses troupes, lui a offert tout son matériel. Et encore parce que, pas plus que les chaînes de télévision commanditaires des autres films du groupe, la Centrale palestinienne ne trouve son compte dans le film en gestation. *Jusqu'à la victoire,* expérience courageuse et ardue, traduit ainsi les contradictions et les impasses de cette période. Et annonce également qu'elle n'est pas entièrement stérile : les images et les sons enregistrés alors serviront de matière à un autre film, *Ici et Ailleurs,* film fondateur de la période suivante.

Il y eut impasse et malentendu en Palestine mais, cette fois, pas de double jeu volontaire. Ce sera tout le contraire avec le film suivant, réalisé à Paris. Exit « Dziga Vertov », *Tout va bien* est signé par un cinéaste bicéphale, Godard-Gorin. Qu'il soit produit « dans le système », avec des stars (Yves Montand et Jane Fonda), de l'argent, des techniciens et des acteurs professionnels, n'est pas seulement une « habileté tactique ». Le double jeu est le moteur du film. Les travaux précédents essayaient de raconter autrement (« de manière révolutionnaire ») de nouvelles histoires, celui-ci essaie de raconter autrement une vieille histoire : *« Un film qui raconte la même histoire (une femme/un homme) que toutes les histoires que racontent les films depuis cinquante ans, mais qui cherche à la raconter autrement »,* explique Jean-Pierre Gorin (*Politique Hebdo* du 27 avril 1972). Il s'agit donc pour les cinéastes de laisser de côté, temporairement à leurs yeux, la question « qu'est-ce qu'on filme ? » pour se concentrer sur la question « comment filmons-nous ? ». Les quinze ans d'histoire du cinéma qui précèdent, et notamment la contribution que leur a apportée Godard, suffisent pour prévoir que cette distinction entre le fond et la forme est vouée à l'échec. Pareil aveuglement du réalisateur de *Deux ou trois choses que je sais d'elle* ne s'explique que par la confiance (aveugle, elle aussi) qu'il accorde à la théorie marxiste-léniniste, supposée commander, hors cinéma, la mise en scène. Le film n'en est pas moins significatif, et d'abord par les réactions qu'il suscite dès l'annonce du projet. Un mélange de soulagement et d'ironie de la part des représentants du cinéma officiel : le seul réalisateur de grand renom qui ait tenté une expérience radicale de rupture après Mai 68 semble revenir au bercail ; mais, aussi, un mélange de soulagement et de curiosité chez les « soixante-huitards » : en refaisant un film « normal », Godard va enfin apporter son talent, son intelligence (et sa célébrité) au mouvement gauchiste, alors au maximum de son influence dans la société française. Et sortir ainsi de l'isolement vis-à-vis de la mouvance à laquelle il devrait naturellement se rattacher, isolement où l'ont confiné ses films abscons et résolument « non populaires ». Godard ne les contredit pas, lui qui affirme vouloir faire *« un film d'audience mondiale, qui concrétiserait toutes nos recherches »* et qui pourrait *« diffuser nos idées ».*

Tout ce monde sera déçu : *Tout va bien* est une pantomime brechtienne qui confronte un couple de vedettes « engagées » (et engagées par les réalisateurs explicitement à ce titre) à la représentation d'une grève avec occupation. Grâce au révélateur de la violence ouvrière, il s'agit de mettre en lumière la contradiction entre les idées de gauche des deux personnages (et de Montand et Fonda eux-mêmes, qui se plient de mauvaise grâce à la démonstration) et la manière bourgeoise dont ils vivent et qui imprègne tous les rapports entre eux et avec les autres. Mais, à nouveau, le film illustre un « scénario politique » préexistant, qui surplombe (et plombe) la mise en scène Pourtant, en même temps, le film met en lumière la manière dont l'imagerie gauchiste est devenue une marchandise, et ceux qui s'en servent et y adhèrent une « cible commerciale ». Gorin dira d'ailleurs que le film est destiné à ceux qui ont assisté à l'enterrement de Pierre Overney, assassiné devant les usines Renault. Manière politique, mais aussi publicitaire, de définir un « marché ». Les auteurs aussi seront « déçus » : sorti le 26 avril 1972 accompagné d'une intense campagne publicitaire, *Tout va bien* attire 78 533 spectateurs à Paris, beaucoup moins que le nombre de manifestants qui accompagnèrent, le 4 mars précédent, le corps du militant de la Gauche prolétarienne.

La déception parmi les critiques et les spectateurs est à la mesure des moyens matériels (le film a coûté 2,5 millions de francs : c'est, relativement – et ironiquement – l'un des plus chers jamais tournés par Godard, et carrément pharaonique par comparaison avec ceux qui le précèdent immédiatement) et des moyens symboliques mobilisés. Evidemment, on accusera Gorin d'avoir dévoyé le grand artiste. Toujours aussi rusé, Godard avait anticipé le coup, annonçant avant la sortie de *Tout va bien* qu'il s'agissait d'un film *« décevant »*. Il déçoit effectivement les marchands (Gaumont le distribue) comme les gauchistes, qui partageaient au fond le même espoir d'un *Pierrot le Fou* repeint aux couleurs de Mai. Il se déçoit lui-même dans la contradiction sans issue entre la réflexion radicale sur les méthodes du cinéma et l'utilisation d'éléments qui tous appartiennent au « système ». On peut aussi admettre qu'avec *Tout va bien* Godard a tout simplement échoué, qu'il n'a pas trouvé de résolution à l'ensemble de contradictions qu'il a mis en jeu. Déception inévitable, peut-être, en tout cas déception utile pour continuer d'avancer. Ce qu'annonce le film suivant, *Letter to Jane*.

Godard et Gorin avaient publiquement regretté ne pas avoir couché par écrit leurs réflexions sur leur pratique du cinéma, cette « lettre », dont le texte constitue la brochure publicitaire accompagnant *Tout va bien* dans les festivals, va en tenir lieu. Construite sur le modèle de la préface écrite par Brecht à son *Grandeur et Décadence de la ville de Mahagonny* (qui avait servi de référence pour *Tout va bien*), la « Lettre à Jane » analyse le contenu et les sous-entendus d'une photo largement diffusée par la presse, où l'on voit la vedette américaine à Hanoi pendant les bombardements de la capitale nord-vietnamienne. Cosigné par Godard et Gorin, ce texte, c'est le moins qu'on puisse dire, manque de légèreté et de qualités littéraires. Mais, précis, lucide, articulé, il constitue un *« rapport d'analyse »* sur les conditions de production et de diffusion d'une image. On y trouve encore l'utopique référence au *« nouveau »* qui est censé advenir à la place de l'*« ancien »* (un ensemble de textes de Brecht porte le titre générique *Sur l'art ancien et l'art nouveau*), ce futur radieux qui se cacherait comme un diablotin dans les replis de l'idéologie dominante. En revanche, pour le reste, il s'agit désormais d'une analyse de cet « ancien », le monde réel, pour ce qu'il est et non à travers les présupposés, tout aussi anciens d'ailleurs, du dogme « révolutionnaire ». Cette transition mènera aux films suivants, après une interruption de plus de deux ans, marquée par une série de ruptures : la séparation d'avec Jean-Pierre Gorin, parti travailler aux Etats-Unis ; la rencontre d'Anne-Marie Miéville, photographe et militante qui deviendra, plus durablement et de manière plus féconde que ne l'ont été successivement et différemment Karina puis Gorin, la partenaire dont Godard a besoin pour faire du cinéma ; le départ de Paris vers Grenoble, à proximité des ateliers de Jean-Pierre Beauviala, qui met au point du matériel correspondant aux questions politiques que se pose Godard ; et le passage du support film au support vidéo.

Chapitre 3

LES GALAXIES DE LA DIFFÉRENCE

« Il est un point où le poétique et le politique se confondent, c'est le projet de démocratie et les grands principes d'action qui immédiatement en découlent. Ecrire la poésie, c'est vouloir se défaire de l'autorité des systèmes de représentation. C'est donc délivrer la figure d'autrui des interprétations que ces systèmes nous font projeter sur elle, c'est rendre à autrui le droit d'exister devant nous de par ce qu'il est pour lui-même, la liberté et l'égalité devant donc naître comme d'elles-mêmes à cet horizon qu'est la poésie... » (Yves Bonnefoy).

Don Luis en ses dédales

Après cet itinéraire tourmenté, à la fois guidé et entravé par la réflexion théorique, à la fois passionnément suivi par quelques milliers de cinéphiles militants et relégués dans une ombre méprisante ou indifférente par le plus grand nombre, place à un autre grand cinéaste, jusqu'à présent resté scandaleusement absent de ces pages, Luis Buñuel. Sa trajectoire, ses attaches, ses choix, les commentaires et l'attention qu'il suscite paraissent à l'opposé de ceux de Godard, il n'en est finalement pas si éloigné. Hormis pour sa période mexicaine, imposer une nationalité à ses films n'a guère de sens, quelle que soit la part « française » (financement, interprétation...) dans *Cela s'appelle l'aurore* (1956), *La Mort en ce jardin* (1956), *La fièvre monte à El Pao* (1960), puis *Tristana* (1970). *Viridiana* est sans aucun doute un film espagnol – Buñuel a d'ailleurs bravé la censure franquiste et la réprobation de ses amis républicains pour aller le tourner en Espagne. Quant à *L'Ange exterminateur* (1962) et *Simon du désert* (1964), tournés au Mexique, ce sont des films véritablement apatrides.

Pourtant, une veine « française » se faufile puis s'impose à la fin dans son œuvre. Elle est inséparable de deux complices de Buñuel, le producteur Serge Silberman et le scénariste Jean Claude Carrière. Le premier, né à Lodz (Pologne) en 1917, rescapé des camps de concentration, a participé à la production de *Bob le flambeur* de Melville et du *Trou* de Becker, avant de créer sa société, Greenwich Films. S'il a également produit des films à suspense de Jean Herman ou de René Clément, la production des films français de Buñuel est la grande affaire de sa carrière. Après la mort de celui-ci, Silberman ira au Japon écrire un autre chapitre glorieux, en rendant possible la réalisation de *Ran* d'Akira Kurosawa. Quant à Carrière, né en 1931, s'il a débuté aux côtés de son copain Pierre Etaix et s'il sera bientôt d'une prolixité étourdissante au service de Malle, de Deray, de Corneau, la collaboration avec Buñuel pour l'écriture de tous ses films français demeure, au cinéma, son plus grand titre de gloire, et sa réussite majeure. Lui aussi, d'ailleurs, ira poursuivre un temps sa carrière avec des cinéastes étrangers (Forman, Ferreri, Wajda, Fleischmann, Schlöndorff...) après la disparition de Buñuel.

Le premier coup d'éclat en commun du trio Buñuel-Silberman-Carrière est une adaptation d'Octave Mirbeau transposée en 1928, *Le Journal d'une femme de chambre* (1964), archétype du film buñuelien « classique ». Classique en ce que, apparemment, il s'agit du récit linéaire d'une tragi-comédie de mœurs, où rien ne rappelle le passé surréaliste du cinéaste. Et où tout, en sous-main, conspire à la mise en scène, et à la mise en cause, des perversions, des obsessions, des frustrations et des mensonges d'une société, voire d'une humanité corrompue. Jeanne Moreau et Michel Piccoli s'adonnent avec un délice communicatif à ces jeux troubles, sanctionnés par un crime « individuel », puis par l'annonce d'un crime collectif avec l'apparition aux dernières images des ligues fascistes. Buñuel, toujours animé de l'esprit rebelle de ses débuts, mais ayant renoncé à l'illustrer à l'écran sur le mode extrême emprunté naguère par *Un chien andalou* et *L'Age d'or,* est un « étranger » dans le cinéma des années soixante, pas plus influencé par l'avènement du cinéma moderne que touché par la dégénérescence académique du cinéma classique. Il en va de même avec son film français suivant, *Belle de jour* (1966), malgré un recours plus marqué à l'onirisme cher aux surréalistes : le cinéaste continue de filmer très sereinement la double vie d'une bourgeoise, frigide à la ville, prostituée prête à tous les débordements dans un bordel qui n'est peut-être qu'un rêve. Jusqu'à la scène finale, où l'on cesse de se demander si le personnage est dans les situations décrites ou bien en train de les rêver, pour accepter la possible coexistence de ces deux formes de réalité. Face à Piccoli, Jean Sorel et Pierre Clémenti, Catherine Deneuve est d'une impeccable et intrigante ambiguïté – comme elle le sera en adolescente désirable, et encore plus désirable lorsque devenue infirme, dans *Tristana* (1970), qui fonctionne sur le même registre implacable et violemment ironique.

Mais, auparavant, Buñuel, âgé de soixante-huit ans en cette année 1968 dont les débordements, prétend-il, ne l'intéressent guère, tourne le premier des quatre films qui appartiennent à sa dernière manière, qu'on peut dire « picaresque », *La Voie lactée* (1969). On y retrouve, cette fois, la verve désorganisatrice du surréalisme, dont *L'Ange exterminateur* surtout et, dans une moindre mesure, *Viridiana,* avaient gardé les traces extérieures. Récit erratique du pèlerinage de deux clochards contemporains en route pour Compostelle, *La Voie lactée* zigzague entre les époques, saute d'une situation à l'autre selon les bonnes vieilles lois du cadavre exquis et de la logique poétique jadis expérimentées rue du Château, mêle les gags iconoclastes, les débats théologiques, l'imagerie anarchiste et anticléricale, s'amuse, réfléchit, déroute, agace et séduit par sa vitalité et son irrespect. Bien que le style et l'enjeu soient différents, les seules images récentes auxquelles la construction du film puisse se comparer sont celles de la deuxième moitié de *Week-End,* dans les rangs dispersés, déclamatoires et transhistoriques du Front de libération de la Seine-et-Oise. Sans forcer le rapprochement entre Godard et Buñuel, on constate que, sur leur trajectoire respective, les deux cinéastes en arrivent fréquemment à des pratiques très semblables de destruction du récit linéaire, de collage, de recherche systématique d'une dialectique des contraires. L'un et l'autre se plaisent à opposer deux images, ou un son et une image, dans des jeux qui, par moments, se ressemblent fichtrement, bien qu'ils en énoncent différemment les règles.

Et Buñuel, quoi qu'il en dise, n'est pas si indifférent à la course du monde tel qu'il va. On repère dans ses derniers films une haine intacte de la dictature et du conformisme, une inquiétude mortelle devant les ravages de la pollution et les dangers de la surpopulation, une conscience alarmée du surarmement et de la médiatisation du monde (et du terrorisme qui résulte des deux), une compassion fardée d'ironie pour la solitude des hommes et des femmes, leur misère aliénée et frustrée. Après *La Voie lactée, Le Charme discret de la bourgeoisie* (1972), *Le Fantôme de la liberté* (1974) et *Cet obscur objet du désir* (1977) suivent la même traînée de poudre d'escampette. Poudre de magicien, poudre explosive aussi. Buñuel demeure un incomparable conteur. Mais, lorsqu'il joue en virtuose du vocabulaire de la narration cinématographique, il ne se contente pas de captiver ni d'intriguer, il « met en boîte » avec une dextérité de prestidigitateur les repères du temps et de l'espace, de la réalité et de la fiction avec, toujours, un regard critique sur l'ordre du monde. Même si son dernier film, en principe nouvelle adaptation de *La Femme et le Pantin* de Pierre Louÿs, fait mine de mieux respecter une structure narrative, il est en réalité piégé de bout en bout — et pas seulement parce que le premier rôle féminin est tenu alternativement par Carole Bouquet et Angela Molina, ni parce que le premier rôle masculin est interprété par Fernando Rey, avec la voix de Michel Piccoli.

L'explosion finale de *Cet obscur objet du désir,* dernier plan porté à l'écran par un Luis Buñuel qui, malade, cessera ensuite de tourner et s'éteindra à Mexico en 1983, ponctue définitivement cette charge d'une intacte virulence qu'aura été son œuvre tout entière. Malgré leurs conditions de production et de distribution traditionnelles, malgré l'emploi de vedettes, les quatre derniers films appartiennent au cinéma « filmé politiquement » : avec les ressources du grotesque et parfois du féerique, ils visent et atteignent des zones de troubles, individuels et collectifs, qui en rendent le spectacle inconfortable et interrogateur pour ceux qui y assistent. Sans prononcer le mot « politique », Jean Douchet a fort bien exprimé en quoi son cinéma y est consacré : *« Buñuel est d'abord un cinéaste réaliste, c'est-à-dire quelqu'un qui a compris que la vérité, la réalité du monde, repose sur un rapport de force qui est un rapport de violence que rien ne peut venir arrêter. Il n'y a pas de pitié, ni de compassion ni de charité, il n'y a pas d'idéalisation, il n'y a pas d'amour romantique, il n'y a que du désir et du besoin. Comme il n'y a que ça, il y a, malheureusement, une société qui établit des interdits sur le désir et le besoin, et qui établit une scission entre le désir et le besoin. »*

Rebelle sans pancarte, comique pince-sans-rire, poète des parapluies et machines à coudre, Luis Buñuel obtient de ses comédiens de surprenantes performances : Claude Piéplu en colonel du *Charme discret,* Michael Lonsdale en chapelier masochiste du *Fantôme* et tant d'autres qui, au fil de distributions pléthoriques et prestigieuses, y gagnent leur place au paradis des acteurs. Parmi eux, un marathonien de l'écran, qui semble en cette période devenu omniprésent : Michel Piccoli. Trois fois extraordinaire chez Ferreri *(Dillinger est mort ; La Grande Bouffe ; Touche pas à la femme blanche),* autant chez Sautet *(Les Choses de la vie ; Max et les ferrailleurs ; Vincent, François Paul et les autres),* il tient son rang chez Chabrol *(La Décade prodigieuse ; Les Noces rouges)* et chez Boisset *(L'Attentat),* prêt à se livrer aux pires extrémités au service de débutants comme Francis Girod *(Le Trio infernal)* et de cinéastes peu connus comme Claude Faraldo *(Themroc),* prêt surtout à dynamiter au premier signal son image de séducteur respectable, son aspect de notable élégant, prêt à tout, en fait. Piccoli manque parfois de discernement dans le choix de ses metteurs en scène, jamais de générosité dans la manière dont il les sert, en cette période où, manifestement galvanisé par l'air du temps, il se donne avec un entrain dont Ferreri serait resté le meilleur utilisateur, s'il n'y avait eu Luis Buñuel. Le cinéaste espagnol lui offre des rôles où il peut faire passer une immense gamme de nuances, inquiétantes et burlesques, pour leur plus grande gloire à tous deux.

Jacques Rivette, aventurier du possible

A la manière dont, pour dessiner les constellations, on trace des lignes imaginaires entre des étoiles qu'en apparence rien ne relie, un fil ténu relie ces deux cinéastes, aussi dissemblables soient-ils, Godard et Buñuel, à un troisième, tout aussi original : Jacques Rivette. Après les deux films évoqués dans la première partie, *Paris nous appartient* et *La Religieuse,* trois nouveaux titres marquent cette période. Radicalement anticommercial, *L'Amour fou* (1969) affronte de face le triangle Vie-Théâtre-Cinéma, en explore passionnément les recoins et les lignes de fuite, durant ses quatre heures et douze minutes qui mettent aux prises, dans le bonheur et la douleur, aux frontières de la folie, Bulle Ogier et Jean-Pierre Kalfon. Dérivant vers le cinéma expérimental, *L'Amour fou* met le récit, la psychologie, l'image, et le public, à l'épreuve d'une durée qui accomplit son travail sans aucune des planches de salut qu'offrent d'ordinaire le spectacle, ou simplement l'anecdote.

L'Amour fou est pourtant seulement une étape sur le chemin ardu suivi par Rivette, le film suivant en sera un sommet – ou un abîme : continent englouti symbole de ce « cinéma sans films » dont on a parlé, les douze heures et quarante minutes de *Out 1* (qui se lit *« Out one »*) ne seront projetées en public qu'une seule fois, à la Maison de la culture du Havre, les 9 et 10 septembre 1971. Le film ne trouve pas de distributeur, du fait de sa longueur. La télévision envisage de le diffuser, mais renonce, ne parvenant pas à couper une œuvre qui est la négation même de la télé. Autre grand film « invisible » (toujours le « cinéma sans films »), *Out 1* gagne son sous-titre, *Noli me tangere,* « que personne ne me touche ». On ne saurait « raconter », même superficiellement, *Out 1,* on peut seulement décrire brièvement les pôles, fixes ou mouvants, autour desquels le film s'élabore. Il y a deux troupes de théâtre, l'une, pilotée par Michèle Moretti, travaille sur *Les Sept contre Thèbes,* l'autre, guidée par Michael Lonsdale, répète *Prométhée.* Il y a une maison au bord de la mer, qui reste le lieu de détente et, à l'occasion, de retrouvailles de gens qui ont jadis constitué un groupe, plus ou moins inspiré par la société secrète des Treize évoquée par Balzac dans trois textes de *La Comédie humaine.* Il y a un jeune faux sourd-muet (Jean-Pierre Léaud) qui, ayant eu vent de ce groupe, cherche à en élucider l'existence au moyen d'une enquête opiniâtre, au cours de laquelle il rencontre Bulle Ogier, compagne esseulée d'un ancien de la bande, et qui tient boutique ouverte aux élucubrations contestataires, à l'enseigne de l'Angle du hasard. Il y a Juliet Berto en aventurière éperdue, dépouillant les hommes qu'elle séduit au hasard des terrasses de café et qui, à force d'arpenter les rues de Paris, se retrouve elle aussi à enquêter sur les hypothétiques « Treize » modernes... La souveraine liberté du récit, l'humour et la poésie sont d'égale intensité, sinon de même nature que ceux de

Buñuel dans ses derniers films. Mais Rivette mène en fait, avec un certain systématisme sous l'apparente luxuriance des anecdotes, des fausses pistes, des jeux de mots, d'images et de sens, une expérience d'analyse de la nature du cinéma aussi poussée que Godard. Lui n'a pas pris Mao comme bréviaire, il en est resté à Bazin et à l'« art impur » : sous ses dehors ludiques, *Out 1* est une mise en jeu, et à l'épreuve, des éléments premiers qui composent le « complexe cinéma ». En premier lieu, le théâtre. Les corps et les mots, les gestes et les textes, l'improvisation et la discipline : des morceaux entiers du film sont des petits documentaires sur le travail des deux troupes, celle de Michèle Moretti et celle de Lonsdale. Les autres « composantes » du cinéma sont également nommément représentées : la littérature, bien sûr, la peinture et la musique évidemment, l'ethnologie, la magie et ses rituels, la politique et ses impasses mesquines ou sanglantes, l'argent, le son et l'image, le mythe et la matière, la nature et la cité. Rivette ne se contente pas d'isoler ces composantes, et de leur faire parfois subir des traitements radicaux (images noires, plans-séquences aux durées extrêmes, sons montés à l'envers, musiques matérialisées en graphiques...), il les recombine par deux, par trois, par agrégats précaires, dont l'instabilité fait l'extraordinaire fluidité de ce film-fleuve truffé de tourbillons, de hauts fonds et de doubles fonds. Des innombrables approches « ouvertes » rendues possibles par ce travail né de l'improvisation des comédiens, mais aussi d'une joueuse mathématique, l'une évoque, sur le mode de la nostalgie sans illusion, un autre groupe disparu et qui put (ou crut pouvoir) jadis changer le monde – au moins celui du cinéma : celui des *Cahiers* de l'époque fondatrice, dont deux membres, Jacques Doniol-Valcroze en stratège et Eric Rohmer en expert ès Balzac, viennent incarner le souvenir. Mais il s'agit aussi bien du souvenir de la Révolution, ou du jardin d'Eden, ou de l'enfance, ou du cinéma muet, ou... A vouloir interpréter les films de Rivette, et particulièrement celui-ci, on risque le sort de Léaud, décodeur frénétique de pseudo-cryptogrammes, qui finit en amoureux transi. Ou, pis, celui de Juliet Berto flinguée par des bandits qui appartenaient peut-être à une autre histoire. L'« impureté » résiste, elle aussi est un élément premier. Chez Rivette, « qu'est-ce que ça veut dire ? » compte pour peu, comparé à « qu'est-ce qui se passe ? ». Digne héritier de Rossellini, il filme au présent et saisit dans la matérialité des choses, fussent-elles fantomatiques, une richesse et une complexité que faussent les exégèses. La densité et l'irrésolution d'*Out 1* ne « prouvent » que la vertu de l'impureté cinématographique, qui est d'être irréductible à tout autre système d'expression.

A l'aune de l'inflation du verbiage « militant » qui prolifère à l'époque, Rivette ne relève nullement du cinéma politique, qui lui inspire une hostilité sans faille : *« Il n'y a rien qui me dégoûte plus que le fait de donner un alibi de conscience politique ou sociale à des histoires quand même très subjectives, en plaquant brusquement une réflexion sur le Vietnam ou la révolution.* » (Interview à *Jeune Cinéma* n° 36, février 69.) Son chemin diverge aussi de celui adopté par ses anciens amis des *Cahiers,* où l'on tire à boulets rouges sur la notion même de mise en scène, à laquelle il reste quant à lui fidèle. Le travail de Rivette relève pourtant de plein droit du cinéma « filmé politiquement » : par ses conditions économiques et artistiques d'élaboration comme par les effets qu'elle produit (les films), sa pratique de cinéaste constitue une réflexion critique sur le cinéma, sur l'art en général et sur la société. Rivette est sans doute – avec Rohmer, d'une autre manière – celui qui demeure, parmi les anciens des *Cahiers,* le plus fidèle à l'héritage d'André Bazin, et son travail est la continuation sans véritable rupture de la démarche de la Nouvelle Vague. Mais l'époque rend possible et nécessaire de la pousser plus avant, dans des voies plus extrêmes, quitte à se retrouver dans le *no man's land* public où est confiné *Out 1.* A force d'exigence et d'ambition, on croit alors le cinéaste coincé dans une impasse. On se trompe.

Céline et Julie vont en bateau (1974) connaîtra un succès aussi réjouissant qu'inespéré. Loin de renier les audaces du précédent film (la durée exceptée : « seulement » 192 minutes), *Céline et Julie* reprend en les approfondissant les mêmes méthodes de création. *Out 1* s'était bâti sur un canevas très bref (une page de script pour douze heures et quarante minutes de film !), dans l'improvisation des comédiens, le nouveau film sera le fruit d'un travail collectif d'élaboration, non plus improvisé mais réfléchi à l'avance, du réalisateur et de ses comédiens, c'est-à-dire surtout de ses comédiennes. Il est en effet temps de souligner combien Rivette est un grand « filmeur de (jeunes) femmes », offrant certaines de leurs plus belles et plus intenses présence à l'écran à Anna Karina, Bulle Ogier, Juliet Berto, plus tard Jane Birkin, Geraldine Chaplin, les filles de *La Bande des quatre,* Emmanuelle Béart ou Sandrine Bonnaire. Cette disponibilité au corps féminin, à la voix féminine, ce respect et cette connivence à la fois avec les femmes-actrices et avec les personnages-femmes appartiennent aussi à un cinéma « filmé politiquement » : sans « militantisme » apparent, ses films remettent en cause les clichés sexistes parce que les femmes, la féminité, y occupent un statut et y possèdent une autonomie dont on ne trouve guère d'équivalent chez d'autres cinéastes.

Rivette avait obtenu l'avance sur recettes pour un film d'époque baptisé *Phénix,* qui ne trouva jamais le complément de financement. Claude Berri ayant alors proposé de produire un film à petit budget, Rivette avait dit oui, comme un défi, sans savoir ce que ce serait. Le résultat sera le fruit des imaginations d'un « collectif » : à partir d'une idée lancée par Rivette, reprise à la volée par Juliet Berto, ces deux-là sont rejoints par Eduardo de Gregorio, Dominique Labourier, puis Bulle Ogier, Marie-France Pisier et Barbet Schroeder. Après l'improvisation limitée réclamée aux comédiens de *L'Amour fou* à l'intérieur du scénario écrit par Rivette et Marilù Parolini, puis l'improvisation éperdue à laquelle ils étaient conviés dans *Out 1,* le cinéaste tente une variante en concevant le scénario à l'avance, mais avec ses interprètes. Labourier créera Céline avant de l'incarner, Berto créera Julie, de même pour Ogier et Pisier avec Camille et Sophie. La définition des personnages suscite les situations issues de leurs rencontres, dans un processus où Rivette est l'exigeant aiguillon, refusant sans cesse des propositions pour emmener plus loin ses partenaires. Il est l'organisateur, mettant en place des dispositifs qui préservent l'élan créatif, à l'écriture et sur le tournage. Ainsi les textes définitifs ne seront-ils écrits qu'au dernier moment (mais ils seront écrits), ainsi le premier duo d'actrices reste-t-il dans l'ignorance de ce que trame le second dans la « maison aux esprits » où résident leurs personnages fantomatiques, inspirés du *Tour d'écrou* d'Henry James. C'est là, rue du Nadir-aux-Pommes, que se déroule la deuxième moitié du film, en un vertigineux jeu de miroirs, de faux-semblants et de chausse-trapes. La première partie avançait au gré des rencontres et des échanges entre la sage bibliothécaire Céline et la fantasque prestidigitatrice Julie, inventant des histoires dignes des personnages les plus farfelus de Lewis Carroll jusqu'à ce que, après bien des détours, des fausses pistes et des indices à double sens, les deux ensemble passent « à travers le miroir ». La confrérie plus ou moins occulte, évoquée dans les précédents films, est cette fois à l'origine même de la réalisation (c'est celle des coscénaristes d'ailleurs redoublée par une autre, celle des coproducteurs : pas moins de huit ont conspiré à l'existence du film).

Comme dans tout grand film, on peut se promener dans *Céline et Julie* en suivant plusieurs cartes différentes. Par exemple celle de l'histoire du cinéma, balisée d'innombrables clins d'œil au burlesque, au feuilleton fantastique du muet, aux stars glamour des années quarante comme à la modernité ; ou celle du jeu littéraire, ou comme une représentation, ni méprisante ni dupe (Rivette reste l'as de la « juste distance », qui n'a rien de commun avec le « juste milieu »), des penchants de l'époque pour les superstitions anciennes ou exotiques, les grigris et les alchimies plus ou moins hallucinatoires ou magiques. Le réalisme paisible et souriant avec lequel le cinéaste filme les situations les plus abracadabrantes ne trouve guère de prédécesseur, sinon Jean Renoir, auquel on songe souvent. Film à la joyeuse folie, film tout de même déstabilisant pour un public qui n'aime pas être mené en bateau, *Céline et Julie,* malgré ses trois heures et douze minutes, obtient un accueil critique imprévisiblement unanime, de *France-Soir* à *L'Humanité* en passant par *Le Nouvel Observateur, Paris-Match, L'Aurore, Le Monde* et *La Croix.* Et un succès public encore plus inattendu, qui semble devoir sortir Rivette (dont *Les Nouvelles littéraires* se demande s'il n'est pas *« notre plus grand cinéaste en activité »*) de la marginalité. Au début de la même année 1974, *Out 1* était finalement paru sur les écrans. Malgré son sous-titre, on y a « touché », avec l'accord de son auteur : il s'agit d'une version considérablement raccourcie (quatre heures et quinze minutes), baptisée *Out 1 : Spectre,* qui comme son nom l'indique n'est qu'une sorte de fantôme, ou de décomposition, de l'immense œuvre originale. Mais ni le succès de *Céline et Julie,* ni la (très relative) concession consentie pour *Out 1* ne permettront au metteur en scène de changer de statut.

Après les avoir rapprochés, pointons aussi ce qui différencie les trois sommets de notre triangle imaginaire Godard-Buñuel-Rivette. A cette période au moins, Godard et Rivette ne considèrent pas l'image de la même manière. Rivette, sous certaines conditions que permettent le dispositif théâtral et le plan-séquence, croit toujours l'image capable de transmettre et d'interroger. Quand Godard écrit au tableau noir de son écran *« ce n'est pas une image juste, c'est juste une image »*, Rivette croit dans la possibilité d'images justes, dans la mesure où elles contiennent leurs propres éléments critiques, alors que Godard pense que toute image doit être critiquée par une autre image, ou par un son. Quant à la différence entre Rivette et Buñuel, elle tient là aussi à une question de croyance, non plus en l'image, mais en la communauté. Et la « croyance » est, de nouveau, du côté de Rivette : sans s'illusionner sur la pérennité de ces associations et autres groupements agrégés par le hasard ou par des buts obscurs ou avoués, il en fait tout de même l'enjeu et l'espoir de ses films. Alors que Buñuel filme, lui, l'impossibilité du groupe, de la communauté, toujours condamnée à l'explosion.

Jean-Marie Straub et Danièle Huillet, les guerriers

Autre ligne imaginaire, celle qui relierait Godard d'une part, Rivette de l'autre, à Jean-Marie Straub et Danièle Huillet. Ce couple de cinéastes qui travaillent ensemble depuis leur premier court-métrage, *Machorka-Muff* (1962) – réalisant d'emblée le précepte godardien selon lequel il faut être deux pour faire du cinéma –, a en commun avec Godard la quête radicale d'un cinéma « non bourgeois », et avec Rivette l'utilisation du théâtre, pas seulement comme source d'inspiration et comme dispositif esthétique, mais comme garde-fou éthique contre les complaisances de l'identification et les pièges du spectaculaire. Né en 1933, proche des cercles cinéphiles parisiens des années cinquante (il sera assistant sur *Le Coup du berger* de Rivette en 1956), Straub a déserté de l'armée française en 1958 pour ne pas participer à la guerre d'Algérie. Début d'un interminable exil, à Munich puis à Rome à partir de 1969. Straub et Huillet ont, dès leur premier long-métrage, *Non Réconciliés* (1965), mis au point une « doctrine » de la mise en scène, qu'ils s'appliqueront à perfectionner et à décliner durant les films suivants (*Chronique d'Anna-Magdalena Bach,* 1967 ; *Othon,* 1969 ; *Leçons d'histoire,* 1972 ; *Moïse et Aaron,* 1974 ; *Fortini cani,* 1976 ; *Toute révolution est un coup de dés,* 1977 ; *De la nuée à la résistance,* 1979 ; *Trop tôt trop tard,* 1981 ; *Amerika, rapports de classes,* 1984 ; *La Mort d'Empédocle,* 1986). Cette doctrine se traduit par des choix de mise en scène : prise de vues frontale, mouvements d'appareils réduits à un minimum très concerté quand les films ne sont pas entièrement en plans fixes, son direct absolu, énonciation « blanche » des textes. Straub et Huillet représentent sans doute l'application la plus systématique des préceptes de Brecht adaptés au cinéma, dans un refus obstiné de toute forme de séduction, et une recherche d'une simplicité artisanale : *« Mon rêve, c'est que les films que nous faisons arrivent à proposer une méthode qui fasse qu'on se dise que n'importe quel crétin un peu patient et prêt à se donner du mal peut arriver à faire le même genre de film »*, expliquera Jean-Marie Straub.

Cette démarche est le plus souvent mise en œuvre dans des décors austères, qui donnent naissance à des images splendides par l'économie d'accessoires, le refus de l'anecdotique, la rigueur de la composition commandant selon des règles mûrement réfléchies la position de la caméra, le cadre, les très rares mouvements d'appareil. Certains films, tels *Othon, Leçons d'histoire* ou *Trop tôt trop tard,* préfèrent, au contraire, sans remettre en cause les principes de base, jouer l'aspect du reportage, de l'instabilité du cadre et de la médiocre qualité des images : deux manières, distinctes mais convergentes, de remettre en question le phénomène de la représentation et ses illusions. Dans tous les cas, les plans sont conçus pour laisser tout l'espace nécessaire aux mots, et à la musique dans le cas de *Chronique d'Anna-Magdalena Bach* ou de *Moïse et Aaron. « Nous voulions essayer de porter la musique à l'écran, de montrer une fois de la musique aux gens qui vont au cinéma »*, dira Straub d'*Anna-Magdalena Bach.* « Montrer de la musique », lui trouver son juste statut et sa légitimité comme matière cinématographique, est un exemple parmi d'autres d'une démarche qui interroge les conditions d'existence et d'utilisation des différents éléments dont se sert le cinéma. Comme tous les grands cinéastes critiques, Straub et Huillet mettent en cause les rapports entre image et son. Dans *Trop tôt trop tard* (1982), entre autres, ils utiliseront le procédé du diptyque (dont on va voir qu'il est fort couru), pour regarder-écouter deux fois selon le même principe : la géographie fait l'image, l'Histoire fait le texte. Une fois dans la campagne française actuelle mise en regard d'une lettre d'Engels sur la campagne française à l'époque de la Révolution, une fois dans la campagne égyptienne en regard d'un texte du penseur marxiste Mahmoud Hussein. Pas un être humain à l'image française, seulement des paysages, puis des humains fantômes, traversant l'espace sans l'habiter, dans l'image égyptienne.

Et les peuples en lutte, et défaits, sur la bande-son. Pas de démonstration, une expérience. Forcément sans « solution » puisque l'unique solution serait la Révolution.

Non Réconciliés pourrait être le titre de chacun des films des Straub, ou de l'ensemble de leur œuvre, autant que de l'implacable procès de l'amnésie du nazisme qu'est leur premier long-métrage. L'expression s'applique à la parole et l'image, à la nature et la connaissance, aux hommes clivés par la lutte de classes, à l'esprit séparé de la matière, à l'art coupé de la vie, à chaque individu fractionné par l'aliénation. Qu'ils prennent comme objet — au sens strict — des œuvres de Schönberg *(Moïse et Aaron),* Corneille *(Othon),* Mallarmé *(Toute révolution est un coup de dés),* Pavese *(De la nuée à la résistance),* Kafka *(Amerika, rapports de classes),* Brecht *(Leçons d'histoire)* ou Hölderlin *(La Mort d'Empédocle),* tous les films de ce couple d'exilés visent à la mise en évidence de ces ruptures et de ces contradictions.

Leurs interrogations et leurs expériences ne sont pas du tout conçues par les Straub comme une démarche élitiste. Au contraire, elles visent à retrouver une richesse à partager, une « démocratie de la réalisation », contre la confiscation du récit par les modes habituels de mise en scène, l'intimidation par la technique et l'argent, et l'exercice de pouvoir sur le spectateur que cela permet. Le paradoxe de ce cinéma qui se voudrait rendu au peuple est de se condamner ainsi, inexorablement, à une position ultra-minoritaire. Assez austères pour avoir irrémédiablement découragé la quasi-totalité des spectateurs, leurs films recèlent pourtant une impressionnante puissance, qui tient pour une bonne part au soin apporté à la captation des matières (physiques, sonores, lumineuses, verbales, « spirituelles »), grâce à un formidable travail d'attention et de respect à l'égard de tout ce qu'ils filment — y compris le bruit du vent ou le mouvement des nuages. *« Personne comme Jean-Marie Straub n'a pris à la lettre l'existence du cinéma comme moyen de reproduction technique »,* écrira à juste titre Youssef Ishaghpour dans *D'une image à l'autre*.

La place considérable laissée aux mots chez les Straub (place, pour des spectateurs français, augmentée par le redoublement imposé par le sous-titrage à des textes souvent proférés dans une langue étrangère — l'allemand, l'italien) ne signifie évidemment pas que l'image les illustre, bien au contraire. Le travail des Straub consiste au contraire, entre autres, à instaurer un rapport critique entre ce qui est dit et ce qui est montré. En cela aussi leurs films relèvent du cinéma filmé politiquement, le cinéma à l'affût de ce danger « totalitaire » (au sens strict) : l'acceptation d'une unité naturelle, déjà donnée, entre bande-son et bande-image. Cette unité acceptée sans recul critique a fait la puissance du cinéma parlant classique, avant de dégénérer d'abord en cinéma académique, puis en ce qu'on appelle, justement, « l'audiovisuel ». Chez les Straub, l'image et le son aussi restent « non réconciliés » : pas nécessairement comme ennemis irréductibles, mais comme matériaux différents dont il faut sans cesse réinterroger la différence. A sa manière, un autre metteur en scène pose les mêmes questions.

Marguerite Duras, écrivain

Lorsque Marguerite Duras coréalise avec Paul Seban (réalisateur de télévision qui a tourné avec elle plusieurs « sujets » pour l'émission « Dim Dam Dom ») son premier film, *La Musica,* en 1966, elle est une vedette de la littérature française contemporaine, dont le chemin a déjà plusieurs fois croisé celui du cinéma. D'abord avec l'écriture du scénario d'*Hiroshima mon amour,* pour et avec Resnais, texte splendide qui est tout à elle comme le film est tout à Resnais, texte qui garde son intégrité et sa splendeur à la lecture, ou transposé à la scène comme il le sera par Michael Lonsdale dans les années quatre-vingt. Elle a également été le scénariste d'*Une aussi longue absence* (Palme d'or à Cannes en 1961), réalisé par Henri Colpi, où les thèmes chers à l'écrivain de l'incertaine identité et des possibles résurgences du temps enfui restent apparents. Pourtant la mise en scène, très belle d'ailleurs, et l'excellente interprétation d'Alida Valli et de Georges Wilson, ne se situent pas sur le même plan, tirant le film vers la résolution d'un mystère comme dans un film à suspense, et tenant à délivrer un « message » (en faveur de la mémoire) fort peu durassien. Duras a aussi été adaptée au cinéma, par Clément *(Barrage contre le Pacifique),* Dassin *(Dix heures et demie du soir en été),* Richardson *(Le Marin de Gibraltar),* Brook *(Moderato Cantabile),* mais ce n'était pas « du Duras ».

La Musica, texte original qui sera ensuite publié, est « du Duras », démontrant d'emblée qu'il n'y a pas de rupture entre ce qu'elle fait pour le livre, la scène ou désormais l'écran. Marguerite Duras est un cas très rare de créateur dont l'univers semble à la fois préexistant au récit et issu de la seule puissance de celui-ci, univers dans lequel chaque œuvre est un nouveau sentier, recoupant les précédents, refaisant parfois un bout de chemin en compagnie de la même situation, du même personnage. Duras c'est, tout en un, une « vision du monde » et une « diction du monde », et bientôt ses films (*Détruire dit-elle,* 1969 ; *Jaune le soleil,* 1972 ; *Nathalie Granger,* 1973 ; *La Femme du Gange,* 1974 ; *India Song,* 1975 ; *Son nom de Venise dans Calcutta désert,* 1976 ; *Baxter, Vera Baxter,* 1977 ; *Des journées entières dans les arbres,* 1977 ; *Le Camion,* 1977 ; *Le Navire Night,* 1979 ; *Aurelia Steiner,* 1979 ; *Agatha et les lectures illimitées,* 1981 ; *l'Homme-Atlantique,* 1981) deviendront des étapes dans cet inlassable cheminement, naissant du texte, accouchant d'autres textes qui eux-mêmes enfantent des images. La quantité des titres comme le rapprochement des dates montrent que Duras ne fait pas du cinéma « en occasionnelle », que dans l'incessant labeur de cet auteur prolifique, les films occupent, au moins durant la période 1972-1981, une place considérable au sein de son processus de création. Une place considérable, mais pas une place à part. Duras réussit la symbiose entre des procédés narratifs qu'ailleurs tout invite à différencier sinon à opposer. Chez elle, au moyen de dispositifs souvent très apparents et grâce aussi à un sens très sûr de la beauté, ils se fondent et se confondent pour faire du temps une matière, des sentiments un combustible, des corps humains des astéroïdes évoluant dans les solitudes glacées selon des lois physiques qui sont également les règles de la poésie. Elle saura au passage donner quelques-uns de leurs plus beaux rôles aux grandes comédiennes (Delphine Seyrig, Jeanne Moreau, Bulle Ogier, Madeleine Renaud) auxquelles elle fait appel.

Au fond, Duras s'est toujours conformée au conseil que lui avait donné Raymond Queneau : *« Ecrivez, ne faites que cela, écrire. »* Elle a écrit aussi avec sa caméra, avec le temps, les images et les sons, avec le corps et la voix de ses interprètes, avec la lumière de Nestor Almendros et la musique de Carlos d'Alessio. Elle a inventé, pour elle seule, ce phénomène unique qu'est une activité littéraire poursuivie sans solution de continuité dans le cinéma. Durant les années soixante-dix, Marguerite Duras s'est pratiquement arrêtée de publier, sinon des textes directement issus de ses films, le cinéma, jusqu'à *Navire Night,* est devenu sa manière de continuer à écrire, de progresser au sein de ses labyrinthes personnels. Pour pouvoir dire, à la fin de la décennie : *« Cinéma, fini. J'allais recommencer à écrire des livres, j'allais revenir au pays natal, à ce labeur terrifiant que j'avais quitté depuis dix ans. »*

Travail passionnant au regard de l'esthétique, mais qui n'a, semble-t-il, pas grand-chose à voir avec le cinéma « filmé politiquement ». Et pourtant ! Le rapport entre son et image, déjà mentionné, est un premier aspect, apparent dès *Détruire dit-elle,* conçu immédiatement après Mai 68 en accouplant un texte très politique à des images qui ne paraissent en rien correspondre. L'avenir du cinéma de Duras y est déjà annoncé, à défaut d'y être entièrement réalisé : *« Il n'y a pas de figuration ? – Elle a été supprimée. On dit le mot hôtel, ça devrait suffire pour faire un hôtel. – C'est un film politique ? – Profondément oui. – Il n'est jamais question de politique ? – Jamais. Non. »* (Extrait de la bande-annonce du film.) *Jaune le soleil,* adaptation du texte de Duras *Abahn Sabana David,* est plus univoque, il y a un récit et une métaphore politiques (contre le Parti communiste et les « marchands »). Ensuite *La Femme du Gange* et *Nathalie Granger* reprennent cette exploration de la séparation entre image et son, qui atteint son accomplissement avec le diptyque *India Song-Son nom de Venise dans Calcutta désert.* Le premier film reprend la stratégie de *La Femme du*

Gange, où toutes les paroles sont énoncées en voix off. Il reste possible pourtant de relier le sens de ce qui est dit à ce qu'on voit, récit centré autour d'un bal à l'ambassade de France à Calcutta, où l'on retrouve des éléments de trois livres de Duras, *Le Ravissement de Lol V. Stein, Le Vice-Consul* et *L'Amour.* La relation entre bande-son (où la musique et les bruits jouent également un grand rôle) et bande-image s'effectue ainsi par les impalpables points de contact entre les deux, relation incertaine qui crée une tension, et une inquiétude sur la réalité de ce qui est montré et de ce qui est dit. Très proche en cela du Godard de cette période, Duras avait dit : *« India Song se bâtit d'abord par le son »,* même si le son n'est pas cette fois le lieu d'une énonciation théorique, mais la source romanesque à laquelle viennent se mirer les images. *Son nom de Venise...* radicalise le dispositif en ne conservant que la bande-son d'*India Song,* qui accompagne cette fois des images de lieux vides, désertés de toute présence humaine apparente. Le deuxième film devient ainsi la critique du premier, ou plutôt sa dégradation, remplaçant les douces et fascinantes ambiguïtés de la relation entre image et son par une rupture violente. Mais le deuxième film n'existe que par rapport au premier, et à sa mémoire qui subsiste. Il parachève ainsi le travail sur le temps que représente le cinéma de Duras, exemple exceptionnel d'évasion de cette « fatalité » du cinéma qui est d'être toujours au présent. *Son nom de Venise...* est la trace d'*India Song,* son souvenir encore présent quand les faits et les corps ont disparu.

Le Camion explore un autre chemin de la même tentative, en inventant non plus un film au passé, mais un film au conditionnel : Marguerite Duras elle-même et Gérard Depardieu y devisent avec une sorte de gourmandise inquiète des conditions d'avènement d'un film qui se serait fait. Et ce film, ainsi, s'est fait, non pas sous la forme d'un spectacle mais dans l'imagination dialoguante des deux protagonistes. *Le Camion* interroge ainsi les limites du cinéma, son incapacité à représenter un autre monde : réflexion politique, donc, sur l'impossibilité de montrer une alternative à la société telle qu'elle existe, sur la seule aptitude des films à témoigner d'un monde *« qui va à sa perte »* (dit-elle), et de laisser envisager, au conditionnel, l'hypothèse d'un autre. Encore au-delà, *Navire Night* expérimente une destruction toujours plus radicale des systèmes de références, des enchaînements imposés qui relient non plus seulement une voix ou une histoire à sa représentation, mais les éléments visuels entre eux, les éléments sonores à un « fil », devenu difficile à suivre par l'entrecroisement de deux « histoires » au statut différent. Entre-temps, la transposition à l'écran de la pièce *Des journées entières dans les arbres* a donné une étrange comédie (rendant un hommage éblouissant à la « présence comique » de Madeleine Renaud), où le cinéma et l'actrice concourent à creuser un vide, une béance troublante, dans le système stable des personnages chez lesquels débarque la vieille dame. Et c'est le monde entier qui s'en retrouve déstabilisé.

Par cet ensemble de mise en question, le cinéma de Duras se relie à celui de Godard et de Straub, mais aussi à celui de Rivette, par sa manière d'utiliser les lieux – la ville, la campagne, les grandes maisons –, de les rendre habités, chargés de sens et de mystère en les filmant sans effet, mais en plans-séquences qui suggèrent des pistes enfouies, des architectures occultes, porteuses de maléfices ou de promesses. Il y a en commun chez ces deux cinéastes un réalisme fantastique qui est une façon de porter un regard critique sur le monde quotidien – particulièrement perceptible dans l'« ensemble *Navire Night* », composé du long-métrage qui porte ce titre et des quatre courts *Césarée, Les Mains négatives, Aurelia Steiner* (Melbourne) et *Aurelia Steiner* (Vancouver). C'est une approche poétique et politique, qui est aussi, évidemment, un choix économique : *« Ce n'est pas la peine d'aller à Calcutta, à Melbourne ou à Vancouver, tout est dans les Yvelines. Tout est partout.* [...] *Il y a toujours sur place des lieux qui cherchent des films, il suffit de les voir. »* Autarcie économique, capacité du cinéma de voir ce qui est sans avoir besoin de le fabriquer, affirmation que le réel recèle à l'état latent le sens et l'émotion, dénégation de la machinerie économique et industrielle du cinéma officiel : cette attitude, qui était déjà celle du cinéma moderne, prend ici des allures extrémistes. Elle se double d'une dissidence dans la diffusion des films, que Duras revendique plus explicitement que d'autres : Godard ou Straub la subissent plutôt, Rivette l'assume avec *Out 1* mais en sortira avec soulagement grâce au succès de *Céline et Julie,* les « militants » travaillent au moins autant à la mise en place de circuits de diffusion parallèles qu'à la réalisation... Duras est sans doute le seul cinéaste qui ait fait paraître dans un journal (*Le Monde* du 27 novembre 1981) et afficher, à l'entrée de la salle où son film – c'était *L'Homme-Atlantique* – est projeté, un texte dissuadant la majorité des éventuels spectateurs d'y assister : elle tint à conseiller au plus grand nombre *« d'éviter complètement de voir* L'Homme-Atlantique *et même de le fuir, et aux autres de le voir sans faute.* [...] *Je rappelle aux uns et aux autres que ce film est dans sa majeure partie composé de noir. Il est dans les mœurs du plus grand nombre des spectateurs de cinéma en France de faire comme si le cinéma leur était dû et de protester et de hurler à la mort contre les films dont ils jugent qu'ils n'ont pas été faits pour eux seuls ».* Quoi de plus politique que cette prise de parti ?

Robert Bresson

Mentionner Bresson parmi les auteurs de films « filmés politiquement » peut sembler surprenant. Si, des *Dames du bois de Boulogne* à *Mouchette,* la modernité de sa mise en scène s'est affirmée et affinée avec une hautaine rigueur, les positions politiques du cinéaste telles qu'on les devine à travers ses films seraient plutôt réactionnaires. Précisément. La période qui s'ouvre en 1968, date de tournage de son neuvième long-métrage, marque une étape nouvelle dans la carrière du cinéaste : celle de la confrontation entre son éthique de cinéaste et le monde contemporain. A l'issue d'un cheminement toujours plus austère, elle va le mener vers une connivence avec la jeunesse contestataire, où on ne l'attendait pas. Et dont il n'est d'ailleurs pas certain qu'elle lui convienne vraiment.

Le nouveau film de Bresson frappe d'entrée de jeu trois coups : la couleur, la mort, Sanda. Adapté d'une nouvelle de Dostoïevski, *Une femme douce* (1969) s'ouvre sur une scène stylisée, splendide et brutale : le suicide du personnage-titre. Ce suicide est en couleurs, comme le reste du film, il se déroule dans une rue de Paris qui ressemble, pour la première fois chez ce cinéaste, à une ville de la fin du siècle, le monde moderne a enfin conquis droit de cité chez lui, sous ces funestes auspices, et par l'entremise d'un écrivain russe du siècle précédent. Ce monde moderne, pas plus aimé du cinéaste que précédemment, est pour la première fois montré de face, dans ses médiocrités quotidiennes, comme dans ses fondements historiques (la Seconde Guerre mondiale, dont on voit des images télévisées), comme dans son mépris des textes et des hommes, dont témoigne le texte sur les acteurs de Shakespeare, caviardé par les gens de spectacle contemporains. Le monde moderne, il est surtout, sans que le metteur en scène ne change rien à sa manière d'utiliser les comédiens, dans le corps de Dominique Sanda, présence comparable à nulle autre dans ses films. Construit sur un va-et-vient entre passé et présent, *Une femme douce* ne bouleverse d'ailleurs aucun des principes de réalisation du cinéaste. Mais ce récit de l'étouffement progressif d'une jeune femme par son mari, jusqu'à ce qu'elle se jette par la fenêtre, provoque un choc sur le spectateur, par ce télescopage des temps, qui oppose le regard de la mise en scène au monde qu'il filme. Et aussi un choc sur le film lui-même, troué d'étranges incertitudes à la fois sur ce que font et pensent réellement les personnages, et sur ce qui est figuré à l'écran. Ainsi, alors que les images sont supposées montrer ce que sait le narrateur (le mari, interprété par Guy Frangin), verra-t-on les derniers instants de la suicidaire, auxquels il n'a pas assisté. Chez un « constructeur de film » aussi méticuleux que Bresson, pareils errements ne peuvent être que délibérés : *Une femme douce* est, de manière inattendue chez ce cinéaste, un film qui interroge ses propres moyens, et les citations directes, à l'écran et sur la bande-son, du théâtre, de la peinture, de la musique, de la télé, du commerce, de la science anatomique... font de ce film une opération d'« analyse » du composite cinématographique, comme nous ne cessons d'en trouver chez les cinéastes cités dans ce chapitre.

Une femme douce, film de rupture « en douceur » dont la rébellion n'est pas plus extravertie que celle de son héroïne, aurait pu s'appeler « une condamnée à vie s'est échappée ». Symétrique de l'ascension vers la liberté d'un homme porteur du bien emprisonné par les forces du mal clairement définies (l'occupant nazi) et clairement manifesté (les murs et les barreaux de la forteresse), ce film montre l'impossible tentative d'évasion des cellules quotidiennes, contemporaines, « molles » mais que la caméra sait rendre très concrètes. Le personnage sans nom de Dominique Sanda ira jusqu'à tenter de s'échapper du film lui-même, du récit, lorsqu'elle disparaît pour ses longues promenades dans la ville. Son mari (sans nom lui aussi, mais significativement désigné comme « l'acheteur d'objets ») a essayé de lui imposer des rôles, des fonctions. Lorsqu'elle se défile, il la suit, et lui impose finalement l'emploi de la femme adultère, ce que le cinéaste s'abstient de confirmer. Le narrateur est le maître des histoires, celui qui dit ce qui s'est passé, comment les choses doivent se passer. Le film tout entier travaille à la dénonciation désespérée de ce pouvoir-là. Il est borné aux deux extrémités par la chute, cette fois privée de rédemption, privée même du retour à la matière primitive, dans l'étang où se fondait le corps de Mouchette. Au bout il y a l'enfermement de la jeune morte, seule, dans un cercueil soigneusement cadenassé. Le vent ne souffle plus où il veut, les lois de la gravité ont gagné.

Deux ans plus tard, Robert Bresson réalise un autre film adapté de Dostoïevski : rare exemple, chez lui, d'une continuité aussi apparente dans le travail et dans l'inspiration. *Quatre Nuits d'un rêveur* (sorti en 1972) s'inspire des *Nuits blanches,* dont Visconti avait tiré en 1957 un film où il installait les fantasmagories du récit dans le dédale d'un décor onirique. Bresson introduit le rêve dans son titre, mais plante son récit dans le réel le plus concret, le plus actuel. Comme dans le film précédent, le générique de début se déroule sur fond de rues de Paris pleines de voitures, il va même commencer par le suicide d'une jeune femme, Marthe (Isabelle Weingarten) prête à sauter du Pont-Neuf quand Jacques (Guillaume des Forêts) l'arrête. Leurs confidences réciproques vont donner la matière du film, selon un schéma habituel à un cinéaste chez qui, depuis longtemps, la parole (ou l'écriture) crée des images. Ici encore, les ingrédients du cinéma (ou plutôt du cinématographe selon Bresson, le trivial cinéma étant lui évoqué d'une projection grandiloquente et médiocre) sont juxtaposés : le roman qui appartient au son (Jacques dicte au magnétophone les transpositions littéraires de ses rêveries romantiques), alors que la représentation, non figurative, est évoquée par les tableaux que peint le jeune homme. D'où, à nouveau, un choc, un télescopage, entre la modernité de l'environnement quotidien et la marque littéraire des confidences sentimentales chuchotées par les héros dans leurs conversations, leurs monologues intérieurs, ou les fantasmes qu'ils livrent à leur magnétophone. Dans un monde qui intègre des éléments de plus en plus contemporains (des hippies chez Bresson !), mais où toute relation ne peut être que décevante, le film puise sa matière créative. On n'est plus dans le domaine du symbole, de l'allégorie. Nous voyons presque simplement l'amour, le désir, le chagrin se faire inspiration. Sans le théoriser, Bresson ausculte le lien entre la réalité et l'art, non comme un reflet ni une narration (le récit de Marthe ne colle pas à la réalité des sentiments et des faits), mais comme une dynamique et un changement de nature. Manière plus paisible, dans cette œuvre plus douce qu'*Une femme douce,* de mettre en question le tissu dont sont faits les films.

Le cinéaste parvient ensuite à mener à bien un projet ambitieux, mûri depuis plus de vingt ans, mais dont l'ampleur paraissait devoir lui interdire l'accès : *Lancelot du Lac* (1974). Non pas, bien sûr, que le maître se soit lancé dans quelque superproduction historique. Sa coutumière économie de moyens n'a jamais été aussi austère, son utilisation des images ne leur a jamais enjoint avec une telle force de fournir du sens. Festin de carême sans doute, mais c'est à un banquet des formes qu'ont été conviés les chevaliers de la Table ronde. A travers l'échec de Lancelot, sa vaine quête du Graal, son amour coupable et condamné pour la femme de son roi et les convulsions d'un royaume partagé en clans ennemis, c'est à la débâcle d'une caste, à la fin d'un monde et d'un système de valeurs que nous assistons. Pas de chevauchées épiques, où le spectacle de la défaite même risquerait de nous exalter. Des morceaux d'armure, des croupes de chevaux, des lances brandies, des corps dont le cadrage coupe têtes et jambes pour ne laisser voir que des troncs opaques et inexpressifs, sont organisés dans une sorte de chaos structuré. Bresson s'était déjà tourné vers le passé, avec *Procès de Jeanne d'Arc*, pour une fable politique sur l'éternelle résistance ; cette fois, malgré les objets archaïques, il travaille une matière moderne, abstraite, aux limites du non-figuratif, enchâssée entre deux séquences d'une extrême violence. Gilles Deleuze, dans *L'Image-Temps,* définit l'enjeu de ces images déconnectées et fragmentées : *« La question n'est plus celle de l'association ou de l'attraction des images. Ce qui compte, c'est au contraire l'*INTERSTICE *entre les images, entre deux images : un espacement qui fait que chaque image s'arrache au vide et y retourne. »* Ce cinéma c'est, selon Deleuze, celui de *« l'Esprit ».* Jean-Louis Bory disait la même chose en parlant de *« sublimation »* : *« Il s'opère une épuration quasi chimique du réel, une espèce de distillation des choses de la terre qui n'en laisse plus monter que des vapeurs spirituelles » (L'Obstacle et la Gerbe).* Ce cinéma de l'esprit n'a jamais été, chez Bresson, poussé aussi loin dans son absolutisme formel. La démonstration est d'une telle sécheresse qu'on se croirait parfois chez les pairs du Chevalier inexistant inventé par Italo Calvino : il n'y a plus d'hommes dans les armures, cadres formels, rigides et guerriers.

Cette « mise en absence » des personnages, et même seulement des êtres humains comme pouvant être montrés, on en a vu d'autres exemples radicaux chez Straub et chez Duras ; elle signe à la fois l'extrémisme des remises en question du spectacle que pratiquent ces cinéastes et leur limite quand rien ne peut s'y substituer. Le cinéma « filmé politiquement » est un cinéma au bord du néant. Le fossé entre le spectacle que le titre pouvait faire attendre et les options radicales de Bresson déclenchèrent d'ailleurs autour de *Lancelot du Lac* une vive polémique, centrée sur la non-sélection du film au Festival de Cannes. Non sans provocation, le cinéaste consulté sur son éventuelle sélection avait répondu qu'il n'accepterait que si on lui garantissait la Palme d'or...

Retour au décor contemporain avec *Le Diable, probablement* (1977), que l'on peut considérer comme le troisième volet d'une veine « dostoïevskienne », le titre étant emprunté aux *Frères Karamazov,* dont on trouve également une citation dans le film : *« Quand me tuerai-je si ce n'est maintenant ? »* La mort est là, à nouveau, en ouverture, un suicide ou un meurtre, dont l'explication constitue le récit du film, sous forme d'un seul et long flash-back. Les personnages de Bresson sont à présent des « post-soixante-huitards » avérés ; des trois garçons l'un est un désespéré chronique qui s'étourdit de jouissance cynique par incapacité à s'infliger l'acte fatal, l'autre est drogué à mort, seul le troisième tente une emprise positive sur le monde : militant écologiste, il permet la mise en lumière d'une humanité qui paraît vouée à sa propre perte, par goût du lucre et aveuglement imbécile. Qui la mène ainsi au chaos ? Le titre donne la réponse, énoncée aussi par un inconnu dans un autobus. Les deux jeunes femmes du film sont moins extrémistes que les garçons, elles goûtent à l'amour, au sexe et à l'argent sans se laisser circonvenir complètement. Elles sont des tièdes promises à l'acceptation, dans ce monde sans issue, où l'église n'est plus qu'un préau où l'on discute sociologie. On pouvait trouver systématique la collection de défauts incarnés par les propriétaires successifs de Balthazar, la pureté de l'âne rachetait, peut-être, la création tout entière. Le monde que décrit à ce moment le cinéaste est pourri jusqu'à la moelle, foutu. Bresson, pour une fois, s'expliquera sans ambiguïté : *« Ce qui m'a poussé à faire ce film, c'est le gâchis qu'on a fait de tout. C'est cette utilisation de masse, où bientôt l'individu n'existera plus. Cette agitation folle... C'est aussi la stupéfiante indifférence des gens, sauf de certains jeunes actuels plus lucides. »* La forme même du film porte la trace de cette fureur, sa mise en scène est d'une agitation peu commune chez Bresson. Le Diable, probablement, a inspiré au cinéaste cette ire mauvaise conseillère, qui donne à son film un côté démonstratif, lui aussi inhabituel. A ce trouble et à ce malaise succédera un silence de six ans.

On a dit, à propos de l'éclosion du cinéma moderne, qu'elle représentait, à ce jour, la dernière période légendaire du cinéma français. Ensemble, les films dont il est question dans cette partie intitulée « Le cinéma filmé politiquement » auraient dû constituer une nouvelle période légendaire : les œuvres ont la force, la complexité et la nouveauté nécessaires, les conditions dans lesquelles elles sont réalisées autant que ce qu'elles proposent aux spectateurs inventent effectivement un nouveau rapport au monde, propre à fabriquer du mythe. Mais la condition *sine qua non* d'une légende reste sa diffusion dans la société. Celle-ci n'aura pas lieu. A l'époque même où l'imagerie et la rhétorique révolutionnaires occupent le plus largement la scène publique, leur puissance réelle est en train de disparaître. Le cinéma « filmé politiquement » a raté son rendez-vous avec la société. Il serait en grand danger de ne plus être, quelques années après, qu'un objet de musée et de recherche universitaire si, à défaut de rayonner largement, il n'avait du moins engendré une nouvelle génération de fils prodigues, qui vont, à leur tour, essaimer dans le cinéma et y transporter de nouveaux ferments.

Chapitre 4

UNE NOUVELLE NOUVELLE VAGUE ?

Parmi les ténors de la Nouvelle Vague, Chabrol et Truffaut, dont nous parlerons au chapitre suivant, paraissent loin du « cinéma filmé politiquement ». Rohmer poursuit imperturbablement ses « Contes moraux » (c'est à peine si, dans le dernier d'entre eux, *L'Amour l'après-midi* (1972), on entrevoit que les mœurs ont changé dans la France contemporaine du tournage), puis ne tournera plus pendant trois ans. Godard cherche à dépasser radicalement les acquis de la Nouvelle Vague. Rivette seul combine fidélité à la démarche entreprise à la fin des années cinquante et perméabilité aux changements du temps. La dispersion du groupe fondateur, constatée très tôt dans les années soixante, paraît alors totale. En revanche, comme il l'avait fait dans le paysage du cinéma moderne naissant, Jacques Rozier revient avec un passage unique mais mémorable, *Du côté d'Orouët*. Tourné en 1969, sorti seulement en 1973, réalisé dans des conditions techniques et financières minimales, cette évocation vive et légère, drôle et fine d'un petit groupe de vacanciers possède les mêmes qualités qu'*Adieu Philippine*. Mais elle passera quasiment inaperçue aux yeux d'une époque devenue plus sérieuse, plus demandeuse de grands sujets que de flirts et de bisbilles entre trois jeunes femmes et deux hommes sur une plage vendéenne.

Jean Eustache

La Nouvelle Vague comme mouvement n'existe plus, mais dans son reflux apparaît un petit groupe d'héritiers directs. La biographie impose cette filiation dans le cas de Jean Eustache, avant que ses films ne viennent la confirmer. Né à Pessac, près de Bordeaux, en 1938, Eustache arrive à Paris à vingt ans, en pleine explosion de la cinéphilie, il fréquente les *Cahiers du cinéma* (où sa femme travaille un moment comme secrétaire), participe en 1962 au tournage du premier des « Contes moraux » de Rohmer, *La Boulangère de Monceau,* puis à celui du court-métrage que réalise Jean Douchet, alors rédacteur aux *Cahiers (Le Mannequin de Belleville).* Son premier court, *Les Mauvaises Fréquentations,* est dans le droit-fil de l'esprit Nouvelle Vague. Son moyen-métrage suivant, *Le Père Noël a les yeux bleus* (1966), est tourné en même temps que *Masculin-Féminin* avec de la pellicule détournée par Godard de son propre film et Jean-Pierre Léaud partageant son temps entre les premiers rôles des deux films. Eustache, de manière clairement autobiographique, y conte une adolescence pauvre à Narbonne, et les désarrois d'un jeune homme tentant de profiter des « puissances du faux » (son déguisement en Père Noël) pour échapper à sa condition financière et sexuelle. Le jeune réalisateur travaillera aussi comme monteur, sur les émissions de télévision consacrées par Rivette à Murnau et à Jean Renoir. Ses trois films suivants sont deux moyens-métrages et un long : *La Rosière de Pessac* (1968), *Le Cochon* (1970), *Numéros zéro* tourné en 1970, inédit et sans doute à jamais invisible dans sa conception d'origine, mais dont *« des lambeaux »* (*dixit* leur auteur) ont constitué un téléfilm, *Odette Robert.* Ils sont du « cinéma vérité » au sens strict, enregistrement aussi dépourvu d'artifices que possible de faits quotidiens (une fête traditionnelle de sa ville natale, l'abattage et le découpage d'un cochon par des paysans, une vieille femme qui raconte sa vie à son petit-fils, Eustache lui-même). Eustache dit : *« La caméra tourne, le cinéma se fait. »* Il filme avec une confiance absolue dans la puissance du cinéma à rendre intriguant, magique, émouvant, comique, instructif, le moindre fait enregistré par le micro et la caméra. Confiance largement récompensée par le résultat, même si celui-ci demeure réservé à des audiences confidentielles — au grand dam d'Eustache qui, lui, se verrait avec joie en cinéaste populaire. Il racontera avoir rêvé d'écrire sur sa porte : *« Jean Eustache, cinéaste pour noces et banquets. »*

A défaut de véritable succès public, Eustache va connaitre une éphémère notoriété avec son premier long-métrage de fiction, *La Maman et la Putain,* qui déclenche un petit scandale au Festival de Cannes 1973 (moindre que celui provoqué au même Festival par *La Grande Bouffe*) et y reçoit un Grand Prix spécial du jury. *La Maman et la Putain* est, surtout, l'un des plus beaux films du cinéma français, et peut-être celui qui a le mieux capté l'esprit de l'après-Mai 68. *La Maman et la Putain* (1973) est un petit film tout simple, en noir et blanc, à trois personnages, l'histoire d'Alexandre (Jean-Pierre Léaud) qui vit avec Marie (Bernadette Lafont), drague une jeune fille, Veronika (Françoise Lebrun), mène et subit une relation amoureuse chaotique entre ces deux femmes, compliquée encore par ses tentatives de renouer avec une ancienne maîtresse (Isabelle Weingarten, découverte par Bresson, et qui fait ici des apparitions épisodiques). Ça se passe à Paris, dans les rues, dans l'appartement de Marie, la chambre de Veronika, dans des cafés, surtout le Flore à Saint-Germain-des-Prés. « Petit film », *La Maman et la Putain* est un fleuve immense de mots et d'images durant trois heures et quarante minutes, une terrible histoire d'amour(s) ponctuée par Mozart et Piaf, le seul grand film érotique de cette période qui abonde en films pornographiques et la plus hilarante des comédies, une incroyable mais très crédible aventure des corps et du langage, une chronique attentive des désillusions de l'après-Mai. Un film explosivement réaliste, et absolument antinaturaliste, dont les dialogues ont été entièrement écrits à l'avance et sont dits d'une voix volontairement stylisée, dont la mise en scène semble d'autant plus libre qu'elle est soumise à des règles impérieuses. Avec des textes d'une franchise et d'une violence inouïes dans l'évocation des corps et des sentiments, d'une finesse dans l'évocation de l'état social qui surpasse en lucidité et en révolte tous les slogans et tous les mots d'ordre.

Les mots, d'ordre ou de désordre, sont l'une des matières travaillées par *La Maman et la Putain.* Jean-Pierre Léaud, *« jeune homme pauvre qui ne possède que la parole »,* en use et en abuse, s'en sert comme d'une arme offensive ou défensive, comme d'un pain à partager, comme d'un masque. La parole, en ces temps bavards de l'après-Mai, est à la fois un trésor et un désert, où l'on se perd dans les mirages. Les numéros de « burlesque verbal » d'Alexandre, ceux où ce qu'il dit traduit soudain une innocence parfois d'une cruauté terrifiante et parfois (ou en même temps) d'une totale vulnérabilité, constituent l'une des meilleures réflexions sur la manière dont les mots ont à la fois prolongé et enseveli l'élan du printemps 1968. Face à Léaud dans l'un de ses meilleurs rôles, Bernadette Lafont incarne, à contre-courant de ce qu'on lui connaissait, une forme de stabilité, de maturité physique et intellectuelle qui tient autant à son sexe, de toute évidence considéré comme plus fort que le masculin par Eustache, qu'à sa fonction de représentante déjà aguerrie de la Nouvelle Vague, à laquelle tout le film adresse une vibrante déclaration d'amour, en même temps qu'au cinéma muet. Et aussi qu'à la littérature, Proust et Bataille étant les mieux servis. Le personnage de Bernadette Lafont est *« le seul qui s'assume »* alors que celui de Léaud *« a besoin d'organiser, autour de lui et sur lui, de véritables mises en scène »*, précisera Eustache à *Positif* (n° 157), au cas où l'on aurait des doutes sur sa fonction de représentant à l'écran du réalisateur.

Mais la plus extraordinaire est sans doute Françoise Lebrun, d'une beauté de Raphaël et d'héroïne de Griffith, embrassant avec un naturel époustouflant toute la gamme des comportements humains. A la fin du film, en un sidérant monologue, Veronika s'abandonne à un torrent de désespoir charriant l'espoir et la grossièreté, et qui ravage le discours frelaté de la « libération sexuelle » en un calme affolement. Affleurent tout le malheur présent, tout le bonheur possible. Au bout il y a l'amour, peut-être, le vomi, sûrement.

Le succès critique et, dans une certaine mesure, commercial de *La Maman et la Putain* permettent à Jean Eustache de tourner ensuite, pour la première et unique fois dans des conditions de production à peu près normales, un projet écrit depuis longtemps, *Mes petites amoureuses* (1974). Aussi autobiographique que les précédents, mais aussi taciturne que celui d'avant était loquace, ce film-chronique d'une enfance à Narbonne au début des années cinquante fait le lien entre la recherche de ses origines dans *Numéros zéro* et la fin de l'adolescence évoquée par *Le Père Noël a les yeux bleus*. Le film raconte la découverte de la ville, du travail, des filles, du cinéma, des autres adolescents par le jeune Daniel, et ses relations avec la mère. S'intéressant moins à ces événements eux-mêmes qu'au regard que Daniel porte sur eux, Eustache met à profit son relatif confort matériel pour travailler la composition de ses plans et de ses mouvements d'appareil. Mais le public boude ce film d'une richesse secrète, d'une émotion introvertie servie par une réflexion complexe sur le cinéma. L'échec de *Mes petites amoureuses* brise l'élan d'Eustache, irrémédiablement.

Après une période de blocage, il réalise *Une sale histoire* (1977), qui est un film théorique. Cela n'exclut ni l'humour, ni l'émotion, ni le trouble, mais c'est pour Eustache, « cinéaste pour noces et banquets » putatif, la trace de son incapacité à s'inscrire *« dans la vie des gens »*, d'être reconnu par eux comme un témoin et un conteur de leurs existences. *Une sale histoire* est un film en deux parties. Le cinéaste a d'abord filmé un de ses amis, Jean-Noël Picq, racontant à un auditoire féminin une histoire qui lui serait arrivée. Lui-même présent à l'écran comme un interviewer muet, Eustache tourne de manière explicitement documentaire, en 16 millimètres sans apprêt, avec des cadres approximatifs et une image volontairement médiocre. Puis, il réalise un second court-métrage d'égale durée (vingt minutes), où Jean Douchet joue le rôle d'un réalisateur qui demande à un acteur, Michael Lonsdale, de « dire » exactement le même récit, celui de Picq. Des jeunes femmes viennent peu à peu écouter ce que raconte Lonsdale. Ce dispositif évoque celui de *India Song-Son nom de Venise dans Calcutta désert* : le redoublement de la même bande-son (ou, au moins, du même texte) sur deux séries d'images différentes permet une réflexion sur le statut d'un énoncé (dans son film américain inachevé, Godard aurait entrepris de travailler selon le même principe : entretiens suivis de leur répétition, jouée par des acteurs). Le premier apport théorique d'Eustache consiste à monter le second court-métrage avant le premier : c'est ainsi le réalisme du « reportage » qui est interrogé par la « fiction ». Le film prend à contre-pied la vieille thèse de l'art comme illustration ou reflet de la réalité, pour montrer au contraire comme celui-là, manifestement factice, permet de mieux voir celle-ci. « Mieux voir » est ici une expression ambiguë, dans la mesure où, semble-t-il, on ne voit rien. En effet, rien n'est montré de l'histoire racontée successivement par Lonsdale et par Picq. Le travail critique porte sur les deux manières dont on raconte une histoire, dans une fiction avérée comme telle et dans un témoignage tel que pourrait par exemple le recueillir la télévision, ou un juge d'instruction. Ça se corse, dans ce film sidérant et jubilatoire, dès lors que ce « on ne voit rien » concerne une histoire entièrement consacrée au regard, et même au voyeurisme. Picq a raconté comment il avait découvert que les clients d'un café allaient observer le sexe des femmes dans les toilettes, comment lui-même, à plat ventre sur le sol maculé, s'était adonné à cette activité jusqu'à en être obsédé, puis s'en était défait avec effort, comme on décroche d'une addiction. Histoire du regard, histoire de sexe, histoire de communication — il est aussi beaucoup question de la difficulté de raconter cette expérience. Histoire du désir, qui passe par les yeux et les oreilles, qui est *« dans la tête »*. *Une sale histoire* est un vertige du sens et des sens, en même temps très simple, très clair, exposé avec des mots directs, dans un dispositif explicite. Et c'est aussi, bien sûr, une histoire du cinéma. Chacun fera comme il voudra le lien entre le trou dans la porte par où l'on regarde et le viseur de la caméra, entre le trou du sexe féminin et l'objectif de la caméra, ou rapprochera ces deux trous en perspective du projecteur et de l'écran. Ce café minable où les gens font la queue pour voir évoque-t-il l'une de ces salles de quartier qui à ce moment sont détruites, comme le bistrot à la fin de l'histoire ? Ce n'est pas dit, mais très perceptible, et très beau, et très triste. Travail théorique certes, mais tendu par un désespoir lucide et sans pathos.

Eustache tourne ensuite, onze ans après le premier film sur ce sujet, une deuxième *Rosière de Pessac* (1979), qui est un nouvel enregistrement du même rituel populaire. Ce redoublement évoque celui d'*Une sale histoire.* L'idée du cinéaste est de *« filmer le temps qui passe »*, en tournant la même situation à plusieurs années d'écart. Il dit qu'il aimerait refaire le même film régulièrement, mais à nouveau recommande qu'on voie les deux *Rosière* en commençant par la plus récente, pour essayer de comprendre le passé à la lumière du présent, et non pas selon une chronologie aussi trompeuse que la théorie du reflet contestée par le précédent film. Cette deuxième *Rosière* est une commande de la télévision, seul interlocuteur dont dispose désormais le cinéaste pour tourner encore, uniquement des courts-métrages. Pour la télé, donc, il réalise ensuite *Le Jardin des délices,* où son biographe Alain Philippon repère judicieusement une répétition du dispositif d'*Une sale histoire,* sous couvert de faire commenter le tableau de Jérôme Bosch par son complice Picq. Puis *Les Photos d'Alix* (1980), où la photographe Alix Cléo-Roubaud commente ses propres images, jusqu'à ce que s'introduise un doute sur la conformité entre ce qu'elle dit (au fils du cinéaste, Boris Eustache) et ce qu'on voit : nouvelle variation sur les rapports entre le son et l'image, nouvelle mise en doute et en crise, qui confirme après Godard, Straub et Duras surtout, après Buñuel, Rivette et Bresson de façon plus marginale, que cette question du rapport image et son est bien au centre de la critique du mécanisme cinématographique comme appareil de pouvoir.

Offre d'emploi (1980), titre significatif d'un cinéaste qui disait qu'on ne lui avait jamais proposé aucun film, est un court-métrage de dix-neuf minutes pour une série d'Antenne 2 intitulée *Contes modernes*, et comprenant quatre épisodes sur le thème du travail (les trois autres sont dus à Raphaël Pividal, André S. Labarthe et Claude Ventura, et Paul Seban). Dans *Offre d'emploi,* on voit Michel Delahaye (ancien rédacteur des *Cahiers*) passer une « audition » pour se faire embaucher comme cadre commercial dans une entreprise dont Jean Douchet est le chef du personnel, puis la manière dont les curriculums sont analysés par une « psychologue-graphologue » (Michèle Moretti), avant qu'un jeune technocrate (Bertrand Van Effenterre) ne vienne proclamer la primauté de nouvelles méthodes d'analyses plus performantes. Tendre et sec, ce petit film est un mélange de description très documentée des processus d'embauche, de mélancolie dans la manière de filmer Delahaye racontant sa vie avec une dignité résignée, et d'humour dans le regard porté sur les interprètes comme sur les superstitions scientistes des employeurs. Mais *Offre d'emploi* peut aussi être vu comme une prise à partie assez amère d'un monde du cinéma où, de même que Delahaye n'est jugé ni sur lui-même ni sur ses références, mais au nom de théories abstraites, producteurs ou critiques ne jugent plus sur les films ou sur les hommes, mais selon des dogmes (théoriques ou commerciaux). On ne saura pas si Michel Delahaye est finalement embauché, on sait que le réalisateur ne tournera plus. Malade, déprimé, Jean Eustache se suicide le 5 novembre 1981.

Quelques équipiers pour les temps difficiles

Si Jean Eustache a été, dans la souffrance, le principal héritier direct de la Nouvelle Vague, cinq autres cinéastes, débutant durant ces années, tentent également de maintenir le flambeau de la modernité, malgré les courants contraires : Philippe Garrel, Jacques Doillon, Gérard Blain, André Téchiné et René Feret. On retrouvera, croisant dans les mêmes parages que ces deux derniers, René Allio.

De dix ans le cadet d'Eustache, Philippe Garrel, fils du comédien Maurice Garrel, est lui aussi un solitaire, aux partis pris cinématographiques radicaux. Mais lui n'a jamais nourri l'illusion de devenir un cinéaste « populaire », sa révolte introvertie commande une mise en scène irréductiblement marginale, déjà apparente dans son premier court-métrage, qu'il tourne à seize ans (*Les Enfants désaccordés,* 1964). En 1968, il est en procès avec l'O.R.T.F. qui lui avait commandé un film sur une adolescente, et a refusé de diffuser *Anémone,* que le réalisateur s'est débrouillé pour sortir en salles. En Mai, il filme les événements en 35 millimètres, *« le meilleur film sur Mai 68 »* selon Godard, mais dont il ne reste aucune trace. Au Festival du jeune cinéma d'Hyères, il obtient la même année le grand prix avec *Marie pour mémoire,* qui ne sortira qu'en 1972 ; le film suivant, *La Concentration,* tourné aussitôt après Mai, ne sera montré à un (maigre) public que sept ans après ; *Le Révélateur,* également de cette prolifique et folle année 1968, sera quant à lui invisible durant plus de dix ans. Autant de « films expériences », réalisés avec quelques acteurs amis (Jean-Pierre Léaud, Bernadette Lafont, Zouzou, Laurent Terzieff) et des moyens minimaux. Bien que bénéficiant de conditions moins monacales, *Le Lit de la vierge* (tourné en 1969, sorti en 1972) appartient au même univers halluciné, où la révolte contre la société englobe le refus des plus élémentaires codes de narration et de représentation – et, cela restera une constante, une volonté de travailler avec le moins d'argent possible, parfois même en assumant seul tous les postes techniques, dans une position d'auteur absolu rarissime au cinéma. Avec *La Cicatrice intérieure,* tourné en 1970, sorti en 1972, Garrel émerge de la totale confidentialité où il était confiné – et du silence, qui règne seul sur ses films depuis *Marie pour mémoire.* Le moins qu'on puisse dire est que cette relative reconnaissance n'est pas due à des concessions, plutôt à la nouvelle disponibilité d'une petite partie du public et de la critique face à une expérience aussi extrême. *La Cicatrice intérieure* est une dérive, au gré de longs travellings latéraux et des harmonies planantes de la musicienne Nico, qui ne vise qu'à être éprouvée, sans aucun repère narratif. Nulle pose dans ces films, qui ne sont pas non plus intellectuels, mais s'adressent aux sens, plus proches de la peinture abstraite ou de la musique que du roman, ou même du poème, bien qu'on ait fréquemment comparé Garrel à Rimbaud.

Avec ses films suivants, à nouveau conçus autour de Nico, alors la compagne du cinéaste, et ne dissimulant guère la place que tiennent les hallucinogènes dans leur vie (*L'Athanor,* 1973 ; *Les Hautes Solitudes,* 1974 ; *Un ange passe,* 1975 ; *Le Berceau de cristal,* 1976 ; *Le Voyage au jardin des morts,* 1978 ; *Le Bleu des origines,* 1979), Garrel poursuivra sur ce chemin de traverse durant toute la décennie, dans un refus radical, écorché, quasi autiste de toutes les conventions de la « communication ». Cela correspond à l'existence que mène Philippe Garrel, entre révolte et aspiration à un nouveau mode de relations, entre désespoir et ambition artistique extrême. Et aussi à une idée du cinéma comme capable de concentrer et de réfracter l'univers à partir des situations les plus intimes, les plus élémentaires : *« Avec un homme et une femme dans une chambre, on peut tout dire du monde ».* La manière dont Garrel met en œuvre cet axiome n'appartient qu'à lui, le point de départ n'est pourtant pas éloigné de celui de Rossellini dans *Voyage en Italie,* et des conclusions qu'en tirèrent dès le milieu des années cinquante les critiques des *Cahiers*. Garrel mise tout sur la puissance singulière du dispositif cinématographique. Si arides que soient ses tentatives, elles visent à une entrée en scène de la réalité. En celà son cinéma diffère de celui des esthètes formalistes (certains venus de la peinture, comme Martial Raysse, Daniel Pommereulle ou Robert Lapoujade), qui fleurissent au début des années soixante-dix.

A côté de Garrel, Jacques Doillon, pourtant angoissé et introverti, ferait figure de joyeux drille. Né en 1944, il a débuté comme monteur avant de réaliser des courts-métrages documentaires. Il n'est que cosignataire de son premier long-métrage, *L'An 01*, dont l'idée ne lui appartient pas. Son véritable début, aussitôt salué par les fondateurs de la Nouvelle Vague, Truffaut en tête, comme une digne continuation, sera *Les Doigts dans la tête,* en 1974. « Petit film » consacré à des « petites gens » : un apprenti boulanger, son copain mécano, sa petite amie qui tient l'étalage, une jeune voyageuse scandinave arrivée par hasard, et repartie de même. Les jours, le boulot, les blagues, les filles et les garçons, la chambre, la maladresse des hommes et celle de l'âge, la révolte : avec un naturel déconcertant, un humour chaleureux et incisif, un sens impeccable des temps et contretemps des corps et des voix, le film *Les Doigts dans la tête* est sûrement l'un des plus en phase avec la jeunesse de l'époque. Et, pour une fois, cette jeunesse-là n'est ni étudiante ni « artiste ». Dans le huis clos de la chambre de bonne où l'apprenti s'oppose à son patron et découvre les tourments de l'amour libre (en même temps qu'il les inflige), dans le libre jeu des conversations de bistrots, des balades et des rencontres qui dessinent un parcours modeste, à ras du trottoir et du quotidien, Doillon a saisi le tout-venant des mots et des comportements d'une adolescence populaire qui échappe, chez lui, à toute forme de caricature. Cette réussite, qui a séduit un nombre décent de spectateurs, lui vaut une proposition de Claude Berri, à laquelle il se reprochera ensuite de n'avoir pas résisté. Reconstitution historique dont il aura grand mal à se dépêtrer, *Un sac de billes* (1975), d'après le livre autobiographique de Joseph Joffo, éloigne un moment Jacques Doillon de son chemin personnel. Malgré le succès du film, il retournera ensuite vers le cinéma qui lui correspond avec *La Femme qui pleure* (1979), et ne le quittera plus.

Rejeton direct de la Nouvelle Vague, Gérard Blain l'est à l'évidence, lui qui, après son apparition dans *Les Mistons* de Truffaut, a été l'un de ces « nouveaux corps du cinéma moderne », aux côtés de Brialy, dans *Le Beau Serge* et *Les Cousins.* Sa carrière comme acteur avait, discrètement, commencé avant, elle se poursuivra ensuite tout aussi discrètement — hormis sa prestigieuse embauche par Howard Hawks pour *Hatari* ! Dès le début des années soixante, Blain veut devenir réalisateur, il aurait dû faire partie de la Nouvelle Vague comme cinéaste, il écrit des scénarios, mais ne parvient pas à tourner. En 1970, il réussit enfin à mettre en scène son premier film, *Les Amis,* qui sort l'année suivante. On y découvre de quel cinéma il se chauffe : celui de Robert Bresson. L'emploi d'interprètes amateurs, la prise de vues frontale, la rigueur du cadre presque toujours immobile, l'emploi autant que possible d'un seul objectif ne sont que les traces extérieures d'un cinéma placé sous le signe de l'évidence des êtres et des choses, ennemi de tout artifice pathétique. Cette manière de rester en retrait des sentiments exprimés fait la force des *Amis*, description de la relation entre un jeune homme pauvre et un quadragénaire fortuné, comme ensuite du *Pélican* (1974), portrait d'un père déchu de ses droits de paternité (joué par Blain lui-même), qui tente d'approcher son fils et d'ébaucher, malgré tout, une relation avec lui. Le cinéaste trouve un aboutissement complet à ses partis pris stylistiques avec *Un enfant dans la foule* (1976), sur un scénario écrit avec le critique Michel Perez, qui suit l'évolution d'un garçon de sept à treize ans, sa recherche du père et ses efforts pour s'intégrer au monde des adultes. La reconstitution de l'époque de l'Occupation et l'évocation des amours pédérastiques recelaient bien des écueils, évités en toute simplicité par la droiture de la mise en scène.

Si, dans ces trois premiers films, le cinéma de Blain est radical, ses récits ne tendent jamais à une rupture, mais au contraire à la quête d'une difficile réunion, à une idée, mélancolique ou angoissée, de la communauté toujours possible. Son esthétique approchera d'un formalisme plus artificiel avec le film suivant, *Un second souffle* (1978), où la présence d'acteurs connus (Robert Stack, Sophie Desmarets) travaille plutôt contre l'« évidence ». Il retrouvera une puissance ennemie de tout lyrisme dans *Le Rebelle* (1980), film de pure révolte. Mais ce cinéma n'est alors plus du tout de saison, si Blain n'a jamais connu de vrai succès, il passe cette fois complètement inaperçu. Il devra attendre sept ans avant de pouvoir réaliser son sixième long-métrage, *Pierre et Djemila* (1987).

En 1975, André Téchiné, obtient, lui, une vraie reconnaissance publique. Straub, Eustache, Garrel, Doillon, Blain ont été proches des *Cahiers du cinéma*, Téchiné, né en 1943 et monté à Paris de son Sud-Ouest natal en suivant l'étoile de sa cinéphilie, en a été, lui, un rédacteur régulier de 1964 à 1967. Enseignant à l'I.D.H.E.C., il a également été l'assistant de Jacques Rivette sur *L'Amour fou.* En 1969, selon l'usage désormais établi – et qui se maintiendra – qui veut que la plupart des critiques des *Cahiers* tentent leur chance comme réalisateurs, Téchiné tourne son premier long-métrage, *Paulina s'en va*, présenté à Venise la même année (mais qui ne sera distribué qu'en 1975). Entre Rivette et

Garrel [1], c'est une observation impressionniste d'une femme à la dérive, qui est à la fois la Paulina de la fiction et Bulle Ogier qui l'interprète, la mise en abyme du réalisme et de la fantasmagorie, au miroir courbe d'une folie dont on ne saura jamais assurément si c'est celle du personnage ou celle de la mise en scène. Plans-séquences, longs silences, *« histoire d'une somnolence »*, comme le dira son auteur, Paulina est un film aride, « difficile », produit dans des conditions matérielles minimales avec une volonté avouée de poursuivre à l'écran la critique du langage cinématographique effectuée jusqu'alors la plume à la main. En 1975, la deuxième réalisation de Téchiné, *Souvenirs d'en France,* semble aux antipodes de ces austères débuts : dans les couleurs franches d'une stylisation théâtrale qui reconnaît joyeusement son inspiration brechtienne, sous le soleil de Valence-d'Agen (le village natal du réalisateur), cette saga évoquant l'histoire d'une famille d'industriels, des années trente au début des années soixante-dix, est portée avec un bel allant par Jeanne Moreau, lingère devenue chef d'entreprise. A la fois linéaire et mené avec une grande liberté, le récit utilise les saynètes à thème dont le côté « image de classe d'Histoire » est renforcé par l'emploi fréquent du plan fixe. Elles laissent pourtant aux interprètes (Marie-France Pisier, Michel Auclair, Julien Guyomar, Claude Mann, autour de Moreau) toute latitude de s'exprimer. On songe au Renoir de *La Marseillaise* et à ses chaleureuses vignettes historiques, la présence d'Orane Demazis confirme un lointain cousinage avec Pagnol et avec la très particulière théâtralité de son cinéma. L'évocation des grands épisodes historiques (Front populaire, Occupation et Résistance, gaullisme historique et dégénérescence affairiste, Mai 68 et soumission de l'entreprise nationale au grand capital international) est à la fois didactique et ludique. Dans un article publié par *Le Monde* du 17 septembre, Roland Barthes souligne la forme romanesque classique à laquelle recourt le film. Mais elle est dynamisée par les ellipses d'un montage sans complexe, qui brise la lourde reconstitution du passage des ans à laquelle sacrifie d'ordinaire ce genre de films.

Comme Godard et Straub, et aussi Buñuel (surtout dans *Le Journal d'une femme de chambre* et *La Voie lactée*) et, dans une certaine mesure, Duras (chez qui le passé colonial demeure très perceptible), le film de Téchiné propose un regard politique selon une perspective historique. Il le fait d'une manière plus « scolaire », qui utilise l'imagerie des époques évoquées. Ce rapport à l'Histoire, et au théâtre, inspire également René

1. Bien des années plus tard, Philippe Garrel tournera un film, *Les Ministères de l'Art,* dédié à Jean Eustache et qui réfléchit à ce qu'est devenu leur cinéma. On y retrouvera Doillon et Téchiné, et Léaud, et aussi Chantal Akerman, jeune réalisatrice belge qui, dès son premier court-métrage (*Saute ma ville,* 1968), avait témoigné de sa communauté de sensibilité avec cette « nouvelle Nouvelle Vague », confirmée avec exigence et talent par *Je, tu, il, elle* (1974) et *Jeanne Dielmans, 23, quai du Commerce, 1080 - Bruxelles* (1975), admirable expérience de vérité du cinéma portée par Delphine Seyrig. Et aussi un autre membre de cette génération, Benoît Jacquot, qui allait bientôt les rejoindre avec *L'Assassin musicien* (1976).

Allio, lui aussi sous l'égide de Brecht, dont on a dit qu'il a lointainement inspiré *La Vieille Dame indigne.* La réflexion politique sur le spectacle du dramaturge allemand, à force de servir de référence à tout le monde, finira en vulgate dévoyée avant la fin de la décennie. Rien de tel chez Allio, qui préférera bientôt chercher ailleurs ses repères théoriques, ni chez son complice Jean Jourdheuil, dramaturge et metteur en scène de théâtre qui cosigne deux des films du réalisateur durant cette période, *Les Camisards* (1972) et *Moi, Pierre Rivière, ayant égorgé ma mère, ma sœur et mon frère...* (1976). *Les Camisards* est une évocation de la résistance des protestants cévenols au centralisme parisien et à l'hégémonie catholique, et de leur féroce répression par les troupes de Louis XIV. La stylisation du film accentue les parallèles suggérés avec l'époque contemporaine, en même temps qu'elle démontre la possibilité d'un cinéma historique lyrique, sans les gros moyens qui généralement s'y rattachent. Pour le scénario de *Moi, Pierre Rivière...*, inspiré d'une recherche historiographique menée par Michel Foucault sur la relation écrite de ses crimes par un jeune paysan normand du siècle dernier, Allio et Jourdheuil ont été rejoints par deux piliers des *Cahiers du cinéma,* Serge Toubiana et Pascal Bonitzer (et André Téchiné y a également prêté la main). Le résultat est plus austère et plus riche que *Les Camisards.* Il est construit sur la fidélité rigoureuse au texte du jeune paysan normand trois fois meurtrier en 1835, ou plus exactement de deux textes, le « mémoire » de Rivière, et l'analyse de Foucault : toujours la surpuissance des mots en ces temps idéologiques. Sur cette base, le film dresse un réquisitoire « objectif » des méthodes judiciaires, de la manière dont elles décident de la culpabilité d'un homme et de la sentence qu'il devra subir. Et, contre ce discours dominant et réducteur, le film se présente comme une épreuve de vérité, en essayant de mettre à jour la complexité d'un individu, sous les oripeaux psycho-sociaux que les différents pouvoirs lui avaient attribués pour plus facilement le condamner. Dans ces deux films, le théâtre est au cœur de la mise en scène, il lui donne sa distance et sa rectitude. Il en va autrement de *Rude Journée pour la reine* (1973), tourné entre-temps par René Allio. Simone Signoret y campe une femme de ménage mêlée à des tribulations familiales bien réelles, interférant avec la manière dont elle fantasme son existence sous l'influence de la presse du cœur. Le film renoue ainsi avec les jeux de dédoublements pratiqués par le cinéaste dans ses précédents films, *L'Une et L'Autre* et *Pierre et Paul*, de même que la volonté de cette femme d'échapper à son destin social et familial rappelle le choix de Sylvie dans *La Vieille Dame indigne.*

Moi, Pierre Rivière... a été produit par les films de l'Arquebuse, société fondée un an plus tôt par René Feret pour produire son propre premier film comme réalisateur. Comme Allio, Feret vient du théâtre, et du même milieu théâtral puisqu'il a fait partie de la compagnie de Jean-Pierre Vincent et de Jean Jourdheuil. C'est d'ailleurs cette troupe qui interprète son premier film, *Histoire de Paul* (1975), étrange exercice de « faux cinéma vérité » qui reconstitue avec un réalisme troublant l'univers asilaire, film d'une grisaille désespérée sur le sort réservé aux internés par l'institution psychiatrique. On y retrouve l'influence de Michel Foucault, grand historien de l'enfermement, elle sera encore plus apparente lorsque Feret tournera *Le Mystère Alexina* en 1985, inspiré du cas de l'hermaphrodite Herculine Babin qu'a étudié Foucault. Mais entre-temps, Feret rejoindra plutôt Téchiné, entre tentative de représentation de la mémoire et évocation de l'histoire sociale, avec *La Communion solennelle* (1977), évocation à la fois chaleureuse et stylisée de trois générations d'une famille du nord de la France, en une sorte de puzzle historique adroitement disposé.

En 1973, avec la plus extrême discrétion, était sorti un film sans pedigree, au titre bizarre, *L'Italien des roses.* Dans un noir et blanc mariant réalisme quotidien et onirisme, recherche esthétique clairement revendiquée et enregistrement des instants ordinaires de la vie dans un quartier populaire de Paris, le peintre Charles Matton y accompagnait l'errance somnambulique d'un jeune homme au regard étrange, dont c'était la première apparition à l'écran, Richard Bohringer. Exemple inhabituel d'une démarche picturale qui trouve le moyen de se poursuivre au cinéma sans le nier ni se renier, grâce à un tissu serré de gags, d'instants volés, d'envolées poétiques et de notations cruelles. Matton, qui ne rééditera pas son exploit, y laisse apparaître une certaine affinité de regard avec un Federico Fellini, si éloigné de l'esprit du cinéma français.

Les personnages de *L'Italien des roses* comme de *La Communion solennelle* sont des gens du peuple. Ce n'est pas si fréquent. Les prolétaires occupent à cette époque une grande place dans les discours, bien peu sur les écrans, sauf dans les documentaires d'intervention, où ils se doivent d'être exemplaires des luttes à mener. Ce paradoxe n'est pas sans justification : ni Godard, ni Buñuel, ni Rivette, ni Straub, ni Duras, ni Garrel ne sont des prolétaires. Ils filment « comme ils sont », avec des préoccupations et des interrogations marquées par leur culture, leur histoire et leur mode de vie. Eustache, qui vient d'un milieu populaire, a tenté en vain, et dans une souffrance croissante qu'on ne peut tenir pour étrangère à son silence et finalement à sa mort, une synthèse entre sa cinéphilie, sa réflexion théorique sur le cinéma, son passé personnel et social, et son désir de « cinéma populaire » — au double sens du terme : cinéma qui parle du peuple, et s'adresse à lui. Malgré Rozier l'isolé ou le premier Doillon, le cinéma français apparaît très démuni de ce point de vue, comparé aux réalisateurs britanniques formés à l'école documentaire de la B.B.C., et qui trouvent le moyen de « filmer politiquement » des fictions situées en milieu ouvrier, avec une réussite qui fait défaut de ce côté de la Manche. Qui ferait presque totalement défaut, si un cinéaste n'était venu accomplir cette union du cinéma moderne et de la représentation, sans cliché ni complaisance, sans mauvaise conscience non plus, avec le peuple : Maurice Pialat.

Maurice Pialat

« Un tournage est un instant que l'on essaie d'agripper. Au cours d'un tournage, il doit se passer quelque chose, sans cela le film est un échec. L'Enfance nue *s'est fait en quinze jours, sur le plateau même, au milieu du tournage. A un moment, j'en ai eu assez et j'ai décidé de plaquer la caméra fixe devant les acteurs. Une scène ressentie est une scène réussie ; seulement il faut la tourner coûte que coûte, sans se soucier de la beauté formelle du cadrage ou de l'harmonie des couleurs ».* Lorsque Maurice Pialat tient en juillet 1973 ces propos qui définissent à merveille son travail (entretien publié dans le n° 159 de *Positif*), il a quarante-sept ans, deux longs-métrages à son actif, et une déjà longue carrière dans le cinéma.

Né en 1925 dans le Puy-de-Dôme, fils d'un petit entrepreneur ruiné, élevé en banlieue parisienne (à Courbevoie), il a étudié et pratiqué la peinture, fait du théâtre, gagné sa vie comme représentant de commerce, réalisé dès 1951 des courts-métrages en amateur (où il croise le chemin de Lelouch). C'est l'un d'eux, montré à Pierre Braunberger, qui décide celui-ci à produire le premier film professionnel de Pialat, *L'Amour existe,* en 1960 : images de la banlieue parisienne d'une splendeur sensible (les images, pas la banlieue) qui évoque les clichés de Doisneau, commentaire rageur et ému, sens inné des possibilités du cadre, de la durée et du montage, ces vingt et une minutes de sombre beauté pamphlétaire annoncent toute l'œuvre à venir. Mais l'œuvre ne vient pas vite. Deux ans plus tard, Pialat réalise un autre court-métrage, *Janine*, sa première fiction, sur un scénario de Claude Berri, qui en est également l'interprète, aux côtés d'Evelyne Kerr et de Hubert Deschamps. Cette dérive nocturne de deux copains dans les rues et les bars parisiens, l'un amoureux d'une prostituée qu'il veut épouser sans savoir qu'il s'agit de l'ex-femme de l'autre, recèle un humour tonique et noir, un mélange de fureur et de tendresse qui annonce, aussi, les films futurs. Mais pas de films futurs encore, Pialat ne trouve pas de travail, sinon à la télévision ou pour les actualités Pathé. Il réalise de brefs documentaires de commande, au détour desquels passe parfois son intérêt pour les détails, pour le travail, pour la matière des jours. Pourquoi Pialat, pourtant à l'unisson des inventeurs du cinéma moderne, n'a-t-il pas fait partie de la déferlante du début des années soixante ? Il n'était pas isolé : proche de Claude Berri, dont la sœur, la scénariste et monteuse Arlette Langman, partage sa vie, et du producteur Jean-Pierre Rassam, beau-frère de Berri, il a été très tôt repéré par Braunberger, l'un des « parrains » du cinéma moderne ; il joue — excellemment — un petit rôle chez Rouch (*Les Veuves de quinze ans,* 1965), il tourne un documentaire sur Agnès Varda, il a également travaillé avec Alain Cavalier... La seule explication connue à cette impossibilité à passer au long-métrage durant presque une décennie est (trop) célèbre, et résumée lapidairement par Braunberger disant que Pialat est *« un emmerdeur monstrueux ».* C'est un peu court, sans doute. Toujours est-il que cette période d'attente lui inspire une durable antipathie contre ceux qui se sont mieux débrouillés, se sont tenu les coudes et ont su utiliser, voire susciter, la curiosité des médias à leur égard. Il refusera toujours les rapprochements avec la Nouvelle Vague et ne manquera jamais de sarcasmes contre la « bande des *Cahiers* » (avec une moindre hostilité à Godard). Il sera plus clément avec des outsiders comme Rozier ou Eustache (il joue un petit rôle dans *Mes petites amoureuses,* comme il l'a fait dans *Que la bête meure* de Chabrol). Et c'est pourtant François Truffaut et Claude Berri, aux côtés de la productrice Mag Bodard et des distributeurs Jo et Sammy Siritzky, qui produiront en 1968 son premier long-métrage, *L'Enfance nue*, sorti en janvier de l'année suivante.

Il s'agissait à l'origine d'un projet de documentaire consacré aux enfants placés par l'Assistance publique, pour lequel le cinéaste a effectué de longues recherches. Elles nourrissent le film qui raconte comment François, dix ans, doit quitter sa famille adoptive dans une ville ouvrière du nord de la France et est placé chez un couple âgé (« pépère » et « mémère ») dans la même région, puis est envoyé en centre de redressement après avoir déclenché un accident. Quoi qu'on en ait dit à l'époque, le film n'est pas autobiographique au sens littéral (Pialat n'a jamais été à l'Assistance publique). En revanche, il s'inspire des souvenirs d'un enfant écorché, se sentant abandonné par ses parents, rétif à la discipline et à l'enfermement. Tournée sans effet esthétique, dans des lieux « de tous les jours » (un coron de Lens, puis une maison ouvrière de Hénin-Liétard et son environnement de pays minier, bureaux de l'administration sociale, magasins, bistrots, rues), *L'Enfance nue* ne les utilise jamais dans une fonction démonstrative ou symbolique. On y retrouve aussi d'emblée l'interrogation commune du cinéma « filmé politiquement », sur les rapports entre image et son : le film s'ouvre avec, off, un dialogue qui ne correspond pas à ce qu'on voit, dialogue qui sera repris, plus tard, « en situation ». Les interprètes, dont beaucoup sont des amateurs jouant leur propre rôle, contribuent à dépouiller le film des discours psychologique ou sociologique, « clés » toujours rassurantes pour le spectateur. Les moments de grande tendresse (notamment entre le petit François et la femme très âgée de la deuxième maison, « mémère la vieille »), les actes de violence parfois extrême (la persécution du chat), de révolte viscérale (la porte défoncée) ou de ruse ambiguë (le cadeau à la première mère adoptive), sont des « blocs factuels », d'autant plus forts, d'autant plus véridiques qu'aucune causalité ne vient les inscrire dans une chaîne d'explications. « C'est comme ça, et même quand ça a l'air d'aller mieux, ça ne va pas », suggère le film, sans jamais imposer de discours général. *L'Enfance nue* est pourtant d'une grande profondeur historique et sociale : les traditions de lutte ouvrière, la Résistance, les rituels de groupe avec leurs chants et leurs cérémoniaux, les mécanismes administratifs ont droit de cité à l'écran. Mais jamais de manière explicative ou pathétique, uniquement en ce qu'ils font partie de la trame des jours.

Remarqué à sa sortie, le film est plutôt bien reçu (prix Jean Vigo, sélection au Festival de Venise) même s'il n'obtient pas un grand succès public. Il marque une date dans l'histoire du cinéma français, celle de l'avènement d'un regard moderne sur la « France profonde », celle qui travaille de ses mains et le plus souvent se tait. *L'Enfance nue* réussit la fusion entre le cinéma d'intervention, celui qui veut « filmer les masses et s'adresser à elles », selon le langage d'alors, et le cinéma de rupture, qui remet en cause les codes narratifs et économiques de la fabrication des films.

Pialat, cinéaste politique ? A l'évidence, si on entend le terme « politique » comme désignant un point de vue global sur la société, et une approche des situations particulières — les seules dont il traite — à la lumière de ce point de vue. Mais pas du tout au sens où les films présenteraient une analyse des causes de dysfonctionnement social et proposeraient des moyens d'y remédier. Dès *L'amour existe,* dans tous ses autres films, Pialat affiche son refus, rageur et navré, de toute forme d'organisation sociale. Il incrimine simultanément, et au même titre, toutes les institutions, tous les modes de relations entre les humains voués, à ses yeux, à une sorte de malédiction implacable dès qu'ils sont ensemble. Ses films ne sont nullement misanthropes, ils débordent au contraire de tendresse et de compassion pour les gens. Maurice Pialat ne déteste pas les hommes, il déteste le monde et ses sociétés. Son nihilisme se garde bien de suggérer des recours, mais se contente de mettre en lumière la cruauté et l'absurdité de la condition humaine, toujours à hauteur d'homme — et de femme, et d'enfant. En 1973, alors que beaucoup parmi les mieux installés dans le système se targuent de faire œuvre progressiste, voire révolutionnaire, il affirme « ne pas faire de films engagés », ce qui est d'ailleurs exact, au regard du sens pris alors par ce terme. A un moment où le monde du cinéma quasi unanime se prétend de gauche, il se dira donc de droite et ira même signer une pétition en faveur de Giscard d'Estaing lors des présidentielles de 1974 — paradoxe du refus des conformismes où il arrivera plus d'une fois au cinéaste de s'empêtrer. Pialat est moins un politique qu'un moraliste à la manière de Diogène, mais sa lanterne, sa caméra, révèle les plus sombres impasses de la cité. Son acuité procède par éclats successifs, qui récusent le romanesque des scénarios et le spectaculaire des réalisations, toute la « mise en forme » qui réconforte et rassure même sur les sujets les plus critiques. Les films et les situations réelles auxquelles ils se réfèrent atteignent une symbiose qui ne doit plus guère à la fiction, et dont la forme « définitive » (Pialat a pour habitude de médire de ses propres films aussitôt terminés, taraudé par le sentiment qu'il y avait plus et mieux à faire) ne renvoie à aucune autorité extérieure : ni l'art, ni l'idéologie, ni le spectacle.

Lorsqu'on l'interroge sur ce qui « manque » dans ses films (du point de vue de la continuité dramatique ou de la logique), il est arrivé à Pialat de répondre *« le film n'en voulait pas ».* On ne saurait mieux dire la nature organique de films qui sont comme des morceaux de matière vivante – et souffrante : *« finalement, on ne filme que des blessures »,* dira-t-il plus tard – ayant leur propre anatomie et sécrétant leurs propres principes vitaux. Cette manière de faire du cinéma est, nécessairement, très exigeante pour les collaborateurs du cinéaste, elle réclame des acteurs et des techniciens une implication personnelle totale dans le projet, en fait assez proche – quoi qu'en dise Pialat – de ce que requièrent Godard ou Rivette de ceux avec qui ils travaillent. Mais cette approche est chez lui plus instinctive, plus « physique » – Pialat, s'il est beaucoup plus cultivé qu'il n'aime à le montrer, n'est pas un théoricien, et le terme « pragmatique » revient souvent dans ses entretiens. Ses films, portés par une haine inexpiable de l'injustice et des impostures consolatrices et esthètes, resteront délibérément sans issue et sans fin, sans non plus envisager d'alternative à l'univers tel qu'il le décrit.

En septembre et octobre 1971, la deuxième chaîne de télévision diffuse un vaste feuilleton, *La Maison des bois.* Commandée par l'O.R.T.F. à un Pialat qui a enfin fait ses preuves et obtenu une reconnaissance professionnelle, c'est une évocation durant la Première Guerre mondiale et, juste après, de la vie d'un groupe de gamins déplacés à cause du conflit, et une chronique de la vie dans le village d'Île-de-France près duquel est située la maison du garde-chasse chez qui logent les enfants. Expérience contradictoire dans la mesure où la nature « familiale » de la diffusion limite les possibilités du cinéaste, mais où celui-ci sait en revanche tirer parti de la longueur et du relatif relâchement de la construction narrative, grâce à la division en sept épisodes, pour multiplier les scènes croquées à vif, les moments sans autre légitimité que les éclats de tendresse, de joie ou de douleur qu'ils laissent filtrer.

Le dernier épisode de *La Maison des bois* montrait des scènes de ménage, elles seront au cœur de son second long-métrage, *Nous ne vieillirons pas ensemble* (1972), ce sujet directement autobiographique dont Pialat avait d'abord fait un livre. Le film mêle le plus intime des problèmes de couple avec le recours pour la première fois à de grandes vedettes, Jean Yanne et Marlène Jobert, grâce à l'intervention de ce producteur alors très bien installé mais irréductiblement marginal qu'est Jean-Pierre Rassam. Malgré sa violence antispectaculaire, *Nous ne vieillirons pas ensemble* est sélectionné au Festival de Cannes, où il vaut un prix d'interprétation à Yanne, et obtient un accueil critique d'un enthousiasme pratiquement unanime, du *Monde* à *L'Aurore*, de *L'Humanité* à *Valeurs actuelles*, du *Canard enchaîné* à *Témoignage chrétien* et aux *Lettres françaises.* Pialat est tour à tour comparé à Renoir, Bergman, Antonioni, en même temps qu'est saluée son incomparable originalité. Suivra un vrai succès commercial (427 000 entrées à Paris), pour un film brutal, désespéré, volontairement décousu. De scènes de ménage en scènes de famille, il conte la débâcle d'un amour, celui qui unissait un réalisateur de troisième zone, séparé de sa femme sans avoir rompu, et une secrétaire qui ne demande qu'à l'aimer. La vulgarité des mots et des gestes du personnage masculin, la souffrance de sa partenaire — ni jouet, ni victime, ni héroïne, dans un film qui n'a rien de la misogynie qu'on lui reprocha parfois — sont autant de repères fuyants, qui ne semblent fournir les clés d'un récit psychologique que pour mieux se dérober. *Nous ne vieillirons pas ensemble,* c'est la guerre, la guerre de chacun contre chacun, la guerre de tous contre le temps qui passe, et la mort qui vient.

La mort, elle arrive plein cadre, filmée comme sans doute jamais elle ne l'avait été ni ne le sera ensuite, dans le film suivant, *La Gueule ouverte* (1974). L'agonie, dans une petite ville d'Auvergne, d'une mère de famille victime du cancer, et la manière dont la maladie et la mort sont vécues par son mari, son fils et sa belle-fille, parvient à une violence sèche et dure, qui attaque de front la totalité des dispositifs sociaux de gestion (psychique, commerciale et technique) de la mort. Parce que, comme et plus encore que les autres, ce film-là remet en cause autant ses spectateurs que ses personnages et le monde dans lequel la fiction les situe, *La Gueule ouverte* est un grand film « filmé politiquement » de l'époque, au sens que nous avons donné à cette expression : un cinéma de rupture, radicalement « non consolateur », ou « non réconcilié », comme on dit chez les Straub. C'est aussi, comme il fallait s'y attendre, un cinglant échec public (9 000 entrées à Paris), qui ruine la petite société de production mise sur pied par le cinéaste, et qui s'était un peu enrichie grâce au succès du précédent film. Maurice Pialat mettra quatre ans avant que soit mené à bien son quatrième long-métrage, *Passe ton bac d'abord* (1978), chronique à multiples personnages d'un groupe d'adolescents de Lens. Le simple fait de décrire un milieu populaire à travers des élèves d'une classe de philo suffirait à montrer combien ce cinéaste-là est loin des clichés. La complexité de la construction, la description critique des mécanismes entrecroisés de l'enseignement, de la famille, de la sexualité, de l'apprentissage des rôles adultes, où le besoin de reconnaissance sociale et de confort matériel n'exclut pas les élans rebelles, font de ce film sans vedettes ni intrigue un nouveau coup de force. *Passe ton bac d'abord* ne tire son énergie que de lui-même, construit un monde qui ne doit rien aux systèmes ordinaires de fiction (ni à la « sociologie » comme on la pratique dans les magazines), mais invente une forme singulière de connivence avec la réalité.

Produire politiquement ?

« Je te voyais ivre de rage et de passion, et je t'avais surnommé le Rimbaud de la production. » Plus tard, après sa mort, Gérard Depardieu rendra ainsi hommage à Jean-Pierre Rassam, producteur d'origine libanaise né en 1941, spectateur attentif à la Bourse comme au cinéma entre lesquels il partage ses loisirs d'enfant, sorti de Sciences-Po avec les honneurs, et de l'E.N.A. avec pertes et fracas lorsque, admissible à l'oral, il scandalise le jury en lui expliquant qu'avec les caisses d'épargne l'État est le premier escroc de France. Avec succès un temps, avec panache toujours, Jean-Pierre Rassam aura tenté dans la foulée de Mai 68 d'inventer une nouvelle manière de produire, à mi-chemin entre la guérilla et le dernier nabab. Le cinéma français de cette époque est capable de donner naissance à un tel personnage, et de lui laisser gravir un à un, à la force du poignet et de la « tchatche », tous les échelons de la puissance.

Rassam, dont la sœur Anne-Marie a épousé Claude Berri, dont le frère Paul deviendra l'associé de Berri au sein de la société de distribution A.M.L.F., est dans la seconde moitié des années soixante un proche du réalisateur et producteur du *Vieil Homme et l'Enfant*, et de cette « famille » dont François Truffaut est un membre éminent, mais qui comprend aussi Roman Polanski, ou le scénariste Gérard Brach. Installés dans les bureaux de la productrice Mag Bodard, Rassam et Berri se sont initiés à la production en regardant travailler celle qui produit alors Demy, Varda, Godard et Bresson. En août 1968, après que Berri et Truffaut eurent accueilli un jeune Tchèque qui errait sur les Champs-Elysées avec ses bobines sous le bras, et acheté le film, nommé *Au feu les pompiers !*, pour le distribuer en France, Rassam et Berri se lanceront dans une ahurissante aventure pour aller récupérer à Prague les enfants de Milos Forman à la barbe des tankistes soviétiques, puis, toujours avec la voiture de Truffaut conduite à tombeau ouvert sur les routes d'Europe, le fils d'un autre représentant de la « nouvelle vague tchèque », Ivan Passer. Dans la période qui s'ouvre alors, Jean-Pierre Rassam a compris qu'il est possible, non pas de faire son trou dans le système de production, mais d'imposer une autre manière de faire. A coup d'intuitions fulgurantes, de colères homériques, d'audaces, de combines et de bouts de ficelle, de persuasion des banquiers, des distributeurs, des administrations, en parfois des vedettes, par le charme, l'intimidation et une adresse diabolique à utiliser au mieux les mécanismes existants et les puissances publicitaires du scandale, les mauvaises consciences et les lâchetés, il va conquérir une place éminente dans la production. Rassam produit quelques-uns des principaux films du « cinéma de la différence ». Les deux grands films qui font scandale au Festival de Cannes 1972, *La Grande Bouffe* et *La Maman et la Putain*, c'est lui (même si le film d'Eustache est une coproduction où beaucoup ont versé leur écot). Il sera à nouveau le partenaire de Ferreri pour *Touche pas à la femme blanche,* qui le ruine après que *La Grande Bouffe* l'a enrichi, et celui de Jean Yanne pour ses trois premières réalisations. C'est lui également qui amène Yanne et Marlène Jobert à Pialat pour *Nous ne vieillirons pas ensemble* ; il sera l'associé de Barbet Schroeder dans *Idi Amin Dada* et *Maîtresse* ; il permet à Bresson de mettre sur pied le projet « déraisonnable » de *Lancelot du lac*, refusé par tous les producteurs depuis le début des années cinquante.

Mais « produire politiquement », ce n'est pas seulement tenir table ouverte au Plaza et y recevoir pêle-mêle (et en robe de chambre) banquiers, stars et voyous. Ce n'est pas seulement refuser de lire les scénarios (*« je n'ai jamais acheté un projet, jamais lu un script, je ne comprends pas le rapport entre une page écrite et un film »*) et préférer parier sur les idées et les rencontres. Ce n'est pas seulement tisser des liens avec un Coppola qui, au même moment, défie Hollywood, soutenir de la voix et du denier Henri Langlois, toujours au bord du gouffre depuis sa fâcherie avec l'État, ni même s'installer dans un immense appartement vide de l'avenue Montaigne, où l'on héberge dans une pièce Marco Ferreri, dans une autre Robert Bresson, dans une troisième le cinéaste underground américain Paul Morrissey. Pour celui qui se définit comme un *« producteur de combat »*, ce n'est pas survivre dans la marge, ni même en fédérer les plus brillants habitants. « Produire politiquement », pour Rassam, c'est prendre le pouvoir. Son but n'est pas dans l'austère confidentialité, mais dans la lumière et la gloire. Il a des idées sur les vedettes, proposera à l'U.G.C. une stratégie pour imposer un jeune comédien inconnu en lequel il croit et qui s'appelle Gérard Depardieu, se fera envoyer aux pelotes. Il produit *Tout va bien* de Godard-Gorin comme une sorte de hold-up total, vis-à-vis de Godard ramené (croit-on) dans le giron du cinéma grand public, vis-à-vis de Montand et Fonda entraînés dans cette aventure qu'ils ne comprennent pas, vis-à-vis des banquiers mis devant le fait accompli du *« plus grand cinéaste du monde »* auquel on ne refuse pas un petit million, vis-à-vis du public et des médias dont il sait admirablement se servir, ayant en ce domaine aussi quelques longueurs d'avance... Le pouvoir ? Il comprend un jour qu'il est possible de le prendre, au plus haut niveau, celui de la première société cinématographique de France, Gaumont. Alors, il va le prendre. Et le perdre. Et se perdre.

Filmer qui ?

Que les cinéastes se posent ou non la question en ces termes, « filmer politiquement », c'est apporter de nouvelles réponses à la question « comment filmer ? ». C'est aussi, forcément, répondre autrement à la question « qui filmer ? ». Il existe quatre réponses possibles, nous avons vu quelques exemples de la quatrième, la plus radicale : personne. Les trois autres réponses sont plus habituelles, on peut filmer des vedettes, des acteurs, ou des anonymes. On appelle ici vedettes, sans égard pour leurs cachets ou leur niveau de célébrité, les comédiens reconnus, qui apportent leur passé à l'écran avec eux. Quelques-uns tissent un lien physique entre les films que nous avons mentionnés ici. Jean-Pierre Léaud, Bernadette Lafont, Marie-France Pisier viennent de la Nouvelle Vague, et accompagnent le trajet de ceux qui en sont issus (Godard, Rivette) et de leurs héritiers (Eustache, Garrel, Téchiné). Alors que, nouvelles venues, Anne Wiazemsky découverte par Bresson et mise en valeur par Godard, puis surtout Juliet Berto, d'abord chez Godard, ensuite chez Rivette, sont des incarnations de l'esprit nouveau. Et aussi, différemment parce qu'ils viennent du théâtre, Bulle Ogier (chez Rivette, Téchiné, Buñuel, Garrel, Duras) ou Michael Lonsdale (chez Duras, Rivette, Buñuel, Eustache). La fréquence de leurs apparitions contribue à donner un « air de famille » à ce cinéma. La participation de grands noms du box-office (hormis les stars du comique) est évidemment plus épisodique. Mais que ces personnalités se rendent disponibles pour un cinéma aussi confidentiel traduit, outre les qualités d'entremetteur de Jean-Pierre Rassam dans le cas de *Tout va bien* et de *Nous ne vieillirons pas ensemble,* une force d'attraction de ces films et de ces cinéastes sans rapport avec leurs résultats commerciaux. La présence de Montand chez Godard, de Yanne et Jobert chez Pialat, de Moreau chez Téchiné, de Signoret chez Allio, montre qu'à ce moment tous les ponts ne sont pas encore coupés entre les tendances divergentes du cinéma français. On trouve également des acteurs alors peu ou pas connus, dont beaucoup accéderont ensuite à la célébrité : Philippe Léotard et Nathalie Baye dans *La Gueule ouverte*, Anémone chez Garrel, ou Depardieu dans *Le Camion.* Le plus souvent ces inconnus viennent du théâtre : c'est la règle chez les Straub, une constante chez Rivette, une rareté chez Godard, un choix occasionnel chez Pialat. Les « amateurs », enfin, occupent nécessairement tout l'écran du cinéma d'intervention et figurent « dans leur propre rôle » chez tous les cinéastes qui n'utilisent pas la théâtralité comme garde-fou esthétique (Godard, Pialat, Eustache, Moullet, Doillon) et les « militants ». Donc pas chez Buñuel, Straub, Rivette, Garrel ou Téchiné.

Ces rapprochements et ces clivages montrent comment cette mouvance cinématographique a tenté une fusion entre des statuts différents d'individus à l'écran, avec des objectifs variés. Ils remettent en cause l'aura des comédiens, et les illusions de l'identification qui l'accompagne ; ou essaient de permettre l'apparition à l'écran des « exclus », de ceux que d'ordinaire on ne montre pas. Cette démarche, indispensable à un cinéma qui se veut révolutionnaire, donne quelques résultats chez Eustache (les deux *Rosière, Le Cochon, Mes petites amoureuses*), chez Doillon, et surtout chez Pialat, beaucoup moins chez les « militants » (Godard compris) où les figures anonymes sont utilisées dans des fonctions exemplaires, pédagogiques qui les privent de leur appartenance réelle pour en faire des archétypes. Eustache s'épuisera et se désespérera dans cette quête d'un cinéma à la fois radical et convivial. Doillon changera de manière, voilant d'un masque d'intimisme et de psychologie une recherche dont il déviera parfois, sans la renier jamais. Pialat s'obstinera seul, dans une exigence rageuse, difficile à vivre pour lui et pour ceux qui l'entourent.

Il faut, globablement, conclure à l'échec de cette tentative de donner naissance à un cinéma à la fois « populaire » et de radicale rupture avec les codes de représentation en vigueur. A l'écran, le peuple n'est pas advenu ; dans les salles, il n'est pas venu.

Chapitre 5

LE RENARD ET LE RÊVEUR

Deux cinéastes, deux ténors de la nouvelle Vague, Claude Chabrol et François Truffaut, tentent durant cette période d'ouvrir un espace intermédiaire entre le cinéma du récit, à sujet politique ou pas, et une approche plus radicale ou dérangeante. Aucun des deux n'en fera état, à supposer qu'ils en soient conscients – ce n'est pas de leurs opinions qu'il s'agit ici, encore moins de la manière dont ils en gèrent tous deux avec une habileté consommée l'apparence publique, mais de leurs films. Ces films ont toutes les apparences du cinéma dominant, que ce soit par leurs sujets, leurs méthodes narratives, leurs conditions de production, l'utilisation des acteurs... Pourtant, la manière dont Chabrol, au moins dans les quatre premiers films de cette période, ménage un trouble qui mine de l'intérieur ses propres histoires et leur représentation, et la manière dont Truffaut laisse transparaître, sous les apparences de comédies ou de drames classiques, une angoisse et une utopie, relèvent bien de ce « cinéma problématique », pour reprendre l'expression appliquée par Eco à la littérature. Chacun à sa façon, Chabrol et Truffaut, plus fidèles qu'il n'y paraîtra à leurs origines critiques, essaient de maintenir la puissance de séduction du cinéma comme art de masses tel qu'ils l'ont adulé dès l'adolescence, tout en prenant en compte les transformations qui ont affecté depuis et le cinéma et la société.

La France au miroir maléfique du docteur Chabrol

Aussitôt après Mai 68, et régulièrement depuis, Claude Chabrol répète à qui veut l'entendre qu'il n'est pas un *« cinéaste politique »*. Ses films de la période n'en constituent pas moins, ensemble, la meilleure description et la meilleure analyse qu'ait su donner le cinéma de l'ère pompidolienne. Ils opèrent une synthèse qui, mêlant le plaidoyer, le témoignage et la provocation, s'avère d'autant plus pertinente qu'elle ne se veut pas démonstrative. Pris un par un, ces films sont assez inégaux pour avoir tour à tour représentés les différentes tendances du cinéma « politique », y compris, pour les plus mauvais d'entre eux, ses errements et ses impasses. Cas exceptionnel d'un cinéaste tellement en phase avec son époque qu'il aura à la fois raconté le monde dans lequel il vit et le cinéma qui en est issu.

Nous avions laissé Claude Chabrol, ex-avant-garde de la Nouvelle Vague, embarqué dans une dérive commercialo-ironique. Mai 68 l'enchante, il court de barricades en Odéon occupé *via* les Etats généraux. C'est le citoyen anticonformiste qui s'amuse ; le cinéaste enregistre peut-être quelques nouvelles notations sur les travers humains, il ne touche pas une caméra. Il affirmera ensuite, avec un peu trop d'aplomb : *« En ce qui me concerne, Mai 68 n'a eu aucune influence sur mon cinéma, mes conceptions philosophiques ou ma vie personnelle. »* S'il faudra attendre 1973 pour voir un de ses films directement lié à l'actualité, « influence » ou pas, l'époque profite au cinéaste. Celui-ci tourne toujours à la vitesse vertigineuse du bon façonnier qu'il prétend être : onze titres sortiront entre le 1er janvier 1969 et le 31 décembre 1975. Il est en pleine forme, comme on peut le constater dès *La Femme infidèle* (1969), premier d'une impeccable passe de trois, qui monte encore d'un cran avec *Que la bête meure* (1969) pour atteindre le sommet du *Boucher* l'année suivante. Dans le premier, Chabrol dépeint avec calme et gourmandise le bel ennui d'un couple bourgeois, les menus frémissements du désir, du soupçon, de la jalousie, de la lâcheté. Admirablement servi par Michel Bouquet et Stéphane Audran, il parvient à une mise en scène dont l'apparente simplicité dissimule une stylisation proche de l'abstrait, où la force de chaque geste — verser à boire, occire un rival — et de chaque regard — lancé au miroir, à la rue, à l'aimé(e) — paraît dosée au pèse-nerfs par un maître stratège. Sans que jamais le ton ait été élevé, c'est d'une suprême vacherie. Loin des grandes causes et des effets de manche, mais sans connivence aucune avec ce monde bourgeois qu'il observe d'un regard d'entomologiste, Chabrol décrit et dynamite du même mouvement de caméra, aussi tonique et ironique qu'un Mocky ou un Ferreri, sans avoir besoin de leurs surenchères et de leurs excès.

Des excès, il y en aura dans le film suivant, *Que la bête meure*, où le cinéaste offre à Jean Yanne l'opportunité d'un numéro de salaud anthologique. Mais toute la perversité de la mise en scène est de retourner très délicatement la construction dramatique en apparence simpliste, qui paraît condamner sans appel l'infect meurtrier d'enfant, bourreau domestique et crapule vulgaire, au profit du si parfait et si malheureux père de famille incarné par Michel Duchaussoy. Plus insidieusement encore que chez Hitchcock, les soupçons (de narcissisme, de manipulation, d'égoïsme) ne prennent forme que très lentement, sans jamais être explicités. Sous ce dispositif d'apparent Grand Guignol, c'est la morale comme système, la famille comme organisation, les relations humaines comme codes figés qui passent en douce à la moulinette, en même temps qu'une mise en cause allusive à la fois de l'autodéfense et de l'action terroriste.

On retrouve Yanne à nouveau, et Stéphane Audran de nouveau, dans *Le Boucher*, qui est une manière de chef-d'œuvre. Si la force de *La Femme infidèle* tenait à sa retenue et sa puissance de suggestion, le film est cette fois comme matelassé de non-dits, de frustration, de tendresse enfouie profondément et de violence sans l'ombre d'un effet. En s'abstenant, ici, de s'en prendre à des notables, avec ce qu'il y a de conventionnel dans ces charges, Chabrol gagne un surcroît d'émotion. Elle émane du film en parfaite contradiction avec ses ressorts dramatiques apparents, dans toute la puissance d'une mise en scène souverainement habile, jamais dominatrice. Les protagonistes sont des « types » — l'homme de la matière, de la barbaque, des pulsions, la femme des mots, du savoir, des sentiments — mais incarnés modestement (un commerçant du village, l'institutrice de la communale). C'est le tout-venant de la folie, du malheur et de la tragédie qui gagne droit de cité.

Puis Chabrol repart vers la démesure, tournant *La Rupture* (1970), autre grande interprétation de Stéphane Audran, femme seule en butte aux manigances de la famille avec laquelle elle tente de rompre, et où un tiers (Jean-Pierre Cassel) devient un instrument à plusieurs tranchants. Chabrol pourra bien le nier mordicus, il y a une métaphore politique cachée dans ce scénario psychologique à la construction compliquée. Et même une utopie héritée de Mai 68 : la possibilité de couper les ponts avec le pouvoir et de résister à ses tentatives de manipulations et de dénigrement. Que le film s'achève sur la victoire, au moins provisoire, du personnage féminin harcelé par les puissances de l'ordre et de l'argent, remet à sa juste place le cynisme trop souvent attribué au cinéaste et la complaisance dont on le soupçonne parfois : la facilité, ici, c'était l'habituelle catastrophe.

Au confluent de *La Femme infidèle* (dont la scène d'ouverture était presque identique) et de *La Rupture*, *Juste avant la nuit* (1971) décrit cette fois un homme seul (Michel Bouquet), face non à ceux qui le persécutent mais au contraire à ceux qui l'absolvent trop facilement, à ses yeux, du crime qu'il a commis. Le cinéaste a bien défini le film, d'une phrase qui pourrait résumer le très particulier humour chabrolien : *« Il m'a semblé que l'ironie serait plus forte dans la tragédie, alors que le thème était plutôt marrant, l'histoire d'un type qui veut avouer quelque chose et que personne n'écoute »* (ce qui était aussi le sujet, mais traité sur le mode comique, de « La muette », son sketch de *Paris vu par...*). Mais tout cela fait sans doute trop de références, le film reste assez fabriqué, sans l'élan et le naturel des précédents. Ce n'est pas un grand Chabrol. Le suivant, *La Décade prodigieuse* (1971), sera un « gros Chabrol », un de ces films avec budget conséquent et vedettes, où, sous les dénégations désinvoltes, on sentira toujours la tentative, jamais aboutie, d'égaler les grands hollywoodiens qui imprimaient leur marque aux productions de studios. Puis Chabrol, à nouveau, donne un violent coup de barre : *La Décade* était emphatique et boursouflé, *Docteur Popaul* (1972) joue la simplicité d'une pantalonnade délibérément vulgaire, et pousse dans cette voie Belmondo, qui ne se fait pas prier.

Après l'état de grâce de la triade prodigieuse qui ouvre la période, puis la réussite moins éclatante de *La Rupture*, Chabrol « fait du Chabrol », le résultat est souvent décevant. Mais ces sept films, quelles que soient leurs qualités, composent un portrait acide de la France profonde, de la très haute bourgeoisie *(La Décade)* à la toute petite *(Que la bête meure, Le Boucher)*, portrait complété par *Les Noces rouges* (1973), nouvelle variation en forme de vaudeville poussé au drame, mais traité sur le ton de la comédie, et toujours le jeu de la vérité à qui gagne perd. Avec cette nouveauté de faire cette fois explicitement référence à l'actualité politique : face aux « amants tragiques » (Stéphane Audran et Michel Piccoli), Chabrol n'a pas résisté au plaisir de croquer le mari trompé et occis (Claude Piéplu) en candidat gaulliste et véreux, dans un film devant sortir juste avant les élections. Il y a récolté quelques ennuis avec la censure, qui retardera la distribution, et s'est ainsi rapproché du commun des films-plaidoyers du moment. Ajoutons le onzième et dernier titre de la liste, *Les Innocents aux mains sales* (1975), peu mémorable polar. Cela fait un miroir maléfique à multiples facettes, tendu à une société sur laquelle le réalisateur porte un jugement ironique et désabusé. Les politiques, les médecins, les hommes d'affaires, les propriétaires, les intellectuels, les petits et grands commerçants en ont pris pour leur grade. Lorsque Chabrol l'anime avec finesse, son Grand Guignol social révèle des abîmes de noirceur, de détresse et de méchanceté. Et le metteur en scène, quoi qu'il en soit, signe alors quelques-uns des meilleurs films « politiques » de l'époque — au sens où Balzac et Flaubert sont de grands écrivains politiques. Dans ces films-là, l'acuité de la description épouse la virulence de la dénonciation, et l'inlassable méditation autour du jeu des apparences et de l'éthique du regard en font non des illustrations, mais de véritables analyses critiques par les moyens du cinéma.

Et (Balzac et Flaubert, toujours) Chabrol est sans doute le cinéaste qui a le plus contribué à donner droit de cité à l'écran à la province — il avait commencé dès *Le Beau Serge* tourné dans la Creuse, et cet aspect faisait l'un des rares intérêts de *La Ligne de démarcation*. Chabrol filme LA province (en général) et les singularités locales, bretonne *(Que la bête meure)*, périgourdine *(Le Boucher)*, etc. A ce titre, aussi, il synthétise et systématise une caractéristique de l'époque et de son cinéma. Parmi ses multiples aspects, Mai 68 avait été un mouvement antijacobin et anticentralisateur, qui se traduira aussi bien par l'élection de Giscard d'Estaing (antithèse du centralisme paternel gaulliste) que par les mouvements régionalistes. La province et la campagne représentent ensuite, pour une partie des soixante-huitards, le lieu d'une plus grande authenticité sous les auspices du retour à la nature, et pour leurs adversaires le territoire par excellence de la « France profonde », vierge des dangereuses lubies du parisianisme. Les films de Chabrol portent la trace de cette nouvelle attention à la province, qui se retrouve également dans *La Veuve Couderc* de Granier-Deferre (en Bourgogne), *Les Granges brûlées* de Jean Chapot (dans le Jura), *L'Horloger de Saint-Paul* de Tavernier (à Lyon), *Lacombe Lucien* de Malle ou *Souvenirs d'en France* de Téchiné (dans le Sud-Ouest).

Deux films à part s'intercalent dans l'œuvre de Chabrol durant cette période, deux films très inhabituels chez lui, par leur système d'ancrage dans la réalité ; deux films plutôt ratés d'ailleurs, mais tout de même importants. Le premier, *Nada* (1974), adapté de Jean-Patrick Manchette, est un pamphlet misanthrope qui s'affuble ici explicitement des oripeaux du « film politique » : décrivant les agissements, aussi stupides que nocifs, d'un groupuscule anarchiste qui enlève un diplomate et de la police qui les traque, les utilise et les exécutera sauvagement, Chabrol « pousse au noir » en une surenchère malsaine. Peut-être sa dénonciation de la dérive terroriste l'a lui-même inquiété : allait-il passer pour un « réac » ? La surcharge lorgne vers l'abstraction de la fable mais, à la différence du *Solo* de Mocky, ne laisse plus place ni à la sincérité ni à l'analyse. Et Chabrol se fit tout de même traiter de réactionnaire.

Le film suivant ne s'occupe pas du tout de politique et ne se cache sous le masque d'aucun genre : audacieux, mettant mal à l'aise, *Une partie de plaisir* (1975) marque les temporaires retrouvailles du réalisateur avec le complice-mentor-scénariste des débuts, Paul Gégauff. C'est un étrange dispositif à double fond, sous couvert de cinéma vérité : Gégauff et sa femme jouent leurs propres rôles, dans une histoire qui leur serait véritablement arrivée, dont le film se voudrait l'exorcisme. La « fiction » inventée dans la vie par Gégauff (le sauvetage de leur couple par l'incitation de l'épouse à l'adultère) est redoublée, puis détournée par la fiction du scénario, qui s'achève en drame mortel. Film à vif et disparate, à la fois très cérébral dans sa conception et très « à ras de terre » (et de corps) dans son exécution, à la fois généreux et narcissique dans la manière dont le scénariste-acteur se livre (et se condamne), *Une partie de plaisir* est une « expérience » sur la vie quotidienne, comme l'époque, hors écran, en mena beaucoup, rarement avec succès. Gégauff joue faux et la vérité sourd de cette fausseté, le décor semble emprunté à Vadim ou à Sagan et une authentique détresse en émane. On ne sait plus comment s'imbriquent le don, la perversité et la distance dans le rapport entre le cinéaste et son copain. Et puis, romanesque, la fin ? Paul Gégauff mourra huit ans plus tard, poignardé par sa maîtresse.

La diagonale Truffaut

Au début de 1968, l'affaire de la Cinémathèque avait sans doute été un signe avant-coureur des événements de l'année, elle avait aussi représenté un leurre sur l'état réel du cinéma français et, notamment, des relations au sein de ce « collectif » qu'avaient constitué, un moment, les cinéastes de la Nouvelle Vague. En fait, chacun s'est éloigné, et Truffaut plus encore que les autres. De nouveau présent à la tribune cannoise, le temps de contribuer à l'interruption du Festival, il s'est éclipsé aussitôt. En Mai on ne le voit ni dans la rue, ni aux Etats généraux. En juin, il est à New York pour la sortie américaine de *Baisers volés*, en novembre à la Réunion pour le tournage de *La Sirène du Mississippi*. Le tournage durera jusqu'en mai 1969, celui de *L'Enfant sauvage*, débute dans le Puy-de-Dôme en juillet, il s'achève début septembre, fin janvier 1970 démarrent les prises de vues de *Domicile conjugal*... Si on prend en compte le montage et la post-production, puis les tâches liées à la sortie, on voit que Truffaut n'a guère l'occasion de se soucier du monde extérieur. On peut tout aussi bien supposer qu'il le fuit. Le cinéaste n'a pas pour autant coupé les ponts avec le reste du monde, il entretient des relations fidèles avec ses amis, parmi lesquels Claude Berri et son entourage occupent alors une place importante.

L'ami des journaux

Truffaut n'est pas non plus indifférent à la vie cinéphilique, ni à la vie politique, et reste disponible pour y mettre son grain de sel. Ainsi, malgré l'évolution de la ligne rédactionnelle des *Cahiers* dans une direction avec laquelle il n'a aucune affinité, il viendra à la rescousse de la revue où il fit ses premières armes lorsque son éditeur, Daniel Filipacchi, tentera de mettre la rédaction devant l'alternative entre fermer et changer de manière. Selon l'historien des *Cahiers,* Antoine de Baecque, ce serait d'ailleurs un texte délibérément abscons consacré à *La Sirène du Mississippi*, dans le n° 216 d'octobre 1969, qui aurait achevé de mettre le patron de presse en fureur, le décidant à lock-outer ses employés. Lorsque Filipacchi décide de vendre ses parts, Truffaut, qui est resté actionnaire minoritaire (de même que Doniol-Valcroze) fait le tour de ses relations pour les racheter, puis permettre une augmentation de capital soutirée à Pierre Cardin. Toute la rédaction s'est mobilisée dans cette affaire, ainsi que Piccoli, Berri, Braunberger, Costa-Gavras — autant de gens qui, pas plus que Truffaut, n'auront droit à la bienveillance de la revue remise à flot et à nouveau indépendante. En octobre 1970, Truffaut demandera que son nom ne soit plus mentionné comme membre du comité de rédaction, en janvier 1971 il rompra pour longtemps tout contact avec la revue. Encore pourrait-on voir dans cet épisode et le rôle qu'y a joué Truffaut une fidélité au titre d'André Bazin, voire un acte nostalgique. Mais le 20 juin 1970, il est dans la rue pour vendre le journal gauchiste *La Cause du peuple,* en compagnie de Jean-Paul Sartre, Simone de Beauvoir, Liliane Siegel, Jean-Edern Hallier, Sami Frey et Patrice Chéreau. La police a en effet pris l'habitude d'arrêter les vendeurs du journal dont les directeurs, incarcérés, ont été remplacés par Sartre.

François Truffaut n'a, en fait, guère de convictions politiques, mais il a des principes. Il écrira au président de la cour de sûreté de l'Etat, suite à cette affaire : *« Je n'ai jamais eu d'activités politiques et je ne suis pas plus maoïste que pompidoliste, étant incapable de porter des sentiments à un chef de l'Etat quel qu'il soit. Il se trouve seulement que j'aime les livres et les journaux, que je suis très attaché à la liberté de la presse et à l'indépendance de la justice. Il se trouve également que j'ai tourné un film intitulé* Farenheit 451 *qui décrivait pour la stigmatiser une société imaginaire dans laquelle le pouvoir brûle systématiquement tous les livres ; j'ai donc voulu mettre en accord mes idées de cinéaste et mes idées de citoyen français. »* Nonobstant la qualité et la sincérité du texte, si le citoyen a des principes et sait à l'occasion prendre des risques pour les défendre (comme l'avait déjà prouvé l'épisode du « Manifeste des 121 »), les « idées de cinéaste » de Truffaut ne font guère place à la politique. Il a aimé *Z* et l'a écrit à Costa-Gavras, mais quant à ses propres films, il ne les veut engagés qu'au service du seul cinéma. Truffaut peut prendre le risque (minime mais réel) de vendre un journal persécuté par le pouvoir, il n'envisage pas une seconde de mettre une ligne de *La Cause du peuple* dans ses scénarios. Position délicate, à un moment où une part importante de l'intelligentsia, des cinéphiles et de ceux dont il a été proche considèrent que tout ce qui n'est pas explicitement filmé pour combattre l'organisation sociale relève de la collaboration et ne mérite qu'à peine le combustible pour le détruire. Le fameux *« Tout est politique »* d'alors, c'est dans la bouche d'une pute que le mettra Truffaut à la fin de *Domicile conjugal*, puis dans celle d'un journaliste fasciste dans *Le Dernier Métro.*

Le sentiment de décalage avec l'esprit du temps est sans doute une des raison de la boulimie de travail que saisit Truffaut aussitôt après Mai 68, une manière de se tenir à l'écart, jusqu'au début de 1971 où, surmené et très affecté par l'issue malheureuse de sa liaison avec Catherine Deneuve, il fait une dépression nerveuse et doit être hospitalisé. Ce rapport conflictuel avec les cinéastes « gauchistes » (comme d'ailleurs avec les réformistes de la S.R.F. qu'il refusera de soutenir alors même que Doniol le lui demande) est symbolisé par ses relations avec Jean-Luc Godard. Leurs chemins avaient depuis longtemps divergé : même au moment de se suspendre ensemble au rideau de Cannes, ils prônaient des stratégies différentes. La distance se creuse encore lorsque Godard appelle Truffaut, à l'été 1968, pour lui demander de l'aider à produire un film, et que Truffaut refuse, non parce qu'il ne peut pas mais, dit-il à son interlocuteur, parce qu'il ne veut pas. *« J'ai senti que je ne le reverrai pas. Il fait un autre cinéma, il considère qu'après Mai on ne peut plus faire le même cinéma et il en veut à ceux qui continuent. Moi j'ai choisi, j'ai l'esprit très clair, je veux faire des films normaux, c'est ma vie »,* dira Truffaut ensuite (cité dans *Le Cinéma selon François Truffaut*).

Pourtant, écrivant un an plus tard un article pour le magazine américain *Esquire*, il prendra la défense du cinéma tel que le pratique Godard, dans une envolée lyrique où il plaide que chaque grand cinéaste choisit la voie et les méthodes qui lui conviennent, et qu'ils ont raison, dans la mesure où ils ne prétendent pas la faire appliquer par d'autres. Godard le révolutionnaire veut se transformer et transformer les autres, Truffaut le démocrate veut que chacun fasse selon ses choix sans devoir rendre de comptes à qui que ce soit. De même, Truffaut aime les films d'Eustache, auquel il adressera un clin d'œil dans *Domicile conjugal*, ou de Duras, dont il mentionne avec enthousiasme *Détruire, dit-elle*, mais il ne tolère pas que ce cinéma-là prétende remplacer ce qui l'a précédé, et dont lui-même se veut désormais le continuateur. La rupture Godard-Truffaut sera définitivement consommée quand, en mai 1973, Godard écrira à celui qui vient d'achever *La Nuit américaine*, à la fois pour critiquer durement le film et pour lui demander de l'argent afin de mener à terme *Tout va bien*. Dans une longue lettre de réponse, Truffaut commence par dire qu'il ne lui donnera pas un sou, avant de se livrer à un réquisitoire d'une violence incroyable, qui évoque ce que se lancent à la figure lorsqu'ils ne s'aiment plus des gens qui se sont beaucoup aimés : mélange de vieilles histoires, de psychologie à l'emporte-pièce, de rancœurs longtemps macérées en un cocktail de reproches conçus pour faire le plus mal possible. Si Truffaut « vide son sac », c'est, dit-il, moins à cause de la critique et de la demande de Godard, que de son attitude vis-à-vis de plusieurs de leurs proches et, notamment, d'une lettre, dont on ignore le contenu, adressée par Godard à Jean-Pierre Léaud. Il reste que sous cette virulente scène de ménage, on perçoit chez Truffaut le sentiment d'une trahison de ceux qui, à ses yeux, ont abandonné le cinéma pour la politique.

Un enfant, un mari, une tragédie, une belle fille

Bien que tournée en 1968 et sortie en 1969, *La Sirène du Mississippi* appartient à la période antérieure du cinéma de Truffaut. *L'Enfant sauvage* (1970) ouvre un nouveau cycle, marqué par l'apparition à l'écran, dans un des deux rôles principaux, du cinéaste lui-même. Comme il s'en expliquera aussitôt, il poursuit en fait son travail de metteur en scène devant la caméra, guidant chaque geste et chaque réaction intellectuelle ou affective de son jeune partenaire, Jean-Pierre Cargol. *L'Enfant sauvage* ne rompt pas avec le passé, ne serait-ce que par l'importance qui reste accordée aux thèmes de l'enfance, le titre du film comme sa dédicace à Jean-Pierre Léaud sont à cet égard sans ambiguïté. Et rarement film n'aura aussi clairement exprimé le parallèle, maintes fois évoqué par Truffaut, entre créer un film et accoucher d'un enfant puis l'élever. Logiquement, en allant au bout de cette métaphore, le cinéaste ne compte plus maintenant parmi les enfants (même prolongés) comme c'était dans une plus ou moins grande mesure le cas auparavant. En campant le docteur Itard, il rejoint le camp des adultes. Mais voilà qu'au moment où l'enfant asocial, qui se sent rejeté par la société, y a trouvé sa place en adulte, une partie de la jeunesse remet en cause cette société et n'a qu'ironie et mépris pour ceux qui s'y sentent à l'aise. En particulier, la contestation de l'enseignement magistral et livresque est à l'ordre du jour – une dangereuse lubie pour Truffaut l'autodidacte amoureux fou des livres, qui n'a critiqué les figures de « mauvais maître », comme l'instituteur des *Quatre Cents Coups*, que pour mieux exalter le maître juste et savant, dont André Bazin a été pour lui la figure la plus accomplie. L'histoire du docteur Itard, détenteur de toute la sagesse et de tout le savoir et l'inculquant patiemment à un jeune garçon trouvé dans les bois et dépourvu des plus élémentaires acquis humains, ressemble, vis-à-vis des « idées de Mai », à une provocation – qu'elle n'est pas. Mais la reconstitution historique soignée de cette histoire réelle, située au tournant du XVIIIe et du XIXe siècle, avec son esthétique du noir et blanc et ses petits suspenses humanistes ponctuant les progrès du jeune Victor sur le chemin de la rédemption sociale, est en porte à faux avec le cinéma inventif de l'époque. Ce dont Truffaut, qui se veut désormais un « classique », n'a cure, d'autant que le film est un succès public, critère depuis toujours essentiel à ses yeux.

Il en ira de même avec son film suivant, quatrième épisode de la saga Doinel, *Domicile conjugal* (1970) : la virtuosité du cinéaste est évidente, son talent pour croquer les personnages et les situations s'est encore affirmé alors qu'il se réclame à la fois du Renoir du *Crime de Monsieur Lange* (pour la description des habitants de la cour où loge son héros) et de Lubitsch pour la construction élégante de situations fonctionnant par allusions, sans jamais insister ni expliciter. Cependant Doinel s'est marié et, avec sa situation matrimoniale, c'est tout le film qui paraît stabilisé. Les hésitations sentimentales du jeune homme ne traduisent plus un désarroi, mais entrent dans le cadre balisé et banalisé des problèmes du couple. L'élan inquiet et loufoque des précédents films de la série s'est perdu au profit d'une maîtrise indéniable, mais qui prête le flan au folklore comme au vaudeville, qu'il s'agisse de la description des personnages – notamment la jeune Japonaise avec laquelle Léaud trompe Claude Jade – ou des situations bizarres dans lesquelles ils se trouvent : les deux emplois successifs de Doinel/Léaud, qui teint des œillets puis joue avec des maquettes de bateau pour le compte d'un trust américain (rêve d'Hollywood ?). Brillant exercice de style, *Domicile conjugal* poursuit la biographie d'Antoine Doinel sans y ajouter grand-chose.

Alors se produit un phénomène étrange, de ceux qui empêcheront toujours de ranger François Truffaut « l'assagi » dans une case rassurante : après en avoir eu depuis longtemps l'intention, il se décide à porter à l'écran le second livre de Henri-Pierre Roché, qui lui avait inspiré *Jules et Jim* dix ans plus tôt, signe un chef-d'œuvre, et le mutile. Tout semblait pourtant parfaitement « normal » au départ, avec ce projet d'une histoire sentimentale, en costumes, interprétée par Léaud – même flanqué d'une paire de jeunes comédiennes britanniques et inconnues, Kika Markham et Stacey Tendeter. Une histoire d'éducation sentimentale croisée, avec timidité et élans romanesques, sur une situation symétrique de celle de *Jules et Jim* (un homme et deux femmes). En fait, si le film atteint un sommet comparable à la précédente adaptation de Roché, c'est dans un style radicalement différent. La relation passionnée entre Claude Roc (pour Roché : cette histoire aussi est fondée sur un récit autobiographique) et les deux sœurs (qui évoquent immanquablement les Brontë) est filmée avec une crudité, une violence dont on ne pensait plus que Truffaut fût capable. Le mécanisme dramatique est à l'opposé de *Jules et Jim* : en 1962, les trois personnages portés par une force, une assurance, un « état de grâce » qui était celui du cinéaste lui-même, allaient jusqu'au bout, quitte à s'y perdre, et la dynamique du film naissait de cet irrépressible élan vital. Neuf ans plus tard, *Les Deux Anglaises et le continent* fonctionnent sur une succession d'obstacles (psychologiques ou matériels). Cette fois, les distances ne peuvent être franchies que dans un effort terrible, parfois sanglant, mais pas abolies – le titre l'indique clairement. Les blocages (dont une mère abusive sera évidemment, chez Truffaut, l'une des pires manifestations) l'emportent sur le mouvement. Œuvre d'un lyrisme contraint (*« J'ai voulu presser l'amour comme un citron »*, dira le réalisateur), ce onzième long-métrage reprend nombre des thèmes des précédents films, mais sur un mode nouveau, ou perdu depuis le début des années soixante. *« Non pas un film d'amour physique mais un film physique sur l'amour »*, dira encore Truffaut, et c'est effectivement cette présence des matières et surtout des corps, jusque dans le malaise et la maladie, qui fait la force troublante de ce film où jamais la reconstitution des décors et des costumes du début du siècle ne tend vers la joliesse ni vers le spectaculaire. Le metteur en scène y est admirablement servi par la photo de Nestor Almendros, qui lui permet de réaliser son premier très grand film en couleurs. Dans ce *« documentaire mental et biologique »* (où l'influence de Rossellini est ici évidente), la voix off du réalisateur joue littéralement un rôle clé en ouvrant la possibilité de la plus grande crudité. Notamment dans l'un des plans les plus beaux et les plus audacieux de toute l'histoire du cinéma, celui de la défloration de Muriel. Truffaut y songeait-il, avec un humour noir dont il était très capable, lorsqu'il inventait une de ces formules médiatiques dont il n'était pas avare, parlant du film comme du *« premier tunnel sous la Manche »* ?

Film bouleversant, mais exigeant et dérangeant, *Les Deux Anglaises et le continent* dérangent donc. Et particulièrement les critiques conviés aux projections de presse. Truffaut, qui considère les réactions des spectateurs comme le suprême critère de jugement, coupe quatorze minutes du film. La sortie commerciale, le 18 novembre 1971, n'en est pas moins un échec, qui le blesse profondément : les articles sont très négatifs, les spectateurs peu nombreux. Pour tenter de remonter la pente, il va se livrer à un exercice insensé : alors que le film est projeté, il continue à en couper des morceaux, directement dans les copies d'exploitation : de deux heures et douze minutes, la durée du film descendra jusqu'à une heure et trente-deux minutes. Il est presque impossible d'imaginer ce qu'a pu représenter pour un créateur, et un créateur aussi orgueilleux de son art et aussi impliqué dans ses films, de mutiler ainsi répétitivement l'un de ses « enfants » pour tenter de le faire accepter par les autres. Sans résultat, d'ailleurs : la carrière commerciale du film (dont le titre a lui aussi été abrégé en *Les Deux Anglaises*) restera irrémédiablement mauvaise. Il faudra attendre 1984, année de la mort du cinéaste, pour que soit à nouveau présentée, sans d'ailleurs plus de succès, la version intégrale du film. Symbolique de l'état d'esprit du cinéaste, qui médira ensuite des *Deux Anglaises* puisque le public ne l'a pas aimé, ce comportement est aux antipodes des certitudes — artistiques ou politiques — affichées par ceux qui préfèrent la confidentialité au compromis.

Avant même le mauvais accueil du public, Truffaut s'était décidé pour un projet aussi éloigné que possible de ce « grand film malade ». Ce sera *Une belle fille comme moi* (1972), comédie amorale inspirée par un roman de série noire, où il retrouve Bernadette Lafont, son héroïne des *Mistons* devenue l'égérie de la Nouvelle Vague et de ses suites, sans qu'il ait eu l'occasion depuis de tourner avec elle. Truffaut y met en valeur son actrice, présentée au meilleur de ses avantages physiques et de sa gouaille. Un peu comme il l'avait fait pour Jeanne Moreau dans *La Mariée était en noir* (dont ce film peut être considéré comme le remake comique), il l'entoure d'une constellation de personnages masculins caricaturaux : le jeune sociologue coincé (André Dussollier), l'époux abruti (Philippe Léotard), le mystique frustré (Charles Denner), l'avocat salace (Claude Brasseur). Avec ce film, Truffaut s'essaie à une désinvolture qui n'est pas son genre. La cocasserie des sketches suscités par le récit de la « belle fille » en prison à son thésard-confesseur semble toujours assez appliquée et un peu outrée. Sans doute tremble-t-on du monument de vulgarité qu'auraient fait de l'histoire de cette meurtrière débonnaire et bien roulée à peu près tous les spécialistes de la comédie franchouillarde ; toutefois, on imagine qu'un Chabrol en aurait tiré plus de profondeur noire. L'intérêt du film, outre la manifeste cure de santé qu'il représente pour son auteur, tient à ce qu'il en dira lui-même (toujours aussi bon critique, y compris de ses propres films) dans une interview à *Cinématographe* (nº 15 d'octobre-novembre 1975) : *« Je suis les deux personnages. »* C'est-à-dire celui de Bernadette Lafont et celui de Dussollier : à un moment où son image d'« homme rangé » est acceptée par tous, il désigne ce qu'il est resté : à la fois un voyou capable des pires coups mais à la débordante vitalité, et un chercheur mal dans sa peau et dans le monde.

Le pays qui n'existait pas

Cette époque se clôt avec un film forcément crucial pour Truffaut, puisqu'il s'agit cette fois explicitement de cinéma : *La Nuit américaine,* tournée à l'automne 1972 et sortie le 24 mai 1973. Le cinéaste est d'ailleurs conscient de franchir un cap : « La Nuit américaine *a un côté récapitulatif* [...]. *Avec ce film, c'est comme si je m'étais fermé des portes pour me contraindre au renouvellement* [...]. *A présent je me sens assez sûr pour ne faire que des scénarios originaux »* (*Le Monde* du 18 mai 1973). Il confirmera à plusieurs reprises que ce film (qui lui vaudra un Oscar à Hollywood) marque à ses yeux un tournant. *La Nuit américaine* est conçue comme une sorte de reportage scénarisé aux studios de la Victorine, où un réalisateur baptisé Ferrand et interprété par Truffaut lui-même tourne un film intitulé *Je vous présente Pamela*. En voix off, Truffaut commente de surcroît ce « reportage », notamment pendant des séquences filmées caméra à l'épaule pour mieux établir la comparaison avec un document « *qui aurait pu être tourné par la télévision* ». Combinant les multiples incidents susceptibles de se produire sur un plateau, faisant place à un grand nombre de personnages d'acteurs de toutes catégories et de techniciens, croquant les tics et les gags, mais aussi les enthousiasmes et les terreurs de la *gens cinematografica*, le film est remarquablement construit. Et qui mieux que François Truffaut peut susciter l'émotion à propos d'une activité à laquelle il a consacré sa vie, qui saurait mieux que lui utiliser avec humour cette situation « en miroir », où il ne se prive pas de jouer à saute-mouton sur la frontière entre ses deux casquettes de réalisateur (celui de *La Nuit américaine* et celui de *Pamela*) ? Sans parler des innombrables références à ses propres films, et à toute l'histoire du cinéma. Le résultat est donc d'une étourdissante, et très séduisante, virtuosité.

Cependant, plus encore qu'un reportage, *La Nuit américaine* évoque un immense spot publicitaire. A la fois une publicité pour le cinéma, pour un certain cinéma, et pour le cinéaste François Truffaut lui-même. Une publicité pour le cinéma : dès la première séquence, reconstitution du tournage d'une grande scène avec mouvements de grue et figuration nombreuse, le plateau ressemble à ces parcs d'attraction comme il en existe à Los Angeles où on montre aux touristes comment on tourne un film, à l'aide de saynètes édifiantes. Et ainsi fonctionnera *La Nuit américaine,* portée par une volonté démonstrative, « illustration » des cas (techniques, artistiques, psychologiques) auxquels est confrontée la fabrication d'un film. Aussi raffinées seront les vignettes composées par Truffaut, et si habile que soit leur agencement, cela reste du folklore. Malgré la vivacité et la fluidité du film, il y a quelque chose de mortuaire dans cette muséification du travail cinématographique, comme s'il fallait, pour l'édification des foules présentes et futures, conserver les photos souvenirs de coutumes tribales en voie de disparition. Publicité, également, pour un certain cinéma : *Je vous présente Paméla* est un mélo bourgeois et psychologique, dont rien n'indique qu'il pourrait avoir le moindre intérêt. Truffaut choisit de se montrer en train de tourner un film « banal », pour mieux dire qu'il parle « du cinéma » en général — nullement de la réalisation d'un chef-d'œuvre immortel du septième art. Cette idée du « cinéma en général » est, bien que le film n'en fasse guère mention, un parti pris polémique (notamment contre les anciennes thèses du critique François Truffaut). Elle se veut au-delà du temps, au-delà des frontières, au-delà (ou en deçà) des débats esthétiques : les méthodes de tournage sont « à l'ancienne » et c'est avec nostalgie que la voix off du réalisateur prévoit, à tort d'ailleurs, qu'on ne tournera bientôt plus ainsi les films mais qu'on quittera les studios pour filmer dans la rue (il annonce la Nouvelle Vague ! en 1972 ! et pour s'en inquiéter). Mis à part les vêtements et les voitures, et quelques brèves intrusions de l'actualité, toutes présentées comme ridicules et malfaisantes, le film pourrait parfaitement se passer durant les années quarante ou cinquante.

« Décalé » dans le temps, le film l'est aussi dans l'espace (vers les Etats-Unis), et surtout dans la théorie : le titre le dit déjà, la présence de plusieurs interprètes anglo-saxons le confirme, la dédicace à Lillian et Dorothy Gish enfonce le clou ; *La Nuit américaine*, film distribué par la Warner racontant le tournage d'un film financé par les Américains, se veut au-delà des clivages entre cinéma français et cinéma hollywoodien. Il se veut, aussi, au-delà des positions critiques. La collégialité du tournage, où parmi les techniciens affectés à des tâches précises le metteur en scène n'apparaît que comme un coordinateur perpétuellement dérangé par des détails (et ayant surtout des comptes à régler avec son enfance), surprend de la part de l'ancien héraut de la politique des auteurs. Mieux, le seul travail créatif que s'attribue à l'écran l'auteur d'*Une certaine tendance du cinéma français* est un travail de scénariste. Et la métaphore évoquée par le film quand le tournage se passe bien est celle d'une symphonie jouée *allegro* et à l'unisson par un orchestre dont le réalisateur serait le chef – l'image chère à Clouzot, même si Truffaut, ou en tout cas Ferrand, est un très gentil chef d'orchestre. Le réalisateur, chef d'orchestre dans les moments d'euphorie, le reste du temps chef de gare réglant le trafic des comédiens et des techniciens, des flux financiers et affectifs ? Ce serait pour le coup trop modeste : le film s'est ouvert par une séquence, celle de la « grande scène », où le metteur en scène, absent de l'écran, occupe un tout autre statut. Ce que montre l'image pourrait être une situation réelle, si l'on n'entendait, off, la voix amplifiée de Truffaut intimant par haut-parleur leur comportement aux figurants. Le réalisateur est un exécutant coordonnant le travail des autres exécutants, et en même temps il est Dieu, tout simplement. Soit le double visage – technicien et démiurge – du metteur en scène d'avant le cinéma moderne.

A une époque où beaucoup de cinéastes venus de la même origine que Truffaut et leurs héritiers cherchent à inventer un autre cinéma, un cinéma de rupture, *La Nuit américaine* semble un film délibérément, agressivement consensuel. Au-delà de petites piques (comme le casse-pieds à la voix aigre qui piaille *« Vous ne faites pas de films politiques ? Vous ne faites pas de films érotiques ? »),* c'est un film lui aussi « filmé politiquement », très consciemment de la part d'un metteur en scène aussi lucide, *contre* le cinéma issu de Mai 68. On conçoit la virulence de Godard, dans la lettre qui déclenche leur rupture : pour Godard, *La Nuit américaine* représente forcément la pire trahison, une fausse enquête donnant l'apparence d'observer la réalité en la masquant sous de la psychologie et du spectaculaire, au nom d'une mythologie consensuelle et sentimentale. Et avec le cinéma comme objet, qui plus est. C'est pourquoi Godard traite Truffaut de « menteur », lui reprochant de ne pas montrer le travail humble, ni spectaculaire ni anecdotique, des sans-grade qui eux aussi participent à la fabrication des films. De ne pas montrer non plus que les réalisateurs (et Truffaut plus que beaucoup d'autres) cultivent un penchant certain pour sauter la vedette féminine pendant le tournage, etc. [1]. La « nuit américaine » est le nom d'un trucage, *La Nuit américaine* est un trucage. Mais tout le cinéma est trucage ? Ce n'était pas, ce n'est toujours pas ce que pense le cinéma moderne, qui tient au contraire que le cinéma est certes un artifice, mais pour comprendre le monde, non pour le travestir. Ferrand, lui, est sourd, il porte un appareil auditif. Pour montrer qu'il est hors de la réalité, dira Truffaut ; parce qu'il a eu l'oreille bousillée pendant la guerre (la vieille guerre de la cinéphilie ?), expliquera un personnage. Il est aisé d'expliquer la radicalité des positions adoptées par le film sous son apparente bonhomie en disant que Truffaut s'est embourgeoisé, qu'il est désormais bien placé dans le système et n'a aucune raison de le contester – du moment qu'on ne touche pas à ses mythes, comme au moment de l'affaire Langlois. *« Le vitriol, that was before »*, écrit-il alors, non sans ironie. Ce n'est pas si simple.

Jean-Louis Bory, critique très estimable et très estimé de Truffaut, a eu le malheur d'affirmer au détour d'une phrase, dans un article pour *Le Nouvel Observateur,* que *« Truffaut, Chabrol, Demy, Rohmer se sont fait ramasser par le système ».* Truffaut prend la mouche et se fend d'une longue lettre (datée du 11 décembre 1974) au ton amical, néanmoins caustique et définitif. Il y détaille pas à pas sa carrière et la manière dont il travaille, pour montrer que jamais le respect des convenances ni l'appât du gain ne l'ont déterminé dans ses choix de mise en scène. S'il reconnaît raconter *« des histoires qui ont un début, un milieu et une fin »*, il refuse également de s'en excuser et d'affirmer que c'est la seule façon de faire du cinéma, mais prétend – non sans une certaine mauvaise foi – que cela est dû à son manque d'éducation. Il avoue d'ailleurs au passage que *Domicile conjugal « n'était pas un film nécessaire »,* mais s'impute ses erreurs comme il revendique ses réussites, avec une affirmation à l'époque vraiment provocatrice : *« Je n'accuse jamais le système. »* Avec un mélange d'adresse et de générosité mêlées, bien dans sa manière, il conclut ce vibrant plaidoyer *pro*

1. Dans sa longue lettre en réponse à Godard, Truffaut ne reprend aucune des critiques adressées par celui-ci (*« Je me contrefous de ce que tu penses de* La Nuit américaine »), affirmant qu'ils ne font plus le même métier, Godard et lui, qu'ils n'ont rien à se dire et que Godard ne devrait même pas aller voir ses films. S'il s'en prend surtout à la personnalité de son destinataire, et avec quelle violence (répétant : *« Tu es une merde. »*), il critique en revanche, lui, les films de Godard, presque toujours à côté de la plaque – sans doute en toute connaissance de cause – mais une fois à bon escient : *« Au lieu de montrer le cul de X... et les jolies mains d'Anne Wiazemsky, tu pourrais faire le contraire. »* C'est assez bien vu pour que Godard ait, effectivement, à partir de *Numéro 2* et dans la plupart des films suivants, traité cette question. (La lettre envoyée par Godard et la réponse de Truffaut ont été publiées dans *François Truffaut, Correspondance*, chez Hatier, 1988.)

domo par un éloge circonstancié de la manière, différente de la sienne mais tout aussi rigoureuse, dont Eric Rohmer, *« le plus pur d'entre nous tous »*, poursuit quant à lui son travail.

Truffaut n'est sans doute pas tout entier dans cette définition de lui-même qu'il donne à Bory, mais il y est. La question n'est tout simplement pas là. La question, depuis longtemps ressassée par le cinéaste et explicitement posée dans *La Nuit américaine* est : *« Qu'est ce qui est plus important, le cinéma ou la vie ? »* Interrogation guettée par la schizophrénie, dévoiement de la passion cinéphile des débuts en un déchirement intime, irrésolu. Chacun à sa manière, Godard, Rivette ou Rohmer ont trouvé « leur » réponse : le cinéma aide à comprendre la vie. Pas François Truffaut, et ce film pas plus que les autres ne la lui fournira : pour lui, la question est insoluble, et c'est sa souffrance. Par défaut, il répond à côté : le cinéma est, selon lui, « meilleur » que la vie. *« Les films sont plus harmonieux que la vie, il n'y a pas de creux dans les films, pas de temps morts, pas d'embouteillage »,* dit Ferrand à Jean-Pierre Léaud, quand celui-ci veut quitter le tournage après une déception amoureuse. Cette idée du cinéma expliquerait aussi son « coup de sang », très bref, de Cannes 1968 : s'il se pend au rideau du Festival le 18 mai, c'est que depuis quinze jours la vie est devenue plus belle, plus aventureuse ou plus festive que le cinéma. Mieux vaut arrêter les projections. Mais cela ne dure pas, et Truffaut ne sera jamais de ceux qui veulent « changer les films pour changer la vie ». Au contraire ! Dans « la vie », il met trop peu d'espoir, et fort peu d'intérêt. L'univers décrit par *La Nuit américaine* est un monde clos, sans extérieur, sinon des salles de cinéma, et des embêtements. Le seul intérêt dans la lecture du journal : y trouver des sujets pour faire des films.

La Nuit américaine ne serait ainsi, en dernier ressort, ni la « belle histoire de l'oncle François » qu'il fait mine d'être, ni le mensonge éhonté que dénonce Godard, mais un film profondément malheureux et individuel sous son apparence joyeuse et collective. Contre ses collègues aux prises avec le monde réel, Truffaut se veut le citoyen d'un pays imaginaire qui s'appellerait « LE » cinéma, un pays qui n'existe pas. *« Le cinéma règne ! »* dit la voix du cinéaste lorsque le tournage de *Paméla* tourne rond et, sous ce slogan publicitaire pompeux, on entend un espoir un peu fou. Au sens strict, une utopie (ce qui nous ramène du côté de Mai 68). L'utopie d'un monde ordonné selon la hiérarchie d'une équipe cinématographique, d'un monde uni par un idéal commun, la réalisation du film. Deux rêves entremêlés portent *La Nuit américaine* : que le film résolve les problèmes de tout le monde, à commencer par les traumatismes d'enfance du réalisateur, et que son tournage ne s'arrête jamais. La mort même n'a pas place sur le plateau : c'est parce qu'il le quitte trop souvent (pour aller chercher son petit ami à l'aéroport) que Jean-Pierre Aumont sera rattrapé par la camarde. Au fond, ce sont deux extrémistes qui échangent les lettres incendiaires de juin 1973 : Godard est un extrémiste politique, Truffaut est un extrémiste du cinéma. Sous l'apparente facilité d'un film très « digeste », *La Nuit américaine* est un fantasme de moine filmeur, frustré de ne pouvoir se retirer dans un couvent dont la règle aurait été édictée par ces pères fondateurs, dont il présente ostensiblement les évangiles à l'écran : Hitchcock, Hawks, Dreyer, Bergman, Rossellini, Buñuel, Lubitsch, Bresson... et Jean-Luc Godard (celui d'« avant »). Un couvent pas du tout chaste, soit dit en passant, un lieu où on serait enfin assuré que *« les femmes sont magiques »*, comme s'en enquiert Léaud avec insistance.

A défaut de réaliser l'utopie d'habiter au pays du cinéma, Truffaut sera assez sincère et assez bon cinéaste pour devenir, dans les années qui viennent, l'incarnation de l'idée de cinéma. Et ce ne sera pas une sinécure.

Troisième partie

LE CINÉMA DES POLITIQUES ET LA POLITIQUE DES CIRCUITS (AVEC INTERMÈDE COCHON)

Chapitre 1

SEXE POLITIQUE
ET ÉCONOMIE DU CUL

« Je la caressais par en dessous, pour changer un peu, quoi. On peut pas faire toujours la même chose. »
Raymond Devos
dans *Pierrot le Fou.*

On ne parle pas du cinéma porno dans les histoires du cinéma. Parce que les films pornographiques sont supposés être systématiquement mauvais et que l'historien esthète a de meilleurs chats à fouetter. Parce que, s'il existe pratiquement depuis la naissance du cinéma (une production spécialement destinée aux maisons closes se développe avant la fin du XIXe siècle), ce genre existe à l'écart du « reste du cinéma », et que réalisateurs ou acteurs qui y font leurs débuts avant de rejoindre le cinéma « normal » jettent un voile pudique sur ces douteux antécédents. Parce que les influences réciproques entre ce secteur particulier et les autres genres cinématographiques demeurent incertaines. Et s'il existe de nombreux ouvrages, en général généreusement illustrés, pour évoquer les films de cul, pratiquement aucune recherche n'a défriché la manière dont ce genre s'inscrit dans une histoire plus globale. Le rouge au front, l'auteur de ces lignes doit confesser qu'il partage cette ignorance, et ces préventions. Sauf quand, ainsi que cela se produit au début des années soixante-dix, le porno entre en contact direct avec le cinéma « normal » et, brièvement, s'y mêle.

En textes ou en images, l'évocation des pratiques sexuelles passe depuis longtemps pour un acte libérateur. Dès la fin des années soixante, une première vague de films pornographiques, originaires le plus souvent des pays scandinaves, parfois d'Allemagne de l'Ouest, parvient sur des écrans « non spécialisés » et est considérée comme un indice et un ferment de la libération des mœurs. Les pays protestants, sans doute parce qu'ils sont plus puritains, parce qu'ils sont capables d'une distinction plus nette entre le corps et le péché (qui se traduit entre autres par la vogue ancienne du naturisme), resteront leaders en ce domaine. Quant à l'ambiguïté des motivations de ceux qui donnent en spectacle les ébats de leurs semblables, elles sont aussi vieilles que la perte du paradis terrestre. La distinction entre combattants de la libre expression et mercantis, et le caractère effectivement « libérateur » de ces évocations nécessitent pour chaque film une étude critique des relations qu'il instaure à la fois entre ses protagonistes, et entre ceux-ci et le spectateur. Pas plus que le rejet de principe de tous les films relevant de ce genre, son exaltation *a priori* n'est acceptable. On ne peut donc souscrire à la thèse d'un petit livre impertinent comme *Eloge de la pornographie,* où le théoricien et praticien du genre Olivier Smolders écrit : *« Si le cinéma est par excellence l'art de voir, la pornographie est le plus cinématographique de tous les cinémas, celui-là même qui fonde cette passion dévorante de l'œil, celui qui se propose enfin de tout montrer, de tout voir, au risque de montrer qu'il n'y a rien à voir. »* Il pratique, sciemment, un glissement de termes qui est en fait un retournement de sens, en assimilant voyeurisme et spectacle. Le spectacle, notamment cinématographique, suppose au contraire une représentation codée, et c'est dans le jeu conventionnel du montré-caché que naissent les « démons et merveilles », réels ou imaginaires. « Tout voir, au risque de montrer qu'il n'y a rien à voir », c'est le contraire du cinéma : ce rapport cynique, finalement mensonger, d'équivalence entre ce qui est et ce qui est montré a acquis droit de cité grâce à la méthode de contrôle carcéral nommée « panoptique » (qui veut dire, justement, « tout voir »), comme l'a démontré Michel Foucault dans *Surveiller et Punir.* Il se décline aujourd'hui dans la forme faible de la vidéo-surveillance et dans la forme forte, et envahissante, du « Visuel ».

On s'abstiendra par ailleurs d'entrer ici dans la vieille et démodée querelle entre érotisme et pornographie, laissant à chacun le loisir de trouver de l'érotisme où il veut (où il peut), pour ne retenir que le terme « pornographique », désignant des films, ou des scènes, dont la raison d'être est la satisfaction du voyeurisme par exhibition d'actes sexuels, qu'on juge cette satisfaction effectivement libératrice ou au contraire participant du refoulement. La terminologie en vigueur dans ce domaine admet en revanche une distinction relativement objective entre porno « hard », où les pénétrations, fellations et masturbations sont effectivement pratiquées par les interprètes, dont les organes sont montrés en pleine activité, et porno « soft », où ces diverses activités sont seulement, pour autant que l'écran permette d'en juger, simulées.

L'écran sexué

Dans la foulée de Mai 68 qui a appelé sur les murs de Paris à « jouir sans entrave », la liberté sexuelle fait figure de terrain particulier de revendication. On convoque pêle-mêle Sade et Wilhelm Reich, Freud et André Breton, Bataille et John Lennon, Bergman, Socrate et la Bible pour clamer bien fort que toute les images ont droit de cité sur les écrans, et que s'y opposer est pécher contre la nature, la pensée, la démocratie, contre la révolution, contre Dieu et contre les hommes. Deux phénomènes distincts se produisent alors. Le premier élargit considérablement les limites de ce qu'il est possible de montrer à l'écran dans le cadre de films « normaux » : au traditionnel baiser se substitue la scène de lit, vite devenue tout aussi traditionnelle, et pas plus compromettante. En général, les cinéastes qui savaient filmer dignement des gens en train de s'embrasser, ou de boire le café, ou de se tirer dessus, trouvent les moyens de filmer tout aussi dignement les mêmes gens en train de faire des câlins sous ou sur les couvertures. Les autres, la grande majorité, seront racoleurs ou malhonnêtes en ce domaine comme dans les autres, le seul avantage étant que cela se remarque souvent mieux dans cette situation particulière. Mais il ne s'agit pas ici de pornographie, seulement de l'obscénité dont est capable toute mise en scène. Le second phénomène consiste en la sortie du ghetto, drapeaux rouges et noirs brandis, du porno proprement dit.

Certains de ses membres sont de vieux routiers du porno soft tel qu'il se pratique depuis le début des années soixante : José Benazeraf, Patrick Aubin, Max Pecas... D'autres sautent sur l'occasion, dûment munis d'un argumentaire libertaire : le journaliste François Jouffa, les réalisateurs « non spécialisés » Francis Leroi (salué début 1967 par les *Cahiers* comme un héritier putatif de la Nouvelle Vague), Serge Korber, Claude Mulot (qui signera Frédéric Lansac), Jean-François Davy, le scénariste, producteur et distributeur (notamment de *Tu moissonneras la tempête* du révérend père Bruckberger) Lucien Hustaix, le monteur Gérard Kikoïne (qui avait travaillé avec Abel Gance)... Remarquons que ces hardis combattants de la liberté par le sexe ne filmeront jamais autre chose que des fantasmes masculins hétérosexuels (lesbianisme compris), laissant hors écran les enjeux, qui auraient sans doute été autrement dérangeants, du point de vue féminin sur la question. Même lorsque, cas unique en son genre, une femme, Anne-Marie Tensi, tient la caméra d'un film hard. Ce cinéma-là reste, plus encore que les autres, la *« chasse gardée des mâles »*, dont parlait Pierre Kast. Quant au tabou de l'homosexualité, il ne sera brisé que plus tard, lorsque le porno aura été renvoyé au ghetto.

Dans un premier temps, il ne s'agit que de films soft. *Le Dernier Tango à Paris, La Grande Bouffe*, à sa manière *La Maman et la Putain* (tout est sur la bande-son) ou le brûlot surréaliste *Viva la muerte* (1971) de Fernando Arrabal leur ont donné des lettres de noblesse « culturelle ». Troublée et submergée, l'honorable commission de censure ne sait plus très bien où donner du ciseau, qu'interdire et à qui, que couper et pourquoi. Sous couvert d'art et essai et de sociologie, des films d'origine étrangère (les Suédois se taillent une solide réputation en la matière) ont gagné droit d'apparition. Pourquoi être plus répressif avec les Français ? Mais si on lâche un peu, le dispositif de contrôle tout entier ne risque-t-il pas de s'effondrer ? D'autant que derrière ces impertinentes galipettes se dissimuleraient de dangereux guérilleros, prêts à prendre d'assaut la République avec autant d'ardeur que la vertu de leurs héroïnes. Au prix de multiples contorsions et concessions, le soft se faufile sur les écrans par tous les interstices. En 1973, sur 514 films distribués, 120 sont classés dans la catégorie « érotique » (catégorie fourre-tout, il est vrai) par l'hebdomadaire de programmes *Pariscope*. Maurice Druon, ministre de la Culture, a beau être l'auteur du roman *Les Rois maudits* dont l'adaptation était alors diffusée par la télévision, et où un personnage était occis par intromission anale d'une pièce de métal chauffée à blanc, le romancier-ministre-académicien français penche pour la répression et interdit à tout va. D'ailleurs, qu'en dirait le président Pompidou, grand amateur d'avant-garde artistique (dans les arts plastiques), mais très réticent aux débordements qui rappellent, même par la bande, les heures chaudes de Mai 68, qu'il a vécues d'un peu trop près à son goût ? Eh bien, il ne dit plus rien, le président, il est mort. Le 2 avril 1974. Il ne saura jamais qu'il a ainsi échappé, ce jour-là, à l'irruption d'une jeune femme nue, l'actrice Sylvie Meyer, dans la cour de l'Elysée : irruption tramée par le réalisateur François Jouffa pour protester contre l'interdiction de son film *La Bonzesse*, qui défraie alors la chronique. Un autre président est donc appelé à régner. Et voilà que le 28 mai, le plus en vue des candidats, tout ce qu'il y a de droite pourtant, Valéry Giscard d'Estaing, fait une promesse électorale incongrue : la suppression pure et simple de la censure (censure qui, comme chacun sait, n'a aucune existence juridique en France). Comme il est fréquent, il ne tint pas parole : bien que, après avoir été élu, le président ait cru bon de réitérer cette promesse le 28 août, aucune modification des textes répressifs n'intervient après son élection (il y aura, en mai 1975, un projet de loi qui prétendra abroger la censure mais qui, d'une part, la maintient en réalité et, d'autre part, n'arrivera jamais devant l'Assemblée nationale). Giscard d'Estaing ne change donc pas les textes, mais il change les hommes. A Maurice Druon succède un homme cultivé et libéral, Michel Guy. Et celui-ci décide de ne pas suivre les recommandations de coupures ou d'interdictions totales que lui prodigue la commission de contrôle. C'est la ruée.

Elle commence par un phénomène soft : le 25 juin 1974, moins d'un mois après la formation du nouveau gouvernement, *Emmanuelle*, de Just Jaeckin, sort dans les salles de l'un des grands circuits commerciaux d'alors, celui des frères Siritzky. Le dernier (et éphémère) ministre de la Culture de Pompidou, Alain Peyreffite, avait interdit le film. Au prix de coupures « minimes », selon le producteur (et futur élu de centre droit) Yves Rousset Rouard, Michel Guy le « libère ». *Emmanuelle* devient aussitôt un événement commercial et sociologique. Cette adaptation décorative du roman d'Emmanuelle Arsan – ouvrage à l'époque peu lu mais déjà très célèbre, et qui deviendra également un gros succès d'édition – cumule les charmes de l'exotisme et d'un vernis intellectuel sur les ressorts du plaisir, à la plastique fort avenante de son interprète principale, Sylvia Kristel, bien mise en valeur par les prises de vues dirigées par l'ancien photographe Just Jaeckin. Le film va battre un double record, celui du nombre d'entrées et celui de la longévité à l'écran, dans la capitale : 3 269 187 spectateurs en 553 semaines. Et si le succès est particulièrement énorme à Paris, la province ne boude pas non plus, puisque le film totalisera 8,89 millions d'entrées en France. *Emmanuelle* obtiendra également un considérable succès à l'étranger. Le film donne naissance à des « suites », tournées par d'autres réalisateurs *(n° 2, Goodbye Emmanuelle, n°s 4, 5, 6)* qui n'approcheront jamais le succès initial. Jaeckin, de son côté, exploitera à nouveau le filon avec un autre roman érotique en vue, *Histoire d'O* (1975), signé du pseudonyme Pauline Réage. Le « phénomène de société » est alors devenu tel que *L'Express*, à quinze jours d'intervalle (le 25 août, quarante-huit heures avant la sortie du film, puis le 8 septembre), lui consacre deux fois sa couverture. L'événement médiatique devient disproportionné, on verra même le directeur du *Monde*, journal si sérieux et si chaste, tailler sa plus belle plume pour livrer aux lecteurs son sentiment sur « l'affaire », à la une du quotidien. Jaeckin, pris au piège en or massif de la célébrité du premier film et de la déferlante de commentaires « socioculturels » déclenchée par le second (qui marchera également fort bien : plus de 560 000 entrées à Paris), cherchera en vain à en sortir par le fait divers (*Madame Claude,* 1977), le romanesque déshabillé (*Le Dernier Amant romantique,* 1977), la « sociologie adolescente » (*Girls,* 1980), l'adaptation d'un classique (*L'Amant de Lady Chatterley,* 1981) ou la bande dessinée sadomaso (*Gwendoline,* 1984), tous traités avec la même joliesse soft – l'apport le plus notable de ce dernier titre étant d'être le premier film exploité en France avec son stéréophonique.

L'étoile de Just Jaeckin pâlit donc rapidement, mais son *Emmanuelle* a, dès l'été 1974, ouvert la voie à des films « ambitieux », ou conforté le statut de ceux qui l'ont précédé de peu. On consacre ainsi le talent de Dusan Makavejev, déjà auteur d'un film de propagande à la gloire des vertus libératrices de la sexualité, *W.R. ou les mystères de l'organisme* (1971, les initiales W.R. sont pour Wilhelm Reich). Le réalisateur yougoslave s'en vient donc honorer la douce France en y tournant le racoleur *Sweet Movie* (sorti le 11 juin 1974), plus mémorable pour avoir plongé Carole Laure dans le chocolat chaud que pour les ébats sado-glycémiques d'Anna Prucnal et Pierre Clémenti. Et bientôt Walerian Borowczyk, qu'on avait déjà pris pour un auteur à cause des afféteries esthétiques de *Blanche* (1972) et qu'on sacre grand artiste pour les audaces très léchées des *Contes immoraux* (sortis le 28 août 1974). Les commentateurs s'extasieront ensuite sur les effets de contraste entre torse du monstre velu et poitrine féminine découverte par le lin humide dans *La Bête* (1975), en supposant que ce n'est pas le sexe-canon à sperme dont est doté l'animal qui met ainsi en émoi la critique. L'ancien ingénieur du son (notamment de Louis Malle) Jean-Claude Laureux y va lui aussi de son œuvre « libératrice », *Les Bijoux de famille* (1975). Et des cinéastes aussi éloignés l'un de l'autre que Vadim et Alain Robbe-Grillet profitent du relâchement pour pousser un peu plus loin leur façon personnelle de jouer avec les fantasmes : du roman de gare psycho-nouveau riche chez le premier (*La Jeune fille assassinée*, 1974), des labyrinthes esthétisants et fétichistes chez le second (*Glissements progressifs du désir,* 1974 ; *Le Jeu avec le feu*, 1975).

Hardi le hard !

Surtout, le hard s'est engouffré dans la brèche entrouverte par Michel Guy. Dès le 24 mai 1974, la fameuse *Bonzesse* de Jouffa se dévoile sur les écrans : il s'agissait de raconter le parcours libérateur (?) d'une jeune femme moderne (?), d'un bordel parisien à un temple bouddhiste. Le film déçoit ceux qui s'étaient mobilisés contre son interdiction. Mais il est aussitôt suivi par une vaillante cohorte de films, tentant, en ce domaine aussi, de faire pièce à la vigoureuse concurrence des Américains : aux Etats-Unis, le hard a obtenu droit de cité dès 1972, avec la distribution de *Deep Throat* (*Gorge profonde).* Parmi ces représentants du cinéma tricolore, *Les Jouisseuses* de Lucien Hustaix, qui jouiront surtout d'un inhabituel succès en province, *Q* de Jean-François Davy, plusieurs productions du stakhanoviste de la pellicule B, X ou Z Jésus Franco (au moins 150 films depuis le début des années cinquante, sous des pseudonymes innombrables et des nationalités fluctuantes), et les débuts de Gérard Kikoïne (*L'Amour à la bouche,* film cosigné par Alex Nubbar et Alain Van Damme, sorti le 16 octobre), *Les petites saintes y touchent* de Michel Lemoine (le 4 décembre), *Emilienne* (Guy Casaril, le 28 mai), *Le Pied* (Pierre Unia, le 23 juillet, qui révèle l'une des « stars » du genre, Béatrice Harnois), et ainsi de suite jusqu'au dernier grand succès du genre, *Le Sexe qui parle* de Frédéric Lansac (sorti le 5 novembre, le même jour que l'esthétisante, et à tous points de vue décevante adaptation des *Onze Mille Verges* d'Apollinaire, par Eric Lipmann). Soixante-dix-sept films hard ont inondé les écrans en 1975, dix d'entre eux ont attiré plus de 100 000 spectateurs à Paris, le triomphe absolu du genre étant pour *Exhibition* de Jean-François Davy.

Réalisateur « art et essai » à la fin des années soixante, Davy avait contribué à la montée du soft au début de la décennie, avec *Bananes mécaniques* et *Prenez la queue comme tout le monde,* tous deux sortis en 1973, puis était passé au hard avec *Q. Exhibition*, exhibé le 25 juin 1975 après avoir été sélectionné par la « Quinzaine des réalisateurs » à Cannes, a bénéficié d'une avant-première de prestige dans le théâtre de Jean-Louis Barrault et Madeleine Renaud, à la gare d'Orsay. Le film se présente comme un document sur les conditions de travail de l'une des plus actives interprètes de films porno, Claudine Beccarie (elle aurait tourné dans au moins 27 films sortis durant la seule année 1974). Le sujet exige donc de montrer de nombreuses scènes hard (présentées comme saisies sur le vif durant les heures de travail de l'actrice, en fait reconstituées pour les besoins du film). Dès sa présentation sur la Croisette, *Exhibition* déclenche l'enthousiasme de ceux qui comptent sur toutes les transgressions pour libérer l'esprit de leurs contemporains. A sa sortie, Jean-Louis Bory s'enthousiasme dans *Le Nouvel Observateur*, devant son succès. Jean-Louis Hennig écrit dans *Libération* (du 24 juillet) qu'*« un tel film contribue à faire tomber les derniers bastions d'une civilisation chrétienne et bien-pensante »*. Le film dépassera les 575 000 entrées à Paris. Sa fortune critique et sa réussite commerciale viennent de ce que, grâce à son aspect sociologique, il résout à sa manière un dilemme alors doctement débattu : le « bon porno » est-il un film strictement consacré à la représentation d'ébats sexuels, au risque de devenir rapidement très ennuyeux ? Ou doit-il intégrer des scènes hard à un récit traditionnel, romanesque, au risque de normaliser le sexe et de noyer la charge subversive qu'il est supposé détenir ? Tandis que les critiques les plus cérébraux détectent dans le porno une forme de cinéma expérimental, la plupart des autres relèvent que ces films reposent sur des scénarios débiles illustrés d'images presque toujours hideuses. Dans le camp d'en face, les « théoriciens du hard » crient à l'« alibi » et à l'hypocrisie dès que se mêlent l'ombre d'un récit ou une approche psychologique ou une recherche esthétique aux pénétrations et fellations en gros plan. François Truffaut, philosophe et puritain, y verra quant à lui le résultat d'une dette à payer, d'un rachat : *« Pendant soixante-dix ans, le cinéma a menti à propos des choses de l'amour. Tout se passait comme si les stars n'avaient ni corps ni besoins sexuels* [...]. *Ces soixante-dix ans de mensonges, nous les payons de films souvent laids et bêtes, c'est notre expiation. »* Paul Vecchiali, réalisateur issu de la mouvance *Cahiers du cinéma*, tente d'aller au-delà de ce triste constat en tournant *Change pas de main,* produit par Jean-François Davy (sorti le 18 juin 1975). Vecchiali essaie de jouer le jeu du porno, pour prouver, au sein d'un pastiche de polar, qu'on peut tout montrer dans un film sans que celui-ci devienne le simple prétexte à exhibition de galipettes variées. Malgré quelques habiletés du réalisateur et de son scénariste, Noël Simsolo (ne montrer de scènes hard qu'à l'occasion du tournage ou de projections de « films dans le film », leur opposer une scène d'amour à trois, soft, tendre et joliment filmée), la démonstration tourne court.

Cette expérience n'aura pas de suites. Mais quelques films profitent de la nouvelle possibilité d'utiliser des images qui auraient, un an plus tôt, valu aussitôt une interdiction totale. Plus sérieusement que dans *Exhibition*, la réflexion sociale s'ouvre de nouvelles voies en tirant parti de cette licence sans oublier de la mettre en question. Ainsi, la manière dont les sexes seront très explicitement montrés dans *Numéro 2* de Godard (sorti le 24 septembre 1975) démontre comment la pornographie tient au rapport instauré à la fois entre l'écran et le spectateur, et entre les scènes porno et les autres représentations de la vie quotidienne. Ce même rapport, tout autant que le « rapport sexuel », est l'enjeu d'*Anatomie d'un rapport* de Luc Moullet et Antonietta Pizzorno (sorti le 21 novembre), où la parole, la mise en discussion permanente de ce qu'on fait et de ce qu'on voit, critique à son tour la pornographie en même temps qu'elle réfléchit la place et la fonction de la sexualité dans l'existence du couple de réalisateurs-interprètes. Ces deux films, restés confidentiels, demeurent néanmoins en marge du phénomène porno, même s'ils n'auraient pu exister sans lui.

Cette chaude année 1975, proclamée par d'autres « Année de la Femme » (et Année sainte par le Vatican) verra également se dérouler le premier et unique Festival international du film pornographique-érotique à Paris, du 6 au 12 août au cinéma les Trois-Haussmann. Parmi le jury présidé par Claudine Beccarie, on trouve le philosophe François Châtelet et Régine Desforges qui, comme ses confrères Eric Losfeld et le vétéran de la cause Jean-Jacques Pauvert, organise au même moment dans l'édition une comparable mise à bas des censures. Le grand prix ira au *Sexe qui parle*, réalisé par Lansac et produit par Leroi. Bref, il y en a plein les écrans, et plein les salles : de juillet 1974 à juillet 1975, six millions de spectateurs ont vu un film porno à Paris et dans sa périphérie, soit à peu près l'équivalent de la population totale. En avril, Michel Guy a déclaré : *« Tous les films doivent pouvoir sortir sans distinction* [...]. *En 1975, les gens choisissent ce qu'ils veulent voir et je dois les laisser libres »* (interview à *Pariscope* du 17 avril). Il serait naïf d'imaginer que pareil débordement puisse se produire sans déclencher de réactions. Contre l'invasion du porno (pour l'année 1975, un tiers de la production française, 20 % des titres à l'affiche, 15 % des entrées), d'étranges alliances vont se nouer.

La conjuration des X

Pour mettre un terme à cette éphémère, vigoureuse, ambiguë et décevante floraison des films hard, on retrouvera, sinon côte à côte, du moins agissant dans le même sens, les puritains, le fisc, les « professionnels », les députés quasiment unanimes, les « gens sérieux », les féministes, les gauchistes et... des réalisateurs de films porno. Que les porte-parole des institutions familiales et religieuses et autres ligues de vertu se plaignent de cette invasion, c'est la fonction de ces organes. Que la presse de droite et les journaux catholiques leur fassent écho, quoi de plus prévisible ? Que d'habituels défenseurs des valeurs traditionnelles comme Michel Droit, François Chalais ou Jean Cau en fassent le sujet de leur croisade du moment, eux qui prospèrent dans la permanente dénonciation de la décadence des mœurs et détectent le bolchevisme dans le moindre décolleté, quoi d'étonnant ? Mais, dès l'été 1975, *Le Monde* et *Le Nouvel Observateur*, représentants de la gauche intellectuelle « sage », s'inquiètent, *Libération*, à l'époque quotidien d'extrême gauche, dénonce les « Macs du porno », et donc à la fois l'humiliation des femmes montrée par les films et les motivations mercantiles de ceux qui le réalisent. Des militantes féministes envahissent les locaux de *L'Express* après le retentissement donné par ce journal à *Histoire d'O*, s'en prennent (sans grand dommage) aux salles qui le projettent, mais donnent corps à l'idée que le porno est une forme de prostitution qui exploite les femmes et en donne une image dégradante. S'y ajoutent des « troubles de l'ordre public », à l'extérieur des salles : le raz de marée porno s'accompagne d'une invasion d'anatomies en émoi sur les murs des villes, si massive qu'elle finit par déplaire à ceux qui accepteraient sans sourciller la représentation, dans les salles obscures, des ébats correspondants, mais qui se lassent qu'on vienne les leur fourrer sous le nez, ou sous celui de leur progéniture, lorsqu'ils vont acheter leur baguette chez le boulanger du coin.

De plus en plus nombreuses, de plus en plus explicites, les affiches publicitaires du porno et les couvertures de magazines chassant sur les mêmes terres sont pour beaucoup dans l'agacement perceptible chez de nombreux citoyens. A la fin du mois de septembre 1975, un sondage de *Paris-Match* sort à point nommé : il contredit de précédentes enquêtes, qui indiquaient une grande bienveillance de la population pour le sexe à l'écran. Cette fois, 59 % des personnes interrogées se disent pour la censure. Cela tombe à pic, les vingt-cinq membres de la commission de contrôle éprouvent une lassitude croissante à visionner à la chaîne des ébats en tous genres et à constater que leurs recommandations ne sont pas suivies d'effets. Critique et historien du cinéma aux opinions de droite avérées, Charles Ford, qui en faisait partie, s'en émeut à la télévision et demande la tête du ministre. Le sénateur socialiste Joseph Carat, qui appartient lui aussi à la commission, ressort la vieille lune *« la liberté n'est pas la licence »*. Plus pondérée, la productrice Christine Gouze-Raynal, également membre de la commission, déclare *« que ceux qui veulent faire des films porno en fassent. Et que ceux qui veulent les voir les voient. Ces cinéastes font un autre métier que moi »*. Cela ne sent pas encore le fagot, mais déjà à nouveau le ghetto. C'est ce que proposera explicitement le beau-frère de Mme Gouze-Raynal, François Mitterrand alors chef de l'opposition, en recommandant le retour à des circuits spécialisés et soigneusement circonscrits. Les porte-parole communistes, secrétaires généraux du Parti et de la C.G.T. en tête, voient dans ce déferlement l'expression du pourrissement de l'idéologie bourgeoise (et, bizarrement, s'en alarment au lieu de s'en féliciter). Pour des motifs esthétiques, José Benazeraf, proéminente figure du genre, est d'accord sur le fond : *« C'est tellement médiocre ce que font actuellement mes collègues français, qu'ils se condamnent eux-mêmes. »* Le 10 septembre, quinze jours après la tapageuse sortie d'*Histoire d'O*, Jean-Pierre Fourcade, ministre des Finances qui a des problèmes pour boucler son budget, envisage à la radio *« la création d'un impôt sur le déchaînement pornographique »*. A la mi-septembre (dans le « Spécial porno » que l'hebdomadaire professionnel *Le Film français* consacre à ce phénomène désormais surtout économico-politique), Françoise Giroud, qui a quitté son bureau de *L'Express* pour celui du secrétariat d'Etat à la Condition féminine, trouve le porno *« écœurant »*. Le 24 septembre, le directeur général du C.N.C., Pierre Viot, s'alarme du *« risque grave pour l'industrie cinématographique* [...] *d'où la nécessité de mesures qui vont être arrêtées par le gouvernement »*. Justement, avec une admirable synchronisation, Jacques Chirac, Premier ministre, menace le même jour : *« Les gens ne supporteront pas longtemps ce genre d'excès, qu'il faudra donc éliminer. »* Claudine Beccarie, militante à l'U.D.R., le parti de M. Chirac, en est toute retournée.

Bon gré mal gré, le secrétaire d'Etat à la Culture y vient lui aussi, avec un argumentaire à la fois culturel et économique : *« A l'heure actuelle, si l'Etat n'y veille, seul le cinéma de pornographie et de violence deviendra financièrement possible. Les spectateurs seront alors condamnés à ce seul genre de spectacle ou à se dégager du cinéma »*, déclare Michel Guy au *Point* du 29 septembre. Au Conseil des ministres du 8 octobre, le président de la République lui-même *« invite le gouvernement et la profession à se concerter pour prendre à bref délai les mesures nécessaires en vue de remédier aux excès actuels et concilier la liberté d'expression au cinéma avec le respect de la dignité humaine et la liberté de choix du spectateur »*. On pouvait sans doute le dire plus simplement, mais l'idée y est. Et « la profession » est d'accord : dans un premier temps, l'explosion du porno est apparue comme un renfort bienvenu à la fréquentation. Peu à peu, ces films tournés à la va-vite, pour des budgets dérisoires par des francs-tireurs sans foi ni carte professionnelle, se sont mis à faire peur aux « vrais cinéastes ». Dès le 12 août, Louis Marcorelles écrivait dans *Le Monde*, reflétant une idée qui se répand dans la corporation : *« C'est toute la structure traditionnelle du cinéma français qui semble menacée quand des films, réalisés avec quatre bouts de ficelle, sans matière grise ni techniciens correctement salariés, battent à Paris (et encore plus souvent en province) des productions tournées selon les anciennes normes. Beaucoup de professionnels y voient une grave menace pour l'avenir de l'industrie française, sinon la mort certaine, à plus ou moins longue échéance, du film à budget moyen un peu ambitieux. »* Ces accents-là rappellent-ils ceux de la forteresse « qualité française » assiégée par le cinéma moderne ? En apparence seulement. Il y a en fait contradiction entre les intérêts des réalisateurs, techniciens, acteurs, producteurs et distributeurs « classiques » d'une part, et ceux des exploitants d'autre part, qui trouvent leur compte dans la profitable vague du porno : ces films sont accueillis en sauveurs par nombre de petites salles de province menacées de faillite ; dans de nombreuses villes se multiplient les écrans qui se consacrent uniquement ou majoritairement à ce genre (par exemple, douze des quatorze écrans grenoblois sont, fin 1975, réservés au porno, et 70 % de ceux d'Angers, selon le député conservateur Jean Foyer, qui prépare un projet de loi pour *« débarrasser nos villes des films orduriers »).* D'où, à nouveau, et du point de vue des divers protagonistes, une certaine confusion entre liberté d'expression et enjeux mercantiles, ceux cette fois des détaillants du cinéma. Toujours est-il que le balancier repart dans l'autre sens : triomphant, le porno laissait voir sa médiocrité et ses visées très matérielles. Attaqué, il redevient aux yeux de beaucoup une « juste cause », ou en tout cas un moyen de contestation : Demy, Doniol-Valcroze ou Chabrol montent au créneau de la liberté pour défendre le sexe. Le 8 novembre, un millier de réalisateurs et acteurs tenteront de rejouer l'épopée de l'affaire Langlois. En janvier suivant, les *Cahiers du cinéma* paraîtront avec à la une un dessin de Willem où un *cop* s'apprête à faire un sort au sexe démesuré de Charlot, et à l'intérieur un éditorial annonce carrément l'avènement du fascisme sous les effets de la « *censure libérale avancée* ».

C'est qu'une grande idée a germé dans l'esprit des dirigeants : plutôt que de réprimer, ce qui irait mal au teint du libéralisme prôné depuis l'arrivée à l'Elysée de Giscard d'Estaing, il n'y a qu'à faire payer. Cher. Et avec double bénéfice : la taxation alimentera les caisses de l'Etat, et entravera la production et la diffusion des trop lestes images. Il s'agit de retirer au porno le bénéfice du fonds de soutien et de lui appliquer une T.V.A. majorée. Sentant venir le coup, la profession, par la voix de son organisme unitaire, le B.L.I.C. (Bureau de liaison des industries cinématographiques), tente la vieille distinction entre érotisme, auquel on ne toucherait pas, et porno, qu'on renverrait à son ancienne pénombre. Il est déjà trop tard. Par décret du 31 octobre 1975, les films à caractère pornographique sont exclus du soutien financier de l'Etat à la production, et aucune aide ne sera plus accordée aux salles spécialisées dans la projection de ces produits. Gaumont, qui a toujours *Histoire d'O* à l'affiche, renonce à programmer des films porno ; début décembre, Guy Verrecchia, responsable du nouveau et puissant circuit de distribution et d'exploitation U.G.C., qui un mois plus tôt justifiait encore la présence sur ses écrans d'*Exhibition*, annonce à son tour que ses salles ne diffuseront plus de films porno. Mais, juridiquement, un décret n'est pas assez solide, il faut une loi. La loi de finances pour 1976 qui paraît au *Journal officiel* du 31 décembre 1975 stipule à son article 11 que la T.V.A. sur toutes les activités liées au cinéma porno passe des 17,6 % en usage dans le reste de la profession à 33,33 %, et ajoute un prélèvement de 20 % sur les bénéfices des sociétés, une majoration de 50 % de la T.S.A. (la taxe qui alimente le fonds de soutien) et des taxes forfaitaires pour les films étrangers. L'article 12 reprend et précise l'exclusion de toute activité liée au porno des mécanismes d'aide sélectifs ou automatiques. Etudiant les effets économiques de la loi, Philippe Maarek a calculé que cela aboutit, pour les producteurs, à un prélèvement de 70 % des bénéfices. Le système est bouclé en contraignant les salles à choisir : soit elles sont classées « porno », ne passent que du hard et en subissent toutes les pénalités, soit elles restent dans le circuit normal et ne programment jamais de films désignés comme pornographiques.

L'adoption de ces articles a été l'occasion d'ardents débats de l'Assemblée nationale, au terme desquels la chambre des députés a voté la loi à l'unanimité moins une voix, celle du communiste défenseur de la culture Jack Ralite. Cette surprenante convergence d'opinions parmi les députés, cet isolement d'un seul défenseur de la liberté d'expression dans l'hémicycle traduisent, au-delà des penchants répressifs de beaucoup, l'importance des nuisances « secondaires » déclenchées par l'invasion porno, en particulier du point de vue des autorités municipales : obligation de multiplier les contrôles sur la fréquentation des mineurs (auxquels ces films restaient interdits), inflation de la publicité pour ces productions, découragement du public familial peu désireux d'aller assister à une comédie enchâssée entre trois histoires de fesses au cinéma du coin, invasion des villes frontalières par des amateurs venus des pays voisins, surtout à proximité de l'Espagne d'où arrivent chaque week-end de véritables convois, qui font les affaires de quelques commerçants mais perturbent la vie des cités.

La loi votée, il reste à l'appliquer. *Emmanuelle*, après avoir symbolisé la vague de l'érotisme sur les écrans, va devenir le symbole de sa répression. Le 3 janvier 1976, contre l'avis de la commission de contrôle et les assurances (assorties d'un visa d'exploitation) données par le C.N.C., le secrétaire d'Etat décide de déclarer film à caractère pornographique *Emmanuelle 2* (ex-*Emmanuelle l'anti-vierge*), réalisée par Francis Giacobetti, toujours avec Sylvia Kristel. Malgré un deuxième avis différent de la commission de censure, le 7 janvier (lendemain du jour de publication du décret d'application), il est le premier film à tomber sous le coup de la nouvelle loi, symbolisé par une lettre qui se veut aussi infamante que l'ancien A écarlate : le grand X majuscule qui barre désormais l'entrée des films porno au grand public (ce X, devenu le symbole de cette mise à l'écart, ne concerne, légalement, que la publicité pour les films : sur les affiches ne doivent plus figurer que le titre et cette antépénultième lettre de l'alphabet).

Il semble que, contre l'avis de la commission de contrôle, et contre l'avis du secrétaire d'Etat, ce soit l'Elysée et Matignon qui aient exigé le X pour ce film soft, et encore plus plat que le précédent. Interrogé sur le contenu anodin des séquences « chaudes » du film, surtout par comparaison avec ce qu'on pouvait voir depuis dix-huit mois, Michel Guy s'enfonce en affirmant que ce sont *« les intentions pornographiques »* qui sont ici en cause. C'était, par maladresse ou provocation, manifester les dangers du « classement pour pornographie » : comme tous les textes répressifs du cinéma français, la nouvelle loi n'énonce en effet aucun critère des choix à venir. Danièle Heymann note dans *L'Express* : *« En classant* Emmanuelle 2 *parmi les films pornographiques, le pouvoir rétablit la censure sous sa forme la plus dangereuse : économique et arbitraire. »* Face à ce manque de précision, le Conseil d'Etat, systématiquement saisi par les producteurs de films « ixés », portera des appréciations variées sur les émois et turgescences soumis à sa considération, mais sans apporter plus de précision quant à ses critères. Cette fois les professionnels ne sont plus du tout contents et le font savoir par de multiples communiqués (dont une pleine page dans *Le Monde*), et jusque par un déroulant projeté dans les salles « normales », et qui stigmatise la mesure « rétroactive, contradictoire et arbitraire » du secrétaire d'Etat. Bien entendu, les « spécialistes » sont encore plus émus, mais, marginalisés, ils ne peuvent pas grand-chose. Bénazéraf renvoie sa carte de réalisateur et annonce qu'il s'exile. La plupart vont se contenter de mener une guerilla rigolote à coups de titres potaches, que l'animateur de radio Pierre Bouteiller se fait un plaisir d'énumérer à ses auditeurs durant leur petit déjeuner. Le 14 janvier, le *Journal officiel*, dont les pages sont peu accoutumées à ce genre de vocabulaire, publie une première liste de films classés X, qui comporte pas moins de 161 titres, de *La Chatte sur un doigt brûlant* à *L'arrière-train sifflera trois fois*.

Pourtant, l'Etat semble estimer n'avoir pas frappé assez fort. Poursuivant de sa vindicte les grands succès du genre, ou du moins leur mémoire, à peine un an après le triomphe d'*Exhibition*, il interdit complètement *Exhibition 2*, toujours de Jean-François Davy. Sylvia Bourdon, autre personnalité en vue de l'écran porno et objet de ce nouveau « reportage », y anime partouzes et scènes sadomasochistes, et se livre à la coprophagie. Le X ayant été créé tout exprès pour ce genre de films, même du côté de ses défenseurs il devenait absurde de l'interdire totalement. L'histoire connaît, selon François Jouffa et Tony Crawley (*Entre deux censures*), un curieux dénouement : l'épouse du réalisateur, Yann Davy, serait en désespoir de cause allée rendre visite au président de la commission de censure, le conseiller d'Etat Pierre Soudet. Ils se seraient tellement appréciés que le censeur serait devenu le parrain du fils du couple pornographe. Et c'est Soudet lui-même – un expert, évidemment – qui aurait conseillé à Davy les vingt minutes de coupes grâce auxquelles le film sortira en 1978. Même pas classé X. Entre-temps, et pour que les choses soient claires, l'Etat encore si permissif un an plus tôt avait frappé un troisième grand coup symbolique : pour la première fois depuis l'Occupation, un film allait être détruit dans toutes ses formes d'existence par décision de justice. A l'automne 1975, alors que montait l'offensive antiporno, les associations catholiques et familiales avaient choisi un titre de film, alors projeté normalement, *L'Essayeuse,* réalisé par un certain John Thomas (pseudonyme du scénariste et réalisateur Serge Korber), sorti le 15 octobre avec une simple interdiction aux moins de dix-huit ans. Selon le témoignage des connaisseurs, un film ni plus ni moins osé, ni plus ni moins stupide que l'immense majorité des productions du lot. Le 7 novembre 1975, les Associations familiales catholiques (qui regroupent deux cents associations) et l'Union des associations de famille (qui en revendique quarante-trois) portent plainte devant la justice. Bien que, suite à la création du X, le film ait hérité de ce label le 23 avril 1976, le 4 octobre, le réalisateur, le scénariste, la chef monteuse et la vedette répondaient devant la 17e chambre correctionnelle de Paris du délit d'outrage aux bonnes mœurs. Aux termes des débats, le 8 novembre, *L'Essayeuse* est condamnée à être brûlée. Un vrai délire répressif, au grand embarras de la nouvelle secrétaire d'Etat à la Culture, l'ex-rédactrice en chef de *L'Express* et ex-secrétaire d'Etat à la Condition féminine, Françoise Giroud.

Le libéralisme du début de l'époque giscardienne a ouvert un espace de permissivité qui lui est bientôt apparu comme une boîte de Pandore. Elle vient de la refermer brutalement. C'en est fini du porno hors des écrans réservés ; le genre lui-même se maintiendra vaille que vaille quelques années avant de décliner irrémédiablement : 10,6 millions d'entrées dans les salles X en 1976, 9,9 en 1977, 10,3 en 1978, puis 7,6 en 1979, 4,6 en 1980. Et alors que le pouvoir, savourant sa victoire, avait laissé la bride sur le cou à un genre ramené dans son enclos, en 1981, Jack Lang, nouveau ministre de la Culture, sonnera l'hallali, en pourchassant les nombreuses irrégularités commises au regard des règles de contrôles (cinématographique et fiscal). Les entrées chutent à 2 millions. Vaincu par les taxes, l'ostracisme et ses propres limites, achevé par la vidéo, le porno n'a plus guère d'existence économique et sociologique qu'à domicile, et nulle part d'ambitions artistiques.

Il restera de cette brève période l'entrée dans les mœurs d'un certain nombre de situations désormais admises dans les films « normaux », et un doute quant à ce qu'on aurait pu espérer d'un porno de qualité, toujours annoncé par les guérilleros du cul, jamais vu..., sauf, *in extremis*, avec la découverte au Festival de Cannes 1976 de l'unique chef-d'œuvre pornographique hard dont puisse s'enorgueillir le cinéma mondial, *L'Empire des sens* de Nagisa Oshima. Les amants tragiques japonais apportaient, trop tard, de l'eau au moulin des défenseurs hexagonaux du sexe à l'image. Que n'avaient-ils, en France, érigé leurs propres Empires ?

Chapitre 2

PUISSANCE PUBLIQUE, PUISSANCES PRIVÉES

Durant la période qui va de l'automne 1968 à fin 1975, les interventions directes de l'Etat sur le cinéma, au niveau gouvernemental, concernent principalement le dossier du porno. Pour le reste, l'attitude des pouvoirs publics sera marquée par une certaine indifférence, souvent teintée d'hostilité envers un secteur considéré comme trop associé aux tumultes de Mai, tandis que les premiers « chocs pétroliers », mettant un terme à la croissance économique ininterrompue des « trente glorieuses », entraînent une rigueur économique peu clémente pour un secteur tenu pour marginal par les politiques et les énarques. Situation aggravée par la grande diversité de ceux qui se succèdent au ministère de la Culture (ensuite ravalé au rang de secrétariat d'Etat, ou intégré à un ministère « de la Culture et de l'Environnement »). Alors que de 1958 à 1968, André Malraux a occupé sans discontinuer le poste ministériel, lui inventant à la fois une fonction et un idéal, le bureau de la rue de Valois abritera six personnalités fort différentes en sept ans et demi. D'abord un Malraux déclinant, et qui, dans l'exercice du pouvoir puis la solidarité avec le Général en Mai, a perdu pour beaucoup son image de grand écrivain progressiste pour devenir, aux yeux de la majorité des gens de culture et notamment de cinéma, l'homme qui a voulu virer Langlois et l'hystérique meneur de la manifestation de restauration du gaullisme de juin 1968. Edmond Michelet le remplace après la démission du Général et l'élection de Pompidou en juin 1969, avec rang de ministre d'Etat, mais sa santé le limite à être l'incarnation de cette légitimité du gaullisme historique dont le pompidolisme a grand besoin. Suivront Jacques Duhamel de septembre 1970 à mars 1973, Maurice Druon pendant un an, puis Alain Peyrefitte (ministre de la Culture et de l'Environnement) durant quelques mois de 1974, avant que l'élection de Giscard n'amène, début juin, Michel Guy, qui n'est que secrétaire d'Etat. Il sera remplacé en août 1976 par Françoise Giroud.

Responsabilité limitée

Si Malraux, durant ses derniers mois rue de Valois, est devenu très discret, ses successeurs incarneront alternativement l'ouverture culturelle (Duhamel, Guy) et la rigidité politique (Michelet, Druon, Peyrefitte). Ces variantes se feront sentir directement dans le domaine de la censure, du fait de la suppression, en juin 1969, du ministère de l'Information : alors que la tutelle sur l'O.R.T.F. est rattachée à Matignon, la totalité des interventions de l'Etat en matière de cinéma relève désormais du ministère de la Culture [1]. Mais le statut même de représentant de la Culture au sein du gouvernement est devenu une fonction mineure, considérée soit comme une voie de garage, soit comme une position d'attente avant de plus nobles fonctions (et son budget occupe toujours une place dérisoire dans les comptes de la nation). Du moins, à défaut du prestige conféré à ce poste par son premier occupant, Jacques Duhamel parviendra à lui donner une légitimité administrative, à l'inscrire dans les mécanismes de l'appareil d'Etat, ce dont Malraux ne s'était guère soucié. Aux côtés de ministres privés de moyens (qu'ils ne réclament pas toujours), deux hommes très différents vont se succéder à la direction générale du C.N.C. Le premier, André Astoux, s'y illustrera avec fracas, sinon avec succès ; Pierre Viot, qui le remplace à la fin de 1973, préférera agir dans la discrétion.

La suppression du ministère de l'Information n'a pas été prise en fonction du cinéma, mais de la télévision : nommé Premier ministre par Georges Pompidou, Jacques Chaban-Delmas met en place dès l'été 1969 une politique beaucoup plus ouverte et consensuelle que celle de ses prédécesseurs à Matignon. A l'enseigne de sa « Nouvelle Société » et de la « participation », il veut en finir avec la tutelle directe, trop voyante, de l'Etat sur l'O.R.T.F., et en supprime donc la courroie de transmission (même si, à l'époque, on chercherait en vain les traces d'une plus grande liberté sur le petit écran). Jacques Duhamel, nommé rue de Valois après la mort de Michelet qui n'a pas fait grand-chose, incarnera à la culture la « nouvelle politique » de Chaban. Il affirme officiellement un certain assouplissement de la censure, bien qu'en la matière l'attitude de l'Etat soit comme d'habitude plus complexe, et la réputation libérale de Duhamel entachée de louvoiements qu'il lui faut assumer même s'il n'en est pas responsable, serré de près comme il l'est par une droite dure, hostile aux artistes, toujours prête à dénoncer, à la Chambre et dans les journaux, toute complaisance à l'égard de la « chienlit ». C'est sous son ministère que René Vautier fera la grève de la faim durant trente jours et se retrouvera à

1. Le ministère de l'Information sera « ressuscité » par le gouvernement Messmer en avril 1973 et confié successivement à Philippe Malaud puis à Jean-Philippe Lecat, mais le cinéma ne relève plus de ses compétences. Il sera définitivement supprimé à l'arrivée au pouvoir de Valéry Giscard d'Estaing, en mai 1974.

l'hôpital, pour obtenir que son film *Avoir 20 ans dans les Aurès* puisse être distribué. C'est également sous son règne qu'après que Philippe de Gaulle, le fils du Général, a déclaré à propos de *Français si vous saviez, « il convient de tout faire pour empêcher la réalisation d'une œuvre qui ne peut être que de dénigrement »*, l'Etat refuse à Harris et Sédouy l'accès aux « Actualités françaises », devenues monopole de l'O.R.T.F. Des retards dans la réunion de la commission de contrôle devant délibérer sur le film en retardent ensuite la sortie, au risque de saboter son programme de distribution. Toujours sous son ministère, le tournage d'*Il n'y a pas de fumée sans feu* de Cayatte est bloqué suite à une manœuvre politico-financière du C.N.C., comme on l'a vu, puis la sortie des *Noces rouges* de Chabrol est retardée à l'aide d'une manœuvre juridico-politique... Mais Duhamel est aussi celui qui, contre l'avis de la commission de censure, autorise *Viva la muerte* d'Arrabal, *Mais ne nous délivrez pas du mal* de Joël Séria, *Eldridge Cleaver* de William Klein ou *Jours tranquilles à Clichy*, film danois adapté du roman d'Henry Miller. C'est également lui qui installe à la présidence de la commission de contrôle (sur proposition de son directeur de cabinet et véritable tête pensante de l'action culturelle à l'époque, Jacques Rigaud), en remplacement du très conservateur Henri de Ségogne atteint par la limite d'âge, un homme à la réputation libérale : Pierre Soudet. De fait, les plus violentes attaques auxquelles Duhamel aura à faire face viennent de sa droite, au sein de sa propre majorité. Le plus ardent porte-parole en est le maire de Tours, Jean Royer, qui devient la tête de Turc de tous les caricaturistes et chansonniers de France (c'est lors d'un débat face à Royer que, le 14 décembre 1971, Maurice Clavel quitte *ex abrupto*, et en direct, un plateau de télévision sur un mémorable *« Messieurs les censeurs, bonsoir ! »)*. Mais Royer est loin d'être seul ; pressentant la tendance à la libéralisation après l'arrivée de Chaban, un champion de la répression non dénué d'humour comme Alain Peyrefitte avait proposé dès novembre 1970 de municipaliser *« l'odieux exercice de la censure »*. Il savait que les maires conservateurs seraient les plus ardents défenseurs de la « vertu » à l'écran, mais n'eut pas le temps de mettre à exécution son projet lors de son bref passage rue de Valois. Tout naturellement, c'est à Maurice Druon, qui a succédé à Duhamel en entonnant les trompettes de l'ordre moral, qu'échoira la grande affaire de censure politique de l'époque, celle d'*Histoires d'A.*

Contesté comme représentant du pouvoir par tous ceux qui, dans le cinéma, se sont sentis concernés par Mai 68, le C.N.C., encore dirigé par André Holleaux au lendemain des « événements », a pris des mesures de réconciliation. Déjà, à la fin du mois de mai, « le Centre » avait accordé le statut professionnel pour les films tournés en 16 millimètres, décision progressiste, mais à laquelle on ne prêta guère attention sur le moment. Le 8 juillet, la rue de Lubeck autorise les sociétés de production gérées par un réalisateur à produire seules des films, et abaisse le capital minimum de ces sociétés de 300 000 à 100 000 francs. C'était, sans rien céder sur les structures et sans remettre en cause les puissances établies, accorder une autonomie nouvelle à tous ceux qui aspirent à l'indépendance vis-à-vis de ces structures et de ces puissances, en écho direct aux revendications exprimées aux Etats généraux. Cette réforme aura dans l'avenir une importance notable, en permettant la constitution de pôles de pouvoirs contrôlés par des « créateurs ». Dans le même esprit, Holleaux renforce en mars 1969 la présence des réalisateurs à la commission d'avance sur recettes : celle-ci, à de rares exceptions près comme *Les Mariés de l'an II* de Jean-Paul Rappeneau, aura désormais tendance à privilégier les « petits films », qui sont souvent, à l'époque, des films contestataires. Cette attitude déclenchera bientôt le mécontentement des dirigeants politiques les plus réactionnaires (le ministre Maurice Druon tempêtant contre les artistes qui viennent chercher assistance financière *« la sébile dans une main et le cocktail Molotov dans l'autre »).* Mais aussi des grands patrons du secteur cinématographique, peu enclins à voir dilapider des deniers publics au profit d'amateurs et de gauchistes, et, de manière moins prévisible, des réalisateurs comme Henri Verneuil, Gérard Oury ou Jean-Pierre Melville, qui en appelleront aux hommes politiques de la majorité et à l'opinion publique pour faire cesser ce *« scandale ».*

Les décisions prises au C.N.C. durant l'immédiat après-68 préfigurent celles du successeur d'André Holleaux, André Astoux, qui entre en fonction le 17 octobre 1969. La principale caractéristique de sa politique est le choix (en plein accord avec la « participation » prônée par Chaban-Delmas) d'une concertation la plus ouverte et la plus constante possible. Le passé de ce gaulliste bon teint, ancien officier de marine après avoir manqué de devenir prêtre, ne semblait pas le prédisposer à nouer de bonnes relations avec les trublions du cinéma. Mais Astoux a vite compris que la rupture introduite par Mai 68 au sein du secteur cinématographique, et entre celui-ci et la puissance publique, était dommageable au développement du secteur. Une fois les contestataires irréductibles partis sur des chemins de traverse, il va s'ingénier à renouer les fils entre les différents secteurs, et entre les différentes sensibilités, en organisant d'incessants colloques et séminaires. S'il gagnera une réputation de réformateur, c'est moins par la quantité et l'importance des mesures effectivement prises que pour ce rétablissement du dialogue. Il se traduit par la constitution de groupes de travail interprofessionnels dès le 9 février 1970, et sera scandé par les « grands-messes » des colloques de Cerisy en juin 1970 puis de Menars en juin 1971. Beaucoup de ceux qui y participent, notamment les membres de la S.R.F., vouaient le C.N.C. aux gémonies durant les Etats généraux de mai-juin 68. Ils ont finalement décidé de jouer le jeu du dialogue avec les institutions, envoyant même un membre suppléant à cette commission de contrôle dont ils demandent par ailleurs la suppression.

Ces divers comités de travail, où des experts et des intellectuels se mêlent aux professionnels et aux fonctionnaires, élaborent des descriptifs de plus en plus précis, et de plus en plus sombres, de l'état du secteur et mettent au point des programmes de mesures auxquels le gouvernement doit prendre sa part. Le ministre de tutelle, Michelet puis Duhamel, prête une attention bienveillante aux rapports et recommandations. Mais c'est alors que le ministre des Affaires culturelles se révèle n'être pas grand-chose dans le gouvernement de la France. C'est la personnalité de Malraux qui donnait du poids à la fonction. Pis, Chaban-Delmas, dont Astoux applique les méthodes dans son domaine, ne peut apparemment rien imposer à ce qui se révèle le vrai fief du pouvoir : le ministère des Finances, dirigé par Valéry Giscard d'Estaing. Aux Finances, on considère traditionnellement le milieu cinématographique non comme des artistes qu'il faut aider ou des agents économiques qu'il faut soutenir, mais plutôt comme des privilégiés qu'il faut ponctionner.

Cela s'aggrave après les virages à droite que constituent le remplacement de Chaban par Pierre Messmer à Matignon, puis les législatives de mars 1973. Tous ceux qui, de surcroît, voient dans le cinéma un repère de dangereux gauchistes travaillant à la destruction de la société et à la décadence de la civilisation occidentale reprennent le haut du pavé. Maurice Druon (de l'Académie française), qui s'installe rue de Valois le 5 avril 1973, est de ceux-là. Après une série d'escarmouches de plus en plus violentes et de moins en moins discrètes avec son ministre – dont la provocatrice sélection à Cannes, comme représentants officiels de la France, des « scandaleux » *La Grande Bouffe* et *La Maman et la Putain* –, Astoux est proprement viré le 17 décembre 1973. Son bilan ? Avoir fait surgir du magma revendicatif d'alors un projet d'ensemble concernant la manière dont l'Etat devrait soutenir ce cinéma qu'il considère, lui, comme un enjeu d'intérêt national, avec toute la force qu'un gaulliste peut donner à ces termes : assouplissement considérable de la censure, réduction de la T.V.A., libération du prix des places, promotion du cinéma en France et à l'étranger, soutien à la création et à la construction de salles.

C'est un homme amer qui quitte la rue de Lubeck. Tenant trois jours après avoir dû abandonner son poste une conférence de presse, il demande aux professionnels et aux membres de son administration de lui pardonner *« d'avoir distillé, au cours de quatre années, mes espoirs et mes illusions.* [...] *Je ne pensais pas que le combat contre la récession du cinéma français deviendrait aussi un combat contre le gouvernement.* [... Le ministère des Finances] *se refuse à prendre en considération les difficultés du cinéma. Bien au contraire, son ingérence dans notre action culturelle se traduit par des tergiversations, des excès de zèle sinon des abus de pouvoir et des mesures de rétorsion.* [...] *Lorsque survint M. Maurice Druon, de l'Académie française, ses premiers mots sur le cinéma furent des paroles d'accusation et d'injures.* [...] *Tout me conduit à penser que le gouvernement n'entend pas donner au cinéma les moyens qu'il lui faut pour survivre dignement »* (Conférence de presse du 20 décembre 1973). La presse pratiquement unanime, de *L'Aurore* à *L'Humanité* et *Libération*, salue l'homme dont tout le monde se méfiait lors de son entrée en fonction. Les journaux brocardent surtout et la forme et le fond de la décision de Maurice Druon. Aussitôt libéré de son obligation de réserve, Astoux rédige un livre sur son expérience, qui tient plus du libelle vengeur que des Mémoires d'un fonctionnaire, *Ce maudit cinéma.*

Pour remplacer ce personnage tonitruant, plus enclin aux débats publics qu'à la défense méticuleuse des dossiers dans les labyrinthes administratifs, arrive à la tête du C.N.C. son exacte antithèse : Pierre Viot. Conseiller à la Cour des comptes, il a fait l'essentiel de sa carrière de serviteur discret de l'intérêt public à l'aménagement du Territoire et au Plan et va ramener la sérénité dans un C.N.C. bien secoué depuis 1968, et qui s'est dangereusement marginalisé vis-à-vis de son ministère de tutelle. Il en faut, de la sérénité, lorsqu'on entre en fonction au moment où déferle la vague porno et qu'on doit gérer ses remous, et ceux de son reflux sous le signe du X. Durant près de onze ans, soit une inhabituelle longévité, Viot organisera une « politique du cinéma » peu spectaculaire, mais qui finit par apparaître comme la réponse au constat dressé par le rapport Malécot, commandé par le ministre de la Culture en 1975 et rédigé avec le concours de tous les ténors de la production, de la distribution et de l'exploitation : *« L'analyse qui vient d'être faite* [de l'état du secteur et des interventions publiques] *témoigne moins de l'insuffisance des interventions de l'Etat que d'un manque de cohérence de ces interventions. »* Cette cohérence peu à peu découverte tendra à la reconnaissance d'un secteur audiovisuel global, au sein duquel le cinéma pourra continuer à faire entendre sa voix (et parfois à imposer des solutions clairement à son avantage), face à la télévision dont la puissance économique et l'emprise sociale ne cessent de croître.

Durant son passage rue Lubeck, Astoux avait d'ailleurs obtenu au moins un résultat concret, en tout cas sur le papier, et qui allait dans le même sens : la signature du premier cessez-le-feu entre gens de cinéma et de télévision. André Astoux était directeur général adjoint de l'O.R.T.F. avant de prendre ses fonctions au C.N.C. ; il connaissait l'antipathie que les gens de télé vouent à ceux de cinéma (qui le leur rendent bien). A son nouveau poste, il a vite compris que le contentieux entre le grand et le petit écran était un problème central : la télévision use et abuse des films de cinéma (entre 1968 et 1972, 1 830 films diffusés sur les deux chaînes existantes) qu'elle paie un prix dérisoire, elle vide les salles et dévalorise les films. Le 14 mars 1972, au terme d'une série de réunions menées depuis plus de deux ans, Astoux impose au directeur général de l'O.R.T.F., Jean-Jacques de Bresson (qui a exigé que les gens de cinéma ne participent pas à la négociation, ni à la signature), une « déclaration commune ». Le monopole télévisuel s'y engage à limiter la diffusion des films à 10 % maximum du temps d'antenne, à ce que la moitié des films soient français, à augmenter chaque année de 10 % le prix d'achat de ces films, à ne pas diffuser de film le dimanche après-midi, et à verser annuellement dix millions de francs au compte de soutien. « En échange », l'O.R.T.F. obtient la carte de producteur de cinéma. Cet accord sera dans les années qui suivent fort mal respecté par la télévision, il faudra d'autres comités et d'autres traités pour qu'un *modus vivendi* entre dans les mœurs. Il n'en préfigure pas moins le cadre réglementaire (nombre de films, quota national, obligation d'investissement, fenêtre réservée à l'exploitation en salles) qui régira ensuite les relations entre cinéma et télévision.

Durant la période 1969-1975, trois changements majeurs liés à des décisions de la puissance publique affectent l'organisation et l'économie du cinéma français. Cependant, bizarrement, aucun des trois n'est le résultat direct de décisions prises par les responsables du C.N.C. et du ministère de la Culture alors en fonction. Le premier, le développement des multisalles, résulte d'une décision prise auparavant ; le deuxième, la privatisation de l'U.G.C., s'est effectué à l'écart de la rue de Valois comme de la rue de Lubeck ; le troisième, l'éclatement de l'O.R.T.F., affecte considérablement le cinéma, mais a été conçu et exécuté loin de lui, et de l'administration culturelle.

Les multiplexes transforment les cinémas, et le cinéma

La première décision, que nous avons déjà mentionnée sans en donner les conséquences, consiste dans le rétablissement du soutien financier à l'exploitation, qui s'est produit en 1967. Le comportement de ce secteur est tel que, sans soutien public, il n'y a plus d'investissement du tout : c'est ce qui s'est produit entre 1962 et 1966. Avec un apport de plus en plus conséquent du fonds de soutien, les exploitants vont entreprendre un vaste mouvement de modification d'un parc de salles alors en constante diminution, avec la multiplication des « multisalles », dites aussi « multiplexes » ou « complexes cinématographiques ».

L'idée n'est pas absolument nouvelle, un journaliste l'avait suggérée en 1914, et la première salle de ce genre a été créée à Marseille en 1936, imitée à Paris en 1946 avec les trois écrans du Royal Haussmann. Au début des années soixante, le Cinévog Saint-Lazare compte deux écrans, calqués par son propriétaire, Boris Gourévitch, sur un cinéma du Kansas. Mais le changement s'amorce réellement en 1967, avec la création des Trois-Luxembourg, au Quartier latin. En 1968, Gaumont est le premier circuit à passer à l'action, en coupant en deux le Convention. Le mouvement prend ensuite son essor à partir de 1969, financé à 70 % en moyenne sur les deniers « publics » — issus de la taxe sur les recettes. Alors que le nombre de fauteuils continuera de diminuer (passant de 2 329 000 en 1968 à 1 755 000 en 1975, après être passé de 2 798 000 en 1960 à 2 329 000 de 1960 à 1968), le nombre d'écrans, également décroissant durant toute la période précédente, recommence à augmenter à partir de 1972 (qui est aussi, symboliquement, l'année de la vente et de la destruction de la plus grande salle de France, le Gaumont-Palace) : on est descendu de 5 821 écrans en 1960 à 4 206 en 1972 ; on remontera selon une croissance continue jusqu'en 1987 à 5 026. Cet effort considérable aura un effet manifeste sur la fréquentation. Il était grand temps.

Jusqu'en 1969 inclus, la chute des entrées entamée à la fin de la décennie précédente s'est maintenue presque uniformément, pour passer pour la première fois cette année-là sous le seuil des deux cents millions de spectateurs : depuis l'année record de 1957, la fréquentation a été plus que divisée par deux. En tenant compte de l'évolution démographique, la chute est encore plus forte : de huit séances annuelles en moyenne par habitant, on est passé à 3,6. A partir de 1969, le nombre des entrées va se stabiliser. Jusqu'en 1985, il ne descendra jamais en dessous des 170 millions d'entrées annuelles. Les années soixante-dix seront ainsi celles où la fréquentation française devient la première d'Europe de l'Ouest, alors que les Allemands et les Britanniques, puis les Italiens verront se poursuivre une chute de leur audience qui a été, ici, au moins temporairement enrayée. Mais cette transformation des salles, qui exige des travaux importants et la fermeture pendant plusieurs mois, n'est évidemment pas de manière égale à la portée de tous. Les grands circuits d'exploitation sont les plus capables de mener une politique concertée, ils possèdent nombre des emplacements les plus favorables, ils peuvent supporter le poids d'investissements vite rentabilisés : les améliorations techniques des cabines de projection et des aménagements idoines permettent que le passage de une à trois ou quatre salles n'entraînent pas d'augmentation de certains postes de dépense — dans les complexes, il y a toujours une seule caissière, un seul projectionniste... On avait dit la puissance des exploitants dans le processus cinématographique, celle-ci ne peut que s'accroître et se concentrer plus encore.

Cette vigoureuse action sur le parc de salles a donc durablement stabilisé la fréquentation. Mais ce ne sont plus les mêmes salles, elles ne sont plus au même endroit, ce ne sont plus les mêmes spectateurs qui y vont, et ils n'y vont plus de la même manière.

« Plus les mêmes salles » : elles sont plus petites, moins confortables, elles ne ressemblent plus à des théâtres mais plutôt à des « H.L.M. à films », les écrans sont de taille médiocre, etc. Et, symboliquement, beaucoup perdent leurs noms poétiques (Eden, Alhambra, Eldorado, Artistic-Voltaire...) pour ne plus afficher que l'enseigne de la société à laquelle ils appartiennent. La plupart sont d'anciennes grandes salles, les mieux situées, que leurs propriétaires ont cassées pour les transformer en multiplexes. Les salles à l'implantation moins favorable continuent de disparaître, sur un rythme accéléré : cette période marque le début de la disparition du « cinéma de quartier », remplacé par les quartiers de cinémas. A Paris, les Champs-Elysées, le Quartier latin, les grands boulevards, plus tard Montparnasse puis les Halles concentreront la majorité des écrans, tandis que le nombre d'arrondissements pratiquement ou totalement privés de salles augmente durant toute la décennie (dès 1976, il n'y a plus aucun écran dans les 3e, 19e et 20e arrondissements, une seule salle dans le 4e). Le phénomène est identique dans les grandes villes de province, et s'effectue évidemment au détriment des salles implantées en milieu rural, dont les zones de chalandise sont les plus dispersées et où les billets coûtent le moins cher. En revanche, les écrans se multiplient en banlieue (une centaine de nouvelles salles ouvertes durant la seule année 1971), notamment dans les centres commerciaux installés au sein des « villes nouvelles ». A l'échelle des villes comme du pays, il y a donc un énorme effet de concentration géographique. En 1970, l'un des principaux maîtres d'œuvre de cette évolution, Jo Siritzky, résume par une image le phénomène en cours : *« La toile d'araignée d'Hexagone est dépassée. Elle est remplacée par un filet dont l'étendue et la forme changent avec les lieux de pêche. Une présence générale et systématique est devenue inutile : de nouveaux lieux de pointe démographique se créent constamment. »* Ce dispositif ne remplace pas un système rigide, il se substitue à une autre forme de flexibilité, celle de la division entre les différentes catégories de salles (salles de première ou de deuxième exclusivité, salles de continuation) et, à l'intérieur même des cinémas, variation dans le prix et le confort des sièges.

« Ce ne sont plus les mêmes gens qui y vont » : il y a également concentration de l'audience. Le cinéma est en train de perdre sans retour son statut de loisir « tout public », destiné à toute la famille, et à toutes les familles : avant la fin de la décennie, plus de 80 % des spectateurs auront entre quinze et trente-cinq ans, et plus de la moitié auront suivi des études supérieures. Et donc, évidemment, « on ne va plus au cinéma de la même manière » : les goûts cinématographiques de ce public circonscrit sont par nature plus délimités que lorsque le cinéma s'adressait à toute la population ; ils permettent à la publicité de faire de mieux en mieux passer un message « personnalisé », établissant un lien entre certains films et certains spectateurs potentiels. La concentration des salles fait qu'on ne va plus voir « ce qui passe au ciné du coin », mais qu'on choisit son film. En jargon économique, on est passé d'une « demande de cinéma », qu'il fallait satisfaire, à une « offre de films », dont il faut susciter l'envie chez le spectateur.

Cette nouvelle stratégie vise deux cibles distinctes. En effet, ce public déjà restreint se divise encore en deux catégories, les « assidus » et les « occasionnels ». Les « assidus », qui vont au cinéma plus de trois fois par mois, représentent moins de 40 % du public total (et seulement 18 % de la population), mais fournissent plus de 80 % du nombre total des entrées. Ils constituent le socle économique du cinéma en salles. Mais ce sont les 60 % d'« occasionnels » (23 % de la population française) qui, lorsqu'ils se déplacent, assurent les très gros succès. Il faut donc tirer parti de la « faim de cinéma » des spectateurs « assidus », en multipliant le nombre de nouveaux films, quitte à les retirer très vite de l'affiche s'ils sont rejetés par le public, ou au contraire pouvoir rapidement augmenter leur présence s'ils reçoivent un accueil supérieur aux espérances. Avec, à ce moment, l'opportunité d'attirer aussi une partie des « occasionnels ». Et, lorsqu'on vise directement ces derniers avec de très gros films, il faut pouvoir occuper d'entrée de jeu un très grand nombre d'écrans, quitte à affiner ensuite, au vu des premiers résultats, les combinaisons d'écrans les plus rentables.

Les complexes, qui comportent des salles de tailles variables, ont la souplesse requise pour ces exercices de marketing. Avec deux effets. D'une part, l'accroissement du nombre total de titres distribués (ou au moins « testés »), qui se traduit à la fois dans la quantité de films produits et dans le volume des importations. Le nombre de films différents sortis chaque année augmente de 60 % durant les années soixante-dix. Paris, qui sert de banc d'essai avant les éventuelles sorties en province, devient, et de loin, la ville au monde où il est possible de voir le plus large éventail de films de toutes origines – à condition d'avoir de bons réflexes : un grand nombre de ces films ne restent souvent que quelques jours à l'affiche. D'autre part, en direction des « occasionnels », on assiste à des stratégies du type « rouleau compresseur ». Alors qu'au milieu des années soixante un « gros film » sortait à Paris dans sept ou huit salles, et dans une poignée de salles d'exclusivité en province, puis élargissait lentement sa surface d'accès, on verra par exemple une publicité dans *Le Film français* du 14 septembre 1973 s'enorgueillir de ce que 138 copies de *Rabbi Jacob* sont simultanément mises en place, dont 57 pour la Région parisienne. Le nouveau dispositif de salles, et les stratégies qui en découlent, ont ainsi aggravé la séparation entre les films « commerciaux » et les autres, du fait des commerçants. Et l'emprise des diffuseurs sur la création, dénoncée dès le début des années soixante, s'est encore considérablement accrue.

Quelques petits films obtiendront pourtant, dans ces nouvelles conditions, des succès inespérés ; des « gros » seront rejetés par le public ; il reste du jeu entre les pièces de cette nouvelle mécanique, sinon elle coincerait rapidement. Globalement, ces deux stratégies, toutefois, entraînent une disparité de plus en plus grande entre deux types de films. René Bonnell a calculé (dans *Le Cinéma français au présent*, n° 12, 1977) qu'entre 1959 et 1975 le nombre de titres réalisant plus de 400 000 entrées à Paris avait doublé, tandis que le nombre moyen d'entrées par titre était divisé par trois : un plus grand nombre de succès d'une part, un énorme accroissement des échecs (commerciaux) d'autre part. C'est la « plage intermédiaire » qui s'effondre, celle qui permettait des résultats moyens, souvent suffisants pour des films produits à un coût relativement bas.

Ce nouveau dispositif se révèle également peu favorable aux triomphes spectaculaires, dont le début des années soixante-dix est particulièrement avare : parmi les vingt meilleurs scores au box-office français de films sortis entre le 1er janvier 1959 et le 31 décembre 1994, deux seulement sont apparus entre début 1969 et fin 1975. Il s'agit des *Aristochats,* dessin animé de Walt Disney au neuvième rang (10,39 millions de spectateurs), et d'*Emmanuelle* au dix-septième rang (8,89 millions), signalant ainsi le rôle joué par la manne pornographique dans la stabilisation des entrées, mais l'influence économique du porno ne peut être que partielle, et elle porte sur une durée limitée. Si on prend en compte une liste plus large, celle des 48 films sortis entre début 1959 et fin 1994 et ayant attiré plus de six millions de spectateurs français, on ne trouve guère que trois titres de plus pour la période qui nous occupe, dont deux français (*Les Bidasses en folie* et *Les Aventures de Rabbi Jacob*, respectivement 22e et 23e, suivis par *Orange mécanique*). Ce maigre palmarès n'est d'ailleurs pas, en lui-même, spécialement alarmant : à fréquentation égale, mieux vaut un nombre plus élevé de films rencontrant le succès plutôt qu'une poignée de triomphes au milieu d'un champ de ruines. C'est l'augmentation de la distance entre ce groupe de tête et le reste du peloton qui est inquiétante (tout comme l'est le marasme qui frappe alors les industries techniques : dans les studios, le nombre de plateaux passera de 33 à 15 entre 1969 et 1976, tandis que laboratoires et fabricants de matériel connaissent une crise sans précédent).

Naissance d'un groupe

Le paysage de l'industrie cinématographique est aussi modifié par l'apparition d'un nouveau et puissant intervenant. Durant les années soixante, on a vu un jeune secrétaire d'Etat aux Finances, Valéry

Giscard d'Estaing, tenter vainement de privatiser le secteur public du cinéma, l'U.G.C. (Union générale cinématographique). Devenu le tout-puissant ministre des Finances du gouvernement Chaban-Delmas, il va mener à bien cette opération qui, techniquement, relève de ses services (l'U.G.C. appartient aux Domaines), sans jamais consulter son collègue de la Culture. Mise sur pied dès avril 1970, l'opération sera d'ailleurs officiellement annoncée à l'Assemblée nationale le 13 novembre, à un moment où il n'y a pas de ministre des Affaires culturelles : Edmond Michelet, malade, a quitté ses bureaux ; Jacques Duhamel n'y a pas encore été nommé. Le 1er mars 1971, l'U.G.C. est officiellement vendue 60 millions de francs à une société composée par dix G.I.E. (Groupements d'intérêts économiques) régionaux d'exploitants indépendants, réunis en deux organismes, l'Ucidex et l'Ufidex. Son circuit de 22 salles constitue désormais la colonne vertébrale d'une nébuleuse de 600 salles indépendantes dont les gérants sont associés au rachat. C'est l'homme fort de ce groupement d'indépendants, Jean-Charles Edeline, président de la F.N.C.F. (le syndicat des exploitants) qui en devient le directeur général. Edeline avait été, dès 1967 et le rétablissement du soutien aux salles, l'artisan du rapprochement des salles indépendantes qui allaient former l'Ucidex et l'Ufidex, grâce à un astucieux système, proche de celui de la tontine : les « communautés d'intérêt ». Celles-ci permettent de concentrer sur un seul exploitant les droits au soutien de tous les membres, il dispose ainsi des moyens nécessaires pour procéder à des investissements lourds, chaque membre de la communauté bénéficiant (en principe) à tour de rôle de ces largesses.

La vente de l'U.G.C., et le choix de son repreneur, a eu lieu grâce, semble-t-il, à l'intercession de l'« homme de l'ombre » du clan gaulliste, Jacques Foccart, organisateur des réseaux parallèles du pouvoir en France et en Afrique – hasard ? on retrouvera bientôt l'U.G.C. occupant un quasi-monopole en Afrique noire francophone. Cette opération ne rapporte pas des sommes considérables à l'Etat, qui sera souvent accusé de l'avoir bradée, y compris en laissant les repreneurs financer le rachat avec le contenu des caisses de la société. Mais elle met fin à sa responsabilité dans une entreprise à la mauvaise gestion chronique. Elle coupe court également aux rêves de ceux qui, aux Etats généraux, avaient imaginé que la société nationalisée pouvait se transformée en société d'intérêt public – la S.R.F. a d'ailleurs vigoureusement dénoncé cette cession. Elle vise, surtout, à créer un contrepoids en fédérant les indépendants, face à la puissance acquise par le G.I.E. Gaumont-Pathé dans la programmation et l'exploitation, et par le regroupement des Américains dans la distribution : créé le 1er janvier 1971, C.I.C. réunit Paramount et Universal (rejoints par M.G.M. en novembre 1973), le 1er novembre est constitué le G.I.E. Warner-Columbia.

L'image d'U.G.C. comme rassemblement des « petits » face aux gros ne durera pas longtemps. Nouveau « poids lourd » du cinéma français, cette société ne jouera pas non plus le rôle de soutien aux films les plus fragiles, contrairement à ce que prévoyait le cahier des charges accepté par les repreneurs : l'engagement à un effort particulier en faveur des films français (24 semaines par an en moyenne devaient être consacrées par chaque salle à des films français, et 20 titres *« auxquels l'Etat porte un intérêt particulier pour des motifs culturels et artistiques »* devaient y être accueillis chaque année) ne sera jamais respecté. L'U.G.C. constituera en revanche le marchepied de la puissance de son P.-D.G., Jean-Charles Edeline, appelé à devenir l'une des principales figures de l'industrie des images dans les années qui viennent.

Exit l'O.R.T.F.

Ici prend place la troisième grande décision de l'Etat : le 7 août 1974 est décidé l'éclatement de l'O.R.T.F., qui prend effet le 1er janvier 1975. Sept sociétés remplacent le monolithique monopole par un monopole en morceaux, dont les trois chaînes (la troisième chaîne, FR3, est née le 31 décembre 1972) et une société de production, la S.F.P.

FR3 est alors officiellement annoncée comme « la chaîne du cinéma », dénomination ambiguë dans la mesure où les gens de cinéma sont alors farouchement opposés à la diffusion intensive des films sur le petit écran : en novembre 1974, une réunion interprofessionnelle, traduisant une éphémère mais toujours remarquable unité, a même menacé de refuser de vendre désormais les films à la télé si celle-ci ne réglemente pas la quantité de ses diffusions. Dans le sillage de la « déclaration commune » négociée par Astoux, une série de conventions sont passées entre les professions du cinéma et les chaînes, définissant les nombres de films, les heures auxquelles ceux-ci sont interdits de petit écran, ainsi que la contribution financière des chaînes au financement de la production. FR3, l'I.N.A. (Institut national de l'audiovisuel) et la S.F.P. reçoivent leur carte de producteur de cinéma, ce qui les autorise à coproduire des films, pour moins de 50 % — et à les diffuser au bout de dix-huit mois au lieu de cinq ans pour les autres. Et, à la tête de cette S.F.P. qui a hérité des puissants moyens des « Buttes-Chaumont » de l'ex-O.R.T.F., on retrouve Jean-Charles Edeline qui (en plus de l'U.G.C. et de la présidence de la F.N.C.F.) contrôle ainsi une part importante des images produites pour le petit écran, et peut participer à la production pour le grand. Début 1976, aussi bien l'hebdomadaire professionnel *Le Film français* que le mensuel de critique cinéphile *Cinéma 76* tiendront Jean-Charles Edeline pour l'homme le plus puissant du monde des images en France. Puissance qui n'empêche pas les idées : Edeline pense déjà en termes globaux d'audiovisuel quand cinéma et télévision restent encore séparés dans la plupart des esprits, il sera à l'origine de la première expérience de diffusion par câble en France...

L'imbrication entre cinéma et télévision progresse peu à peu dans les esprits : la seule originalité du rapport Malécot de 1975 est de faire figurer, pour la première fois en tête des recommandations d'un rapport officiel, la régulation des relations entre cinéma et télévision au même titre que les *« rapports internes à l'économie du cinéma »*, et avant eux — avec proposition de faire augmenter les prix d'achat des films par la télé —, de les indexer sur l'audience, de sanctionner les entorses au quota de 50 % de films français, et de contrôler les intermédiaires qui bradent les films aux chaînes. A la même époque, et en relation directe avec la nécessité de négocier pied à pied avec l'Etat et avec les directions des nouvelles chaînes, se crée la première organisation réunissant toutes les branches économiques du cinéma. Le B.L.I.C. (Bureau de liaison des industries cinématographiques) réunit des intérêts trop divergents pour ne pas être souvent un champ d'affrontement entre ses différentes composantes, il saura pourtant, aux heures des plus grands périls, se faire le puissant porte-parole des professionnels durant les quinze ans qui viennent.

A un tout autre niveau, le développement de relations entre le grand et le petit écran aura un effet bénéfique pour une frange du cinéma, qui tire parti de la nouvelle autonomie des sociétés issues de l'éclatement de l'O.R.T.F. Parmi elles, l'I.N.A. (Institut national de l'audiovisuel, l'ancien Service de la recherche) aura l'audace et la liberté de mener durant la seconde moitié des années soixante-dix une politique de production « expérimentale », aux côtés d'auteurs qui ont grand mal à se faire financer « dans le cinéma » : Godard, Duras, Marker, Straub et Huillet, Eustache... bénéficieront ainsi du soutien de l'équipe animée alors par Manette Bertin. Ces initiatives, isolées, moyennement appréciées des contrôleurs financiers et vouées à une disparition quasi totale avant que la décennie ne s'achève, n'en préfigurent pas moins la manière dont la télévision pourra, en obéissant (toujours de manière marginale) à une autre logique que celle du marché, apporter un soutien inattendu aux films *a priori* les moins destinés « à faire de l'audience ».

Les anciens s'unissent pour attendre, les nouveaux agissent

Même de manière indirecte ou fortuite, le comportement de l'Etat continue donc d'influer profondément sur l'industrie du cinéma. Dans ce cadre, le comportement des grandes sociétés détermine la situation générale du secteur. Les deux « grands anciens », Gaumont et Pathé, formalisent début 1970 les liens qui les unissaient déjà, avec la création d'un Groupement d'intérêt économique (G.I.E.) qui en fait le premier consortium de programmation en France : 438 salles, dont 88 à Paris. Tandis que Pathé abandonne toute activité de distribution, Gaumont apparaît comme le pôle moteur de cette association dont le dynamisme se manifeste surtout dans la transformation des salles. L'inculpation et l'incarcération pour fraude fiscale, en janvier 1974, du directeur général de Gaumont, Jean Rebotier, ne freinera pas l'expansion du G.I.E. qui, à ce moment, contrôle 475 écrans. Mais pour Gaumont aussi, les temps changent : le 31 mars 1972, après avoir tenté de prolonger son existence avec la présence du chanteur Antoine, le Gaumont-Palace, vaisseau amiral mais archaïque, est fermé. Le patron historique de la société depuis la guerre, Jean Le Duc, président de la Société nouvelle des établissements Gaumont depuis 1941, quitte son poste, où il est remplacé par le « vétéran maison », Roger Sallard. Devenu en janvier 1974 directeur général du G.I.E., Sallard annonce qu'il compte s'y maintenir jusqu'à 1981. Il ignore qu'il lui reste moins de dix-huit mois à la tête de Gaumont.

Chez les « nouveaux », et à côté de la nouvelle *major* U.G.C., le gros réseau « indépendant » mis sur pied par les frères Jo et Sammy Siritzky s'est constitué en « circuit » en 1967, lorsque la société d'exploitation, E.C.P.P., et la société de distribution, Athos, ont été regroupées à la faveur d'un accord avec Paramount, qui met dans la corbeille ses salles françaises et des capitaux — ou la promesse de capitaux, et de films. Ainsi naît Parafrance, dont les Américains possèdent 50 % des actions, mais dont la gestion reste entre les mains des deux frères. Ceux-ci s'occupent aussi de trouver les fonds nécessaires à une expansion pour laquelle ils paraissent bien équipés : le changement de localisation et de nature des salles est dans les cordes de ceux qui, dans les années soixante, avaient été les premiers à s'installer dans un centre commercial, et à l'aéroport d'Orly.

Après un accord avec le groupe de salles Océanic, les frères Siritzky contrôlent 148 salles en 1972. Ils ne cessent d'accroître leur emprise, mais ils le font sans le soutien financier attendu des Américains (bien que les salles s'appellent Paramount). La *major* hollywoodienne ne fournit pas non plus ses films. D'où de constants problèmes de trésorerie et d'approvisionnement en films, qui vont un moment être soulagés par le triomphe inattendu et gigantesque d'*Emmanuelle*, dont

Parafrance est distributeur. Mais, en 1975, la mort de Sammy Siritzky déclenche une bataille d'héritage qui va à la fois révéler l'instabilité financière du groupe et déchaîner de nombreux appétits sur les deux rives de l'Atlantique, et qui se terminera par une catastrophe pour la société Parafrance. Les frères Siritzky, puis Jo resté seul, auront été d'excellents stratèges de l'exploitation, sachant percevoir l'emplacement et le type de salles le plus profitable. Et aussi d'excellents distributeurs, jouant simultanément sur le tableau du grand film commercial (français ou indépendant américain) et sur celui de l'art et essai. Mais, plus « commerciaux » que « financiers », ils ont bâti un empire aux bases capitalistiques, et, semble-t-il, juridiques, fragile. En effet, après la mort de Sammy, ce sera le propre fils du défunt, Serge, qui mènera aux côtés des Américains, puis appuyé par de nouveaux partenaires financiers, la bataille contre son oncle, finalement dépossédé de sa société. Ce qu'en fera Serge Siritzky est une autre histoire, une histoire des années quatre-vingt.

Livre Troisième

LE CINÉMA TOMBÉ DU CIEL

1976-1983

Première partie

LE CONTEUR SANS RÉCIT

1976-1980

« Nous connaissons la scène : il y a des hommes rassemblés et quelqu'un qui leur fait un récit... Nous les disons "frères", parce qu'ils écoutent le même récit. »

Jean-Luc Nancy,
La Communauté désœuvrée.

LES ANNÉES MASCARET [1]

Après la déferlante du début des années soixante, puis les recherches plus solitaires du début des années soixante-dix, la fin de la décennie sera remarquablement pauvre en création de nouvelles formes. En pleine lumière ou confidentiellement, depuis quelque quinze ans le cinéma semblait capable d'ouvrir de nouvelles perspectives, de découvrir plus et mieux le monde en se découvrant lui-même. Les cinéastes plus exigeants de la période précédente poursuivront dans cette voie, ils ne recevront pratiquement plus de renforts. Le cinéma français ne devient pas inerte pour autant, il connaît au contraire un important renouvellement de réalisateurs, d'interprètes et de styles qui, dans un cadre esthétique déjà existant, apportent un sang neuf, de nouveaux visages, de nouveaux mots et des voix nouvelles pour les proférer.

Il y a des films phares et des films bornes. Les premiers éclairent un nouvel avenir possible du cinéma. Les seconds marquent, au présent et de manière aussitôt perceptible par le plus grand nombre, une étape ou un tournant. Par leur nombre, les grands films du tournant des années cinquante-soixante (*Hiroshima mon amour, Les Quatre Cents Coups, A bout de souffle*) avaient réussi le prodige d'être à la fois l'un et l'autre, annonce de l'avenir et signal de changement. Les films de Godard en 1967 et *Playtime* sont des films phares dont on n'a pas suivi la lumière, celle-ci éclairera désormais des chemins escarpés et peu fréquentés. Alors qu'ont été des « films bornes », par exemple, *Et Dieu créa la femme* au milieu des années cinquante, *Un homme et une femme* au milieu des années soixante. Et, au milieu des années soixante-dix, *Les Valseuses,* de Bertrand Blier. Sa sortie, le 22 mars 1974, signale l'avènement d'un nouveau type de cinéma, et d'une nouvelle génération d'acteurs.

L'évolution qui s'amorce sur les écrans, et dont ce film sorti deux mois avant l'élection de Valéry Giscard d'Estaing est le principal signe

1. « Mascaret : longue vague déferlante produite dans certains estuaires par la rencontre du flux et du reflux » *(Petit Robert).*

avant-coureur, sera synchrone des « années Giscard », années de retour au calme après les turbulences de 68, années de restauration de l'ordre, mais d'un ordre plus moderne, exigeant la suppression des archaïsmes trop voyants de la France de De Gaulle et de Pompidou.

Sous le signe de la « société libérale avancée » prônée par le nouveau président, pour la première fois depuis l'immédiat après-guerre, une femme, Simone Veil, entre au gouvernement. Celui-ci autorise le divorce par consentement mutuel, ouvre un large accès à la contraception et libéralise l'avortement. En août 1976, Françoise Giroud, porte-parole d'une certaine modernité comme responsable de *L'Express,* devient secrétaire d'Etat à la Culture. Le lendemain de l'éclatement de l'O.R.T.F., symbole monolithique de l'emprise du pouvoir sur l'information et les loisirs individuels, le président Nixon démissionne à la suite du scandale du Watergate, autre manifestation de la nouvelle place des médias dans la vie politique et sociale. Le changement, l'adaptation plutôt, est dans tous les domaines : des architectes marqués par les idées de 68 (Castro, Lion, Portzamparc) obtiennent la maîtrise d'œuvre d'un chantier à la place de la prison de la Roquette, tandis que Pierre Boulez, promoteur de la musique contemporaine et allié des pouvoirs en place, installe l'I.R.C.A.M. au Centre Pompidou. La conférence d'Helsinki fait des droits de l'homme un enjeu de la diplomatie mondiale, les « nouveaux philosophes » en font une machine de guerre contre le marxisme et les idées révolutionnaires. Les clubs de remise en forme font de la libération du corps un commerce, dans les magasins Carrefour ce sont les produits qui sont « libres ». La France connaît son premier acte de terrorisme politique moderne, avec une bombe au Drugstore Saint-Germain, la première catastrophe écologique répand ses boues rouges à Seveso, Giscard invente une Journée de l'arbre et Morin publie *La Nature de la nature.* René Thom présente sa théorie des catastrophes, le vieux parti gaulliste se rénove en devenant R.P.R. sous la direction de Jacques Chirac, la gauche est majoritaire dans les urnes des municipales de 1977 mais rompt son Programme commun et perd les législatives de 1978. Les débats télévisés jouent un rôle de plus en plus important dans la vie politique, la loi « informatique et libertés » est adoptée par le Parlement, le concept de dictature du prolétariat est abandonné par le P.C.F. L'historien François Furet proclame la fin de la Révolution française, depuis le deuxième choc pétrolier l'économie d'énergie est un mot d'ordre national, Sartre, Aron, Foucault et Finkielkraut posent ensemble sur le perron de l'Elysée pour venir en aide aux boat people vietnamiens, Bernard Kouchner crée Médecins du monde. On « découvre » la terreur exercée par les Khmers rouges au Cambodge. Le « totalitarisme » est le nouveau mot repoussoir, le tiers-mondisme est remisé, le magazine *Géo* se vend cher et bien, le premier Paris-Dakar traverse l'Afrique en vrombissant. Le publicitaire Jacques

Séguéla est une vedette de l'édition et le walkman est sur les oreilles. En 1980, Barthes et Foucault sont morts, Althusser est à l'asile, Poulantzas s'est suicidé, Pierre Goldmann a été assassiné.

Volontairement disparate, nécessairement incomplète, cette liste dit le reflux de l'onde de choc issue de Mai 68. Sur les écrans, le cinéma politique disparaît aussi vite qu'il était venu. Le va-et-vient à propos des films porno a illustré jusqu'à la caricature l'imbrication du libéralisme, de la répression et de l'économie. Dans son immense majorité, la société française change et veut continuer à changer, elle ne rêve plus de grands soirs et souhaite oublier les embardées tragiques, anciennes ou récentes. Elle veut de nouvelles histoires, mais des histoires à taille individuelle, adaptables, « en kit » et à monter soi-même à ses propres mesures. Surtout ni prophètes ni cassandres, ni gourous ni griots. Et elle veut des gens nouveaux pour les raconter. Le cinéma va lui offrir les unes et les autres.

Chapitre 1

METTRE LES CONTEURS À L'HEURE

Le film *Les Valseuses,* par l'intérêt qu'il déclenche, symbolise l'évolution qui se produit alors. Non pas une nouvelle modernité, comme il en sera crédité à sa sortie, mais une synthèse adroite et polémique de ce qui s'est produit dans le cinéma durant les quinze années précédentes.

Les années « Valseuses »

Fils du comédien Bernard Blier, personnalité du cinéma de genre à la française tel qu'il s'est constitué dans les années cinquante, Bertrand Blier avait réalisé en 1962 un exercice étrange, à égale distance du documentaire, de la fiction et de la télévision : *Hitler, connais pas* (1963), qui se présentait comme une enquête sur une « génération » représentée par onze jeunes gens successivement interviewés en studio. Il passa alors pour un cas particulier du cinéma moderne, poussant dans des retranchements originaux la démarche du « cinéma vérité », y compris ses artifices. Puis, hormis un oubliable pastiche des James Bond (*Si j'étais un espion,* 1967), le réalisateur cesse ensuite de filmer pour écrire. Des scénarios destinés à Georges Lautner, et des livres, dont *Les Valseuses* (d'abord écrit sous forme de scénario, refusé par tout le monde, puis transformé en roman avec succès ; plus tard, *Beau-père* et *Tenue de soirée* seront également des adaptations de ses propres romans), avant de parvenir à réaliser son troisième long-métrage, qui marque ses véritables débuts.

Les Valseuses conte sur le mode picaresque les tribulations de deux jeunes gens, Jean-Claude et Pierrot. Le film se déroule dans un pays bizarre et hostile, un pays sans géographie (la ville, la banlieue, la campagne, les bords de mer paraissent pêle-mêle, sans distance ni ancrage historique), un pays habité uniquement par des abrutis mornes et méchants, un pays que ses deux héros sont *a priori* fondés à dévaster dans leur odyssée, à la fois quête et cavale. Loubards de banlieue accusés à juste titre de petits délits, à tort d'un meurtre, ils se déplacent sans cesse grâce à de multiples moyens de transport, à la recherche de l'amour tel qu'ils l'ont défini, c'est-à-dire à la fois plaisir et tendresse. Entre vols de voiture et de sacs à main, harcèlement de passantes troussées et pieds de nez agressifs aux quidams de rencontre si possible délestés de leurs biens, le chemin de ces deux immatures, porteurs d'une imagination et d'une vitalité qui font manifestement défaut à tous leurs congénères, croise à plusieurs reprises celui d'une shampouineuse toujours prête à écarter les cuisses mais ignorante du plaisir : Marie-Ange, zombie qu'ils finiront par entraîner dans leurs pérégrinations. Au détour d'une séquence, le scénario déverse soudain une dose de tendresse inattendue, ou bien de révolte. Bertrand Blier a le sens du mot qui fait mouche et de la scène qui surprend. Ses dialogues ont la vigueur d'un héritier de Michel Audiard qui aurait beaucoup lu de bandes dessinées satiriques du genre *Hara-Kiri* — il compte d'ailleurs essentiellement sur eux, la prise de vues étant ici réduite à sa plus plate expression. La multiplication des scènes de sexe passe avec virtuosité de la blague de potache à la critique visuellement très crue, sinon très neuve, de la « libération des mœurs ». Le plus souvent, la provocation paraît n'être qu'une fin en soi, mais Blier y excelle assez pour obtenir un immense succès de rigolade un peu canaille (3,6 millions d'entrées).

Une réussite, donc, qui semble couronner l'un de ces films qu'on a qualifiés de « provocateurs » dans les pages précédentes. Il s'agit pourtant d'autre chose. La virée de Jean-Claude et de Pierrot connaît un brusque changement de ton à l'occasion d'une scène mélancolique et belle, autant qu'inattendue : les deux zouaves offrent un repas d'huîtres à une femme d'âge mûr, sur laquelle ils comptent assouvir leur libido, mais qui les séduit par sa tristesse et sa droiture. Celle-ci déclare tout à trac à la patronne du restaurant qu'elle sort de prison, ajoute qu'en cellule elle a cessé d'avoir ses règles. Le gag agressif, l'exactitude biologique et la métaphore atteignent, à ce moment, un point d'équilibre inhabituel dans le film. La femme d'âge mûr qui lance ainsi son projectile de haine calme, c'est Jeanne Moreau, dépositaire des scènes centrales du film, même si son apparition est brève. Jeanne Moreau et son personnage viennent d'ailleurs, de l'extérieur et d'avant *Les Valseuses.* Ils viennent, vieillis mais imposants, d'un autre cinéma, celui de la Nouvelle Vague. Abandonnée au sortir de sa prison, elle est recueillie et maternée par les deux zonards infantiles mais dynamiques, qu'elle a subjugués avec sa beauté hors norme et sa profondeur triste. Au cours d'une scène d'amour à trois qui évoque *Jules et Jim,* elle leur enseigne le véritable amour, et se suicide. Blier ne ricane plus à ce moment, il filme avec respect une transmission de témoin, témoin dont il se présente comme le nouveau dépositaire. Une deuxième séquence, de tonalité toute différente mais de signification complémentaire, précise la relation : Jean-Claude et Pierrot ont recueilli le fils de Jeanne Moreau, il sort lui aussi de prison (Jacques Chailleux, qui ressemble étrangement à Jean-Pierre Léaud adolescent). Cette double incarcération, celle de la mère et celle du fils, suggère à la fois combien le cinéma moderne était mis au ban de la société, et combien aussi il est un art contraint, cadenassé, qui aurait besoin de Blier pour être « libéré ». Raide, taciturne, puceau, ce représentant de la deuxième génération de la Nouvelle Vague n'est pas qu'un personnage négatif : c'est lui qui fait découvrir (bruyamment) le plaisir à Marie-Ange – est-ce la frigide « qualité française », cette roulure à la solde du petit commerce qui « écarte et compte les mouches au plafond » ? Avait-elle besoin de passer un moment par les bras maladroits et puritains du cinéma moderne pour retrouver le sens du plaisir et le partager avec les deux représentants de Blier à l'écran (qu'on a vus, littéralement, téter le lait de Brigitte Fossey, ex-enfant promesse de la « qualité française » dans *Jeux interdits* de Clément) ? Mais, s'il a su réchauffer les sangs de Marie-Ange, ce jeune homme sec amène avec lui le mensonge et la tragédie, il a des comptes sanglants à régler avec la société (il fait croire aux deux autres à un petit casse, et exécute son ancien gardien de prison). Son acte va mettre dans de sales draps les héros, adeptes seulement d'une révolte ludique et individualiste. La première génération du cinéma moderne (Moreau) a vu le monde comme il est et cela ne mène qu'au suicide, la deuxième génération a voulu l'affronter violemment et vainement, ne causant que des ennuis. Il s'agit maintenant de s'échapper, par le tunnel de la fiction, au volant d'une voiture volée, en rigolant, en chantant et en baisant – ce sera la scène finale du film. Du point de vue de l'histoire du cinéma, on sous-titrerait volontiers *Les Valseuses* : « *La Grande Vadrouille* fécondée en levrette par *A bout de souffle* ».

Requiem pour le mythe

Racontée ainsi, l'histoire des *Valseuses* est, effectivement, l'histoire de la nouvelle tendance dominante du cinéma français telle qu'elle va s'épanouir durant les années suivantes. Ce ne sera pas un cinéma d'exécutants, ses réalisateurs ont une personnalité singulière qui s'exprime clairement à l'écran ; ce ne sera pas non plus un « cinéma d'auteur » au sens d'un regard neuf, inventant un point de vue nouveau sur la réalité, qui remet en cause et cette réalité et la manière de la représenter. Ce sera un « cinéma de conteurs », parlant à la première personne du singulier, sachant trousser une histoire, employant les procédés de mise en scène les plus traditionnels pour composer des récits où la psychologie, l'érotisme, les sentiments donnent corps à un nouveau romanesque, un romanesque individuel. Cette position, cette stature du conteur, comme fonction mais aussi et surtout comme objet de multiples questionnements, est la figure marquante de la période qui s'ouvre au milieu des années soixante-dix. Elle l'est d'autant plus qu'elle correspond, de manière en apparence paradoxale, mais en fait logique, à la disparition des « grands récits ».

Le cinéma classique a été porteur d'un récit mythologique, c'est le sens de cette expression contradictoire, « art de masses », qu'on lui a accolée. S'il a été le moyen d'expression du XXe siècle (en fait de la première moitié du siècle), c'est comme réceptacle et comme véhicule privilégié d'une idée globale, mythique, comme mise en récit des mouvements et espoirs collectifs de l'époque, pour le meilleur et pour le pire. Etant entendu que le terme « mythe » n'est pas employé ici dans son sens trivial de « mensonge », d'« illusion », mais au sens fort de récit fondateur ou prophétique, qui explique à elle-même une communauté humaine et l'aide à se reconnaître dans la complexité du réel. Le cinéma a ainsi fonctionné au service de la construction de la nation moderne en France, de l'idéal démocratique et fédérateur américain, de l'assaut du ciel et de son dévoiement dictatorial en Union soviétique, ou de l'activation des vieux mythes recyclés par les fascistes italiens et les nazis allemands. A travers la fiction, les sentiments, l'aventure, le spectacle, le cinéma classique présentait des « grandes formes » idéologiques, métaphores d'un projet de société globalisant.

Le cinéma moderne a représenté la critique de cette manière d'agir, il est logique qu'il soit né là où elle avait été vaincue sans que tout soit réduit au silence de la honte absolue (l'Italie d'après-guerre, donc, et pas l'Allemagne frappée d'hébétude) et qu'il se soit développé là où la forme classique s'était le plus figée en académisme, la France des années cinquante. Il a opposé à ces récits globaux, nécessairement au service de l'ordre, de la tendance dominante d'une formation sociale, des récits éclatés, parcellaires, problématiques. Des récits déstabilisateurs de l'édifice social et dérangeants pour chacun, puisqu'ils ne proposent pas une résolution, fictionnelle ou réelle, aux conflits (psychologiques, politiques ou sentimentaux). Ces conflits ne sont plus présentés comme pouvant se résorber dans une organisation supérieure, présente ou à venir, de la communauté. C'est à ce moment seulement que le cinéma est, au sens strict, devenu un art, une collection d'œuvres singulières, disjointes et non plus des contributions (de qualité éminemment variable, et pouvant atteindre au sublime) à l'élaboration et la répétition d'une grande forme collective. Ce qu'on a appelé ici, à propos de la France et pour une période très brève, le « cinéma filmé politiquement », a représenté la tentative forcément désespérée, sous l'influence du choc de Mai 68, de réinvestir cet art singulier au service d'un projet collectif, la révolution. Désespérée au sens où cette tentative ne peut pas se transformer en nouveau mythe, en mythe pour les temps futurs comme y aspirent plus ou moins consciemment ceux qui les mettent en œuvre. Ce qui ne signifie pas qu'elles n'ont aucune prise sur la réalité, mais que cette prise ne contribue pas à fabriquer de la communauté, de l'élan de masse. Simultanément, le « cinéma politique », le cinéma « à message », a représenté l'ultime essai de mise en œuvre du schéma « classique », alors que le corps social rejette, ou au contraire digère impunément, les messages – messages trop « étrangers », inassimilables, ou au contraire anodins, parce que les cadres idéologiques auxquels il se réfère sont moribonds. Leur agonie s'est produite réellement lors de l'immédiat après-guerre, avec la découverte des camps de concentration et Hiroshima, qui n'est pas pour rien aussi la date de naissance du cinéma moderne. Mais on a mis trente ans à en prendre acte, ce qui n'est d'ailleurs pas très long au regard de l'importance d'un événement tel que la mort des mythes, et du traumatisme qu'il représente. Au sortir du baroud d'honneur de l'après-68, le cinéma se retrouve en quelque sorte *désœuvré.* Il est à charge d'un personnage ambigu, que le cinéma classique avait doté d'une fonction, dire et répéter le mythe : le conteur. Le cinéma moderne s'en était emparé pour lui assigner un autre statut, moins modeste mais plus solitaire, celui de l'artiste, sous le nom d'« auteur ». Les artistes, les vrais artistes du cinéma, espèce rare dans un milieu trop lourd (trop d'argent, trop de technique) pour en héberger beaucoup, sont dans une solitude extrême. Et les conteurs n'ont plus de mythe, plus de « grand récit » à divulguer. Ils se retrouvent donc contraints de raconter à la place des « petites histoires ». Petite histoire ne signifie pas forcément histoire médiocre, mais histoire qui n'a plus que l'individu pour horizon, qui ne peut ou ne veut plus prendre en charge la collectivité, ses rêves et ses peurs.

Un film aura puissamment exprimé le deuil de cette perte de l'appartenance communautaire : *Monsieur Klein* (1976), de Joseph Losey. Il paraît reprendre le fil des films sur l'Occupation de la période précédente, mais en dénonce, en fait, la dérive. Au moment où il réalise ce film, Joseph Losey est doublement en exil (chassé des Etats-Unis par le maccarthysme, puis chassé de Grande-Bretagne, où il s'était réfugié, par la crise du cinéma anglais). Il est alors un errant, qui vient de tourner successivement en Espagne, au Mexique, en Italie, en Norvège. Sa situation personnelle est directement en rapport avec l'enjeu de *Monsieur Klein,* qui n'est pas la reconstitution historique d'une tragédie individuelle au moment de la rafle du Vel'd'Hiv', mais l'interrogation sur l'identité, sur ce qui fonde l'appartenance d'un individu à la collectivité, sur sa place dans le monde. De ce point de vue, la période à laquelle le film se situe n'est pas une facilité dramatique :

Auschwitz, destination finale du grand bourgeois marchand d'art et « pas juif » qu'interprète avec une sobre et élégante puissance Alain Delon dans l'un de ses meilleurs rôles, Auschwitz est bien l'emblème de cette perte sans retour. Si l'extermination nazie a été la tentative de négation de l'Autre, la question qui court au long de ce film-enquête menée par Klein est exactement celle de l'autre, cet homonyme juif qui s'est défaussé sur lui de son identité. Dans la quasi-obscurité qui baigne tout ce film aux couleurs éteintes, le parcours de Delon passe de la recherche d'un alter ego, dont il ne détecte que des éléments de ressemblance avec lui-même, à la recherche de ses propres origines, des preuves de son appartenance. C'est en ne les trouvant pas qu'il acceptera *in extremis* d'endosser la seule identité qui reste disponible, celle de l'« autre Klein », même au prix de la mort. Ultime et fatale tentative d'être un *personnage.* C'est-à-dire d'intégrer « de la différence », cette différence indicible, innommable, dont les sbires pseudo-scientifiques de Vichy cherchent les signes physiques sur le corps humain en le ravalant à la bestialité, au cours de la terrifiante séquence d'ouverture chez le docteur qui délivre les certificats d'« aryanité ». L'« autre Klein » n'apparaîtra jamais à l'écran, bien qu'il n'y ait aucun doute sur son existence : montrer la différence serait l'anéantir, ce serait l'obscénité absolue.

Cette perte de repère, ce doute mortel sur lui-même qui saisit Klein/Delon (il était évidemment très nécessaire qu'une grande vedette joue le rôle du personnage en perdition) concerne également de manière plus directe le cinéma : avec la dissolution de l'identité disparaît la frontière, la limite entre le réel et la représentation, la « rampe ». Et c'est une autre grande vedette, Jeanne Moreau, qui vient, au cours d'une séquence éblouissante et terrible, en porter la nouvelle. Losey suggère pourtant qu'il reste une vérité déchiffrable de soi et de son appartenance. Cette vérité, c'est l'art qui la détient, elle est cachée dans le tableau « représentant un gentilhomme hollandais » — Hollande d'où sont venus une partie des ancêtres de Klein. Mais pour Klein l'œuvre d'art n'a pas été un signe, seulement une marchandise, l'occasion d'une bonne affaire à réaliser sur le dos du persécuté qui doit s'en séparer, et qui est peut-être son lointain cousin. Qui *est* son cousin, puisque humain, lui aussi.

La disparition du lien communautaire, de la référence aux « grands récits » a pour effet la survalorisation des apparences, proportionnelle à la perte du fonds mythique dès lors qu'il n'est pas remplacé par un travail critique. Les premiers bénéficiaires, éphémères, en seront d'une part les conteurs eux-mêmes, dont l'importance s'accroît en proportion inverse du rétrécissement de ce qu'ils racontent, d'autre part les comédiens, à qui ce vide ouvre l'espace à de nouvelles formes de présence, et l'exige même. La deuxième moitié des années soixante-dix voit ainsi l'apparition extraordinairement rapide et massive d'une nouvelle génération d'acteurs, qui constitue l'événement le plus apparent de cette fin de décennie. Mais, dès le début de la suivante, la puissance des conteurs comme celle des acteurs seront remises en cause : ils ont encore trop partie liée avec le mythe. La suite de l'évolution se fera contre eux, dans une raréfaction de leur présence et de leur aura, au bénéfice de l'« image » conçue comme surface spectaculaire, sans extérieur ni profondeur, et dont la consécration marque l'avènement du « Visuel ». Simultanément, cette disparition des « grands récits » entraînera, également au début des années quatre-vingt, la transformation en « grand récit » du cinéma lui-même – ce phénomène n'affectera d'ailleurs pas le seul cinéma, même si, pour avoir été le dernier grand dépositaire de la fonction mythique, il en sera le terrain le plus significatif. Ce sera l'heure de la geste « culturelle », contrepartie symbolique de la froide victoire du Visuel.

Chapitre 2

DONNER ACTE AUX ACTEURS

Une nouvelle génération : Depardieu, Dewaere, Miou-Miou, Huppert

La manière dont on a décrit *Les Valseuses* au chapitre précédent est incomplète au point de friser la malhonnêteté. Défrisons-là en donnant d'emblée l'élément manquant : Jean-Claude, c'est Gérard Depardieu, Pierrot, c'est Patrick Dewaere, Marie-Ange, c'est Miou-Miou. Soit trois des principaux représentants d'une génération de comédiens qui s'apprête à envahir les affiches et les gazettes. Leur manière d'être à l'écran bouleverse tout le mode de représentation, de récit et d'identification en vigueur. Jamais peut-être le cinéma français n'a connu une irruption aussi massive et aussi significative de nouveaux noms, de nouveaux corps, de nouvelles voix, de nouvelles attitudes qui, sans enterrer pour autant leurs aînés, modifie les hiérarchies artistiques et les cotes de popularité. Et, directement ou indirectement, *Les Valseuses* ouvre la porte à pratiquement tous les représentants de cette génération.

Lorsque Depardieu prend à l'abordage l'écran des *Valseuses,* où il s'adjuge d'emblée la première place, il n'est pas un inconnu. L'exloubard de Châteauroux, né un 27 décembre de 1948 « du mauvais côté de la ville » et de la vie, a entrepris d'échapper à son adolescence tumultueuse de marginal, sans renier un passé qui lui colle au cœur. A seize ans, sur un coup de tête, il monte à Paris, où il suit des cours de théâtre chez Jean-Laurent Cochet. Il attire l'attention de Roger Leenhardt, qui lui fait faire un bref début devant la caméra : deux jours de tournage pour le court-métrage *Le Beatnik et le Minet* (1965), mais la voix de Depardieu est inaudible, il faut le doubler. Il a surtout attiré l'attention d'une de ses condisciples, aussi jolie et fine qu'il est massif et impressionnant. Bien avant de devenir Elisabeth Depardieu (le 11 avril 1970), elle le présente à Agnès Varda, qui l'engage pour ce qui devrait être son premier grand rôle. Mais, par manque d'argent, le tournage de *Christmas Carol* en 1966 se limite à quelques essais. Depardieu joue des petits rôles au théâtre et dans des dramatiques télévisées, d'encore plus petits rôles au cinéma depuis qu'il a débuté comme gorille chez Audiard (*Le Cri du cormoran le soir au-dessus des jonques,* 1971). Ce sera le cas des onze films dans lesquels il a figuré avant *Les Valseuses,* à la notable exception de *Nathalie Granger* (1973) : Marguerite Duras, qui l'a remarqué sur scène, lui offre son premier personnage de cinéma.

Modestes débuts, donc, mais durant lesquels l'ex-zonard de Châteauroux s'est gavé de grands textes classiques, a rencontré plusieurs représentants du cinéma moderne *via* Varda, fait connaissance grâce à Claude Régy de quelques-uns des meilleurs textes du théâtre contemporain (signés Handke, Sarraute, Bond) et de leurs meilleurs servants (Seyrig, Moreau, Lonsdale, Sami Frey). De frime en panouille, il a aussi croisé au détour d'un plateau ces vedettes qu'il rejoindra bientôt : Belmondo, Delon, Noiret, Serrault, Galabru... et Bernard Blier, qui lui présente ses copains Gabin et Jean Carmet. Et qui est le père de Bertrand Blier...

Entre la sortie des *Valseuses* et la fin de la décennie, Gérard Depardieu interprétera vingt-neuf films, soit plus de quatre par an en moyenne, le plus souvent comme premier rôle. Il sera devenu l'acteur le plus célèbre et le plus éclectique (sinon le plus populaire et le mieux payé) du cinéma français. On le retrouvera chez Duras, chez Sautet, chez Resnais, chez Blier, chez Téchiné, chez Zidi, chez Pialat, chez Francis Veber... Et aussi dans des premiers films, ou pour de brèves et amicales apparitions. L'étendue de sa « palette », alliée à une énergie sans limite connue, lui permet cette occupation tous azimuts des écrans. Elle le sert énormément, elle dessert, aussi, sa « starification » : quel autre grand acteur, même à la carrière aussi bien fournie, a occupé autant d'emplois différents ? Aucun. Le bulldozer Depardieu pulvérise le vieux précepte du « bon acteur », celui qui doit pouvoir tout jouer. Il peut tellement « tout jouer » qu'il passe au-delà, détruisant les phénomènes d'identification du public avec ses personnages, déstabilisant sa propre image dans l'imaginaire du public, de l'un à l'autre de ces rôles enchaînés comme les foulées successives d'une vertigineuse fuite en avant. En cela aussi Depardieu est l'acteur symbole de son époque. Il est un « acteur somme », réunissant et dépassant l'acteur classique et le corps étrange des interprètes du cinéma moderne. Pour autant que les éléments biographiques rendent compte d'une personnalité aussi particulière, on y repère à la fois un véritable ancrage populaire « français » (pour lequel Truffaut le comparera officiellement à Gabin), un goût immense du théâtre, théâtre du texte et théâtre du corps, et la fréquentation, très tôt, des Américains installés à la base militaire de Châteauroux, et avec qui le jeune Depardieu a trafiqué, a bu et s'est battu. En même temps que la consommation intense de cinéma et de musique d'outre-Atlantique, commune aux adolescents de sa génération, ce contact direct apparaît comme une clé de la complexité du personnage. Il se trouve qu'au moment même où se produit en France l'émergence d'une nouvelle génération d'acteurs dont il est le plus éclatant fleuron, un phénomène identique se produit aux Etats-Unis : Dustin Hoffman, Al Pacino, Clint Eastwood (débarrassé des ponchos de Sergio Leone), Gene Hackman sont les contemporains et les « équivalents » de ce renouveau des comédiens, liés à un phénomène qui dépasse le seul cadre national. La rencontre entre les deux générations parallèles se fera sur le plateau de *1900* de Bertolucci (1976), avec un face-à-face Depardieu-De Niro où les chefs de file de la garde montante se jaugent, et se reconnaissent.

Cette génération d'acteurs américains passe, à bon droit, pour celle des successeurs des Cooper et des Stewart, des Brando et des Newman. On ne sait pas alors qu'ils sont les derniers. Leur fin, la fin de cette puissance d'incarnation, va pourtant s'inscrire triomphalement sur les écrans du monde entier, de France aussi. C'est le succès de *La Guerre des étoiles* en 1977, de *Rencontres du troisième type* en 1978. Moins de dix ans plus tôt, *2001 Odyssée de l'espace* (par ailleurs visualisation géniale de l'odyssée du Récit) avait rouvert en fanfare la vogue de la science-fiction. C'était déjà un film presque sans êtres humains, où les acteurs comptaient pour presque rien, à côté des idées, des machines et du destin, c'était encore un film comptant sur les seules ressources de la mise en scène cinématographique et de trucages pour l'essentiel inchangés depuis Méliès. Ensuite, au milieu de la décennie, la mode des films-catastrophes a précisé la « catastrophe » qui se dessine pour les films, en multipliant (avec ce pouvoir de voyance qui est dans la nature du cinéma, et qu'Hollywood possède au plus haut degré dès lors qu'il s'agit de technique) les spectacles de fin du monde, toujours avec de bons vieux trucages, et du théâtre. Mais lorsque la nouvelle génération apparue à Hollywood au début des années soixante-dix (les Spielberg, Lucas, Coppola, De Palma...) s'emparera de nouvelles techniques électroniques, ce sera pour modifier la matière même des images, et avec elle celle de son composant essentiel, le corps et l'esprit des acteurs. Rétrospectivement, cela donne un côté « bouquet final » à la floraison des conteurs et des acteurs.

Au tout début de sa carrière, avant même le passage chez Audiard, Depardieu avait fait une panouille pour la télé en compagnie d'un autre débutant, Rufus. Celui-ci l'a entraîné dans son antre, un produit direct de Mai 68 dans le milieu théâtral : le Café de la Gare. Au lendemain des « événements », un jeune intellectuel en révolte, Romain Bouteille, et un loubard de Montrouge, Michel Colucci dit Coluche, ont inventé dans une impasse de Montparnasse ce lieu utopique et désordonné, régi par une stricte absence de règles. Dès l'ouverture, le 12 juin 1969, Sylvette Herry dite Miou-Miou, Patrick Maurin dit Patrick Dewaere, Catherine Sotha dite Sotha, Henri Guybet dit Henri Guybet font partie de la troupe qui, dans l'improvisation, la bonne humeur iconoclaste et volontiers agressive, l'amateurisme ne doutant de rien et une ferme volonté de ne respecter aucune des lois de l'art théâtral, invente un nouveau genre scénique appelé à un franc succès durant les années soixante-dix, le café-théâtre. Rufus et Depardieu, donc, mais aussi Jacques Higelin, Renaud Séchan qui laissera bientôt tomber son nom de famille pour chanter plus à son aise, Martin Lamotte, Thierry Lhermitte, Michel Blanc, Diane Kurys, Coline Serreau passeront par le capharnaüm du 18 impasse du Départ, où un tout jeune Gérard Lanvin a abandonné la vente ambulante de vêtements pour vendre des sandwiches aux spectateurs. Le premier, Coluche, a été appelé par le cinéma, lorsque Claude Berri lui a offert un second rôle dans *Le Pistonné*.

Depardieu fréquente cette bande d'allumés, il travaille six mois avec elle, mais n'en fait pas partie : trop provincial, trop autodidacte alors fasciné par le classique. Mais, cherchant des « corps neufs » pour son adaptation de son roman *Les Valseuses,* Bertrand Blier est allé chercher là son Pierrot et sa Marie-Ange. Pour celle-ci, il semble que Miou-Miou, improbable mélange de force blonde à la Bulle Ogier, de fraîcheur tonique à la manière des starlettes des années cinquante et de victime désignée par une sorte de sanglot permanent comme en porta toujours Giulietta Masina, ait d'emblée retenu l'attention du cinéaste. Elle est, dans le film, d'une dérangeante soumission, esprit mort dans un corps lourd fardé de vulgarité, puis d'une épatante vitalité, rieuse et tendre. Lancée, la carrière de Miou-Miou se poursuivra avec une impeccable continuité quant au nombre de titres, mais peu d'autres rôles vraiment mémorables durant les années soixante-dix, sinon, à nouveau avec Depardieu, *Dites-lui que je l'aime* (1977), et un second rôle dans le beau film du cinéaste suisse Alain Tanner, *Jonas qui aura 25 ans en l'an 2000* (1976).

Pour le rôle du « petit frère » de Depardieu au sein du duo masculin, Bertrand Blier hésite entre Coluche et Dewaere, issu d'une famille d'acteurs, déjà entrevu chez Rappeneau, remarqué chez Faraldo. Que ce soit le beau jeune homme au regard tendre, à la moustache romantique et au corps de sportif qui soit retenu traduit, de la part du cinéaste, la recherche d'une certaine subtilité : Depardieu et Coluche auraient offert les ressources faciles du contraste physique, alors que, socialement et psychologiquement, ils sont assez proches. Depardieu et Dewaere se ressemblent, surtout à ce moment, ils ont des silhouettes comparables, c'est le « mental » qui les oppose et c'est à partir de lui que le cinéaste va jouer des contrastes. Patrick Dewaere compose un personnage plus en demi-teintes que son acolyte, il parvient à être le second du tandem sans être jamais effacé de l'écran par son imposant et expansif partenaire. En duo ou en trio avec Miou-Miou, ces comédiens font merveille, et font regretter que le cinéaste ne les laisse pas davantage exister pour eux-mêmes à l'écran, au lieu de les mener à la baguette de ses péripéties. Hormis l'« intermède Moreau », les meilleures scènes de ce film bavard sont d'ailleurs les scènes muettes, joli moment de burlesque lorsque les deux hommes pêchent à la ligne tandis que Marie-Ange prend – enfin – son pied, comme elle le proclamera joyeusement. Ou une courte scène d'auto-stop, qui relève de la figure canonique du « cinéma en marche », les trois longeant la route en un petit ballet simple et gracieux. L'anecdote veut que ce moment du tournage, qui se passe mal entre le réalisateur obnubilé par sa réalisation et les interprètes peu flexibles à ses indications, ait offert à ces derniers l'opportunité de fuir le plateau, montant réellement dans le camion et disparaissant dans Paris. On les retrouvera.

Patrick Dewaere sera bientôt chez Claude Miller, Yves Boisset, Jean-Jacques Annaud, Alain Corneau, Claude Sautet, André Téchiné ou Henri Verneuil ; il retrouvera Miou-Miou dans *Lily, aime-moi* (1975) et *F. comme Fairbanks* (1976), tous deux réalisés par Maurice Dugowson, ainsi que, la même année, *La Marche triomphale* de Bellocchio ; Blier reconstituera son duo masculin dans *Préparez vos mouchoirs* (1978) puis offrira un beau rôle en solo à Dewaere dans *Beau-père.* La carrière de celui-ci reste pourtant moins variée que celle de Depardieu tant, malgré les genres différents auxquels il s'essaie, et dans lesquels il excelle, il promène un personnage finalement assez semblable. Qu'il joue un zonard mal embouché, un macho borné, un juge traqué, un intellectuel désœuvré ou un footballeur, il conserve la même élégance fragile, le même charme enfantin sous lequel on devine une fêlure. Pour le cinéma romanesque, son évidente complexité psychologique est une mine d'or, dans laquelle il va puiser sans retenue. Au mois de juillet 1982, Patrick Dewaere se suicide. Il avait trente-cinq ans.

Une partie des *Valseuses* met aux prises le trio Depardieu-Dewaere-Miou-Miou avec une famille d'ouvriers embourgeoisés, en train de pique-niquer au bord d'une rivière. La famille est dévalisée et terrorisée par le trio, à la grande joie de la fille unique, adolescente en révolte qui en profite pour quitter papa-maman avec les trois desperados, et pour se faire tendrement initier à l'amour par eux. La demoiselle en question est jouée par la rousse et diaphane Isabelle Huppert, pourvue ici d'un rôle bref mais énergique et sensuel comme elle mettra longtemps à en retrouver. Violée par *Dupont-Lajoie,* soumise aux frasques adultères de Noiret dans *Le Juge et l'assassin,* elle sera remarquée, mais aussi marquée par son interprétation de *La Dentellière* (1977) de Claude Goretta. Elle y incarne une jeune femme enfermée dans une sorte d'autisme sentimental, métaphore de la soumission féminine et de l'incommunicabilité entre les êtres filmées de manière délicatement décorative par le réalisateur suisse. La même année, elle sera à nouveau victime muette dans *Les Indiens sont encore loin,* de Patricia Moraz, aux côtés d'une autre jeune comédienne, Christine Pascal, découverte par Tavernier. Renfermée en elle-même dans *Violette Nozière* (1978) de Chabrol, Isabelle Huppert sera la plus effacée des *Sœurs Brontë* de Téchiné (1979). C'est seulement au début de la décennie suivante, grâce à Pialat (*Loulou,* 1980) et à Godard (*Sauve qui peut (la vie)*, 1980 ; *Passion,* 1982) qu'elle pourra commencer à donner libre cours à toute la gamme de ses talents. Dans les années soixante-dix, elle aura surtout été le symbole d'un mal-vivre muet, qui succède aux manifestations de révolte de la période précédente, et auquel elle sait imprimer de multiples nuances, donnant une réalité charnelle à des personnages souvent menacés par le vide.

La bande du Splendid

Dans *Les Valseuses* toujours, on entrevoyait au détour d'un plan un beau jeune homme au regard clair et un petit rondouillard atteint de calvitie précoce : pour trouver des figurants, Bertrand Blier était allé se fournir chez une bande de joyeux lurons des planches, réunis à l'enseigne du théâtre du Splendid, où *L'An 01* avait déjà recruté, et où Bertrand Tavernier trouve aussi des silhouettes à sa convenance. Thierry Lhermitte et Gérard Jugnot ne passent chez Blier que pour mettre du beurre dans les épinards de la troupe de café-théâtre constituée avec leurs acolytes, Josiane Balasko, Michel Blanc, Martin Lamotte, Dominique Lavanant, Marie-Anne Chazel, Christian Clavier. En 1972, le Café de la Gare avait quitté l'impasse du Départ pour s'installer rive droite, dans le quartier du Marais. Le berceau du café-théâtre a été repris par « Au vrai chic parisien », la nouvelle troupe de Coluche désormais seul maître à bord et qui choisira bientôt la carrière solo. Le local est utilisé en alternance par une nouvelle troupe, le Splendid. Après plusieurs tentatives en ordre dispersé, cette bande formée autour d'un groupe d'anciens élèves du lycée Pasteur de Neuilly va finir par occuper, ensemble, le milieu de l'écran. Bertrand Blier a de nouveau fait appel à plusieurs d'entre eux pour des seconds rôles de son film suivant, *Calmos* (1975). La même année sort une comédie « à l'ancienne », vaguement inspirée du *Pigeon* de Monicelli, *C'est pas parce qu'on n'a rien à dire qu'il faut fermer sa gueule* (la mode, lancée par Audiard, est aux titres interminables, argotiques et ne signifiant rien). Il est réalisé par un habitué du genre, Jacques Besnard, et interprété par de vieux routiers (Bernard Blier, Michel Serrault, Jean Lefebvre), mais le scénario est « d'après une idée originale » – n'exagérons rien – de Gérard Jugnot, Thierry Lhermitte et Christian Clavier. L'année suivante, une partie de la troupe apparaît dans le premier film d'un dessinateur de bandes dessinées, Patrice Leconte, portant à l'écran le scénario d'un maître ès B.D. loufoque, Gotlib : *Les vécés étaient fermés de l'intérieur* (1976), avec Coluche et Jean Rochefort dans les principaux rôles. La même année, un fort contingent se retrouve dans une ambiance où on ne l'attendait pas, celle du sombre *Locataire* de Polanski. Gérard Pirès fait également plusieurs fois appel à eux, et lorsque Coluche s'essaie à la réalisation avec *Vous n'aurez pas l'Alsace et la Lorraine* (1977), il réunit la bande presque au complet (et fait débuter Gérard Lanvin à l'écran).

Début 1978, Balasko et Jugnot accompagnent les premiers pas discrets d'un nouveau réalisateur que la troupe du Splendid retrouvera bientôt en fanfare, Jean-Marie Poiré, qui signe *Les Petits Câlins.* Bref, le Splendid rôde aux abords du cinéma et y fait des incursions en ordre dispersé, au total assez peu mémorables. Jusqu'à ce qu'au mois de novembre de la même année sorte le film, *Les Bronzés,* réalisé par Leconte. La troupe au complet passe d'un coup de la renommée d'une troupe de café-théâtre en vue à la célébrité d'un triomphe comique sur grand écran. Transposé de la pièce qui les a révélés en 1977, *Amour, coquillages et crustacés,* elle-même inspirée par plusieurs séjours comme animateurs dans un village du Club Méditerranée, le film est d'une efficacité comique indéniable. On y repère d'emblée ce qui fera la particularité des membres du Splendid : à la différence de ceux du Café de la Gare dès qu'ils quittent leur antre, ils constituent une véritable troupe, qui pratique une forme de jeu collectif, inhabituel au cinéma au moins depuis la disparition des Branquignols (les Charlots constituaient moins un groupe qu'un bloc indifférencié). Ils possèdent des personnages d'autant mieux typés que, outre leurs physiques particuliers, plusieurs années de travail en commun sur scène les ont obligés à se singulariser tout en restant à l'unisson. Inventifs, énergiques et sans complexes, ils apportent aussi une habileté dans l'invention des répliques à l'emporte-pièce, qui « décalent » les vocabulaires à la mode, renouvelant sur un mode contemporain, celui du café-théâtre, l'art ancestral de chansonniers, mais de chansonniers plus intéressés par les comportements quotidiens que par les faits et gestes des grands de ce monde.

La dérision des travers sociaux, qu'ils pratiquent au théâtre, change de nature au cinéma. Le portrait caustique qu'ils brossaient du Français moyen empêtré dans ses frustrations, à travers une dizaine de spécimens en slips de bain, bénéficiait sur scène de la stylisation, de la distance naturelle qu'instaurent les planches – phénomène accentué par le côté fauché de leurs productions et même, paradoxalement, par l'exiguïté de la salle où ils se produisent. Transposé à l'écran sans autre précaution, le ricanement se fait volontiers vulgaire et méprisant lorsque mise en scène et interprétation paraissent tout ignorer du deuxième degre et de ses conditions de vie au cinéma. N'importe, à plus de 2 millions d'entrées on a paraît-il tous les droits, et le public comme les gazettes s'émerveillent d'avoir découvert une nouvelle génération de comiques. Profitant du succès, les joyeux drilles se retrouvent l'année suivante pour une variante montagnarde du même scénario (*Les Bronzés font du ski,* 1979, toujours réalisé par Patrice Leconte). Il leur faudra encore du temps pour sortir des ornières du théâtre comique paresseusement transposé à l'écran qui, sous d'autres formes, a déjà fait tant de mal à la comédie tricolore.

Isabelle Adjani, Nathalie Baye

En leurs diverses tonalités parodiques, *Les Valseuses* et *Les Bronzés* brossent des portraits vachards de la société française telle que la décrivent aussi les hebdomadaires satiriques. Un autre genre d'études de mœurs, plus proche des magazines féminins, trouve alors un nouveau souffle avec *La Gifle* (1974). S'il reste un adepte de la tradition, le producteur Alain Poiré ne néglige pas le nécessaire renouvellement des cadres. Il a jeté son dévolu sur un réalisateur efficace, Claude Pinoteau, longuement formé (il est né en 1925) à l'école de René Clair, de Melville, de Verneuil, de De Broca et de Lelouch. Pinoteau a fait ses preuves dans un exercice de genre, en réalisant comme premier film un policier sans bavure, *Le Silencieux* (1973), avec Lino Ventura dans ses œuvres. Poiré lui adjoint Jean-Loup Dabadie, le roi du scénario en béton ciselé, et à nouveau Ventura, garant du succès public, mais dans un emploi inhabituel. Ni flic ni truand ni baroudeur, voici Lino en mission sur le front du conflit des générations. Papa, pour tout dire, et chargé d'édifier les foules sur la façon dont un père, fût-il un dur à cuire, doit se comporter lorsque sa fille commet le grave délit d'atteindre l'âge de vingt ans. Dans un pareil dispositif, la demoiselle retenue pour interpréter l'héritière de Ventura paraît promise à ne jouer que les charmantes utilités. Sauf que c'est Isabelle Adjani, autre figure maîtresse de la génération montante, comme ce film va se charger d'en informer cinéastes, producteurs, échotiers, et 3,3 millions de spectateurs.

Née en 1955, d'un père algérien et d'une mère allemande, élevée dans un HLM de Gennevilliers, choisie à treize ans, au hasard d'un casting dans son lycée, pour jouer dans *Le Petit Bougnat* (1970) de Bernard Toublanc-Michel, elle y est remarquée du coin de l'œil par Nina Companeez. Celle-ci lui confie un petit rôle dans *Faustine et le bel été* (1972), où elle croise le chemin d'autres débutants : Jacques Weber et Francis

Huster encore au Conservatoire, et Isabelle Huppert – comme quoi Mme Companeez, a qui l'on devra aussi la découverte quelques années plus tard de Fanny Ardant, n'a pas les yeux dans sa poche. A peine au cours Florent, Isabelle Adjani suscite l'intérêt de Raymond Rouleau qui en fait une Agnès pour la télévision, de Robert Hossein qui l'embarque dans sa troupe à Reims, de Jean-Paul Roussillon qui la fait entrer en force à la Comédie-Française, où elle triomphe soudain, à nouveau dans Agnès, tandis que la version télé de *L'Ecole des femmes* diffusée à ce moment élargit au pays entier la gloire de cette gamine, refusée au Conservatoire mais qui sait si bien dire que le petit chat est mort. En 1974, elle jouera *Ondine* chez Molière le soir, et tournera dans le film de Pinoteau le jour. Malgré un scénario et une mise en scène sans aération, malgré l'imposante stature de Ventura, la jeune comédienne fraie son chemin et ouvre son espace ; il émane d'elle, par instants, une sensualité et une violence, une forme d'existence autonome à l'écran qui signale que le cinéma français compte sans doute une future vedette, et certainement déjà une très bonne actrice. Le public ne s'y trompe pas, François Truffaut non plus, qui fera appel à elle pour l'un des plus importants tournants de sa carrière, *L'Histoire d'Adèle H.* (1975). Consécration pour Adjani, confirmation aussitôt après avec Polanski (*Le Locataire,* 1976) et Téchiné (*Barocco,* 1976). L'austère immobilisme de *Nosferatu* (Werner Herzog, 1979), l'hystérie de *Possession* (Andrzej Zulawski, 1981), la comédie débridée de *Tout feu, tout flamme* (Jean-Paul Rappeneau, 1982) prouveront bientôt l'étendue de son registre. Elle aura entre-temps prouvé avec *Clara et les chics types* (Jacques Monnet, 1981) ou *L'Année prochaine si tout va bien* (Jean-Loup Hubert, 1981) qu'elle peut aussi mettre sa jeune gloire au service de premiers films. Son éclectisme, son originalité et sa popularité en font alors l'équivalent féminin de Gérard Depardieu, dont elle croise pour la première fois le chemin dans *Barocco.* Leur parcours peu orthodoxe, et la diversité des racines dont ils sont l'un et l'autre issus, ne sont certainement pas étrangers à l'évidence avec laquelle ils s'imposent alors.

François Truffaut a repris au bond et amplifié l'élan donné à Adjani par Molière et *La Gifle,* le réalisateur est directement responsable des débuts d'une autre comédienne qui s'apprête à marquer de sa présence les écrans français : c'est lui qui est allé chercher Nathalie Baye, pour lui donner un des rôles les plus attachants de *La Nuit américaine.* Chez des cinéastes aussi différents que Pialat, Cavalier, Sautet, Feret, Truffaut à nouveau, Blier, Godard, Tavernier, Daniel Vigne ou Bob Swaim, elle impose une image de femme volontaire et intelligente, suffisamment proche du quotidien, et d'une beauté suffisamment peu apprêtée et peu intimidante pour représenter mieux que toute autre un emblème féminin pour ces années-là. Au sommet de sa gloire avant le milieu des années quatre-vingt, elle verra ensuite sa carrière décliner lorsque l'imaginaire du public se tournera vers d'autres modèles. Le cinéma français reste d'une exigence cruelle envers ses actrices : bien peu sont celles qui échappent à un « typage » que l'âge ou l'évolution des mentalités renvoient bientôt dans la pénombre, et Isabelle Adjani, peu à peu confinée aux emplois de créature de rêve habitée d'une folie aux confins de l'hystérie, n'y échappera pas plus que Nathalie Baye, assimilée à la mère de famille qui pourrait être la voisine de palier de chacun.

Le « casting director »

Depardieu, Adjani, Dewaere, Huppert, Miou-Miou, Coluche, Baye, Balasko, Blanc, Jugnot, Lhermitte... vont en quelques années essaimer sur les écrans français, se croisant parfois. Ensemble ils occuperont tous les genres, travailleront avec tous les types de cinéastes, incarneront toutes sortes de personnages. La liste n'est pas limitative : à ceux qu'on vient de citer, on pourrait ajouter les noms de Carole Bouquet, Anémone, Jacques Villeret, Victor Lanoux, Guy Marchand, Jacques Dutronc, André Dussollier, Gérard Lanvin, Bernard Giraudeau, Richard Berry... Ce renouvellement massif s'accompagne de la reconnaissance dont bénéficie un métier du cinéma jusqu'alors considéré comme mineur : le responsable du casting, c'est-à-dire du choix des interprètes. Jadis, les acteurs étaient des professionnels reconnus et syndiqués. La Nouvelle Vague avait aussi changé cela, mais il était évident que, pour un cinéma aussi personnalisé, seul le réalisateur pouvait choisir ses représentants à l'écran. Dès lors qu'apparaît un fort besoin non seulement de nouveaux noms, mais d'une nouvelle forme de présence, il faut des dénicheurs de talents : ce cinéma-là, à la différence des utopies de la période précédente, ne prétend nullement que tout le monde peut être acteur, il réclame des interprètes apportant un autre comportement que celui appris dans les filières traditionnelles. Débutant par hasard dans cette fonction en 1975, Dominique Besnehard deviendra, sur les traces de la figure fondatrice du genre, Margot Capelier, mais avec plus de diversité dans ses lieux de prospection, l'archétype du « casting director ». Il est réputé avoir en fiches des dizaines d'inconnus, prêts à être sélectionnés en fonction de commandes précises passées par le réalisateur ou le producteur – à la différence des agents, le responsable du casting n'est pas payé par les comédiens, mais par le producteur, ce qui est fort différent.

La boulimie de nouveaux corps et le rôle des responsables de casting ne sont pas non plus étrangers au phénomène qui se produit durant la seconde moitié des années soixante-dix. Même si la plupart des vedettes de la période précédente sont encore fidèles au poste, c'est l'apparence physique et le vocabulaire du cinéma français qui ont changé.

Chapitre 3

ANCIENS ET NOUVEAUX COMIQUES

Jamais une nouvelle tendance n'abolit aussitôt la précédente, *a fortiori* dans un domaine aussi lourd que le cinéma. Alors même que se met en place la nouvelle « formule » décrite aux chapitres précédents, les tendances antérieures se perpétuent, tout en s'adaptant à l'évolution des mentalités et au renouvellement des générations. Avec, plus que jamais comme ligne de force, la comédie.

Un peu de changement dans beaucoup de continuité

Chez Gaumont International, la « branche Alain Poiré » de la société à la marguerite, on continue donc d'exploiter les filons du *Gendarme* (*Le Gendarme et les extraterrestres,* 6,2 millions d'entrées, le plus gros succès, et de loin, de l'année 1979 ; *Le Gendarme et les gendarmettes,* 1982, 4,1 millions d'entrées) et de *La 7ᵉ Compagnie.* Et, s'en tenant aux méthodes qui ont fait sa réussite, Poiré poursuit son chemin avec d'autres « habitués de la maison » qui ont fait leurs preuves. Le premier, par ordre chronologique, est Yves Robert. Entre les deux épisodes du *Grand Blond* lorgnant franchement vers le burlesque, il a tourné *Salut l'artiste,* plus axé sur l'intimisme et l'émotion. Il va mener à bien la synthèse de ces deux aspects en réalisant une série de deux films qui sont à la fois le meilleur témoignage de son ton personnel et de bons exemples de la nouvelle approche « sociologique » de la comédie qui se penche sur les travers contemporains sans caricaturer. *Un éléphant, ça trompe énormément* (1976) et *Nous irons tous au paradis* (1977) réunissent quatre quadragénaires (Jean Rochefort, Claude Brasseur, Guy Bedos et Victor Lanoux) pour une suite de tribulations empruntées au boulevard, mais qu'une relative simplicité dans la description des comportements sauve de la convention. Les deux films évoquent un croisement entre *Mes chers amis* de Monicelli (en moins caustique) et *Vincent, François, Paul et les autres* (également écrit par Jean-Loup Dabadie, mais en plus humoristique). Et, une fois n'est pas coutume, le deuxième film est plutôt supérieur au premier – même si l'accueil du public est un peu moins enthousiaste (2 millions d'entrées, après les 2,9 de l'*Eléphant*). Avec *Courage fuyons* (1979), Yves Robert retournera avec moins de réussite (et moins de succès) à un genre plus conventionnel de vaudeville sous prétexte d'étude de mœurs, celles, poltronnesques, de Jean Rochefort amoureux transi de Catherine Deneuve.

Le second « habitué » de Gaumont International est Gérard Oury qui, après leur séparation (à leur corps défendant à tous deux) pour *Rabbi Jacob,* puis une période d'incertitude et de projets inaboutis pour le réalisateur (cela arrive aussi aux rois du box-office), se retrouvent pour deux nouvelles comédies. En tête d'affiche, le nouveau comique numéro un, Pierre Richard, qui rejoint pour le premier film, *La Carapate* (1978), son ancien partenaire de cabaret, Victor Lanoux. Oury et Danièle Thompson ont repris le principe (qui eut naguère quelque succès avec *La Grande Vadrouille*) d'un duo de personnages que tout oppose, en balade à travers une époque troublée. Mai 68 est supposé fournir l'arrière-plan historique et dramatique à cette cavale d'un condamné à mort évadé et de son avocat ahuri. Bien que, si l'on en croit l'anecdote, les étudiants embauchés pour jouer les manifestants aient bombardé les flics jouant leur propre rôle de véritables projectiles, la reconstitution des « événements » est risible (mais pas au sens escompté par le réalisateur). La mécanique comique n'est guère plus efficace, et la plupart des gags ne fonctionnent guère. Le film obtiendra pourtant un fort beau succès (2,8 millions d'entrées). Pour le suivant, *Le Coup du parapluie* (1980), Pierre Richard en acteur sans emploi précipité dans une histoire de règlement de comptes entre malfrats retrouve ses marques des *Grand Blond,* dont le film, situé dans le milieu des « petites gens » du spectacle, est un démarquage assez réussi. Lui aussi connaît le succès, avec 2,4 millions de spectateurs. Mais ces deux films apparaissent tout de même comme des transitions, avant la grande entreprise que tenteront ensuite ensemble Oury et Poiré, *L'As des as.*

Alain Poiré toujours remet sur le tapis un des nouveaux atouts qu'il a repérés, Claude Pinoteau. Et celui-ci rééditera, sur un mode plus souriant, la double opération réussie avec *La Gifle* : transformer un « sujet de société » en machine à succès, et révéler une jeune actrice. *La Boum* (1980) est à nouveau un traité de mœurs et une description de la jeune génération aux lumières d'une sociologie de magazines pour parents modernes. C'est un triomphe commercial (4,3 millions d'entrées, le plus gros score de l'année) et la découverte de Sophie Marceau. Elle n'avait que treize ans et demi lorsqu'elle a tourné le film, en compagnie de « ses parents », Claude Brasseur et Brigitte

Fossey, et du personnage le plus haut en couleur de cette comédie vissée très serrée par la scénariste Danièle Thompson, l'arrière-grand-mère pleine d'entrain jouée par Denise Grey. La jeune actrice retrouvera deux ans plus tard (*La Boum 2,* 1982) toute cette fine équipe, et pratiquement autant de spectateurs (4 millions d'entrées) pour la suite de ces « réflexions » sur le passage à l'âge où l'on arrête de jouer au docteur. Les films de Pinoteau (*La Gifle* et les deux *Boum*) marquent également les étapes les plus notables dans la carrière d'un nouveau producteur, qui débute à quatre-vingt-deux ans, Marcel Dassault. Le grand patron de l'industrie aéronautique, propriétaire du magazine *Jours de France,* avait une salle de cinéma ; son bon plaisir fut de contrôler ce qu'on y projetait. Alain Poiré, qui le considère comme *« un génie »*, sera son homme lige en la matière, tout en restant aux commandes de Gaumont International. Coproducteur avec Gaumont, puis producteur volant de ses propres ailes, Dassault ira jusqu'à s'embaucher comme scénariste pour une bluette sentimentale et adolescente, *Le Temps des vacances* (1979), réalisé par son technicien maison, Claude Vital, et qui connaîtra d'ailleurs un notable succès. Dans un esprit proche de celui des films de Pinoteau, mais teintée d'autobiographie, une autre évocation des émois adolescents connaissait à la même époque un considérable succès : premier film de Diane Kurys situé parmi des lycéens, des lycéennes surtout, du début des années soixante, *Diabolo Menthe* (1977) attire plus de 3 millions de spectateurs. La tentative de lui donner une suite se déroulant pendant Mai 68, *Cocktail Molotov* (1980), n'ayant pas produit les mêmes résultats, la réalisatrice remontera plus avant dans le temps. Dans *Coup de foudre* (1983), elle dessine au pinceau à trois poils le portrait d'une grande amitié entre deux femmes (Isabelle Huppert et Miou-Miou) échappant à la fois à la tutelle masculine et au conformisme des années cinquante. Pinoteau et Kurys prouvent que l'étude psychologique appuyée sur un solide académisme peut parfaitement tirer parti du rajeunissement du public, et se tailler encore de beaux succès.

Formule à succès faite homme, Jean-Paul Belmondo poursuit quant à lui sur sa lancée, sans varier d'un iota, les quelques recettes qui lui réussissent si bien. Qu'il produise ses films tout seul ou en collaboration avec Gaumont International, les Films Ariane ou Christian Fechner, il continue de parcourir à grandes enjambées le territoire qu'il s'est construit, bordé d'un côté par le polar et de l'autre par la comédie. *L'Alpagueur* (Philippe Labro, 1976), *Le Corps de mon ennemi* (Henri Verneuil, 1976) sont plutôt du côté du film noir, *L'Animal* (Claude Zidi, 1977) et *Le Guignolo* (Georges Lautner, 1980) plutôt côté rigolade, *Flic ou voyou* (Lautner également, 1979) se situant à mi-chemin. Puis *Le Professionnel* (1981), toujours réalisé par Lautner, occupe une place un peu à part, du fait de sa noirceur appuyée, et de la mort du héros à la fin. C'est Belmondo, depuis longtemps véritable maître à bord de ses films, qui a imposé cette issue réputée « anticommerciale » à un scénario qui préfigure celui de *Rambo* — le guerrier perdu mais super-efficace, seul contre tous dans la jungle (des villes) — et qui décrit un monde politique pourri jusqu'à la moelle, juste après l'arrivée au pouvoir des socialistes. Le film obtient le plus grand succès jamais enregistré par la vedette, avec 5,1 millions d'entrées.

La présence de Claude Zidi, nouveau venu parmi les réalisateurs attitrés de la star, signale que le signataire des films avec les Charlots a pris des galons, et du champ. En 1976, Zidi avait réussi une sorte de coup de maître, sous l'égide du producteur Christian Fechner, en obtenant le grand retour à l'écran de Louis de Funès, en duo avec un comique en pleine ascension, Coluche. *L'Aile ou la cuisse* est une cérémonie animée de transmission du témoin (il y a même un baptême à la pâte verdâtre qui rappelle le chewing-gum de *Rabbi Jacob*), plutôt sympathique dans la mesure où elle se fait à l'avantage des deux acteurs. Le vieux maître est certes fatigué et en mauvaise santé, mais il garde de la ressource — c'est d'ailleurs ce que raconte le scénario. Coluche y reprend en partie l'emploi tenu jadis par Bourvil (niaiserie apparente cachant finesse rusée et bon cœur, face à l'impitoyable machine comique de De Funès), mais dans une version plus urbaine, et plus contemporaine. Le film tricote allégrement une histoire de famille, une défense des traditions nationales, une inquiétude écologique, une dénonciation de la loi du profit et un éloge des vertus enfantines du monde du spectacle à l'ancienne (le cirque). Cette charge contre les industriels de la nourriture et contre les critiques gastronomiques peut s'interpréter aussi comme un refus de leurs équivalents cinématographiques (superproductions et films d'art), au profit d'un artisanat du bon goût dont Claude Zidi lui-même ne semblait pas jusqu'à présent avoir été un marmiton particulièrement doué. Toujours est-il que cette charge menée avec allant, et parfois avec invention, emporte l'adhésion du public : 5,8 millions de spectateurs — le deuxième meilleur résultat de l'année derrière *Les Dents de la mer.* Après les cabrioles et facéties de Belmondo dans le double rôle de *L'Animal,* Claude Zidi retrouve Louis de Funès pour *La Zizanie* (1978), assez désolante pochade à base de scènes de ménage sur fond de capitalisme, d'écologisme et de rivalité électorale. 2,8 millions d'entrée pour le trio Zidi-de Funès-Girardot, cela passerait presque pour un échec. Zidi poursuivra ensuite sur sa lancée, avec des titres vraiment peu mémorables, à l'exception des instants de délire qui émaillent la rencontre Coluche-Depardieu dans *Inspecteur la bavure* (1980). Avec 3,6 millions d'entrées, ce film se classera au box-office de l'année... juste derrière un autre film de Claude Zidi, *Les Sous-Doués,* qui approche lui, les 4 millions. Zidi reste une quasi-garantie de succès.

De Funès, quant à lui, continue d'exécuter consciencieusement son interprétation de Cruchot dans l'intarissable et toujours extraordinairement populaire série des *Gendarme* (après les *Extraterrestres*, 1979, elle se terminera par les *Gendarmettes,* 1982, que n'a pu finir Jean Girault – le film sera achevé par Tony Aboyantz). Avec Girault aussi, mais surtout Jean Carmet et Jacques Villeret, il tourne une adaptation de *La Soupe aux choux* de Fallet (1981), d'un goût très relatif. Elle alléchera pourtant plus de 3 millions de spectateurs. Mais surtout, toujours avec Girault, de Funès aura mené à bien sa dernière entreprise d'envergure, *L'Avare* (1980) dont, pour l'unique fois de sa carrière, il cosigne la réalisation après avoir été l'initiateur du projet et le concepteur de la transposition de la pièce.

« Que n'a-t-il joué Molière au moins une fois dans sa vie ! » avait dit un jour Jean Anouilh. Sentant sa fin prochaine (il a été victime de plusieurs attaques), de Funès va le prendre au mot, et jouer Molière, une fois, avant que sa vie ne s'achève. Christian Fechner produit, Girault et Jean Halain cosignent le scénario, le premier assumera la partie technique de la réalisation, n'importe, c'est le film de De Funès, son tête-à-tête cent fois différé (ce ne sont pas les propositions qui ont manqué) avec le grand Jean-Baptiste. Il aura les moyens qu'il veut (les six plateaux des studios de Billancourt pendant treize semaines, plus un finale dans le désert tunisien), les acteurs qu'il veut, la liberté qu'il veut : celle d'imposer à l'écran ses idées visuelles, et son personnage. Il aura aussi, avant la sortie du film, la reconnaissance de cercles qui lui restaient fermés. Ainsi, le comique le plus populaire de l'histoire du cinéma français savait lire... Le ministre de la Culture est venu s'incliner sur le tournage, c'est le syndrome culturel qui rattrape la comédie grand public.

Le film sort le 5 mars 1980. Il est mauvais, très mauvais – et il attirera 2,4 millions de spectateurs, ce qui, pour de Funès, peut être tenu pour une contre-performance. Le classique ne sied pas à la folie d'un de Funès, mime et bruiteur de génie qui n'a jamais misé l'essentiel sur les mots mais sur le corps et l'intonation ; avec Molière, il ne faut pas négliger les mots. Les producteurs, obnubilés par ses innombrables triomphes de box-office, et ses partenaires, dominés par la stature du « plus grand comique français », ont suivi de Funès. Molière, lui, n'a pas suivi. Rétrospectivement, et bien malgré lui, *L'Avare* donne raison au comédien de s'être cantonné à l'emploi où il est inégalable, celui de Louis de Funès. Ce n'était pas un « grand acteur » au sens classique, de ceux réputés pouvoir tout jouer. C'était un « caractère », un sale caractère mais un sacré caractère. Rien ne laisse supposer qu'il aurait réussi une conversion comparable à celle de Michel Galabru chez Bertrand Tavernier, de Serrault chez Miller et Chabrol, ou à celle qu'effectuera bientôt Coluche chez Claude Berri, dans *Tchao Pantin.* Il n'a d'ailleurs jamais rien tenté de tel. Après avoir essayé l'auréole classique, qui ne lui va pas au teint, il retourne à ses gendarmettes, gendarmeries et gendarmages. Il n'a plus rien à prouver quand il meurt, le 27 janvier 1983.

Michel Serrault dans ses œuvres

Cette période aura également vu le triomphe d'un réalisateur de longtemps habitué au succès (notamment avec de Funès), mais qui ne s'attendait certes pas à déclencher pareil raz de marée en portant à l'écran une pièce de Jean Poiret, *La Cage aux folles* (1978) : Edouard Molinaro. Il est vrai qu'au théâtre, interprétée par l'auteur et son acolyte Michel Serrault, elle avait été joué cinq ans d'affilée. Mais de là à imaginer ses 5,3 millions de spectateurs en France, un énorme succès international et même un Oscar du meilleur film étranger à Hollywood ! Improbable réussite commerciale d'une gaudriole autour d'un couple de « folles perdues » plus tout jeune, couple homosexuel dont l'un est la vedette du spectacle de travestis dans le cabaret que dirige l'autre. Si un tel succès, qui donnera naissance à deux suites (1980 et 1985, respectivement réalisées par Molinaro et Lautner) brodant autour des mêmes motifs, a une explication, ce n'est certes pas la mise en scène, peu probablement la prestation d'Ugo Tognazzi qui a remplacé Jean Poiret dans le rôle du tenancier, pour cause de coproduction internationale. Outre un efficace travail d'adaptation effectué par Poiret en compagnie de Francis Veber, il faut surtout en attribuer la responsabilité à Michel Serrault, qui s'abandonne avec délices, avec délire à son personnage de Zaza Napoli, outrant la caricature jusqu'à une ambiguïté et une étrangeté qui, par instants, entraînent le film au-delà des lourdeurs du script et des bassesses des « blagues de pédés ».

Cette performance « extrême » n'est que l'un des aspects du jeu de Serrault, qui s'affirme à cette période comme un interprète polymorphe, capable d'investir des rôles étonnamment variés, et d'y apporter une touche personnelle d'étrange, d'autant meilleure que le cinéaste avec lequel il travaille le maintient dans la direction nécessaire au film. Né en 1928, Serrault est passé par le cours de la rue Blanche avant de débuter au cabaret, en 1953, en duo avec Jean Poiret. Sur scène, le tandem Poiret et Serrault est célèbre dès la fin des années cinquante ; au cinéma, ils ont été appelés ensemble par Sacha Guitry pour son avant-dernier film, *Assassins et voleurs* (1957). Serrault avait déjà fait une apparition remarquée en pion, dans *Les Diaboliques* de Clouzot. Il a déjà vingt-cinq films à son actif lorsqu'il partage pour la première fois le haut de la distribution, et c'est avec Louis de Funès, dans *Des pissenlits par la racine* de Lautner, en 1963. C'est, surtout, sur des dialogues de Michel Audiard, qui écrira ensuite très fréquemment pour lui. Encore trente films plus tard (dont *Les Compagnons de la marguerite* de Mocky auquel le liera une longue complicité, et une infinité de facéties en compagnie de Poiret, Francis Blanche, Darry Cowl, Roger Pierre et Jean-Marc Thibault, de Funès, Galabru, Sophie Daumier, Carmet, Dufilho...), le premier film de Pierre Tchernia, *Le*

Viager (1972), offre au comédien l'occasion de présenter toute l'étendue de son registre comique. Désormais il multipliera les opportunités de prouver que son talent ne se limite pas au rire : grand banquier glacial de *L'Argent des autres* de Chalonge (1978), il atteint à un inclassable insolite dans le prologue de *Buffet froid* de Bertrand Blier (1979), puis, à nouveau pour Chalonge, il se fait soudain patriarche bon enfant dans la fable de politique fiction *Malevil* (1981). Mais c'est avec Claude Miller (*Garde à vue* et *Mortelle randonnée*) et Claude Chabrol (*Les Fantômes du chapelier*) qu'il parvient aux antipodes de sa prestation de *La Cage aux folles,* en composant des personnages habités par une sombre folie couvant sous des masques soigneusement ciselés. Son interprétation d'*On ne meurt que deux fois* (1985) donnera sa part la plus troublante à cette adaptation de Robin Cook par Jacques Deray.

Rires pressés

Deux nouveaux venus à la réalisation connaissent à cette époque des succès commerciaux considérables, mais sans grand lendemain. Le premier, Michel Lang, recycle dans le monde adolescent qui constitue désormais l'essentiel du public les bons vieux trucs du boulevard, avec *A nous les petites Anglaises* (1976). Ce dosage efficace de gaudriole, de blagues de potaches, de sentimentalisme (et de clichés méprisants sur les sujets de Sa Majesté britannique) fera du film le troisième plus grand succès de l'année 1976, avec 5,7 millions de spectateurs. Dans le même « esprit », Michel Lang fera à nouveau un tabac avec *Hôtel de la plage* en 1978 (2,7 millions d'entrées), puis tentera avec moins de réussite de renouveler l'opération (*On n'est pas des anges... elles non plus,* 1981). Après chacun de ses deux grands succès, il s'essaie à des films moins faciles, la comédie sentimentale *Une fille cousue de fil blanc* en 1977, et la comédie musicale *Tous vedettes* en 1980, qui sont des échecs commerciaux. La « comédie de (et pour) teenagers », devenue un genre très en vogue aux Etats-Unis, reste délicate à acclimater durablement sous nos climats.

Plus original est le raid réussi en 1979 par Patrick Schulmann, qui inonde les murs d'affiches au titre et au graphisme provocants, pour *Et la tendresse... bordel !* C'est un film à sketches « sur l'amour » à prétexte sociologique, comme on en réalisa beaucoup dans les années cinquante et soixante. Mais l'astuce consiste à avoir mêlé les trois histoires, avec adresse et dynamisme, au lieu de les aligner l'une derrière l'autre. Et si ni le sujet ni la mise en scène ne présentent la moindre originalité, Patrick Schulmann réunit plusieurs types de comique, du clin d'œil en douce à la gauloiserie tonitruante en passant par le délire inspiré de la bande dessinée d'alors. Non dépourvue d'ambition, l'opération est, de son point de vue, parfaitement réussie. Elle séduira plus de 3,3 millions de spectateurs. Schulmann enchaîne avec une histoire d'inversion des sexes (*Rendez-moi ma peau,* 1980), puis une comédie où le mauvais goût et le non-sens se disputent la vedette sous les auspices de la B.D. (*Zig-Zag Story,* 1983). Il contribue ensuite à l'œuvre du très distingué comique Aldo Maccione (qui vient d'obtenir un triomphe grâce à *Plus beau que moi tu meurs*), en réalisant le lourdaud *Aldo et junior* (1984). Patrick Schulmann connaîtra un nouveau grand succès grâce à *P.R.O.F.S.* (1985) qui, comme son titre le suggère, complote de s'amuser des enseignants, en cherchant à retrouver la manière dont Altman se moquait des carabins dans *M.A.S.H.*

La greffe du zygomatique

Deux réalisateurs vont incarner, au tournant de la décennie, un renouveau de la comédie salué par un succès public qui les propulse parmi les ténors du genre. Tous deux font appel à la nouvelle génération de comédiens apparus durant les années soixante-dix. Le premier a même débuté avec et grâce à la bande du Splendid : dès son second film, *Les Bronzés,* Patrice Leconte a atteint des sommets au box-office, mais il était alors plutôt l'exécutant des farces et attrapes de sa troupe de comédiens, comme auparavant pour *Les vécés étaient fermés de l'intérieur,* et, après, pour *Les Bronzés font du ski.* Le ton et le travail de réalisation changent avec *Viens chez moi, j'habite chez une copine,* adaptation d'une pièce de l'ancien Charlot Luis Rego et du nouveau scénariste comique Didier Kaminka. La distribution réunit deux éminents représentants du café-théâtre, Michel Blanc et Anémone (plus une brève apparition de Marie-Anne Chazel), et deux autres jeunes comédiens, Bernard Giraudeau et Thérèse Liotard, issus d'un tout autre univers. Le scénario raconte d'ailleurs l'intrusion de ceux-là chez ceux-ci, *via* l'installation catastrophique d'un chômeur inopérant chez un jeune couple sans histoire. Réussie, cette greffe de l'humour du Splendid sur un canevas de comédie classique, qui est aussi la sortie de l'esprit café-théâtre de son quant-à-soi, fait sa part aux sentiments et s'abstient de mépriser les protagonistes lorsqu'ils prêtent à rire. Toujours avec Michel Blanc et Anémone, Leconte poursuit dans la même veine avec *Ma femme s'appelle reviens* (1982), qui tient la balance égale entre humour et tendresse. Michel Blanc encore, en duo cette fois avec Jane Birkin, sera la vedette de *Circulez, y a rien à voir* (1983), qui marque un certain essoufflement, et amènera le réalisateur à changer de registre.

Mais, en 1981, année où *Viens chez moi, j'habite chez une copine* obtient un beau succès avec 2,8 millions d'entrées, une autre comédie française crée l'événement au box-office, avec près de 7 millions de spectateurs. Son auteur, Francis Veber, est reconnu depuis la fin des années soixante comme un des as du scénario de comédie, il est passé à la mise en scène en 1976 avec *Le Jouet,* conçu tout exprès pour Pierre Richard. Son nouveau film, *La Chèvre*, repose sur un argument loufoque : pour retrouver une jeune fille connue pour sa malchance chronique, un détective de choc est amené à se faire accompagner d'un empoté tout aussi constamment poursuivi par la déveine. Il s'appuie surtout sur le plus efficace tandem comique réuni depuis Bourvil-de Funès : Pierre Richard et Gérard Depardieu. Outre les considérables qualités de l'un et de l'autre, leur rapprochement dégage une énergie très particulière et qui, à la différence de pratiquement tous les films fonctionnant sur ce principe, ne se transforme pas en mécanique. La réalisation est pourtant d'une grande neutralité, se fixant pour seul objectif un enregistrement clair du récit construit comme une horloge de précision. C'est la présence humaine des deux interprètes qui permet à Veber de leur infliger les pires avanies ou de les mettre dans les situations les plus improbables sans les transformer en simples outils. Face à Pierre Richard dont on a déjà noté le talent pour jouer intelligemment les ahuris, l'abattage de Depardieu, la générosité physique et morale qui émane de lui, même lorsqu'il persécute son partenaire, évite les déplaisants relents de sadisme généralement de mise. Entre eux deux se dessinent au contraire des relations plus secrètes, sinon ambiguës, que la mise en scène a le mérite de laisser apparaître sans s'y appesantir.

La réussite publique est telle que les trois compères remettent ça avec, justement, *Les Compères* (1983) : malgré une grande inventivité dans cette histoire de pères putatifs et rivaux, et toujours le même tonus chez les comédiens, la complicité entre le scénariste-réalisateur et les deux acteurs paraît souvent se suffire à elle-même, au détriment du film. Le public ne leur en tient pas rigueur, et leur réserve un nouveau triomphe (4,8 millions d'entrées). Le meilleur des trois films du trio sera, une fois n'est pas coutume, le troisième, *Les Fugitifs* (1986), où pour la première fois Francis Veber semble se poser des questions de mise en scène dépassant la seule mise en place. Un travail plus élaboré sur les lumières, une définition plus complète des personnages, un emploi plus nuancé des seconds rôles (de la petite fille unique objet des efforts pathétiquement désordonnés de Pierre Richard à la sidérante apparition vétérinaire de Jean Carmet) donnent au film un arrière-plan cette fois assumé, qui enrichit le comique sans le disperser. Le public suit toujours (4,5 millions d'entrées).

Leconte et Veber passent alors pour les deux chefs de file de la nouvelle comédie. Mais ils ne sont pas seuls. On a déjà dit combien

Alain Poiré, le patron de Gaumont International et producteur des Belmondo, d'Oury, d'Yves Robert, se préoccupe du renouvellement des troupes. Il a produit *Les vécés étaient fermés de l'intérieur* et *La Chèvre,* il accompagne également les premiers pas (discrets) de son propre fils, Jean-Marie Poiré, avec *Les Petits Câlins* (1978) et *Retour en force* (1980). *Les hommes préfèrent les grosses* (1981), du même réalisateur, se veut dénégation souriante des poncifs de la beauté, quasiment un plaidoyer pour le droit à la différence, mais qui ne perdra pas une occasion de faire rire aux dépens de la « grosse », Josiane Balasko. Ensuite, sa transposition de la pièce du Splendid *Le Père Noël est une ordure* (1982), qui a connu un succès considérable et deviendra un « film-culte » [1] grâce à ses rediffusions à la télévision, lui sert de carte de visite pour réaliser (non pas chez Gaumont mais chez Christian Fechner), *Papy fait de la résistance* (1983). Blanc, Jugnot, Balasko, Lavanant, Clavier, Lamotte, Lhermitte font partie de la distribution, mais aussi Villeret, Pauline Lafont et Giraudeau, et encore Galabru, Brialy, Maillan, Carmet, Yanne ; c'est une sorte de parade du comique à la française à travers ses générations successives qui est organisée en une série de sketches suivant un vague fil, et qui ne se refuse aucun procédé pour faire rire de l'époque de l'Occupation. Plus de 4 millions d'entrées en feront un des principaux succès de l'année 1983, et assoiront la renommée du réalisateur.

L'année suivante, deux membres du Splendid deviennent réalisateurs à leur tour. Avec *Pinot simple flic* (1984), Gérard Jugnot donne un film reprenant les facéties et l'autodérision auxquelles il se prêtait jusqu'alors en groupe, mais il y instille une mélancolie nouvelle et assez attachante. Ce sera un succès (2,4 millions d'entrées). La même année, Michel Blanc, l'autre souffre-douleur habituel des spectacles du Splendid, déclarait : *« Je crois que le café-théâtre est inadaptable au cinéma... les films ont perdu leur causticité. »* La plupart des exemples précédents lui donnaient raison, il va lui-même aussitôt se donner tort. Réalisateur, et interprète aux côtés de Gérard Lanvin de *Marche à l'ombre* (1984), il réussit à réunir l'humour caractéristique du café-théâtre et une observation chaleureuse et inhabituelle des milieux marginaux de Paris. L'invention du dialogue et la manière dont Blanc utilise et renouvelle à la fois l'inépuisable procédé du duo contrasté qu'il forme avec Lanvin se transforment en triomphe, qui fera courir plus de 6 millions de spectateurs.

1. Durant l'été 1994, un sondage du magazine *Première* montre que les jeunes lecteurs de ce journal considèrent *Le Père Noël est une ordure* comme le meilleur film français de tous les temps.

Chapitre 4

SARABANDE DU CONTEUR (1)

DU CÔTÉ DU SCÉNARIO

Avec *Les Valseuses,* Bertrand Blier a été le premier et le plus radical représentant du cinéma des conteurs qui se met en place au milieu des années soixante-dix. D'autres cinéastes importants apparaissent à ce moment et contribuent à cette évolution. Leurs réalisations sont des « films de conteur » mais aussi des métaphores sur cette fonction de conteur. Simultanément, les auteurs du cinéma moderne se retrouvent eux aussi confrontés à cette interrogation sur le récit et sur le statut de celui qui l'énonce. La question du conteur (qui parle, d'où parle-t-il, au nom de quoi ?) est au centre du cinéma de cette période. Cette question interroge naturellement à la fois le scénario et la mise en scène. Mais, schématiquement, il est possible de distinguer parmi les cinéastes qui la posent, et éventuellement tentent d'y répondre, selon qu'ils accordent la priorité au scénario ou à la réalisation. Alors que, sans surprise, on trouvera plutôt les cinéastes issus de la Nouvelle Vague parmi ceux qui comptent principalement sur la mise en scène, quelques nouveaux venus, mais aussi Resnais et Chabrol, prennent surtout appui sur ce qui a été écrit pour le film.

Claude Miller ou la chute de l'homme à l'intérieur de lui-même

Autre nouvelle incarnation, très différente de Blier, de la figure du conteur, Claude Miller, né en 1942, ancien assistant de Truffaut, débute avec *La Meilleure façon de marcher* (1975), qui est encore à mi-chemin entre le cinéma « politique » et le cinéma des conteurs. Il y a un « message » (de tolérance) dans l'histoire, située en 1960, de ces deux moniteurs de colonie de vacances, Marc le prolo costaud sûr de sa virilité qu'interprète Patrick Dewaere et Philippe le jeune bourgeois effacé, habité de tendances à l'homosexualité et au travestissement (Patrick Bouchitey). L'un fait jouer les enfants au ballon et les pousse à s'affirmer physiquement, et même violemment, l'autre leur fait répéter une pièce de théâtre et les incite à *« s'ouvrir pour exprimer leur intimité »*. Ayant découvert les penchants secrets de Philippe, Marc en profite pour le martyriser, jusqu'à ce que sa victime se rebelle et le blesse d'un coup de couteau. Le film prend évidemment parti pour le plus faible, incarnation de la délicatesse, de la culture, de la complexité humaine. Les fonctions sont typées d'emblée, le bien et le mal sont définis à l'avance et une fois pour toutes. Comme il se doit dans ce genre d'exercice, la « morale » du film sera pour le moins ambiguë, indépendamment des volontés libérales de son auteur : *La Meilleure façon de marcher* s'achève sur un retour à l'ordre, les deux personnages vivent chacun en couple « normal », les tendances homosexuelles de l'un comme l'intolérance de l'autre apparaissent comme deux déviances symétriques dont ils sont guéris, après une crise violente. Le droit à l'homosexualité comme les causes réelles de la violence macho ne sont plus que des excès (hormonaux ? une bonne opération, même avec un couteau un soir de bal, et tout s'arrange ?). L'élégance et la maîtrise de la réalisation de Miller, très bien soutenue par ses deux acteurs, ne peuvent que contribuer à rendre plus digeste ce qui chez la plupart de ses confrères se serait transformé en une désolante pantalonnade. Selon toutes les apparences, le cinéma psychologique vient de se trouver, sur un sujet « moderne », un nouveau maître, fort capable de reprendre avec brio les rênes d'une mise en scène de la bonne conscience.

En adaptant un roman de Patricia Highsmith, débarrassé de ses aspects strictement policiers, Claude Miller va préciser son chemin personnel, qui n'est pas celui du plaidoyer, mais de la mise en spectacle des méandres psychologiques de personnages échappant au contrôle d'eux-mêmes et aux normes sociales. Avec toujours la même sûreté de réalisation, *Dites-lui que je l'aime* (1977) raconte la plongée dans le délire meurtrier d'un homme d'apparence paisible et solide (Gérard Depardieu), amoureux passionné d'une amie d'enfance (Dominique Laffin) qui a épousé un autre homme (Jacques Denis), et insensible à la tendresse que lui offre sa voisine (Miou-Miou). On retrouve la construction impeccable du récit, l'interprétation irréprochable, le sens de la mesure et de la suggestion qui évite les débordements racoleurs. De l'étrangeté, de la tendresse même pour ce « héros » aux inquiétantes pulsions, un sens de la dramaturgie sachant exploiter le décor assoupi d'une région de montagne... Du trouble ?

Non. Il faudrait pour cela que ce dispositif artistement composé entre en contact avec le monde réel. La minutieuse mise en place du délire qui gagne Depardieu construit au contraire une déréalisation, une abstraction qui tend à la gratuité en se contentant d'un cliché psychologique du style « en chacun de nous sommeille un monstre ».

Le film suivant poussera toutes ces caractéristiques encore plus loin. *Garde à vue* (1981), huis clos mettant aux prises, toute une nuit de 31 décembre, le commissaire Lino Ventura et le notaire Michel Serrault soupçonné du meurtre de deux fillettes, ne relève plus de la maîtrise mais de la virtuosité. Film de commande mis en dialogues par Michel Audiard, *Garde à vue* offre au cinéaste l'occasion de démontrer un savoir-faire qui semble désormais insurpassable « dans tous les compartiments du jeu », comme on dit au football : placement et déplacement de la caméra, direction des comédiens, vedettes ou seconds rôles (Romy Schneider, Guy Marchand...), composition de l'espace et de la durée, utilisation de la lumière... A nouveau, cet exercice de style de très haut niveau vise à révéler et à utiliser les tendances obscures qui habitent un homme (Serrault) en apparence d'une respectable simplicité. Plus encore que dans les précédents films de Miller, cette perfection formelle s'inscrit à l'intérieur d'un cadre strictement délimité, sans « au-delà » dans le monde réel, malgré l'immense verrière sous laquelle se déroule la quasi-totalité de l'action. L'« au-delà », ce pourrait être en l'occurrence le personnage de Lino Ventura. Mais le flic n'est pas un personnage, il est et n'est qu'une fonction, un outil massif et efficace au service du cinéaste-conteur. Et ainsi *Garde à vue* est, mais n'est que, une manipulation supérieurement habile des ingrédients du film, et donc aussi une manipulation du public. Celui-ci, relativement indifférent aux deux premières réalisations du cinéaste, est d'ailleurs cette fois conquis, et assure à Claude Miller son premier grand succès.

On retrouve Michel Serrault à nouveau en homme ordinaire, dont le déroulement des opérations révélera les troubles sous-jacents, dans *Mortelle randonnée* (1983). L'entreprise est plus audacieuse que les précédentes, en ce que son irréalisme profond devient une donnée du récit, au lieu de lui fournir un cadre comme dans les deux films précédents. *Mortelle randonnée,* dont le personnage principal se nomme « l'Œil », est, entre autres, un film sur le cinéma, ses artifices et sa folie : « l'Œil » est le surnom d'un détective privé (Michel Serrault) qui, chargé de suivre une jeune criminelle (Isabelle Adjani), l'observe commettre des meurtres sans l'inquiéter, cultivant à son égard des sentiments troubles, en jouant avec l'idée qu'elle pourrait être sa propre fille, disparue depuis longtemps. La mise en scène et le jeu des comédiens composent, en décors réels, un univers assez artificiel pour créer le doute sur le film lui-même, sur le système de conventions qu'il utilise. En poussant à bout ses procédés habituels, Claude Miller a cette fois changé de registre, son film devient une critique de ses propres méthodes, des procédés dont il usait auparavant avec tant d'adresse. Le quatrième film de Miller, son film le plus audacieux, connaîtra un cruel échec public, nouvelle preuve que les spectateurs n'aiment guère que le prestidigitateur dévoile en ricanant les dessous de ses tours. Echaudé, Miller fera ensuite machine arrière. Le film exprime effectivement les qualités et les limites de ce cinéaste, qui sont au fond les mêmes : Claude Miller sait à merveille composer un récit, pour rendre limpide le déroulement d'une histoire à tout le moins compliquée, et irrationnelle. Et il obtient de ses comédiens, chez lui toujours excellents, des compositions où le trouble quant à leurs motivations, à leur passé, à la manière dont leurs personnages se considèrent réciproquement, est dessiné avec des lignes suffisamment fortes pour ne pas dérouter le spectateur.

Alain Corneau ou l'anti-Prométhée

On vient de voir Claude Miller débuter à califourchon sur cinéma-plaidoyer et cinéma du récit avant de trouver sa voie. Alain Corneau avait débuté, lui, par une pochade politique et fantastique, *France S.A.*, il va désormais lui aussi rejoindre le « cinéma de conteur », par un chemin différent. A la différence de Miller se consacrant à la psychologie des profondeurs, Corneau n'abandonne pas d'emblée le terrain mythologique. Bien au contraire, à trois reprises il va raconter l'affrontement de l'individu avec le mythe, et sa défaite. Les trois fois, il utilisera les codes et les situations du genre policier, genre « tragique » par excellence, notamment dans la forme du thriller à l'américaine, que le cinéaste connaît sur le bout des doigts. Et les trois fois, il fera appel à une « star », Yves Montand, dont le statut aurait dû lui permettre d'affronter le combat mythologique, mais qui y sera irrémédiablement broyé. Ces trois fois aussi, disons-le d'emblée puisque tout l'intérêt de ces films est ailleurs, la mise en scène sera d'une efficacité non exempte de complaisance, en particulier dans les scènes de violence, et le jeu de Montand ne contribuera guère à « alléger la sauce ».

Police Python 357 (1976) est un polar glacial, aussi froid que les objets design de cette époque qui illustrent le générique, en alternance avec le travail méticuleux sur l'arme qui lui donne son titre, et des activités culinaires : artisanat, fétichisme des objets, application scrupuleuse des recettes, Corneau annonce ses couleurs. Yves Montand, inspecteur de police à Orléans, n'est pas un homme (*« je voudrais bien savoir de quel ventre il est sorti »,* dit Signoret, shakespearienne et paralytique, grande bourgeoise qui se prend pour Némésis). Montand, bâtard élevé par l'assistance publique, est un être hybride, moitié icône moitié machine. Lorsqu'il croira pouvoir échapper à sa condition, il se retrouvera pris dans un engrenage infernal : celle qui doit lui rendre son statut d'humanité (Stefania Sandrelli) est en secret la maîtresse du commissaire principal François Périer, qui tuera l'infidèle et supervisera l'enquête menée par son subordonné Montand, que tous les indices accuseront bientôt. Epouse de Perier, Signoret tente, depuis son lit de luxe et de souffrance, de tirer les ficelles, celles-ci s'emmêlent si bien que, malgré l'ultime et radicale tentative de Montand (après une dépression dans l'alcool, puis l'anéantissement systématique de l'appartement de la victime, il se défigure au vitriol), l'affaire ne pourra se dénouer que dans une série de morts et de mensonges, au terme d'une construction dramatique plus proche du théâtre élisabéthain que du polar.

Avec son film suivant, *La Menace* (1977), Alain Corneau radicalise les mêmes partis pris de récit. La machination du petit entrepreneur Montand, pour se faire accuser d'un crime qu'il n'a pas commis afin d'innocenter sa maîtresse (Carole Laure) et de mieux se délivrer de son passé pour vivre enfin le grand amour, est tellement invraisemblable qu'il devient possible d'en accepter les conventions. Et, sans plus s'inquiéter de réalisme, de suivre le metteur en scène sur un chemin qui tente de relier métaphysique et virtuosité. Le film est assez peu convaincant dans le registre psychologique, où son acteur principal donne à nouveau libre cours à un jeu démonstratif, entre Marie Dubois, épouse sacrifiée, et Carole Laure, maîtresse désirée, mais quasi inerte. Corneau réussit en revanche avec une adresse et une jubilation manifestes les séquences finales, à grand spectacle, de la poursuite du héros dans sa petite auto par les énormes camions nord-américains. La métaphore du petit homme impuissant face à la force monstrueuse (du destin, des machines, de l'Amérique) est à la fois riche, explicite et efficace. Elle fournit une deuxième variation sur le thème de la solitude face au monde et de l'absence d'emprise sur lui : dans le film, Montand littéralement « s'occupe de tout », il combine, part, revient, prend les malheurs du monde sur ses épaules, achète les billets pour les voyages impossibles, transpire et se dépense. Tout cela en pure perte, il ne sera pas plus maître du dénouement qu'il n'était auteur d'un crime d'ailleurs inexistant. Cet activisme forcené et impuissant, cette démiurgie inutile de l'homme qui, après « s'être fait lui-même » (ce petit patron est un *self-made man*), veut faire le monde à sa convenance et rate tout, reprend sur un nouveau mode le constat désenchanté de l'incapacité de l'individu à comprendre les véritables lois de l'univers, et *a fortiori* de peser sur elles.

S'ils empruntent souvent les codes et les apparences du cinéma noir américain, les films d'Alain Corneau en contredisent le fond : chez lui, le lien entre pouvoir et action, et entre action et résultat, s'est dénoué.

Les films classiques hollywoodiens étaient « prométhéens », ils affirmaient la possibilité de l'homme, ou des hommes, à prendre le monde en main et à le transformer, les films de Corneau disent le contraire.

Le troisième film choisit une option plus complexe dans l'organisation du récit (les protagonistes y sont plus nombreux), mais plus simple dans les éléments utilisés, dans le strict respect des règles du film noir, jusqu'à sembler une anthologie de situations balisant une évolution et un dénouement prévisibles du scénario. *Le Choix des armes* (1981) réunit une distribution prestigieuse pour conter comment Yves Montand, luxueusement rangé des affaires délictueuses dans un haras plus que cossu, qu'il tient avec son épouse Catherine Deneuve, sera rattrapé par son destin le jour où Depardieu, le loubard évadé, vient chercher refuge chez lui. La mécanique se met en route, le film va explorer méticuleusement les divers scénarios en principe possibles selon que l'initiative est laissée à tel ou tel protagoniste, pour conclure à l'absence de toute échappatoire. Alain Corneau convoque, encore plus clairement que dans les films précédents, les représentants de deux formes de films policiers, français et américain. Montand tient un rôle « à la Gabin » dans ses emplois de nobliau dur à cuire, il incarne la France profonde, terrienne, même lorsqu'il était bandit on suppose qu'il observait des règles chevaleresques. Alors que Depardieu, jeans, cheveux longs, rock'n roll, incarne lorsqu'il débarque une forme de sauvagerie (ou de liberté) « américaine », soulignée dès son arrivée au haras par la citation de la scène finale de *Quand la ville dort.* Mais si la silhouette de l'acteur évoque Sterling Hayden, Corneau ne croit pas comme l'humaniste Huston que les hommes font leur destin (et éventuellement leur malheur), ni que hors de la ville et de ses corruptions il existe un paradis préservé. Celui-ci, figuré par la beauté droite et calme de Catherine Deneuve en paix avec les hommes comme avec la nature, est voué à l'anéantissement. Ni la force et la connaissance des règles du jeu du vieux renard Montand, ni l'énergie et l'absence de complexes du chien fou Depardieu, ni la sagesse de ceux qui « connaissent le récit » (le vieux flic Galabru et les anciens copains en truanderie de Montand) ne pourront rien face à la malédiction commune. Et celle-ci frappe, sans égard pour la condition sociale, les hobereaux de campagne comme les loubards de banlieue. Il n'y a plus de « règle du jeu », sinon la mort, et l'entropie, ce désordre que représente l'agitation stupide et mortelle du jeune flic interprété par Gérard Lanvin.

Entre le deuxième et le troisième volet de ce triptyque aux couleurs de thriller, Alain Corneau a réalisé *Série noire* (1979). Malgré son titre, ce n'est pas un polar mais une étude de mœurs psychopathologique. La formule cinématographique ressemble plutôt à celle des films de Claude Miller qu'à celle des autres films de Corneau, mais les thèmes restent les siens, poussés à une sorte d'épure paroxystique. Les deux cinéastes racontent, au cours de ces années, le sentiment cauchemardesque d'une perte d'emprise sur le monde, mais les cauchemars de Miller évoquent une chute sans fin, alors que ceux de Corneau content une immobilité à laquelle on n'échappe pas, malgré les efforts les plus frénétiques, l'illusion de voyages ou d'actions. Les « héros » d'Alain Corneau sont, métaphore christique comprise mais sans résurrection au troisième jour, des « hommes cloués ».

Adapté, en compagnie de Georges Perec, du roman de Jim Thompson *Des cliques et des cloaques, Série noire* diffère aussi des autres Corneau en ce qu'il fait cette fois appel pour le rôle principal à un des comédiens de la nouvelle génération, Patrick Dewaere, qui y exécute l'une de ses plus impressionnantes prestations. Le récit de la triste existence du « loser » Frank Poupard, dit Poupée, vendeur au porte-à-porte d'articles minables dans une banlieue en état de décomposition avancée, s'ouvre sur une scène splendide et sans parole : seul dans un terrain vague, Frank mime pour lui seul ces rôles qu'il ne tiendra jamais – un dur, un artiste, un séducteur élégant. Frank, Poupée, marionnette à l'abandon, est un personnage en quête de Récit, mais il n'y a plus de récit. Sous le regard des autres, il est irrémédiablement un pauvre type – qu'il puisse le cas échéant faire preuve de gentillesse, d'habileté ou de force n'y change rien. *Série noire* est un film foncièrement « antisocial » : il n'y a pas de collectivité, de groupe humain dans le monde de Poupée, nul ne semble habiter ces cités H.L.M. vides, ces terrains vagues déserts, ces casses de voitures esseulées, ces pavillons minables et isolés. Et les représentants des fonctions sociales sont autant de caricatures disjointes et odieuses : la femme de Frank (Myriam Boyer) est une souillon, son patron (Bernard Blier) un escroc méchant, son unique cliente une vieille avare qui prostitue sa nièce (Marie Trintignant). Seules une espèce de brute innocente (et d'origine étrangère) et une sauvageonne presque muette, Mona, paraissent conserver une parcelle de pureté. Tous participeront de la catastrophe globale, inscrite sans échappatoire dès le début et dont le film décompose le processus sans jamais laisser croire vraiment que les choses auraient pu s'arranger. Cette noirceur, et l'anecdote de l'assassinat de la vieille avare, évoquent *Crime et châtiment.* Mais Dostoïevski racontait la sortie du groupe social par son piètre héros, sortie qui le menait au crime, puis son retour dans la communauté, au prix fort de l'aveu, grâce au langage partagé avec le policier. Ici, il n'y a ni monde social dont on pourrait sortir, ni retour, ni langage, il n'y a rien. Rien que des mots vides, des chansonnettes stupides vantant un bonheur frelaté et hors d'atteinte, des clichés d'existence qui sont autant de leurres, l'avidité, la bêtise, la laideur et la solitude. La tentative de Poupée d'« organiser quelque chose » avec les composants de ce dépotoir ne débouche que sur le sang, la honte, la merde et le dérisoire.

Dans les autres films, les codes du polar permettaient l'emploi de

« types humains » qui n'étaient déjà plus des personnages ; cette fois, même ces apparences stéréotypées ont disparu, dans un film désert, d'autant plus efficace que la réalisation, fluide et percutante, et l'interprétation, d'une grande finesse, évitent tous les effets de redondance pour seulement laisser advenir ce « non-monde » à l'écran. *Série noire* dit ainsi la vérité du cinéma d'Alain Corneau, que les autres réalisations masquaient sous les déguisements conventionnels du polar. Un cinéma sans enjeu, sans espoir, où seul l'air de *Moonlight Fiesta* par Duke Ellington égrène un peu de nostalgie pour un monde qui aurait été.

Alain Resnais ou le conteur mis à nu

Chez Corneau comme chez Miller, le conteur est à la fois puissant et vaincu, il met lui-même en place et contrôle soigneusement un dispositif qui mène non seulement à l'échec de ses protagonistes, mais disqualifie sa propre fonction, par implosion du personnage chez Miller, par écrasement ou dispersion chez Corneau. Alain Resnais, dont le cinéma loge depuis le début dans les méandres du récit et de la mémoire, s'en va par des chemins différents aboutir à une conclusion similaire quant à la puissance dérisoire du conteur et à la vanité du récit. *Providence* (1977) est le récit de ce basculement. L'ambiguïté et l'hétérogénéité du film sont déjà dans ses conditions de création : cette production française, réalisée par l'un des plus grands cinéastes français avec la plupart de ses collaborateurs habituels (hormis Sacha Vierny, remplacé à la photo par Ricardo Aronovitch), est écrite par un Anglais, le scénariste David Mercer (notamment auteur du livre dont est tiré *Family Life* de Ken Loach), interprété par deux des plus grands acteurs britanniques, sir John Gielgud et Dirk Bogarde, et leur compatriote David Warner (ainsi que par deux actrices américaines, Ellen Burstyn et Elaine Stritch), avec un accompagnement musical d'un grand spécialiste hollywoodien, Miklós Rósza. Le film se présente comme le récit erratique, fantasmagorique, des comportements de quelques personnages tels que les imagine un vieil écrivain malade et porté sur le bourgogne blanc, au cours d'une nuit d'insomnie, de douleurs intestinales et anales, de beuverie et de misanthropie. Son fils, l'épouse de celui-ci, un jeune homme blond, la maîtresse du fils qui ressemble à la femme suicidée du père, apparaissent et disparaissent selon le bon vouloir du vieil écrivain, et parfois un peu à son insu. Ils évoluent dans des décors artificiels et sinistres, hantés par la guerre, la terreur politique et économique, les mutations morbides. La manière dont le narrateur invente, nomme et anime les protagonistes, les « ratés » dans l'exécution de ses décisions, les extraordinaires décors factices inventés par Jacques Saulnier, la manière humoristique dont la voix off du démiurge commente et à l'occasion critique ses créatures, contribuent à dénoncer la facticité et à créer le trouble. Les trois quarts du film décrivent ainsi l'artifice du conte, mais la légitiment en y intégrant le conteur. Pourtant, lorsque la dernière partie du film, sous un soleil riant, réunit pour un déjeuner champêtre la véritable famille du vieillard pour son anniversaire, les artifices prétendent soudain être abolis, la vraie nature, sympathique, des uns et des autres est censée être révélée dans ce monde apaisé que découvre – Resnais reste un admirable filmeur – un splendide panoramique à 360°. Le finale scelle la réconciliation familiale, qui est aussi celle du film avec son public, en employant un « truc » emprunté à l'un des plus grands écrivains du pays où se situe le film : ce retour au réel vient de chez Lewis Carroll.

Mais dans *Alice,* le narrateur ne figurait pas dans les aventures au pays des merveilles, et conservait ainsi toutes ses prérogatives. Il en va différemment avec *Providence* : tout cela n'était qu'un mauvais rêve, issu du cerveau d'un vieillard malade et rancunier qui, resté seul, peut se porter à lui-même un toast ultime. Qu'en est-il du véritable démiurge, du conteur Alain Resnais lui-même ? On ne sait plus. Sous les apparences d'une chute apaisante (et qui semble satisfaire tout le monde, le film sera un triomphe critique et le premier grand succès public de Resnais), le cinéaste s'est attribué un statut paradoxal, intenable. Dans ses premiers films de fiction, le récit occupait une fonction créatrice (selon une logique qui n'était pas celle de la narration classique, chronologique et de cause à effet, mais celle du discours et de la mémoire, selon le modèle établi par Orson Welles avec *Citizen Kane*). A cette époque, celle d'*Hiroshima mon amour,* de *L'Année dernière à Marienbad* et de *Muriel*, la mise en scène opposait au récit une victorieuse surenchère en disant plus, plus juste, plus profond. *La guerre est finie, Je t'aime, je t'aime, Stavisky...* ont représenté un glissement du rapport de forces au profit du récit. Avec *Providence,* le récit a totalement pris le pouvoir sur le film, mais pour se nier lui-même. Et ce n'est plus un Grand Récit, mais les ratiocinations amères d'un vieillard plutôt pitoyable.

Le film suivant, *Mon oncle d'Amérique* (1980), est une variante de ce jeu à double détente. Les prémisses en paraissent pourtant opposées : ce n'est plus l'imagination fantasque d'un écrivain à l'agonie qui donne naissance au film, mais les explications scientifiques d'un savant, le professeur Henri Laborit, spécialiste réputé dans l'étude des comportements humains. Le destin de trois personnages de fiction, imaginés par le scénariste Jean Gruault, sert d'illustration aux explications données, en voix off ou à l'écran, par le scientifique. Le système est complété par des expériences de laboratoire, et quelques gags fantastiques, soulignant la fonction de cobaye des protagonistes – Gérard Depardieu, Nicole Garcia et Roger Pierre –, lorsque ceux-ci se retrouvent déguisés en rats de laboratoire. Mais, comme dans le précédent film, un discours (non plus artistique et onirique mais savant) donne la matière et la structure du film. Laborit énonce les lois du comportement humain, les « personnages » obéissent à ses affirmations, en une série de saynètes démonstratives touchant aux diverses situations de la vie quotidienne. Et Resnais ? Il semble à première vue absent du film, sinon comme humble responsable du travail d'illustration des thèses du professeur. Le retour du cinéaste s'effectue par les chemins de l'ironie, au terme de ce film plus dur que le précédent, dépourvu de scène finale réconciliatrice. Resnais laisse dire au savant que le monde changera lorsqu'on aura compris les mécanismes qu'il décrit ; mieux, il se met scrupuleusement au service de ses explications. Le film les expose avec une sèche clarté, au moyen de scènes brèves, et assez mal interprétées par des acteurs réduits à la fonction de pantins. La démonstration du savant « prouve » que l'inconscient commande, que nul n'a de prise sur les raisons de ses actes... les savants, et les cinéastes, pas plus que les autres. Il révoque donc la position de celui qui prétend en énoncer les règles. Sans jamais remettre en cause leur exactitude scientifique, *Mon oncle d'Amérique* a fait des thèses de Laborit une idéologie, voire la métaphore de toute idéologie : un principe explicatif qui n'aide les hommes ni à vivre ni à se comprendre réellement. Le film, à rebours de son apparence dogmatique, peut ainsi être tenu pour une liquidation de la période précédente, la période « politique » ou « idéologique », au profit du retour à cet imaginaire luxuriant que figure, à la dernière image, la peinture d'une forêt sur un mur d'une ville dévastée par la guerre. Le titre fait référence à cette part d'imaginaire que chacun préserve en lui-même face aux duretés de l'existence, comme une solution « magique ». L'oncle d'Amérique est le personnage inventé grâce auquel chacun se sauve des pressions : il n'est pas un héros, encore moins un personnage mythologique, il est irreprésentable parce qu'il est un personnage à usage strictement privé, contre la communauté que Laborit vient de décrire comme un impitoyable champ de bataille. Il est ce qui se substitue au conteur dès lors que le besoin de récit ne peut plus être satisfait de manière collective.

Si l'on doutait que la place du récit, dans la société et dans le cinéma, est bien alors l'enjeu central pour Resnais, *La vie est un roman* (1983) achèverait de nous en convaincre. On peut voir le film comme la somme (moins réussie que chacune des parties) des deux précédents, et comme une tentative pour les dépasser. Dans des décors expressément « de fiction », il entremêle en effet trois discours : l'un est une utopie romanesque, inventée non plus par un vieux romancier mais par un noble ruiné par la guerre de 14 et qui, ne pouvant achever le palais du bonheur qu'il avait conçu en amalgamant tous les styles architecturaux, convie ses amis à une expérience fictionnelle favorisée par un filtre apparemment aussi efficace que le chablis de *Providence.* Le deuxième est un discours scientifique, celui que tentent d'élaborer en commun des spécialistes de diverses disciplines au cours d'un colloque sur l'« éducation de l'imagination », réunis dans le même lieu, cinquante ans plus tard. Le troisième est un discours de conte, celui que bâtissent dans les caves du château des enfants livrés à eux-mêmes. L'expérience du début du siècle s'achève tragiquement, le débat savant tourne à l'affrontement stérile, puis à une euphorie consensuelle de pure convenance. Les deux approches, l'utopie romanesque et l'utopie scientiste, sont renvoyées dos à dos. Il faut bien considérer le sort réservé à la troisième option, celle des enfants, comme un cliché, celui de l'enfance dépositaire des songes qui tuent ou ridiculisent les adultes. Ce cliché nostalgique, qui tente de réconcilier avec un film à l'imagerie terriblement factice, raccorde avec le plan final également porteur d'un rappel des racines : comme le précédent, *La vie est un roman* s'achève sur l'image d'un arbre, image volontariste d'une puissance naturelle survivant aux turpitudes des hommes, pour rester en prise avec la terre comme avec le ciel. Quinze ans plus tôt, Resnais livrait la clé de cette métaphore récurrente de l'arbre, bien avant de l'utiliser à l'écran : *« Je ne peux pas tourner une histoire à laquelle je ne crois pas. Je commence à m'intéresser aux personnages quand je les vois, quand je sais ce qu'ils peuvent faire et aussi ce qu'ils ne peuvent pas faire. Il y a une image banale qu me revient souvent : celle de l'arbre. Pour qu'un arbre tienne debout, il doit avoir des racines très profondes. Même si on ne le voit qu'un moment – et peut-être précisément parce qu'on le* voit *au lieu d'être guidé par des mots –, un personnage de film doit lui aussi avoir des racines, toute une vie derrière lui »* (*L'Arc*, « Spécial Resnais », 1967). Le personnage ancré dans la réalité et la durée, dont le symbole reste à la fin des deux films, sera précisément l'enjeu, et la victime, de la période suivante.

L'optimisme soudain qui clôt ainsi *La vie est un roman* se retrouve d'une manière différente – plus fine et plus nuancée – dans le film suivant. *L'Amour à mort* (1984) dit que le conte, la croyance n'a pas entièrement disparu, mais qu'elle ne peut guère agir que de manière parcellaire, un instant, le temps d'un retour, le temps d'un film. Il le dit en racontant l'histoire d'une rupture dans une communauté indissolublement soudée, le couple Sabine Azema-Pierre Arditi, par la mort de celui-ci, puis le retour éphémère, impossible, inexplicable, du défunt, et sa disparition à nouveau. Celui qui possède la loi et le texte, le pasteur André Dussollier, n'y comprend rien (pas plus que le docteur, représentant du dogme scientifique), sa femme (Fanny Ardant), qui représente l'« auditoire », le public assis sous l'arbre aux légendes, pressent et adhère à l'éventualité de cette légende-ci, qui réunifie un moment celui qui connaissait le temps (Arditi est archéologue) et celle qui comprend la vie (Azema est botaniste). *L'Amour à mort* est à tous points de vue, y compris par l'austérité de la mise en scène et de l'interprétation, un véritable coup de force désespéré du conte, sans les alibis romanesques, savants ou décoratifs des précédents films. La mort et sa victoire enserrent et découpent le film, rythmés par ces écrans noirs parcourus d'une neige étrange, qui ressemble au balayage électronique sur les postes de télévision. Resnais, et la musique de Hans Werner Henze qui accompagne ces plans de coupe, suggèrent pourtant qu'au-delà de cette nuit le mythe salvateur, réconciliateur, existe encore, et qu'il suffirait d'y croire assez.

Chabrol, 3/8

Parmi les huit films tournés par Claude Chabrol durant la période 1976-1984, cinq sont simplement, et sans que leur réalisateur s'en défende, des mauvais films : *Les Magiciens* (1976), *Folies bourgeoises* (1976), *Les Liens du sang* (1978), *Le Cheval d'orgueil* (1980) et *Le Sang des autres* (1984). A quel moment Chabrol l'a-t-il su et, éventuellement, a-t-il eu tendance à appuyer en ce sens ? C'est souvent la seule question que posent ces réalisations. Les trois premières brodent sur des motifs fréquemment explorés par le cinéaste, mais cette fois avec une lassitude manifeste. Le dernier, *Le Sang des autres* – à celui-là il est probable que Chabrol n'a jamais cru –, est une insipide histoire de Résistance alourdie par les moyens et les contraintes de la coproduction internationale, d'après un roman de Simone de Beauvoir, qui ne méritait pas ça. *Le Cheval d'orgueil* s'essaie à une tentative plus audacieuse, mais inaboutie, d'adaptation de l'ouvrage d'ethnologie populaire de Pierre-Jakez Hélias, gros succès de librairie d'alors (toujours cette vogue des conteurs, quand les contes correspondants ont perdu leur ancrage et leur puissance mythique). Lorsque l'humour et le morbide, le magique et le terrien semblent un instant se donner la main, il y a toutefois des éclats, qui laissent entrevoir ce qui a tenté le cinéaste, et ce qu'il a tenté.

Trois films ponctuent fort heureusement cette mauvaise passe. Le premier, *Alice ou la dernière fugue* (1977), annonce l'évolution des thèmes du cinéaste, en même temps qu'il représente l'exploration d'un domaine nouveau pour lui : c'est la seule mise en scène de Chabrol qui joue clairement et entièrement le jeu du cinéma fantastique, sans jamais livrer de clé aux errances irrationnelles de Sylvia Kristel dans le château sans issue de Charles Vanel. On suppose qu'il s'agit d'une métaphore de l'instant du passage de vie à trépas, on voit surtout un enfermement en soi-même. *Alice* n'est pas passée au-delà du miroir, elle bute sur celui-ci devenu circulaire, paranoïaque, la représentation n'ouvre plus sur le monde. Coïncidence ? Le film est strictement contemporain de *Providence,* et l'on trouve dans l'un et l'autre la même référence à Lewis Carroll, et la même conclusion sur l'impossibilité de franchir le miroir des apparences, prémonition de ce que sera le mur sans au-delà du Visuel.

Violette Nozière (1978), qui confirme la jeune gloire d'Isabelle Huppert, est la fausse reconstitution d'un fait divers du début des années trente. Reconstitution historique apparemment rigoureuse, en fait piégée de part en part, aussi menteuse que son héroïne, bovarysante fille de tout-petits bourgeois parisiens, qui finira parricide. Il n'y a rien à comprendre, Violette la bâtarde est une infime machine antipathique, qu'Huppert protège de toute identification du public avec une admirable vaillance, détruisant méticuleusement tout ce qui pourrait en faire un personnage, l'écartant du récit où tous les autres ne demandent qu'à jouer leur rôle. Violette Nozière passe par le stade de la révolte contre le conformisme ambiant, et le dépasse. Elle est au-delà, vêtue de noir dans la nuit noire, claquemurée, pas insensible mais obéissant à d'autres règles dans une sorte d'autisme social où pas même l'ombre de la guillotine ne lui est une menace réelle. Claude Chabrol poussera encore plus loin ce délire introverti, en le redoublant dans *Les Fantômes du chapelier* (1982), dont le titre rappelle, à nouveau, *Alice au pays des merveilles.*

« Pas d'histoire », c'est tout ce que désire Charles Aznavour, figure du juif errant qui a traversé les horreurs du siècle. Pas d'histoire, son voisin le chapelier Michel Serrault est bien d'accord, qui ne voudrait pas qu'on vienne mettre son nez dans ses affaires, et découvrir ainsi que sa femme est morte (par sa main), plus exactement qu'il a remplacé sa femme par un mannequin. La petite ville bretonne noyée de pluie et de nuit ne semble d'ailleurs peuplée, hormis ces deux-là, que de mannequins, notables confits dans leurs conventions et avec lesquels le chapelier Serrault fait chaque soir, impeccable et anodin, une partie de bridge au café des gens bien. Mais une histoire, il y en a une : les femmes qui disparaissent assassinées, la police sur les dents et la presse aux cent coups. Aznavour sait que Serrault est l'assassin, il se gardera bien de le dire ; Serrault sait qu'Aznavour l'a percé à jour, il ne s'en inquiète pas. Ils conspirent, chacun de leur côté, au maintien du *statu quo.* Si le petit tailleur suit le chapelier fantasque jusqu'à ruiner sa santé, c'est par fascination pour cet être enfoncé en lui-même, et aussi pour s'assurer que le secret reste gardé. Les histoires, c'est la famille qui s'exhibe (comme la fille à sa fenêtre), ce sont les tragédies sanglantes du passé, les flics et les bandits, les journaux, toute cette dramaturgie contre laquelle le film travaille opiniâtrement. Mieux vaut, comme Serrault, faire bonne figure dans les miroirs où il

s'observe complaisamment. Ici non plus, les miroirs ne sont pas traversés (ni enquête, ni révélation, ni hors-champ, ni échappatoire : la folie du chapelier, la tragédie du tailleur restent « à l'intérieur »). Il n'y a plus là cette traversée des apparences qui fut chère à Chabrol, mais le constat terrifié qu'elles seules existent, qu'elles ne disent rien, et qu'on ne leur demande rien. *End of the Story.*

Malle et Polanski, de passage à travers le miroir

Malgré son titre, une distribution presque entièrement anglo-saxonne, et un film dont son auteur dit qu'il considère que la version originale est la version anglaise, *Black Moon* (1975) est un film français, tourné par Louis Malle dans sa propre maison du Gers. C'est aussi un film à part dans sa filmographie, peut-être le seul parmi ses fictions qui ne quête pas l'assentiment (plus ou moins scandalisé) du spectateur. Ce conte onirique préfigurait, à sa sortie, discrète et qui ne retint guère l'attention du public, beaucoup des interrogations évoquées dans ce chapitre, même si les réponses diffèrent. L'interprète de la grand-mère dans *Lacombe Lucien,* Thérèse Giehse, avait dit à Malle qu'il devrait faire *« un film où on ne parle pas ».* Ce n'est pas le cas de *Black Moon,* mais la bande-son y fait l'objet d'un traitement très particulier, avec notamment de nombreuses séquences désynchronisées, et le personnage de la vieille dame alitée – Thérèse Giehse elle-même – parlant (avec un rat) une langue inconnue. La « construction », si l'on peut dire, renvoie de nouveau au cauchemar (Louis Malle dit avoir cherché un équivalent filmique de l'écriture automatique), et l'on retrouve, en suivant le personnage central joué par Cathryn Harrison, la référence très appuyée à Alice et à Lewis Carroll. On est toujours à l'intérieur du psychisme d'un conteur, qui convoque des êtres mythologiques (l'aigle, la licorne, le couple incestueux Alexandra Stewart-Joe Dalessandro), non pas pour ordonner et comprendre un monde chaotique (la guerre civile fait rage), mais comme les fantômes d'une imagerie délestée de ses valeurs symboliques – malgré quelques clés en fonte psychanalytique. Le cinéaste renonce pour une fois à toute maîtrise. S'il a tourné sans ingénieur du son, fabriquant entièrement la bande-son ensuite, ce n'est pas pour y introduire *a posteriori* un ordre, un « récit », mais pour ajouter encore à la confusion. Le film anticipe peu ou prou certains aspects de *Providence* ou d'*Alice ou la dernière fugue* : à l'inverse de ceux qui cherchent un point d'ancrage dans un réel qui menace de leur échapper, Malle pousse à bout le décalage, le « désamarrage » du monde. Introspectif et éperdu, *Black Moon* s'applique à exposer le conteur, le récit, la mise en scène à une involution commune, un repli sur soi au milieu de la désagrégation générale.

On ne disputera pas ici des raisons qu'il y a à considérer *Le Locataire* de Roman Polanski (1976) comme un film français. C'est en tout cas sous cette bannière que cette réalisation d'un cinéaste cosmopolite, interprétée par des comédiens français (Isabelle Adjani, Bernard Fresson, Claude Piéplu) et américains (Shelley Winters, Melvyn Douglas) avec le metteur en scène dans le rôle principal, produite par la Paramount avec Alain Sarde comme producteur associé, tournée aux studios d'Epinay avec le concours de techniciens français, a été présentée à Cannes. D'un suicide à l'autre, *Le Locataire* décrit l'effondrement à l'intérieur de lui-même d'un homme ordinaire sentant peser sur lui la pression de toute la société, de l'humanité entière représentée par ses spécimens les plus anodins, et l'ombre de la mort. Que Polanski soit l'interprète de la victime au nom polonais (Trelkovsky) ajoute à l'impression autistique qui émane de ce portrait d'une paranoïa qui fait nécessairement songer à *Répulsion.* Toutefois, à l'époque, il était clair que c'était à ses seuls troubles intérieurs que Catherine Deneuve devait son naufrage délirant. Cette fois, le film se garde bien de trancher ; devant et derrière la caméra, Polanski entretient le doute, amenant ses spectateurs à se demander si un monde pareil, nullement monstrueux, juste sinistre (même Adjani y est enlaidie), est vraiment vivable. L'absence de causalité explicite à la déprime et aux angoisses de Trelkovsky fera paraître son reniement de soi, qui passe par le travestissement avant le saut par la fenêtre, pour artificiel et forcé. C'est, effectivement, la faiblesse du *Locataire* comme spectacle (malgré les savants effets de caméra), c'est aussi son originalité et son actualité de refuser l'explication psychologique et l'explication sociologique. Le fond de la solitude, pour cet exilé, est de ne même pas pouvoir accuser de son mal de vivre une maladie mentale personnelle, ni même le mauvais fonctionnement de la société.

Chapitre 5

SARABANDE DU CONTEUR (2)

DU CÔTÉ DE LA MISE EN SCÈNE

Les « modernes » affrontent eux aussi la question du conteur et du récit, ils y font face en se posant prioritairement la question de la mise en scène. Ils sont amenés au même moment, sans qu'on puisse supposer de concertation entre ces cinéastes qui travaillent désormais depuis longtemps chacun de son côté [1], à prendre appui sur la bande-son (qui, au moins pour eux, fait évidemment partie de la mise en scène), pour rechercher, à partir du lieu où ils sont parvenus, une position plus équilibrée entre la fiction et le réel, entre le récit et leur pratique de cinéastes.

Eric Rohmer et le retour au texte

Bien que leurs films soient extrêmement différents, la démarche d'Alain Resnais et celle d'Eric Rohmer présentent certaines similitudes. La subjectivité des « Contes moraux », filmés « depuis l'intérieur d'un personnage », n'est pas sans parenté avec la plongée dans la conscience et dans la mémoire tentée par Resnais dès ses premiers longs-métrages. Et cette commune prise de position du cinéaste

1. Même si les ponts ne sont pas coupés entre eux. Le plus solide et le plus important de ces « ponts » s'appelle Suzanne Schiffman. Elle a rencontré les jeunes Turcs à la Cinémathèque au début des années cinquante ; dès le début de la décennie suivante, elle sera la collaboratrice régulière (comme scripte, scénariste ou assistante) de Rivette et de Truffaut, occasionnellement de Godard. Disposant d'un bureau mitoyen de celui de Truffaut aux Films du Carrosse, elle travaillera en étroite collaboration avec lui jusqu'à la mort du cinéaste, mais figure également au générique de la plupart des films de Rivette jusqu'en 1985. Suzanne Schiffman s'essaiera plus tard à la réalisation avec *Le Moine et la Sorcière* (1987).

« dans » le personnage devait logiquement les amener, l'un comme l'autre, à une mise en question de la place et de la fonction du conteur. Parvenu au terme de l'étonnante aventure qu'a été, dix ans durant (1962-1972), la réalisation des six épisodes des « Contes moraux », Rohmer est conduit à réinterroger le processus même du récit. Il le fait au moyen de deux films qui constituent clairement une transition, voire un pas de côté dans le cours de son œuvre, et d'un texte théorique. Ces deux films, *La Marquise d'O...* et *Perceval le Gallois,* et ce texte, *Le film et les trois plans du discours*, composent la réflexion la plus méthodique menée alors sur la question du récit dans les films. Films et texte constituent une sorte d'« expédition de sauvetage » montée par Eric Rohmer au profit d'un cinéma en perdition. Cette intervention est d'autant plus remarquable que lui-même, appuyé sur ses infrastructures de récits en série (et sur l'intendance matérielle du Losange), est loin d'être celui qui en a le plus besoin.

Dans les années soixante, Eric Rohmer avait réalisé pour la télévision plusieurs émissions littéraires consacrées aux grands textes de Cervantès, Poe, La Bruyère, Pascal et Hugo, dans le cadre de la série « En profil dans le texte ». Cette activité hors cinéma va directement nourrir l'expérience à laquelle il se livre après l'achèvement des « Contes moraux ». Les deux films qu'il tourne alors sont également les deux seules adaptations littéraires auxquelles il ait jamais procédé. Entre ces deux réalisations, le cinéaste publie donc, en octobre 1977, *Le Film et les trois plans du discours : direct/indirect/hyperdirect*, dans les *Cahiers Renaud-Barrault.* Ce texte (repris dans la compilation d'écrits de Rohmer, *Le Goût de la beauté*), explicite la démarche qui préside à la réalisation de *La Marquise d'O...* et de *Perceval.* Il s'ouvre sur une phrase lucide, et plus encore, prémonitoire, d'un danger auquel seront de plus en plus confrontés les cinéastes et leurs œuvres : *« Jadis, le pire reproche qu'on pouvait faire à un film était "ça fait théâtre". Aujourd'hui on dirait plutôt : "ça fait cinéma". »* Repartant du « cinéma impur » selon Bazin, Rohmer confronte cinéma, théâtre et roman pour s'interroger sur le nombre d'informations nécessaires à la compréhension du récit dont a besoin chaque moyen d'expression, et sur la manière dont il les fournit à son spectateur ou lecteur. Le réalisateur souligne que le cinéma moderne a tendu à ne plus fournir du tout d'explications, comptant sur la « vérité » naturelle du cinéma pour faire naître une logique compréhensible du déroulement des événements apparaissant à l'écran. *« Nous sommes un peu las, en ces années soixante-dix, des excès »* de cette démarche, écrit Rohmer, qui n'en remet pas en cause les principes mais en juge sévèrement les effets extrêmes. Il se propose d'aller chercher, dans le texte écrit, des moyens de faire revenir ce qu'il appelle *« le nécessaire »* (ce qui est indispensable à la compréhension de l'intrigue). Pour cela, il étudie les trois formes d'énonciation citées par le titre : discours direct, indirect et hyperdirect. Il note d'abord que le cinéma courant, le cinéma académique, abuse du troisième, le discours hyperdirect qui *« fait saillir le personnage hors de la toile »* en l'amenant à déclarer, sous prétexte de vraisemblance, des phrases qui ne correspondent ni aux attentes de ses interlocuteurs dans le film, ni aux besoins d'informations du spectateur, mais servent seulement à « faire vrai ». En cinéaste moderne, il reste hostile à cet usage des mots comme décor et comme alibi. Mais il enregistre l'affaiblissement du discours direct par lequel sont données des informations destinées soit aux autres personnages, soit au public. Ce type de discours, mode d'élocution privilégié du cinéma moderne, s'est assourdi, il est devenu indistinct en même temps que s'étiolaient les possibilités d'existence des personnages eux-mêmes. Les personnages sont le lieu de passage, le point de croisement vivant entre le récit, le monde auquel il renvoie et le monde du public, ils habitent sur la rampe et assurent les translations d'un côté à l'autre. L'affaiblissement du personnage résulte autant de perte de substance des récits mythiques que de la radicalité des démarches critiques. Mais sans personnage, il n'y a plus personne pour énoncer le discours direct. Face à l'alternative entre l'incompréhensible que risque d'entraîner sa disparition et l'inacceptable discours hyperdirect de l'académisme, Rohmer propose un retour au discours indirect tel que l'emploie la littérature, lorsque l'écrivain s'exprime lui-même, sans mettre ses mots dans la bouche d'un des protagonistes. Au cinéma, ce discours indirect peut passer aussi bien par des mots (voix off, récitant...) que par des éléments visuels, à condition d'être employés comme tels, clairement, et non pas sous la forme d'artifices ou de métaphores. Le film que Rohmer vient alors de terminer, *La Marquise d'O...* (1976), et celui qu'il s'apprête à tourner, *Perceval le Gallois* (1979), sont des mises en pratique « au pied de la lettre » de ces réflexions.

« Réalisation, scénario et dialogues d'Eric Rohmer, d'après la nouvelle de Heinrich von Kleist », dit le générique de *La Marquise d'O...* Ce « d'après » est à la fois trop et pas assez : le texte de Kleist portant le même titre est entièrement respecté, y compris la langue (le film est en allemand). Rohmer ne s'est livré à aucun travail de traduction ou d'adaptation. Il a juxtaposé, en pleine lumière, les éléments dont il se sert : le texte dans son intégralité, y compris les passages de transition dont Kleist avait besoin en écrivant et qui figurent sur des cartons ; le théâtre et sa rigoureuse dramaturgie, qui réclame des scènes clairement découpées et montrées de face, des personnages typés, peu mobiles, soumis aux rituels de courtoisie et aux conventions de l'expression des sentiments, filmés par une caméra qui se déplace le moins possible ; et la peinture, qui donne la composition très soignée des plans, la « pose » des interprètes, les délicates harmonies de couleurs. Tout à sa pédagogie, Rohmer ne cache rien, il utilise des éléments verbaux, dramatiques et visuels « primaires » et les énonce comme tels, dans un

récit où, semble-t-il, tout le monde dit la vérité. Mais il ne s'agit pas d'un cours de première année pour cinéaste (ou spectateur) débutant. Cette simplicité et cette transparence n'ont rien de simpliste, au contraire ! De cette apparente clarté naissent l'obscurité, le soupçon, l'humour, l'injustice, la détresse. Qui a engrossé la marquise ? Le film fournit des explications successives, puis une « explication finale », réponse parfaitement acceptable pour les personnages comme pour le spectateur : le nombre d'« informations » nécessaire et suffisant n'a jamais fait défaut. Mais la solution qui termine le film n'en reste pas moins contestable, et *La Marquise d'O...* échappe ainsi à l'illustration, à la démonstrativité rassurante du cinéma académique. Le film a suggéré d'autres explications, logiques ou magiques, qui ne seront pas réfutées. Sous la splendeur apparemment lisse de ses images se creusent des zones de doute qui mettent en cause le statut du récit dans le mouvement même où celui-ci paraît aussi simple dans son anecdote que transparent dans son énonciation. C'est la nature même des « informations » données par le conteur qui est sujette à caution, tandis que texte et images entrebâillent brièvement la possibilité d'autres lectures. Le conteur n'a pas abdiqué, il ne s'est pas transformé en greffier d'une anecdote comme le font les cinéastes académiques. Il a au contraire retrouvé un peu de sa puissance, grâce à l'aveu en plein jour de sa place et de ses méthodes.

Ce sera encore plus évident, avec même quelque systématisme, dans le film suivant, *Perceval le Gallois*. En 1965, Rohmer inaugurait l'émission littéraire « En profil dans le texte » avec ce texte de Chrétien de Troyes, dont il a lui-même assuré la « traduction » en une langue « audible » mais décalée pour un spectateur d'aujourd'hui, langue qui n'est ni celle du XIIe ni celle du XXe siècle, et qui souligne d'autant mieux – plus encore que l'allemand – son statut particulier, non naturel. Le décor, lui, est des deux époques : entièrement stylisé, il est composé d'un « cyclo » (décor circulaire servant de fond) où s'installent des éléments figuratifs sans aucune prétention au réalisme, arbres et châteaux dont l'apparence renvoie à la fois aux miniatures et aux fresques médiévales, et au design (vite démodé) des années soixante-dix. Dans ce décor qui souligne l'artifice évoluent des personnages « réels », comme sont réels, ou réalistes, les accessoires qu'ils utilisent, les vêtements qu'ils portent, les chevaux qu'ils montent et les instruments dont usent, à l'image, des musiciens-chanteurs. Mais un court épisode en dessin animé viendra à son heure donner un surcroît de distance à cette récitation « blanche » d'un texte épique et ancien. Le texte est la raison d'être du film, il est lui-même mis en scène, tous les autres éléments ne visent qu'à le servir, y compris dans les parties qui devraient disparaître, normalement, dans une adaptation (les descriptions, les *« dit-il »* à la fin des phrases, etc.). La convention n'est pas plus aberrante que celle des comédies musicales, et c'est souvent à ce genre qu'on songe durant le film, à la fois pour la présence importante de la musique et pour la manière dont la composition et la rythmique du texte organisent les images. Rohmer dira que la musique remplace, dans ce film, la nature. Le texte « remplace », lui, la musique, il donne sa scansion au film. Le spectacle est si inhabituel qu'il faut s'y accoutumer, il y a un envoûtement dans ces images tout entières issues des mots, à nouveau la littéralité la plus absolue ouvre sur des abîmes, en même temps qu'elle autorise des libertés aussi hardies que de changer de héros au beau milieu du film (on quitte à un moment Perceval/Fabrice Luchini pour Gauvain/André Dussollier, rupture aberrante au regard de la conception classique du récit, mais qui figure dans le texte de Chrétien de Troyes) ; ou de pouvoir tourner, cinq ans après Bresson et son *Lancelot du lac,* une épopée médiévale au coût encore plus réduit (7,8 millions, soit, pourtant, le budget le plus élevé dont ait jamais disposé Rohmer, mais financé grâce aux apports des télévisions française, italienne et allemande). Mais, au-delà de l'ascèse commune, les films de Bresson et de Rohmer n'ont ni les mêmes méthodes ni les mêmes enjeux. Bresson allait vers l'abstraction pour dire un monde qui s'effondre, Rohmer utilise l'image naïve pour montrer la vitalité du texte, et comment il pourrait encore enfanter du cinéma. Ce volontarisme n'est pas si éloigné de celui de Resnais affirmant dans *L'Amour à mort* que la croyance peut encore fabriquer de la vie, le temps d'un film.

La danse à tâtons de Jacques Rivette

Sans supposer la moindre concertation, Jacques Rivette se livre au même moment à une opération similaire à celle de Rohmer vis-à-vis de son propre cinéma. En quête d'un élément repère, Rivette ne s'appuie pas sur le texte, mais cherche du côté de la musique un nouveau « répondant » au déroulement dramatique.

Rivette a conçu le projet d'une tétralogie, à laquelle il a donné le titre nervalien *Les Filles du feu.* Au sortir du succès de *Céline et Julie,* le cinéaste manifeste une ambition joyeuse, appuyée sur le soutien du producteur d'*Out 1,* Stéphane Tchalgadjieff. Son projet semble débuter sous les meilleures auspices puisque l'avance sur recettes est accordée d'emblée à l'ensemble des quatre films. On flotte encore sur l'onde de choc de l'après-68, mais l'époque change, et le réveil sera dur.

Cette quadrature du cercle de feu ne verra jamais le jour, deux films seulement pourront être tournés : *Duelle* (1976), échec commercial cinglant ; puis, aussitôt après, *Noroît,* refusé par les distributeurs et demeuré inédit. Ces deux films devaient être les numéros deux et trois du projet global. Mais Rivette, qui envisageait d'enchaîner les quatre tournages, dira avoir craqué physiquement au moment où il commençait le numéro un (avec Albert Finney et Leslie Caron). Il disparaît du tournage deux jours après le début. Quant au numéro quatre, une comédie musicale avec Anna Karina, le sujet n'a semble-t-il jamais été trouvé. Sans appartenir en principe à cette tétralogie bancale, *Merry go round* en poursuit dans une certaine mesure la démarche, et en partage le triste sort : tourné en 1977, il sera sorti à la va-vite en 1983 seulement. Imaginé en catastrophe pour échapper au C.N.C. qui réclamait les films correspondants aux fonds avancés (dont une partie a été utilisée par Tchalgadjieff pour produire *Le Diable probablement* de Bresson), *Merry go round* ne parviendra pas à échapper à cette mise en route précipitée. Rivette, pris de court, a tenté de pousser plus avant le travail d'élaboration collective, le côté *work in progress* des précédents films, qui avait donné de si beaux résultats dans *L'Amour fou, Out 1* et *Céline et Julie.*

Repris sur *Duelle* et *Noroît* (le « scénario » de l'ensemble des quatre films tenait, semble-t-il, en trois pages dactylographiées), ce procédé d'élaboration quotidienne du récit en fonction du travail de la veille, qui restera la manière de travailler du cinéaste, a donné là des résultats moins convaincants. Au vu des films terminés, il semble que les auteurs se soient en partie protégés, mais en même temps limités, avec des citations de films de genre (fantastique dans le premier, d'aventures dans le deuxième). Il y a également une référence au genre dans *Merry go round,* le policier en l'occurrence, mais l'excès est cette fois inverse : dépourvu de trame narrative, le film ne trouve pas son chemin dans le mouvement du tournage, d'autant plus que les interprètes principaux, Maria Schneider et Joe Dalessandro, ne s'entendent pas, et ne « jouent pas le jeu » de la mise en scène selon Rivette.

Dans les trois films, la musique occupe une fonction non pas dramatique ou illustrative mais de mise en scène. Dans *Duelle* et *Noroît,* les musiciens (Jean Wiener dans le premier, les frères Robert et Jean Cohen-Solal dans le second) apparaissent dans le champ, ils participent à la fabrication d'une matière sonore complexe, dont ils apportent l'élément le plus distancié, le moins naturaliste. Le projet, comme l'a noté François Thomas, est *« d'appliquer aux différentes formes de son* [les mots, les bruits, la musique] *une règle identique* ». L'ingénieur du son des films, Pierre Gamet, a raconté les acrobaties extrêmes exigées par des mouvements de caméra complexes dans les conditions d'un son direct sans appel. S'y ajoute le parti pris de laisser les bruits couvrir les mots, de faire intervenir de manière ludique, « décalée », des instrumentistes qui inventent leur partition en fonction de ce qui se produit sur le plateau, et influencent en retour les comédiens. Dès la séquence d'ouverture de *Merry go round,* lancée par un archet de contrebasse, il apparaît que la vocation des musiciens (Barre Phillips et

John Surman) est de tenter d'apporter un minimum d'organisation au chaos du film, non pas en apparaissant dans les scènes, mais en figurant dans des inserts oniriques, telles des barres de rythmes (rôle dévolu souvent chez Rivette aux « cartons » — et à la référence à des scènes numérotées comme au théâtre dans *Noroît*). La musique essaie de faire tourner ce manège d'intrigues irrésolues dans un film qui, à force de prendre en compte la réalité de son tournage, porte trop visiblement les stigmates des difficultés et des conflits qui en ont perturbé la réalisation.

Ces trois films ressemblent, de manière différente, à des mises à l'épreuve extrémistes de la liberté de filmer du cinéaste : celui-ci cherche simultanément à conserver la spontanéité (ou l'impression de spontanéité) des précédentes réalisations, tout en multipliant les repères et les figures imposées. Le principe même de la série était le premier de ces cadres, qui traduisent une volonté d'aller de l'avant, mais aussi, peut-être, une certaine inquiétude face à l'espace sans règles ouvert devant son cinéma. Le résultat est loin d'être entièrement concluant, y compris dans les deux premières réalisations. Les plus beaux moments sont dus à la manière complice et souriante dont Rivette filme ses actrices (Bulle Ogier et Juliet Berto dans *Duelle,* Bernadette Lafont et Geraldine Chaplin dans *Noroît*). Mais le cinéaste semble avoir trop misé sur les vertus du genre, de la référence, tout en conservant une trop grande distance ironique : la distanciation ne joue pas tant, cette fois, entre le spectateur et le spectacle qu'entre le metteur en scène et sa mise en scène. Dès lors, l'élan magique qui portait *Paris nous appartient, Out 1* ou *Céline et Julie* se prend les ailes dans les décors et les accessoires, on voit trop les bouts de ficelle et les métaphores, qui deviennent ainsi une accumulation de trésors de pacotille, de divinités de patronage, de bandits à la mie de pain. On prend note des hommages aux « serials » fantastiques de l'époque du muet, aux films de pirates ou aux *Contrebandiers de Moonfleet,* on reconnaît que l'utilisation de la caméra et du montage conserve son inventive rigueur. On voit bien que tout ça tente de construire une mythologie du cinéma, avec ces trésors recherchés ou défendus : la pierre magique qui permettrait aux deux divinités filles de la lumière et de l'ombre dans *Duelle* (c'est-à-dire à des créatures cinématographiques), de survivre sur terre plus longtemps que la durée qui leur est impartie, celle de la projection ; l'ubiquité dont Bernadette Lafont possède le secret dans *Noroît.* Et l'on suppose que les deux films non tournés de la tétralogie auraient évoqué d'autres caractéristiques de ces « filles du feu » que sont les êtres qui prennent naissance dans le faisceau lumineux du projecteur.

Mais en pariant tout sur la mise en scène tout en l'ayant placée dans une trop grande dépendance d'éléments narratifs au symbolisme insistant, le cinéaste s'est pris au piège. Il se retrouve en effet dans une position centrale qui ne lui convient pas : sa place de prédilection est dans l'ombre, attentif à capter au plus juste les trajectoires auxquelles il a donné l'élan. Cette position centrale, et pour lui inconfortable, est évidemment celle du conteur.

Le quatrième film de cette période sera, lui aussi, un échec commercial. Il fait pourtant figure de film « heureux », tant par la cohérence et la richesse des moyens narratifs employés que par le bonheur communicatif de voir jouer ensemble deux jeunes femmes dont seul le générique révèle qu'elles sont la mère et la fille : Bulle et Pascale Ogier. *Le Pont du Nord* (tourné en 1980, sorti en 1982) s'inscrit dans la lignée du fantastique urbain de *Paris nous appartient, Out 1, Céline et Julie.* Mais cette fois le hasard cède le pas à une construction que sa complexité peut faire croire aléatoire, mais où en réalité rien n'échappe à des systèmes de signes extrêmement concertés, à des réseaux souterrains de repères visuels, sonores, poétiques, politiques et cinéphiliques. De ce point de vue, *Le Pont du Nord* reprend les prémisses de *Duelle* et de *Noroît,* et en conjure l'échec. Quels que soient l'apport au scénario des deux actrices et la part d'improvisation, et malgré la fantasmagorie revendiquée par le nom du personnage de Bulle Ogier (Marie Lafée) et l'assimilation de celui de Pascale à un preux chevalier, un ordre secret règne sur ce territoire (Paris) organisé selon des règles – celles d'un échiquier, d'un damier ou d'un jeu de l'oie, voire du plan de la ville. Il y a, effectivement, un plan : celui du conteur Rivette, et la jubilation qu'inspire *Le Pont du Nord* est celle d'un jeu parfaitement maîtrisé par celui qui en retourne sous nos yeux les arcanes. La réussite du film sonne comme une revanche pour le cinéaste après les désarrois et les blocages des précédents. Le choix ou l'acceptation de contraintes dramaturgiques n'en constitue pas moins, par comparaison avec les grands films des années 1960-1975, un verrouillage de la place du réalisateur comme conteur, qui n'est pas la posture qui convient le mieux à Jacques Rivette.

Philippe Garrel entre dans le champ

Garrel effectue avec retard sa propre évolution au sein du mouvement général qu'on décrit ici. Mais, avec *L'Enfant secret* (1983), il sort de sa période « underground » : le film est un retour au contact du monde, après des extrémités qui l'ont mené à l'intérieur de la folie, après la séparation avec Nico. Tourné dans des conditions matérielles des plus précaires, conditions subies par le réalisateur mais dont il fait la matière de sa mise en scène, *L'Enfant secret* est le récit d'une déprime et d'une crise. Pourtant les éléments narratifs y retrouvent peu à peu droit de cité, les comédiens (Anne Wiazemsky et Henri de Maublanc, qui ne sont pas par hasard deux anciens « modèles » de Bresson) retrouvent la possibilité de jouer avec le cinéaste, de parcourir sans cesse un chemin qui va de l'enregistrement d'un état physique et psychique à l'utilisation de l'art dramatique. Garrel ne se prive d'ailleurs pas en retour de jouer avec eux, les filmant quand ils ne s'y attendent pas, perturbant l'interprétation dans le cours même de la prise de vues, utilisant ensemble des interprètes professionnels et amateurs pour maintenir cette tension entre réel et fiction. Il poursuit ce travail au montage, où les plans-séquences alternent avec des flashes très brefs, selon une logique subjective faisant la part belle à l'ellipse comme à la longue durée qui remplissent elles aussi un grand rôle. Le « retour sur terre » et le « retour au récit » de *L'Enfant secret* sont également un « retour vers soi », où le cinéaste évoque explicitement sa propre histoire, décrivant sa propre relation de couple et l'état mental qui en a résulté.

Garrel poursuit cette trajectoire avec *Liberté la nuit* (1984). La splendeur des images compose une scène pour ce récit d'un double combat politique mené simultanément, mais indépendamment, par un homme et sa femme (le film se passe durant la guerre d'Algérie et juste après), et d'un double amour, successif comme les deux morts qui rythment le récit. Les mots restent rares, et les explications plus encore : Garrel demeure un adepte du « texte direct » et du minimum d'informations. Il introduit pourtant de l'histoire, et de l'Histoire, y compris dans le choix de ses comédiens. Son propre père, Maurice Garrel, et Emmanuelle Riva, miraculée d'*Hiroshima,* inscrivent dans le passé du cinéma un film qui s'ouvre vers l'avenir représenté avec une grâce de flamme par Christine Boisson, face à la présence presque minérale des deux comédiens plus âgés.

Les mots arrivent en tornade dans *Rue Fontaine,* le court-métrage réalisé par Garrel pour le film collectif *Paris vu par... vingt ans après* (tentative assez artificielle de retrouver une « communauté d'esprit » comparable à la Nouvelle Vague, et où, à part celle de Garrel, seule la contribution hilarante et incisive de Chantal Akerman surnage). Les mots sont ceux déversés par Jean-Pierre Léaud, en un résumé fulgurant, terrible et comique à la fois, de la rupture de Garrel avec Nico. Et celui qui, à l'écran, écoute ce discours n'est autre que Philippe Garrel lui-même, entré dans le champ de sa caméra. Le jeu autobiographique se poursuit dans la deuxième partie de ce petit film très dense. La liaison, beaucoup plus taciturne, entre Léaud et Christine Boisson évoque avec un tact poignant l'amitié du cinéaste avec Jean Seberg, peu avant son suicide. La présence en chair et en os du réalisateur dans ce conte construit en miroir autour du thème de deux enfants absents (la femme de Léaud l'a quitté après lui avoir réclamé un enfant, celui de Boisson est mort) permet à Garrel de réussir de manière perceptible, plus accessible que durant l'époque antérieure, le lien entre la réalité et la fiction.

Dédié à Jean Eustache, *Elle a passé tant d'heures sous les sunlights* (1985) est un film-fleuve, une tentative complexe pour rassembler les éléments du travail accompli depuis le début de la décennie. Il s'agit d'examiner *« l'endroit où se nourrit le cinéma pour que des films puissent exister »*, comme l'écrit le réalisateur. Cet endroit est le point de jonction entre la réalité et la fiction, autour duquel dansent et se déchirent un couple « réel » (Mireille Perrier, très émouvante révélation du film, et Garrel) et un couple « fictif » (Anne Wiazemsky et Jacques Bonnafé). Mais, en même temps que le réalisateur, ici dans son propre rôle, c'est tout le dispositif cinématographique qui fait cette fois irruption dans le champ – caméras, magnétophones et soucis de production. Les éléments biographiques du réalisateur Garrel alimentent les faits et gestes du couple « réel », ceux de l'homme Garrel nourrissent les tribulations du couple « fictif » et la circulation infinie entre ces deux pôles. Le film est une réponse « moderne » à *La Nuit américaine,* la mise à l'épreuve par le cinéma du processus cinématographique lui-même. Il est en quelque sorte « trop moderne », le manque d'informations dénoncé par Rohmer le transforme en une nébuleuse qui correspond certainement à la réalité éprouvée par le cinéaste, mais en limite les possibilités d'accès. Reste un vertige traversé de toutes parts de bribes de sens, d'éclats de beauté, et un chemin qui s'ouvre pour Philippe Garrel vers un rapport au monde qu'il saura désormais construire sans se renier : c'est un film de deuil, la référence à Eustache comme la phrase complète dont est extrait le titre *(« Elle a passé tant d'heures sous les sunlights qu'elle en est morte ! »)* le disent clairement. Néanmoins c'est un film qui, même si l'on ne s'en rendra compte qu'après, réussit à « faire son deuil » d'une époque et d'un état d'esprit, pour continuer d'avancer.

La tentation des ténèbres de François Truffaut

Paradoxalement, Philippe Garrel, archétype de l'artiste enfermé dans le labyrinthe de ses « hautes solitudes », effectuera ainsi ce que n'aura pu (ou n'aura voulu) faire le cinéaste mondialement reconnu et fêté qu'est François Truffaut. *La Nuit américaine* s'était voulu Grand Récit, un hymne national pour le seul pays dont Truffaut se reconnaisse citoyen, celui du cinéma. Ensuite, il a pris du recul, il a voyagé, aux Etats-Unis surtout. Là, les Oscars sont venus asseoir une gloire comme n'en a connu là-bas aucun autre cinéaste français, là se trouvent ses financiers (les *majors* hollywoodiennes) et ses maîtres les plus chers, auxquels il a rendu fréquemment visite, Jean Renoir et Alfred Hitchcock. Il a composé un livre à partir de textes pour la plupart déjà existants (*Les Films de ma vie*), préfacé et aidé à faire paraître des ouvrages d'André Bazin, et surtout, il a choisi les sujets et rédigé entièrement ou partiellement les scénarios de ses quatre films suivants, dont la réalisation suivra exactement l'ordre prévu. Cette idée de « série », chère à Rohmer et que l'on a notée également chez Rivette avec la tétralogie des *Filles du feu,* évoque le goût de ces cinéastes pour la forme littéraire du feuilleton, et leur amour commun pour Balzac. Elle témoigne sans doute aussi d'une inquiétude face à l'avenir, du besoin de baliser à l'avance le chemin. Cette passe de quatre que conçoit alors Truffaut, et à laquelle s'ajoutera *in fine* un projet non prévu, marque un nouveau tournant dans son œuvre.

Cette période s'ouvre par un film d'époque, fondé sur un personnage historique, et féminin : *L'Histoire d'Adèle H.* (1975) est consacrée à la fille de Victor Hugo, qui partit au Canada puis à la Barbade à la poursuite d'un amour absolu, impossible. Comme d'habitude, nul mieux que Truffaut ne pourrait définir le film : *« Cette fille est seule pendant toute l'histoire ; elle est la fille de l'homme le plus célèbre du monde ; on parle de cet homme mais on ne le voit jamais ; elle vit sous de fausses identités ; animée par une idée fixe, elle poursuit un but inatteignable ; aucune phrase, aucun geste d'Adèle ne se rapporte à autre chose qu'à son idée fixe ; même si elle mène un combat perdu, elle se montre continûment active et inventive. »* Remplaçons « la fille » par « je », et traduisons « l'idée fixe » par le cinéma, voilà un parfait autoportrait de Truffaut. « Techniquement », raconter une histoire sentimentale à un seul personnage est une gageure. Après la polyphonie de *La Nuit américaine,* le repli sur un axe aussi étroit, aussi exigeant, aussi peu ouvert à la société, à l'environnement (la reconstitution historique sera aussi scrupuleuse qu'absolument contingente, presque abstraite), est acte de pur récit. Il engendre tout de même un duo, celui du cinéaste et de sa protagoniste avançant ensemble dans les ombres de l'amour fou, où plane l'ombre immense du père romancier (et aussi l'ombre de la sœur morte, Léopoldine, et celle de leur mère, l'autre Adèle H.). Le titre lui-même, pour lequel Truffaut s'est expliqué sur l'utilisation du mot « histoire », insiste sur ce statut de conteur. Il ne s'agit pas de la « vraie » Adèle, il s'agit d'une histoire, l'histoire d'une obsession, d'une idée fixe : un amour hors d'atteinte, comme est désormais hors d'atteinte le cinéma d'autrefois, avec son beau héros aux yeux clairs et le triomphe du romanesque. Le cinéaste expliquera que *L'Histoire d'Adèle H.* commence « après », *« au moment où tout est joué ».* Cette histoire posthume, cette histoire d'une perte sans retour et qui rend fou (mais aussi « actif et inventif »), il faut pourtant la raconter, c'est même le seul genre d'histoire qui lui paraisse alors digne d'être racontée. Et l'on voit François Truffaut à cette occasion se poser exactement les mêmes questions que Rohmer au même moment, et dans les mêmes termes, ceux de la « quantité d'informations nécessaires ». Mais pour aboutir, logiquement, à la réponse inverse : Rohmer partait du cinéma moderne peu à peu vidé d'informations, et proposait le retour au texte pour combler ce vide ; Truffaut part du cinéma romanesque qu'il a pratiqué, ce cinéma surchargé d'informations parfois trop anecdotiques ou conventionnelles (d'« hypertexte », selon la terminologie de Rohmer). Il affirme donc qu'il convient de diminuer la quantité d'informations, en essayant de *« créer davantage l'émotion par l'unité ».*

Si Truffaut n'a pas attendu cette période pour occuper la position du conteur (sa propre voix off, si particulière, en témoigne dans nombre des précédents films), il élève ici à une puissance supplémentaire ce rapport de confiscation, qui confine à la folie, d'un univers personnalisé, et qui amène par instants le spectateur à voir le monde par le regard d'Adèle Truffaut. D'autant que ce monde est dit, là aussi, par une voix aux inflexions envoûtantes, mais une voix de jeune femme. L'opération est impressionnante : Isabelle Adjani donne au cinéaste sa beauté et son talent, mais aussi une fragilité de gamine où se cachent de sombres secrets, qui éclatent soudain en élans impétueux et inquiétants. Le cinéaste suscite et enregistre ce phénomène, avec une passion où perce une certaine surprise, une certaine incompréhension. A plusieurs reprises, il avouera sa perplexité devant ce que fait, ce qu'est l'actrice Adjani. Le film réunit trois folies, celle d'Adèle, celle d'Isabelle Adjani et celle de François Truffaut, sans qu'elles fusionnent complètement ; elles n'en sont que plus troublantes. Sans doute à cause de ces décalages qui en font pourtant la singularité et la puissance, *L'Histoire d'Adèle H.* sera jugée froid par la majorité des critiques, et n'aura guère de succès (mais consacrera l'avènement de son interprète, applaudie, et « nominée » aux Oscars).

Truffaut lui-même (qui voulait « créer l'émotion par l'unité ») avait d'ailleurs redouté les effets de cette désunion, il a cherché à les combattre par un moyen qui n'est pas de circonstance, puisqu'il le gardera dans les films suivants. Un moyen qui suggère de quelle passion secrète brûlent désormais ses films, celle du cinéma « d'avant ». Un moyen qui traduit une inquiétude quant à la validité des repères narratifs dont il dispose désormais. Un moyen, enfin, qui est exactement le même que celui auquel a recours au même moment Jacques Rivette. Ce moyen, c'est la musique. Mais pas n'importe quelle musique, celle du grand musicien de cinéma (pas seulement de cinéma, d'ailleurs) Maurice Jaubert, mort au front en 1940. Abandonnant son musicien habituel, Georges Delerue, Truffaut est allé chercher les partitions de Jaubert pour d'autres films, afin d'utiliser sa musique comme guide narratif et rythmique. Dans le cas d'*Adèle H.,* ce sont notamment les airs composés pour Vigo que le réalisateur fait jouer *sur le plateau,* comme un métronome conduisant le jeu des comédiens et les mouvements de la caméra. Truffaut affirmera que les deux raisons qui l'ont poussé à réaliser le film sont la volonté de tout centrer sur la seule Adèle et d'employer la musique de Jaubert. Ses *« mélodies du passé »* présideront également à la construction des trois prochains films.

Le film suivant semble pourtant, comme presque toujours dans la filmographie de Truffaut, à l'opposé. *L'Argent de poche* (1976) est un récit de groupe après la monomanie du précédent, il est contemporain, il reprend un thème de prédilection du réalisateur, les enfants. La virtuosité de la construction, qui suit l'existence quotidienne d'une dizaine de gosses parmi plus de deux cents, la dignité absolue avec laquelle Truffaut sait toujours filmer les enfants dans ce film dont le projet remonte aux *Mistons*, le plaisir de découvrir un nouveau et excellent acteur en la personne de Jean-François Stevenin, feraient de ce film souriant, malgré des notations parfois cruelles sur le sort que la société fait aux enfants, un moment de plaisir sympathique, un peu trop appuyé dans sa complicité délibérée avec les moins de dix ans. En conflit avec le monde des adultes, confus et malfaisant, Truffaut démontre qu'il sait encore retrouver son chemin dans l'univers des enfants, et l'organiser pour y raconter des histoires (comme il avait su le faire, également sur le mode choral, dans un autre univers « à sa main », et qu'il peut arranger et montrer à sa convenance : le tournage de *La Nuit américaine*). *L'Argent de poche,* dont le titre évoque de la « petite monnaie », un exercice mineur, semble délivrer ce message simple et de peu de conséquence. Truffaut en donnera, off, une version bien moins souriante. Dans un texte sur ce film écrit pour l'Unesco en 1979 (qui a été décrétée « année de l'enfance »), il hurle soudain sa fureur contre les massacres dont les enfants sont victimes dans le tiers monde, contre les innombrables sévices qu'ils subissent partout, y compris en France.

L'Argent de poche est un succès public, *« le plus successful depuis* Les Quatre Cents coups », écrit Truffaut, avec près de 500 000 entrées à Paris. Manière de rappeler que, s'il est l'un des réalisateurs français les plus reconnus, il n'a encore jamais remporté de triomphe commercial. Ce bon accueil lui permet de se rapprocher de la position à laquelle il aspire, et qui est par excellence celle du conteur : au centre du monde. Comme le village où commence le film est au centre géométrique de la France, ce village d'où est envoyée une carte postale où l'adresse est ainsi libellée : *« Raoul Richet, H.L.M. Béranger, Thiers, Puy-de-Dôme, France, Europe, Univers »*... Si le cinéma était encore au centre du monde, que ne pourrait-il pas ? C'est ce que dit soudain, au beau milieu du film, une séquence très courte, une séquence incroyable, qui contient toute *La Nuit américaine,* et presque tout Truffaut : un bébé nommé Grégory se penche à la fenêtre du neuvième étage d'un immeuble, en quête de son chat. Et tombe. Et n'a rien. C'est le cinéma seul qui l'a sauvé, dans le pur exercice de sa puissance. Le cinéma sauve, devrait, pourrait sauver la vie des enfants. Comme c'est avec les enfants que pourrait se sauver le cinéma, celui qu'a aimé Truffaut et qui était encore dans l'« enfance de l'art » – on retrouvera ce mélange de volontarisme et de nostalgie autour du thème de l'enfance dépositaire du « secret perdu » dans *La vie est un roman.*

On pourrait appliquer sans mal aux deux films suivants le petit jeu des contrastes avec le film précédent, mais aussi entre eux. On pourrait tout aussi aisément, pour chacun d'eux, retrouver les nombreux éléments déjà repérés dans l'œuvre antérieure de Truffaut. De manière plus essentielle, ces deux films forment ensemble un diptyque. Le premier s'intitule *L'Homme qui aimait les femmes* (1977) ; le second, *La Chambre verte* (1978), aurait pu s'appeler « L'Homme qui aimait les morts ».

Truffaut avait apprécié la présence inquiète et la séduction sous-jacente de Charles Denner dans *La Mariée était en noir.* Il avait vu combien le comédien était – pas seulement physiquement – proche de lui-même. Autour de Denner, le cinéaste organise dans le premier des deux films un ballet de femmes, toutes désirées, presque toutes charnellement aimées, sans qu'il s'attache à aucune. Avec, toujours, en arrière-plan, l'autobiographique relation conflictuelle avec la mère. *L'Homme qui aimait les femmes,* titre du film, est aussi le titre d'un roman que rédige le personnage central à propos de son existence, tout entière vouée à la séduction. La description de la création et de la fabrication du livre court tout au long de ce film solaire, humoristique, plein de petites inventions, et dont émane pourtant un sentiment général d'angoisse, de malheur de vivre, bien que la plupart des entreprises de Denner réussissent. Les quatre points cardinaux de Truffaut sont là : les femmes, les livres, le cinéma, et la mort qui encadre ce film en flash-back, rêvé durant l'enterrement du héros. Rêvé par celle qui connaît non pas « la vérité », mais le *récit* qu'en a fait le mort dans son livre (elle en est l'éditrice, l'ouvrage est encore inédit). Elle seule peut reconnaître, à travers les visages qui entourent la tombe où l'on descend le cercueil, les personnages du livre, elle se « fait du cinéma » à partir de ce scénario. C'est, aussi, une image cinématographique – les jambes d'une infirmière projetées en ombre chinoise – qui a causé la mort de Denner. On dira que le conteur règne ici en maître absolu sur un monde entièrement construit à sa mesure et à celle de ses obsessions. Mais également que le film poursuit et perfectionne la quête centrale d'un conteur, celle de la possibilité d'existence encore de cet être étrange qu'on appelle un personnage. Truffaut en est d'ailleurs très conscient, lorsqu'il déclare à propos de ce film : *« Je travaillais sur quelque chose de mythique. »*

Ce « quelque chose de mythique » est la « fabrication » d'un personnage. A ses débuts, Truffaut avait esquivé le problème, grâce à la légitimité de la figure autobiographique, et en réussissant d'emblée la symbiose entre les trois composantes qui fondent un personnage : la créature (Doinel), son incarnation (Léaud), et son référent (Truffaut lui-même). Mais le procédé avait donné des signes d'usure à partir de *Domicile conjugal.* Une autre méthode fréquemment employée sera l'essai de métamorphose du texte littéraire en corps des acteurs, puisque le « quelque chose de mythique » n'est autre que le mystère de l'incarnation, par lequel le verbe s'est fait chair. On a vu, à l'occasion, le cinéaste chercher une autre solution en venant interpréter lui-même le rôle à l'écran. Tous les autres films – à l'exception d'une tentative trop emberlificotée dans *La Sirène* –, quel que soit par ailleurs leur degré de réussite, ont fonctionné sur ces coups de force romanesques qui consistent à faire « comme si » il était naturel qu'un personnage existe, c'est-à-dire comme si l'on était encore à l'âge du cinéma classique. *Les Deux Anglaises* peut être envisagé comme une tentative, malheureuse, de créer un personnage, celui de Léaud, à la manière dont le Dr Frankenstein fabrique sa créature, avec des morceaux d'autres humains, les deux sœurs en l'occurrence. Apparemment sur le même modèle que *La Mariée était en noir, Une belle fille comme moi* procédait en fait en sens inverse. Dans la *Mariée,* Jeanne Moreau était supposée être un personnage, mais celui-ci manquait d'« épaisseur » : seule l'idée de vengeance l'animait, et le talent de Moreau ne palliait pas la faiblesse de cette définition. Et c'était elle, son arrivée, son regard, qui donnait vie aux hommes du film, puis la leur ôtait – belle idée abstraite, seulement abstraite. Alors que dans *Une belle fille,* Bernadette Lafont est supposée naître sous nos yeux des confessions que lui soutire Dussollier, et des comportements qu'elle a avec les autres protagonistes. Mais la construction est trop démonstrative pour être crédible. Comme son nom l'indique, *L'Histoire d'Adèle H.* peut être tenue pour la première tentative sciemment menée de création d'un personnage grâce à l'opération que nous avons décrite (trois folies distinctes « liées » par la musique de Jaubert). L'expérience, menée « sous vide », est une réussite de laboratoire, passionnante mais dont le côté expérimental rebute le public. Or, si un cinéaste dont le but suprême dans l'existence est d'être aimé veut des personnages, c'est parce qu'il en a besoin pour « faire lien » avec ses spectateurs. Puisque c'est cela, la fonction et la raison d'être d'un personnage, faire lien (entre la vie et sa représentation).

Le cinéaste « saute un tour » avec *L'Argent de poche,* où la collectivité des enfants permet d'éluder la question. Avec *L'Homme qui aimait les femmes,* le Dr Truffaut (qui ne fabriquait pas un personnage dans *L'Enfant sauvage,* mais montrait le début du chemin qui part de la non-humanité vers l'état d'enfance), le Dr Truffaut peut cette fois fabriquer enfin sa créature, masculine, qui lui ressemble, et ce uniquement avec des morceaux de femmes. Il y a du Barbe-Bleue autant que du Frankenstein dans cette opération magique, il y a surtout un effort contre les temps actuels. Parce que cet énorme travail, auquel on voit au même moment se livrer des cinéastes très différents, et selon des modalités particulières à chacun, est un travail mélancolique, un travail de résistance à l'inexorable. Le public, d'ailleurs, refusera aussi *L'Homme qui aimait les femmes.* Truffaut note qu'il semble lui être impossible de dépasser un certain niveau de popularité. Le film suivant laissera entendre que cette quête a assez duré, et que Truffaut sait bien ce qu'il est advenu des personnages d'antan : ils sont morts. Ils habitent dans une crypte, *La Chambre verte.* Ne pouvant ou ne voulant renoncer à leur compagnonnage, Truffaut dit avec ce film terrible qu'il les choisit, de préférence aux vivants, avec lesquels, *comme cinéaste,* il n'aura désormais plus grand-chose à faire.

Le thème de *La Chambre verte,* inspiré par des nouvelles de Henry James, tient assez à cœur au cinéaste pour qu'il déroge à sa règle la plus impérieuse : plaire au public. En tournant l'histoire de Julien Davenne, qui a consacré son existence à la fidélité aux morts, Truffaut sait d'emblée qu'il n'aura guère de succès (il sera tout de même blessé par l'échec commercial complet du film, se consolant tant bien que mal avec l'accueil critique enthousiaste qu'il suscitera). Cette rupture entre critique et public, qui n'a rien d'original, témoigne pourtant bien du parallèle qu'inspire le film entre nécrophilie (au sens étymologique, sans connotation sexuelle) et cinéphilie. Cette fidélité aux sentiments éprouvés envers les vivants et qu'il faut perpétuer malgré la mort, tout suggère qu'elle s'adresse d'abord aux cinéastes du passé, aux films, au cinéma lui-même, jusqu'à la présence de l'enfant muet comme le cinéma d'alors – même si les portraits les plus nombreux dans cette « chambre ardente de la mémoire » sont des portraits d'écrivains : le film se déroule au début des années vingt, juste après la grande boucherie de 14-18 à laquelle est consacré le générique. Et Truffaut se devait de jouer lui-même Davenne, personnage construit cette fois à partir des défunts dont il nie la disparition. Il salue ainsi par-dessus le néant le plus cher d'entre ses morts, André Bazin, auteur de ce texte fulgurant intitulé *« Mort tous les après-midi »* où il écrivait : « *La mort est un des rares événements qui justifie le terme de spécificité cinématographique. Art du temps, le cinéma a le privilège exorbitant de le répéter.* » Mais c'est aussi de la mort du cinéma lui-même qu'il est question. Quand Bazin disait que le cinéma pouvait filmer la mort, il parlait de l'instant de la mort (durant une corrida), c'est-à-dire en fait de la vie jusqu'à son instant ultime – et, en l'occurrence, ritualisée selon les codes de la tauromachie. Avant Truffaut, avant ce film au bord de la démence, des milliers de films ont montré des décès, brutaux ou pas, le documentaire a montré le « moment de la mort » d'individus réels, avec ce pouvoir inquiétant de le répéter indéfiniment, à chaque projection. Et le cinéma moderne a montré « la mort au travail », selon le mot de Cocteau, au travail dans la vie même. Mais personne n'a songé à filmer la durée de la mort *après*, la mort comme infini.

Truffaut/Davenne, journaliste qui n'écrit plus que des nécrologies, choisira la mémoire des morts contre l'amour d'une vivante (Nathalie Baye), comme Ferrand dans *La Nuit américaine* (dont ce film est à bien des égards l'envers mélancolique) préférait le cinéma à la vie. Davenne en mourra, celle qui l'aimait viendra allumer pour lui le dernier cierge, à côté de tous les cierges dont la flamme perpétue l'« idée » de ceux qui sont partis. Pour Truffaut, il est bien le dernier d'entre eux : « *il faut achever la figure* », fait-il dire à Nathalie Baye. Nul ne sait alors combien le destin de Truffaut est déjà proche de celui de Davenne.

Pour ce récit d'une idée fixe, le metteur en scène a non seulement continué à utiliser la musique de Maurice Jaubert, mais employé le même procédé que pour *L'Histoire d'Adèle H.* : « *Tout est synchronisé sur le "Concert flamand" de Jaubert, qui a été enregistré avant. Les mouvements d'appareil et ceux des acteurs sont réglés sur la musique.* » Disant qu'il rêve d'un film à thème unique, sans interférence ni digression, Truffaut raconte avec *La Chambre verte* un processus de réclusion, de fermeture au monde, dont on a suivi les étapes dans les précédents films et qui atteint ici à un paroxysme rigoureux. Parce que le récit concerne le rapport aux morts, qu'il se fonde sur la référence aux mythes fondateurs, la position de Truffaut est encore celle du conteur – est par excellence celle du conteur. Il est à la limite d'en sortir, par repliement autistique, dégoût de la « *frivolité du monde* », un monde précisément oublieux de son passé, de ses racines. L'explication la plus évidente à l'absence du public pour ce film « *qui pourrait aussi bien s'appeler "La Chambre vide"* » est la présence insistante de la mort. Mais c'est aussi, plus secrètement, que le conteur fait le procès de son auditoire qui ne croit plus aux contes, ne prête plus attention aux mythes et légendes. Et l'auditoire n'a nulle envie de se faire réprimander au nom de ce à quoi il ne croit plus. Les plus grands succès publics de Truffaut sont encore devant lui, ils seront comme un appel à revenir vers la « frivolité du monde ». Comme individu, il ne manquera pas d'en goûter les joies, comme il le fait depuis qu'il a rencontré la renommée ; comme cinéaste, François Truffaut n'y répondra pas : avec *La Chambre verte,* lui qui n'a jamais aimé les « bons vivants » (on devinait ce refus de la bonne chère et des bonnes blagues dans son agressivité contre la « qualité française » et l'on en entendait l'écho dans la diatribe de Léaud contre « les bons p'tits restaurants », de *La Nuit américaine*) est descendu dans un sépulcre d'où il ne ressortira jamais.

Bien qu'en apparence à nouveau fort différent, *L'Amour en fuite* (1979) commence exactement là où Truffaut en était arrivé dans *La Chambre verte* : en regardant d'anciennes photos. Les photos des précédents épisodes de la saga d'Antoine Doinel, dont ce sera moins le cinquième (et ultime) épisode qu'une invocation mélancolique, entièrement placée sous le signe des fantômes. Comme narrateur, Truffaut adopte la position du conteur dans ce qu'elle a de plus essentiel, de plus archaïque. Tel un griot ou un aède, il puise dans un vieux fonds de légendes anciennes pour composer un nouveau récit, qui peint le monde en nuances gris tendre. Que ce « fonds » soit composé de ses propres films, eux-mêmes inspirés par sa propre vie, résonne comme un douloureux constat de solitude, cette solitude qui sera le lot de Léaud après avoir recroisé une dernière fois celles qu'il a connues et aimées, après n'avoir pas su les remplacer durablement. Le titre et le film semblent portés par un élan, mais c'est pourtant bien d'une fuite et non d'un voyage qu'il s'agit ; pour le cinéaste aussi, dorénavant mal à l'aise chez lui et dans sa peau, partant le plus souvent aux Etats-Unis quand il ne tourne pas, n'aimant guère y rentrer pour travailler. Il dit vouloir désormais *« fuir Paris, qui n'est pas un lieu favorable, créativement. Le dernier film que j'y ai tourné*, Domicile conjugal, *l'ambiance n'était pas bonne, j'en garde un mauvais souvenir ».* Mais, dans *L'Amour en fuite,* le titre dit, littéralement, une autre vérité : que l'amour s'est enfui. Cet amour est ce qui faisait exister le personnage, Doinel. Sous les apparences d'une composition virtuose, le dernier épisode de la série est en réalité la décomposition du personnage : celui-ci se démantibule sous nos yeux, quand toutes les parties qui le constituaient (les femmes, les femmes aimées et aimantes) s'en vont chacune de leur côté. Après *La Chambre verte,* qui disait la mort des personnages, *L'Amour en fuite* dit la mort *du* personnage, le sien.

Avant d'abandonner temporairement François Truffaut, il faut s'interroger encore un instant sur cette « troublante coïncidence » qui l'a fait, comme Rohmer, comme Rivette, accorder soudain une importance particulière, directrice, à la bande-son — et l'on verra bientôt Jean-Luc Godard faire de même, amorçant sa sortie de l'« ère dogmatique » par le travail sur le son. Au milieu des années soixante, Robert Bresson soulignait déjà la différence de nature entre image et son, en notant que l'image est d'une matière différente de ce qu'elle « représente », alors que le son du cinéma est homogène au son réel enregistré. Le son est « plus réel » que l'image, et cela devient de plus en plus vrai, et de plus en plus crucial, à mesure que l'image entame la dérive vers sa fétichisation, le Visuel. Parce qu'il est de même nature physique que sa source, le son rétablit un possible point de contact entre le film et le monde, plus assuré que la prise de vues, même employée au maximum de ses possibilités documentaires. Que le genre de sons utilisés comme guide par ces cinéastes, texte littéraire chez Rohmer, musique chez Rivette et Truffaut (et bientôt les deux chez Godard), soient des sons « artistiques », des effets de l'art, et non des sons naturels, ceux de la parole et du bruit, suggère la recherche d'un point de contact avec une forme déjà sublimée, « indirecte » (la musique, dans l'usage qu'en font Rivette et Truffaut, qu'en fera Godard, peut être appréhendée comme une forme particulière du discours indirect selon Rohmer). Une forme « légendaire » de la réalité. Alors que Louis Malle s'arrange fort bien de cet artifice avec la bande-son trafiquée *a posteriori* de *Black Moon,* alors que Resnais joue un jeu ambigu avec le statut de la parole externe dans *Providence* et dans *Mon oncle d'Amérique,* ce « glissement » des auteurs dont on traite ici traduit une défaite du cinéma d'enregistrement, du cinéma moderne.

Repli général

Cette tendance au repli sur soi, du retour interrogatif sur la position de celui qui raconte l'histoire au renfermement dans le mausolée de ce que fut le cinéma, on le trouve chez d'autres cinéastes qui, plus discrètement, marquent l'époque. Certains poursuivent ainsi leur trajectoire, d'autres débutent d'emblée dans cette direction.

Absent des écrans de 1968 à 1975 après avoir suivi dans la période précédente une évolution où semblait se diluer son originalité, Alain Cavalier revient avec une succession de trois films, *Le Plein de super* (1976), *Martin et Léa* (1979) et *Ce répondeur ne prend pas de message* (1979). Trois approches sinon du mal du siècle, du moins du mal de cette décennie finissante, par lesquels il renoue avec son métier après une décennie de doute aggravé par un drame personnel. *Le Plein de super* paraît retrouver les constructions libres et joyeuses du début des années soixante-dix, avec la virée de quatre copains à travers la France, à bord d'une grosse voiture américaine et d'un scénario écrit en commun avec ses interprètes (Patrick Bouchitey, Etienne Chicot, Xavier Saint-Macary et Bernard Crombey). Reflétant fidèlement le langage et les comportements de cette génération, le film est en réalité d'une noirceur presque constante, rythmé par la violence, le désarroi, la solitude, et où même les éclats de fou rire ont un arrière-goût douloureux. On y perçoit sans cesse, chez des protagonistes qui ne sont plus des adolescents, le mélange de nostalgie pour une période insouciante qu'ils viennent de quitter et le peu d'envie et de talent pour les nouvelles responsabilités (familiales et sentimentales surtout) auxquelles ils sont confrontés. *Martin et Léa* fait se rencontrer deux univers, représentés par les deux personnages du titre, interprétés par Xavier Saint-Macary et Isabelle Ho qui, à nouveau, cosignent le scénario avec le réalisateur. Martin incarne une idée simple et droite, un peu vieillotte, de l'accomplissement personnel par le travail, son passé est ancré dans l'histoire de France (la guerre d'Indochine) et ne lui pose pas de problème, il travaille et s'accomplit personnellement en cultivant ses dons pour le chant classique. Léa vit au milieu d'une nébuleuse de trafics, de prostitution inorganisée, elle est complexe et métisse, organisatrice et dépendante (du riche Richard Bohringer) ; elle incarne un nouveau mode de comportement, sans tabous mais en train d'être gangrené par l'argent et la jalousie, et où il fait moins bon vivre que ne le prétend la liberté des corps et des esprits affichée. La rencontre entre ces deux mondes passera par un drame (le suicide d'une amie de Léa après que, en une belle scène cruelle et muette, Martin eut mis en évidence la nature de son activité : la prostitution), puis conclut avec un optimisme un peu affecté sur une réconciliation, une romance, et une naissance.

Une fin que contredit le second film de cette année-là, dont le titre pourrait servir d'exergue à toute la mouvance politique qui soudain ne sait plus quoi transmettre ni comment. Projet envisagé puis abandonné dès le début des années soixante-dix, *Ce répondeur ne prend pas de message* évoque irrésistiblement le repli sur soi de cette période, où le « message » est devenu confus, sujet à caution, objet des plus graves soupçons. En apparence, Cavalier, habitant unique et sans visage du film, ne parle que de lui-même, et du fantôme féminin qui l'accompagne. Il met en scène l'organisation systématique d'un enfermement, à la suite d'un drame individuel (la mort de sa compagne), mais qui renvoie à l'humaine solitude. Une brève séquence, comme une tentative ultime de percée vers l'extérieur, le mène jusque dans la rue au bas de son immeuble, mais c'est pour se replier aussitôt dans ce petit appartement où il se calfeutre, et dont il peint méthodiquement en noir toutes les surfaces. Jusqu'à la fenêtre, peu à peu occultée. Le cinéaste se retranche du monde, le cinéma ne se croit plus fenêtre ouverte. Radical, désespéré, d'une violence d'autant plus poignante que les gestes comme la voix off sont d'une extrême douceur, le film, bien que réalisé à usage intime et ne prétendant nullement donner de leçons, fait figure de manifeste de l'impasse dans laquelle se sentent arrivés bon nombre des cinéastes les plus originaux.

Sans être tout à fait aussi radical, le repli sur soi commande également la démarche désormais suivie par Jacques Doillon. Il a mis trois ans à se remettre du succès *d'Un sac de billes.* On lui proposait d'autres films dans la même veine et il refusait. En autarcie presque complète (mais avec le soutien de la maison de production de Yves Robert et Danièle Delorme), il réalise un film qui pousse très loin l'introversion, *La Femme qui pleure* (1979). D'après son propre scénario, il joue son propre rôle face à Dominique Laffin pour raconter, dans sa propre maison de campagne, les tourments d'un couple qui se sépare, la détresse, la maladresse et l'impuissance d'une femme qui voit l'organisation de sa vie sentimentale et matérielle se défaire entre ses doigts, entre ses larmes. Et lui, qui aime une autre femme (Haydée Politoff), voit aussi celle qu'il a aimée se battre pour le faire revenir. Il voit et montre l'impossibilité du couple reconstitué, la cassure du nouveau couple, l'enfant (la petite fille de Doillon) qui devient un enjeu. Il décrit tout un tissu de relations nécessaires et utopiques, qui ont existé un moment, s'effilocher et se salir. Sans que personne ne « trahisse », sans méchants : le constat, en longs plans-séquences de textes, de silences et de sanglots, est implacable sur des illusions qui sont pour une part celles d'un âge, mais qui ont aussi été celles d'une époque. Constat, plus globalement, de la cassure de la communauté par excellence, celle des amants. Chacun finira seul.

Solitude à nouveau, et huis clos plus radical encore même si les apparences en sont moins « dérangeantes » pour le spectateur, avec le film suivant, *La Drôlesse* (1979), inspiré d'un fait divers, l'histoire d'un kidnapping. La relation qui s'instaure, dans le grenier où le jeune paysan taciturne et la petite fille qu'il a enlevée se sont reclus du monde, est comme un cri étouffé contre l'impossibilité des relations. Cri articulé en une série de coups de force effectués en douceur, contre l'isolement des deux protagonistes, contre la loi en commettant un délit, contre les préjugés de tous ceux « qui savent bien ce que le garçon va faire à la petite fille » (ceux qui « connaissent le scénario »), contre la réalité des rapports de puissance et de séduction entre eux. Et même contre l'imagerie de la campagne. Film admirable de délicatesse et de subtilité, qui ne laisse aucune place au sentimentalisme, en filmant à hauteur d'homme des exclus que rien ne reliera à rien, qui ne seront jamais des symboles ni des métaphores. Solitude et huis clos encore, avec *La Fille prodigue* (1981), qui marque la rencontre de Doillon avec Jane Birkin, et la première utilisation par le cinéaste d'un acteur vedette, Michel Piccoli : la manière dont Birkin crée un vide affectif autour de son père avant de l'entraîner dans une relation incestueuse est, cinématographiquement, un exercice de désertification du monde d'une impressionnante et austère efficacité. La comparaison entre la fertilité joyeuse et légère des *Doigts dans la tête* et cette série de trois films témoigne de la glaciation et du repli sur soi auquel procèdent, ou se soumettent, nombre de ceux qui ont le plus activement participé au cinéma de l'après-68.

La force stylistique de Doillon gagne en puissance et en faculté de disséquer les sentiments ce qu'elle perd en légèreté, à mesure qu'il perfectionne une mise en scène d'entomologiste de la psyché. Sa caméra, adepte des plans-séquences serrant de près les visages, paraît avide de capter les infinies nuances de la détresse et du mal de vivre. La technique de direction d'acteurs que le cinéaste met alors au point, dictant pendant les prises leurs répliques à ses interprètes en se tenant tout près d'eux, à la limite du hors-champ, en fait une autre forme de ce cinéma de conteur, où les comédiens deviennent les porte-voix, entre chuchotements et hurlements, du metteur en scène lui-même. Dans cette relation de corps à corps entre le conteur et l'acteur, il n'y a plus place pour le monde – et donc, à nouveau, il n'y a plus de personnage, celui-ci ayant besoin pour exister, pour prendre substance, de ces trois dimensions.

Repli sur soi, encore et quoique dans un style extrêmement différent, repli jusqu'à l'autodestruction et la destruction des autres, avec le premier film de Benoît Jacquot, *L'Assassin musicien.* Ancien assistant de Duras dont il est resté proche, réalisateur d'un documentaire consacré à Jacques Lacan, Benoît Jacquot rend surtout un hommage appuyé au cinéma de Robert Bresson avec cette description atonale, où l'on voit un artiste doué, et doté de tous les moyens de profiter de ses dons, refuser à la fois son art et le monde. L'allusion au confinement suicidaire et meurtrier d'un certain cinéma est évidente, et cruelle ; elle est d'autant plus troublante que Jacquot, avec un mélange de fatalisme et de perversité, s'inclut, par sa mise en scène, dans ce cinéma du refus de lui-même et des autres. Pas d'échappatoire avec le deuxième film, *Les Enfants du placard* (1977), où Brigitte Fossey et Lou Castel figurent un frère et une sœur vivant un amour singulier né de secrets et de rituels d'enfance, sous le double patronage de Bresson et de Cocteau. Cocteau avait écrit les dialogues des *Dames du bois de Boulogne* pour Bresson, et l'on retrouve un argument assez voisin dans le roman de Henry James qu'adapte Florence Delay (la protagoniste de *Procès de Jeanne d'Arc,* devenue écrivain) : réunissant Dominique Sanda, autre « modèle » bressonien, Isabelle Huppert et Michele Placido, *Les Ailes de la colombe* (1981) se rapprochent d'un romanesque plus classique, tant par le déroulement de l'intrigue et ses rebondissements que par l'utilisation du décor qu'offre une Venise magnifiée. La machination n'en règne pas moins, et la solitude ou la mort sont au bout du chemin.

Chapitre 6

DEUIL POLITIQUE

L'intérêt pour les sujets politiques et sociaux n'a pas disparu du jour au lendemain, et les tentatives de cinéma « différent », par l'organisation de sa production comme de sa diffusion, ne s'arrêtent pas brutalement le 31 décembre 1975. Mais, très clairement, le milieu de la décennie marque le reflux de ces expériences issues de Mai 68, tandis que s'estompe dans les esprits l'habitude de considérer tous les faits de l'existence sous un angle politique. Les grandes luttes symboliques de la période précédente s'achèvent, qu'il s'agisse de Lip ou du Larzac en France ou, à l'étranger, de la guerre du Vietnam, de la « révolution des œillets » au Portugal et de la décolonisation en Afrique qui s'ensuit, ou bien de l'écrasement tragique de l'expérience Allende au Chili. En France, l'activisme écologique, notamment contre les centrales nucléaires, ne retrouvera pas la capacité mobilisatrice des mouvements antérieurs. A l'étranger, la cause palestinienne, desservie par les méthodes de lutte du terrorisme comme par la relation ambiguë envers Israël d'une intelligentsia progressiste dont de nombreux membres sont d'origine juive, ne prendra pas le relais du Vietnam dans l'imaginaire collectif. Et bientôt, le drame des boat people, puis la révélation des atrocités commises au Cambodge par les Khmers rouges viendront ternir les imageries héroïques et redessiner en Europe la géographie des solidarités. Tandis que les regards se détournent ou deviennent flous, et que de nouveaux idéologues proclament la mort des idéologies, quelques films se chargent du travail de deuil de cette époque qui s'achève. « Travail de deuil » doit s'entendre au sens que lui donne la psychanalyse : un travail sur soi-même qui permet de prendre en compte une perte, et de lui survivre. Soit exactement le contraire du « deuil » que portent, sans le dépasser, certains des films mentionnés au chapitre précédent, et notamment ceux de François Truffaut.

Jean-Luc Godard, critique et autocritique

Godard (et quelques autres représentants du « cinéma filmé politiquement », comme Duras et Straub qui, eux, s'en tiendront à leur démarche) s'est depuis la période précédente colleté avec la question de la bande-son, celle-là même qui devient à ce moment terrain de bataille et de doute pour les autres « modernes ». Lieu d'énonciation de la théorie révolutionnaire, la bande-son a même, comme on l'a vu, fini par peser d'un poids menaçant sur le cinéma de Godard. C'est donc logiquement à partir du son qu'il entreprend, pour lui-même mais « en phase » avec ses anciens amis de la Nouvelle Vague, un retour à la mise en scène. En 1974, Jean-Luc Godard et Anne-Marie Miéville réalisent *Ici et ailleurs,* qui sortira en 1976 : réflexion et critique sur le travail des années précédentes, à partir des images tournées en Palestine pour *Jusqu'à la victoire.* Ces images sont mises en regard d'autres, tournées en France : ici et ailleurs. Elles sont mises en regard d'images prises postérieurement, et qui montrent ce qu'il est advenu des combattants palestiniens qui figuraient dans le film : ils sont morts, durant les massacres de septembre 1970 en Jordanie. Alors et maintenant. Ces images d'hier sont aussi mises en regard de sons qui les accompagnaient : le discours idéologique proféré par les militants arabes comme par le militant Godard qui s'était mis à leur disposition, et le point de vue d'une nouvelle personne, d'une nouvelle voix, une voix féminine, celle d'Anne-Marie Miéville. Elles sont mises en regard, enfin, ou en rapport, avec la manière dont elles ont été fabriquées, dont elles peuvent être diffusées. Dans le titre *Ici et ailleurs* comme dans tout le film, l'élément le plus important c'est le « et ».

Parlant de son travail militant, Godard y énonce une phrase qui annonce ce que dira Rohmer de l'« hypertexte » : *« On a mis le son trop fort, il a fini par noyer la voix qu'il voulait faire sortir de l'image. »* Le texte dogmatique avait pris le pouvoir et empêché que s'établisse un rapport, les images étaient devenues menteuses, elles cachaient cette vérité terrible : ceux qu'on voyait allaient mourir. Leur mort, elle était pourtant annoncée dans le film, celui-ci avait capté son rayon noir. Elle était *dans les silences,* qui émaillent la conversation de fedayins de retour d'une mission en Israël. Mais le cinéma de cette période ne laissait pas place au silence, comblé par le discours militant et son triomphalisme incantatoire. Dans le même esprit, on entend dans *Ici et ailleurs* Miéville passer un savon à Godard pour s'être exprimé en langage codé, pour ne pas avoir montré les conditions (fabriquées, « théâtrales ») dans lesquelles ses images étaient tournées. Le film marque le début d'une autocritique du cinéaste, d'un travail sur soi, sur ses activités, pour avancer à nouveau. Godard ne dit pas qu'il a eu tort de vouloir « filmer politiquement », il dit qu'il l'a mal fait, que la thèse a étouffé le cinéma, et ses moyens particuliers de travail. Sans ironie aucune cette fois, il dit « tout va mal », et ne s'exempte pas des causes de cet état. Presque incidemment, il lâche cette phrase terrible, qui porte la remise en cause du cinéma tel qu'il a essayé d'exister, tel que quelques cinéastes comme lui ont essayé de le faire exister : *« Il n'y a plus d'images simples. Chacun de nous devient trop nombreux à l'intérieur de lui-même, trop solitaire à l'extérieur. »* C'est, chez lui aussi, la question du récit, de la quantité nécessaire d'informations, du « personnage » – même si ceux de Godard sont depuis longtemps d'une nature particulière, ni romanesque ni théâtrale. La question de la coupure avec le monde, qui s'est élargie au lieu d'être réduite par le recours au discours militant. Le cinéma a continué cet éloignement du monde qui motivait déjà le fameux « juste une image », il est en danger de ne plus donner du tout d'image du monde, et au monde.

Pour échapper à cette dérive, Godard et Miéville en reviennent aux questions élémentaires, directement quotidiennes : l'homme et la femme, les parents et les enfants, la ville et la campagne, le lieu d'habitation et le lieu de travail. C'est *Numéro deux* (1975) et ses questions obstinément, agressivement simples, simplistes, simplettes : heureuse coïncidence, on est dans la période de plus grande permissivité des images, celles qui montrent sans tricher ce que font ensemble des adultes mariés peuvent s'inscrire avec les autres dans ce cours du soir-espoir. On peut voir un couple faire l'amour, un vieux se souvenir, un enfant jouer. Mais ces « événements » de la vie quotidienne sont disjoints, ils ne sont plus conçus comme faisant partie d'un tout, ni l'image ni le plan ne peuvent les inscrire ensemble, c'est pour ça que l'image est devenue compliquée. Alors il faut analyser, c'est-à-dire décomposer en plusieurs éléments plus simples, pour refaire du « et » entre ces éléments. L'écran est redécoupé en fenêtres occupées par des petits écrans vidéo. Encore une question, une mise en rapport : l'image vidéo et l'image cinéma, la petite et la grande, l'image chère (à nos souvenirs) et l'image bon marché (bonne pour le marché), l'image-mère et l'image-fille, à nouveau la famille... La solitude est sur la bande-son, chantée par Léo Ferré. La voix de Godard et celle de Miéville interrogent et s'interrogent, critiquent et se critiquent. *Numéro deux,* qui montre à de nombreuses reprises des sexes d'hommes et de femmes, est un film fécondant et matriciel. Dans l'une de ces formules dont il a le goût et le talent, le cinéaste dira que le titre indique qu'il s'agit du *remake* d'*A bout de souffle.* Ceux qui iront chercher des hors-la-loi gouailleurs et des vendeuses blondes du *Herald Tribune* seront déçus, mais c'est bien un nouveau premier film que vient de réaliser Godard. Et, à bien y regarder, il est toujours question de marge, de mots, d'amour, d'informations américaines et de leur commerce... Et la mort est toujours au bout de la rue.

Pour « resimplifier » autant que faire se peut, Godard, qui se plaint à l'écran qu'on le trouve compliqué, a quitté Paris. Il a commencé à devenir une apparition dans ses propres films, il a doté ces apparitions du prénom de Jean (monsieur Jean, oncle Jean, Jeannot..., on suppose que Luc est resté derrière la caméra), il est allé loin de la capitale *« pour être moins capital, plus minuscule »*. Lui qui a commencé avant les autres la critique de la position de l'« auteur » se méfie toujours davantage de son nom (même s'il en a besoin pour pouvoir continuer à travailler — ou à cause de cela), il s'en méfie même plus que de sa propre image. A Grenoble, il est avec Anne-Marie Miéville qui travaille avec lui : sa vieille idée d'être deux pour faire du cinéma. Miéville-Godard, son-image, la société qu'ils ont créée s'appelle Sonimage, c'est une déclaration d'amour et un calembour. A Grenoble, il y a Beauviala et ses caméras intelligentes, des caméras vidéo aussi. La vidéo n'exprime presque rien, mais elle permet d'inscrire vite et à bon marché beaucoup de choses de natures différentes. Par exemple des mots, du texte écrit, une matière que Godard mêle et confronte aux images figuratives comme aux mots de la bande-son depuis longtemps, et dont il peut cette fois se servir vite et bien, sans passéisme du « carton » autre que volontaire, en voyant immédiatement ce qui se fait. Du travail manuel, sans chimie. La question du texte, de l'écrit dans les films, cela fait longtemps aussi qu'il y travaille, et là aussi on retrouve ce que va théoriser et pratiquer Rohmer.

Godard et Miéville poursuivent sur un thème particulier, qui reprend aussi les réflexions de *Letter to Jane. Comment ça va,* tourné en 1975, étudie tranquillement, soigneusement, les conditions de production, de transmission et de réception de deux photos d'actualité. C'est d'une limpidité parfaite, on se dit qu'aucun photographe de presse ne devrait continuer à travailler sans avoir vu ce film. La pédagogie est cette fois sans coup de force ni acrobatie, on pourrait diffuser *Comment ça va ?* à la télé tous les soirs après le journal, ou en faire une émission différente à partir des nouvelles du jour, ou de la semaine précédente... Bref, cette clarté efficace devrait et pourrait servir tout de même un peu. Le film (réalisé en vidéo puis transféré sur pellicule) ne sortira qu'en 1978, très confidentiellement. Entre-temps, avec la vidéo et son nom célèbre, Godard va par deux fois convaincre la télévision française de lui commander des séries, *Six fois deux (Sur et sous la communication)* (1976) et *France/Tour/Détour* (1978). Avec les ressources de ces machines et celles de la durée et de la décomposition en épisodes, il se lance dans deux ensembles d'« analyses » — à chaque épisode une question et un cas, un interlocuteur. Qui fait quoi, comment ça marche, quel rapport y a-t-il entre ceci et cela, l'école et le travail, le chômage et le loisir, les histoires et les sexes. Des enfants, des ouvriers, Godard, un savant (René Thom), des journalistes, Miéville, un paysan, etc., disent ce qu'ils peuvent en comprendre, leurs expériences et leurs idées. Ça ne ressemble pas du tout à ce qui passe habituellement à la télévision, seul le nom de Godard a imposé ces diffusions, presque personne ne regarde. Il y a une déception authentique, de la tristesse devant un constat de solitude, lorsque Godard reconnaît que ce travail, fait avec sérieux et modestie, n'a intéressé pratiquement personne.

La première de ces séries a déclenché deux réactions en apparence de nature différente, mais qui, ensemble, signalent que c'est son passage à la télévision qui « fait problème » – au cinéma, les réactions auraient très probablement été moindres. La première série de réaction est une dégelée d'articles scandalisés, voire injurieux, dans la presse : que ce type-là délire s'il veut dans des salles obscures, mais qu'il s'introduise dans les foyers de bons citoyens par le truchement du téléviseur, halte-là ! s'exclament les chroniqueurs furieux, assimilant l'opération autant à de l'effraction de propriété privée qu'à un détournement de deniers publics (ceux de l'I.N.A. et de F.R.3). Pour faire bonne mesure, l'Association des journalistes reporters photographes et de cinéma se fend d'un communiqué outragé, après que le cinéaste a repris ses critiques à l'encontre de l'information en images... D'autre part, et c'est un événement sinon dans l'histoire du cinéma, du moins dans l'histoire de la pensée du cinéma, un philosophe se saisit de cet ensemble pour faire de la philosophie. Des philosophes se sont intéressés depuis longtemps au cinéma, on se souvient d'articles de Sartre (surtout de son aveuglement sur *Citizen Kane,* moins de sa clairvoyance sur *L'Enfance d'Ivan,* le premier film d'Andreï Tarkovski). Brice Parrain était invité dans *Une femme mariée,* témoin vivant de cette « présence de la pensée » qui fait partie du cinéma moderne. Mais l'entretien qu'accorde Gilles Deleuze aux *Cahiers du cinéma* à propos de *Six fois deux* en novembre 1976 représente la reconnaissance d'une communauté d'interrogation entre le cinéaste et le philosophe, une convergence d'esprit et de réflexion qui, en même temps que l'ouverture intellectuelle de Deleuze, traduit bien la nature du travail de Godard.

Chris Marker prend la température de l'époque

Au moment où Godard tente un nouveau pas de côté, pour reprendre le chemin et avancer, Chris Marker effectue avec *Le fond de l'air est rouge* (1977) un pas en arrière, pour prendre du recul et essayer de comprendre et de montrer ce qui s'est produit. Ce qui s'est produit dans l'histoire du mouvement révolutionnaire du XXe siècle, considéré comme une scène unique dont le décor et la dramaturgie auraient été installés une fois pour toutes sur l'escalier d'Odessa par Eisenstein, dans la scène la plus célèbre du *Cuirassé Potemkine* (scène d'autant plus « mythique » qu'historiquement il n'y a jamais eu de massacre sur les escaliers d'Odessa en 1905). Le « sujet » du film, ce sont les mouvements révolutionnaires de par le monde, envisagés dans leur phase ascendante, du milieu des années 1960 à 1968, dans la première partie, « Les mains fragiles », puis leur reflux ici dans le conformisme, là dans la terreur, au cours des années soixante-dix, dans la seconde partie, « Les mains coupées ». Immense travail, non seulement par sa durée (quatre heures), mais par la quantité d'informations collectées et les tentatives complexes de mise en perspective historique qu'il propose. Il s'organise principalement autour de deux axes différents, mais convergents.

Le premier est, au sens élémentaire du terme, politique. Avec l'extrême virtuosité, l'humour et l'intelligence qu'on lui connaît, Marker compose un montage de documents de toutes origines, commentées par une « polyphonie » de huit voix off. Mais ces voix (parmi lesquelles on reconnaît celles de Simone Signoret, Jorge Semprun, François Maspero, François Perier, Yves Montand et Marker lui-même) appartiennent toutes à la génération précédente, celle du réalisateur, celle qui vient de l'appartenance au Parti communiste, ou au moins du proche compagnonnage avec lui. Le film est extrêmement critique vis-à-vis des stratégies du communisme officiel, notamment à l'égard des guérillas sud-américaines ; il est sans ambiguïté dans sa condamnation de l'Etat soviétique et en particulier de l'invasion de la Tchécoslovaquie en août 68, et réservé sur le comportement du P.C.F. en mai 68 et après. Mais son approche demeure celle de militants de cette génération, jaugeant la suite des événements à l'aune de ce qu'avaient été leurs espoirs dans le cadre du communisme officiel de l'après-guerre. En ce sens, il réduit la fracture plus profonde qu'a représentée l'irruption de nouvelles mentalités avec la génération de 68. C'est au nom du mythe, du « Grand Récit révolutionnaire » dont octobre 1917 est supposé avoir été le flamboyant incipit, qu'il interroge la suite des événements. Pour conclure, sur un mode pessimiste (le massacre des loups en liberté depuis un hélicoptère, dernier plan du film, succède au défilé des enterrements de camarades assassinés aux quatre coins de la planète, et à la litanie de l'appel aux morts de toutes les causes vaincues), non à la fin de l'Histoire, ni à la diminution des motifs de se révolter contre l'injustice et la misère, mais à la fin de l'épopée. *Le fond de l'air est rouge* est ainsi un travail, partial mais lucide, sur la manière dont le mythe révolutionnaire a été source de vie et de mort, et sur la manière dont il a vécu, et est mort.

Le second axe du film concerne la représentation, le travail du cinéma et plus généralement des images et des sons – ce que, beaucoup plus tard, l'un des protagonistes du *Fond de l'air est rouge,* Régis

Debray, appellera la « médiologie ». Rompant avec les habitudes du cinéma engagé, en particulier le cinéma de montage documentaire employé dans cet esprit, Marker renonce en partie à sa dextérité de narrateur-compositeur pour interroger les conditions dans lesquelles les plans qu'il montre ont été tournés, les buts poursuivis par ceux qui y figurent comme par ceux qui les enregistrent, la manière dont les médias (par exemple la radio pendant la nuit des barricades au Quartier latin) interfèrent avec le cours des événements, puis s'y substituent au moment du Watergate. Répétant à deux reprises *« on ne sait jamais ce qu'on filme »*, le cinéaste met en évidence, y compris à son propre endroit, les ruses ironiques ou tragiques, les perversités de la prise de vues et de son. Par des chemins différents, il se retrouve ainsi dans le voisinage du Godard d'*Ici et ailleurs* ou de *Comment ça va ?* analysant les conditions d'énonciation de messages dont la légitimité ne découle plus automatiquement de leur bonne volonté révolutionnaire. *« J'ai essayé pour une fois (ayant en mon temps passablement abusé de l'exercice du pouvoir par le commentaire-dirigeant) de rendre au spectateur, par le montage, "son" commentaire, c'est-à-dire son pouvoir »*, écrit Marker dans la préface à la publication du texte du film. C'est une autre façon de dire la fin du « Grand Récit », la parole rendue à chacun, dans un mouvement démocratique qui est aussi un renoncement, la marque d'une désillusion.

Comme l'énoncé proprement politique qui constituait le premier axe, cette renonciation au discours se dirige vers la solution réformiste qui se fera jour avec l'arrivée de la gauche au pouvoir en 1981. La mise en retrait de l'auteur politique ne souffre qu'une exception dans le film : une splendide séquence, ironique et poétique, où Marker appose sa griffe personnelle en chantant subitement l'éloge des chats, *« qui jamais ne sont du côté du pouvoir »*. En deçà de l'analyse historique et de la théorie politique, c'est un très profond et très archaïque mouvement vers la magie totémique, comme un ultime refuge.

L'esprit, Santiago, Mai

Trois films « encadrent » le repère politique principal de ces années-là qu'est *Le fond de l'air est rouge.* Le premier est le premier long-métrage d'un réalisateur non dénué de sens politique, puisqu'il signait début 68 un court-métrage intitulé *L'Avant-Veille du grand soir. Le Petit Marcel* (1976), de Jacques Fansten (proche du Parti communiste), reprend le fil de la fiction de gauche, pour dire sans effets de manche l'entrée en déshérence de la génération d'après-68. Il dessine le portrait d'un jeune homme « à l'abandon », orphelin non seulement de père mais d'idées, d'initiatives et d'objectifs, un jeune homme vide comme le camion vide que lui a légué son père pour tout héritage. Marcel, ni triste ni honteux, et filmé sans hostilité ni mépris par Fansten, promène au fil des rencontres et des liaisons cette vacuité dans la banlieue parisienne. Il finira, sans adhésion idéologique, sans goût particulier pour l'autorité, sans conscience de trahir quoi que ce soit, par devenir indicateur de police : le pouvoir d'Etat s'est glissé dans cette coquille, l'absence de repères, l'absence de « grand récit » en fait un réceptacle et un instrument. Et lorsque, à la dernière séquence, Fansten filme Marcel se coiffant d'un képi, il montre moins l'entrée en fonction d'un individu que l'embrigadement général, la fonctionnarisation collective (l'aliénation), rendue possible par la perte de tout système de références permettant un refus, traçant des lignes de partage. Marcel est comme un support magnétique vierge, susceptible d'être « codé », sans violence, séduit par le premier émetteur d'un discours cohérent — c'est celui d'un commissaire de police, mais ce pourrait être n'importe quelle autre instance, un professeur, la télévision...

La ressemblance superficielle avec Lucien Lacombe (autre jeune homme entrant sans adhésion idéologique au service d'une machine répressive) cache une opposition complète : Marcel ne s'accomplit pas, ne jouit pas, ne commande pas de drame, il est au contraire, par le truchement d'un appareil (la radio de la police installée dans son camion), transformé lui-même en appareil. Et la dramaturgie exclut toute identification avec lui... ce qui n'est sans doute pas étranger à l'échec public du film. Jacques Fansten ne pourra tourner son film de cinéma suivant que dix ans plus tard. Entre-temps, il travaillera pour la télévision.

Le deuxième film, également de 1976, a été réalisé par deux proches de Chris Marker, Valérie Mayoux et Jacqueline Méppiel, et l'un des premiers penseurs de la « communication » dans une perspective contestataire, Armand Mattelart. Dans la continuité d'un livre de ce dernier *(Mass media, idéologies et mouvement révolutionnaire. Chili 1970-1973), La Spirale* (1976) se penche sur l'expérience chilienne et les causes de son échec. On est loin du documentaire militant type, avec cette réflexion ne rechignant pas à l'abstraction et qui, sans renier le moins du monde ses adhésions politiques, tente de comprendre les mécanismes de l'intervention économique, politique et militaire des puissances rétrogrades locales inspirées par Washington, et les fautes commises par les dirigeants progressistes au pouvoir à Santiago. Loin du pamphlet simpliste, *La Spirale* essaie d'en tirer des leçons pour l'avenir, mais s'achève sur un constat peu optimiste, où les lois de l'affrontement entre les forces de progrès et l'impérialisme sont devenues les règles d'un jeu imaginé par les stratèges de Washington. Des règles d'un genre nouveau : pas du tout celles, communes à tous et intangibles, du mythe, mais des règles utilitaires, un code que les puissants ont, grâce en particulier aux médias, la possibilité d'utiliser ou de modifier à volonté, selon leur intérêt du moment.

Quant au troisième film de deuil, sur Mai 68 proprement dit, il ne sortira qu'en 1982. C'est le premier et le seul qui réfléchisse un peu sérieusement à ce qu'ont été ces événements et à ce qu'il en est advenu, du point de vue de la génération qui en a été le protagoniste principal. Réalisé à la première personne du singulier par Romain Goupil, militant trotskiste qui contribua à fonder en Mai les Comités d'action lycéens, *Mourir à trente ans* est une déclaration d'amour au cinéma et à la révolution, faite de morceaux composites où se mêlent documents et fictions de plusieurs périodes, en suivant le fil de l'amitié du cinéaste avec un copain de tous les combats et de toutes les bagarres. Lorsque le monde, à force de ne pas changer de bases, évolue, Michel Recanati se suicide. Fin d'une illusion politique, fin d'une époque, fin d'une jeunesse, c'est tout cela ensemble qu'avec une émotion gouailleuse raconte Goupil. De manière isolée, *Mourir à trente ans* se charge seul du travail de deuil d'une génération à laquelle cette opération sur elle-même aura dramatiquement manqué, son absence entraînant le repli dans le cynisme de la plupart de ceux qui, à la différence du suicidé du film, n'ont pas encaissé de front le traumatisme de la fin d'une époque.

De manière plus éparse, d'autres films participent à cette nouvelle manière de prendre en compte l'Histoire et la société, et cherchent leurs marques par rapport à la réalité. Ainsi, sur une époque plus lointaine, *Certaines nouvelles* (1979), le premier long-métrage de Jacques Davila, est un peu le film que la Nouvelle Vague n'a pas fait « sur » la guerre d'Algérie — avec cette ambiguïté que, précisément, la Nouvelle Vague ne faisait pas de film « sur » un thème ou un sujet. Commencé en 1975, mais subissant des avanies financières qui en retarderont l'achèvement et la sortie, *Certaines nouvelles* capte un « air du temps » dans le réseau souple et serré des relations d'une famille pied-noir en 1961, du côté d'Oran. La mise en scène, le dialogue, le rythme du montage contribuent à la perception intuitive, à travers ce microcosme ensoleillé, du basculement historique. Mais c'était un autre temps...

L'un des moments les plus impressionnants du *Fond de l'air est rouge* est la minute de silence pour Jan Palach, lorsque la ville de Prague s'immobilise entièrement en mémoire du jeune homme suicidé en protestation contre l'invasion soviétique. Ce sont les premières images de cinéma d'un grand reporter photographe, Raymond Depardon, cofondateur de l'agence Gamma avant de rejoindre la prestigieuse Magnum fondée par Robert Capa et Henri Cartier-Bresson. Depardon utilisera désormais alternativement, ou en même temps, caméra et appareil photo, au cours de reportages au Yémen, au Tchad, à Paris, à New York, en Inde... « Documentaires », ses films interrogent toujours la manière dont la pellicule rend compte de la réalité, la nature des relations qui s'établissent entre le filmeur et le filmé. Le « filmé » pouvant être le candidat à la présidence de la République Giscard d'Estaing (*50,81 %,* 1974, inédit), Françoise Claustre, otage des rebelles du Tibesti (*Tchad 2* et *3,* 1975-1976), les internés d'un hôpital psychiatrique (*San Clemente,* 1980), la foule pleurant la mort d'une idole assassinée (*Dix minutes pour John Lennon,* 1980), des villageois indiens (*Piparsod,* 1982) ou les policiers d'un commissariat (*Faits divers,* 1983). Depardon étudie aussi, plus directement, la conception et la transmission des informations, consacrant *Numéros zéro* (1977) à la création du quotidien *Le Matin* et *Reporters* (1980) au travail de ses collègues photographes de presse, avant d'effectuer un retour sur sa propre démarche d'homme d'images avec *Les Années déclic* (1985), qui ouvre la porte à la fois à l'autobiographie et au passage à la fiction.

Sans jamais plaider une cause, le regard de Depardon est une constante prise de position, modeste, attentive et humoristique. Elle élabore avec discrétion les éléments d'une approche critique, exemplaire des possibilités d'un cinéma qui n'a nul besoin de discours. La puissance de l'œil, chez lui, ne travaille pas au détriment de l'esprit. C'est inhabituel, cela le sera plus encore avec la mise sur le marché du puissant narcoleptique nommé Visuel.

Maurice Pialat ou la lutte des classes quand même

Le plus « politique » des films de cette période est pourtant, comme il est fréquent et, dans cette ambiance, logique, l'œuvre d'un cinéaste qui refuse farouchement l'étiquette de cinéaste politique. Anti-idéologue irréductible, Maurice Pialat ne travaille pas à partir de la croyance, encore moins de l'analyse, mais avec la chair des hommes et des femmes, la matière de la vie quotidienne. Et, loin des théories, il filme une histoire d'amour qui dit à chaque plan que la lutte des classes existe, qu'elle est de tous les instants, de tous les mots, de tous les regards et de tous les gestes. Moins la lutte entre prolétariat et bourgeoisie dont parle la théorie marxiste, que l'affrontement irréductible des riches et des pauvres. Ce sera *Loulou* (1980), où Isabelle Huppert quitte l'appartement confortable et spacieux de son mari Guy Marchand pour se mettre en ménage avec le loubard Gérard Depardieu. Le film ne délivre pas le plus petit commencement d'un discours, il se contente d'enregistrer les corps abandonnés à l'amour, à la violence, à l'ennui, à l'alcool, à la colère. Ces corps sont différents, leurs codes sont différents, les mêmes mots ne signifient pas la même chose ici et là, c'est comme ça et ça n'est pas près de s'arranger. Il n'y a qu'à regarder, il n'y a qu'à filmer. Pialat filme, cette toute simple histoire de femme qui quitte son mari pour un autre type, anecdote transformée en explosif par le scénario d'Arlette Langmann d'après des faits qui la concernent directement comme ils concernent le cinéaste. Et celui-ci met à feu l'explosif. Pialat filme, longuement, follement. Un seul plan-séquence dans une boîte de nuit pulvérise dix volumes d'enquête sociologique. Nulle part on ne trouverait l'équivalent de cette emprise *immédiate* (au sens strict de « dépourvu d'intermédiaire »), pas même chez Eustache (plus littéraire), ni chez Cassavetes (plus théâtral). Ces inconciliables-là, sur lesquels butèrent, butent et buteront toujours tous les cinéastes engagés qui se désespèrent d'être « coupés des masses », sont la matière même du film. De même, les acteurs y sont chair à film, comme autant de corps chimiques possédant leur rayonnement particulier, chaque rayonnement correspondant à une modalité de la vie sur terre. Ils sont malheureux, tous, ils ne sont pas à plaindre, aucun. En tout cas pas plus que les autres qui ne font que passer devant la caméra, ou les autres encore, pas filmés.

Maurice Pialat ne croit à aucun conte ni à aucun mythe ; ni au drame bourgeois, ni au récit psychologique, ni à l'imagerie ouvriériste. Son film sans début ni fin, sans progression, sans explication, sans même apparemment de construction, dit et redit un état du monde insoluble et conflictuel, que la thèse révolutionnaire a tenté de présenter comme une bataille rangée alors que tout est dérangé. Ce clivage enfoui dans la chair du monde, cette blessure, le discours démocratique et républicain s'apprête à les nier sous les auspices d'une réconciliation, sous les invocations du progrès. Cette réconciliation masquera les distances immenses qui persistent, même au sein d'un vieux pays moderne comme la France. Ce sera l'histoire de la première moitié des années quatre-vingt.

Quelques flibustiers du réel

Témoin de ces mondes disjoints qui composent la société et que le cinéma a tant de peine à montrer autrement que de manière folklorique ou démonstrative, un film sorti en 1978 avait révélé le seul cinéaste français susceptible de rivaliser avec Maurice Pialat sur le terrain de la perception immédiate d'une réalité quotidienne. Devenant réalisateur avec *Passe-montagne,* Jean-François Stevenin ne copie personne. Mais, sans être spécialement gai, il en émane une force dynamique, vitale, dont on reconnaît la source : la Nouvelle Vague. Né en 1944, Stevenin en est un rejeton un peu lointain, mais en ligne directe. Il a commencé comme assistant de Truffaut (sur *La Sirène du Mississippi*), il s'est retrouvé acteur jouant le rôle de l'assistant dans *La Nuit américaine,* puis loubard de hasard dans une scène splendide et violente d'*Out 1.* Il est devenu acteur, un excellent acteur, il le restera après *Passe-montagne,* dont il est également, aux côtés de Jacques Villeret, l'un des interprètes principaux. Ancré dans le terreau du cinéma moderne, Stevenin l'est tout autant dans le terroir de sa région natale, le Jura. Le film qu'il y réalise présente cette singularité d'utiliser les ressources de la Nouvelle Vague, sa liberté de ton et de mouvement, sa proximité aux êtres et aux choses, sa capacité de réaction ultrasensible aux « accidents » affectifs ou matériels, aux impondérables physiques et psychiques, tout en se fondant dans un univers très éloigné de ceux vers lesquels le cinéma moderne tournait d'ordinaire ses objectifs. Dédié « aux Indiens... », *Passe-montagne* laisse exister sur l'écran un milieu populaire aux règles et aux rites sans spectaculaire. Simultanément, le film transmet un contact physique avec la montagne, la forêt, la neige, qui ne doit rien à un quelconque romantisme de la nature tel que s'y complaisent les gens des villes, et un rapport direct avec l'imaginaire, affirmé avec une simplicité butée, taciturne, irrévocable. Ce condensé de fantastique et de réalisme n'obéit à aucune habitude, inventant une utilisation de la durée qui évoque par moments Cassavetes (le modèle de Stevenin, auquel il rend hommage dans le générique en le créditant de la « continuité »). Jacques Villeret, automobiliste fétichiste et peu loquace, en panne (pas seulement de cardan), recueilli par le garagiste Stevenin et entraîné par lui dans une indicible connivence, dans d'interminables escalades vers l'inexistante combe magique le jour, à travers d'interminables beuveries la nuit, fait de cette fugace réincarnation de la Nouvelle Vague – une Nouvelle Vague des bois et du cambouis – une bouleversante histoire d'amour, où tout sentimentalisme est comme anéanti. Aucun optimisme global chez Stevenin, mais une attention tellement chaleureuse à ce que peuvent produire des instants, entre ses deux protagonistes, les habitants du village, la nature environnante et les rêves de chacun, qu'une lumière, tout de même, jaillit. Ce n'est apparemment pas de saison : *Passe-montagne* est un échec commercial complet. Jean-François Stevenin devra attendre huit ans pour tourner son deuxième film, *Double Messieurs.*

Dans un esprit comparable, à certains égards, par son approche où le documentaire confine au fantastique sans recourir jamais à des artifices, mais en comptant sur la seule étrangeté quotidienne du mode de vie de groupes humains, *Simone Barbès ou la vertu* (1980) de Marie-Claude Treilhou est, lui, un film uniquement urbain et nocturne. Inspiré d'un épisode autobiographique, ce premier film est construit en trois périodes, trois moments dans la nuit d'une ouvreuse de cinéma porno de Pigalle, qui accompagne ensuite une amie entraîneuse dans une boîte pour lesbiennes, puis répond aux sollicitations d'un vieux dragueur. Le sens de la durée et de l'observation, de la juste distance surtout, annonce la démarche d'une cinéaste qui tentera toujours de se frayer une voie originale entre fiction et documentaire.

Marie-Claude Treilhou fait partie de la « mouvance » d'un cinéaste dont on a déjà mentionné le nom à propos du porno « décalé » *Change pas de main,* et sur lequel on reviendra, Paul Vecchiali (qui a produit, et en partie assuré le montage de *Simone Barbès*). Vecchiali n'a rien d'un naturaliste, ce polytechnicien cinéphile né en 1930 affiche une passion mélancolique pour les films français des années trente. Mais tout en recourant au jeu des références passéistes, et parfois à des artifices explicites, il y a toujours, dans ses films, une approche de ses protagonistes qui dépasse leur emploi dans ses récits, pour découvrir une autre réalité, plus physique, plus crue. Ainsi lorsqu'il montre en noir et blanc Hélène Surgère et Sonia Saviange en anciennes actrices qui ne se résolvent ni à la vieillesse ni à la disparition de leur public dans *Femmes, femmes* (1974). Ou quand, sous les apparences du mélo, il enregistre la collision entre plusieurs formes d'amours interdites, dans le portrait acéré des barrières qui divisent la société qu'est *Corps à cœur* (1979). Entre-temps, *La Machine* (1977) aura été un violent démontage du fonctionnement social, dont l'intelligence consiste à choisir un coupable – et même un assassin d'enfant, dépourvu de circonstances atténuantes – pour mettre en lumière le mécanisme de la justice et des médias, de leurs discours et des silences qu'ils recouvrent. Vecchiali poursuivra la mise en place de son « petit théâtre social » avec *C'est la vie* (1981), qui renchérit sur l'artifice sans rien perdre de son acuité. Il incarne aussi, de manière radicale, l'autarcie à laquelle vont bientôt, bon gré mal gré, être réduits la plupart des auteurs : une petite structure de production, Diagonale, et la complicité d'un groupe de fidèles. Parmi ceux-ci, outre Marie-Claude Treilhou, Jacques Davila, Jean-Claude Biette (qui a réalisé son premier long-métrage, *Le Théâtre des matières* en 1977, en poussant aux extrêmes le refus des bénéfices qu'il pourrait tirer de situations romanesques qu'il affectionne comme cinéphile), Gérard Frot-Coutaz (qui débutera bientôt comme réalisateur), et aussi Jean-Claude Guiguet. Ce dernier est aussitôt remarqué par la critique, grâce à la violence sans concessions, mais sans effets, des *Belles Manières* (1979). Le réalisateur fait (lui aussi) appel à la séparation entre la bande-son et les images, pour exprimer l'intolérable des rapports d'exploitation dont on ne voit qu'une apparence policée, confortable, mais qui mèneront à la révolte et au suicide.

On retrouvera à la fois Barbès et Jean-François Stevenin avec une autre « enfant de la Nouvelle Vague », Juliet Berto. L'actrice de Godard et de Rivette passe à la réalisation en compagnie de Jean-Henri Roger, l'acteur de Truffaut et Rivette. Berto raconte son quartier, et les moins « présentables » de ses habitants dans *Neige* (1981).

Les moins représentés aussi, sinon selon les clichés habituels de la pute et du camé, auxquels elle donne un droit de cité à l'image, un vrai droit de vie malgré la loi, la morale et le bon sens. Toujours avec Jean-Henri Roger, elle sera moins à son aise, moins en prise sur le quotidien lorsqu'elle tentera de se couler dans les règles du polar avec *Cap Canaille* (1983). La différence entre les deux films tient sans doute aussi à ce que le premier s'ancrait dans la réalité de la coréalisatrice, alors que le second concerne la ville du coréalisateur. Plus tard, en solo, Juliet Berto se souviendra des fantasmagories qu'elle imaginait jadis aux côtés de Jacques Rivette, avec *Havre* (1986) : entre tiers-mondisme et réalisme poétique, mysticisme et nouvelles technologies, elle invente un conte aux métaphores très appuyées, dont on garde surtout l'image de Joris Ivens en vieux sage de la plage. Celle qui, comme comédienne, avait le plus exemplairement incarné le cinéma rebelle de la fin des années soixante et des années soixante-dix, est morte en 1990. Elle avait quarante-trois ans.

Pas plus que Pialat, Stevenin, Treilhou, Vecchiali ou Juliet Berto ne passent pour des cinéastes « politiques ». Plus ou moins directement issus du cinéma moderne des années soixante, ils tentent pourtant de maintenir un contact direct avec la réalité, d'échapper aux généralités sociologico-médiatiques, et assument ainsi, plutôt seuls et dans une indifférence grandissante (à laquelle la sélection à Cannes de *Neige* n'a rien changé), une fonction sociale du cinéma en contact direct avec la vie des gens qui reste une affirmation obstinée, déjà datée, de la capacité du film à se tenir au niveau du réel. Dans leurs films, et presque uniquement dans leurs films désormais, on peut encore appeler « personnages » les protagonistes. Cela est on ne peut plus politique.

Deuxième partie

LES FASTES DU CRÉPUSCULE

1976-1983

« La gloire est le deuil éclatant
du bonheur. »
Madame de Staël.

Chapitre 1

LES GRANDES MANŒUVRES

La prise de Gaumont par Louis-Philippe

On vient d'évoquer les difficultés qu'éprouve désormais le cinéma à raconter des histoires, les questions qu'il se pose sur le statut du récit et de celui qui l'énonce, le conteur. Une histoire, une belle histoire de cinéma, il s'en écrit une au printemps 1974. Elle plonge ses racines dans l'histoire de France, dans le passé de la grande industrie et de la finance, comme dans le terreau de la cinéphilie ; elle rapproche des acteurs que tout semble éloigner et qui vont représenter, ensemble, une aventure exemplaire de l'époque.

Il convient tout d'abord d'en présenter les personnages. Les plus hauts dans l'échelle sociale se nomment Seydoux, les deux frères Nicolas et Jérôme. Ils appartiennent à une vieille et très riche famille protestante française, les Schlumberger, descendants de Guizot, le ministre tout-puissant de Louis-Philippe. Les Schlumberger ont fait fortune en fabriquant des appareils de mesure et en louant leur utilisation, notamment dans la recherche et l'exploitation pétrolière. Grande famille capitaliste, régie par une morale très stricte où règne l'« esprit du protestantisme » qui impose d'allier profits et vertu, où l'on se méfie de l'Etat et où l'on méprise la rapacité des parvenus. Des aristocrates éclairés des affaires, qui n'ont évidemment rien de révolutionnaire mais qui mettent assez haut les idées de justice sociale et la crainte du pouvoir monopolistique d'une caste ou d'un parti pour avoir, jadis, contribué à la fondation de *L'Humanité* par Jaurès – durant les années cinquante et soixante, ils aideront à nouveau la presse de gauche non communiste. René Seydoux, le père de Jérôme et Nicolas, a été pendant la guerre dans le même camp de prisonniers que François Mitterrand, des liens d'amitié solide s'y sont noués, dont on verra les effets lointains lorsque la famille Schlumberger contribuera avec largesse à la refondation du Parti socialiste sous la houlette du député de la Nièvre. La fortune des Schlumberger est également typique de l'époque, en ce qu'elle vient de s'accroître encore considérablement grâce à la crise du pétrole, fait économique majeur du début des années soixante-dix. Ce monde-là est à des années-lumière de l'univers cinématographique. A ses yeux, et pas entièrement sans raison, le cinéma est le territoire d'artistes farfelus et d'affaires plus ou moins acrobatiques, et réputées vouées au déclin.

Mais, prônant et mettant en pratique la primauté du bon sens et de l'efficacité, la famille Schlumberger a renoncé à faire exercer la direction de ses entreprises par ses propres descendants, préférant la compétence au pouvoir dynastique. Le patron en activité, c'est Jean Riboud, autre personnage hors du commun. Ce dirigeant d'une puissante multinationale a été marqué par son passage dans un camp de concentration et par les amitiés liées alors avec des militants communistes ; il cultive un esprit de révolte qu'il concilie à sa manière avec ses fonctions, notamment en tissant des liens étroits avec le monde artistique. Opinions et inclinations ardemment entretenues par sa femme d'origine indienne, Krishna Riboud. Parmi les familiers de la maison Riboud se trouve Henri Langlois : on a vu le grand patron, membre du conseil d'administration de la Cinémathèque, faire partie des réfractaires au « putsch Malraux », et il pèsera ensuite de tout son poids en faveur du retour de Langlois (Truffaut, dans sa préface au livre de Richard Roud, chez Belfond, sur Langlois : *« Le gouvernement dut céder, pas seulement sous la pression des cinéphiles, mais grâce aussi à l'action souterraine et efficace d'hommes puissants, en tête desquels il faut citer Jean Riboud, administrateur de la société internationale Schlumberger et ami des arts »*). Autre habitué de la table des Riboud, et autre pièce majeure, quoique indirecte, de l'« opération Gaumont », Roberto Rossellini.

L'histoire fait alors un détour, non par l'Italie, mais par Calcutta. Elle remonte au tournage en Inde du *Fleuve* par Jean Renoir, en 1950. Renoir y a pour assistants deux jeunes Indiens alors inconnus, deux copains dont l'un s'appelle Satyajit Ray et l'autre (également futur réalisateur bien qu'avec une moindre renommée), Harisadhan Das Gupta, qui participe beaucoup plus activement au tournage. Jean Renoir, qui a réalisé entre-temps *Elena et les hommes* avec Ingrid Bergman, la femme de Rossellini, recommandera à celui-ci s'apprêtant à partir pour le Bengale réaliser *India,* de contacter ce jeune homme plein de ressources : Das Gupta devient l'assistant de Rossellini à Calcutta. Mais Rossellini tombe amoureux de la femme de Das Gupta, Sunali, ce qui perturbe notablement le tournage. Le réalisateur finit par rentrer à Paris avec la dame, pourtant enceinte de son mari légitime (le jeune Gil Rossellini n'aura que du sang indien dans les veines), tandis qu'Ingrid Bergman attend son époux à Rome avec leurs enfants. Sunali, qui accouchera bientôt du nouveau fils que lui a donné le vaillant Roberto, se trouve être la cousine de Krishna Riboud : voilà Rossellini introduit dans le cercle des intimes de la famille. Et, le soir à dîner, il ne manque pas de conversation : lui qui ne se considère plus comme un artiste de cinéma croit à la puissance des images, croit aussi qu'il faut détenir le pouvoir pour s'en servir. Non pas dans un but culturel ou esthétique, mais pour faire le bonheur de l'humanité. Grand bourgeois progressiste à la mode des Lumières, Rossellini se voit volontiers en Encyclopédiste moderne, avec comme outil de substitution à la presse imprimée au service de cette mission pédagogique, non le mercantile cinéma, encore moins la fiction (qu'il traite de *« manuel de criminalité »*), mais la télévision, démocratique et désintéressée, éducative et républicaine. C'est d'ailleurs le sens de la série de portraits des grands hommes qui jalonnent l'histoire de l'humanité sur le chemin du progrès et de la liberté, série qu'il a entrepris de réaliser pour le petit écran à partir de *L'Age de fer* : *Les Actes des Apôtres, La Lutte de l'homme pour sa survie, Socrate, Blaise Pascal, Saint Augustin, Descartes, Le Messie.* Il mourra sans avoir pu porter à l'écran son *Karl Marx.* Voilà le projet, très apte à séduire son auditoire, que développe à l'infini Roberto Rossellini entre la poire et le fromage des Riboud. A le séduire d'autant plus que si Jean Riboud est cinéphile par goût et par alliance, il est plus directement et plus intimement passionné par la presse, par la « communication » – et c'est de cela que lui parle, en réalité, Roberto Rossellini.

Le personnage suivant est déjà apparu dans ces pages, il s'agit de Jean-Pierre Rassam. Le bouillant producteur est alors en pleine euphorie après trois succès énormes et assez imprévisibles *(La Grande Bouffe, Nous ne vieillirons pas ensemble, Tout le monde il est beau, tout le monde il est gentil).* Tout semble lui réussir, il voit grand, de plus en plus grand. Il voit la vénérable société Gaumont, ses salles, son réseau de distribution, ses capitaux : que ne ferait-il avec un outil pareil, au lieu de le laisser ronronner comme c'est alors le cas ? Il a avec lui son ami Jean Yanne, prêt à l'accompagner dans ses projets de grandeur. Et Rassam a une idée (il a toujours des idées) : à la fin des années soixante, Schlumberger a acquis une société d'instruments de mesure, les Compteurs de Montrouge, jusqu'alors propriété d'un groupe de financiers dirigés par le patron historique de Gaumont, Jean Le Duc. Possédant 40 % des actions de la firme à la marguerite, les Compteurs de Montrouge en sont l'actionnaire majoritaire. Schlumberger se retrouve ainsi, presque par inadvertance, aux commandes financières de la première société du cinéma français. A la tête des Compteurs de Montrouge, Riboud a installé le seul héritier qui occupe un poste dans les affaires de la famille, Jérôme Seydoux. Celui-ci ne s'intéresse pas du tout au cinéma. Actionnaire soucieux de bonne gestion, il intervient plutôt pour limiter les dépenses, sûrement pas dans un sens conquérant. Au fond, Jérôme Seydoux et la famille Schlumberger n'ont que faire de Gaumont. La première moitié de l'idée de Jean-Pierre Rassam, la plus simple, consiste à convaincre Jérôme Seydoux de vendre ses parts dans Gaumont ; la deuxième moitié, qui est un coup de génie, est de comprendre qu'un héritier Schlumberger ne laissera pas volontiers dilapider le patrimoine familial, et que la meilleure manière de le convaincre de vendre, et de vendre à bas prix, est que l'acheteur soit... un autre héritier de la famille Schlumberger. Ce sera Nicolas Seydoux, le frère de Jérôme. Rassam ne connaît pas Jérôme Seydoux, mais il connaît Nicolas, archétype des qualités de sérieux et d'austérité de la famille, et qui, tout héritier d'une des plus grandes fortunes de France qu'il est, gagne sa vie comme analyste financier pour la banque Morgan. Jean-Pierre Rassam et Nicolas Seydoux étaient en même temps à Sciences-Po, en cette période étrange où, sans qu'il soit guère question de cinéma ni d'audiovisuel dans l'honorable institution de la rue Saint-Guillaume, on trouvait dans ses amphis Jean Drucker qui deviendra le bras droit de Jean-Charles Edeline à la S.F.P. et plus tard le patron de M6, ainsi que Dominique Wallon alors dirigeant du syndicat étudiant l'Unef, et qui sera le directeur général du C.N.C., et aussi un futur producteur et éditeur, Antoine de Clermont-Tonnerre, et un futur banquier du cinéma, Renaud Kolincki. On y trouvait également un fils d'aristocrates savoyards et désargentés, Daniel Toscan du Plantier, ami de Nicolas Seydoux.

En 1974, Toscan du Plantier a déjà grimpé bon nombre des échelons d'une brillante carrière dans la publicité, à l'ombre du père fondateur de Publicis, Marcel Bleustein-Blanchet. Rassam avait déjà eu l'idée de tirer parti de ces relations. Mécontent de la manière dont les films sont promus, il avait essayé de monter une agence de publicité en s'associant à Nicolas Seydoux, à Toscan du Plantier et à un spécialiste des relations publiques dans le cinéma, Claude Davy. Mais il voit désormais beaucoup plus grand. Il sait que ses idées, et son comportement, risquent d'effaroucher Nicolas Seydoux, et demande à Toscan de lui servir d'intermédiaire pour réaliser son grand projet. Et Toscan du Plantier, qui ne s'intéresse guère au cinéma que dans la mesure où il a épousé l'actrice Marie-Christine Barrault, va voir son ami Nicolas et lui explique le plan. Personne n'est très convaincu par cette idée ; Schlumberger envisage plutôt de se défaire de sa participation dans Gaumont, qui ne rapporte pas d'argent et appartient à un secteur auquel, dans les milieux de la finance, on n'accorde ni avenir ni considération. Mais ce n'est pas l'opinion de Riboud. Parmi les influences déterminantes sur son choix, celle d'un ami de Jean-Pierre Rassam, Claude Baks, qui a fait toute sa carrière chez Schlumberger, est l'un des collaborateurs les plus proches de Jean Riboud et n'a, lui, rien d'un rêveur. Baks croit au projet Gaumont. Langlois, que Rassam a souvent aidé, appuie dans le même sens. Et Roberto Rossellini soi-même, auquel Rassam avait proposé la réalisation d'un projet né de ses accointances avec des hommes d'affaires arabes, une *Vie d'Ibn Seoud*. Ce film ne se fera pas, mais il a permis au producteur de jouer ensuite les intermédiaires pour le financement du dernier film du cinéaste italien, *Le Messie*, réalisé en Tunisie avec le soutien d'un jeune homme d'avenir dans la production, Tarak ben Amar... Racheter Gaumont, se doter de l'appareil permettant d'agir efficacement pour le bien des Lumières : Rossellini est enthousiaste. Dans le même temps, Rassam sillonne la France profonde à bord d'un train de luxe loué afin d'assurer la promotion en province des *Chinois à Paris*. Parmi ses accompagnateurs, un journaliste de télévision qui fait partie de sa « bande », Pierre-André Boutang, est chargé d'aller dans chaque ville expliquer aux gérants des salles Gaumont combien leur vie sera belle lorsque la société mère aura été rachetée par Nicolas Seydoux, Jean-Pierre Rassam et Jean Yanne. Bref, c'est une opération de grande envergure, un véritable filet qui se tisse pour capturer la marguerite.

Et ça marche. Sous l'autorité de Jean Riboud, Jérôme Seydoux donne le 30 juin 1974 une option sur les parts détenues par les Compteurs de Montrouge au repreneur putatif de Gaumont, la toute nouvelle société Cinépar, constituée par son propre frère Nicolas, Rassam et Yanne. Mais cela ne suffit pas pour atteindre la majorité et donc prendre le contrôle de Gaumont. D'autant que les entreprenants repreneurs affrontent une double hostilité : la hiérarchie de la société voit ces manœuvres d'un mauvais œil, et elles suscitent l'opposition totale de l'autre ténor du conseil d'administration, Jacques Douce, le patron de Havas — Havas d'où est issu un membre éminent de la hiérarchie de Gaumont, Alain Poiré le patron de la production. Ici intervient à nouveau Jean-Pierre Rassam. Grâce à ses contacts avec les milieux cinématographiques américains, notamment avec Coppola, il entre en rapport avec le patron de la Paramount, Charles Bludhorn, qui possède à titre personnel 8 % du capital de Gaumont. Quelques négociations discrètes avec des petits porteurs ont entre-temps augmenté légèrement le portefeuille Cinépar : avec ce nouvel apport, Nicolas Seydoux et Jean-Pierre Rassam deviendront majoritaires. Au terme d'intenses tractations, Nicolas Seydoux s'envole un beau matin pour Monaco, retrouve l'Américain à l'Hôtel de Paris et lui signe rubis sur l'ongle, et à bas prix, le rachat de ses parts.

C'est fait ? Non. Reste le dernier épisode, qui n'est pas le plus limpide. Il faut « lever l'option » sur les actions des Compteurs de Montrouge : en clair, il faut payer. Nicolas Seydoux, Jean-Pierre Rassam et Jean Yanne doivent partager la dépense, mais c'est Nicolas Seydoux seul qui rachète les parts. Dans le même temps, Rassam et Yanne s'étaient lancés dans la dispendieuse aventure des *Chinois à Paris,* aggravée pour Rassam de celle, encore plus périlleuse, de *Touche pas à la femme blanche* et du *Lancelot* de Bresson. Ses logements princiers, son yacht, ses largesses de nabab coûtent des fortunes, et le fisc s'intéresse de près à ses comptes, plutôt fumeux. La version officielle, celle des vainqueurs, dira qu'à ce moment Rassam n'a plus d'argent. C'est exact, mais cette explication rationnelle ne dit pas tout. Il y manque au moins deux éléments. D'abord, producteur à l'inventivité sans égale, Jean-Pierre Rassam est le contraire absolu d'un gestionnaire : on le sait capable de tout miser sur un coup de dés. Nombreux sont ceux, pas seulement à l'intérieur de Gaumont ou s'apprêtant à y entrer, qui ne souhaitent pas que le plus vénérable fleuron de l'industrie cinématographique française se retrouve à la merci d'une lubie du « génie ». Ensuite, le monde du cinéma français est une caste. Pas une caste très hermétique, le fils d'artisan fourreur de la rue du Faubourg-Poissonnière Claude Berri est en train d'y acquérir ses lettres de noblesse, et l'ancien marchand de quatre-saisons Guy Verrecchia deviendra bientôt le grand patron de l'U.G.C. Mais une caste où il faut tout de même mettre les formes pour s'y installer durablement.

C'est même devenu plus vrai à cette époque que dix ans auparavant – le milieu cinématographique tend à compter moins d'aventuriers et plus de « responsables ». Jean-Pierre Rassam s'est refusé à mettre quelque forme que ce soit, il a plutôt pris un malin plaisir à jouer les trouble-fête. Du cercle des grands, il ne fera pas partie. Un de ses proches raconte qu'un jour, dans le hall du Marignan, le porte-parole des exploitants Pierre Vercel lui avait dit : *« Rassam, nous ne vous laisserons jamais prendre le pouvoir. »* Ce « nous » dit une société fermée, celle des puissants du cinéma ; Jean-Pierre Rassam n'est pas, et ne sera pas des leurs (et pas plus le saltimbanque Jean Yanne), il aurait pu en faisant des concessions mais ne l'a pas voulu, il voulut gagner contre tout le monde.

En septembre 1974, Nicolas Seydoux devient vice-président de Gaumont. En novembre, Daniel Toscan du Plantier est engagé comme conseiller, il sera directeur général adjoint le 1er mars 1975. Il a trente-trois ans. Nicolas Seydoux Fornier de Clausonne devient P.-D.G. de la plus grande société du cinéma français en juin 1975. Il a trente-six ans.

Jean-Pierre Rassam, qui n'est pas du genre à se laisser faire, tempête, menace, crie à la trahison et au complot, mobilise ses avocats, et peut-être de moins avouables avoués, on embauche des gardes du corps chez les nouveaux patrons de Gaumont. Nicolas Seydoux lui fait des offres luxueuses, en argent et en indépendance, pour produire au sein de Gaumont. Rassam qui, semble-t-il, a véritablement cru qu'il avait lui-même racheté la société, veut être le patron, pas le plus choyé des employés. On coproduit pourtant, avec les Fims du Losange, deux projets qu'il avait apportés à l'époque de la grande alliance, *Maîtresse* de Barbet Schroeder et *La Marquise d'O...* d'Eric Rohmer. Voyant son empire lui échapper, Jean-Pierre Rassam sombre dans une longue déprime copieusement entretenue à la poudre blanche. Il tentera de se reprendre au milieu des années quatre-vingt, créant une société de production, Archimède, avec Claude Baks, qui est devenu administrateur chez Gaumont mais est resté un ami. Il monte le projet du *Bon Roi Dagobert* réalisé par Dino Risi avec Coluche en vedette, financé par... Gaumont, et qui sort à l'automne 1984. C'est un échec public et critique cinglant. Le 28 janvier 1985, après avoir raté son grand retour annoncé à coups de phrases tonitruantes, Jean-Pierre Rassam meurt. Il avait quarante-trois ans.

Les années Toscan

Chez Gaumont, l'arrivée du très réservé Nicolas Seydoux dans le fauteuil du président Sallard ne fait pas de vagues, d'autant que les deux patrons de terrain que sont Alain Poiré à la production et Denis Chateau à la programmation conservent leur place et leurs prérogatives. Ils seront les facteurs de stabilité de la vieille maison, Poiré continuant de produire selon les anciennes méthodes des films qui connaissent un succès quasi systématique, Chateau régissant l'accès aux cinq cent quatre-vingts écrans programmés par le G.I.E. Gaumont-Pathé en fonction des intérêts du circuit, sans avantager particulièrement les productions « maison » si elles ne correspondent pas à sa propre stratégie. Les vagues, de sacrés remous même, vont être le fait de la « pièce rapportée » de ce dispositif, le directeur général Daniel Toscan du Plantier. Toscan est un conteur, et il a une histoire à raconter. Moustache conquérante et verbe haut, il apporte avec lui une vision globale et contemporaine de ce que peut être le cinéma : son passage dans la publicité lui a enseigné l'étude des marchés en même temps que la puissance d'impact des formules chocs, dont il semble posséder une inépuisable réserve. La rencontre, impressionnante, de Roberto Rossellini, l'a aidé à parfaire sa conception d'ensemble, laquelle ne se satisfait pas de la coupure entre commerce et art, mais ne cherche pas non plus à revenir à l'ancien unanimisme de l'« art de masse » tel qu'il a commencé de s'éteindre dès le début des années soixante. L'idée maîtresse sera de dépasser ce clivage, comme cette nostalgie, dans un ensemble plus vaste : la culture. Toscan du Plantier se veut entrepreneur et mécène, contrebandier et inventeur, « l'enfant d'Al Capone et de Rossellini » comme il intitulera un livre autobiographique. Il redessine une stratégie qui enjambe les frontières entre pays, les frontières entre disciplines artistiques, et la frontière entre cinéma et télévision. Au service de ses grands projets, le chantre de l'« économie culturelle » (l'expression fera fortune, à tous les sens du terme) est intarissable en discours où se mêlent Laurent de Médicis et Ingmar Bergman, Bleustein-Blanchet et Mozart, Picasso et de Funès, les statistiques et les grands textes. Dans un plaidoyer *pro domo* datant de l'année de son entrée en fonction, et symptomatiquement titré *Entrepreneur du désir,* il affirme avec une clairvoyance encore peu partagée à l'époque la disparition *du* public, au profit de publics segmentés correspondant à des films différents. Et il énonce la triple vocation de Gaumont telle qu'il entend la diriger : vocation culturelle, audiovisuelle et internationale. Ce langage haut en couleur, en généralités et en ambition, ni cinéphilique ni mercantile, n'est pas habituel dans ces milieux. Il suscite une surprise dubitative, et pas mal d'hostilité. Néanmoins, pour l'essentiel et avec des fortunes diverses, Daniel Toscan du Plantier va faire ce qu'il a annoncé.

Le début est pourtant modeste : aussitôt installé chez Gaumont, Toscan voit affluer les scénarios de films dont la caractéristique commune est que la vedette doit en être... son épouse, Marie-Christine Barrault (les auteurs ignorant apparemment qu'ils sont en instance de divorce). Il s'en amuse et s'en agace, en choisit pourtant un qui lui plaît, projet de petite comédie sentimentale au ton plutôt original, qui sera le deuxième film de Jean-Charles Tacchella, sur un scénario de Danièle Thompson. *Cousin, cousine* (1975), comédie de l'amour triomphant du conformisme familial, avec Victor Lanoux et (donc) Marie-Christine Barrault, est une petite réussite, et un petit succès ; on est bien content chez Gaumont de le vendre à l'étranger aux conditions en vigueur pour ce genre de produit, et notamment 50 000 dollars aux Etats-Unis. Quand *Cousin, cousine* aura amassé 10 millions de dollars au box-office américain, Toscan du Plantier n'aura aucun mal à convaincre son entourage de cet aspect de sa stratégie globale : il faut cesser de penser en termes franco-français, le cinéma est une industrie mondiale et ceux qui la pratiquent ne survivront qu'en s'implantant à l'échelle mondiale. L'exemple du film de Tacchella « prouve » que le cinéma français fabrique des produits exportables.

Trois pays vont faire l'objet de la sollicitude de Gaumont, les Etats-Unis, le Brésil et l'Italie. Les Etats-Unis, avec la création en 1978 de la Gaumont Inc., le partenariat avec un exploitant new-yorkais, Dan Talbot, dans l'exploitation de quelques écrans, puis en 1981 une association de plus grande envergure avec Columbia sous le nom de Triumph. Ce seront des échecs, le marché américain demeure pratiquement impénétrable sur une grande échelle : à défaut de produits et d'investissements en quantité suffisante, *Cousin, cousine* a été un petit miracle comme il s'en produit de temps en temps, pas l'hirondelle d'un printemps français outre-Atlantique.

Au Brésil, c'est un peu l'occasion qui a fait le larron, en l'occurrence la présence sur place du réalisateur Jean-Gabriel Albicocco, qui se transforme en missi dominici pour Gaumont et gérera, en 1982, un circuit de salles à l'enseigne de la marguerite. Mais la menace de nationalisation de tout le cinéma au Brésil mettra un terme à une expérience de toute façon économiquement et artistiquement marginale. En Italie surtout, pays avec lequel Gaumont entretient des liens de coproduction anciens et nombreux. En Italie où il y a, en 1975, 513 millions de spectateurs dans les salles (contre 180 millions en France). Mais lorsque est créée en 1978 la société Gaumont Italie, dirigée par Renzo Rossellini, fils du maître et qui semblait avoir des dispositions pour les affaires, puis que le dispositif est complété par le rachat d'un circuit de salles, le séisme a déjà eu lieu : l'ouverture sans contrôle des ondes aux télévisions privées va entraîner la prolifération anarchique des chaînes, qui s'accompagne de l'effondrement de la fréquentation en salles. Et les professionnels du cinéma italien, au lieu de profiter de ce renfort de poids face à l'offensive télévisuelle qui va les balayer, mettent plutôt des bâtons dans les roues de l'opération Gaumont, qu'ils jugent agressive. Elle est, à tout le moins, maladroite vis-à-vis des sentiments nationaux : vu la situation du cinéma en Italie, Gaumont est devenu la première société de cinéma, on imagine que cela choque. L'opération italienne sera le plus coûteux échec de la politique Toscan, et la cause la plus directe de sa future chute.

La vision internationale du producteur ne concerne pas seulement les marchés, elle concerne d'abord les « créateurs », à commencer par les plus prestigieux d'entre eux. A mesure que le cinéma s'affaiblit dans la plupart des autres pays d'Europe, ils vont trouver en France, et principalement chez Gaumont, un interlocuteur pour leurs projets. En production ou coproduction, et bien sûr en distribution, on trouve ainsi au catalogue Gaumont de ces années-là les noms de Werner Herzog (*Nosferatu, fantôme de la nuit,* 1978), Joseph Losey (*Don Giovanni,* 1979 ; *La Truite,* 1982), Francesco Rosi (*Le Christ s'est arrêté à Eboli,* 1980 ; *Trois frères,* 1981 ; *Carmen,* 1984), Federico Fellini (*La Cité des femmes,* 1980 ; *Et vogue le navire,* 1984), Michelangelo Antonioni (*Identification d'une femme,* 1982), Ettore Scola (*La Nuit de Varennes,* 1982), Rainer Werner Fassbinder (*Querelle,* 1982), Carlos Saura (*Antonietta,* 1983), Andrzej Wajda (*Danton,* 1983 ; *Un amour en Allemagne,* 1983), Ingmar Bergman (*Fanny et Alexandre,* 1983), Volker Schlöndorff (*Un amour de Swann,* 1984)... Et aussi Comencini, Delvaux, Tanner, Mészáros, Bolognini, Cavani, Goretta, Monicelli, Syberberg, von Trotta, Bellocchio... Soit une sorte de *Who's Who* du cinéma européen de qualité, disposant de moyens matériels importants, de vedettes des quatre coins de l'Europe, souvent de sujets littéraires ou historiques. *« Que chacune de nos productions se donne comme but d'exister dans la liste des chefs-d'œuvre de l'esprit humain, capables d'émouvoir d'un extrême à l'autre de la planète »*, avait dit Toscan du Plantier en arrivant. Indépendamment de la qualité, très inégale, du résultat, et de son succès public, chaque film semble à son tour brandir cette ambition.

Dans une conception classique de la production de cinéma, elle paraîtrait sans doute exagérée. Mais Toscan situe sa politique sur un autre plan, celui de l'audiovisuel. Esthétiquement, Rossellini avait prévu dès le début des années soixante le dépassement de la frontière entre cinéma et télévision ; économiquement, Jean-Pierre Rassam était arrivé au même raisonnement dès le début des années soixante-dix, mais en anticipant, lui, non la télévision publique et éducative dont rêvait le cinéaste italien, mais la multiplication des chaînes privées, riches de l'argent des publicitaires et avides de produits prestigieux. A cette double école, Toscan a compris qu'au-delà de la qualité et de la réussite commerciale immédiate de ses productions, au-delà de la gloire que les grands du cinéma européen confèrent au nom de Gaumont et au sien, ces films représentent et représenteront une mine d'or sous forme de droits audiovisuels. Il a également compris que pour valoriser ce catalogue, il faut s'éloigner le plus possible du tout-venant de la production, en donnant aux films une valeur ajoutée qui les rend uniques, et donc désirables. D'abord dans les salles, qui restent la vitrine et le label distinctif du cinéma, puis pour les téléspectateurs. Mais sa clairvoyance, et plus généralement celle de Gaumont, s'arrête là. Toscan et Seydoux ne voient pas que la production cinéma et la production télé vont devenir, sont déjà devenues complémentaires. Noble et fier, mais erroné, le mot d'ordre chez Gaumont, au moins jusqu'en 1990, restera : *« Cinéma et télévision sont deux métiers différents, le nôtre, c'est le cinéma, la télévision n'est pas notre affaire. »* Cette erreur n'est pas nouvelle à l'enseigne de la marguerite : déjà, lorsqu'en 1938 la Compagnie des Compteurs de Montrouge y était devenue actionnaire et y avait installé ses dirigeants, c'était une société en pointe, au niveau international, dans le secteur de la télévision, qui offrait la possibilité d'un nouveau développement, mais l'opportunité n'avait pas été saisie. Il n'y aura donc pas de production spécifique pour la télévision durant les « années Toscan », ni celles qui suivent : en ce sens, la société se différencie des *majors* américaines auxquelles on la compare souvent, et qui ont, elles, dès le début des années soixante, intégré un secteur destiné au petit écran et qui représente une part essentielle de leur puissance.

Ce n'est pas sur ce terrain que Daniel Toscan du Plantier envisage de rivaliser avec Hollywood, mais uniquement sur celui des films de cinéma. Les Américains ont fait le même raisonnement sur la « valeur ajoutée », en misant sur le spectaculaire, ingrédient après lequel bien des stratèges français se sont ruinés à essayer de les suivre. Ce terrain est hors de portée, en argent et en savoir-faire, juge Toscan. Sa valeur ajoutée à lui, ce sera la culture. Dès son arrivée chez Gaumont, il négocie la création d'une société à cinquante-cinquante avec Gallimard, Edivisuel, pour exploiter (sans grand résultat) les droits cinématographiques de la maison d'édition dont Jean Schlumberger fut un des fondateurs. Dans le même esprit, Gaumont achètera en 1981 la maison d'édition Ramsay. Surtout Toscan du Plantier déploiera toute son énergie au profit d'un concept dont il est l'inventeur (en tout cas comme concept), le film-opéra, exemple même de l'idée du cinéma de qualité (visuelle et sonore, avec double label culturel, celui de l'œuvre d'origine, celui du réalisateur-adaptateur). Le premier coup est un coup de maître, *Don Giovanni.* Joseph Losey y donne une illustration à la fois personnelle et consensuelle, et tout à fait somptueuse, de l'opéra de Mozart. Il obtient de surcroît un succès public supérieur à son attente. Pour produire ce film, Toscan du Plantier, fidèle à sa stratégie, avait ferraillé ferme pour qu'Antenne 2 y investisse massivement : il n'a pas un besoin crucial de cet argent, mais il a besoin de sceller dans le prestige culturel et les accents de Ruggiero Raimondi un accord de principe. Après un détour (involontaire) vers un cinéma beaucoup plus exigeant et dérangeant (le *Parsifal* de Wagner porté sans ménagement à l'écran par Hans Jürgen Syberberg), *Carmen* réalisée par Francesco Rosi, plus tard *La Traviata* par Zeffirelli, *La Bohème* de Comencini, *Boris Godounov* de Zulawski déclineront le même projet, avec des bonheurs variés. Le film-opéra, qui permet par ailleurs la commercialisation des bandes-son (ce qui sera la vocation de la maison de disques Erato, rachetée par Gaumont en 1981), garantit le maximum d'impact au concept cinéma selon Toscan du Plantier. Soit, sauf exceptionnelle réussite ou déviation de la commande par des cinéastes assez indépendants et puissants (Fellini, Bergman, Antonioni), un luxueux « son et lumière », inattaquable culturellement et porteur de valeur économique durable, intégré à une stratégie prenant en compte ces deux « extérieurs » du marché traditionnel des salles françaises que sont l'étranger et la télévision. C'est sans doute la meilleure réponse d'économie lourde qui ait été proposée dans le cinéma français depuis le début des années soixante. Les films français proprement dits y occupent un rôle minoritaire, encore que *Danton* de Wajda ou *La Nuit de Varennes* de Scola soient à tous égards plus « français » que polonais ou italien. « Franco-français », lui, issu de l'héritage Rassam mais produit sous la bannière de Toscan, *Maîtresse,* de Schroeder, a donné à Toscan du Plantier l'occasion de se lier avec Gérard Depardieu, dont il a immédiatement flairé l'extraordinaire potentiel ; et, autre « effet Rassam », la réussite artistique et commerciale de *Nous ne vieillirons pas ensemble* reste un exemple à méditer. Toscan produit le nouveau Pialat, *Loulou.* Mais alors que le réalisateur voulait pour interprètes Miou-Miou et Dutronc, il lui impose Isabelle Huppert, alors sa compagne, et Depardieu. A l'arrivée, le film est splendide, et sera un succès (quoique dans une moindre mesure que *Nous ne vieillirons pas ensemble*). *Loulou* ressemble complètement à

« du Pialat », pas du tout à un « film Toscan »... Durant les douze années à venir, Daniel Toscan du Plantier produira tous les films de Maurice Pialat.

Un autre film « franco-français » attire sur le moment une plus grande attention, pas forcément à son avantage. Pour *Les Sœurs Brontë* (1979), le producteur entraîne un jeune auteur déjà affirmé, André Téchiné, dans une entreprise selon ses principes : production cossue, trio de vedettes irrécusable (Isabelle Adjani, Isabelle Huppert, Marie-France Pisier), sujet culturel, garanties prises aussi bien sur la mise en scène que sur ses soutiens techniques. Téchiné, après la réussite de *Souvenirs d'en France,* avait obtenu le concours de deux vedettes montantes pour son troisième film, *Barocco* (1976). Isabelle Adjani, Gérard Depardieu dans un rôle double (et le renfort appréciable de Marie-France Pisier) contribuaient beaucoup à donner une présence charnelle aux protagonistes de ce conte onirique, d'une belle étrangeté un peu artificielle, où se mêlaient expressionnisme et réalisme poétique. *Les Sœurs Brontë,* évocation du trio d'Anglaises romantiques, partaient en principe d'un terrain plus sûr, d'un cadre historique renforcé des trames fictionnelles offertes par les romans des Brontë. Téchiné n'est sans doute pas un bloc inentamable comme Maurice Pialat, et il cultive un goût certain pour le romanesque, mais c'est un auteur. Lui ne va pas dynamiter le projet, il va le pervertir doucement mais sûrement, le pliant à ses obsessions et à ses désirs. Son film devient ainsi la mise en jeu d'un système complexe d'affrontements et de glissements, trop complexe pour ce type de production. Le personnage principal du film n'est pas l'une des trois jeunes femmes (et donc aucune des trois vedettes ni même les trois ensemble), mais Branwell, leur frère (Pascal Greggory).

Ce déplacement insidieux fausse la mécanique d'un film qui semblait présenter les garanties rassurantes d'une belle reconstitution historico-littéraire appuyée sur le star-system, et au service d'une idée consensuelle, à la fois culturelle et progressiste : la prise de parole des femmes dans une société machiste et rigoriste. On s'en éloigne d'autant plus que le cinéaste élimine impitoyablement toute utilisation mélodramatique d'événements qui s'y prêtaient pourtant, comme il refuse les possibilités spectaculaires du cinéma d'époque : seule la lande désolée offre une échappatoire au confinement dans des intérieurs austères, ou surchargés. En même temps, le combat terrible mais feutré des personnages contre la société conformiste dans laquelle ils vivent semble se doubler, de manière tout aussi feutrée, d'un combat du cinéaste contre les règles non écrites du type de film qu'il réalise. L'enjeu du film est l'impossible fusion entre des corps séparés et de sexes différents (la fratrie Brontë), l'enjeu de sa réalisation est la fusion entre les exigences du cinéma moderne auquel appartient intellectuellement Téchiné et son goût pour le romanesque, mais il devient aussi, cette fois, le conflit entre ses ambitions artistiques telles que les conçoit le metteur en scène et ses ambitions culturelles telles que les conçoit le producteur. Malgré les références explicites à la peinture dans la composition des cadrages et le jeu des dominantes de couleurs, malgré un traitement chorégraphique des gestes et des lents travellings avant, malgré la diction théâtrale où perce toujours l'influence brechtienne, malgré la grande musique et la littérature, malgré même l'onction d'un grand intellectuel, Roland Barthes, faisant une courte apparition, la « fusion » sous les auspices d'une culture haut de gamme mais attrayante et rassurante telle que la conçoit Toscan du Plantier n'a pas lieu. Par ses partis pris stylistiques souvent poussés très loin, *Les Sœurs Brontë* demeurent une œuvre d'art, exigeante, dérangeante, « décevante » au sens où elle ne rassasie ni ne réconforte. Tout cela, qui contribue à rendre le film passionnant, lui vaudra un rejet violent lors de sa présentation à Cannes : les « professionnels » s'agacent depuis longtemps des grands airs et des grandes phrases de Toscan du Plantier, quand il se trompe et plus encore quand il ne se trompe pas ; les critiques cinéphiles purs et durs s'offusquent que l'un de « leurs » auteurs se soit compromis dans une superproduction de la Gaumont ; le « grand public » (mieux représenté à Cannes qu'on ne le croit) ne trouve pas son content dans ce dispositif austère et troublant, qui semble prendre un plaisir pervers à briser les habituels ressorts de l'identification et du désir à l'égard d'aussi plaisantes jeunes actrices. Tout le monde sera d'accord pour ne pas aimer le film. Le médiocre accueil du public en salles achèvera de faire des *Sœurs Brontë* un film maudit, ce qui est injuste, mais lui convient assez bien. Le projet du film, sinon le film lui-même, éclaire par ailleurs le genre de films auquel aspire alors Toscan du Plantier : très loin (quoi qu'il en dise) de Rossellini, le cinéma tel qu'il le souhaite est celui qu'a incarné Luchino Visconti (qui fut aussi un immense metteur en scène d'opéra). Mais Visconti était de l'ère où vivaient encore les mythologies.

Daniel Toscan du Plantier à la tête de Gaumont incarne la nouvelle « nouvelle tendance du cinéma français », il l'incarne même doublement, en étant le meilleur avocat et le plus actif entrepreneur : littéralement le promoteur, au sens où il la construit, et au sens où il en assure la promotion. Cette promotion en faveur « du » cinéma, de l'idée de cinéma, profite donc au cinéma, profite à Gaumont, profite à Toscan lui-même. Il devient un personnage public, une vedette qui saurait parler, qui aimerait les films et les cinéastes, qui serait capable de relier les affaires, le plaisir et la culture dans une hiérarchie convenable, et à l'occasion enthousiasmante. Pour les médias, un homme pareil est une aubaine. Et ainsi, par son entremise, le producteur devient un personnage. Toscan lance l'opération qui fera de la fabrication des films un récit et même, autant que faire se peut, un Grand Récit, une légende sur le cinéma se substituant aux légendes que les films eux-mêmes ne racontent plus. Daniel Toscan du Plantier mène cette vaste entreprise avec d'autant plus d'allant et d'efficacité qu'il bénéficie de moyens considérables : le patron, son ami Nicolas Seydoux, lui laisse et lui laissera carte blanche durant près de dix ans. Toscan n'est d'ailleurs pas à proprement parler un producteur, il le dit fort bien lui-même, il est *« un producteur de producteurs »*. A la fois en ce qu'il fait travailler des producteurs de terrain sur les films que finance Gaumont et auquel lui-même et Nicolas Seydoux ont donné le feu vert, et en ce qu'il « produit », au sens d'un entrepreneur de spectacles, la fonction même de producteur. Jean-Pierre Rassam avait, à sa manière spectaculaire, représenté une étape intermédiaire dans cette évolution : moins séduit par les films que par le talent, auquel il vouait une véritable passion, et par le brio de « coups », les plus audacieux étant forcément les meilleurs. La différence est que Toscan travaille à l'intérieur de la première société de cinéma d'Europe ; son action se rapproche plus de celle des grands *executives* à l'américaine : il y a des « films Gaumont » comme il y a eu des « films M.G.M. ». Alors que simultanément Alain Poiré occupe une position comparable à celle d'un *producer,* œuvrant dans le cadre d'une *major* selon ses propres recettes et avec sa propre équipe.

Le changement chez Gaumont est également symptomatique de plusieurs phénomènes qui se produisent alors. D'abord l'entrée dans le cinéma du grand capital, *via* l'implication directe de membres de la famille Schlumberger, très différente de la simple présence d'un représentant au conseil d'administration : avec de pareils soubassements financiers, les choix stratégiques ne dépendent plus de l'accord de banques demeurées hors du sérail, et dont il fallait chaque fois tirer la sonnette. Ensuite l'installation à la tête des sociétés de cinéma de diplômés de haut niveau : la coïncidence des élèves de la classe Sciences-Po n'était pas qu'anecdotique, elle préfigurait l'arrivée d'une nouvelle génération de managers bien différente de celle des aventuriers généreux ou avides (ou, le plus souvent, à la fois munificents et calculateurs à court terme) qui ont depuis toujours régné sur l'industrie en compagnie d'ingénieurs et de commerciaux. Chez Gaumont même, cette évolution sera soulignée par l'arrivée en 1978, comme responsable de la distribution, d'un universitaire spécialiste de l'économie du cinéma qui, quelques mois avant son entrée dans la maison, avait publié sous le titre *Le Cinéma exploité* une analyse aussi contestatrice que documentée de l'état de l'industrie cinématographique : René Bonnell.

Mais si nul n'a autant que Toscan contribué à promouvoir cette nouvelle conception du cinéma, il n'est évidemment pas le seul. Sur d'autres terrains, d'autres intervenants poursuivant leurs propres motivations participent à cette évolution, qui bouleversera en quelques années l'industrie du cinéma, et jusqu'aux films eux-mêmes, mais permettra la survie du cinéma français. Dans cette mutation dont on va décrire les autres protagonistes, on notera auparavant que, contrairement aux discours convenus, l'Etat ne joue qu'un rôle fort discret, au moins jusqu'à la fin des années soixante-dix.

Artmédia en position dominante

A l'orée des années soixante-dix, l'agence artistique, dont on a vu la fondation discrète, règne sur la composition des affiches des films les plus prestigieux (et des autres), grâce à la fusion avec deux ténors du secteur, André Bernheim et Cimura. La plupart des plus grandes vedettes font partie de l'agence fondée et dirigée par Gérard Lebovici. En 1969, le comédien Serge Rousseau, qui avait participé au comité fondateur d'Artmédia sans intégrer alors la société, la rejoint. Et c'est lui qui, écumant les cafés-théâtres, les scènes alternatives comme les cours du Conservatoire, amène chez Artmédia pratiquement tous les plus brillants représentants de la nouvelle génération : Depardieu, Dewaere, Miou-Miou, Coluche, Adjani, Nathalie Baye, André Dussollier, Francis Huster, Jacques Villeret, Jacques Weber, Jean-François Balmer, Etienne Chicot, Patrick Bouchitey, Niels Arestrup.

Le patron d'Artmédia est loin d'être seulement un agent ambitieux, se taillant un petit empire dans sa partie. Personnage complexe, Gérard Lebovici est également un proche des ex-situationnistes et en particulier de Guy Debord ; il est cofondateur et directeur des éditions Champ Libre qui publient tout ce qui se trouve de libelles les plus radicaux contre l'ordre social, et quelques-uns des textes les plus beaux et les moins connus de la littérature et de la pensée mondiales, de Baltasar Gracián à Boulgakov. Dans le cinéma, Lebovici n'envisage pas de se limiter à trouver un travail à ses poulains et à encaisser ses 10 %. De manière au moins aussi radicale qu'un Jean-Pierre Rassam, mais avec des motivations plus politiques, ce trublion dans l'âme est parfaitement conscient de la puissance que représente une telle réunion de talents (soit, aussi, de « valeurs » en termes financiers). Il compte bien s'en servir pour étendre son emprise sur l'ensemble du cinéma, avec derrière la tête la perspective de déstabiliser tout le système.

En septembre 1973, selon une stratégie qui tend à la constitution de réseaux plutôt qu'à la séparation des pouvoirs recommandée par les pères de la démocratie, « Lebo » avait acheté le journal professionnel du cinéma, *Le Film français.* Il y crée aussitôt, avec le soutien des grands distributeurs et des exploitants, un outil unique au monde par la quantité de données instructives qu'il contient et la transparence qu'il permet : le quotidien *Ciné-chiffres* [1], qui donne chaque jour, film par film et salle par salle, les entrées à Paris et en banlieue. C'était se doter d'un moyen de contrôle et d'intervention adapté à la nouvelle situation, engendrée par la multiplication des complexes et les stratégies qu'ils permettent. C'était aussi ajouter une nouvelle approche à la vie du cinéma : le *Ciné-chiffres* deviendra une autre modalité du récit des aventures du cinéma, jusqu'alors tenue secrète et tenue pour triviale. A l'heure de la valorisation culturelle et romanesque des budgets de production et des tribulations commerciales des films, ce coup de projecteur sur les chiffres permettra d'inventer un nouveau feuilleton : non plus « notre héros échappera-t-il aux manœuvres du brigand qui guette dans l'ombre ? », mais « notre ami le film parviendra-t-il à ne pas perdre plus de 25 % d'entrées sur Paris-surface en troisième semaine ? ».

Pourtant, l'achat du *Film français* ne donne qu'une prise indirecte sur le milieu cinématographique, et la personnalité de son propriétaire jette trop la suspicion sur la crédibilité du journal : Lebovici le revend en 1977. Il y a mieux, beaucoup mieux à faire ; grâce à la puissance d'Artmédia, n'est-il pas en mesure non seulement d'obtenir pour ses comédiens des rémunérations à sa convenance, mais de composer entièrement un générique, de faire dépendre la présence d'une vedette de l'engagement d'un autre acteur, de couler un projet en lui refusant la tête d'affiche dont il a besoin ? C'est le système du « package », inspiré de l'industrie hollywoodienne, et qui ne concerne pas seulement les comédiens mais aussi les réalisateurs et les scénaristes. Lebovici ne s'en tient pas là, il peut contribuer à la conception globale d'un film où scénario, réalisateur et interprètes font partie du projet dès l'origine, et doivent être acceptés d'emblée par le producteur. La liste des clients les plus célèbres de l'agence à la fin des années soixante-dix donne une idée de la puissance ainsi accumulée : Belmondo, Brasseur, Depardieu, Mastroianni, Montand, Noiret, Poiret, Pierre Richard, Rochefort, Trintignant pour les acteurs ; Anouk Aimée, Ursula Andress, Anémone, Fanny Ardant, Nathalie Baye, Carole Bouquet, Catherine Deneuve, Isabelle Huppert, Miou-Miou, Jeanne Moreau, Romy Schneider pour les actrices ; Annaud, Blier, Boisset, de Broca, Corneau, Deray, Enrico, Costa-Gavras, Girod, Granier-Deferre, Kurys, Lautner, Labro, Miller, Molinaro, Rappeneau, Resnais, Sautet, Téchiné, Truffaut, Verneuil, Zidi pour les réalisateurs ; Audiard, Boudard, Boulanger, Conchon, Pascal Jardin, J.-M. Poiré, Semprun, Veber pour les scénaristes. Soit, selon diverses combinatoires, le générique de 80 % des films français importants produits à cette époque.

1. *Ciné-chiffres* était né d'une idée de Denis Chateau (responsable de la distribution chez Gaumont), Pierre Edeline (son homologue d'U.G.C.) et Daniel Goldman (patron de C.I.C.-France, qui distribue trois *majors* américaines). Il a d'abord été fabriqué artisanalement par Anne-Marie Chambon et Louis-Paul Costa, qui continua d'en assumer la responsabilité directe.

Rassam carburait au feeling, Toscan fonctionne à l'envolée lyrique sur la culture, l'argumentaire de Lebovici est plus commercial en apparence, avec des arrière-pensées sans doute plus politiques. Mais au fond la démarche est semblable : le film-concept, idée générique du cinéma qui trouve ses manifestations successives au gré de combinaisons habiles, prometteuses et surprenantes. Rien à voir avec une œuvre conçue dans la singularité au nom de son exigence propre, ni avec la mécanique archaïque du produit commercial élaboré pas à pas selon des hiérarchies obsolètes – le scénario, dans ce nouveau cas de figure, peut parfaitement être la dernière roue du carrosse. Nul mépris envers qui que ce soit dans ce nouveau dispositif, Lebovici, Toscan, Rassam aiment les artistes et admirent les créateurs (qui souvent le leur rendent bien). Mais ils sont porteurs d'une idée nouvelle, où ce n'est plus ni l'histoire, ni les interprètes, ni la mise en scène qui prime, mais le film lui-même, comme valeur absolue auxquels tous contribuent mais en s'effaçant à son bénéfice. Cette conception, parfaitement en phase avec la publicité moderne qui tend à valoriser le produit non plus pour son usage mais en tant que tel, pour son « aura » de marchandise, convient tout à fait à l'intégration du cinéma dans le « grand tout » audiovisuel, telle qu'elle se dessine alors.

Il y a eu rivalité entre Jean-Pierre Rassam et Gérard Lebovici, puis la tentation d'une alliance (Gaumont plus Artmédia, c'était la puissance et la gloire, et la voie vers un rêve toujours caressé par tous les Rastignac du cinéma français, rarement avoué : la conquête de l'Amérique). Après la chute de Rassam, « Lebo » devient l'interlocuteur exigeant des producteurs. L'un des membres de la « bande » de Jean-Pierre Rassam, qui après s'être formé à son contact vole désormais de ses propres ailes aux commandes de Sara Films (fondé en 1975) et ira haut, Alain Sarde, sera d'ailleurs considéré à un moment comme l'« exécutant » de packages conçus chez Artmédia. Tout comme Raymond Danon, qui a été un ténor de la période précédente mais qui se trouve, lui, plutôt sur le déclin et devra vendre en 1980 la totalité des droits de sa société, Lira Films, à U.G.C. Claude Berri, qui a lui aussi participé à la naissance du projet Artmédia et dont les bureaux se trouveront bientôt dans le même immeuble, peut également être considéré comme un proche de l'organisation Lebovici, et à travers lui l'important réseau d'amitiés personnelles et professionnelles qu'il entretient. Mais le patron d'Artmédia ne s'arrête pas là : avant la fin de la décennie, il sera à la tête, directement ou indirectement, d'un véritable groupe comprenant des sociétés de production (Simar Films, créée en 1962 par Truffaut, reprise en 1967 par « Lebo », et Soprofilms, créée en 1976), de distribution (A.A.A.), d'exportation (Roissy Films, créée en 1973), de vente de droits aux télévisions et d'édition et de diffusion vidéo (Selena, C.D.A., constituée en modifiant la vocation de la société de production de Catherine Deneuve, reprise par Lebovici en 1978). Le patron d'Artmédia entrera également à 50 % dans le capital d'Ariane, la société de production « historique » d'Alexandre Mnouchkine et de Georges Dancigers.

Les initiales A.A.A. disent le sens de cette stratégie : « Auteurs Artistes Associés » signifie que les projets sont conçus par les créatifs et les artistes dont Artmédia est le représentant, qu'ils sont désormais partie prenante au financement (par la « mise en participation » de leurs cachets) et aux bénéfices. La démarche n'est pas nouvelle, ni chez les cinéastes (depuis Pagnol et les tentatives de Renoir avant-guerre), ni chez les vedettes (Fernandel ou Gaby Morlay ont été producteurs dans les années trente, Gabin et Fernandel avaient fondé la G.A.F.E.R. dans les années cinquante). C'est sa généralisation qui est nouvelle, elle s'appuie sur la nouvelle valorisation économique de l'apport artistique, et dépend directement de la volonté d'accéder aux revenus nés des autres exploitations des films. Lorsque Henri Verneuil ou Claude Zidi deviennent producteurs, ce n'est pas pour assurer leur indépendance comme cela avait été le cas de Varda, Truffaut, Lelouch ou Berri, mais pour accéder à de nouvelles recettes (et aussi pour des raisons fiscales). Il en va de même avec les acteurs : après Delon, qui créa Adel Production dès 1969, Belmondo, Depardieu, Pierre Richard s'engagent dans cette voie. Belmondo sera le seul acteur à aller au bout de cette logique, en se dotant également d'une société de distribution (qui travaillera en tandem, alternativement, avec Gaumont, A.M.L.F. ou A.A.A...) : Cerito, fondée dès 1972 et dirigée par l'ancien attaché de presse de la vedette, René Chateau (sans rapport avec le programmateur Denis Chateau). Cerito débordera même les seules activités liées à la carrière de Belmondo, pour s'occuper d'autres affaires de distribution et même d'exploitation (devenant notamment le spécialiste des films de kung-fu qui connaissent alors un grand succès), avant de se tourner vers l'édition vidéo. En disposant également d'un réseau de distribution et d'une société d'exportation (Roissy Film, que dirige Alain Vannier, devenant rapidement leader en ce domaine), l'empire Artmédia réduit le producteur en titre au rôle d'exécutant, sinon d'intermédiaire. Coproducteur, *via* Simar ou Soprofilms, des films dans lesquels jouent ses poulains, Lebovici obtient ainsi un droit de regard sur le financement des films, et sur les remontées de recettes, d'autant plus nécessaire à l'heure où les « droits dérivés » (ceux de la télévision et de la vidéo) commencent à représenter des sommes importantes, mais dont le compte est moins systématiquement contrôlé que les entrées en salles. En 1980, Artmédia obtiendra même le privilège de percevoir directement auprès des producteurs les droits revenant à ceux dont l'agence s'occupe, privilège accordé par la S.A.C.D. (Société des auteurs), qui devrait assumer cette fonction.

Cette concentration de pouvoirs suscite logiquement l'inquiétude des interlocuteurs ou concurrents de l'agence et de ses satellites. En

1981, la Chambre syndicale des producteurs, soutenue par sa rivale habituelle l'Association française des producteurs de films, dépose plainte pour abus de position dominante, et infraction à la loi qui interdit à un agent d'être également producteur. Gérard Lebovici abandonne alors officiellement la direction d'Artmédia... à son ami et associé Jean-Louis Livi. Les apparences sont sauves, mais Artmédia et Lebovici restent un pivot du cinéma français.

Après sa mort en mars 1984, Alain Resnais dira à juste titre : *« Gérard Lebovici n'était pas un agent, c'était un créateur de films. Une partie du visage du cinéma français a été façonnée par lui. »*

Claude Berri promu major

Au milieu des années soixante-dix, Claude Berri a cessé d'être un réalisateur qui se produit lui-même grâce à sa société, Renn Production, et donne à l'occasion un coup de main aux amis. Toujours réalisateur, il est devenu un producteur à part entière, et un producteur fortuné grâce au succès des films avec les Charlots (coproduits ou pas avec Christian Fechner), et des autres réussites sonnantes et trébuchantes de Claude Zidi. Berri pourrait considérer ainsi ses arrières comme assurés et poursuivre paisiblement sa carrière de réalisateur indépendant de toutes contraintes financières. Ce n'est pas son genre. Il est peu à peu devenu un maillon essentiel d'une chaîne de relations où talents cinéphiles, têtes d'affiches, financiers et professionnels sont étroitement liés. Avec eux, grâce à eux, il a des projets autrement ambitieux. Notamment avec son beau-frère. Non, pas lui, l'autre. Pas Jean-Pierre Rassam mais Paul, en tous points l'antithèse de son bouillant cadet.

Paul Rassam suit d'un œil circonspect, c'est le moins qu'on puisse dire, les entreprises flamboyantes de Jean-Pierre, auquel son ami Claude se mêle plus ou moins. Lui s'occupe essentiellement de la société de distribution rachetée par Renn, A.M.L.F., et se charge en particulier de l'alimenter en films indépendants américains. Et justement il y en a, à l'époque, et des bons : les Etats-Unis connaissent depuis le début de la décennie un boum créatif, dû à des réalisateurs cinéphiles qui ont pour nom Steven Spielberg, Martin Scorsese, Michael Cimino ou Francis Ford Coppola. Le phénomène qui se produit alors en Amérique est, *mutatis mutandis,* assez proche de celui qui se dessine en France : des projets ambitieux, à la fois spectaculaires et dotés d'un label culturel. Comme Jean-Pierre, Paul a surtout tissé des liens avec Coppola qui, comme Jean-Pierre (et bientôt Claude Berri), se préoccupe d'asseoir son indépendance sur une importante structure de production, Zoetrope. Autre membre éminent de la galaxie Berri, Roman Polanski, qui était déjà le copain de Gérard Brach du temps où celui-ci prêtait la main à l'écriture du *Vieil homme et l'enfant*. Polanski est désormais un auteur consacré, reconnu des deux côtés de l'Atlantique, mais interdit de séjour en Amérique suite à une confuse histoire de mœurs. C'est avec le cinéaste exilé de Pologne et d'Amérique que Claude Berri va gravir une marche capitale dans son ascension. Il produira le projet très onéreux que couve l'auteur de *Répulsion*, une reconstitution historique et très romanesque située dans la campagne anglaise du XIXe siècle : *Tess*. Le projet, budgété à 30 millions (somme alors considérable : 75 millions de francs 1990), est annoncé lors d'une conférence de presse au Festival de Cannes 1978.

Adapter luxueusement *Tess d'Uberville* de Thomas Hardy avec dans le rôle-titre la star montante Nastassja Kinski et Polanski aux commandes, voilà typiquement un projet à la mode Toscan. A cette différence près que Berri n'a pas derrière lui les finances de Gaumont. Derrière lui, il a une nouvelle et importante richesse, les droits des films qu'il a produits, notamment ceux des Charlots. C'est grâce à ce pactole qu'il lance cette production qui tournera à la démesure, crèvera de plus de 75 % son budget initial, menant Renn Production au bord de la faillite... Mais, entre-temps, A.M.L.F. a distribué le nouveau film de Coppola, c'est *Apocalypse Now*, l'un des plus gros succès de la décennie. A.M.L.F. renfloue Renn qui renfloue *Tess*. Et la télévision, en la personne de Jean-Charles Edeline à la tête de la S.F.P., apporte elle aussi un soutien indispensable. *Tess* (1979), superproduction décorative et sentimentale, ira à son terme, et connaîtra un succès public conforme aux besoins, sinon aux espoirs de son producteur, avec 1,8 million de spectateurs. Claude Berri vient de produire le premier d'une longue liste de « film(s) le(s) plus cher(s) du cinéma français », il en deviendra un spécialiste. On le retrouve dans un second projet de grande envergure, rejeton manifeste de l'époque Rassam (Jean-Pierre) : réalisé par Jean Yanne, *Deux heures moins le quart avant Jésus-Christ* (1982), coproduit avec Tarak ben Amar qui a fait du chemin depuis *Le Messie*, est une gigantesque et assez poussive pantalonnade pseudo-antique, emmenée par Coluche. Elle obtiendra un énorme succès (4,6 millions d'entrées). L'heure est désormais venue pour Claude Berri, devenu un poids lourd de la production et de la distribution, de mettre ce savoir-faire et ces moyens à son propre service.

La Gaumont selon Toscan (et la puissance de la programmation à l'heure du G.I.E. Gaumont-Pathé), Artmédia, Claude Berri : ces nouvelles forces dans le paysage cinématographique français concourent ensemble à la mise à l'écart d'un personnage important dans le cinéma : le producteur, le producteur à part entière, maître d'œuvre de chaque projet-film, interlocuteur pas toujours commode du réalisateur. L'emploi d'exécutants par le « producteur de producteurs » Toscan, la valorisation intensive du réalisateur comme atout culturel (tout cinéaste est à présent réputé être un « auteur »), la puissance des circuits, celle des agents et des vedettes qu'ils fédèrent, l'entrée dans le jeu d'un réalisateur-producteur-distributeur comme Berri, contribuent à marginaliser le producteur en tant que tel. La complexité croissante des financements, réclamant des experts en comptabilité et en parcours des arcanes administratives, bancaires et télévisuelles, ne pourra qu'amplifier ce phénomène. Et marginaliser ainsi le point de vue d'ensemble sur le film lui-même, qui était l'apanage de cette fonction, au profit soit d'une approche parcellaire, de technique financière, soit d'une stratégie d'ensemble, dans laquelle chaque film est un élément, et non le but en soi. Ce n'est pas forcément la meilleure manière de faire le meilleur cinéma. Simultanément, celui qui se retrouve en charge du « film dans son ensemble », et seul dans cette position, est le cinéaste. Il n'est pas certain non plus que cette solitude soit, hormis chez quelques touche-à-tout surdoués comme Claude Lelouch (qui de toute façon n'avait pas attendu), un avantage.

Des fêtes, des médailles et des musées

Le 25 février 1976, sous la présidence de Jean Gabin, a lieu la première cérémonie des Césars. Imaginée par le publiciste Georges Cravenne sur le modèle des Oscars américains, elle est organisée sous l'égide d'une Académie des arts et techniques du cinéma créée pour l'occasion. Celle-ci accueille les professionnels, dans un esprit d'autocélébration où la nature singulière des films compte moins qu'une idée consensuelle et valorisante « du » cinéma – ni art, ce qui serait trop élitiste, ni commerce, ce qui sonne péjorativement, mais activité culturelle de prestige. Comme il se doit, la télévision prête son concours financier et diffuse la cérémonie, sans elle l'affaire resterait confidentielle, pourrait redevenir conflictuelle. Les films récompensés dès la première année, ou durant les cinq premières années, reflètent le composite de culture, de décorum et de gros moyens matériels qui définissent cette nouvelle « qualité française » en train de s'imposer, moins sur des critères de mise en scène que d'apparence : par ordre chronologique pour les années 1976-1980, *Le Vieux Fusil, Monsieur Klein, Providence, L'Argent des autres* et *Tess* reçoivent à l'issue du vote le Prix du meilleur film, leur metteur en scène recevant également le Prix du meilleur réalisateur, sauf en 1976 où la récompense échoit à Tavernier pour *Que la fête commence.* Ces palmarès confortent et accentuent la promotion du cinéma à travers un certain genre de films de prestige. Dans le même esprit et le même apparat, on y rend hommage aux grands anciens, on y honore les morts et on y adoube les plus méritants de la génération montante. « La grande famille du cinéma français », formule publicitaire particulièrement creuse mais fort utile pour promouvoir cette nouvelle marchandise qu'est LE cinéma, se donne des airs d'exister en s'autocongratulant une fois l'an devant les caméras de télévision.

Une démarche comparable se retrouve dans d'autres initiatives en apparence bien différentes : cette même année 1976 paraît le premier numéro d'un nouveau magazine de cinéma, *Première.* Loin des exigences artistiques et des querelles cinéphiles des revues d'art et d'essai comme des potins aguicheurs de feu *Cinémonde,* elle se fera le chantre attitré de ce cinéma-là, dans un style plus particulièrement destiné aux adolescents qui composent désormais l'essentiel du public, et en s'appuyant surtout sur la nouvelle génération de comédiens. Côté télévision, au « Ciné-club », créé en 1971 par Claude-Jean Philippe sur Antenne 2, s'ajoute, toujours en 1976, « Cinéma de minuit » de Patrick Brion sur F.R.3, qui conforte le développement d'une nouvelle cinéphilie de l'âge cathodique. En diffusant les « classiques » du cinéma mondial (surtout du cinéma américain), ces émissions remplissent une fonction pédagogique qui se substitue, sans avoir les mêmes effets, à ce que furent les ciné-clubs d'antan. Elles contribuent aussi à l'établissement d'un statut culturel du cinéma, dont elles font une « matière » (au sens scolaire) qu'il ne saurait être question d'ignorer, moins par plaisir ou passion que par devoir d'honnête homme. Elles sont à ce point de vue fort éloignées de l'esprit des émissions de cinéma de la période précédente, conçues dans une approche familiale et ludique illustrée par « Monsieur Cinéma », qu'animait Pierre Tchernia, ou « La séquence du spectateur ». La même approche culturelle présidera à la création de « Ciné-passion », animé par Marie-Christine Barrault (ex-Mme Toscan du Plantier), « Champ-contrechamp », qui adapte au cinéma la formule d'« Apostrophes », puis à celle de « Cinéma, cinémas » ; ou encore sur un mode plus populiste et souriant – mais dont le titre dit mieux qu'il ne le croit ce qu'il veut dire – de « La dernière séance », animée par Eddy Mitchell.

En 1976, un événement qui n'intéresse pratiquement personne dans le monde du cinéma préfigure une autre forme à venir de la nouvelle cinéphilie appuyée sur le petit écran : le fabricant de matériel électronique J.V.C. annonce le lancement d'un nouveau standard de vidéocassettes, le V.H.S. Après la télé, il deviendra l'autre grand support de consommation des films à domicile. 1977 voit la naissance du premier organisme de mécénat du cinéma par une société privée, avec la naissance le 25 avril de la « Fondation Philip Morris pour le cinéma ». Cette opération représente un autre aspect du nouveau statut du cinéma, lieu prestigieux et valorisant pour l'entreprise qui le soutient – cette initiative (française) de la marque de cigarettes américaines fera des émules. Autre aspect encore de la même évolution, l'inauguration par le ministre de la Culture, le 6 octobre 1980, dans le cadre de l'Année du patrimoine, de l'exposition « Image et magie du cinéma français » au Conservatoire national des arts et métiers. Le cinéma, qui n'est plus porteur de Grands Récits, devient le conteur et l'objet d'une histoire de substitution, la sienne propre.

Au confluent de la tradition cinéphile et des méthodes de marketing, la légende que raconte désormais le cinéma, par ses films, par sa politique des « grands noms », par la mise en valeur de ses aventures financières aussi bien que des scénarios qu'il raconte, par les récompenses qu'il se décerne en grand apparat, est devenu légendaire lui-même au lieu d'être le porteur des légendes du monde. C'est à la fois une régression, la marque d'une perte d'emprise, et le chemin de sa survie.

Grandeur et solitude

Lorsque le film, et non plus le monde, devient l'enjeu du film, celui-ci a vite tendance à se retrouver seul. Dans ces productions, il n'y a « plus grand monde », comme on dit. L'un des aspects les plus remarquables de l'évolution du contenu des films à partir de 1960 est la disparition progressive des foules sur l'écran (concomitante de la disparition des foules dans les salles, comme Serge Daney s'en avisera bientôt dans un article clairvoyant, « Pour une ciné-démographie »). C'est sans doute, finalement, la grande différence entre le grand spectacle « de masse » du cinéma de l'ère classique et le cinéma culturellement ambitieux qui prend son essor au milieu des années soixante-dix. Il se produit d'ailleurs un changement comparable dans les grands films américains : eux aussi se dépeuplent, mais c'est pour laisser place aux effets spéciaux, alors qu'en France c'est au profit de l'« esthétique du vide ». Il suffit de comparer un grand film opératique de Visconti par exemple (sans parler de Cecil B. De Mille ou d'Eisenstein) au *Don Giovanni* de Losey ou aux *Sœurs Brontë* de Téchiné pour pointer ce qui a disparu : les gens. Le cinéma moderne avait filmé le petit nombre de ses proches, dans une économie du récit et de la production correspondant à ces partis pris. Le cinéma « filmé politiquement » du tournant des années 1960-1970 a ensuite radicalisé cette approche, jusqu'à évacuer complètement toute présence humaine (par exemple chez Duras, chez Straub, chez Garrel, et en critiquant « à mort » la notion de personnage), en même temps qu'il a buté sur cette absence (« le peuple manque »), qui contredisait son engagement. Désormais valorisée culturellement sans que ses implications éthiques et politiques soient prises en compte, cette démarche est recyclée par le nouveau cinéma dominant en esthétique culturelle. Elle atteindra bientôt le paradoxe de mettre en place l'infrastructure financière et technique d'une superproduction pour filmer un type seul au fond de la mer, ou un couple en train de faire l'amour.

Le changement qui s'amorce alors va également entraîner, d'un autre point de vue, une soudaine escalade des coûts de production, qui se produit à partir de 1978 (+ 17 % par rapport à l'investissement d'argent français dans le cinéma en 1977) et se poursuivra vertigineusement durant les quinze années suivantes (+ 47,6 % entre 1977 et 1993). Ce n'est plus une évolution, c'est une révolution dans l'économie des films. Elle exigera prochainement l'intervention, directe et indirecte, de la puissance publique. Il faut remarquer aussi que ce phénomène n'est pas seulement une conséquence de choix artistiques et commerciaux : l'argent que « coûte » le cinéma est versé, principalement (malgré le poids, réel, des charges sociales et bientôt des frais financiers), aux gens de cinéma. Les nouveaux « rois du film », producteurs, agents, réalisateurs et acteurs vedettes devenus coproducteurs, sont à titre personnel les premiers bénéficiaires d'augmentations dont ils se plaignent à titre collectif.

Chapitre 2

LE TOUT ET LES PARTIES

A l'aube de la nouvelle décennie, un film réussit le prodige contradictoire de symboliser à la fois la gloire du cinéma qui vient et le deuil de celui qui s'en va. Peu après, deux autres titres qui se retrouveront dressés l'un contre l'autre signifient d'une manière spectaculaire et dérisoire la cassure du cinéma. L'Histoire s'est répétée : après un épisode héroïque, elle en donne la version ricanante.

Le sacre funèbre de François Truffaut

Le 31 janvier 1981, *Le Dernier Métro* de François Truffaut (1980) reçoit dix Césars. Hommage unanime, plébiscite pour un réalisateur qui tenta d'être en même temps populaire et ambitieux comme le cinéma qu'il avait aimé et défendu toute sa vie, pour un réalisateur qui ne fut pourtant jamais ni consensuel ni réconcilié avec son époque. Une fête donc, mais aussi un leurre. Une date en tout cas, qui symbolise autant un état qu'un basculement du cinéma en France.

Le film que célèbre ainsi « la profession » dans ce bel unanimisme, après qu'il a obtenu l'assentiment enthousiaste de pratiquement toute la critique, et un succès public comme jamais Truffaut n'en a connu (il atteindra, avec le renfort des Césars, 3,3 millions d'entrées), représente la quintessence du nouveau système qui se met en place dans le cinéma. Il réunit la plus grande star féminine apparue dans les années soixante (Deneuve) et la plus grande vedette masculine apparue dans les années soixante-dix (Depardieu) ; il n'a pu exister que grâce à l'entregent et à l'énergie de Gérard Lebovici, agent de Truffaut depuis 1967, agent des vedettes du film, et qui, lorsque la défection au dernier moment du coproducteur allemand faillit couler le film, trouva *in extremis* un financement auprès de la télévision (T.F.1 et la S.F.P.), et auprès d'un distributeur dont ce film représente de fait l'idéal, la Gaumont selon Daniel Toscan du Plantier [1]. Idéal par le prestige de son auteur et de ses interprètes, par sa haute teneur culturelle (le théâtre) et le charme toujours renouvelé de la reconstitution historique telle qu'on l'entend alors, à la fois pédagogique et spectaculaire. La razzia aux Césars ne dit pas seulement une vérité (partielle) du film, elle dit aussi la vérité des Césars eux-mêmes, qui ont trouvé le film correspondant à leur logique, et s'en repaissent. Elle dit que le monde du cinéma a identifié ce qui lui manquait, un cinéaste capable d'incarner cette nouvelle valeur-refuge qu'est désormais « le » cinéma, un emblème, un porte-drapeau, une statue du commandeur. L'heureux destinataire de cette haute mission est sans doute, par certains côtés de son caractère, fort éloigné du rôle qu'on veut lui faire jouer. Il reste du voyou chez Truffaut, de l'individualiste professant une sainte horreur des pouvoirs officiels et des institutions. Mais, simultanément, ce fou de cinéma au point de le préférer à la vie elle-même est, y compris dans ce que cette sacralisation a de funèbre, l'homme de la situation, le seul. Mais il est, précisément, trop seul.

Trop seul à porter l'exigence intacte, obstinée jusqu'au vertige, de ce que fut le cinéma, ni culturel ni industriel, mais artisanal et trivial. Le cinéma selon François Truffaut agonise, il dépérit depuis le début des années soixante, et la Nouvelle Vague, le cinéma moderne ont sinon entraîné, du moins accompagné son déclin. Truffaut seul, au moins avec cette constance et cette lucidité, en aura à la fois combattu la chute et porté le deuil. Et *Le Dernier Métro* est le tabernacle sombre et ouvragé de cette contradiction, et de cette détresse. Spectaculaire, sentimental, construit avec une habileté susceptible de satisfaire des publics d'âges et de cultures différents, *Le Dernier Métro* est pourtant aussi un film funèbre, introverti, miné par le malheur, le secret et le mensonge, un « gros film » infiniment personnel et désespéré. Il porte d'ailleurs le poids de ces contradictions. Ce qui travaille Truffaut est si lourd et si grave, si compliqué aussi, qu'il a besoin de tenir terriblement serré tous ses « outils » : acteurs, décors, lumière, musique, répliques y sont strictement fonctionnels. Malgré la pluie de récompenses qui s'abat sur tout le monde, le film ne fournit l'occasion ni des meilleures interprétations des comédiens (sauf les seconds rôles), ni des meilleures lumières d'Almendros, ni de la musique la plus intéressante de Delerue. Et, avec le recul, le dix-neuvième long-métrage de François Truffaut ne restera pas comme l'un des sommets artistiques de son œuvre : dans les tréfonds où roule sur des rails implacables *Le Dernier Métro,* la mise en scène est au bord de cette asphyxie dont elle a à traiter, avec une urgence qui en explique les limites cinématogra-

1. Lors de son film précédent, *L'Amour en fuite* sorti par A.M.L.F., Truffaut avait mis fin à sa longue collaboration avec les *majors* américaines comme distributeurs.

phiques en même temps qu'elle révèle l'inextricable contradiction dans laquelle vit et travaille le cinéaste.

A l'unisson de ces ambiguïtés, le film est entièrement bâti sur des dualités : *Le Dernier Métro* raconte à la fois une histoire du monde du spectacle (la préparation et la représentation d'une pièce de théâtre, *La Disparue*) et une histoire « historique » (Paris occupé), dans le double jeu de l'acteur principal de la pièce, également membre d'un réseau de Résistance (Bernard Granger/Gérard Depardieu). Il associe une histoire à la surface et celle, clandestine, du directeur-metteur en scène juif caché dans la cave (Lucas Steiner/Heinz Bennent) et qui suit l'évolution de la pièce et des relations entre les autres par l'intermédiaire de sa femme, l'actrice Marion Steiner (Catherine Deneuve), qui dirige le théâtre à sa place, tandis qu'un autre (Jean-Loup Cottins/Jean Poiret), manipulé par lui, effectue le travail de mise en scène ; le film conte l'histoire d'un amour secret, même pour les amoureux eux-mêmes, Marion et Granger ; histoire des doubles jeux à mener vis-à-vis des autorités et de la censure ; histoire des sexualités doubles, masquées (Cottins et l'habilleuse Arlette/Andrea Ferreol sont homosexuels) ; histoire de la schizophrénie entre la passion de l'art et la passion idéologique, incarnée par le critique de théâtre de *Je suis partout,* le fasciste Daxiat (Jean-Louis Richard) ; et *Le Dernier Métro* est, à nouveau, jeux de miroirs entre les événements qui adviennent aux personnages et ceux de la vie privée de François Truffaut, et, bien sûr, entre ce film-ci et les précédents. C'est une histoire d'amour et de mensonge, comme celle que raconte la chanson leitmotiv du film, *« L'amant de Saint-Jean »*, une histoire ambivalente comme la réplique sur laquelle s'achèvent la pièce et le film : *« Vous regarder, c'est une joie, et une souffrance »*.

Le Dernier Métro est également un film enterré. Un film au fond du trou, à la cave, sous terre. Là où sont les morts, là aussi où l'on a le meilleur point de vue sur les jambes des femmes. *Le Dernier Métro* — titre souterrain — est un film gigogne, situé dans une grotte où niche une caverne où se cache une crypte. On s'y enfonce, en même temps que dans le passé, avec la première séquence, dans la rame noire et blanche d'images documentaires offertes par Franju et par la voix off du réalisateur. Le passage à la couleur sera insensible : il y a si peu de couleurs, hormis le rouge des drapeaux à croix gammée. La lumière du jour, le ciel, on ne les verra que tout à la fin, lorsque s'annonce la Libération, avec cette foule le nez en l'air qui rappelle celle dont Truffaut faisait partie, qui attendait les extra-terrestres dans *Rencontres du troisième type.* Avant l'arrivée des Alliés, tout n'est que nuit, coupure de courant, pauvres éclairages artificiels, fenêtres masquées : la reconstitution d'époque le commande doublement, on se calfeutrait alors et l'énergie manquait, mais aussi parce que *« c'est dans les scènes du jour que se glissent les anachronismes ».* La nuit convient aux évocations de passé – et à celle des fantômes (on a reconnu les partis pris sur l'image qui étaient déjà, avec des raisons voisines qui ne tiennent pas seulement à l'époque reconstituée, ceux de Losey dans *Monsieur Klein*).

Cette nuit est aussi l'état dans lequel sont plongés le monde, et les âmes – non plus la nuit américaine, mais la nuit allemande. La nuit qui rend gris tous les chats, et le film se tisse de ces demi-teintes où les frontières du bien et du mal deviennent incertaines, où les choix de chaque moment ne correspondent pas toujours ni aux grandes idées, ni à l'image qu'on a de soi. Truffaut (c'est son style et sa morale à l'école de Renoir) ne juge pas, et fait dire à plusieurs de ses personnages, ceux qu'il aime le plus fort, qu'eux non plus ne jugent pas. *« Mon film porte avant tout une idée de tolérance et de compromis. »* Celui qui ne fait pas de compromis, jusqu'à la folie meurtrière, c'est Daxiat, le critique *et* le fasciste, celui qui dit que « tout est politique » – souvenir, aussi, d'autres intolérances, notamment celle des excès du critique Truffaut dont se repent le cinéaste Truffaut, souvenir des oukases de l'ère gauchiste, en particulier des amis devenus censeurs aux *Cahiers.*

Dans cette grotte obscure de l'Occupation survit la caverne du théâtre, ombres et lumières, scène, coulisse et bureaux, art et argent, dévouement à la pièce et petits arrangements avec la vie : un lieu à la fois follement exigeant et intermédiaire, ambigu, qui dit sa propre vérité et l'« autre » vérité, la vérité de la fiction et celle de la vie. Le théâtre, la salle de théâtre, est le point d'intersection entre le drame immense de la guerre mondiale, les drames privés et l'art dramatique. Mais du théâtre, de l'art théâtral, Truffaut s'en contrefiche : malgré les nombreuses séquences de répétition et de représentation sur scène, la totalité du film ne donne pas sur le travail théâtral le quart des informations que fournissait le moindre plan de *La Nuit américaine* sur le cinéma. Le théâtre est une métaphore du spectacle (et donc du cinéma), le théâtre est l'occasion de saluer le Lubitsch de *To Be or Not to Be,* de parler des acteurs en les définissant presque uniquement par des références cinématographiques, Marion qui jouait au cinéma avant-guerre, Granger *« qui ressemble à Gabin dans* La Bête humaine », la jeune et ambitieuse Nadine (Sabine Haudepin) qui part tous les soirs tourner dans un film démarqué des *Anges du péché* de Bresson. *Le Dernier Métro* parle du spectacle, et le spectacle selon Truffaut est ce qui rassemble un public. C'est, comme l'était le cinéma qu'aimait Truffaut, ce qui fait s'ébahir côte à côte le stupide séducteur mondain, l'officier nazi et la petite juive marquée de l'étoile jaune. Ils s'ébahiront de même du spectacle réel des avions alliés dans le ciel de Paris. Unanimisme *à la fois* factice et réel, celui-là même que célèbre la cérémonie des Césars. Cette communauté du public est d'un autre âge : la pièce qui déclenche cette adhésion ne s'intitule-t-elle pas *La Disparue* ?

Et sous le théâtre, il y a la crypte, la cave où se cache Lucas Steiner. Il est le metteur en scène, il est le juif. Il est un portrait de François Truffaut dans la beauté lasse du visage, les vêtements, les lunettes, et cette écharpe dont le réalisateur ne semble plus guère se séparer. Truffaut a raconté qu'après la première projection privée du film, un haut responsable de Gaumont aurait dit : *« Le film n'est pas mal et marchera gentiment, mais si on prononçait deux fois moins le mot juif, ça n'en serait que meilleur. »* Cette réaction prouve, si besoin était, que les enjeux du film n'appartiennent pas au seul passé, elle répond à une insistance délibérée du cinéaste sur la « question juive » dans ce film. Insistance traduite par la manière dont Lucas Steiner, avec une obstination malsaine, semble n'occuper ses trop longs loisirs qu'à lire ou à écouter des textes antisémites. Lorsque François Truffaut écrit *Le Dernier Métro,* il sait que son véritable père, qu'il n'a pas connu, est juif : il l'a fait rechercher par les détectives de l'agence où il avait tourné une partie de *Baisers volés,* il connaît son nom (Lévy) et son adresse, il est allé le voir et n'a pas osé l'aborder ni lui parler [1]. Il n'a pas su non plus « faire parler » Lucas Steiner. Truffaut a tant peiné à construire cet autoportrait qu'il a dû, peu avant le tournage, faire appel à l'auteur dramatique Jean-Claude Grumberg pour écrire une grande partie du dialogue de Lucas. En particulier cette scène bouleversante et étrange, qui condense toute l'interrogation développée dans *Monsieur Klein.* Sans raison apparente, le reclus se colle un faux nez et demande comment on joue un juif : *« Qu'est-ce que c'est, avoir l'air juif ? »* Lucas est un fantôme (occupant d'ailleurs la position géographique du Fantôme de l'Opéra), un mort vivant dans sa « chambre verte ». Le metteur en scène est au secret, c'est lui qui souffle l'esprit de la création sans apparaître dans la lumière. *Deus ex machina ?* Pas du tout : durant le film, il ne fait rien d'efficace, les modifications apportées à la pièce ne sont pas de son fait. Il subit. Mais il *est* l'esprit, le souffle caché, l'idée enfouie du spectacle, il l'est d'autant plus qu'il est l'étranger doublement : par le génie que le scénario lui prête, par l'accent (sur lequel Truffaut insiste beaucoup) Mais il est mort. C'est un spectre qui ressort de la cave à la Libération, seulement l'*idée* de Lucas Steiner qui vient saluer sur scène à la fin, rematérialisé un instant par la lumière d'un projecteur.

L'épilogue précipite le jeu des quiproquos entre théâtre et réalité, et s'achève sur un double gros plan, qui clôt puis, semble-t-il, rouvre le récit : la main de Marion se referme sur celle de Granger, et c'est signe que leur amour s'est enfin réalisé ; puis son autre main se referme sur celle de Lucas, et c'est signe qu'il s'agit seulement de la posture conventionnelle du salut sur scène. L'art de Truffaut, le très, très grand

1. Ces faits n'ont été rendus publics qu'après la mort de Truffaut, grâce à un film d'entretiens avec ses proches réalisé par Serge Toubiana et Michel Pascal en 1993, *François Truffaut, portraits volés.*

art de Truffaut est de donner au public le sentiment d'une fin joyeuse et libérée, quand c'est au contraire d'un deuil poignant qu'il s'agit. Deuil de quoi ? Deuil de la rampe. On a dit que Truffaut se fichait du théâtre ; le fils spirituel d'André Bazin ne se fiche évidemment pas de la « question du théâtre ». L'extraordinaire trafic du *Dernier Métro,* entre tous les jeux de double qu'il recèle, mène vers l'abolition de la frontière entre réel et spectacle. Truffaut sait (pour autant que ses films permettent d'en juger, il le sait depuis *L'Homme qui aimait les femmes*) que cette abolition n'est admissible que dans l'« au-delà », dans la mort. Il ne sait pas, ou plus probablement ne veut pas savoir que cette abolition est en train d'avoir lieu « dans la vie », qu'elle anéantit le cinéma en même temps qu'une certaine morale de l'existence, sous les auspices de ce qu'on appelle désormais l'audiovisuel. Le Mal (la Gestapo française) franchit la limite devant laquelle, parce qu'il aime le théâtre, avait reculé Daxiat : il avait osé monter sur scène mais pas au-delà, et en avait été proprement expulsé par la comédie. Le milicien (Richard Bohringer), lui, pénètre dans les profondeurs du théâtre : il brise l'ordre du monde organisé selon des limites éthiques. Devant la catastrophe, Marion est obligée à son tour de rompre les règles, de faire se rencontrer Granger et Lucas, celui qui se cache dans la lumière pour dissimuler ce qu'il fait (de la Résistance) et celui qui se cache dans l'ombre à cause de ce qu'il est (un juif, et un génie). Et Lucas enfin rompra le secret suivant, c'est lui qui dira à Granger que Marion et lui, son rival, s'aiment. Le film qui hante *Le Dernier Métro,* produit et réalisé par le fondateur et P.-D.G. des Films du Carrosse, est bien sûr *Le Carrosse d'or,* dont il reprend tant de jeux et tant de réflexions. Mais là où Renoir pouvait sortir « par le haut » de sa spirale entre spectacle et réalité, dans l'euphorie d'une farandole de part et d'autre de la rampe, Truffaut sort « par le bas », par la cave, par le métro, par la tombe. Mais, et c'est là son élégance et son honneur, il le fait avec éclat, un sourire aux lèvres et sous les bravos.

Les bravos de la soirée des Césars font écho à ceux de la dernière représentation de la pièce, qui clôt le film. Les professionnels assemblés ovationnent non pas un réalisateur, mais l'Idée du cinéma, du cinéma « fran-çais » comme on disait chez les Prévert. Truffaut assume d'ailleurs effectivement cette fonction de représentant et de responsable, quasiment de berger du troupeau cinéma. Il suffit par exemple de lire une lettre du 24 juillet 1980 à la journaliste américaine Anette Insdorf où Truffaut « s'occupe de tout », de régler les modalités d'un voyage d'Abel Gance aux Etats-Unis, de décerner un label de qualité à Resnais et à Tavernier, de donner des nouvelles de Rohmer et de Pascal Thomas, de souligner les mérites de *Positif* à propos d'un dossier sur Max Ophuls... (cette lettre commence par une phrase où il parle, sans raison apparente, du *« jour où la mise en scène me sera interdite par les médecins et où je commencerai à rédiger mes souvenirs »*). Dans le même esprit rassembleur et protecteur, François Truffaut menacera, le 3 mars 1982, de démissionner de la Société des réalisateurs de films parce que celle-ci pratique une discrimination entre cinéastes. Cette « incarnation », au sens fort, religieux, du Cinéma, les professionnels paraissent s'applaudir eux-mêmes de l'avoir si bien identifiée et honorée, en même temps qu'ils rendent hommage à Truffaut — sorti de l'ombre qu'il préfère par le flux d'électrons des caméras d'Antenne 2 enregistrant la cérémonie du 31 janvier 1981. Tant pis pour les *« trous noirs »* dont on parlait dans son film, et dont son film est tout déchiré : comment raccorder par exemple la célébration consensuelle avec cette scène inutile, absurde, peut-être la plus belle de tout le film ? Celle de la rencontre entre Catherine Deneuve et Laszlo Szabo, fantôme de la Nouvelle Vague déguisé en officier blessé, qui vient dire son admiration à Marion, et lui serre la main, et lui fait mal, si mal.

Le film suivant de François Truffaut, *La Femme d'à côté* (1981) débutera non avec un blessé mais avec une infirme. Mme Jouve est boiteuse pour raison d'amour (*« ce sont nos vies qui sont boiteuses »*, disait-on dans *Le Dernier Métro*), c'est elle qui raconte cette histoire, non plus une histoire « dans le passé » mais une histoire « au passé » — l'utilisation systématique de la voix off n'indique-t-elle pas que tous les films de François Truffaut sont au passé ? Mme Jouve raconte un drame, né de ce qui ne devait pas arriver : le retour au jour d'un fantôme, celui d'un amour mort, ce fantôme que Mathilde et Bernard sont chacun l'un pour l'autre. Le début du film est, de la part de Truffaut, un véritable coup de force, presque un déni du cinéma tel qu'il l'a pratiqué, par la mise en cause du dispositif de l'illusion cinématographique auquel il procède d'emblée : il fait s'adresser Mme Jouve, en gros plan, à la fois au public, avec une ironie teintée de tristesse (« vous vous trompez sur ce que vous croyez voir, je ne suis pas une joueuse de tennis ») et au cameraman (« votre cadrage — qui est celui de la télévision — n'est pas bon, il trompe les spectateurs »). Elle demande que la caméra recule, pour qu'on découvre son infirmité. Par son entremise, le spectateur apprendra comment, près de la maison où loge le couple sans histoire que forment Bernard et Arlette, est venu s'installer un autre couple sans histoire, Mathilde et Philippe, et comment il s'avére que Bernard et Mathilde avaient eu jadis une liaison passionnée, qui reprend et les mène à la mort.

Ecrit avec Suzanne Schiffman et Jean Aurel, cinéaste qui a souvent aidé Truffaut, à l'écriture et surtout au montage, sans en être jusqu'alors crédité, *La Femme d'à côté* est le récit d'un amour impossible et funeste, mais auquel il n'est pas question de se dérober. Il reprend un ancien projet du cinéaste, intitulé *Sur les rails,* mais en y ajoutant une issue tragique. C'est l'apport du drame et du déséquilibre (la « boiterie ») qui a rendu le film faisable : Truffaut explique qu'il était bloqué par la symétrie entre les deux couples, il la résout en renvoyant « *à l'arrière-plan* » les conjoints, c'est-à-dire les vivants, les représentants de la vie normale, du quotidien, pour se concentrer sur les deux apprentis sorciers qui tentent la résurrection de leur passion défunte, et en mourront. *« L'obstacle entre les deux amants, ce n'est pas le poids de la société, ce n'est pas la présence d'autrui, ce n'est pas la disparité des deux tempéraments mais au contraire leurs ressemblances. Ils sont encore tous deux dans l'état d'exaltation du "tout ou rien" qui les a déjà séparés huit ans plus tôt. »* Ils sont sous l'emprise du mythe de l'amour fou, sous l'empire de la passion. Ce récit est possible par l'intervention d'une voix off, celle de la boiteuse qui, après avoir voulu et failli mourir d'amour, s'enfuit (en avion) lorsque le romanesque a menacé de revenir dans son existence. Cette voix off est complétée par une seconde voix, celle de Truffaut lui-même lisant le rapport du médecin légiste sur la double mort, d'une crudité glaciale confinant à l'obscène : ainsi les vivants parlent des morts, les pauvres morts. Et dans tout son développement, jamais le film n'a pris le parti des vivants, du bon sens, de la survie raisonnable. Toujours celui de la passion, même vouée à la mort. Même dans la grande scène de *furia amorosa* qui fait se jeter l'un contre l'autre Bernard et Mathilde dans la chambre d'hôtel, avec une violence de noyés ou de pendus qui se débattent encore. Avec, aussi, une sensualité éperdue, famélique, que Truffaut avait dû seulement suggérer à l'époque de *La Peau douce,* et à laquelle il donne ici libre cours.

« Tu sais ce que c'est, le chagrin ? » demande Mathilde à un petit garçon. *La Femme d'à côté,* film au romanesque exacerbé et impossible, exacerbé parce que impossible, est un film triste, terriblement triste. François Truffaut n'a pourtant, en apparence, aucune raison d'être triste : comme cinéaste, il vient d'être porté au pinacle par ses pairs et surtout par le public. Dans sa vie privée, il a découvert fin 1979 à la télévision, dans la série *Les Dames de la côte,* réalisée par Nina Companeez, une jeune actrice, Fanny Ardant ; il l'a rencontrée avant même le début du tournage du *Dernier Métro,* il vit un grand amour. Il en a fait sa vedette, aux côtés de Gérard Depardieu qu'il est enchanté de retrouver dans un rôle plus libre que celui de Granger. Mais tout cela est hors cinéma. Depardieu comprend dès le début du tournage, avec une grande clairvoyance, que *La Femme d'à côté* sera *« un film d'amour qui fera peur ».* Ce n'est pas la mort elle-même qui fait peur, ni qui rend le film triste ; *« la mort peut être exaltante »,* plaide d'ailleurs Truffaut pour rassurer un commanditaire. Mais la mort dans ses films ne ressemble plus aux morts « ouvertes », dynamiques, des débuts de la Nouvelle Vague. Et *La Femme d'à côté* est un film fermé, enserré entre deux plans identiques, vus du ciel : des plans de route déserte noyée de grisaille, où roule une voiture de police, puis une ambulance qui n'emmène pas

un malade ou un blessé pour le soigner, mais est un transport de cadavres, une barque de Charon.

« Tu m'avais appris que les histoires d'amour ont un début, un milieu et une fin », dit Mathilde à Bernard, à propos de leur liaison huit ans plus tôt. La phrase renvoie à la construction « classique » (achevée « huit ans plus tôt », avec le tournant de *La Nuit américaine* ?). Mais l'histoire d'amour renaît de ses cendres, et très logiquement, cela se produit sous terre (dans le parking souterrain), lors d'une des deux scènes pivots du film. La seconde est la réception au cours de laquelle est dévoilée au grand jour la liaison entre Bernard et Mathilde, lorsque la robe de celle-ci se déchire. Scène d'une étonnante richesse : le passage de la situation de comédie à la violence, puis au drame, puis à la transformation du sens de la situation pour tous les protagonistes, la manière dont elle devient prophétie de l'issue mortelle et anéantit simultanément toute assimilation de cette histoire d'adultère entre deux voisins à un vaudeville, est d'une virtuosité de scénario et de mise en scène dont on ne trouverait guère d'équivalent dans le cinéma. Le procédé de la robe déchirée, outre la métaphore du dévoilement, renvoie aussi à l'image que Truffaut se fait de Fanny Ardant, celle de Katharine Hepburn (à qui semblable mésaventure advient dans *L'Impossible Monsieur Bébé* de Hawks). Mais, chez le « fils spirituel » d'André Bazin, la robe déchirée évoque également cette « robe sans couture de la réalité » dont parle l'auteur de *Qu'est-ce que le cinéma ?* Cette « robe » aussi s'est déchirée, cette unité du monde dont faisait partie le cinéma tout en construisant son rapport de représentation avec lui. Le discontinu et l'idolâtrie de l'image, le Visuel, ont commencé de lacérer le tissu vivant des images et du monde, et les déchirures laissent apparaître des abîmes dont Truffaut ne veut pas. Il s'emportera bientôt contre la télévision *« qui nous donne du disparate »,* et voudra encore *« lutter contre tout ce qui ressemble au journal télévisé. Il faut la rigueur classique, si possible la règle des trois unités ».* Dans un entretien à propos du film, il annonce au futur cet avènement du Visuel et du discontinu, et dit : *« Ce sera la fin de notre conception du cinéma, ce sera le moment de nous en aller. »* Or, tout ce qu'il décrit existe déjà. A la fin de *La Femme d'à côté,* Mme Jouve, conteur omniprésent mais impuissant, regrette que les deux amants ne puissent être (comme cela se produirait dans tout mythe digne de ce nom) enterrés ensemble. Elle dit qu'elle aurait voulu écrire sur leur tombe commune : « Ni avec toi, ni sans toi. » *« Mais on ne me demandera pas mon avis. »*

Rien ne permet d'affirmer que François Truffaut ait eu une quelconque prémonition que *Vivement dimanche !* (1983) serait son dernier film. La première motivation du film est éclatante, elle apparaît clairement dès le générique de début : il est conçu pour Fanny Ardant, pour mettre en valeur l'étendue de son talent, notamment dans le registre de la comédie, avec à nouveau la référence à Katharine Hepburn. Truffaut parlera de *Vivement dimanche !* comme d'un « petit film ». Cela ne va pas de soi. Contre la valorisation culturelle du cinéma et sa propre statufication, qui concourent à ce qu'on n'attende plus de lui que des « grands films », il se battra comme un beau diable pour imposer cette dimension modeste. Il se battra contre son producteur, agent et ami, Gérard Lebovici, contre les partenaires financiers et notamment la télévision (où il recevra le soutien, imprévu et décisif, de Pierre Desgraupes, devenu le patron d'Antenne 2), et même contre son chef opérateur et complice Nestor Almendros, qui s'étonne du temps de tournage très bref prévu par le réalisateur. Celui-ci lui explique qu'il veut retrouver la taille des anciennes séries B, à l'heure où la moindre comédie court après le budget et le prestige d'une série A et les honneurs de la « grande forme ». Jean Collet notera : *« Pour une fois, il faudrait ne pas avoir peur de la tautologie* : Vivement dimanche !, *ce n'est qu'un film. »* Cette volonté de modestie se traduit notamment par le choix de tourner en noir et blanc : outre le parti pris esthétique lié au « genre série noire », Truffaut manifeste clairement son désir de refuser une standardisation des images dont l'impératif de la couleur (qu'exigent notamment les télévisions) fait partie. Cette démarche procède du refus, lui aussi tout à fait explicite de la part du cinéaste, à l'encontre de la « grande forme » culturelle, refus qui lui faisait faire l'éloge des chansons de variétés dans *La Femme d'à côté,* et cette fois des écrivains de romans policiers. Ce qu'il en dit alors ressemble à un autoportrait à mi-voix : ces *« écrivains souterrains* [...] *On peut les comparer à des fleurs sauvages qui poussent dans les caves* [...] *chaque fois que j'ai approché l'un d'eux, j'ai été frappé par sa modestie, son professionnalisme, mais aussi sa tristesse ».* Le film est adapté (très librement) d'un polar de Charles Williams. Et le cinéaste note que Williams, qui savait faire rire à chaque page de *Fantasia chez les ploucs,* s'est suicidé quelques années plus tôt, dans l'indifférence totale.

Ne pas faire de *Vivement dimanche !* le film testamentaire qu'il n'est pas. Mais constater que le « dimanche » du titre vient de celui du livre, mais d'une manière singulièrement biaisée. L'ouvrage de Williams s'intitule *The Long Saturday Night,* ce dimanche réclamé est donc celui qui succède à une « longue nuit » du samedi (qui a pu commencer par le cinéma : *« C'est un film du samedi soir »*, dira Truffaut). Et si *Vivement dimanche* (titre sous lequel était paru le livre en France, sans point d'exclamation) exprime, par son « vivement », la vivacité que Truffaut souhaite donner au film, il signifie aussi « vivement le repos ! ». La séquence du générique, joyeuse promenade ensoleillée de Fanny Ardant dans les rues, correspond au « vivement ». A la fin, elle y est abordée par un homme, mais prend un autre chemin, en disant : « C'est la vie. » Puis le film rompt sans transition, pour une atmosphère oppressante, dans des marais à l'aube, et rend coup sur coup hommage aux deux grands maîtres, ceux que Truffaut a le plus aimés, Renoir pour la partie de chasse, Hitchcock pour le léger fondu enchaîné qui paraît désigner Trintignant comme coupable. Ces deux plans sont réunis par un troisième, d'une violence extrême, jamais vue chez Truffaut : le meurtre, un coup de fusil en pleine tête, à bout portant. Au jeu des références, ajoutons que l'héroïne se nomme Becker, et que c'est elle, avec son nom de cinéaste à la fois exigeant et populaire, son nom de grand homme modeste du cinéma « d'avant », qui va sauver la peau de son patron qui porte, lui, le nom d'un grand patron de l'industrie, Vercel (bien que, autant qu'à Pierre Vercel dirigeant de Pathé, le nom du personnage de Trintignant, Julien Vercel, renvoie à celui de Julien Sorel, le héros de Stendhal). Ces scènes de jour en extérieur sont pratiquement les seules de tout le film. Il sera ensuite (comme *Le Dernier Métro*) presque entièrement en intérieur, et nocturne. Avec comme centre, à nouveau, un lieu souterrain, là où s'est (comme Lucas Steiner) réfugié l'homme traqué, et qui ne dispose que d'un soupirail – par où, évidemment, on peut voir les jambes des femmes qui marchent là-haut, dans la rue. Et, comme dans *Le Dernier Métro,* l'homme est le point fixe, c'est elle, non plus Marion Steiner mais Barbara Becker, qui s'expose et agit. Mêlant sa vie privée et ses films (lui-même y invite), on a beaucoup écrit sur Truffaut et les femmes. Parmi ses films, rares sont ceux où le personnage féminin est le bénéficiaire du récit : seule *Une belle fille comme moi* l'est assurément. *Adèle H.* est à part puisque l'héroïne est seule, il n'y a pas vraiment de bénéfice. On peut mettre de côté les « films à enfants », où les femmes comptent pour peu. Dans les autres, tous les autres, elles servent l'homme, elles servent à « faire » l'homme (et même deux hommes dans *Jules et Jim,* cinq dans *La Mariée était en noir,* alors qu'il faut au contraire beaucoup de femmes pour faire un seul homme, celui *qui aimait les femmes,* le verbe « aimer » prenant un sens étrange, carnivore). Ces femmes qui « font » les hommes sont la Mère – si peu présente dans les films « à enfants » –, elles vont au charbon, elles s'occupent de tout, de la fiction, des corps, de la mort...

Vivement dimanche ! est un film obstinément, agressivement nocturne et intérieur, sans la justification historique et dramatique dont bénéficiait ce parti pris dans *Le Dernier Métro.* Il semble n'avoir été tourné sur la Côte d'Azur que pour accentuer le contraste avec l'ombre dans laquelle il se déroule. Et la noirceur de ce film plus noir que blanc est polémique, Truffaut s'en explique en s'opposant à *« l'image qui montre trop »* (le Visuel) et qui s'en glorifie (le culturel). Contre cette image, Truffaut choisit aussi l'obscurité pour ses protagonistes, qui ne prétendent plus du tout être des personnages, se contentent d'un statut de silhouettes, de types, de vecteurs pour une action de convention. Et, dans la pénombre et sans personnage, c'est le film et son auteur qui se retrouvent dans une sorte d'exil, de retranchement du monde, – le choix de la série B facilitant d'autant mieux l'effacement de l'auteur, cet auteur de cinéma dont François Truffaut a quasiment été l'inventeur.

Lorsque le réalisateur a proposé le rôle de Julien le reclus, l'enterré, à Jean-Louis Trintignant, celui-ci a remarqué qu'il aurait déjà souvent pu jouer chez Truffaut *« les rôles que vous avez vous-même interprétés ».* Après la résolution assez désinvolte de l'énigme au terme d'une série de quiproquos qui auront mis avec insistance l'accent sur la « vaillance » de Fanny Ardant, « continûment active et inventive » comme Adèle, le film s'achève sur un happy end de convention, le mariage, et une coda où un chœur enfantin chante un cantique tandis que le photographe, ancien mari de Fanny Ardant, perd un accessoire. Du bout des pieds, les gamins jouent avec le pare-soleil, petit furet aux significations nombreuses et contradictoires, qui peut aussi bien ne rien signifier. De même qu'on peut aussi prétendre dépourvue de sens la première réplique, plutôt bizarre, échangée entre les deux interprètes principaux, au début du film. *« Il y a un bruit de fond épouvantable, on dirait des trompettes »*, disait Fanny Ardant en passant un combiné téléphonique à Trintignant. *« C'est vrai,* répondait celui-ci, *souvent on entend comme des trompettes. »* Trompettes de la renommée médiatique qui brouillent la communication, trompettes du Jugement ? Ne pas faire de *Vivement dimanche !* un film testamentaire, certes, mais se demander combien de variations autour de la descente au tombeau François Truffaut aurait pu encore inventer.

De la descente au tombeau comme cinéaste, de la descente au tombeau du cinéma tel qu'il le conçoit et l'aime, pas forcément de sa propre mort biologique – dont il n'a sans doute pas conscience qu'elle est à ce point liée au cinéma, bien qu'il proclame clairement à cette époque, comme un écho explicite à *La Nuit américaine* : *« Mon seul pays, c'est le cinéma. »* On commence à comprendre combien *La Nuit américaine,* sous ses apparences d'hymne national aux accents pompiers que lui reprochera Godard, était en réalité un requiem. Truffaut ne croit d'ailleurs pas que le monde s'arrêtera pour autant, et ne se fait pas faute de mettre en évidence le fait que, durant la séquence finale du mariage, Fanny Ardant est enceinte. Elle est vraiment enceinte, de lui ; la petite Joséphine Truffaut naîtra le 28 septembre 1983. Après la sortie de *Vivement dimanche !* le 10 août, après, aussi, l'attaque cérébrale survenue le surlendemain, et l'opération du 12 septembre (« en pleine tête »), qui marque le début de la fin.

Variante tragi-comique

Dix-huit mois après la fête unanimiste de la remise des Césars au *Dernier Métro,* les hasards de la distribution font que sortent simultanément, le 27 octobre 1982, deux films qui vont se retrouver, bien malgré eux, dressés l'un contre l'autre. Deux films qui sont, tout aussi involontairement, comme les rejetons irréconciliables du film de Truffaut. Deux films dont la mésaventure dénie ce qu'avait voulu proclamer son « sacre ». Le premier de ces films, *L'As des as* de Gérard Oury, pulvérise aussitôt quelques records de fréquentation, plus exactement de rapidité de la fréquentation : ses 2 millions de spectateurs en une semaine témoignent de l'efficacité du système de promotion et d'exploitation, même si les 5,3 millions d'entrées au total mettent le film loin derrière le vainqueur de l'année, *E.T.* (près de 9 millions) et le cantonnent à une place relativement médiocre dans la liste des triomphes. Mais l'énorme succès du début augmente l'impression de phénomène irrésistible qui accompagne, sur le moment, cette production Gaumont (tendance Poiré, pas de « culturel » là-dedans), coproduite par Lebovici. Jean-Paul Belmondo, entraîneur de l'équipe française de boxe au moment des Jeux olympiques de Berlin de 1936, y va défier Hitler jusqu'à Berchestgaden, en une succession de gags et de cascades émaillée d'épisodes dramatiques liés à la persécution des juifs. Ce n'est plus seulement Lubitsch mais le Chaplin du *Dictateur* qui est expressément cité – dans une mécanique « à la Belmondo », on devine que le registre est différent. On retrouve pourtant la question du « tout politique », le débat étant en l'occurrence de savoir dans quelle mesure le sport y échappe. Belmondo se fend d'un discours pour expliquer qu'il ne faut pas aller à Berlin. Puis il y va : le spectacle doit continuer. A l'occasion, le film y va aussi de son couplet contre les journalistes... Il ne s'agit pas de comparer la richesse thématique et l'exigence de mise en scène de Truffaut avec le simplisme et l'efficacité d'Oury, mais de constater la proximité d'époque et d'ambiance, la référence à une époque *mythologique,* où existe une incarnation du Mal absolu et traité comme tel. Gérard Oury est beaucoup trop préoccupé de réussir ses effets pour s'interroger sur la manière de filmer les nazis (ou les enfants, ou les juifs, ou les ours, ou les boxeurs...), mais il ne perd pas une occasion d'afficher la haine sans mélange que lui inspirent le nazisme et ceux qui y adhèrent. C'est une facilité peu compromettante – ce n'est plus une évidence. On le vérifiera un an plus tard avec le troisième « gros film » sur cette période, *Papy fait de la résistance,* accumulation de blagues bonnes à tout faire, où rien n'a d'importance ni de sens, où tout ce qui peut faire rire est bon à prendre, témoignage de ce glissement de la dérision au cynisme qui caractérisera les années quatre-vingt.

L'autre film sorti le 27 octobre 1982 est *Une chambre en ville* de Jacques Demy. C'est lui aussi un « gros film » quant au budget, une reconstitution d'époque (1952) et un récit appuyé sur une situation mythique, la lutte du prolétariat, en l'occurrence de la grande grève des chantiers navals nantais et les affrontements avec la police auxquels elle donna lieu. Et c'est, à nouveau, un film « irréaliste », et même cette fois archi-stylisé : Demy reprend le principe des *Parapluies de Cherbourg* qui voulait que tout le dialogue soit chanté, pour raconter sur fond de combat ouvrier un mélo qui n'atteint jamais au souffle tragique auquel il aspire. Les partitions de Michel Colombier (au lieu de Michel Legrand, le complice habituel) contribuent notoirement à éteindre l'émotion et à empêcher l'acceptation des partis pris du chant, comme des décors en couleurs soutenues de Bernard Evein. A sa manière, Demy poursuit la même tentative que Truffaut, celle d'un mariage entre ambition artistique, récit populaire et maintien d'une tradition cinématographique. Il le fait en essayant de marier Gene Kelly et Robert Bresson ! Chaque séquence est un pari audacieux, presque tous (à l'exception des affrontements entre Dominique Sanda et Michel Piccoli) sont perdus : les différents aspects que le film tente de réunir restent obstinément disjoints, et se nuisent les uns aux autres. Echec d'autant plus attristant qu'il est celui d'un projet longuement porté par le cinéaste, et qu'*Une chambre en ville,* en renouant avec la mémoire des *Parapluies* et des *Demoiselles,* devait mettre un terme à la succession de déceptions et de silences, voire d'exils, qui marquait la trajectoire de Demy depuis quinze ans. Echec aggravé par le peu d'intérêt du public pour le film.

C'est alors qu'on verra se produire un événement incongru : un grand nombre de critiques, qui avaient défendu le film dans leurs colonnes respectives, publient le 17 novembre un texte collectif où, comparant les résultats de *L'As des as* et d'*Une chambre en ville,* ils dénoncent *« deux poids deux mesures »* selon les films. Ils s'avisent que *« l'écrasement informatif et publicitaire des films préconçus pour le succès est tel que même un cinéaste de l'importance de Jacques Demy risque de voir son public potentiel détourné »* et annoncent que *« nous, critiques de cinéma dans les principaux organes de presse, toutes tendances confondues, faisons appel à nos lecteurs spectateurs* [pour] *ne pas manquer ce rendez-vous essentiel. Car aujourd'hui, l'échec d'* Une chambre en ville *serait aussi l'échec du cinéma français, ni plus ni moins ».* Le libelle est hasardeux, la dernière phrase est de trop. C'est en effet à la fois moins, et plus. Le film de Demy ne marche pas parce que les gens n'ont pas envie d'aller le voir, cela arrive à des chefs-d'œuvre et à des navets, cela arrive fréquemment à des beaux films, sans que cela constitue une preuve de quoi que ce soit. De plus, *Une chambre en ville* n'a pas du tout été occulté par les médias, et est sorti dans un circuit de salles correct. Et personne n'a jamais fait le succès public d'un film en suppliant ou en réprimandant ceux qui n'ont pas envie d'y aller. Le vrai problème, sous-jacent au texte des critiques, tient à l'idée qu'un film de Demy et un film d'Oury relèvent encore de la même économie, qu'ils jouent sur le même terrain avec des armes qui devraient être plus égales. Alors que les formes de cinéma auxquelles appartiennent les deux réalisateurs se sont tellement éloignées l'une de l'autre que la coupure est consommée entre les deux. C'est cette même coupure, contre laquelle il s'est toute sa vie battu quand ses anciens amis de la Nouvelle Vague s'y résignaient ou l'accroissaient, qui a mis François Truffaut en deuil, et l'a fait descendre dans la crypte de la « chambre verte ». Dès 1975, au moment où il entamait cette « descente », il écrivait : *« André Bazin ne pourrait plus écrire aujourd'hui : tous les films naissent libres et égaux, car la production de film s'est complètement diversifiée et presque spécialisée. »* C'est cette même coupure que faisait mine de conjurer le sacre de Truffaut aux Césars, quand la cassure du cinéma rend d'autant plus nécessaire la promotion de l'idée de son unité.

Au passage, la polémique déclenchée par les critiques en faveur d'*Une chambre en ville* va également leur retomber sur le nez. Une réponse virulente, et assez hautaine, d'Oury et de Belmondo (mais signée de ce dernier seulement) déclenche une houle anti-critiques, qui va contribuer à les marginaliser dans leurs propres journaux. Cela aussi tend à accroître encore la coupure dans le cinéma, entre les films « sérieux », « artistiques », dont s'occupent les critiques et que vont voir des cinéphiles bien différents des boulimiques de vingt ans plus tôt, et les films « pas sérieux », « commerciaux », qui ne relèvent que de la publicité et de la promotion rédactionnelle largement illustrée. Au passage, la véritable fonction critique, qui est d'analyse et non de publicité pour quelque film que ce soit, est bien oubliée.

Ce fossé ouvert au milieu du cinéma ne sera plus traversé que par de rarissimes films. Et, contrairement à ce que suggèrent les pamphlétaires du 17 novembre, l'inégalité entre les films n'appelle pas une meilleure régulation interne « du » marché, puisqu'il n'y a plus « un » marché. Belmondo et Oury auront beau jeu de répondre par une profession de foi ultralibérale – que le plus fort gagne et que les autres mordent la poussière en silence – qui annonce les accents dominateurs d'Hollywood dans les années à venir. Cette coupure appelle des mesures de protection décidées en haut lieu, pour défendre cette espèce en danger qu'est le cinéma d'auteur. Le problème du film de Demy, indépendamment du jugement sur ses qualités cinématographiques, tient en effet à son coût de revient. Il n'existe plus « un » marché parce qu'il n'existe plus « un » public, mais des publics. Celui d'*Une chambre en ville* aurait pu être plus nombreux, mais, sauf miracle (il y en a), il ne pouvait pas correspondre à son budget. Pour qu'existe ce type de films qui ne sont pas « préconçus pour le succès » (Oury et Belmondo ne manqueront pas de faire des gorges chaudes de cette expression), il va falloir payer. Payer pour la production, la distribution, l'exploitation. On va payer. Bientôt, ce sera tout le cinéma français qui réclamera la même protection.

Chapitre 3

EN HAUT LIEU

L'évolution du cinéma français, qui concerne à la fois son économie et son esthétique, s'est faite durant les années soixante-dix pour l'essentiel à l'écart de l'Etat. Elle requiert pourtant son action, dans les deux fonctions par lesquelles un Etat légitime son intervention dans le domaine privé : le soutien matériel d'intérêt public et l'arbitrage des litiges et des inégalités. On a déjà dit que le nouveau type de films porteurs, par son ambition et les moyens matériels qu'il exige, réclame le soutien de la puissance publique, dès lors qu'il apparaît que les entrepreneurs privés susceptibles de la mettre en œuvre sont trop peu nombreux pour assurer une continuité. La constitution de nouveaux pôles de pouvoir, autour de la Gaumont dans la production, autour du G.I.E. Gaumont-Pathé et de l'U.G.C. dans la distribution et l'exploitation, autour de la nébuleuse Lebovici, autour des chaînes de télévision exige une réflexion d'ensemble que seule la puissance publique est susceptible de mener, sans préjuger de ses capacités à y apporter une solution. La contradiction s'aiguise en effet entre la nécessaire constitution de pôles économiques puissants, capables d'entreprendre des projets ambitieux, et le respect de la pluralité des inspirations, des modes d'action économiques et artistiques, sans laquelle non seulement les petits seraient mangés par les gros (ce qui fait toujours mauvais genre), mais tout le secteur serait en grand danger d'uniformisation sclérosante. Mais durant la fin des années soixante-dix, la puissance publique ne possède, en matière de cinéma, ni les moyens financiers, ni la volonté politique nécessaires pour peser sur les changements en cours.

L'Etat en retrait

Les deux successeurs immédiats de Michel Guy, Françoise Giroud et Michel d'Ornano, n'ont pas, en matière de cinéma, laissé un souvenir marquant rue de Valois. Ils y sont d'ailleurs restés trop brièvement pour pouvoir véritablement agir. Leur succède en mars 1978 Jean-Philippe Lecat, avec le titre, pour la première fois, de ministre de la Culture et de la Communication. Il sera surtout remarqué pour son goût pour le patrimoine, et pour la répression des « radios libres ». Peu portés à l'action, ces responsables manquent aussi de moyens : sous les ministres ou secrétaires d'Etat à la Culture des années soixante-dix, la part de ce ministère aura régressé de plus de 0,60 % à moins de 0,50 % du budget de la Nation. Durant cette période, l'action diplomatique de Pierre Viot à la tête du C.N.C. permet pourtant la satisfaction d'une ancienne et ardente revendication des professionnels du cinéma : le 1er novembre 1979, la T.V.A. appliquée aux billets d'entrée est ramenée au taux préférentiel de 7 %. La même année, l'organisme public supervisant la télévision, la Délégation à l'audiovisuel, est rattaché au C.N.C. : sous son apparence purement administrative, c'est une victoire politique pour les milieux du cinéma, qui obtiennent ainsi un droit de regard sur les interventions réglementaires et financières de l'Etat dans l'ensemble du secteur audiovisuel, même si le véritable centre de décision se situe désormais à Matignon. C'est également le signe que le C.N.C., perpétuellement en équilibre (ou en déséquilibre) entre son statut administratif et sa position de lieu de concertation corporative, a acquis suffisamment d'autorité vis-à-vis des professionnels, et donc de considération de la part du gouvernement pour qu'on lui confie un secteur aussi sensible politiquement et aussi crucial économiquement que la télévision.

Par ailleurs, des systèmes d'aide ont été développés en faveur des maillons les plus faibles de la chaîne cinématographique, de l'« art et essai » aux salles en milieu rural. Dans le même esprit, et à la suite d'une plainte pour abus de position dominante, un rapport a été rédigé par André-Marc Delocque-Fourcaud sur les pratiques anticoncurrentielles des grands circuits et des chaînes de télévision. Ce rapport – confidentiel – constate les infractions mais, au nom des intérêts supérieurs du cinéma, recommande à l'Etat de ne pas agir. La Commission de la concurrence suivra ces sages recommandations. Cette enquête sur les comportements monopolistiques nourrira pourtant des décisions qui seront prises après 1981. Enfin, en septembre 1980, est adoptée une autre mesure réclamée par les professionnels depuis longtemps, la libération du prix des places. Celui-ci fait aussitôt un bond très sensible, mais relativisé par l'inflation générale, importante à cette époque. Cette mesure, par nature peu populaire, est censée être en partie compensée par la création d'un jour de réduction (–30 %), le lundi. Ces deux mesures vont en réalité dans le même sens, celui d'une différenciation accrue des publics, par l'argent et par l'emploi du temps.

Jack Lang (il entre !)

L'arrivée de Jack Lang rue de Valois à la suite de l'élection de François Mitterrand en mai 1981 et de la formation du premier ministère Mauroy va représenter une modification du statut même du ministère de la Culture. De poste secondaire, sinon mineur, au sein du gouvernement, il devient un haut lieu de la politique française. Il en ira ainsi du fait de la personnalité et de l'action du nouveau ministre, mais aussi de l'exceptionnelle longévité du seul ministre à occuper sans interruption les mêmes fonctions durant les deux législatures à majorité socialiste (1981-1986 et 1988-1993). Lang bénéficie également d'une augmentation sensible des crédits (son budget est pratiquement doublé, approchant le fameux 1 % — qui, lui, ne sera jamais atteint) et d'un appui presque constant du président de la République à propos de ses initiatives, ou lors des discussions budgétaires. Le ministre est aussi plus qualifié *a priori* pour occuper ses fonctions que la plupart de ses prédécesseurs. Il connaît le monde culturel et est connu de lui, comme fondateur et directeur du Festival de Nancy, puis directeur du théâtre de Chaillot avant d'être remercié par son prédécesseur, et comme responsable de la commission culture du parti socialiste. Il montrera un talent particulier dans l'exercice qui consiste à s'entourer des plus prestigieux artistes de toutes les disciplines. Sa manière apparaît dès le jour de la victoire socialiste aux élections (il est l'un des organisateurs de l'immense concert « spontané » et en plein air qui s'organise alors place de la Bastille avec les plus grands noms de la musique populaire). Puis à nouveau lors de l'entrée en fonction de Mitterrand, avec la « marche au Panthéon » où le président s'avance entouré de William Styron, Arthur Miller, Carlos Fuentes, Gabriel García Márquez, la veuve de Pablo Neruda... habile mélange de mythologie républicaine à l'ancienne, de culture contemporaine et de marketing politique dont il est l'un des concepteurs. Surtout, à son arrivée rue de Valois, Lang donne et donnera longtemps le sentiment d'avoir véritablement voulu le poste qui lui échoit, d'avoir des idées sur ce qu'il convient d'y faire, et d'en avoir les possibilités en argent, en hommes et en énergie politique. Il n'a pourtant pas tout pouvoir : le maroquin de son prédécesseur a été scindé en deux, et la communication incombe à Georges Fillioud, autre proche du président, qui mènera une politique de modernisation de ce qu'on nommera bientôt le P.A.F. (paysage audiovisuel français), où la dimension culturelle n'est pas une priorité.

L'action de Jack Lang rue de Valois ressemble à bien des égards à la démarche qu'on a déjà vue mettre en œuvre, dans le domaine du cinéma, par Daniel Toscan du Plantier. Elle procède d'une valorisation des actions spectaculaires, appuyées sur un sens très sûr de la communication, au service d'interventions instaurant une idée globalisante de la culture. Avec Lang se généralise la tendance à dépasser les singularités de chaque art comme les frontières entre pratiques de réflexion, de création ou de distraction, en ouvrant grandes les portes sur le monde, et sur la diversité des approches du monde. De même que le cinéma cesse d'être une modalité de mise en scène de la réalité pour être lui-même mis en scène, la « culture » cesse avec Lang d'être la somme disparate des différents moyens de configurer le monde, pour être englobée dans une unique représentation d'elle-même. La culture selon Jack Lang n'est pas un agrément de la vie ni une dimension supérieure de l'activité intellectuelle, mais la vie elle-même, et son ministère se doit de quitter ses découpages administratifs et ses froideurs réglementaires pour intervenir dans la vie quotidienne de tout un chacun. Dès son arrivée, le nouveau ministre déclare que sa fonction *« doit affirmer sa volonté et sa présence et, plus qu'une administration, devenir une mission »*. Le temps n'est pas loin où il parlera de son ministère comme de celui du bonheur, ou de l'esprit. De coups d'éclat en réformes de fond, de concertation avec les créateurs en opérations médiatiques, Jack Lang va s'efforcer de faire de la Culture (avec majuscule) un « grand récit », un mythe pour le temps présent.

Deux initiatives concernant le cinéma marquent son arrivée rue de Valois ; l'une est technique, l'autre symbolique. Le symbole sera, au mois de septembre, le refus spectaculaire de se rendre au Festival du film américain de Deauville, opération promotionnelle de lancement des films des *majors* américaines en France. Ce refus est accompagné de déclarations fracassantes sur les menaces que représente pour les cultures du monde, et pour la culture française notamment, la volonté hégémonique d'Hollywood. Jack Lang mettra, temporairement, les points sur les *i* en juillet 1982, au cours d'une conférence internationale de l'Unesco réunie à Mexico. Sans nommer les Etats-Unis, il proclame que *« la lutte de classes, nationale et internationale, affecte l'art et même la culture. Economie et culture, même combat ! »*. Le discours n'est pas nouveau, il n'était pas d'usage qu'il soit tenu par un ministre. Pourtant, si elle touche la fibre protectionniste des professionnels français en même temps qu'elle rappelle à d'autres les temps animés du lyrisme gauchiste, cette philippique ne correspond pas (pas encore) à une domination de fait d'Hollywood sur le marché français. L'année précédente, pour la première fois, les Américains avaient néanmoins dépassé les 30 % de part de marché, alors que les films français chutaient à 47 %, un des plus mauvais scores enregistrés jusqu'alors. Il y aura un sursaut en 1981 et 1982, avant un retournement cette fois irréversible en faveur des productions hollywoodiennes. Pour l'heure, les déclarations du ministre ont offusqué les Américains qui crient au jdanovisme. Les professionnels les plus pondérés trouvent que pareils éclats ne font pas sérieux, mais Jack Lang s'est taillé un beau succès d'estime parmi la plupart des gens de cinéma, chez qui sa cote était déjà au plus haut. La Seconde initiative, prise dès l'entrée en fonction rue de Valois, consiste à confier une mission d'étude sur le secteur à une commission dirigée par l'avocat Jean-Denis Bredin, et dont font notamment partie Bertrand Tavernier et André-Marc Delocque-Fourcaud, l'auteur du rapport sur les abus de position dominante en 1979. Le rapport est remis au ministre fin octobre. Le 3 novembre, il est transmis aux organisations professionnelles, afin de solliciter leurs réactions et commentaires. C'est en tenant compte de ces contributions que le rapport modifié est rendu public en janvier 1981 – n'y figure plus, notamment, la proposition, qui semblait ressuscitée de l'époque des Etats généraux du cinéma, de créer un secteur public de production.

Entrée en gare du premier train de réformes

Le rapport Bredin va constituer la « loi-cadre » des principales interventions ministérielles dans le cinéma. Trois décisions importantes en découlent directement : à court terme la dissolution du G.I.E. Pathé-Gaumont, à moyen terme la création d'une nouvelle école du cinéma et de l'audiovisuel en remplacement de l'I.D.H.E.C., et à long terme la mise en route d'un projet « Palais de l'image et du cinéma » au palais de Tokyo. Elles figurent en bonne place dans le plan de réformes du cinéma, présenté le 1er avril 1982. Ce plan trouve ses premières applications concrètes avec la Loi sur la communication audiovisuelle et la réforme du cinéma français. Son aspect alors le plus remarqué par le grand public et les commentateurs ne concerne pas directement le cinéma : il consiste à mettre fin au monopole d'Etat sur les ondes, ce qui se traduit par la légalisation immédiate des « radios libres », et ouvre la porte aux futures privatisations ou créations de chaînes de télévision. En ce qui concerne le cinéma, on notera d'abord qu'aux yeux de l'Etat il n'est plus considéré que comme un chapitre de la « communication audiovisuelle », auquel est consacré le titre V de la loi [1]. Ce titre V institue un nouveau régime de la programmation, soumettant les circuits à un agrément du C.N.C. et instaurant un code de concurrence loyale, sous l'arbitrage d'un médiateur (le conseiller d'Etat Michel Galabert inaugure la fonction). Sans disposer de pouvoirs de sanction, il jouera un rôle notable dans l'aplanissement des différends entre professions, et entre « petits » et « gros ». Mais l'effet direct, et volontairement spectaculaire de la loi, est l'injonction faite à Gaumont et Pathé de mettre immédiatement un terme à leur G.I.E.,

1. La commission Bredin était elle-même un sous-groupe de la mission dirigée par Pierre Moinot sur l'ensemble de l'audiovisuel.

qui réunissait alors cinq cent cinquante salles et réalisait 25 % du box-office.

Politiquement et médiatiquement, l'effet est impeccable : a) Jack Lang défend les faibles ; b) il n'existe plus de puissances privées qui puissent se soustraire à l'intervention de l'Etat agissant au nom de l'intérêt général. Et le cinéma est devenu – c'est le signal principal envoyé avec cette décision – « une affaire d'Etat ». Economiquement, la mesure aura des effets moins nets. Avant la fin de l'année, Gaumont, qui contrôle directement quelque deux cents salles, fédère une centaine d'écrans indépendants à ses côtés dans une nouvelle entité, Gaumont, Associés et Cie. Pathé fait de même. L'U.G.C. (où Guy Verrecchia, secondé par Alain Sussfeld, a succédé à Jean-Charles Edeline en 1981), qui avait été identifié par le rapport Delocque-Fourcaud comme la société ayant les plus constantes pratiques anticoncurrentielles, n'est pas inquiétée. Quant à Parafrance, le quatrième circuit, sous la nouvelle direction de Serge Siritzky, il paraît à ce moment voué à un avenir prometteur. La réforme est destinée à renforcer les distributeurs et exploitants indépendants, mais ceux-ci tardent à applaudir. Ils soulignent que la cassure du G.I.E. conforte moins leurs propres positions que celles de circuits régionaux qui, tel le groupe Raymond dans le Sud-Ouest, se taillent des petits empires, et sont moins enclins encore à jouer le jeu de la diversité avec leurs concurrents plus faibles. Ils se plaignent également de ce que les films qui leur étaient plus traditionnellement destinés, ceux d'« art et essai », font désormais l'objet de la sollicitude des « grands », à commencer par Gaumont : politique culturelle oblige. Ces tensions, habituelles, vont être avivées par la nouvelle chute de la fréquentation. La réforme a été annoncée au cours d'une année de bonne santé, qui s'avérera la dernière. En 1982, pour la première fois depuis 1968, le nombre total des entrées dépasse les 200 millions. On peut donc croire à une reprise. En fait, c'est la fin de la période de stabilité qui a prévalu durant toutes les années soixante-dix : une nouvelle longue glissade s'annonce dès l'année suivante.

Le ministère, quant à lui, ne se contente pas du titre V, il multiplie les procédures d'aides à tous les secteurs du cinéma : aides sélectives à la distribution et au court-métrage en 1982, augmentation de la dotation de l'avance sur recettes, portée de 30 à 50 millions en 1982, puis à 60 en 1983 (simultanément, la commission est scindée en deux afin de mieux prendre en compte les cas particuliers que constituent les premiers films). La même année, un deuxième train de mesures entre en vigueur. Parmi elles, la plus importante, quoique peu médiatique, est sans doute la création de l'Agence pour le développement régional du cinéma (A.D.R.C.). Conçue et dirigée par Jack Gajos, elle finance la réouverture ou la création de salles dans les zones rurales, et contribue ainsi au maintien d'un « tissu cinématographique » à l'échelle du pays. Pour alimenter dans de bonnes conditions ces écrans, l'A.D.R.C. tire également, gratuitement, des copies. Et, logiquement, des copies de films susceptibles d'attirer un large public : que ce soit *L'As des as* qui, le premier, bénéficie de cette mesure, suscitera quelques remous, surtout après l'« affaire *Une chambre en ville* » ; plus tard, il sera utile (et assez plaisant) de pouvoir répondre aux représentants d'Hollywood se plaignant du protectionnisme français qu'une agence gouvernementale tire gracieusement des copies de leurs plus gros succès pour en assurer la diffusion dans les campagnes françaises. Ce sont quelque mille deux cents salles de province qui seront ainsi maintenues en vie, ou ressuscitées par l'A.D.R.C.

Le deuxième train de mesures de la rue de Valois comporte également la modification du taux de soutien automatique à l'exploitation, la mise en route d'un plan de soutien aux industries techniques, la création de l'Agence de diffusion du court-métrage. Et, autre intervention majeure, la création de l'I.F.C.I.C. (Institut pour le financement du cinéma et des industries culturelles – qui marque aussi l'apparition dans le vocabulaire officiel de cette expression très significative de l'époque, « industrie culturelle »). Des organismes privés spécialisés dans le financement du cinéma existaient déjà (U.F.C.A., Cofiloisirs, Sodete, auxquels se joindra Coficine). Mais, dirigé par Georges Prost, ce pool bancaire, dont l'Etat possède 25 %, gère désormais le fonds de garantie issu du Fonds de soutien. Par son intermédiaire, c'est l'Etat qui garantit les emprunts à court terme (pour aider la production ou la sortie d'un film) et à moyen terme (pour renforcer des sociétés ou permettre des investissements plus lourds). Cette présence rassurante incite de nouveaux organismes bancaires à investir dans le cinéma, battant en brèche l'oligopole existant et qui avait tendance à organiser le jeu à sa seule convenance. La création de l'I.F.C.I.C. jouera un rôle important pour l'entrée des groupes financiers dans le secteur cinématographique, phénomène se généralisant durant la période suivante.

Cet ensemble de dispositions, ainsi que l'accroissement mécanique du Compte de soutien proportionnel au nombre d'entrées, entraîne une hausse de la masse monétaire en circulation dans le cinéma, au moment où la nouvelle politique de production suscite des projets plus onéreux. Ce mouvement sans fin (les augmentations génèrent des projets chers, qui réclament encore plus de financement) est encore accéléré par la participation massive, au début des années quatre-vingt, des distributeurs au financement de la production, à un moment où la relative bonne santé de la fréquentation fait des films (de certains films) des investissements prometteurs. Il faut encore y adjoindre la pratique inaugurée par Lang à son arrivée rue de Valois, celle de l'« aide directe », sommes allouées de manière discrétionnaire par le ministre en faveur de projets prestigieux. Jack Lang donnera ainsi un coup de pouce « personnalisé » à des cinéastes français lorsque les mécanismes « normaux » ne suffisent pas à assurer la mise sur pied de leur film, et surtout à de grands réalisateurs étrangers, en signe de « soutien de la France des arts et des lettres à des créateurs laissés à l'abandon dans leur propre pays, où le cinéma n'est pas défendu comme chez nous ». Bresson, Resnais, Rivette, Varda ou Duras en bénéficieront, mais aussi Wajda, Schlöndorff, Scola, Chahine, Tarkovski, Jancso ou Loach. Parfois déterminante économiquement, et parfois simple appoint, cette intervention symbolise clairement, y compris par les polémiques qu'elle déclenche, l'engagement volontariste de l'Etat et du ministre aux côtés de l'art cinématographique.

Mais les interventions de la puissance publique durant les premières « années Lang » ne se limitent pas à la défense interne du cinéma. Elles consistent également en la définition de règles du jeu vis-à-vis des autres secteurs de l'audiovisuel. La loi de 1982 affirmait la priorité, pour le cinéma, de l'exploitation en salles, et fixait un calendrier des délais auxquels seraient soumises les exploitations « dérivées » : il faut attendre un an pour éditer les cassettes vidéo, trois ans pour diffuser les films à la télévision (deux ans seulement si la chaîne est coproductrice). L'aspect patrimonial du cinéma n'est pas non plus oublié par un ministère aussi interventionniste. Le Service des archives du film verra son budget doubler en quatre ans, bien nécessaire augmentation quand les conditions de conservation et de restauration sont notoirement insuffisantes, plus nécessaires encore dès lors que les collections de la Cinémathèque française sont enfin transférées sous la garde du S.A.F. : le 3 août 1980, l'incendie d'un entrepôt de la Cinémathèque au Pontel (Yvelines) avait, en réduisant en fumée des centaines de films, achevé de convaincre que les méthodes artisanales de conservation avaient fait leur temps. Dès le 7 août, le principe de la mise à l'abri des « copies de Langlois » dans un bâtiment des archives à Bois-d'Arcy est acquis. A la Cinémathèque elle-même, le budget est plus que triplé en deux ans, passant de 7 à 23 millions.

Cette augmentation doit permettre une nouvelle politique. Début 1982, Costa-Gavras succède à Michel Guy, l'ancien secrétaire d'Etat à la Culture, devenu président de la Cinémathèque à la mort de Langlois en 1977, et qui a démissionné le 8 décembre 1981. Epaulé par Delocque-Fourcaud, puis par Bernard Latarjet qui lui succède comme délégué général, Costa-Gavras va mettre un route un vaste programme de modernisation, de rationalisation, de catalogage, de projections et de promotion de l'institution elle-même, pour sortir la maison de Langlois de sa torpeur. Pareilles initiatives se heurteront à l'opposition résolue de ceux qui souhaitent faire du Palais de Chaillot le temple intouchable où l'on honore les mânes du fondateur défunt, et pour qui toute innovation est dénoncée comme hérétique. Au-delà des rivalités de personnes et des conservatismes, ce sont effectivement deux conceptions qui s'affrontent. Celle dont Henri Langlois avait été l'incarnation flamboyante et excessive, « déraisonnable », était une idée personnelle, créative, de son activité, hostile par nature à l'intervention (autre que sous forme de dons gracieux) de l'Etat comme d'ailleurs de n'importe quelle autre puissance ou tutelle. Ce n'est pas à lui qu'il aurait fallu parler d'« industrie culturelle » ni de secteur mixte public-privé. Cet esprit-là a fait la Cinémathèque française, cet esprit-là est en train de la laisser pourrir sur pied. Il est aussi désormais en contradiction avec le nouvel esprit des temps. Et la Cinémathèque, qui gère un imaginaire autant que des copies ou des affiches, dépend beaucoup de l'esprit du temps : c'est celui du début 1968, frondeur et antigouvernemental par principe, qui a sauvé la place de Langlois, c'est celui de 1981, réformateur et réceptif aux interventions de l'Etat, qui va rendre possible les initiatives du tandem Costa-Gavras/Latarjet.

En ce qui concerne la vie culturelle, et notamment cinématographique, cet « esprit du temps » est inséparable, pour le meilleur et pour le reste, de la personnalité et de l'action de Jack Lang. Il se prolongera bien au-delà de l'« état de grâce » dont ont bénéficié le président et la « république des professeurs », et même au-delà de la période réformatrice qui correspond aux gouvernements Mauroy. Lang s'est imposé comme un ministre important au sein du gouvernement, l'un des plus connus et des plus appréciés des citoyens (ou faut-il écrire : du public ?). Il parviendra à conserver une image autonome, et globalement positive, lorsque celle du pouvoir auquel il appartient se dégradera.

Troisième partie

LE VISUEL ET LA GRANDE FORME
L'ARGENT DES UNS
ET LA TRISTESSE DES AUTRES

1980-1983

« Je me souviens de la tristesse intolérable qui m'oppressait... C'était la sensation que tout m'était étranger. »
L'Idiot, Dostoïevski.

Le cinéma français du début des années quatre-vingt est marqué par la montée en puissance d'un nouveau type d'images, entraînant un nouveau rapport à la représentation du monde, et donc – l'importance des images dans la vie quotidienne ayant pris une place stratégique –, au monde lui-même. C'est ce rapport que nous avons appelé le « Visuel ». Ce changement, opéré en douceur, est en fait une violente remise en cause des caractéristiques du spectacle cinématographique tel qu'il avait existé jusque-là : il ne s'agit pas seulement d'un plus grand intérêt porté à « ce qu'on voit », mais de la manière dont l'écran cesse de fonctionner comme un relais vis-à-vis d'un extérieur (mythique ou réel). Ce phénomène s'accompagne, dans le droit-fil des évolutions décrites aux chapitres précédents, d'une valorisation de la « grande forme » cinématographique, où se combinent selon des proportions variables l'inflation des budgets, les effets spectaculaires et les « plus » (comme on se met à dire alors, en attendant le « mieux disant ») culturels. Le Visuel et la grande forme correspondent à cette promotion du film en tant que tel. Face à cette évolution, les auteurs modernes, mais aussi d'autres cinéastes plus traditionnels et qui restent intimement attachés à ce qu'a été le cinéma comme mode de récit et de représentation, réalisent des films qui deviennent autant d'actes de résistance (consciente ou pas), ou au contraire de compromis avec le nouveau régime des images.

Chapitre 1

DE SI JOLIS CAUCHEMARS

Bertrand Blier, pile et face

C'est à nouveau Bertrand Blier, manifestement le meilleur baromètre dont dispose alors le cinéma français, qui va incarner l'évolution vers le stade suivant. Cette évolution se décline en quatre films, qui succèdent aux *Valseuses.* Le premier, *Calmos* (1976), reprend pour partie la provocation délirante d'une partie du cinéma de l'après-68, pour alimenter tant bien que mal une fable où se dessine ce qui sera un des thèmes de prédilection de ce cinéaste, la solitude des mâles (avec comme porte-parole à l'écran Jean-Pierre Marielle et Jean Rochefort), et leur manière de la pallier. La conception du film, qui voudrait adopter les éléments du discours macho pour mieux en dénoncer les aberrations, ne manque pas d'audace. Mais le réalisateur se révèle si peu maître de son langage cinématographique que la vérité misogyne du propos s'impose malgré tout. L'unique intérêt de cette débauche d'effets de langage est de traduire pour la première fois chez Blier une invention visuelle, non réaliste, supposée pouvoir nourrir le mince argument. Après un sévère échec critique et public, Blier revient à une construction plus sage, plus « classique » même que celle des *Valseuses,* avec *Préparez vos mouchoirs* (1978), qui en reprend l'un des aspects, celui de la question du plaisir féminin telle qu'elle se posait à propos du personnage de Miou-Miou — telle que Blier la posait aux deux protagonistes masculins. C'est ici l'unique question de ce film qui raconte le désarroi de Gérard Depardieu devant la frigidité désinvolte, ni revendicative ni affligée, de sa femme (Carole Laure), puis comment l'« embauche » d'un amant (Patrick Dewaere) ne produit vis-à-vis de la dame aucun effet nouveau, mais reconstitue l'amitié Depardieu-Dewaere contre l'indifférence consentante de la belle. *Préparez vos mouchoirs* donne ainsi une version minimale, à échelle individuelle, de l'histoire d'une amitié d'hommes scellée par la frigidité hostile de la société tout entière dans *Les Valseuses.* A nouveau, la « solution » au mystère du plaisir féminin sera apportée par un jeune garçon, répétition du fantasme de la jeunesse libératrice. Mais, de manière plus insistante que dans le précédent film, *Préparez vos mouchoirs* (avertissement aux hommes quant au peu d'avenir de leurs relations amoureuses ?) ne se préoccupe nullement du plaisir de Carole Laure, seulement de l'inquiétude que son absence suscite chez les deux messieurs. Malgré l'habileté intacte du scénariste-réalisateur à trousser les scènes et les répliques, malgré aussi une reconnaissance officielle à retardement qui ira jusqu'à un Oscar du meilleur film étranger à Hollywood, le film semble une fable étirée, ne dépendant que de sa propre mécanique, au profit d'une morne « moralité » — la connivence des hommes ne se constituant que comme substitut à leur incapacité à faire jouir les femmes.

Du moins la maîtrise du réalisateur a-t-elle fait de manifestes progrès, qui vont être mis à profit pour son second « grand film », qui lui vaudra une reconnaissance plus vaste et plus durable que celle née des *Valseuses,* en passe d'être considéré comme un coup d'éclat sans lendemain. *Buffet froid* (1979) démarre par la synthèse réussie de tout ce qui a été fait auparavant. Les séquences d'ouverture du film, mettant d'abord aux prises Depardieu et Michel Serrault dans les couloirs déserts de la station Défense du R.E.R., puis Depardieu entouré de Bernard Blier et de Jean Carmet dans les tours désertes du même quartier, sont d'un incontestable brio. Faufilant dans des situations inspirées du théâtre de l'absurde des dialogues loufoques et riches en inventions verbales, Blier pour la première fois tire un véritable parti de l'ambiance visuelle dans laquelle se situe le film. Cette succession de sketches, où se dessine un mélange de paranoïa sécuritaire, d'absence de respect de la vie des autres et de mépris de chacun pour sa propre existence, prend place dans les déserts glacés du néon et du béton des grands ensembles modernes, avec un détour par l'univers tout aussi déprimant des zones pavillonnaires. On est quelque part dans l'une de ces ruelles lorsqu'on s'avise que, malgré les violentes torsions infligées au récit par le scénario, et l'aplomb impavide du cinéaste à toujours choisir l'enchaînement le moins logique, il ne se passe plus rien dans le film. Il apparaît alors que Blier compte uniquement sur ces jeux d'apparences, dont fait partie un dialogue composé de « bons mots » bientôt répétitifs, mais aussi, pour la première fois chez lui, une mise en images très travaillée. N'ayant rien à raconter, il profite au mieux de la vitesse acquise durant le prologue, et expédie des jets de fumée visuels et sonores pour donner une impression de vitesse. Cette opération de camouflage sera couronnée de succès, le film étant salué avec emphase comme un modèle d'invention, d'humour et de cruauté.

Le quatrième film, *Notre histoire* (1984), semble poursuivre dans la même direction. Il représente en réalité l'envers du précédent film, en abordant de front, et non sans humilité, ce que *Buffet froid* utilisait avec ruse et une autorité sans réplique : l'absence de récit, sa dispersion dans les replis d'une narration privée de références, son usure au contact de la psychologie, de la sociologie, de toute la masse de récits préexistants qui s'agitent comme des fantômes inutiles mais entreprenants. Dans une tentative cette fois véritablement cruelle, le récit est littéralement mis en lambeaux en même temps que le personnage campé avec un masochisme impressionnant par Alain Delon. Le titre le dit clairement : de « notre histoire », l'histoire collective, il ne reste rien que ces miettes éparses, piégées, et l'habileté de leur agencement ne sert qu'à démontrer chaque fois un peu plus leur vanité désespérée. La démonstration est d'autant plus forte que son support souffrant est une grande vedette, celle qui est supposée porter le sens et l'identification, apporter la lumière (une « star », une étoile se transforme sous nos yeux en astre mort, celui du « grand récit »). Pourquoi l'un des plus hardis destructeurs du récit cinématographique donne-t-il un conte de deuil explicite et affligé ? Sans doute est-ce que Bertrand Blier, fils de Bernard Blier et ayant fait ses classes dans le sillage d'Audiard, vient du cinéma « d'avant ». Il y a encore ses racines et mesure, ici sans joie, les distances parcourues (notamment par lui) et les ruptures effectuées.

La figure commune à ces deux films symétriques, version roublarde dans *Buffet froid,* inquiète dans *Notre histoire,* est celle du rêve, ou plus exactement du cauchemar. *« Puisque je vous dis que c'est un cauchemar »* est l'une des premières répliques du premier film, Alain Delon dans le second ne cesse de s'éveiller d'un mauvais rêve pour se retrouver dans un autre. La caractéristique du cauchemar, et du Visuel, est la perte des repères de réalité. La figure cauchemardesque, que nous avons déjà repérée chez Claude Miller et Alain Corneau (et aussi dans les films de cette période d'Alain Resnais et de Claude Chabrol, et dans *Monsieur Klein*), annonçait cette évolution. Mais chez ces cinéastes, le monde réel et ses repères existaient encore, même si les protagonistes perdaient prise sur eux. Alors que dans *Buffet froid* et *Notre histoire,* le vertige est total, et sans réveil au bout du voyage, sans même l'arbre par lequel Alain Resnais retrouvait un ancrage minimum. Ce recours au cauchemar est, bien sûr, lié à la perte de puissance des grands systèmes d'explication du monde, qui l'ordonnaient et fournissaient des indications sur la manière de se situer par rapport à lui, de l'éclairer, de s'y mouvoir.

Incidemment, il est remarquable que l'arrivée des socialistes au pouvoir ne modifie absolument rien à cette tendance : à de rares exceptions, mineures, il n'y a pas, il n'y aura pas de « cinéma de la gauche au pouvoir », du point de vue du « contenu » des films. On ne trouve guère, en effet, que *Le Bon Plaisir* (1984) de Francis Girod, adapté d'un livre de Françoise Giroud et qui raille le régime et son chef de manière allusive tout en pouvant aussi bien s'en prendre à son prédécesseur. *L'Etat de grâce,* de Jacques Rouffio en 1987, sera un morne vaudeville qui ne gagne rien à se situer dans les milieux politiques. Les deux films charges de Jean-Pierre Mocky, *Y a-t-il un Français dans la salle ?* (1982) et *Une nuit à l'Assemblée nationale* (1988), font donner une grosse artillerie comique qui ne fait jamais mouche. Guère plus réussi, mais en tout cas plus attentif aux espoirs et à la situation réelle des électeurs de gauche de 1981, *Etats d'âme* de Jacques Fansten (1986) passe en revue un « panel » de déçus du socialisme avec un schématisme qui n'est pas étranger à la proximité du réalisateur avec le Parti communiste comme aux nombreuses années qu'il a passé à travailler pour la télévision. Nul n'a filmé, et moins encore scénarisé, les espoirs pourtant réels mais, semble-t-il, intraduisibles en images et en récits, suscités dans une part importante de la population par l'élection de François Mitterrand et la « vague rose » qui s'est ensuivie. Malgré la marche au Panthéon et quelques autres « grand-messes », le socialisme français de 1981 n'est plus un Grand Récit, ni même un système de repères dans le réel, il va plutôt achever de brouiller les derniers clivages mythiques. Cette absence d'hymne au socialisme ne signifie pas que l'époque ne donne pas naissance à un art officiel, bien au contraire. Cet art officiel, celui qui est sinon engendré, du moins facilité par des décisions d'Etat et qui devient l'illustration de sa politique, c'est la « grande forme » et le Visuel. Cet art officiel se traduit seulement moins par ses « sujets » que par son esthétique et son économie.

Le cauchemar, qui donne sa forme au cinéma du Visuel, ne consiste pas en un onirisme systématiquement sombre, déprimant ou effrayant. Il tient à ce parti pris de perte des repères, à cette renonciation à dire le monde par le récit classique, plus encore à le comprendre par l'enregistrement « éclairé » (des lumières de la mise en scène moderne), qui avaient été les vocations successives, et la grandeur, du cinéma tel qu'il avait jusqu'alors existé.

Jean-Jacques Beineix fait image

Si Bertrand Blier demeure une figure ambiguë, *bifrons,* on ne perçoit rien de tel dans le film considéré, non sans raison, comme symbolisant l'avènement du Visuel, *Diva* (1981). Le peu d'attention suscitée, à sa sortie, par le premier long-métrage de ce cinéaste né en 1946, montre que cette forme esthétique qui allait bientôt s'imposer comme une ligne de force n'allait pas encore de soi, en tout cas pour un film français. Et c'est d'ailleurs son détour par les Etats-Unis, où il rencontre le succès que lui ont refusé la critique et le public français, qui lui vaut d'être à nouveau remarqué chez lui, de recevoir quatre Césars et de connaître finalement le succès (2,2 millions d'entrées). Adapté d'un roman noir de Delacorta, le scénario est exemplaire de l'époque : l'art, la copie et la conservation de l'art (la voix d'une chanteuse d'opéra, enregistrée clandestinement par un jeune postier innocent poussé par sa seule mélomanie) sont un trésor qui justifie les plus grandes aventures et les plus grands risques. Les risques, le jeune héros les courra aussi parce qu'il y a malentendu entre la vraie valeur (culturelle : le chant de la soprano) et le récit trivial laissé par une putain mourante sur une cassette identique — les vieux films comme les nouveaux n'utilisent-ils pas le même matériel ? —, avec son habituelle histoire de corruption, une histoire de ce bas monde. Néanmoins le scénario est moins destiné à composer un récit qu'à autoriser un certain nombre de situations, qui sont elles-mêmes l'occasion de faire des « images ».

Ce sont elles la véritable matière et le véritable enjeu du film, la traction avant jaune devant le phare, le grand puzzle dans le loft immense, les jeux de néon et de nuit, la cantatrice noire en majesté. Non qu'il n'y ait pas d'histoire, ou que Beineix s'en désintéresse. Mais, à chaque détour du film, il choisit l'image au détriment des gens et du récit, l'effet plutôt que les faits, même fictifs, même fantastiques. Que le héros du film soit un postier est ici parfaitement ironique tant le film est aux antipodes du cinéma du message, prenant existence par la pure présence esthétique de l'apparence visuelle (et sonore : l'utilisation des voix, surtout celle de la chanteuse et, à l'opposé, celle de Richard Bohringer en *deus ex machina* revenu de tout), dans un effet de séduction qui est sa propre justification. Elle opère grâce à une combinaison élégante et efficace de clichés, de gadgets contemporains encore peu ou pas montrés à l'écran et de valeur culturelle magnifiée par les possibilités de la technique — à côté du César de la meilleure première œuvre, deux autres récompenses iront logiquement à la photo et au son, et le quatrième à la musique, selon le travers habituel à ces cérémonies qui récompensent les auteurs d'arrangements d'œuvres classiques (la *Wally* de Catalani en l'occurrence).

La rumeur veut que Jean-Jacques Beineix vienne de la publicité, ce qui est faux. Il vient de l'assistanat (dix-sept films entre 1969 et 1978, dont neuf comme premier assistant, notamment aux côtés de Claude Berri et de Claude Zidi). Cette formation incite souvent ceux qui l'ont suivie à surestimer les aspects techniques de la réalisation, ou, plus gravement, à se faire une vision technicienne de la mise en scène — ce qu'est, de manière extrême, le cinéma publicitaire. Au début des années soixante, l'article de Jacques Rivette sur *Kapo* avait déjà dit l'essentiel sur le primat de la technique, sur le sens de cette prise du pouvoir des objets et de leurs codes dont le cinéma du Visuel et la publicité sont deux manifestations jumelles.

Il était logique que la Gaumont d'alors ouvrît grands les bras, et sa bourse, à ce jeune auteur prometteur, qui incarne la possibilité d'un renouvellement du cinéma qu'elle appelle de ses vœux (on ne peut pas travailler qu'avec les grands noms du cinéma mondial, qui ont le défaut d'être souvent déjà d'un certain âge). Disposant de moyens beaucoup plus importants, Beineix va radicaliser sa démarche de « créateur » (dans la pub, on dit « créatif ») en bâtissant un univers à lui, quoique inspiré d'un roman noir de David Goodis, un univers entièrement artificiel, et entièrement voué à l'effet d'apparence. Ce sera *La Lune dans le caniveau* (1983), étonnante entreprise de digestion complète du romanesque par le Visuel. Le romanesque figure sous certains de ses clichés les mieux établis (bars interlopes, quais sombres et luisants chers au roman et au cinéma du réalisme poétique, châtelaines hautaines, beaux prolétaires, crime impuni et déshonneur, vedettes – Depardieu, Nastassja Kinski, Victoria Abril –, amours torrides et impossibles). Le travail de Beineix, appuyé surtout sur les décors de Hilton McConnico, venu du théâtre et déjà spécialiste de cet avatar de la publicité à vocation culturelle (image+musique+commerce) en plein essor qu'est le clip, ne consiste pas à illustrer une trame de fiction très conventionnelle, mais à la faire disparaître dans ces jeux d'artifices visuels, à la consumer. C'est sans doute ainsi qu'il faut entendre l'éclat de Gérard Depardieu (qui avait déjà joué dans de bien plus mauvais films sans rien dire), désavouant publiquement celui-ci : sa mauvaise humeur publique traduit le sentiment que ce film-là s'est fait contre lui, contre les comédiens, contre les histoires auxquelles ceux-ci ont vocation de donner chair. *La Lune dans le caniveau,* et le cinéma qu'il annonce, est d'une autre matière, une matière de synthèse – les premières images de synthèse « made in France » datent de 1981, la même année que *Diva.* Le premier film de Beineix était nettement teinté d'onirisme, mais pas systématiquement sombre. Cette fois on est dans le pur cauchemar.

L'« irréalité » du film ne naît pas du tournage en studio, des centaines de films réalisés dans ces conditions en témoignent, y compris ceux de l'« onirique » Fellini, qui ne perd jamais contact avec le réel. Cette « irréalité » tient en revanche, en partie, à l'emploi systématique de deux nouvelles techniques de tournage récemment mises au point. La première est la louma, bras articulé et télécommandé au bout duquel est fixée la caméra. Son extrême mobilité et sa souplesse incitent à s'éloigner du regard « à hauteur d'homme », pour profiter des innombrables effets visuels qu'autorise ce mécanisme. Et la louma exige l'emploi d'une autre technique, celle du contrôle vidéo, sur lequel l'opérateur et le réalisateur (et, éventuellement, d'autres : le producteur, les vedettes...) suivent ce qu'enregistre la pellicule, au lieu de regarder le plateau lui-même et ce qui s'y passe, sans même avoir l'obligation de s'y trouver physiquement. Le contrôle vidéo peut évidemment être utilisé même lorsqu'on ne filme pas à la louma – l'anecdote veut que Coppola ait par exemple entièrement dirigé *Coup de cœur* depuis l'intérieur de sa caravane, en suivant le tournage sur ses écrans et en donnant ses consignes par talkies-walkies. On y reconnaît la figure du cinéaste-démiurge, du Mabuse, du « créateur », portée à son paroxysme. Cette technique permet également la situation en apparence opposée – en fait symétrique –, où les diverses puissances intéressées au résultat filmé ont un accès égal à ce qui se tourne : dans les deux cas, il s'agit effectivement d'un *contrôle,* qui réduit à la fois la part de pur enregistrement que comportait le cinéma et le rôle central du regard d'un cinéaste. A la même époque (la seconde moitié des années soixante-dix) que la louma, a été mis au point un autre appareil de prise de vues, la caméra steadycam. Celle-ci est dotée d'un harnachement qui permet à l'opérateur de marcher ou de courir, sans que l'image enregistre les secousses créées par ses déplacements. Louma, contrôle vidéo, steadycam, ces innovations, qui constituent les principales évolutions techniques dans le domaine de l'image « classique » (hors effets spéciaux et image électronique [1]), représentent trois formes d'interposition supplémentaire de la technique entre la réalité et son enregistrement : elles ne font pas, par elles-mêmes, disparaître le réel, et certains cinéastes sauront les employer sans se retrancher « dans la caravane », ou sauront réintroduire le rapport au réel par d'autres moyens, dès lors que c'est leur préoccupation. Mais ces trois manières de s'affranchir des situations physiques du tournage, en déséquilibrant le dispositif cinématographique du côté de la technique, participent, et participeront de plus en plus au fétichisme de l'image et à son abstraction de la réalité.

On a dit que le Visuel ne désignait pas ce que « représentent » les images d'un film, mais le nouveau rapport au réel qu'il institue, en s'interposant entre le regard et le monde. Ce rapport concerne aussi le son, on a même souligné quelle importance jouait celui-ci pour l'ancrage dans la réalité, et l'on a vu les cinéastes modernes y recourir comme à une planche de salut quand les images commençaient à être menacées de « déréalisation ». Logiquement, le son a fait à la même époque, en cette seconde moitié des années soixante-dix, des progrès techniques notables, qui vont dans le même sens que les « améliorations » de la prise de vues qu'on vient de mentionner. Le plus célèbre de ces progrès est le dolby, procédé qui permet de diminuer considérablement le bruit de fond sur la bande-son. « Effet spécial » d'un genre particulier, il participe naturellement au renouvellement du grand spectacle hollywoodien d'alors : utilisé pour la première fois dès 1971 par Kubrick (*Orange mécanique,* 1971), ce système est diffusé pour la première fois sur une large échelle aux Etats-Unis – les salles s'étant entre-temps équipées – pour *La Guerre des étoiles* (1976), étape clé de la déréalisation du cinéma. Cette évolution correspond à une attente naturelle, au moment où la quasi-totalité de ceux qui composent le public de cinéma possèdent à domicile des équi-

1. Les effets spéciaux, grande attraction du cinéma de science-fiction qui profite presque uniquement aux superproductions hollywoodiennes, contribuent évidemment aussi à ce fétichisme de l'image. Lequel trouvera sa traduction avec le lancement réussi, en 1983, d'une revue spécialisée en ce domaine, *Starfix,* et de nombreux *fanzines* inspirés des mêmes penchants, au destin plus éphémère.

pements sonores (chaîne hi-fi, radio FM) dont la qualité d'écoute est devenue supérieure à ce qu'on trouve en salles où, depuis l'abandon du 70 millimètres, règne sans partage la monophonie.

En France, il faut attendre le début des années quatre-vingt pour qu'ait lieu une percée significative du dolby, qui s'accompagne presque toujours du passage à une stéréophonie « d'ambiance » (au minimum trois haut-parleurs ou groupes de haut-parleurs diffusant des sons différents depuis l'écran, un quatrième offrant un complément depuis le fond de la salle), ensemble d'installations qui contribuent également à la différenciation des salles au bénéfice des circuits capables d'investir. Le pays ne compte qu'une quarantaine d'installations de ce type en octobre 1979, la centaine est dépassée au début de l'année suivante ; peu après son arrivée rue de Valois, Jack Lang a débloqué une aide destinée à l'équipement des auditoriums en ce sens. Ce « nouveau son » connaîtra encore de multiples améliorations — notamment le T.H.X., également sorti, au milieu de la décennie, des entreprises de George Lucas, le producteur et réalisateur de *La Guerre des étoiles.* Sa qualité deviendra un argument publicitaire pour les exploitants, et pour l'« idée de cinéma », par opposition au son médiocre des téléviseurs. Qualité incontestable du point de vue de la technique, et qui « fait de l'effet ». Qualité qui, au moins par les usages les plus fréquents qu'on en fait, contribue un peu plus à enfermer le spectateur dans une bulle sensorielle et à le couper du monde. Simultanément à l'équipement des salles, les premiers films français « grand public » utilisant les ressources du son moderne ont été, en 1979, *Don Giovanni* et *Tess*, deux titres phares de la « grande forme ». Comme de juste, *La Lune dans le caniveau* est, lui aussi, en dolby stéréo.

Présenté en compétition officielle au Festival de Cannes, *La Lune dans le caniveau* y est mal accueilli. Cette réaction négative déclenche en retour une attaque très violente de Jean-Jacques Beineix ; la polémique s'envenime et devient une (petite) « affaire ». La virulence de la réaction du réalisateur traduit plus que sa colère face à la virulence des critiques hostiles un refus du principe même de la critique. Beineix manifeste le sentiment que son œuvre n'a pas à être soumise à la réflexion critique, dont il récuse la légitimité même. En cela aussi, il représente une nouvelle époque. Même si, pour une fois, le public tombera d'accord avec les critiques, et boudera le film.

« La Balance » dans les tripes

Le Visuel tel que l'incarne Beineix se fonde sur une recherche esthétique, et c'est le statut de cette esthétique dans le film qui fait problème. L'année précédant le bide monumental de *La Lune dans le caniveau,* un autre film, *La Balance* (1982), a obtenu, lui, un succès considérable (4,1 millions de spectateurs, et les quatre Césars les plus prestigieux, ceux du meilleur film, de la meilleure réalisation, des meilleurs acteurs à Nathalie Baye et Philippe Léotard) en faisant l'économie de cette recherche esthétique, pour ne plus utiliser que la puissance de l'effet, du gadget et du rythme. Réalisé par un cinéaste américain installé en France, Bob Swaim, auparavant réalisateur d'une adaptation très approximative de Léo Mallet, *La Nuit de Saint-Germain-des-Prés* (1977), ce film violent et cynique annonce la vérité du cinéma qui se met en place à ce moment, vérité que dissimule en partie le terme Visuel, en faisant référence aux apparences (la photogénie, la « belle image » et ses origines publicitaire et touristique). Alors que la valeur décorative n'en est qu'un des aspects possible, mais pas indispensable. Il s'agit d'un cinéma du *code*, ici exploité avec une extrême crudité, sans aucun référent extérieur à un réel quelconque ni à un imaginaire – ne parlons même pas de mythe ni de « grand récit ». Les protagonistes (flics, truands, prostituées) ne renvoient ni à une imagerie ni à une réalité, ils sont les éléments neutres permettant les effets maximums de violence et de manipulation. On retrouve, avec une force et un aplomb nouveaux, la valorisation de la technique, de l'efficacité. On est tout près de la pornographie, sans même l'alibi de la transgression. Le film se résout d'ailleurs d'une manière « réconfortante », « consolatrice », de la plus antipathique teneur, celle du lynchage, issue logique d'un produit entièrement conçu pour un impact optimum. La dénonciation des méthodes policières par le cinéma de l'ère précédente est ici recyclée dans un but de strict spectaculaire, qui s'appuie sur une authentification « de l'extérieur » (on expliquera longuement que les flics du film sont enfin habillés comme les vrais et qu'ils parlent de la même manière). Explication inutile et trompeuse, qui justifie le gadget visuel des jeans et des blousons, pour mieux imposer le jeu glacé, et qui se passe, lui, de toute justification « externe » ou « interne » pour déclencher des affects-réflexes chez le public. *La Balance* est sans doute le premier film français obtenant un succès notable en ne s'adressant ni à l'intelligence (même fruste) ni au sens esthétique, mais directement, et presque exclusivement, au cerveau reptilien. Ce n'est pas le dernier.

Les puzzles sophistiqués de Michel Deville

Il peut sembler paradoxal de rapprocher ce film de ceux d'un réalisateur aussi cérébral et cultivé que l'est Michel Deville, et d'inclure un cinéma qui se veut ouvertement littéraire dans la catégorie du Visuel. Pourtant, la dextérité de composition de ce réalisateur le mène vers une fascination des formes, un jeu de construction déréalisant, qui commence à se manifester à partir de *Dossier 51* (1978). Le film paraît, dans un premier temps, relever du cinéma-plaidoyer, dénonçant l'emprise des appareils d'Etat sur la vie privée. Ce n'est que son aspect superficiel, issu du livre de Gilles Perrault sur les pratiques des services secrets, dont il est adapté. Il ne mène nullement vers une appréhension plus complexe de la réalité que la simple dénonciation, « à l'américaine », de pratiques contraires aux droits de l'individu. Michel Deville organise en fait une construction vertigineuse, dépourvue de vraisemblance, un cauchemar visuel et sensoriel. *Dossier 51* détruit le sens au profit d'une sensation subliminale de désarroi, ne témoignant de rien d'autre que de l'habileté du réalisateur. Et, logiquement, ce résultat est obtenu à grand renfort de gadgets techniques détaillés à l'écran, moins pour leur usage réel que pour la fascination (même horrifiée) qu'ils suscitent.

Avec *Le Voyage en douce* (1980), le réalisateur conçoit ensuite un dispositif on ne peut plus culturel, qui consiste à alimenter les tribulations sentimentales de deux jeunes femmes (Dominique Sanda et Geraldine Chaplin) avec des extraits de situations empruntées à quinze écrivains (François-Régis Bastide, Camille Bourniquel, Muriel Cerf, Jean Chalon, Pierrette Fleutiaux, Patrick Grainville, Yves Navarre, Jacques Perry, Maurice Pons, Béatrice Privat, Suzanne Prou, Frédéric Rey, Dominique Rollin, Isaure de Saint-Pierre). Le résultat n'a évidemment rien à voir avec la littérature, mais ressemble à une version sophistiquée, décorative et coquine des jeux télévisés, ou de ces jeux de société que proposent les magazines pendant l'été. A nouveau le romanesque, le sens, et la réalité des personnages et des situations sont dissoutes (avec élégance) dans un jeu de l'image pour elle-même, unique triomphatrice de cette opération. Neuf ans plus tard, Michel Deville proposera une variante de ce même jeu avec *La Lectrice* (1988) où s'illustrera Miou-Miou. *Eaux profondes* (1981) pêche du côté du film noir un nouveau dispositif en abyme, autour du couple Huppert-Trintignant, des crimes que commet celui-ci, des jeux pervers qui les unissent et les opposent. La comparaison avec des constructions apparemment assez proches chez Claude Chabrol montre combien, avec les mêmes ressources de ruse et de savoir-faire, les cinéastes tendent à des résultats opposés. Chez Chabrol, l'affleurement de vérités enfouies, la révélation de rapports sociaux font du masque romanesque non une simple cachette mais leur texture même pour s'exercer avec plus de violence. Chez Deville, le fétichisme de la disposition des éléments ne débouche sur rien d'autre que sur sa propre perfection satisfaite, impressionnante et pas du tout expressive.

Il en ira de même avec ses futurs échafaudages à partir de matériaux fournis par le genre policier, *Péril en la demeure* (1985) et *Toutes peines confondues* (1992), le premier se donnant pour principe de mener à la surchauffe (sensuelle ou violente) tous les contacts, le second prenant le parti de la glaciation. Que Michel Deville se soit entre-temps assigné comme nouvelle règle du jeu de réaliser un film totalement dépourvu de dialogues, et qu'il prenne pour protagonistes principaux un groupe d'enfants, est une variante logique de sa démarche. *La Petite Bande* (1983) énumère, toujours avec le même brio, une succession de situations empruntées aux récits d'aventures, récits dont il n'y a désormais « rien à dire » — on retrouvera, sous d'autres formes, ce recours rusé à la référence (« culturelle », et fausse) au cinéma muet. *Le Paltoquet* (1986) radicalise l'appel à l'artifice, avec un huis clos explicitement onirique, où une pléiade d'acteurs renommés (Jeanne Moreau, Michel Piccoli, Fanny Ardant, Jean Yanne, Claude Piéplu, Daniel Auteuil, Richard Bohringer, Philippe Léotard) exécutent une sorte de ballet obéissant à des lois factices, dans ce pur « exercice du code délié de sa référence réelle » qui caractérise le cauchemar — hors explication psychanalytique — et le Visuel. Le cinéma de Michel Deville relève de la décision arbitraire, dans son principe, et de l'exploit dans son exécution. Ce sera à nouveau le cas avec un autre huis clos, cette fois le tête-à-tête d'un couple au sortir de l'amour. *Nuit d'été en ville* (1990) retrace le cheminement, de l'acte physique entre un homme et une femme qui ne se connaissent pas, vers la connaissance de l'autre par la parole... Cheminement qui se conclut inévitablement sur l'étrangeté totale des deux amants. Résultat logique, à nouveau, pour ce cinéma qui construit selon ses règles abstraites des machines de jouissance, en esquivant tout ce qui fait lien entre les êtres humains, et entre eux et le monde.

Ce cinéma n'échappe pas, lui, au jugement de valeur, presque toujours positif : composition soignée des cadres et des harmonies de couleurs, direction d'acteurs impeccable, dialogues élégamment tournés — si jamais l'expression « film bien fait » eut un sens, elle s'applique à ceux de Michel Deville. Mais il décourage la réflexion critique, il esquive la pensée, par l'arrogance intouchable du code ne rendant compte qu'à lui-même, et par l'humilité, tout aussi intouchable, et moins encore réfléchissable, de l'inconscient, du primitif. Retour, par des chemins détournés, au cerveau reptilien.

« L'Eté meurtrier » à fleur d'écran

Coup de soleil au box-office de l'année 1983 (5,1 millions d'entrées), le cinquième long-métrage d'un réalisateur au patronyme célèbre, Jean

Becker, surprend tout le monde. Le fils de Jacques Becker avait débuté en 1961 avec *Un nommé La Rocca,* et deux de ses trois films suivants, également interprétés par Jean-Paul Belmondo, semblaient devoir faire de lui un honorable membre de l'ex-cinéma de la jeunesse renouvelant les troupes du cinéma « grand public ». Mais, après *Tendre voyou* (1966), il interrompt sa carrière pour devenir cinéaste publicitaire. Son retour avec *L'Eté meurtrier* lui vaut, donc, un triomphe.

Il y a une histoire dans *L'Eté meurtrier* (scénario de Sébastien Japrisot d'après son roman), et même une histoire très compliquée de vengeance à double fond et à faux-semblants, de crime ancien que doivent expier les fils à défaut des pères, avec mémoire enfouie, flashback et rebondissements. A ce matériau romanesque s'ajoute un dispositif théâtral, le décor scénique du village où s'affrontent des personnages hauts en couleur, représentants des différentes instances d'une petite communauté provinciale. Bref, tous les ingrédients du cinéma à l'ancienne. A ceci près que, passé un moment de chronique un peu vieillotte, on ne s'intéresse jamais au scénario. Toute la séduction du film est ailleurs : ce sont les toilettes d'Isabelle Adjani, ses déhanchements et ses lubies, son impeccable plastique complaisamment mise en valeur, c'est le numéro de cocker mouillé d'Alain Souchon, ce sont les couleurs vives, les paysages, les gadgets visuels, la belle voiture (encore !), les traces de libido villageoise étalées sur l'écran comme des taches douteuses mais aguicheuses, qui font toute la matière du film, et feront son succès. Le savoir-faire de Jean Becker, réalisateur de publicité, consiste à mettre en valeur les fesses d'une fille et le rouge d'une voiture de pompiers : *L'Eté meurtrier* est un film de la pure apparence, où le récit, relégué dans les soutes sans aucun point de contact avec l'écran, est uniquement prétexte à effets d'images ; mais, à la différence par exemple des films de Beineix ou de Deville, d'images qui se présentent comme naturalistes, et au service du récit. Qu'elles imposent ainsi leur autonomie et leur suprématie par rapport à un scénario ni indigent ni bâclé traduit un « progrès » du Visuel, le signe qu'il ne lui est plus indispensable de recourir à des effets visuels pour fonctionner.

Chapitre 2

EN GRANDE POMPE

La « grande forme » n'a pas attendu le Visuel pour prospérer, grâce à la ligne de défense du cinéma français symbolisée par l'axe Toscan-Lang. Mais les deux phénomènes entretiennent une relation de proximité, ils se renforcent l'un l'autre, et trouveront des réalisateurs capables de les servir l'un et l'autre avec éclat.

Jean-Jacques Annaud : performant

Cette évolution dans la matière même des films connaît une manifestation spectaculaire avec la sortie, en 1981, de *La Guerre du feu,* l'un des très grands succès de cette année (4,9 millions d'entrées). Né en 1943, Jean-Jacques Annaud, son réalisateur, vient lui aussi de la publicité, il en est même l'un des spécialistes les plus prisés. Il a pourtant débuté, comme réalisateur de long-métrage de fiction, fort loin de cet univers, dans le cadre très classique (inspiré par son expérience de coopérant) d'une reconstitution historique. *La Victoire en chantant* (1976), récit de l'irruption de la Première Guerre mondiale dans un coin isolé d'Afrique noire, lui offre l'occasion d'une comédie satirique sur les travers du colonialisme. Le film passe inaperçu, mais une reconnaissance inattendue de la part d'Hollywood (où il reçoit un Oscar... comme film ivoirien) lui vaut une réédition en France, sous un nouveau titre, retraduit de son appellation anglo-saxonne, *Noirs et Blancs en couleurs. Cousin, cousine, Préparez vos mouchoirs, Diva, La Victoire en chantant* : sans y voir malice, l'Amérique légitime des films peu ou pas remarqués à leur sortie en France, et qui marquent des étapes dans l'évolution du cinéma français vers le Visuel. Le deuxième film d'Annaud, *Coup de tête* (1979), est de facture tout aussi conventionnelle que le premier. Cette histoire de footballeur forte tête, persécuté par la petite ville où il officie, pour ne pas respecter les règles de la puissance et de l'obéissance, tire le meilleur parti de la forte et chaleureuse présence de Patrick Dewaere. Mais c'est le troisième long-métrage, *La Guerre du feu*, qui porte pour la première fois la « griffe Annaud », ce qui caractérisera désormais son cinéma.

S'il fallait le définir d'un mot, ce serait « performance », au sens sportif : l'essentiel tient à la quantité de défis contenus par le projet du film, défis financiers, techniques, culturels ; la valorisation tient à l'achèvement du film lui-même, parler du film c'est dire l'exploit du réalisateur. Celui-ci, pour l'épisode inaugural de sa geste, adapte le roman homonyme de Rosny aîné, situé à l'époque préhistorique. Une histoire de l'aube de l'humanité, n'est-ce pas le terrain rêvé du mythe unificateur des humains, le « grand récit » par excellence de l'espèce humaine confrontée à ses besoins primordiaux ? Pas du tout, et le film ne fonctionne absolument pas sur ce registre, mais comme une succession d'illustrations, la plupart du temps visuellement réussies. Elles renvoient à du contemporain individuel, jamais à du collectif archaïque — d'un archaïsme d'ailleurs si lointain qu'il ne concerne plus guère les spectateurs de cinéma. *La Guerre du feu* offre une expédition touristique non chez nos anciens ancêtres, mais dans une reconstitution dont on guette l'habileté et la supposée vraisemblance, sans que la question se pose jamais de la vérité, d'aucune vérité. Cette confortable expédition s'effectue dans un véhicule carburant à la culture, bien différent des « films à monstres préhistoriques » qu'affectionna le cinéma populaire des années cinquante, virée triviale au train fantôme de carnaval qui affichait gaillardement ses conventions. La vraisemblance, qui assure la valeur culturelle du produit, est garantie « de l'extérieur », grâce à la caution de spécialistes reconnus, d'autant mieux reconnus que leur présence et leur intervention sont obligeamment portées à la connaissance de tout un chacun. Ce recours à des autorités de garantie modifie la posture du spectateur. On est là pour se distraire, mais la distraction a changé de nature, ou plutôt de régime, comme dans les clubs de vacances où il est exclu de « bronzer idiot ».

Le choix de ce sujet par Jean-Jacques Annaud, outre l'exploit que représente sa réalisation (et ne seront dissimulés à aucune gazette les mystères de la reconstitution du troupeau de mammouths), traduit un sens très sûr du marketing cinématographique. Par hypothèse, cette histoire est supposée concerner tous les publics de la planète : ils sont tous des descendants des personnages. Et les ajouts du cinéaste au texte d'origine sont justement les ingrédients fédérateurs du succès cinématographique, aspects qu'avait négligé Rosny aîné : chez Jean-Jacques Annaud, outre la quête du feu, Naoh le fier Oulhamr découvre les deux principaux ingrédients du succès, le rire et le sexe. A ces deux « propres de l'homme », Annaud ajoute, et c'est l'aspect le plus remarquable du film, le troisième : la parole. Pour ce faire, il a demandé à Anthony Burgess de lui inventer une langue. Personne ne la comprend, mais tout le monde peut plus ou moins en supposer le sens, ou au moins admettre qu'il s'agit d'une langue. Du strict point de vue du marketing c'est un joli coup (plus besoin de sous-titre ni de doublage), mais bien au-delà, ce faux langage universel, fabriqué de l'extérieur et qui n'exprime rien, mais sans laisser place au doute et à l'inquiétude du silence, est une métaphore (et une brillante prémonition) des formes « post-modernes » de communication.

Claude Lelouch : ad astra per alta

D'un milieu de décennie à l'autre, celui qu'on a surnommé « le Monsieur Plus du cinéma français » parcourt tout naturellement le chemin qui mène vers la « grande forme » à cette époque. Naturellement, mais précautionneusement. Le trajet des protagonistes d'*Un autre homme, une autre chance* (1977), quittant l'Europe écrasée par le talon de fer d'une bourgeoisie de rentiers (la Commune et ses rêves mythiques d'un monde meilleur, massacrés par les Versaillais) pour les espaces violents, mais ouverts, de l'Amérique, et trouvant là-bas, au terme d'une initiation brutale, la possibilité d'une communauté impossible ici, est une utopie naïve, comme est d'ailleurs naïve la réalisation du film. Avec son titre d'un optimisme buté, utilitaire, il est aussi la métaphore du désir d'aller chercher sous d'autres cieux, à une autre échelle, les moyens de continuer à exercer sa passion, même au risque des pires tourments, plutôt que de rester confiné au « petit » cinéma français. La grande naïveté de l'affaire étant de ne pas voir que ce qui a été mythologique pour les Américains (le western) ne peut être qu'imagerie pour les Européens, comme il est d'ailleurs à cette période en train de le devenir pour les Américains eux-mêmes.

Un autre homme, une autre chance prend place entre deux autres titres qui font diptyque : sur un scénario parfaitement mélodramatique, Lelouch s'était livré à une « étude de visages », presque au sens pictural, en s'attardant sur les deux interprètes féminines de *Si c'était à refaire* (1976), Catherine Deneuve et Anouk Aimée. Il en donne, dans une certaine mesure, le pendant masculin avec *Robert et Robert* (1978), histoire souriante et chantante qui donne libre cours au talent nuancé de Charles Denner et Jacques Villeret, deux comédiens que le cinéaste a contribué à révéler. *A nous deux* (1979), cavale en double de Catherine Deneuve et Jacques Dutronc qui permet à Lelouch d'aller à nouveau faire un tour dans ces décors américains qui le fascinent, est essentiellement un exercice de construction à tiroirs. Tous ces films construits autour de duos peuvent être tenus pour des « études préparatoires », avant l'œuvre symphonique que se voudra *Les Uns et les Autres* (1980). Cette vaste fresque à travers l'histoire du XXe siècle, la géographie et les sentiments, marque le passage du cinéaste à la « grande forme », dont il avait déjà tenté de s'approcher, sept ans plus tôt, avec *Toute une vie.* Les multiples personnages, interprétés par de multiples vedettes, y sont emportés par le tourbillon des guerres, des passions, des tragédies collectives et individuelles au rythme du *Boléro* de Ravel. Les idées sont toujours aussi gentiment naïves, la maîtrise est supérieure, elle le sera plus encore dans la troisième tentative du genre, *Viva la vie* (1984), qui poursuit cette fois dans la science-fiction ces quadrilles sentimentaux mâtinés de métaphysique et de musique classique.

Entre ces deux grands succès publics, Lelouch aura connu un cinglant échec commercial avec *Edith et Marcel* (1983), qui tentait de bâtir un récit historico-culturalo-amoureux autour d'Edith Piaf et de Marcel Cerdan. L'entreprise est ambitieuse, mais ne fonctionne pas. Et l'on ne saura jamais si le résultat aurait été plus convaincant avec Patrick Dewaere dans le rôle du boxeur (finalement tenu, du bout des gants, par Marcel Cerdan junior), face à Evelyne Bouix. Cet échec est peut-être dû aussi à la culture populaire dans laquelle s'enracine le film, quand la vogue est au « haut de gamme ». Dans la même veine « historique » et polyphonique, Claude Lelouch poursuivra avec *Partir, revenir* (1985), où s'entrecroisent époque de l'Occupation et temps présent. Puis, prenant son propre cinéma comme terrain de jeux, il fabrique les labyrinthes de glaces d'*Un homme et une femme : vingt ans déjà* (1986), qui a le grave inconvénient de souligner à la fois les faiblesses du premier film et les tics qui sont désormais ceux du cinéaste. Au-delà de ces tics, de la réussite et du succès très variables de ces films, le cinéma de Claude Lelouch est parfaitement en phase avec l'époque : technicien émérite adepte de la belle image et de l'exploit de prise de vues, scénariste habile à survolter des bluettes, embrassant volontiers de vastes ères historiques qui font les bonnes reconstitutions, terreau toujours fertile du grand spectacle, « Monsieur Plus », après avoir été en ce domaine un éclaireur de la « grande forme », en reste un digne représentant.

Embouteillage sur la chaussée des géants

Autre précurseur en la matière, Gérard Oury a, lui, mis la barre encore plus haut que pour ses films précédents au bénéfice de *L'As des as.* Il ira trop loin avec le très dispendieux (et pas drôle du tout) *La*

Vengeance du serpent à plumes (1984), produit par Claude Berri avec Coluche dans le premier rôle : les moyens financiers, le nom de la vedette et le label Oury ont paru pouvoir servir de palliatif à l'indigence du scénario ; mais le cinéma continue de ne pas être une science exacte, où l'application des recettes les plus éprouvées garantiraient à 100 % le résultat. Jean-Paul Rappeneau, qui avait lui aussi pris de l'avance dans cette direction, mobilise également de gros moyens au service de comédies à l'argument pourtant intimiste, bien que défendu par des vedettes (Montand, Deneuve, Adjani) : *Le Sauvage* (1975) et *Tout feu, tout flamme* (1982) sont des petites histoires, surdimensionnées par leur réalisation, ce qui entraîne un jeu « à l'épate » des comédiens. Taillée sur mesure pour Romy Schneider est en revanche la luxueuse reconstitution d'époque de *La Banquière* (1980), film réalisé par Francis Girod, avec une pléiade d'acteurs connus (Trintignant, Brialy, Carmet, Pisier — et Thierry Lhermitte qui passait par là), grand arroi de costumes et de calèches. Beau succès public (2,3 millions d'entrées), cette transposition de la vie de Marthe Hanau se veut dénonciatrice des puissances d'argent et des intolérances sexuelles, mais ne troublera personne : à ce prix-là, pas question de déranger aucune catégorie de public.

Le plus sûr n'est-il pas alors d'en revenir aux trésors de notre littérature (air connu) ? Lorsque avec d'énormes moyens, mis à sa disposition par la S.F.P., Robert Hossein porte à l'écran sa version scénique des *Misérables* (1982), avec Lino Ventura en Jean Valjean et Michel Bouquet en Javert, c'est moins l'origine théâtrale de la mise en scène (pourtant terriblement visible) qui est à remarquer que l'origine télévisuelle de la production : il s'agit en fait d'une adaptation de cinq heures destinée au petit écran, dont une version « courte » (trois heures !) est tirée pour le grand écran. Ce système « bâtard » deviendra fréquent dans les années suivantes (Toscan du Plantier y recourt la même année pour *La Dame aux camélias* réalisé par Mauro Bolognini), soulignant le manque de « légitimité cinématographique » de productions qui tendent à ne plus utiliser la salle que comme lieu de diffusion d'une « super bande-annonce » pour une série de prestige. La même année, un autre faux film de la « grande forme » connaît succès inattendu, *Le Retour de Martin Guerre* de Daniel Vigne (1982). On y retrouve l'infatigable Gérard Depardieu dans une autre reconstitution historique, au Moyen Age cette fois, pour une interrogation sur l'identité qui relève bientôt de la devinette pour jeu télévisé (c'est-y lui, c'est-y pas lui ?) plus que de la réflexion existentielle. Nathalie Baye en épouse dubitative puis conquise, sinon convaincue, profite le mieux du film, bien que celui-ci paraisse surtout préoccupé de faire visiter les recoins de son décor « entièrement comme dans ce temps-là » — et un César pour le décorateur ! Le véritable archaïsme du film est d'y avoir fourré à la fin une instance de vérité suprême, avec juge et coup de théâtre (c'était pas lui). La véritable nouveauté du film est de n'en être pas un, mais une dramatique télé gonflée à la taille du grand écran, sans même les ingrédients spectaculaires (espace, brillant, rythme) de la « grande forme ». Cette forme-là aussi est promise à un bel avenir.

A l'opposé, dès 1978, Claude Lelouch avait produit avec l'argent de la télévision, et autant à destination du petit que du grand écran, une fresque au souffle véritable, qui avait été l'un des premiers et des plus brillants jalons de la « grande forme culturelle » : vaste fresque (quatre heures et dix minutes) réalisée par Ariane Mnouchkine, *Molière* obtenait un succès où se lisait aussi le devoir de rendre visite à ce *« monument dédié à un monument »*. Avec un argumentaire plus directement scolaire, et infiniment moins d'élan, Roger Coggio portera ensuite à l'écran *Les Fourberies de Scapin* (1980) et *Le Bourgeois gentilhomme* (1982), plus tard Roger Planchon y viendra à son tour avec *Dandin* (1988).

C'est encore loin, l'Amérique ?

Si la télévision finance à l'occasion ces opérations massives, et commence à dicter la forme de certaines d'entre elles, leur inspirateur, nul n'en fait mystère, est à Hollywood (le vieux fantasme de « battre les Américains sur leur terrain » a la vie dure). Alexandre Arcady, réalisateur découvert en 1979 avec une évocation conventionnelle et adroitement tournée de son enfance en Algérie, *Le Coup de sirocco,* se sent inspiré par les *Parrain* de Coppola. Il en propose une transposition (quasiment une photocopie) dans les milieux pieds-noirs, *Le Grand Pardon* (1982), qui joue à son tour sur l'importance des moyens et sur un style de représentation « à l'américaine », de la violence notamment, qui retrouve un peu de l'efficacité du modèle, mais rien de sa réalité, dévoyée ici en folklore, tandis que la dramatisation recourt à des procédés détestables.

On avait vu Alain Corneau manifester dans le finale de *La Menace* un goût pour la mise en scène spectaculaire, utilisant les grands espaces « à l'américaine ». Il va en trouver l'opportunité sur une beaucoup plus large échelle en réalisant *Fort Saganne* (1984), production de prestige où, à nouveau, la fabrication du film est valorisée comme un exploit (l'usage commence à se répandre de publier des livres contant par le menu des péripéties qui intéressent moins les cinéphiles que les amateurs d'aventures exotiques). L'accumulation des vedettes (Depardieu, Deneuve, Noiret, Marceau) est, autant qu'une garantie de talents, la preuve qu'on n'a pas lésiné sur les moyens. Le résultat de cette aventure coloniale, dont le thème était pourtant un beau récit, « à la Corneau », de rêve individuel entravé par la société et anéanti par le destin, sera lui aussi comme dévoré par la lourdeur envahissante et déstabilisante de la production.

La même année, un metteur en scène de théâtre qui s'est fait connaître avec quelques réalisations modestes, Gérard Vergez, tente lui aussi de trouver un souffle épique en tournant *Les Cavaliers de l'orage* (1984). Bien servi par ses comédiens (Marlène Jobert, dont ce sera le dernier rôle mémorable, Wadeck Stanczack, Vittorio Mezzogiorno, Gérard Klein), il y parvient mieux que ne le laisserait supposer la relative indifférence qui accueille le film. Pas assez d'atouts culturels et médiatiques, semble-t-il, dans cette rivalité entre frères sur fond de Première Guerre mondiale dans les Balkans.

La « grande forme » change le cinéma

Cette liste, incomplète, et à laquelle on pourrait ajouter les films de prestige réalisés par des cinéastes étrangers mais produits, ou majoritairement coproduits par des Français (Gaumont, Berri, la télévision...), dessine la trajectoire d'une « dérive des continents » qui continue d'éloigner l'une de l'autre ce qui fut jadis, et encore au temps de la « république une et divisée », les deux composantes d'un seul tout cinématographique. Les films de la « grande forme » ne requièrent ni le même type de financement, ni la même infrastructure technique, ni la même distribution, ni la même exploitation que les autres. Ils requièrent les mêmes moyens de diffusion que les grosses machines hollywoodiennes. Tant que celles-ci avaient été les seules à en avoir besoin, l'inertie du cinéma français s'exerçait à leur encontre. Dès lors que lui aussi en a besoin, les techniques de sortie et de promotion s'adaptent... et vont ouvrir un boulevard devant les productions américaines, contribuant à sa prochaine suprématie. Il sera alors trop tard pour s'interroger sur le bien-fondé de la tactique « battre les Américains sur leur terrain ».

Ce type de films, et les techniques commerciales et promotionnelles qui leur correspondent, entraînent également une nouvelle et importante concentration des entrées sur un nombre moindre de titres (toutes nationalités confondues – c'est-à-dire français et américains). Cette concentration franchit un seuil significatif en 1983 : depuis dix ans, les vingt plus gros succès annuels représentaient entre 20 et 25 % du public total, la barre des 30 % est franchie cette année-là, et le phénomène ne fera que s'aggraver dans les années suivantes, pour atteindre 45 % en 1990. Cette concentration est d'autant plus importante qu'on sait qu'il n'y a plus *un* public du cinéma en salles, mais désormais au moins deux, voire trois (les « occasionnels » et les « habitués », au sein desquels on a commencé à distinguer les « assidus »), et que ces évolutions traduisent un divorce de plus en plus profond entre ces différentes catégories de spectateurs.

Ce cinéma-là, celui de la « grande forme », réserve aussi une place particulière aux comédiens. Il ne s'agit plus seulement de bien jouer, il ne s'agit pas non plus de bénéficier de la construction du film conçu pour assurer le rayonnement de la vedette, il s'agit de porter la machinerie du film. Symbole de ce nouvel emploi, Gérard Depardieu devient une sorte de géant Atlas du cinéma français, soulevant sur ses épaules les projets les plus lourds. Son cas est différent d'un Belmondo, par exemple, qui reste une valeur sûre du box-office, mais dans des rôles spécialement destinés à son usage, comme des costumes sur mesure. Delon, qui semble enfermé dans un emploi encore plus étroit, a surpris par sa composition dans *Notre histoire,* et aussi par sa fugitive mais fulgurante apparition en Charlus dans *Un amour de Swann* – la seule bonne scène du film. Dans leur emploi habituel, Belmondo et Delon connaissent toujours un succès quasi constant, mais lui aussi limité : il est remarquable qu'aucun de leurs films ne figure dans la liste des best-sellers à plus de six millions de spectateurs, alors que Depardieu, entré dans la carrière bien après eux, y apparaît deux fois (le champion absolu restant, et de loin, Louis de Funès, hors d'atteinte avec ses sept titres). Depardieu, lui, joue dans des films voués à la confidentialité, dans d'autres qui ne le sont pas mais qui connaissent des bides noirs, il ne fait pas vendre les magazines qui arborent son visage en couverture, son passage ne déclenche guère l'hystérie, mais il semble toujours à la tâche, ne se ressemblant pas d'un film à l'autre, impressionnant de naturel chez Pialat et tout autant de concentration chez Truffaut, portant à bout de bras les artifices fort différents de Resnais et de Blier, opposant tant bien que mal sa chair au décorum froid de *La Lune dans le caniveau, primus inter pares* dans le groupe d'hommes réunis par Claude Berri autour de Catherine Deneuve pour *Je vous aime,* comique chez Veber, médiéval chez Daniel Vigne, retombé en adolescence chez Corneau pour *Le Choix des armes,* porteur de rêves à ses mesures, trop grands pour le monde dans *Fort Saganne.*

Dans *Danton,* Wajda l'utilise comme une vedette à l'ancienne mode, et c'est un contresens, une redondance : le comédien crève la chemise du conventionnel et dévore l'Histoire toute crue. Dans la « grande forme », la fonction de Depardieu est d'opposer sa présence débordante d'humanité à tout ce que ces entreprises ont de machinique, c'est ainsi qu'il les sert, et parfois les sauve. Parce que, si la « grande forme » lui convient, il n'appartient pas, lui, au cinéma du Visuel. Il en est même la dénégation vivante et massive, le métissage dont il est issu (adolescence loin de la culture, boulimie de théâtre, corps hybride né des cinémas français et américain classiques) transbahute une épaisseur, une profondeur, qui ne conviennent ni à l'étroitesse de l'écran de télévision, ni à la surface lisse du cinéma de l'imagerie. Le paradoxe de Depardieu est qu'il sera parfois le meilleur auxiliaire du Visuel, justement parce qu'il lui offre un contrepoids. Deux événements de 1984 signent sa consécration à la mode de ces années-là : en janvier, il est élu meilleur acteur de l'année par la critique américaine ; en mai, il présente à Cannes sa propre réalisation du *Tartuffe,* d'après la mise en scène de Jacques Lassalle à Strasbourg, dont il était l'interprète – l'Amérique, le théâtre classique, la réalisation : une apothéose.

L'argent, « L'Argent »

Cette époque-là et ce cinéma-là consacrent aussi le triomphe de l'argent. Dès le reflux de la période idéologique, celui-ci a gagné une stature morale qu'il n'avait, en France, jamais eue. Les « années Giscard », modernistes, libérées des vieux puritanismes, ont ouvert le chemin. Mais il faudra l'arrivée des socialistes au pouvoir et, passé la période Mauroy, le « réalisme » de l'époque Fabius, pour que soit levé le tabou de l'argent, ancré très profondément aussi bien par la morale de gauche que par la morale chrétienne (catholique). Seul un gouvernement de gauche possédait la caution morale lui permettant de dire impunément « Enrichissez-vous », et de « dédiaboliser » l'argent. Que la société française accepte ainsi ce rapport déculpabilisé, en vigueur depuis longtemps dans les sociétés de culture protestante anglo-saxonne, n'est évidemment pas étranger à la nouvelle forme d'emprise « douce » du modèle américain, qui passe désormais par les marchandises (dont, au premier chef, la marchandise image, et l'image des marchandises : la publicité) bien plus, sous nos longitudes, que par la force. Comment cette ambiance ne favoriserait-elle pas la valorisation des « aventures extraordinaires » de la production et de l'exploitation, quand les producteurs deviennent des vedettes et le *Ciné-chiffres* une épopée livrée en feuilleton quotidien ?

L'argent, l'argent « moderne » (pas le tas de ducats ou d'écus de l'île au trésor ou du coffre du rentier, mais celui de la finance et de la spéculation, de la banque et de la Bourse), s'il est le ressort d'innombrables fictions, n'a guère été un sujet explicite au cinéma, depuis *L'Argent* adapté de Zola par Marcel L'Herbier en 1928. Avec *Stavisky...,* Resnais et Semprun abordaient la question de front, mais c'était toujours de l'argent « ancien », et qui plus est gagé sur l'Histoire. Du moins pressentaient-ils que ces affaires de cavalerie aussi pouvaient intéresser un public. *La Banquière* va dans le même sens – avec Stavisky et Marthe Hanau, on retrouve les piètres héros d'une époque de l'avant-guerre qui avait alors inspiré au cinéma de plus brillantes variations, notamment illustrées par Jules Berry [1]. Mais entre-temps, des films à sujet contemporain ont montré que la Bourse était désormais un terrain d'aventures aussi prisé que la pampa. Réunissant Gérard Depardieu et Jean Carmet, *Le Sucre* de Jacques Rouffio (1978) a fait de la spéculation sur les matières premières un décor, sinon un sujet, pour une comédie bien de son temps. La même année, sur un mode plus sombre, et soutenu par les interprétations de Jean-Louis Trintignant, Catherine Deneuve, Michel Serrault et Claude Brasseur, *L'Argent des autres* de Christian de Chalonge s'inspire d'un scandale de l'époque, celui de la Garantie foncière, pour brosser un vigoureux portrait des mœurs bancaires. Un an plus tard, *L'Associé,* de René Gainville, en donnera une autre version, nettement plus mineure, toujours avec Michel Serrault. A la différence des comédies autour du monde des affaires, et des « affaires », des années trente, ces films ne sont toutefois pas complaisants avec les requins de la finance qu'ils mettent en scène.

Un acteur aura plus que tout autre porté ce thème, et accompagné son évolution : Michel Piccoli. De longtemps abonné aux rôles de grands bourgeois, image qu'il se plaît à écorner chaque fois que l'occasion s'en présente, il a été ainsi durant la période « politique » une incarnation du pouvoir et de l'aisance matérielle (architecte puis médecin chez Sautet, chirurgien chez Rouffio, notaire chez Girod). Durant la deuxième moitié des années soixante-dix, il devient explicitement un « patron » dans *Mado,* puis dans *La Part du feu* d'Etienne Perier, dans *L'Imprécateur* de Jean-Louis Bertucelli, un financier dans *Le Sucre.* Avant le rôle de patron dans *Passion* de Jean-Luc Godard, son emploi le plus mémorable à ces hautes fonctions sera dans *Une étrange affaire* (1981), l'une des réalisations les plus intéressantes de Pierre Granier-Deferre : Piccoli y exerce une fascination proche de la vampirisation sur le modeste employé Gérard Lanvin, aspiré dans son tourbillon et laissé sur le sable. La description, aux franges du fantastique, de ce processus, traduit moins une réflexion sur l'argent lui-même que sur le côté magique, à la fois mystérieux, spectaculaire et source d'une puissance désormais sans tabou, qui est en passe de devenir un trait de la psychologie collective et dont on a vu les effets sur les nouvelles légendes qui entourent l'industrie cinématographique elle-même. Cette note fantastique, cauchemardesque, qu'on trouve également dans *L'Argent des autres* ou *L'Imprécateur,* ce monde abstrait — celui du pouvoir à l'heure où la vraie richesse est faite, elle aussi, de spéculations reposant sur l'« intox » et de transactions planétaires où ni or ni objets ni papier ne changent de mains — est le véritable monde dont tous les cauche-

1. Voir, dans *L'Age classique du cinéma francais* de Pierre Billard, le chapitre « Le roman des tricheurs ».

mars mentionnés au chapitre précédent sont des reflets. Bien que les films interprétés par Piccoli soient des avatars du « cinéma politique » de l'époque antérieure, sa carrière traduit le recentrage sur la véritable figure du pouvoir : celui qui possède l'argent et sait s'en servir.

Mais le film le plus marquant est évidemment *L'Argent* (1983), dernier film de Robert Bresson alors âgé de quatre-vingt-deux ans, et dénonciation lapidaire et radicale de la contamination de la société sous son emprise. Une minuscule injustice (le refus d'une somme mineure par le père du lycéen), une astuce de potache (un faux billet montré comme une blague plus que comme le produit d'un trafic délictueux : même si le fait que ce soit un faux Pascal n'est sans doute pas innocent, la grâce est ici refusée sans retour), enclenche un mécanisme où se révèle une veulerie partagée. D'emblée les êtres humains n'apparaissent plus que comme le jouet d'automatismes toujours négatifs, la peur, l'avidité, le conformisme ou l'indifférence. Bresson avance à toute vitesse, on passe des individus aux appareils d'Etat (justice, police, école, prison, hôpital), tous montrés comme des machines qui broient. L'innocent sera broyé menu, jusqu'à devenir bourreau du bien, incarné pour seulement souffrir et périr. Soit une succession de malversations anodines déclenchant, en une rigoureuse progression géométrique, des malhonnêtetés, des mensonges, des injustices, des morts, un massacre, l'immolation de l'être de bonté qui voudrait *« pardonner à tout le monde ». L'Argent* est un film d'une violence et d'une sécheresse terrifiante, où le cinéaste déploie la puissance de son sens du récit ennemi de tout effet, un film « contre l'argent » également dans sa mise en scène, à l'austérité hautaine. Il ne délivre aucun message, il livre un constat désespéré et implacable, ouvert sur d'autres tragédies comme est ouverte, à la fin, la porte vers laquelle restent dirigés les yeux d'un public assemblé, en attente. Au-delà de toute révolte et de tout remords, le jeune meurtrier se livre, les gens le regardent sortir. Ils ne le regardent pas partir, ils guettent ce qui vient après, par la même porte.

Et les autres tragédies vont venir. *L'Argent* date du moment où Jean-Luc Godard, pour expliquer ce qu'aurait pu être le cinéma si l'on en avait fait meilleur usage, commence à répéter que si un cinéaste filmait la circulation humaine ou automobile sur une place de Paris, on y pourrait comprendre le fonctionnement du métabolisme humain et voir quelque chose du fonctionnement du cancer. En filmant de front l'un des maux caractéristiques des années quatre-vingt, le pouvoir et la fascination de l'argent « libéré » de tout commentaire moral, Bresson montre *à l'avance* les autres maux de cette fin de siècle, fin de siècle qui peut-être commence là, avec ce film. Il montre le sida, identifié l'année même de sortie du film (1983) et encore inconnu du public : le processus de contamination et de progression dans le corps humain et dans le corps social est identique, et similaire à celui de l'argent. Avant que cette décennie ne s'achève, l'affaire du sang contaminé fournira la tragique illustration, « en dimension réelle », de ce que signifie la perte des défenses immunitaires d'un organisme et d'une communauté.

Cette « révélation » cinématographique n'est possible que grâce à un coup de force, qui est très exactement la « mise en scène » : décréter, contre les apparences, que l'argent est visible, le rendre visible en le filmant. *« Argent, Dieu visible ! »* dit un des personnages du film. Ce « Dieu visible » est évidemment une hérésie mortelle pour un spiritualiste comme Robert Bresson. Mais, en traquant sa visibilité, il enregistre tout naturellement un troisième phénomène marquant de l'époque, celui qui nous concerne le plus directement ici : le Visuel. Le Visuel et sa prolifération pathogène, qui circule sans entrave et anéantit (perversion du rêve démocratique) les frontières, celles entre l'innocent et le coupable, entre le réel et le rêvé, entre le relatif et l'absolu. Le leitmotiv du film est constitué d'un très grand nombre de plans montrant, sans nécessité du récit, des pieds qui marchent, des roues de véhicules en mouvement, tout ce qui figure la « circulation ». La libre circulation, revendication des individus et des peuples entravés, débouche sur une terrible déréalisation, une mortelle perte de soi et du monde : le cauchemar du Visuel, dont Robert Bresson au soir de sa carrière dresse le constat navré, impuissant. Le dispositif intelligent de ce film « voyant », une fois mis en branle, ne s'arrête pas : *L'Argent* met tout aussi bien en évidence le mode de circulation d'un autre fléau de la décennie, la drogue, symbole absolu de la marchandise, instrument du repli sur soi, moteur du crime individuel (Yvon fouillant les tiroirs et les matelas puis massacrant la famille est « accro » à l'argent comme à une drogue) comme du crime organisé, la drogue en train de devenir le fondement de monstrueuses puissances sans visage ni loi, la drogue qui abolit la limite entre réalité et irréel, entre bien et mal, la drogue qui sème la mort...

Au-delà de ces multiples lectures, le processus que décrit très minutieusement *L'Argent* est celui du « schéma directeur » de l'époque qui s'ouvre. On l'appellera la « communication », alors même qu'il en est la dénégation. La communication au sens propre, c'était un lien ordonné (émission-transmission-réception-feed-back), la représentation en est une des modalités. Le cinéma fait partie des formes de représentation, la « démocratie représentative » (par les élections, notamment) en est une autre. En lieu et place, sous le nom de « communication », s'instaurent la prolifération et la contamination, la simulation et la modélisation. Le cinéma y laissera des plumes, la démocratie aussi.

Chapitre 3

LES COMPAGNONS DE LA NOSTALGIE

A la fin des années soixante-dix, la nostalgie est un mot à la mode, grâce au titre du beau livre de Simone Signoret, *La nostalgie n'est plus ce qu'elle était,* devenu une expression passe-partout. Chez tous ceux qui constatent l'évanouissement des grands espoirs, et avec eux la mort des Grands Récits, chez ceux qui, parmi eux, ne se résignent pas au cynisme et au clinquant, la nostalgie devient soit le moteur d'une approche encore globale du monde, soit, au moins, le supplément d'âme d'une adaptation au quotidien. Ici non plus, malgré les élans de lyrisme officiel et les grands travaux, l'élection de François Mitterrand ne suscite guère de changement. Ceux qui ont voté pour lui, et ils sont la majorité dans les milieux du cinéma, comptent sur la gauche pour gérer des améliorations relatives, pas pour accoucher d'un nouveau monde. C'est ce mélange de sens du quotidien et de nostalgie pour un monde où l'avenir était plus vaste qui alimente les « petits récits » d'une part notable du cinéma français d'alors.

Bertrand Tavernier

Cinéphile jusque dans la moelle de ses os, Tavernier enregistre la montée de l'obscénité du Visuel à la veille des années quatre-vingt avec suffisamment de clairvoyance pour se mettre aussitôt en campagne. Il réalise un film-plaidoyer à l'enjeu alors inhabituel : plaidoyer pour le monde, pour les gens, contre les images. Sans doute son ancienne et profonde admiration pour Michael Powell, le réalisateur du *Voyeur*, le prédisposait-il à cette perception des dangers et des perversions du regard, mais *La Mort en direct* (1980), adaptation d'un roman de David Compton, repose sur un autre et bien plus effrayant tripode, constitué par l'argent, la mort et le Visuel. On regrettera que Tavernier ait jugé nécessaire d'indiquer que son récit se déroule dans le futur, et qu'il recoure à des procédés romanesques qui alourdissent le film. Mais, dans les décors (eux aussi un peu trop insistants) d'un Glasgow déglingué et quasi désert, puis sur la lande aride, il raconte avec une grande acuité comment se met en place un spectacle sans morale, qui abolit les frontières de l'intime, et rompt la limite entre soi et les autres. C'est à la fois le sort de l'héroïne campée par Romy Schneider, atteinte d'une maladie mortelle et qui accepte de laisser filmer son agonie par la télévision, puis s'enfuit, et le sort de celui qui la traque (Harvey Keitel), porteur d'un appareil qui transforme ses yeux en caméra émettrice. Tavernier décrit bien la symétrie de leur position, la dépendance de chacun des deux (elle a besoin de médicaments, qui soi-disant la font survivre et en réalité la tuent ; il est l'objet télécommandé de la chaîne de télévision), le règne du faux-semblant intéressé qui prolifère ensuite selon sa logique propre. La manière dont le film bascule ensuite, fût-ce autour d'un cliché romanesque (ils tombent amoureux l'un de l'autre) contribue à la force et la pertinence de ce dispositif en miroir, qui se brise à la fin sur une impossible résolution, figuré par l'improbable jardin d'Eden où fleurissent le mélo et le happy end. Dans l'univers, d'un ostensible idyllisme, de la fin du film, la réalité a déjà disparu, tout le monde est mort peut-être, à moins que ce ne soit l'invocation à un paradis perdu : nostalgie.

Fidèle à son principe de changer au moins les apparences à chaque nouveau film, Bertrand Tavernier retourne ensuite chez lui, à Lyon, pour tourner *Une semaine de vacances* (1980), petit film-puzzle dont les différentes pièces s'emboîtent difficilement : l'hommage du cinéaste à sa ville natale, à ses habitants comme à ses lieux (et à ses propres débuts cinématographiques, avec la réapparition fugace de l'horloger de Saint-Paul – amicale apparition de Philippe Noiret) exprime un véritable attachement, mais prend aisément des airs de visite guidée ; l'étude psychologique du mal de vivre d'une jeune femme, très bien défendue par Nathalie Baye, est la première réussite d'un personnage féminin chez ce cinéaste (Romy Schneider en majesté douloureuse, dans le précédent film, incarnait une « idée », un archétype plus qu'elle n'existait comme individu) ; mais le gros plan sur Nathalie Baye raccorde mal avec le plan large du « dossier de société » sur le malaise des enseignants. Le côté trop sérieux du film cherche un contrepoids dans l'irruption d'un jeune homme à la vitalité décontractée, joué par Gérard Lanvin, grand fournisseur de répliques à l'emporte-pièce, glanées dans ses origines de café-théâtre (l'expression *« vous marinez chez vos harengs ? »* fera fortune). Le projet de Bertrand Tavernier, modeste par le point de vue adopté et par les moyens mis en œuvre, mais ambitieux par la complexité des niveaux qu'il cherche à combiner, ne trouve pas son point d'équilibre et de fusion. Tavernier, héritier en cela de l'académisme, même si sa réalisation utilise une grammaire plus contemporaine, reste un cinéaste d'idées, dont la mise en place à l'écran conserve ici les traces de leur élaboration disjointe, sur le papier. *Une semaine de vacances* cherche et ne trouve pas l'élan strictement cinématographique qui permettrait de les dépasser et de les fondre en une « matière film ».

Nouveau changement d'axe ensuite, avec *Coup de torchon* (1981), production beaucoup plus conséquente, avec reconstitution d'époque, avec tournage en Afrique, et avec Philippe Noiret, Isabelle Huppert, Jean-Pierre Marielle, Stéphane Audran, Eddy Mitchell et Guy Marchand. Mais un résultat finalement assez semblable : l'adaptation d'un des sommets du roman noir, *1 275 âmes* de Jim Thompson, la transposition dans une Afrique coloniale qui se voudrait célinienne, l'emploi de comédiens connus pour lesquels sont construits sur mesure des numéros d'acteurs, sont autant d'ingrédients qui restent épars sur l'écran. *Coup de torchon* ressemble à un calembour autour du mot « noir » (continent noir, roman noir, noirceur célinienne, humour noir) qui fait long feu parce qu'il est artificiel. Donc... Bertrand Tavernier fait aussitôt tout autre chose, un documentaire-enquête sur le blues du delta, mené avec le réalisateur américain Robert Parrish, *Mississippi Blues.* Tourné en 1982, il sort seulement — et trop discrètement — en 1984. Tavernier a également réalisé en 1982 un portrait-document autour de Philippe Soupault. Ce sont, au bout du compte, et depuis qu'il a commencé à filmer, des variations sur un thème unique, celui d'un monde qui disparaît, et qui sera à nouveau le thème central d'*Un dimanche à la campagne* (1984). Echappant aux difficultés qui, dans ses deux précédents longs-métrages de fiction, l'empêchaient de composer un récit à partir d'éléments disjoints, le cinéaste tire manifestement bénéfice de son détour par le documentaire, même si le film en paraît très éloigné. A partir d'un court roman de Pierre Bost, le complice d'Aurenche et coscénariste de son premier film, ce qui dit déjà le climat de fidélité au passé dans lequel baignera le film, il construit autour du vieux monsieur joué par Louis Ducreux et de sa fille si vivace (Sabine Azéma) une composition impressionniste, au sens pictural comme au sens du récit. Celui-ci dessine avec humour et mélancolie la perte de valeurs qui sont données, à l'écran, comme celles du XIXe siècle finissant dans l'imminence de la Première Guerre mondiale, mais il renvoie aussi bien au séisme idéologique et moral contemporain de la réalisation.

Bertrand Tavernier, on l'a dit, est un cinéaste « du passé », au sens où il filme ce qui arrive du point de vue de ce qui s'en va, avec — quelles que soient les opinions progressistes affichées par l'homme Tavernier — une préférence manifeste pour le mode de vie ancien, ses valeurs, et son cinéma. « Ceci tuera cela » pourrait s'inscrire en exergue de chacun de ses films, et ce n'est jamais, chez lui, une bonne nouvelle. Pour *Un dimanche à la campagne,* il a trouvé la forme cinématographique adaptée à son projet, une musicalité de la mise en scène où toutes les notations, générales et individuelles, s'harmonisent et se répondent.

Claude Sautet

Une histoire simple (1978) semble se situer dans le droit-fil des précédents films de Claude Sautet. Observation sentimentale et sociologique, dont la principale originalité serait cette fois d'être centrée autour d'un personnage féminin, joué par Romy Schneider pour qui le film est conçu. On retrouve l'organisation « chorale », avec des partitions très inégales dévolues aux partenaires de la soliste. *Une histoire simple* paraît suivre — plutôt laborieusement — une mélodie ascendante qui part d'un avortement vers une naissance acceptée. Mais le film se situe, par rapport à ses prédécesseurs, de l'autre côté d'un point invisible, un point de basculement. Une catastrophe s'est produite, celle-là même contre laquelle luttaient les protagonistes des films « d'avant », contre laquelle transpirait et s'époumonait tant Yves Montand. La cassure du groupe, l'explosion de la communauté sous la pression de la croissance économique devenue l'unique morale collective, sinon individuelle. L'enlisement, puis la dispersion à la fin de *Mado* annonçaient cette cassure. Elle existait dans les autres films comme menace, encore au futur..., sauf, étrangement, dans *Classe tous risques,* où le personnage de Ventura était déjà au-delà du point de non-retour quand commençait le film. Mais, outre les limites narratives et métaphoriques du genre policier tel que l'utilisait alors Sautet, et le retour immédiat à la convention avec l'entrée en jeu de Belmondo, Ventura était fort. Dans *Une histoire simple,* tous les personnages sont faibles. Même Bruno Cremer le costaud chaleureux, même Romy Schneider la vedette rayonnante, sans parler de Claude Brasseur le mâle qui se voudrait dominateur. Que le plus faible d'entre eux se suicide exprime clairement l'impossibilité de ce qui a été une communauté à protéger désormais l'un des siens au bout du rouleau. Tous sont séparés les uns des autres, et sont aussi divisés en eux-mêmes. C'est le sens, *a minima,* de ce qui dit Romy Schneider gardant son bébé à la fin : *« c'est plutôt lui qui me garde ».* On est descendu en dessous du stade, déjà peu reluisant, où un enfant sert à garder un couple ensemble, vers celui où il sert à essayer de garder un individu ensemble, fût-il solitaire. *Une histoire simple* s'achève sur un plan identique au plan final où Vincent, François, Paul et Jean se lançaient ensemble dans le flot des voitures envahissant la rue. Romy Schneider se lance seule, et l'on songe que le plus important, dans l'ancien film, c'était la fin du titre, *et les autres.*

Avec *Un mauvais fils* (1980), Claude Sautet aborde simultanément des univers qui semblaient lui être jusqu'à présent peu familiers : les ouvriers, les jeunes et les marginaux. Il raconte ici une réconciliation, mais une réconciliation entre des êtres « dépassés », laissés-pour-compte de l'Histoire : le père (Yves Robert) représente la tradition ouvrière et communiste, le fils (Patrick Dewaere), la génération perdue de 68. Un drame s'interpose entre eux, le suicide de la mère pendant que le fils était en prison au loin pour consommation et trafic de drogue, suicide dont chacun rend l'autre responsable. Il figure, à nouveau, une cassure irrémédiable (*« il y a entre vous quelqu'un qui ne reviendra pas »*), que Sautet place non du côté de l'avenir que l'un et l'autre ont rêvé à leur manière de construire, mais du côté du passé, de la cellule familiale et des racines. On trouve aussi dans *Un mauvais fils,* très clairement, la perception du changement de statut de la drogue, passée d'une fonction contestataire – ouverture de l'esprit, convivialité –, au début des années soixante-dix, à l'archétype de la marchandise et au symbole du repli morbide sur soi-même. *Un mauvais fils* se présente comme un traité de survie, par la reconstitution de liens minimum entre des exclus (le père et le fils, le libraire homosexuel joué par Dufilho, la fille droguée jouée par Brigitte Fossey) permettant au moins la reconstitution d'un microcosme, en marge d'un monde qui leur échappe et qui les renie. La bizarrerie, et la limite, du film tiennent à ce qu'il est raconté du point de vue du fils, mais par quelqu'un, Claude Sautet, qui appartient à la génération du père. D'où une sorte d'application bienveillante, et pas mal de clichés sur un monde que manifestement Sautet ne connaît guère.

Ce « double jeu » est, pour le meilleur et pour le pire, la manière de mettre en scène de Claude Sautet, sa pudeur certainement, sa trop grande habileté parfois. On le retrouve d'une autre manière dans *Garçon !* (1983), film encore plus sombre que le précédent, mais sous des apparences si guillerettes de comédie portée par un numéro d'acteur qu'il paraîtra en porte à faux. Alex, le garçon de restaurant qu'interprète Yves Montand avec une faconde survoltée, exhibée jusqu'à en devenir embarrassante, est un personnage jailli des précédents films de Sautet dans un monde nouveau : César avait encore une prise sur le monde, il avait « un bout de gras à défendre » (son image, sa position, sa femme...). Sur la planète de *Garçon !* il n'est plus qu'un bouffon antipathique et pusillanime. Tous les poncifs des films de Sautet sont ici convoqués avec une insistance où l'on fait difficilement la part du désarroi et de l'auto-ironie, tandis que pérore et se démène cet Alex cavaleur, manipulateur, grande gueule dont les entreprises paraissent de plus en plus vaines, et dont la maîtrise (professionnelle, sentimentale...) tourne à vide. La société, archaïque, codifiée, hiérarchisée, au sein de laquelle il a sa place (le personnel de la brasserie), ne fournit plus un cadre de vie suffisant, encore moins un avenir. Portrait d'une solitude totale qui se grime de fanfaronnades, *Garçon !* s'achève en utopie un peu minable, dans le clinquant d'un parc d'attractions qui évoque moins le rêve secret du héros de *Vivre* de Kurosawa que les festivités infantiles dont se régale une fin de siècle qui valorise « la fête » et « l'enfance » comme des totems abstraits et obligatoires. Pour la première fois depuis *Les Choses de la vie,* Claude Sautet restera ensuite quatre ans sans filmer.

Claude Sautet, comme Bertrand Tavernier, reste l'arpenteur de la distance qui s'accroît entre hier et aujourd'hui. Leur position peut être rapprochée de celle de François Truffaut. Mais avec une grande différence : ils filment du point de vue d'aujourd'hui, en regardant à regret s'éloigner le passé, et c'est en cela que leur cinéma est nostalgique. Alors que Truffaut s'est inventé un « temps » singulier, personnel, qui lui permet de filmer au présent dans le passé (avec, le plus souvent, la voix off comme moyen de transport le plus évident) : le temps de la mélancolie.

Claude Berri

Alors même que, comme producteur, Claude Berri a déjà posé les bases d'un édifice conquérant qui en fait l'un des hommes forts du nouveau paysage cinématographique, il restera durant la première moitié des années quatre-vingt, comme réalisateur, fidèle à une démarche de narration en demi-teintes, personnalisée, conforme à son cinéma depuis ses débuts même lorsqu'il convoque des célébrités telles que Catherine Deneuve, Gérard Depardieu, Jean-Louis Trintignant, Alain Souchon et Serge Gainsbourg pour *Je vous aime.* Comme dans *Une histoire simple,* même si les films sont par ailleurs très éloignés l'un de l'autre, c'est l'histoire *a minima* d'une solitude de femme qui s'assume après avoir épuisé les différentes options de vie en commun : la danse des messieurs autour de Catherine Deneuve donne lieu à un agréable défilé de bons comédiens et de situations types, où l'on perçoit que Claude Berri continue de glisser nombre d'éléments autobiographiques, très artificiellement mais joliment disposés. Sous cette apparence décorative et la moins dérangeante possible, le film évoque à nouveau le repli sur soi et l'impuissance à partager.

Avec *Le Maître d'école* (1981), comédie gentillette sur un instituteur malgré lui auquel son sens de la liberté et de la justice permettra d'obtenir des résultats pédagogiques (et sentimentaux) inespérés, Claude Berri producteur donne à Claude Berri réalisateur les moyens d'effectuer un galop d'essai avec le comédien sur lequel il mise pour un projet plus ambitieux : élargir le registre de Coluche qui, dans ce film, reste du côté de l'humour, mais loin de l'agressivité burlesque de son personnage habituel.

Tchao Pantin (1983), première adaptation à laquelle se livre Claude Berri jusqu'alors toujours auteur de scénarios originaux, est entièrement voué à la construction d'un univers glauque, dépressif, comme le cinéaste n'en a jamais filmé. Cette ambiance doit beaucoup au travail du chef opérateur Bruno Nuytten, qui a su, avec la même disponibilité et le même savoir-faire, se mettre au service de Duras et de Blier, de Miller et de Téchiné, des excès pseudo-expressionnistes de Zulawski (*Possession*) comme de l'imagerie spectaculaire de *Fort Saganne.* Le César que lui vaut sa contribution à *Tchao Pantin* en fait, sans préjudice pour son réel talent, l'archétype du technicien tel que le « grand récit du cinéma » en propose alors la valorisation. Dans les ruelles nocturnes à peine éclairées par Nuytten végète le pompiste Lambert (Coluche), personnage détruit de l'intérieur, qui tisse d'étranges liens de connivence avec un jeune dealer (Richard Anconina). Après la mort de celui-ci, Lambert aidé par une jeune punk (Agnès Soral) et un policier (Philippe Léotard) aussi déglingués que lui exécutera l'assassin, puis se fera descendre. *Tchao Pantin* est un film gigogne, aux ambitions évidentes, et dont la faiblesse est sans doute de jouer sur trop de tableaux à la fois. Coluche y gagne haut la main ses lettres de noblesse dans un emploi « tragique », et le tout jeune Anconina n'a rien à lui envier : Berri, qui aime les acteurs, les sert ici remarquablement. En même temps, il affirme pour la première fois des partis pris esthétiques, et tant que l'action est réduite au minimum dans son film, il se crée une intensité et une profondeur qui en font un digne héritier des films noirs.

C'est l'irruption de la psychologie, du sentimentalisme et des explications (Lambert est un ancien flic tombé dans le caniveau après que son fils fut mort d'overdose, fils dont il avait cru trouver un substitut en Anconina...) qui vient soudain plomber *Tchao Pantin,* avant une douteuse conclusion en forme de règlement de comptes sécuritaire. De manière exemplaire, Claude Berri, en n'assumant pas jusqu'au bout le parti pris cinématographique avec lequel il avait démarré, en y faisant revenir un romanesque de convention, transforme la matière singulière de son film en imagerie, en déprime décorative et gratuite. *Tchao Pantin* devient ainsi le film du passage de Claude Berri du cinéma du Récit au cinéma du Visuel.

Blues nocturne

L'explication, la psychologie menant au décoratif, c'est précisément le travers auquel ne cédait pas Jacques Bral lorsque, trois ans plus tôt, il construisait un univers assez voisin avec *Extérieur nuit* (1980). Réalisateur depuis le début des années soixante-dix de deux films restés inédits, puis d'*Une baleine qui avait mal aux dents* (1975), film passé injustement inaperçu dans le reflux du cinéma post-68, Bral va connaître une éphémère faveur de la critique et du public grâce à cette dérive nocturne de trois personnages (Christine Boisson, André Dussollier, Gérard Lanvin) auxquels, bien que nettement dessinés, il se garde bien de vouloir imposer des motivations, encore moins un destin ou une chute romanesque. Tout au long de son film, sa mise en scène comme son scénario les maintiennent dans une sorte d'apesanteur musicale. Le film refuse le folklore qui s'attacherait aisément à ces deux artistes post-soixante-huitards et à cette conductrice de taxi de nuit, afin de mieux leur laisser de l'air. Mais c'est dans la nature de cette époque de tout transformer en imagerie, et l'« ambiance trottoirs mouillés-saxo langoureux » deviendra presque aussitôt un cliché dont feront leur miel d'autres films, et la publicité. Il y aura quelque injustice à en faire le reproche à Bral à l'occasion de son film suivant, qui souffrira de brouiller les pistes en s'intitulant *Polar* (1984), et en prenant pour protagoniste un détective, interprété par l'étonnant Jean-François Balmer, alors qu'il ne s'agit pas du tout d'un film policier. Il s'agit d'une plongée sans concession dans la déprime d'un solitaire, où les références au film noir classique servent de balises à la chute. Il semble qu'on y retrouve la forme du cauchemar fort courue à cette époque, mais l'utilisation d'éléments venus du passé du cinéma est ici dépourvue de roublardise, de prétention esthétisante et de virtuosité affichée, le film accompagne avec une mélancolie fraternelle son pauvre héros, il reste ainsi un lien ténu, le dernier, celui qui met le cinéaste sur le même plan que son histoire. Après l'échec immérité de *Polar*, Bral attendra près de dix ans avant de pouvoir réaliser un autre film (*Mauvais garçon,* 1993).

En 1983 apparaît sur les écrans un premier film surprenant, *Le Destin de Juliette,* d'Aline Issermann. D'un genre très différent, il esquive lui aussi les tentations de l'imagerie auxquelles son projet semblait voué. Empruntant au mélo et à la chronique sociale, la réalisatrice tire le meilleur parti de la présence physique et du talent peu conventionnels de la comédienne Laure Duthilleul (face à Richard Bohringer en mari cheminot, abusif et alcoolique). Le film fait prendre existence à un personnage de femme de la campagne, malheureuse mais filmée sans pathos, résignée mais montrée sans commisération. Sa Juliette est un concentré de force et de faiblesse accepté comme tel et filmé avec un grand soin afin d'éviter toute dérive vers le commentaire sociologique, la déclamation féministe ou la glose psychologique. Le minimalisme des images et des dialogues leur confère une grande puissance. Le film est pourtant très concerté, n'offrant jamais l'impression d'avoir donné prise à l'accident ou à l'imprévu. Aline Issermann se méfie tellement, et non sans raison, du naturalisme qu'elle sera ensuite entraînée dans une dérive formaliste, qui inscrira les débordements de passion amoureuse et les jeux de couleur de son second film, *L'Amant magnifique* (1986), en plein dans le cinéma du Visuel et de ses séductions sans âme.

Claude Berri n'est pas seulement riche d'argent et de pouvoir, mais aussi de contradictions et de pulsions, sans lesquelles on comprendrait mal ce personnage appelé à devenir un des pivots de l'appareil cinématographique français de la décennie. Quel autre « grand baron » aurait accepté de tourner la scène, l'une des plus mémorables du film, où il apparaît dans *L'Homme blessé* (1983) de Patrice Chéreau ? C'est le troisième film du metteur en scène de théâtre et d'opéra que l'on sait, et sa première réussite. Il avait débuté en adaptant librement James Hadley Chase avec *La Chair de l'orchidée* (1975) où, à force de fuir le risque d'être taxé de « théâtre filmé », il en rajoutait dans l'emploi de procédés cinématographiques pour créer une atmosphère effectivement vénéneuse, mais assez gratuite. Il y aura ensuite malentendu dans la conception même de *Judith Therpauve* (1978), entre l'exigence de Chéreau attaché à donner les preuves de sa fibre cinématographique tout en retrouvant à l'écran la subtilité et la profondeur de son travail à la scène, et le scénario de Georges Conchon, pilier du cinéma-plaidoyer décrivant la lutte d'une femme vieillissante pour sauver l'indépendance de son journal. Le terrain de cette contradiction sera l'actrice principale, Simone Signoret, porteuse des deux versants du film, offrant d'une main son talent, de l'autre son engagement au service de causes généreuses, sans les fusionner ni les confronter de manière productive. Renonçant aux vedettes, aux dispositifs de production lourde, aux adaptations (il s'agit d'un scénario original, cosigné avec Hervé Guibert) comme aux scripts « carrés », *L'Homme blessé* marque donc la première expérience accomplie de Patrice Chéreau cinéaste. Révélant Jean-Hugues Anglade dans le mouvement même, violent et doux, tendre et mortel, où est révélée au personnage de celui-ci son homosexualité, le film s'invente sa propre lumière (conçue par Renato Berta, qui est avec Brunot Nuytten, l'autre jeune chef opérateur talentueux alors en pleine ascension). Il crée son propre espace, sa propre manière de faire se heurter et se caresser les corps (dont celui, particulièrement odieux, du « client » joué par Berri), sans jamais donner un sentiment d'artifice ni de démonstration. Autour du triangle de séduction, de répulsion, de dépendance et de désir que composent Anglade, Vittorio Mezzogiorno et Roland Bertin, s'organise une composition d'une liberté ouverte au point de sembler parfois erratique, mais qui mène à la détresse totale, et à un drame qui impose une conclusion un peu forcée, quand le film aurait gagné à demeurer béant. Tout en évoquant la question avec plus de naturel et de précision que jamais jusqu'alors dans le cinéma français, *L'Homme blessé* n'est pas un film *sur* l'homosexualité, mais la mise en scène d'un échec simultané de trois niveaux de récit différents, le premier degré passionné d'Anglade, le deuxième degré rusé de Mezzogiorno et le troisième degré pervers du docteur que joue Bertin. Ces récits individuels interfèrent avec les scénarios plus collectifs de la famille, de la prostitution homosexuelle et du petit gangstérisme, et ne débouchent sur rien. Sur rien d'autre qu'une mort sans statut, entre fait divers et tragédie.

Chapitre 4

LES MICROSYSTÈMES D'AUTEURS CONTRE LE VISUEL

En mai et juin 1981, alors que la France change de président, de gouvernement, et, moins qu'elle ne le croit, de régime, mais, plus qu'elle ne le croit, d'époque, les *Cahiers du cinéma* publient deux numéros spéciaux successifs sous le titre générique de *Situation du cinéma français.* Cet ensemble marque, pour la revue – mais aussi pour le cinéma moderne dont elle n'a cessé, malgré les embardées et les impasses, de constituer un repère –, un aboutissement et un tournant. L'aboutissement d'un rapprochement progressif de la rédaction avec les « pères fondateurs » de la Nouvelle Vague, après que Godard seul fut resté de manière ininterrompue l'objet de toute sa sollicitude. Dès le 12 octobre 1975, suite à l'opération de recentrage qu'ils ont lancée en mars 1974, les deux responsables de la rédaction, Serge Dancy et Serge Toubiana, écrivent à François Truffaut une lettre très diplomatique, visant à mettre un terme à la longue rupture avec celui que, dix-huit mois plus tôt, ils tenaient pour un renégat vendu au grand capital. Chabrol, Rivette, Rohmer feront l'objet d'approches similaires, appuyées par des critiques redevenues élogieuses pour leurs films Et tous y répondront : les *Cahiers* restent les *Cahiers*

Cependant, ces retrouvailles prendront du temps. Le grand entretien avec Truffaut paraît en septembre et en octobre 1980, c'est le premier depuis 1967. Rohmer et Rivette seront les invités d'honneur de *Situation du cinéma français* six mois plus tard, et Chabrol (auquel Jean-Claude Biette adressait dans cette même livraison un judicieux salut) n'effectuera son grand retour qu'en septembre 1982. Il y a de l'apaisement post-œdipien dans ces retrouvailles, un signe de passage à l'âge adulte ; il y a aussi la prise en compte d'une situation nouvelle, qui ne s'analyse plus selon les mêmes clivages. Très significativement, les deux entretiens de *Situation du cinéma français,* avec Rohmer et Rivette, tournent autour de la notion de « microsystème ». C'est-à-dire autour des méthodes de survie de cinéastes à nouveau reconnus dans leur singularité, face à un « mégasystème » qui se massifie à grande allure, à travers le triple mouvement dont nous avons amorcé la description : celui de la fusion de l'art et du spectacle dans la culture, celui du cinéma et de la télévision dans l'audiovisuel, celui du rapprochement entre l'Etat et le privé. Les microsystèmes sont autant de réponses individuelles au Visuel ; réponses économiques, mais aussi et comme toujours avec ces cinéastes, dans le même mouvement, réponses esthétiques. On a déjà vu comment Truffaut ou Chabrol s'étaient confrontés au problème. Rivette, qui traverse une passe difficile, une de plus, mettra du temps à inventer des solutions qui, chez lui, sont encore « au coup par coup ». Rohmer et Godard, mais aussi Maurice Pialat, vont chacun à leur manière accuser le coup, et évoluer.

Eric Rohmer prend du champ

La sortie, le 4 mars 1981, de *La Femme de l'aviateur* semble marquer le retour d'Eric Rohmer au dispositif qu'il affectionne, celui de la série. Le générique en annonce l'intitulé global, « Comédies et proverbes ». Mais la ressemblance avec les « Contes moraux » n'est qu'apparente. Non seulement il s'agit cette fois d'une série ouverte, au nombre d'éléments indéterminé, que Rohmer abandonnera sans s'interdire d'y revenir à l'occasion ; mais surtout, les films de cette série perdent ce qui justifiait le terme « moraux » dans la première, à savoir le point de vue d'un protagoniste sur son entourage, et la construction géométrique du film autour de ce point central. En ce sens, les « Comédies et proverbes » correspondent bien à l'époque de la perte des repères, à la mise en doute du point de vue lui-même, et non plus seulement de sa pertinence ou de sa clairvoyance. Le principe des films devient donc plus complexe, le pôle unique qui commandait la mise en scène étant remplacé par, sinon l'ubiquité, du moins la multiplicité des angles de vue, et donc leurs combinaisons possibles, beaucoup plus nombreuses. Petit leurre supplémentaire, le titre même de la série, et le proverbe accolé au titre de chaque film, dont Rohmer conviendra bientôt que c'est *« une mystification »* – ce qui ne signifie évidemment pas qu'elle soit gratuite ou dépourvue de sens. Mais le « sens » ne peut plus avoir le même statut : les « Contes moraux » représentaient à leur manière la traduction maximale de la subjectivité incarnée par le cinéma moderne : prendre à ce point le parti de l'individu, et même de sa vision « de l'intérieur », était alors une manière de combattre les lourdes machines de l'académisme. Avec l'avènement du Visuel, cette singularité se glace en individualisme, et cette approche « monoculaire » se fige et s'esthétise en une imagerie dominatrice et arrogante :

victoire à la Pyrrhus du cinéma d'auteur, du moins de son apparence. L'imagerie, le Visuel, advient dès lors qu'il n'y a plus *qu'une seule image,* tandis que le cinéma moderne fonctionnait avec l'idée qu'*il y a toujours deux images,* celle qu'on montre et celle qu'on ne montre pas (le hors-champ), celle qu'on montre et celle qu'on entend, celle du documentaire et celle de la fiction, etc. En ce sens, le « juste une image » n'avait rien de modeste, encore moins de dépréciatif. Le recours au texte indirect proposé durant la période précédente était une manière de faire revenir un « ailleurs », un second niveau, quand le cinéma moderne s'était mis en danger de s'abîmer dans les dérives narcissiques du cinéma à la première personne du singulier.

Eric Rohmer abandonne donc le point de vue unique et l'axe individuel pour rétablir, à travers divers dispositifs, un jeu, un mouvement. Cet abandon n'empêche pas l'existence d'un personnage-guide (plutôt que personnage central), dans le premier film de cette nouvelle série, *La Femme de l'aviateur* (1981) ; étant entendu qu'il s'agit de la fonction que le film se retrouve jouer au moment de sa réalisation – Rohmer a toujours insisté sur l'absence de chronologie stricte dans son œuvre, et *La Femme de l'aviateur* en est un exemple clair : la première version de l'histoire date de... 1945. Donc, le personnage-guide, François (Philippe Marlaud), travaille au tri postal la nuit, et est amoureux d'Anne (Marie Rivière). L'ayant aperçue sortant de chez elle au petit matin avec son ancien amant, l'aviateur (Mathieu Carrière), il la harcèle de questions. Puis, ayant rencontré par hasard ledit aviateur, il le suit à travers Paris, jusqu'aux Buttes-Chaumont. Là, il se lie avec une très jeune fille, Lucie (Anne-Laure Meury), avec laquelle se poursuit la filature de l'aviateur, entre-temps rejoint par une femme blonde, tandis que les deux « détectives » mêlent flirt et hypothèses romanesques. Une longue séquence entre François et Anne apportera une série d'éclaircissements fort éloignés des hypothèses et affirmations successivement énoncées. Mais l'« histoire », s'il y en a une, n'est pas uniquement vue par François, qui est d'ailleurs (passant un « jour blanc » après avoir travaillé toute la nuit) dans un état de grande fatigue qui le fait s'endormir à plusieurs reprises, semant le doute à la fois sur la réalité et sur la continuité de ce qui est montré.

Dans ce film, tout le monde a une histoire, ou plusieurs, non seulement à raconter mais à défendre, et à essayer d'imposer comme le fil directeur pour les autres. Durant la grande scène finale, François et Anne se reprocheront mutuellement leur égocentrisme (de *« vouloir que le monde entier tourne autour de toi »*), mais c'est aussi vrai des autres protagonistes, y compris des comparses, dont les brèves apparitions consistent à fournir un récit encore différent. Il y a pourtant « du récit » dans ce film dont on vient de détailler les péripéties pour souligner quelle mobilité, quelle légèreté de mouvement Rohmer s'offre avec cette nouvelle série. Il y a « du récit », qui se fraie un chemin au travers d'une incroyable forêt de signaux et de systèmes de communication (poste, téléphone, messages portés, photos, plaque sur l'immeuble, langues étrangères, carte postale, transports en commun...), mais dans une circulation sans cesse déviée par les malentendus, les faux-semblants, les interférences, les stylos qui ne marchent pas, le sujet qui n'est pas sur la photo, les horaires qui ne correspondent pas, etc. Avec un appareillage technique extrêmement simple et léger (tournage en 16 millimètres et son direct, indifférence aux changements climatiques, mobilité et rapidité des actions et de la prise de vues), Rohmer fabrique une trame extrêmement complexe de palais des miroirs, où tout le monde regarde tout le monde mais où chacun se fabrique du récit au travers de sa propre vision. A ce titre, comme dans *La Marquise d'O...,* la version du cinéaste peut être considérée seulement comme une des versions possibles. Et les rebondissements ne sont pas des coups de théâtre, où le metteur en scène tout-puissant assènerait LA vérité après avoir manipulé son public, mais au contraire seulement de nouvelles hypothèses, nullement certaines. Le titre lui-même n'est-il pas un leurre, en désignant un personnage qui, à l'écran, n'apparaît qu'un instant, sur une mauvaise photo, après qu'on a longtemps cru l'avoir identifié dans un autre ? Dans ce monde incertain, chacun se raccroche à son scénario de vie, aucun protagoniste ne tombera jamais d'accord avec un autre. C'est une extrême solitude que décrit *La Femme de l'aviateur,* au milieu de ces entrelacs d'échanges et sous des airs ludiques. Solitude des individus qu'on a vus à l'écran, solitude de l'auteur lui-même, déconnecté de ses créatures jusqu'à n'être peut-être que l'une d'entre elles.

Un beau mariage (1982) est relativement plus simple, il fonctionne avec trois pôles, deux fixes et un mobile. Clarisse (Arielle Dombasle) et Edmond (André Dussollier) sont chacun inscrits dans son propre scénario et n'en bougent pas. Sabine (Béatrice Romand) veut s'inventer son propre scénario, au nom d'un mythe qu'elle s'est assigné, LE mariage, qui ne correspond chez elle et vis-à-vis d'Edmond à aucune modalité particulière (sentiment, désir, intérêt, besoin de protection) du mariage, qui est uniquement l'idée du mariage, son absolu. Elle n'aboutira à rien, restant prête, disponible (mais toujours pleine d'énergie) à la fin comme au début. Illustration, assez terne et plus tout à fait d'actualité, du conformisme morne de la posture académique (celle de Clarisse et Edmond), de l'impasse, qui guette la modernité sur le chemin de l'abstraction, *Un beau mariage* montre cette fois l'échec, au moins temporaire, d'une héroïne pascalienne résumée à son seul « pari ». Du moins l'actrice principale, à la « présence » insolite, démontre-t-elle une belle vitalité. Le proverbe était : « Quel esprit ne bat la campagne, qui ne fait châteaux en Espagne. » Puis, avec *Pauline à la plage* (1983), Eric Rohmer revient à la construction de groupe, avec cinq personnages à tous les sens du mot « en vacances ». Circulant d'un lieu à l'autre de la station normande au gré des dispositions d'intérêts et des rapports de forces, parlant beaucoup, chaque protagoniste est porteur d'une opinion bien arrêtée et prétend non seulement la pratiquer mais la faire partager par les autres. Au terme d'une série d'intrigues, de liaisons passagères et de quiproquos, chacun repart de son côté, sous les auspices de la fuite, du faux-semblant ou de la déception. Emprunté à Chrétien de Troyes, le proverbe proposé en sous-titre est tout aussi ambigu : « Qui trop parole, se mesfait ». Il paraît condamner les excès verbaux, mais on sait que l'observation de ce conseil a fait le malheur de Perceval et l'a empêché de conquérir le Graal. Faut-il se taire au lieu de proclamer son idéologie de l'amour en une risible cacophonie, comme le font les personnages de *Pauline* ? Faudrait-il poser les bonnes questions, comme aurait dû le faire Perceval ? Ou sa gloire et sa beauté sont-elles dans son silence ?

Quatrième de cette série enchaînée à un rythme soutenu, *Les Nuits de la pleine lune* (1984) arbore comme sous-titre : « Qui a deux femmes perd son âme ; qui a deux maisons perd sa raison. » Louise (Pascale Ogier) a surtout deux idées de la vie, elle y perdra son amour, au terme de ce film qui renoue avec l'organisation, au moins apparente, autour d'un personnage principal. Le film fonctionne sur un va-et-vient entre deux territoires principaux. Ici, la « ville nouvelle » de Marne-la-Vallée, et son habitant, Rémi (Tcheky Karyo), le compagnon de Louise, architecte taciturne, personne très physique qui construit du solide dans l'espace, exige stabilité et fidélité, loge dans un appartement à son image, géométrique et fonctionnel ; là, Paris, ses soirées et ses ombres, où règne l'autre habitant, Octave (Fabrice Luchini), l'homme des mots, journaliste et bavard impénitent. Alentour rôdent d'autres figures, un séducteur inconnu (Christian Vadim), un peintre plus ou moins devin (Laszlo Szabo), une amie de Louise et l'amie de son amie à qui Louise aura le tort de faire franchir la distance entre les deux pôles. Construit sur une structure géographique et visuelle très forte, *Les Nuits de la pleine lune* permet à Eric Rohmer d'utiliser au mieux sa connaissance dans le domaine de l'architecture, l'architecture des villes comme celle des films : n'a-t-il pas tourné pour la télévision une série de quatre émissions sur l'urbanisme et l'architecture, *Ville nouvelle,* diffusée en septembre 1975, et poursuite d'une constante réflexion sur la construction dans l'espace et ses conséquences esthétiques et sociales ? Cette recherche avait jadis été jalonnée par la réalisation, également pour la télé, des *Métamorphoses du paysage* (1964) et du *Celluloïd et le marbre* (1966), dans le cadre de la série « Cinéastes de notre temps », émissions au cours desquelles intervenaient des urbanistes, des architectes et des sculpteurs, puis en 1969 de *Victor Hugo architecte* et *Le Béton dans la ville.* Rohmer donnera une autre application à cet intérêt qui ne l'éloigne jamais du cinéma, en passant une thèse, dont il publiera la teneur en 1977 sous le titre *L'Organisation de l'espace dans le « Faust » de Murnau.*

Sa propre organisation de l'espace lui permet de laisser se dérouler en toute liberté une série de développements contradictoires, ou au moins divergents, et en même temps de se livrer de manière plus complète à ce qu'il faisait déjà dans *Pauline à la plage* : une observation-description des mœurs, des langages et des gestes de cette jeune génération dont il s'entoure de manière de plus en plus systématique, l'âge venant. Il y a été aidé par la participation à la décoration de Pascale Ogier. La dramaturgie paraît plus proche de celle des « Contes moraux », puisqu'on demeure du côté de Louise durant tout le film. Celle-ci tente même de prendre en main le déroulement des opérations, en proposant un marché à Rémi, plus exactement un pari sur l'équilibre possible entre les deux types de rapport au monde qu'elle prétend entretenir simultanément. Cette fois, même si l'un des deux hommes (Rémi) trahit et si l'autre (Octave) dévoile le pot aux roses, ce sont moins les autres que le dispositif lui-même, la puissance impérieuse de sa construction qui interdit à Louise de mener sa vie comme elle l'entend, de réussir cette double intégration, avec Rémi et avec le monde parisien, dont elle rêve (dont elle s'est raconté la légende). Et c'est la loi du dispositif qui la laissera solitaire à la fin.

Pialat au tournant

Une jeune, fraîche et jolie demoiselle, avec un livre à la main, puis en costume XIXe déclamant *On ne badine pas avec l'amour...* Voilà Pialat converti au « culturel » et au mignon ? Non, aussitôt elle quitte son costume et les planches, s'embarque (littéralement), plonge (idem), elle a choisi le plaisir immédiat contre la culture et la représentation. *A nos amours* (1983) a beau être un film Gaumont, c'est d'abord un film de Maurice Pialat (c'est, d'ailleurs, une production de Pialat, avec l'argent de Gaumont). Cette culture-là, il lui dira personnellement son fait un peu plus tard, en attaquant violemment le personnage du critique littéraire ami du pouvoir et de l'argent. Pourtant le sixième long-métrage de Maurice Pialat amorce une évolution dans son cinéma. En apparence, la chronique d'une adolescente d'aujourd'hui, Suzanne, confrontée aux troubles du désir et de la tendresse, de la stabilité et de l'aventure, de l'attachement aux racines familiales et du besoin d'indépendance, constitue la matière par excellence d'un film selon Pialat. De plus, il a déniché une gamine de seize ans, Sandrine Bonnaire, dont on ne peut savoir encore qu'elle sera l'une des meilleures, sinon la meilleure comédienne de sa génération, mais qui occupe déjà l'écran avec une vitalité, une sensualité et une richesse de nuances physiques et psychiques parfaitement sidérantes. Pour un « capteur d'acteurs » comme Pialat, sans rival quand il s'agit de laisser s'imprimer sur sa pellicule les modifications et les violences qui affectent les visages et les corps, c'est un trésor où il puise sans compter. Le film tarde pourtant à trouver son élan et sa grâce, garde quelque chose de forcé, de démonstratif, dans cette succession d'aventures masculines de la jeune fille. Le scénario, dont la rédaction a demandé six ans à Arlette Langmann, était sans doute trop proche de l'autobiographie... de la scénariste. Il y a de la sociologie et de la psychologie plus que d'ordinaire chez Pialat, dans ce portrait d'adolescente parfois complaisant. Cette dérive ne sera que peu à peu contrebalancée par le poids croissant occupé par le reste de la famille, et notamment la présence (et l'absence) du père. Pour ce rôle, Pialat a trouvé un autre acteur remarquable : lui-même.

On ne peut pourtant s'empêcher de songer qu'en se distribuant ce rôle, il est comme monté à bord de son propre film pour en réorienter le cours. Sa présence modifie l'enjeu, déviant le centre de gravité du seul désarroi de la jeune fille, exprimé sous la figure répétitive de la coucherie, vers la relation père-fille. Le scénario prévoyait la mort du père, son interprète s'y est opposé au dernier moment. Cette « résurrection » du personnage se poursuit et s'amplifie par le coup de force de la première des deux scènes qui constituent la fin, et la meilleure partie du film, fin dont Pialat est l'unique auteur, selon Arlette Langmann elle-même. Contre le tournage, contre le scénario, contre ses acteurs, Maurice Pialat débarque au milieu d'une réunion de famille, à l'improviste (et en disant qu'il est là pour vendre la maison). Il affronte tout le monde, les protagonistes et leurs interprètes également pris au dépourvu (mais qui font, comme interprètes, fort bonne figure), il est teigneux, hargneux, vainqueur. Le paroxysme de l'affrontement autour de la table familiale est marqué par l'irruption imprévue d'une citation « culturelle », qui ne correspond *a priori* ni au personnage du père ni à la situation. Pialat est coutumier de ce genre de choc aux antipodes de la vraisemblance psychologique telle que la recherchent les orfèvres du scénario. L'échange entre lui, son fils Robert (Dominique Besnehard, qui n'est pas seulement le roi du casting mais un remarquable comédien) et l'ami et beau-frère journaliste de celui-ci, Jacques (le critique et scénariste Jacques Fieschi), est suffisamment riche pour mériter d'être cité *in extenso* :

LE PÈRE (*à Robert*) : Oh ben toi, t'es devenu un tiroir-caisse, ou plutôt tu vas le devenir.

JACQUES : Mais l'argent n'est pas toujours sale, monsieur !

LE PÈRE : Non, non... Quand même ! Quand on a passé sa vie à croire à certaines choses, et puis que tout d'un coup on découvre que tout ça, c'est un gouffre, on se demande pourquoi on a vécu, non ?... Vous savez, une fois, j'ai lu – je dis pas que ce soit vrai, parce que ce qu'on lit, on n'est pas là, hein ! — mais quand Van Gogh est mort...

ROBERT : Oh écoute, arrête !

LE PÈRE : Non, mais je peux parler de Van Gogh !... Quand Van Gogh est mort, il a, paraît-il, prononcé cette phrase — et de toute façon, même s'il l'a pas prononcée, c'est sûrement une phrase qu'il aurait pu prononcer. Il a dit : « La tristesse durera toujours. » La tristesse durera toujours... ça me frappait beaucoup cette phrase parce que je me disais... Mais en fait je pensais comme tout le monde, je croyais que c'était triste d'être un type comme Van Gogh, alors que je crois qu'il a voulu dire que c'est les autres qui sont tristes, vous pensez pas ?... C'est vous qui êtes tristes, tout ce que vous faites c'est triste... (*A son fils* :) C'est triste de se marier avec une bonne femme dont le frère vous insulte ou vous laisse insulter dans les colonnes de son canard ! Tu es prêt à tout pour arriver à ce que tu es maintenant ! T'es content ! Allez, vole !... Moi je me disais, ce gars-là, il pouvait devenir une sorte de Pagnol contemporain... Où il en est ? (*A Jacques* :) Vous savez très bien, vous êtes comme moi, vous savez...

JACQUES : Non, je pense qu'il a du talent et je pense que vous devez...

LE PÈRE : Oui, il avait du talent. Vous savez, c'est rare ce talent-là. Il pouvait écrire des choses, des dialogues. Et puis les gens vivaient, existaient, je me disais : ce sera un nouveau Pagnol, mon fils...

JACQUES : Et vous pensez qu'en fréquentant des gens comme nous, il est en train de le perdre ?

LE PÈRE : Ben ! C'est votre beau-frère !... Le pouvoir de l'argent !...

Il y a pratiquement tout le basculement de l'époque, et tout Pialat, dans cet échange de répliques, la puissance de l'argent et des médias donnant naissance à une nouvelle caste, les solidarités qui se défont, « certaines choses » auxquelles on a tellement cru — les valeurs éthiques et les mythes — le témoignage sur les artistes (la culture) dont il faut douter, la nostalgie de l'art véritable qui faisait que les gens « existaient » et échangeaient (les dialogues), l'erreur de « penser comme tout le monde ». L'annonce de *Van Gogh* dont il « peut parler », et des règlements de comptes personnels [1]. Et surtout, la tristesse. La tristesse des autres, qui fait que son fils ne deviendra jamais un conteur adossé

1. Si, pour la petite histoire, on s'amuse à décrypter les personnages réels qui se cachent derrière les protagonistes du film, Suzanne étant la représentante d'Arlette Langmann, qui est la sœur de Claude Berri, ce Robert qui gâche son talent par goût de l'argent alors qu'il aurait pu être un nouveau Pagnol serait donc Claude Berri lui-même (qui a déjà commencé à mettre en chantier *Jean de Florette,* adapté de Pagnol). Et Jacques, le beau-frère lié aux médias et par qui le poison de l'argent arrive, selon les accusations portées par le père (qui exerce effectivement le métier du père de Claude Berri et d'Arlette Langmann, artisan fourreur), serait Jean-Pierre Rassam.

à une communauté, la tristesse de ce monde, la tristesse des gens du film, acteurs et techniciens, auxquels Pialat s'adresse tout autant qu'aux protagonistes, après avoir fait irruption sur le plateau où l'on tournait le scénario prévu, et qu'il vient chambouler. Ce monde est triste, dit Pialat, qui va désormais, dans une certaine mesure, s'en retirer. *A nos amours* est le dernier de ses films « au niveau du réel », celui-ci est devenu trop déprimant, et peut-être infilmable.

Auparavant, dans une ultime scène que le cinéaste a cette fois entièrement écrite, il tente un acte d'une grande générosité : faire de Suzanne, *in extremis,* un personnage. Il n'y avait jusqu'à présent qu'un seul personnage, au sens fort que nous avons donné à ce mot, et c'était lui-même. Parce qu'il était à la fois le protagoniste et le metteur en scène, et dépassait ainsi son rôle. Dans la dernière séquence d'*A nos amours,* le père *vient chercher* sa fille (elle ne s'y attend pas, le scénario moins encore puisqu'il est censé être mort) et l'accompagne en bus à l'aéroport. Dans ce qui se passe d'infiniment délicat entre eux durant ce trajet passent comme une reconnaissance et une transmission, quelque chose d'indicible et de bouleversant, de formidablement généreux et de totalement dépourvu d'ostentation. On songe au *« je travaillais sur quelque chose de mythique »* de Truffaut. Au bout de la scène et du film, Suzanne, par le don du père, est devenue un personnage, tout ce qu'on l'a vue faire avant se réinscrit dans une perspective plus large et plus profonde. Mais c'est un personnage solitaire, *« pas aimant »*, en route pour un lointain incertain (l'Amérique, la Californie, San Diego), qui a l'air complètement perdu dans son avion. Pialat aussi est resté seul, dans le bus, *« je vais pas plus loin »*. Ils ne vieilliront pas ensemble.

Ni la terrible tristesse de ces adieux sans effusion, ni ce que le film avait auparavant de bancal n'empêcheront *A nos amours* de connaître un succès considérable, grâce à son côté scabreux, et à l'irrésistible rayonnement de Sandrine Bonnaire.

Jean-Luc Godard et Cie, une place sur la terre

A propos du film qui marque son entrée dans les années quatre-vingt, Godard remarque : *« Il y avait longtemps que je n'avais pas fait de film ni de fiction dans le circuit dit traditionnel et que j'avais fait plutôt ce qui s'appelle de la recherche. »* Le film en question s'intitule *Sauve qui peut (la vie)* (1980). Il raconte ce que souligne la remarque de Godard : un retour, non pas « au cinéma », mais au pays que les autres nomment cinéma. Le titre le dit, il s'agit de se sauver. Godard, trop isolé, trop loin de tout à Grenoble, a déménagé pour la Suisse, à

Rolle, au bord du lac Léman, où il résidera désormais. C'est un nouveau pas en avant, et un retour en arrière, vers le lieu de son enfance. Après que son chemin l'a amené jusqu'à la télévision nationale, un vieux rêve, il progresse pour réinvestir dans le cinéma ce qu'il a expérimenté avec le cinéma militant, la vidéo, la série. Mais en même temps, déçu par les impasses, les enlisements et les incompréhensions, il retourne à la forme canonique (y compris la forme de production) qu'il avait rêvé de dépasser. Avancée et retour en même temps, cela ressemble à l'époque, et le film ressemble presque tout de suite à cela, à cette hésitation du sens, à cette contradiction, dans le plan très libre, fluide et dynamique de Nathalie Baye descendant de la montagne à vélo (en roue libre, justement), alors que le film, lui, n'est pas en roue libre du tout, il peine, il travaille, le plan est haché, saccadé de ralentis, d'arrêts sur image, de sautes rapides. Nathalie Baye est en chemin, elle quitte la ville pour la campagne comme vient de le faire Godard, elle quitte son compagnon Jacques Dutronc qui dans le film porte le nom de Paul Godard et qui, lui, n'arrive pas à bouger. Les cartons disent qu'elle s'appelle « la vie » et qu'il se prénomme « la peur » ; entre eux deux il y a celle qui fait le lien, qui fait du commerce, elle est une putain. C'est Isabelle Huppert, et c'est aussi Jean-Luc Godard, de retour à la prostitution du spectacle. Il y revient sans amertume excessive, dans ce film dur et joyeux.

La mélancolie est ailleurs. Godard expose le programme, qui est compliqué, trop compliqué. Il le sait, c'est bien pour ça qu'il a essayé de faire autrement, mais il s'est retrouvé trop isolé, c'était invivable. Donc il faut s'organiser pour gérer en même temps la nature, l'argent, la violence, le burlesque, les corps, la culture, le désir. *« Ne pas choisir »*, comme dit la fille battue. Tenir tout de front, comme une ligne de front qu'un soldat solitaire se retrouve seul à défendre, et qu'il garnit de mannequins à sa ressemblance. Mais si ce ne sont « que » des mannequins, les ennemis s'en aperçoivent et ils passent, il faut que ce soit aussi la véritable Baye, la véritable Huppert, le véritable Dutronc, il faut du documentaire pour que ces protagonistes soient encore un peu des personnages. Ce n'est pas tout, il faut encore, surtout, garder ouvertes les possibilités de l'accident — y compris, évidemment, l'accident mortel ; sans accident, il n'y a plus de vie, rien que la machine. Et les ennemis ont déjà gagné. En fait, à ce moment (tournage : 1979 ; sortie : 1980), ils ont gagné, le film ne se paie d'aucune illusion, mais la vie... Sauve qui peut.

On a voulu que Godard revienne au « vrai » cinéma, on ne sera pas déçu, c'est un vétéran couturé et joyeux qui rempile, il en a plein son sac, des sons et des images, des questions et des questions. Il est, d'ailleurs, plutôt bien accueilli, 230 000 spectateurs à Paris, le Nom légendaire garde encore des poussières de magie. Pas trop bien, tout de même : sélectionné à Cannes mais pas primé, un petit César du second rôle (?) féminin à Nathalie Baye le soir du triomphe absolu du *Dernier Métro.* Apparemment, les professionnels n'ont pas plus que ça envie de fêter le retour dans le giron familial de l'oncle prodig(u)e. C'est dommage, Godard cherchait de la compagnie. Alors il dira que la compagnie, comme ce « Cie » qu'on accole au nom des sociétés sans qu'on sache qui est exactement cette « compagnie » (après la rupture du G.I.E. Pathé-Gaumont, Gaumont s'appellera un moment Gaumont Associés et Cie), « la compagnie » donc, « c'est la musique ».

Le film, « composé par Jean-Luc Godard », comme l'indique le générique, s'ouvre avec de la musique « céleste » (de Gabriel Yared) et un lent travelling, sur le ciel justement : ce premier plan raccorde clairement avec le dernier plan du *Mépris,* ce plan ouvert sur le ciel où nichent les dieux de l'*Odyssée.* De toutes les histoires que raconte *Sauve qui peut (la vie),* histoires de l'amour, du travail et de l'argent, la moins importante n'est pas celle de ce vide du ciel et de cette disparition des mythes (*« il n'y a pas de héros, pas de saint, pas de génie, rien que des combines »*) et du repliement sur soi (dont le départ à la campagne de Nathalie Baye, l'abandon de sa communauté par Isabelle Huppert et l'immobilisme de Dutronc dans son hôtel de luxe sont trois figures convergentes). Mais il y a la musique : *« c'est quoi cette musique ? »* demande-t-on à plusieurs reprises dans le film, la musique comme une trace des dieux en allés (*« il n'y a plus de projectionniste ! »*), encore perceptible. De même chaque camion qui passe dans les rues de la ville peut, à qui sait voir, être la trace du récit, du texte, et plus singulièrement — c'est l'un des autres « tonales » de ce film, la musique toujours — du texte féminin ; la vie, et le sauvetage étant absolument du côté des femmes, ce qui contribue sans doute à lui donner ce ton optimiste, malgré la mélancolie des dieux et des légendes (fussent-elles révolutionnaires) abolies. Godard aussi est optimiste : *« Le simple fait que j'arrive à faire des films qui ne marchent pas et à gagner ma vie avec, je trouve que c'est vraiment un signe d'optimisme énorme. »* Pas si sûr : ce découplage de l'économie et de l'art, cette mise sous abri (dont une personnalité culturelle comme Jean-Luc Godard sera naturellement un « bénéficiaire » tout désigné) participe de la déréalisation, ce qui n'est pas forcément une bonne chose pour un réalisateur.

« C'est pas ça, la passion ! » entend-on à plusieurs reprises dans *Sauve qui peut (la vie).* La passion, dans toute la complexité du mot (de la souffrance christique mortelle et rédemptrice à l'enthousiasme en passant par l'amour absolu), est le lien ardemment cherché par *Passion* (1982). *Sauve qui peut (la vie)* rendait compte d'un retour (sur terre, sur la planète commune du cinéma), *Passion* est un adieu à ce territoire que Godard a essayé de défricher, au moins d'ouvrir, durant plus de dix ans — dix ans ! *Passion* est une tragédie, au sens antique, mais

une tragédie inversée, où ce sont les dieux qui meurent sous le regard des hommes. Le film débute, à nouveau, sur un plan de ciel ouvert. Mais ce ciel est cette fois habité, un avion raie l'azur. Est-ce la trace des hommes sur les nues ou celle de la machine qui compte davantage ? C'est une manière de poser la question à laquelle se confronte le film. L'Histoire, les dieux et la Beauté occupent un des trois pôles du film, un grand hangar, *« le studio le plus moderne d'Europe ».* Une équipe – de cinéma ou de télévision, on ne sait pas – y tourne un film à partir de quelques toiles parmi les plus spectaculaires de la peinture classique et romantique (Rembrandt, le Tintoret, Goya, Delacroix...), superproductions picturales qui sont, aussi, une métaphore du grand cinéma classique. Plus exactement, ce film, on ne le tourne pas. Son réalisateur, le Polonais Jerzy (Radziwilowicz) en rupture de pays où le coup d'Etat de Jaruzelski vient de sonner le glas de Solidarnosc, est bloqué, et n'a rien à répondre à qui lui demande, hargneusement : *« C'est quoi, l'histoire ? »* Jerzy ressemble à Dutronc quand il s'appelait Godard dans le film précédent, et il ressemble à Godard aussi.

Il ne trouve pas sa lumière ; comme le tournage piétine, le producteur (Laszlo Szabo, le « gimini cricket » du cinéma moderne et son accent du cœur de l'Europe) se contorsionne auprès des financiers. La production est en dépassement. Alors on filme ce qui dépasse : les deux autres endroits, surtout la circulation entre les trois pôles. Entre le studio, l'hôtel où loge l'équipe, et qui appartient à Hanna (Schygulla), la femme du patron de l'usine (Michel Piccoli), et l'usine, d'où vient d'être virée Isabelle (Huppert), l'ouvrière syndicaliste et bègue. Il y aura deux histoires d'amour entre Jerzy le cinéaste déraciné et chacune des deux femmes, et *La Chanson du mal aimé* d'Apollinaire chantée par Léo Ferré. Il y a un sentiment religieux très fort, et du burlesque, de joyeux croquis politiques et de terribles sentences esthétiques, des fleurs aux lèvres du patron et une jungle en serre. Il y a la quête et la trouvaille du mouvement qui permet un instant, le temps du film – heure de grâce –, d'animer tout cela ensemble : c'est un cosmos mis en branle par un jongleur, c'est une image du monde. Mais ce monde ne tourne pas rond, ces mouvements ne sont pas dans leur rythme, et percevoir que les mouvements de l'amour et ceux du travail sont les mêmes sur des rythmes différents est une souffrance d'où ne jaillit pas la lumière que cherche Jerzy pour rééclairer sa peinture mythologique.

Les gens et les choses ne sont pas à leur place, les règles qui régissent leurs rapports ne sont pas les bonnes, on leur demande ce qu'ils ne savent pas faire, « dire leur phrase » par exemple quand il n'y a pas de texte, pas d'histoire. D'où la tragédie. Le cinéaste a pris la vierge ouvrière par-derrière, il n'y aura pas d'enfant, *« pas de trace ».* A la fin, « tout le monde rentre chez soi ». Ce « chez soi », ce n'est même plus ce retour du précédent film, quand Godard disait : *« Je suis allé un peu loin et maintenant j'ai du mal à retraverser la couche d'ozone vers la terre. »* C'est chacun chez soi, chacun pour soi. *In extremis,* la petite acrobate accepte de monter dans la voiture de Jerzy, de croire que c'est un tapis volant. Ce minuscule happy end magique au bout de tant de désenchantement ne modifie pas la tonalité poignante du film, ce n'est pas un brusque accès d'optimisme. C'est, en même temps qu'un coup de coude à *La Nuit américaine* où tout le monde refusait de prendre Nathalie Baye en stop, un constat que « ça » va continuer. Godard ne peut ni ne veut rien faire d'autre que des films. Répondant aux questions des rédacteurs des *Cahiers* [1] qui l'interrogent sur *Passion,* il citera une phrase de Picasso à qui l'on demandait ce qu'il ferait si on le mettait en prison, si on l'empêchait de peindre : *« Je peindrais avec ma merde ! »*

Le cinéaste va même faire quelque chose de plus humble et de plus indispensable encore, un geste à la fois naturel et qu'en d'autres temps on aurait tenu pour humiliant pour un artiste : il va s'expliquer. A la suite de *Passion,* il réalise *Scénario du film « Passion »* (1982). C'est un cours magistral, aux deux sens du mot. Jean-Luc Godard est dans sa salle de travail, devant l'écran blanc où viennent affleurer les images du film, leur fantôme plutôt. Il détaille le processus d'élaboration d'un film dont, plutôt que d'en écrire à l'avance le déroulement, il a essayé de découvrir *de visu* les probabilités d'existence : exigence d'un savant, mais aussi d'un petit entrepreneur prenant soin de son investissement. En ombre chinoise, il parle avec des mots, et avec les mains. Il parle en termes simples de l'écriture et de pourquoi on ne peut pas commencer par elle, du scénario écrit et de comment il a été inventé (par les comptables), de la manière dont naissent les images dans le passage de l'invisible au visible, de la manière dont la musique suscite et modifie le mouvement, du triangle des Bermudes que forment la scène, l'acteur et le personnage, et du mystère de la Trinité. Il parle de la difficulté à être ensemble, à partager du travail et de l'amour, avec les acteurs, les techniciens, les producteurs, le public. *Scénario du film « Passion »* est l'un des plus beaux « textes » (image et son) théoriques jamais produits sur le cinéma et donc, aussi, un poème bouleversant. Il raconte les chemins lentement parcourus du réel et de la métaphore, du documentaire et de la fiction, jusqu'à leur point d'intersection qui sera la clé de voûte du film — la voûte en question n'étant pas celle d'une cathédrale, plutôt une crypte qu'il faudrait rendre habitable. Il explique le mouvement vers le film, qui deviendra le mouvement du film lui-même, dit qu'en travaillant ainsi, *« on peut voir que ce mouvement, c'est pas les conneries habituelles de Jean-Luc, mais quelque chose qui existe ».* Encore faudrait-il qu'on *veuille* voir. Ce qui arrive à ce moment-là dans

1. Entretien publié par Alain Bergala dans *Godard par Godard,* éditions des *Cahiers du cinéma,* 1985.

le monde des images et qu'on a ironiquement nommé le Visuel étant au contraire fait pour ne pas voir. « Ne pas voir » semble convenir à presque tout le monde. Plus tard, dans *Scénario du film « Passion »* : *« L'écran est comme un mur, il faut sauter par-dessus. »* Le Visuel est ce qui déclare qu'il n'y a pas d'au-delà du mur, que l'écran est sa propre fin et l'ultime limite – qu'il n'y a pas d'au-delà du tout, ni le monde ni l'Olympe.

Expliquant comment le mouvement du film passe et se modifie par ce que sont les acteurs, ce qu'ils disent, et comment ils le disent, Godard note à propos de la situation du metteur en scène : *« Tu es dans l'ombre, à l'affût du son. »* Se superpose alors avec force l'image d'un autre exilé à l'accent de l'Est, pas un Polonais mais un juif allemand, Lucas Steiner dans la cave du Théâtre Montmartre, lui aussi « dans l'ombre, à l'affût du son ». Et *Scénario du film « Passion »* se met à ressembler, malgré les grandes différences d'expression, à une lettre envoyée par Truffaut à son équipe juste avant le tournage du *Dernier Métro* [1] : même appel au partage ; même terreur des médias ; même démarche qui part des gens vers les scènes (*« Ne faites pas attention aux plans ni à la construction mais aux humains »*, entend-on dans *Passion* ; *« les personnages sont plus importants que les situations »*, écrit Truffaut). Jusqu'à l'allusion, dans les deux cas, aux neuf mois de la gestation d'un film. Dans l'entretien avec la rédaction des *Cahiers,* Jean-Luc Godard parle, à son tour, avec mélancolie, du pays en plus sur la carte, le pays du cinéma. Celui-là même que chantait Truffaut, sur le mode mythique, dans cette *Nuit américaine* qui avait mis Godard tellement en colère. Mais, alors que Truffaut, homme de l'appartenance à ce pays, sa patrie, s'y ensevelit plutôt que de bouger, Godard, l'homme aux deux pays, la France et la Suisse, le cinéma et le réel, se prépare à d'autres va-et-vient, d'autres envols, et d'autres chutes.

1. Lettre publiée par Dominique Rabourdin dans *Truffaut par Truffaut,* éditions du Chêne, 1985.

Livre Quatrième

UNE AUTRE HISTOIRE

(1984-1994)

« Nous aurions perdu le monde,
et le monde, nous. »
Tristan.

En 1984, le monde (occidental) se réjouit de ne pas ressembler à ce qu'a décrit George Orwell dans *1984.* Il a peut-être tort. Jean-François Lyotard commente ainsi cette bonne humeur : *« Si l'on fait attention à la généralisation des langages binaires, à l'effacement de la différence entre ici et maintenant et entre là-bas et alors, qui résulte de l'extension des télérelations, à l'oubli des sentiments au bénéfice des stratégies, concomitant de l'hégémonie du négoce, on trouvera que les menaces qui pèsent du fait de cette situation, la nôtre, sur l'écriture, sur l'amour, sur la singularité sont, dans leur nature profonde, parentes de celles décrites par Orwell. »* Lyotard ne songe pas au cinéma, ni même particulièrement au monde des images lorsqu'il s'exprime ainsi, il tire pourtant, en ce qui concerne le cinéma, une clairvoyante leçon des évolutions décrites dans le livre 3. La période qui s'ouvre alors consistera, pour l'essentiel, dans la stabilisation et l'extension des caractéristiques apparues au tournant des années soixante-dix/quatre-vingt, et qui ont bouleversé l'« état cinématographique ». Malgré les cris d'orfraie que se plaît à pousser la profession, le cinéma n'est pas mort, ni à ce moment, ni avant, ni après ; il y a toujours, et il y aura encore longtemps « quelque chose » qu'on appelle cinéma. Mais celui-ci a muté, moins sous l'effet de ses évolutions internes que sous l'influence de facteurs extérieurs, et qui sont devenus dominants. Cette évolution se traduit, pour lui, par une marginalisation de son poids social réel, qui n'empêche pas, bien au contraire, sa valorisation symbolique, quand l'opiniâtreté des gens du cinéma français parvient à se synchroniser avec l'intérêt politique et économique des véritables puissances.

En 1984, François Truffaut est mort. En 1984, Canal Plus est né. En 1984, la loi de finance a donné naissance au Compte de soutien audiovisuel, qui va obliger la télévision à devenir le principal soutien financier du cinéma. L'année suivante, pour la première fois, il y aura plus de films sur les chaînes de télévision (en clair) que de sorties en salles.

Encore un an et la part de marché du cinéma américain deviendra, irréversiblement, supérieure à celle du cinéma français dans les salles françaises. Il n'existe pas de relation de cause à effet directe entre ces morts, ces naissances et ces basculements. Ensemble, ils dessinent pourtant le paysage cinématographique. Ou, plus précisément, le paysage global, celui de l'audiovisuel, au sein duquel « du » cinéma continue d'exister. Mais il existe désormais en plusieurs groupuscules de personnages secondaires et dispersés au sein d'un récit dont « le » cinéma fut jadis à la fois le héros et le conteur.

Parvenu à ce stade, la chronologie perd ses droits : pour cette dernière décennie, le décor d'ensemble est planté, et les rapports de forces fondamentaux qui le régissent changent peu. Aussi, abandonnant les périodisations tentées dans les livres 1, 2 et 3, on a préféré essayer de tracer une géographie, une disposition dans l'espace (économique, esthétique, stratégique) plutôt qu'une histoire se déroulant « au fil du temps ». Non que l'Histoire se soit arrêtée durant cette décennie, malgré les prophètes un peu trop pressés d'annoncer sa « fin ». On sait au contraire que c'est durant cette période que se produisent, à l'échelle planétaire, des événements aussi considérables que la fin des régimes communistes en Europe de l'Est, la dissolution de l'U.R.S.S. et la chute du mur de Berlin, qui, avec la fin de la guerre froide, entraînent la disparition du grand clivage géopolitique selon lequel s'est organisée la vie des nations depuis Yalta. Cette époque a également vu resurgir (et gagner une certaine reconnaissance) les idées et les formules de haine et d'ostracisme pour l'essentiel privées de droit de cité depuis l'écrasement du nazisme (en France, la première apparition télévisuelle de Jean-Marie Le Pen comme leader politique crédible date de février 1984) : autre grande barrière symbolique qui tombe [1]. A la fin de la même année, deux petits événements sans rapport apparent hormis le fait qu'ils se déroulent à vingt-quatre heures d'intervalle dessinent eux aussi les glissements qui se produisent dans l'inconscient collectif et les représentations sociales : le 7 décembre, *Le Nouvel Observateur* publie un sondage qui traduit un attachement massif des Français à l'idée de République, prioritairement au clivage entre droite et gauche ; le lendemain, on a une idée de ce que signifie cette république, avec une importante manifestation en faveur d'une radio privée, N.R.J., qui contrevient sciemment aux règles limitant la puissance de ses émetteurs. Les jeunes auditeurs auront gain de cause, au détriment des radios moins puissantes, et de ceux qui souhaitaient pouvoir les capter. L'égoïsme, l'argent et la démagogie ont, sans qu'on y prête grande attention, remporté une victoire significative. C'est aussi cette année-là qu'on s'est mis à beaucoup parler des « nouveaux

1. Le 25 juillet 1989, l'ancien cinéaste Claude Autant-Lara, élu du Front national, ouvrira en tant que doyen la session du Parlement européen avec un discours dont la violence xénophobe fera scandale.

pauvres », c'est à la fin de l'année suivante que Coluche, entraînant à sa suite une pléiade d'artistes, ouvre le premier Resto du Cœur : l'« humanitaire », réponse minimale, urgente et sentimentale, qui tend à se substituer à tous les mécanismes d'intervention politique et à tous les projets de transformation sociale, s'installe en France même à grand bruit médiatique. En 1985 aussi, on s'était interrogé longuement sur le sens à donner aux émeutes qui se multiplient dans les stades de football, et ont causé le 29 mai trente-neuf morts au stade du Heysel à Bruxelles – mais sans trop vouloir y reconnaître le déchaînement d'une violence qu'aucune perspective d'évolution (et encore moins de révolution) n'oriente plus. Le 25 avril 1986, la catastrophe de Tchernobyl fait ressentir pour la première fois de manière massive les dangers à l'échelle planétaire des politiques à courte vue menée par les dirigeants, les savants et les hommes d'affaires à échelle locale – prise de conscience que n'avaient déclenchée ni la certitude d'une prolifération des armes atomiques, ni celle des armes chimiques. Ni, d'ailleurs, le développement fulgurant du sida, qui reste, malgré les statistiques et les campagnes de sensibilisation, la maladie des « autres » : des homosexuels, des drogués, des artistes, des Africains... Le sida fait, et fera, des millions de morts. Au nombre de ses victimes, il faut encore ajouter l'amour, une certaine idée de l'amour.

Petite variante à échelle française de ce « désenchantement du monde », la destruction du *Rainbow Warrior* en juillet 1985 écorne le crédit moral dont jouissait le personnel politique de gauche. En juin 1986 l'affaire du Carrefour du développement aggrave son cas – et, ce même mois de juin, disparaît celui qui aurait pu en faire rire le plus sainement, Coluche... Ces événements sont de nature et d'ampleur très variées, de Beyrouth à Sarajevo en passant par Tienanmen et le Koweit, des flux migratoires aux cités ingérables en passant par le krach boursier d'octobre 1987, on pourrait multiplier les exemples qui, de même, tendent vers une indétermination globale, une solitude individuelle face à des relations de plus en plus mondialisées, de plus en plus illisibles. Un sentiment propice au repli sur soi ou sur de petites communautés farouchement hostiles à leur environnement, ou au contraire, à une fuite en avant éperdue et sans repère, à un vagabondage planétaire des esprits et des corps à l'instar de la circulation de l'argent et des images, selon des règles dont certains profitent, mais que nul ne maîtrise réellement tant elles sont devenues complexes et puissantes.

Dans un tel contexte, celui d'une immense opération sans opérateur où règnent la puissance du code et les lois de la simulation, « le » cinéma français ne peut plus guère prétendre à une Histoire, au sens d'un processus de développement relativement autonome et cohérent. Au mieux peut-on tenter cette géographie dont on a parlé, pour, sans catastrophisme ni idyllisme, repérer des espaces de survivance (parfois luxuriante) et de transformation (parfois inattendues). Le paysage tel qu'il se compose durant la seconde moitié des années quatre-vingt et le début des années quatre-vingt-dix est, logiquement, organisé par l'argent et la technique, leur influence étant coordonnée, et en partie déviée, par des règlements. Les choix et les avancées esthétiques ont lieu par réaction – de subordination, de compromis ou de résistance – à ces forces surtout financières et industrielles, secondairement administratives et de lobbies. Ce sont ces forces qui dictent leurs règles, c'est donc par elles qu'il faut commencer.

Première partie

ECO ET TECHNO SONT DANS UN CHAPEAU

« Peut-être quelqu'un de très vieux, l'ancêtre, se souviendrait encore, il raconterait aux jeunes qu'il y avait des cinémas, que c'était des images qui parlaient, qui bougeaient, et les jeunes ne comprendront pas. »

Jean-Pierre Léaud
dans *La Maman et la Putain*
de Jean Eustache.

Chapitre 1

LE DEUXIÈME CHOC AUDIOVISUEL

Par comparaison avec les « chocs pétroliers » qui ont secoué et transformé les économies mondiales, on peut parler durant la décennie quatre-vingt d'un deuxième choc audiovisuel, après celui qui, à la fin des années cinquante, a engendré le premier effondrement des entrées et la première remise en cause de la suprématie du cinéma dans les loisirs et sur l'imaginaire des foules. Face aux prémisses, puis au plein effet de ce deuxième choc, la stratégie dominante pour le cinéma français telle qu'on l'a décrite dans le livre 3, stratégie symbolisée par un « axe Toscan-Lang », a paradoxalement consisté à faire du cinéma un bastion. Sous les discours glorieux, elle a pris en compte la position de faiblesse dans laquelle le cinéma se trouve au sein du monde des images, et a organisé son repli en relatif bon ordre dans un fortin battant pavillon culturel [1]. Il s'y sent suffisamment assuré pour passer des alliances avec les nouvelles puissances sans se faire dévorer tout cru, comme cela est arrivé au même moment à ses frères étrangers.

La crise, toujours la crise

Du strict point de vue des chiffres, la situation du cinéma a en effet recommencé de s'envenimer. Après le « pic » supérieur à 200 millions d'entrées en 1982, une chute vertigineuse a commencé. Dès 1985, on passe pour la première fois depuis l'après-guerre au-dessous des 175 millions de spectateurs, on en sera à moins de 125 millions en 1988 — soit, après la relative stabilité des années soixante-dix, une

1. Le déménagement, en 1983, du lieu le plus symbolique peut-être du cinéma mondial, le Palais du Festival de Cannes, est une assez jolie métaphore du changement d'époque : d'un édifice vieillot qui tenait du théâtre et du temple, le Festival se déplace vers un bâtiment moderne et glacial, immédiatement rebaptisé le Bunker, et qui peut sembler assurer une meilleure défense statique du cinéma, mais a en réalité été conçu essentiellement au service des marchés de l'audiovisuel (M.I.P., Mipcom, MIP-TV...) qui se tiennent désormais sur la Croisette.

chute de 40 % en six ans (et le plus faible nombre d'entrées depuis... 1928). Cette chute des entrées se double d'un second phénomène, au moins aussi inquiétant : ces 40 % de public perdu sont les spectateurs des films français (et de films étrangers non anglo-saxons, déjà marginalisés). Le public du cinéma américain reste globalement stable, ce sont les productions françaises qui cessent, assez brutalement, d'attirer le public. Cette perte est encore aggravée par le fait que ce public déficient est, encore plus majoritairement que le public global, composé d'adolescents : de 1983 à 1988, la chute globale est de 37 %, mais la baisse de fréquentation des quinze-vingt-quatre ans est de 42 %. Massivement, les jeunes, qui sont aussi l'avenir du public, ne se déplacent plus dans les cinémas que pour voir des films américains. A la différence de ce qui s'était produit lors du premier choc audiovisuel, ce n'est plus le cinéma en général, le cinéma comme art de masse qui subit une érosion rapide, mais la consommation par un groupe social déjà plus restreint, la jeunesse urbaine : celle-ci se détourne de ce qui ne correspond pas à un modèle de plus en plus étroit, le cinéma hollywoodien. La baisse est, de même, particulièrement sensible parmi les fractions de la population les plus consommatrices de films : alors que le public occasionnel demeure pratiquement stable, le nombre et l'intensité de la consommation des spectateurs « réguliers » (une à trois séances par mois) baissent de 42 % ; le nombre et la fréquentation des « assidus » (au moins une fois par semaine) déclinent de 52 % : comme le note Jean-Marc Vernier [1], ces deux catégories de spectateurs, soit le « cœur » (économique, mais aussi symbolique) de la fréquentation des salles, sont ainsi responsables de l'essentiel de la chute des entrées à cette époque.

Pour la production française, cette évolution est d'abord en partie masquée par une poignée de triomphes qui, mobilisant un public d'occasionnels ne se rendant qu'une fois ou deux en salles chaque année, permettent à quelques titres de figurer en tête des box-offices annuels. Mais les deux ou trois titres susceptibles de déclencher ce phénomène font-ils défaut qu'on voit, comme en 1989, les dix premières places du classement occupées par les Américains. Face à cette chute massive des entrées, on a cherché, bien sûr, des responsables, voire des boucs émissaires. Comme de juste, le cinéma moderne constitue une cible toute désignée. On réentendra à plusieurs reprises la vieille antienne selon laquelle « c'est la Nouvelle Vague qui a tué le cinéma français ». La Nouvelle Vague ne mérite ni cet excès d'honneur ni cette indignité, il suffit pour s'en convaincre de constater les effondrements encore plus graves dans les autres pays (hors Etats-Unis). Dans une certaine mesure, l'enthousiasme cinéphile alimenté par le renouveau du début des années soixante peut au contraire être

1. Dans *Socio-économie de la culture. La demande de cinéma,* Anthropos, 1991.

crédité du poids symbolique qu'a conservé le grand écran en France, à la différence des nations voisines. Excessif jusqu'à l'absurde, l'argument n'est pourtant pas entièrement dénué de fondement : le cinéma qui n'est pas prêt à user de tous les moyens pour s'assurer le plus vaste public ne fait pas directement tort à celui qui cherche éperdument les recettes du succès. Mais son existence même, dans une proportion notable au sein d'une production globale demeurée relativement stable, entraîne une baisse mécanique du public total. D'autre part, en magnifiant la notion d'auteur, la « victoire morale » remportée par le cinéma moderne a conduit de nombreux réalisateurs à mal faire leur travail d'exécutants, au nom d'un « Art » avec lequel ils n'ont rien à voir. Ces aspects sont tout à fait marginaux, comparés aux évolutions sociale, économique et technique — qui déterminent de manière beaucoup plus massive la configuration des loisirs et celle de l'audiovisuel, et la place, réduite et émiettée, qu'y occupe le cinéma. Si risibles que soient les trépignements de réalisateurs couverts de succès et de récompenses qui ne supportent pas de ne pas être, aussi, portés aux nues par les quelques derniers bastions d'une critique un peu regardante, ces attaques méritent néanmoins d'être mentionnées : elles menacent constamment de faire sanctionner par les pouvoirs publics et les corporations la poignée de cinéastes, comédiens, techniciens, producteurs, distributeurs et exploitants qui se consacrent à l'existence de films « différents ». Différents de quoi ? Dans l'état d'incertitude et de panique qui prévaut, différents de la direction indiquée par la girouette du dernier succès, et que contredira le prochain.

Au-delà de ces cris d'orfraie et de ces tempêtes dans des verres d'eau pas toujours limpide, la chute globale des entrées n'en demeure pas moins un fait massif. Aucun secteur économique ne peut survivre à un effondrement aussi ample et aussi brutal de son marché, sauf... en devenant un autre secteur économique, fonctionnant selon d'autres règles. C'est ce que va faire le cinéma, pour l'essentiel selon une stratégie commune des professionnels et des pouvoirs publics. Cette stratégie se développe selon trois axes, qui à défaut d'être nouveaux, sont suivis avec une nouvelle vigueur. D'abord, la promotion du cinéma, l'affirmation répétée, haut et fort, de ses vertus culturelles, populaires, patrimoniales, distractives, intellectuelles, etc. La première « fête du Cinéma » a lieu le 1er juin 1984, c'et le moment le plus spectaculaire d'une politique promotionnelle qui concerne aussi bien les spécialistes les plus « pointus » que les enfants des établissements scolaires. L'année suivante, on tentera même de dédoubler cette fête, avec une seconde opération à l'équinoxe d'automne après celle du solstice d'été. Ce sera l'occasion de quelques excès dans cette veine promotionnelle, notamment lors de la projection en plein air, devant le Centre Pompidou, de *Ran* de Kurosawa devant un parterre de V.I.P. suscitant le mécontentement des exclus de la cérémonie. La survalorisation, mondaine autant que culturelle, du cinéma, avait fait un pas de trop. En revanche, l'énorme succès de l'exposition « Cité-Ciné », ouverte à la Grande Halle de la Villette durant l'hiver 1987-1988, marquera un sommet de la popularisation à la fois culturelle et ludique, nostalgique et sans complexe, du cinéma.

Le deuxième axe relève de l'initiative proprement réglementaire, avec la multiplication des systèmes d'aide et de protection, les interventions fiscales, les stimulations du système bancaire. L'événement le plus significatif en ce domaine est la création, le 7 juillet 1985, des Soficas (Sociétés de financement du cinéma et de l'audiovisuel). Il s'agit d'un mécanisme d'abri fiscal destiné à attirer les investisseurs privés, à condition d'immobiliser les fonds durant cinq ans. Bien qu'ouverte aux particuliers, cette opportunité transite nécessairement par des institutions financières, qui s'allient avec des acteurs importants du milieu cinématographique. On retrouve, indirectement, cette tendance à l'intervention de la grande finance (privée, nationalisée ou publique comme la Caisse des dépôts et consignations) dans le secteur cinématographique, jadis territoire des bricoleurs, des artisans et des aventuriers — c'est un autre aspect du passage à la « grande forme » dont on a vu les effets sur les écrans. Les avantages ainsi offerts aux banquiers sont suffisamment attractifs pour que ces structures se multiplient, et fournissent, dès 1987, 10 % du financement total de la production, soit quelque 200 millions de francs. Leur part dans le financement des films diminuera ensuite pour se stabiliser entre 5 et 6 %. Comme toujours, les apports d'argent ne sont pas neutres : au service de leurs clients et non des films, les Soficas ne pensent pas en termes de cinéma, ni même en termes de programmes d'images, mais uniquement en termes de rentabilité. Elles apportent de l'argent frais, mais exigent d'être les premières payées en retour. Elles ne partagent donc pas les risques du producteur, mais le fragilisent, celui-ci devant attendre plus longtemps (le temps que la Sofica qui a été son partenaire soit remboursée) pour commencer à toucher les bénéfices de son investissement, quand il en reste. L'arrivée des Soficas permet du moins de pallier en partie l'effondrement d'un bailleur de fonds important de la production : l'avance distributeur. La chute des entrées a frappé les sociétés de distribution plus directement et plus violemment qu'aucun autre maillon de la chaîne, celles-ci ayant pris le risque d'anticiper des succès qui ne viennent plus. A toute allure, les distributeurs battent en retraite : du statut de principal partenaire financier dans la production, qu'ils ont occupé au début de la décennie, ils reviennent à celui d'intermédiaire. Ils continuent de dépendre du succès, mais en misant beaucoup moins : l'avance distributeur avoisinait les 30 % des investissements de production en 1984, sa part tombera à 1,9 % en 1989.

Au temps de leur splendeur, les distributeurs avaient lourdement pesé sur les producteurs et les cinéastes. Du moins tout ce monde-là, en principe, pensait en termes de spectacle, de spectacle en salles. Les banquiers ont d'autres devoirs, et d'autres inclinations. Quant aux Sofi-cas, à l'origine destinées à mobiliser de nouveaux fonds extérieurs au cinéma, elles deviendront au fil des modifications réglementaires des outils financiers, permettant une meilleure gestion des fonds entre les mains des grands groupes audiovisuels. A ce titre, elles contribuent à consolider des sociétés puissantes, mais n'ont que rarement, et le plus souvent indirectement, participé à la prise de risque de la production cinématographique.

Mesures de survie face au grand chambardement cathodique

Le troisième axe, économiquement et politiquement le plus important, concerne la télévision. Le cinéma, ses professionnels et « son » ministre vont réussir un coup de force salvateur, sans exemple dans le reste du monde. Partout la télé domine le monde des images. Le cinéma français, et lui seul, va faire payer à « l'étrange lucarne » cette domination, et assurer ainsi sa survie économique. Il faut d'ailleurs noter que Jack Lang, si souvent accusé d'apposer le label « culturel » sur tout et n'importe quoi, mélangeant Shakespeare et une paire de bottes comme l'en accusera un jour Finkielkraut, n'a jamais véritablement considéré la télévision comme « de la culture » — peut-être parce qu'elle ne fut jamais sous sa tutelle directe. Au plan du discours, « pomper » la télé au bénéfice du cinéma, c'était sans état d'âme faire payer les marchands d'audiovisuel au profit de l'art cinématographique. C'était aussi, et surtout, sauver les meubles à l'heure du grand chambardement cathodique.

Depuis les premiers accords négociés par André Astoux avec l'O.R.T.F., les relations entre petit et grand écran se sont peu à peu policées. La réglementation du nombre de films et des moments où ils peuvent être diffusés est désormais à peu près appliquée, celle de la quantité de films français au sein de la programmation est plus aléatoire, mais se rapproche des normes fixées. Pour la télévision, le cinéma reste, et de loin, le produit le plus populaire, il est moins cher de l'acheter ou de le coproduire que de fabriquer l'équivalent en heures de fiction (son seul véritable concurrent, ce sont les fictions américaines, déjà amorties sur leur propre marché et vendues à prix de dumping : d'où l'importance des quotas nationaux et européens). Et les chaînes ont les moyens de s'offrir des films, leurs revenus sont en hausse constante depuis le début de la décennie grâce à l'augmentation des recettes publicitaires, qui dépasseront la moitié de leurs ressources en 1985 – rappelons qu'il ne s'agit encore ici que de chaînes du service public. Et comme les films sont populaires, ils attirent aussi les annonceurs... Chez les gens de cinéma, les positions divergent : pour les exploitants et les distributeurs, le petit écran reste un concurrent mortel, ils réclament des limitations de plus en plus strictes du nombre de films à la télé et de leurs conditions de diffusion. Pour les producteurs, en revanche, les chaînes sont devenues des interlocuteurs réguliers, et de plus en plus nécessaires au financement de leurs projets, à la fois comme coproducteurs et comme « pré-acheteurs » des droits de diffusion. Les réalisateurs, eux, sont de plus en plus tiraillés entre le bon sens économique qui conduit à travailler avec la télévision, sinon pour elle, et des préventions contre un moyen de diffusion traditionnellement tenu comme « inférieur ».

C'est vrai des chaînes en clair du service public, ce le sera plus encore avec la création de Canal Plus, chaîne cryptée qui commence à émettre le 24 novembre 1984. L'essentiel de ses programmes est composé de films, et, au terme d'homériques négociations entre l'État, le B.L.I.C. et les dirigeants de la nouvelle chaîne, un accord a fini par être trouvé en février 1984 – et révisé en février 1985 pour aider au « décollage » de la chaîne pilotée par André Rousselet, qui connut des débuts difficiles avant de devenir la plus belle réussite de l'audiovisuel français. Cet accord permet la diffusion d'environ quatre cents films par an, passant chacun six fois en deux semaines. Il contraint Canal Plus à respecter certaines fenêtres horaires, à s'aligner sur le quota des 60 % d'œuvres d'expression française et des 50 % de productions européennes. Surtout, la chaîne à péage s'engage à consacrer 20 % de ses recettes (part considérable) à l'achat ou au cofinancement de films, dont la moitié à des « œuvres d'expression française » (en l'absence de critères de nationalité clairs au moment des coproductions et des alliances financières, c'est la langue de tournage qui fait référence). Cette obligation amènera Canal Plus, le succès aidant, à représenter à elle seule quelque 20 % du montant total des investissements dans la production (454,45 millions investis en achats de droits de 96 films français en 1993, soit la quasi-totalité des 101 films d'initiative française de cette année). Responsable de la politique film au sein de la chaîne cryptée, l'ancien patron de la distribution chez Gaumont, René Bonnell, devient ainsi, et de loin, le premier interlocuteur des producteurs. D'autant que son intervention « pèse » plus que la simple proportion arithmétique de son apport : c'est souvent sa présence, et la hauteur de son engagement, qui déterminent l'entrée dans le jeu d'autres investisseurs. Les besoins en programmation de Canal Plus, et ses obligations en investissements (presque uniquement sous forme d'achats de droits d'antenne jusqu'à la fin des années quatre-vingt) conduisent mathématiquement la chaîne cryptée à être partenaire de quasiment la totalité des films français. Il faut noter une autre différence avec l'intervention des chaînes hertziennes : l'image de marque de Canal Plus est de diffuser des films de cinéma (et de les diffuser en avance sur les chaînes en clair, un an seulement après la sortie en salles) : à la différence des autres chaînes, Canal Plus n'a pas tendance à peser sur les films eux-mêmes, pour tendre à en faire du « produit télé ». En principe, un film sur Canal reste un film, et l'acte volontaire, et onéreux, que constituent l'abonnement et la location du décodeur, se rapproche plus d'un choix personnel comparable au fait d'aller au cinéma, que la simple ouverture du robinet à images de la télé en clair.

Le paysage audiovisuel devient subitement plus vaste et plus complexe avec la naissance de deux chaînes hertziennes privées, dont le projet est annoncé par le président de la République en janvier 1985. La création de France 5 est menée tambour battant par le pouvoir, avec pour seul objectif de se doter d'une chaîne « amie » avant les élections du printemps suivant, qui doivent marquer le retour de la droite aux affaires. Cette opération donne lieu à un gigantesque jeu de Monopoly, dont le vainqueur sera un fantôme : Jean Riboud, le patron de Schlumberger, devenu un proche conseiller (officieux) de François Mitterrand. Riboud est mort le 22 octobre 1985, mais il a auparavant « emporté le morceau » : la cinquième chaîne est attribuée à un curieux tandem, qui réunit le fils Riboud, Christophe, et Silvio Berlusconi, le grand manitou de la télé privée italienne (et fossoyeur du cinéma de son pays : les professionnels du cinéma français, furieux de ce qu'ils considèrent comme une trahison de la part d'un régime de gauche, ont protesté avec la dernière énergie, réunissant même quelque deux mille personnes lors d'un meeting à la Mutualité, au mois de décembre 1985). Confortant la victoire posthume de Riboud, Jérôme Seydoux, devenu en 1980 le puissant patron des Chargeurs Réunis, fait également partie du tour de table, avec le titre de président du conseil d'administration. La chaîne commence à émettre le 20 février 1986. Le 1er mars, c'est au tour de la « petite » T.V.6 à dominante musicale. Dans son capital, on retrouve notamment la Gaumont de Nicolas Seydoux ; autre succès de Riboud. Ces attributions seront, comme il était prévisible, remises en cause par le gouvernement Chirac issu des élections législatives du 16 mars 1986. Le 23 février 1987, France 5 devient la Cinq. Elle est désormais entre les mains du magnat de la presse très marqué à droite Robert Hersant, toujours allié à Berlusconi. T.V.6 devient M6 et passe dans le giron du puissant groupe de communication C.L.T. (qui possède notamment R.T.L.), perdant au passage sa coloration musicale. Surtout, entre-temps, le Parlement a adopté le 30 septembre 1986 la loi « Communication et liberté », qui autorise la privatisation d'une chaîne de service public ; ce sera chose faite le 4 avril 1987 avec l'attribution de T.F.1 au leader mondial de la construction, le groupe Bouygues, qui souffle la chaîne à Hachette.

Autant par la gauche en 1985 que par la droite en 1986-1987, le cinéma a été tenu à l'écart des gigantesques tractations auxquelles ces opérations ont donné lieu, de même que le ministre de la Culture n'a guère eu son mot à dire : les décisions ont été prises contre Jack Lang, et si François Léotard, son successeur durant la période de cohabitation (1986-1988), y est intimement mêlé, c'est qu'il est, lui, ministre de la Culture et de la Communication. La sacro-sainte culture n'a soudain plus pesé lourd dans cette grande foire d'empoigne politique et financière.

Le cinéma est pourtant directement concerné par ces événements, en proportion du poids qu'occupent désormais les télévisions dans sa vie. Ces changements ont deux incidences majeures. D'abord la création de deux nouvelles chaînes augmente le nombre de ses partenaires, à la fois comme éventuels coproducteurs et comme clients. Ensuite, les chaînes privées ne sont pas d'emblée soumises aux mêmes obligations vis-à-vis du cinéma. Il serait fastidieux de tenir la chronique des escarmouches entre le B.L.I.C. et les représentants de la Cinq, la Six et T.F.1. Avec le retour aux affaires de Jack Lang en 1988, qui pèse cette fois de tout son poids pour que les règles du jeu s'appliquent à toutes les chaînes, on arrivera au début des années quatre-vingt-dix à un alignement des chaînes privées sur leurs consœurs du service public quant aux quotas, horaires et délais de diffusion, ainsi qu'à une obligation de financement du cinéma pour un montant de 3 % du chiffre d'affaires de chaque diffuseur. La seule dérogation importante dont bénéficient les chaînes privées en clair est l'autorisation d'une coupure publicitaire dans les films. Même si l'on constate une lente érosion, ceux-ci représentent toujours le meilleur « produit d'appel » (des téléspectateurs, donc aussi des annonceurs). Il faut d'ailleurs noter l'utilisation très « ciblée » des films par les chaînes en clair : en 1990, ils représentent moins de 5 % du temps d'antenne total, mais 53 % d'occupation des heures de grande écoute, dites de *prime time*. Cette concentration est, partiellement, imputable aux quotas, mais aussi à la politique des chaînes dépendant désormais massivement ou uniquement des ressources publicitaires. Elle en appelle une autre, celle du type de films diffusés : seul le cinéma « grand public », français et américain, a largement accès au petit écran. La manne télévisuelle, hors Canal Plus, ne profite pratiquement pas aux autres cinématographies ni au cinéma français moins commercial — sinon par des effets indirects, en permettant la survie de producteurs qui pourront consacrer à des projets plus ambitieux une partie de leurs ressources. Les achats de droits des chaînes (pour plusieurs diffusions) tendent de plus en plus à se concentrer sur un petit nombre de films « porteurs ». De manière moins quantifiable, et plus paradoxale, on peut aussi remarquer (comme le fait Joëlle Farchy dans *Le Cinéma déchaîné*) la fausse promotion du cinéma qu'assure la télévision. La présence intensive, gratuite et en plusieurs exemplaires simultanés des films, à laquelle s'ajoute la participation fréquente des acteurs à des émissions de jeux ou de variétés, contribue massivement à la perte d'aura du cinéma, à cette « démythification » dont on a déjà parlé.

Outre les apports directs des chaînes en pré-achats et en coproductions, la loi de finances de 1984 (qui n'a en réalité pris effet qu'en 1986) oblige dorénavant les diffuseurs à alimenter le Compte de soutien jusqu'à présent constitué de la seule taxe sur les entrées en salles, à concurrence de 5,5 % de leurs ressources. Ce Compte de soutien (désormais Compte de soutien « de l'industrie cinématographique et des programmes audiovisuels ») est divisé en deux « guichets » : le premier est destiné au cinéma, le second aux programmes de télévision. Mais la répartition entre les fonds dont disposent ces deux guichets, fixée chaque année par le C.N.C., traduit dans les faits un transfert d'une partie (un tiers environ) des sommes versées par les télévisions vers le soutien à la production de films. Au total, si le grand chambardement politique et économique du monde de la télé s'est effectué pratiquement hors de l'influence du cinéma, celui-ci est parvenu à en tirer des substantiels bénéfices financiers, qui assurent à présent l'essentiel de sa survie.

Cassettes et portefeuilles

Mais il n'y a pas que la télévision hertzienne. Bien qu'ayant souffert en France de nombreux obstacles (auxquels les professionnels du cinéma ne sont pas étrangers), la vidéo connaît un essor certain et irréversible. Les Français possédaient 235 000 magnétoscopes en 1980, ils en possèdent près de 12 millions en 1993 : 54 % des ménages sont alors équipés. La consommation vidéo est à ses débuts presque uniquement consacrée aux films de cinéma. Deux modes de consommation dominent d'abord : l'enregistrement sur cassettes vierges (il s'en vend 2,6 millions en 1980, 54,6 millions en 1990) de films diffusés à la télévision, et la location. L'achat de cassettes enregistrées ne démarrera de manière massive qu'à la toute fin de la décennie (on passe lentement de 100 000 unités vendues en 1980 à 2,8 millions en 1987, pour atteindre brusquement 21,5 millions en 1990, et 34 millions en 1992). Dans un premier temps, la copie privée, et la location assurée par des réseaux dispersés entre une multitude d'échoppes qui fleurissent à tous les coins de rue et seront pour la plupart éphémères, représentent aux yeux des gens de cinéma un nouveau danger. D'une part c'est un concurrent de plus pour la salle, d'autre part la copie privée est un usage sans retombées financières pour eux, et la location anarchique offre un terrain très favorable à la piraterie.

La vidéo est alors un marché marginal, mais où l'on peut faire de bonnes affaires, dans des conditions parfois douteuses. Le 3 mars 1984, Gérard Lebovici est abattu à bout portant dans un parking des Champs-Elysées par des tueurs professionnels. On ne retrouva jamais les assassins, ni leurs commanditaires. Sans qu'on en ait eu la preuve définitive, la plupart des connaisseurs du dossier s'accordent à attribuer le mobile du crime aux enjeux qui se dessinaient alors autour de la vidéo, et notamment de la piraterie.

Dès le début des années quatre-vingt, le manque à gagner engendré par la piraterie a déclenché une réaction des professionnels concernés : producteurs, distributeurs, ayants droit, éditeurs vidéo. Un comité *ad hoc* est créé, et travaille en collaboration avec un service spécialisé de la police, ainsi qu'avec Interpol. Un organisme de liaison international, regroupant des représentants des industries audiovisuelles européennes sous l'impulsion du pays le plus directement concerné, les Etats-Unis, est mis en place à Amsterdam. Pour la France, l'un des dirigeants de la Fédération des distributeurs, Gilbert Grégoire, mène un combat qui, visant à la répression systématique du piratage, cherche à faire prendre conscience aux gouvernants de l'importance des enjeux. Cette campagne portera ses fruits en 1985, avec d'une part la mise en place d'une taxe sur les cassettes vierges, dont le produit, réparti entre les sociétés d'auteurs et de producteurs, compense le manque à gagner représenté par la copie privée ; et d'autre part la création de l'A.L.P.A., Association de lutte contre la piraterie vidéo, organisme officiel placé sous l'égide du C.N.C. Auparavant, on aura vu, malgré les diatribes de Jack Lang contre l'impérialisme culturel américain, le ministre de la Culture rencontrer le porte-parole des *majors* américaines, Jack Valenti, durant le Festival de Cannes 1984. Au cours d'un cessez-le-feu dans les différends qui les opposent, les représentants des deux plus grands cinémas (quoique de taille fort inégale) du monde occidental se mettent d'accord pour lutter contre le danger commun de la piraterie (on remarque à cette occasion que, situation impossible dans tout autre pays du « monde libre » et signe de l'implication de la puissance publique française dans la défense du cinéma, c'est le ministre lui-même qui agit comme porte-parole de la profession cinématographique).

Le véritable assainissement du secteur vidéo passera en réalité moins par le contrôle et la répression que par le recul de la location au bénéfice de la vente — qui exige des copies beaucoup plus nombreuses et donc des installations industrielles plus aisées à surveiller — et, surtout, par la concentration de l'essentiel du marché entre quelques gros opérateurs, d'autant moins incités à tricher qu'ils sont partie prenante de tous les aspects de l'industrie audiovisuelle, et qu'ils se voleraient donc eux-mêmes. On comptait ainsi quelque quatre-vingts éditeurs vidéo en 1983, il n'en reste que vingt-deux dix ans plus tard, dont six contrôlent plus de 80 % du marché. Cette évolution fait partie d'un phénomène beaucoup plus vaste, qui est l'un des événements clés de cette période : le développement des sociétés de gestion de droits audioviduels, également appelées « sociétés de portefeuilles ». La multiplication des débouchés pour les films, et l'allongement de leur durée de vie globale grâce aux multidiffusions, permettent le développement de cette activité de spéculation sur les droits de diffusion par les différents supports « existants ou à venir », selon la formule consacrée par les contrats.

En 1980, l'U.G.C. s'est constituée, sans qu'on y prête attention, le premier portefeuille non issu de ses propres productions en rachetant le catalogue de Lira Films, la société de Raymond Danon. L'U.G.C. met sur pied une véritable société de portefeuille en créant, à partir de ce même catalogue et en compagnie de la banque Paribas, U.G.C.-D.A. (D.A. pour « droits audiovisuels »), qui achète dès le mois d'octobre le catalogue d'Alain Sarde. La *major* dirigée par Guy Verrecchia et Alain Sussfeld a été précédée de quelques mois sur ce chemin par Marin Karmitz, qui, avec la Banque de Suez, a fondé Canal 01 (bientôt transformée en C.E.D. : Compagnie européenne de droits) au mois de mars de la même année. L'ancien cinéaste gauchiste de *Coup pour coup* est devenu un homme d'affaires avisé, régnant déjà sur une mini-*major* (production, distribution, exploitation). Il sera, la même année, le premier à participer à la création d'une Sofica, à nouveau en compagnie du groupe Suez sur lequel il entretiendra des liens étroits jusqu'en 1993.

Les grands groupes financiers seront partie prenante de la constitution des sociétés de portefeuilles, ils se livrent durant toute la fin des années quatre-vingt à une guerre effrénée pour mettre la main sur tous les catalogues disponibles. Plusieurs « affaires » rythment cette nouvelle ruée vers l'or, la plus spectaculaire menant jusqu'en prison Cyril de Rouvre, le financier qui détint un moment le premier portefeuille de droits en France, Robur, avant sa fusion avec U.G.C.-D.A. en 1992. Ou, plus significatif, le conflit qui oppose l'ancien patron du trust mondial des cosmétiques L'Oréal, François Dalle, à son associé, le grand businessman du monde de la communication, Jean Frydman (production télé et cinéma, publicité, une radio privée en Israël, des intérêts dans un satellite de communication). Le premier, parvenu à l'âge de la retraite en 1988, s'est laissé convaincre par le second de créer une société de droits, Paravision, dans laquelle Frydman apporte les droits de films qu'il possède (essentiellement des titres américains composant le catalogue R.K.O, parmi lesquels figurent des œuvres prestigieuses comme *Citizen Kane* ou *Johnny Guitare*, mais guère de grosses machines commerciales) et Dalle l'argent de L'Oréal. Beaucoup d'argent : 660 millions, qui servent à acheter une quantité considérable de catalogues de toute nature (dont celui de Dino De Laurentiis). En 1990, chez L'Oréal, on considère que Frydman a certainement réalisé d'excellentes affaires au passage, mais à son seul bénéfice, et il est démissionné du conseil d'administration. Au-delà d'un différend classique entre associés, l'affaire met en lumière l'extrême complexité de la gestion d'un « matériau » qui change de nature et de valeur suivant les territoires, les moyens d'exploitation, les durées pour lesquelles il est concédé — et la possibilité pour un expert d'en tirer de faramineux profits. L'affaire Paravision connaîtra des développements mouvementés, Jean Frydman parvenant à faire condamner François Dalle pour faux et pour discrimination raciale, en l'accusant de l'avoir éliminé suite à des pressions de la Ligue arabe organisant le boycott économique d'Israël, injonctions transmises par un ancien apparatchik du fascisme français devenu un haut cadre de L'Oréal. Plus tard, une bonne négociation secrète mettra fin au conflit. Du fond de sa boîte, Charles Foster Kane, aux mains de Paravision (qui, parce qu'il n'existe qu'en noir et blanc, lui trouve fort peu d'intérêt), doit songer que le monde a fait des progrès depuis son époque.

Cette entrée en force du grand capital dans la gestion des actifs du cinéma est une suite logique des rapprochements successifs déjà mentionnés et qui, avec l'implication simultanée des mêmes grands groupes dans la télévision et les nouvelles technologies, est l'événement le plus important du point de vue de l'économie cinématographique — si tant est qu'on puisse encore parler d'« économie cinématographique », tant elle est imbriquée dans des stratégies globales menées par des sociétés dont la taille n'a rien à voir avec les échelles qui ont cours dans le monde du cinéma. Cette intégration du cinéma dans la grande finance se poursuivra de manière ininterrompue : bientôt, la quasi-totalité des sociétés de production et de distribution auront dans leur capital, en proportions variables, des participations de poids lourds industriels et financiers. Lorsque, au printemps 1994, le C.N.C. publie son bilan annuel du cinéma, il présente sur une double page un état des liens capitalistes reliant les sociétés de cinéma, celles de l'audiovisuel, et leurs différents « partenaires » : cela ressemble à un tableau de câblage cauchemardesque, dans lequel figure tout ce que le pays compte de ténors de la finance, reliés entre eux en un inextricable enchevêtrement qui est une parfaite représentation du double mouvement d'intégration qui s'est produit : celui du cinéma dans l'audiovisuel, celui de l'audiovisuel dans l'organisation économique globale. Il faut noter en passant que Gaumont reste à l'écart de ces grandes manœuvres, ne cédant aucun de ses droits ni ne cherchant à acquérir ceux des autres. L'alliance la plus significative passée par la société à la marguerite sera la prise en distribution des productions Disney, effective depuis le 1er janvier 1992. Cet accord assure à Gaumont une position de force dans le secteur strictement cinématographique, mais ne change rien à la distance que conserve la *major* française avec le reste du monde audiovisuel, au risque de se retrouver, à la différence de ses concurrents, en porte à faux par rapport aux véritables enjeux industriels dans le secteur.

L'autre conséquence importante de la constitution des sociétés de portefeuilles est la modification du statut des films eux-mêmes : chacun d'eux devient, potentiellement, une valeur spéculative presque inusable, et certains ayants droit (en principe les producteurs) de titres reconnus comme des « classiques » pouvant être commercialisés à de multiples reprises et sous de multiples formes se retrouvent brusquement assis sur des tas d'or : le film est devenu un « gisement », on se met à parler de l'« or noir de la pellicule ». Effet globalement bénéfique, qui sauvera la tête de producteurs (parfois de cinéastes s'ils ont gardé des droits sur leurs films) en difficulté, et en incitera beaucoup d'autres à investir dans une activité devenue, à terme (donc si l'on est assez fort pour attendre), très profitable ; effet à l'occasion négatif, lorsque l'accès aux grands films du passé dépend désormais d'opportunités mercantiles qui ont peu à voir avec les exigences de la cinéphilie, et aboutissent à ce que des chefs-d'œuvre soient purement et simplement retirés de la circulation, en attente d'une opportunité juteuse. Au-delà, ce sont les mécanismes et les mentalités qui changent : d'économie du court terme (deux ou trois ans de vie pour la plupart des films), le cinéma est entré, *via* les droits dérivés, dans une économie du long terme.

Le cinéma, quel cinéma ?

Du point de vue du cinéma, et de la place qu'il occupe, sous sa forme traditionnelle, au sein de ce magma audiovisuel et financier, la date symbolique est 1985 : pour la première fois cette année-là, la salle cesse d'être sa première source de revenus. Le cinéma dans les cinémas ne représentera plus que 27 % de l'ensemble des remontées de recettes vers les distributeurs et les producteurs en 1990. En 1992, les recettes globales de la production se montent à 2,4 milliards de francs, dont seulement 18,7 % proviennent de la salle, contre 40,4 % d'achats de droits par les télévisions, et 7,5 % de droits vidéo (les autres postes sont les 10,4 % du soutien automatique, dont la moitié provient de la ponction sur les chaînes de télévision ; 8,3 % d'apports en coproduction de l'étranger, et 14,5 % de ventes internationales). Cela traduit un basculement total du statut du cinéma considéré comme un tout, de sa conception à sa consommation. La continuité « biologique » qui unissait le film au grand écran a vécu. Comment les intérêts, toujours conflictuels, des producteurs d'un côté, des distributeurs et exploitants de l'autre, ne divergeraient-ils pas quand la consommation de films par an s'établit à une moyenne de deux titres vus dans une salle par chaque Français, et de cinquante titres vus sur son téléviseur ? Le même clivage concerne les auteurs, selon qu'ils privilégient la diffusion de leur œuvre, ou son intégrité artistique.

Dans le grand chambardement qui vient de se produire se sont mises en place les règles du jeu avec les nouveaux et anciens partenaires. Parmi elles, un aspect concerne le droit d'auteur, qui fera l'objet d'une loi du 3 juillet 1985, puis d'un arrêté du 17 octobre 1990 fixant les accès des auteurs et interprètes à des rémunérations issues des nouvelles utilisations des films. Cette loi de 1985 redéfinit le statut juridique de la création au regard des évolutions qui se sont produites depuis la loi sur la propriété littéraire et artistique du 11 mars 1957. Elle inclut désormais les films dans les « œuvres audiovisuelles » et se donne également comme nouveau domaine d'application les logiciels. L'ensemble de la législation du droit d'auteur, rebaptisé Code de la propriété intellectuelle, sera inséré dans le Code civil par la loi du 1er juillet 1992. Ces dispositions, qui garantissent mieux les droits des « créateurs » (réalisateurs, scénaristes, compositeurs, dialoguistes, interprètes), entraînent une complexité croissante dans le contrôle de leurs droits, et nécessitent leur implication plus grande dans les processus économiques et juridiques liés à leur activité, en même temps qu'une intervention accrue de spécialistes (sociétés de recouvrement des droits, agents, avocats...). D'où, aussi, de nouvelles relations, souvent plus régulières mais aussi moins directes, moins affectives, entre les diverses parties prenantes du processus cinématographique.

Leurres et malheurs des « nouvelles technologies »

Au sein de ces nouvelles « règles du jeu », une autre réglementation importante est celle qui définit la hiérarchie des ordres de diffusion des films : diffusion en vidéo et sur Canal Plus un an après la sortie en salles, diffusion sur les chaînes en clair trois ans après la sortie en salles, avec dérogation d'un an si elles sont coproductrices — ces règles rappellent, sur un mode beaucoup plus contraignant, l'ancienne politique de sortie en plusieurs vagues (salles de première puis de deuxième exclusivité, salles de répertoire). De ce point de vue, la salle elle-même est devenue la « première exclusivité » — pas la plus rentable, mais la plus prestigieuse : la « vitrine » — au sein du système de diffusion d'un produit dont l'existence ressortit à l'ensemble des moyens audiovisuels. Or, ces « moyens audiovisuels » ne se limitent nullement à la télévision hertzienne et à la vidéo.

C'est vers cette époque que le monde des images s'est mis à parler un étrange sabir truffé de termes tels que : coaxial, T.D.F.1, D2 Mac...

Ils concernent une série de parties à très gros enjeux, celles des « nouvelles technologies » dont le seul point commun sera d'être toutes, dans un premier temps au moins, des échecs : entre lourdeurs administratives, manque d'initiatives politiques ou industrielles et attitude plutôt conservatrice des consommateurs, la France apparaît peu désireuse, ou peu capable, de se lancer dans les nouvelles aventures. Le câble, dont les raisons d'être officielles étaient, à l'origine, démocratiques (desservir les « zones d'ombre » que n'atteignent pas les émetteurs hertziens, faciliter la télévision interactive de proximité), bénéficie d'un « plan câble » dès 1982, auquel participent trois gros groupes financiers, et qui fait l'objet cinq ans plus tard d'un bilan catastrophique. Alors que ce système de diffusion des images, qui permet la multiplication théoriquement infinie des chaînes, connaît un essor dans plusieurs autres pays, il piétine en France. En 1984, le ministre de la Communication, Georges Fillioud, annonce 10 millions de prises pour 1995, et le développement industriel, après bien des balbutiements, va finir par suivre une courbe qui lui donnera raison. Mais les consommateurs tardent à suivre, il faudra attendre 1992 pour qu'une percée notable soit effectuée, en franchissant le cap, peu élevé, de 1 million d'abonnés, quand il y a 4,6 millions de prises raccordables. En 1994, on en sera à 7,7 millions de prises au bout de réseaux mis en place par une douzaine d'opérateurs, avec, à la fin du troisième trimestre, 1,5 million de postes raccordés à tout ou partie des vingt et une chaînes uniquement diffusées par ce moyen (auxquelles s'ajoutent les chaînes hertziennes françaises et étrangères). Ces chaînes câblées représentent 3 % de l'audience totale de la télévision. Du point de vue de la diffusion, et donc du public, le câble sera une aventure des années quatre-vingt-dix, pas des années quatre-vingt. Inutile de préciser qu'au passage, les jolies histoires de télévision de proximité faite par tous et pour tous ont pris dans l'aile le même plomb qui a descendu en flammes l'utopie des radios libres, fort prisée au début des années quatre vingt.

Le satellite a donné lieu à des rivalités administratives et industrielles tout aussi considérables. Si la mise en orbite, le 2 janvier 1985, de T.V.5, qui émet des programmes à destination des pays européens francophones, est une réussite – mais de peu d'incidence pour la production comme pour le public français –, le lancement de T.D.F.1 en octobre 1988, après d'innombrables retards, est accueilli avec d'autant plus de scepticisme qu'il ne transporte qu'une poignée de programmes, très inférieurs à ses possibilités. Dans une certaine mesure, le succès de Canal Plus contribue à freiner la demande pour d'autres types de programmes, et, par exemple, l'achat d'antennes paraboliques reste infime. Le satellite suivant, T.D.F.2, est déjà dépassé au moment de sa mise en orbite : la principale justification économique de ces satellites était qu'ils représentaient le maillon nécessaire au développement de la norme européenne de diffusion en haute définition, présentée comme l'enjeu d'un affrontement technologique mondial aux retombées gigantesques, et où les Européens avec leur D2 Mac, puis leur H.D Mac, rivalisent avec les Japonais et leur norme Muse. Déclarés hors course, les Américains court-circuiteront tout le monde avec la mise au point de systèmes entièrement numériques, annoncés au début des années quatre-vingt-dix et qui renvoient au panier les technologies européennes et nippones. Toutes ces péripéties ne concernent qu'indirectement le cinéma [1], encore qu'elles aient des incidences sur ses propres techniques. Mais, après bien des contretemps, une nouvelle offre massive d'images apparaît avec ces systèmes de diffusion : câble et satellite, utilisés selon des formes variées (émissions captées, gratuitement, sur abonnement global, en paiement à la carte des émissions dans le cas du pay-per-view), réclament des milliers d'heures de programme, et les films font évidemment partie du lot.

Les atermoiements autour du câble et du satellite ont également hypothéqué le démarrage d'une autre entreprise, qui concerne plus directement le cinéma, et notamment la création cinématographique : le lancement de la Sept, autre pierre dressée dans le jardin de la droite par Mitterrand avant l'alternance de 1986. Le premier projet de chaîne culturelle et européenne avait été confié à Pierre Desgraupes, défenseur du service public remercié fin 1984, avant le bradage politique des ondes par les socialistes à la veille de leur défaite. Il reposait sur le projet T.D.F.1 dont on prévoyait alors le lancement en 1986. Mais il a été de toute façon torpillé, en mai 1985, par le président de la République, bien décidé à faire de l'audiovisuel un des leviers de sa stratégie offensive durant la future cohabitation. La Société d'édition de programmes de télévision (Sept) est créée en janvier 1986, sous la direction d'un groupe de grands intellectuels que préside Bernard Faivre d'Arcier, avec vocation d'assumer les tâches nobles de la télévision (culture, éducation, partage démocratique des connaissances) que le service public n'assure guère (sans parler des chaînes privées). La droite revenue aux affaires entérine une si inattaquable ambition. L'ennui est qu'il n'y a pas moyen de transmettre ces images. Le satellite restera dans son hangar à Kourou jusqu'en 1988, la Sept ne « montera » sur T.D.F.1 que l'année suivante ; de toute façon ses programmes sont diffusés sur un câble auquel presque personne n'est abonné. En 1990, on imposera à F.R.3, fort mécontente, d'ouvrir une « fenêtre » à sa petite sœur. Malgré le succès d'une émission de haut niveau comme « Océanique », qui à elle seule laisse entendre que la télé aurait pû être autre chose que ce qu'elle est devenue, la Sept ne

1. Il est toutefois remarquable que « la première chaîne conçue entièrement pour une diffusion satellitaire », selon les termes de Philippe Bourdelot et Gérard Emery (*Les Satellites et l'audiovisuel – Dixit* – 1994), ait été aussi entièrement consacrée à la diffusion de films à domicile. Il s'agit de H.B.O., lancée aux Etats-Unis en 1975.

risque pas d'y affirmer sa singularité, encore moins d'apparaître pour ce qu'elle est supposée être : une chaîne de télévision. Devenue franco-allemande, au moins officiellement, à la fin de cette même année 1990, il lui faudra attendre d'autres turbulences du paysage audiovisuel pour exister effectivement : la Cinq de Hersant et Berlusconi, très déficitaire, est passée entre les mains d'Hachette en octobre 1990, sans plus de succès. Le 12 avril 1992, traumatisme sans pareil, son écran s'est éteint définitivement. Coupant court aux autres hypothèses, le gouvernement utilise son droit de préemption pour « réquisitionner » la fréquence et l'attribuer à la Sept, devenue Arte depuis son mariage germanique.

Télévision longtemps sans spectateurs, la Sept n'avait pourtant pas été une télévision sans programmes. Malgré un manque de moyens financiers chronique, sa vocation culturelle en fait un interlocuteur naturel, et de plus en plus nécessaire, pour le cinéma, en attendant que son statut de ghetto culturel ne se mette à ressembler à la situation du cinéma lui-même.

Chapitre 2

AVIS DE TEMPÊTE SUR LE VILLAGE D'ASTÉRIX

Le grand chambardement audiovisuel secoue comme un prunier le monde cinématographique. Les années 1984 et 1985 voient se succéder des événements qui, de diverses manières, symbolisent le changement d'époque. Nous avons fait de la mort de François Truffaut, emporté par une tumeur au cerveau le 21 octobre 1984 au terme d'une longue agonie dont il avait longtemps refusé d'admettre l'issue, le symbole de la fin d'une certaine idée, unitaire mais déjà mélancolique, du cinéma. La disparition, en moins d'un an, de Gérard Lebovici (le 3 mars 1984), de Georges de Beauregard (le 10 septembre 1984) et de Jean-Pierre Rassam (le 28 janvier 1985), soit de trois figures symboliques des trois époques précédemment décrites, constitue aussi une métaphore de ce changement.

Gaumont change d'hommes, et de cap

De manière moins tragique, des grands bouleversements se produisent chez les puissants du monde cinématographique. Le plus spectaculaire est sans conteste l'éviction de Daniel Toscan du Plantier de Gaumont. Elle résulte d'une succession de « coups durs », loin d'être tous imputables au bouillant directeur général, même si manifestement il y a sa part. Sans entamer en profondeur sa puissance, la rupture du G.I.E. avec Pathé en 1982 a contribué à fragiliser le circuit de programmation. En 1983, l'expérience de la chaîne francophone lancée par Gaumont aux Etats-Unis, Téléfrance, doit être interrompue : elle a obtenu un bon résultat d'audience mais pas les ressources publicitaires escomptées, tandis que les encouragements officiels ne se sont concrétisés par aucun soutien effectif. Ainsi disparaît une des facettes de la stratégie internationale de Toscan. Mais ce n'est qu'un échec parmi d'autres, au sein de la société, qui affiche un déficit de 245 millions pour l'année. Si les films Poiré connaissent toujours le succès en salles, ceux de la branche Toscan obtiennent des résultats, et surtout des taux de rentabilité beaucoup plus aléatoires : leur maître d'œuvre pense en termes de prestige et d'investissement à long terme, il ignore qu'il n'en a plus le temps. Surtout, Gaumont Italia est, du fait de l'évolution de l'audiovisuel en Italie et de l'attitude des professionnels du cinéma italien eux-mêmes, un très coûteux fiasco. En mai 1984, René Bonnell quitte la direction de la distribution chez Gaumont (où il est remplacé par Pierre-Ange Le Pogam) pour devenir le responsable du cinéma à Canal Plus. Une nouvelle filiale de distribution commune est créée au même moment, avec Christian Fechner, qui semble alors transformer en or tout ce qu'il produit. En décembre 1984, un premier séisme remet en cause la toute-puissance de Toscan du Plantier : sur le modèle de Gaumont International dirigé par Alain Poiré est créée une deuxième branche de production, Gaumont Studio. Le 30 janvier, un pilier de la maison, Denis Chateau, qui régnait sur la programmation des salles à l'enseigne de la marguerite depuis le milieu des années soixante, s'en va (il prendra en main les destinées de la société de distribution créée par Lebovici, A.A.A.).

S'il n'a jamais fait l'unanimité chez les professionnels du cinéma, le « discours Toscan » compte aussi des adversaires au sein même de Gaumont. Et les membres de la famille Seydoux suivent avec inquiétude le développement d'une aventure financièrement très incertaine, et médiatiquement surexposée : dans ce milieu où la rigueur protestante n'est pas un vain mot, on n'aime ni les mauvaises affaires ni les grands éclats. Les adversaires de Toscan, qui lui font porter le chapeau de ses munificences réelles et pas toujours justifiées comme d'aléas auxquels il n'est pour rien, s'appuient sur des chiffres qui font mal : la société à la marguerite a accumulé plus de 500 millions de pertes en deux ans, pour la première fois en 1984 le circuit de salles a perdu de l'argent. Malgré la protection que Nicolas Seydoux continue d'apporter à son ami, le conseil de surveillance qui est en fait un conseil de famille où règne madame Seydoux mère, conseillée par le banquier Paul Lepercq, s'alarme, enquête, demande puis exige la tête de Toscan, et l'obtient. Daniel Toscan du Plantier quitte Gaumont le 28 février 1985.

Il ne part pas les mains vides, on lui donne la maison de disques Erato, au sein de laquelle il crée immédiatement un département de production cinéma. Disque + film = film d'opéra, ce sera *La Bohème* réalisée par Comencini. Toscan retrouvera aussi Maurice Pialat, après que celui-ci eut terminé pour Gaumont son film en cours, *Police*. Mais si, depuis Gaumont, Toscan du Plantier pouvait haranguer, commenter et influencer dans toutes les directions, Erato offre une bien moindre visibilité, donc, pour un « communicant » comme lui, une bien moindre efficacité. Il multiplie donc les casquettes, on le retrouvera au conseil d'administration du Festival de Cannes, de la Sept et à celui de l'Opéra de Paris, il devient chroniqueur hebdomadaire et ardent propagandiste du cinéma selon son cœur dans les colonnes du *Figaro Magazine*, et surtout, à partir de juin 1988, président d'Unifrance Film, l'organe interprofessionnel de promotion du cinéma français à l'étranger.

Pendant ce temps, l'heure est à l'accalmie chez Gaumont : Christian Fechner, ayant eu le sentiment d'être utilisé dans une opération interne sans disposer du véritable pouvoir, a quitté la maison la veille du départ de Toscan *« pour des différences de conception stratégique »*, et est retourné à ses propres affaires. Nicolas Seydoux a appelé comme nouveau patron de la production l'antithèse de Toscan, Patrice Ledoux, qui mènera avec discrétion une politique de production resserrée. En même temps que la marguerite se débarrasse de ses dispendieux pédoncules (notamment les salles italiennes, vendues à la mini-*major* américaine Cannon), elle vend quelques pétales — un immeuble à New York, l'hebdomadaire *Le Point* racheté à titre personnel par Nicolas Seydoux — pour se remettre en fonds. Dès 1987, Gaumont annonce un bilan positif. La société poursuivra un développement favorable, dans la production (triomphes du *Grand Bleu,* 1988, de *La Gloire de mon père* et *Le Château de ma mère,* 1990, *Nikita,* 1990, *Les Visiteurs,* 1993), la distribution (où l'alliance avec Disney lui donnera un avantage considérable à partir de 1992) et l'exploitation (avec la rénovation de ses salles et l'ouverture du prestigieux Gaumont Grand Ecran à Paris). Mais il s'agit d'une stratégie purement cinématographique (la seule *« vocation »* que se reconnaisse Nicolas Seydoux) : après avoir longtemps refusé de se doter d'un département télévision, finalement créé en 1991, la vieille maison reste réticente face aux bouleversements économiques et techniques qui transforment le monde audiovisuel.

Mort d'un circuit, naissance d'un « éditeur »

Un autre séisme s'est produit durant ces années, il est encore plus directement lié à l'explosion du secteur de la communication : l'effondrement du quatrième circuit cinématographique, Parafrance. Son nouveau patron, Serge Siritzky, a anticipé les évolutions à venir et essayé de transformer à marche forcée sa société en groupe multimédia, comme il l'annonce (à la presse américaine) en juin 1983. Il rachète une société de dessins animés, Belokapi, le producteur de concerts K.C.P., à partir duquel il développe une société de production vidéo, et surtout la maison de production de télévision Télécip. Il crée un département vidéo. Il prévoit de construire pour 1986 un centre multimédia en plein cœur de Paris. Jean-Marie Cavada, homme de télévision, devient le numéro deux du groupe. En juillet 1983 est annoncée la création d'un G.I.E. de programmation, Groupement N° 1, regroupant le circuit de Parafrance et celui d'un des plus gros exploitants régionaux, Georges Raymond : 283 écrans au total. Investissements hasardeux, erreurs de gestion, croche-pieds de ses partenaires, départ de Georges Raymond en mai 1985, films qui ne marchent pas : le 11 juin 1985, le conseil d'administration annonce un bilan dans le rouge vif. Victime à tout le moins d'un développement trop rapide, qui illustre la fièvre que donnent à une partie du monde cinématographique les perspectives de développement audiovisuel, Parafrance est en faillite. Le 14 novembre 1985, l'essentiel des actifs est repris par un groupe britannique dirigé par les frères Stevens, qui les dispersent (parmi ceux-ci, le secteur télévision avec Télécip sera repris par Paravision, la société de Jean Frydman et François Dalle).

La chute de Parafrance est un coup dur pour la politique de Jack Lang qui, avec le démantèlement du G.I.E. Gaumont-Pathé, misait sur la coexistence de quatre grands groupes s'équilibrant plus ou moins. On en revient au chiffre trois, considéré comme insuffisant pour assurer une concurrence permettant un bon accès au marché. Ce n'est pas un coup dur pour tout le monde. Les autres circuits (Gaumont, Pathé, U.G.C.), mais aussi les gros exploitants régionaux, se partagent les dépouilles de l'empire Parafrance, et parmi eux un entreprenant entrepreneur, Marin Karmitz. De la meilleure salle parisienne de Parafrance, le Paramount Odéon, il fera le fleuron de son circuit « 14 Juillet ». Cette année 1985 est aussi celle où l'on a déjà noté sa rapidité de réaction vis-à-vis des nouveaux mécanismes financiers, des sociétés de portefeuilles à la création des Soficas. Que ce soit aussi l'année de la chute de Toscan du Plantier n'est pas indifférent : dans un style fort différent, Marin Karmitz, qui s'entend très bien à habiller d'idéologie progressiste la défense de ses intérêts matériels, va devenir l'un des inspirateurs les plus écoutés de la politique cinématographique de Jack Lang. Loin des airs de condottiere de Toscan, il fait campagne publicitaire comme « éditeur et marchand de films à Paris », image d'une culture commercialement modeste mais intellectuellement très ambitieuse, se référant à celle des Kahnweiler et autres promoteurs-protecteurs des grands artistes plasticiens du début du siècle. Son circuit de salles s'étend dans Paris, il produit, coproduit ou distribue bon nombre des grands noms du cinéma européen (Godard, Wenders, Angelopoulos, Taviani, Doillon, Chabrol, Tanner, Loach, Resnais). Sa petite structure, très performante, lui permet de tirer le meilleur parti du succès qu'il collectionne alors, appuyés sur un savoir-faire incontesté dans le lancement des films, et qui lui permettront de classer M.K.2 en tête des distributeurs en 1988. A cette école performante se formeront quelques-unes des personnalités de l'industrie, comme le distributeur Jean Labadie qui créera Bac Films, Fabienne Vonnier qui créera Pyramide, Francis Bœspflug qui deviendra le programmateur de Gaumont, Alain Goldman qui produira *1492, Christophe Colomb.*

Naissance d'une « méta-major ».

D'autres transformations se produisent parmi les sociétés phares du cinéma français. En avril 1987, tout en en gardant la direction, Claude Berri vend 50 % des parts de Renn Production et d'A.M.L.F. Difficultés financières ? Elles seraient malaisées à comprendre au moment où Berri vient de triompher avec son diptyque *Jean de Florette-Manon des Sources.* La raison officielle (ce qui ne signifie pas inexacte) est la nouvelle et dévorante passion dont brûle le producteur-réalisateur pour la peinture contemporaine, dans laquelle il engloutit, non sans prendre des conseils avisés, le fruit de la vente de la moitié de sa société – cette époque de lyrisme culturel et de grandes manœuvres financières est aussi celle d'un « boum » délirant sur le marché de l'art. Mais le plus notable en l'occurrence est moins le vendeur des 50 % de Renn que l'acheteur. Cet homme-là a, quelque dix ans plus tôt, vendu pour une bouchée de pain 40 % des actions de la première société de cinéma française à son frère Nicolas. Mais Jérôme Seydoux, devenu entre-temps le patron du groupe Chargeurs, a changé d'avis sur le monde de la communication : comme chez d'autres grands patrons, on voit se mêler chez lui la perception stratégique des possibilités que va offrir l'audiovisuel et une fascination qui n'est pas que de raison pour le monde des images. En tout magnat sommeille désormais un « Citizen Kane ».

Jérôme Seydoux est devenu actionnaire de France 5 début 1986 aux côtés de Christophe Riboud et de Silvio Berlusconi, il reste actionnaire (minoritaire) avec Hersant et Berlusconi lorsque la chaîne devient la Cinq. Etre diffuseur, c'est bien. Mais le monde des médias, et aussi le monde industriel, est en train de comprendre que le nerf de la puissance, ce sont les programmes. Le signal le plus spectaculaire viendra de l'autre bout du monde, lorsque le premier fabricant de matériel audiovisuel, Sony, rachètera une *major* hollywoodienne, Columbia en 1989. Bientôt, son concurrent Matsushita l'imitera en acquérant au prix fort Universal. Dans ce monde-là, on ne parle pas de films ni même d'heures de programmes, on parle de *software.* Posséder et vendre le *hardware* (les machines) ne suffit pas, si on ne contrôle pas le *« soft »*. Les films, comme les autres productions audiovisuelles, la musique enregistrée ou les logiciels, sont du soft. D'où l'entrée dans le jeu audiovisuel, et cinématographique, des grands groupes financiers. Parmi eux, Jérôme Seydoux ne se contentera pas de jouer les *sleeping partners* de Claude Berri. En août 1990, il rachète l'une des deux sociétés historiques du cinéma français, Pathé, pour 1,1 milliard. Soit l'un des principaux circuits de salles, en propre ou en programmation, pas loin derrière celui que possède, avec Gaumont..., son frère Nicolas. En apparence, Pathé n'est pas une *« major »* comme Gaumont, on n'y fait pas de production ni de distribution. Mais au conseil d'administration, dont il assume lui-même la présidence tandis que Pierre Vercel s'en va, Jérôme Seydoux fait entrer Claude Berri, patron de Renn Production, et son compère Paul Rassam, qui règne sur A.M.L.F. (ainsi que le réalisateur vedette de Renn qu'est alors Jean-Jacques Annaud, et Denis Chateau, qui abandonne la distribution chez A.A.A. pour retourner à ses talents de programmateur). Sans que se constitue une structure intégrée, l'alliance de fait entre les trois maillons principaux de la chaîne cinématographique vient de donner naissance à la première « méta-*major* » française – qui comprend aussi, comme il se doit, sa société de portefeuille, ses éditions vidéo. Pathé développe également rapidement une filiale de production de programmes télé, alors que Jérôme Seydoux, qui ne partage pas l'engagement cinématographique de son cadet Nicolas, mais réagit en homme d'affaires attentif à tous les développements, est également impliqué dans la diffusion par satellite, *via* le BskyB britannique dont il possède des parts.

Le cauchemar récurrent de la programmation

Deux ans après le rachat de Pathé par Chargeurs, en janvier 1992, les frères Seydoux procéderont à un « échange d'actifs » qui se traduira par le don de la plupart des salles parisiennes à l'enseigne du coq à Gaumont en échange des salles provinciales à l'enseigne de la marguerite à Pathé. Une sorte de cauchemar pour Jack Lang, la résurrection du dragon G.I.E. pourfendu dix ans plus tôt. La seule action intentée, pour abus de position dominante de Gaumont dans la capitale, aboutira à l'obligation de renoncer à la programmation d'une poignée d'écrans, et de vendre une salle, le Hautefeuille, racheté par... Marin Karmitz. On s'avisera à l'occasion qu'U.G.C. (qui a racheté en mars 1992 les salles de l'un des derniers gros exploitants indépendants de la capitale, Georges Lemoine, notamment son complexe des Halles) est en position encore plus dominante que Gaumont à Paris ; une longue procédure plus tard, ce sera au tour de Guy Verrecchia de devoir laisser filer une salle.

Juste après l'échange d'actifs entre Gaumont et Pathé, fin mars 1992, les distributeurs indépendants déclenchaient une série de remous à propos du refus d'accès aux salles des circuits dont aurait souffert *Borderline* de Danièle Dubroux, notamment à Paris où la présence de deux interlocuteurs seulement, les programmateurs Francis Boesflug pour Gaumont et Pierre Edeline pour U.G.C., réduit les opportunités de négocier des sorties de « petits films ». Mais cet épisode mettait aussi en valeur l'absence de stratégie commune des indépendants, voire leurs contradictions lorsqu'ils possèdent un ou deux écrans et préfèrent, « chez eux », montrer des films plus porteurs que ceux dont ils assurent la mise sur le marché. Et il permettait de souligner le rôle des « ententes de programmation », à l'échelle régionale ou nationale, dans le maintien d'un parc de salles important (4 397 écrans en 1993). Et plus encore, d'un parc de salles français, qui est l'une des clés de voûte du dispositif de défense du cinéma national. L'exemple des autres pays européens et du Japon montre en effet que les Américains, pour qui l'étranger est un marché indispensable à la survie de leur industrie cinématographique, sont très capables d'investir en construisant ou en rachetant et modernisant des réseaux d'écrans, mais au bénéfice exclusif de leurs produits. En France, les *majors* hollywoodiennes jouent à fond de la puissance de leurs systèmes de distribution (distribution directe *via* U.I.P. qui a remplacé C.I.C. et sort les films Paramount, Universal et M.G.M., Warner France ou Columbia France ; ou distribution associée dans le cas de Disney avec Gaumont), et les gros indépendants américains bénéficient également de relais sûrs, en particulier A.M.L.F. où Paul Rassam entretient des liens serrés avec les producteurs d'Hollywood travaillant à l'écart des studios. Et on sait qu'en Californie un exploitant de Pézenas ou de Roubaix se battra pour obtenir une copie de *Danse avec les loups* ou de *Terminator*, vu leur potentiel commercial. L'« indépendance nationale » du réseau de salles constitue pourtant un « filtre » qui permet, en principe au moins, une plus grande variété de programmation que si les salles portaient le même logo que les films qui y sont projetés. Le reste est question de rapports de forces entre distributeurs et exploitants, ce qui n'a rien de nouveau.

A cette différence près que l'effondrement des entrées durant la fin des années quatre-vingt et le début des années quatre-vingt-dix a tendu les rapports, et déclenché de véritables réactions de panique. Beaucoup de distributeurs indépendants n'ont pas tenu le choc. Deux faillites symboliques : celle de Frédéric Mitterrand qui, avec sa société Gérick et ses salles Olympic, avait essayé de créer un microcircuit alternatif. Et celle de Pascale Dauman, qui avait distribué une part importante du cinéma d'auteur français et étranger à la fin des années soixante-dix et durant toute la décennie suivante. Parifilms, sa société, a dû fermer en 1991. Plus généralement, les procédures instaurées en 1982 en même temps qu'était démantelé le G.I.E. Gaumont-Pathé, si elles convenaient avec 200 millions de spectateurs, ne fonctionnent plus lorsqu'on passe sous la barre des 120 millions. Supposée être la chambre de concertation entre les parties, la Commission de la programmation composée de professionnels était devenue le champ clos des affrontements entre « gros » et « petits ». Dissoute, elle sera remplacée fin 1993 par une Commission de la diffusion, composée d'experts indépendants. Ces escarmouches entre grands circuits, pouvoirs publics et indépendants illustrent à nouveau le débat, jamais tranché, entre la nécessaire diversité et le besoin de constituer des pôles industriels puissants. Un débat qui n'est d'ailleurs probablement pas « tranchable », sinon par la victoire sans phrase de la stricte logique économique, au cas où la puissance publique et les groupes de pression baisseraient les bras.

La France manque de perdre un de ses fleurons, et gagne un imposant squelette

Le rachat de Pathé par Chargeurs a amené Jérôme Seydoux à croiser le chemin d'un personnage haut en couleur. Il faut revenir un peu en arrière pour suivre l'entrée en scène de ce nouveau protagoniste, Giancarlo Parctti. Quand Gaumont se défait de son circuit italien, il trouve preneur auprès d'une société américaine animée par deux cousins habiles en affaires mais trop pressés, les patrons de Cannon, Menahem Golan et Yoram Globus. Après une rapide expansion aux Etats-Unis, ils investissent massivement dans des circuits de salles en Europe, et acquièrent notamment une part importante du capital de Pathé. Ils bénéficient pour ce faire du soutien financier de la branche hollandaise d'une des premières banques nationalisées français, le Crédit Lyonnais Rotterdam. Attirés par les mirages du septième art, les banquiers bataves ont mis le doigt dans un engrenage qui les a conduits à s'investir de plus en plus dans des opérations incertaines outre-Atlantique, aux côtés d'indépendants d'Hollywood alors en phase ascendante. Lorsque les vraies *majors* laissent revenir le bâton en pleine figure de Golan et Globus pour continuer de se partager leur ancestral pouvoir, les banquiers de Rotterdam sont trop heureux de trouver un repreneur pour les salles européennes de Cannon, en la personne d'un homme d'affaires italien, Giancarlo Paretti. En pareille urgence, on omet de trop s'interroger sur les origines de sa fortune, et sur les éventuels démêlés de ce « sauveur » avec la justice de son pays. Paretti se retrouve ainsi, entre autres, détenteur d'une grosse minorité des actions de Pathé, le reste appartenant à un groupe bancaire franco-belge, la famille Rivaud.

Grand jongleur financier, vendant et achetant des actifs partout en Europe au travers d'une nébuleuse de sociétés écrans dont le centre névralgique est situé en Suisse, voilà que Paretti se met en tête d'acquérir la totalité de Pathé. Il semble que le projet de Paretti, et de son associé Florino Fiorini, ait été à l'époque de constituer une *major*, ou au moins un circuit à l'échelle européenne, avec le groupe immobilier britannique Heron, Warner qui aurait mis ses salles en Grande-Bretagne et au Pays-Bas en commun avec les salles italiennes de Berlusconi. Se doutant que son raid sur Pathé serait vu d'un mauvais œil par les Français, qui ne goûtent ni sa qualité d'étranger, ni sa trouble réputation financière, ni ses pratiques de « bradeur » et de « dépeceur » de sociétés, Paretti fait alliance avec un homme d'affaires, ami personnel de François Mitterrand. Et c'est sous le nom de celui-ci, à travers la société Max Théret Investissement, qu'il se porte acquéreur auprès du groupe Rivaud à la fin de 1989. Max Théret ou pas, le cinéma français pousse les hauts cris, Jack Lang se fait un devoir de les répercuter dans les couloirs gouvernementaux. Bien que l'acquisition ait eu lieu, elle sera cassée (illégalement) par le ministre des Finances d'alors, Pierre Bérégovoy, qui, en juin 1990, oblige Paretti à revendre à Rivaud, au même prix, ce qu'il avait acheté six mois plus tôt. Arrive Jérôme Seydoux, qui achète leurs parts et à Rivaud et à Paretti.

Celui-ci ne disparaît pas pour autant du paysage : avec l'argent payé par Chargeurs et de nouveaux et très considérables prêts du Lyonnais, il s'achète carrément la Metro-Goldwyn-Mayer. Un ou deux Himalayas d'embrouilles financières et juridiques plus tard, et tandis que Paretti, qui encourt les foudres de la justice de plusieurs pays, est arrêté en Sicile le 27 décembre 1991 (il sera relâché ensuite), une grande banque nationalisée française se retrouvera, le 7 mai 1992, propriétaire d'une *major company* hollywoodienne... ruinée. A la fin de 1994, elle ne savait toujours pas quoi en faire. Mais elle avait constaté que ses aventures dans le cinéma se soldaient par un trou de plus de 23 milliards de francs : 13,5 engloutis dans la M.G.M. sans avoir pour l'instant trouvé de solution pour en refaire un outil rentable, et 9,6 milliards dans diverses autres opérations. Il y a quelque ironie à supposer que c'est la petite corporation du cinéma français qui, parvenant avec le soutien des ministres de la Culture et des Finances d'alors à mettre son veto au rachat de Pathé, a détourné les appétits de Paretti vers la M.G.M., et a amené au bout du compte à mouiller une grande banque française dans une aventure périlleuse et très onéreuse à Hollywood. C'est en tout cas l'interprétation que suggéreront avec insistance les banquiers lors de l'audition en mai et juin 1994 des dirigeants du Crédit Lyonnais par une commission d'enquête parlementaire.

La valse des poids lourds

Année de l'affaire Pathé-Paretti, puis du rachat par Jérôme Seydoux, 1990 est fertile en grandes manœuvres financières concernant directement le cinéma. Ainsi, en février, la C.G.E. (Compagnie générale des eaux), qui comme son concurrent direct la Lyonnaise des eaux s'est très tôt intéressée au câble et, comme elle, a été parmi les premiers partenaires des Soficas et des sociétés de portefeuilles, la C.G.E., donc, rachète les Films Christian Fechner : un imposant catalogue de droits, et... les studios de Boulogne. En juin, la même C.G.E., qui a créé sa propre filiale cinéma, la Générale d'images, s'offre pour faire bonne mesure les studios de Billancourt. Malgré les dénégations répétées de la société, ces deux sites sont promis à une fermeture, qui marque la disparition de « lieux historiques » du cinéma classique français. A Billancourt, la démolition commencera le 1er juillet 1994. La C.G.E. s'est également portée acquéreur en 1992, *via* sa filiale la Compagnie immobilière Phénix, d'un des plus grands et des plus chargés d'histoire parmi les studios d'Europe, celui de la D.E.F.A. (l'ex-U.F.A. de Fritz Lang et de Marlene Dietrich puis de Goebbels à Babelsberg), mis en vente après la réunification de l'Allemagne et la privatisation des biens de l'ancienne R.D.A. A ce moment, la C.G.E. sera aussi devenue propriétaire d'un des derniers laboratoires français, L.T.C., et actionnaire d'un des principaux distributeurs indépendants (Bac Films) et de son alter ego en production (Paradis). Elle est actionnaire de huit des principales chaînes câblées (dont Ciné-cinéma et Ciné cinéfil, entièrement vouées à la diffusion de films), d'une société d'éditions vidéo. Et, surtout, le principal appui financier de la *major* U.G.C.

En 1990 toujours, on apprend qu'un autre magnat s'intéresse au cinéma : la réputation de roi du béton de Francis Bouygues n'était déjà pas de nature à séduire les gens de pellicule ; ce qu'est devenu T.F.1 sous sa coupe, une supermachine de guerre commerciale, n'est pas de nature à faire remonter sa cote d'amour. Une partie des craintes des professionnels se révéleront infondées : en devenant producteur de films, le numéro un mondial du bâtiment et des travaux publics ne vise pas la production au kilomètre de programmes « prime time » pour sa chaîne privatisée. Monsieur Bouygues veut faire dans la haute couture, gagner de l'argent, certes, mais de manière prestigieuse. Après avoir essuyé un échec avec sa première production, *La Reine blanche* (1991), qui relevait de la « norme T.F.1 », Ciby 2000 passe contrat avec des grands noms du cinéma international, David Lynch (*Twin Peaks*), Bernardo Bertolucci (*Little Bouddha*), Pedro Almodovar (*Talons aiguilles, Kika*), Wim Wenders (mais il se retirera en cours de production de *Si loin si proche*), Bertrand Tavernier (*La Fille de d'Artagnan*). Et s'il subsiste une veine plus franco-française (*Une époque formidable* et *Casque bleu* de Gérard Jugnot, *Ma vie est un enfer* de Josiane Balasko), Francis Bouygues aura surtout la possibilité, avant sa mort le 24 juillet 1993, d'assister au début du triomphe de l'opération la plus audacieuse mise sur pied par sa société : donner les moyens d'une superproduction à un auteur, la Néo-Zélandaise Jane Campion, pour une *Leçon de piano* (1993) qui, après une Palme d'or à Cannes, connaît un considérable succès dans le monde entier et sera couronnée par trois Oscars.

Une autre partie des craintes déclenchées par son arrivée était, elle, fondée : l'entrée dans le jeu des gros investisseurs, *a fortiori* d'une manière aussi directe que celle de Bouygues, contribue à faire monter tous les prix, qui visiblement n'attendaient que ça. Il est d'ailleurs remarquable que ce phénomène se soit produit durant la période où Ciby 2000 était piloté par des professionnels débauchés par Bouygues, et qu'il tende à s'atténuer après leur remplacement par un homme du sérail B.T.P., Jean-François Fonlupt. Devenu seul maître à bord après la mort de Bouygues, celui-ci cherche à diversifier plus encore les types de films auxquels la société participe. Surtout, l'annonce en mai 1994 de la création d'une filiale de distribution française et d'alliances avec des distributeurs européens illustre les ambitions de Ciby dans le cinéma. L'éventuel rachat de salles, ou leur construction par la maison mère qui dispose de tous les atouts dans le domaine du bâtiment, et le voisinage volontairement discret mais toujours réel avec la première chaîne de télévision française, dessinent en pointillé la possibilité d'une nouvelle *major*.

Le cinéma français, un bastion politique

Schlumberger, Bouygues, la Générale des eaux, Suez, l'Oréal, mais aussi Hachette, Havas, Alcatel, Cora-Revillon, la Lyonnaise des eaux, Paribas, l'U.A.P., le G.A.N., Worms, la Caisse des dépôts, la B.N.P., la Société générale, le Crédit agricole, le Crédit national... pénètrent, un peu, beaucoup ou à la folie, dans le monde des images. Avant d'interrompre le défilé des mastodontes, qu'on croisera à nouveau au cours des pages qui viennent, il faut encore mentionner la création, en mars 1991, d'un autre géant un peu particulier : le Studio Canal Plus.

Doté d'un capital de 1,2 milliard, celui-ci apparaît d'emblée comme un acteur de premier plan, à ceci près qu'étant une filiale d'une chaîne de télévision, il ne peut apparaître comme le producteur principal d'aucun film. Cette réglementation conduira René Bonnell, qui préside à ses destinées jusqu'en 1994, à développer deux stratégies parallèles : d'une part l'alliance avec des producteurs « de cinéma » qui, tel Alain Sarde, servent à la fois de façade et d'intervenant direct sur les projets, dans une relation proche de celle que les « producers » hollywoodiens entretiennent avec les *majors* ; d'autre part l'intervention dans des productions étrangères, et notamment dans une mini-*major* américaine, Carolco, ce qui amènera la chaîne française à être coproductrice, par exemple, de *Terminator II* – et qui vaudra à Canal de gros soucis quand sa partenaire américaine affrontera de graves problèmes financiers.

Cette déferlante financière est dans la suite logique des tendances observées au tournant des années 1970-1980, y compris la politique Lang à partir de 1981 : la promotion du cinéma dans toute sa grandeur réelle ou supposée impliquait un changement quantitatif majeur dans son économie, tandis que son intégration au « grand tout audiovisuel » la rendait inéluctable – on notera seulement que, dans les pays européens dont la taille et le développement sont comparables à ceux de la France, l'explosion des médias se produit également, mais en laissant à l'écart les cinémas nationaux. De ce point de vue, la stratégie du ministre et des professionnels est une réussite : celle d'avoir fait monter le cinéma dans un T.G.V. industriel et financier qui de toute façon se serait mis en marche. De manière générale, l'impulsion donnée par les plus clairvoyants des professionnels dès la fin des années soixante-dix, puis avec le puissant relais de Lang faisant de l'Etat un partenaire essentiel et constant de toute action importante, a lancé un mouvement qui s'est poursuivi pratiquement de lui-même ensuite. Si nombre d'aménagements demeurent nécessaires, et si les positions acquises restent fragiles, l'impulsion initiale a été donnée.

On le verra au moment de la cohabitation, lorsque François Léotard succédera à Jack Lang. Le credo libéral du nouveau ministre devrait le pousser à désengager l'État du secteur ; la stagnation, et sur certains postes la réduction des crédits devraient l'inciter davantage en ce sens et lui offrir une justification ; son directeur adjoint de cabinet, Jean-François Court, se fendra du traditionnel rapport sur l'état des lieux cinématographiques, qui conclura en toute orthodoxie libérale que, globalement, ce secteur privé n'a qu'à se débrouiller tout seul. Mais non. Après un « mauvais réflexe » idéologique (la suppression de la subvention de 100 millions au Compte de soutien dès son arrivée en fonction, qui vaudra au nouveau ministre une manifestation d'exploitants), Léotard poursuivra pour l'essentiel la politique de Lang dans le secteur cinématographique, il entérinera les projets décidés par son prédécesseur, sans remettre en cause ni les grands mécanismes ni le discours officiel sur le cinéma. Son vice-ministre Philippe de Villiers inaugure le 18 novembre 1986 la nouvelle école de cinéma, la Fémis, présidée par Jean-Claude Carrière et dirigée par Jack Gajos, qui en fera un lieu de pédagogie de haut niveau, inventive et ouverte sur le monde professionnel ; François Léotard confirme le projet du « Palais de l'image » au Palais de Tokyo, et en inaugure la première configuration le 16 mars 1988. Pendant la cohabitation s'est également ouverte la Vidéothèque de Paris, création de l'administration municipale dirigée par Jacques Chirac, et dont rien, dans les principes ni dans le fonctionnement, ne contredit l'approche du monde des images telle qu'elle règne désormais en haut lieu.

Ce phénomène se retrouve à l'échelon du C.N.C. De même que Lang n'avait pas jugé utile de déboulonner hâtivement Pierre Viot, issu de l'administration précédente, Léotard n'a pas touché au socialiste bon teint qui lui a succédé à la fin de 1984, Jérôme Clément. Dès lors qu'il n'entre pas en conflit avec des intérêts politiques et économiques « supérieurs », comme cela a été le cas au moment de l'attribution des chaînes privées où il a été tenu pour quantité négligeable, le cinéma français jouit d'un privilège de reconnaissance, et d'une marge d'action, que lui envient à la fois d'autres secteurs en France et ses homologues étrangers, loin d'être aussi bien lotis. Pierre Viot est donc parti de la rue de Lubeck le 10 octobre 1984, il devient deux mois plus tard le successeur de Robert Favre-Lebret à la présidence du Festival de Cannes (dont Gilles Jacob reste le délégué général). Jérôme Clément, énarque spécialiste des questions culturelles, vient du cabinet de Pierre Mauroy. Durant la deuxième période de « Lang I », sous Léotard, puis au début de « Lang II », il poursuivra une politique dont les grands principes ne varient pas. Il n'y aura pas plus de révolution lorsque lui succèdera le 17 janvier 1989, Dominique Wallon, également énarque, issu de l'animation culturelle et lui aussi militant socialiste de longue date. Clément, quant à lui, devient président du directoire de la Sept dont il était déjà vice-président. Après l'alternance de 1993, le nouveau ministre de la Culture, Jacques Toubon, remplace les directeurs de tous les autres secteurs relevant de son administration. Dix-huit mois après le changement de locataire rue de Valois, un seul directeur est encore en place : Dominique Wallon. Cette pérennisation des positions du cinéma se retrouve aux niveaux inférieurs, la pression de l'Etat et le lobbying des professionnels ont fait de sa défense une sorte de devoir moral auquel adhèrent, avec entrain ou en traînant les pieds, les autorités régionales, départementales et municipales, ce qui se traduit notamment par la prise en charge partielle ou complète de salles que la seule loi du marché aurait condamnées.

Ce phénomène a des racines anciennes, remontant aux années trente. S'inscrivant dans la stratégie plus générale de reconnaissance de la culture comme enjeu politique mise en œuvre par Jack Lang, il est accentué par le fameux « tout culturel » du ministre socialiste : on trouve désormais des salles de projection et des programmations spécifiques dans un très grand nombre de lieux voués à d'autres secteurs artistiques, à commencer par les musées, tandis qu'ont été mises en place à la fin des années quatre-vingt des actions de promotion du cinéma dans les écoles et les collèges. Ce dispositif de survie, dans lequel administration et hommes politiques jouent un rôle clé, n'a pourtant rien d'inexpugnable : ce que certains ont fait, d'autres peuvent le défaire, d'autant plus aisément qu'il leur suffit de ne rien faire.

La relative stabilité qui prévaut durant les années 80 et les débuts des années 90 est d'autant plus notable que les dirigeants du C.N.C. ont traversé une période qui n'a rien de paisible. Les grandes manœuvres de l'audiovisuel ont sacrément chahuté la barque cinématographique ; y avoir gardé aussi longtemps les mêmes hommes de barre témoigne d'un bon sens qui n'a pas toujours cours chez les politiques. La chute de la fréquentation a pris un tour catastrophique, et on a atteint en 1992 un niveau jamais connu depuis qu'on s'est avisé de compter les spectateurs dans les salles : 115 millions d'entrées. Le passage de l'audience des films français derrière les films américains a été particulièrement mal vécu. L'escalade des coûts de production, qui connaît un nouveau et vertigineux emballement à partir de 1988 (augmentation de 35 % en une année, de 75 % en trois ans), déclenche des cris de fureur et d'angoisse notamment parmi ses responsables les plus directs, et souvent ses bénéficiaires immédiats.

L'un des secteurs où l'intervention publique est la plus nécessaire, et où elle est devenue la plus massive, est celui de la conservation du patrimoine cinématographique, à l'heure où toute trace du passé est susceptible d'être classée monument historique. Tandis qu'avec le soutien de l'Etat se multiplient les manifestations de mise en valeur du cinéma des origines, dont la grand-messe annuelle, Cinémémoire, a lieu pour la première fois en octobre 1991, le ministère lance la même année le plan Nitrate, qui décuple les possibilités de restauration et de stockage des films. Durant la même période, le haut lieu de la mémoire cinéphile, la Cinémathèque française, connaît une transformation en trois temps. Premier temps : l'arrivée à sa présidence de Costa-Gavras début 1982, et l'entrée en fonction comme délégué général de Bernard Latarjet deux ans plus tard, permettent la mise sur pied de programmes de réorganisation, de catalogage, de diffusion et de promotion qui visent à assurer à la maison de Langlois une gestion rationnelle qu'elle n'a jamais connue et une capacité d'action qu'elle a perdue. Deuxième temps : refusant le changement, soit par attachement nostalgique, soit pour avoir conquis des positions de pouvoir qu'ils rechignent à abandonner, une partie des membres de la Cinémathèque obtiennent la tête de Costa-Gavras, remplacé par Jean Rouch en mai 1987 — c'est-à-dire pendant la période de la cohabitation, où la rue de Valois ne se soucie guère de se mêler des guerres intestines de la profession. Latarjet démissionne. Troisième temps : à l'instigation directe du ministère de la Culture et du C.N.C., et avec pour horizon le grand « Palais de l'image » au Palais de Tokyo, l'élan modernisateur reprend avec l'installation, en juillet 1991, d'un nouvel attelage dirigeant, bien dans la manière de l'époque : le banquier et gestionnaire Jean Saint-Geours est élu président, et Dominique Païni, grand cinéphile devant l'éternel et spécialiste des rapprochements entre cinéma et arts plastiques, devient directeur.

Il est un autre domaine cinématographique où l'intervention de l'Etat ne relève plus de ses devoirs, mais de ses droits : celui du contrôle des films. A partir des années quatre-vingt, l'ambiance n'est plus, en apparence, à la censure. Jack Lang a même, dès son entrée en fonction, envisagé de supprimer la Commission de contrôle. Face aux obstacles, il s'était rabattu sur une option moins radicale, prévoyant plusieurs assouplissements, notamment la disparition de l'interdiction totale et l'abaissement des seuils d'âge pour les autres interdictions. Ce sont les ministères de l'Intérieur et de la Justice qui s'y sont alors opposés. Il faudra près de dix ans au locataire de la rue de Valois pour obtenir gain de cause... du fait, à nouveau, des interférences avec la télévision. Entre-temps, plusieurs « affaires » avaient montré que, malgré la libéralisation des mœurs et la détente du climat politique, le cinéma restait susceptible d'enflammer des passions malsaines dans les secteurs les plus rétrogrades de la société : en 1985, le mouvement de protestation intégriste contre *Je vous salue Marie* de Jean-Luc Godard fait descendre dans la rue des processionnaires n'ayant, comme c'est l'usage, pas vu le film. En 1988, il y a un mort au cours d'une projection d'*Une affaire de femmes* de Claude Chabrol, suite aux agissements des adversaires de l'avortement. *La Dernière Tentation du Christ* de Martin Scorsese déclenche des troubles qui aboutissent à l'incendie d'un cinéma, le Saint-Michel, à Paris. Il faut noter qu'à la différence de ce qui se produisait auparavant, les pouvoirs publics ont systématiquement pris le parti des films, au moins à l'échelon national — les films de Godard et de Scorsese étant victimes d'interdictions par les autorités municipales dans certaines villes. Plusieurs scandales de moindre ampleur sont déclenchés à la suite de campagnes d'affichage irrévérencieuses, notamment pour les films de Jean-Pierre Mocky, ou pour celui de Jacques Richard, *Ave Maria*. Tout cela concourait à maintenir l'idée qu'on ne pouvait lâcher plus de lest en matière de contrôle sans ouvrir la porte à des réactions violentes. Jusqu'à ce qu'en mai 1989, saisi d'un excès de zèle, l'organe de surveillance des télévisions, le C.S.A., ne bannisse des petits écrans aux heures de grande écoute tous les films ayant fait l'objet d'une interdiction, fût-ce aux moins de treize ans. C'était « priver de télé » un grand nombre de titres devenus, avec l'évolution des mentalités, parfaitement inoffensifs au regard des mœurs, et parfois reconnus comme des classiques. En réaction, Lang prend le décret du 23 février 1990, qui modifie la composition de la commission en même temps que son nom (elle devient « de classification » au lieu de « de contrôle »), et surtout abaisse les âges d'interdictions à douze et seize ans au lieu de treize et dix-huit (sauf pour les titres « X »). Ce changement permet de « requalifier » tous les films, et beaucoup de ceux dont le public avait été restreint à l'époque de leur sortie bénéficient cette fois du visa « tout public », et de l'accès subséquent au « prime time ».

Faire l'Europe ou périr

Le cinéma français a vite compris que, face aux offensives différentes mais convergentes de la télévision et d'Hollywood, il ne survivrait pas seul. A sa faiblesse structurelle, l'étroitesse de son marché (celui du territoire français et, plus ou moins, des pays francophones) s'ajoute désormais l'internationalisation financière, à l'heure où des groupes qui élaborent des stratégies à l'échelle mondiale entrent dans le jeu ; et à court terme, les nouvelles technologies et notamment les satellites fragilisent les stratégies fondées sur les frontières nationales, en attendant de les submerger : à quoi sert de se doter d'une réglementation protectrice nationale, quand une boîte de conserve en orbite géostationnaire arrose un continent entier des mêmes programmes, éventuellement dans toutes les langues des pays susceptibles de les recevoir ? Tout le dispositif économique et réglementaire français a permis d'amortir les coups, d'accompagner en douceur une chute qui a été assez brutale chez les voisins pour casser net à la fois l'outil industriel et le désir de cinéma — en tout cas d'un autre cinéma que celui fabriqué par Hollywood à destination de la planète. D'où le nouveau mot d'ordre : défendre le cinéma français, c'est reconstruire le cinéma européen.

Tâche ardue, quand les interlocuteurs des autres pays, par indifférence, par doctrine ou par impuissance économique, ne veulent pas en entendre parler, pis, ne comprennent même plus de quoi on leur parle. Avant le milieu des années quatre-vingt, les Français ont pris la mesure du danger. Pierre Viot consacrera une part importante de sa dernière année au C.N.C., 1984, à parcourir les capitales européennes. On ne l'écoute guère, le plus souvent il n'a même pas d'interlocuteur qualifié. En décembre 1985, Jack Lang organise une conférence internationale des ministres de la Culture européens pour mettre au point une action concertée en faveur du cinéma. Nouvel échec, contenu dans l'intitulé :

un « ministre de la Culture » au sens où on l'entend en France, cela n'existe pratiquement nulle part ailleurs – hormis en Espagne et en Grèce. Lang avait proposé la création d'un système communautaire d'aide à la production ; après un premier échec il a proposé une adhésion volontaire à ce système, également refusé par la C.E.E. ; en désespoir de cause, il trouvera meilleur accueil au niveau du Conseil de l'Europe, son projet donnant naissance au dispositif Eurimage. Nouvelle tentative, le 19 février 1989, qui a la bonne idée de réunir à Paris des hauts fonctionnaires européens plutôt que des politiques. C'est un pas de fourmi. Le 13 avril 1989, à la suite d'âpres débats, les ministres de la Communauté européenne adoptent la directive « Télévision sans frontières », qui réglemente les conditions de diffusion à l'échelle de la C.E.E. Le texte est très en retrait des espoirs français, il se contente de recommander une protection sans l'imposer, et de proscrire les retours en arrière sans se donner les moyens de les sanctionner ; il est pourtant déjà beaucoup trop contraignant pour la majorité des partenaires de la France à Bruxelles, adeptes du libéralisme pur et simple. Il faut attendre la fin septembre et la tenue, à l'invitation de François Mitterrand, des Assises de l'audiovisuel pour que naisse l'« Eurêka audiovisuel », vaste plan de défense des images du continent. Il apparaît alors malgré les négociations bilatérales et les accords de coproduction : aucune avancée significative n'est possible avec les principaux autres pays d'Europe, il faut passer par l'organisation européenne elle-même, convaincre Bruxelles et Strasbourg de l'importance stratégique que représentent les industries de programmes (cinéma et télévision confondus), puis faire « redescendre » les décisions sur les pays membres.

Convaincre les instances communautaires de la nécessité d'une réglementation, c'est d'abord les convaincre de la particularité du secteur : à l'origine, le traité de Rome, texte fondateur de la Communauté, ne reconnaît aucune différence entre la circulation des images et celle des boîtes de petits pois, toute réglementation protectionniste est une atteinte à sa raison d'être. Un pas important dans la modification de cette façon de voir les choses a été franchi en 1985, avec l'affaire dite du *Marginal*. Le film de Jacques Deray, produit et interprété par Jean-Paul Belmondo, était sorti en salles le 26 octobre 1983. Le 15 janvier 1984, les cassettes vidéo du film sont proposées à la vente et à la location, soit bien avant l'écoulement du délai d'un an prévu par la réglementation. Les exploitants de cinémas portent plainte et obtiennent la saisie des cassettes. Belmondo attaque en retour pour entrave à la liberté du commerce, le tribunal français se défausse sur la Cour européenne de justice. L'enjeu de son jugement est gigantesque – et totalement disproportionné au regard des intérêts à court terme qui ont motivé la plainte. Si la Cour européenne accède à la demande de Belmondo, elle fera entrer dans la jurisprudence l'application du régime commun aux films. Et sonnera ainsi le glas de tout espoir de construire une réglementation européenne, mais aussi de la réglementation française existante, non seulement sur le délai vidéo, mais sur celui des chaînes de télévision en clair, de Canal Plus, et globalement de tout l'édifice français, qui serait ainsi déclaré incompatible avec les règles communautaires. Le 11 juillet 1985, les juges du Luxembourg mettent un terme au suspense en entérinant la réglementation française et, mieux, en reconnaissant explicitement que la culture n'est pas une marchandise comme les autres, et que les images relèvent de la culture. Cette évolution de point de vue, qui devra attendre le traité de Maastricht ratifié en 1993 pour entrer dans les textes fondamentaux de la Communauté, va servir au développement d'une stratégie française visant la tête bruxelloise pour conquérir les membres européens. Les professionnels (dirigeants syndicaux et associatifs, réalisateurs, comédiens célèbres) et les pouvoirs publics déploient une intense activité diplomatique, effectuant d'innombrables voyages en Belgique pour défendre pied à pied chaque dossier, chaque litige, conviant sans relâche les responsables communautaires de tous niveaux à des débats, des colloques et des réunions. Ils y sont à la fois choyés et soumis à une pression constante pour, selon les cas, améliorer ou ne pas laisser se détériorer les dispositions existantes.

Des « Assises Eurêka » de 1989 est née une structure d'aide au cinéma (et, de manière minoritaire, à l'audiovisuel) en Europe, le plan Média. Entré en action le 1er janvier 1991, il se décline en une quinzaine d'organismes intervenant en faveur de l'aide à l'écriture de scénarios, à la production de dessins animés, à la formation professionnelle des producteurs, à la distribution... Outre l'effet ponctuel, limité dans la plupart des cas, cette mosaïque de dispositifs engendre une certaine bureaucratie, mais contribue à mettre en contact des gens de cinéma des différents pays, et à donner un peu de consistance à une idée européenne, loin d'être entrée dans les esprits des Français, sans parler de leurs collègues étrangers. De l'initiative privée façon Toscan du Plantier à la fin des années soixante-dix à l'activisme public sur le mode personnalisé mené par Lang au début des années quatre-vingt, on est passé à un mécanisme collectif, plus administratif, mais où les Français continuent de recevoir le renfort de grands noms du cinéma européen (Scola, Rosi, Saura, Wenders, Schlöndorff...), isolés dans leur pays et qui ont plus ou moins fait de Paris leur capitale professionnelle et sentimentale. Simultanément, l'administration et les professionnels français mènent une polémique constante contre l'adversaire désigné, les Américains, désormais quasiment maîtres des grands écrans de la planète à l'exception du village français qui se prend pour celui d'Astérix. L'interlocuteur et ennemi favori des Français s'appelle Jack Valenti, le patron de la M.P.A.A. qui regroupe les *majors* d'Hollywood. Mais ils ont bientôt affaire à plus forte partie, quand se rapproche la phase finale des négociations du G.A.T.T., traité réglementant l'ensemble du commerce international dans le sens du libre-échange généralisé.

Le libre-échange, en l'occurrence, signifie le droit pour les images américaines de circuler dans le monde entier et de s'imposer partout grâce à des productions très efficacement conçues d'emblée pour le marché mondial, à la puissance de leur machine commerciale, et à la possibilité de casser les prix de films et de programmes déjà amortis sur l'immense marché intérieur. L'audiovisuel, deuxième secteur le plus rentable à l'exportation des Etats-Unis, représente sur le strict plan économique (sans parler de son influence intellectuelle, et des effets induits sur la consommation de produits américains qui l'accompagne), un véritable enjeu pour les Etats-Unis. Alors qu'il représente un petit enjeu économique, mais est devenu un grand enjeu idéologique en France, et qu'il ne représente rien du tout aux yeux des responsables (et des populations) de la plupart des autres pays. Durant toute l'année 1992, on voit monter la pression, et la passion, sur le dossier du G.A.T.T. Le retour aux affaires d'une droite adepte du libéralisme économique début 1993 laisse planer un instant l'inquiétude sur la détermination des nouveaux gouvernants à se battre sur ce dossier — d'autant que, d'une part, la droite dans l'opposition s'était déclarée farouchement hostile aux quotas et que, d'autre part, d'autres secteurs, notamment l'agriculture, apparaissent comme plus cruciaux pour l'économie française et font également l'objet d'un puissant lobbying auquel le gouvernement Balladur est *a priori* plus sensible. Mais le phénomène observé durant la première cohabitation se reproduit avec plus d'ampleur et de netteté : après quelques atermoiements prend forme durant l'été 1993 une « union sacrée » réunissant les gens d'images, les organismes corporatifs, les administrations de cinq ministères, celle de Matignon, celle de l'Elysée et les représentants français au sein de l'appareil communautaire. Et il apparaît que tous ces gens peuvent travailler ensemble, avec une efficacité qu'on ne leur soupçonnait pas. Au terme d'un feuilleton haletant et d'affrontements qui ont semblé devoir faire capoter l'ensemble de négociations concernant tous les pays du monde et tous les domaines économiques, feuilleton qui laisse plus ou moins perplexes la majorité des autres pays, les Européens (c'est-à-dire les Français contre la quasi-totalité de leurs partenaires, et contre le négociateur de la Communauté lui-même) arrachent une « exception culturelle » qui, à défaut de régler grand-chose, préserve la possibilité de réglementer les domaines du cinéma et de l'audiovisuel en dérogeant aux principes généraux du libre-échange.

Sur le fond, c'est un armistice qui évite la catastrophe plutôt qu'une victoire : nul n'ignore que le développement économique et technologique tend vers une mondialisation de ce marché comme des autres, qu'aucune réglementation n'arrêtera longtemps. L'exception culturelle donne seulement un peu de temps aux Européens pour en devenir un acteur économique de poids, au lieu d'en être la victime impuissante. Mais la « saga du G.A.T.T. » a eu trois autres effets : d'abord manifester la solidarité et la capacité d'agir des professionnels français soutenus par leur administration ; d'autre part imposer l'audiovisuel comme enjeu stratégique à l'échelle mondiale ; enfin mettre en évidence la place du cinéma dans l'audiovisuel : le cinéma a profité du résultat d'une bataille qui concernait en vérité les industries de programme, correspondant à des enjeux économiques beaucoup plus importants. Mais il a fourni, par la puissance symbolique qu'il conserve, l'essentiel des armes de cette même bataille, et la majorité des troupes : les gens du film vouent à leur métier une passion qu'on ne retrouve guère dans d'autres secteurs. Ces trois effets sont des résultats indirects à la fois de l'importance économique croissante des industries de programme mais aussi de la valorisation du cinéma pour lui-même : nul n'a songé à se demander si les films des cinéastes mobilisés étaient de « bons films », que ce soit d'un point de vue artistique ou commercial. L'épisode du G.A.T.T. a également mis en lumière les lourdeurs de l'administration bruxelloise et, passé un certain stade, les limites de sa volonté et de ses possibilités à peser sur ses membres. Un épisode décisif dans la mise au point de la stratégie commune dans les négociations a été la rencontre entre François Mitterrand et le chancelier allemand Helmut Kohl qui, sans se soucier plus qu'avant du destin des images (*a fortiori* cinématographiques) a accepté pour des motifs de politique générale d'appuyer la position française. A l'issue de la bataille de Genève où a été finalisé l'accord international, il apparaît que la situation est encore plus complexe en ce qui concerne les développements futurs : les mécanismes de la Communauté (devenue entre-temps l'Union européenne, avec l'entrée en vigueur du traité de Maastricht) restent nécessaires, mais dépendent d'alliances politiques plus circonscrites. Avec l'Espagne dont les dirigeants partagent dans une large mesure la position française, et avec des « petits pays » ayant conservé quelque préoccupation pour leurs enjeux culturels, comme le Portugal et l'Irlande. Mais, essentiellement, avec le poids lourd allemand : celui-ci, qui possède une industrie audiovisuelle conséquente et ouverte aux synergies européennes (comme en témoigne l'alliance, en juillet 1994, du géant germanique Bertelsmann et de Canal Plus), et un système d'aide au cinéma presque aussi bien doté financièrement que le dispositif français, mais qui a jusqu'à présent réussi à s'exercer sans faire exister une cinématographie nationale. A nouveau il apparaît que la mise en place de cet axe franco-allemand, qui semble seul capable de forcer le destin de l'Europe, exige une intervention politique au plus haut niveau. Celle-ci pourrait du moins trouver un relais dans la chaîne « binationale » Arte, elle-même issue d'une décision prise directement par Kohl et Mitterrand.

Parmi les mécanismes envisagés pour donner une consistance à un marché des images européen figure en tête de liste la mise sur pied d'un réseau de distribution des films à l'échelle communautaire, capable de tenir tête aux stratégies de marketing à grande échelle d'Hollywood. Encore faut-il que ce réseau dispose de productions susceptibles de séduire le public de Brest à Brest-Litovsk, ce qui est pour l'instant loin d'être le cas. L'internationalisation financière a permis d'instaurer des alliances économiques fournissant à l'occasion des budgets conséquents pour de grosses productions « européennes », on a baptisé « europuddings » les films insipides et hétérogènes qui en ont résulté, et où l'apport des différents partenaires se retrouvait, contre toute logique artistique, représenté au prorata sur les écrans. Cette formule, en vigueur au tournant des années 1980-1990, et son échec, aura surtout démontré l'absence d'une véritable communauté des imaginaires en Europe — à la différence de ce qui s'est produit en Amérique, grâce notamment au cinéma. Que le cinéma américain réussisse, lui, à fédérer les publics du monde entier, traduit le savoir-faire acquis par Hollywood en la matière, savoir-faire soigneusement entretenu quand la majorité des recettes du cinéma proviennent désormais pour les Américains de l'étranger. L'échec des europuddings laisse pendante la question d'une réponse européenne à cette domination, dans la mesure où l'« idée européenne » n'est pas devenue, et ne semble pas près de devenir un Grand Récit.

L'horizon international

On a évoqué au début du chapitre précédent les trois lignes de défense du cinéma français : la promotion culturelle, la protection réglementaire et l'intégration audiovisuelle. Il en manque une quatrième, qui a tardé à se mettre en place : l'internationalisation de la diffusion des films. Les affaires européennes que l'on vient d'évoquer en constituent un aspect important, mais partiel — avec l'unification du marché institué par l'Union européenne, l'ouest du Vieux Continent devrait tendre (c'est loin d'être fait) à ne plus relever d'une logique d'exportation, mais de circulation interne. L'internationalisation à l'échelle planétaire, et sous toutes les formes de diffusion, constitue le nouvel horizon vers lequel les gens de cinéma et les pouvoirs publics ont commencé de tourner leurs regards. Les évolutions technologiques et l'explosion de la demande de programmes rendent possible et indispensable l'ouverture dans des proportions conséquentes d'un marché international qui ne représente aujourd'hui que 14,5 % des recettes de la production ; la diffusion, ignorant les frontières (et tôt ou tard, les réglementations conçues en fonction de ces frontières), rend cette ouverture indispensable.

Après la réussite de l'opération vis-à-vis des chaînes de télévision hertziennes et nationales durant les années quatre-vingt, et alors qu'il paraît improbable de rééditer le même coup auprès des diffuseurs par câble et par satellite, bien moins vulnérables aux velléités réglementaires de quelque organe politique que ce soit, cette nouvelle manne, à moyen terme vitale pour éviter un effondrement, ne peut être atteinte que par des moyens d'économie libérale : pas question ici de protectionnisme ni de fiscalité, il s'agit de conquérir des marchés. Ce qui n'empêche pas que la puissance publique soit à nouveau ardemment sollicitée pour la mise en œuvre de ces actions, comme il ressort des rapports remis en juin 1994 au ministre de la Culture Jacques Toubon. Ils examinent la situation sur les marchés principaux, et fort différents, que sont l'Europe de l'Ouest, les Etats-Unis et les pays industrialisés de la côte pacifique (auxquels s'ajoutent les perspectives incertaines sur l'Europe de l'Est et la Chine populaire, et les bonnes causes culturelles que représentent l'Afrique et l'Amérique latine). L'ensemble des mesures envisagées à l'issue de ces tours du monde mettent en lumière l'importance de l'initiative privée dans ce domaine, avant d'appuyer la quasi-totalité des propositions sur le soutien de l'Etat (par l'aide accrue à Unifrance, par le rétablissement de l'accès au fonds de soutien pour financer les opérations destinées à l'étranger, par la création de systèmes de prêts garantis par la puissance publique). Au-delà, le fait de réclamer la prise en compte des intérêts du secteur par le gouvernement sous d'autres auspices que culturels, et notamment de demander à bénéficier des mécanismes mis en place par le ministère de Commerce extérieur, manifeste à nouveau la tendance lourde à l'intégration des images dans le tissu économique global.

L'Amérique, ça les fait rêver

Parmi les nombreuses ambiguïtés du vocabulaire cinématographique, l'une des plus pernicieuses concerne le mot « Hollywood ». Il est temps de rappeler qu'il ne désigne pas seulement, ni principalement, un quartier de la ville de Los Angeles, Californie, Etats-Unis — même si la situation géographique, politique et démographique de ces quartiers, ville, Etat et pays n'est pas indifférente. « Hollywood » désigne un pôle industriel, et une forme narrative, un rapport au monde qui tend à devenir hégémonique. Les Français ont beau s'être institués les petits soldats de la résistance à cet empire, ils refusent rarement l'occasion de se mettre à sa disposition. Aussitôt créées, deux des plus puissantes forces de production tricolores ont essayé de s'implanter là-bas : Bouygues a dû bientôt fermer son bureau, le Studio Canal Plus s'est pris de sévères bouillons financiers en investissant dans l'une de ces mini-*majors* qui ne cessent de croître et de périr à l'ombre des firmes dominantes (sans parler de l'onéreux gag du Crédit lyonnais avec la M.G.M.).

Assez puissant pour conformer toutes les fictions du monde, l'industrie américaine a besoin de toutes les fictions du monde (de Charles Perrault à François Truffaut) pour les vendre au monde entier, Hollywood a de plus en plus souvent trouvé avantage à acheter les droits de remake des scénarios français pour en faire des films hollywoodiens. Vu les sommes offertes par les avocats qui règnent sur le business américain, on n'a guère enregistré de refus « anti-impérialistes ». Ce n'est qu'un exemple du « tropisme américain » qui continue, malgré toutes les proclamations et toutes les négociations du G.A.T.T., de travailler le cinéma français – tropisme dont on verra d'autres manifestations dans les chapitres suivants, notamment chez Jean-Jacques Annaud, Luc Besson ou Jean-Jacques Beineix. Cet « appel de l'Amérique » est parfaitement raconté par un film, bien que ce ne soit pas son sujet explicite, puisque cela reste la force innée des films de dire la vérité de leur fabrication en contrebande de leur « contenu » officiel (ce qui faisait dire jadis aux jeunes Turcs que tout film était un documentaire sur son tournage). Et c'est, à nouveau, une « belle histoire du cinéma », celle d'un jeune couple, Alain Goldman et Roselyne Bosch. Il dirige avec adresse les affaires de la C.E.D., la société de portefeuille de Marin Karmitz, elle est journaliste à l'hebdomadaire *Le Point.* Un reportage à Séville lui a donné l'idée d'un scénario sur Christophe Colomb, qu'elle écrit, avec, dans la ligne de mire la célébration des cinq cents ans de la découverte de l'Amérique. Goldman quitte son emploi, s'intronise producteur. Il n'a pas d'argent, il va trouver les 45 millions de dollars (soit quelque 270 millions de francs !) nécessaires à la production du film, de loin et pour longtemps le budget le plus élevé du cinéma français. Mais ce n'est pas un film français, c'est un film qui raconte la conquête de l'Amérique par les Européens et qui reproduit plus ou moins ce schéma : coproduction franco-hispano-anglaise avec le soutien de Gaumont, vedette française (qui d'autre que Gérard Depardieu ?), distribution cosmopolite, avec réalisateur britannique imprégné jusqu'à la moelle de cinéma hollywoodien et d'imagerie publicitaire, Ridley Scott.

Comme il est devenu fréquent, le feuilleton des préventes territoire par territoire pour financer le film sera plus haletant que ne le seront jamais les aventures du navigateur génois sur l'écran. La véritable traversée victorieuse de l'Atlantique n'est pas celle de Colomb, mais celle de Goldman qui arrache à une *major*, la Paramount, l'avance en dollars et le contrat de distribution aux Etats-Unis qui met à flot les caravelles, remporte contre les assureurs et les agents hollywoodiens d'homériques combats. Le résultat, *1492, Christophe Colomb* (1992), illustratif et boursouflé, sera bientôt oublié, on a cessé de s'étonner que l'histoire des productions soit plus intéressante que celle des films. Mais l'Amérique n'est plus à prendre comme il y a cinq cents ans, les hommes d'affaires d'Hollywood sont plus coriaces que les Indiens, et le marché reste très fermé. Jusqu'à présent, toutes les tentatives de prendre pied de manière durable dans l'industrie hollywoodienne se sont soldées par des échecs, tout comme d'ailleurs la quasi-totalité des essais pour imiter Hollywood à son échelle : le système est ainsi fait qu'on peut — certains prétendent qu'on doit — calquer son modèle, sans pouvoir jamais l'égaler. Métaphore de toutes ces tentatives, *1492* a connu un grave échec public aux Etats-Unis, mais un assez beau succès en France (2,9 millions d'entrées). Et Alain Goldman n'a pas pris pied à Beverly Hills, mais a obtenu un contrat de producteur associé chez Gaumont.

La présence dans cette aventure de Gérard Depardieu n'a rien de fortuit. Par son omniprésence, il est devenu une sorte d'image vivante du cinéma français à lui tout seul. A sa manière, il perpétue l'illusion unitaire qu'a incarnée Truffaut, courant d'un bout à l'autre du champ de la production pour offrir ses talents et sa puissance aux diverses principautés qui continuent de se réclamer de ce drapeau unique. Depardieu devait aussi assumer le tropisme hollywoodien : depuis le début des années quatre-vingt-dix, il a donc entrepris, non sans difficulté, de devenir également une vedette aux Etats-Unis, en participant à des films américains (*Greencard*, 1990), ou réputés internationaux (*Christophe Colomb*, 1992), ou au remake hollywoodien de films dont il avait déjà interprété la version originale (*My father ce héros*, 1994, après *Mon père ce héros*, 1992).

Déplacement des centres de gravité

Les bouleversements décrits depuis le début de ce livre 4 entraînent la mutation biologique de plusieurs éléments clés de la filière cinématographique « classique » : les producteurs, les scénaristes, les salles.

Le producteur, entre l'auteur et le financier

On a vu durant les négociations du G.A.T.T. un organisme professionnel jouer un rôle très actif dans la mobilisation des gens de cinéma et des politiques, et dans les négociations elles-même. Il s'agit de l'A.R.P., Association des auteurs-réalisateurs-producteurs. Cette association a été créée en 1987 par Claude Berri, son fonctionnement repose sur la perception d'une partie de la taxe sur les cassettes vierges destinées à dédommager auteurs et producteurs de la copie vidéo à domicile. Elle réunit bientôt une centaine de membres, la grande majorité des noms connus parmi les cinéastes français : son existence, et le nombre de ses adhérents, traduisent l'extension d'un phénomène déjà remarqué, la tendance d'un nombre croissant de réalisateurs à devenir leur propre producteur : en ce sens, l'A.R.P. poursuit et formalise la politique de Lebovici. La présence de Berri à la tête de l'A.R.P. (jusqu'en 1994, où il cède la place à Beineix), recèle pourtant un malentendu : il est le seul à être à la fois un réalisateur et un producteur « classique », produisant régulièrement d'autres films que les siens, et disposant de surcroît d'une structure de distribution, A.M.L.F., en attendant de se connecter avec le circuit Pathé. Les autres, de Jean-Jacques Annaud à Agnès Varda, de Claude Lelouch à Bertrand Tavernier, de Chantal Akerman à Just Jaeckin, en passant par Claude Zidi, Alain Corneau, Jean-Jacques Beineix ou Claude Miller, sont devenus producteurs — quelques-uns le sont depuis plus de vingt-cinq ans — pour mieux maîtriser leur sort dans un contexte économique de plus en plus complexe.

Grâce à ce statut, ils bénéficient directement des multiples systèmes d'aide désormais en place et qu'ils peuvent aussi bien solliciter qu'un producteur en titre, et surtout ils détiennent une « part de négatif » de leur œuvre, c'est-à-dire un accès à tous les revenus secondaires qu'engendrent et qu'engendreront les films — sans oublier de très motivantes raisons fiscales. La plupart d'entre eux n'interviennent que comme coproducteurs de leurs propres œuvres, ils n'ont ni les moyens, ni l'organisation, ni souvent le goût d'en assumer le pilotage financier et matériel. Mais, même en ce cas, la multiplication des réalisateurs-producteurs traduit une implication directe beaucoup plus importante des cinéastes dans l'ensemble du processus cinématographique. Elle traduit, et accentue, une évolution déjà observée durant les périodes antérieures : l'affaiblissement de la fonction du producteur. Il existe évidemment des exceptions, dont on parlera à propos des films que produisent alors, selon des logiques fort différentes, René Cleitman, Alain Rocca ou Jean-Louis Livi. Toutefois, globalement, entre l'intervention des grands groupes financiers, les tendances à l'intégration plus ou moins rigide et la montée en puissance des réalisateurs-producteurs, la fonction du producteur comme interlocuteur principal, ayant en main (et, en principe, ayant à cœur) la totalité des composantes du film, se réduit gravement, au profit d'arrangements entre deux logiques totalement étrangères l'une à l'autre, une stratégie financière globale et une démarche culturelle individuelle.

Moins paradoxalement qu'il n'y paraît, ce sont les cinéastes modernes, à de rares exceptions près (Rohmer, Varda) et leurs descendants directs, qui maintiennent le plus systématiquement le lien classique avec un producteur : ni Godard, ni Rivette, ni Chabrol, ni Garrel, ni Téchiné ne sont propriétaires de leurs négatifs, Carax ou Assayas, Desplechin ou Cédric Kahn ne le seront pas non plus.

L'affaiblissement global de la fonction du producteur est au centre du dernier en date des grands rapports commandés régulièrement par le ministère de la Culture sur le cinéma, celui de l'inspecteur général des finances Jean-Paul Cluzel, remis à Lang en décembre 1992. Sans pouvoir le dire à haute voix, il murmure à chaque page qui est dorénavant le véritable producteur de la majorité des quelque cent films que le cinéma français continue imperturbablement à produire (après une baisse relativement modérée durant la fin de la décennie précédente, compte tenu de l'effondrement des entrées – voir tableau, p. 854). Ce véritable producteur, c'est la télévision, qui finance la production, qui achète le produit terminé, et qui influence la nature même des films en fonction de ses propres besoins. La télévision est devenue le pôle de référence, y compris des films qui ne sont pas produits pour elle (tout en étant eux aussi payés en partie par elle) : c'est en affirmant leur différence à l'égard du petit écran que les grands films spectaculaires comme les œuvres de recherche trouvent leur légitimité. Quant aux réalisateurs du cinéma « moyen », il sera tout à fait logique de les trouver travaillant désormais régulièrement pour le petit écran. Par exemple, durant le seul mois de juillet 1994, Robert Enrico, Yves Boisset, Jacques Rouffio et Edouard Molinaro tournaient, chacun de son côté, un téléfilm.

Ces nouveaux rapports de forces s'illustrent également dans une sorte de comédie de boulevard jouée en trois actes. Parmi les nombreuses possibilités offertes par les nouveaux traitements électroniques de l'image se trouve la « colorisation », possibilité de mettre en couleurs les films en noir et blanc. Et pour rentabiliser sur le petit écran les films anciens, il faut qu'on puisse les diffuser en couleurs. Le jour où le grand patron de communication américain Ted Turner s'avise de faire coloriser *Quand la ville dort* de John Huston, le monde cinéphile des deux côtés de l'Atlantique s'émeut de cette atteinte à l'intégrité d'un classique. Aux Etats-Unis, rien à faire, le propriétaire a tous les droits, mais en France, patrie du droit moral des artistes, on va voir ce qu'on va voir ! Lorsque la Cinq annonce la diffusion de la version colorisée, les défenseurs du droit des auteurs portent l'affaire devant les tribunaux. Le 23 novembre 1988, le juge se prononce en leur faveur. Victoire toute relative, puisque la chaîne diffuse tout de même le film. Pis, le 6 août 1989, Ted Turner fait dire en appel son bon droit à coloriser les films. Ce ne sont que magouilles de mercantis yankees ? Non, le tribunal, conformément au droit moral des auteurs, a également rappelé que la colorisation était licite avec l'approbation du réalisateur. On verra successivement des cinéastes comme Marcel Carné (pour *Les Enfants du paradis* !), Claude Autant-Lara (pour *La Traversée de Paris*), Henri Verneuil ou Georges Lautner donner leur accord – le cas de ce dernier, à propos des *Tontons flingueurs*, étant particulièrement significatif puisque le film n'a pas été tourné en noir et blanc du fait de l'inexistence à l'époque de la couleur, mais délibérément, en hommage aux polars de la période antérieure. Mais si Carné ou Autant-Lara ont accepté pour mettre un peu de beurre dans les épinards de leur retraite, Verneuil ou Lautner n'ont pu qu'être puissamment incités à faire de même par la perspective d'avoir à présent pour employeurs ces diffuseurs qui souhaitaient maquiller d'aplats bistre les interprètes de leurs films.

Scénaristes et scénarios

Les évolutions du secteur cinématographique ont entraîné une autre modification notable de statut, celui des scénaristes. Soit, logiquement, ceux qui avaient été avec les producteurs les deux piliers du cinéma français classique. Malmenés par l'irruption du cinéma moderne, les scénaristes n'avaient connu qu'un très partiel rétablissement dans les années soixante-dix. Hormis quelques grands noms (Jean-Claude Carrière, Jean-Loup Dabadie, Jorge Semprun, Danièle Thompson, Gérard Brach, Jean Gruault ; Francis Veber est, lui, devenu réalisateur), ils sont confinés à une fonction subalterne dès lors que la quasi-totalité des cinéastes se revendiquent comme auteurs, écrivant eux-mêmes leurs scripts ou en réclamant plus ou moins légitimement la paternité – c'est le sens de la lettre A dans le sigle A.R.P. L'usure du « récit » au bénéfice du Visuel dans les productions traditionnelles ne peut qu'aggraver cette perte d'influence. Et le savoir-faire technique des scénaristes est une garantie moins fiable, quand commence à s'user le cinéma de genre, où ils pouvaient plus facilement réemployer des recettes à l'efficacité avérée. Le rapport Cluzel a tenu la statistique de cette usure : elle montre que le genre roi, la comédie, passe de 44 titres en 1981 à 17 seulement en 1991 ; et que son dauphin, le film policier, s'effondre quant à lui de 12 titres à 1 durant la même période – ces genres fournissant en revanche le cadre de prédilection de productions télévisées.

Les scénaristes ne disparaissent pas pour autant, et ne sont pas près de disparaître. Mais, à l'exception de collaborations privilégiées avec un metteur en scène, ils ont une nouvelle fonction. Moins prestigieuse qu'autrefois, celle-ci n'a rien de mineur : le financement des films repose sur elle. Avec l'effacement du producteur remplacé par un assemblage de financiers, de chaînes, d'institutionnels, de commissions diverses, le scénario devient le « document de référence » qui motive la décision de chaque intervenant. Le scénario reste, en apparence, un texte artistique, une « création », il est en fait devenu principalement un texte juridique, un contrat. La rédaction de ce document est très difficile, celui-ci devant convaincre des lecteurs très différents. On se met alors à réclamer partout dans le cinéma le fameux « scénario en béton » (comme le contrat de même composition, de quoi attirer un monsieur Bouygues), garantie d'un accord inattaquable. Et, simultanément, on se plaint plus que jamais « qu'il n'y a plus de scénaristes ». Il n'y a, en fait, jamais eu autant de gens proposant à droite et à gauche leurs scripts, la « demande de fiction » (cinéma et télévision confondus) n'ayant jamais été aussi élevée. Mais les spécialistes, les bons « bétonneurs », ne sont effectivement pas légion. Et, évidemment, en même temps que l'on geint sur la soi-disant disparition des scénaristes, on pleure sur la disparition des scénarios : « Un film c'est une histoire, et il n'y a plus de bonnes histoires ! » entend-on à tous les échos (la phrase « il faut trois choses pour faire un film : une histoire, une histoire, une histoire » est reprise comme un refrain, et attribuée avec générosité à Renoir, à Gabin, à Hitchcock, à Welles, à Truffaut, etc.). Mais des bonnes histoires sans Grand Récit...

Une étude approfondie effectuée en 1992-1993 par une sociologue, Sabine Chalvon-Demersay, sur un grand nombre de synopsis (817 exactement, destinés à des productions de fiction de 52 à 90 minutes) proposés lors d'un concours organisé par France Télévision, a confirmé les tendances essentielles repérées durant la décennie précédente quant aux « sujets » cinématographiques [1]. Dans l'ensemble des textes étudiés, *« on ne trouve pas d'histoires de vengeance, pas d'histoires de Destin, pas de problème de cas de conscience,* [...] *pas de discours sur l'injustice »,* note la chercheuse. Dans 87 % des cas situés à l'époque contemporaine, et dans 80 % des cas en France, ces synopsis traduisent une défiance envers toutes les formes de pensée et d'action collectives. Les protagonistes de ces fictions semblent pratiquement tous *« pris dans un processus qui débouche sur une crise généralisée de toutes les formes de liens.* [...] *Ils sont plongés dans un monde menacé d'atomisation, dans lequel les relations semblent impossibles parce qu'elles ne sont plus régulées par un ordre extérieur.* [Ces protagonistes découvrent que] *la crise des institutions est en train de rendre impossible*

1. Sabine Chalvon-Demersay, *Mille scénarios,* éditions Métailié. Qu'il s'agisse en l'occurrence de projets directement conçus pour la télévision peut être tenu pour secondaire vu le rôle qu'elle joue dans la production du cinéma. Un sondage, beaucoup moins systématique, effectué sur les films sortis durant les années 1990-1993, donne d'ailleurs des résultats très similaires à ceux de cette étude, avec les correctifs qu'imposent les superproductions d'un côté, le cinéma de recherche de l'autre, forcément absents du « panel » réuni par le concours. L'auteur de la recherche note d'ailleurs que *« la plupart des films de cinéma qui sortirent cette année-là s'ancraient dans la même veine ».*

toute forme de lien ». Entre le refus, hérité des années soixante-dix, des appareils contraignants, et l'incapacité à se construire une place personnelle dans des ensembles sans repère, s'ouvre la *« voie du cynisme »*, avec ses variantes esthétisantes, fatalistes, misérabilistes ou humoristiques. La « crise du scénario », combattue à grands renforts de prix, de bourses et de déclarations, traduit ainsi à la fois une évolution sociale de fonds, la disparition d'une des fonctions fondamentales de la fiction (créer du lien social) et le changement de statut du récit au sein de la production.

Les mégacomplexes

Les diverses évolutions décrites précédemment affectent également le circuit de salles, et la manière dont les films sont consommés sur grand écran. L'avènement de la « grande forme », la nécessité de se différencier de la télévision et les améliorations techniques (notamment dans le domaine du son) ont entraîné le retour vers des salles plus spacieuses, mieux aménagées, dotées d'écran de bonne taille. Quelques salles phares (à Paris, le Kinopanorama, le Grand Rex, le Max Linder, le Gaumont-Italie) ont été les premières à tirer parti d'installations qui les mettaient en valeur non seulement par rapport au petit écran domestique, mais aussi par rapport aux excès engendrés par la politique des multisalles. Bientôt, les trois grands circuits s'engagent dans une politique de réaménagement de certaines de leurs salles, et utilisent le confort de vision, d'écoute et d'accueil comme argument publicitaire. Il ne s'agit pourtant que d'une étape : après le succès, à Bruxelles, du premier « mégacomplexe » européen (23 salles, des espaces de jeux, de commerce et de restauration, des parkings), puis son acclimatation réussie en Grande-Bretagne, cette formule a commencé d'inspirer... ceux qui en ont les moyens. Soit, à nouveau, Gaumont, Pathé et U.G.C., et également l'opérateur de Kinépolis, le groupe Bert, et le groupe américain A.M.C. Construits par Pathé, les deux premiers mégacomplexes ont ouvert leurs portes en 1993, l'un près de Toulon, l'autre à Evry en banlieue parisienne. Au milieu de l'année 1994, vingt-deux autres projets en sont à des stades d'avancement variés.

Au-delà des tactiques différentes (centre ville ou périphérie, création de lieu ou remplacement d'équipements existants), ce type d'installations ouvre un nouvel âge dans l'histoire de l'exploitation, et de la consommation des films. Il est trop tôt pour en mesurer les conséquences, on peut seulement prévoir une accentuation des tendances déjà à l'œuvre. La promotion massive des films « gros porteurs », essentiellement hollywoodiens et à l'occasion français, au détriment de la production « moyenne ». La création dans les mégacomplexes eux-mêmes de petits espaces protégés pour un cinéma « différent ». L'aggravation de la situation pour les salles jouant sur le même terrain strictement commercial avec de moindres moyens, et la mise en valeur des écrans « art et essai », valorisant leurs différences avec ces supermarchés de l'image. L'évolution de la grande distribution vers une logique intégrée de plus en plus poussée, tandis que les indépendants sont amenés à explorer les marges pour assurer des contre-programmations attractives, en direction de micro-publics. Soit, à nouveau, les deux tendances qu'on a vues à l'œuvre depuis le début des années quatre-vingt, et qu'on retrouvera sous d'autres formes dans les pages qui viennent : d'une part une concentration toujours accrue des grands moyens (financiers et matériels, mais aussi artistiques), d'autre part une atomisation de petits pôles de survie capitalisant sur leur différence.

Ici aussi, c'est entre « méga » et « micro » que l'espace se creuse, et que continue de se défaire le tissu « du » cinéma, où l'article unificateur est lui-même devenu une fiction.

Chapitre 3

IMAGES DOMINANTES, OU LES MÉCANISMES DU SUCCÈS

Considérée dans son ensemble, la production cinématographique française reproduit les évolutions qu'on vient de décrire. Confrontée à la baisse des entrées, elle connaît logiquement un certain tassement en volume global, un tassement mais pas l'effondrement qu'aurait entraîné le jeu libre des mécanismes du marché, grâce aux nombreux mécanismes de soutien que l'on a décrits. Ainsi, après le gonflement, durant les années soixante-dix, du nombre de films sous l'influence de la vague porno et de la volonté d'alimenter massivement les écrans des multisalles (tendance qui s'est prolongée jusqu'au milieu des années quatre-vingt, l'éphémère remontée des recettes entraînant même une poussée de fièvre avec 208 titres d'« initiative française » en 1981), la courbe replonge aussitôt après, pour se stabiliser à partir de 1986 entre 100 et 115 films.

Les mirages du film moyen

La grande majorité de ces titres, les films à moyen budget, vivent désormais, économiquement et esthétiquement, sous la tutelle de la télévision. Ces comédies, ces policiers, ces histoires d'amour constituent l'« infanterie » du cinéma français, la masse de films sans grandes ambitions artistiques ni commerciales, mais qui faisaient « tourner la machine », entretenant le marché de l'emploi pour les acteurs et les techniciens, les studios et les laboratoires, fournissant une part notable du box-office. Ce sont eux qui se sont effondrés : ils ressemblent à de la télé, ils passeront bientôt à la télé, pourquoi sortir de chez soi et dépenser de l'argent pour aller les voir en salles ? Question qui en appelle une autre : pourquoi, même en moindre quantité et en ayant largement abandonné les genres canoniques pour des « drames psychologiques » et des « comédies dramatiques » dont nul ne sait bien ce que cela signifie, continuent-ils d'exister, au lieu d'être fabriqués pour ce qu'ils sont, du programme télé ? Plusieurs éléments de réponse : les télévisions sont obligées d'acheter des films de cinéma, elles représentent, dans une certaine mesure, un marché captif pour les producteurs ; ceux-ci, qui ont des frais généraux, sont obligés de maintenir un niveau aussi constant que possible d'activités et ce genre de films est le plus facile à mettre en chantier ; les systèmes d'aide obligent, avant d'être attribués, que le produit pour lesquels ils sont mobilisés soit défini comme film de cinéma ou comme production audiovisuelle, et ce sont ceux pour le cinéma qui sont les plus avantageux. A ces raisons objectives s'en ajoutent de plus impalpables : le cinéma conserve, en France, une aura, une force d'attraction que ne partage pas l'audiovisuel ; des travailleurs chevronnés ou des débutants arrivant sur le marché, à quelque poste que ce soit, préfèrent l'activité noble du film à l'emploi sans gloire, souvent moins bien mais plus régulièrement payé, dans le téléfilm. Ultime raison au maintien de ce cinéma « moyen », la principale peut-être : le rêve sans cesse renouvelé de la bonne surprise, du gros lot — le cinéma, cela fait partie de son aura, reste un secteur où l'improbable est toujours possible, pour le meilleur et pour le pire. Il suffit qu'une fois de temps en temps le meilleur advienne pour relancer la machine. Un film moyen qui soudain « casse la baraque » ravive toutes les bonnes et moins bonnes raisons ci-dessus énoncées.

La surprise type, le triomphe imprévisible, et dans une large mesure inexplicable, s'est produit en 1985, avec *Trois hommes et un couffin*. Aucun ingrédient ne permet *a priori* de prévoir que cette petite comédie mettant aux prises trois célibataires soudain dépositaires d'un bébé (et accessoirement d'un paquet de drogue) va dépasser les 10 millions de spectateurs — rappelons, à titre de comparaison, que le plus gradé des *Gendarme* n'a totalisé « que » 7,7 millions de spectateurs. Sa réalisatrice, Coline Serreau, a signé auparavant une poignée de petits films sans attirer beaucoup l'attention, les trois interprètes principaux (André Dussollier, Michel Boujenah et Roland Giraud) sont loin d'être des vedettes, le producteur, Jean-François Lepetit, a débuté peu avant et sans éclat particulier à la tête de sa modeste société, Flach Films. Le film est d'ailleurs sorti dans un circuit modeste et sans aucun soutien particulier ni de la critique ni de la publicité. Il a obtenu des résultats corrects avant qu'un bouche à oreille phénoménal en fasse « le film à voir », et même à revoir. Ce qui en fait, à l'époque, le troisième plus grand succès de box-office français d'après-guerre. Un conte de fées bien propre à faire rêver les professionnels (producteurs, mais aussi réalisateurs, comédiens ou responsables des filiales cinéma des chaînes sollicités pour entrer en coproduction). Jackpot hors norme, le « coup du couffin » ne se reproduira pas. Mais son heureux producteur en connaîtra une version moins spectaculaire avec le troisième film de Jean-Loup Hubert, *Le Grand Chemin* (1987). Le réalisateur y évoque un épisode de son enfance à la campagne, Anémone et Richard Bohringer contribuent à donner de l'efficacité à ce téléfilm sentimental et ensoleillé qui, à la surprise générale, séduit plus de 3 millions de spectateurs.

Autre « divine surprise », le considérable succès, l'année suivante, d'une comédie à laquelle nul n'avait promis pareille fête : premier long-métrage du réalisateur de films publicitaires Etienne Chatiliez, *La vie est un long fleuve tranquille* (1988) oppose avec une roublardise souvent complaisante deux familles, l'une de bourgeois coincés, l'autre de prolos vulgaires, autour d'une affaire de substitution de bébé. A nouveau, un bouche à oreille enthousiaste va lui permettre, malgré l'absence de vedettes, l'incognito du réalisateur et un scénario sans signes particuliers (mais des répliques qui font mouche et deviennent des mots de passe) de dépasser toutes ses espérances avec plus de 4 millions d'entrées. Encore les deux phénomènes, s'ils miroitent du même éclat aux yeux des producteurs, distributeurs, exploitants et ayants droit, ne sont-ils qu'en partie comparables : le film de Chatiliez est parvenu à une mobilisation exceptionnelle du public des habitués, jeunes gens des villes friands de clins d'œil, et tout prêts à rire de catégories sociales auxquelles ils n'appartiennent pas ; il a d'ailleurs réalisé plus du tiers de ses entrées dans la capitale. Alors que le film de Coline Serreau a mobilisé un public beaucoup plus large, en nombre mais également par sa composition sociale et l'éventail des âges concerné.

A moindre échelle, il faut aussi mentionner le succès inattendu de *Black mic-mac* (1986), première réalisation de Thomas Gilou où Jacques Villeret et une bande de comédiens africains menée par Isaac de Bankolé troussaient un téléfilm en forme de fable antiraciste joyeusement colorée. Quant aux deux heureux gagnants des années précédentes, Coline Serreau et Etienne Chatiliez, ils ont poursuivi sur le même chemin. La première a connu un relatif échec à moins de 1 million d'entrées avec un film mineur mais généreux, *Romuald et Juliette* (1989), avant de retrouver le succès en 1992 avec le démagogique *La Crise* (2,3 millions d'entrées) ; le second a encore noirci le trait du *Fleuve tranquille* avec *Tatie Danielle* (1990), exercice d'humour vache d'une efficace gratuité, qui attire 2,1 millions de spectateurs.

Il reste évidemment le cas du phénomène *Les Visiteurs* (1993), dont on peut se demander, eu égard à son budget conséquent et au recours à quelques effets spéciaux, s'il appartient à la catégorie des films moyens. Il n'empêche que l'essentiel de son déroulement, et de son efficacité, utilise les procédés de la comédie traditionnelle, notamment les dialogues, et que le film emploie des interprètes qui ne sont pas de grosses vedettes. Le gigantesque succès obtenu par le film de Jean-

Marie Poiré, avec 13 millions d'entrées, l'installe à la deuxième place parmi les champions français de l'après-guerre, derrière *La Grande Vadrouille*, consacrant d'un seul coup son réalisateur comme le successeur de Gérard Oury et de Claude Zidi. Auparavant, Poiré avait tenté sans beaucoup de réussite de rééditer l'opération *Papy fait de la résistance* avec *Twist again à Moscou* (1986) et *Opération Corned-Beef* (1991), entre lesquels s'était intercalé le cynique *Mes meilleurs copains* (1989), déplaisant exercice d'ironie sur son adolescence « post-soixante-huitarde », incitant à de peu avantageuses comparaisons avec ses modèles étrangers (*Nous nous sommes tant aimés* et *La Terrasse* de Scola, *Les Copains d'abord* de Kasdan). Mais, sur un argument passe-partout (un seigneur du Moyen Age et son valet se retrouvent plongés dans le monde contemporain), le réalisateur et son coscénariste, coproducteur et interprète principal Christian Clavier investissent dans *Les Visiteurs* une énergie et un soin dans le réglage des effets comiques qui, bien relayés par ses comédiens (Clavier, Jean Réno, Valérie Lemercier, Marie-Anne Chazel) et les moyens conséquents fournis par Gaumont, expliquent en partie le succès du film, sinon un triomphe qui, comme d'habitude, échappe à l'analyse rationnelle.

Le « cas *Visiteurs* » représente la preuve spectaculaire que l'activité cinématographique réserve toujours des surprises, et que la comédie demeure le domaine où elles sont le plus fréquentes, et le plus profitables. Le triomphe du film de Jean-Marie Poiré fait tellement d'heureux qu'il relance à nouveau cette machine à cinéma qui semble souvent au bord de l'essoufflement. Parmi ces heureux, les exploitants de salles évidemment, mais aussi les marchands de cassettes vidéo (dès la fin de l'année 1993, grâce à une complaisante dérogation, le film a pu être massivement consommé à domicile : les 2 millions de cassettes vendues ont suffi à modifier la configuration globale du marché), ainsi que les représentants officiels du cinéma français qui peuvent pour la première fois depuis onze ans afficher des chiffres de fréquentation en hausse, et celui qui, en se présentant comme le producteur de ce miracle, en retire d'importants bénéfices politiques : Alain Terzian devient le nouveau porte-parole du cinéma français — après Toscan du Plantier, Marin Karmitz, Claude Berri, il inscrit son nom sur la courte liste des professionnels écoutés au plus haut niveau.

Même lorsqu'il ne se produit pas de miracles, bon an mal an, un ou deux films moyens dégagent des bénéfices nettement supérieurs à leur investissement, et aux espoirs raisonnables qu'on pouvait placer sur eux. Comme on sait que bon nombre des autres finiront aussi, mais beaucoup plus tard, par rapporter, il y a plutôt avantage à multiplier les mises, si on en a les moyens : entre aides sélectives et automatiques, partenaires audiovisuels et institutions financières, beaucoup trouvent ces moyens. Pour boucler la boucle, répétons que cela ne fait que rarement des « bons » films (quels que soient les critères retenus), et donc nuit à l'image globale du cinéma et notamment du cinéma français, mais que cela maintient en état de fonctionnement l'outil cinématographique, y compris au service de projets plus ambitieux. Entre rêve de jackpot et entretien du terreau, cette situation peut donc être considérée comme un moindre mal.

On a déjà noté la diminution du nombre de comédies mises en chantier, elle traduit et aggrave la baisse de popularité, en salles, de ce qui fut le genre populaire par excellence du cinéma français. Avec, à nouveau, le correctif de l'improbable mais toujours possible gros lot : les deux champions du box-office durant les années 1984-1993 sont des comédies (*Les Visiteurs* et *Trois hommes et un couffin*). Mais moins de la moitié des titres appartenant à ce genre figurent parmi les films à plus de 2 millions d'entrées : 20 sur 47. Quant au film policier, directement concurrencé par les séries télé, il connaît au box-office la même chute libre que dans les statistiques de production, avec seulement cinq représentants. Parmi ces 47 succès, on remarque en revanche un grand nombre de films de reconstitution historique, se déroulant dans un passé plus ou moins lointain (17, sans compter *Les Visiteurs*, dont l'action est principalement contemporaine), et parmi eux des adaptations faisant référence à des textes ou à des auteurs connus (9 films dont 4 d'après Pagnol, les autres étant inspirés de Marcel Aymé, Marguerite Duras, Rostand, Zola, Eco). Et, surtout, une majorité de films (25) à ranger dans la catégorie, vague, du « grand spectacle », où entrent en ligne de compte la nature de l'histoire, la réalisation et le budget.

Grandeurs et pesanteurs de l'illustration

La fortune ne sourit pas toujours aux audacieux de la « grande forme ». Alain Sarde avait misé gros sur le premier film d'Arthur Joffé. *Harem* (1985), production internationale portée par deux vedettes anglophones, Nastassja Kinski et Ben Kingsley, ne manque ni de qualités esthétiques, ni d'audaces de scénario. C'est pourtant un échec cuisant, où passe l'ombre du refus des professionnels installés à laisser des « petits jeunes », le réalisateur et le producteur, venir jouer dans la cour des grands. Le grand spectacle n'en est pas moins devenu aux yeux de beaucoup la panacée, et le meilleur argument de vente. On a vu dans le livre 3 sa promotion « idéologique », l'exemple des quatre années 1988-1991 en illustre la justification économique (au moins apparente). Les années paires, le cinéma français dispose de grosse artillerie (*L'Ours* et *Le Grand Bleu* en 1988, puis *La Gloire de mon père, Cyrano, Le Château de ma mère, Nikita, Uranus* en 1990) et tient dignement son rang au box-office. Les années impaires, c'est la panne : les Américains occupent les dix premières places en 1989, puis dix des onze premières places en 1991 — seul *Tous les matins du monde* est parvenu à s'intercaler en septième position. Malgré de sévères gamelles pour les gros films historiques (*Chouans !* de De Broca, en 1988, ou le diptyque supposé célébrer le bicentenaire de 1789, *La Révolution française*, partagé entre Enrico et Richard Heffron ex aequo dans le ratage, ou encore la grosse comédie de mœurs *L'Etudiante*, 1988), on conclut que cette faiblesse tient à l'incapacité du cinéma français à produire des « gros films » en quantité suffisante pour occuper de manière permanente le terrain. Le « plan Lang » de 1989 met donc en place un mécanisme permettant de les financer en plus grand nombre. Le résultat de ce « Club des investisseurs » au profit des gros budgets donnera naissance à une série de films dont la plupart relèvent du loupé intégral (*La Neige et le Feu* de Claude Pinoteau ; *Jean Galmot aventurier* d'Alain Maline ; *Mayrig* et *588 rue de Paradis* d'Henri Verneuil ; *Lacenaire* de Francis Girod ; *Diên Biên Phu* de Pierre Schoendoerffer ; *Le Brasier* d'Eric Barbier...). A côté de la réussite commerciale relative de *Madame Bovary*, réalisée par Claude Chabrol, on trouve un réel mais unique succès issu de ce mécanisme, le mélo colonial *Indochine* de Régis Wargnier. C'était une manière comme une autre d'administrer la preuve que le cinéma français est capable de créer des superproductions, mais en nombre limité — et ce n'est pas la grosse production historique *Justinien Trouvé ou le bâtard de Dieu* (1993), personnellement réalisée par le producteur vedette des années quatre-vingt Christian Fechner, et promise à la totale indifférence du public, qui viendra démentir ce constat.

A ce niveau de budget aussi, les anciennes formules tombent en désuétude : onéreuse pochade policiéro-guerrière, *Les Morfalous* de Verneuil, en 1984, reçoit, malgré un lancement au bazooka, un accueil inhabituellement tiède du public. Jean-Paul Belmondo se convainc qu'il est temps de changer de registre. Il essaie de faire dans le roman-photo luxueux avec *Joyeuses Pâques* (1984) de Lautner sorti six mois plus tard, puis de répéter ses habituelles acrobaties mais en changeant de génération de réalisateur (toujours tout à sa dévotion) : signataire de *Hold-up* (1986), Alexandre Arcady ne fait pas mieux (c'est une litote) que ses prédécesseurs plus aguerris. L'étoile de Bébel le casse-cou se ternit (temporairement), celle de son éternel rival Alain Delon chez des réalisateurs-exécutants de ses quatre volontés ne brille guère plus dans *Parole de flic* de José Pinheiro (1986) ou *Le Passage* de René Manzor (1987). *Ne réveillez pas un flic qui dort*, à nouveau réalisé par Pinheiro (1988), donne à Delon l'occasion de se livrer à un intéressant numéro autodestructeur, mais confirme lui aussi le déclin des vedettes dans l'imaginaire du public. Ou, plus précisément, Belmondo et Delon restent des célébrités dont la photo fait vendre les gazettes, dont la présence déclenche l'enthousiasme des fans, et que recherchent avec acharnement les émissions de télévision. Tournent-ils un film que les médias font grand usage de leurs apparitions. Mais on se précipite de moins en moins dans les salles pour les voir répéter ce pour quoi on les a admirés, alors qu'on les admire encore.

Le grand spectacle veut d'autres lumières et d'autres matières. Parmi les entrepreneurs de ces nouveaux chantiers, Claude Berri occupe une place éminente. Après *Tchao Pantin*, il a en effet changé son fusil d'épaule, pour se faire l'illustrateur très appliqué de grands textes d'écrivains connus et appréciés du public. Moyens considérables, images décoratives, grandes vedettes et récit académique sont les ingrédients de ce retour en grand apparat à la « qualité française », mis en œuvre avec le diptyque *Jean de Florette* et *Manon des Sources* (1986). Avec le renfort d'Yves Montand, de Gérard Depardieu et de deux découvertes d'avenir, Daniel Auteuil et Emmanuelle Béart, ces films attirent respectivement 7,2 et 6,6 millions de spectateurs, occupant les deux premières places du box-office de l'année. Berri poursuivra avec *Uranus* (1990) d'après Marcel Aymé (avec Gérard Depardieu, Philippe Noiret, Jean-Pierre Marielle, Michel Blanc, Michel Galabru) : 2,5 millions d'entrées. Puis, en 1993, avec *Germinal* (avec Depardieu, Renaud, Miou-Miou, Jean Carmet) : 6 millions d'entrées. La reconstitution en grand et les numéros d'acteurs (Auteuil surprenant dans *Jean de Florette*, Depardieu particulièrement impressionnant dans *Uranus*) sont les plus mémorables atouts de productions qui se plaisent à mettre en valeur les sommes imposantes dépensées pour les réaliser, et qui misent également sur les grands sentiments et les grands noms de la littérature populaire. Tous ces ingrédients font l'objet d'une intense promotion au cours de lancements menés tambour battant. La médiatisation des problèmes économiques du cinéma, et notamment du cinéma français, rend de surcroît le succès presque inattaquable : qui rechigne n'est pas loin d'être accusé de haute trahison devant l'ennemi (télévisuel et américain), Claude Berri s'étant fait une spécialité de ce rôle de procureur aux armées dès lors que ce sont les films Renn qui sont au front. On le verra même, grande première dans l'histoire de la presse et du cinéma français, porter plainte pour diffamation à la suite d'une critique, négative mais sans excès de langage, de Serge Daney à propos d'*Uranus*, et obtenir la condamnation du critique et la publication d'un droit de réponse dans *Libération*, le journal prenant le parti du producteur contre son propre journaliste.

Sur les traces de Claude Berri, Yves Robert se fera à son tour le très sage illustrateur en deux temps de Pagnol, avec en 1990 *La Gloire de mon père* (6,2 millions d'entrées) et *Le Château de ma mère* (4,2 millions). Extraordinaire succès pour ces deux films cette fois dépourvus de vedettes, et dotés d'une mise en images d'une totale platitude : Pagnol sert mieux les films que ceux-ci ne le servent. Pour les deux films d'Yves Robert, au moins, la nostalgie chaleureuse, humoristique et inoffensive qui s'attache au nom de l'écrivain semble avoir été le principal attrait auprès d'un vaste public.

Ce genre d'adaptation paraissait promis aux seules joies d'une illustration décorative dont un grand nombre de spectateurs semblent se contenter. Il connaît pourtant une réussite inattendue avec *Cyrano de Bergerac* (1990), réalisé par Jean-Paul Rappeneau. L'audace a consisté à conserver les alexandrins de Rostand : un courant passe, imprévu, entre le texte fleuri du dramaturge et la force hardie et triste en même temps qu'insuffle Gérard Depardieu à Cyrano. Le comédien donne ici toute la mesure de ce qu'il est capable d'apporter à ce type de productions : une démesure et une présence contemporaine, qui propulsent le film bien au-delà des limites que le texte daté et le cadre historique paraissaient devoir lui imposer. Une jeune actrice presque inconnue, Anne Brochet, en Roxane, Jacques Weber en de Guiche, rendent coup pour coup et font mouche sans se nuire. Jean-Claude Carrière a peaufiné le texte juste ce qu'il fallait, les décors, les costumes et les figurants amènent ce qu'il convient d'Histoire et de théâtre sans bloquer la marche ni le souffle. Rappeneau est à l'unisson, dans le bon tempo, il capte et laisse advenir l'envol du grand corps de l'acteur porté par les mots vers une vieille lune du cinéma tout simple, qu'on croyait hors d'atteinte, il laisse les tirades trouver une justesse actuelle malgré leur artifice, et passe outre à un Christian quasi transparent. Cyrano – cela aurait plu à Hercule Savinien seigneur de Bergerac – est l'exception qui confirme la règle, une transposition littéraire et historique en grande pompe soudain chaussée de bottes de sept lieues. Le film connaîtra un succès au-delà de ses plus folles espérances (4,5 millions d'entrées en France, un excellent accueil à l'étranger). Cette réussite est aussi celle du producteur, René Cleitman, aux commandes d'Hachette Première, la filiale de production cinématographique du premier groupe de communication français, Matra-Hachette. Dans sa catégorie, *Cyrano de Bergerac* jouera un rôle assez comparable à celui de *Trois hommes et un couffin* : celui de la divine surprise sur laquelle on s'appuie pour justifier des projets et des discours que toute velléité de généralisation rende caducs.

Dans un style tout à fait opposé, mais avec la même cohérence de choix stylistiques et narratifs (et toujours avec Depardieu), une autre reconstitution historique à haute teneur culturelle, *Tous les matins du monde* (1991) connaît un an après un succès tout aussi inattendu. Après les lourdes envolées de *Fort Saganne*, Alain Corneau s'était fourvoyé dans un petit polar antipathique, *Le Môme* (1986) puis avait pris du champ. Il réapparaissait où l'on n'attendait pas ce réalisateur trop vite estampillé spécialiste du film noir : en Inde, et en adaptant des textes du romancier italien Antonio Tabucchi. Sans exotisme ni effet, avec le soutien précis et délicat de son acteur principal, Jean-

Hugues Anglade, Corneau composait une fugue triste en forme de question sans réponse : *Nocturne indien* (1989). Le film, malgré la discrétion de ses appâts, connaît un joli succès. Corneau enchaîne avec *Tous les matins du monde*, récit de l'écrivain Pascal Quignard reprenant ses méditations érudites sur la condition artistique appuyées sur son intime connaissance de la musique baroque. C'est une fable toute simple et parfaitement d'actualité opposant la culture de cour et du siècle à l'art solitaire, fugace et éternel. Corneau en fait, à force de contraintes assumées, avec le renfort de ses acteurs (Depardieu et son fils Guillaume, Anne Brochet et surtout Jean-Pierre Marielle, marmoréen et touchant), un objet délibérément austère, rigide même dans son refus des mouvements de caméra et ses compositions de plan rigoureuses comme celles des tableaux qu'on appelle « vanités ». Des plans souvent filmés dans une pénombre qui ne passera jamais correctement à la télé. Le film conquiert un public inespéré : 2,1 millions de spectateurs. C'est aussi, à nouveau, la réussite d'un producteur, Jean-Louis Livi, l'ancien associé puis successeur de Gérard Lebovici à la tête d'Artmédia. Il en a abandonné les rênes à Bertrand de Labbey, pour créer sa société, Film par film, et gagne ainsi ses lettres de créance dans ses nouvelles fonctions.

Parmi les grandes adaptations littéraires qui connaissent un certain succès, il faut encore citer la transposition, d'une fidélité scrupuleuse, effectuée par Claude Chabrol de *Madame Bovary* (1991). L'engagement du cinéaste au service de Flaubert est incontestable, comme l'est celui d'Isabelle Huppert au service du film, mais la tentative de retrouver ce respect de la lettre défendu jadis par Bresson, naguère par Rohmer, au sein du décorum d'une reconstitution cossue, ne trouve jamais son point de vérité. Tout est en place, Jean Yanne campe un très acceptable Homais et Jean-François Balmer un digne Bovary : tout cela ne fait pourtant que les morceaux épars d'un projet dont on cherche en vain le sens ou l'enjeu. Ajoutons à cette série « culturelle » et spectaculaire les productions de Toscan du Plantier dans la veine du film d'opéra ; aucune ne retrouve l'ampleur adéquate de *Don Giovanni* mais, à tout prendre, les artifices modestes et assumés de Comencini pour *La Bohème* valent mieux que le magasin d'antiquaire de luxe de *La Traviata* selon Zeffirelli, ou pis encore, le bazar slave de Zulawski pour *Boris Godouvov*. A l'exception de *Cyrano*, le théâtre est encore plus mal loti, puisqu'il n'inspire guère que des « captations », purs produits télévisuels, de pièces à succès telles que *Le Souper* filmé par Edouard Molinaro (1992), ou *Cuisine et dépendances* réalisé par Philippe Muyl (1993) – mais, avec ces simples stockages sur pellicule, on est loin de la « grande forme », sinon de l'alibi culturel. Après la littérature, le théâtre, la musique et l'opéra, place à la sculpture, puisque ce cinéma spectaculaire et culturel fait de l'œil à toutes les muses.

La première réalisation du chef opérateur Bruno Nuytten, *Camille*

Claudel (1988), est attendue, vue et commentée comme le film d'Isabelle Adjani. Absente des écrans depuis plusieurs années, elle s'est commise dans une superproduction américaine, *Ishtar*, qui a tourné à la déconfiture, puis a été l'objet de rumeurs assez insistantes et malfaisantes pour devoir venir dire elle-même à la télévision qu'elle n'était ni morte, ni atteinte du sida – baiser au présentateur Bruno Masure à l'appui. Elle a été à l'origine du projet Camille Claudel et l'a porté de bout en bout : cette histoire de la sœur « maudite » de l'écrivain, maîtresse de Rodin interdite d'expression artistique personnelle et qui sombre dans la folie, est faite pour elle. Trop. Ce film qui est le sien sans l'être, ce personnage qui est elle, Depardieu convié à jouer les utilités surpuissantes : tout ce dispositif compliqué où se mêlent l'art, la névrose, la reconstitution, la dénonciation, le passé et le présent reste malgré la force de certaines scènes un composite qui ne sait ni où il va ni comment y aller, dans un genre cinématographique qui exclut de rien laisser au hasard, à l'inattendu. La « grande forme » a ses lois, et elles sont dures. Bénéficiant d'un lancement très réussi et du mystère dont s'était entourée Adjani, retrouvant un moment une aura de star à l'ancienne, *Camille Claudel* sera pourtant, à 2,7 millions d'entrées, un succès.

A ce panorama des grands chantiers culturels, il manque encore un cas, l'un des plus étranges, celui de *Valmont* (1989), où l'on retrouve Claude Berri. Une vieille complicité le lie à Milos Forman : il était allé, avec Jean-Pierre Rassam, récupérer ses enfants au nez des chars russes envahissant la Tchécoslovaquie en août 1968. Berri, et son associé Paul Rassam, ont laissé passer l'occasion de participer à la production du précédent film de Forman, qui entrait parfaitement dans leur créneau historico-culturel, et a été un triomphe mondial : *Amadeus*. Ils produiront le nouveau, qui sera un film français par sa production, une partie de ses techniciens et son lieu de tournage, mais américain par la langue et l'interprétation. Il s'agit de rien moins que d'adapter un des chefs-d'œuvre de la littérature française, *Les Liaisons dangereuses*. Avec Forman, Jean-Claude Carrière a conçu un scénario reposant sur un mécanisme très complexe, mais très intègre par rapport au matériau littéraire d'origine. Plutôt que de figurer à l'écran ce que décrivent les lettres (descriptions « au passé », et biaisées par les intrigues des protagonistes, quand le cinéma est forcément au présent, et les faits donnés pour vrais dès lors qu'ils sont montrés), Forman et Carrière ont imaginé les événements réels qui ont pu fournir la matière des lettres. Cette démarche compliquée aurait pu réussir, plusieurs écueils en feront un naufrage. D'abord, l'interprétation et la mise en scène manquent souvent de l'élan et de la sensualité indispensables sur pareil sujet. Ensuite, un hiatus s'est ouvert entre le travail très sophistiqué sur le texte et le luxe très décoratif de la reconstitution historique. Le film est trop riche et trop joli pour cette réflexion sur la forme épistolaire et la manipulation, trop compliqué pour un son et lumière un peu coquin chez les aristocrates du XVIIIe. Enfin et surtout, au début de la même année était sortie une transposition beaucoup plus littérale, et donc à contresens de l'œuvre, mais beaucoup plus énergique, réalisée pour Warner par Stephen Frears. Son succès fait que le public « connaît » désormais *les Liaisons dangereuses*, il ne les reconnaît pas, et pour cause, chez Forman. Que *Valmont* soit un échec pour cause d'infidélité à la leçon de littérature française administrée par Hollywood, l'affaire ne manque pas d'ironie. Vu le faramineux budget du film, Berri la trouve plutôt saumâtre.

Jean-Jacques Annaud et Luc Besson, les maîtres du monde

Avant Milos Forman, Claude Berri avait croisé le chemin d'un autre adepte de la superproduction, Jean-Jacques Annaud. C'est par égard pour la nationalité de son réalisateur qu'on avait considéré comme film français *La Guerre du feu*, production anglo-canadienne financée à Hollywood, il en est allé de même avec la spectaculaire et anglophone adaptation du *Nom de la rose* (1986), d'après Umberto Eco, coproduction majoritairement allemande et payée en dollars, avec Sean Connery impérial dans le rôle principal. *L'Ours* (1988) est, lui, un film français, de par sa production. Quant à la question de la langue, en apparence elle ne se pose pas, le film étant pratiquement muet — les rares lignes de dialogue entre les chasseurs sont néanmoins tournées en anglais. Jean-Jacques Annaud est le premier réalisateur français à concevoir ses films, depuis *La Guerre du feu*, pour le marché international. La langue étant un des facteurs qui, sur le marché mondial, marginalise les productions dès lors qu'elles ne sont pas tournées en anglais, Annaud cherche à esquiver ce problème, avec la fausse langue du film préhistorique, l'absence de langue du film animalier, sinon il utilise l'anglais comme dans son film médiéval. Cette affaire de langue illustre bien les rapports de forces au sein du cinéma mondial : l'idiome employé par les comédiens à l'écran n'a techniquement aucune importance, puisque les succès reposent sur la distribution de versions doublées dans chaque pays. L'impératif anglophone repose sur l'adoption de l'anglais comme langue du business cinématographique, et notamment sur la possibilité d'obtenir des grands décideurs américains les pré-achats en distribution sans lesquels les budgets ne peuvent être bouclés. Il s'agit donc d'un véritable chantage exercé par la puissance dominante du monde des images. Ce chantage n'apparaît pas comme une contrainte pour Jean-Jacques Annaud qui, n'ayant pu monter ses premiers grands projets en France, a pris l'habitude de répéter : *« Je ne suis pas un cinéaste français, je suis un Français qui fait du cinéma. »* L'emploi de l'anglais est donc, aux yeux de ce voyageur impétinent, une simple facilité, un élément tout à fait secondaire et ne posant pas de problème, c'est la langue « naturelle » de ses déplacements, de ses contacts et de ses contrats. Evidemment, on sait qu'aucune langue n'est un simple véhicule, que chacune d'entre elle renvoie à une conception du monde et à une manière de l'articuler. Ce type de considérations ne peut que conforter un cinéaste comme Jean-Jacques Annaud dans l'utilisation de la langue (qui n'est pas l'anglais, ni même l'américain, mais plutôt l'« hollywoodien ») des puissants du monde audiovisuel. Mais le véritable langage d'Annaud, celui dont il partage la maîtrise avec très peu de ses confrères, c'est la publicité, c'est le langage de spectacle international de la marchandise et de sa circulation sans entrave ni frontière d'aucune sorte. La publicité n'est pas une langue, mais c'est un langage, une construction symbolique renvoyant à une vision du monde. Le cinéma également est un langage, mais pas une langue — jusqu'au milieu des années quatre-vingt, il semblait acquis que ces deux langages-là étaient différents, Jean-Jacques Annaud fait partie de ceux qui tendent à démontrer le contraire.

Le choix du sujet de *L'Ours* répond admirablement aux conceptions de Jean-Jacques Annaud. Un récit simple, accessible à tous, fondé sur les émotions primaires qu'une histoire d'amitié entre un petit et un grand ours est susceptible d'inspirer à quiconque a tenu un nounours dans ses bras un jour de son existence ; la possibilité d'éviter les barrières linguistiques ; l'inscription dans le lyrisme de la nature qui est devenu le refuge fantasmatique le plus communément partagé par les populations des pays industrialisés ; la performance extrême que représente un tournage dans des décors sauvages et difficiles d'accès, avec des « interprètes » peu maniables, et dangereux. La mise en œuvre de ce programme requiert d'énormes moyens matériels et financiers, et surtout un contrôle absolu de tous les ingrédients mis en jeu par le film. Dressages, trucages, manipulation de micro-éléments assembles selon les règles d'une efficacité spectaculaire et émotionnelle programmée : la fabrication du film est l'application à très grande échelle du savoir-faire de publicitaire d'Annaud. Il est aussi la première application à ce degré, au moins par un cinéaste français, de la maîtrise utilitaire des ingrédients du cinéma (lumière, corps, mouvements, bruits, musique), renvoyant les plus grands « démiurges » au rang d'amateurs brouillons. Le cinéma tel que le pratique Jean-Jacques Annaud, et dont *L'Ours* fournit une illustration exemplaire et très efficace, est une combinatoire d'éléments simples et *a priori* équivalents, interchangeables, comparables aux « 0 » et aux « 1 » dont se sert le langage informatique.

Sous les auspices d'une manipulation totale, il représente la négation radicale du cinéma moderne, de l'enregistrement du réel, la mise en lambeaux de « la robe sans couture de la réalité » chère à Bazin et à Renoir. Avec un sens en partie différent de ceux que le mot a eu par le passé, le montage (et tout particulièrement le « montage interdit » tel que le définissait André Bazin [1]) est son principal outil. Ce montage commence avant même le tournage, à la fois – l'homonymie n'est pas sans écho – dans le montage financier, et au moyen de l'outil principal de conception du film. Celui-ci n'est plus le scénario, comme dans le cinéma classique, mais le story-board. Ce procédé, qui consiste à dessiner plan par plan le film avant de le réaliser, est fort ancien. Il connaît une vogue nouvelle depuis qu'il est nécessaire de définir encore plus précisément à l'avance ce qui sera tourné. Pour en rendre compte aux commanditaires (en particulier dans le cinéma publicitaire), pour préparer des tournages dépendant de technologies sophistiquées, pour réduire au minimum les pertes de temps quand chaque minute de « perdue » se compte en centaines ou en milliers de dollars. Le story-board vise à ne laisser aucune liberté d'action sur le plateau, au cours de tournages organisés comme des opérations de commando d'élite. Le cas de *L'Ours* est pourtant, au moins à l'époque où il est tourné, exceptionnel : Jean-Jacques Annaud fait plus fort que les Américains, qui utilisent les effets spéciaux, les machines pour représenter des machines, des robots, des cyborgs, des créatures inventées. Chez eux, l'ordinateur asservit les hommes et les histoires en respectant encore, à ce moment, leur différence. Alors que *L'Ours* transforme des êtres vivants, et supposés incarner la nature à l'état sauvage, en effets spéciaux, en machines. Ce résultat est obtenu grâce à des trucages mécaniques, optiques, chimiques et électroniques, mais aussi, et de manière plus significative, par le montage. C'est le découpage en « fines lamelles » d'images, et de son, puis leur recomposition sans égard à leur origine réelle, qui permet les effets extrêmement puissants obtenus par le film, notamment la manipulation des animaux comme des marionnettes, moins sur le tournage lui-même que sur la table de montage. Le travail sur la bande-son, faisant appel à des manipulations encore plus poussées, grâce au traitement en synthétiseur, relève de la même démarche, de même que la troisième étape, le montage, assemble les images et le son.

Le montage des images de *L'Ours* s'est effectué de manière classique, en coupant et collant la pellicule. La manière dont Jean-Jacques Annaud l'utilise préfigure pourtant la technique qui va tendre à se

1. Il est significatif que ce soit à propos de films utilisant des animaux (*Une fée pas comme les autres, Le Ballon rouge, Crin Blanc, Quand les vautours ne voleront plus*) que Bazin a développé son idée du *« montage interdit »*, qu'il résume ainsi : *« Quand l'essentiel d'un événement est dépendant d'une présence simultanée de deux ou plusieurs facteurs de l'action, le montage est interdit »* (*Qu'est-ce que le cinéma ?* éd. du Cerf, 1985).

substituer à cette antique pratique : le montage virtuel (dont les premières machines, nommées Avid, sont mises en circulation la même année). Les images, transférées sur vidéo, deviennent un matériau impalpable mais infiniment manipulable. Cette procédure permet des économies de temps considérables, et un meilleur respect des contraintes de calendrier qu'exige l'industrie à l'heure des distributions planifiées à l'échelle planétaire et des budgets promotionnels pharaoniques. Il correspond aussi à une nouvelle étape dans le processus de « déréalisation », de mise à distance du travail cinématographique : après les caméras pilotées par ordinateur ou sur contrôle vidéo, après le son digital, c'est, à un autre stade, une nouvelle forme de séparation entre le cinéaste et les objets matériels dont il se sert. Le principe de base du montage virtuel est celui d'un programme informatique : on ne travaille plus sur des images réelles, mais sur des assemblages programmés, qui trient au sein de stocks d'images, les rushes, qui ont été précisément repérés (« time-codés ») en fonction des éléments qu'ils recèlent. En fait, le programme complet commence avec le story-board (qui détermine la « commande », le cahier des charges, et qu'accomplit le montage virtuel). Le tournage n'est plus alors qu'une « moisson d'images », que tout incite à simplifier en les remplaçant par du matériel visuel et sonore également fabriqué de manière synthétique. On se retrouve très loin de la nature sauvage à laquelle *L'Ours* fait mine de rendre hommage. On se retrouve, en fait, dans un strict exercice de puissance, à cet égard parfaitement réussi. Profilé pour une efficacité maximum, *L'Ours* atteint parfaitement sa cible : 9,1 millions de spectateurs en France (et des succès conséquents à l'étranger, grâce notamment aux leurres anti-détection de nationalité déjà mentionnés).

Avec son film suivant, *L'Amant* (1992), Jean-Jacques Annaud pousse encore plus loin la démarche observée à propos de *L'Ours*. En lieu et place des comportements animaux, ce sont les attitudes humaines, les corps humains, les sentiments et les gestes de l'amour qu'il transforme en instruments, avec cette fois comme champ d'action non plus la nature, mais la culture, puisque c'est un livre homonyme de Marguerite Duras qui fournit la matière première (et le prestige) de l'opération. *L'Amant*, qui est une négation de la littérature aussi radicale que *L'Ours* était une négation de la nature, reproduit la plupart des stratégies mises en œuvre précédemment par le réalisateur, depuis le story-board jusqu'à la manipulation totale au montage, en passant par l'utilisation de moyens matériels énormes pour le tournage d'une histoire intimiste – énormes moyens et difficultés qui participent à la mise en scène de la production elle-même comme épopée à usage promotionnel. Le tournage au Vietnam ne vise nullement à une quelconque authenticité, mais à la collection de clichés exotiques et à l'accomplissement de ce prodige : la mobilisation du plus gros budget de l'histoire du cinéma français pour montrer un couple faisant l'amour dans une chambre. Par la pauvreté même de son contenu narratif, affectif et même visuel (à l'exception des quelques plans « typiques », tout à fait accessoires), le film devient une passionnante démonstration de la pure puissance du code gérant au maximum d'efficacité le matériau presque dérisoire dont le cinéaste dispose dès lors qu'il s'est débarrassé de la richesse offerte par la littérature. Les morceaux de bravoure de *L'Ours* étaient sans doute déjà des exploits techniques, mais ils apparaissaient au travers de moments forts sur l'écran (la promenade de l'ourson, l'affrontement du grand ours et du chasseur, la poursuite de l'ourson par le puma). Dans *L'Amant*, les morceaux de bravoure sont les scènes de sexe. Ce n'est plus ce qui est montré qui est intéressant, mais uniquement la manière dont c'est montré, la mise en spectacle de la technique d'Annaud utilisant les corps nus comme objets pour sa démonstration de virtuosité. L'observation de ces mécanismes, pour instructive qu'elle soit, risquant de ne pas fournir la dose de spectacle annoncée, on a imaginé de faire revenir le sexe dans l'affaire, de l'extérieur, par l'intermédiaire des médias : grâce à quelques confidences adroitement divulguées, l'intérêt n'est plus dans la scène d'amour entre les protagonistes mais entre leurs interprètes, c'est le pucelage de la jeune actrice qui devient l'enjeu. Figure extrême d'un glissement dans le rapport du public au film, dans lequel ce n'est plus le produit du travail qu'on vend aux spectateurs, mais le travail lui-même. Cette évolution est accentuée par la multiplication des « makings of », reportages promotionnels réalisés par les responsables publicitaires sur les tournages, et mettant en scène la fabrication des films. Destiné aux télévisions, le « making of » exprime et souligne à la fois une autre forme d'interdépendance entre grand et petit écran.

Jean-Jacques Annaud incarne le cas limite de l'éternel dilemme du cinéma français dans sa lutte pour la survie : affirmer son originalité et des principes différents de ceux de l'empire hollywoodien, quitte à se contenter d'une place de second plan et en essayant chaque fois de survivre à des évolutions qui tendent vers une mondialisation du secteur sous la seule autorité des *majors*, ou devenir une succursale, sinon un clone du système audiovisuel américain, en adopter les codes et, profitant d'un savoir-faire local, sauver sa peau économiquement en ayant perdu toute singularité – une singularité qui a moins l'intérêt d'être « française » que d'affirmer la possibilité d'un autre rapport au monde par le moyen des images. Jean-Jacques Annaud, le plus performant des réalisateurs français, a fourni quelques-unes des plus belles réussites économiques au cinéma français tout en s'y sentant mal à l'aise. Après *L'Amant* (exclu de la compétition pour le César du meilleur film français parce que tourné en anglais, malgré ses 3,1 millions d'entrées sur le territoire national et une carrière réussie dans plusieurs pays étrangers), le réalisateur est parti travailler dans l'univers qui lui correspond vraiment : à Hollywood, où il a signé un contrat avec Sony, propriétaire des studios Columbia.

L'année de *L'Ours*, 1990, a également vu le triomphe du *Grand Bleu*, troisième film de Luc Besson. Celui-ci avait fait des débuts prometteurs avec un petit film de science-fiction en noir et blanc, palliant le manque de moyens par l'imagination. *Le Dernier Combat* (1983), qui devait beaucoup à son scénariste-producteur et interprète principal Pierre Jolivet, annonçait sur un mode ludique et sans prétention l'esprit « décalé », habile à utiliser les féeries de l'image, en une version soft et adolescente du Visuel. Ce premier essai n'est pas passé inaperçu de la Gaumont : avant son éviction, Toscan du Plantier a eu le temps de recruter ce débutant prometteur et sûr de son univers, pour lui confier une production lourde, *Subway* (1985). Le rôle principal est confié à celui qui fait alors figure de nouvelle star, Christophe Lambert, révélé un an plus tôt par une interprétation de Tarzan qui a chaviré les adolescentes. Il est flanqué, dans un rôle secondaire, mais qui équilibre harmonieusement l'affiche, d'Isabelle Adjani. Et une escouade de solides professionnels est appelée en renfort : Jean Bouise, Michel Galabru, Richard Bohringer. Besson s'est chargé de la touche « jeune », avec son copain Jean Réno (déjà présent dans *Le Dernier Combat*) en batteur de rock et Jean-Hugues Anglade, pickpocket sur patins à roulettes. Le « récit » est, à nouveau, un prétexte qui sera d'ailleurs plus ou moins oublié en chemin, une fois les protagonistes installés dans le décor conçu par le vétéran Alexandre Trauner. Le projet du film correspond parfaitement à cette situation : *Subway* tente une greffe des apparences contemporaines sur le vieux tronc du cinéma français traditionnel. On y voit Christophe Lambert en zombie décoloré et infantile se balader et chercher alliance dans les catacombes du vieux cinéma, où règnent la réplique sentencieuse, la gouaille mémorable des seconds rôles, le réalisme poétique et canaille figuré par Bohringer et ses bouquets de violettes, le policier à la française campé par Galabru..., toute la panoplie des années quarante et cinquante. La représentante de l'argent et du glamour contemporain, la fille de famille interprétée par Adjani, glaciale, sera séduite elle aussi par l'« innocent », qui ne représente plus l'adolescence en révolte mais une enfance métaphorique, traitée comme une maladie congénitale.

Ce « programme commun », qui cherche à raviver aux couleurs (et aux musiques) d'aujourd'hui le cinéma académique, est servi par une énergie et un bonheur de filmer si manifestes chez Luc Besson que le film, sans masquer ce qu'il a de fabriqué, dégage une joie élémentaire, elle aussi enfantine, elle aussi du côté de la fascination pour les images et la technique, qui trouve un écho certain parmi les jeunes spectateurs. Les 2,9 millions d'entrées de *Subway* ne représentent pas seulement un succès, ils installent, avec l'actif soutien du magazine *Première* qui vise la même clientèle et se cherche un réalisateur de référence,

Luc Besson comme le cinéaste d'une génération. Celui-ci va se montrer digne, au-delà de toutes espérances, du label ainsi décroché.

Le Grand Bleu (1988) deviendra un « événement », un « phénomène de société » comme la presse se plaît à en découvrir chaque année depuis que l'intimidation publicitaire, la sociologie expéditive, la fascination pour les budgets et pour le box-office ont supplanté la réflexion critique. Après *Subway*, Luc Besson retourne vers les profondeurs, et précise son propos, grâce à une distribution de l'espace plus explicite : d'un côté il y a la surface, la terre ferme, de l'autre il y a le « grand bleu ». Sur terre habitent les humains et leurs histoires, histoire d'amour avec Rosanna Arquette, histoire d'amitié et de rivalité virile avec Jean Réno, humoriste, musicien et bon vivant. Dans le grand bleu, personne n'habite. Le grand bleu n'est pas la mer, mais le néant. Le dauphin de l'affiche n'en est ni le symbole ni l'habitant, tout juste le logo publicitaire. Placée à nouveau sous le signe de la performance sportive, du record (et même doublement : la performance du tournage, dont la presse fait grand étalage, redouble la performance du plongeur), l'histoire du film est celle d'un jeune homme joué par Jean-Marc Barr, déjà aux confins de l'inhumanité, lisse, asexué, quasi mutique, qui hésite entre la terre et les abysses, puis répond à l'appel du néant et s'enfonce sans retour dans le bleu. Scénario exemplaire de la perte du monde, du renoncement sans tristesse à la socialité (amour, amitié, langage, compétition). Et succès tout aussi exemplaire auprès d'une génération, qui se reconnaît dans cette défaite du lien social exaltée par une imagerie directement issue de la grammaire publicitaire.

Le film suivant de Luc Besson, *Nikita* (1990), brodera sur le même thème, celui d'un individu à la croisée des espèces et des époques. En apparence, selon un trajet inverse : Anne Parillaud sort de l'informe, du néant, c'est une bête infrahumaine qui, au début du film, est traînée comme un pantin inanimé sur le pavé avant de participer à l'attaque de la pharmacie. Réputée morte, elle est reprise en main et transformée en machine, elle est programmée. Et c'est en tant que machine que son manipulateur, l'agent secret (Tcheky Karyo), l'envoie « dans le monde », où elle fait la connaissance de la socialité, de la tendresse avec Jean-Hugues Anglade. La manière dont le scénario la sauve, en la faisant s'évader à la fin des deux univers, plantant là les deux bonshommes, est assez lâche, et en contradiction avec le cinéma de Besson. La fin logique, cohérente, de *Nikita* est fournie par une autre machine humaine, cette fois directement télécommandée par le réalisateur, le « Nettoyeur » (Jean Réno) : sa fonction est d'intervenir quand il y a « des histoires », de terminer (« il faut finir la mission ») le récit en le dissolvant littéralement dans l'acide. La logique du film voudrait qu'il dissolve aussi Parillaud. Il ne le peut pas — c'est le côté « sympa » du film, qui se veut un cadeau du réalisateur à la jeune actrice, sans sous-estimer les éternelles vertus du happy end. Chaque plan de *Nikita* dit que le réalisateur éprouve un tendre sentiment pour son interprète, c'est ainsi que certains des plus beaux films se sont faits. Mais le cinéma tel que le pratique Luc Besson dévoie malgré lui les bonnes intentions qui l'animent. Le seul cadeau dont ait besoin un(e) comédien(ne), c'est un personnage. Et il ne saurait y avoir de personnage dans les films de Luc Besson, seulement des archétypes fonctionnels. Si l'on compare ce que Besson fait avec Parillaud aux exemples canoniques de mise en scène amoureuse, à ce que fit Sternberg avec Dietrich ou Godard avec Karina, on voit comment, là où le premier organisait le rituel d'apparition d'une star (qui raccorde au mythe) ou le second mettait en place le protocole de réalité d'un personnage (qui raccorde au monde), Luc Besson ne peut rien faire d'autre que d'utiliser l'apparence de l'actrice, et de mettre en évidence une malléabilité qui la disqualifie comme être humain. La succession de performances auxquelles la soumet le scénario (avec la complicité de Jeanne Moreau, qui rempile ici dans un emploi tutélaire assez voisin de celui qu'elle tenait dans *Les Valseuses*) fait d'elle non pas un personnage, mais un outil dont on a démontré... les performances, justement. Le cinéma tel que le pratique Luc Besson est de ce point de vue très proche de celui de Jean-Jacques Annaud, il s'en différencie pourtant, sauf dans *Le Grand Bleu*, par la référence qu'il garde au cinéma ancien, à l'imagerie des films de genre (réalisme poétique teinté d'aventure fantastique dans *Subway*, policier dans *Nikita*) : cette utilisation nostalgique relève sans doute du recyclage des anciens systèmes de représentation sur le modèle institué par la publicité, mais il alimente aussi une évidente joie de filmer chez Besson, totalement absente dans les réalisations froides, strictement instrumentales, d'Annaud.

D'où, sans doute, la manière dont divergera ensuite le travail de deux réalisateurs apparus à ce moment comme voués à la maîtrise manipulatrice des représentations du monde. Jean-Jacques Annaud trouve l'occasion d'une nouvelle surenchère dans la performance technique en partant réaliser la première grande fiction filmée en Omnimax (pour les projections du type « Géode »), *The Wings of Courage*. Luc Besson tente, en revanche, un retour de son univers asphyxié, et la création d'un vrai personnage à partir des corps dissemblables d'un tueur à gages et d'une petite fille. *Léon* (1994), taillé dans un alliage de tendresse curieuse et de pyrotechnie violente, semble ainsi annoncer le retour sur terre, parmi les humains, de ce cinéaste.

Demandez le programme

En 1988, *L'Ours* occupe la première place du box-office, et *Le Grand Bleu* la deuxième (avec 3,7 millions d'entrées). Le troisième rang est occupé par un film qui raconte, au fond, la même histoire, avec des moyens plus explicites : production Steven Spielberg, le grand manitou du changement d'âge du cinéma, *Qui veut la peau de Roger Rabbit ?* propose un spectaculaire déploiement de technologie, de citations recyclant le cinéma « d'avant », et de science des rythmes biologiques qui touchent le public droit aux nerfs. Au service de quoi ? De l'anéantissement ludique, « positif », de l'ultime barrière, de ce qui semblait la plus intouchable des « rampes », entre espèce humaine et créature artificielle – cela même qu'un cinéaste comme David Cronenberg annonçait avec angoisse dans ses films d'horreur. La fusion des hommes et des Toons, la symbiose entre l'homme et la mer, la manipulation geste à geste, son à son de l'ours sont trois manifestations différentes de la toute-puissance du code, de la soumission des corps vivants et des esprits articulés devant une abstraction formelle qui permet les organisations les plus fantaisistes d'éléments premiers tous équivalents. C'est-à-dire le principe essentiel des « nouvelles images », les images de synthèse obtenues par numérisation, qui s'apprêtent à faire leur entrée en fanfare dans la fiction cinématographique (*Terminator II*, 1991).

La numérisation (ou « digitalisation »), voie royale des technologies du futur, ne concerne plus la seule image, elle permet dès le début des années quatre-vingt-dix de traiter comme de même « nature », de même essence, des images, des sons, du texte, des nombres... Faut-il souligner qu'il n'y reste rien du rapport au monde réel, de la possibilité d'« en donner des nouvelles » et d'essayer de le comprendre en le regardant ? Les films dont il vient d'être question, ceux de Jean-Jacques Annaud et de Luc Besson, représentent dans le cinéma français l'entrée en vigueur de ces technologies. Leur domaine d'application dépasse largement le cinéma, mais tend à l'englober dans un ensemble encore plus vaste, le « continuum audiovisuel », connu sous le nom d'« autoroutes de l'information ». Avec la numérisation des données, l'interconnexion des appareils, les fusions industrielles de groupes de télécommunications, de fabricants de programmes, de machines informatiques et de réseaux de transmission, c'est un immense conglomérat qui devient techniquement et économiquement possible, au sein duquel les différences entre le téléphone, le téléviseur, l'ordinateur domestique tendent à s'effacer, tout comme se ressemblent de plus en plus les films, les informations télévisées, les jeux vidéo, les interventions militaires, médicales, boursières, etc. Ce « grand tout » informationnel reste pour l'heure une hypothèse, ses conditions d'existence sont suffisamment proches pour peser déjà lourdement sur les régimes d'images existants, et notamment sur celui qui nous intéresse ici, celui du cinéma, au moins dans sa forme économiquement et socialement dominante.

Le terme qui définit le mieux ce nouveau régime est le mot *Programme*. Terme de télévision, d'informatique et de politique, il renvoie à la quadruple alliance techno-économique qui s'est d'ores et déjà scellée, et qui représente la vérité du pouvoir sur les images et les imaginaires. Ce régime unique des images combine plusieurs forces. « Hollywood », appellation de la mise en forme fictionnelle désormais archidominante sur la planète entière [1], en est un des aspects. La télévision, par la pénétration à domicile et l'organisation du temps privé, en est un autre. La publicité, ou le fétichisme de la marchandise célébrée pour elle-même, en absorbant toutes les productions artistiques et intellectuelles (et en faisant vivre, matériellement, la télévision qui elle-même fait « vivre » le cinéma), et la technologie numérique, avec la plasticité infinie, sans référent réel, qu'elle permet, en sont les autres manifestations principales. Le Visuel, fardé ou non de Culture, en aura été l'éclaireur dévoué. Bien qu'ils ne lui donnent qu'une application particulière, les Américains ont forgé un mot qui traduit bien cette fusion d'apports différents par laquelle se constitue le Programme : « Siliwood », contraction d'« Hollywood » (pour les formes de récit et leur expression visuelle) et de « Silicon Valley », lieu emblème du boum informatique (pour la technologie).

Dans son principe, le Programme est la mise en forme la plus impersonnelle des images, des récits, des corps, etc., il est régi par le code, en toute indifférence vis-à-vis de la réalité, de la réflexion, de la volonté. En théorie il fonctionne seul, en fait il passe par des mises en œuvre effectuées par des individus dûment répertoriés et médiatisés (Annaud ou Besson en France, Spielberg en Amérique) qui invitent le public dans « leur » univers. Les comparant à des tour-opérators offrant une plus-value personnalisée au tourisme de masse, Serge Daney appelait les Spielberg, Annaud, Besson, des *« promauteurs »*, triomphe absolu et dévoiement total de la vieille « politique des auteurs ». Les « voyages » que proposent ces « promauteurs » au public mettent celui-ci dans une position de touristes, ou de visiteurs de parcs de loisirs. De ce point de vue, il est tout à fait possible de considérer ce qui arrive au cinéma comme un retour à ses origines foraines. A l'heure de se fondre dans le « grand tout informationnel », le cinéma, la partie lourde du cinéma en tout cas, aurait ainsi accompli un cycle complet, le ramenant à la fascination, à l'exotisme et au sensationnel. De nombreux indices plaident en faveur de cette éventualité. Par exemple le rapprochement avec les jeux vidéo, à l'enseigne

1. Les résultats d'une enquête lancée par le magazine *Première* durant l'été 1994 est à cet égard significative. Sollicités pour désigner leurs films favoris, les lecteurs représentatifs du public adolescent « cinéphile » qui constitue le « cœur de cible » de la fréquentation cinématographique classent 36 films américains parmi les 40 premiers. Seuls titres français parvenant à s'intercaler dans un classement en tête duquel figurent *Autant en emporte le vent* suivi par *Danse avec les loups* : *Le Père Noël est une ordure* (3e), *Le Grand Bleu* (18e), *La Grande Vadrouille* (23e), et *Les Enfants du paradis* (32e) ; on trouve ensuite deux fois Godard (*A bout de souffle*, 42e ; *Le Mépris*, 47e), Blier (*Les Valseuses*, 43e) et à nouveau Jean-Marie Poiré pour *Les Visiteurs* (50e). L'écrasante majorité accordée à Hollywood traduit une domination symbolique sur l'idée de cinéma encore supérieure à sa domination statistique réelle, en France tout du moins.

de Siliwood. Ou l'utilisation de plus en plus fréquente d'images animées et sonores entièrement conçues sur ordinateur qu'on appelle « rides », et qui emmènent les clients de Disneyworld et des installations similaires dans des virées vers des mondes inconnus, parfois présentés comme imaginaires mais le plus souvent supposés reproduire une réalité (les grands fonds marins, l'espace interstellaire, le passé historique ou préhistorique – tous domaines revisités par les films depuis le début des années soixante-dix avec une attention nouvelle, comme s'ils devaient préparer le terrain avec leurs moyens encore alourdis d'analogique).

La prise en charge du spectacle par l'informatique ouvre deux hypothèses simultanées, et toutes deux passionnantes quoique ne relevant plus « du » cinéma, ou de ce qu'il aura tenté d'être dans la direction (française, surtout) qui s'est définie à partir de la question moderne – du cinéma dont parlait Bazin en apportant des éléments de réponses à *« Qu'est-ce que le cinéma ? »*. La première de ces hypothèses est sociologique, elle concerne l'émergence d'un nouveau type de loisir dominant, qu'on hésite à appeler « loisir de masse » : il est plus probable qu'il s'agira d'un loisir d'individus, même si tous les individus de la planète le pratiquent. La seconde hypothèse est esthétique et philosophique : elle tient à la possibilité que le Programme, à la différence du cinéma, devienne une langue. La décomposition en éléments premiers des composants de l'image et du son, leur perte de référence à la réalité (le passage du statut de trace à celui de symbole), et la possibilité de les combiner indéfiniment sans instance de jugement éthique ni intellectuelle externe, ouvrent cette possibilité immense. Mais cela, comme on dit, est une autre histoire.

Chapitre 4

DÉCALAGES ET RECADRAGES

L'évolution du cinéma majoritaire vers le Programme contraint bon nombre de cinéastes, hostiles à cette dérive ou incapables de s'y adapter, à changer de position sur la carte du cinéma français. Cette mutation, qui amène les réalisateurs occupant les orbites traditionnelles du cinéma à modifier leur trajectoire personnelle, affecte les rois de la comédie apparus durant les époques antérieures (Zidi, Leconte) comme les hérauts du Visuel première manière (Blier, Beineix) ou les représentants d'un romanesque qui refuse, ou ne parvient pas à trouver ses points d'ancrage dans la réalité (Malle, Miller). Et, bien sûr, les meilleurs auteurs issus de la tradition (Tavernier, Sautet, Corneau).

Glissements progressifs du sourire

On a dit que les gros bataillons de la comédie s'étaient enrôlés au service de la télé, même s'ils faisaient encore mine de combattre sous l'uniforme cinématographique. Métaphore de cette confusion, on verra même début 1994 sortir sur grand écran, à un mois d'intervalle, une facétie prenant pour cible le monde de la télévision (*La Vengeance d'une blonde* de Jeannot Szwarc avec Christian Clavier et Marie-Anne Chazel) puis une pochade due à des gens de télévision, les Nuls, et se moquant du monde du cinéma (*La Cité de la peur*). Pendant ce temps-là, le vieux général en chef des armées du rire, Gérard Oury, resté fidèle à ses anciens plans de bataille, n'obtient plus les victoires écrasantes auxquelles il était habitué. *Lévy et Goliath* (1986) attire 2,2 millions de spectateurs venus découvrir les tribulations désordonnées et folkloriques d'un jeune juif traditionaliste (Richard Anconina) trimbalé entre son frère moderniste et débrouillard, des trafiquants de drogue et une jeune Beur avenante.

Vanille fraise (1989), qui cherche à la fois à dénoncer et à s'amuser du récent scandale du *Rainbow Warrior* détruit par les services secrets français, ne réussit ni l'un ni l'autre, et vaut à Oury son premier vrai bide depuis un quart de siècle. Cela ne l'incitera guère à changer de manière pour *La Soif de l'or* (1993), accumulation de gags centrés sur le thème de l'avarice qui attire 1,4 million de spectateurs. Parmi les plus fringants lieutenants de Gérard Oury, l'un, Francis Veber, est parti pour Hollywood tenter une chance qui ne lui sourit guère : les *majors* sont toutes prêtes à lui acheter ses scénarios tirés au cordeau, beaucoup moins à le laisser réaliser à sa convenance, il devra se contenter du remake sous haute surveillance de ses propres *Fugitifs*. Les deux autres, Claude Zidi et Patrice Leconte, entament un mouvement de côté, chacun à sa manière.

Le milieu des années quatre-vingt a vu le triomphe de Claude Zidi, avec *Les Ripoux* (1984), plébiscité par 5,8 millions de spectateurs et les Césars du meilleur film, du meilleur réalisateur et du meilleur montage. Le film marquait déjà une évolution du cinéaste, abandonnant en partie ses farces et attrapes habituelles pour peaufiner le dialogue et construire un semblant de relation psychologique entre ses deux protagonistes, le vieux flic magouilleur, Philippe Noiret, et le jeune qui croit encore aux règles du jeu mais qui sera rapidement dessillé par son compagnon, Thierry Lhermitte. Le résultat ne manque pas de verve, celle, à peine modernisée, dont pouvait faire preuve un Claude Autant-Lara trente ans plus tôt. Fort de son succès, Zidi commet ensuite un film revanchard, *Les Rois du gag* (1985), contre un cinéma différent du sien qui ne lui jamais fait d'ombre mais auquel il est si fier d'avoir subtilisé une poignée de décorations. Toujours dans le registre humoristique, il portera ensuite un regard teinté d'une certaine amertume sur le vieillissement des hommes et de leurs rêves, avec *Association de malfaiteurs* (1987), petite comédie chaleureuse sur la difficulté à vivre comme dans les romans de cape et d'épée de l'adolescence. Il abandonne ensuite complètement le comique pour *Deux* (1989), fable sentimentale sur le mal-être qui s'enlise dans le décoratif bavard, malgré la courageuse tentative, en plein milieu du film, de flanquer le feu au scénario en même temps qu'aux décors et à la pauvre Marushka Detmers, qui donne la réplique à un Gérard Depardieu selon toute apparence embarrassé de se retrouver dans pareille impasse.

Le mouvement de côté de Zidi n'a guère donné de résultat, le public ne l'a pas suivi, il retourne en terrain plus sûr avec *Ripoux contre ripoux* (1989). Moins soigné que le premier épisode, le film lui permet de renouer avec le succès, auquel succède un vaudeville « psychologique » assez lourd, *La Totale* (1991), qui vaut au cinéaste un accueil mitigé. Il tentera ensuite la résurrection d'un genre hors d'usage, le polar franchouillard à vedette tel que Delon s'y illustra à maintes reprises. C'est la nouvelle idole des teenagers, Patrick Bruel, qui est chargé de la mission *Profil bas* (1993), laquelle se termine en fiasco total.

Patrice Leconte aura, dans un premier temps, plus de chance. Quittant à son tour les parages humoristiques, il a, à l'instigation de Christian Fechner, commencé par où son collègue vient de (mal) finir : par un policier d'action, reposant sur un scénario d'horloger et un tandem de vedettes. Même si Bernard Giraudeau et Gérard Lanvin souffriraient d'une comparaison avec Delon ou Belmondo, *Les Spécialistes* (1985) est l'un des plus gros succès de l'année (5,3 millions d'entrées). Leconte lorgne ensuite, lui aussi, du côté de la tradition de la qualité, avec *Tandem* (1987), description de la solitude d'un animateur de radio et de son éternel preneur de son-factotum (Jean Rochefort et Gérard Jugnot) qui, dans les limites du genre — relevé d'une pointe de fantastique — trouve le ton juste et l'harmonie entre ses différents éléments. *Tandem* était gris-bleu, noir sera le film suivant, *Monsieur Hire* (1989). Adapté du roman de Simenon (*Les Fiançailles de Monsieur Hire*) qui inspira jadis *Panique* à Duvivier (1946), c'est moins une étude sentimentale et psychologique que, dans le droit-fil du précédent, un constat de désertification du monde : le protagoniste de *Tandem* se sentait devenir machine, marionnette vieillissante répétant inlassablement les mêmes tours usés, Hire (joué avec une impressionnante sobriété par Michel Blanc face à Sandrine Bonnaire toujours digne des plus grands éloges), se sent devenir de pierre dans un monde congelé et hostile. Il choisira la première opportunité d'échapper à cette fatalité, dût-il en mourir. Délaissant le monde réel où il savait faire sourire du temps de *Viens chez moi, j'habite chez une copine*, Patrice Leconte fabrique de toutes pièces un petit conte farfelu et nostalgique, *Le Mari de la coiffeuse* (1990). Jean Rochefort s'y dépense sans compter, auprès de la sculpturale Anna Galliena, pour alimenter une situation de sketch, pas assez riche pour tenir la distance d'un long-métrage. Le réalisateur cherchera ensuite à mêler un peu les différents genres et thèmes dont il a tâté, la loufoquerie, la solitude, un zeste de film noir, pour un résultat pâteux et inconsistant, *Tango* (1993). Ce n'est pas *Le Parfum d'Yvonne* (1994) qui le remettra en odeur de sainteté auprès du public. Cette adaptation de *Villa Triste* de Patrick Modiano où le décalage entre les titres suggère déjà de quel côté le réalisateur essaie de tirer un film qui n'est plus ni du Modiano, ni du Leconte, ni grand-chose sinon un composite de spleen affecté, de rigolade qui se voudrait leste, et d'esthétisme vieillot. Pour Patrice Leconte aussi, les tentatives de reconversion ont débouché sur une impasse.

Les deux principaux représentants du Visuel tel qu'il a pris forme durant la période précédente effectuent, comme les cinéastes comiques dont on vient de parler, un pas de côté face à une évolution d'un monde des images qui dépasse désormais la nouveauté dont ils ont été à un moment les représentants. Ce recentrage leur est dans un premier temps profitable, avant qu'ils se trouvent eux aussi dépassés par les événements, et en porte à faux avec le nouveau régime dominant.

Bertrand Blier : de la référence à la déshérence

Au milieu des années quatre-vingt, Bertrand Blier devient l'un des cinéastes de référence, dont les apports sont joyeusement pillés, en même temps que lui-même entre dans une phase de maturité, au sens où il va, de film en film, réutiliser selon divers agencements ce qu'il a expérimenté durant la période précédente. *Tenue de soirée* (1986) est probablement sa plus belle réussite en la matière. Reconstituant le triangle deux hommes-une femme qui lui est cher, il en donne une nouvelle figure, plus « audacieuse », plus radicale, puisque l'amitié masculine rassurant les hommes face au mystère féminin devient cette fois relation homosexuelle entre les deux mâles. Le ressort dramatique est assez simpliste : Blier se contente de déplacer le schéma éculé où un homme plein de force et de séduction s'immisce dans un couple en mauvais état pour conquérir la femme. Cette fois, c'est l'homme qui est séduit et conquis. Ce « décalage », qui permet d'introduire du burlesque dans un schéma de roman-photo, est servi au maximum par la performance des trois acteurs (Gérard Depardieu, Michel Blanc et Miou-Miou), et par l'habileté du scénariste-dialoguiste-réalisateur à fabriquer des scènes, pratiquement des sketches, où son talent pour imaginer des situations bizarres et pour trousser des dialogues à l'emporte-bon-sens fait merveille. Blier excelle dans un cinéma de l'époque du clip, du spot et du zapping, qui est aussi l'époque de la culture en tranches, en extraits, dont on peut consommer ou stocker des échantillons. Les films de Blier sont comme des « compils », ces disques où l'on collectionne les morceaux les plus brillants d'œuvres musicales d'un genre ou d'un artiste. Les « compils » du vrai film de Bertrand Blier, qu'il ne fera jamais.

Il en ira de même avec *Trop belle pour toi* (1989). Inverser son triangle de base pour choisir une figure à deux femmes et un homme est, de sa part, plus audacieux sans doute que la transgression sexuelle du film précédent. Cette audace le laisse ensuite assez perplexe, il ne s'agit pas de passer dans le camp des femmes mais, de manière plus délicate et plus stylisée que dans *Calmos*, de décrire, du point de vue de l'homme seul, un monde où les femmes sont majoritaires. Le film développe à nouveau, mais de manière plus explicite et plus systématique, le thème de l'invivable condition masculine, vouée à une détresse sans fin. Son destin est de ne pouvoir se réaliser, même aux côtés de la compagne « parfaite » (Carole Bouquet), et d'aller chercher au-delà, vers une différence physique et une nouveauté sentimentale qu'incarne Josiane Balasko. En vain : l'homme (Depardieu, à nouveau) finira seul, exilé en ce bas monde. Un « bas monde » qui n'est pas le monde, mais une construction abstraite permettant au cinéaste d'organiser pour ses protagonistes une succession de raids réussis ou pas, où l'incongruité psychologique et l'invention verbale restent ses armes de prédilection. Après cette parabole épurée et amère, mais trop virtuose pour offrir la possibilité de partager un mal de vivre qu'il n'y a aucune raison de croire insincère, l'homme est, logiquement, soustrait de la figure de base au cours de l'étape suivante, *Merci la vie* (1991).

Il reste deux jeunes filles, Anouk Grinberg et Charlotte Gainsbourg, violemment jetées dans un monde en miettes, où l'espace, le temps, les sentiments et la logique ont volé en éclats — on retrouve, encore plus explicitement que dans les précédents films, la configuration du cauchemar. C'est aussi le premier film où le cinéaste se présente comme plus âgé que ses protagonistes, où il paraît en charge d'un stock — d'histoires, d'Histoire, de cinéphilie, d'inquiétudes — à trier à l'usage de la génération suivante. Blier a des leçons à donner (méfiez-vous, fillettes !), des regrets (qu'avons-nous fait de ce monde, de la liberté — sexuelle surtout — qui nous échut ?), et même un peu de métaphysique (le Mal est tapi dans tous les recoins, dans tous les « trous », des replis de la mémoire — Auschwitz — au vagin des jeunes filles — le sida — en passant par le regard des pères). *Merci la vie* est un film de terreur, terreur exercée à l'encontre des protagonistes comme du public, avec tout le brio qu'on connaît au réalisateur. Comme on sait, la terreur est rarement le chemin de la lucidité ou du partage. Celle qu'exerce le film n'est pas sans rapport avec les nouvelles formes du commerce de la peur : pas celle des anciens films d'horreur utilisant les recettes du conte baroque et des scénographies foraines des trains fantômes. Mais la peur sensitive, celle que procurent les nouveaux équipements des parcs de loisirs, avec leurs gigantesques constructions de « roller-coaster » conçues sur ordinateur, en attendant que les « rides » n'y substituent des images de synthèse connectées à des capteurs sensoriels portés par le public. Cette terreur avec laquelle joue Blier n'est pourtant pas, à nouveau, dépourvue de sincérité. Il a été par excellence le cinéaste de la désarticulation du récit et du sens, au profit de « tranches de spectacle » d'une efficacité qui lui suffisait, sans égard pour l'unité du monde, et en sacrifiant le rapport à l'autre. A l'ère du Programme, il se retrouve face à une atomisation beaucoup plus extrême, une « décomposition » qui n'est pas un pourrissement, mais au contraire la dispersion en minuscules éléments durs et brillants. Cette atomisation de la représentation est infiniment plus radicale que ce à quoi il était préparé, et qu'il peut « encaisser ». Il décrira cet état de délabrement (pour lui, pas pour ses successeurs aux commandes de l'esthétique dominante) dans *1, 2, 3, Soleil* (1993) : le délabrement du social, de la famille, de la cité, même de ce repère minimal que devrait être l'âge, l'évolution biologique réglée par le cours du temps. Confrontée à cette dispersion extrême, la protagoniste solitaire, ou plutôt isolée, quête même le viol comme un ultime (et infect) lien possible. Telle une camée en manque (de socialité), elle n'est plus qu'un atome parmi les atomes disjoints comme les numéros du titre. Bien que conçu pour mettre en valeur sa jeune interprète, Anouk Grinberg, *1, 2, 3, Soleil* ne peut que produire le résultat inverse : l'actrice y est comme punaisée en une série d'emplois types successifs qui, loin de la malléabilité d'Anne Parillaud dans *Nikita*, la désarticulent et la dévalorisent, et le film avec elle.

De film en film, on perçoit ainsi un désarroi croissant chez Bertrand Blier, face à un monde de plus en plus raréfié, de plus en plus émietté. Sans en faire une preuve irréfutable, moins encore un indicateur fiable pour l'avenir, la courbe des entrées de ses quatre films traduit la perte d'emprise de son cinéma : 3,1 millions de spectateurs pour *Tenue de soirée*, 2 millions pour *Trop belle pour toi*, 1 million pour *Merci la vie*, 400 000 pour *1, 2, 3 Soleil.*

Jean-Jacques Beineix lâche le Visuel pour l'ombre du sens

Après le succès à retardement de *Diva*, puis l'échec de *La Lune dans le caniveau*, Beineix est encore à la recherche d'une reconnaissance massive, indiscutée. Il l'obtiendra avec *37°2 le matin* (1986) : 3,6 millions d'entrées, un accueil quasi unanime de la critique, la récompense pour Gaumont d'avoir continué de faire confiance au réalisateur, le plaisir de révéler une jeune comédienne, Béatrice Dalle, et de confirmer un acteur, Jean-Hugues Anglade, que sa carrière zigzagante amène à participer à nombre de titres en vue (*L'Homme blessé, Subway, Nocturne indien, Nuit d'été en ville*) sans fixer son image dans l'esprit du public. *37°2* est une brillante illustration du cinéma du Visuel : un scénario confus et à la dramatisation très affectée, mais sans grande importance, dans la mesure où il sert de rampe de lancement à des scènes qui impressionnent profondément la rétine, scènes menées avec une énergie certaine, pimentées de clins d'œil modernes, rétro, loufoques, coquins, sanglants, etc. Les rouages s'enclenchent, on se dira après qu'il a dû être question, aussi, de la solitude de l'artiste et du mal d'aimer, mais franchement, pendant le film, ce n'était pas le problème.

Beineix, qui n'est probablement pas un adepte sans réserve du cinéma du Visuel qu'il pratique pourtant, va essayer ensuite d'inscrire plus de sens dans ses films. D'abord en construisant une parabole assez appliquée sur le don de soi au bénéfice de son art, autour de deux jeunes gens passionnés par le dressage de fauves. La première partie de *Roselyne et les lions* (1989), voyage d'un jeune couple vers sa vocation, est d'une innocence inattendue chez ce cinéaste. La seconde cherche et ne trouve pas le grand souffle lyrique de la rencontre entre la belle et les bêtes, d'où devrait jaillir triomphalement la magie du spectacle. Beineix est resté à mi-chemin, hors d'un cinéma du récit qui lui aurait permis de construire la relation entre la fille, le fauve, la piste et la lumière, pas assez manipulateur pour asservir comme des jouets ses principaux interprètes, Isabelle Pasco et les lions. Dans l'entre-deux, son savoir-faire technique s'illustre en impressionnants mouvements de caméra, mais ne lui sert à rien. Le film connaît un échec public très remarqué, après le triomphe de *37°2*. Ce sera pire avec le suivant, *IP5* (1992), fable démonstrative, à la fois confuse et naïve, où un vieillard entraîne un adolescent et un enfant noir des banlieues dans une longue promenade bucolique et initiatique, supposée leur faire retrouver le véritable sens des choses. Le vieil homme est joué par Yves Montand, comme si ce dépositaire d'un pan de l'histoire du cinéma fait de spectacle à l'ancienne (le music-hall) et d'idées (l'engagement) devait transmettre à la génération nouvelle un secret dont, manifestement, Beineix n'a pas idée — pas plus que sur des jeunes qu'il ne représente qu'au travers de clichés. Par une ironie macabre, Yves Montand meurt juste avant la fin du tournage, pratiquement dans les mêmes conditions que celles prévues par le scénario, le 9 novembre 1991.

La double disparition d'Yves Montand

C'est une étrange figure qui disparaît ainsi. Une vedette, à n'en pas douter, sans doute même la dernière grande vedette populaire française. Mais Montand est devenu sur la fin une vedette des médias plus que du grand écran ou de la scène, et est devenu un vieil homme. Son âge n'est pas en cause, mais le rôle d'« ancien » qu'il se donne désormais. On peut même dater la date de vieillissement de la « figure Montand » des dernières séquences du *Choix des armes*, il se montre plus vieux qu'il n'est dans *Garçon !*, et moins volontairement, dans *Tout feu, tout flamme,* puis se vieillit encore pour être le Papet de *Jean de Florette*, où il dira qu'il joue son propre père. Dans *Trois places pour le 26* (1988), le dernier film de Jacques Demy, il présente un bilan de sa carrière et de sa vie, qui par moments semble posthume, tandis que Demy peine à faire aller du même pas un scénario assez pervers autour d'une affaire d'inceste, une imagerie de revue de music-hall vieillotte et le narcissisme de sa vedette. Le plus mauvais film de la dernière période est pourtant celui où Montand ressemble le plus à ce qu'il est devenu : dans *Netchaïev est de retour* (1991), de Jacques Deray, il campe un vieux flic revenu de tout, et qui parle, qui parle du passé avec une componction de vieux sage pétri d'un bon sens un peu aigre, assez moralisateur. Montand, qui n'a jamais eu sa langue dans sa poche, même hors de la scène ou de l'écran, est à ce moment devenu, en tenant de semblables discours, une vedette de télévision. Ancien porte-drapeau des idéologies, il les pourfend désormais avec faconde, à la satisfaction générale : une star du show-biz fait tout de même meilleur effet qu'un expert ou un penseur, et inspire plus confiance qu'un politique, en ces temps de médiatisation et de défiance envers les savoirs comme envers les grandes idées collectives. Les grands sentiments individuels, qu'il sait si bien faire vibrer, ne suffisent-ils pas ? Après avoir expliqué aux Français l'économie mondiale en une leçon et la géopolitique à l'usage des inquiets pressés, il recevra en décembre 1987 la présentatrice de télévision devenue la première journaliste politique de France, Anne Sinclair, pour l'informer qu'après avoir mûrement réfléchi, non, finalement, il ne serait pas candidat à la présidence de la République. Le populisme convivial, le « bon sens près de chez vous » se sont trouvés, depuis, de moins bons chanteurs comme porte-parole — et ceux-là veulent vraiment devenir président de la République.

La mort d'Yves Montand provoque une grande émotion à travers le pays : son simplisme chaleureux, la manière dont il a su continuer à porter la mémoire d'une tradition populaire et généreuse, même recyclée par la machine à laver les idées télévisuelle, touchent les citoyens de plusieurs générations. Les citoyens, pas les spectateurs de cinéma : sa disparition aurait dû faire d'*IP5* l'occasion d'aller lui rendre un ultime hommage « chez lui », dans une salle de spectacle. Ce ne sera pas le cas. Et si la mémoire de la « figure Montand » demeure vive — comme le souvenir du chanteur —, il est significatif qu'en une époque prompte à tous les hommages, nul ne se soit risqué à organiser une rétrospective des films avec Yves Montand. Il y a fort à parier qu'une telle manifestation ne ferait pas courir les foules, pas plus que ne l'a fait le documentaire consacré par Jean Labib à la vedette (*Montand*, 1994). Deux hypothèses, non exclusives l'une de l'autre, pour expliquer un si rapide effacement : Yves Montand a tellement incarné une époque désormais révolue qu'il disparaît des esprits avec elle ; sa présence massive à la télévision à la fin de sa carrière a contribué à brouiller la mémoire qu'on gardait de lui. Ou, pour le dire autrement, Montand a été un personnage, de la Libération au milieu de années soixante-dix, mais d'être ensuite devenu une idole médiatique lui a sans doute ôté la part d'éternité à laquelle ont droit seulement les icônes populaires.

Louis Malle, le retour

L'Amérique, Francis Veber y est parti, Christophe Colomb aussi, Beineix et Besson [1] ont essayé en vain d'y travailler, Bouygues et Canal y ont laissé quelques plumes et quelques dents. L'Amérique, Hollywood, a été et reste un horizon pour tous les cinémas du monde. Il y vit une petite colonie française, dans l'attente non pas du contrat, mais de la confirmation du contrat que chacun a déjà avec une *major*. A l'exception de Maurice et (un temps) Jacques Tourneur, Hollywood n'a jamais fait bon accueil aux Français, et ceux-ci, Renoir compris, ne s'y sont jamais sentis à leur aise, en tant que cinéastes en tout cas. Il faut supposer qu'il existe une « idée française du cinéma », sans doute même une idée latine, ou catholique, du cinéma (le même sort est échu aux Italiens et aux Sud-Américains) rétive au moule hollywoodien dans lequel se sont glissés, et avec brio sinon toujours avec joie, bon nombre de cinéastes d'origine anglo-saxonne, germanique, nordique (des pays protestants) et des juifs d'Europe centrale — très peu de Slaves, pas d'Asiatiques, d'Arabes, d'Africains... Il faudra revoir un jour le cliché du melting-pot hollywoodien.

Cette expérience américaine, aucun cinéaste français ne l'aura sans doute tentée, dans la seconde moitié du siècle, avec autant d'obstination que Louis Malle. Il a réalisé plusieurs films aux Etats-Unis, dont trois produits par des *majors* (*La Petite*, 1978 ; *Crackers*, 1983 ; *Alamo Bay*, 1985), il a tâté de nombreux genres, le film d'époque (*La Petite*), le film noir et sentimental (*Atlantic City*, 1980), le thriller parodique (*Crackers*), le « film d'art » minimaliste (*My Dinner with André*, 1981), la fable politique (*Alamo Bay*). Tous n'ont pas été des échecs, aucun n'a été son ticket d'entrée dans l'industrie américaine — ses deux plus grandes réussites, *Atlantic City* et *My Dinner with André*, ne sont d'ailleurs pas des films de *majors*. On voit ensuite revenir Louis Malle avec deux documentaires, sans doute ce qu'il sait le mieux faire, bien que cet aspect soit toujours resté marginal dans son œuvre : *God's Country* (1986), puis *La Poursuite du bonheur* (1987). La manière dont Malle raconte, au début de *God's Country*, comment il s'est retrouvé par hasard échoué dans ce bled perdu du Minnesota, en 1979, et s'est rendu compte que ce qu'il avait de mieux à faire dans ce pays était de filmer la vie quotidienne sur place, puis comment il a éprouvé en 1985 le besoin de retourner prendre des nouvelles (mauvaises nouvelles) de ce petit morceau d'Amérique profonde, traduit un désarroi, une dérive que soulignera ensuite *La Poursuite du bonheur*, où est violemment mis en cause le mythe de l'Amérique terre d'accueil (c'est aussi le thème, sur le mode de la fiction, d'*Alamo Bay*).

1986 est l'année d'un double retour du cinéaste, en France et sur

1. Luc Besson a réalisé *Léon* aux Etats-Unis, mais c'est un film français.

lui-même, puisqu'il y commence aussitôt la rédaction du scénario d'*Au revoir les enfants* (1987). Le film est consacré à l'événement autobiographique auquel lui-même affirme accorder le plus d'importance : l'histoire de son amitié, pendant l'Occupation où il est élève dans un collège religieux, avec un condisciple juif caché par les Pères, et de la déportation de celui-ci. Pour reconstituer l'époque, Malle retrouve certains des partis pris visuels de Losey dans *Monsieur Klein* et de Truffaut dans *Le Dernier Métro* (l'absence de soleil, les « couleurs sans couleur »), mais multiplie les signaux personnels. Il fait directement allusion à la situation qu'il vient de vivre en projetant à ses collégiens *Charlot émigrant*, il cite *Lacombe Lucien* avec le jeune employé pauvre et disgracié de cette institution pour gosses de riches qui dénoncera les juifs à la Gestapo, il reprend le jeu des séductions et des reproches en direction de sa mère, et renoue avec la thèse de l'omniprésence du Mal, et de l'équivalence de ses manifestations — au fond des bois et dans les terreurs enfantines comme dans la guerre et le nazisme. Louis Malle est revenu chez lui, dans son pays, dans son enfance, dans son cinéma, et il le dit. *Au revoir les enfants* comporte pourtant deux éléments inhabituels et perturbateurs. D'abord le regard de Julien, qui représente le cinéaste alors enfant : lorsque la Gestapo cherche les juifs dans la classe, Julien jette un coup d'œil à son copain, désigne involontairement celui-ci au bourreau. Cette auto-accusation implicite du cinéaste, de son propre regard, renvoie Malle au milieu de son récit, d'une manière autrement troublante que toute la psychologie familiale plus ou moins scandaleuse dont le réalisateur se plaisait à user et abuser. Ce plan très bref est le plus gros risque de mise en scène pris par Louis Malle, hors documentaire, depuis *Le Feu follet*. Ensuite, le cinéaste enfonce le clou en venant personnellement expliquer en voix off, à la fin du film, combien cette histoire lui est personnelle et combien elle l'a marqué. *Au revoir les enfants* n'est pas l'histoire de Jean l'enfant juif, ni de Joseph le jeune délateur, encore moins de l'Occupation ou du génocide. Elle est celle de Julien Malle et du péché originel du regard. Ce coup d'œil et ce coup de tête sont trop délibérés pour ne pas traduire une authentique volonté de « se mouiller » dans cette affaire. Mais ils sont tellement en contradiction avec le reste du film que, sans passer inaperçus, ils sont désamorcés par un scénario et une mise en scène également rassurants, « consolateurs ». Le film connut d'ailleurs un succès considérable (3,4 millions d'entrées), qui consacra le « grand retour » de Louis Malle dans le cinéma français.

Poursuivant, sur un mode opposé, ludique et ensoleillé, la remise à l'heure de ses pendules personnelles déréglées par sa longue absence, Malle réalise ensuite *Milou en mai* (1989), portrait de groupe d'une bourgeoisie terrienne menacée par la ruine et la fin des liens traditionnels. Durant tout le début, Michel Piccoli emmène avec une belle santé cette comédie de mœurs un peu démonstrative. Une poignée de clichés est ensuite supposée figurer Mai 68, dont le film sait si peu que faire qu'il s'en évade vers un onirisme factice. La présence de Jean-Claude Carrière au scénario incitera à y voir un héritage buñuélien. C'est surtout une nouvelle preuve de la difficulté du cinéaste à quitter son petit théâtre des familles pour retrouver un contact avec la réalité sociale et historique.

On a affirmé au paragraphe précédent que Malle était revenu chez lui, dans son pays et dans son cinéma. Il faut apporter un correctif à ce retour : depuis 1963 (*Le Feu follet*), le cinéaste a réalisé treize longs-métrages de fiction. Aucun ne se déroule « ici et maintenant ». La plupart sont des reconstitutions historiques, les rares films contemporains sont tournés à l'étranger. Nouveau témoignage de cette difficulté à s'inscrire dans son temps et dans son lieu, Louis Malle s'exile à nouveau, à Londres cette fois, pour réaliser *Fatale* (1992). Le film n'a d'ailleurs que les apparences d'un sujet contemporain, il est placé tout entier sous le signe d'un artifice intemporel, renforcé par le fossé jamais comblé entre un romanesque très conventionnel et une mise en images sophistiquée. La réalisation glace la passion torride que le film est supposé raconter, la destruction des liens de la respectabilité familiale et sociale par une fascination suicidaire et sensuelle est un simple énoncé, jamais traduit en cinéma. Ces décalages empêchent cette histoire de désir, d'inceste transféré, de vengeance et de destin d'atteindre les hauteurs mythologiques auxquelles elle aspire. Ne reste que la description appliquée des ébats érotiques entre Jeremy Irons et Juliette Binoche, une nouvelle démonstration de la confiance aveugle que met le réalisateur dans le « scandaleux ».

Claude Miller et ses demoiselles

Après *Mortelle randonnée, L'Effrontée* (1985) représente pour Claude Miller à la fois une position de repli, vers une construction plus balisée, au romanesque plus conventionnel, et une ouverture, en misant pratiquement tout le film sur une jeune actrice débutante, Charlotte Gainsbourg (fille de Serge G. et de Jane Birkin). Sur un scénario (pour lequel on lui reprochera ensuite de s'être inspiré d'un peu trop près de *Frankie Adams* de Carson McCullers) opposant le monde réel d'une adolescente et celui des rêves adolescents incarnés par la jeune pianiste prodige que Charlotte rêve d'accompagner dans ses tournées internationales, le cinéaste pratique une curieuse mise en scène, qui tend à rendre tout aussi factice le quotidien de la jeune fille que le monde dont elle rêve, et qui se dérobera. Claude Miller paraît ne compter que sur son interprète pour créer un point de réalité à l'intersection de ces deux décors, et de fait Charlotte Gainsbourg y déploie une énergie digne de louanges. Elle est logiquement la grande triomphatrice du film, qui connaît un succès considérable (2,7 millions d'entrées).

Claude Miller retrouve ensuite Charlotte Gainsbourg en réalisant *La Petite Voleuse* (1988), d'après le scénario sur lequel travaillait François Truffaut quand il est mort. On ne saura évidemment jamais ce qu'en aurait fait Truffaut, ce que l'on devine du scénario à travers le film de Miller laisse entrevoir, à propos de ce double féminin d'Antoine Doinel époque *Les Quatre Cents Coups* (personnage que Truffaut avait à l'époque un moment imaginé de faire figurer dans son premier film), un éloge de la duplicité, un plaidoyer pour la nécessaire dérobade des enfants aux règles de vérité énoncées par les adultes. Et, au passage, un pied de nez à l'imagerie pieuse de lui-même que diffusent les médias et la profession. De cela, il ne reste rien dans le film réalisé par Claude Miller, où la transposition dans les années cinquante accentue cette tendance du cinéaste à transformer en faux tout ce qu'il filme — toujours avec la même délicatesse et la même élégance. A nouveau, au fil de ces larcins, de ces mensonges, de ces amours, de ces évasions, il reste Charlotte Gainsbourg. Mais la manière dont le réalisateur la met en scène conduit à un étrange phénomène : révoquer l'histoire elle-même — on ne voit plus la jeune Janine faire ceci et cela mais seulement l'actrice montrer comment elle joue les péripéties du script, et Miller montrer comment il l'observe exécuter cette succession de numéros. Le film devient ainsi une expérience fermée, entre eux : au mieux, par moments, un documentaire (involontaire) sur la relation cinéaste-actrice, le plus souvent une façon de tourner le dos à la fiction sans retrouver de prise avec une réalité partageable. *La Petite Voleuse* est, à ce titre, un film vraiment pervers, mais un film perdu aussi, quelque part entre romanesque et monde réel, entre les années cinquante et les années quatre-vingt aussi peu présentes les unes que les autres, entre Truffaut et Miller sans doute aussi. Ce qui ne l'empêchera pas de connaître également un succès appréciable (1,8 million d'entrées).

Adaptant ensuite *L'Accompagnatrice* (1992) du court roman cruel de Nina Berberova, avec Romane Bohringer remplaçant Charlotte Gainsbourg dans l'emploi de l'adolescente ultrasensible, Claude Miller trébuchera dans le vide qui se creusait sous ses pieds durant les précédents films, par incapacité à construire un lien entre la jeune comédienne telle qu'il la voit et une histoire ayant quelque consistance. Il ne reste qu'une reconstitution décorative et creuse, dont on cherche vainement l'enjeu.

On regrette d'autant plus qu'il ne soit pas parvenu à mettre sur pied son projet de filmer *La Vie parisienne* d'Offenbach, que devait produire Daniel Toscan du Plantier : l'artifice donné d'emblée l'aurait sans doute dédouané de ce qui semble peser de plus en plus sur son cinéma dès lors qu'il se met en situation de devoir lui donner une raison d'être réaliste. Au lieu de quoi, Claude Miller réalise *Le Sourire* (1994), qui se veut une vigoureuse affirmation des droits du désir et de la passion, et se transforme en un déprimant exercice de voyeurisme proche d'une sénilité qui, n'étant pas celle du réalisateur, laisse entendre qu'elle pourrait correspondre à l'état du cinéma auquel il appartient.

Impuissance de la chair et résistance de la pellicule

Il se dessine, en effet depuis le milieu des années quatre-vingt, une veine « vieux cochon » dans le cinéma français, dont Pierre Granier-Deferre serait le premier représentant avec *Cours privé* et sa manière de mater la chair fraîche d'Elisabeth Bourgine. On la retrouve à des degrés divers dans l'emploi que fait Bertrand Blier d'Anouk Grinberg, dans celui de Claude Miller avec Charlotte Gainsbourg, et de manière différente chez Leconte dans *Le Mari de la coiffeuse*, *Tango* et *Le Parfum d'Yvonne*, et également dans *Lune de fiel* (1992), naufrage pseudo-érotique ourdi par Roman Polanski. Ces films mêlent une lubricité « gauloise » à une irrévérence du vocabulaire et de la logique dont Bertrand Blier reste le grand inspirateur. Ils se situent surtout, tous, et de manière hélas très significative, sous le signe de l'impuissance — sexuelle, sentimentale et cinématographique. Le signal commun envoyé par ces films, cherchant une ultime jouvence dans la consommation de fraîches donzelles ou se résignant à ne les observer que de loin, est qu'ils se sentent vieux. Et bien que le regard posé par Jean-Jacques Beineix sur Isabelle Pasco, et celui posé par Louis Malle sur Juliette Binoche, soient d'une autre nature, on retrouve au bout du compte la même incapacité à la fois à rendre justice aux jeunes femmes, et à en obtenir ce qu'on en espère.

Mieux ancrés dans la tradition du cinéma, d'autres metteurs en scène vont au contraire conserver, ou parfois retrouver, une force en se restituant sur la carte cinématographique, moins du fait de leur évolution que parce c'est la planète des images elle-même qui a bougé. Ainsi d'Alain Corneau, qu'on a vu, avec *Nocturne indien* et *Tous les matins du monde*, retrouver le chemin d'un cinéma personnel et sans complaisance même si, dans le deuxième film, il semble se glisser dans le cadre de la grande forme culturelle. Ainsi, également, de Bertrand Tavernier et de Claude Sautet dont on a déjà souligné combien, malgré les distances qui les séparent, leurs démarches nous paraissent parallèles. Si, durant la décennie 1984-1994 leur cinéma évolue sans subir de transformations fondamentales (ce sont des auteurs, chacun d'eux poursuit une trajectoire qui reste très cohérente), le regard porté sur leurs films, en revanche, se transforme. Plus le monde des images tend à marginaliser le cinéma auquel appartiennent Corneau, Tavernier et Sautet, plus ceux-ci deviennent par contraste une présence polémique, différente. Alain Corneau, Bertrand Tavernier et Claude Sautet ne sont pas, et ne seront jamais des cinéastes modernes. Mais ce sont des metteurs en scène de cinéma, le déplacement des lignes de clivage, passées de l'intérieur du cinéma à la séparation entre cinéma et Programme, les a, *de facto*, rapprochés de ceux qu'on a pu tenir jadis pour leurs adversaires.

Bertrand Tavernier rouvre les portes

Bien que fort distinct, le cinéma de Bertrand Tavernier partage avec celui de Louis Malle cette difficulté à se situer au présent et chez lui, face à ses propres histoires. Et comme Malle, Tavernier fait de trop rares détours par le documentaire, où il trouve pourtant chaque fois, outre des réussites dans les films eux-mêmes, une reprise de contact bénéfique pour poursuivre dans la fiction.

Tavernier consacre la fin des années quatre-vingt à trois films d'époque, mais d'époques très distantes les unes des autres. *Autour de minuit* (1986) s'inspire directement de la rencontre et de la relation passionnée, au début des années soixante, entre le grand pianiste de jazz en exil Bud Powell et un jeune amateur, Francis Paudras. A l'écran, le musicien est devenu le saxophoniste Dexter Gordon, et le jeune homme enthousiaste est joué par François Cluzet, dans un Paris reconstitué en studio par Alexandre Trauner. Outre Dexter Gordon, Tavernier s'est entouré de nombreux bons jazzmen (Billy Higgins, Wayne Shorter, Herbie Hancock, Ron Carter, John McLaughlin, Pierre Michelot, Bobby Hutcherson, Lonette McKee) : le film se veut à la fois un hommage à une musique que le réalisateur connaît et apprécie, et une réflexion sur le phénomène d'admiration pour les artistes, ou même la possibilité d'intervenir dans la vie d'autrui. Avec en filigrane un thème qu'on retrouvera souvent dans les chapitres suivants : la tentative d'un protagoniste de devenir un personnage, ici en se nourrissant du génie et du malheur d'un héros défait, et en lui offrant en échange de l'amour et des repères. Soit la demande et le don du « jazzophile » vis-à-vis du grand musicien, mais aussi la demande et le don du cinéphile que reste Tavernier, vis-à-vis de maîtres qui lui inspirent respect et compassion. Pour traiter ces enjeux complexes, alourdis par le choix de la reconstitution d'époque, le jazz aurait pu fournir l'énergie suffisante. A condition de le laisser faire. Au lieu de quoi Tavernier se dépense beaucoup pour fabriquer ce qui devrait naître naturellement, pour mettre en scène ce qui existerait mieux s'il se contentait de l'enregistrer, notamment durant les séquences musicales. La manière dont il multiplie les clins d'œil et les allusions ne fait que disperser et figer à la fois un film qui n'atteint pas la fluidité ouverte du morceau de Thelonius Monk auquel il emprunte son titre.

Le cinéaste s'enferre plus gravement encore avec *La Passion Béatrice* (1987), reconstitution médiévale dont la minutie ne sert nullement la crédibilité, fable sur l'effondrement des valeurs dans un monde où règne la confusion, un des thèmes de prédilection de Bertrand Tavernier. Mais ce thème se traduit cette fois en affrontement entre autodestruction et pureté rédemptrice dont le cinéaste ne sait comment se dépêtrer, et moins encore comment le filmer. Un peu à la manière d'*Un dimanche à la campagne*, le film suivant de Tavernier, *La Vie et rien d'autre*, trouve brusquement le bon équilibre entre ces idées, ces images et ces événements qui tous passionnent le réalisateur, mais qu'il a souvent du mal à filmer à l'unisson. Ici, la situation, dès le départ artificielle, absurde même, mais dont le film impose d'emblée la véracité historique, contribue sans doute à rendre convaincant ce qui, dans d'autres films, passait pour fabriqué : pour la cinquième fois convié à tenir le premier rôle par Tavernier, Philippe Noiret campe un officier de l'armée française occupé à dénombrer les morts non répertoriés de 14-18, en tentant de les identifier. Cette tâche a cessé d'être une mission pour devenir une obsession en même temps qu'un devoir moral, alors que le pays préfère oublier la guerre et ses cadavres, au prix de quelques gerbes et de quelques monuments. La situation à la fois ubuesque, macabre et archétypale dans laquelle se trouve le personnage permet la construction d'un vrai « récit », parvenant d'autant mieux à doser le factuel et le symbolique que le jeu si particulier de Philippe Noiret trouve ici pleinement son emploi. Cette construction entre Histoire et métaphore autorise, appelle même l'irruption du romanesque figuré par Sabine Azema. Elle permettra au film de suivre sans ambages la coutume de fiction, qui veut qu'entre la veuve de guerre et le colonel maniaque se noue une idylle.

Cette attention aux morts, ce sentiment d'un devoir de non-indifférence envers eux fait penser à Truffaut, le comportement du colonel Noiret évoque une double inquiétude, celle du citoyen et celle du cinéphile : ni l'un ni l'autre n'acceptent de passer par pertes et profits ce qui a été, ceux qui se sont battus et ce pour quoi ils s'affrontaient. Dans l'ombre du tunnel d'où émerge le personnage au début, il y a l'histoire de France, et une cinémathèque. Dans le labeur obsessionnel du militaire, on reconnaît le côté « archiviste fou » du cinéphile Tavernier, et sa raison d'être : une passion profonde pour le cinéma comme histoire vivante, et dont il n'admet pas qu'on la raie d'un trait, pour « passer à autre chose », au business de l'ère du Programme qui sait si bien s'arranger avec quelques cérémonies commémoratives.

Avec *La Vie et rien d'autre*, Tavernier est plus près de la mélancolie que de la nostalgie, il y trouve une force de stylisation qui lui a souvent manqué, et une âpreté qui n'a rien de rhétorique. La conclusion optimiste, soulignée par l'arrivée *in extremis* d'un rayon de soleil et par le titre du film, renvoie à la fonction de bouée de sauvetage que le film attribue au romanesque. Il y a du compromis commercial, « consolateur », dans cet aspect du film, mais aussi un irréalisme assumé, qui rappelle la fin paradisiaque de *La Mort en direct*. La fiction salvatrice relève désormais de la revendication.

La mélancolie, Bertrand Tavernier aura plus de mal à en retrouver la note ténue dans le jeu triangulaire qu'il organise ensuite entre Dirk Bogarde, Jane Birkin et Odette Laure pour *Daddy Nostalgie* (1991). Il est question de la mort à nouveau, qui arrive inéluctablement, et comme il devient fréquent dans les films de cette époque, il fait froid bien qu'on se trouve sur la Côte d'Azur. Même si la psychologie alourdit ce film tout entier voué à une évocation musicale des détails qui auront fait le prix d'une existence qui se termine, *Daddy Nostalgie* tente sur un mode très léger, et plus individualisé, de tenir le même genre de recension du passé que celle effectuée par Noiret sur un plus grand pied dans le film précédent.

C'est ensuite Tavernier lui-même qui se met dans une situation comparable à celle de son colonel, lorsqu'il entreprend, en compagnie de l'écrivain Patrick Rotman, le vaste documentaire *La Guerre sans nom* (1992). Il ne s'agit pas de compter les morts, mais de dresser le relevé des blessures, traumatismes, souvenirs refoulés et colères enfouies chez les soldats du contingent français depuis la fin de la guerre d'Algérie. Bien qu'il en donne l'une des meilleures évocations jamais effectuées par le cinéma, le film n'est pas « sur » la guerre d'Algérie elle-même, il est « autour » de ces silences, et proteste contre le renoncement collectif à prendre cette mémoire en compte, comme contre le refoulement individuel du nécessaire partage des épreuves. Véritable travail civique, *La Guerre sans nom* souligne la solitude, voire la folie qu'engendre cette attitude au niveau des individus, en suggérant clairement des effets équivalents au niveau social. En choisissant pour sujet ceux qui étaient, du point de vue du réalisateur, du « mauvais côté », celui des colonisateurs, Tavernier se préserve cette fois de toute nostalgie. Ce parti pris donne sa raison d'être contemporaine à un film qui, pour relever du documentaire, n'en est pas moins très mis en scène, que ce soit dans la manière dont sont filmés les gens interrogés, dans l'insertion anti-cliché de prises de vues en Algérie, dans l'utilisation de photos, dans la bande-son ou le montage. Négligeant avec ostentation tous ceux qui font métier de fabriquer du discours sur les faits (hommes politiques, historiens, journalistes, personnalités en tout genre, d'« époque » ou d'aujourd'hui...), *La Guerre sans nom* se veut l'histoire des gens sans nom telle qu'eux-mêmes, longuement interviewés, la racontent. Il s'agit de traquer, à partir d'un cas historique, le phénomène de « déréalisation », de clivage entre les réalités vécues et leurs représentations mises en circulation. La réalité n'a pas été travestie, l'affaire ne relève pas de la vieille discussion du vrai et du faux ; elle a été vidée de sa substance, mais au cours d'un processus long et dont on peut parler. Alors que le fonctionnement moderne de révocation du monde par les médias électroniques produit le même effet, mais à toute vitesse (celle de la lumière, des électrons), et qu'il n'y a ni possibilité ni besoin d'en parler.

La même année, Bertrand Tavernier présente après ce documentaire très construit une construction de fiction très documentée, *L.627* (1992). Brechtien comme il ne l'avait jamais été, le cinéaste dessine sur l'écran le cadre du genre (policier) dans lequel il s'inscrit, pour y raconter un double décalage : entre le récit officiel (à la fois celui des politiques et celui des fictions policières) et les conditions de travail des flics parisiens de la brigade des stups, et entre le monde clos et paranoïaque du travail policier et un reste du monde qui semble hors d'atteinte. Très bien secondé par ses acteurs, notamment Didier Bezace et Charlotte Kady, Tavernier construit patiemment, avec une obstination où ses quelques concessions aux clins d'œil font figure de péchés véniels, un dispositif fermé sur lui-même : celui du travail, du travail industriel « traditionnel », celui de l'activité répétitive et toujours à recommencer, absurde, épuisante mais susceptible d'une certaine éthique. Les flics de *L.627* sont des prolétaires, agissant au cœur d'un monde désormais régi par d'autres règles, un autre code, et en porte à faux avec lui, un monde avec lequel le protagoniste principal s'épuise à essayer de faire lien.

On peut y voir une métaphore de l'infatigable activité que déploie Tavernier lui-même, au service du cinéma tel qu'il l'aime et le défend — Bertrand Tavernier se verrait volontiers en successeur de François Truffaut dans ce rôle de « berger » qu'on l'a vu assumer au début des années quatre-vingt. Porte-parole plein de faconde des réalisateurs, directeur de l'Institut Lumière à Lyon, auteur de plusieurs livres parus coup sur coup, Tavernier intervient aussi comme producteur (du documentaire-fleuve de Marcel Ophuls, *Veillées d'armes*, 1994), il reprend au pied levé la réalisation de *La Fille de d'Artagnan* (1994), avant de mener à bien, la même année, son propre projet, *L'Appât* (1995).

Claude Sautet, après la fin

Arrivé au bout de la trajectoire qu'a été pour lui la succession de films qui va des *Choses de la vie* à *Une histoire simple*, Claude Sautet est resté plus longtemps que d'ordinaire sans filmer. Il revient avec deux films symétriques, l'un joyeux et l'autre sombre. Il y abandonne la chronique de sa propre génération, dont il a fini de montrer les impasses, qu'il a accompagnée jusqu'au-delà de sa faillite, dans un *no man's land* dont il ne sait plus que faire, fût-il enluminé de lampions comme le terrain de jeux à la fin de *Garçon !* L'arrivée de la gauche au pouvoir, et ce qu'elle y fait, lui a ôté ses dernières illusions, il ne se fera pas faute de le laisser entendre au détour de ses dialogues.

Quelques jours avec moi (1988), puis *Un cœur en hiver* (1992) sont deux films d'après la fin du monde, de son monde, qui laisse place à un espace de fables morales peut-être surannées, mais vigoureuses. Sautet aussi est dorénavant au-delà de la nostalgie, dans une sorte de liberté abstraite. Le premier film relate comment un jeune homme déjà en marge de son propre univers, *« étranger à lui-même et au monde »* dira le cinéaste, retranché dans une sorte de loufoquerie mutique et indifférente, n'y prend pied que pour trahir sa dynastie de grands commerçants au profit d'une fille de rencontre, mi-soubrette mi-loubarde, à laquelle rien ne le relie que le pur parti pris romanesque d'un amour fou. Il ira en prison pour elle, ils se retrouveront à la fin, tout le film est porté par une sorte de jubilation de ne plus avoir à « rendre compte ». De sa déliaison avec la sociologie au profit de la possibilité « d'en raconter une bien bonne », l'état des choses ayant rendu caduque la possibilité de jouer les chroniqueurs d'un temps qui se satisfait de miroirs électroniques et complaisants. Comme Martial (Daniel Auteuil), *« ce type vide »*, Sautet déroge, s'encanaille et s'amuse, d'évidence il aime ça comme son personnage aime Francine – Sandrine Bonnaire, fort aimable au demeurant. Martial lui dit : *« Vous êtes la première personne à qui j'ai envie de parler depuis des années. »* Sautet filme comme si c'était la première histoire qu'il aurait eu envie de raconter depuis des années. Claude Sautet développe un jeu ambigu avec la « qualité française », sa mise en scène en fait partie à de nombreux égards, le saccage par ses deux protagonistes d'un monde ordonné, policé, provincial, est une figure de base de l'anticonformisme convenu qui était celui du cinéma français académique et, en même temps, une joyeuse charge contre ces lourdeurs-là aussi, menée avec la complicité d'une jeune génération de comédiens contre une tradition qu'incarnent Danielle Darrieux, la mère de Martial, et le couple Jean-Pierre Marielle-Dominique Lavanant, les employeurs de Francine.

Cette bonne humeur « en apesanteur », cette euphorie du vide, laisse place au film très noir qu'est – le titre n'en fait pas mystère – *Un cœur en hiver*. Ce sera le portrait, sans issue cette fois, sans le recours au romanesque, sans même laisser à la musique, qui ne demandait qu'à remplir cette fonction, la possibilité de rétablir un lien entre Stéphane (à nouveau Daniel Auteuil, à nouveau remarquable) et le monde. Le parallèle entre l'artisanat d'art que pratique celui-ci, la lutherie, et l'artisanat du cinéaste souligne d'amertume la façon dont Sautet décrit comment le jeune homme ne pourra pas aimer la violoniste Emmanuelle Béart — pourtant tout à fait digne, elle aussi, d'inspirer pareil sentiment. Significativement (et en droite ligne du thème cher à Truffaut qu'on a vu à l'œuvre chez Tavernier dans *La Vie et rien d'autre*, ou chez Corneau dans *Tous les matins du monde*), le seul acte de générosité de Stéphane est lié à la mort, avec laquelle il *« sait y faire »*, comme avec ses limes et ses vernis : son ancrage dans les choses et dans le mythologique le retranche du monde. Tout aussi significative est l'antipathie profonde qu'inspire, sans motif explicite, l'associé d'Auteuil (André Dussollier), « bien de son temps », en phase avec un mode d'existence contemporain qui devient peu à peu dérisoire et méprisable sans raison apparente.

Cette noirceur délibérée, sans échappatoire, on l'a vue se manifester chez d'autres cinéastes parvenus eux aussi au-delà de leur « territoire naturel », de par leur propre évolution mais surtout par celle du statut du cinéma lui-même tel qu'ils ont essayé de le pratiquer : c'est le jansénisme de Sainte-Colombe dans *Tous les matins du monde*, c'est la détresse minérale de *Monsieur Hire*, c'est la rétractation d'un cinéma qui, lorsqu'il ne s'évade pas par un coup de force romanesque comme la fin de *La Vie et rien d'autre* ou comme *Quelques jours avec moi*, prend note — avec un temps de retard sur « le repli sur soi » des auteurs modernes évoqués dans le livre précédent — de son état désormais confiné aux marges de la vie sociale. Il n'empêche que d'ores et déjà, sur la grande carte du monde des images, des cinéastes comme Bertrand Tavernier, Claude Sautet et Alain Corneau se retrouvent bien proches des auteurs modernes, tout simplement parce que eux non plus n'ont pas renoncé à une « certaine idée », ouverte au monde, du cinéma.

Deuxième partie

LES AUTEURS MODERNES : DE LA RÉSISTANCE À LA NUÉE

« Dans une salle de spectacle,
l'art sort des spectateurs. »
Henri Langlois.

Chapitre 1

POUR NE PAS EN FINIR AVEC LA QUESTION MODERNE

Avant de raconter ce qu'il advient de ceux qui, tout au long de notre histoire, ont été les porteurs de la modernité cinématographique en France, il faut revenir sur l'emploi par trop désinvolte que nous avons fait jusqu'à présent du mot « moderne ». Ce mot lui-même n'est pas moderne, il date du milieu du XVe siècle. Il possède, pour le domaine qui nous occupe, trois sens différents, qui tous les trois conviennent à ce qui s'est produit dans le cinéma entre Rossellini et la Nouvelle Vague – c'est pourquoi on ne s'était pas senti jusqu'à présent obligé de l'analyser plus avant.

Le premier sens de « moderne » est « historique », il appartient à la grande périodisation en vigueur dans l'histoire européenne, qui fait débuter les « temps modernes » à l'époque des Lumières, au XVIIIe siècle. Cette époque, pour ce qui nous concerne le plus directement, est celle qui affirme la priorité du goût individuel sur la référence à un Beau absolu et, personnalisant la création de l'objet d'art comme sa perception, institue l'« art » au sens qu'on donne depuis à ce terme [1] en même temps que la figure de l'« artiste ». Le deuxième sens de « moderne » est son emploi dans l'expression « art moderne » appliquée à la peinture : elle définit le genre de tableaux qu'on verra dans un « musée d'art moderne ». L'événement fondateur est ici l'invention de la photographie qui, en délivrant les peintres de l'obligation de reproduire la nature (ou en les supplantant dans cette activité), les amène à un travail réflexif sur leur art lui-même et les moyens employés, travail qui va de l'impressionnisme à l'abstraction et à l'art sans peinture hérité de Duchamp. Le troisième sens, issu du langage courant, se réfère à l'époque qui commence au lendemain de la Seconde Guerre mondiale, considérée communément par les contemporains de la période que nous avons traitée comme une « nouvelle

1. Luc Ferry s'est fait l'historien de cette mutation dans *Homo aestheticus,* Grasset, 1990.

époque », avec ses moyens modernes de transport et de communication, son confort moderne, etc. Définition plus subjective, mais bien ancrée dans les mentalités. Il tire au moins une certaine légitimité du titre de la revue fondée en octobre 1945 par Sartre, Beauvoir, Merleau-Ponty et Aron, *Les Temps modernes.*

Des trois acceptions du mot « moderne », c'est cette dernière qui est la plus évidente, appliquée au cinéma : sa modernité se dessine après la fin du deuxième conflit mondial et en est dans une certaine mesure issue *(Rome ville ouverte, Allemagne année zéro...).* Elle est contemporaine d'une nouvelle génération, de nouvelles mœurs, de nouvelles techniques. Mais elle opère sur le cinéma une révolution au sens de l'« art moderne » : elle fait du cinéma un outil pour interroger sa propre légitimité et ses moyens d'opérer, acquiesçant à la question de Paul Valéry : *« Pourquoi ne concevrait-on pas la production d'une œuvre d'art comme une œuvre d'art elle-même ? »* On a vu la mise en Grand Récit de l'activité de production, dont Toscan du Plantier fut le héraut, apporter une réponse différente, mais aussi affirmative. La modernité en ce sens, celui de l'« art moderne », est une perte de l'innocence de l'âge classique durant lequel le cinéma, à de rares exceptions près, ne doutait pas de son bon droit à empoigner le monde ni à raconter des histoires « comme cela lui venait » [1]. Si la photographie a obligé la peinture à se remettre en cause, le cinéma a plutôt anticipé sa propre remise en question, liée à la montée en puissance de la télévision (dont il ne sera pas surprenant que les « pères de la modernité », Rossellini et Renoir, soient des défenseurs). En effectuant ce travail sur lui-même, en perdant son innocence, le cinéma se coupe en deux : la modernité, qui le fonde comme art, l'exclut en même temps du contact de plain-pied avec le grand public, de la même manière que la peinture cesse de répondre à la demande naturaliste de la majorité avec l'impressionnisme et plus encore le cubisme, ou que la musique dite « classique » cesse, à partir de Schönberg et Stravinski, de répondre à la demande mélodique des masses. L'art, de ce point de vue, est expérience, il interroge et il dérange. Il ne « console pas », pour reprendre le mot d'Umberto Eco. On a suivi, au cours des années soixante et soixante-dix, l'élargissement de ce gouffre, celui-là même qu'a combattu François Truffaut jusqu'à y descendre pour tenter de l'intérieur d'en tenir les deux parois, avant d'y être englouti. Cette cassure isole le cinéma moderne, confine ses auteurs à la solitude et ses films à un risque d'asphyxie par manque de respiration sociale. Elle tend aussi à priver l'« autre côté du cinéma » d'une part essentielle de ses forces les plus vives.

Quant à la première acception du mot « moderne », celle des

1. Rappelons qu'il s'agit ici du cinéma français. Ce commentaire, même s'il pourrait s'appliquer à de nombreux autres pays, n'est pas entièrement généralisable à toutes les cinématographies. Une périodisation du cinéma soviétique, par exemple, donnerait de tout autres résultats.

Lumières (avec un « s »), elle correspond à un renversement de la mythologie sociale, remplaçant les grands récits fondés sur la tradition et le passé (l'âge d'or, l'éden) par un grand récit fondé sur le progrès et l'avenir (la démocratie, la révolution). Historiquement, cette mythologie au futur meurt à Auschwitz, et Hiroshima lui donne le coup de grâce. Il faudra quelque quarante ans – *grosso modo,* de la fin de la seconde Guerre mondiale à la fin de la contestation post-soixante-huitarde et à la chute du mur de Berlin – pour que cette perte entre dans les esprits. Pour que s'efface la croyance dans l'action collective en vue d'un monde absolument meilleur, ce monde annoncé par les philosophes du XVIIIe siècle et dont la Révolution française, les socialistes utopistes, les communistes, les chrétiens sociaux ont répété la promesse. Quarante ans, ce n'est pas si long, pour pareil traumatisme, traumatisme d'autant plus grand qu'il n'est remplacé par rien d'équivalent. Pour la première fois depuis qu'elle existe, l'humanité serait en situation (c'est loin d'être achevé, il est possible que cela ne le soit jamais) de vivre sans grand mythe explicatif de l'ordre du monde et justificatif de la présence de chacun sur terre. L'ironie est ici que le cinéma moderne naît au moment où se termine l'époque moderne, remplacée par ce qu'on appelle, faute de mieux, l'époque post-moderne (ou l'« ère du vide », selon le titre du livre de Lipovetski) : mutation dont un sociologue comme Jean Baudrillard s'est fait le chroniqueur attentif, mi-amusé et mi-catastrophé. Considéré ainsi, le cinéma est en porte à faux par rapport à l'Histoire, il effectue sa révolution moderne selon un schéma inspiré d'une époque qui s'éteint, en bénéficiant du temps de latence, de l'inertie sociale et imaginaire qui sépare l'événement (la mort d'une idée de civilisation) de son inscription dans le réel. Les années quatre-vingt correspondent à la mise en place du régime de communication et de représentation (ou de ce qui en tient lieu, la terminologie vient de la période précédente) correspondant aux temps post-modernes : ce que nous avons appelé le Programme.

Cependant l'une des particularités de cette nouvelle époque est d'être, autant qu'elle le peut, utilisatrice et non pas destructrice de ce qui l'a précédée. Sauf péril extrême, la table rase est pour elle une ânerie contre-productive, la contrainte un pis-aller. Le monde postmoderne est, au sens strict, la plus totalitaire de toutes les constructions sociales : elle se veut capable de tout accepter, de tout utiliser, de tout conformer, rien ne lui échappe ni ne la menace, tout lui sert. A cette emprise molle mais absolue, de Debord à Baudrillard et à Lyotard, quelques penseurs tentent d'opposer l'hypothèse fragile d'une résistance « virale », « instantanée », « contingente », « ludique », perdue dès qu'elle s'organise et se formule.

Le cinéma a essuyé de plein fouet l'une des conséquences de l'avènement du postmoderne, la fin du rapport conflictuel et fondateur à l'« Autre », à celui ou cela qui n'est pas moi, et qui n'est pas nous. Toute une réflexion qui court à travers le siècle, de Segalen à Bataille, à Malraux, à Levinas, à Marc Guillaume et à Jean-Luc Nancy, a entretenu le feu d'une vigilance vitale sur cette question. Cette question est en passe d'être réglée, comme le démontrent notamment les travaux de l'urbaniste Paul Virilio sur la vitesse et le « temps réel » : cette présence de tout à tout et de chacun à chacun tend à abolir les distances dans le temps et dans l'espace, et donc la différence, la possibilité d'un Autre sans lequel il n'est ni individu, ni communauté, ni éthique. L'audiovisuel, les images de synthèse, le Programme, le spectacle planétaire privé de la barrière symbolique de la rampe sont des agents privilégiés de cette évolution. De manière dispersée, en contrebande de leur propre valorisation culturelle comme des nécessités économiques auxquelles ils sont confrontés, les cinéastes modernes sont, peut-être, partie prenante d'une résistance « virale ». Cela reste une hypothèse, guère plus, et par définition une hypothèse invérifiable. Mais c'est l'enjeu, jamais complètement perdu ni gagné, non pas de l'existence de « quelque chose nommé cinéma », mais de la survie active de ce qu'a représenté le cinéma dans sa singularité.

Il n'est donc pas surprenant de retrouver, au terme de ce volume et bien que les conditions historiques aient été bouleversées, un vieux clivage mis en évidence au début. On a vu se reconstituer peu à peu, des Etats généraux de Mai 68 au G.A.T.T., une sorte de néo-corporatisme, non plus structuré face à l'Etat mais avec lui. Cette « sainte alliance cinématographique » détient une puissance de pression sans commune mesure ni avec son poids économique, ni avec son importance numérique, ni avec la place qu'elle occupe dans les loisirs de masse. Elle est capable de se faire entendre aux côtés de l'audiovisuel lorsque, sur une base nationale, leurs intérêts à court terme sont communs, contre lui lorsqu'ils entrent en rivalité. A de rares exceptions près, les grands auteurs du cinéma français ne se sont pas mêlés à cet activisme. Historiquement, leur absence s'explique par le fait que le cinéma moderne s'est constitué, à la fin des années cinquante, contre les corporatismes d'alors. Ces cinéastes restent méfiants envers toute structure commune, ils n'ont d'ailleurs jamais cherché à faire école. Les auteurs modernes sont des artistes, chacun d'entre eux est une exception, un « cas ». Ils peuvent à l'occasion passer des alliances ou nouer des connivences, mais profondément ce sont des solitaires. Stratégiquement, leur comportement est plus paradoxal : sans la survie globale « du » cinéma en France, à moyen terme la plupart des films vraiment audacieux et personnels cesseraient eux aussi de se faire, et *a fortiori* de susciter une relève viable parmi les générations suivantes.

Mais, à court terme, un grand nombre d'auteurs ont stabilisé un microsystème qui leur permet de continuer à travailler : aucun n'accuse une baisse de rythme notable durant cette période — ceux qui n'ont pas su ou pas voulu se constituer de microsystème palliant ce manque par une débauche d'énergie qui fait souvent d'eux les plus prolifiques des réalisateurs français. Et les rapports de forces sont désormais tels que leur labellisation comme « grands noms » du cinéma mondial les rend plus nécessaires aux militants « du » cinéma que ces défenseurs ne sont nécessaires aux auteurs.

Lorsque, le 7 mars 1987, les Césars décernent une récompense honorifique pour l'ensemble de son œuvre à Jean-Luc Godard (à défaut de l'avoir jamais primé pour un de ses films), la situation est claire : ceux qui assistent à la cérémonie, dans leur immense majorité, détestent les films de Godard, ils les détestent d'ailleurs désormais sans aller les voir. Mais ils ont besoin du nom de Godard, qui donne du lustre au blason de la « grande famille du cinéma ». Et Godard leur répond en jouant un rôle de clochard céleste qui ne lui va pas mal, et en les appelant — l'expression fera fortune — les *« professionnels de la profession »*. On emploie le terme comme une manière rigolote pour signifier les « professionnels du cinéma », alors qu'elle dit clairement ce qu'elle veut dire : elle désigne ceux qui font profession d'être des professionnels, ceux pour qui la reconnaissance d'activité « dans le cinéma » prime sur le fait de faire effectivement des films. A ceux-là, ni Rohmer, ni Rivette, ni Pialat, ni Chabrol, ni Garrel, ni Téchiné, ni Doillon, ni Resnais, ni Cavalier ne se mêlent, bien que « ceux-là » se dépensent beaucoup pour qu'ils puissent continuer à travailler (et invoquent leurs saints noms pour justifier leur activisme).

A ces différences d'approche, d'idée de soi-même et de rapport aux autres, il faut ajouter encore un élément. On a dit que la télévision était devenue le véritable producteur, au sens fort (pas uniquement financier), du cinéma. Mais, dès la deuxième moitié des années quatre-vingt, « la télévision » tend à devenir un terme générique aussi discutable que « le cinéma » : à l'étrange lucarne républicaine, démocratique et autoritaire en même temps, jacobine, qui délivrait le même programme (ou des programmes similaires) sur plusieurs chaînes publiques, hertziennes, familiales et destinées à la nation tout entière considérée comme un tout, se substitue une déclinaison de plus en plus fine, visant des publics sectoriels. La télécommande et son corollaire, le zapping, et au même moment Canal Plus ont ouvert la voie. Ce n'est pas celle suivie par la Cinq, et elle est morte d'avoir doublonné avec les trois premiers canaux. Mais la sixième chaîne, puis la Sept, le magnétoscope à sa manière un peu différente, et enfin et surtout l'essor du câble, tardif mais inéluctable, poursuivent cette évolution. Elle ne va pas vers une véritable diversification, en ce sens « la » télévision, et le rapport au monde qu'elle instaure, celui du Programme, existe bien ; elle va vers une emprise de plus en plus efficace et personnalisée, chacun ayant la possibilité de composer son cocktail personnel dans le « bouquet » de chaînes disponibles (et dans l'illusion d'un exercice de sa liberté, qui préfigure la grande arnaque de la libération par l'interactivité). Du sport, du rock, de l'info, du sitcom, des jeux et des reality-shows... à chacun selon le segment du marché dont il relève et les marchés publicitaires seront bien gardés. Des comédies et des polars pour les amateurs, mais aussi des documentaires pour les aficionados, et du cinéma d'auteur pour qui aime ça. L'époque est à la conservation des espaces en voie de disparition, le cinéma d'auteur est doublement rentable, « en termes d'images », comme disent les « public relations », et financièrement, dès lors qu'il est exploité sur le bon créneau.

Alors que la logique économique ancienne aurait condamné le cinéma moderne, comme cela s'est produit dans pratiquement tous les autres pays du monde (ceux où la question s'est posée), un certain nombre de soutiens intermédiaires lui ont donné les conditions de sa survie, en attendant que se constituent ces espaces de recyclage et de conservation. Parmi ceux qui se sont interposés et ont empêché le jeu d'un marché mortifère, on trouve évidemment François Truffaut. A sa mort, passant outre aux anciennes querelles, Jean-Luc Godard lui en donnera acte, et lui en rendra grâce : *« François nous a protégés, et il en est mort. »* C'était, avec lucidité, voir comment, de la dissolution du petit groupe des *Cahiers* avant le milieu des années soixante à la mort du réalisateur des *Quatre Cents Coups* vingt ans plus tard, en incarnant l'« idée du cinéma » qui rendait légitime, en leur principe, jusqu'aux films de Godard du début des années soixante-dix que Truffaut n'aimait pas, celui-ci avait maintenu ouvert un espace, une possibilité. Au moment où Godard parle ainsi de Truffaut, il le fait avec inquiétude pour l'avenir. Mais, même si aucune victoire n'est définitive, le danger est dans une certaine mesure passé, la foudre est déjà tombée (sur le paratonnerre Truffaut). Pour prendre le seul cas de Godard, Canal Plus, la Sept, le ministère de la Culture, Gaumont, les Américains, des administrations comme France-Télécom et des sociétés privés comme Darty financeront ses prochains films. Il y aura désormais une case (une limite, mais aussi un abri) pour chaque cinéma, presque pour chaque cinéaste.

La situation singulière de chacun de ces réalisateurs individualistes, individualistes parce que encore engagés, eux, dans un corps à corps avec le monde réel auxquels les autres ont presque tous renoncé, devenant professionnels de la profession au lieu d'être professionnels du film, la situation de cette poignée de cinéastes-là est dans une large mesure la métaphore de la situation du cinéma lui-même. C'est la question, devenue omniprésente quoique jamais affrontée de face, du ghetto. On peut, dans une certaine mesure, faire la comparaison avec le sens originel du mot : *« Contrairement à ce qu'on aurait pu croire, l'institution d'un quartier juif fermé ne fut pas mal acceptée par les juifs. Elle fut accueillie plutôt comme une mesure appropriée à un groupe tel que le leur, et comme répondant à leurs besoins sociaux et religieux : en outre, elle constituait une réelle garantie de sécurité. Les juifs étaient satisfaits d'être reconnus comme une entité socioreligieuse distincte du reste de la population »,* écrit le grand historien de la création du ghetto Jacob Katz, dans *Exclusion et tolérance* [1]. En remplaçant « les juifs » par « les professionnels du cinéma », il n'y aurait guère à modifier pour décrire ce qui s'est produit alors. Les auteurs, eux, n'habitent pas le ghetto, mais ils en bénéficient aussi, il peuvent s'y réfugier le cas échéant, et c'est grâce à lui qu'ils peuvent négocier avec les Gentils de l'audiovisuel.

Il faut dès lors revenir sur cet éclatement du cinéma en îlots disjoints dont on a parlé dans les chapitres précédents. Si l'on regarde l'état des lieux de manière statique, si on en prend une « photo », cet éclatement est bien réel. Mais il existe entre ces parcelles une dynamique qui les agite de mouvements complexes et contradictoires, selon des forces centrifuges (qui tendent à les éloigner toujours davantage), mais aussi des forces centripètes qui, à l'occasion, les rapprochent. Prétendre ce rapprochement effectué (par exemple durant la cérémonie des Césars) est un leurre, qui peut d'ailleurs avoir son utilité. Mais négliger ou refuser ce qui tend à rapprocher les éléments de ce « paysage » en morceaux est aussi erroné et dangereux. Même s'ils sont secondaires, et le plus souvent infimes, il existe des intérêts communs à Claude Berri et à Jean-Luc Godard, à Philippe Garrel et à Nicolas Seydoux. Et c'est dans le jeu de l'ensemble de ces forces d'attraction et de répulsion, qui passent aussi par des trafics d'influences entre pays, entre cinéma et télévision, entre cinéma et autres arts, etc., que se maintient la vitalité du « cinéma », mot auquel ne convient ni un singulier mensongèrement unificateur, ni un pluriel qui figerait des ruptures bien réelles, mais toujours fluctuantes.

1. Lieu commun, 1987.

Chapitre 2

L'ARCHIPEL DES AMOURS (1)
LES ÉTOILES AMARRÉES

Au sein de la nébuleuse en pleine dispersion du cinéma français, il reste possible de repérer une galaxie du cinéma moderne, et de tenter d'en dresser la carte et les mouvements. Parmi les nombreuses pistes envisageables pour explorer cette galaxie du cinéma qui, à un titre ou un autre, tente de se démarquer de la domination du Programme autrement qu'en cherchant à retrouver les structures d'un classicisme exsangue, deux nous ont paru fournir les repères le plus appropriés. La première piste se dessine à partir des choix de positions stratégiques dans le grand tout audiovisuel, choix adoptés, ou subis, par les cinéastes. C'est en la suivant qu'on a séparé schématiquement dans les pages qui suivent les cinéastes qui se sont dotés d'une structure personnelle (un microsystème) et ceux qui doivent à chaque film inventer leur lieu d'inscription sur la carte. La seconde piste suit la recherche de cet être complexe, et qui contribue le plus directement à assurer la fonction du cinéma comme lien entre réel et imaginaire, entre système d'enregistrement et puissance de récit, et qu'on a appelé le personnage.

A partir du milieu des années quatre-vingt, les cinéastes modernes savent qu'on ne peut plus considérer un personnage comme « donné », comme étant déjà là, prêt à servir quand le film commence. Et ils savent qu'ils en ont terriblement besoin : le lien du cinéma avec le monde s'est tellement distendu et affadi que, sans cet intermédiaire, la mise en scène est en grand danger de perdre tout contact avec la réalité. Sans forcément se limiter à ce seul objectif, la quasi-totalité des films modernes tentent de donner corps à un personnage, à partir d'un ou plusieurs protagonistes, selon toute une série de dispositifs. Ces dispositifs tiennent du rituel d'apparition et de l'appareillage scientifique, comparables en cela à ces éprouvettes où les savants essaient de photographier des réactions physiques impondérables. La différence entre la science et l'art fait que, lorsqu'un savant ne parvient pas à obtenir ce qu'il cherche, il subit un échec pur et simple, alors que, lorsqu'un film échoue à faire advenir un personnage, cela ne l'empêche pas forcément d'être une réussite, dans la mesure où l'expérience elle-même compte autant que son résultat.

Eric Rohmer, à sa main

Le plus constant et le plus ancien bâtisseur de son propre microsystème, Eric Rohmer, est exemplaire dans sa manière d'établir une place à sa convenance au sein de l'univers audiovisuel. Il va par exemple réussir une négociation originale, et pour lui tout à fait bénéfique, en chamboulant, avec les passe-droits que sa notoriété autorise, la sacro-sainte chronologie de diffusion, pour son cinquième film de la série « Comédies et proverbes » : trois jours avant sa sortie en salles, *Le Rayon vert* est diffusé sur Canal Plus le 31 août 1986. Loin d'épuiser sa réserve de public, il y gagne une notoriété supplémentaire, bientôt confortée par le Lion d'or reçu au Festival de Venise. Coup de pouce supplémentaire à un système de production-réalisation-exploitation qui fonctionne déjà fort bien. Rohmer est sans doute le seul cinéaste ayant une carrière aussi longue qui n'ait jamais perdu d'argent avec un de ses films (même Spielberg a fait perdre de l'argent à Universal avec *1941*).

La réussite publique du film est d'autant plus remarquable dans le cas du *Rayon vert* qu'il s'agit de la production la plus modeste de ce cinéaste depuis les premiers « Contes moraux ». Equipe minimum, tournage en 16 millimètres, moyens techniques et narratifs ultralégers, tout ce que la plupart de ses collègues regarderaient comme des signes d'indigence est ici faveur de liberté, pour une promenade aux côtés de Delphine (Marie Rivière), la vacancière solitaire qui s'est laissé enfermer dans les discours sur son propre compte, par réaction aux discours des autres. Prenant grand soin de ressembler à un film de vacances, aux cadrages en apparence incertains et à l'image granuleuse, le film est découpé comme un journal intime, en journées dont la date s'affiche à l'écran (du 2 juillet au 4 août). Mais il ne s'agit plus de la période des « Contes moraux », *Le Rayon vert* n'est pas filmé du point de vue de l'héroïne, plutôt à travers le regard, amical et navré, parfois teinté d'ironie, de ses copines qui voudraient l'aider sans non plus faire beaucoup d'efforts. La phrase de Delphine, c'est : *« moi, je suis quelqu'un qui... »*. Au bout de cette connaissance de soi qui n'est qu'énumération de clichés et justification de ses refoulements et de ses impuissances, il y a le mal de vivre sans fin de la jeune femme, qu'elle traîne de lieu en lieu, de station (balnéaire ou de montagne) en station – du chemin de croix ? Le Saint-Jean-de-Luz terminal, où l'attend la lumière salvatrice, incite à y songer, sans conclure. Ce cheminement compliqué a été conçu (trajets et paroles) avec son actrice, il cligne de l'œil du côté de Rivette avec malice ; sans malice aucune, il invente un rapport entre la caméra et l'actrice d'une extraordinaire générosité — cette même générosité du regard qui permettait à Hawks ou à Lubitsch de prendre pour héroïne des emmerdeuses de choc. Ce regard sauve à la fois Delphine et Marie Rivière de ce que cette angoissée pusillanime pourrait avoir de lassant ou d'horripilant. Les dialogues, parmi les meilleurs jamais filmés par Rohmer (donc parmi les meilleurs jamais filmés), construisent en souplesse un sidérant tableau de la logorrhée psycho-sociologico-magazinesque, de tout ce fatras qui sert à mal penser et à mal vivre, en mélangeant l'astrologie, l'écologie, la diététique, la psychanalyse de comptoir, la revendication de salon de thé et la morale de midinette.

Enoncés au cours de scènes statiques, ces dialogues eux-mêmes et la mise en scène qui les capte et les accompagne donnent son élan à un film extraordinairement dynamique, qui mène hardiment jusqu'à une déclaration d'amour. Qui est aussi une déclaration d'amour au cinéma : n'est-ce pas le cinéma lui-même, fruit du romanesque (Jules Verne) et de la science (l'explication technique du phénomène), qui, de son rayon lumineux, vient sanctifier la réconciliation, même temporaire, de Delphine avec elle-même ? Le film s'achève sur un moment de magie scientifique, au cours duquel la protagoniste ressemble aux spectateurs de la première projection au Grand Café. *Le Rayon vert* est à cet égard un pur coup de force au bout d'une longue quête vaine, le film décide que Delphine sera un personnage sous l'effet de cet instant de grâce lumineuse après qu'elle a, tout le film durant, erré à la recherche de sa raison d'être et de son lien avec le monde, et n'a pu que récuser les fausses réponses à cette question. L'éclat de lumière verte du dernier plan est, au terme d'une sorte de chemin de croix, non pas une rédemption mais une annonciation : Delphine sera un personnage, grâce à un acte de foi dans le cinéma — *« le cinéma, comme le christianisme, ne repose pas sur une vérité mais sur une croyance »*, dira bientôt Godard dans le premier épisode d'*Histoire(s) du cinéma*. Et, comme pour ouvrir les yeux des mécréants, le miracle organisé par Rohmer se doublera d'un autre, totalement fortuit. A la suite d'une erreur de copie, le rayon vert final n'apparut pas dans la version diffusée sur Canal Plus en avant-première. L'annonciation cinématographique n'eut donc lieu que dans les salles. On ignore si la Fédération des exploitants a brûlé un cierge en action de grâce.

Six mois plus tard, Rohmer présente un nouveau film d'apparence tout aussi modeste : *Quatre aventures de Reinette et Mirabelle* (1987), qui ne fait pas partie des « Comédies et proverbes », mais pourrait selon son réalisateur donner naissance à une autre série (non poursuivie à ce jour). Très conscient du danger que représentait pour son microsystème le succès des *Nuits de la pleine lune*. Rohmer a tourné *Le Rayon vert* dans des conditions d'extrême légèreté et, croyait-il, sous une forme qui ne pourrait pas séduire un large public. Le succès l'a pris au dépourvu. Pour ce nouveau film, il se replie à l'intérieur de son microsystème (les Films du Losange), dans un réduit encore plus petit et plus personnel, la Compagnie Eric Rohmer : « [après le succès des *Nuits de la pleine lune*] *je sentais la menace, la pression comme on dit au tennis... Je voulais revenir à mes débuts, et à l'amateurisme* ». Le Losange n'est pourtant pas une structure contraignante, s'étonnent les rédacteurs des *Cahiers* qui interviewent le cinéaste : « *C'est vrai, mais j'y ai quand même une petite responsabilité : si je ne fais pas le film, c'est un peu ennuyeux, parce que le Losange est une entreprise professionnelle. Là, si j'avais dit : on arrête et on jette la pellicule, personne ne m'en aurait tenu rigueur, d'autant que les gens étaient payés.* » Le professeur Rohmer, qui souligne avec malice qu'il tourne sans assurance (une pure hérésie, sauf qu'en l'occurrence l'assurance aurait été supérieure au budget total), ne sera jamais un « professionnel de la profession ».

Résultat de ce travail résolument marginal, *Quatre aventures de Reinette et Mirabelle* se compose de quatre « mouvements », au sens musical, avec comme instruments communs les deux jeunes filles dont le prénom figure dans le titre, et des thèmes tournant autour du débat entre morale et liberté. Jouant sur l'opposition entre la fille des villes et la fille des champs, ce petit film invoque discrètement la paternité de *L'Aurore* de Murnau, et commence donc au crépuscule. Il apparaît ainsi comme le pendant du *Rayon vert*, débutant là où le précédent film s'achevait, par un instant ineffable, lumineux et météorologique : l'« heure bleue », titre du premier mouvement, et instant attendu de concert par les deux jeunes filles (Jessica Forde et Joëlle Miquel). En partie inspiré d'histoires que celles-ci avaient apportées au cinéaste, se pliant délibérément aux aléas d'un tournage à nouveau réduit au plus modeste appareillage, le film joue tout du long autour du thème de la parole donnée, de l'engagement moral, de l'exercice de la liberté confronté au respect des principes. Les quatre saynètes suivent une courbe ludique et discrète, qui va du silence au silence. La nature et les hommes se taisent au début pour percevoir l'heure bleue ; à la fin, Reinette qui a, comme Perceval, fait vœu de ne point parler, fait face au toujours logorrhéique Luchini, et le domine par son mutisme. Nouvelle illustration par Rohmer de cette maxime dont l'auteur ne fait pourtant certainement pas partie des penseurs de chevet du cinéaste, « Mieux vaut moins mais mieux ».

Rohmer dira avoir tourné *Reinette et Mirabelle* en attendant que soit terminée la construction de la ville nouvelle de Cergy-Pontoise, où doit être tourné *L'Ami de mon amie* (1987), dont la sortie, de nouveau, est séparée de la précédente par à peine six mois – une nouvelle preuve de l'efficacité du système Rohmer. Il retrouve à cette occasion un tournage plus « classique », du même type que celui des *Nuits de la pleine lune*, auquel le film fait également songer par l'importance qu'y occupe l'urbanisme contemporain. *L'Ami de mon amie* est composé d'une succession de déplacements, rencontres, rapprochements et séparations, non plus en suivant une trajectoire ouverte comme dans *Le Rayon vert,* mais à l'intérieur d'un lieu circonscrit, la ville nouvelle. La précision ludique et chorégraphique de ces mouvements évoque par instants les grandes comédies musicales hollywoodiennes (sans une note de musique). Mais le film met aussi brillamment en évidence l'association qu'effectue depuis toujours le cinéaste entre « architecture du récit » et architecture tout court : les sentiments, les couleurs, les mouvements et les images se répondent, s'opposent ou s'apparient. Grâce à cette construction, ce sixième film des « Comédies et proverbes » est un irréprochable document sur les nouveaux habitats et les conditions de vie, de travail, de loisirs qu'ils induisent. Il traduit avec une délicatesse de ballet la mobilité des corps, des cœurs et des esprits, l'impondérable d'existences dénuées d'ancrage physique ou moral dans la réalité. Le ton en est léger et souriant, il n'est pas certain que le sens en soit aussi gai. De même, le proverbe figurant au générique, « Les amis de mes amis sont mes amis », est-il trop consensuel pour être pris au premier degré, trop bonhomme pour ne pas laisser deviner une pointe ironique. La série des « Comédies et proverbes » s'interrompt avec ce film, sans que le cinéaste exclue d'y revenir.

Rohmer interrompt également pour un temps son activité cinématographique, pour mettre en scène au théâtre *Le Trio en mi bémol* fin 1987, puis pour réaliser une émission de télévision « Les jeux de société » (1989), inspirée des textes des historiens Georges Duby et Philippe Ariès, dans le cadre de la série « Histoire de la vie privée ». Il revient ensuite au cinéma avec une nouvelle « série limitée », les « Contes des quatre saisons ». Ce seront (pour les deux tournés jusqu'à présent au moins) des contes philosophiques, comme le sont tous les films de Rohmer, mais comme aucun ne l'avait été aussi explicitement depuis *Ma nuit chez Maud. Conte de printemps* (1990) recourt à une « architecture narrative » très riche et complexe, où entrent les textes philosophiques (qu'enseigne l'une des protagonistes, Anne Teyssèdre) et le roman historique (le collier volé), l'architecture intérieure (l'aménagement de l'appartement de Florence Darrel) et la géographie (les deux appartements et la maison de campagne), la chronologie, la météorologie, la théorie des jeux, le complot, le désir, l'inceste. Tout cela est mis en place, comme d'ordinaire, avec une légèreté en mouvement à laquelle concourent la jeunesse et le charme des protagonistes féminines. Sous ses airs de marivaudage très agréable à suivre, *Conte de printemps* est un cours de philo, et un alerte traité de critique de cinéma. Révoquant la psychologie, le film ne se contente pas de reprendre les anciens combats contre le cinéma pseudo-romanesque ni, comme le faisait aussi *Le Rayon vert,* d'épingler les vulgates qui prétendent expliquer les comportements. Il défend ce que Bazin appelait l'« ontologie » du cinéma, ce qui fait sa nature propre, son « système » (impur), qui n'est pas celui de la machine, pas celui du code – pas celui du Programme. Procédant par la mise en doute et la reconstruction logique qui inclut jusqu'aux mouvements de l'âme et aux élans du cœur, *Conte de printemps* est, sommairement dit, un film cartésien ; *Conte d'hiver* (1992) sera son « pendant », un film pascalien, renouant directement avec *Ma nuit chez Maud.*

Le thème du pari, de la liberté gagnée, de l'emprise sur le monde, qu'il faut choisir cette fois par principe et non par déduction, guide les choix, les désarrois amoureux de la protagoniste, et la récompense « miraculeuse » du respect d'une « grande idée ». Cet idéal prend ici la forme triviale mais, telle que la filme Rohmer, hautement respectable, d'un grand amour de vacances, figuré par un film de vacances en super-8 par lequel débute la projection. On retrouve la « croyance », l'acte de foi associé au cinéma. La saison durant laquelle se déroule *Conte d'hiver* n'est peut-être pas étrangère au fait que la démonstration, malgré de nombreuses séquences jubilatoires, est ici plus appuyée, plus scolaire. Elle ne décourage en tout cas pas le public, limité mais semble-t-il définitivement acquis au cinéma d'Eric Rohmer, prêt à jouer à chaque nouveau film aux jeux de décryptage en abyme que celui-ci propose, ou à prendre simplement plaisir à la légèreté courtoise qui en émane toujours. Ce public fidèle constitue la « base arrière », ou le réseau de soutien, sur lequel le cinéaste peut s'appuyer pour continuer d'évoluer dans le territoire du commerce et de l'industrie cinématographiques qu'il a toujours considéré comme un pays ennemi. Continuant à opérer par de petites « sorties » (une ou deux salles, mais où ses films restent longtemps), il trouvera à nouveau le soutien de « ses » spectateurs avec un film tourné dans les mêmes conditions que *Le Rayon vert* et *Reinette et Mirabelle,* et lui aussi produit par la Compagnie Eric Rohmer : *L'Arbre, le maire et la médiathèque* (1993). Il ne s'agissait à l'origine que d'un « brouillon » pour un film à venir, mais le cinéaste a finalement décidé de poursuivre avec ces moyens réduits au minimum. Ce choix lui a permis de sortir le film dans des délais correspondant au projet, juste avant les élections législatives de mars 1993. Il s'agit en effet d'un pamphlet, genre qui ne convient guère au cinéaste, mais qui traduit ce que lui inspire l'évolution du monde qui l'entoure, de l'« aménagement du territoire » à celui de la langue en passant par le comportement des politiques. Empesé de dialogues étrangement insistants chez Rohmer, le film souffre de surcroît d'une interprétation pour une fois sans grâce.

En juin 1994, les Films du Losange fêtaient leurs trente ans, Eric

Rohmer, soixante-quatorze ans, achevait un autre « petit film » produit par sa Compagnie, et préparait son troisième « Conte des quatre saisons ».

Agnès Varda fait feu de tout bois

A la sortie du *Rayon vert,* Eric Rohmer compare son film à *Sans toit ni loi,* qui a obtenu le Lion d'or à Venise un an avant lui. Bien qu'il s'agisse dans les deux cas de l'errance contemporaine d'une jeune femme, le rapprochement est à première vue surprenant, tant les impressions que laissent la légèreté ensoleillée du Rohmer et le Varda sombre et froid paraissent opposées. C'est pourtant, au-delà de la différence de traitement, de la même chose qu'il s'agit, d'un décrochage du monde et de l'enfermement dans un discours sur soi. Mais, chez Agnès Varda, le discours de la protagoniste est « rentré », Mona la vagabonde ne dit rien, ne s'explique pas, s'analyse moins encore. Comme chez Rohmer, elle déclenche le discours des autres, en mots ou en actes, mais elle ne répond qu'en actes, par son comportement. Mona (son prénom le dit presque trop clairement) est un cas limite, une héroïne promise à la mort dès que lui fait défaut un seul élément de son dispositif de survie : son duvet brûle, elle crève de froid dans le fossé.

Sans toit ni loi (1985) est une enquête, sur Mona la vagabonde, la jeune clocharde dans ce pays méridional et glacé (à nouveau ce choix de filmer dans le Sud pour mieux souligner l'absence de soleil, ou de chaleur). Et aussi une enquête sur les habitants de ce pays qu'elle traverse – pas la région du tournage, mais la France, l'Occident dont elle révèle les comportements en les dérangeant. Mona, c'est le tiers monde en vadrouille sur les chemins des pays riches et une jeunesse sans avenir, errant sur la terre d'ancêtres qui ne signifient rien pour elle – même sous la forme chaleureuse et naturelle que lui offre la femme botaniste (Macha Méril) parlant de ses platanes, qui eux-mêmes ne se sentent pas très bien. *Sans toit ni loi* n'est pas une enquête sur Sandrine Bonnaire, c'est sans doute ce dont se plaindra la comédienne à l'issue de ce tournage-épreuve. Elle aura tort, et raison. Tort : après *A nos amours,* elle y gagne ses véritables et définitives lettres de noblesse dans l'aristocratie des actrices, pour avoir avec tant de force et si peu d'artifices porté le film au long de son chemin vers le froid. Raison : Mona n'est pas un personnage, elle est la trace vivante de l'impossibilité du personnage, déliée comme elle l'est du monde. Elle paraît une incarnation de la liberté totale, elle est en fait entièrement soumise, quoi que prétende le titre, à une succession de règles, à un code qui « gèle » ses comportements dans une série de figures imposées. Alors que Cléo, autre vagabonde, trouvait dans l'angoisse de mourir qui l'habitait pendant ses déambulations dans Paris la possibilité d'un rapport au monde dont elle ne s'était auparavant guère souciée. Et Sandrine Bonnaire ne peut être que l'instrument de cette mise en scène d'une rupture, rupture qui a eu lieu avant le début du film. L'enquête que mène *Sans toit ni loi* ne vise pas à répondre à la question « pourquoi est-elle morte ? » (question policière) mais « comment a-t-elle vécu ? » (question de cinéma). Le film cherche, et ne trouve pas. Il n'y a rien à trouver, pas de clé, ni psy ni socio, ni roman. Cette transhumance gris-bleu est à l'opposé des traversées de paysages enchanteurs par les filles-bulles et bariolées de *L'une chante, l'autre pas* et ses certitudes gentillettes, véhicule naïf et volontariste qui n'est plus de saison. Les trois films itinérants d'Agnès Varda (*Cléo de 5 à 6, L'une chante...* et *Sans toit ni loi*) représentent trois phases du cinéma moderne : le personnage trouvé, dans un mélange de joie et de peur, le personnage imposé au nom d'une idée extérieure au film, le personnage perdu.

Sans toit ni loi est le fruit d'un tournage-guérilla, en s'adaptant au terrain : au hasard des nuages et des vents s'ajoute le passage aléatoire des véhicules sur les routes parcourues par Mona, parfois Varda attend un beau camion dans le fond... (*« un camion, c'est une parole de femme qui passe »*, disait-on dans *Sauve qui peut (la vie)*). Dans le cinéma normal, on barre les routes et on fait passer un camion loué exprès. Agnès Varda ne fait pas du cinéma normal. C'est, depuis le retour de la réalisatrice en France, son premier long-métrage de fiction. C'est aussi, dans une certaine mesure, son dernier. Agnès Varda n'est pourtant pas restée inactive, ni ne le restera.

En cette période, les artistes de cinéma, comme les vagabonds, doivent à la fois être d'une extrême mobilité et capables de saisir toutes les occasions, et si possible disposer d'un abri, d'une base de repli (sous peine de mourir de froid dans le fossé comme Mona la solitaire). Varda est certainement l'une des mieux armées, et elle bénéficie d'un entraînement qui lui donne quelques longueurs d'avance sur la plupart de ses confrères. Sa maison de production, Ciné-Tamaris, lui offre la base d'appui financière, technique et humaine ; la pratique du documentaire, du film court, de la photo a donné à la cinéaste une souplesse qui manquera à beaucoup d'autres — qui manquera plus qu'à tout autre à son mari, Jacques Demy, obstiné à essayer de refaire le même type de film, à refaire *Lola* et *Les Demoiselles de Rochefort,* et qui s'y épuisera mortellement. Il n'y a guère que Rohmer qui, dix ans après la réalisatrice de *La Pointe courte,* se doit donné les mêmes moyens matériels et tactiques, et ait lui aussi continué à s'exercer dans d'autres domaines que « le » cinéma sous sa forme canonique (long-métrage, fiction, grand écran).

Agnès Varda était revenue d'Amérique début 1982 avec deux documentaires frères, système double qui fera désormais partie de ses stratégies, *Mur murs* et *Documenteur,* tournés à Los Angeles. Le premier ressemble à un « vrai documentaire » sur les murals, ces grandes peintures qu'ont voit dans les rues des quartiers pauvres, art pauvre et mythologique qui s'exprime loin du quartier de la même ville où l'on fabrique de la communication riche et mystifiante, le cinéma hollywoodien. Un documentaire, donc, mais criblé d'histoires « énormes » et colorées, celles qu'évoquent les murals, avec en mémoire le grand arbre peint sur une maison, à la fin de *Providence,* comme le survivant fictionnel dans la ville dévastée. Le second film, *Documenteur,* ressemble à une fiction, il raconte l'état d'une femme et de son fils après la séparation avec celui qu'elle aimait. Mais c'est une fiction, comme le titre l'indique, nourrie de documentaire, et, plus encore, de mots : *« J'ai voulu faire un film de mots. Si les mots existent, ils déclenchent en chacun de nous un petit cinéma »,* dit la réalisatrice. On remarque que ces films sont contemporains du repli vers la bande-son dont il a été question au livre 3 ; leur composition en diptyque et le passage de l'un à l'autre rappellent également le travail de Duras sur *India Song* et *Son nom de Venise dans Calcutta désert.*

Documenteur est, aussi, l'histoire d'une femme seule, perdue, dans un pays du Sud sans soleil, qui annonce *Sans toit ni loi.* Quittant une Amérique désormais bien loin des utopies colorées qui l'y avaient attirée, et dont son diptyque porte le deuil, la réalisatrice revient en France avec un petit film, *Ulysse* (1982), qui ressemble à une manière d'essayer de reprendre pied, de réunir des éléments épars de soi-même, la mémoire, la photo et le cinéma, la France de l'époque où elle a pris cette image autour de laquelle tourne le film – 1954 – et la France au moment où elle essaie de se souvenir de ce qui se passait alors, pour elle, pour les autres. Puis elle conçoit, pour la télévision, une série de cent soixante-dix émissions intitulée « Une minute pour une image », et diffusée sur F.R.3 durant le premier semestre 1983. Il s'agit d'une opération de résistance caractérisée : tenter de stopper le flux d'images télévisuelles, avec une seule image fixe, et une parole en voix off. Chaque fois, la photo choisie (par Varda ou par un autre bon connaisseur du domaine photographique) reste une minute à l'écran, tandis que « quelqu'un », célèbre ou pas, Yves Montand ou un employé communal, Maurice Pialat ou une boulangère, Marguerite Duras ou un mannequin, essaie avec ses mots d'établir une relation entre la photo et lui-même. A l'arrêt sur image s'ajoute l'essai de recréer de la distance et de la « communication » (au sens ancien) entre son et image. Cette opération de dédoublement est à son tour dédoublée par la reprise, chaque lendemain dans *Libération,* de la photo avec une partie du commentaire. Suivra un jubilatoire et poétique reportage dans les rues de Paris, *Lesdites caria-*

tides (1984), exercice de poésie en acte et d'histoire urbaine sans ambages, dont chaque seconde suggère qu'il ne faut pas porter son regard où on nous dit de le faire, qu'il faut lever les yeux, et ainsi découvrir l'art orgueilleux et amusant qui habite dans les paysages de tous les jours (*« au cinéma on lève les yeux pour regarder l'écran, devant la télévision, on les baisse* », Jean-Luc Godard). Ensuite, *7 p., cuis., s. de b.* (1984), machine poétique et ludique. Ce portrait de famille et de la famille est tourné sur les lieux d'une exposition consacrée au vrai et au faux, « Le Vivant et l'artificiel », il recèle en douce dans sa cuisine la Mona de *Sans toit ni loi,* et dans son office une bonne part de la suite des opérations... Après *Sans toit ni loi,* film solitaire, Agnès Varda envoie une volée de salutations à la Cinémathèque pour ses cinquante ans, les trois minutes de *T'as de beaux escaliers tu sais* (1986), avant de réaliser deux paires de films.

Jane B. par Agnès V. et *Kung Fu Master* sortent ensemble en 1988. Le second est né du premier, comme *Documenteur* était né de *Mur murs.* Le premier distille en gouttes de fiction le portrait de Jane Birkin, le second renvoie la balle de l'imagination vers une idylle entre la comédienne et Mathieu Demy. Fils d'Agnès Varda, il est le copain de lycée de la fille de Birkin, Charlotte Gainsbourg ; l'argument pourrait être celui d'un film de Doillon, alors compagnon de Birkin (ce sera plus ou moins celui de sa *Fille de quinze ans*). Les deux films construisent ainsi un dispositif ultracompliqué, passant en force, la force des sentiments et du charme, les frontières entre docu et romanesque, sans les cacher, au contraire. *Jane B. par Agnès V.* et *Kung Fu Master* composent un marabout-de-ficelle-de-cheval séducteur et rusé, qui profite des connections de la famille tuyau de poêle d'un certain cinéma : pas la « grande famille du cinéma français », mais un petit réseau de connivences et de rigolades. La famille, la cellule, ce qui fait lien, est un thème qui court au travers de tous les films de Varda depuis *La Pointe courte* — y compris « en creux », par son manque, comme dans *Documenteur* ou *Sans toit ni loi.* Cette inquiétude explique peut être qu'à la différence des cinéastes qui lui ressemblent le plus, elle est, elle, membre d'associations et comités, notamment de l'A.R.P.

La famille est au cœur de ses deux films suivants, quand sa famille à elle se casse avec la mort de Jacques Demy, le 27 octobre 1990. La mort, Varda l'a vue venir. Autant qu'on peut, elle l'a prise de vitesse, en filmant le visage de son mari. Ce sont des images comme un refrain, comme une basse continue et colorée plutôt, au présent, dans *Jacquot de Nantes* (1991), film d'époque et en noir et blanc. La reconstitution de l'enfance du jeune Jacques, entre un garage *enchanté* et la naissance d'une vocation d'inventeur de spectacles, de films. Avec les moyens mêmes du film-hommage, ses poncifs et ses pesanteurs, *Jacquot de Nantes* en est la dénégation radicale, parce qu'il assume toutes les distances et toutes les barrières : entre la vie et la mort, entre le passé et le présent, entre le documentaire et la fiction. Toutes les rampes sont bien en place, elles fabriquent de l'humour et des pincements au cœur et à l'intelligence, en toute clarté des moyens employés. *Jacquot de Nantes* est le contraire des films de Truffaut dernière période : ce n'est pas un film en deuil, mais un film de travail de deuil, rendant compte de « la mort au travail » pour être, ardemment, dans le camp des vivants – Jacques Demy compris, Jacques Demy d'abord –, dans le camp du vivant. Et le film suivant, *Les Demoiselles ont eu vingt-cinq ans* (inédit sauf au Festival de Cannes 1993), fait, avec une plus grande simplicité de moyens matériels mais une plus grande complexité de moyens narratifs, la même chose. A partir d'un document qu'elle avait réalisé sur le tournage des *Demoiselles de Rochefort,* et d'images enregistrées lors d'une cérémonie d'hommage rendu par la ville de Rochefort à Demy et à Françoise Dorléac, Agnès Varda fabrique un petit film éblouissant de joie. Un « film de famille », comme les gens en tournent pour eux, mais qui sait toujours trouver l'articulation entre les « familles » qui s'y emboîtent : la famille Demy-Varda, la famille Deneuve-Dorléac, les familles rochefortaises mobilisées ou engendrées par le tournage des *Demoiselles,* la famille du tournage lui-même, la famille des gens pour qui le film est devenu un mot de passe... *Les Demoiselles ont eu vingt-cinq ans* réussit ainsi, avec presque rien et du génie, ce que le cinéma ne sait presque plus faire : un lien. Agnès Varda a interrompu ce travail, qui doit comporter un troisième film, *L'Univers de Jacques Demy,* pour réaliser les *Cent et Une Nuits,* commandé à l'occasion du centenaire du cinéma et où Michel Piccoli joue les guides facétieux au travers de cent ans d'histoires et d'images. Si Varda y retrouve ce qu'elle a fait pour Demy, on pourrait finir par croire à un deuxième siècle pour le cinéma.

Claude Chabrol, le roi du camouflage

De toutes les réponses inventées face à l'évolution du statut du cinéma, l'une des plus originales est sans doute celle de Chabrol. Elle s'apparente à celle mise en œuvre par Jean-Pierre Melville, autre cinéaste qui très tôt dans les années soixante comprend stratégiquement l'éclatement qui se prépare. A la différence de Truffaut qui s'y oppose affectivement, à la différence de Godard qui tente d'utiliser cette ligne de fracture comme position de combat politique, à la différence de Resnais qui essaie de la contourner par le récit, à la différence de Rohmer, de Rivette, de Varda qui en prennent leur parti pour travailler dans le territoire ainsi délimité, on peut interpréter les choix de Chabrol comme une plongée *undercover*, une infiltration dans le territoire officiel – la nature même de cette tactique doit rendre la réponse indécidable. A titre d'indices, on relèvera d'abord que la position fausse, la dissimulation sous les apparences constituent plus ou moins le sujet de tous ses films ; ensuite, qu'au-delà de leur extrême inégalité, on y détecte le refus *a priori* des complaisances de mise en scène (ce qu'il appelle la « graisse »), l'observation tacite d'un « code moral » qui empêchera toujours Chabrol, même dans ses plus mauvais films, de recourir à des procédés déloyaux (ce qui contribue à rendre plus « ratés » encore des films dont le projet appelait la tricherie, quand le cinéaste n'a pas trouvé d'alternative digne).

Au milieu des années quatre-vingt, Claude Chabrol fait alliance avec Marin Karmitz, qui produit désormais la quasi-totalité de ses films. Des dix longs-métrages de cette décennie, beaucoup sont décevants. Le pire est certainement l'adaptation de *Jours tranquilles à Clichy* (1989) d'Henry Miller, qui cherche dans une facticité extrême les chemins d'une imagerie du sexe et de l'intellect comparable au texte de l'écrivain de Big Sur, et ne trouve pratiquement rien — cet échec n'est pas si éloigné de la lourdeur décorative qui corsète sa *Madame Bovary,* déjà mentionnée. Ensuite le montage documentaire *L'Œil de Vichy* (1993), utilisation plutôt désinvolte de documents d'archives de l'époque de l'Occupation. Le film est supposé mettre en lumière comment, avec des images et des commentaires, une puissance néfaste oriente les consciences (thème cher à Fritz Lang, donc à Chabrol), mais il abandonne en chemin la rigueur de la mise en scène qu'exigeait pareil projet.

Fritz Lang et Alfred Hitchcock demeurent les deux cinéastes qui contribuent le plus aux mises en scène de Chabrol, la manière dont leur influence est repérable est inversement proportionnelle à la réussite des films. Ainsi de *Docteur M* (1990), qui n'a pourtant rien d'un film bâclé : Chabrol, excellent connaisseur de l'œuvre de Lang et convaincu que ses films fournissent de nombreuses clés au régime contemporain des images et du pouvoir, fait le pari de saturer son film de citations pour que cette accumulation, y compris par ce qu'elle a d'ironique, laisse apparaître une vérité actuelle. Le dispositif se fatigue trop vite, et le cinéaste s'en évade à travers un onirisme de pacotille, d'un mauvais goût rigolard et désolé.

Deux films inaboutis se situent plutôt du côté d'Hitchcock : *Le Cri du hibou* (1987) mise sur la pulsion scopique et les névroses, pour mener délibérément à ce grand guignol auquel le cinéaste ne renonce jamais complètement. Sa recherche d'un burlesque violent se retrouve dévoyée en un second degré roublard et gratuit. Puis, reprenant le scénario que n'avait pu tourner Clouzot, *L'Enfer* (1994) est un autre portrait d'une névrose qui mise sur des artifices de scénario et de réalisation cherchant la distanciation et l'abyme, mais butant sur la convention. *Masques* (1987) est une déclaration de guerre un peu trop officielle à la télévision, à son cynisme et à ses mensonges qui servent à cacher de plus gros mensonges. Chabrol y oppose une réalisation et une tonalité qui évoquent, non sans humour, le cinéma français classique des années quarante, tout en jouant, comme il sait si bien le faire, sur une opposition entre un « méchant » (Philippe Noiret) et un « bon » (Robin Renucci) encore pire que le méchant.

Il en allait différemment avec les deux films précédents, *Poulet au vinaigre* (1985) et *Inspecteur Lavardin* (1986). L'un et l'autre emmenés par un personnage de flic joué avec délectation par Jean Poiret et qui paraît tout droit sorti d'un feuilleton (les films serviront d'ailleurs de point de départ à une série pour la télévision, dont Chabrol réalisera le premier épisode, *L'Escargot noir,* 1988), ils font mine de jouer selon les règles du cinéma de genre, et de reproduire la bonne vieille dénonciation des hypocrisies de la bourgeoisie de province qu'on accole à Chabrol pour éviter d'y aller voir de plus près. La mise en scène comme le scénario sont, dans les deux cas mais surtout dans le second, d'une autre noirceur et d'une autre perversité. Ils mettent en doute le regard de chacun, du flic sur tous, et du spectateur sur tout ce vilain monde, avec une élégante acuité. Ce sont, aussi, des films de groupe, et de troupe (dont Poiret, Bouquet, Audran, Topart, Brialy, Lafont), qui contribuent à construire un monde complexe, une population intrigante, drôlement et dangereusement névrosée. Par leur côté films de genre sans prétention, les deux aventures de Lavardin comptent parmi les meilleures illustrations récentes de la stratégie que nous prêtons à Chabrol : sa particularité tient (comme chez Melville, toujours) à ce que l'habileté du cinéaste en fait des produits parfaitement assimilables, dont la charge critique n'apparaît qu'à qui se soucie d'aller la découvrir. Profitant des avantages et assumant les inconvénients de ses choix, ce cinéaste est sans doute le seul, durant cette période, qui parvienne à entretenir une démarche moderne cachée au cœur de films « grand public », plutôt que de l'affirmer explicitement, dans des films que très peu verront.

Deux films, l'un de ses plus grands succès et l'un de ses pires échecs, constituent les sommets du cinéma de Claude Chabrol de cette époque. L'échec est pour *Betty* (1992), terrible danse à deux autour de la folie et de la perversité, admirablement chaloupée par Marie Trintignant et Stéphane Audran. La mise en scène s'y arroge, mais avoue, tous les droits, recomposant le monde selon des perspectives chaque fois décalées, de plan en plan, au fil des péripéties, des dialogues, des tonalités successives. Rarement sans doute Chabrol aura été si proche de ses maîtres, dans la mise en spectacle, en miroir, du regard et du monde. Le succès est pour *Une affaire de femmes* (1988). Le cinéaste y retrouve Isabelle Huppert (dans l'un de ses meilleurs rôles) et la reconstitution d'époque, celle de l'Occupation. C'est un décor, sombre et soigneusement déprimant, pour une réflexion morale très complexe, qui pourrait être tenue comme une réponse à *Lacombe Lucien.* A nouveau il s'agit d'un protagoniste pauvre et sans soutien matériel ni repère moral, que le sens de la survie mènera à un individualisme provocant. *Une affaire de femmes* est un film renoirien, où tous ont leurs raisons et auxquels la mise en scène laisse la possibilité de les exprimer, sans renoncer à chercher à chaque instant, dans chaque situation, une ligne de partage concrète entre ce qui est admissible et ce qui ne l'est pas. Marie sera dénoncée par son époux parce qu'elle le trompe, elle sera condamnée (et exécutée) parce qu'elle pratique des avortements, son amoralité réfracte sans cesse l'amoralité de qui la juge au nom d'intérêts mesquins, à l'intérieur d'une ambiance de veulerie généralisée dont elle dit la vérité en la provoquant, en la poussant à ses limites.

La question du personnage est aussi au centre du cinéma de Chabrol, mais la différence avec pratiquement tous les autres cinéastes est que le personnage auquel il essaie de donner corps est « mauvais » — et, souvent, plus mauvais que le « méchant », qui n'est pas le vrai personnage, parce qu'il ne renvoie qu'à du stéréotype, pas au réel. L'idée constante de Chabrol, depuis toujours (depuis Fritz Lang et Hitchcock), est que c'est le regard des autres qui constitue le personnage ; l'accomplissement en est devenu difficile mais, pour lui, pas encore complètement impossible. Ni la littérature (dans *Bovary*), ni la cinéphilie (dans *Docteur M*), ni la psychologie (dans *Le Cri du hibou — « histoire d'un personnage en état de vide »*, dira le cinéaste — et *L'Enfer*) n'y parviennent. Mais un personnage prend corps grâce à une opération proche du vampirisme ou du cannibalisme dans *Betty* : la jeune femme (Marie Trintignant), partie d'une totale dépossession de soi et des choses, s'approprie la substance de la plus âgée (Stéphane Audran) — avec moins de réussite, *Masques* utilisait la même méthode, Renucci « pompait » la puissance et la gloire de Noiret. *Une affaire de femmes* parvient au même résultat avec un procédé différent, qu'en termes romanesques on nommerait une conspiration, et en termes scientifiques une condensation — de toute une époque et d'un esprit du temps. Etre un personnage n'est pas forcément une sinécure, cela coûtera la vie à Marie, mais elle aura auparavant incarné une jouissance de l'existence, une gourmandise du monde qui la distingue de tous les autres protagonistes — et la condamne à leurs yeux plus sûrement que ses crimes réels ou supposés. Chez Chabrol, le personnage est un danger pour l'ordre social, et il est lui-même en danger, menacé par ce même ordre.

Le pays franc de Claude Lelouch

Ce qu'on a dit précédemment des films de Claude Lelouch peut rendre surprenant de le faire ici figurer en pareille compagnie. Esthétiquement, les films de Lelouch ont croisé dans les eaux de la grande forme, ils ont même en grande partie préfiguré l'avènement du Visuel. Mais stratégiquement, sans doute parce que Lelouch possède une conscience extrême du cinéma, il s'est doté d'une construction de survie à son propre usage qui en fait, sans que ses films en soient profondément modifiés, un pôle de différence, une singularité qui résiste au flot de l'Histoire. Hormis Tamaris et le Losange, on n'en trouverait aucun équivalent dans le paysage cinématographique français, surtout avec la longévité des Films 13, et le fait que sa société ait évité de s'adosser à un groupe financier. Claude Lelouch s'est créé un espace vital cinématographique, où il apparaît capable de mener à bien tous les projets qu'il conçoit, sans devoir rendre des comptes ni économiques ni esthétiques à qui que ce soit. La métaphore à son endroit serait moins celle d'un résistant que celle d'une petite principauté ou d'une ville franche, à sa mesure, à sa dévotion. Il l'arpente en tous sens au gré de ses envies, et des événements de sa vie sentimentale, dont ses films transmettent l'écho avec un aplomb impudique qui fait partie de la relation sans complexes qu'entretient Lelouch avec le cinéma – et avec le public : il est le réalisateur français le plus connu de ses concitoyens [1].

On trouve par exemple cette exposition de sa vie privée au début d'*Attention bandits* (1987) : Evelyne Bouix est sortie de la vie du cinéaste, elle est froidement exécutée à l'écran, pour laisser place à Marie-Sophie Pochat, devenue au générique Marie-Sophie L. (et M.-S. Lelouch devant le maire). Cinq ans plus tard, la même aura l'emploi de la femme abandonnée dans *Tout ça... pour ça !* (1993), tandis que l'heureux réalisateur ne laissera rien ignorer au public des charmes de sa nouvelle compagne, Alessandra Martines. Manque de tact, mais sans cynisme. Les scénarios de la fin des années quatre-vingt témoignent d'ailleurs d'une générosité qui n'est pas seulement quantitative. Dans *Attention bandits,* sur un canevas de polar pas très intéressant, se noue une histoire d'amitié entre deux hommes de générations différentes, Jean Yanne et Patrick Bruel, traitée avec une bonne humeur modeste plutôt sympathique. Cette relation entre aîné et cadet préfigure en partie celle qui se tissera dans *Itinéraire d'un enfant gâté* (1988) entre Belmondo et Richard Anconina. Comme toujours lorsqu'il se donne les moyens de la « grande forme », Lelouch ne résiste pas à l'envie de « faire de l'image » ; le symbo-

1. Selon un sondage effectué à la fin de 1989 pour le Département des études et de la prospective du ministère de la Culture, cité par Olivier Donnat dans *Les Français face à la culture,* La Découverte, 1994, p. 24.

lisme n'est pas d'une grande légèreté dans cette histoire d'un patron-saltimbanque qui fuit son statut. Mais la cérémonie de transmission du témoin que le film organise en douce entre la grande vedette, mentor bienveillant, et son cadet, est d'autant plus attachante qu'elle est désespérée ; Anconina ne sera pas le nouveau Belmondo, parce que le cinéma français n'a pas de place pour un nouveau Belmondo : il ne sera pas un personnage, comme pouvait l'être d'emblée, à une autre époque, tout rôle que jouait la vedette — on verra avec *Les Misérables du XXᵉ siècle,* que Lelouch tourne en 1994, s'il sait encore quoi faire de l'ancien Belmondo.

En 1990, sur le principe auquel il s'est souvent affronté de la circulation de récits multiples entre un grand nombre de personnages, Claude Lelouch réalise l'un de ses meilleurs films, *Il y a des jours et des lunes.* Sans métaphysique ni flots de grands sentiments, mais avec une belle énergie et un sens de la construction qui tire le meilleur parti de la latitude qu'il laisse à chacun des membres de sa troupe, il réussit à rendre perceptible cette « interconnexion du monde » et des destins individuels qu'il avait si souvent voulu démontrer. Il s'y essaie encore, sans succès, avec *La Belle Histoire* (1992), vaste fresque à travers les âges et les sentiments. Lelouch a joué à fond le jeu de la « grande forme », allant jusqu'à faire jouer durant un mois son film comme un spectacle vivant, au Palais des Congrès, avec réservation des places et recherche d'une « prime au spectacle exceptionnel ». Il illustrait ainsi une prophétie de Daniel Toscan du Plantier, qui voit pour le spectacle cinématographique un devenir d'« Opéra du XXIᵉ siècle », avec réservations à l'avance de billets au coût élevé pour des représentations rares d'un spectacle archi-subventionné mais à haute teneur visuelle et culturelle. Il n'est pas exclu que ce soit le destin d'un des fragments qui composent le cinéma, c'était en tout cas trop tôt et le film fut un échec. Et un échec onéreux, pour un indépendant comme Lelouch. Qu'à cela ne tienne, il sera à nouveau présent sur les écrans l'année suivante, et obtiendra un franc succès avec *Tout ça... pour ça !* (1993), qui offre une combinaison convaincante des qualités et des travers de son auteur.

La construction est celle d'un audacieux vaudeville à double fond, qui mêle deux histoires distinctes, un marivaudage mal embouché entre deux couples de grands bourgeois jouant à se faire peur avec leurs sentiments au cours d'un week-end à la montagne et se prenant au piège, qui du désir, qui des mots ; et simultanément la cavale farfelue de trois hommes sans femme pour essayer de récupérer celle de l'un d'entre eux, narrée avec une bonne humeur de conteur populaire adepte des *Pieds nickelés.* Mais Lelouch ne résiste pas à son péché mignon de la surenchère systématique, ce goût de la performance qui porte aussi bien sur les décors que sur un emploi raccrocheur du vocabulaire ou d'un érotisme sans finesse. Et son imperturbable œcuménisme rejoint son idée naïve du spectacle pour un finale qui, non content de réunir tous les protagonistes, cherchera une transgression du réalisme et des règles de la représentation (en l'occurrence, celles du théâtre particulier qu'est une salle de tribunal), dans une explosion festive et musicale très artificielle. N'écoutant que son idée du cinéma, le Monsieur Plus national a franchi la rampe, et s'est fourvoyé.

Mocky l'acrobate

Jean-Pierre Mocky est à certains égards le contraire de Claude Lelouch, semblant toujours prêt à se perdre, économiquement et narrativement, rebondissant toujours, éternel ludion, éternel trublion. Quatorze titres depuis le début des années quatre-vingt, soit un par an en moyenne, témoignent de cette vitalité chevillée au corps, qui lui permet de se raccrocher aux branches, pas toujours en faisant bonne figure, mais avec une inépuisable énergie. L'apparence brouillonne de bon nombre de ses films, et la désinvolture qu'affiche le cinéaste, ne peuvent faire oublier qu'il a, lui aussi, et depuis longtemps, cherché à se doter d'une structure individualisée, lui garantissant une certaine stabilité. Le nom de la société de production de Mocky a changé à plusieurs reprises (ce fut Balzac Films jusqu'en 1973, puis M. Productions, c'est Koala Films depuis 1987), les films sont le plus souvent des productions économiquement saines, et même rentables pour tous ceux qui y participent, grâce à des budgets extrêmement bas, une rémunération minimale pour tous, mais un intéressement de chacun à des bénéfices moins rares qu'on ne pourrait le croire. Il jouera donc dans une certaine mesure son propre rôle lorsque Godard lui demandera d'interpréter le producteur (patron de la P.M.E. Albatros) dans *Grandeur et décadence, un petit commerce de cinéma.*

La filmographie toujours torrentielle de Jean-Pierre Mocky durant la période 1984-1994 est dominée par une réussite majeure, *Agent trouble* (1987), où Catherine Deneuve à contre-emploi, le sens du rythme, la parodie du film noir, un zeste de fantastique et une attention chaleureuse aux seconds rôles font un cocktail réjouissant et explosif. Un film ambitieux, pas entièrement abouti, *A mort l'arbitre* (1984), occasion d'un numéro d'acteur de Michel Serrault et de prouesses de mise en scène, des moments de pur délire dans *Le Pactole* (1985), *La Machine à découdre* (1985), *Le Miraculé* (1986), série précipitée, loufoque et sans prétention... Ces films, avec leurs limites, représentent sans doute la vérité du cinéma de Mocky : un cinéma qui ne s'économise jamais, qui ne capitalise pas non plus sur un effet réussi ou une bonne idée de scène. Un cinéma qui avance toujours, se casse la figure, se relève et repart, comme si tout restait toujours à faire. Les projets les plus lourds : *Y a-t-il un Français dans la salle ?* (1982), *Une nuit à l'Assemblée nationale* (1988), *Les Saisons du plaisir* (1989), souffrent le plus de cette attitude, alors que des entreprises plus modestes comme *Divine enfant* (1990), l'injustement méconnu *Il gèle en enfer* (1990), véritable série B digne des grands modèles, ou *Ville à vendre* retrouvant la verve ravageuse des années soixante, sont autant de moments de bonheur dont la chronique officielle du cinéma français, exigeant soit le sérieux cultivé, soit la grande forme spectaculaire, ne sait plus guère que faire — tant pis pour elle.

L'atome Vecchiali et ses électrons libres

Grâce à sa société de production, Diagonale, mais surtout à un charisme modeste et généreux, Paul Vecchiali s'est lui aussi constitué un microsystème, qui lui permet non seulement de mener à bien des projets si originaux qu'ils décourageraient sans doute les producteurs classiques, mais également d'aider à mettre sur orbite d'autres cinéastes.

Libre de ses mouvements, Vecchiali utilise à sa convenance des batteries d'artifices qui, dans leur facticité avouée, lui permettent de mieux s'approcher de la réalité, par une série de va-et-vient entre quasi-documents et films très fabriqués. Les stratégies de Vecchiali ne visent pas, elles, à l'avènement d'un personnage, mais, grâce à une sorte d'incantation, de ronde autour d'un point où la mise en place de protagonistes, de gestes, de souvenirs, de signes variés, elles cherchent un autre mode de contact entre fiction et réalité. *En haut des marches* (1983) utilise un moyen assez simple : en propulsant une femme issue du passé (l'Occupation) jouée par une actrice issue de l'ancien star-system (Danielle Darrieux) dans une ville contemporaine, Vecchiali crée le choc réaliste et fictionnel qui permet de convoquer à l'écran un tourbillon de figures, de sensations, de sentiments qui font exister une scène, un lieu de spectacle, qui est simultanément Marseille aujourd'hui, une idée romanesque de Marseille et la manifestation, avec des pierres et des rues, d'une conscience. *Trous de mémoire* (1983) met en place le plus simple des dispositifs, entre Vecchiali lui-même et Françoise Lebrun assis près d'un arbre, et le secours d'une ritournelle, pour évoquer un amour enfui, un moment de vie qui est parti et qui pourtant existe à nouveau, le temps du film, dans un jeu délicat entre passé et présent, entre hier et aujourd'hui, entre réalité et imagination.

Rosa la Rose, fille publique (1985) joue à fond la carte du mélodrame populiste, avec ses archétypes sortis du cinéma français d'avant-guerre, mais en les confrontant au décor réaliste des Halles d'aujourd'hui pour y quêter l'étincelle que cette forme ancienne peut faire jaillir encore du réel contemporain. Deux films symétriques donneront ensuite toute la mesure de la « stratégie Vecchiali ». Tout d'abord, dans un artifice revendiqué et sublimé, *Encore/Once more* (1987), où le cinéaste parvient, avec une émotion et une pudeur extrêmes, à réaliser une enthousiasmante comédie musicale sur le thème de l'homosexualité masculine au temps du sida. Puis, à l'opposé, *Le Café des Jules* (1988), huis clos en apparence documentaire entièrement situé dans un bistrot, et qui traque le comportement d'un groupe d'hommes jusqu'à laisser advenir la détresse quotidienne d'existences bouchées, qui se mue en violence presque insoutenable quand la frustration les entraîne au viol d'une jeune femme entrée par hasard dans ce cercle où ils tournaient à vide.

Fédérateur d'énergies, Paul Vecchiali a été, au début des années quatre-vingt, l'âme d'un film collectif, *L'Archipel des amours* (1982). Parmi ses signataires, on retrouve Jean-Claude Guiguet, déjà auteur des *Belles Manières* (1979), ensuite de *Faubourg Saint-Martin* (1986) qui pousse plus avant la méthode de Vecchiali confrontant l'imagerie réaliste-poétique du cinéma d'antan et la réalité moderne, et cherchera ensuite (*Le Mirage,* 1992) les outils de dissection d'une relation sentimentale.

On retrouve Jean-Claude Biette, après *Loin de Manhattan* (1981), avant *Le Champignon des Carpathes* (1990) et *Chasse gardée* (1993), toujours déchiré entre son goût de cinéphile pour le romanesque à l'ancienne, du côté du feuilleton et de la série B, et ses exigences de critique pour une rigueur « froide », non sentimentale, inspirée de Bresson et de Straub. On retrouve Jacques Davila, dont le splendide et léger *La Campagne de Cicéron* (1991) sera la captation miraculeuse d'un esprit du temps regardé sans cynisme, grâce à un film « choral » et ensoleillé qui laisse la part belle aux acteurs. Et l'on découvre Gérard Frot-Coutaz qui, à l'école de Vecchiali, brode à son tour avec inspiration sur cette utilisation légère et déstabilisante du « vieux cinéma » introduit dans des situations contemporaines (*Beau temps mais orageux en fin de journée,* 1986 ; *Après après-demain,* 1990), qui tous deux réservent de très réjouissants premiers rôles à Micheline Presle et à Claude Piéplu. Comme Danielle Darrieux, qui répond « présent » à Jacques Demy, à André Téchiné, à Paul Vecchiali, à Benoît Jacquot, à Marie-Claude Treilhou, Micheline Presle fait partie de ces rares grandes vedettes de l'ère classique qui aiment se « mouiller » aux côtés de jeunes cinéastes dans des emplois pas toujours rassurants. Membre, elle aussi, de la bande à Vecchiali, la fille de Micheline Presle, Tonie Marshall, passe de l'interprétation à la réalisation avec *Pentimento* (1989). Avant qu'en réjouissante complicité avec Anémone elle se montre plus convaincante dans *Pas très catholique* (1994), ce petit groupe sera endeuillé par la mort, à six mois d'intervalle, de Jacques Davila le 14 octobre 1991 et de Gérard Frot-Coutaz le 12 mars 1992.

Maurice Pialat se met au vert

Sans établir à proprement parler un microsystème, Maurice Pialat s'est bâti une sorte de structure instable dans sa relation, toujours conflictuelle, mais jusqu'à présent toujours renouée, avec Daniel Toscan du Plantier [1]. Le producteur permet au cinéaste de réaliser, dans la tension exigeante qui est sa manière de travailler et se traduit souvent par des surcoûts importants, les films qu'il souhaite comme il les souhaite. Ces films tendent aussi à devenir plus chers, à mesure que le cinéma de Maurice Pialat évolue.

On a vu le cinéaste venir insuffler du tonus depuis l'intérieur d'*A nos amours,* pour réamarrer rageusement et tendrement le film au monde. Pour la première fois, on avait noté une difficulté de la mise en scène à se maintenir en prise directe sur le réel. Pialat en prend acte à partir de son film suivant, *Police* (1985) : sa mise en scène prendra désormais le détour de systèmes plus construits, plus distanciés. Le malentendu sur *Police,* et les griefs que le film lui vaudra, tiennent à l'apparent réalisme contemporain d'un film qui est en fait une pure construction géométrique, construction qui reflète d'ailleurs la situation du cinéaste lui-même au sein du cinéma français à ce moment. Le film pose l'existence de groupes ou d'institutions inamovibles, fermés, immobiles : la police, les dealers, la communauté arabe, les putes, etc. Et il introduit dans ce paysage figé — autant que le monde audiovisuel apparaît figé à Pialat — un « transfuge », quelqu'un qui se met en tête de ne pas respecter l'ordre des choses et les lois, admises par tous. Sous l'influence de Noria la bien nommée (Sophie Marceau, étonnante), l'inspecteur Mangin (Gérard Depardieu), en état de quasi-somnambulisme, « débloque » — à tous les sens du mot. On retrouve la société clivée telle que la filme Pialat depuis toujours, à cette différence près que la coupure ne se révèle pas dans les mouvements des uns et des autres, mais précède le film et le structure. A cet égard, *Police* raconte l'échec de quelqu'un qui a essayé d'introduire de la circulation entre des blocs, par exemple le cinéaste Maurice Pialat dans ses précédents films. Mangin, celui qui, par amour et avec toute la force de Depardieu, essaie de créer du lien, peut-il y parvenir et devenir ainsi un personnage ? La réponse du film est non.

1. Durant l'été 1994, Daniel Toscan du Plantier annonçait sa rupture définitive avec Maurice Pialat, après dix-huit mois de préparation chaotique du nouveau film, autobiographique, que doit réaliser le cinéaste, et qui devrait s'intituler *Le Garçu*. Cette crise mettait un terme à quinze ans de relations conflictuelles mais fécondes.

Alors Pialat plante là à peu près tout ce qui servait à définir son cinéma – un cinéma qui, jusqu'à *A nos amours,* ne doutait pas de la possibilité d'existence du personnage –, pour aller y voir de plus près, ou plus exactement de plus loin, en prenant du recul. Le réalisateur adapte un roman de Bernanos, *Sous le soleil de Satan* (1987). Une adaptation littéraire, un film d'époque, un sujet religieux, on ne l'attendait pas vraiment dans ces parages. Et Pialat a du mal avec tout ça, il remplace en cours de tournage pratiquement tous les interprètes prévus pour les rôles secondaires, venant à nouveau lui-même jouer le rôle de l'interlocuteur, du « sparring-partner » du protagoniste principal, endossant la robe ecclésiastique et une fonction paternelle pour donner la réplique à l'abbé Donissan que joue Depardieu. Alors que dans *Loulou* il était là pour lui-même, objet d'un quasi-documentaire, dans *Police* et *Satan*, Depardieu est mobilisé pour ses capacités de travailleur de force de l'écran, le réalisateur mise sur sa puissance pour bouleverser les rigidités du scénario et les frigidités du monde, et ainsi faire advenir un personnage. Avec *Sous le soleil de Satan,* la question est envisagée dans toute son ampleur, et débattue avec les plus hautes autorités : Dieu, le diable, l'innocence déchue, la croyance populaire, la souffrance personnelle, la dépense de soi, le don et le rachat. Il faut (à l'égal de la puissance littéraire de Bernanos), l'incroyable puissance matérielle que conserve le cinéma de Pialat, pour transformer cette véritable « disputatio » entre docteurs ès représentations en un film chargé de bout en bout d'une énergie prodigieuse, sorte de match de boxe qui connaît des rounds magnifiques, notamment dans les face-à-face entre Donissan et Mouchette/Sandrine Bonnaire. Mais qui s'achève à nouveau, par la défaite de celui qui voulait devenir un personnage, éclaté entre les exigences contradictoires de la foi, de la raison, de la magie et du calcul. Et qui en meurt. On se souvient du tollé déclenché à Cannes par l'annonce d'une Palme d'or qui, avec un peu de recul, passe pourtant déjà pour l'une des mieux fondées jamais attribuées par un jury du Festival. On a moins prêté attention à un événement qui aura davantage de conséquences dans la suite du cinéma de Maurice Pialat : celui-ci a pour la première fois (hormis *La Maison des bois*), non seulement pris du champ dans le passé, mais filmé la nature. Il suffit de regarder l'écran pour comprendre qu'il y a trouvé des réserves de puissance dont il a du mal à renouveler les sources chez les humains des villes contemporaines. On en aura la preuve avec *Van Gogh* (1991).

La logique, face aux échecs essuyés dans la recherche du personnage du côté du cinéma de genre *(Police)* et de la littérature *(Satan),* était de prendre pour matériau un individu réel. C'est moins simple qu'il n'y paraît, tout le monde n'est pas un personnage ; tous les « personnages historiques » non plus. Van Gogh, oui. Le pari de Pialat sera non pas de démontrer comment, par sa biographie, son travail et les diverses mythologies qui lui ont été accolées, le peintre est devenu un personnage mais, en retrouvant l'innocence de ses premiers films grâce à la richesse de la personnalité de Vincent, de le traiter d'emblée comme disposant de ce statut. Et de voir se manifester dans ses faits et gestes quotidiens ce qui fait d'une figure à tous égards marquée du sceau de l'exceptionnel un lien avec le commun des mortels. Ce lien est celui que peut, en principe, entretenir un artiste, celui que voudrait entretenir Maurice Pialat – qui ne s'est *« jamais consolé d'avoir abandonné la peinture »*. C'est donc (avec Jacques Dutronc, grâce lui soit mille fois rendue de ce qu'il fait dans le film) un personnage qui débarque dans le film, qui descend du train à Auvers. Ce n'est pas ainsi qu'il est accueilli, ni par le docteur Gachet (qui le déporte vers le haut, une vedette, un Artiste avec la majuscule culturelle), ni par la tenancière de l'hôtel, pour qui il n'est qu'un quidam barbouilleur. L'intérêt n'est pas de montrer Van Gogh en train de peindre – ça c'est l'ineffable, inmontrable et indicible ; pas question de montrer les tableaux, trop chargés de discours et de commerce, ni les anecdotes célèbres, biaisées par le folklore. La vie, toute la vie est ailleurs, dans les interstices, les échanges. La manière dont Pialat se glisse entre les repères culturels rappelle un peu celle de Forman filmant entre les lettres des *Liaisons dangereuses,* mais avec ô combien plus de simplicité ! *Van Gogh* peut être regardé comme une succession de rencontres qui sont autant de mises à l'épreuve, de reconnaissance, ou pas, du statut du personnage. L'Histoire (celle de la Commune, la plus belle et la plus sanglante), la nature (au bord de la rivière où l'on peut s'immerger sans retour), l'amour (d'une adolescente), l'amitié (d'un innocent), la pulsion de sexe et de mort et leur apparat (au cours de cette « marche », funèbre et bouleversante, au bordel) seront les « stations » d'un chemin de croix dont l'enjeu n'est pas le sacrifice, mais l'incarnation. Et celle-ci se produit : Van Gogh peut mourir à la fin (il le doit même puisque la fiabilité historique fait partie du dispositif) ; filmé par Maurice Pialat, il aura été, durant tout le film, cet événement rare : un personnage. Et ainsi, sans didactisme, sans clichés, il aura ouvert de multiples perspectives sur le monde.

Les détours de Jacques Rivette

Après l'épisode malheureux des *Filles du feu* et le rétablissement acrobatique, à la force du poignet, du *Pont du Nord,* Rivette réussit avec une grâce qui semble d'évidence la mise en place pourtant ultra-sophistiquée de *L'Amour par terre* (1984). Les jeux du théâtre, du trompe-l'œil et des doubles fonds en abyme construisent avec une virtuosité légère une chambre d'échos où réalité et fiction se répondent sans se confondre. Cette machine à voyager de part et d'autre de la rampe, sans jamais l'effacer, fonctionne au carburant joyeux de l'interprétation de Jane Birkin, Geraldine Chaplin, Jean-Pierre Kalfon et André Dussollier avec, malicieusement tapi dans les combles, Laszlo Szabo, écrivain en tapinois et en gants blancs. Hitchcock et Shakespeare, Charles Perrault et Dante se donnent la main pour organiser l'apparition du personnage manquant, la femme aimée et disparue du metteur en scène qui tient de Prospero et du roi du *Conte d'hiver* (auquel recourra plus tard Rohmer pour préparer une autre réapparition). L'argument du film relève de la magie noire, son traitement est si lumineux et aérien qu'il devient une chanson d'Ariel, celle-là même qu'on entendait au début de *Paris nous appartient.* Le film représente également une transition pour le cinéaste en ce qu'il réunit les deux coscénaristes qui ont marqué les étapes précédentes de sa carrière, Suzanne Schiffman et Marilù Parolini, et Pascal Bonitzer, critique aux *Cahiers du cinéma* qui tient aussi la plume aux côtés d'André Téchiné, et qui sera le coscénariste des films à venir de Jacques Rivette, bientôt rejoint par Christine Laurent, costumière et réalisatrice. Ensemble, Bonitzer et Christine Laurent vont faire partie du dispositif de création plus stable auquel va parvenir le réalisateur.

Avec *Hurlevent* (1985), Rivette change ensuite de manière et de tonalité, et cherche dans une construction cette fois très « dure », très structurée, où le texte d'Emily Brontë et les illustrations qu'en a données Balthus organisent l'esthétique du film comme les deux maisons de Catherine et de Roch organisent l'espace, en pôles massifs entre lesquels les jeunes comédiens s'épuisent à établir une circulation et à faire naître des vibrations. Œuvre sombre et froide, à l'austérité affectée, *Hurlevent* montre que, si les dispositifs les plus souples ne produisent pas toujours l'effet escompté, comme l'avait prouvé *Merry go round,* une organisation trop rigoureuse peut mener à une impasse similaire. L'échec public du film met à nouveau en danger la situation toujours précaire de Rivette, d'autant que la société de production avec laquelle il l'a réalisé, la Cecilia, bat de l'aile.

Sa responsable, Martine Marignac, sera pourtant au rendez-vous des prochains films de Rivette, sous une nouvelle raison sociale, Pierre Grise, qui devient non pas la « maison de Rivette », le cinéaste reste trop indépendant, trop solitaire, mais son interlocuteur fidèle et fiable : une sorte de microsystème tacite. Et ce sera le miracle de *La Bande des quatre*, réussite cinématographique et succès public : le dispositif est cette fois d'une très grande souplesse et d'une non moins grande solidité. Il permet d'organiser une série de trajectoires qui raccordent le théâtre où officie Bulle Ogier et la maison de banlieue où logent quatre de ses élèves, entre intrigue policière, mythologie, littérature, peinture et actualité politique, avec une élégance de construction et de mise en scène qui tire le meilleur du tonus commun et de la singularité des jeunes actrices (Laurence Cote, Fejria Deliba, Bernadette Giraud, Inès de Medeiros et Nathalie Richard). Parmi elles, Benoît Régent s'en vient, Balzac dans une poche et un air de James Bond au coin des lèvres, jouer les grands méchants loups pas si invulnérables. Rayonnant d'un bonheur de filmer qui vient de l'époque heureuse de la Nouvelle Vague (et dont Rivette est le seul à savoir si souvent retrouver l'élan), vif, drôle et émouvant, *La Bande des quatre* n'en est pas moins le récit de l'échec de la création d'un personnage : les protagonistes, malgré l'intense trafic organisé entre eux, restent disjoints, la figure manquante (un terroriste en fuite) n'apparaîtra pas ; et sur la scène du théâtre non plus, le personnage ne parvient pas à se former au cours des répétitions. C'est Bulle Ogier, dans un rôle de mentor dont on a déjà vu d'autres figures incarnées par les comédiens de la génération antérieure, qui en détient le secret, comme professeur de théâtre et comme complice du fugitif. Son arrestation en pleine répétition (par le scénariste Bonitzer) dit que ce secret ne sera pas transmis.

Jacques Rivette cherche alors la sortie en dédoublant la solution choisie par Pialat avec *Van Gogh* : il utilisera successivement une figure d'artiste, puis un personnage historique. Rivette fait appel pour cela à des récits construits selon deux formes géométriques très différentes. La première, pour *La Belle Noiseuse* (1991), est une construction concentrique, qui part du « plat pays » environnant où se trouvent le corps de l'actrice (Marianne/Emmanuelle Béart) et son compagnon Nicolas, scénariste complotant l'utilisation de celle-ci. A l'instigation du garçon, Marianne est entraînée dans le premier cercle, le château du peintre Frenhofer (Michel Piccoli) et de sa femme, Lise (Jane Birkin), à l'intérieur duquel se situe le second cercle, l'atelier. C'est un dispositif qui, le film avançant, ressemble fort à un four d'alchimiste (*L'Athanor* de Garrel), le « grand œuvre » consistant à décanter la peinture à la chaleur du théâtre pour tenter d'extraire de cette fusion du cinéma, et cette figure qui lui manque, le personnage. Une succession de cérémonials règle les différentes étapes d'une opération dont le corps d'Emmanuelle Béart est l'objet. Objet nullement passif : elle n'est pas un « modèle » au sens où l'entendent les peintres, elle joue, son immobilité et sa nudité ne sont ni inertes ni données. Le côté machinique serait plutôt chez Frenhofer ; être hybride (Piccoli plus la main du peintre Bernard Dufour), il représente plus la technique de prise de vues que la mise en scène proprement dite. Et, dans la mesure où il dirige Marianne, il agit plus en directeur d'acteur qu'en peintre. Le théâtre, et le passé, sont entretenus comme un feu par Jane Birkin, celle qui « a été peinte » et ne l'est plus, celle qui, figure de tragédie et du naturalisme nécrophile, conserve l'apparence de la vie en empaillant les oiseaux, et rallume les incendies du remords dans les couloirs du château. L'argent et le commerce que représente Porbus, la fascination avide de Nicolas, la comédie des sentiments jouée par sa sœur, une pincée de magie dansante offerte par une petite fille, l'effort presque surhumain de Frenhofer et de Marianne mènent vers un mystère. Mystère peut-être funeste, comme l'indiquerait la croix noire tracée par Birkin au dos du tableau après le passage du chat noir dans le sommeil d'Emmanuelle Béart, certainement dangereux, comme l'a souligné Piccoli dès le début en plaçant toute l'entreprise sous le signe de la possession, de l'impossible possession.

Le résultat, que le spectateur ne verra jamais, sera muré comme le témoignage d'un secret mortel, le témoin d'un crime que le châtelain enferme dans ses oubliettes, ou un produit radioactif. Est-ce que l'œuvre d'art atteint un tel degré de puissance que sa vue sidère l'homme et le détruit, est-ce la Méduse qu'a peinte Frenhofer ? C'est peu probable, surtout avec la main de Bernard Dufour. Il est plus vraisemblable qu'il n'y ait, précisément, rien à voir, et que ce soit ce secret-là qu'il convienne, tout romantisme bu, d'enfermer. Dans les deux cas, d'ailleurs, l'opération serait un échec : la terreur sacrée de l'art n'est pas plus le but que le constat du néant. Il reste l'échappatoire d'un moment d'hédonisme, une « partie de campagne » mimant un Eden renoirien, en choisissant, « le lendemain matin », la vie plutôt que l'art, faute d'avoir pu les faire se rejoindre. On n'est pas chez Truffaut, qui aurait choisi l'art au détriment de la vie et conclu dans le drame. Rivette, lui ne conclut pas, il s'esquive sur une ronde d'échanges qui termine le film sans le refermer. Avec le recours à un procédé chez lui inhabituel, la voix off. Elle prend acte que quelque chose est arrivé, mais on ne sait pas bien quoi, et laisse entendre que cette recherche va continuer différemment, parce que son processus a changé les protagonistes. Marianne, sous l'effet du long travail de pose, et parce qu'elle s'est vue telle que l'a peinte Frenhofer, a gagné en densité, en conscience de soi, en autonomie : au début du film elle acquiesçait au complot monté par Nicolas à son sujet, le dernier mot du film est sa réponse à une proposition de son fiancé, et c'est *« non »*. Elle n'est pourtant pas devenue un personnage, elle ne fait pas plus lien entre le film et le monde à la fin qu'au début. Mais la petite fille, si elle n'a pas vu le tableau, connaît son existence, et Marianne, qui veut devenir écrivain, à défaut d'être un personnage, saura peut-être en faire naître. *« Ce que Marianne est devenue après, vous ne le saurez pas ce soir »,* dit la voix off, pour maintenir le jeu ouvert.

La puissance expressive des scènes, la qualité de l'interprétation, les charmes de l'anatomie d'Emmanuelle Béart, la valorisation culturelle du scénario (la Peinture) feront de *La Belle Noiseuse* un succès, qui marque une nouvelle étape sur la courbe ascendante que connaît Rivette. Ce succès et cette reconnaissance lui permettront de mener à bien son entreprise suivante, qui requiert des moyens supérieurs à ceux dont il a jamais disposé. En s'attachant à la figure de Jeanne d'Arc, Rivette choisit une personnalité doublement historique : dans l'histoire de France, et dans l'histoire du cinéma où elle fut si fréquemment illustrée, avec les deux grands repères que sont les films de Dreyer et de Bresson. La figure géométrique employée dans *Jeanne la pucelle* (1994) consiste en deux lignes perpendiculaires, un axe horizontal et un axe vertical. Horizontal sera le premier film, *Les Batailles,* accompagnant pas à pas la marche en avant, apparemment irrésistible, d'une jeune femme « partie de rien » et qui, à la force du poignet, de la volonté, de la voix, avec le secours du surnaturel et d'une morale intransigeante, devient... une héroïne, certainement. Un personnage, c'est moins sûr. Un héros (ou une héroïne) a tous les attributs d'un personnage, mais il est seul. Il est en situation de faire lien, mais c'est le monde qui se dérobe, le laissant à sa vaine gloire – situation qui guette également cette figure voisine du héros : l'« artiste maudit ». C'est ce qui arrive à Jeanne durant la première partie, grâce à l'exceptionnelle richesse d'échanges entre la mise en scène de Rivette et le jeu de Sandrine Bonnaire, et à l'élan qui ainsi les porte en avant, bousculant tous les obstacles mais laissant tout le monde derrière elle. Non qu'elle ne soit pas suivie : à l'instar d'un cinéaste indépendant, elle convainc des puissants, réunit une équipe de spécialistes, trouve des financements, mène des batailles et les gagne par son sens du tempo, du bon moment, des règles à observer. Jeanne est seule, pourtant. A la différence, par exemple, du Vincent de Pialat qui était rencontré d'égal à égal par ceux qui croisaient son chemin : Van Gogh est un personnage historique pour nous, aujourd'hui, mais pas pour ses contemporains, c'est dans ce décalage que le personnage trouvait sa consistance. Jeanne, elle, ne peut accomplir ce qu'elle fait qu'en passant son temps à convaincre ses interlocuteurs qu'elle est une exception. Elle y parvient mais, du même coup, se coupe sans cesse de l'humaine condition.

Son « exception » est encore soulignée par le recours aux témoins « d'époque » qui, s'exprimant quelques années après sa mort, viennent dire à l'écran quel être incomparable elle était, introduisant un « passé intermédiaire » entre le présent du récit et le présent de la fabrication du film. La caméra, qui l'accompagne fidèlement, refusant selon les meilleurs principes du cinéma moderne d'en savoir plus qu'elle, ne peut qu'enregistrer cet écart constant, qu'elle est obligée de recréer sans cesse, devant les seigneurs, les savants et les soldats. L'honnêteté de la mise en scène consiste à mettre toutes les chances du côté de Jeanne, à lui offrir le maximum de matière, d'affect, d'occasions de partage – et à le faire avec Bonnaire, qui semble en posséder des réserves inépuisables. Le constat de la fracture irréductible n'en est que plus irréfutable. Déjà, le sort de l'abbé Donissan montrait bien que ce n'est pas dans l'exception, dans la performance, qu'on devenait un personnage. L'abbé de Bernanos et la bergère de Domrémy partagent cette virginité athlétique, qui par leur effort même les laisse intouchés : comment une pucelle ferait-elle lien ? C'est une enfant seule et épuisée qui s'endort à la fin des *Batailles.*

Le second film, *Les Prisons,* suit donc un axe vertical, un axe descendant. Jeanne est arrêtée dans son élan après la prise d'Orléans, elle est rattrapée par le gros de la troupe, c'est de l'intérieur de la cour qu'elle obtient que se poursuive une histoire qu'elle avait annoncée et conduite en tête. Dès qu'elle veut reprendre cette place, elle est arrêtée, d'abord par les siens qui la gardent en résidence surveillée dans un château, puis par ses ennemis qui la capturent. Dans ce film, Jeanne n'avance plus. Immobile, elle se densifie, elle acquiert une matière nouvelle, elle « précipite », au sens chimique, comme dans la très belle scène des quatre Jeanne où sa vulnérabilité et son immobilité permettent cette réunion avec trois autres femmes de générations différentes, et qui se trouvent porter le même prénom. Le film esquive le procès de Rouen, à l'exception de ce qui est effectivement, de son point de vue, la scène clé, celle où Jeanne abjure : à cet instant unique elle n'est plus sainte ni pucelle, elle rejoint la condition commune. Mais cette condition n'est pas la sienne, son destin d'héroïne, d'idole, est d'être adorée et brûlée. L'échec public du film, désolant compte tenu de sa qualité – sans doute le meilleur film français d'une année 1994 pourtant féconde, comme on le verra au prochain chapitre –, dit aussi que Jeanne d'Arc, même descendue de son piédestal et lavée des symbolismes douteux au service desquels on l'a mise, ne remplit pas la fonction que Rivette aura tout fait pour essayer de lui laisser accomplir.

Si, comme nous le croyons, l'ambition secrète des films de Rivette comme de tous les grands cinéastes modernes est de produire du personnage, il faut alors parler de constat d'échec, constat qu'un cinéaste aussi probe ne manque pas d'effectuer lui-même (et étant entendu à nouveau que cet « échec » n'a évidemment rien à voir avec la beauté intelligente et sensible des films). Serge Daney, qui aimait beaucoup le cinéma de Rivette, avait proposé un jour une explication à cet « échec ». Il suggérait que c'est parce que le cinéaste n'a pas osé « franchir la rampe » pour venir s'exposer en personne que sa quête du personnage n'aboutit pas : *« Il n'ose pas* [...] *se mettre au milieu de son propre monde. Rivette est dans l'impasse parce qu'il est un pur metteur en scène. Il continue de filmer un monde où la lumière est essentielle, il la filme très bien, mais il continue (position héroïque) à maintenir en lui l'idée qu'il n'y sera pas, qu'il restera dans la position de l'homme de l'ombre. »*

Cette déclaration de Daney date du printemps 1992, quelques semaines avant la mort du critique, et elle est parue dans le numéro « Spécial 20 ans » de la revue *Artpress,* à l'automne de la même année. C'est-à-dire au moment où Jacques Rivette tournait *Jeanne la pucelle.*

Pour la première fois, modestement, brièvement, le cinéaste est entré dans le champ pour donner la bénédiction à sa petite protagoniste avant qu'elle se mette en chemin. Intervention insuffisante, d'autant qu'on a dit que la Jeanne historique était trop exceptionnelle, trop héroïque pour devenir un personnage dans un cinéma matérialiste comme celui de Rivette. Il n'est d'ailleurs pas indifférent que le cinéaste ait choisi de faire son apparition costumé en prêtre : c'est en effet du côté de la croyance qu'il aurait fallu chercher, mais Rivette n'est pas croyant et ne filme pas pour des croyants, il est trop du côté de la matière et de l'éthique. Il reste que ce pas en avant dans la lumière du cinéaste – dont on imagine ce qu'il a dû lui coûter, lui pour qui la discrétion est une vertu cardinale – annonce peut-être dans les prochains films de Jacques Rivette la poursuite de la quête du personnage avec de nouveaux moyens. Durant l'été 1994, pour un budget dérisoire, avec trois jeunes comédiennes, Jacques Rivette revenu à ses pratiques de guérillero urbain inventait-tournait un nouveau film dans les rues de Paris, *Haut, bas, fragile*.

Chapitre 3

L'ARCHIPEL DES AMOURS (2)
LES ÉTOILES ERRANTES

Après les réalisateurs qui ont réussi à se doter d'une structure qui leur permet d'être leur propre patron (Rohmer, Varda, Lelouch, Mocky ou Vecchiali) ou qui ont lié une relation durable avec un producteur établi (Chabrol avec Karmitz, Pialat avec Toscan, Rivette avec Martine Marignac), on a réuni ici dans ce second chapitre consacré aux auteurs modernes ceux qui, volontairement ou non, se trouvent dans des situations plus instables, plus soumises aux aléas d'un partenaire pour la réalisation de chaque film. La plupart d'entre eux ne négligent pas pour autant la question de la production. Doillon possède sa société, Lola Films, et aussi Joris Ivens et Marceline Loridan (Capi Films) même si elle ne joue le plus souvent qu'un rôle secondaire dans la mise sur pied des films, Godard en a créé plusieurs, successivement ou simultanément. Et quelques producteurs, Alain Sarde souvent, ou Gérard Vaugeois dans le cas de Philippe Garrel, Anatole Dauman dans celui de Chris Maker, se sont portés aux côtés de ces cinéastes. Parmi eux, rares sont ceux qui, comme Alain Resnais ou André Téchiné, restent entièrement dans une logique du « coup par coup ». La position de ces réalisateurs n'en demeure pas moins, globalement, beaucoup plus incertaine, et dépendante d'alliances circonstancielles, toujours à construire ou à confirmer.

Trois clandestins

Chris Marker

Anticipant sur ces stratégies de survie, un cinéaste pratique depuis toujours l'esthétique de la disparition, faisant de son invisibilité à la fois un moyen de poursuivre son travail comme il l'entend, et une réponse éthique aux tumultes médiatiques qu'il redoute et réprouve : Chris Marker. Ce refus des attentions du monde ne signifie nullement un retrait du monde. Bien au contraire. Marker a été et reste le plus curieux des voyageurs, le plus attentif des explorateurs de la condition humaine. Cette curiosité fera de lui le seul parmi les cinéastes modernes, et d'ailleurs parmi les cinéastes français en général, à oser aller voir du côté de ces nouvelles techniques d'images sans se voiler la face, à tenter de se colleter avec elles en prenant en compte leur inéluctable montée en puissance et en cherchant comment ne pas les abandonner à la puissance du code et du marché.

Avec *Sans soleil* (1983), et sans préjudice de l'humour, de l'émotion et de la beauté qui en émanent, il a en quelque sorte énoncé le programme de cette recherche, et défini les règles de cette confrontation. Marker y prend en compte l'existence de deux régimes d'images. D'une part celui du cinéma, et en particulier du cinéma tel que lui-même en fait usage, infatigable globe-trotter solitaire et solidaire, pratiquant obstiné d'un travail d'ouverture sur le monde et de liaison du monde à lui-même, avec les moyens de l'image « analogique » – celle qui se forme sur la pellicule impressionnée par la lumière. Ce travail-là est celui que pratique, dans le film, Sandor Krasna, l'homme à la caméra filmant au quatre coins du monde, un monde « sans soleil » – sans liberté ni égalité ni fraternité, toujours en quête de lumière et de chaleur. D'autre part, le régime des images nées de l'électronique, du traitement informatique, les images « numériques ». Dans le film, le vidéo-artiste japonais Hayao Yamaneko les invente par manipulation et traitements divers (à partir d'images analogiques, à l'époque le numérique ne constitue pas encore une chaîne autonome). Ce sont des images « sans soleil », elles n'ont pas eu besoin de la lumière pour naître, elles sont conçues dans l'obscurité de l'ordinateur. Grand spécialiste du banc-titre et du montage, des images nées du travail en intérieur sur des images préexistantes, Marker est plus familiarisé qu'un autre avec cette approche. Le film propose la possibilité d'une troisième figure, le cinéaste lui-même, capable d'un jeu et d'une synthèse à partir de ces deux régimes d'images. Marker veut essayer d'être, à l'imitation du *Stalker* de Tarkovski, celui qui peut atteindre le lieu de retrouvailles au milieu de la « Zone » informatisée qui isole et distord le réel.

En septembre 1990, il présentera une installation au Centre Pompidou (dans le cadre de l'exposition « Passages de l'image », titre qui lui convient fort bien). Intitulée « Zapping Zone », cette installation s'appela d'abord « Logiciel/Catacombes », qui renvoyait plutôt à la situation de celui qui l'a conçue qu'à l'œuvre elle-même. Dans le catalogue de l'exposition, Raymond Bellour définit à la fois l'enjeu et la tactique du combat dans lequel s'est engagé Chris Marker, combat qu'il faudrait, malgré la peur des « grands mots », appeler prométhéen : il s'agit de rien moins que d'aller chercher dans la machine, dans le code, en l'affolant par l'intensité et la rapidité des mutations qu'on lui impose, la flamme du sens et de l'émotion, pour les rendre aux hommes (à supposer qu'ils en veuillent). *« La Zone,* écrit Bellour, *c'est par excellence l'univers des hantises, des nouvelles hantises nées avec "la question de la technique", contre lesquelles on serait sans recours, si on n'avait la force de s'emparer des techniques pour produire – c'est une des façons de résister – toujours plus de métamorphoses. »* Le projet était explicité par Marker lui-même, dans le commentaire de *Sans soleil* : il disait compter sur les activités du vidéo-artiste pour inventer *« une écriture dont chacun se servira pour composer sa propre liste des choses qui font battre le cœur, pour l'offrir, ou pour l'effacer. A ce moment-là, la poésie sera faite par tous ».* Programme moderne par excellence, directement issu d'un idéal du progrès né des Lumières, et qui se refuse à tirer la leçon (post-moderne) d'échecs récents avec d'autres techniques, telles que la vidéo (grâce à laquelle le cinéma serait « fait par tous »), le câble (grâce auquel la télévision serait « faite par tous »), etc. A sa manière, Marker assigne à l'image informatisée une mission « encyclopédique » comparable à celle que Rossellini avait espérée pour la télévision. Il est permis d'avoir des doutes sur l'issue de la bataille ainsi engagée, l'important est qu'elle ait lieu, que Chris Marker (qui n'a jamais hésité à mener les combats qui lui semblaient justes, indépendamment des chances de victoire) se collette avec le maniement, la compréhension et l'hypothèse du dévoiement de ces machines. C'est un combat dangereux, « faustien », dont Serge Daney résumait clairement les périls : *« Dès que la lumière disparaît, dès qu'elle n'est plus un instrument pertinent de création, dès qu'elle vient d'ailleurs que du soleil (ainsi quand on travaille l'image de synthèse), une part d'humanité nous quitte. »* Dans le monde du cinéma, avec des questions qui viennent du cinéma, et par lui se cramponnent à cette « part d'humanité », Marker est pratiquement seul [1]. Le « cinéma-cinéma » reste un repère, même au passé, il n'est d'ailleurs pas sorti des préoccupations de Chris Marker : il aura suffi de voir le documentaire qu'il a consacré au tournage de *Ran* par Kurosawa, *A.K.* (1985), pour percevoir, sous le travail de commande, un amour, une sensibilité et une intelligence de la mise en scène cinématographique classique, éprouvée avec une sympathie (au sens fort) qui fait du « document de tournage » un film aussi beau et aussi émouvant que le long-métrage de fiction du vieux maître japonais.

1. Pas tout à fait, pourtant. Par exemple, venu de la critique de cinéma (*Cinéthique* puis les *Cahiers*), Jean-Paul Fargier essaie de mener de front la théorie et la pratique de l'art vidéo avec des préoccupations voisines.

Joris Ivens

Un autre cinéaste, dont les chemins de documentariste et de militant ont souvent été parallèles à ceux de Marker et se sont croisés au moment de *Loin du Vietnam,* effectue au terme de sa vie un travail fort différent, mais qui finalement relève des mêmes obstinations et de la même volonté de reprendre encore, et différemment, le labeur sans fin. Lorsque Joris Ivens repart en Chine, il revient sur le terrain de son dernier grand œuvre politique, *Comment Yukong déplaça les montagnes,* réalisé dix ans plus tôt. Il revient aussi à une approche poétique qui fut sienne à l'époque de *La Pluie,* soixante ans auparavant, approche que le dogmatisme a souvent ensuite entravée. A nouveau sous le signe des météores, il réalise à quatre-vingt-dix ans *Histoire du vent,* qui sort début 1989 ; il reste à Ivens moins d'un an à vivre. Chant lyrique dédié tout à la fois aux peuples qui font l'Histoire, au mélange d'humbles travaux et de magie illogique qui fait le cinéma, à la beauté de la nature qui se rit des exigences humaines, pamphlet antibureaucratique qui sonne comme un remords assumé et plein d'ironie sur lui-même, entre légende et quincaillerie, l'histoire très voltairienne du vieux chasseur de vent asthmatique est une confession au souffle de superproduction époque Selznick. Avec un sens aigu des enjeux, Joris Ivens vient lui-même subir à l'écran les avanies et les ridicules que lui inflige la situation, et tirer les bénéfices symboliques de cette mise en scène sur laquelle il règne de sa belle prestance burinée et échevelée.

Alain Cavalier

Marker est un franc-tireur congénital, Ivens un franc-tireur professionnel, Alain Cavalier sera un franc-tireur d'élection. Sans cultiver pour autant la morosité, Cavalier va prouver que le retrait du monde décrit par *Ce répondeur ne prend pas de message* n'avait rien de circonstanciel. Son film suivant, *Un étrange voyage* (1981), peut laisser planer un doute, dans la mesure où il s'agit d'une marche en plein air, le long d'un chemin clairement balisé, une voie de chemin de fer. Cavalier a écrit le film avec sa fille, Camille de Casabianca, celle-ci en est l'interprète auprès de Jean Rochefort, qui joue le rôle du père. On y retrouve l'ambition de rétablir un lien familial, réunissant passé, présent et avenir : le voyage côte à côte est l'occasion d'une réconciliation, au moins d'une retrouvaille entre le père et la fille, dans la recherche commune de la mère de l'homme, de la grand-mère de la fille. Mais c'est aussi une marche vers le néant, c'est un corps sans vie que les deux marcheurs trouveront au bout de leur chemin. *Un étrange voyage* est un film mélancolique, mais pas un film triste : Cavalier repère où sont ses marques, et qui sont ses alliés – parmi eux, le producteur, Maurice Bernart, et le patron d'U.G.C. Belgique, René Fauvel, toujours prêt à apporter son soutien. Pas triste non plus, et même véritablement joyeux sera le film qu'il réalise ensuite, malgré un sujet qui ne semblait guère porter à sourire : *Thérèse* (1987) raconte la vie, l'extase et la mort de sainte Thérèse de Lisieux. Sujet et choix de mise en scène, parfaitement accordés, disent exactement la même chose : que la vie est à l'intérieur, que ni la réclusion ni la règle n'empêchent la fête de l'esprit et du corps, individuelle et partagée. Entièrement réalisée dans un décor construit en studio, un « cyclo », l'histoire de la petite paysanne, jouée avec une vitalité et une densité éblouissantes par Catherine Mouchet, est une épatante histoire de foi, sans religiosité aucune. Elle met en lumière le contact dynamique et naturel, joueur et sensuel, qu'entretiennent Thérèse et ses compagnes, Thérèse plus que ses compagnes, avec un surnaturel bénéfique y compris en ce qu'il intègre la mort (elles sont les petites fiancées du Christ). Le film est placé du même mouvement sous le signe du quotidien le plus matériel et sous celui d'un art à la fois modeste et d'une ambition extrême, signalé au dernier plan par les galoches de Thérèse, qui sont aussi celles peintes par Van Gogh. L'ascèse monacale et le don de soi (expressions auxquelles il ne faut donner ici aucune nuance ironique ou affligée) sont aussi les comportements choisis par Alain Cavalier. La démarche est en apparence à l'exact opposé de celle d'un Chris Marker, en fait parfaitement symétrique. Marker pousse ses questions au cœur des nouveaux dispositifs techniques, Cavalier en revient à l'appareillage archaïque, celui de Méliès. L'un et l'autre font le pari qu'au-delà de l'enregistrement du réel en passe d'être pris de vitesse par l'audiovisuel, dans les zones sans soleil (l'informatique, le studio), il est possible de retrouver un rapport avec la réalité, qui ouvre sur un au-delà. L'argent est en ces matières un ennemi impitoyable ; l'un comme l'autre ne se contentent pas de travailler au moindre coût sous l'effet de contraintes matérielles, ils cherchent à échapper à la logique économique qui alimente une inflation dont beaucoup, même en s'en plaignant, profitent, mais qui a pour conséquence que c'est l'argent plus que le cinéaste qui fait le film. *Thérèse* est à cet égard une éclatante démonstration de la richesse de sensations, de sens et d'émotions dont est capable un cinéma « pauvre », avec sa poignée de modèles filmés devant un fond neutre qui évoque un grand peintre politique, Edouard Manet.

On a dit que les films qui traversent le gouffre désormais ouvert au sein « du » cinéma sont rarissimes : *Thérèse* sera l'un d'eux. Voir Alain Cavalier, à l'issue de la projection du Festival de Cannes, voir cet homme qui ne figure plus dans les annuaires et habite le plus souvent dans des hôtels ou chez l'habitant, pris dans le cercle enthousiaste et bouleversé de la foule des festivaliers, évoquait irrésistiblement une image : celle de Lucas Steiner sorti de ses catacombes pour recevoir une ovation à la fin du *Dernier Métro*. La scène se répétera pratiquement à l'identique neuf mois plus tard, lors de la cérémonie des Césars où pas moins de six récompenses (dont celles du meilleur film et de la meilleure réalisation) seront attribuées au film, après que *Thérèse* eut connu un succès public lui aussi inattendu. Succès (public, critique, professionnel) qui prouve que « le » cinéma, la nébuleuse d'éléments dispersés et hétérogènes qui continue à se réclamer de ce label, a besoin de ce type de films aussi, même à doses homéopathiques.

Alain Cavalier, comme de juste, cherchera à tirer parti de sa réussite, non pas en surenchérissant comme l'on fait dans l'industrie, mais en « sous-enchérissant », en se faisant plus discret avec une série de portraits de femmes, réalisés pour la télévision, femmes modestes au travail filmées par un homme modeste au travail. Puis il réalise un film qui radicalise encore les partis pris de production et de mise en scène de *Thérèse* : *Libera me* (1993). Celui-là est explicitement un film de résistance, dans ses choix formels comme dans la manière dont il représente le labeur des corps et des esprits dans la lutte quotidienne et éternelle contre une oppression. L'élément le plus spectaculaire de *Libera me* est l'absence totale de paroles (et de musique). Option assez proche, en fait, des recherches sur la bande-son opérées par Rohmer ou Godard dans les années précédentes, méfiance envers les discours ambiants qui rejoint celle à l'encontre du flot d'images où l'on ne voit plus rien. Le point d'ancrage dans le réel de ce film, à nouveau entièrement tourné en studio, dans un décor neutre, passe cette fois par le poids rendu aux gestes, aux corps, aux visages, aux textures des habits et des objets, meubles et outils, en se débarrassant des mots et du risque de les voir diminuer le nombre d'informations nécessaires, par leur verbiage ou le renvoi à des situations historiquement ou géographiquement trop précises. Que le film soit un échec commercial complet est affligeant, mais entre peu en ligne de compte. Cavalier envisage d'ailleurs de continuer à montrer *Libera me* en l'accompagnant à chaque séance, pour parler avec les spectateurs : démarche « de proximité », typique des microréseaux, qui n'ont certes rien à voir avec ce qu'à été « le » cinéma, avec ce qu'est encore un certain cinéma, mais qui est également une forme d'existence cinématographique, pas nécessairement malheureuse ni décadente.

Jacques Doillon, obstinément

Si Doillon est un personnage tout aussi discret, sa présence dans le cinéma français de cette époque se remarque d'abord par son étonnante prolixité : un véritable tour de force, compte tenu des conditions dans lesquelles travaille ce cinéaste, et de l'exigence de ses réalisations.

Entre 1984 et 1994, Jacques Doillon présente onze films, auxquels s'ajoutent cinq réalisations destinées à la télévision, et de qualité équivalente à ses longs-métrages « cinéma ».

Doillon a mis la barre très haut au début des années quatre-vingt avec *La Pirate* (1984), présenté au Festival de Cannes et conspué : la gent festivalière a, semble-t-il, été choquée par cette tentative d'approcher au plus vif des sentiments, en collant aux acteurs (Jane Birkin, Philippe Léotard, Marushka Detmers, Andrew Birkin, Laure Marsac), en densifiant le texte jusqu'à en faire une matière sur laquelle les comédiens se cognent ou se reposent, en permutant les combinaisons entre les protagonistes pour mieux faire apparaître la solitude de chacun et la violence du besoin de l'autre. Film violent et généreux, démonstratif aussi, *La Pirate* souffre sans doute d'une expression trop extravertie, trop visualisée et « gestualisée » – Doillon retombera, avec moins d'élan, moins de détresse aussi, dans les mêmes excès avec *La Tentation d'Isabelle* (1985).

Entre-temps, il avait donné une splendide et chaleureuse réflexion sur les deux enjeux qui polarisent une grande part de l'intérêt des cinéastes modernes : les médias et la famille. *La Vie de famille* (1985) accompagne la promenade de Sami Frey, de la jeune Mara Goyet qui joue sa fille (et dont le vrai père, Jean-François Goyet, inaugure un long partenariat de scénariste avec Doillon) et de la caméra vidéo avec laquelle l'homme essaie de comprendre le monde, l'enfant et lui-même. L'ambition du thème bénéficie à plein de la modestie des moyens, où la légèreté du dispositif permet de laisser arriver le sens, les sensations, les mots, et aussitôt de les mettre à l'épreuve – machine de vision et dictionnaire à l'appui. Jacques Doillon donnera ensuite un essai sur la question du personnage avec *La Puritaine* (1986), délicat travail de rapprochement entre un père et sa fille – encore ! – qui passe par l'interprétation splendide de Sandrine Bonnaire et de Michel Piccoli, par le truchement du théâtre, et une composition collective de la troupe de jeunes filles entourant Piccoli qui reprend et enrichit les apports de Truffaut, de Rivette et de Godard sur ce thème. Proche de Truffaut et de Rivette à nouveau, malgré les apparences, et en apparence seulement loin de ses habitudes, Jacques Doillon continue avec un humour fin et mélancolique la même quête qui se double de la possibilité d'inscription du personnage dans un lieu, maison ou mémoire, avec *Comédie !* (1987) où étincellent Jane Birkin et Alain Souchon. Après un travail collectif avec les jeunes acteurs (et surtout actrices) de l'école de comédiens de Nanterre destiné à la télévision (*L'Amoureuse,* tourné en 1987, et qui sortira finalement en salle en 1993), et un exercice d'études de comportement en extrême équilibre au bord de situations scabreuses, où il joue lui-même le rôle de l'adulte concurrençant son fils (Melvil Poupaud) dans le cœur de Judith Godrèche, *La Fille de quinze ans* (1989), Jacques Doillon réussira à faire sortir sur les écrans, la même année 1990, deux grands films, qui dessinent le territoire au sein duquel évolue son cinéma.

La Vengeance d'une femme en représente le côté le plus formaliste, lorsque la mise en place d'un dispositif dramatique, l'attention aux mots et une grande virtuosité de la prise de vues construisent de toutes pièces un « champ cinématographique ». Entre Isabelle Huppert et Béatrice Dalle, toutes deux admirables, la mise en scène fait advenir à l'écran un monde affectif assez dense pour pouvoir se matérialiser sous l'apparence d'un personnage, au cours d'un véritable cérémonial d'invocation. A l'autre extrême des partis pris de réalisation, *Le Petit Criminel* accompagne avec une grande liberté de filmage et de narration la cavale d'un jeune flic (Richard Anconina) et d'un adolescent qui l'a pris en otage (Gérald Thomassin). Il s'agit d'une autre forme de quête d'identité, qui trouve au bout du voyage son point de jonction avec une réalité que masquait jusqu'alors la convention d'une situation de polar. Identité donnée, mais qui reste à construire, ce que fera le voyage de retour, à trois, la sœur du garçon (Clotilde Courau) étant montée à bord de la camionnette qui sert de véhicule à cette quête initiatique toujours enregistrée au ras du réel. Bien qu'il en ait cherché, rarement avec succès, des formules plus compliquées, les films à deux et les films à trois dessinent les deux aspects du cinéma de Doillon : dans le premier cas (les films « formalistes »), c'est la caméra, la mise en scène qui constituent le troisième pôle nécessaire à la profondeur, au volume qui différencie ce cinéma de celui du Visuel et de ses avatars programmatiques. Dans le deuxième cas, les trois pôles sont déjà donnés et la mise en scène peut privilégier sa fonction d'enregistrement. Si elle travaille tout le cinéma qui n'a pas rendu les armes à l'« écran plat » audiovisuel, cette question a sans doute trouvé en Jacques Doillon son géomètre le plus attentif. Géomètre, il le sera de manière trop glaciale, trop abstraite, avec *Amoureuse* (1991), avant de retourner avec une légèreté fluide et souriante à ses rituels d'apparition et d'invocation en tournant *Le Jeune Werther* (1993) avec un groupe d'adolescents. Puis, pour la télévision, *Un homme à la mer* (1993) sera un nouvel exercice de recomposition d'un personnage, Jacques Higelin, à partir de ce que peuvent lui donner ses compagnes successives, réunies dans un théâtral casino en bord de mer...

Cette question du personnage permet de faire justice de l'étiquette « psychologique », trop souvent accolée aux films de Doillon sous prétexte qu'il prend pour terrain des relations entre individus et l'expression de leurs sentiments, de leurs fantasmes, de leurs désirs et de leurs peurs. Il s'agit de bien autre chose : d'une recherche obstinée, combative, sur la possibilité de ce mode de représentation qu'a été le cinéma (qu'il essaie d'être encore chez les cinéastes modernes) de créer du lien entre le monde et les histoires, en créant les conditions d'apparition d'un protagoniste qui ne soit pas seulement fonctionnel ou allégorique. En filmant ensuite Benjamin Constant et Mme de Staël, Doillon cherchera ensuite à tirer parti de personnages déjà existants, grâce à la littérature et l'histoire (*Du fond du cœur,* 1994).

André Téchiné à l'épreuve du romanesque

Techiné a lui aussi beaucoup creusé la question du personnage, on l'avait vu avec le motif du double dans *Barocco* ou de l'impossible fusion avec *Les Sœurs Brontë.* Mais, en s'éloignant des références à Brecht de l'époque de *Souvenirs d'en France* (sans jamais les renier entièrement), Téchiné cherche une voie de sortie par le romanesque. Cette stratégie, où perce la nostalgie du cinéma « un et indivisible » de jadis, tente une démarche moderne appliquée au récit classique dont même François Truffaut avait fini par porter le deuil, amène le réalisateur à travailler dans le confort mais aussi avec les dangers de ce que les Anglo-Saxons appellent le *mainstream* (le courant principal du cinéma), capable d'emmener un réalisateur vers la gloire, mais aussi de l'engloutir irrémédiablement. On a vu au moment des *Sœurs Brontë* combien cette démarche suscite vite le soupçon de compromission de la part de ceux (confrères, critiques, partie du public acquise au cinéma moderne) qui devraient être les alliés du metteur en scène, alors même qu'un Téchiné est incapable de jouer la comédie médiatique qui pourrait lui amener en échange d'autres soutiens. Il reste ainsi très dépendant des liens qu'il parvient à nouer avec ses producteurs successifs : il bénéficie d'une certaine complicité lorsqu'il trouve comme interlocuteurs des flibustiers du *mainstream* comme Alain Sarde ou Maurice Bernart, ou Philippe Carcassonne, homme d'affaires avisé qui se double d'un cinéphile enthousiaste et averti (Carcassonne a été critique avant de créer sa société de production, Cinéa). Cette connivence lui fait en revanche défaut quand c'est un producteur aussi éloigné de ses préoccupations qu'Alain Terzian qui tient les cordons de la bourse.

L'ambiguïté apparente de la position de Téchiné est d'autant plus grande qu'une de ses hypothèses (à nouveau venue du cinéma classique) est que la vedette représente une possibilité importante d'avènement du personnage. On se souvient comment, au cours d'un véritable sacrifice rituel, il avait consumé pas moins de trois vedettes féminines pour essayer (en vain) de faire de Branwell Brontë un personnage. La vedette avec laquelle, de manière moins destructrice, il tentera désormais à plusieurs reprises cette expérience est Catherine Deneuve. D'abord dans *Hôtel des Amériques* (1981), où Deneuve et celle qu'elle interprète, Hélène, sont conjointement présentées comme « gelées » dans le passé : Hélène par le souvenir d'un amour à l'issue tragique, Deneuve par la rupture du lien mythique entre la star et le public. Le jeune, nonchalant et très amoureux Patrick Dewaere est supposé réchauffer l'une et l'autre, et, ce faisant, devenir lui aussi un personnage au contact de cette lumière ravivée. Dans un premier temps, l'opération paraît fonctionner : Hélène/Deneuve sort de sa gangue, et Dewaere de sa stricte fonction. Mais c'est pour constater l'impossibilité de tirer parti de ce résultat. Lucide, Téchiné constate que le garçon ne sait alors que faire de cette idole redevenue femme, sinon se montrer agressif et maladroit, que la femme ne peut ni ne veut faire face à cette demande et à cette vitalité en déshérence. C'est le romanesque qui est trop mince pour alimenter une relation qui maintiendrait en vie ces personnages dont l'existence dépend l'un de l'autre. Le scénario est vite piégé entre happy end à l'eau de rose, impraticable depuis un quart de siècle, ou passage au théâtre d'une crise existentielle, hors sujet. Deneuve devra donc s'en aller, laissant Dewaere à quai.

Elle ira dans le film suivant, débarrassée de ses attributs de vedette « froide », puisque ainsi la rumeur publique a défini bien superficiellement une actrice comme les rêvait Hitchcock, et qui a prouvé chez Buñuel, chez Truffaut, chez Polanski, chez Ferreri ou Mocky mais nulle part ailleurs mieux que chez Téchiné quelle finesse et quelle richesse elle pouvait apporter à un cinéaste, dès lors qu'il ne se contente pas de filmer son apparence et de profiter de son nom en haut de l'affiche. Ni hautaine ni maquillée, elle sera dans *Le Lieu du crime* (1986) non plus gelée mais en attente, en disponibilité pour une seconde vie, son âge assumé et les éléments biographiques donnés par le scénario disant qu'elle a déjà vécu une fois. Elle est une hypothèse de personnage qui a besoin qu'arrive une histoire, de la fiction, pour prendre corps – c'est tous le sens de l'épreuve du romanesque à laquelle se soumet Téchiné. Un enfant et un beau bandit se chargeront de la mission, avec succès jusqu'à un certain point : le film, très émouvant enregistrement de cette résurrection, bute encore sur le poids des vieux scénarios, le romanesque ancien barre le chemin au personnage moderne. Deneuve s'en ira à nouveau, en panier à salade, ramenée à la vie mais prisonnière.

Elle réapparaît dans *Ma saison préférée* (1993). Téchiné y appelle à la rescousse des outils déjà employés dans de précédents films : le double et la fratrie. Il s'agit cette fois d'essayer de faire un personnage avec deux protagonistes (et deux vedettes), Catherine Deneuve et Daniel Auteuil. Le mythe de l'androgynie est en effet un des aliments de cette quête du personnage, on le retrouve souvent chez André Téchiné comme chez bon nombre d'autres cinéastes modernes – et aussi, de manière négative, chez Bertrand Blier. La tentative est passionnante mais compliquée, trop sans doute, le cinéaste y fait intervenir la chirurgie, le lien familial et surtout maternel, des représentants d'une génération plus jeune qui redoublent « le travail des grands » et lui servent de contrepoint, une mise en perspective dans le temps, et la sanction de la mort. Ces exercices sont d'autant plus périlleux pour le cinéaste que les ingrédients qu'il utilise, vedettes et romanesque, le contraignent à jouer le jeu économique et médiatique du cinéma grand public, avec la sanction du box-office en guise d'épée de Damoclès. Le protagoniste masculin ira jusqu'à l'automutilation pour rendre possible une fusion qui n'aboutit pas, pas plus que la mort de la mère ne scelle autre chose qu'un rapprochement d'individus disjoints. Ce dont témoignent une première fois la manière dont Deneuve préfère se donner à un inconnu en sortant de l'hôpital, sans risque d'en être affectée, une deuxième fois le repas final, où tous les survivants sont réunis mais côte à côte, comme au début, chacun habitant dans sa « saison » personnelle. La série de films avec Catherine Deneuve a ainsi enregistré, dans l'effort et en rencontrant une hostilité croissante du public et de la critique, un échec dans la quête du personnage — échec à nouveau passionnant par l'opiniâtreté et la sincérité avec lesquelles les tentatives ont été menées par le cinéaste et l'actrice.

Entre ces films s'en intercalent d'autres qui, réalisés avec moins de moyens et des noms moins célèbres, représentent un moindre risque commercial et médiatique. Téchiné s'y sent plus libre et, parce qu'ils correspondent mieux à l'image du « film d'auteur », ils déroutent moins et obtiennent à l'occasion plus de succès — au moins proportionnellement à leurs coûts. Ce sera le cas de *Rendez-vous* (1985), récit de l'accession à un statut ambigu d'une jeune fille arrivée démunie de tout à Paris. Avec l'amour physique d'un garçon (Wadeck Stanczack), l'amour spirituel d'un second (Lambert Wilson), l'amour intellectuel d'un homme mûr (Jean-Louis Trintignant), elle se forgera elle-même une existence d'« être de spectacle » en devenant la Mouette (soit en parcourant le chemin inverse du personnage de Tchekhov). Cet impressionnant, et souvent violent, rituel d'apparition d'un personnage « partiel » (puisque ne prenant corps que sur scène, pas « dans la vie ») permet symétriquement la transformation de son interprète, Juliette Binoche, en vedette. *Rendez-vous* inverse les données des films avec Deneuve, c'est le personnage qui donne naissance à la vedette. Une vedette, il y en a pourtant déjà une au générique du film : Jean-Louis Trintignant. Il ne cherche pas à devenir un personnage, il aide un autre protagoniste à le devenir. Il représente ainsi une figure qu'on retrouvera souvent chez Téchiné, et chez d'autres, celle du mentor. Le mentor transmet ce qu'il sait, ce qu'il possède de force et d'aura, en demeurant au second plan mais sans se déposséder : Yanne avec Bruel dans *Attention bandits* puis Belmondo avec Anconina dans *Itinéraire d'un enfant gâté* n'étaient pas des mentors chez Lelouch, parce qu'ils accueillaient leur jeune protégé à leur côté mais sans abandonner le devant de la scène ; Stéphane Audran dans *Betty* n'est pas non plus un mentor en ce qu'elle est vidée, détruite par Marie Trintignant. En revanche, Maurice Pialat dans *Sous le soleil de Satan* joue (en vain) le rôle du mentor aux côtés de Depardieu.

André Téchiné reprend les prémisses de *Rendez-vous,* avec cette fois un protagoniste masculin, dans *J'embrasse pas* (1991), film plus explicitement autobiographique où il tente d'aller plus loin, de donner naissance au personnage sur terre, et non plus seulement sur scène. Une nouvelle fois le protagoniste, Pierre (Manuel Blanc) vient de la province, à nouveau il veut faire du théâtre, à nouveau une vedette (Philippe Noiret) lui sert de mentor. Mais Pierre renonce au théâtre, pour chercher son propre accomplissement matériel, au sens le plus trivial du terme (gagner de l'argent en se prostituant, devenir « quelqu'un » en se vendant), au cours d'un itinéraire violent, un parcours initiatique. Il lui faudra subir la violence du monde tel qu'il se le représente, et surtout compatir à la violence subie par une autre (mémorable Emmanuelle Béart, petite pute qui a fait le même trajet que lui pour n'être que le jouet humilié et battu des flics et des macs, du pouvoir et des marchands) pour comprendre que le chemin de l'accomplissement exige plus, une épreuve physique et morale qui prend la forme du passage par les commandos parachutistes. Au terme de ce parcours qui évoque une autre figure déjà souvent mentionnée, celle du chemin de croix, Pierre pourra arriver là où s'est retrouvé le premier personnage à part entière du cinéma moderne (qui était aussi le dernier personnage « donné », existant d'emblée) : Antoine Doinel contemplant la mer au dernier plan des *Quatre Cents Coups.*

J'embrasse pas réussit, cette fois, à faire advenir un personnage. La limite du film, qui alimentera les malentendus à sa sortie, tient à la difficulté qu'y éprouve Téchiné à trouver le bon équilibre entre réalisme, romanesque et distanciation « brechtienne ». Le prologue dans la grisaille d'un bled montagnard, jusqu'au véritable début du film par l'entrée dans un tunnel, tente d'imposer l'idée qu'on a quitté le territoire du quotidien pour celui de la fiction. Mais la demande de réalisme du spectateur (sur le monde de la prostitution masculine en particulier) n'est pas suffisamment comblée, ni révoquée par l'affirmation explicite de la rampe, qui aurait permis de prendre les protagonistes pour ce qu'ils sont, des figures romanesques, pas des représentations naturalistes du réel.

André Téchiné avait auparavant buté encore plus violemment sur cet obstacle, avec un film très sombre, la tragédie des *Innocents* (1986). La tentative de faire de Sandrine Bonnaire un personnage passait également par son arrivée « sortie de nulle part » dans une grande ville (Toulon et non plus Paris), avec à nouveau la conjonction de deux jeunes amants rivaux (Simon de La Brosse et Abdel Kechiche) et un mentor-metteur en scène interprété par une vedette (Jean-Claude Brialy). Le film tournait au massacre de ceux que nomme le titre. Sans doute, outre la conscience très vive de Téchiné qu'il s'agit toujours d'opérations dangereuses, violentes, ce résultat, par ailleurs d'une très grande intensité, tient à ce que Bonnaire (absolument remarquable au demeurant) occupe un statut intermédiaire : elle n'est alors pas encore vedette, et ne peut donc pas opérer selon la « ligne Deneuve ». Mais elle est déjà trop affirmée, trop reconnue malgré les transformations physiques qu'elle s'impose, pour pouvoir être « créée » par deux jeunes hommes plus faibles qu'elle. Et le jeu entre fiction et réalisme est cette fois trop inégal : dans *Rendez-vous,* le coup de force romanesque s'avouait brutalement comme tel (en faisant de Lambert Wilson un fantôme) et faisait ainsi sauter l'écueil ; dans *J'embrasse pas,* il sera malgré tout possible de prendre le théâtre de l'homosexualité et de la prostitution pour ce qu'il est ; dans *Les Innocents,* le recours à la tragédie antique comme « forme » est parasité par le contexte sociologique dans lequel se situe le film. En opposant le jeune Français et le jeune Arabe, Téchiné cherchait *Antigone*, il est tombé sur S.O.S. Racisme, et ne sait qu'en faire.

La plupart des cinéastes engagés dans ces recherches, qui sont autant d'opérations de résistance à la dérive du cinéma vers le Programme, ont mis au point des stratégies de mise en scène et des tactiques de prises de vues. Elles contribuent à définir ce qu'on appelle, un peu approximativement, leur « style ». La proximité avec les conditions du reportage chez Rohmer, le plan fixe chez Cavalier, les arabesques de Lelouch, la caméra au contact des acteurs de Doillon font partie de leurs « plans de bataille ». André Téchiné avait d'abord misé sur le format scope, non pour y accueillir des paysages plus vastes mais pour s'offrir la possibilité de faire exister simultanément à l'écran deux gros plans. Au travail dans tout le cinéma moderne, la question du visage occupe une place très importante chez Téchiné depuis ses débuts avec *Paulina s'en va.* Il y cherche une réponse dans l'apport réciproque, la profondeur que permet, contre l'aplatissement du Visuel, la présence simultanée de deux visages qui s'enrichissent l'un l'autre, grâce à un « dialogue » qui n'est pas nécessairement composé avec des mots. Puis, nous l'avons évoqué, en 1983 et 1984, Téchiné réalise pour la télévision *La Matiouette* et *L'Atelier,* deux très beaux exercices en miroir, le premier à deux protagonistes, le second en groupe (dans le cadre des travaux avec les élèves de l'école de comédiens de Nanterre, qui avait aussi donné lieu à *L'Amoureuse* de Doillon). Les deux fois, le cinéaste a filmé à deux caméras, système qu'il transposera au cinéma avec *Ma saison préférée.* C'est à une tentative de cinéma en relief qu'il se livre ainsi.

Non pas le relief optique, dont de nombreuses tentatives ont démontré la possibilité technique et le peu d'intérêt cinématographique. Mais une mise en scène en relief, qui retrouve cette recherche de la profondeur où peut prendre corps le personnage, et permet le lien avec un au-delà de ce qui est représenté. Très schématiquement, si la caméra de Doillon a besoin d'au moins deux protagonistes pour composer cet univers en volume, Téchiné peut espérer ne travailler qu'avec un seul, en disposant en permanence de deux points de vue sur lui. Alors que l'« approche Doillon » mise pratiquement tout sur le moment du tournage (comme le faisait le scope), cette « approche Téchiné » restitue une place essentielle au montage, au choix pour chaque plan des images de la caméra 1 ou de la caméra 2. Le cinéaste dispose à la fin du tournage de deux films possibles, enregistrés par chacun des deux appareils, le film réel résultant d'une combinaison entre les éléments des deux. Au terme de cette opération, il existe donc virtuellement un autre film, un « film fantôme » dont le vrai film conserve la trace en filigrane : on retrouve, grâce à un dispositif technique particulier, le principe fondamental – que transgressent le Visuel et le Programme – selon lequel, au cinéma, il faut toujours qu'il y ait deux images.

Philippe Garrel sort du bois

Dans *Elle a passé tant d'heures sous les sunlights,* Garrel conviait deux cinéastes dont il se sent proche, Jacques Doillon et Chantal Akerman, pour parler avec lui de leur travail commun, faire des films. Cette idée de « réseau », de bande imprécise, est sans doute inspirée à Philippe Garrel par la Factory de Warhol, dont son ex-compagne, Nico, avait fait partie *(« mais je n'ai pas de local, alors ma Factory c'est quand je tourne »).* Elle préside à la conception des *Ministères de l'art* (1987), tourné pour la télévision. Avec le nom de Jean Eustache comme mot de passe, Philippe Garrel y converse avec les cinéastes qui lui permettent de dire « nous ». A propos de Jacques Doillon, il aura même ce mot naïf et chaleureux : *« Ça rendait fier qu'un des nôtres aille à Cannes »* (avec *La Pirate*). Doillon et Akerman à nouveau, Téchiné, Benoît Jacquot, Leos Carax, Juliet Berto, et l'ami allemand Werner Schroeter sont tour à tour conviés dans le film et interrogés par Garrel sur tel ou tel aspect de leur travail. Jean-Pierre Léaud vient donner une leçon de diction : les cinéastes de cette génération partagent une difficulté d'élocution significative, ils se méfient des grands discours et des oreilles ennemies, Garrel les montre taciturnes et mobiles, en mouvement, en partance. Il établit en même temps les filiations, avec la Nouvelle Vague et en remontant jusqu'à Vigo, avant de capter le lien entre l'auteur de *Zéro de conduite* et « le jeune cinéaste d'avenir », Leos Carax. Le « réseau » ne s'arrête pas mais se transforme toujours, il va changer encore...

Garrel ne s'arrête pas non plus mais, à quarante ans, il change lui aussi, tout en restant au plus près de son univers mental, affectif et cinématographique. Lui-même considère qu'après son époque adolescente (1964-1968 : des *Enfants désaccordés* au *Révélateur*), puis sa période underground aux côtés de Nico (1968-1978 : de *La Cicatrice intérieure* au *Bleu des origines*) et sa période — n'exagérons rien — « narrative » (1979-1984 : de *L'Enfant secret* à *Elle a passé tant d'heures sous les sunlights*), il entre alors dans une nouvelle époque, avec *Les Baisers de secours* (1989). La première caractéristique du film tient à son inscription dans l'entourage personnel le plus immédiat du cinéaste : lui-même, sa femme l'actrice Brigitte Sy, son fils Louis, son père Maurice Garrel tiennent les rôles principaux. Sur un scénario pour la première fois cosigné avec l'écrivain Marc Cholodenko, qui deviendra un partenaire régulier, le cinéaste part d'une anecdote professionnelle et familiale : la colère et la tristesse de sa femme quand il confia à une autre — figurée par Anémone dans le film — un rôle qu'elle aurait pu jouer. Il met en scène avec un soin attentif, et pour la première fois disponible à l'expression verbale (annoncée par les interventions de Léaud dans *Rue Fontaine* et *Les Ministères de l'art*), l'intense trafic d'émotion, de sincérité et de faux-semblants qui organise les relations entre sa vie privée et ses films.

J'entends plus la guitare (1991) reprendra tout le matériau affectif déjà longuement exploré par le cinéaste, à travers ses relations avec Nico, Jean Seberg et Brigitte Sy. Sur un mode plus distancié, avec le renfort de Cholodenko et du scénariste habituel de Doillon, Jean-François Goyet, Garrel donne une perspective historique aux vingt ans écoulés. Représenté à l'écran par Benoît Régent, Philippe Garrel, loin d'affaiblir ou de renier ses engagements politiques, amoureux et cinématographiques, met en évidence combien ils ont été et restent solidaires, et combien ils demeurent d'actualité même si les temps ont changé. Le film, qui fait un détour par la tombe de Nico morte en 1988, laisse dire à Johanna Ter Steege, qui joue le rôle de la musicienne, la fin d'une époque héroïque dont *J'entends plus la guitare* tire le bilan bouleversé, mais pas funèbre.

La Naissance de l'amour (1993) en reprendra le mouvement, à travers le partage des mots entre amis (Lou Castel et Jean-Pierre Léaud), la remise en jeu des sentiments entre hommes et femmes, la captation de ce mouvement sans fin comme celui des vagues qui, d'un couple à l'autre, d'un lieu à l'autre, relance sans cesse la vie, l'amour, et le cinéma, dans la beauté tremblante d'une image qui semble toujours sourdre des corps qui y figurent, et rend justice à l'humanité des interprètes donnant sa matière au film. En laissant peu à peu le récit réinvestir ses films sans transiger sur la mise en scène, Philippe Garrel résout, pour lui-même et sans dispositif (comme on dit « sans filet » pour un acrobate), la question du personnage, la question du lien entre cinéma et réalité.

Chantal Akerman, fermetures et ouvertures du dispositif

Curieusement, Chantal Akerman, l'« alliée naturelle » de Garrel qui avait plutôt pris de l'avance sur lui durant les années soixante-dix, grâce à une extrême sensibilité de documentariste mise en œuvre pour filmer des situations parfois d'une très grande simplicité (*Jeanne Dielman,* 1975) et parfois d'une extrême complexité fictionnelle (*Toute une nuit,* 1982), s'est au contraire retrouvée prise au piège du dispositif dans les années quatre-vingt. Elle s'y débat toujours vaillamment, affrontant avec panache les canons de la comédie musicale dans *Golden Eighties* (1985), cherchant un montage de la mémoire et de l'actualité, du réalisme et de la fiction dans *Histoires d'Amérique* (1988), puis construisant un triangle amoureux très architecturé, et très fin, dans *Nuit et jour* (1991). Entre humour et sens du malheur quotidien, avec un regard « rapide » comme une pellicule 1 000 ISO, Akerman capte toujours « quelque chose » — la lueur-fossile, comme disent les astronomes — de tragédies lointaines et de drames immédiats. Mais elle semble, elle n'est pas la seule, avoir perdu cette faculté d'être de plain-pied avec ce qu'elle filmait, qui faisait la puissance à brûle-pourpoint de ses premiers films. Alors elle se tait, et s'en va. Elle part pour un long périple documentaire et sans commentaire, vers le lieu où quelque chose a bougé, bouge encore, et dont elle cherche avidement à percevoir les traces et les soubresauts : c'est le grand voyage *D'Est* (1993). Outre son intérêt intrinsèque, le film ressemble à une opération de l'œil effectuée par le cinéaste sur elle-même, à une tentative de reprendre contact avec une réalité qui menace de se diluer entre simulacres audiovisuels et constructions cinématographiques trop défensives.

Spectographie expéditive

On pourrait, en une cartographie sans fin, dessiner ainsi ce paysage tissé de connivences, d'alliances de circonstance ou de principes, d'échos retrouvés. Mentionner, comme on va le faire, un grand nombre de cinéastes qui, durant cette période, s'inscrivent au sein de cette galaxie, ne rend pas justice de l'importance du travail de chacun d'eux. Mais c'est seulement essayer, de manière trop expéditive, de faire apparaître la richesse et la diversité de cette zone du cinéma, que la plupart des télescopes médiatiques ont renoncé à observer, et que ne visitent plus, sauf exception, que de rares spectateurs-astronautes. Ils constituent pourtant un tissu mouvant et vivant, d'où jaillissent par moments de formidables éclats de lumière, de sidérantes décharges d'énergie.

C'est Jean-Claude Brisseau, qui, à sa manière de grand amateur du cinéma classique américain, percute des sujets documentaires liés à son ancien métier d'enseignant dans les banlieues déshéritées, à grands coups de fantastique (*Un jeu brutal,* 1983 ; *De bruit et de fureur,* 1988 ; *Noce blanche,* 1989), puis invente une mystique du monde, simple et belle, avec *Céline* (1991) avant d'essayer de réchauffer un rigide squelette de film noir (*L'Ange noir,* 1994). C'est Luc Moullet, irréductible franc-tireur, impayable observateur du social, qui, sous l'égide de Tati, dresse le radical constat de *La Comédie du travail* (1987). C'est Patricia Mazuy, entrant de plain-pied dans la violence du quotidien dans *Peaux de vache* (1988), et Catherine Breillat se colletant avec les orages du désir, avec la difficulté de filmer ensemble les corps et les mots (*36 fillette,* 1987 ; *Sale comme un ange,* 1991). C'est Patrick Bokanovski creusant patiemment la matière même du temps cinématographique, de l'image et du mouvement (*L'Ange,* 1982 ; *La Plage,* 1992). C'est Marguerite Duras repassant par le cinéma, de l'écriture à l'écriture (*Les Enfants*, 1984). C'est Pierre Beuchot travaillant la texture de la mémoire dans *Le Temps détruit* (1985).

C'est Danièle Dubroux fouaillant la chair des sentiments jusqu'aux limites de la folie, celles des gens et de la représentation de ce qu'ils font (*Les Amants terribles,* 1985 ; *La Petite Allumeuse,* 1987 ; *Borderline,* 1992). C'est Romain Goupil essayant de capter la trace du vertige terroriste dans *La Java des ombres* (1983), puis de trouver la voie d'une comédie de critique sociale avec *Maman* (1988), avant de se mettre en piste de son passé et de l'Histoire pour trouver comment filmer, aujourd'hui et maintenant, la tragédie de Sarajevo (*Lettres pour L...,* 1994). C'est F.-J. Ossang lançant la machine destructrice de *L'Affaire des divisions Morituri* (1985) à l'assaut des codes narratifs et visuels. C'est Jacques Rozier ouvrant avec obstination vers l'espace, vers la liberté, vers l'imprévu les petits dispositifs fictionnels qui parsèment *Maine-Océan* (1986), comme les cailloux d'un Petit Poucet prêt à aller toujours voir ailleurs, et qui saurait que les chemins de l'ailleurs peuvent démarrer au détour de la plus quelconque des anecdotes.

C'est Joseph Morder enregistrant inlassablement le journal intime des modifications du réel. C'est Christine Laurent trouvant successivement dans le passé (*A. Constant,* 1976), dans l'art lyrique (*Vertiges,* 1985), dans l'épopée (*Eden miseria,* 1989), le contrepoint d'une recherche intérieure, ou Christian Zarifian trouvant la juste note d'une mise en scène free jazz pour recueillir l'élan et la tristesse d'une poignée de jeunes gens s'essayant à faire quelque chose ensemble (*Les Romantiques,* 1994). C'est Robert Kramer construisant le dispositif en miroir de *Notre nazi* (1984) pour traquer le mécanisme des imageries et du labeur cinématographique en filmant Thomas Harlan filmant un criminel de guerre. Puis, poursuivant sur les voies de traverse de la planète et de la fiction, au ras de la réalité avec *Route One USA* (réalisé en

1989, sorti en 1991) et *Point de départ* (1994), sur les ailes du romanesque avec *Doc's Kingdom* (réalisé en 1987, sorti en 1991). C'est Jean-Pierre Denis cherchant du côté du documentaire les chemins d'une représentation sans effet de situations romanesques (*Histoire d'Adrien,* 1981 ; *La Palombière,* 1983 ; *Champ d'honneur,* 1987). C'est François Dupeyron s'emmêlant un peu les audaces entre sujet minimaliste, mouvements de caméra et grandes vedettes (Depardieu et Deneuve) avec son premier film, *Drôle d'endroit pour une rencontre* (1988), puis se rétablissant avec humilité et rigueur dans *Un cœur qui bat* (1991) avant de se fourvoyer dans *La Machine* (1994).

C'est Jean-François Stevenin lançant deux hommes en liberté aux trousses d'une femme mythique, et mettant en cause l'identité et la réalité dans les jeux de miroirs impulsifs et chaleureux de *Double Messieurs* (1986). C'est Pierre Zucca jouant avec une ironie subtile (et le précieux renfort de Claude Chabrol acteur) des codes du polar dans *Alouette, je te plumerai* (1988). C'est Benoît Jacquot conspirant à la naissance d'un personnage d'adolescente contre les pesanteurs du social et du romanesque, et recevant le vaillant soutien de son actrice, Judith Godrèche, dans *La Désenchantée* (1990). Et l'incisif désenchantement de Robert Guediguian cherchant la ligne de partage entre mélancolie active et nostalgie d'abandon dans *Dieu vomit les tièdes* (1991).

C'est Jean-Marie Straub et Danièle Huillet poursuivant l'impérieuse recherche d'une matière cinématographique en affrontant pour eux-mêmes, dans leur singularité irréductible, non trafiquée, la nature, la littérature, la peinture, le théâtre, le texte, la lumière, les voix (*La Mort d'Empédocle ou Quand le vert de la terre brillera à nouveau pour vous,* 1986 ; *Noir péché,* 1988 ; *Cézanne,* 1989). Jusqu'à trouver, par le texte classique, le travail de la langue et l'évidence de la mise en scène conquise sur les habitudes, l'extraordinaire machine de vision du monde, la beauté et la violence révoltée d'*Antigone* (1992). C'est Alain Cuny bâtissant une cathédrale de voix et d'images pour y accueillir une étincelle de vérité terrestre avec *L'Annonce faite à Marie* (1992). C'est Raymond Depardon creusant à l'intérieur du document les vertiges d'une fiction de plus en plus subjective, jusqu'aux franges de la folie en restant collé à l'instant et aux choses dans *Empty Quarter (Une femme en Afrique)* (1985). Puis, emmenant Sandrine Bonnaire pour l'un de ses plus beaux rôles s'installer dans le Tibesti, guetter sur son visage, dans les gestes des femmes toubous et dans les vibrations de l'air, la réapparition des signes du monde, de ce qui est partageable et ne l'est pas, dans le long cours de l'admirable *La Captive du désert* (1989). Depardon portera ensuite à un nouveau sommet son cinéma d'interrogation attentive avec *Délits flagrants* (1994).

C'est Anne-Marie Miéville construisant patiemment les possibilités de filmer quelques visages de femmes avec des moyens de cinéma, retrouvant la « voyance » de l'art du portrait dans *Mon cher sujet*

(1989), en tissant doucement le réseau des liens familiaux, de la chaîne mortelle et de la trame musicale. Puis interrogeant l'état du couple dans la splendeur intelligente de *Lou n'a pas dit non* (1994). C'est Patrick Grandperret qui, après avoir affolé la logique du reportage grâce aux gros cubes de *Courts-circuits* (1980), pousse à bout le ciné-enregistrement introverti façon Nouvelle Vague avec *Mona et moi* (1990), jusqu'à un vertige délirant et se refermant sur lui-même. Avant de combiner documentaire et mythologie, légende et petits moyens, dans *L'Enfant-lion* (1993), comme son titre l'indique du côté des enfants et de la sauvagerie, contre le story-board et le contrôle. Ou, paraissant au contraire s'en tenir au strict exercice documentaire, Marcel Ophuls enquêtant avec *Hôtel Terminus* (1988) sur le tortionnaire Klaus Barbie à l'occasion de son procès. Par l'accumulation des témoignages, la pertinence incisive des questions posées, l'attention à ce qui est dit « sous les mots », l'obstination à remonter des filières qui paraissent l'emmener bien loin de son sujet, il en cerne peu à peu les véritables enjeux, les « grands récits » qui se sont affrontés et ce qu'il en est advenu, le travail de la mémoire et les exigences de l'éthique. Ensuite, grâce à la mise en scène de son reportage sur les reportages des correspondants de guerre, Ophuls mettra en lumière le fonctionnement des médias dans l'immense travail de compréhension par le cinéma intitulé *Veillées d'armes* (1994)...

Et c'est, imposant et solitaire, le monument à l'innommable élevé par Claude Lanzmann avec *Shoah* (1985), irremplaçable document sur le travail quotidien de l'extermination et sur le travail quotidien de résistance à l'anéantissement, traduit dans les blessures inexpiables, toujours visibles, toujours audibles, infligées à la terre et à l'esprit, à la chair et aux mots. Simone de Beauvoir écrira à juste titre (dans *Le Monde* du 28 avril 1985) *« il y a de la magie dans ce film »*, magie noire et blanche née de l'agencement des mots, des silences, des visages et des paysages. L'ampleur même du film, ampleur « folle » (rien ne justifie que le film dure neuf heures trente plutôt que quatre ou vingt-quatre heures) comme est folle l'entreprise cherchant sans pouvoir jamais la trouver la mesure de ce à quoi elle se confronte, cette accumulation dit en même temps l'indicible de la Shoah et la faute impardonnable du cinéma, celle qui a été commise alors et qui marque la fin de l'ère moderne (au sens des lumières) : ne pas avoir montré « ça », alors. La « mission » du cinéma était de filmer Auschwitz et ainsi de l'empêcher, et il ne l'a pas fait. Cette faillite est au cœur du film de Lanzmann, qui n'utilise aucun des pauvres « documents d'époque » (Resnais au temps de *Nuit et Brouillard* en avait fait ce qu'on pouvait en faire : un signal). Tombeau pour une absence de six millions d'humains, de six millions de visages qui n'ont pas été gardés, *Shoah* est aussi le grand film funèbre à la mémoire de l'innocence perdue du cinéma, un peu avant le milieu du XXe siècle.

« Tout ça » ne fait pas d'excellents Français, ni d'ailleurs toujours d'excellents films ; tout ça fait une nébuleuse vivante et inventive, poussant sans cesse à nouveau ses pointes dans un univers des images que les forces dominantes semblaient devoir baliser et figer irrémédiablement. Tout ça ne fait pas non plus souvent beaucoup d'entrées en salles (mais il y a de bonnes surprises), ni d'audience à la télévision (rien de surprenant), tout cela attire de moins en moins souvent l'attention des grands médias. Mais « cela » fait une superposition de mini-réseaux de débrouillardise, de méthodes de survie, de circulations d'idées et d'images, de solidarités plus ou moins éphémères, qui se cristallisent et se dispersent au gré de ses contacts avec une nuée de producteurs et distributeurs indépendants, de festivals, de revues à l'incertaine viabilité mais renaissant ici quand elles ont disparu là... Une sorte de liquide amniotique où continue de baigner l'impondérable esprit du cinéma.

Alain Resnais, artisan artificier

Tous ces films, à un titre ou à un autre, travaillent la question du lien entre réalité et fiction. Elle a de tout temps été au cœur du cinéma (la fameuse division entre la tendance Lumière et la tendance Méliès), le cinéma moderne avait notamment consisté à réaffirmer la présence du documentaire dans la fiction. Mais ce débat a pris un sens nouveau, et plus crucial encore, avec la prise du pouvoir par le Programme qui tend à supprimer cette distance, à « replier » l'un sur l'autre le réel et la fiction, dans une « synthèse » où se perd toute la dialectique (artistique, démocratique, critique...) des anciens systèmes de représentation. Aussi une réflexion dans le champ de la pure fiction retrouve-t-elle une nécessité.

C'est, après y avoir toujours prêté attention, et de plus en plus au fil des ans, ce qu'a fait avec systématisme Alain Resnais à partir de *Providence*. Démarche qu'il pousse plus loin en adaptant une pièce de boulevard d'Henry Bernstein, *Mélo* (1986). Les jeux de l'artifice théâtral sont ici employés en tant que tels, comme objets du travail cinématographique. Ainsi les décors de Saulnier ne sont pas des décors de théâtre mais des décors de cinéma représentant des décors de théâtre, la lumière de Van Damme n'est pas un éclairage de scène mais une lumière de cinéma réfléchissant l'utilisation théâtrale des lumières et des ombres ; et le jeu des acteurs (Sabine Azema, Pierre Arditi, André Dussollier, Fanny Ardant, tous quatre admirables) cherche, avec les cadrages, les mouvements d'appareil et le montage, un point limite qui dépasse par le cinéma les conventions du vaudeville. Ce « point »-là, aussi impondérable que le rayon vert, n'est pas celui de l'intersection entre réel et fiction, mais celui où le réel réapparaît par redoublement de la mise en scène – théâtre plus cinéma –, par la mise en scène cinématographique de la mise en scène théâtrale.

Resnais en donnera une version encore plus sophistiquée, véritable expérience de laboratoire, avec le double film *Smoking* et *No Smoking* (1993). La mise en doute des composants du spectacle est ici poussée à l'extrême puisqu'elle concerne les deux éléments principaux, le récit et les interprètes. Le déroulement du film progresse sur le mode du « ou bien », proposant successivement un « arbre » aux ramifications de plus en plus variées de situations possibles à partir d'un point donné (on retrouve l'« arbre à fiction » qui était peint sur le mur à la fin de *Providence,* qui se dressait à la fin de *La vie est un roman*). Et les neuf protagonistes sont interprétés seulement par deux comédiens, Sabine Azema et Pierre Arditi, au cours d'un sidérant numéro de transformisme. Une prouesse technique, évidemment, mais qui ne vise nullement à l'illusion : les interprètes restent parfaitement et volontairement reconnaissables sous leurs différentes apparences. Pas plus qu'avec les décors ou les dialogues, il ne s'agit d'essayer de faire croire que « c'est vrai », mais au contraire de mettre en évidence le mécanisme des conventions. Au-delà de la virtuosité et de la jubilation, ces partis pris induisent une interrogation constante (et qui, c'est le véritable tour de force, va dans le sens du plaisir du film) sur toutes les composantes de la représentation. Qu'est-ce qui fait (ou ne fait pas) des protagonistes des personnages, quand leur interprète devient distinct d'eux ? Qu'est-ce qui fait la crédibilité du récit, dès lors que les événements sont une succession d'hypothèses également acceptables ? Comment se constitue le sentiment du temps, si plusieurs actions successives à l'écran sont en fait simultanées ? Qu'est-ce qui fait tenir ensemble une série d'événements, dès lors qu'il n'y a plus de fin : les deux films, pouvant être vus dans un ordre ou dans l'autre, ont chacun un début – identique –, mais le moment où se termine la projection ne peut pas être tenu pour la fin, puisqu'il y a l'autre film, qui sera, ou aurait pu être, le second ? Jusqu'à quel point deux spectateurs voient-ils le même film, quand selon l'ordre choisi l'« effet d'ensemble » est différent, et qu'on ne pourra jamais avoir vu la même chose que ceux qui ont choisi un ordre différent ? Cette gigantesque machine interrogative est forgée à partir d'un ensemble de pièces du dramaturge anglais Alan Ayckbourn : cela prouve seulement que le théâtre a également un usage à tirer de ce dispositif dont on trouverait d'ailleurs des équivalents littéraires ou picturaux. Cela ne change rien au fait que l'opération *Smoking/No Smoking* est strictement cinématographique : une affirmation du cinéma, et en même temps la mise en question de son fonctionnement comme appareil de fiction ayant à rendre des comptes pour conserver ses droits.

Entre ces deux films, *I Want to Go Home* (1989) constitue sans doute l'essai le plus audacieux de Resnais, certainement le plus dérangeant, et celui qui fut le plus mal accueilli. Résultat logique, le maître mot de cette comédie aux allures de farce inquiétante étant, durant la quasi-totalité de son déroulement : « irréconciliable ». *I Want to Go Home* ressemble à ce qu'on appellerait en dessin industriel un « éclaté », une mise à distance les uns des autres d'éléments qu'une représentation sans scrupule (le flux télévisuel, l'idéologie de la Culture, l'hégémonisme hollywoodien, la formule informatique) présente comme des équivalences, sinon comme un tout indifférencié. L'opération est d'une violence et d'une froideur chirurgicales, qui cherche à remettre à leur place les mots, les langues, la littérature, le carnaval, la représentation graphique (la B.D.), les personnages mythologiques. Non pour déprécier tel au profit de tel autre, encore moins pour en fétichiser aucun, mais pour exprimer les spécificités, les différences, pour montrer comment chaque forme d'expression introduit un rapport au monde qui est son trésor le plus précieux, non réductible à un autre.

La succession des événements, dérapages et malentendus, est une accumulation de confusions, observée avec un mélange de tristesse et d'aigreur. Cette confusion culmine dans la grande maison où tous les protagonistes rassemblés mènent une sorte de partouze sémiologique, tous signes enchevêtrés. Cette séquence est une splendide et crépusculaire dénégation de la disparition de l'Autre, un chant mélancolique et amer au respect des différences, par la prise en compte des distances qui les fondent. Un acte de démocrate militant, non dépourvu d'héroïsme tant il est dérangeant. Que, pour jouer le protagoniste principal de cette sarabande, Resnais soit allé chercher le vieil Adolph Green, qu'il le montre résistant au charme enveloppant de Micheline Presle et à l'admiration confondante de Gérard Depardieu, suggère une nostalgie, que corrobore la fin du film jusque dans son côté volontariste. La nostalgie d'un spectacle populaire, d'avant l'ère « culturelle », comme l'a été le cinéma classique, comme l'ont été par excellence les comédies musicales que Green mit en musique pour Hollywood, comme l'a été aussi la bande dessinée, qu'aime tant Alain Resnais et dont Green est supposé être un vieux maître. Comédies musicales, shows à Broadway, bande dessinée : il n'est pas question ici d'un discours élitiste. Mais les séquences finales, où le vieil Américain échappé de la foule et de la fiesta trouve refuge dans un bistrot d'une France d'avant-guerre et « communique » soudain avec des braves gens descendus d'un film réaliste poétique, ressemble plus à un rêve, à une échappatoire qu'à un réveil.

Treize films en trente-cinq ans depuis qu'il a commencé à réaliser des longs-métrages, la filmographie d'Alain Renais est remarquablement brève. Et trois seulement (*Smoking/No Smoking* est évidemment un seul film) en dix ans. Ce nombre restreint est à rapprocher du fait que Resnais ne soit jamais devenu producteur, qu'il n'ait même jamais tissé de lien durable avec un producteur. Marin Karmitz l'avait accueilli pour *Mélo* et annonçait vouloir poursuivre une relation, qui s'est interrompue après l'échec commercial d'*I Want to Go Home.* Il s'est trouvé un jeune producteur courageux, Bruno Pesery, pour se lancer dans la très aventureuse entreprise du double film. Il n'empêche que le cinéaste qui est peut-être l'incarnation la plus largement reconnue de la « grande culture cinématographique » reste pour chaque projet à la merci d'un accord circonstanciel, et a plus de mal à travailler que la plupart de ses confrères. Son exemple souligne à la fois les limites de la disponibilité du système d'ensemble envers le cinéma d'auteur, et les avantages des microsystèmes dont Resnais n'a jamais pu, ou voulu, se doter. La situation du cinéaste n'est évidemment pas sans rapport avec le coût élevé des tournages d'Alain Resnais, qui ne correspondent à aucun autre luxe que le maintien de méthodes de travail « à l'ancienne », avec des techniciens nombreux et hautement qualifiés, un gros travail sur le décor, etc., qui marquèrent toujours la limite de la modernité du cinéma de Resnais. Cette manière de travailler, dont, là aussi, il n'a pu ou voulu changer, le prive de cette souplesse, de cette rapidité d'adaptation dont ont besoin les auteurs pour circuler à l'intérieur du système audiovisuel, et y trouver leurs moyens d'action.

Jean-Luc Godard, poète et savant, cinéaste

Godard est de ce point de vue l'antithèse d'Alain Resnais. Il a toujours considéré que le moins que pouvait faire un cinéaste était de filmer, sous peine de perdre l'élan et le savoir-faire, l'acquis artisanal et la chance d'une possibilité d'accumuler un peu de connaissances. Son abondante filmographie témoigne combien il a su mettre cette thèse en pratique. La quantité de travaux effectués par Godard durant la décennie 1984-1994 ne dément pas cette attitude, bien que le nombre de longs-métrages de cinéma soit assez réduit, avec « seulement » huit titres : *Prénom Carmen* (1984), *Je vous salue Marie* (1985), *Détective* (1985), *Soigne ta droite* (1987), *King Lear* (inédit), *Nouvelle Vague* (1990), *Hélas pour moi* (1993), *J.L.G./J.L.G.* (1995). Mais cette liste ne rend pas compte d'une intense activité qui se manifeste par une quantité d'essais, de poèmes, de lettres, de rapports, de contributions à des œuvres collectives, d'études historiques, de notes de travail, de fragments de journal intime, de dialogues... toutes formes écrites dont Godard utilise des équivalents en images et sons, sur tous supports, de toutes durées, vouées à des diffusions allant de l'usage privé aux grandes chaînes de télévision en passant par la salle, le musée, la mise en circulation de cassettes, la projection publique réduite à un ou deux festivals, etc. Pour mener à bien cet immense labeur, Godard construit et reconstruit sans cesse un réseau complexe de partenariat, de rapports contractuels ou amicaux, de commandes suscitées et honorées à sa manière (qui est rarement celle attendue par les commanditaires). En relation avec les sociétés qu'il crée (Sonimage, Périphéria, J.L.G. Films), avec Alain Sarde comme interlocuteur régulier pour les longs-métrages, mais aussi des chaînes de télévision de toute l'Europe, Gaumont, la Fémis, France-Télécom, les magasins Darty, l'I.N.A., des producteurs américains, des marchands de blue-jeans, Toscan du Plantier..., il se fraie une voie toujours à rouvrir, pour continuer d'avancer dans une recherche où les différences formelles font partie de la cohérence de sa réflexion et de son action.

Cet activisme ininterrompu, généreux de son temps et de sa pensée, l'est aussi, à l'occasion, de ses moyens, quand Godard envoie un gros chèque à une petite salle de province menacée d'être étouffée par un circuit, un petit chèque à un réalisateur débutant, quand il fait cadeau d'un important matériel à la Cinémathèque de Moscou où Naoum Kleiman, résistant solitaire à l'entropie de la morale et du sens post-soviétique, se bat pour maintenir le lien cinématographique. On reconnaît dans cet activisme insaisissable la figure même d'une présence « virale », échappant aux identifications, aux localisations et aux labellisations. Cette manière d'exister implique un rapport toujours polémique avec les « règles du jeu » (du jeu spectaculaire, du jeu comptable, du jeu civique, du jeu « professionnel »...) et produit des effets contradictoires. D'une part, elle déroute de plus en plus un public qui – au-delà d'un cercle restreint d'interlocuteurs sans lesquels Godard, plus que jamais conscient du danger mortel de l'isolement, ne conçoit pas de travailler – n'a plus l'occasion de prendre connaissance de son activité que de manière fragmentaire. D'autre part, cette attitude lui assure une sorte de présence subliminale, faite de fétichisme médiatique sans rapport avec l'audience de ses films et de séduction par la présence burlesque qu'il sait à merveille faufiler dans le sérieux institutionnel : Jean-Luc Godard est, après Claude Lelouch, le seul nom de cinéaste connu de plus de 50 % de Français.

Il faudrait un volume d'une taille comparable à celui-ci pour tenter une description pas trop approximative de l'ensemble des recherches effectuées par Jean-Luc Godard depuis dix ans. Appliquant le principe selon lequel le cinéma permet une multitude d'approches, d'études, d'inventions auxquelles n'ont pas accès les autres modes de travail (écrits, peints, musicaux, chiffrés, etc.), son travail est par hypothèse aussi rétif à la transcription en mots que le serait l'« explication de texte » d'un morceau de John Coltrane ou la mise en équation d'un tableau de Francis Bacon. On se contentera de dire que les réalisations de Godard travaillent la totalité des enjeux évoqués dans l'ensemble des chapitres consacrés aux auteurs modernes. On y retrouve les questions du récit, sous toutes leurs formes (le mythe, le conteur, l'auteur, le personnage), avec à l'occasion le recours aux vedettes (Johnny Hallyday dans *Détective,* Alain Delon dans *Nouvelle Vague,* Gérard Depardieu dans *Hélas pour moi*). Ces questions s'inscrivent dans le champ plus vaste d'une recherche sur la création (et sur l'« increé », ce qui existait avant), recherche avidement menée par *Prénom Carmen, King Lear* ou *Soigne ta droite*, en convoquant la science, la religion et les arts. Elle recoupe l'interrogation sur le mystère de l'incarnation, sur la manière dont la parole se fait chair, histoire et image (notamment dans *Je vous salue Marie* et *Hélas pour moi*). Et aussi sur la relation entretenue entre récit et espace, territoire et Histoire, en particulier dans *Allemagne 90 neuf zéro* (1991, diffusé seulement à la télévision) et *Les enfants jouent à la Russie* (1994, inédit). Chez Godard aussi, on trouve la seule réflexion digne de ce nom sur les questions pratiques, philosophiques et morales de la technique, et notamment sur le procédé de la projection (dans *Soigne ta droite* et *Les enfants jouent à la Russie* en particulier). Cherchant les résonances (les « raisonnances ») de la littérature et de la musique, de la peinture et de la politique, les solidarités de l'économie et de l'esthétique, tous ces films travaillent simultanément les possibilités de représentation du temps et du corps humain (*Nouvelle Vague* ou *Hélas pour moi* en sont deux moments privilégiés). Et aussi les rapports homme-femme (et les incidences de la féminité et de la virilité), les rapports nature-culture, la fonction du surnaturel dans une approche du monde refusant toute soumission à une mystique, les systèmes de correspondance et de discordance entre différents langages. Au cœur de ce réseau d'une formidable densité, parcouru par les énergies de la révolte et de l'humour, se retrouve en permanence – mais plus explicitement dans *Grandeur et décadence, un petit commerce de cinéma* (1985) et dans la série *Histoire(s) du cinéma* (deux épisodes en 1992, deux en 1994, huit encore à venir) – la réflexion inlassable sur « le » cinéma. Ce qu'il a été et ce qu'il est devenu, les fonctions qu'il a assumées et celles qu'il a trahies, dans sa période classique et dans sa période moderne, avant qu'il ne soit vassalisé et atomisé par les nouveaux régimes du Visuel puis du Programme.

A mesure que se développe cet énorme labeur, commencé depuis le « retour sur terre » de *Sauve qui peut (la vie)* et qui témoigne combien a été féconde, finalement, la « traversée du désert » des années soixante-dix, on voit Jean-Luc Godard de plus en plus « payer de sa personne ». Jouant dans ses films, il fait de sa propre image un terrain de recherche où se mêlent la comédie d'une stratégie médiatique et la tragédie d'une opération de chirurgie esthétique pratiquée à vif sur soi-même – ou peut-être est-ce la communication qui est tragique, et la chirurgie comique. Ces apparitions à l'image sont elles aussi exemplaires : la manière dont Truffaut, Mocky, Godard, Pialat, Garrel, Duras, Doillon, Ivens ont été amenés à jouer dans leurs films traduit un rapport en circuit de plus en plus raccourci entre les réalisateurs et leur œuvre, au fur et à mesure que le scénario, les comédiens, la technique ont du mal à assurer ce transfert de personnalité qu'est la mise en scène. On retrouve le problème posé à Jacques Rivette par son refus d'entrer dans la lumière, par le maintien de la « posture héroïque du pur metteur en scène » dont parlait Daney, et qu'on a vu le réalisateur commencer à transgresser dans *Jeanne la pucelle*. Les raisons de l'apparition à l'écran des cinéastes modernes sont multiples : manière de combattre un trop grand isolement, besoin de tenir le film de l'intérieur, confessions qui ne supportent plus les intermédiaires trop chargés de signes extérieurs, don de son propre corps comme ultime chair à films. Mais il est significatif que, presque toujours, ils se donnent le rôle du « mentor », d'initiateur qu'on a vu fréquemment mobilisé pour tenter de faire advenir un personnage.

« Le cinéma n'est ni un art, ni une technique, c'est un mystère », lâche *Histoire(s) du cinéma* (2B), au milieu de ces rafales d'aphorismes et de citations par lesquels, comme les physiciens font tourner les flux d'électrons dans un cyclotron pour en enregistrer les collisions, Godard « bombarde » les objets, les idées et les perceptions dans chacun de ses films. Le mystère est dans cette présence indicible, irréductible à cet immense labeur de mise en doute, la beauté. Beauté absolue, sans égale dans le cinéma contemporain, de la nature et des visages filmés par Jean-Luc Godard. Cette beauté est fille de la mélancolie, elle est ce qui reste d'une présence au monde immédiate du cinéma, présence à jamais perdue, au moins par le cinéma occidental, depuis la fin de l'âge classique.

« Mystère » signifie aussi refus de la machine culturelle comme organisation et comme explication, telle qu'elle s'est mise en place avec l'axe Toscan-Lang généralisé par le néo-corporatisme mixte État-profession. C'était aussi le sens du titre choisi par Philippe Garrel pour évoquer ses proches en cinéma : *Les Ministères de l'art* s'opposait à « le ministère de la Culture », à la fois par le choix du pluriel et par le sens religieux que prend ici le mot « ministère » — voir « le cinéma est une croyance ». Cette opposition entre art et culture, qui inspirait à Godard la dédicace ironique à Jack Lang à la fin de *Grandeur et décadence* où l'on voyait le producteur Mocky assassiné et le cinéaste ex-Nouvelle Vague Léaud réduit au chômage, suscitera l'ironie mordante du cinéaste au moment des négociations du G.A.T.T., et de la « victoire » de l'« exception culturelle ». Elle lui inspirera, en toute lucidité sur la manière dont cet unanimisme mène à la terreur, la lettre *Je vous salue Sarajevo,* diffusée à la télévision lors d'une soirée consacrée à la Bosnie martyre, et dont on voit la rédaction dans l'autoportrait commandé à Godard par Gaumont, *J.L.G./J.L.G.* : « *Car il y a la règle, et il a l'exception. Il y a la culture, qui est de la règle, et il y a l'exception, qui est de l'art. Tous disent la règle, ordinateur, T-shirts, télévision, personne ne dit l'exception, cela ne se dit pas. Cela s'écrit, Flaubert, Dostoïevski, cela se compose, Gershwin, Mozart, cela se peint, Cézanne, Vermeer, cela s'enregistre, Antonioni, Vigo. Ou cela se vit, et c'est alors l'art de vivre, Srebrenica, Mostar, Sarajevo. Il est de la règle de vouloir la mort de l'exception, il sera donc de la règle de l'Europe de la culture d'organiser la mort de l'art de vivre qui fleurit encore à nos pieds. Quand il faudra fermer le livre, ce sera sans regretter rien. J'ai vu tant de gens si mal vivre, et tant de gens mourir si bien.* »

Serge Daney, héros mélancolique

La mort de l'art, Hegel la déclara en son temps. « La mort du cinéma », telle que la proclame de temps en temps Jean-Luc Godard, n'est pas plus à prendre au pied de la lettre que « la crise mortelle du cinéma » telle que l'annoncent sempiternellement les professionnels. La mort d'une certaine idée du cinéma, oui, comme la crise d'un certain mode d'existence matérielle. Mais « du » cinéma a muté plusieurs fois dans son histoire et mutera peut-être encore, il n'est pas plus « mort » que lors du passage du muet au parlant. Même si « quelque chose » est effectivement mort vers la fin des années vingt, et à nouveau vers la fin des années cinquante, et encore vers la fin des années quatre-vingt. Même si Hegel avait raison et si Godard a raison. De ce qui se meurt vers la fin des années quatre-vingt, Jean-Luc Godard aura été le témoin, le chercheur et le poète. Très seul, comme toujours, pas complètement pourtant. Lui qui a souvent regretté de ne pas trouver, chez les savants, les techniciens, les responsables de télévision ou les acteurs, les interlocuteurs qu'il souhaite, s'est trouvé au moins un partenaire pour ces années périlleuses, Serge Daney.

A l'issue du Festival de Cannes 1987, les *Cahiers du cinéma* publiaient un texte signé de leur ancien codirecteur. Devenu responsable des pages cinéma de *Libération* en août 1981, Daney avait trouvé dans le rythme quotidien, et la participation à un journal généraliste, la possibilité de suivre mieux que dans une revue spécialisée les tribulations d'un secteur soumis aux tempêtes économiques, esthétiques et sociologiques qu'on a dites. Le parcours de Serge Daney à partir de 1981 représente la dernière aventure du cinéma (où le mot « aventure » revendique sa part de mythologie et d'enfance, et où « dernière » ne préjuge pas s'il s'agit de l'ultime, ou seulement de la dernière en date). Que cette aventure ait été vécue aux quatre coins du monde et dans tous les registres de l'écriture, mais qu'elle se soit menée sans jamais toucher une caméra, n'est pas fortuit. Qu'elle s'achève tragiquement non plus.

En 1987 donc, à l'issue du 40e Festival de Cannes où se sont manifestées avec une arrogance sans voile l'omniprésence et l'omnipotence de la télévision dans ce sanctuaire du prétendu « septième art », Daney prend acte de l'affadissement et de la récupération du cinéma, et de ses propres fonctions journalistiques et critiques, par l'industrie du Programme. Considérant qu'avec *« la nullité teigneuse qui a marqué ce 40e Festival de Cannes* [...] *un point de non-retour a été atteint »,* il entreprend d'aller porter ailleurs son attention et ses pénates. Lui qui avait déjà mis son regard de critique de cinéma à l'épreuve (réussie) d'autres événements du monde, notamment les événements sportifs [1], entreprend d'aller voir « là où ça se passe », à la télévision. De septembre à décembre 1987, il se fait observateur du petit écran, à l'enseigne du « Salaire du zappeur ». Puis d'octobre 1988 à janvier 1989, il exerce son savoir critique sur les films diffusés à la télévision, c'est-à-dire non pas l'endroit pour lequel ils sont théoriquement, ou fantasmatiquement, conçus, mais l'endroit où ils sont pratiquement le plus vus – cette série de textes, réunis sous le titre *Les Fantômes du permanent* et publiés dans *Devant la recrudescence des vols de sacs à main,* traduit avec un humour chaleureux les rencontres d'un cinéphile *« qui aura plus aimé les films que la salle »* avec des films, chefs-d'œuvre, nanars ou avatars du Visuel, fréquentés dans une proximité, une intimité qui étonne et ravit le ciné-télespectateur. De loin en loin, puis à nouveau d'une façon systématique au moment de la guerre du Golfe, début 1991, Daney continue de mettre son point de vue, qu'il sait et revendique venu d'une autre époque et d'un autre univers (la cinéphilie des années 1960-1970), au défi d'« événements » devenus davantage des événements de communication que des faits. Il y trouve toujours des ressources de compréhension, de mise en perspective, d'interpellation éthique. Mais il reconnaît avec quelque morosité la vanité d'un tel exercice, à propos d'un matériau indifférent par nature au travail critique.

Prenant acte du statut ultraminoritaire auquel est réduit non seulement le cinéma tel qu'il le conçoit et le défend, mais le rapport au monde dont fait partie ce cinéma-là, il se consacre à la mise sur pied d'une revue trimestrielle. *Trafic* se veut l'organisateur d'un petit réseau résolument mélancolique et à l'écart des discours dominants. Le début du texte de Daney qui ouvre le premier numéro dit presque tout ce que sera l'esprit de la revue : *« Que va-t-il advenir de ce que nous avons aimé en lui* [le cinéma] *? Et de nous, qui nous sommes aimés indûment*

1. Avant de prendre en charge les pages cinéma de *Libération,* Serge Daney avait dès 1980 donné sa première critique sportive au quotidien, et il continuera de chroniquer de manière suivie le tennis. L'ensemble de ces textes ont été publiés sous le titre *L'Amateur de tennis,* P.O.L., 1994.

à travers lui ? Et du monde qu'il nous avait promis et dont nous devions être les citoyens ? [...] "Avons-nous rêvé ?" pourrait être mon leitmotiv, et quand je rencontre quelqu'un, je me demande s'il fait partie de ce "nous"-là, de cette tradition orale qu'aura été l'amour du cinéma. Car de cela au moins je suis sûr : le cinéma ne résiste pas mieux aux sociétés qui viennent que l'Afrique ne trouve sa place sur la carte du monde qui va. » Dans cette lumière crépusculaire et ce sentiment de tiers-mondisation irrémédiable, *Trafic* cherchera la possibilité de laisser se mouvoir et faire se rencontrer des parcelles de sens et d'affects, avec une sainte trouille de constituer une école, un contre-pouvoir identifié ou une réserve de Mohicans.

Serge Daney est mort du sida, le 12 juin 1992. Toutes les manifestations de l'intense activité intellectuelle qui marque ses dernières années (*Trafic,* dont le numéro 1 est paru en janvier 1992, mais aussi les livres publiés avant ou juste après sa mort, et les entretiens qu'il accorde à plusieurs journaux et à la télévision durant cette période), traduisent de sa part l'assimilation symbolique entre la maladie qui le détruit physiquement et le mal qui ronge le cinéma. Ce que le sida est en train de lui faire est ce que le Programme fait au cinéma — le Programme qui signifie la disparition de cette « barrière immunitaire » de la représentation que Daney avait considérablement aidé à définir comme « la rampe ». Sa biographie fait de Serge Daney un exact contemporain du cinéma moderne — il est né en 1944, l'année de *Rome ville ouverte* et de l'ouverture des camps ; il racontera peu avant de mourir, dans le livre *Persévérance,* à quel point il a intériorisé cette assimilation entre sa propre existence, un moment de l'histoire du cinéma et un moment de l'Histoire. Il aura accompagné les combats, les mutations et les déboires du cinéma tel que celui-ci a essayé d'exister, en France surtout, à partir de la fin des années cinquante. Il lui aura cherché du répondant sous toutes les latitudes de la planète et sous toutes les longitudes de l'image. Il représente, à l'intérieur du cinéma moderne, une figure comparable à celle que François Truffaut a symbolisée pour « le » cinéma. Une figure héroïque, au sens où l'un et l'autre assument jusqu'au prix de leur vie une idée, une sorte de contrat moral avec soi-même et avec le monde. Truffaut a incarné jusqu'à en mourir la volonté de maintenir ensemble classicisme et modernité, Daney a incarné, jusqu'à en mourir, le refus de la dilution « du cinéma » dans l'audiovisuel, la publicité, l'informatique.

Son travail intellectuel, qui influence durablement une part essentielle de ce qui reste de réflexion sur le cinéma, mène naturellement à une sombre vision de l'état présent des choses cinématographiques, et à l'annonce d'un avenir funeste. A propos du présent, on a essayé dans les chapitres précédents de résumer comment « le » cinéma, y compris dans son ambition moderne, s'était atomisé, comment aussi il n'avait non seulement pas disparu, mais s'était inventé des nouvelles lignes de fuite, de nouveaux carburants, de nouvelles réserves de vitalité, fût ce de manière minoritaire, presque impalpable parfois. Ce devenir, quel que soit son destin, passe aussi par un irréfutable renouvellement de ceux qui, en toute innocence ou lourds d'une déjà longue histoire, expérimentent à leur tour la première fois où se met à tourner une caméra.

Troisième partie

C'EST PAS LA FIN DU MONDE

« Quand il eut passé le pont,
les fantômes vinrent à sa rencontre. »
Nosferatu,
Friedrich Wilhelm Murnau.

Dans les chapitres précédents, on a essayé de distinguer deux phénomènes : d'une part la disparition de ce qu'a représenté (et de ce que représente encore, fantasmatiquement, mais parfois très utilement) « le » cinéma tel qu'il a existé et a été perçu ; d'autre part la permanence de « zones cinématographiques », souvent situées très loin les unes des autres, et tendant à se séparer plus encore, mais qui trouvent à l'occasion des avantages tactiques (politiques, économiques, médiatiques, etc.) à paraître se rapprocher. A ces avantages s'ajoute un attachement affectif encore très fort, aussi bien chez ceux qui font du cinéma que chez une partie de ceux qui y vont (les cinéphiles). On en a surtout décrit la manifestation chez les gens de cinéma étant entrés dans la carrière avant la victoire de l'audiovisuel, accomplie pour l'essentiel durant la première moitié des années quatre-vingt.

Mais ce rapport à la fois tactique et affectif à l'idée de cinéma ne concerne pas seulement ceux qui « y étaient déjà », et dont on pourrait supposer qu'ils n'ont pas d'autres choix, mais qu'ils représentent une espèce en voie de disparition. La foule des candidats qui se présente chaque année au concours d'entrée à la Femis et des autres écoles de cinéma, le nombre élevé de réalisateurs débutant chaque année, l'apparition récurrente de manifestations diverses et de publications animées par des jeunes gens passionnés prouvent qu'en France au moins, il existe une « demande de cinéma », une envie d'en faire, d'en voir, d'en parler et d'en faire parler, qui représente un phénomène presque paradoxal, compte tenu de ce que « pèsent » socialement les activités cinématographiques. Cet état de fait témoigne de l'efficacité certaine (quoi qu'on pense de son bien-fondé) du discours sur le cinéma, sous ses différentes formes, de l'action gouvernementale à la glose critique en passant par la nébuleuse des pratiques associatives, corporatives, festivalières, etc.

Cet activisme, ce volontarisme est en effet loin d'être strictement passéiste. Il n'est pas seulement le fait de quelques poignées de nostalgiques cherchant à imiter ce qu'a été le cinéma de Renoir, de Carné ou de la Nouvelle Vague. Des nouveaux venus, bien que placés sous le poids d'une histoire qui menace à chaque instant de devenir trop lourde pour eux, inventent eux aussi des dispositifs à leur convenance, ou le plus souvent les bricolent avec les moyens du bord, glanés dans ce que permettent la grande machine audiovisuelle et les appareillages de soutien étatique, professionnels, confraternels ou culturels. Cet activisme est d'autant plus remarquable que jamais sans doute il n'aura été aussi peu « rentable » : 332 premiers films ont été réalisés durant les années 1984-1993, soit 30 % du nombre total de films français produits durant cette décennie, le pourcentage ayant tendance à croître vers la fin de la période. Après avoir souligné le caractère globalement positif de ce phénomène, il faut en relever les divers aspects négatifs. D'abord, ce nombre élevé traduit dans une certaine mesure les effets pervers de systèmes de financement qui, d'une part, rendent trop faciles certaines productions (mais pas toutes), d'autre part, amènent à se réclamer du cinéma des productions qui, par leur économie et leur esthétique, relèvent strictement de la télévision. Ensuite, un nombre anormalement élevé de ces premiers films, en fait la quasi-totalité d'entre eux, sont des échecs publics en salles. Ou, pour prendre un critère plus subjectif mais tout aussi pertinent, le nombre de cinéastes ayant acquis grâce à leur premier film un minimum de « visibilité » (commerciale, critique, professionnelle) est presque aussi réduit. Il existe manifestement un effet de brouillage, qui tend à noyer des personnalités dans la catégorie fourre-tout des « jeunes réalisateurs », devenue un repoussoir pour une grande partie du public.

Ce phénomène de moindre visibilité se reproduit d'ailleurs au détriment des jeunes comédiens apparus durant cette décennie. Le sobriquet de « star-kleenex » a ainsi pu être attribué à des acteurs qui, un moment, ont polarisé l'attention de la jeune génération (la seule apte aujourd'hui à reproduire tant soit peu le star-system), pour être très rapidement délaissés. L'exemple le plus spectaculaire a sans doute été fourni par Christophe Lambert, promu vedette des jeunes après *Greystoke*, qui a bénéficié de ce statut le temps de *Subway* et du premier *Highlander*, soit à peine trois ans (1983-1986), avant que son étoile ne se ternisse irrémédiablement — Lambert avait de surcroît alimenté l'éternel rêve des professionnels : mettre la main sur une vedette internationale, c'est-à-dire franco-américaine, rêve évanoui tout aussi vite. Après la déferlante de la fin des années soixante-dix, les années quatre-vingt et le début des années quatre-vingt-dix ont pourtant vu l'arrivée de nombreux jeunes comédiens ayant les honneurs du haut de l'affiche : Sandrine Bonnaire, Juliette Binoche, Charlotte Gainsbourg, Mireille Perrier, Emmanuelle Béart, Marie Trintignant, Marushka Detmers, Valérie Kaprisky, Romane Bohringer, Daniel Auteuil, Richard Anconina, Fabrice Luchini, Christophe Malavoy, Hippolyte Girardot, Vincent Lindon, Robin Renucci, Lambert Wilson, François Cluzet, Jean-Hugues Anglade... Au-delà de quelques succès éphémères, aucun d'entre eux ne parvient à susciter une identification durable, encore moins une admiration mythique. Tout comme le box-office, les difficultés que rencontrent à partir de la fin des années quatre-vingt les magazines *Première* et *Studio,* dont la diffusion repose sur le potentiel des vedettes françaises, témoignent de la chute continue du vedettariat – la tentative de ces journaux de se recentrer sur les vedettes hollywoodiennes ne palliant que partiellement ce déficit. Cette situation contraint les jeunes comédiens, soit à une poursuite échevelée de rôles valorisants, qui les banalisent d'autant plus que l'acteur n'est plus systématiquement mis en valeur par les films « grand public », soit à effectuer des choix plus singuliers, troquant leur image immédiate contre l'association à l'œuvre d'auteurs plus marginaux. Lorsqu'ils jouent le jeu de la médiatisation, on retrouve le phénomène déjà décrit à propos des vedettes des générations précédentes : les magazines et la télévision les accueillent volontiers et les montent en épingle (contribuant d'ailleurs ainsi à la promotion du « label cinéma »), mais sans effet direct sur la fréquentation des films.

Revenons aux réalisateurs, pour nous intéresser d'abord à cinq d'entre eux ayant tourné leur premier film entre 1984 et 1994, et qui ont marqué la période d'une manière significative.

Leos Carax, tous derrière et lui devant

Le premier, chronologiquement, est Leos Carax, « le jeune cinéaste d'avenir » convié par Philippe Garrel à la fin des *Ministères de l'art.* L'avoir montré transbahutant un scénario d'une taille monstrueuse, beaucoup trop lourd à porter, et se déplaçant avec dans sa poche la photo de Jean Vigo, définissait bien la position, et les difficultés, de ce réalisateur né en 1960, et remarqué dès son premier film, *Boy Meets Girl* (1984). Ce poème d'amour en noir et blanc porte la marque d'un cinéaste singulier, laissant advenir sur son écran une présence tout à fait nouvelle de ses interprètes, Mireille Perrier et surtout Denis Lavant, alter ego du réalisateur associant une apparence, une diction et un comportement très contemporains aux talents ancestraux des artistes de cirque et de leurs descendants, les acteurs du burlesque muet. La présence de Lavant, et la manière dont Carax le filme, sont d'une nouveauté qui rappelle l'irruption sur les écrans de Jean-Pierre Léaud. Mais, précisément, il « rappelle » quelque chose, tout dans le cinéma de Carax rappelle quelque chose. Ce cinéaste moderne de la troisième génération porte le poids d'une longue cinéphilie, allant du muet à la Nouvelle Vague. Et il manque d'un territoire nouveau où réutiliser cette sensibilité personnelle et les acquis de ceux qui l'ont précédé. Les cinéastes de la deuxième génération (Eustache, Garrel, Téchiné, Doillon, Akerman...) ont disposé d'un espace « contestataire », différent du lieu d'action de la Nouvelle Vague, où ils ont pu exprimer leur originalité, et qui a nourri ensuite leur manière personnelle d'effectuer le repli vers soi auxquels la plupart ont procédé (sauf Téchiné, qui a trouvé une autre voie du côté du romanesque, et bien sûr Eustache, qui n'a pas voulu ou pu s'y plier, et en est mort).

Le territoire qui échoit à Carax est celui de l'image et de la culture (cinéphile). Le jeune cinéaste y court en permanence deux dangers symétriques. D'une part, celui de la citation, de la référence maniériste qui le menace dès lors qu'il affirme sa filiation avec les modernes ; d'autre part, le risque de la « belle image », de la réussite formelle gratuite, quand il devient si difficile de trouver les points de contact entre fiction et réalité – ces points de contact qui ressemblent désormais à des points d'eau vers lesquels les films modernes paraissent autant de traversées du désert. Dès son premier film, Carax déploie une intense énergie à essayer de dépasser ces obstacles, et globalement remporte un combat dont on comprend déjà qu'il sera le sien, et celui de sa génération – de la fraction de sa génération qui ne se satisfait pas des eaux croupies de l'ancien classicisme ni des sources d'utilité publique dûment étiquetées et mises en bouteille par la télévision, Hollywood et la publicité.

Produit par Alain Dahan, qui a accompagné Juliet Berto et Chantal Akerman, et qui jusqu'à sa mort le 13 mai 1992 restera aux côtés de Carax, *Boy Meets Girl* bénéficie d'une certaine légèreté, de cette rapidité sans complexe du premier film. Mais, à l'heure où tout peut être médiatiquement valorisé, Carax est aussitôt repéré, et doit dès lors porter sur ses jeunes épaules le fardeau du label « jeune auteur moderne assurant la relève ». D'où l'extraordinaire débauche d'énergie de son deuxième film, *Mauvais sang* (1987), polar fiévreux, chorégraphique et esthète au temps du sida. Les références abondent toujours, avec Godard convoqué comme parrain numéro un. Lavant, Juliette Binoche, et Michel Piccoli dans la fonction du mentor, déploient des prodiges de générosité, qui répondent à une mise en scène d'une munificente inventivité : *Mauvais sang* est sans conteste un film passionnant, et souvent émouvant ; il peine pourtant à échapper au double système de référence auquel il fait appel, celui du cinéma de genre et celui des films de la Nouvelle Vague. Le poids de l'histoire pèse sur le réalisateur et l'oblige à mettre en place des dispositifs de plus en plus complexes, non pour y échapper (il ne le cherche pas), mais pour avancer vite en portant ce fardeau. Là sans doute se trouve l'origine du drame, et de l'« affaire », des *Amants du Pont-Neuf*. Art, argent, technique et politique – au fil des péripéties, ce pauvre film riche, tiraillé en tous sens, va devenir pendant deux ans la chambre d'échos des espoirs, des peurs, des rancœurs et des lubies qui fleurissent, en France, autour du mot « cinéma ».

Le projet n'avait à l'origine rien d'extravagant (il l'était même plutôt moins que *Mauvais sang*). Cette histoire d'un grand amour entre un couple de jeunes clochards sur le plus vieux pont de Paris est un projet romanesque que doivent servir les deux comédiens principaux du film précédent, Denis Lavant et Juliette Binoche, avec une partie de la même équipe technique (notamment le chef opérateur Jean-Yves Escoffier), et le même tandem de producteurs, Alain Dahan et Philippe Diaz. Le budget, bouclé début 1988, se monte à 32 millions de francs, c'est cher (le coût médian des films est cette année-là de 13,5 millions), mais sans excès : trente-sept autres productions la même année se situent dans la tranche des 20 à 50 millions de francs. On se doute que Carax ira au-delà de la somme prévue : depuis que *Mauvais sang*, budgété à 12 millions, en a coûté 17, on sait que ce réalisateur perfectionniste outrepasse volontiers les prévisions, financières comme artistiques. Il n'y a pas matière à s'inquiéter particulièrement, le budget est entièrement couvert, et même au-delà, par les accords conclus par les producteurs avec Gaumont, Antenne 2, la Sept, une Sofica, un laboratoire, un partenaire canadien. Soutenu par Jack Lang comme exemplaire des ambitions cinématographiques tricolores, il bénéficie des meilleurs soutiens en relais par les organismes d'escomptes et de garanties bancaires parapubliques que sont l'U.F.C.A. et l'I.F.C.I.C. – et de solides appuis politiques pour obtenir les autorisations nécessaires à un tournage compliqué en plein Paris. C'est pourtant là que se trouve la faille, qui va se transformer en gouffre.

Carax a obtenu de la Mairie de Paris la mise à disposition du Pont-Neuf du 18 juillet au 15 août. Mais le 4 juillet, Denis Lavant se blesse gravement à la main et ne peut interpréter un rôle qui comporte jonglages et acrobaties. Avant même le premier jour de tournage, le film est arrêté. Les assurances acceptent de couvrir le sinistre et de financer la transformation en décor principal d'une reproduction sommaire du pont, bâtie sur un terrain près de Montpellier, et où ne devaient être tournées que des séquences nocturnes. C'est à ce moment seulement qu'il apparaît que le budget initial était déjà sous-évalué. La rallonge réclamée à l'assurance est, elle aussi, inférieure aux besoins. Pendant qu'on transforme, mal et trop lentement, le décor, Leos Carax tourne des scènes situées dans d'autres lieux. Bientôt l'assurance refuse de continuer à augmenter son financement, le chantier s'arrête en janvier 1989. Diaz et Dahan ne font plus face aux besoins du tournage ni ne peuvent assurer la poursuite des travaux ; en avril leur société est mise en règlement judiciaire, les séquences tournées (vingt-cinq minutes) sont placées sous séquestre. Tout semble perdu, et les « professionnels » commencent à dire tout haut que ces artistes sont d'impossibles paniers percés et que le ministère, obnubilé par ses fantasmes de grandeur culturelle, dépense inconsidérément les deniers publics – ou pis, les deniers « professionnels » gérés par l'Etat.

Chacun se dit qu'il aurait su quoi faire des sommes dépensées, ou qu'on croit dépensées : hormis une avance sur recettes élevée mais pas extravagante (2,5 millions), il n'y a aucune subvention dans le financement de ces *Amants* en passe de devenir maudits.

Du côté des pouvoirs publics, justement, à défaut de mettre la main à la poche, on s'agite beaucoup pour débloquer la situation. Sur le tournage en rade, l'équipe ne désarme pas. Carax, soutenu par la fidélité sans faille de son équipe, envoie comme autant de bouteilles à la Seine des cassettes vidéo des séquences tournées. De Patrice Chéreau à Steven Spielberg, les messages de soutien affluent. Mais pas l'argent : contactés, des producteurs ayant pignon sur rue comme Christian Fechner, Ariel Zeitoun ou Yannick Bernart reculent devant l'ampleur des problèmes financiers et l'imprécision des prévisions quant aux frais à venir. Finalement, en juin 1989, une solution se dessine : le financier suisse Francis Van Buren (qui a déjà fait une apparition dans le monde du cinéma en achetant puis en revendant A.A.A., la société de distribution créée par Lebovici) s'associe avec le jeune producteur Philippe Vignet, gendre d'Agnès Varda. Le premier apporte de l'argent frais, le second son savoir-faire, dans une société au nom aussi romantique que la manière dont ils paraissent aborder cette affaire, Pari-à-deux. La construction du décor reproduisant le Pont-Neuf et les deux rives de la Seine reprend, le tournage aussi. Mais les nouveaux producteurs, victimes caractéristiques de ces élans irrationnels que reste capable d'inspirer le cinéma, ont manifestement sous-évalué les risques et les besoins. Le chantier s'est dégradé, tout est à reprendre. Très vite, on voit se dessiner une nouvelle déroute financière. En septembre 1989, Pari-à-deux renonce à son tour, après avoir injecté 18 millions de francs : au total, avec les diverses rallonges et les assurances, on en est à 80 millions de francs dépensés sur un film dont il n'existe que quarante minutes « utiles » — parmi lesquelles les scènes, particulièrement spectaculaires, réalisées sur la Seine en profitant du feu d'artifice exceptionnel du 14 juillet 1989, apogée des célébrations du bicentenaire de la Révolution : même le goût commémoratif de la république est mis à contribution par ce film connecté à toutes les tendances de l'époque. Pour la troisième fois, le tournage s'arrête.

Cette fois, les rumeurs hostiles tournent au charivari, on voue tout ensemble aux gémonies les « auteurs » mégalo dont Carax devient le symbole, les producteurs inconséquents, le ministère de la Culture, le C.N.C., les organismes de financement et les systèmes d'aide, dans un grand élan où se mêlent relents de poujadisme et pulsions suicidaires, quand on sait ce que la majorité des râleurs doivent à ce système soudain chargé de tous les maux. Dans ce grand déballage de rancœurs et de calomnies, on retrouve côte à côte les vieilles haines contre le cinéma d'auteur toujours prêtes à resurgir, la panique devant les budgets qui gonflent alors que les entrées diminuent, les idéologues libéraux qui considèrent que l'Etat ne devrait pas mettre un kopeck dans ces affaires d'art et de commerce, l'angoisse face à la perte des repères financiers et artistiques traditionnels. Et l'angoisse face à la disparition de toute cohérence entre ces deux aspects, surtout de la part de ceux qui ont crié le plus fort que plus on dépense, mieux cela sera, et qui aperçoivent soudain, c'est le cas de le dire, l'envers du décor.

Injuste et déplaisante, la grogne des professionnels ne peut pourtant faire oublier que la mise en scène telle que la pratique Carax, telle que la situation du cinéma le contraint à la pratiquer, est en effet lourde de périls, dont il est la première victime : qu'un incident, grave mais en soi pas tragique (la blessure de Lavant), ait déclenché une telle série de catastrophes traduit une situation constamment sur la corde raide. Le cinéma est depuis toujours coutumier de ces situations extrêmes, elles ne peuvent être surmontées que grâce à la présence forte, mais en connivence avec le film, d'un producteur. La Berezina qu'est à ce moment devenu *Les Amants du Pont-Neuf* est la parfaite illustration de l'effacement de ce personnage clé, laissant nez à nez des financiers (les assurances, les banques, les chaînes de télé, les hommes d'affaires suisses...) et un auteur, après la sortie du jeu de Diaz et Dahan, qui ont été des alliés du cinéaste, mais pas des interlocuteurs. Autre aspect caractéristique : dans cette situation, l'Etat, *via* la rue de Valois, le C.N.C. et les organismes de crédit, a joué une fonction de relais, de préservation, sans pouvoir ni devoir se substituer à un producteur. A leur mesure, les porte-parole de la cinéphilie, du *Monde* aux *Cahiers du cinéma*, ont pesé dans le même sens. Au moment où les critiques contre toute l'entreprise atteignent leur paroxysme, durant le Festival de Cannes 1990, il finit par apparaître, ce « personnage » (au sens fort : il est, lui aussi, en charge du lien entre fiction et réalité), le producteur. Ce producteur qui manque depuis le début et qu'on désespérait de voir se matérialiser.

Déjà approché un an plus tôt, puis à nouveau par Van Buren à l'été 1989, Christian Fechner entre cette fois dans le jeu. Il est vrai que sa situation personnelle a changé entre-temps. L'ancien heureux inventeur des comédies à succès des Charlots et de Zidi, devenu l'un des ténors de la place avec des productions lourdes et heureuses comme *Marche à l'ombre* ou *Les Spécialistes*, celui qui est apparu un instant comme un palliatif à la « crise Toscan » chez Gaumont, a évolué avec son temps. Tout en se lançant dans des productions culturellement ambitieuses comme en réclame l'époque *(Camille Claudel)*, il a créé en 1987 Fechner Audiovisuel, racheté les studios de Boulogne qu'il transforme en plateaux de télévision, constitué un portefeuille de droits qui comporte, outre ses propres productions, un millier de titres dont des Hitchcock, des Fritz Lang, etc. Et, le 24 janvier, il a tout vendu d'un coup, à la Compagnie générale des eaux, pour la coquette somme de 500 millions de francs. C'est ce grand professionnel désœuvré et disposant d'énormes moyens qui va ajouter (avec le soutien politique, sinon financier, de l'Etat) les quelque 80 millions qui permettront l'achèvement du film, le 8 mars 1991. A ce moment, Carax, qui a évidemment accueilli Fechner en sauveur, est définitivement brouillé avec lui. Le producteur a, semble-t-il, imposé au réalisateur un happy end différent de ce qui était prévu : la situation s'est inversée, c'est maintenant le cinéaste, devenu l'otage d'un tournage-catastrophe, qui n'est plus en situation de discuter. Le film sort en octobre 1991.

Comme toujours, il dit à sa manière la vérité d'un projet ayant mené à cette catastrophe : *Les Amants du Pont-Neuf* est le récit d'une retraite. Retraite flamboyante, grâce à la passion de filmer du cinéaste et à l'investissement sans limites des comédiens. Retraite tout de même qui, partant du réel capté au long des trottoirs et dans l'asile pour clochards de Nanterre, se replie sur le pont mythologique et coupé du monde. La mise en scène ne s'en échappe que pour les fastes d'une imagerie d'artifice comme les feux qui l'éclairent, ou vers une mythologie de faune et de nymphe qui ne peut plus dépasser le stade d'un symbolisme splendidement filmé, mais sans profondeur. Carax cherche du côté de Vigo et de Cocteau les sources d'une jouvence que parasite la citation ; il cherche du côté de la grande peinture (avec visite au musée du Louvre) un art pur qui n'est pas le sien ; on retrouve un mentor, venu du théâtre, le metteur en scène Klaus Maria Gruber, qui lui aussi loge sur le pont et dispense les bienfaits d'une sagesse inopérante. Le corps étrange de Denis Lavant est cette fois tiré du côté d'une monstruosité trop affectée pour renvoyer à la réalité, comme la métaphore de la cécité qui gagne l'artiste interprétée par Binoche. Malgré la fin optimiste (dont on sait qu'elle n'est pas celle voulue par le réalisateur), il y a de la métaphore désenchantée au bout de cet enchantement visuel : un pont en ruine où logent, seuls au monde, un cracheur de feu, une fille peintre et borgne et un vieil homme venu du théâtre — cela fait autant de symboles du cinéma, d'un cinéma splendide mais moribond. Il reste dans *Les Amants du Pont-Neuf* une rage de filmer quand même, qui lui donne son incontestable puissance, et un sens intact de l'image cinématographique. Au service d'une machinerie narrative elle aussi trop lourde (on repense au scénario mammouth que transportait Carax dans le film de Garrel), ces atouts prennent une tonalité déclarative, qui ne manque pas de panache mais signale néanmoins une impasse. L'accueil public du film reflète à son tour la même situation, avec un succès tout à fait conforme aux meilleurs espoirs qu'on pouvait nourrir pour ce que le film devait être (260 000 entrées à Paris), et tout à fait insuffisant pour ce qu'il est devenu.

Troisième volet de la trilogie où Denis Lavant interprète cet Alex qui ressemble tellement à Carax, *Les Amants du Pont-Neuf* conclut une troisième fois, nonobstant le happy end, à un isolement de l'auteurartiste adolescent. La seule chance de Carax est qu'à l'issue de ce parcours, il n'est plus un adolescent, plus un « jeune auteur ».

Rochant et Vincent, ou l'hypothèse intenable du romanesque postmoderne

Pendant que Leos Carax se bat contre le mauvais sort, les éléments hostiles, les financiers glissants et le romanesque envahissant, deux nouveaux réalisateurs, beaucoup plus consensuels, font leur apparition à un an d'intervalle, sous les acclamations de la critique, du public et des professionnels. Avec *Un monde sans pitié* (1989), Eric Rochant, né en 1960, ancien de l'I.D.H.E.C., grand amateur de cinéma américain, réussit une intrigante opération de pliage : il organise en effet la rencontre, et le coup de foudre, entre un jeune homme des années soixante-dix et une jeune femme des années quatre-vingt. Hippolyte Girardot, dit Hippo, traîne une révolte morale désormais dépourvue d'argumentaire politique mais se maintenant dans un solide refus des conventions de la société (travail, famille, carte grise, factures E.D.F., etc.) et un sens très affûté de l'instant présent. Mireille Perrier veut faire bien son travail, elle veut un foyer, une maison, une situation, de l'argent, un avenir. Une métaphore du cinéma (la mise en scène par Hippo d'un contrôle sur les lumières de la ville) scelle leur amour, ensuite viennent les ratés et les divergences. Avec un sens très sûr de la comédie, Rochant laisse à chacun le soin de défendre ses positions, même s'il prend clairement le parti du garçon. Le film ne dépasse pas l'étude de type sociologique, mais il est servi par un ton inhabituel dans le cinéma français dominant, où *La Boum* ou *L'Etudiante* passaient pour le fin du fin en la matière. L'opération, suffisamment ambivalente pour convenir à beaucoup, est exécutée avec d'autant plus de charme que, sur des dialogues aux tournures à la fois contemporaines et soigneusement écrites, le réalisateur pratique une réalisation et surtout une direction d'acteurs inspirées avec savoir-faire de ce nouveau naturel qui a rajeuni les écrans américains dans les années soixante-dix. Le film remporte un succès inattendu, avec 1 million de spectateurs (dont près de la moitié à Paris).

Un an plus tard exactement, et bien qu'œuvrant dans un registre très différent, un autre premier film français réédite le même exploit : *La Discrète* de Christian Vincent, à nouveau salué avec entrain par la presse, et bien accueilli par le public. Né en 1955, lui aussi diplômé de l'I.D.H.E.C., Vincent pratique le genre très français de la comédie de mœurs et de mots, inspiré du roman libertin et du théâtre des faux-semblants sentimentaux. Il met en scène une conspiration ourdie par

Fabrice Luchini pour se venger des femmes après avoir été abandonné et qui, comme il se doit, se retournera contre le séducteur. Le côté littéraire de l'entreprise est rehaussé par le fait que Luchini, écrivain, exécute son opération sous le contrôle de son éditeur (Maurice Garrel), qui lui en a suggéré l'idée, et qui lui a conseillé d'en tenir le journal pour en faire ensuite œuvre écrite. Bénéficiant d'une composition habile et élégante, le film repose surtout sur un dialogue très étudié et charmeur, admirablement servi par un Luchini en pleine forme, et par sa partenaire, que le film révèle, Judith Henry. *La Discrète* lorgne avec insistance du côté de Rohmer : parrainage abusif, pour une réalisation entièrement placée sous le signe de la maîtrise, du contrôle. Christian Vincent ne laisse aucune place au documentaire ni aux impondérables, et construit sa mise en scène dans le seul va-et-vient entre formalisme et psychologie romanesque, sans jamais s'ouvrir ni sur la réalité, ni sur une possibilité de réflexion. Film plaisant, parfois cruel mais totalement dépourvu de perversité, *La Discrète* est un agréable jeu de société cultivée.

Ensemble, le premier film d'Eric Rochant et celui de Christian Vincent dessinent ce qui pourrait être le nouveau visage d'un cinéma « néo-classique » à la française, recyclant la production récente (américaine chez le premier, française et moderne chez le second) au service d'un romanesque adapté aux mots et aux comportements contemporains. Le rapprochement des deux films s'impose d'autant plus qu'ils sont les deux premiers longs-métrages d'un jeune producteur qui réussit ainsi un double coup de maître : Alain Rocca. Avec son associée, Adeline Lecallier, celui-ci a débuté en produisant des courts-métrages, autre domaine où s'exerce désormais la bienveillance des pouvoirs publics et qui recommence à constituer au début des années quatre-vingt-dix un vivier de nouveaux réalisateurs. La trajectoire I.D.H.E.C./court-métrage, commune aux deux cinéastes, représente une filière elle aussi classique, « professionnelle », ce qui ne signifie pas, moins que jamais, une voie toute tracée : Rochant et Rocca ont dû se bagarrer comme de beaux diables pour que puisse être menés à bon port ce qui était, pour l'un et l'autre, leurs débuts dans le long-métrage. Avec les réussites successives de ses deux premières productions, Rocca gagne ses galons du nouveau jeune producteur en vue, il occupera d'ailleurs rapidement de hautes fonctions dans les organismes corporatifs. Le travail sur les courts-métrages a permis à Alain Rocca et Adeline Lecallier de sélectionner un petit groupe d'impétrants cinéastes, avec lesquels ils comptent bien poursuivre la série si brillamment entamée. Ce ne sera pas le cas : *Les Arcandiers* de Manuel Sanchez (1991), dérive naturaliste appuyée sur un folklore assez appuyé, est un échec, comme le sera *Août* de Henri Herré (1992), malgré un beau travail sur la construction d'un espace factice, à partir des architectures du quartier de la Défense, qui tente de pervertir une comédie populiste au jeu et aux dialogues très apprêtés. En revanche, Cédric Klapisch recevra un meilleur accueil pour *Riens du tout* (1992), où cette fois un scénario éclaté joue sur le va-et-vient entre divers protagonistes réunis en groupes et sous-groupes d'importance numérique variable. Fabrice Luchini est à nouveau le très performant soliste de ce film à l'évident brio. Mais, situé dans l'univers d'un grand magasin, *Riens du tout* se veut une fable sociale sans savoir quoi dire de la société, ni vouloir avouer qu'il ne sait pas, ni renoncer à régenter le réel, le réalisateur étant manifestement trop content de si bien tenir en main son Meccano cinématographique.

Pour autant qu'on puisse en juger après ses cinq premières années d'exercice, l'« école Rocca » ne sera donc pas la nouvelle pépinière d'un « cinéma du centre », capable d'insuffler une coloration contemporaine au cinéma de la tradition. D'autant que les deuxièmes films de Rochant et de Vincent sont tous deux de graves échecs commerciaux. Le mauvais accueil quasi unanime réservé à *Aux yeux du monde* (1991) est pourtant injuste. Le film noue en effet un dialogue intéressant entre l'histoire du jeune homme (Yvan Attal) prenant en otage un bus scolaire avec enfants, chauffeur et institutrice, par amour pour une jeune femme vivant à l'autre bout du pays et qu'il va tenter de rejoindre par des chemins de traverse, et la manière dont le réalisateur, le filmant, fait la même chose. Soit un coup de force, une tentative d'organiser le monde selon ses propres desseins, mais qui doit sans cesse composer avec tous ceux auxquels il a affaire, et dont la plupart ne sont d'ailleurs pas ses ennemis. Le jeune homme, interprété par Yvan Attal, le comprend plus vite que Rochant qui, lui, ne renonce pas à tout organiser sur la route de son protagoniste. La trop grande maîtrise de la réalisation finit par nuire à une entreprise qui aurait gagné à conserver un peu de l'improvisation qui préside au détournement de l'autobus. *Beau fixe* (1992) de Christian Vincent continue de chercher à se placer dans la lignée de Rohmer, et plus particulièrement de *Pauline à la plage*, en réunissant quatre adolescentes dans une villa de bord de mer. La facticité du scénario, et une mise en scène construite contre les jeunes comédiennes, en font un assez déplaisant exercice de maîtrise du réalisateur sur tous les ingrédients de son film, et cette fois entièrement à leur détriment. Les défauts des deuxièmes films de Rochant et de Vincent, des premiers de Sanchez et de Herré n'expliquent évidemment pas les revers de fortune de ce qui a tenté à ce moment d'être « une certaine tendance du cinéma français ». Ils montrent combien la réussite, toujours possible, de ce « cinéma du centre » est désormais aléatoire, et souligne par contraste combien le cinéma se construit désormais pour l'essentiel aux extrêmes, d'un côté vers la « grande forme » et les énormes budgets, de l'autre vers un cinéma d'auteur dont chaque réalisation revendique sa singularité.

Arnaud Desplechin et Cyril Collard, si proches, si loin

1992, l'année suivant la sortie des *Amants du Pont-Neuf* est celle de l'apparition de deux premiers longs-métrages qui, dans l'attente de savoir comment Leos Carax reprendra son chemin, inventent d'autres voies contemporaines. Aucun des deux réalisateurs n'est un complet inconnu. Le premier, Arnaud Desplechin, attire l'attention grâce à une sélection en compétition officielle au Festival de Cannes. Il avait été remarqué un an plus tôt avec un moyen-métrage d'une finesse remarquable, qui signalait d'emblée un véritable metteur en scène : *La Vie des morts* (1991) accompagne un groupe de jeunes gens en attente des nouvelles de l'un d'entre eux, qui se trouve à l'hôpital après une tentative de suicide. Il y a des adultes aussi, des conflits, des gestes d'attirance, de peur, de complicité ; il y a une éloquence des corps, une attention aux silences et aux mots, la capacité de donner énormément à percevoir avec très peu de moyens et pas du tout d'effets. Un film de passage à l'acte sous le signe grave de la mort d'un ami, filmé sans pathos. Qu'est-ce que cela faisait, ce trafic d'histoires de famille, de mort, de désir, composé en finesse et sans tape-à-l'œil ? Ça faisait du personnage. Et pas un personnage, mais une bonne demi-douzaine d'un seul coup ! Que voilà un jeune homme intéressant, se disait-on alors en découvrant le film ; on en aurait la confirmation un an plus tard. Par ailleurs, la sortie en salles réussie d'un film d'une durée non standard, comme c'est le cas de *La Vie des morts*, constitue une nouvelle manifestation de ces solutions marginales que s'invente le cinéma, et qui donneront l'occasion de succès inattendus pour d'autres moyens-métrages, *Versailles rive gauche* de Bruno Podalydès (1992) et *Un été sans histoire* de Philippe Harrel (1992). Mais si le court-métrage a reconquis quelques lettres de noblesse, y obtenir une reconnaissance ne garantit cependant nullement la suite. Témoin le triste sort échu, quelques années auparavant, à Claire Devers. Remarquée et fêtée à Cannes pour un moyen-métrage de grande qualité, *Noir et Blanc* (1987), elle sera impitoyablement rayée des tablettes après son premier long-métrage : son refus des complaisances réconciliatrices plutôt que ses quelques maladresses vaut à *Chimère* (1989) son cinglant échec. Après un détour par la télévision, la réalisatrice tentera un rétablissement avec un film « grand public », *Max et Jérémie* (1992), qui galvaude son talent, sans faire venir les spectateurs.

Avec *La Sentinelle* (1992), Arnaud Desplechin affronte un, voire plusieurs « grands sujets », ce qui était devenu peu fréquent dans un cinéma français qui, à prétentions modernes ou pas, cultive une tendance certaine au nombrilisme – *a fortiori* chez les jeunes réalisateurs. L'Histoire, du nazisme à la fin de la guerre froide et à la construction de l'Europe, le rapport aux corps vivants et morts et à la mémoire, le jeu avec les codes du polar et avec ceux de la science, l'éthique, le pouvoir et l'argent sont les principaux axes autour desquels se construit un film extraordinairement complexe, dont l'architecture évoque les premiers Resnais. En revanche le rapport entre la mise en scène et les comédiens est très différent, beaucoup plus libre et impulsif (« côté Nouvelle Vague » plutôt que « côté nouveau cinéma »). Des nombreux thèmes enchevêtrés qu'aborde le film de Desplechin, le plus central reste à nouveau, sans doute, celui de la construction du personnage.

Le protagoniste désigné pour cette opération est Mathias, interprété d'une manière passionnante par Emmanuel Salinger (entouré de très jeunes comédiens tous remarquables, dont plusieurs anciens élèves de cette école des Amandiers de Nanterre, époque Patrice Chéreau-Pierre Romans, avec lesquels ont aussi travaillé Rivette, Téchiné, Doillon, et bien sûr Chéreau : Valérie Dréville, Marianne Denicourt, Thibaut de Montalembert, Bruno Todeschini. On retrouve aussi deux grognards des vagues précédentes du cinéma moderne, Jean-Louis Richard et Laszlo Szabo).

Mathias, donc, débarque à Paris. Mais il n'est pas un être vide arrivant de nulle part, comme tant de protagonistes s'essayant à devenir personnages. Il arrive d'un lieu (l'ambassade de France en Allemagne) surchargé d'Histoire, de signes, de conventions, de morts, de secrets et de grands mots. Pendant le voyage, il est de surcroît violemment pris à partie par un roman d'espionnage (auquel il ne comprend rien). Et aussitôt arrivé à Paris, il a énormément à faire : des études (à la morgue), des alliances familiales, ami-ami avec un colocataire agressivement bien dans sa peau et son époque. Il a aussi à faire avec l'amour, avec les mots, avec la musique, avec le sport. Mathias ne cesse de pénétrer des cercles de pouvoir disjoints (pouvoir politique, sentimental, physique, scientifique...). Apparemment disjoints, et c'est l'enjeu du film, exprimé à travers cet objet à l'évidence métaphorique : une tête coupée, mystérieusement trouvée dans ses bagages. Des multiples interprétations possibles pour cet objet encombrant (encombrant pour Mathias comme pour le spectateur), la plus simple et la plus opératoire est d'en faire une image de la conscience, venue congelée du goulag. En procédant à la fois à un « examen de conscience » (il expertise la tête) et à sa protection contre les appareils qui veulent se l'approprier, Mathias effectue, à son corps défendant (et souffrant) un travail qui tend à ordonner le monde compliqué et contradictoire qu'il avait à prendre en charge. C'est une opération violente, et Desplechin procède en une succession de coups de force qui font sauter des verrous, de la rencontre avec le flic dans le train à la bagarre finale, en passant par les situations où sont mis en valeur les inégalités sociales, le rappel linguistique de la Shoah, la dureté arrogante de celui qui partage son appartement. Au bout du film, en fort mauvais état, Mathias sera devenu un personnage : pas au terme d'un parcours christique où il se serait chargé des péchés du monde, mais au terme d'un parcours philosophique, à la fois héroïque et socratique, où le travail de la conscience aurait fait accoucher le monde d'une certaine cohérence. En se mettant en danger, il a réordonné le réel (qui n'est pas particulièrement beau à voir), sans d'ailleurs pouvoir y faire grand-chose : il n'a rien d'un démiurge. C'est-à-dire qu'il aura fait exactement un travail de mise en scène moderne.

Mathias, « en charge » d'entrée de jeu d'une foule d'éléments moraux, esthétiques, politiques, techniques, etc., représente bien la situation dans laquelle se trouvent les cinéastes de la génération de Desplechin. Ils ont à gérer un héritage devenu terriblement compliqué, celui « du » cinéma dans la complexité de ses « strates » (au minimum : la tradition française, le cinéma américain et le cinéma moderne), à un moment où « le » cinéma s'est disjoint. La génération qui les a précédés était assez proche de l'élan donné par le cinéma moderne pour pouvoir essayer d'embrayer sur ce mouvement. Chacun des membres de cette génération a fait pour lui-même ce qu'il a pu, ils n'ont en aucun cas conservé de manière collective et transmissible un mouvement qui dépendait trop de l'état général (dégénérescent) « du » cinéma. Les réalisateurs de la génération apparaissant à la fin des années quatre-vingt et au début des années quatre-vingt-dix doivent se débrouiller avec le fossé qui s'est creusé derrière eux. Desplechin qui, comme ses collègues (c'est leur arme et leur fardeau commun), a vu les films, trop de films peut-être, est sans doute le seul à ce jour à avoir tenté de se confronter à l'héritage global du cinéma, et à avoir réussi à y inventer, pour lui, un chemin original, ni amnésique ni asservi. En revanche, et le cas de Desplechin est à cet égard également exemplaire, ces jeunes cinéastes s'efforcent d'éviter l'isolement croissant dans lequel se retrouvent leurs aînés.

Auteur à part entière, le réalisateur de *La Sentinelle* a écrit son scénario en compagnie d'autres futurs cinéastes : Pascale Ferran (*Petits arrangements avec les morts*) et Noémie Lvovski (*Oublie-moi*) sont, depuis, passées à l'action, et son acteur principal, Emmanuel Salinger, qui médite d'en faire autant. Face à cette obligation de tout assumer, non seulement la mise en scène mais aussi l'écriture, la production, l'interprétation, voire la distribution depuis que l'association A.C.I.D. réunit des cinéastes maltraités par les réseaux normaux et qui s'en vont eux-mêmes promouvoir leurs copies en province, les jeunes réalisateurs paraissent chercher plutôt des partenaires économiques, et retrouver le rapport « à l'ancienne » avec un producteur. Le producteur en question appartenant souvent à la même génération qu'eux puisque, en ce domaine aussi, on assiste à un renouvellement des cadres, peu compatible avec les sempiternelles « morts annoncées » : ce fut Pascal Caucheteux pour Desplechin, Alain Rocca et Adeline Lecallier pour Rochant et Vincent mais aussi Herré, Klapisch, Sanchez, ce fut Alain Dahan pour Carax « jeune cinéaste », mais aussi Bruno Pesery, Jean-Luc Ormière, Philippe Martin, Jean-Michel Rey, Hugues Desmichelle... — ou, plus âgés mais disponibles à ces nouvelles aventures, Paulo Branco, Martine Marignac, Michèle Ray-Gavras, Maurice Bernart, Jacques Perrin, Bernard Verley...

A la fin de la même année que *La Sentinelle*, un autre premier film invente une autre réponse originale à ce poids et à cette confusion : *Les Nuits fauves* de Cyril Collard (1992), produit par Nella Banfi. Collard n'est pas inconnu des cinéphiles, il a été l'assistant et l'interprète de Pialat pour *A nos amours*, et il a réalisé un court-métrage qui a attiré l'attention, *Alger la Blanche*. Il est également l'auteur de deux romans autobiographiques, *Condamné amour* et *Les Nuits fauves*, dont il adapte son premier et unique long-métrage. *Les Nuits fauves* est le symétrique complet de *La Sentinelle*. A l'inverse de Desplechin travaillant à prendre du recul et à interroger le monde pour en retrouver le sens, Collard, auteur, réalisateur et interprète de son propre rôle dans ce film violemment autobiographique, se met au centre de son film, il s'y expose et défie tout et tout le monde. Il n'a ni le choix ni le temps de faire autrement : malade du sida, il sait qu'il va mourir. Il n'est même pas certain de pouvoir achever un film tout entier porté par un sentiment d'urgence, et dont il ne sera pas difficile de comprendre (cela lui sera pourtant reproché) qu'il ait du mal à le finir, en une succession de scènes qui sont autant d'instants gagnés sur la mort. Le caractère exceptionnel des *Nuits fauves* tient au fait que son réalisateur, pour d'évidentes raisons, met tout dans son film et de toutes les façons à la fois. L'amour, la maladie, le cinéma, la violence, les voyages, l'engagement, la technique, le commerce, le désir, la trahison, les mots, le soleil et la nuit, la mer et la ville, les hommes et les femmes, les garçons et les filles ne composent pas un héritage chaotique qu'il faut gérer pour l'avenir comme dans *La Sentinelle*, mais coexistent simultanément, comme un trésor avidement pris à pleins bras, à plein regard, à plein sexe, comme une source aux eaux mêlés à laquelle Collard s'abreuve une dernière fois avant de mourir. Mais aussi, c'est la force émotionnelle du film, comme si cela lui permettrait de ne pas mourir.

Pour filmer ce capharnaüm de corps, d'objets, de sentiments, de pulsions, Cyril Collard jette sur l'écran tout ce qui passe à sa portée en fait de procédures de mise en scène : *Les Nuits fauves* est certainement l'un des films les plus composites jamais tournés, pour ce qui est des systèmes de représentation, du romanesque au cri primal, de la vidéo au cinéma très formaliste, du clip au reportage à vif, de la reconstitution explicitement factice au tête-à-tête sans intermédiaire avec la caméra en passant par l'écran divisé, qui figure plusieurs types de distance avec le réel synchrone. Ainsi, la forme du film entre en résonance directe avec la nature du mal qui ronge le cinéaste et dont il traite. Ce qu'il raconte, c'est-à-dire un emboîtage de crises, la crise première et dernière de la maladie, dans laquelle s'inscrit la crise morale qui fait dissimuler au garçon qu'il a le sida quand il couche avec sa partenaire (Romane Bohringer), qui contient la véritable « crise d'amour » que pique celle-ci, qui raccorde avec la crise de société dont le personnage du jeune Beur porte témoignage, la crise de la famille, la crise d'identité (y compris sexuelle), la crise professionnelle, etc. A ce dérèglement des rapports au monde répond le désordre de la prise de vues, qui à son tour renvoie au mécanisme de la maladie, à la disparition des défenses immunitaires, des barrières qui protègent, des repères qui suscitent la réaction de défense salvatrice. Et qui elle-même fournit la métaphore du régime d'images dominant une époque dont le sida est à la fois le fléau et l'emblème.

L'impact émotionnel du film, la présence très séduisante de Collard à la télévision, les aspects dramatiques qui entourent le film contribuent au succès des *Nuits fauves* : sorti en octobre, il attire quelque 900 000 spectateurs en un trimestre. Le 4 mars 1993, Cyril Collard meurt. Quatre jours plus tard se déroule la soirée des Césars. Quatre récompenses sont décernées aux *Nuits fauves*, dont celles du meilleur premier film et du meilleur film. Les votes pour l'attribution des prix avaient eu lieu avant la disparition du cinéaste, mais entre la tristesse de ceux qui l'ont connu et la dramatisation propre à la représentation télévisuelle de la cérémonie, la proximité des dates engendre une tempête émotionnelle complaisamment relayée par les médias, pour devenir non plus un événement cinématographique, mais un « fait de société ». Le « phénomène *Nuits fauves* » prend une ampleur considérable, le film qui paraissait en fin de carrière dépassera les 2,5 millions d'entrées.

Une « dominante » Pialat

Outre *La Sentinelle* et *Les Nuits fauves*, l'année 1992 voit apparaître d'autres premiers films prometteurs. Promesse qui ne portera jamais d'autres fruits que ceux du *Ciel de Paris*, dont le réalisateur, Michel Béna, est mort du sida, lui aussi, le 10 juillet 1991, avant d'avoir pu achever le montage. Cet ancien assistant de Philippe Garrel, et surtout de plusieurs films d'André Téchiné, tirait le meilleur parti de la vitalité et du talent de Sandrine Bonnaire pour composer une variation sentimentale prenant constamment de vitesse la convention psychologique et sociale comme les rigidités d'un dispositif en triangle (une fille et deux garçons) où il découvrait des harmoniques inattendues et chaleureuses.

En janvier 1992 encore était sorti le premier film d'Henri Herré, *Août*, dont on a parlé parmi les poulains d'Alain Rocca, et le premier film de Cédric Kahn, dont on reparlera. En février vient le tour du premier film de Xavier Beauvois, *Nord.* Kahn comme Beauvois sont parmi les meilleurs témoins de l'influence qu'exercent alors les films de Maurice Pialat, surtout les premiers, sur bon nombre de jeunes réalisateurs apparus durant cette période : Régis Faucon, Manuel Poirier, Laurence Ferreira-Barbosa, Malik Chibane, Agnès Merlet, Dominik Moll, Marion Vernoux, Christine Carrière, Michel Spinosa, Noémie Lvovski... Chacun à sa manière se tourne vers celui qui, plus proche que la Nouvelle Vague devenue quasi mythique (comme le montre une enquête menée auprès des jeunes cinéastes par *Libération* en mai 1994), a paru le dernier à posséder le secret d'une emprise directe sur la réalité où s'est nourri le cinéma moderne. A son exemple, Xavier Beauvois (également comme interprète aux côtés de Bernard Verley et Bulle Ogier) capte sans forcer le trait des morceaux d'existences défaites, vécues dans des durées différentes par chacun, dessinant une géographie sociale et affective en miettes, où il n'existe aucune échappatoire ni référence à une vérité. Au mois d'octobre, *La Petite Amie d'Antonio* de Manuel Poirier, autre surgeon de la branche Pialat, autre réussite, cette fois autour des relations entre quelques adolescents. A nouveau une ville de province froide et triste qui est aussi un port, à nouveau des êtres comme le cinéma français n'en filme guère — c'est moins le fait que les protagonistes de *Nord* et de *La Petite Amie d'Antonio* soient issus d'un monde pauvre qui compte, que la manière, ni pittoresque ni savante ni sentimentale dont Beauvois et Poirier ouvrent l'écran à des corps, à des postures, à des mots qui ne renvoient à aucune analyse mais à une présence du monde. Les deux films se ressemblent, ils ne s'imitent nullement et ne se nuisent absolument pas. Ils partagent cette croyance dans le cinéma qui leur permet d'aimer assez les gens qu'ils filment pour ne pas avoir besoin d'y rajouter du roman, de la psychologie ou de la sociologie.

A l'automne 1993, *Les gens normaux n'ont rien d'exceptionnel* de Laurence Ferreira-Barbosa trouvera une matière cinématographique riche dans sa façon d'organiser une intense circulation autour de son interprète principale — et tout à fait remarquable —, Valeria Bruni-Tedeschi. Ce qu'essaie également, au même moment, Edwyn Bailly grâce à une autre très bonne actrice, Dominique Blanc, dans *Faut-il aimer Mathilde ?* qui souffre pourtant d'un romanesque social trop affecté. Ce petit passage en revue ne vise pas à décerner des prix, et moins encore à l'exhaustivité, il veut seulement souligner un renouvellement et des permanences dont la lignée Pialat paraît la plus féconde, mais qui s'accompagne d'une descendance plus directement rattachée à la Nouvelle Vague (Hervé Le Roux côté Rivette avec *Grand bonheur*,

1993 ; Philippe Alard côté Rohmer avec *Villa Beausoleil*, 1991, et *Villégiature*, 1993 ; Antoine Desrosières côté Truffaut avec *A la belle étoile*, 1994).

Tout le jeune cinéma français n'est pas représenté ici, on le sait, le maelström audiovisuel aspire, plus vite qu'il ne le faudrait, des jeunes cinéastes et les rejette aussitôt après un échec généralement inscrit dans les gènes de projets trop vite conçus, trop vite financés, trop vite aidés, souvent mal sortis et souvent trop vite disparus de l'affiche. Le cinéma de la « grande forme » et du Visuel continue d'exiger des garanties que présentent trop rarement des débutants. La catastrophe du *Brasier* (1991, premier film de Christian Barbier et superproduction sur laquelle misait beaucoup Jean-François Lepetit, a contribué à faire réfléchir plus d'un producteur. Côté *mainstream*, ne percent que ceux qui sont assez malins pour gagner leurs lettres de créance sur le terrain du Visuel avec un film au budget modeste. Ainsi deux anciens de la bande dessinée, de la publicité et du clip, Jean-Pierre Jeunet et Marc Caro, qui ont déjà tâté de l'image de synthèse lorsqu'ils réalisent leur premier long-métrage, *Delicatessen* (1991). Avec une efficacité indéniable, ils recyclent des figurines humaines issues du réalisme poétique et des feuilletons fantastiques, mais animées des mouvements artificiels, en une succession de sketches roublards, à base de clins d'œil, de gadgets, et d'un « mauvais esprit » sans risque pour qui que ce soit.

« Le » cinéma français vu de Cannes 1994

S'il faut choisir un ultime promontoire pour jeter un dernier coup d'œil sur ce paysage tel qu'il est observable au moment d'interrompre cette histoire, le Festival de Cannes de mai 1994 offre un point de vue cavalier assez pertinent.

Avant de passer en revue les films qui s'y sont présentés sous bannière française, remarquons que s'y manifeste à nouveau une constante depuis l'impulsion donnée par l'« axe Toscan-Lang » dès le début des années quatre-vingt : le grand nombre de films étrangers qui n'auraient pas pu se faire sans le soutien, partiel ou total, de capitaux, d'aides publiques, de techniciens et d'acteurs français. Dépassant les initiatives film par film et les accords bilatéraux, il a ainsi été créé en 1990 un fonds spécial du C.N.C. destiné à soutenir la production dans l'ex-U.R.S.S. et dans les pays de l'Est après l'effondrement de leurs systèmes étatiques. Le directeur général du Centre, Dominique Wallon, manifeste une vigilante attention au profit du cinéma africain. L'apparition de nouveaux talents en Extrême-Orient et le succès remporté par plusieurs films chinois ont incité des producteurs français à investir en amont dans les projets de Zhang Yimou ou de Chen Kaige. Encouragée par le succès mondial de *La Leçon de piano* de Jane Campion, qu'elle avait produit, Ciby 2000 ne se contente pas de financer les têtes couronnées du cinéma européen mais s'intéresse à des personnalités moins « sûres », aux quatre coins de la planète. Les accords de coproduction signés avec la plupart des pays entretiennent un réseau de possibilités de collaborations qui font des producteurs français les partenaires sans doute les plus accessibles au monde. Au sein de la seule sélection officielle de Cannes 1994, *Soleil trompeur* de Nikita Mikhalkov (produit par le troisième frère Seydoux, Michel, qui, à la différence de Nicolas et de Jérôme, travaille en indépendant), *Rabia ma poule* d'Andreï Konchalovski, *Un été inoubliable* de Lucian Pintilié, *Vivre* de Zhang Yimou, *Au travers des oliviers* d'Abbas Kiarostami, *Le Joueur de violon* de Charlie Van Damme, *Journal intime* de Nanni Moretti, *les Gens de la rizière* de Riti Pahn illustrent ce phénomène. Le cas le plus original et le plus instructif est sans doute celui de *Trois couleurs/Rouge*, présenté à Cannes comme film suisse. Réalisé par le cinéaste polonais Krzyzstof Kieslowski, il s'agit du dernier élément du triptyque européen conçu par le metteur en scène avec le producteur Marin Karmitz, après un *Bleu* français primé à Venise et un *Blanc* franco-polonais primé à Berlin. Une stratégie de production à long terme, une collaboration avec plusieurs pays, l'emploi d'un cinéaste étranger de grand talent arrondissant les angles et perdant le contact avec sa réalité pour réaliser un film de virtuosité au goût international cultivé (*Bleu*), puis retrouvant ses marques en repassant par chez lui pour *Blanc*, avant de les perdre à nouveau avec *Rouge*, l'utilisation de vedettes (un peu) connues à l'étranger (Juliette Binoche et Jean-Louis Trintignant) et du plus grand nombre possible de dispositifs de soutiens nationaux et internationaux : l'ensemble *Trois couleurs* représente un cas d'école d'une production ambitieuse, anticipant sur l'« européanisation » de la production et de la distribution.

Les trois films français en compétition à Cannes dessinent quant à eux une partie du visage du cinéma français du milieu des années quatre-vingt-dix. La troisième réalisation d'Éric Rochant, *Les Patriotes*, joue la carte d'un film d'action d'inspiration américaine, visant le public international, et ratant sa cible. Comme dans *Aux yeux du monde*, Rochant pose la bonne question, celle de la mise en scène (telle que la pratiquent, en l'occurrence, les services secrets), mais il renonce à la traiter, préférant un exercice de virtuosité qui ne mène à rien. *Grosse fatigue*, de Michel Blanc, est lui un film franco-français, s'essayant assez lourdement à un recyclage de thèmes « modernes » (l'acteur et le personnage), pour dévier vers un commentaire des schizophrénies du vedettariat en convoquant un maximum de visages connus de la comédie tricolore, avant de finir par une déclaration corporatiste « post-G.A.T.T. » – le cinéma se meurt à cause de la télé, et le cinéma français se meurt à cause des Américains. *Grosse fatigue* raconte que le cinéma dont Michel Blanc fut l'une des figures de proue est dans une impasse, et le prouve.

Le troisième film français en compétition, *La Reine Margot*, a la particularité de réunir deux tendances réputées contradictoires : un prestigieux représentant de la « grande forme » et un film d'auteur exigeant et complexe. Produit par Claude Berri pour le nouveau « budget-le-plus-élevé-de-l'histoire-du-cinéma-français », avec une vedette en haut de l'affiche, Isabelle Adjani, et l'adaptation d'un grand roman populaire et historique d'Alexandre Dumas par la plus capée des spécialistes du « scénario en béton », Danièle Thompson, *La Reine Margot* réunit toutes les apparences de la grosse cavalerie spectaculaire et culturelle que l'industrie lance sur le marché une ou deux fois par an. Mais c'est un film de Patrice Chéreau qui, tout en faisant mine de jouer le jeu, l'a transformé en une œuvre très personnelle.

Après *L'Homme blessé*, Chéreau s'était réessayé au cinéma avec une double transposition (contemporaine et cinématographique) du *Platonov* de Tchekhov : *Hôtel de France* (1987), interprété par les comédiens de l'école de Nanterre. Le remarquable travail de mise en scène de cinéma, utilisant avec invention les situations de groupe, le jeu sur l'intérieur et l'extérieur, et le passage du singulier au collectif, n'avait pratiquement pas retenu l'attention. Chéreau a donc choisi d'utiliser les chemins de la « grande forme », plus exactement de partir de la « grande forme » : *La Reine Margot* débute par une succession de scènes collectives et spectaculaires, admirablement composées (le mariage d'Henri et de Margot, la fête au Louvre, le massacre de la Saint-Barthélemy). Il progresse ensuite toujours en resserrant, faisant fi du décorum et des effets que permet la reconstitution, allant vers les individus selon une trajectoire forcément décevante par rapport au grand spectacle attendu. D'autant qu'il ne se soucie ni de clarifier l'Histoire, ni de rendre crédible l'histoire. *La Reine Margot* n'est ni un film d'action, ni un film historique, ni un film sentimental. C'est un « film de corps », comme on dit un « film de cul ».

Et plus exactement de corps masculins. Toute la sensualité, considérable, est du côté des garçons, dans la fougue dépoitraillée des catholiques et dans le maintien rigoureux des protestants. Plus, et grave péché contre les lois de la « grande forme », les trois corps masculins principaux, ceux d'Henri/Daniel Auteuil, de Charles/Jean-Hugues Anglade et de La Môle/Pascal Greggory, composent une sorte de ronde autour d'une figure absente, alors que la « grande forme » a horreur du vide. Cette figure est une femme, et une vedette, celle qui donne son titre au film, et lui réserver pareil traitement est une pure trahison du contrat entre Chéreau et son producteur, et entre Chéreau et le grand public auquel le film est censé être destiné. A cet égard, le film de Chéreau est l'exact symétrique des *Sœurs Brontë* de Téchiné : il s'agit de voir cette fois si un symbole féminin (et de pouvoir) peut réunir trois corps masculins pour composer un personnage. Téchiné sacrifiait trois vedettes féminines pour voir si leur fusion pouvait donner substance à un personnage masculin, Branwell (déjà interprété par Greggory). Chéreau ne sacrifie pas seulement la vedette Adjani (dont la prestation n'est pas en cause, elle est seulement mise en scène hors du film), pour arriver à son tour à une réponse négative. A la manière dont le film est construit (par Danièle Thompson ?), Margot seule pouvait prétendre au statut de personnage, c'est elle qui aurait dû profiter des trois hommes, mais Chéreau a filmé contre elle. Et à travers elle, qui, n'étant pas un personnage, ne peut pas faire lien même entre son mari, son amant et son frère incestueux, les trois ne se rejoindront jamais : Henri repart en Navarre, La Môle est décapité, Charles meurt baignant dans son sang. Margot, qui n'a pas non plus la stature d'être un mentor (elle a pourtant courageusement essayé avec Henri), ne peut être que le témoin, le miroir de cette dispersion, recueillant la parole d'Henri, la tête de La Môle et le sang de Charles en tentant toujours, c'est ce qu'elle dit au dernier plan, de faire bonne figure. Si Isabelle Adjani a un rôle dans le film, c'est celui de la pellicule : avec sa robe maculée de sang, elle « porte les traces » de ce qui s'est joué autour d'elle, elle a été impressionnée, et, comme le film lui-même, essaie de plaire au milieu de tous ces drames. Entièrement bâti sur une sensualité nullement consensuelle et sur une explosion lente d'un romanesque qui devrait au contraire être fédérateur, *La Reine Margot* contredit les principes élémentaires du cinéma de la « grande forme ». Le film sera, logiquement, fraîchement accueilli par tous ceux qui comptaient sur un nouveau sommet du genre. A l'automne 1994, Patrice Chéreau présente une version légèrement raccourcie pour la distribution américaine. Elle sort en France en décembre.

Dans les différentes sections autres que la compétition officielle, et à côté de l'hommage à Jean Renoir préfigurant les cérémonies du centenaire d'un cinéma qui tient à préserver les apparences de son unité (c'est l'une des fonctions d'une fête agglomérante comme Cannes, où artistes et marchands, vedettes et mondains, gens de médias et notables locaux ou nationaux se trouvent réunis dans un espace réduit sous le seul label du cinéma), dans les sections parallèles, donc, on trouvait assez de premiers films français pour vérifier le constant renouvellement des cadres : le très prometteur et passionnant *Petits arrangements avec les morts* de Pascale Ferran, le déjà solide et déjà habile *Regarde les hommes tomber* de Jacques Audiard, *Faut pas rire du bonheur* de Guillaume Niclou, auquel on peut ajouter, bien que ce soit un deuxième film, *Les Amoureux* de Catherine Corsini, qui appartient lui aussi à la « veine Pialat ». On trouvait surtout un film splendide, troisième long-métrage de fiction d'une ancienne assistante de Rivette et de Wenders, *J'ai pas sommeil* de Claire Denis.

On l'avait découverte grâce à *Chocolat* (1988) qui, malgré le double écueil de l'autobiographie enfantine et de l'exotisme africain, trouvait le moyen d'une ouverture vers des systèmes réels et vers un surnaturel sans folklore. Claire Denis, après un détour par le documentaire (*Man No Run*, 1989), s'est ensuite lancée dans l'entreprise trop ostensiblement destructive de *S'en fout la mort* (1990), puis a réalisé un nouveau travail documentaire, le passionnant *Jacques Rivette, le veilleur*, conversation chaleureuse et inquiète entre le cinéaste et Serge Daney. Elle déploie dans *J'ai pas sommeil* le songe éveillé et troublant d'un état du monde actuel, monde assoupi, anesthésié, cacochyme, composé de victimes et de petits bastions mesquins repliés sur eux-mêmes, leur argent ou leur culture, leurs mensonges et leurs clichés. Seule une représentante du passé (très réjouissante Line Renaud) incarne la mémoire d'un rapport au monde plus actif, plus en prise sur les choses : elle pourrait remplir la fonction du mentor, si seulement il y avait quelqu'un à qui transmettre cette mémoire. Les personnages du film, car il y en a, viennent de l'extérieur (des pays de l'Est et des anciennes colonies françaises). Ce sont des guerriers, ils ont avec eux la vie et la mort, la danse et la faim, l'art et le travail, la famille et la beauté, et d'infinies figures d'ambiguïté. *J'ai pas sommeil* montre clairement ces personnages (une sauvageonne balte, un ouvrier et un assassin noirs) comme des entités rebelles, déstabilisatrices, entrées dans la ville épuisée à l'ombre du clocher qui célébra l'écrasement de la Commune, le Sacré-Cœur, pour y semer le désordre et se repaître des dépouilles d'un trop vieux monde. Totalement dépourvu d'effets de manche, d'une implacable violence sous les apparences d'une grande douceur, un film aussi dérangeant ne pouvait que susciter un rejet massif. Ce qui n'a pas manqué.

Le plus remarquable parmi les représentants français au Festival de Cannes 1994 a pourtant été encore ailleurs : dans le groupe formé par les trois films signés André Téchiné, Olivier Assayas et Cédric Kahn. Tous trois excellents, ils fournissent, ensemble, le meilleur témoignage des nouvelles connections du fragment « cinéma d'auteur » au sein de l'audiovisuel. Alors que *Trois couleurs/Rouge* (produit par Marin Karmitz), *La Reine Margot* (produit par Claude Berri), *Les Patriotes* (produit par Alain Rocca), *Grosse Fatigue* (produit par Gaumont) reposent sur une conception devenue habituelle du financement où les chaînes en clair et Canal Plus jouent un rôle pivot, les films de Téchiné, d'Assayas et de Kahn sont nés d'un « concept » commun, celui d'une série intitulée *Tous les garçons et les filles de leur âge*. Il s'agit d'une commande passée à neuf réalisateurs de cinéma appartenant à des générations différentes, pour la réalisation d'autant de films se déroulant à l'époque où chacun d'eux était adolescent. Cette commande émane de la chaîne culturelle Arte. Soit un cas de figure exemplaire où une chaîne de télévision remplit le véritable rôle de producteur, en prenant de surcroît en charge une Histoire (du début des années soixante au début des années quatre-vingt-dix) telle qu'elle a été vécue par des gens de cinéma et telle qu'ils sont capables d'en rendre compte. Cette commande émane d'ailleurs de deux personnes venant du cinéma mais travaillant pour la télévision : la productrice indépendante Chantal Poupaud et le responsable de la fiction sur Arte, Pierre Chevalier. Mais pour que le projet prenne corps, la chaîne doit s'associer à une société « de cinéma », I.M.A. Production, dirigée par Georges Benayoun, qui est née et a prospéré dans la production télé.

Le premier film réalisé dans ces conditions (celles des moyens matériels restreints au service d'un regard de cinéaste, dans un cadre qui incite à l'approche autobiographique, à une relation très personnalisée entre le réalisateur et son sujet) avait été *Travolta et moi* (1993), situé durant la seconde moitié des années soixante-dix. Sa jeune réalisatrice, Patricia Mazuy, y démontrait avec le talent fiévreux et attentif déjà repéré dans son premier film, *Peaux de vache*, comment ce dispositif utilisé avec un regard moderne et modeste permettait, loin de la commémoration et de la nostalgie, une captation au présent à la fois d'une époque et d'un « état » (l'adolescence), tous deux en mouvement. C'est ce que confirment les trois nouveaux titres montrés à Cannes. Mais, entre-temps, un incident était venu démontrer comment, si la télévision a bien désormais un rôle clé à jouer dans la production, et la diffusion, du cinéma d'auteur, cette relation est loin d'être sans contradiction. Qu'Arte ait aussi commandé à Téchiné une version longue, « cinématographique », de son film, et destinée à une sortie en salles avant sa présentation sur le petit écran, soulignait déjà le besoin de la télé de se parer au maximum des prestigieuses apparences du cinéma. Mais Assayas et Kahn ont, eux, dépassé la durée prévue, réalisant également des films d'une longueur standard pour une sortie en salles. Et ils se retrouvent sélectionnés dans le plus grand festival de cinéma du monde, pour des réalisations qui, en principe, sont des téléfilms. Soutenus par le coproducteur « cinéma », ils réclament la possibilité de pouvoir, contrairement à leur contrat, sortir leurs films d'abord en salles. Au terme d'un bras de fer avec les dirigeants d'Arte, ils ont obtenu gain de cause... Ces péripéties traduisent une nouvelle forme d'effacement des barrières entre production cinéma et télévision. Cette fois, il ne s'agit pas de faire du téléfilm sous le label cinéma (comme le font depuis longtemps les Anglo-Saxons — *Duel* de Spielberg, *My Beautiful Laundrette* de Frears...), mais au contraire de faire du cinéma sous les apparences administratives de la télévision.

Le principal paradoxe, et le résultat le plus intéressant de toute cette affaire, est pourtant que, dans ce cadre, les cinéastes aient réalisé chacun l'un de leurs meilleurs films. Avec *Les Roseaux sauvages*, André Téchiné n'abandonne rien de son utilisation du romanesque ni des finesses qu'il sait obtenir de ses comédiens, et conserve sa méthode de tournage à deux caméras. Avec quatre jeunes interprétes inconnus, et une grande simplicité apparente de récit, il réussit cette fois parfaitement à faire naître un personnage à l'écran, celui de l'adolescent qui représente le jeune André Téchiné en 1962. Les deux autres garçons et la jeune fille sont les artisans de cette « composition », qui a l'élégance de ne pas les rendre seulement utilitaires. C'est au contraire en étant eux aussi dotés d'une existence riche, qui fait de chacun d'eux un personnage potentiel d'un autre film, que Téchiné donne consistance à son jeune alter ego, et l'inscrit dans un réseau complexe relié à l'époque et à ses événements, à la découverte de la (des) sexualité(s), au rapport à la nature, à la famille, à l'autorité, etc.

Olivier Assayas, né en 1955, ancien critique aux *Cahiers du cinéma* et ancien scénariste de Téchiné, avait débuté comme réalisateur avec *Désordre* (1987), qui cherchait à inclure des corps et des attitudes de son âge dans le cadre, qui paraissait soudain fort rigide, des principes du cinéma moderne. Depuis, *L'Enfant de l'hiver* (1989), *Paris s'éveille* (1992), *Une nouvelle vie* (1993) marquaient les étapes sur le chemin d'une utilisation plus libre, plus naturelle, de ses choix de metteur en scène formé à l'école de la critique. *L'Eau froide*, la version film de son épisode de *Tous les garçons et les filles*, marque à cet égard un aboutissement : vigoureux, inventif, faisant confiance à la durée et au rythme, se donnant avec légèreté les possibilités d'une mise en perspective historique, Assayas se débarrasse des dernières conventions de dispositifs trop bien agencés, trop symétriques, pour trouver une présence qu'il partage généreusement avec ses deux jeunes protagonistes — bien que, comme si souvent, ce soit la jeune fille qui alimente la fiction, et le garçon qui en sera le bénéficiaire final.

On avait découvert Cédric Kahn, héritier talentueux de Maurice Pialat, avec *Bar des rails* (1992), où apparaissait déjà une inhabituelle capacité à laisser exister ses comédiens, à rendre compte des lieux dans lesquels ils évoluent sans naturalisme, à capter leurs sentiments sans psychologie. Une trop insistante tendance à profiter de ses talents, un certain égocentrisme d'auteur poussaient pourtant le film vers des extrêmes que ne réclamaient ni les protagonistes ni la situation, et qui alourdissaient ce coup d'essai. *Trop de bonheur*, plus simple et plus profond, ouvre l'écran et la bande-son aux mots, aux gestes, aux élans et aux angoisses de quatre adolescents. A la différence du jeune protagoniste de Téchiné et de celui d'Assayas, ceux de Cédric Kahn ne deviennent pas des personnages. Mais, d'une manière plus instable et plus complexe, ils incarnent la possibilité d'en devenir tous les quatre, l'épilogue remettant en jeu ce qui risquait de se figer au terme du récit principal.

C'est sans doute, au-delà de leurs qualités intrinsèques, l'une des beautés communes aux trois films de la série que de propulser ainsi chaque fois en avant, vers l'avenir, le ou les protagonistes qu'on a vus gagner tout ou partie de leur existence de personnage. Et il en ira de même avec la fin ouverte, à la fois sur l'avenir personnel de la jeune protagoniste et sur l'espoir d'un bouleversement social bénéfique, dans l'épisode que donnera Chantal Akerman à la même série, *Portrait d'une jeune fille à Bruxelles à la fin des années soixante.* A travers cette série, Arte apparaît, sur la carte du système audiovisuel, comme une place forte sur laquelle peuvent s'appuyer les cinéastes modernes... grâce à la commande de téléfilms. Mais voilà qu'au milieu de 1994 la filiale « cinéma » de la chaîne, partenaire attitrée des productions artistiquement ambitieuses destinées au grand écran, semble vouloir changer de politique : un recentrage vers des titres susceptibles d'assurer une meilleure audience se dessine. Se profile la menace que la chaîne culturelle, commanditant les cinéastes modernes pour le petit écran, les abandonne pour le grand, alors même qu'elle constitue un pôle crucial pour la poursuite de leur travail. Nouvelle démonstration de ce qu'aucune position n'est acquise définitivement, et hypothèse d'une « ghettoïsation » accrue des auteurs, d'autant que les autres chaînes se montrent également moins accueillantes.

En attendant les élans de ces « films en marche » qui composent la série *Tous les garçons et les filles de leur âge* n'en retrouvent pas moins un peu de la vitalité du cinéma moderne du début des années soixante. On y devine un appétit, sinon une confiance dans le futur, qui fournirait une bien plaisante métaphore pour les aventures à suivre « du » cinéma. Que cela se produise dans des films réalisés à la fois avec et contre la télévision étant, en l'occurrence, d'une judicieuse ironie.

Épilogue

DU DESTIN DES PALÉTUVIERS

> « Comme on ne peut pas réussir aujourd'hui, on peut toujours essayer [1]. »

En 1995 doit être célébré le centenaire du cinéma. Ce sera surtout une célébration française. Parce que certains pays, à commencer par les Etats-Unis, mettant en avant Edison et l'image photographique animée (1892), contre les frères Lumière et la projection publique, discutent la date fondatrice en même temps que le lieu de l'invention. Parce que, surtout, l'« idée de cinéma », sa reconnaissance à la fois artistique, économique, culturelle, politique et sociale, si elle n'est pas une idée spécifiquement française, s'est développée et a proliféré dans ce pays plus que dans aucun autre. L'« idée de cinéma » y reste vivante, touffue, enchevêtrée. Elle ressemble à ces végétaux des pays tropicaux qu'on appelle mangroves, composées de palétuviers qui poussent dans les marécages d'eau salée, et dont les racines deviennent branches et les branches racines, qui prospèrent et s'entrelacent dans un milieu, l'eau de mer, où ils ne devraient pas survivre (« *peuplements denses sur des vases très fines, visqueuses ou semi-liquides, riches en débris organiques se décomposant à l'abri de l'air, par conséquent dans des conditions interdisant la respiration d'un système racinaire normal* », dit l'*Encyclopaedia universalis*, qui s'abstient toutefois de faire le parallèle entre « ces boues visqueuses où les organismes se décomposent à l'abri de l'air » et les industries du Programme). Ces racines et branches indistinctes, ce sont André Bazin et Jack Lang, Patrick Brion présentant le « Cinéma de minuit » et Claude Berri, le Festival de Cannes et Jean-Louis Bory tonnant à l'émission de radio « Le masque et la plume ». Ce sont Jean Vigo et Jean Eustache, fantômes inconnus du grand public mais hantant de leur exigence d'artistes le commerce des images, c'est Toscan du Plantier expliquant les charmes de la cinématographie tricolore aux requins de la politique commerciale de Washington, c'est le Truffaut d'*Une certaine tendance du cinéma fran-*

1. Jean Almereyda, *alias* Jean Vigo, *alias* Jean-Pierre Mocky, dans *Grandeur et décadence, un petit commerce de cinéma,* de Jean-Luc Godard.

çais et le Truffaut de la soirée des Césars 1981. C'est un entrelacs de poètes, de banquiers, de filous, d'intellectuels et de rêveurs, à qui il arrive (mais de moins en moins souvent) d'être la même personne. C'est le droit d'asile affectif et parfois matériel accordé à de grands cinéastes oubliés ou dévalués dans leur pays, la prolifération de textes juridiques et réglementaires continuant à considérer le cinéma comme un domaine en soi, l'utilisation (même abusive) des noms de Lumière et de Méliès comme abscisses et ordonnées du rapport au monde institué au moyen d'une caméra. C'est le projet du Palais de Tokyo où doivent cohabiter un jour, peut-être, Cinémathèque-musée du Cinéma, école des métiers de l'image et du son, bibliothèque de recherche spécialisée et organisations professionnelles. Ce sont les militants du ciné-club ou du festival de province, les départements de recherches universitaires, le cinéma aux écoles comme il y eut jadis le théâtre aux armées, l'activisme d'édiles se préoccupant de l'arrivée des films à leurs administrés comme de l'adduction d'eau... Un réseau compliqué d'intérêts, d'enthousiasmes, de volontarisme, de calculs qui ont, là plus qu'ailleurs, entretenu cette idée, on pourrait presque dire cette idéologie, voire ce système écologique, qui fait parfois sourire à l'étranger, et horripile souvent les hommes d'affaires et les politiques, bien qu'ils s'en servent et en tirent à l'occasion profit.

Les responsables du centenaire ont voulu ne pas en faire une cérémonie commémorative, ni un enterrement, ils ont annoncé qu'on célébrerait le deuxième siècle du cinéma à travers les hauts faits du premier. On a dit déjà quelles réserves inspire ce « du cinéma », quel leurre représente cet unanimisme pour un domaine de la création, de l'économie, de la technique et de l'imaginaire collectif qui a enregistré, des années cinquante à aujourd'hui, une série de fractures irréversibles. Le célébrer n'est guère aisé, en prévoir les développements moins encore. On a vu aussi comment, malgré tout, il continuait à exister « quelque chose appelé cinéma », par exemple avec la « photo satellite » du Festival de Cannes 1994, instantané captant un moment d'un processus complexe et incertain, mais certainement pas interrompu. Les plus beaux films montrés à ce festival n'étaient pas tous français (et tous les films français n'étaient pas beaux). Mais le taïwanais, l'indien, le guinéen étaient des objets orphelins absolument, l'iranien en un effort surhumain travaillait à s'inventer une généalogie, des cousinages, des échos à partir de lui-même. Les Américains étaient tout entiers à la solde du Programme, à moins qu'ils ne se cherchent une position défensive... du côté du cinéma français (Hal Hartley avec Isabelle Huppert dans le rôle principal de son *Amateur*). Seul, héroïque, portant à bout de bras le génie du cinéma en un pays où il semble n'être plus qu'un fantôme, l'Italien Nanni Moretti disait en souriant comment il avait de justesse survécu à toutes les mauvaises médecines. Alors que, dans leurs extrêmes différences, les films français émettaient des rayonnements encore susceptibles de s'inscrire sur un spectre commun. C'est ce double mouvement à la fois de disjonction radicale et d'affinités récurrentes, mouvement si difficile à penser, si difficile à décrire, qu'on a essayé de capter dans l'histoire qui précède. Pourquoi la France en a-t-elle été le territoire privilégié ? Pour une multitude de raisons dont on a tenté de décrire l'essentiel. Pour d'autres, plus complexes, plus enfouies, moins explicitement liées au cinéma, et qui appartiennent à l'histoire de l'art, des avant-gardes et de la critique, à l'histoire de l'Etat, à l'histoire des religions, à celle de la guerre, du commerce, de la technique, depuis des siècles. Pour ceci encore : la France est un petit pays qui, depuis qu'il se voit comme un pays, se voit et veut être vu comme plus grand qu'il n'est. Du petit qui se voit en grand, c'est le mécanisme de la projection ; du petit qui se fait voir grand, c'est la projection publique : il est logique que ce soit son centenaire qu'on célèbre ici.

L'avenir ? Année après année, statistique après statistique, les cassandres professionnelles de la profession trouvent matière à prédire l'anéantissement. Film de Godard après texte de Daney, intelligence et sensibilité ensemble, les meilleurs penseurs de la question réitèrent les funestes présages. Des arguments sérieux, qui ne peuvent être révoqués *a priori*, contribuent à l'idée qu'une limite définitive et sans retour est en passe d'être atteinte. Quand Paul Virilio s'alarme de ce que la circulation des images, des informations, des idées se rapproche de celle de la vitesse de la lumière, il se réfère à une barrière physique, dont on ne connaît pas de dépassement possible. Hors du mysticisme, il n'existe pas d'« au-delà », en l'état actuel des savoirs et des consciences, à cette limite. Quand des économistes, des philosophes et des voyageurs décrivent la « mondialisation » du marché, et avec lui des imaginaires et des systèmes de représentation, ils annoncent l'abolition des différences, de la marge, de l'étrangeté. A nouveau, sauf à compter sur les extraterrestres pour réinventer un « Autre », il n'existe pas d'au-delà à cette totalisation de l'humanité. Tout cela n'a rien de théorique, il suffit d'allumer la télé, de faire ses courses ou de regarder les gens dans la rue pour en vérifier les effets. Mais lorsque la vitesse absolue abolit la distinction entre « avant » et « après », lorsque la mondialisation abolit la distinction entre « ici » et « ailleurs », il ne reste effectivement plus d'espace ni de temps pour « du » cinéma. Parce qu'il ne reste plus d'impureté, ni d'altérité.

C'est toute l'ambiguïté du combat du cinéma français, dont l'affaire du G.A.T.T. a été une péripétie haute en couleur : s'y sont mêlés, contre le complaisant grand méchant loup américain, ceux qui cherchent à maintenir une différence, un territoire régi par d'autres règles que celles de la production-diffusion mondialisée du Programme (y compris dans sa forme « spectacle en salles sur grand écran »), et ceux qui cherchent à s'assurer un poste à l'intérieur de ce dispositif dominant, où « Hollywood » désigne une esthétique à vocation monopolistique et non un lieu géographique. L'état du jeu, en France, fait que les premiers (la galaxie des résistants « du » cinéma, y compris les compagnons d'une plus ancienne nostalgie) ont politiquement et économiquement besoin des seconds, et que les seconds (les corporations) ont symboliquement besoin des premiers. Le maintien de ce rapport de forces conditionne la durée de vie de cet ensemble singulier, comparable à nul autre aujourd'hui dans le monde, qu'est « le cinéma français ». Son paradoxe est qu'il ne peut se maintenir en l'état, sa durée de vie dépendra de sa capacité à contaminer selon son régime particulier des « territoires » voisins. D'où le grand nombre de procédures d'alliances, de séduction et d'échanges mises en place ou à mettre en place. Avec d'autres pays ou entités supranationales, au nom d'intérêts industriels et idéologiques ; avec certains secteurs de la télévision au nom de la différenciation sociologique de leurs consommateurs ; avec l'écrit au nom de la résistance à l'emprise audiovisuelle ; avec d'autres arts au nom de bénéfices esthétiques réciproques. Etc.

Cela n'invalide pas l'hypothèse d'une destruction complète. Elle peut être brutale, à la suite d'un coup de force économique ne suscitant pas une réponse politique immédiate (comme cela s'est produit en Allemagne, au Japon, en Italie, comme l'apathie des pouvoirs publics en 1994 en laisse de nouveau planer la menace). Elle peut être lente, par usure et assimilation. Cela n'empêche même pas de tenir cette hypothèse comme la plus probable. Le catastrophisme, les annonces apocalyptiques inspirent pourtant un instinctif mouvement de recul, plus encore dans cette période par nature sujette aux pulsions millénaristes, et à leur propension à annoncer la fin du monde. Un peu d'Histoire incite à mettre en question cette perspective d'une noirceur absolue (qu'elle soit, en tout cas, d'une noirceur relative ne fait guère de doute). Les prophètes (de bonheur ou de malheur) ne se trompent pas toujours. Ils ont parfois eu raison, de leur point de vue : en fonction des questions qu'ils se posaient et des éléments dont ils disposaient pour y répondre. Mais l'Histoire a montré, après, que les évolutions qu'ils avaient judicieusement prévues ont déclenché des réactions qui étaient, elles, imprévisibles. Que, par exemple, de nouvelles formes de résistance apparaissaient face à une situation dominante qui, en anéantissant les formes de résistance anciennes, les seules connues, paraissait devoir régner sans partage. Quel contre-pouvoir, quel facteur dissident engendrant de la circulation (du « trafic ») peut naître dans un système global qui fonctionne non plus par destruction mais par assimilation, et le cas échéant par promotion de ce qui n'est pas sien ? Est-ce la fiction, la revendication éthique, la surenchère technique, la mobilité dialectique ? Est-ce par l'ascèse documentaire ou l'ironie vidéo, l'activisme dans l'ombre ou la parodie et l'outrance, que se fraie « *le chemin des choses* » dont parle Serge Daney dans *Persé-*

vérance ? Est-ce la folie, ou le sabotage ? Est-ce le silence lui-même, et peut-il être autre chose qu'un renoncement ? Le pouvoir d'assimilation du code est-il aussi infini qu'il le laisse croire, toute déviance à sa loi n'est-elle que régression dans la violence barbare, comme il le proclame ?

Reste-t-il de l'inexprimable, des miettes de cette « part maudite », et sacrée, dont le cinéma a montré l'existence. Par définition, on ne peut pas le savoir, et moins encore le dire.

ANNEXES

TRENTE-CINQ ANS DE CINÉMA ANNÉE PAR ANNÉE

ANNÉE 1959

LES FILMS DE L'ANNÉE * : *A double tour, Archimède le clochard, Babette s'en va-t-en guerre, Le Beau Serge, Les Cousins, Déjeuner sur l'herbe, Deux hommes dans Manhattan, Hiroshima mon amour, Les Liaisons dangereuses 1960, Marie-Octobre, Moi un Noir, On n'enterre pas le dimanche, Orfeu Negro, Pickpocket, Les Quatre Cents Coups, La Tête contre les murs, La Vache et le Prisonnier.*

PRIX : Palme d'or : *Orfeu Negro,* de Marcel Camus. Lion d'or : *Le Général della Rovere,* de Roberto Rossellini, *La Grande Guerre,* de Mario Monicelli. Ours d'or : *Les Cousins,* de Claude Chabrol. Prix Louis Delluc : *On n'enterre pas le dimanche,* de Michel Drach. Prix Jean Vigo : *Le Beau Serge,* de Claude Chabrol. Oscar du meilleur film : *Gigi,* de Vincente Minnelli.

MORT DE : Jean Grémillon, Gérard Philipe, Henri Vidal.

SORTIE DES PREMIERS FILMS DE : Jacques Baratier, Claude Chabrol, Georges Franju, Jean-Pierre Mocky, Alain Resnais, François Truffaut.

NOMBRE DE FILMS PRODUITS : 101.

NOMBRE D'ENTRÉES : 353,6 millions.

EN TÊTE DU BOX-OFFICE : *La Vache et le Prisonnier* (8,8 millions d'entrées).

ÉVÉNEMENTS : Le C.N.C. est rattaché au ministère des Affaires culturelles. Michel Fourré-Cormeray en redevient le directeur général. Création du compte de soutien alimenté par la

* Il s'agit de films distribués commercialement durant l'année considérée.

T.S.A. Création de l'Avance sur recettes. Mise en place du classement des salles en catégories art et essai. 5 834 salles de cinéma (chiffre record). Colloque du jeune cinéma français à La Napoule. Interdiction momentanée des *Liaisons dangereuses* de Vadim. Invention du magnétophone Nagra III. Brigitte Bardot épouse Jacques Charrier et entre dans le Larousse. La France compte plus de un million de téléviseurs.

ANNÉE 1960

LES FILMS DE L'ANNÉE : *A bout de souffle, Le Bel Age, Les Bonnes Femmes, Le Bossu, Classe tous risques, Moderato Cantabile, Le Passage du Rhin, Plein soleil, Le Testament d'Orphée, Tirez sur le pianiste, Le Trou, La Vérité, Les Yeux sans visage.*

PRIX : Palme d'or : *La Dolce Vita,* de Federico Fellini. Lion d'or : *Le Passage du Rhin,* d'André Cayatte. Ours d'or : *Lazarillo,* de César Ardavin. Prix Louis Delluc : *Une aussi longue absence,* d'Henri Colpi. Prix Jean Vigo : *A bout de souffle,* de Jean-Luc Godard. Oscar du meilleur film : *Ben Hur,* de William Wyler.

MORT DE : Jacques Becker, André Berthomieu, Véra Clouzot, Pierre Véry.

SORTIE DES PREMIERS FILMS DE : Philippe de Broca, Jacques Deray, Jacques Doniol-Valcroze, Michel Drach, Robert Enrico, Jean Girault, Jean-Luc Godard, Marcel Hanoun, Robert Lamoureux, Gérard Oury, Paul Paviot, Max Pécas, Jean-Daniel Pollet, François Reichenbach, Claude Sautet.

NOMBRE DE FILMS PRODUITS : 119.

NOMBRE D'ENTRÉES : 354,719 millions.

EN TÊTE DU BOX-OFFICE : *Ben Hur* (13,8 millions d'entrées).

ÉVÉNEMENTS : Dix films entièrement interdits, dont *Le Petit Soldat* de Jean-Luc Godard. Blocage du prix des places pour les salles autres que celles d'exclusivité. Utilisation des pellicules sensibles par le cinéma de fiction. Gérard Lebovici et Michèle Meritz créent une agence artistique qui deviendra Artmédia. « Bataille de *L'Avventura* » au Festival de Cannes. Premières Journées internationales d'animation d'Annecy.

ANNÉE 1961

LES FILMS DE L'ANNÉE : *L'Année dernière à Marienbad, La Belle Américaine, Ce soir ou jamais, Chronique d'un été, L'Enclos, Léon Morin, prêtre, Lola, Le Monocle noir, Paris nous appartient, Le Président, La Princesse de Clèves, Le Rendez-vous de minuit, Le Testament du Docteur Cordelier, Un taxi pour Tobrouk, Une aussi longue absence, Une femme est une femme.*

PRIX : Palme d'or : *Une aussi longue absence,* d'Henri Colpi, *Viridiana,* de Luis Buñuel. Lion d'or : *L'Année dernière à Marienbad,* d'Alain Resnais. Ours d'or : *La Nuit* de Michelangelo Antonioni. Prix Louis Delluc : *Un cœur gros comme ça,* de François Reichenbach. Prix Jean Vigo : *La Peau et les os,* de Jean-Paul Sassy et Jacques Panigel. Oscar du meilleur film : *La Garçonnière,* de Billy Wilder.

MORT DE : Saturnin Fabre, Maurice Tourneur.

SORTIE DES PREMIERS FILMS DE : Jean Becker, Henri Colpi, Jacques Demy, Michel Deville, Sergio Gobbi, Claude Lelouch, François Leterrier, Jacques Rivette, Frédéric Rossif, Pierre Tchernia.

NOMBRE DE FILMS PRODUITS : 108.

NOMBRE D'ENTRÉES : 328,3 millions.

EN TÊTE DU BOX-OFFICE : *Les 101 Dalmatiens* (11,5 millions d'entrées), *Les Canons de Navarone* (10,1), *Les Sept Mercenaires* (7).

ÉVÉNEMENTS : Nouvelle loi sur la censure. Interdiction de l'utilisation des films sur support nitrate. Diminution du nombre de studios (55 contre 67 en 1948). Première coproduction cinéma-télévision *(Le Testament du Docteur Cordelier).* Jean-Charles Edeline élu à la présidence de la Fédération nationale des cinémas français. Grève des actualités et extinction des enseignes lumineuses en protestation contre la fiscalité appliquée aux salles. Affiliation des artistes du spectacle à la Sécurité sociale. Naissance de l'*Avant-Scène cinéma.*

ANNÉE 1962

LES FILMS DE L'ANNÉE : *L'Amour à vingt ans, Le Caporal épinglé, Cartouche, Cléo de 5 à 7, Le Combat dans l'île, Les Culottes rouges, L'Éducation sentimentale, La Guerre des boutons, Jules et Jim, La Fayette, Procès de Jeanne d'Arc, Le Repos du guerrier, Le Signe du lion, Snobs, Thérèse Desqueyroux, Un singe en hiver, Vie privée, Vivre sa vie.*

PRIX : Palme d'or : *La Parole donnée,* d'Anselmo Duarte. Lion d'or : *Journal intime,* de Valerio Zurlini, *L'Enfance d'Ivan,* d'Andreï Tarkovski. Ours d'or : *Un amour pas comme les autres,* de John Schlesinger. Prix Louis Delluc : *L'Immortelle,* d'Alain Robbe-Grillet, *Le Soupirant,* de Pierre Etaix. Prix Jean Vigo : *La Guerre des boutons,* d'Yves Robert. Oscar du meilleur film : *West Side Story,* de Robert Wise.

MORT DE : Pierre Larquey.

SORTIE DES PREMIERS FILMS DE : Alain Cavalier, Pierre Granier-Deferre, Stellio Lorenzi, Marcel Ophuls, Eric Rohmer.

NOMBRE DE FILMS PRODUITS : 80.

NOMBRE D'ENTRÉES : 311,7 millions.

EN TÊTE DU BOX-OFFICE : *Le Jour le plus long* (11,8 millions d'entrées), *La Guerre des boutons* (9,8), *West Side Story* (8,6).

ÉVÉNEMENTS : Classement des salles en 6 catégories. Détaxation de 50 % pour les salles appartenant à la petite exploitation. Liberté des prix pour deux tiers des places des salles de cinéma. Création du Comité de l'industrie cinématographique européenne (C.I.C.E.), siégeant à Bruxelles. Numéro spécial de *Positif* contre la Nouvelle Vague. Les *Cahiers du cinéma* publient une liste de 162 nouveaux cinéastes français. Plus de 100 films sont diffusés par la télévision.

ANNÉE 1963

LES FILMS DE L'ANNÉE : *Adieu Philippine, Les Carabiniers, La Cuisine au beurre, Cuba Si, Le Doulos, Le Feu follet, La Jetée, Le Joli Mai, Landru, Mélodie en sous-sol, Le Mépris, Mourir à Madrid, Muriel, Le Petit Soldat, Le Soupirant, Les Tontons flingueurs.*

PRIX : Palme d'or : *Le Guépard,* de Luchino Visconti. Lion d'or : *Main basse sur la ville,* de Francesco Rosi. Ours d'or : *Bushido,* de Tadashi Imai et *Amour à la suédoise,* de Gian Luigi Polidor. Prix Louis Delluc : *Les Parapluies de Cher-*

bourg, de Jacques Demy. Prix Jean Vigo : *Mourir à Madrid,* de Frédéric Rossif et *La Jetée,* de Chris Marker. Oscar du meilleur film : *Lawrence d'Arabie,* de David Lean.

MORT DE : Jean Cocteau, Pierre Blanchar, Adolphe Menjou, Edith Piaf.

SORTIE DES PREMIERS FILMS DE : Bertrand Blier, Roger Coggio, Pierre Etaix, Marcel Ophuls, Nico Papatakis, Jacques Rozier.

NOMBRE DE FILMS PRODUITS : 83.

NOMBRE D'ENTRÉES : 292 millions.

EN TÊTE DU BOX-OFFICE : *La Grande Evasion* (8,7 millions d'entrées), *La Cuisine au beurre* (6,3).

ÉVÉNEMENTS : Le nombre de spectateurs devient inférieur à 300 millions. Installation de la Cinémathèque française à Chaillot. Fabrication en série de la caméra légère Eclair 16.

ANNÉE 1964

LES FILMS DE L'ANNÉE : *Bande à part, 100 000 Dollars au soleil, Fantômas, Les Félins, Le Gendarme de Saint-Tropez, L'Homme de Rio, L'Insoumis, Le Journal d'une femme de chambre, Judex, Les Parapluies de Cherbourg, La Peau Douce, Une femme mariée, Week-end à Zuydcoote.*

PRIX : Grand Prix du Festival international du film (Cannes) : *Les Parapluies de Cherbourg,* de Jacques Demy. Lion d'or : *Le Désert rouge,* de Michelangelo Antonioni. Ours d'or : *Dry Summer,* de Ismaïl Metin. Prix Louis Delluc : *Le Bonheur,* d'Agnès Varda. Prix Jean Vigo : *La Belle Vie,* de Robert Enrico. Oscar du meilleur film : *Tom Jones* de Tony Richardson.

MORT DE : Emile Couzinet, Gaby Morlay, Léon Moussinac.

NOMBRE DE FILMS PRODUITS : 94.

NOMBRE D'ENTRÉES : 275,8 millions.

EN TÊTE DU BOX-OFFICE : *Le Gendarme de Saint-Tropez* (7,7 millions d'entrées), *Merlin l'Enchanteur* (6,1).

ÉVÉNEMENTS : Procès de *L'Insoumis.* Création de la deuxième chaîne (le nombre de films à la télévision passe de 106 à 224). Naissance de *Jeune cinéma.*

ANNÉE 1965

LES FILMS DE L'ANNÉE : *Alphaville, Le Bonheur, Compartiment tueurs, Le Corniaud, Les Grandes Gueules, Paris vu par..., Pierrot le Fou, Les Tribulations d'un Chinois en Chine, la 317e Section, La Vieille Dame indigne, Viva Maria, Yoyo.*

PRIX : Grand Prix du Festival international du film (Cannes) : *Le Knack... et comment l'avoir,* de Richard Lester.
Lion d'or : *Sandra,* de Luchino Visconti. Ours d'or : *Alphaville,* de Jean-Luc Godard. Prix Louis Delluc : *La Vie de château,* de Jean-Paul Rappeneau. Prix Jean Vigo : non attribué. Oscar du meilleur film : *My Fair Lady,* de George Cukor.

MORT DE : Michel Fourré-Cormeray, Roger Vailland, Nicole Védrès.

SORTIE DES PREMIERS FILMS DE : René Allio, Costa-Gavras.

NOMBRE DE FILMS PRODUITS : 90.

NOMBRE D'ENTRÉES : 257,8 millions.

EN TÊTE DU BOX-OFFICE : *Le Corniaud* (11,7 millions d'entrées), *Goldfinger* (6,6).

ÉVÉNEMENTS : André Holleaux devient directeur du C.N.C. Journée de défense du cinéma français (séances gratuites dans presque toutes les salles). Manifeste « Le cinéma en colère ». Grève des bordereaux. Premier Festival du jeune cinéma international de Hyères. Mise sur le marché de la caméra Arri BL, outil privilégié du jeune cinéma. La France compte plus de 5 millions de téléviseurs.

ANNÉE 1966

LES FILMS DE L'ANNÉE : *Au hasard Balthazar, Les Cœurs verts, Le Deuxième Souffle, Fahrenheit 451, La Grande Vadrouille, La guerre est finie, Masculin-Féminin, Non-réconciliés, Paris brûle-t-il ? Qui êtes-vous, Polly Magoo ? Un homme et une femme, La Vie de château.*

PRIX : Grand Prix du 20e anniversaire du Festival international du film (Cannes) : *Un homme et une femme,* de Claude Lelouch et *Ces messieurs dames,* de Pietro Germi. Lion d'or : *La Bataille d'Alger,* de Gillo Pontecorvo. Ours d'or : *Cul-de-sac,* de Roman Polanski. Prix Louis Delluc : *La guerre est finie,* d'Alain Resnais. Prix Jean Vigo : *La Noire de...,* d'Ousmane Sembene. Oscar du meilleur film : *La Mélodie du bonheur,* de Robert Wise.

MORT DE : Julien Carette, Edmond T. Gréville, Raoul Lévy.

SORTIE DES PREMIERS FILMS DE : William Klein, Edouard Luntz, Luc Moullet, Jean-Paul Rappeneau, Paul Vecchiali.

NOMBRE DE FILMS PRODUITS : 95.

NOMBRE D'ENTRÉES : 234,7 millions.

EN TÊTE DU BOX-OFFICE : *La Grande Vadrouille* (17,2 millions d'entrées), *Docteur Jivago* (9,8).

ÉVÉNEMENTS : Signature d'un accord de programmation entre Gaumont, Pathé, Ciné-Vision. Triomphe historique de *La Grande Vadrouille.* Interdiction de *Suzanne Simonin, la religieuse de Diderot,* de Jacques Rivette. Plus de 50 % des foyers français sont équipés d'un téléviseur.

ANNÉE 1967

LES FILMS DE L'ANNÉE : *Les Aventuriers, Belle de jour, La Chinoise, La Collectionneuse, Les Compagnons de la marguerite, Les Demoiselles de Rochefort, Deux ou trois choses que je sais d'elle, Hibernatus, Lamiel, Loin du Vietnam, Made in U.S.A., Mouchette, Oscar, Playtime, La Religieuse, Les Risques du métier, Le Samouraï, L'Une et l'Autre, Le Vieil Homme et l'enfant, Vivre pour vivre, Le Voleur, Week-end.*

PRIX : Grand Prix du Festival international du film (Cannes) : *Blow up,* de Michelangelo Antonioni. Lion d'or : *Belle de jour,* de Luis Buñuel. Ours d'or : *Le Départ,* de Jerzy Skolimowski. Prix Louis Delluc : *Benjamin,* de Michel Deville. Prix Jean Vigo : *Qui êtes-vous Polly Maggoo ?* de William Klein. Oscar du meilleur film : *Un homme pour l'éternité,* de Fred Zinnemann.

MORT DE : Charles Blavette, Marcel Aymé, Martine Carol, André Debrie, Françoise Dorléac, Julien Duvivier, Georges Sadoul.

SORTIE DES PREMIERS FILMS DE : Claude Berri, Walerian Borowcyk, Christian de Chalonge, Marguerite Duras, Jean Eustache, José Giovanni, Jean Herman, Jacques Rouffio, Serge Roullet, Nadine Trintignant.

NOMBRE DE FILMS PRODUITS : 86.

NOMBRE D'ENTRÉES : 211,1 millions.

EN TÊTE DU BOX-OFFICE : *Les Grandes Vacances* (6,9 millions d'entrées), *Oscar* (6).

ÉVÉNEMENTS : Rétablissement du soutien financier à l'exploitation. Blocage des prix des places en décembre au niveau atteint au 1er juillet. Ouverture des « Trois-Luxembourg », qui annonce le passage aux multisalles. Attaque d'un commando d'extrême droite contre le Kinopanorama qui projette *Loin du Vietnam.*

ANNÉE 1968

LES FILMS DE L'ANNÉE : *Alexandre le Bienheureux, L'Astragale, Baisers volés, Barbarella, Benjamin ou les mémoires d'un puceau, Les Biches, Chronique d'Anna Magdalena Bach, Les Cracks, Drôle de jeu, Les Gauloises bleues, La Grande Lessive, Je t'aime je t'aime, La mariée était en noir, Le Petit Baigneur, La Prisonnière.*

PRIX : Palme d'or : non attribuée. Lion d'or : *Les Artistes sous le chapiteau : perplexes,* d'Alexander Kluge. Ours d'or : *Ole Ole Doff* de Jan Troell. Prix Louis Delluc : *Baisers volés,* de François Truffaut. Prix Jean Vigo : *O Salto,* de Christian de Chalonge. Oscar du meilleur film : *Dans la chaleur de la nuit,* de Norman Jewison.

MORT DE : Mireille Balin, Alice Guy, Léon Mathot, Dario Moréno, Léon Poirier.

SORTIE DES PREMIERS FILMS DE : Michel Audiard, Yves Boisset, Michel Cournot, Robert Enrico, Philippe Garrel, Guy Gilles.

NOMBRE DE FILMS PRODUITS : 92.

NOMBRE D'ENTRÉES : 203,2 millions.

EN TÊTE DU BOX-OFFICE : *Le Livre de la jungle* (14,6 millions d'entrées), *Le Gendarme se marie* (6,7), *Le Bon, la brute et le truand* (6,2).

ÉVÉNEMENTS : Crise de la Cinémathèque (« affaire Langlois »). Interruption du Festival de Cannes. États généraux du cinéma. Naissance de la Société des réalisateurs de films (S.R.F.). Liberté des prix des salles d'art et d'essai. Mise en place des pools bancaires spécialisés dans les prêts à l'industrie cinématographique. Création du Service des archives du film

(S.A.F.) et ouverture du premier bâtiment d'entreposage à Bois-d'Arcy. Les frères Siritzky créent Parafrance. Jean-Charles Edeline revient à la tête de la Fédération nationale des cinémas français. Naissance de *L'Ecran fantastique.*

ANNÉE 1969

LES FILMS DE L'ANNÉE : *L'Amour fou, L'Armée des ombres, Calcutta, Le Cerveau, Le Clan des Siciliens, L'Enfance nue, Erotissimo, La Fiancée du pirate, La Femme infidèle, Luttes en Italie, Ma nuit chez Maud, Mister Freedom, Mon oncle Benjamin, More, La Piscine, Pravda, La Sirène du Mississippi, Une femme douce, La Voie lactée, Vent d'Est, Z.*

PRIX : Grand Prix du Festival international du film (Cannes) : *If,* de Lindsay Anderson. Ours d'or : *Rani Radovi,* de Zelimar Zilnik. Prix Louis Delluc : *Les Choses de la vie,* de Claude Sautet. Prix Jean Vigo : *L'Enfance nue,* de Maurice Pialat. Oscar du meilleur film : *Oliver,* de Carol Reed.

MORT DE : Henri Decoin, Léo Joannon, Joseph Kosma, Louise de Vilmorin.

SORTIE DES PREMIERS FILMS DE : Nelly Kaplan, Marin Karmitz, Philippe Labro, Moshé Mizrahi, Maurice Pialat, Gérard Pirès, Barbet Schroeder.

NOMBRE DE FILMS PRODUITS : 118.

NOMBRE D'ENTRÉES : 182,1 millions.

EN TÊTE DU BOX-OFFICE : *Il était une fois dans l'Ouest* (14,7 millions d'entrées).

ÉVÉNEMENTS : Edmond Michelet succède à André Malraux au ministère de la Culture. André Astoux remplace André Holleaux comme directeur général du C.N.C. La censure relève du ministère de la Culture. Réforme de l'Avance sur recettes. Première Quinzaine des réalisateurs au Festival de Cannes. Création du G.R.E.C. Raid gauchiste contre une salle qui projette *Les Bérets verts.* Naissance de *Cinéthique.*

ANNÉE 1970

LES FILMS DE L'ANNÉE : *L'Aveu, Borsalino, Le Boucher, Camarades, Le Cercle rouge, Les Choses de la vie, Le Distrait, Elle boit pas, elle drague pas, elle fume pas... mais elle cause, L'Enfant sauvage, Le Genou de Claire, Hoa-Binh, La Maison des Bories, Le Passager de la pluie, Peau d'âne, Le Petit Théâtre de Jean Renoir, Solo, Un condé.*

PRIX : Grand Prix du Festival international du film (Cannes) : *M.A.S.H.*, de Robert Altman. Prix Louis Delluc : *Le Genou de Claire*, d'Eric Rohmer. Prix Jean Vigo : *Hoa Binh*, de Raoul Coutard. Oscar du meilleur film : *Macadam Cow-Boy*, de John Schlesinger.

MORT DE : Bourvil, Fernand Gravey, Henri Jeanson, Albert Lamorisse, Luis Mariano, Gaston Modot, Lucien Rebatet, Sylvie.

SORTIE DES PREMIERS FILMS DE : Claude d'Anna, Jacques Bral, Pierre Richard.

NOMBRE DE FILMS PRODUITS : 110.

NOMBRE D'ENTRÉES : 184,4 millions.

EN TÊTE DU BOX-OFFICE : *Le Gendarme en balade* (4,8 millions d'entrées), *Le Passager de la pluie* (4,6), *Borsalino* (4,4), *M.A.S.H.* (3,3).

ÉVÉNEMENTS ÉCONOMIQUES ET JURIDIQUES : Jacques Duhamel, ministre de la Culture. Colloque de Cerisy. Liberté complète des prix des places pour les salles d'art et essai. Stabilisation de la chute de la fréquentation. En dix ans, la fréquentation a chuté de 52 % et le nombre de fauteuils pour 1 000 habitants est passé de 62 à 42. Création du G.I.E. Gaumont-Pathé. Raid d'extrême droite contre une salle qui projette *La Bataille d'Alger*. La France compte plus de 10 millions de téléviseurs.

ANNÉE 1971

LES FILMS DE L'ANNÉE : *L'Albatros, L'amour c'est gai, l'amour c'est triste, Les Bidasses en folie, Bof, anatomie d'un livreur, Le Chagrin et la Pitié, Le Chat, Le Cri du cormoran le soir au-dessus des jonques, Les Deux Anglaises et le continent, Fantasia chez les ploucs, La Folie des grandeurs, Juste avant la nuit, Max et les ferrailleurs, Mourir d'aimer, Out 1, Quatre nuits d'un rêveur, Smic smac smoc, Le Souffle au cœur, Trafic, La Veuve Couderc, Vladimir et Rosa.*

PRIX : Palme d'or : *Le Messager*, de Joseph Losey. Ours d'or : *Le*

Jardin des Finzi Contini, de Vittorio De Sica. Prix Louis Delluc : *Rendez-vous à Bray,* d'André Delvaux. Prix Jean Vigo : *Remparts d'argile,* de Jean-Louis Bertuccelli. Oscar du meilleur film : *Patton,* de Franklin J. Schaffner.

MORT DE : Fernandel, Georges Van Parys.

SORTIE DES PREMIERS FILMS : Gérard Blain, Claude Faraldo, Joël Séria, Claude Zidi.

NOMBRE DE FILMS PRODUITS : 112.

NOMBRE D'ENTRÉES : 177 millions.

EN TÊTE DU BOX-OFFICE : *Les Aristochats* (10,3 millions d'entrées), *Les Bidasses en folie* (7,4), *Mourir d'aimer* (5,9), *La Folie des grandeurs* (5,4), *Love Story* (5,2).

ÉVÉNEMENTS : Privatisation d'U.G.C. dont Jean-Charles Edeline devient président. Premier marché de la vidéo à Cannes. Colloque de Menars. Roger Sallard remplace Jean Le Duc à la tête de Gaumont. Création de C.I.C. Création du G.I.E. Warner-Columbia. Le maire de Tours, Jean Royer, part en croisade contre le porno. Premier « Ciné-Club » sur A2 *(Mabuse le Joueur).* Equipement des ménages en téléviseurs : 74,2 %.

ANNÉE 1972

LES FILMS DE L'ANNÉE : *L'Amour l'après-midi, L'Attentat, L'Aventure c'est l'aventure, Avoir 20 ans dans les Aurès, César et Rosalie, Le Charme discret de la bourgeoisie, La Cicatrice intérieure, Coup pour coup, Le Dernier Tango à Paris, Le Grand Blond avec une chaussure noire, Nous ne vieillirons pas ensemble, Quelque part quelqu'un, Tout le monde il est beau, tout le monde il est gentil, Tout va bien, Un flic, Le Viager.*

PRIX : Grand Prix du Festival international du film (Cannes) : *La classe ouvrière va au paradis,* d'Elio Petri, et *L'Affaire Mattei,* de Francesco Rosi. Ours d'or : *Les Contes de Canterbury,* de Pier Paolo Pasolini. Prix Louis Delluc : *État de siège,* de Costa-Gavras. Prix Jean Vigo : *Continental Circus,* de Jérôme Laperrousaz. Oscar du meilleur film : *French Connection,* de William Friedkin.

MORT DE : Pierre Brasseur, Maurice Chevalier, Henri Diamant-Berger, Robert Le Vigan.

SORTIE DES PREMIERS FILMS DE : Yannick Bellon, Nina Companeez, Michel Mitrani, Jean Yanne.

NOMBRE DE FILMS PRODUITS : 120.

NOMBRE D'ENTRÉES : 184,4 millions.

EN TÊTE DU BOX-OFFICE : *Orange Mécanique* (7,3 millions d'entrées).

ÉVÉNEMENTS : Inauguration du Musée du cinéma d'Henri Langlois. Fermeture du Gaumont-Palace. Accords entre les représentants du cinéma et de la télévision. Naissance de la troisième chaîne de télévision le 31 décembre.

ANNÉE 1973

LES FILMS DE L'ANNÉE : *L'An 01, Les Aventures de Rabbi Jacob, Deux Hommes dans la ville, Elle court elle court la banlieue, L'Emmerdeur, Français si vous saviez, Le Grand Bazar, La Grande Bouffe, L'Italien des roses, Le Magnifique, Mais où est donc passée la 7e compagnie ?, La Maman et la putain, Nathalie Granger, La Nuit américaine, R.A.S., Rude journée pour la reine, Salut l'artiste, Themroc, Le Train, Les Zozos.*

PRIX : Grand Prix du Festival international du film (Cannes) : *L'Epouvantail,* de Jerry Schatzberg, et *La Méprise,* d'Alan Bridges. Ours d'or : *Tonnerre lointain*, de Satyajit Ray. Prix Louis Delluc : *L'Horloger de Saint-Paul,* de Bertrand Tavernier. Prix Jean Vigo : *Absences répétées,* de Guy Gilles. Oscar du meilleur film : *Le Parrain,* de Francis Ford Coppola.

MORT DE : Marc Allégret, André Barsacq, Jeanne Fusier-Gir, Jean-Pierre Melville, Noël Roquevert, Jean Tissier.

SORTIE DES PREMIERS FILMS DE : Roger Andrieux, Frank Cassenti, Jacques Doillon, Jean Marbœuf, Claude Pinoteau, Pascal Thomas, Daniel Vigne.

NOMBRE DE FILMS PRODUITS : 153.

NOMBRE D'ENTRÉES : 175,9 millions.

EN TÊTE DU BOX-OFFICE : *Les Aventures de Rabbi Jacob* (7,3 millions d'entrées), *Mon nom est personne* (4,7), *Mais où est donc passée la 7e compagnie ?* (3,9), *Le Grand Bazard* (3,9).

ÉVÉNEMENTS : Maurice Druon devient ministre de la Culture. Brigitte Bardot prend sa retraite. Diffusion massive d'*Histoires d'A* malgré son interdiction. La région Midi-Pyrénées est prise d'assaut par des Espagnols venant voir *Le Dernier Tango à Paris.* Pierre Viot remplace André Astoux à la direction générale du C.N.C. Création du Festival d'Avoriaz.

ANNÉE 1974

LES FILMS DE L'ANNÉE : *Céline et Julie vont en bateau, Les Chinois à Paris, Les Doigts dans la tête, Emmanuelle, Le Fantôme de la liberté, La Gifle, La Gueule ouverte, Les Guichets du Louvre, Histoires d'A, L'Horloger de Saint-Paul, Lacombe Lucien, Lancelot du Lac, Mes petites amoureuses, La moutarde me monte au nez, La Race des seigneurs, Si j'avais quatre dromadaires, Stavisky..., Touche pas à la femme blanche, Toute une vie, Le Trio infernal, Les Valseuses, Vincent, François, Paul et les autres.*

PRIX : Grand Prix du Festival international du film (Cannes) : *Conversation secrète* de Francis Ford Coppola. Ours d'or : *L'Apprentissage de Duddy Kravitz,* de Ted Kotcheff. Prix Louis Delluc : *La Gifle,* de Claude Pinoteau. Prix Jean Vigo : *Un homme qui dort,* de Bernard Queysanne et Georges Perec. Oscar du meilleur film : *L'Arnaque,* de Georges Roy Hill.

MORT DE : Marcel Achard, Francis Blanche, Pauline Carton, Paul Frankeur, George Lourau, Marcel Pagnol, Françoise Rosay.

SORTIE DES PREMIERS FILMS DE : Alain Corneau, Guy Debord, Francis Girod, Just Jaecklin, Jean Charles Tacchella, Bertrand Tavernier.

NOMBRE DE FILMS PRODUITS : 182.

NOMBRE D'ENTRÉES : 179,4 millions.

EN TÊTE DU BOX-OFFICE : *Emmanuelle* (8,8 millions d'entrées), *Robin des Bois* (6,4), *Les Valseuses* (5,7), *L'Exorciste* (5,3).

ÉVÉNEMENTS : Michel Guy devient secrétaire d'État à la Culture. Rachat de Gaumont par Nicolas Seydoux. Suppression du plafond de l'Avance sur recettes. Début de la « vague porno ». Mise sur le marché de la pellicule Kodak 5247. Eclatement de l'O.R.T.F. en sept sociétés de programmes. F.R. 3 est autorisée à diffuser quatre films par semaine et obtient la carte de producteur.

ANNÉE 1975

LES FILMS DE L'ANNÉE : *La Course à l'échalote, Cousin cousine, Dupont-Lajoie, Exhibition, L'Histoire d'Adèle H., Histoire d'O,*

India Song, Numéro 2, Peur sur la ville, Que la fête commence, Le Sauvage, Sept morts sur ordonnance, Souvenirs d'en France, Le Vieux fusil.

PRIX : Palme d'or : *Chronique des années de braise,* de Mohamed Lakhdar Hamina. Ours d'or : *Adoption,* de Marta Meszaros. Prix Louis Delluc : *Cousin cousine,* de Jean-Charles Tacchella. Prix Jean Vigo : *Histoire de Paul,* de René Feret. Oscar du meilleur film : *Le Parrain II*, de Francis Ford Coppola.

MORT DE : Pierre Bost, Pierre Fresnay, Michel Simon, Charles Spaak.

SORTIE DES PREMIERS FILMS DE : Patrice Chéreau, Robin Davis, Maurice Dugowson, René Feret, André Téchiné.

NOMBRE DE FILMS PRODUITS : 197.

NOMBRE D'ENTRÉES : 180,7 millions.

EN TÊTE DU BOX-OFFICE : *La Tour infernale* (4,4 millions d'entrées), *Peur sur la ville* (3,9), *On a retrouvé la 7e compagnie* (3,7), *Histoire d'O* (3,5).

ÉVÉNEMENTS : Décret d'application de la loi relative au dépôt légal des films français. Mise en place d'une aide à la diffusion des films réputés difficiles. Premières salles équipées en dolby. Création du Festival de Deauville. L'I.N.A. remplace le Service de la recherche de l'ex-O.R.T.F.

ANNÉE 1976

LES FILMS DE L'ANNÉE : *L'Acrobate, L'Aile ou la cuisse, L'Année sainte, A nous les petites Anglaises, L'Argent de poche, L'Assassin musicien, Barocco, Comment Yukong déplaça les montagnes, F. comme Fairbanks, Fortini Cani, Ici et ailleurs, Le Juge et l'assassin, Le Locataire, Mado, La Marquise d'O., La Meilleure Façon de marcher, Moi, Pierre Rivière, Le Petit Marcel, Police Python 357, La Spirale, Un éléphant ça trompe énormément, Une femme à sa fenêtre.*

PRIX : Palme d'or : *Taxi Driver,* de Martin Scorsese. Ours d'or : *Buffalo Bill et les Indiens,* de Robert Altman. Prix Louis Delluc : *Le Juge Fayard dit le Shérif,* d'Yves Boisset. Prix Jean Vigo : *L'Affiche rouge,* de Frank Cassenti. Oscar du meilleur film : *Vol au-dessus d'un nid de coucou,* de Milos Forman. César du meilleur film : *Le Vieux Fusil,* de Robert Enrico.

MORT DE : Jean Gabin, André Malraux, Jean Servais.

SORTIE DES PREMIERS FILMS DE : Jean-Jacques Annaud, Jean-Claude Brisseau, Jacques Fansten, Serge Gainsbourg, Benoît Jacquot, Patrice Leconte, Claude Miller, Francis Veber, Pierre Zucca.

NOMBRE D'ENTRÉES : 176 millions.

EN TÊTE DU BOX-OFFICE : *Les Dents de la Mer* (6,2 millions d'entrées), *L'Aile ou la cuisse* (5,8), *A nous les petites Anglaises* (5,7), *Vol au-dessus d'un nid de coucou* (4,7).

NOMBRE DE FILMS PRODUITS : 190.

ÉVÉNEMENTS : Entrée en vigueur de la Loi X. Première soirée des Césars. Rapport Malecot. Françoise Giroud remplace Michel Guy au secrétariat d'Etat à la Culture. A la fin de l'année, la France compte 360 complexes multisalles, réunissant 1 041 des 4 443 écrans (dont 137 classés X). Destruction du négatif de *L'Essayeuse* sur ordre de justice. Commercialisation en France de la caméra Steadycam. Naissance de *Première.* 460 films diffusés à la télévision. Naissance du « Cinéma de minuit » sur F.R.3.

ANNÉE 1977

LES FILMS DE L'ANNÉE : *Le Camion, Cet obscur objet du désir, La Communion solennelle, Le Crabe-Tambour, La Dentellière, Le Diable probablement, Diabolo Menthe, Dites-lui que je l'aime, Les Enfants du placard, Le fond de l'air est rouge, L'Homme qui aimait les femmes, Le Juge Fayard dit Le Shérif, Nous irons tous au paradis, Providence, Les Rendez-vous d'Anna, Une Sale histoire, Un taxi mauve, La Vie devant soi.*

PRIX : Palme d'or : *Padre Padrone,* de Paolo et Vittorio Taviani. Ours d'or : *L'Ascension,* de Larissa Schepitko. Prix Louis Delluc : *Diabolo Menthe,* de Diane Kurys. Prix Jean Vigo : *Paradiso,* de Christian Bricourt. Oscar du meilleur film : *Rocky,* de John G. Avidsen. César du meilleur film : *Monsieur Klein*, de Joseph Losey.

MORT DE : Raymond Bernard, Henri-Georges Clouzot, Victor Francen, Henri Langlois, Jacques Prévert, Yvonne Printemps, Eugen Schüfftan, Jacques Tourneur.

SORTIE DES PREMIERS FILMS DE : Jean-Claude Biette, Laurent Heynemann, Diane Kurys, Christine Laurent, Coline Serreau, Bob Swaim.

NOMBRE DE FILMS PRODUITS : 209.

NOMBRE D'ENTRÉES : 168,8 millions.

EN TÊTE DU BOX-OFFICE : *Les Aventures de Bernard et Bianca* (7,2 millions d'entrées), *La Guerre des étoiles* (4,6), *L'Espion qui m'aimait* (3,4), *Deux super-flics* (3,3).

ÉVÉNEMENTS : Michel Guy devient président de la Cinémathèque. Affaire du *Juge Fayard.* Pour la première fois, le seuil des 5 000 films exploités en France durant l'année est dépassé. Jean-Charles Edeline quitte la S.F.P. Commercialisation de la vidéo V.H.S.

ANNÉE 1978

LES FILMS DE L'ANNÉE : *L'Argent des autres, Les Bronzés, La Cage aux folles, La Carapate, La Chambre verte, Comment ça va, Dossier 51, L'État sauvage, Hôtel de la plage, Je suis timide mais je me soigne, Molière, Passe-montagne, Préparez vos mouchoirs, Le Sucre, Une histoire simple, Violette Nozière, La Zizanie.*

PRIX : Palme d'or : *L'Arbre aux sabots,* d'Ermano Olmi. Ours d'or : *Las truchas*, de José Luis Garcia Sanchez, *Las Palabras,* d'Emilio Martinez-Lazaro, *The Lift* (court-métrage), de Thomas Munoz. Prix Louis Delluc : *L'Argent des autres,* de Christian de Chalonge. Prix Jean Vigo : *Baro, l'autre rive,* de Jacques Champreux. Oscar du meilleur film : *Annie Hall*, de Woody Allen. César du meilleur film : *Providence,* d'Alain Resnais.

MORT DE : Bernard Borderie, Claude Dauphin, Josette Day.

SORTIE DES PREMIERS FILMS DE : Alexandre, Arcady, Gilles Béhat, Luc Béraud, Elie Chouraqui, Tony Gatlif, Gérard Mordillat, Jean-Marie Poiré, Coline Serreau, Jean-François Stevenin.

NOMBRE DE FILMS PRODUITS : 134.

NOMBRE D'ENTRÉES : 178,5 millions.

EN TÊTE DU BOX-OFFICE : *Midnight Express* (5,9 millions d'entrées), *La Cage aux folles* (5,3), *Grease* (5,3), *La Fièvre du samedi soir* (4,3).

ÉVÉNEMENTS : Jean-Philippe Lecat devient ministre de la Culture et de la Communication.

ANNÉE 1979

FILMS : *L'Amour en fuite, Buffet froid, Ce répondeur ne prend pas de message, De la nuée à la résistance, La Dérobade, La Femme qui pleure, Martin et Léa, Perceval Le Gallois, Roberte, Série noire, Les Sœurs Brontë, Tess.*

PRIX : Palme d'or : *Le Tambour,* de Volker Schlöndorff, et *Apocalypse Now,* de Francis Ford Coppola. Ours d'or : *David,* de Peter Lilienthal. Prix Louis Delluc : *Le Roi et l'oiseau,* de Paul Grimault. Prix Jean Vigo : *Certaines nouvelles,* de Jacques Davila. Oscar du meilleur film : *Voyage au bout de l'enfer,* de Michael Cimino. César du meilleur film : *L'Argent des autres,* de Christian de Chalonge.

MORT DE : Jean-Louis Bory, Catherine Hessling, Marcel L'Herbier, André Luguet, Paul Meurisse, Albert Préjean, Jean Renoir, Jean Seberg.

SORTIE DES PREMIERS FILMS DE : Catherine Breillat, Jacques Davila, Jean-Claude Guiguet, Christine Pascal, Patrick Schulmann, Bertrand Van Effenterre.

NOMBRE DE FILMS PRODUITS : 148.

NOMBRE D'ENTRÉES : 178,1 million d'entrées.

EN TÊTE DU BOX-OFFICE : *Le Gendarme et les extraterrestres* (6,2 millions d'entrées), *Apocalypse Now* (4,5), *Flic ou voyou* (3,9), *Et la tendresse bordel* (3,3).

ÉVÉNEMENTS : Baisse du taux de la T.V.A. sur les spectacles cinématographiques (à 7 %). La France compte plus de 15 millions de téléviseurs.

ANNÉE 1980

LES FILMS DE L'ANNÉE : *La Banquière, La Boum, Le Dernier Métro, Le Guignolo, Loulou, Mon oncle d'Amérique, La Mort en direct, Sauve qui peut (la vie), Une semaine de vacances.*

PRIX : Palme d'or : *Kagemusha,* d'Akira Kurosawa, et *All That Jazz,* de Bob Fosse. Lion d'or : *Atlantic City,* de Louis Malle, et *Gloria,* de John Cassavetes. Ours d'or : *Heartland,* de Richard Pearce, et *Palmero*, de Werner Schroeter. Prix Louis Delluc : *Un étrange voyage,* d'Alain Cavalier. Prix Jean Vigo : *Ma blonde, entends-tu dans la ville ?* de René Gilson. Oscar du meilleur film : *Kramer contre Kramer,* de Robert Benton. César du meilleur film : *Tess,* de Roman Polanski.

MORT DE : Louis Daquin, Raymond Hakim, Pascal Jardin, Marcello Pagliero, Odile Versois.

SORTIE DES PREMIERS FILMS DE : Edouard Niermans, Marie-Claude Treilhou.

NOMBRE DE FILMS PRODUITS : 160.

NOMBRE D'ENTRÉES : 178,8 millions.

EN TÊTE DU BOX-OFFICE : *La Boum* (4,3 millions d'entrées), *Kramer contre Kramer* (3,9), *Les Sous-Doués* (3,9), *Le Dernier Métro* (3,6).

ÉVÉNEMENTS : Libération du prix des places et institution du lundi à tarif réduit. Incendie d'un dépôt de la Cinémathèque française détruisant de nombreux films au Pontel. Rapport du groupe de travail, présidé par Nicolas Seydoux, sur le cinéma et les nouvelles techniques de l'audiovisuel. Le nombre de fauteuils de cinéma pour 1 000 habitants est passé de 42 à 26 en dix ans. Commercialisation de la pellicule Fuji 250. L'équipement des ménages en téléviseurs dépasse 90 %. Commercialisation du magnétoscope. Fixation des délais de diffusion des films à la télévision. La S.F.P., T.F.1 et Antenne 2 créent leurs filiales cinéma.

ANNÉE 1981

LES FILMS DE L'ANNÉE : *Les Ailes de la colombe, Beau-Père, La Chèvre, Coup de torchon, Diva, Eaux profondes, La Femme d'à côté, La Femme de l'aviateur, Garde à vue, Le Grand Pardon, La Guerre du feu, Hôtel des Amériques, Il faut tuer Birgit Haas, La Soupe aux choux, Une étrange affaire, Les Uns et les Autres, Viens chez moi, j'habite chez une copine.*

PRIX : Palme d'or : *L'Homme de fer,* d'Andrzej Wajda. Lion d'or : *Les Années de plomb,* de Margarethe von Trotta. Ours d'or : *Vivre vite,* de Carlos Saura. Prix Louis Delluc : *Une étrange affaire,* de Pierre Granier-Deferre. Prix Jean Vigo : *Le Jardinier,* de Jean-Pierre Sentier. Oscar du meilleur film : *Des gens comme les autres,* de Robert Redford. César du meilleur film : *Le Dernier Métro,* de François Truffaut.

MORT DE : René Clair, Ghislain Cloquet, Jean Domarchi, Jean Eustache, Abel Gance, Valentine Tessier.

SORTIE DES PREMIERS FILMS DE : Denis Amar, Jean-Jacques Beineix, Alain Delon, Raymond Depardon, Patrick Grandperret.

NOMBRE DE FILMS PRODUITS : 208.

NOMBRE D'ENTRÉES : 189,1 millions.

EN TÊTE DU BOX-OFFICE : *La Chèvre* (6,9 millions d'entrées), *Rox et Rouky* (6,6), *Les Aventuriers de l'Arche perdue* (6,3), *Le Professionnel* (5,1).

ÉVÉNEMENTS : Jack Lang devient ministre de la Culture. Déclarations antiaméricaines à propos du Festival de Deauville et lors d'un congrès à Mexico. Jean-Charles Edeline est remplacé par Guy Verrechia à la tête d'U.G.C. et par Serge Siritzky à la présidence de la Fédération nationale des cinémas de France. Georges Franju démissionne de la Cinémathèque. Rapport Bredin sur l'état du cinéma. La production atteint un chiffre record (films X compris). Artmédia est contraint d'abandonner ses activités de production. Fermeture des studios de la Victorine, la France ne compte plus que huit plateaux de tournage.

ANNÉE 1982

LES FILMS DE L'ANNÉE : *L'As des as, La Balance, Le Beau Mariage, Le Grand Pardon, Les Fantômes du chapelier, L'Honneur d'un capitaine, Lettres d'amour en Somalie, Les Misérables, Missing, Mourir à 30 ans, La Passante du Sans-Souci, Passion, Le Père Noël est une ordure, Plus beau que moi tu meurs, Le Pont du Nord, Qu'est-ce qui fait courir David ?, Tout feu, tout flamme, Une chambre en ville.*

PRIX : Palme d'or : *Missing,* de Costa-Gavras. Lion d'or : *L'Etat des choses,* de Wim Wenders. Ours d'or : *Le Secret de Veronika Voss,* de Rainer Werner Fassbinder. Prix Louis Delluc : *Danton,* d'Andrzej Wajda. Prix Jean Vigo : *L'Enfant secret,* de Philippe Garrel. Oscar du meilleur film : *Les Chariots de feu,* de Hugh Hudson. César du meilleur film : *La Guerre du feu,* de Jean-Jacques Annaud.

MORT DE : Maurice Biraud, Raymond Borderie, Raymond Bussières, Marcel Camus, Yves Ciampi, Patrick Dewaere, Marc de Gastyne, Jean Girault, André Paulve, Romy Schneider, Jacques Tati, Jean Wiener.

SORTIE DES PREMIERS FILMS DE : Christopher Frank, Romain Goupil, Gérard Lauzier, Francis Perrin, José Pinheiro.

NOMBRE DE FILMS PRODUITS : 150.

NOMBRE D'ENTRÉES : 201,8 millions.

EN TÊTE DU BOX-OFFICE : *E.T. l'Extra-Terrestre* (8,9 millions d'entrées), *L'As des as* (5,3), *Deux heures moins le quart avant Jésus-Christ* (4,6), *La Balance,* (4,1).

ÉVÉNEMENTS : Train de mesures gouvernementales en faveur du cinéma, dans le cadre du Titre V de la Loi sur la communication audiovisuelle : interdiction du G.I.E. Gaumont-Pathé ; mise en place d'un médiateur, institution de la chronologie de diffusion des films. Passant de 27,7 à 72 millions de francs, l'Avance sur recettes bénéficie d'un accroissement considérable, qui se poursuit les années suivantes. Costa-Gavras remplace Michel Guy à la présidence de la Cinémathèque. Création de l'Institut Lumière à Lyon. Début de la hausse vertigineuse des coûts de production. 1 million de magnétoscopes et 4 000 boutiques vidéo.

ANNÉE 1983

LES FILMS DE L'ANNÉE : *A nos amours, L'Argent, Coup de foudre, Le Dernier Combat, Le Destin de Juliette, L'Enfant secret, L'Été meurtrier, Faits divers, L'Homme blessé, Le Marginal, Mortelle randonnée, Papy fait de la résistance, Pauline à la plage, Les Princes, Rue Case-Nègres, Sans soleil, Tchao Pantin, La vie est un roman, Vivement dimanche !*

PRIX : Palme d'or : *La Ballade de Narayama,* de Shohei Imamura. Lion d'or : *Prénom Carmen,* de Jean-Luc Godard. Ours d'or : *Ascendancy,* d'Edward Bennet, et *L'Esprit de la ruche,* de Mario Camus. Prix Louis Delluc : *A nos amours,* de Maurice Pialat. Prix Jean Vigo : *Vive la sociale,* de Gérard Mordillat. Oscar du meilleur film : *Gandhi,* de Richard Attenborough. César du meilleur film : *La Balance*, de Bob Swaim.

MORT DE : Georges Auric, Luis Buñuel, André Coutant, Marcel Dalio, Louis de Funès, Paul Gégauff, Maurice Ronet, Pierre Richard-Willm.

SORTIE DES PREMIERS FILMS DE : Luc Besson, Bernard Favre, Aline Issermann, Bernard Stora.

NOMBRE DE FILMS PRODUITS : 118.

NOMBRE D'ENTRÉES : 198,8 millions.

EN TÊTE DU BOX-OFFICE : *Les dieux sont tombés sur la tête* (5,8 millions d'entrées), *L'Été meurtrier* (5,1), *Le Marginal* (4,8), *Les Compères* (4,8).

ÉVÉNEMENTS : Création de l'I.F.C.I.C., de l'A.D.R.C. Inauguration du nouveau Palais des festivals à Cannes. Mise en place de la « mission câble ».

ANNÉE 1984

LES FILMS DE L'ANNÉE : *L'Addition, Amerika rapports de classes, A mort l'arbitre !, L'Amour à mort, L'Amour par terre, Le Bon Plaisir, Boy meets girl, Fort Saganne, Liberté la nuit, Marche à l'ombre, Les Nuits de la pleine lune, Pinot simple flic, La Pirate, Prénom Carmen, Les Ripoux, Rue Barbare, Tartuffe, Un dimanche à la campagne, Viva la vie.*

PRIX : Palme d'or : *Paris Texas,* de Wim Wenders. Lion d'or : *L'Année du soleil calme,* de Krzysztof Zanussi. Ours d'or : *Love Streams* de John Cassavetes. Prix Louis Delluc : *La Diagonale du fou,* de Richard Dembo. Oscar du meilleur film : *Tendres passions,* de James L. Brooks. César du meilleur film : *A nos amours,* de Maurice Pialat, et *Le Bal*, d'Ettore Scola.

MORT DE : Georges de Beauregard, Roger Blin, Lotte Eisner, Pierre Kast, Gérard Lebovici, Joseph Losey, Pascale Ogier, François Truffaut, Georges Wakhévitch.

SORTIE DES PREMIERS FILMS DE : Michel Blanc, Leos Carax, Richard Dembo, Arthur Joffé, Gérard Jugnot, Ariel Zeitoun.

NOMBRE DE FILMS PRODUITS : 136.

NOMBRE D'ENTRÉES : 190,7 millions.

EN TÊTE DU BOX-OFFICE : *Marche à l'ombre* (6,1 millions d'entrées), *Les Ripoux* (5,8), *Indiana Jones et le temple maudit* (5,6), *Amadeus* (4,5).

ÉVÉNEMENTS : Jérôme Clément devient directeur général du C.N.C., Pierre Viot devient président du Festival de Cannes. Création du compte de soutien alimenté par la T.S.A. et les chaînes. Accord Lang-Valenti contre la piraterie. Première Fête du cinéma. Bernard Latarjet devient délégué général de la Cinémathèque. Naissance de Canal Plus. La France compte plus de 3 millions de magnétoscopes.

ANNÉE 1985

LES FILMS DE L'ANNÉE : *Détective, L'Effrontée, Empty Quarter, une femme en Afrique, Les Enfants, Escalier C, Harem, Hold-up, Je vous salue Marie, On ne meurt que deux fois, Péril en la demeure, Police, Poulet au vinaigre, Rendez-vous, Sans toit ni loi, Shoah, Les Spécialistes, Subway, Trois hommes et un couffin, La Vie de famille.*

PRIX : Palme d'or : *Papa est en voyage d'affaires,* d'Emir Kustu-rica. Lion d'or : *Sans toit ni loi,* d'Agnès Varda, et *Die Frau und der Fremde,* de Rainer Simon. Prix Louis Delluc : *L'Effrontée,* de Claude Miller. Prix Jean Vigo : *Le Thé au harem,* de Mehdi Charef. Oscar du meilleur film : *Amadeus,* de Milos Forman. César du meilleur film : *Les Ripoux,* de Claude Zidi.

MORT DE : Michel Audiard, André Hunebelle, Jeander, Ado Kyrou, Dominique Laffin, Jean-Paul Le Chanois, Roger Leenhardt, Jean-Pierre Rassam, Simone Signoret, Roger Tailleur.

SORTIE DES PREMIERS FILMS DE : Josiane Balasko, Mehdi Charef, Danièle Dubroux, Arthur Joffé, Pierre Jolivet, F.-J. Ossang.

NOMBRE DE FILMS PRODUITS : 131.

NOMBRE D'ENTRÉES : 174,9 millions.

EN TÊTE DU BOX-OFFICE : *Trois hommes et un couffin* (10,2 millions d'entrées), *Rambo II la mission* (5,8), *Les Spécialistes* (5,3), *Retour vers le futur* (3,4).

ÉVÉNEMENTS : Daniel Toscan du Plantier quitte Gaumont. Création des Soficas. Naissance des premières sociétés de portefeuilles. Affaire *Le Marginal* devant la Cour européenne de justice. Triomphe de *Trois hommes et un couffin.* Manifestations intégristes contre *Je vous salue Marie. Rambo II* pulvérise le record d'entrées en première semaine. Ouverture de la Géode. Taxe sur l'ensemble des revenus des chaînes au profit du Fonds de soutien du cinéma et de l'audiovisuel. Lancement de la Cinq.

ANNÉE 1986

LES FILMS DE L'ANNÉE : *Autour de minuit, Black mic-mac, Double Messieurs, Les Fugitifs, Inspecteur Lavardin, Jean de Florette, Le Lieu du crime, Maine-Océan, Manon des Sources, Mauvais sang, Mélo, Le Nom de la rose, Le Paltoquet, La Puritaine, Le Rayon vert, Rosa la Rose fille publique, Tenue de soirée, Thérèse, 37° 2 le matin.*

PRIX : Palme d'or : *Mission,* de Roland Joffé. Lion d'or : *Le Rayon Vert,* d'Eric Rohmer. Ours d'or : *Stammheim,* de Reinhard Hauff. Prix Louis Delluc : *Mauvais sang,* de Leos Carax. Prix Jean Vigo : *Maine-Océan,* de Jacques Rozier. Oscar du meilleur film : *Out of Africa,* de Sydney Pollack. César du meilleur film : *Trois hommes et un couffin* , de Coline Serreau.

MORT DE : Coluche, Jean Genet, Edmond Tenoudji.

SORTIE DES PREMIERS FILMS DE : Olivier Assayas, Claire Devers, Gérard Frot-Coutaz, Gérard Krawczyk, Régis Wargnier.

NOMBRE DE FILMS PRODUITS : 112.

NOMBRE D'ENTRÉES : 167,8 millions.

EN TÊTE DU BOX-OFFICE : *Jean de Florette* (7,2 millions d'entrées), *Manon des Sources* (6,6), *Rocky IV* (4,9), *Le Nom de la rose* (4,9).

ÉVÉNEMENTS : François Léotard devient ministre de la Culture et de la Communication. Loi « Communication et liberté ». Les entrées des films américains deviennent supérieures à celles des films français. Liquidation de Parafrance. Création de la Fémis. Démarrage de la Cinq et de T.V. 6, création de la Sept. Loi de privatisation de T.F.1. Plus de 800 films à la télévision.

ANNÉE 1987

LES FILMS DE L'ANNÉE : *Agent trouble, L'Ami de mon amie, Association de malfaiteurs, Attention bandits ! Au revoir les enfants, Comédie !, Le Grand Chemin, Les Innocents, Masques, Lévy et Goliath, Pierre et Djemila, Quatre Aventures de Reinette et Mirabelle, Soigne ta droite, Sous le soleil de Satan, Tandem.*

PRIX : Palme d'or : *Sous le soleil de Satan,* de Maurice Pialat. Lion d'or : *Au revoir les enfants,* de Louis Malle. Ours d'or : *Le Thème,* de Gleb Panfilov. Prix Louis Delluc : *Soigne ta droite,* de Jean-Luc Godard, et *Au revoir les enfants,* de Louis Malle. Prix Jean Vigo : *Buisson Ardent,* de Laurent Perrin.

Oscar du meilleur film : *Platoon,* d'Oliver Stone. César du meilleur film : *Thérèse,* d'Alain Cavalier.

MORT DE : Yves Allégret, Robert Dalban, Henri Decae, Robert Fabre-Lebret, Georges Franju, Jacques Sigurd, Lino Ventura.

SORTIE DES PREMIERS FILMS DE : Etienne Chatiliez, Claire Denis, Jeanne Labrune, Bruno Nuytten.

NOMBRE DE FILMS PRODUITS : 113.

NOMBRE D'ENTRÉES : 136,7 millions.

EN TÊTE DU BOX-OFFICE : *Crocodile Dundee* (5,8 millions d'entrées), *Le Dernier Empereur* (4,7), *Au revoir les enfants* (3,4), *Le Grand Chemin* (3,1).

ÉVÉNEMENTS : Le groupe Chargeurs (Jérôme Seydoux) acquiert 50 % de Renn Production et d'A.M.L.F. Jean Rouch devient président de la Cinémathèque. Création de l'A.R.P. Exposition « Cité-Ciné ». Naissance de *Studio Magazine.* M6 remplace T.V.6. Privatisation de T.F.1. Inauguration du premier réseau câblé en fibres optiques à Rennes.

ANNÉE 1988

LES FILMS DE L'ANNÉE : *Camille Claudel, Chocolat, De bruit et de fureur, Drôle d'endroit pour une rencontre, Encore !, L'Étudiante, Le Grand Bleu, Hôtel Terminus, Itinéraire d'un enfant gâté, La Lectrice, L'Ours, La Petite Voleuse, Quelques jours avec moi, Trois places pour le 26, Une affaire de femmes, Urgence, La vie est un long fleuve tranquille.*

PRIX : Palme d'or : *Pelle le Conquérant*, de Bille August. Lion d'or : *La Légende du saint buveur,* d'Ermanno Olmi. Ours d'or : *Le Sorgho rouge,* de Zhang Yimou. Prix Louis Delluc : *La Lectrice,* de Michel Deville. Prix Jean Vigo : *La Comédie du travail,* de Luc Moullet. Oscar du meilleur film : *Le Dernier Empereur*, de Bernardo Bertolucci. César du meilleur film : *Au revoir les enfants,* de Louis Malle.

MORT DE : Michel Auclair, Marcel Bozzufi, Pauline Lafont, Jean Mitry, Nico, Pierre Prévert.

SORTIE DES PREMIERS FILMS DE : Claire Denis, François Dupeyron, Jeanne Labrune, Patricia Mazuy.

NOMBRE DE FILMS PRODUITS : 115.

NOMBRE D'ENTRÉES : 124,4 millions.

EN TÊTE DU BOX-OFFICE : *L'Ours* (9,1 millions d'entrées), *Le Grand Bleu* (9), *Qui veut la peau de Roger Rabbit ?* (5,7), *La vie est un long fleuve tranquille* (4).

ÉVÉNEMENTS : Jack Lang redevient ministre de la Culture. Paretti essaie de racheter Pathé. Manifestations intégristes contre *La Dernière Tentation du Christ.* Jugement contre la colorisation de *Quand la ville dort.* La France compte plus de 5 millions de magnétoscopes (un quart des foyers).

ANNÉE 1989

LES FILMS DE L'ANNÉE : *Les Baisers de secours, La Bande des quatre, Deux, L'Enfant de l'hiver, La Fille de quinze ans, Force majeure, I Want to Go Home, Mon cher sujet, Monsieur Hire, Noce blanche, Nocturne indien, Roselyne et les lions, Trop belle pour toi, Un monde sans pitié, Une histoire du vent, Valmont, La Vie et rien d'autre, Zanzibar.*

PRIX : Palme d'or : *Sexe, mensonges et vidéo,* de Steven Soderberg. Lion d'or : *La Cité des douleurs,* de Hou Hsiao-hsien. Ours d'or : *Rain Man,* de Barry Levinson. Prix Louis Delluc : *Un monde sans pitié,* d'Eric Rochant. Prix Jean Vigo : *Chine ma douleur,* de Dai Sijie. Oscar du meilleur film : *Rain Man,* de Barry Levinson. César du meilleur film : *Camille Claudel,* de Bruno Nuytten.

MORT DE : Bernard Blier, Jean Bouise, Carlo Rim, André Cayatte, Maurice Cloche, Jacques Doniol-Valcroze, Jean Image, Joris Ivens, Noël Noël, Jean Painlevé, Georges Rouquier, Charles Vanel.

SORTIE DES PREMIERS FILMS DE : Tonie Marshall, Anne-Marie Miéville, Eric Rochant.

NOMBRE DE FILMS PRODUITS : 101.

NOMBRE D'ENTRÉES : 120,9 millions.

EN TÊTE DU BOX-OFFICE : *Le Cercle des poètes disparus* (6,5 millions d'entrées), *Rain Man* (6,4), *Indiana Jones et la dernière croisade* (6,2), *Retour vers le futur 2* (2,9).

ÉVÉNEMENTS : Dominique Wallon devient directeur général du C.N.C. Les dix premiers films au box-office de l'année sont américains. Plan Lang en faveur du cinéma. Mise en place du programme « Collège au cinéma ». Le ministère du Budget bloque le rachat de Pathé. Plus de la moitié des films agréés sont des coproductions. Adoption à Bruxelles de la directive « Télévision sans frontières ». Plus de 900 films sur les chaînes en clair.

ANNÉE 1990

LES FILMS DE L'ANNÉE : *La Campagne de Cicéron, La Captive du désert, Le Château de ma mère, Conte de printemps, Cyrano de Bergerac, Daddy nostalgie, La Désenchantée, La Discrète, La Gloire de mon père, Il gèle en enfer, Il y a des jours et des lunes, Le Mari de la coiffeuse, Milou en mai, Nikita, Noir péché, Nouvelle Vague, Le Petit Criminel, Uranus, Tatie Danielle, Tumultes, La Vengeance d'une femme.*

PRIX : Palme d'or : *Sailor et Lula,* de David Lynch. Lion d'or : *Rosencrantz et Guildenstern sont morts,* de Tom Stoppard. Ours d'or : *The Music Box,* de Costa-Gavras, et *Alouettes fil à la patte,* de Jiri Menzel. Prix Louis Delluc : *Le Mari de la coiffeuse,* de Patrice Leconte, et *Le Petit Criminel,* de Jacques Doillon. Prix Jean Vigo : *Mona et moi,* de Patrick Grandperret. Oscar du meilleur film : *Miss Daisy et son chauffeur,* de Bruce Beresford. César du meilleur film : *Trop belle pour toi,* de Bertrand Blier.

MORT DE : Juliet Berto, Pierre Braunberger, Pierre Chenal, Maurice Cloche, Georges Conchon, Jacques Demy, Michel Drach, Serge Gainsbourg, Louis Marcorelles, Michel Perez, Frédéric Rossif, Alice Sapritch, Delphine Seyrig, Adolphe Viezzi.

SORTIE DES PREMIERS FILMS DE : Patrick Braoudé, Philippe Faucon, Nicole Garcia, Christian Vincent.

NOMBRE DE FILMS PRODUITS : 107.

NOMBRE D'ENTRÉES : 121,9 millions.

EN TÊTE DU BOX-OFFICE : *La Gloire de mon père* (6,2 millions d'entrées), *Cyrano de Bergerac* (4,5), *Le Château de ma mère* (4,2), *Chérie j'ai rétréci les gosses* (4,2).

ÉVÉNEMENTS : Réforme de la censure et reclassement des films. Lancement du « Plan nitrate » en faveur de la conservation des films. Le groupe Chargeurs (Jérôme Seydoux) achète Pathé. La C.G.E. achète les studios de Billancourt et les Films Christian Fechner. Création de Ciby 2000 et du Studio Canal

Plus. Création du Fonds d'aide aux cinématographies d'Europe de l'Est. Multiplication des conventions entre le C.N.C. et les collectivités territoriales pour l'aide locale au cinéma. En dix ans, le nombre de fauteuils pour 1 000 habitants est passé de 26 à 18.

ANNÉE 1991

LES FILMS DE L'ANNÉE : *Les Amants du Pont-Neuf, L'Annonce faite à Marie, Aux yeux du monde, La Belle Noiseuse, Le Brasier, Délicatessen, Doc's Kingdom, Hors la vie, Jacquot de Nantes, J'embrasse pas, J'entends plus la guitare, Lune froide, Madame Bovary, Merci la vie, Tous les matins du monde, Une époque formidable, Van Gogh, La Vie des morts.*

PRIX : Palme d'or : *Barton Fink,* de Joel Coen. Lion d'or : *Urga,* de Nikita Mikahlkov. Ours d'or : *La Maison du sourire,* de Marco Ferreri. Prix Louis Delluc : *Tous les matins du monde,* d'Alain Corneau. Prix Jean Vigo : *Le Brasier,* d'Eric Barbier, et *La Vie des morts,* d'Arnaud Desplechin. Oscar du meilleur film : *Danse avec les loups,* de Kevin Costner. César du meilleur film : *Cyrano de Bergerac,* de Jean-Paul Rappeneau.

MORT DE : Michel Bena, Jacques Davila, Orane Demazis, Jean-Charles Edeline, Yves Montand, Rellys, Viviane Romance, Michel Soutter.

SORTIE DES PREMIERS FILMS DE : Philippe Allard, Eric Barbier, Patrick Bouchitey, Marc Caro et Jean-Pierre Jeunet, Arnaud Desplechin.

NOMBRE DE FILMS PRODUITS : 108.

NOMBRE D'ENTRÉES : 117,5 millions.

EN TÊTE DU BOX-OFFICE : *Danse avec les loups* (7,2 millions d'entrées), *Terminator 2* (5,9), *Robin des Bois prince des voleurs* (4,9), *Croc Blanc* (3,4).

ÉVÉNEMENTS : La fréquentation passe en dessous des 120 millions. Le Crédit lyonnais se retrouve propriétaire de M.G.M. Affaire Paravision. *Tous les matins du monde,* seul film français parmi les douze premiers au box-office. Jean Saint-Geours, président de la Cinémathèque ; Dominique Païni, directeur. Première édition de « Ciné-Mémoire ». Naissance de *Trafic.* Plus de la moitié des ménages sont équipés d'un magnétoscope.

ANNÉE 1992

LES FILMS DE L'ANNÉE : *L'Accompagnatrice, L'Amant, Antigone, La Belle Histoire, Betty, Borderline, Céline, Conte d'hiver, La Crise, Diên Biên Phu, Fatale, La Guerre sans nom, Indochine, IP5, L.627, 1492 Christophe Colomb, Les Nuits fauves, La Petite Amie d'Antonio, La Sentinelle, Un cœur en hiver, Versailles rive gauche, Le Zèbre.*

PRIX : Palme d'or : *Les Meilleures Intentions,* de Bille August. Lion d'or : *Qiu Ju, une femme chinoise,* de Zhang Yimou. Ours d'or : *Grand Canyon,* de Lawrence Kasdan. Prix Louis Delluc : *Le Petit Prince a dit,* de Christine Pascal. Prix Jean Vigo : *Paris s'éveille,* d'Olivier Assayas. Oscar du meilleur film : *Le Silence des agneaux,* de Jonathan Demme. César du meilleur film : *Tous les matins du monde,* d'Alain Corneau.

MORT DE : Carlos d'Alessio, Nestor Almendros, Arletty, Jean Aurenche, Alain Dahan, Serge Daney, Marie Dea, Georges Delerue, Gérard Frot-Coutaz, Ginette Leclerc, Jacqueline Maillan, Jean Poiret.

SORTIE DES PREMIERS FILMS DE : Xavier Beauvois, Cyril Collard, Henri Herré, Cédric Kahn, Cédric Klapish, Bruno Podalydes, Manuel Poirier.

NOMBRE DE FILMS PRODUITS : 113.

NOMBRE D'ENTRÉES : 115,4 millions.

EN TÊTE DU BOX-OFFICE : *Basic Instinct* (4,5 millions d'entrées), *L'Arme fatale 3* (4,3), *La Belle et la Bête* (4), *Bodyguard* (4).

ÉVÉNEMENTS : Réforme du système de soutien pour se mettre en conformité avec les règles européennes. Echange d'actifs entre Gaumont et Pathé. L'« affaire *Borderline* » met en évidence les problèmes d'accès aux salles. Rapport Cluzel. La C.G.E. achète Babelsberg. Disparition de la Cinq, Arte diffusée en hertzien.

ANNÉE 1993

LES FILMS DE L'ANNÉE : *L'Enfant lion, Fanfan, Germinal, Hélas pour moi, Le Jeune Werther, La Leçon de piano, Libera me, Louis enfant roi, Ma saison préférée, La Naissance de l'amour, L'Odeur de la papaye verte, La Soif de l'or, Smoking/No smoking, Tout ça... pour ça, 1, 2, 3, soleil, Les Visiteurs.*

PRIX : Palme d'or : *La Leçon de piano,* de Jane Campion, et *Adieu ma concubine,* de Chen Kaige. Lion d'or : *Bleu,* de Krzysztof Kieslowski, et *Short Cuts,* de Robert Altman. Ours d'or : *La Femme du lac aux âmes parfumées,* de Xie Fei, et *Le Garçon d'honneur,* d'Ang Lee. Prix Louis Delluc : *Smoking/No smoking,* d'Alain Resnais. Prix Jean Vigo : *Les histoires d'amour finissent mal,* d'Anne Fontaine. Oscar du meilleur film : *Impitoyable,* de Clint Eastwood. César du meilleur film : *Les Nuits fauves,* de Cyril Collard.

MORT DE : Maroum Bagdadi, Maurice Bessy, Francis Bouygues, Cyril Collard, Eddie Constantine, Georges Dancigers, Christopher Frank, Mary Meerson, Christian Metz, Alexandre Mnouchkine, Fernand Ledoux, Marcel Oms, François Reichenbach, Alexandre Trauner.

SORTIE DES PREMIERS FILMS DE : Edwin Baily, Laurence Ferreira-Barbosa, Mathieu Kassovitz, Hervé Le Roux, Agnès Merlet, Simon Reggiani, Yolande Zauberman.

NOMBRE DE FILMS PRODUITS : 101.

NOMBRE D'ENTRÉES : 133,3 millions.

EN TÊTE DU BOX-OFFICE : *Les Visiteurs* (13,8 millions d'entrées), Aladdin (7,4), *Germinal* (6,2), *Dracula* (3,1), *Le Fugitif* (2,4).

ÉVÉNEMENTS : Jacques Toubon devient ministre de la Culture. Les négociations G.A.T.T. acceptent le principe de l'« exception culturelle ». Ouverture par Pathé du premier mégacomplexe à Toulon. Triomphe des *Visiteurs.*

ANNÉE 1994

LES FILMS DE L'ANNÉE : *L'Ange noir, La Cité de la peur, Le Colonel Chabert, Délits flagrants, Du fond du cœur, L'Eau froide, La Fille de D'Artagnan, Grosse Fatigue, Intimité, J'ai pas sommeil, Jeanne la pucelle, Léon, Lou n'a pas dit non, Petits Arrangements avec les morts, Regarde les hommes tomber, La Reine Margot, Les Roseaux sauvages, Les Romantiques, Trop de bonheur, Veillées d'armes, La Vengeance d'une blonde.*

PRIX : Palme d'or : *Pulp Fiction,* de Quentin Tarantino. Lion d'or : *Vive l'amour !* de Tsaï Ming-Liang et *Before the Rain* de Milcho Manchevski. Ours d'or : *Au nom du père* de Jim Sheridan. Prix Louis Delluc : *Les Roseaux sauvages* d'André

Téchiné. Prix Jean Vigo : *Trop de bonheur,* de Cédric Kahn. Oscar du meilleur film : *La Liste de Schindler* de Steven Spielberg. César du meilleur film : *Smoking/No Smoking* d'Alain Resnais.

MORT DE : Jean-Louis Barrault, Henri Calef, Jean Carmet, Christian-Jaque, Alain Cuny, Guy Debord, Paul Grimault, Claude Heymann, Claude Melki, Richard Pottier, Benoît Régent, Madeleine Renaud, Georges Roulleau.

SORTIE DES PREMIERS FILMS DE : Jacques Audiard, Antoine Desrosière, Martine Dugowson, Pascale Ferran, Dominik Moll, Jean-Pierre Vergne, Marion Vernoux.

NOMBRE DE FILMS PRODUITS : 89.

NOMBRE D'ENTRÉES (1) : environ 125 millions.

EN TÊTE DU BOX-OFFICE : *Le Roi lion* (6,37 millions), *Quatre Mariages et un enterrement* (5,28 millions), *Madame Doubtfire* (5), *Léon* (3,3).

ÉVÉNEMENTS : Chute de la production. La part de marché du film français en France passe sous la barre des 30 %. Échec de nombreuses « valeurs sûres » (Deray-Delon, Yves Robert, Patrice Leconte, Claude Miller, Michel Deville...). Ciby 2000 se dote d'une branche distribution. Polémique sur le prix des places. Mission d'étude ministérielle sur l'exportation et augmentation des crédits d'Unifrance. André Rousselet évincé de la direction de Canal Plus. Alliance de Canal Plus avec le géant allemand de la communication Bertelsman. Création de la Cinquième (chaîne éducative). La vidéo dépasse les 3 milliards de chiffre d'affaires.

TABLEAUX DES CHIFFRES CLÉS

ÉVOLUTION DU NOMBRE D'ENTRÉES 1959 - 1993

Sources :

ÉVOLUTION DE LA PRODUCTION 1959 - 1993

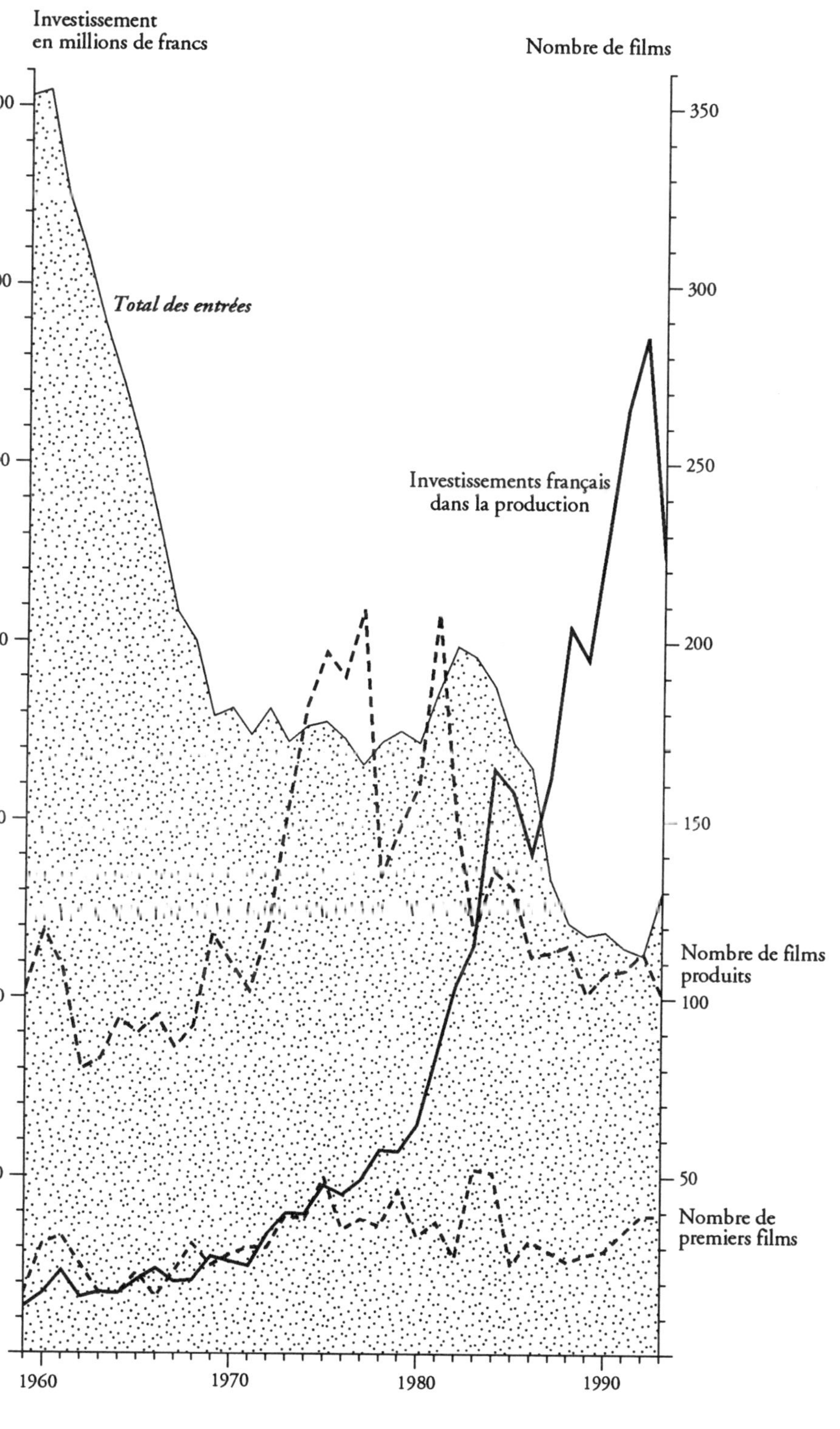

Sources : CNC

ÉVOLUTION DU NOMBRE D'ENTRÉES EN SALLES PAR PAYS 1960 - 1993

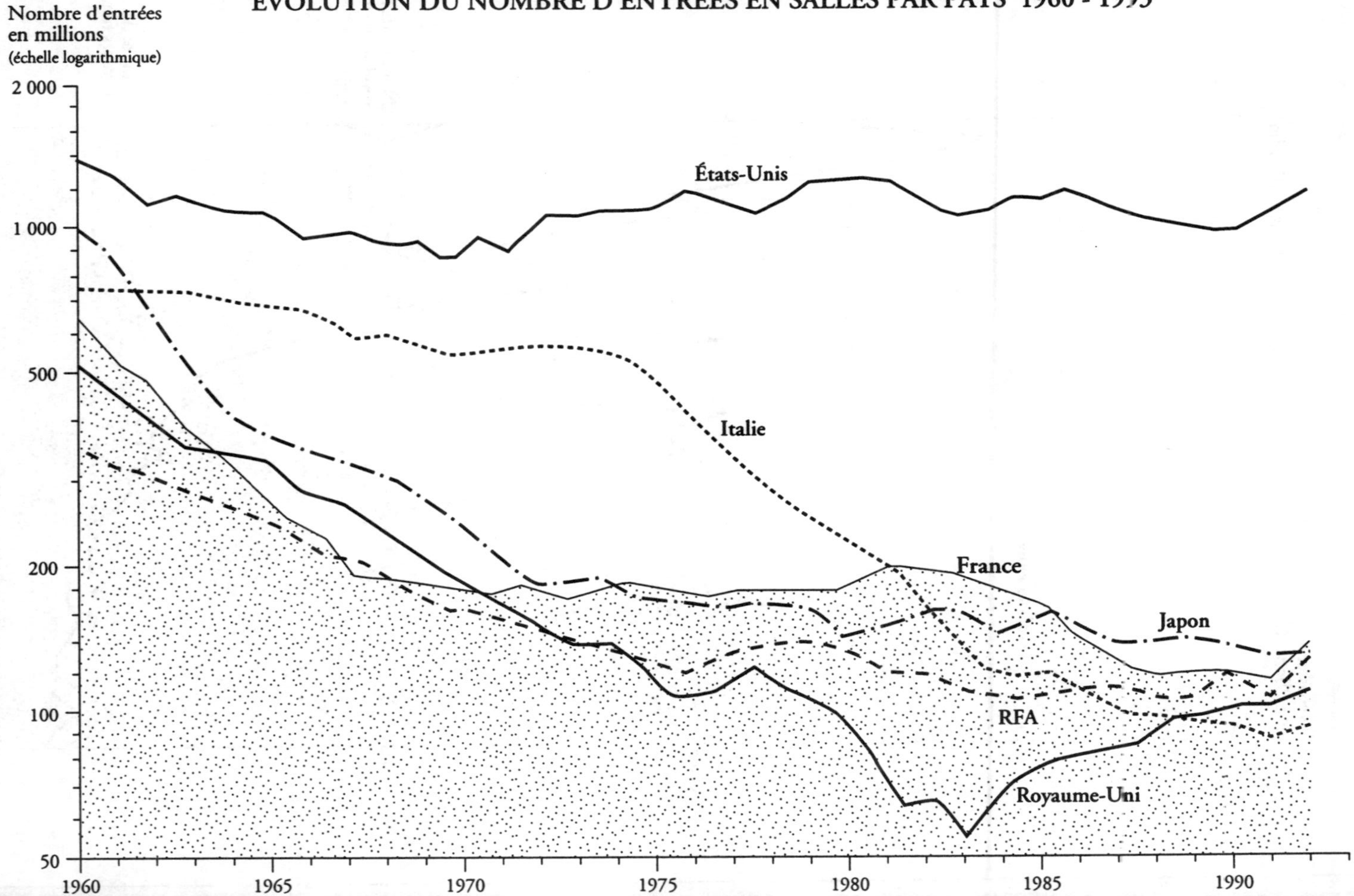

ÉVOLUTION DE LA CONSOMMATION DE BIENS ET SERVICES DE LOISIRS 1959 - 1968

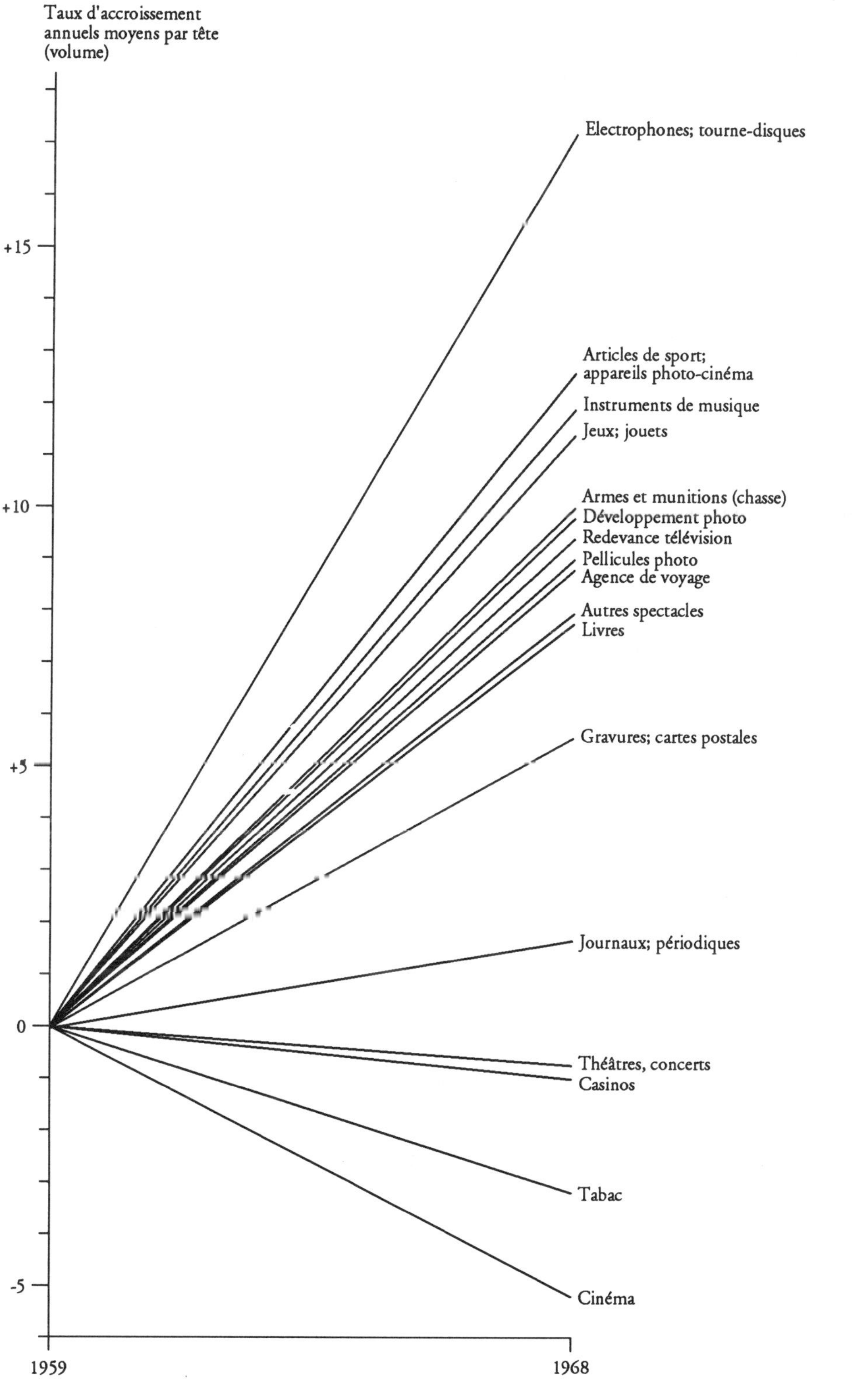

Sources : CREDOC

ÉVOLUTION DU MARCHÉ DU CINÉMA 1960 - 1990

(base 100 en 1960)

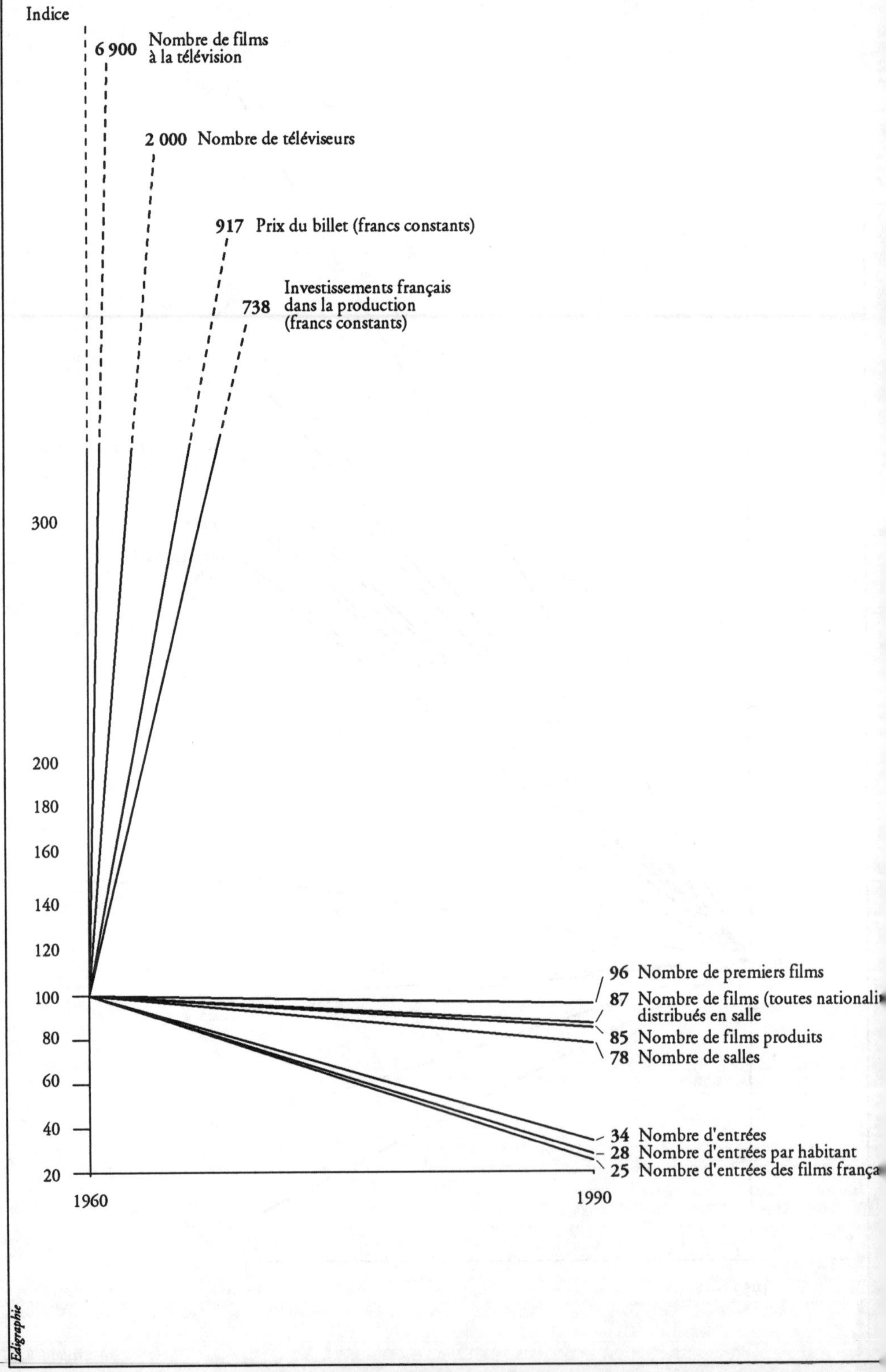

BEST-SELLERS DU MARCHÉ FRANÇAIS DE 1959 À 1994
(chiffres au 31-12-1994) *

TITRES (pays)	DATES DE SORTIE	RÉALISATEURS	MILLIONS D'ENTRÉES
La Grande Vadrouille (F./G.-B.)	1966	G. Oury	17,226
Il était une fois dans l'Ouest (I.)	1969	S. Leone	14,799
Le Livre de la jungle (U.S.A.)	1968	W. Reitherman	14,685
Les Visiteurs (F.)	1993	J.-M. Poiré	13,87
Ben Hur (U.S.A.)	1960	W. Wyler	13,805
Le Jour le plus long (U.S.A.)	1962	A. Marton/B. Wicky	11,893
Le Corniaud (F./I.)	1965	G. Oury	11,724
Les 101 Dalmatiens (U.S.A.)	1961	Geronimi	11,572
Les Aristochats (U.S.A.)	1971	W. Reitherman	10,391
Trois hommes et un couffin (F.)	1985	C. Serreau	10,175
Les Canons de Navarone (U.S.A.)	1961	J. Lee Thompson	10,166
Docteur Jivago (U.S.A.)	1966	D. Lean	9,802
La Guerre des boutons (F.)	1962	Y. Robert	9,801
L'Ours (F.)	1988	J.-J. Annaud	9,129
Le Grand Bleu (F.)	1988	L. Besson	9,04
E.T. l'Extra-terrestre (U.S.A.)	1982	S. Spielberg	8,927
Emmanuelle (F.)	1974	J. Jaeckin	8,892
La Vache et le Prisonnier (F./I.)	1959	H. Verneuil	8,843
La Grande Evasion (U.S.A.)	1963	J. Sturges	8,735
West Side Story (U.S.A.)	1962	R. Wise/J. Robbins	8,689
Le Gendarme de Saint-Tropez (F.I.)	1964	J. Girault	7,781
Les Bidasses en folie (F.)	1971	C. Zidi	7,471
Aladdin (U.S.A.)	1993	J. Muskers/R. Clements	7,46
Orange Mécanique (U.S.A.)	1972	S. Kubrick	7,381
Les Aventures de Rabbi Jacob (F./I.)	1973	G. Oury	7,355
Danse avec les loups (U.S.A.)	1991	K. Costner	7,273
Les Aventures de Bernard et Bianca (U.S.A.)	1977	L. Clemmons	7,219
Jean de Florette (F.)	1986	C. Berri	7,184
Les Sept Mercenaires (U.S.A.)	1961	J. Sturges	7,075
La Chèvre (F./Mex.)	1981	F. Veber	6,972
Les Grandes Vacances (F./I.)	1967	J. Girault	6,947
Le Gendarme se marie (F./I.)	1968	J. Girault	6,786
Rox et Rouky (U.S.A.)	1981	A. Stevens/T. Berman	6,685
Goldfinger (G.B.)	1965	G. Halmilton	6,668
Manon des Sources (F.)	1986	C. Berri	6,605
Le Cercle des poètes disparus (U.S.A.)	1989	P. Weir	6,591
Robin des Bois (U.S.A.)	1974	W. Reitherman	6,47
Rain Man (U.S.A.)	1989	B. Levinson	6,469
La Cuisine au beurre (F./I.)	1963	G. Grangier	6,381
Le Roi lion (U.S.A.)	1994	R. Allers/B. Minkoff	6,37
Les Aventuriers de l'Arche perdue (U.S.A.)	1981	S. Spielberg	6,317

Le Bon, la brute et le truand (I.)	1968	S. Leone	6,297
Les Dents de la mer (U.S.A.)	1976	S. Spielberg	6,245
Indiana Jones et la dernière croisade (U.S.A.)	1989	S. Spielberg	6,243
La Gloire de mon père (F.)	1990	Y. Robert	6,241
Le Gendarme et les extraterrestres (F.)	1979	J. Girault	6,238
Germinal (F.)	1993	C. Berri	6,22
Merlin l'Enchanteur (U.S.A.)	1964	W. Reitherman	6,131
Oscar (F.)	1967	E. Molinaro	6,099
Marche à l'ombre (F.)	1984	M. Blanc	6,082

* Sources : C.N.C.

BIBLIOGRAPHIE

I. OUVRAGES GÉNÉRAUX

1. Chronologies

Maurice Bessy, Raymond Chirat et André Bernard, *Histoire du cinéma français* (encyclopédie des films), Pygmalion/Gérard Watelet.

Philippe d'Hugues, *Almanach du cinéma,* Encyclopaedia Universalis.

Jacques Legrand (dir.), *Chronique du cinéma,* Editions Chronique.

Vincent Pinel, *Le Siècle du cinéma*, Bordas.

2. Dictionnaires

Gilles Garcia (dir.), *Deux cent cinquante cinéastes européens d'aujourd'hui,* Europictures Productions.

Jean-Loup Passek (dir.), *Dictionnaire du cinéma,* Larousse.

Vincent Pinel, *Filmographie des longs-métrages sonores du cinéma français,* La Cinémathèque française.

René Prédal (dir.), *Neuf cents cinéastes français d'aujourd'hui,* Cerf/Télérama.

Jean Tulard (dir.), *Dictionnaire du cinéma,* Bouquins/Robert Laffont. Tome 1 : *Les réalisateurs.* Tome 2 : *Les acteurs.*

3. Histoires du cinéma

Freddy Buache, *Le Cinéma français des années 60,* Hatier.

– *Le Cinéma français des années 70,* Hatier.

Claire Clouzot, *Le Cinéma français depuis la Nouvelle Vague,* Fernand Nathan.

Francis Courtade, *Les Malédictions du cinéma français,* Alain Moreau.
Jean-Luc Douin (dir.), *La Nouvelle vague vingt-cinq ans après*, Le Cerf
Jean-Luc Godard, *Introduction à une véritable histoire du cinéma,* Albatros.
Jean-Pierre Jeancolas, *Le Cinéma des Français, La Ve République (1958-1978),* Stock.
— *Le Cinéma des Français : 1969-1974, les années Pompidou,* Maison des arts et de la culture de Créteil.
Le Cinéma français au présent (collectif), *Cinéma d'aujourd'hui,* nº 12-13, printemps 1977.
Cinéma parlant (collectif, série d'entretiens réalisés par la rédaction de la revue *Les Inrockuptibles*), La Sirène.
Claude-Jean Philippe, *Le Roman du cinéma,* Fayard.
René Prédal, *Le Cinéma français depuis 1945,* Nathan.
Georges Sadoul, *Histoire du cinéma,* Flammarion.
Barry Salt, *Film Style and Technology, History and Analysis,* Starword.
Jacques Siclier, *Le Cinéma français,* 2 vol., Ramsay.

4. Approches critiques et théoriques

Alexandre Astruc, *Du stylo à la caméra et de la caméra au stylo,* Archipel.
Bela Balazs, *L'Esprit du cinéma*, Payot.
André Bazin, *Qu'est-ce que le cinéma ?,* Le Cerf.
Raymond Bellour, *L'Entre-images,* La Différence.
Jean-Claude Biette, *Poétique des auteurs,* Cahiers du cinéma.
Raymond Borde, Freddy Buache et Jean Curtelin, *Nouvelle Vague,* Serdoc.
Jean-Louis Bory, *Des yeux pour voir,* Ramsay.
Bertolt Brecht, *Sur le cinéma,* L'Arche.
Bernard Chardère, *Figurez-vous qu'un jour en plein Sahara...,* Institut Lumière/Actes Sud.
Michel Chion, *Le Son au cinéma,* Cahiers du cinéma.
Serge Daney, *Ciné-journal,* Cahiers du cinéma.
— *La Rampe,* Cahiers du cinéma/Gallimard.
— *Le Salaire du zappeur,* Ramsay.
— *L'exercice a été profitable, Monsieur,* P.O.L.
— et Philippe Roger, *Devant la recrudescence des vols de sacs à main,* Aléas.

— et Serge Toubiana, *Persévérance*, P.O.L.
Régis Debray, *Cours de médiologie générale,* Gallimard.
— *Vie et mort de l'image*, Gallimard.
Gilles Deleuze, *L'Image-mouvement,* Minuit.
— *L'Image-temps,* Minuit.
— *Pourparlers,* Minuit.
Jean Douchet, *L'Art d'aimer,* Cahiers du cinéma.
Annie Goldmann, *Cinéma et société moderne,* Anthropos.
Youssef Ishaghpour, *D'une image à l'autre,* Denoël.
— *Cinéma contemporain, de ce côté du miroir,* Éditions de la Différence.
Jean-Patrick Lebel, *Cinéma et idéologie,* Editions sociales.
Roger Leenhardt, *Chroniques de cinéma,* Cahiers du cinéma.
Christian Metz, *Essais sur la signification au cinéma,* Klincksieck.
— *Langage et cinéma,* Albatros.
Edgar Morin, *Le Cinéma ou l'homme imaginaire,* Editions de Minuit.
Georges Sadoul, *Chroniques du cinéma français,* 10/18.
Pierre Sorlin, *Sociologie du cinéma,* Aubier.
Jean-Louis Schefer, *L'Homme ordinaire au cinéma,* Cahiers du cinéma/Gallimard.
Marc Vernet, *Lectures du film,* Albatros.
— *Esthétique du film,* Fernand Nathan.

II. OUVRAGES THÉMATIQUES

1. Économie et réglementation du cinéma

André Autoux, *Ce maudit cinéma,* Jean-Claude Lattès.
René Bonnel, *Le Cinéma exploité,* Seuil.
— *La Vingt-Cinquième Image,* Gallimard/Fémis.
— *Cinéma, État et culture,* La Documentation française.
Simon Darcan, *Ciné audience,* L'Agence.
Joëlle Farchy, *Le Cinéma déchaîné,* Presses du C.N.R.S.
Xavier Greffe, Marc Nicolas et François Rouet, *Socio-économie de la culture, la demande de cinéma*, Anthropos.
Philippe d'Hugues et Dominique Muller (dir.), *Gaumont, quatre-vingt-dix ans de cinéma,* Ramsay/Cinémathèque française.
Indicateurs statistiques de l'audiovisuel, La Documentation française.

Jacques Kermabon (dir.), *Pathé, premier empire du cinéma,* Centre Georges Pompidou.
Pierre Moinot, *Tous comptes faits,* Quai Voltaire.
Statistiques du cinéma en Europe, C.E.R.I.C.A.
Textes du cinéma français, C.N.C.

2. La censure, le cinéma pornographique

Alain Bergala, Jacques Déniel et Patrick Leboutte (dir.), *Une encyclopédie du nu au cinéma,* Yellow Now/Studio 43/M.J.C. Dunkerque.
Les Dessous du cinéma porno, Cinémaction, n° 59, Corlet.
Roger Faligot et Rémi Kauffer, *Porno Business,* Fayard.
Yves Frémion et Bernard Joubert, *Images interdites,* Syros.
François Jouffa et Tony Crawley, *Entre deux censures,* Ramsay.
Gérard Lenne, *Le Sexe à l'écran,* Artefact.
Philippe J. Maarek, *La Censure cinématographique,* Litec.
Olivier Smolders, *Eloge de la pornographie,* Yellow Now.
Jean-François Théry, *Pour en finir une bonne fois pour toutes avec la censure,* Le Cerf.
Christian Zimmer (dir.), *Cinéma érotique,* Edilig.
Yves Rousset-Rouard, *Histoires d'X,* Jean-Claude Lattès.

III. MONOGRAPHIES

1. Les cinéastes

ALLIO

René Allio, *Carnets,* Lieu commun.
Guy Gauthier, *Les Chemins de René Allio,* Le Cerf.

BEINEIX

Denis Parent, *Jean-Jacques Beineix, version originale,* Barrault-Studio.

BERRI

Jean-Michel Frodon et Jean-Claude Loiseau, *Jean de Florette, la folle aventure du film,* Lherminier.

BRESSON

Robert Bresson, *Notes sur le cinématographe,* Gallimard.
Robert Bresson (collectif), Ramsay.
Philippe Arnaud, *Robert Bresson,* Cahiers du cinéma.
Pierre Gabaston, « *Pickpocket* » *de Robert Bresson,* Yellow Now.
Jean Sémolué, *Bresson,* Flammarion.

BUÑUEL
Luis Buñuel, *Mon dernier soupir,* Ramsay Poche.
Freddy Buache, *Luis Buñuel,* L'Age d'homme.
Maurice Drouzy, *Luis Buñuel, architecte du rêve,* Lherminier.
Michel Estève (dir.), *Luis Buñuel, Etudes cinématographiques,* nº 20-23.
Raymond Lefèvre, *Luis Buñuel,* Edilig.
Tomàs Pérez Turrent et José de la Colina, *Conversations avec Luis Buñuel,* Cahiers du cinéma.
CHABROL
Claude Chabrol, *Et pourtant je tourne,* Ramsay.
Christian Blanchet, *Claude Chabrol,* Rivages.
Joël Magny, *Claude Chabrol,* Cahiers du cinéma.
CLOUZOT
José-Louis Bocquet, *Henri-Georges Clouzot cinéaste*, La Sirène.
Philippe Pilard, *Clouzot,* Seghers.
DEBORD
Guy Debord, *Œuvres cinématographiques complètes,* Gallimard.
DEPARDON
Raymond Depardon et Frédéric Sabouraud, *Depardon/Cinéma,* Cahiers du cinéma.
DOILLON
Alain Philippon, *Jacques Doillon,* Ciné 104/Yellow Now/Studio 43.
DURAS
Marguerite Duras, *Les Yeux verts,* Cahiers du cinéma.
Marguerite Duras, Cinémathèque française/Mazzotta.
Nicole-Lise Berheim, *Marguerite Duras tourne un film,* Albatros.
Madeleine Borgomano, *L'Ecriture filmique de Marguerite Duras,* Albatros.
– *India Song,* L'Interdisciplinaire.
EUSTACHE
Alain Philippon, *Jean Eustache,* Cahiers du cinéma.
Colette Dubois, *La Maman et la putain de Jean Eustache,* Yellow Now.
FRANJU
Georges Franju cinéaste (collectif), Maison de la Villette.
Marie-Magdeleine Brumagne, *George Franju, impressions et aveux*, L'Age d'homme.
GARREL
Philippe Garrel et Thomas Lescure, *Une caméra à la place du cœur,* Admiranda/Institut de l'image.
GODARD
A bout de souffle, Balland.
Barthélemy Amengual, *Bande à part,* Yellow Now.

Raymond Bellour (dir.), *Jean Luc Godard, son + image,* Museum of Modern Art New York.
Alain Bergala (éd.), *Jean-Luc Godard par Jean-Luc Godard,* Cahiers du cinéma.
Marc Cerisuelo, *Jean-Luc Godard, au-delà de l'image, Etudes cinématographiques,* n° 194-202.
Le Cinéma selon Godard (collectif), *Cinémaction,* n° 52.
Carole Desbarats et Jean-Paul Gorce, *L'Effet Godard,* Milan.
Michel Estève (dir.), *Jean-Luc Godard, au-delà du récit, Etudes cinématographiques,* n° 57-61.
Jean-Luc Godard (collectif), Centre culturel de Turin.
Jean-Luc Godard, numéro spécial d'*Image et son,* n° 211, décembre 1967.
Jean-Luc Godard, au-delà de l'image (collectif), Etudes cinématographiques/Lettres modernes.
René Prédal (dir.), *Le Cinéma selon Godard*, CinémAction.
Michel Vianey, *En attendant Godard,* Grasset.
Pascal Vimenet, *Le Mépris,* Hatier.
Michel Marie, *Le Mépris,* Fernand Nathan.
Jean-Marie Touratier et Daniel Busto, *Jean-Luc Godard Télévision/Ecritures,* Galilée.

IVENS

Robert Destanque et Joris Ivens, *Joris Ivens ou la mémoire d'un regard*, B.F.B.

KAST

Pierre Boiron, *Pierre Kast,* Lherminier.

LANGLOIS

Henri Langlois, *Trois cents ans de cinéma,* Cahiers du cinéma/Cinémathèque/Fémis.
Georges P. Langlois et Glenn Myrent, *Henri Langlois,* Denoël.
Richard Roud, *Henri Langlois,* Belfond.

LAUTNER

Jean-Luc Denat et Pierre Guingamp, *Des « Tontons flingueurs » et des « Barbouzes »,* Le Terrain vague.

LELOUCH

Claude Lelouch et Yonnick Flot, *Ma vie pour un film,* Lherminier.

LOSEY

Joseph Losey, *L'Œil du maître,* Institut Lumière/Actes Sud.
Michel Ciment, *Le Livre de Losey,* Ramsay.

MALLE

Philip French, *Conversations avec Louis Malle,* Denoël.

MARKER

Chris Marker, *Commentaires 1* et *2,* Le Seuil.
– *Le fond de l'air est rouge,* Maspero.

MELVILLE
Rui Noguera, *Le Cinéma selon Melville,* Seghers.
Jacques Zimmer et Chantal de Béchade, *Jean-Pierre Melville,* Edilig.
MOCKY
Jean-Pierre Mocky et Gaston Haustrate, *Dialogues,* Edilig.
René Prédal, *Jean-Pierre Mocky,* Lherminier.
OURY
Gérard Oury, *Mémoires d'éléphant,* Olivier Orban.
PIALAT
A nos amours, Lherminier.
Joël Magny, *Maurice Pialat,* Cahiers du cinéma.
Maurice Pialat, l'enfant sauvage, Lindau.
POLANSKI
Roman Polanski, *Roman,* Robert Laffont.
POLLET
Jean-Daniel Pollet, Galerie nationale du Jeu de Paume.
RENOIR
Jean Renoir, *Ecrits (1926-1971),* Belfond (rééd. Ramsay Poche).
– *Ma vie et mes films,* Flammarion.
Jean Renoir, entretiens et propos, Editions de l'Etoile, Cahiers du cinéma.
Célia Bertin, *Jean Renoir,* Perrin.
Claude Gauteur, *Jean Renoir, la double méprise,* Editeurs français réunis.
RESNAIS
Robert Benayoun, *Alain Resnais, arpenteur de l'imaginaire,* Ramsay.
Marcel Oms, *Alain Resnais,* Rivages.
Alain Resnais, Premier Plan, nº 18, octobre 1961.
François Thomas, *L'Atelier d'Alain Resnais,* Flammarion.
RIVETTE
Jacques Rivette, la règle du jeu. Centre culturel français de Turin.
ROHMER
Eric Rohmer, *Le Goût de la beauté,* Cahiers du cinéma.
– *Six contes moraux,* Ramsay.
Pascal Bonitzer, *Eric Rohmer*, Cahiers du cinéma.
Eric Rohmer (collectif), Studio 43., M.J.C. de Dunkerque.
Joël Magny, *Eric Rohmer,* Rivages.
ROUCH
Jean Rouch (collectif), Ministère des Relations extérieures.
Paul Stoller, *The Cinematic Griot,* The University of Chicago Press.
SAUTET
Michel Boujut, *Conversations avec Claude Sautet,* Institut Lumière/Actes Sud.
Joseph Korkmaz, *Le Cinéma de Claude Sautet,* Lherminier.

STRAUB-HUILLET

Jean-Marie Straub-Danièle Huillet (collectif), Studio 43, M.J.C. de Dunkerque.
Dominique Païni et Charles Tesson (dir.), *Jean-Marie Straub-Danièle Huillet,* Antigone.
Louis Seguin, « *Aux distraitement désespérés que nous sommes...* », Ombres.

TATI

Michel Chion, *Jacques Tati,* Cahiers du cinéma.
Marc Donday, *Tati,* Ramsay.

TAVERNIER

Bertrand Tavernier, *Qu'est-ce qu'on attend ?,* Le Seuil.
Danièle Bion, *Bertrand Tavernier, cinéaste de l'émotion,* Hatier.
Jean-Luc Douin, *Tavernier,* Edilig.

TÉCHINÉ

Alain Philippon, *André Téchiné,* Cahiers du cinéma.

TRUFFAUT

François Truffaut, *Correspondance,* Hatier.
– *Les Aventures d'Antoine Doinel,* Ramsay.
– *L'Homme qui aimait les femmes,* Flammarion.
– *Jules et Jim,* Le Seuil.
– *Les Films de ma vie,* Flammarion.
– *Le Plaisir des yeux,* Cahiers du cinéma.
Le Roman de François Truffaut (coll.), Cahiers du cinéma.
Gilles Cahoreau, *François Truffaut, 1932-1984,* Julliard.
Jean Collet, *François Truffaut,* Lherminier.
Anne Gillain, *Le Cinéma selon François Truffaut,* Flammarion.
– *Les 400 coups,* Nathan.
François Guérif, *François Truffaut,* Edilig.
Carole le Berre, *François Truffaut*, Cahiers du cinéma.
Claude-Jean Philippe, *François Truffaut,* Seghers.
Dominique Rabourdin (éd.), *Truffaut par Truffaut,* Le Chêne.

VARDA

Michel Estève (dir.), *Agnès Varda, Etudes cinématographiques,* n° 179-186.
Varda par Agnès, Cahiers du cinéma.

VERNEUIL

Christian-Marcel Russo, *V... comme Verneuil,* Ciné-Revue.

2. Les comédiens

Jacques Valot et Gilles Grandmaire, *Stars deuxième,* Edilig.
Isabelle Danel, *Des étoiles sont nées,* Lherminier.
Alexandre Grenier, *Génération « Père Noël »*, Belfond.

Arlette Namiaud (éd.), *Acteurs, des héros fragiles,* Autrement.
Serge Rousseau, *Comédiens du rêve à la réalité,* Jade-Flammarion.
Christian Roques-Briscard, *La Passion Adjani,* Pierre-Marcel Favre.
Yves Allion, *Brigitte Bardot,* J'ai lu.
Tony Crawley, *Brigitte Bardot,* Veyrier.
Philippe Durand, *Belmondo,* Robert Laffont.
Gérard Lenne, *Jane Birkin,* Henri Veyrier.
Annette Blier et Claude Dufresne, *Bernard Blier,* Solar.
Philippe Huet et Elisabeth Coquart, *Bourvil ou la tendresse du rire,* J'ai lu.
Philippe Boggio, *Coluche,* Flammarion.
Jean-Jacques Jelot-Blanc, *Louis de Funès, une légende,* Anne Carrière.
Jean-Marc Loubier, *Louis de Funès, le berger des roses,* Ramsay.
Valère Novarina, *Pour Louis de Funès,* Actes Sud.
Henri Rode, *Alain Delon,* Pac.
Françoise Gerber, *Catherine Deneuve,* Pac.
Gérard Depardieu, *Lettres volées.*
Christian Gonzalez, *Gérard Depardieu,* Edilig.
Paul Chutkow, *Depardieu,* Belfond.
Mado Maurin, *Patrick Dewaere,* Mame.
Claude Gauteur et Ginette Vincendeau, *Jean Gabin, anatomie d'un mythe,* Fernand Nathan.
André Brunelin, *Jean Gabin,* Robert Laffont.
Annie Girardot, *Vivre d'aimer,* Robert Laffont.
Bernadette Lafont et Alain Lacombe, *La Fiancée du cinéma,* Olivier Orban.
Jorge Semprun, *Montand, la vie continue,* Denoël/Joseph Clims.
Hervé Hamon et Patrick Rotman, *Tu vois, je n'ai pas oublié,* Le Seuil/Fayard.
Alain Rémond, *Yves Montand,* Henri Veyrier.
Michaël Delmar, *Jeanne Moreau, portrait d'une femme,* Norma.
Jean-Claude Moireau, *Jeanne Moreau,* Ramsay.
Dominique Maillet, *Philippe Noiret,* Henri Veyrier.
Robert Chazal, *Michel Piccoli, le provocateur,* France-Empire.
Renate Seydel, *Romy Schneider, images de ma vie,* Schirmer/Mosel.

3. Les scénaristes

Jean Aurenche, *La Suite à l'écran,* Institut Lumière/Actes Sud.
Jean Gruault, *Ce que dit l'autre,* Julliard.
René Prédal, *Jean-Claude Carrière scénariste,* Le Cerf.
Christian Salé, *Les Scénaristes au travail,* Hatier.
Les Scénaristes français, Cinémaction, Acor-Corlet-Télérama.

4. Les producteurs

Chantal de Beauregard, *Georges de Beauregard,* Lacour/ Colporteur.
Pierre Braunberger, *Cinémamémoire,* Centre Pompidou/C.N.C.
Anatole Dauman et Jacques Gerber, *Souvenir-écran,* Centre Georges Pompidou.
Yonnick Flot, *Les Producteurs,* Hatier.
Alain Poiré, *Deux cents films au soleil,* Ramsay.
Daniel Toscan du Plantier, *Les Enfants d'Al Capone et de Rossellini,* Mazarine.
Daniel Toscan du Plantier, *Bouleversifiant,* Le Seuil.
Tout sur le personnage, Gérard Lebovici, Champ libre.

5. Revues, magazines et périodiques

Admiranda, Avant-Scène du cinéma, Cahiers du cinéma, Cinéma, Cinémathèque, Cinématographe, Cinéma d'aujourd'hui, Confrontations, Ecran, Etudes cinématographiques, Le Film français, Image et son, Informations du C.N.C., Les Inrockuptibles, Iris, Jeune cinéma, Limelight, Positif, Première, La Revue du cinéma, Starfix, Studio, La Saison cinématographique, Trafic, Vertigo.
Antoine de Baecque, *Histoire d'une revue,* Cahiers du cinéma.
Guy Hennebelle et Agnès Guy (dir.), *Les Revues de cinéma dans le monde,* CinémAction.

IV. OUVRAGES THÉMATIQUES DIVERS

Françoise Audé, *Ciné-modèles, cinémas d'elles,* L'Age d'homme.
Jérôme Bourdon, *Haute fidélité. Pouvoir et télévision,* Le Seuil.

Cinéma en liberté : la Quinzaine des réalisateurs à Cannes, La Martinière.

Du cinéma selon Vincennes (collectif), Lherminier.

Marie-Eve Chamard et Philippe Kieffer, *La télé, dix ans d'histoires secrètes*, Flammarion.

Pierre-Henri Deleau (éd.), *La Quinzaine des réalisateurs à Cannes, Cinéma en liberté,* La Martinière.

Olivier Donnat, *Les Français face à la culture,* La Découverte.

Festival de Cannes : Cannes 1946-1991.

Paule Lejeune, *Le Cinéma des femmes,* Atlas-Lherminier.

Mouloud Mimoun (éd.), *France-Algérie, images d'une guerre,* Cahiers de cinéma-I.M.A. (Institut du monde arabe).

Alomée Planel, *Quarante ans de festival de Cannes,* Londreys.

René Prédal et Guy Hennebelle (dir.), *L'Influence de la télévision sur le cinéma,* Cinéma d'aujourd'hui/Le Cerf.

REMERCIEMENTS

Je remercie pour l'aide qu'ils ont bien voulu m'apporter Olivier Assayas, Christine Barbier-Bouvet, Patrick Binet, Pierre-André Boutang, Denis Chateau, Michel Colonna d'Istria, Alain Corneau, Anne-Marie Corveller, Claude Davy, Christian Delage, Jeanine Deunf, Jean-Paul Fargier, Jack Gajos, Brigitte Hernandez, Danièle Heymann, Bernard Latarjet, Marie-Françoise Leclère, Catherine Lucchesi, Alain Marchand, Marie-Christine de Navacelles, Dominique Païni, Marie Queysanne, Jean-François Rauger, Anne Rey, Laure de Saint-Cyr, Marlène Schwartz, Christian Simenc, Daniel Toscan du Plantier, Gérard Vaugeois, Marc Vernet, Jean-Marc Vernier, Dominique Wallon, Catherine Walraffen.

Et tout particulièrement Ginette Billard, Dominique Gautherat et Nicole Lacombe.

Tout en assumant seul la responsabilité du texte, je tiens à exprimer ma profonde gratitude à Pascal Mérigeau et Marc Nicolas, pour le temps et le soin qu'ils ont consacrés à une relecture d'une amicale rigueur.

INDEX DES NOMS

Aboyantz, Tony, 460
Abril, Victoria, 576
Achard, Marcel, 71
Adjani, Isabelle, 453, 454, 455, 468, 480, 492, 530, 533, 582, 587, 683, 689, 804, 805
Adorno, Theodor, 26
Aimée, Anouk, 30, 79, 109, 124, 125, 197, 534, 585
Aimini, Jean-Claude, 103
Akerman, Chantal, 129, 367, 489, 668, 765, 767, 787, 788, 809
Akika, Ali, 329
Alard, Philippe, 802
Albera, François, 210
Albicocco, Jean-Gabriel, 20, 155, 232, 233, 237, 526
Albicocco, Quinto, 155
Aldrich, Robert, 32
Alessio, Carlos d', 350
Allais, Alphonse, 172
Allégret, Catherine, 252
Allégret, Marc, 115, 126, 127, 156
Allégret, Yves, 156, 251
Allio, René, 180, 193, 194, 195, 215, 228, 237, 363, 368, 377, 378
Almendros, Nestor, 63, 350, 389, 544, 552
Almodovar, Pedro, 654
Althusser, Louis, 244, 328, 437
Altman, Robert, 34, 463
Anconina, Richard, 601, 695, 738, 739, 759, 762, 786
Anderson, Lindsay, 34
Andress, Ursula, 534
Andrieu, Michel, 239
Anémone, 377, 455, 463, 534, 676, 742, 766
Angelopoulos, Theo, 647
Anglade, Jean-Hugues, 603, 682, 689, 690, 700, 786, 804
Anka, Paul, 12
Annaud, Jean-Jacques, 450, 534, 583, 584, 649, 666, 668, 684, 685, 686, 687, 688, 691, 692, 693
Anouilh, Jean, 162, 223, 460
Anthony, Richard, 12
Antonioni, Michelangelo, 28, 33, 128, 160, 181, 223, 374, 527, 529, 778
Aragon, Louis, 42, 77, 223, 267
Arcady, Alexandre, 262, 588, 679
Ardant, Fanny, 454, 476, 534, 550, 551, 552, 554, 581, 771
Arditi, Pierre, 476, 477, 771, 772
Arestrup, Niels, 533
Ariès, Philippe, 728
Aron, Raymond, 436, 718
Aronovitch, Ricardo, 473
Arquette, Rosanna, 690
Arrabal, Fernando, 401, 416
Arsan, Emmanuelle, 291, 403
Assayas, Olivier, 669, 806, 807, 808
Asselain, Philippe, 88
Astoux, André, 415, 417, 418, 419, 426, 631
Astruc, Alexandre, 20, 23, 28, 32, 59, 82, 83, 117, 184, 204, 223
Attal, Yvan, 795
Aubier, Pascal, 257
Aubin, Patrick, 401
Auclair, Michel, 367
Audiard, Jacques, 805
Audiard, Michel, 42, 43, 125, 172, 173, 182, 186, 187, 223, 302, 309, 311, 440, 447, 448, 451, 461, 468, 534, 573
Audiberti, Jacques, 20, 41, 111
Audouard, Yvan, 215
Audran, Stéphane (Colette Dacheville, dite), 67, 68, 70, 275, 380, 381, 382, 597, 736, 737, 762
Aumont, Jacques, 328
Aumont, Jean-Pierre (Jean-Pierre Salomons, dit), 394
Aurel, Jean, 117, 549
Aurenche, Jean, 49, 157, 172, 278, 281, 597

Autant-Lara, Claude, 43, 61, 144, 145, 146, 147, 156, 157, 163, 282, 670, 696
Auteuil, Daniel, 581, 680, 712, 713, 761, 786, 804
Ayckbourn, Alan, 772
Aymé, Marcel, 172, 678, 680
Azema, Sabine, 476, 477, 597, 709, 771, 772
Aznavour, Charles, 48, 109, 123, 157, 174, 478

Bacon, Francis, 775
Badel, Pierre, 311
Baecque, Antoine de, 327, 384
Baer, Philippe, 191
Bailly, Edwyn, 801
Baks, Claude, 522, 525
Balasko, Josiane, 451, 452, 455, 465, 654, 699
Balducci, Richard, 116
Ballot, Nadine, 102
Balmer, Jean-François, 262, 533, 602, 682
Balzac, Honoré de, 24, 155
Banfi, Nella, 799
Bankolé, Isaac de, 676
Baratier, Jacques, 17, 20, 117
Barbier, Christian, 266, 802
Barbin, Pierre, 224, 226, 227, 228
Barclay, Eddie, 163
Bardem, Juan Antonio, 116
Bardot, Brigitte, 21, 57, 75, 107, 108, 117, 124, 130, 159, 177, 183
Barouh, Pierre, 197, 311
Barr, Jean-Marc, 690
Barrault, Jean-Louis, 89, 91, 174, 405
Barrault, Marie-Christine, 64, 522, 526, 540
Barthélemy de Maupassant, Jeanne, 163
Barthes, Roland, 11, 25, 26, 228, 244, 328, 367, 437, 531
Bastia, Jean, 44
Bastide, François-Régis, 580
Bataille, Georges, 720
Baudrillard, Jean, 719
Baye, Nathalie, 377, 453, 454, 455, 497, 533, 534, 579, 587, 596, 614, 615, 617
Bazin, André, 24, 25, 47, 82, 91, 202, 210, 343, 344, 385, 387, 482, 491, 496, 548, 551, 557, 686, 694, 729, 813
Bazin, Hervé, 109
Béart, Emmanuelle, 344, 680, 713, 747, 748, 763, 786
Beauregard, Chantal de, 116
Beauregard, Georges de, 53, 76, 77, 103, 114, 116, 117, 118, 149, 151, 278, 644
Beauviala, Jean-Pierre, 324, 325, 326, 327, 337, 506
Beauvoir, Simone de, 385, 477, 718
Beauvois, Xavier, 801
Beccarie, Claudine, 405, 406, 408
Beck, Béatrix, 94
Becker, Jacques, 20, 31, 47, 53, 59, 125, 126, 163, 182, 186, 339, 582
Becker, Jean, 581, 582
Beckett, Samuel, 166, 223
Bedos, Guy, 126, 456
Beineix, Jean-Jacques, 574, 575, 576, 578, 582, 666, 668, 695, 700, 701, 703, 707
Bellocchio, Marco, 34, 295, 450, 527
Bellon, Lolleh, 286
Bellon, Yannick, 285, 286
Bellour, Raymond, 753, 754
Belmondo, Jean-Paul, 42, 52, 53, 55, 57, 58, 68, 94, 95, 96, 107, 108, 117, 126, 127, 128, 152, 161, 162, 174, 178, 179, 181, 182, 183, 184, 187, 188, 197, 210, 227, 247, 268, 273, 283, 299, 300, 302, 309, 382, 447, 458, 459, 465, 534, 536, 555, 557, 582, 590, 598, 660, 679, 697, 738, 739, 762
Belmont, Charles, 68, 257, 322
Belmont, Véra, 284
Béna, Michel, 800
Ben Amar, Tarak, 523, 538
Benayoun, Robert, 37, 73, 311, 328
Benazeraf, José, 20, 248, 401, 408, 411
Bennent, Heinz, 545
Berberova, Nina, 706
Bergala, Alain, 617
Berger, Nicole, 48
Bergman, Ingmar, 33, 46, 87, 116, 223, 374, 395, 526, 527, 529
Bergman, Ingrid, 520
Berlusconi, Silvio, 633, 642, 648, 652
Bernanos, Georges, 60, 89, 94, 744
Bernard-Aubert, Claude, 301
Bernart, Maurice, 756, 760, 799
Bernart, Yannick, 790
Bernheim, André, 188, 533
Bernstein, Henry, 771
Berri, Anne-Marie, 375
Berri, Claude (Claude Langmann, dit), 62, 188, 193, 194, 195, 196, 223, 231, 232, 233, 247, 304, 305, 306, 308, 344, 365, 370, 371, 375, 384, 385, 449, 460, 524, 535, 536, 537, 538, 539, 575, 587, 589, 590, 600, 601, 603, 612, 648, 649, 668, 677, 680, 683, 684, 723, 804, 806, 813
Berry, John, 248

Berry, Jules (Jules Paufichet, dit), 126
Berry, Richard, 455
Berta, Renato, 603
Berthomieu, André, 53
Bertin, Manette, 427
Bertin, Roland, 603, 604
Berto, Juliet, 332, 342, 343, 344, 345, 377, 487, 515, 516, 765, 788
Bertolucci, Bernardo, 34, 263, 295, 297, 448, 654
Bertucelli, Jean-Louis, 264, 592
Besnard, Jacques, 451
Besnehard, Dominique, 455, 611
Besson, Luc, 272, 666, 684, 689, 690, 691, 692, 693, 703
Beuchot, Pierre, 768
Beytout, Gérard, 187
Beytout, Léon, 186, 187
Bezace, Didier, 711
Bidault, Jean-Luc, 311
Bidou, Jacques, 319
Bierce, Ambrose, 123, 162
Biette, Jean-Claude, 515, 605, 742
Billard, Nathalie, 332
Billard, Pierre, 23, 40, 43
Binoche, Juliette, 705, 707, 762, 786, 788, 789, 792, 803
Birkin, Andrew, 758
Birkin, Jane, 293, 304, 310, 344, 463, 501, 705, 710, 733, 746, 747, 748, 758
Bizot, Jean-François, 311
Blain, Gérard, 66, 67, 124, 125, 311, 363, 365, 366
Blakey, Art, 12
Blanc, Dominique, 801
Blanc, Manuel, 763
Blanc, Michel, 449, 451, 455, 463, 465, 680, 697, 698, 803, 804
Blanche, Francis, 164, 171, 172, 173, 174, 289, 306, 307, 461
Blanchot, Maurice, 245
Bloustein-Blanchet, Marcel, 522, 526
Blier, Bernard, 173, 303, 439, 447, 451, 472, 572, 573
Blier, Bertrand, 146, 173, 435, 439, 440, 441, 447, 449, 450, 451, 454, 462, 466, 534, 567, 571, 572, 573, 574, 590, 601, 693, 695, 698, 699, 700, 707, 761
Blin, Roger, 12, 223
Bludhorn, Charles, 523
Blue, James, 144
Bluwal, Marcel, 130, 146, 203
Bobrowski, Édouard, 317
Bodard, Lucien, 78, 129
Bodard, Mag, 118, 284, 371, 375
Bœspflug, Francis, 648, 650
Bogarde, Dirk, 473, 710
Bogart, Humphrey, 126
Bohringer, Richard, 369, 500, 548, 575, 581, 602, 676, 689
Bohringer, Romane, 706, 786, 800
Boisrouvray, Albina du, 308
Boisset, Yves, 193, 194, 255, 256, 257, 262, 274, 282, 288, 297, 308, 309, 341, 450, 534, 669
Boisson, Christine, 489, 602
Bokanovski, Patrick, 768
Bolognini, Mauro, 527, 587
Bonan, Jean-Denis, 239, 319
Bonan, Muriel, 239
Bond, Edward, 447
Bonitzer, Pascal, 328, 368, 746, 747
Bonnafé, Jacques, 490
Bonnaire, Sandrine, 344, 610, 613, 697, 712, 730, 731, 744, 749, 758, 763, 764, 769, 786, 800
Bonnardot, Jean-Claude, 143, 204
Bonnefoy, Yves, 338
Bonnell, René, 424, 532, 632, 645, 655
Borde, Raymond, 37, 224
Borderie, Bernard, 156
Borowczyk, Walerian, 404
Bory, Jean-Louis, 41, 128, 232, 355, 393, 394, 405, 813
Bosch, Roselyne, 666
Bost, Pierre, 49, 152, 157, 172, 278, 281, 597
Bouchitey, Patrick, 467, 499, 533
Boudard, Alphonse, 534
Bouise, Jean, 689
Bouix, Évelyne, 586, 738
Boujenah, Michel, 675
Boulanger, Daniel, 48, 534
Boulez, Pierre, 436
Boulgakov, Mikhaïl Afanassievitch, 533
Bouquet, Carole, 341, 455, 534, 699
Bouquet, Michel, 255, 256, 380, 381, 587, 736
Bourdon, Sylvia, 411
Bourges, Yvon, 150, 151
Bourgine, Élisabeth, 707
Bourniquel, Camille, 580
Bourseiller, Antoine, 76
Bourvil (André Raimbourg, dit), 96, 162, 166, 167, 168, 169, 170, 174, 175, 289, 300, 302, 459, 464
Boussinot, Roger, 41
Boutang, Pierre-André, 523
Bouteille, Romain, 448
Bouteiller, Pierre, 411
Bouygues, Francis, 653, 654, 671, 703
Boyer, Jean, 167
Boyer, Marie-France, 77, 129
Boyer, Myriam, 472
Bozzufi, Marcel, 311
Brach, Gérard, 311, 375, 538, 670

Bradbury, Ray, 51
Brahms, Johannes, 107
Bral, Jacques, 601, 602
Branco, Paulo, 799
Brando, Marlon, 123, 295, 448
Brasseur, Claude (Claude Espinasse, dit), 57, 126, 268, 307, 390, 456, 457, 534, 592, 598
Brasseur, Pierre (Pierre Espinasse, dit), 123, 181
Braunberger, Pierre, 62, 114, 115, 116, 121, 122, 238, 370, 371, 385
Brecht, Bertolt, 195, 328, 336, 347, 348, 368, 760
Bredin, Jean-Denis, 562
Breillat, Catherine, 768
Brel, Jacques, 12, 257, 258, 303, 305, 311
Bresson, Jean-Jacques de, 420
Bresson, Robert, 20, 26, 31, 86, 87, 88, 89, 94, 95, 106, 114, 118, 210, 213, 223, 238, 316, 352, 353, 354, 355, 356, 359, 363, 366, 375, 376, 377, 395, 485, 486, 489, 498, 502, 523, 546, 556, 565, 593, 594, 682, 742, 749
Brialy, Jean-Claude, 55, 65, 66, 67, 68, 77, 124, 125, 128, 156, 162, 280, 311, 365, 465, 587, 736, 763
Brion, Françoise, 127
Brion, Patrick, 540, 813
Brisseau, Jean-Claude, 768
Broca, Michèle de, 284, 308
Broca, Philippe de, 20, 55, 112, 127, 166, 171, 176, 177, 178, 179, 180, 187, 215, 229, 274, 283, 299, 308, 309, 453, 534, 679
Brochet, Anne, 681, 682
Bronson, Charles, 309
Brook, Peter, 127, 128, 349
Bruckberger, Raymond-Léopold, 60
Bruel, Patrick, 697, 738, 762
Bruni-Tedeschi, Valeria, 801
Buache, Freddy, 37, 316
Bujold, Geneviève, 75
Buñuel, Luis, 20, 46, 116, 128, 129, 130, 147, 186, 223, 288, 316, 338, 339, 340, 341, 342, 343, 346, 363, 367, 369, 377, 378, 395, 761
Burch, Noël, 328
Burgess, Anthony, 585
Burstyn, Ellen, 473

Cabaud, Pierre, 191
Cage, John, 12
Calder, Alexander, 223
Calderon, Gérard, 116
Calvino, Italo, 355
Campion, Jane, 654, 803
Camus, Albert, 11, 24, 44
Camus, Marcel, 19, 20, 22, 111
Capa, Robert, 511
Capelier, Margot, 455
Carat, Joseph, 407
Carax, Leos (Alex Dupont, dit), 669, 765, 787, 788, 789, 790, 791, 792, 793, 796, 799
Carcassonne, Philippe, 760
Cardin, Pierre, 11, 385
Carles, Gilles, 264
Carmet, Jean, 126, 171, 174, 256, 302, 447, 460, 461, 464, 465, 572, 587, 592, 680
Carné, Marcel, 31, 126, 142, 156, 158, 182, 184, 186, 215, 223, 228, 238, 257, 277, 670, 785
Caro, Marc, 802
Carol, Martine, 156, 161
Caron, Leslie, 486
Carpita, Paul, 144
Carré, Jean-Michel, 319, 328
Carrière, Christine, 801
Carrière, Jean-Claude, 108, 175, 339, 656, 670, 681, 683, 705
Carrière, Mathieu, 607
Carroll, Lewis, 345, 474, 478, 479
Carson, Jean-Philippe, 325
Carter, Ron, 708
Cartier-Bresson, Henri, 511
Casabianca, Camille de, 755
Casaril, Guy, 309, 404
Cassavetes, John, 34, 223, 513, 514
Cassel, Jean-Pierre, 126, 177, 187, 188, 381
Cassenti, Frank, 267
Castel, Lou, 502, 766
Catalani, 575
Cau, Jean, 295, 296, 407
Caucheteux, Pascal, 798
Cavada, Jean-Marie, 647
Cavagnac, Guy, 319
Cavalier, Alain, 20, 106, 112, 144, 148, 149, 180, 181, 187, 215, 247, 274, 309, 371, 454, 499, 500, 721, 755, 756, 757, 764
Cavani, Liliana, 527
Cayatte, André, 20, 125, 146, 157, 158, 160, 167, 186, 258, 259, 274, 288, 297, 301, 309, 416
Cayrol, Jean, 19, 72, 74, 84
Cazeneuve, Maurice, 203
Cerdan, Marcel, 586
Cerdan junior, Marcel, 586
Cerf, Muriel, 580
Cery, Yveline, 103
César (César Baldaccini, dit), 11
Chaban-Delmas, Jacques, 415, 416, 417, 418, 425

Chabrol, Claude, 17, 20, 22, 23, 24, 30, 33, 39, 40, 42, 53, 58, 59, 65, 66, 67, 68, 69, 70, 93, 103, 112, 113, 116, 117, 118, 119, 120, 123, 124, 125, 127, 147, 154, 160, 176, 178, 180, 199, 215, 216, 223, 227, 228, 236, 248, 265, 292, 299, 303, 341, 358, 371, 379, 380, 381, 382, 383, 390, 393, 409, 416, 451, 460, 462, 466, 477, 478, 479, 573, 580, 605, 606, 647, 658, 669, 679, 682, 721, 734, 735, 736, 737, 752, 769
Chahine, Youssef, 565
Chailleux, Jacques, 441
Chalais, François, 407
Chalon, Guy, 144
Chalon, Jean, 580
Chalonge, Christian de, 193, 194, 223, 308, 462, 592
Chalvon-Demersay, Sabine, 671
Chamson, André, 231, 232
Chapier, Henry, 41, 228, 311
Chaplin, Charlie, 28, 69, 211, 223
Chaplin, Geraldine, 231, 233, 344, 487, 580, 746
Chapot, Jean, 308, 383
Chapouillié, Guy, 329
Chardère, Bernard, 37
Charensol, Georges, 41
Charpak, André, 215
Charrier, Jacques, 68, 174
Chase, James Hadley, 603
Chateau, Denis, 525, 536, 645, 649
Chateau, René, 536
Châtelet, François, 406
Chatiliez, Étienne, 676
Chausserie-Laprée, Jacques, 112
Chauvet, Louis, 296
Chazel, Marie-Anne, 451, 463, 677, 695
Chen Kaige, 803
Chepitko, Larissa, 34
Cherasse, Jean, 164
Chéreau, Patrice, 311, 385, 603, 790, 797, 804, 805
Chevalier, Pierre, 807
Chibane, Malik, 801
Chicot, Étienne, 499, 533
Chiffre, Yvan, 311
Cholodenko, Marc, 766
Christian-Jaque (Christian Maudet, dit), 181, 185, 204
Christie, Julie, 51
Christophe (Georges Colomb, dit), 172
Chytilova, Vera, 221
Ciampi, Yves, 152
Cimino, Michael, 34, 537
Clair, Philippe, 193, 194, 269, 303
Clair, René, 23, 152, 156, 179, 251, 453
Clavel, Maurice, 162, 416
Clavier, Christian, 323, 451, 452, 465, 677, 695
Cleitman, René, 668, 681
Clément, Jérôme, 656
Clément, Pierre, 144
Clément, René, 146, 155, 157, 158, 181, 186, 188, 190, 251, 266, 309, 339, 349, 441
Clémenti, Pierre, 339, 403
Cléo-Roubaud, Alix, 362
Clermont-Tonnerre, Antoine de, 522
Cloche, Maurice, 44, 179
Cloquet, Ghislain, 89, 118
Clouzot, Henri-Georges, 31, 44, 107, 152, 158, 159, 160, 162, 167, 186, 223, 228, 277, 310, 392, 461, 735
Clouzot, Véra, 159
Cluny, Geneviève, 55, 176
Cluzel, Jean-Paul, 669, 670
Cluzet, François, 708, 786
Cochet, Jean-Laurent, 446
Cocteau, Jean, 32, 47, 51, 53, 55, 78, 79, 80, 81, 109, 110, 125, 155, 184, 222, 497, 502, 792
Coggio, Roger, 588
Cohen-Solal, Jean, 486
Cohen-Solal, Robert, 486
Coleman, Ornette, 12
Collard, Cyril, 796, 799, 800
Collet, Jean, 552
Colline, Paul, 73
Colombier, Michel, 556
Colpi, Henri, 27, 28, 349
Coltrane, John, 12, 775
Coluche (Michel Colucci, dit), 323, 448, 449, 451, 452, 455, 459, 460, 525, 533, 538, 587, 600, 601, 623
Comencini, Luigi, 527, 529, 645, 682
Comolli, Jean-Louis, 248, 317, 328, 329
Companeez, Jacques, 176
Companeez, Nina, 176, 285, 311, 453, 454, 550
Compton, David, 595
Conchon, Georges, 293, 534, 603
Connery, Sean, 684
Constantine, Eddie, 57, 77
Cook, Robin, 462
Cooper, Gary, 448
Copans, Richard, 322
Copple, Barbara, 325
Coppola, Francis Ford, 34, 376, 448, 523, 537, 538, 576, 588
Cordier, Gilbert (pseudonyme d'Éric Rohmer), 61
Cordy, Annie, 273
Corneau, Alain, 290, 292, 293, 297, 308, 311, 339, 450, 469, 470, 471, 472, 473, 534, 573, 588, 589, 590, 668, 681, 682, 707, 708, 713

Corsini, Catherine, 805
Costa-Gavras (Konstantinos Gavras, dit), 193, 194, 215, 251, 252, 253, 254, 255, 264, 267, 269, 277, 281, 282, 288, 293, 297, 299, 308, 310, 385, 534, 565, 566, 657, 658
Cote, Laurence, 747
Cotet, Jean, 120
Cotrell, Robert, 114
Courau, Clotilde, 759
Cournot, Michel, 215, 232, 236, 238, 248, 305, 311
Courrière, Yves, 262
Court, Jean-François, 655
Coutant, André, 120, 121, 324
Coutard, Raoul, 53, 61, 116, 118, 122, 264, 311
Cowl, Darry, 164, 171, 174, 296, 461
Crauchet, Paul, 97, 266
Cravenne, Danielle, 301
Cravenne, Georges, 189, 301, 539
Crawley, Tony, 412
Cremer, Bruno, 256, 598
Crenna, Richard, 97
Croisille, Nicole, 197
Crombey, Bernard, 499
Cronenberg, David, 692
Cukor, George, 180, 277
Cunningham, Merce, 12
Cuny, Alain, 268, 296, 769
Curtelin, Jean, 37
Curtis, Jean-Louis, 11

Dabadie, Jean-Loup, 274, 282, 283, 284, 453, 457, 670
Dac, Pierre, 174
Dahan, Alain, 788, 789, 791, 799
Dalban, Robert, 173
Dalessandro, Joe, 293, 479, 486
Dalida, 12
Dalle, Béatrice, 700, 759
Dalle, François, 637, 638, 647
Dancigers, Georges, 186, 187, 536
Daney, Serge, 31, 204, 328, 329, 541, 605, 680, 693, 750, 754, 777, 778, 779, 780, 806, 815, 816
Danon, Raymond, 308, 535, 637
Daquin, Louis, 152
Darc, Mireille (Mireille Aigroz, dite), 165, 173, 184, 213, 227, 303
Darien, Georges, 108
Darrel, Florence, 728
Darrieux, Danielle, 69, 127, 712, 741, 742
Das Gupta, Harisadhan, 520
Das Gupta, Sunali, 520
Dassault, Marcel, 458
Dassin, Jules, 349
Dauman, Anatole, 71, 114, 117, 118, 752
Dauman, Pascale, 650
Daumier, Sophie, 461
Daves, Delmer, 46
David, Mario, 126
David, Pierre, 239
Davila, Jacques, 125, 511, 515, 742, 743
Davis, Miles, 12, 106, 107, 123
Davy, Claude, 522
Davy, Jean-François, 401, 404, 405, 411
Davy, Yann, 412
Dax, Micheline, 105
Dean, James, 123, 178
Debord, Guy, 221, 330, 533, 719
Debord, Michel, 208
Debray, Régis, 4, 509
Debrie, André, 324
Decae, Henri, 68, 118, 157, 170
Decoin, Henri, 20, 127, 163, 176, 183
Decugis, Cécile, 143
Defoe, Daniel, 105
Deforges, Régine, 406
De Gregorio, Eduardo, 344
Deighton, Len, 193
Delacorta (Daniel Odier, dit), 574
Delahaye, Michel, 363
Delannoy, Jean, 45, 155, 179, 180, 204
De Laurentiis, Dino, 637
Delay, Florence, 87, 502
Delerue, Georges, 176, 492, 544
Deleuze, Gilles, 30, 244, 355, 507
Deliba, Fejria, 747
Delluc, Louis, 28, 179, 261
Delocque-Fourcaud, André-Marc, 559, 562, 563, 565
Delon, Alain, 96, 97, 108, 157, 158, 161, 162, 178, 181, 182, 183, 184, 188, 299, 301, 302, 308, 310, 444, 447, 536, 573, 590, 679, 696, 697, 776
Delorme, Danièle (Danièle Girard, dite), 62, 77, 284, 500
Delouche, Dominique, 232
Delsol, Paula, 284
Delvaux, André, 194, 264, 527
Demazis, Orane, 367
DeMille, Cecil B., 541
Demouzon, Alain, 289
Demy, Jacques, 20, 27, 29, 30, 44, 77, 78, 79, 80, 114, 117, 123, 125, 129, 130, 183, 199, 217, 223, 248, 251, 252, 265, 375, 393, 409, 555, 556, 557, 701, 731, 733, 734, 742
Demy, Mathieu, 733
Deneuve, Catherine (Catherine Dorléac, dite), 52, 78, 97, 129, 179, 181,

184, 188, 197, 295, 296, 307, 309, 339, 386, 457, 471, 480, 534, 535, 543, 545, 549, 585, 587, 588, 590, 592, 600, 734, 740, 760, 761, 762, 764, 769
Denicourt, Marianne, 797
De Niro, Robert, 448
Denis, Claire, 805, 806
Denis, Jacques, 467
Denis, Jean-Pierre, 769
Denner, Charles, 69, 252, 390, 494, 585
De Palma, Brian, 34, 448
Depardieu, Élisabeth, 446
Depardieu, Gérard, 215, 275, 323, 351, 375, 376, 377, 446, 447, 448, 449, 450, 454, 455, 459, 464, 467, 468, 471, 474, 512, 529, 530, 533, 534, 536, 543, 545, 550, 571, 572, 576, 587, 588, 590, 591, 592, 600, 666, 667, 680, 681, 682, 683, 696, 698, 699, 743, 744, 763, 769, 773, 776
Depardieu, Guillaume, 682
Depardon, Raymond, 317, 511, 512, 769
Deray, Jacques, 20, 162, 179, 181, 274, 299, 309, 310, 339, 462, 534, 660, 702
Derrida, Jacques, 328
Desailly, Jean, 50
Deschamps, Hubert, 370
Desgraupes, Pierre, 552, 642
De Sica, Vittorio, 180
Desmarets, Sophie, 366
Desmichelle, Hugues, 799
Desplechin, Arnaud, 669, 796, 797, 798, 799
Desrosières, Antoine, 802
Detmers, Marushka, 696, 758, 786
Devers, Claire, 796
Deville, Michel, 20, 125, 129, 176, 215, 223, 238, 285, 309, 310, 579, 580, 581, 582
Devos, Raymond, 57
Dewaere, Patrick (Patrick Maurin, dit), 257, 285, 446, 449, 450, 455, 467, 472, 533, 571, 584, 586, 599, 761
Dewever, Jean, 143
Dhéry, Robert, 164, 171
Diaz, Philippe, 789, 791
Dietrich, Marlene, 184, 228, 653, 691
Dieudonné, Albert, 115
Distel, Sacha, 12
Doillon, Jacques, 104, 269, 311, 316, 323, 363, 365, 366, 367, 369, 378, 500, 501, 613, 647, 721, 733, 752, 757, 758, 759, 760, 764, 765, 766, 777, 787, 797
Doisneau, Robert, 85, 370
Dombasle, Arielle, 608
Doniol-Valcroze, Jacques, 20, 22, 23, 31, 39, 40, 43, 44, 82, 83, 86, 104, 111, 114, 116, 124, 127, 143, 204, 215, 223, 238, 343, 385, 386, 409
Donskoï, Mark, 202
Dorfmann, Jacques, 308
Dorfmann, Robert, 164, 167, 168, 186
Dorléac, Françoise, 50, 129, 734
Dostoïevski, Fedor Mikhaïlovitch, 353, 354
Douce, Jacques, 523
Douchet, Jean, 30, 39, 40, 76, 103, 341, 359, 361, 363
Douglas, Melvyn, 480
Drach, Michel, 20, 261, 269, 303
Dréville, Valérie, 797
Dreville, Jean, 127, 155, 167
Dreyer, Carl Th., 32, 223, 395, 749
Dreyfuss, Liliane, 287
Drieu La Rochelle, Pierre, 107
Droit, Michel, 407
Drouot, Claire, 77
Drouot, Jean-Claude, 77, 129
Drucker, Jean, 522
Druon, Maurice, 322, 323, 402, 414, 415, 416, 417, 418, 419
Dubillard, Roland, 174
Dubois, Marie, 48, 275, 470
Dubroux, Danièle, 329, 650, 768
Duby, Georges, 728
Duchaussoy, Michel, 380
Ducreux, Louis, 597
Dufilho, Jacques, 174, 290, 461, 599
Dufour, Bernard, 747, 748
Dugowson, Maurice, 450
Duhamel, Jacques, 414, 415, 416, 418, 425
Dulac, Germaine, 163
Dupeyron, François, 322, 769
Dupont, Jacques, 116
Duport, Catherine-Isabelle, 208
Durand, Philippe, 144
Duras, Marguerite (Marguerite Donnadieu, dite), 11, 19, 71, 72, 73, 74, 87, 111, 114, 127, 129, 193, 194, 223, 284, 308, 316, 349, 350, 351, 352, 356, 363, 367, 369, 377, 386, 427, 447, 502, 504, 541, 565, 601, 613, 678, 687, 732, 768
Dussart, Philippe, 118
Dussollier, André, 390, 455, 476, 485, 495, 533, 602, 608, 675, 713, 746, 771
Duthilleul, Laure, 602
Dutronc, Jacques, 310, 455, 529, 585, 614, 615, 616, 745
Duvivier, Julien, 127, 142, 156, 164, 181, 182, 282, 697

Dux, Pierre (Pierre Vargas, dit), 126, 252

Eastwood, Clint, 448
Écaré, Désiré, 264
Eco, Umberto, 246, 678, 684, 718
Édeline, Jean-Charles, 45, 425, 426, 427, 522, 538, 563
Édeline, Pierre, 650
Eisenchitz, Bernard, 328
Eisenstein, Sergueï Mikhaïlovitch, 46, 116, 203, 329, 508, 541
Ellington, Duke, 473
Enrico, Robert, 123, 144, 162, 168, 179, 181, 215, 238, 247, 269, 310, 534, 669, 679
Epstein, Jean, 28, 226
Epstein, Marie, 226
Ernst, Max, 223
Escoffier, Jean-Yves, 789
Esposito, Gianni, 59
Étaix, Pierre, 175, 238, 339
Eustache, Boris, 363
Eustache, Jean, 104, 114, 125, 269, 316, 358, 359, 360, 361, 362, 363, 366, 367, 369, 371, 376, 377, 378, 386, 427, 490, 513, 625, 765, 787, 788, 813
Évein, Bernard, 77, 79, 176, 556

Fabian, Françoise, 64, 283
Fabiani, Henri, 20
Faivre d'Arcier, Bernard, 642
Fajardie, Frédéric, 289
Fallet, René, 302, 460
Fansten, Jacques, 509, 510, 574
Faraldo, Claude, 193, 194, 290, 291, 297, 308, 341, 449
Farchy, Joëlle, 634
Fargier, Jean-Paul, 328, 754
Farmer, Mimsy, 265
Fassbinder, Rainer Werner, 34, 527
Faucon, Régis, 801
Faulkner, William, 53
Fauvel, René, 756
Favalelli, Max, 71
Favre-Lebret, Robert, 233, 656
Favret-Saada, Jeanne, 149
Fechner, Christian, 304, 308, 458, 459, 460, 465, 537, 645, 646, 653, 679, 697, 790, 791, 792
Fechner, Jean-Guy, 303
Felix, Louis, 22
Fellini, Federico, 46, 97, 116, 125, 369, 527, 529, 547, 576
Feltin, cardinal, 150
Feret, René, 363, 368, 369, 454
Fernandel (Fernand Contandin, dit), 123, 161, 167, 169, 171, 174, 302, 536
Ferran, Pascale, 798, 805
Ferrat, Jean, 56
Ferré, Léo, 505, 616
Ferreira-Barbosa, Laurence, 801
Ferreol, Andrea, 296, 545
Ferreri, Marco, 34, 130, 263, 280, 295, 296, 297, 339, 341, 376, 380, 761
Feuillade, Louis, 59, 110
Feuillère, Edwige, 152
Feyder, Jacques, 28
Fieschi, Jacques, 329, 611
Filipacchi, Daniel, 384
Filipelli, Gérard, 303
Fillioud, Georges, 560, 641
Finkielkraut, Alain, 436, 631
Finney, Albert, 486
Fiorini, Florino, 652
Flaherty, Robert, 28, 116
Flaubert, Gustave, 82
Fleischmann, Peter, 34, 339
Fleutiaux, Pierrette, 580
Fo, Dario, 329
Foccart, Jacques, 425
Fonda, Jane, 335, 376
Fonlupt, Jean-François, 654
Ford, Charles, 407
Ford, John, 32, 133, 223, 272
Forde, Jessica, 727
Forêts, Guillaume des, 354
Forlani, Remo, 306, 311
Forman, Miloš, 34, 223, 231, 339, 375, 683, 684, 745
Fossey, Brigitte, 441, 458, 502, 599
Foucault, Michel, 26, 244, 280, 328, 368, 369, 400, 436, 437
Fourastié, Jean, 10
Fourré-Cormeray, Michel, 139
Foyer, Jean, 150, 409
Franco, Jesús, 404
Frangin, Guy, 353
Franju, Georges, 20, 23, 27, 108, 109, 110, 117, 123, 125, 179, 223, 274, 545
Fratellini, Annie, 175
Frears, Stephen, 684, 807
Fresnay, Pierre, 123
Fresson, Bernard (Pierre Laudenbach, dit), 218, 480
Frey, Roger, 145
Frey, Sami, 57, 77, 158, 160, 275, 285, 310, 385, 447, 758
Friedmann, Georges, 12
Frot-Coutaz, Gérard, 515, 742, 743
Frydman, Jean, 637, 638, 647
Fuentes, Carlos, 560
Fuller, Samuel, 32, 39, 56, 216
Funès, Louis de, 5, 156, 162, 163, 164,

165, 166, 167, 168, 169, 170, 171, 172, 184, 187, 247, 300, 301, 302, 459, 460, 461, 464, 526, 590

Gabin, Jean (Jean-Alexis Moncorgé, dit), 123, 127, 161, 164, 167, 172, 179, 182, 184, 247, 259, 301, 302, 447, 471, 536, 539, 546, 671
Gaillard, Jacques, 112
Gainsbourg, Charlotte, 699, 705, 706, 707, 733, 786
Gainsbourg, Serge, 293, 311, 600
Gainville, René, 262, 592
Gajos, Jack, 563, 656
Galabert, Michel, 562
Galabru, Michel, 127, 165, 171, 174, 280, 290, 447, 460, 461, 465, 471, 680, 689
Galhem, Ali, 264
Galliena, Anna, 697
Gamet, Pierre, 486
Gance, Abel, 28, 156, 197, 223, 291, 401, 548
Garcia, Nicole, 474
García Márquez, Gabriel, 560
Garner, Errol, 123
Garrel, Louis, 766
Garrel, Maurice, 363, 489, 766, 794
Garrel, Philippe, 104, 193, 194, 239, 316, 363, 364, 365, 366, 367, 369, 377, 378, 488, 489, 490, 541, 613, 669, 721, 723, 747, 752, 765, 766, 767, 777, 787, 792, 800
Gary, Romain, 254
Gaspard-Huit, Pierre, 61, 179, 183
Gatti, Armand, 27, 28
Gaulle, Charles de, 9, 144, 150
Gaulle, Philippe de, 416
Gaulle, Yvonne de, 150
Gautier, Jean-Jacques, 164
Gegauff, Paul, 61, 66, 67, 157, 265, 383, 384
Gélin, Daniel, 62
Genet, Jean, 12, 194
Gérard, Charles, 176, 305
Giacobetti, Francis, 411
Giehse, Thérèse, 479
Gielgud, John, 473
Gilou, Thomas, 676
Gilson, René, 311
Giono, Jean, 155, 223
Giovanni, José, 162, 194, 247, 301, 308, 309
Girardot, Annie, 82, 156, 184, 197, 215, 258, 259, 295, 306, 309, 459
Girardot, Hippolyte, 786, 793
Giraud, Bernadette, 747
Giraud, Roland, 675
Giraudeau, Bernard, 455, 463, 465, 697
Giraudoux, Jean, 56
Girault, Jean, 164, 165, 173, 301, 303, 460
Girod, Francis, 290, 292, 297, 310, 311, 341, 534, 573, 587, 592, 679
Giroud, Françoise, 21, 220, 408, 412, 414, 436, 558, 573
Gish, Dorothy, 392
Gish, Lillian, 392
Givray, Claude de, 50, 204
Glayman, Monique, 148
Glenn, Pierre William, 311
Globus, Yoram, 651
Gobbi, Sergio, 20
Godard, Jean-Luc, 20, 21, 22, 23, 24, 25, 26, 27, 28, 29, 31, 32, 33, 34, 37, 38, 39, 40, 42, 44, 52, 53, 54, 55, 56, 57, 58, 59, 60, 61, 71, 74, 75, 77, 82, 85, 86, 87, 103, 107, 112, 114, 115, 116, 117, 118, 120, 121, 122, 125, 126, 127, 130, 138, 144, 147, 151, 152, 171, 176, 178, 181, 187, 192, 196, 199, 201, 204, 207, 208, 209, 210, 213, 214, 216, 217, 218, 219, 223, 227, 231, 232, 233, 236, 238, 239, 245, 248, 264, 265, 288, 292, 299, 309, 315, 316, 319, 324, 325, 327, 331, 332, 333, 334, 335, 336, 337, 338, 340, 342, 343, 346, 351, 352, 358, 359, 361, 363, 364, 367, 369, 371, 373, 375, 376, 377, 378, 386, 387, 392, 393, 394, 395, 406, 427, 451, 454, 498, 499, 504, 505, 506, 507, 509, 515, 592, 593, 605, 606, 613, 614, 615, 616, 617, 618, 647, 658, 669, 691, 693, 721, 722, 723, 726, 733, 734, 740, 752, 757, 758, 774, 775, 776, 777, 778, 788, 815
Godrèche, Judith, 758, 769
Golan, Menahem, 651
Goldman, Alain, 648, 666, 667
Goldmann, Pierre, 137
Gomska, Masha, 292
Goodis, David, 48, 576
Gorce, Georges, 151
Gordon, Dexter, 708
Goretta, Claude, 264, 450, 527
Gorin, Jean-Pierre, 332, 334, 335, 336, 337, 376
Gotlib, Marcel, 452
Goubert, Pierre, 12
Goupil, Romain, 511, 768
Gourévitch, Boris, 421
Gouze-Raynal, Christine, 408
Goya, Chantal, 208
Goyet, Jean-François, 758, 766
Goyet, Mara, 758
Gracq, Julien, 111

Grainville, Patrick, 580
Grandperret, Patrick, 770
Grangier, Gilles, 127, 167, 168, 204, 269
Granier-Deferre, Pierre, 257, 269, 282, 299, 301, 308, 310, 383, 534, 592, 707
Grasset, Pierre, 92
Green, Adolph, 773
Green, Marika, 86, 87
Green, Walter, 88
Greggory, Pascal, 530, 804, 805
Grégoire, Gilbert, 636
Grémillon, Jean, 28, 82, 117, 142, 143
Grey, Denise, 458
Griffith, David Wark, 28
Grimaud, Pierre, 151
Grinberg, Anouk, 699, 700, 707
Grosso, Guy, 165
Gruault, Jean, 58, 149, 474, 670
Gruber, Klaus Maria, 792
Grumberg, Jean-Claude, 547
Gründler, Jean, 139
Guattari, Félix, 244, 325
Guediguian, Robert, 769
Guerra, Ruy, 222
Guibert, Hervé, 603
Guiguet, Jean-Claude, 515, 742
Guilbert, Jean-Claude, 88
Guillaume, Marc, 720
Guimard, Paul, 275
Guitry, Sacha, 31, 163, 169, 461
Guy, Alice, 284
Guy, Michel, 323, 402, 403, 404, 406, 408, 411, 414, 415, 558, 565
Guybet, Henri, 449
Guyomar, Julien, 367

Haanstra, Bert, 212
Hackman, Gene, 448
Hahn, Jess, 61
Hakim, Raymond, 67, 112, 127, 186, 188
Hakim, Robert, 67, 112, 127, 186
Halain, Jean, 460
Hallier, Jean-Edern, 385
Hallyday, Johnny, 12, 305, 776
Hancock, Herbie, 708
Handke, Peter, 447
Hanin, Roger, 311
Hanoun, Marcel, 328
Hardy, Thomas, 538
Harispuru, François, 289
Harnois, Béatrice, 404
Harrel, Philippe, 796
Harris, André, 263, 416
Harrison, Cathryn, 479
Hartley, Hal, 814
Haudepin, Sabine, 546
Hawks, Howard, 32, 46, 125, 133, 365, 395, 551, 726
Hayden, Sterling, 471
Heffron, Richard, 679
Hélias, Pierre-Jakez, 477
Hennebelle, Guy, 329
Hennig, Jean-Louis, 405
Henry, Judith, 794
Henze, Hans Werner, 73, 477
Hepburn, Katharine, 551
Herman, Jean, voir aussi Jean Vautrin, 181, 339
Herré, Henri, 794, 795, 798, 801
Hersant, Robert, 633, 642, 648
Herzog, Werner, 34, 454, 527
Heymann, Danièle, 411
Heynemann, Laurent, 262
Higelin, Jacques, 172, 307, 320, 323, 449, 759
Higgins, Billy, 708
Highsmith, Patricia, 157, 467
Hitchcock, Alfred, 26, 32, 46, 51, 67, 68, 70, 94, 119, 133, 180, 223, 380, 395, 491, 552, 671, 735, 737, 746, 761, 791
Ho, Isabelle, 499
Hoffman, Dustin, 448
Hölderlin, Friedrich, 348
Holleaux, André, 139, 226, 227, 416, 417
Hondo, Med, 264
Horkheimer, Max, 26
Hossein, Robert, 22, 111, 454, 587
Hubert, Jean-Loup, 454, 676
Huillet, Danièle, 194, 284, 316, 346, 347, 427, 769
Hunebelle, André, 156, 183, 304
Huppert, Isabelle, 59, 446, 450, 451, 454, 455, 458, 478, 502, 512, 529, 530, 534, 580, 597, 614, 615, 616, 682, 737, 759, 814
Hustaix, Lucien, 401, 404
Huster, Francis, 454, 533
Huston, John, 28, 98, 133, 471, 669
Hutcherson, Bobby, 708

Imamura, Shohei, 34
Insdorf, Annette, 548
Ionesco, Eugène, 223
Irish, William, 51, 52
Irons, Jeremy, 705
Ishaghpour, Youssef, 348
Issartel, Marielle, 322
Issermann, Aline, 602
Ivens, Joris, 101, 117, 216, 217, 223, 284, 322, 516, 752, 755, 777

Jacob, Gilles, 548, 656
Jacquin, Maurice, 308

Jacquot, Benoît, 367, 502, 742, 765, 769
Jade, Claude, 51, 388
Jaeckin, Just, 402, 403, 668
Jaeger, Claude, 112
James, Henry, 345, 496, 502
Jancsó, Miklós, 34, 222, 565
Japrisot, Sébastien, 252, 582
Jardin, Pascal, 534
Jaubert, Maurice, 492, 493, 495, 497
Jeancolas, Jean-Pierre, 155
Jeanson, Francis, 56
Jeanson, Henri, 43, 53, 169
Jeunet, Jean-Pierre, 802
Joannon, Léo, 187
Jobert, Marlène, 247, 256, 286, 306, 309, 374, 376, 377, 589
Joffé, Alex, 187
Joffé, Arthur, 678
Joffo, Joseph, 365
Jolivet, Pierre, 689
Jouffa, François, 401, 402, 404, 412
Jourdheuil, Jean, 368
Jouvet, Louis, 167, 179
Jugnot, Gérard, 323, 451, 452, 455, 465, 654, 697
Jullian, Marcel, 166, 168

Kady, Charlotte, 711
Kafka, Franz, 348
Kahn, Cédric, 669, 801, 806, 807, 808
Kalfon, Jean-Pierre, 215, 227, 265, 342, 746
Kaminka, Didier, 463
Kaplan, Nelly, 287, 290, 291, 297
Kaprisky, Valérie, 786
Kaprow, 11
Karajan, Herbert von, 160
Karina, Anna, 55, 56, 57, 58, 60, 74, 77, 85, 124, 125, 210, 285, 287, 311, 337, 344, 486, 691
Karmitz, Marin, 305, 308, 311, 320, 637, 647, 649, 666, 677, 715, 752, 774, 803, 806
Karyo, Tcheky, 609, 690
Kasdan, Lawrence, 677
Kassagi, 87
Kast, Pierre, 20, 23, 27, 40, 82, 83, 93, 104, 105, 117, 125, 129, 143, 192, 215, 223, 237, 238, 270, 401
Katz, Jacob, 723
Kazan, Elia, 223
Keitel, Harvey, 596
Keller, Marthe, 307
Kelly, Gene, 79, 123, 556
Kemp, Robert, 126
Kerchbron, Jean, 271
Kerchiche, Abdel, 763
Kerchner, Jean, 248
Kerr, Évelyne, 370
Kessel, Joseph, 53, 116
Kesterber, Rachel, 216
Khrouchtchev, Nikita, 10
Kiarostami, Abbas, 803
Kiejman, Georges, 228
Kieslowski, Krzyzstof, 803
Kikoïne, Gérard, 401, 404
Kingsley, Ben, 678
Kinski, Nastassja, 538, 576, 678
Klapisch, Cédric, 795, 798
Kleiman, Naoum, 775
Klein, Gérard, 589
Klein, William, 117, 180, 194, 215, 217, 218, 239, 293, 416
Klein, Yves, 11
Kleist, Heinrich von, 483
Klimov, Elem, 34
Klossowski, Pierre, 88
Kolincki, Renaud, 522
Konchalovski, Andreï, 803
Korber, Serge, 401, 412
Kosa, Ferenc, 222
Kosma, Joseph, 90
Kosta, Jean, 174
Koulechov, Lev, 334
Kramer, Robert, 768
Kristel, Sylvia, 403, 411, 477
Kristeva, Julia, 105, 328
Kubrick, Stanley, 577
Kurosawa, Akira, 116, 223, 339, 600, 629, 754
Kurys, Diane, 449, 458, 534

L., Marie-Sophie, 738
Labadie, Jean, 648
Labarthe, André S., 248, 363
Labbey, Bertrand de, 682
Labib, Jean, 702
Laborit, Henri, 474, 475
Labourier, Dominique, 344, 345
Labro, Philippe, 257, 311, 458, 534
La Brosse, Simon de, 763
Lacan, Jacques, 26, 244, 328, 502
Lachenay, Robert, 47
Lachize, Samuel, 42
Laclos, Pierre Choderlos de, 148
Lafarge, François, 88
Laffin, Dominique, 467, 500
Lafont, Bernadette, 67, 68, 124, 128, 291, 359, 360, 364, 377, 390, 487, 495, 736
Lafont, Pauline, 465
Laforêt, Marie, 157
Lai, Francis, 197
Lakhdar Hamina, Mohammed, 263
Lambert, Christophe, 689, 786
Lambiotte, France, 286
Lamotte, Martin, 449, 451, 465

Lamoureux, Robert, 179, 269, 270, 304
Lang, Fritz, 32, 38, 46, 56, 57, 60, 68, 223, 653, 735, 737, 791
Lang, Jack, 412, 560, 561, 563, 564, 565, 566, 578, 583, 631, 634, 636, 647, 649, 652, 655, 656, 657, 658, 659, 660, 661, 669, 777, 789, 802, 813
Lang, Michel, 462
Langlois, Henri, 30, 82, 109, 112, 220, 222, 223, 224, 225, 226, 227, 228, 229, 230, 231, 236, 376, 393, 409, 414, 520, 522, 565, 566, 657, 715
Langmann, Arlette, 370, 513, 611, 612
Lanoux, Victor, 302, 455, 456, 457, 526
Lansac, Frédéric (Claude Mulot), 401, 404, 406
Lanvin, Gérard, 449, 452, 455, 465, 471, 592, 596, 602, 697
Lanzmann, Claude, 770
La Patellière, Denys de, 43, 127, 155, 172, 180, 182, 187, 204, 301
Lapointe, Boby, 15
Lapoujade, Robert, 215, 365
Largemains, Bernard, 118
Lartigue, Martin, 163
Lasalle, Martin, 86, 87
Lassalle, Jacques, 591
Latarjet, Bernard, 565, 566, 657, 658
Lathière, Marcel, 191
Launay, Jacques de, 215
Laure, Carole, 403, 470, 571, 572
Laure, Odette, 710
Laurent, Christine, 746, 768
Laureux, Jean-Claude, 404
Lautner, Georges, 164, 168, 173, 174, 182, 238, 308, 439, 458, 461, 534, 670, 679
Lavanant, Dominique, 451, 465, 712
Lavant, Denis, 787, 788, 789, 791, 792
Lawaetz, Gudie, 239
Leacock, Richard, 120, 325, 332
Léaud, Jean-Pierre, 19, 32, 47, 48, 50, 51, 124, 125, 208, 216, 247, 269, 332, 342, 343, 359, 360, 364, 367, 377, 387, 388, 394, 395, 441, 489, 495, 497, 498, 625, 765, 766, 777, 787
Lebel, Jean-Patrick, 328
Lebesque, Morvan, 41
Leblanc, Gérard, 328
Leblanc, Maurice, 172
Lebovici, Gérard, 188, 533, 534, 535, 537, 543, 552, 555, 558, 636, 644, 645, 668, 682, 790
Lebrun, Françoise, 359, 360, 741
Lecallier, Adeline, 794, 798
Le Carré, John, 97
Lecat, Jean-Philippe, 559
Le Chanois, Jean-Paul, 45, 167, 179, 223, 228
Leconte, Patrice, 452, 453, 463, 464, 695, 696, 697, 707
Ledoux, Patrice, 646
Le Duc, Jean, 190, 428, 521
Leenhardt, Roger, 20, 27, 32, 56, 106, 114, 117, 180, 446
Lefebvre, Jean, 165, 451
Legrand, Michel, 77, 78, 79, 556
Lelouch, Claude, 20, 116, 184, 187, 196, 197, 198, 217, 229, 231, 232, 236, 238, 239, 247, 248, 269, 277, 305, 306, 370, 453, 536, 539, 585, 586, 588, 668, 738, 739, 740, 752, 762, 764, 775
Le Masson, Olga, 144
Le Masson, Yann, 144
Lemercier, Valérie, 677
Lemmon, Jack, 254
Lemoine, Georges, 649
Lemoine, Michel, 404
Lenne, Gérard, 307
Leone, Sergio, 448
Léotard, François, 634, 655, 656
Léotard, Philippe, 262, 377, 390, 579, 581, 601, 758
Lepercq, Paul, 645
Le Péron, Serge, 329
Lepetit, Jean-François, 675, 802
Le Pogam, Pierre-Ange, 645
Leroi, Francis, 215, 401, 406
Leroi-Gourhan, André, 12, 99
Le Roux, Hervé, 801
Lester, Richard, 232
Leterrier, François, 20, 155
Le Theule, Joël, 293
Levinas, Emmanuel, 720
Lévi-Strauss, Claude, 11, 12
Lévy, Raoul, 23, 159, 185, 186
L'Herbier, Marcel, 28, 591
Lhermitte, Thierry, 323, 449, 451, 452, 455, 465, 587, 696
Lhomme, Pierre, 85, 118, 176, 235, 236
Lifchitz, Philippe, 117
Linder, Max, 171
Lindon, Vincent, 786
Liotard, Thérèse, 286, 463
Lipmann, Éric, 404
Lipovetski, Gilles, 719
Litvak, Anatole, 180
Livi, Jean-Louis, 537, 668, 682
Loach, Ken, 473, 565, 647
London, Artur, 253, 277
Lonsdale, Michael, 174, 290, 341, 342, 343, 349, 361, 362, 377, 447
Loren, Sophia, 180, 259, 301
Lorenzi, Stellio, 203

Loridan, Marceline, 101, 144, 284, 322, 752
Losey, Joseph, 128, 223, 299, 310, 443, 444, 527, 529, 541, 546, 704
Losfeld, Éric, 406
Loti, Pierre, 116, 117, 144
Louis, Roger, 319
Louÿs, Pierre, 340
Lualdi, Antonella, 275
Lubitsch, Ernst, 388, 395, 546, 555, 726
Lucas, Georges, 578
Luchini, Fabrice, 485, 609, 727, 786, 794, 795
Lumière, Auguste, 171, 813, 814
Lumière, Louis, 28, 171, 813, 814
Luntz, Édouard, 180, 215
Lvovski, Noémie, 798
Lynch, David, 654
Lyotard, Jean-François, 621, 719

Maarek, Philippe J., 410
Maccione, Aldo, 305, 463
MacLaine, Shirley, 180
Magnan, Henry, 41
Magny, Joël, 69
Maillan, Jacqueline, 465
Maillet, Dominique, 180
Maillet, Raymond, 226
Mairesse, Valérie, 286
Makavejev, Dusan, 263, 403
Malavoy, Christophe, 786
Malet, Léo, 579
Maline, Alain, 679
Mallarmé, Stéphane, 348
Malle, Louis, 17, 20, 22, 23, 29, 40, 44, 86, 106, 107, 108, 123, 125, 127, 128, 161, 170, 179, 180, 183, 190, 215, 216, 232, 236, 237, 238, 248, 263, 270, 271, 272, 297, 309, 325, 339, 383, 404, 479, 499, 695, 703, 704, 705, 707, 708
Malraux, André, 13, 22, 111, 139, 141, 142, 145, 146, 151, 152, 153, 211, 224, 225, 226, 227, 228, 229, 414, 415, 418, 520, 720
Manchette, Jean-Patrick, 256, 289, 383
Mankiewicz, Joseph Leo, 32
Mann, Anthony, 69
Mann, Claude, 79, 266, 367
Man Ray (Emmanuel Rudnitsky, dit), 223
Mansart, Claude, 48
Manzor, René, 679
Marais, Jean (Jean-Alfred Villain-Marais, dit), 127, 156, 167, 168, 183, 228
Marcabru, Pierre, 41
Marceau, Sophie, 457, 588, 743
Marchand, Corinne, 76, 129
Marchand, Guy, 455, 468, 512, 597
Marc'O, 215
Marco, Armand, 332, 334
Marcorelles, Louis, 21, 28, 409
Marcuse, Herbert, 10, 26, 244
Mardore, Michel, 311
Marielle, Jean-Pierre, 268, 279, 571, 597, 680, 682, 712
Marignac, Martine, 746, 752, 799
Marin, Christian, 165
Marivaux, Pierre de, 176
Marker, Chris (Christian-François Bouche-Villeneuve, dit), 27, 28, 29, 30, 70, 83, 84, 85, 116, 117, 143, 144, 198, 204, 209, 216, 217, 219, 223, 239, 248, 277, 316, 319, 320, 331, 427, 507, 508, 509, 510, 752, 753, 754, 755, 756
Markham, Kika, 388
Marlaud, Philippe, 607
Marsac, Laure, 758
Marshall, Tonie, 742
Martin, Gérard, 332
Martin, Philippe, 799
Martines, Alessandra, 738
Masina, Giulietta, 449
Maspero, François, 319, 508
Massari, Lea, 270
Mastroianni, Marcello, 283, 295, 296, 534, 547
Matheson, Richard, 174
Mattelart, Armand, 510
Matton, Charles, 369
Maublanc, Henri de, 489
Maupassant, Guy de, 105
Mauriac, Claude, 20, 151, 228
Mauriac, François, 109, 110, 151
Mayniel, Juliette, 67, 124, 125, 174
Mayoux, Valérie, 510
Maysles, Albert et David, 325
Mazuy, Patricia, 768, 807
McConnico, Hilton, 576
McCoy, Horace, 290
McCullers, Carson, 705
McKee, Lonette, 708
McLaughlin, John, 708
Medeiros, Inès de, 747
Médicis, Laurent de, 526
Medvedkine, Alexandre, 84, 320
Meerson, Mary, 226
Méliès, Georges, 28, 169, 448, 756, 771, 814
Melki, Claude, 104, 105
Melville, Jean-Pierre, 31, 56, 92, 93, 94, 95, 96, 97, 98, 99, 117, 123, 127, 130, 170, 178, 181, 186, 261, 266, 267, 278, 299, 339, 417, 453, 734, 736
Mendès France, Pierre, 229
Menegoz, Margaret, 114

Menegoz, Robert, 20, 198
Menuhin, Yehudi, 160
Menzel, Jiri, 34, 221
Méppiel, Jacqueline, 510
Mercer, David, 473
Mercier, Michèle, 48, 156, 247
Méril, Macha, 57, 75, 210, 730
Méritz, Michèle, 67, 188
Merleau-Ponty, Maurice, 718
Merlet, Agnès, 801
Messmer, Pierre, 418
Mészáros, Márta, 527
Metz, Christian, 328
Meurisse, Paul, 30, 90, 96, 127, 159, 173, 266
Meury, Anne-Laure, 607
Meyer, Sylvie, 402
Mezzogiorno, Vittorio, 589, 603, 604
Michel, Marc, 30
Michelet, Edmond, 414, 415, 418, 425
Michelot, Pierre, 708
Miéville, Anne-Marie, 337, 504, 505, 506, 769
Mikaël, Ludmilla, 275
Mikhalkov, Nikita, 803
Miller, Arthur, 560
Miller, Claude, 310, 450, 460, 462, 466, 467, 468, 469, 471, 472, 473, 534, 573, 601, 668, 695, 705, 706, 707
Miller, Henry, 416, 735
Mingus, Charlie, 12, 59
Minnelli, Vincente, 46, 80, 223
Miou-Miou (Sylvette Herry, dite), 285, 323, 446, 449, 450, 455, 458, 467, 529, 533, 534, 571, 580, 680, 698
Miquel, Joëlle, 727
Mirbeau, Octave, 339
Mitchell, Eddy, 540, 597
Mitrani, Michel, 268, 270
Mitry, Jean, 117
Mizoguchi, Kenji, 46, 116
Mnouchkine, Alexandre, 186, 187, 308, 536
Mnouchkine, Ariane, 311, 329, 588
Mocky, Jean-Pierre, 20, 109, 123, 125, 147, 154, 167, 174, 175, 181, 192, 215, 248, 288, 289, 290, 291, 292, 297, 380, 383, 461, 574, 613, 658, 740, 752, 761, 777
Modiano, Patrick, 270, 697
Modo, Michel, 165
Moinot, Pierre, 111, 139, 140, 226, 562
Molina, Angela, 341
Molinaro, Édouard, 20, 22, 111, 146, 152, 161, 162, 187, 202, 269, 301, 303, 309, 461, 534, 669, 682
Moline, Henry, 319
Moll, Dominik, 801
Mondy, Pierre, 127
Monicelli, Mario, 451, 457, 527
Monjo, Armand, 42
Monk, Thelonious, 12, 123, 709
Monnet, Jacques, 454
Monnier, Philippe, 262
Monroe, Marilyn, 124
Montalembert, Thibaut de, 797
Montand, Yves, 73, 74, 79, 85, 96, 129, 188, 197, 252, 253, 254, 269, 275, 276, 277, 283, 299, 300, 310, 335, 376, 377, 469, 470, 471, 508, 534, 587, 598, 599, 680, 701, 702, 732
Moosmann, Daniel, 257
Moraz, Patricia, 451
Morder, Joseph, 768
Moreau, Jeanne, 48, 51, 79, 92, 106, 108, 126, 127, 128, 183, 188, 268, 309, 339, 350, 367, 377, 390, 440, 441, 444, 447, 495, 534, 581, 691
Moretti, Michèle, 342, 343, 363
Moretti, Nanni, 803, 814
Morgan, Michèle, 69, 197, 306
Morgenstern, Ignace, 113
Morgenstern, Madeleine, 113
Morin, Edgar, 12, 99, 100, 101
Morlay, Gaby, 536
Morrissey, Paul, 376
Mouchet, Catherine, 756
Moullet, Luc, 25, 39, 44, 104, 215, 216, 223, 378, 406, 768
Mounier, Emmanuel, 24
Mourier, Jean, 202
Moussy, Marcel, 23, 47
Muel, Bernard, 319
Mulot, Claude, voir aussi Frédéric Lansac, 401
Munk, Andrzèj, 34
Muraoka, Kumiko, 84
Murnau, Friedrich Wilhelm, 359, 727, 783
Musset, Alfred de, 176
Muyl, Philippe, 682

Nadeau, Gilles, 319
Nancy, Jean-Luc, 720
Narboni, Jean, 328, 329
Nat, Marie-José, 157
Navarre, Yves, 580
Nedjar, Claude, 232
Newman, Paul, 448
Newton, Huey P., 77
Niclou, Guillaume, 805
Nico, 364, 488, 489, 765, 766
Nimier, Roger, 82, 106, 111
Nizan, Paul, 11
Nogueira, Rui, 98, 99
Noguez, Dominique, 223
Noiret, Philippe, 109, 178, 179, 180, 237, 256, 280, 295, 296, 302, 310,

117, 150, 531, 588, 596, 597, 680, 696, 709, 710, 736, 737, 763
Novarina, Valère, 166
Nubbar, Alex, 404
Nuytten, Bruno, 601, 603, 682

Ogier, Bulle, 215, 265, 286, 306, 342, 344, 345, 350, 367, 377, 449, 487, 488, 746, 747, 801
Ogier, Pascale, 488, 609, 610
Okada, Eiji, 71
Oms, Marcel, 37
Ophuls, Marcel, 193, 194, 267, 268, 269, 271, 770
Ophuls, Max, 20, 32, 79, 194, 267, 548
Oraison, Marc, 151
Ormière, Jean-Luc, 799
Ornano, Michel d', 558
Orwell, George, 621
Ory, Pascal, 4
Oshima, Nagisa, 34, 118, 413
Ossang, F.-J., 768
Oury, Gérard, 164, 165, 166, 167, 168, 169, 170, 171, 172, 173, 187, 300, 301, 417, 457, 465, 555, 556, 557, 586, 587, 677, 695, 696

Pacino, Al, 448
Packard, Vance, 11
Pagnol, Marcel, 156, 163, 169, 367, 536, 612, 678, 680
Pahn, Riti, 803
Païni, Dominique, 658
Painlevé, Jean, 109
Palach, Jan, 511
Palance, Jack, 57, 123
Panfilov, Gleb, 34
Panijel, Jacques, 144
Papas, Irène, 252
Papatakis, Nico, 194
Parain, Brice, 56, 507
Paretti, Giancarlo, 651, 652, 653
Parillaud, Anne, 690, 691, 700
Parolini, Marilù, 345, 746
Parrish, Robert, 597
Pascal, Christine, 268, 451
Pasco, Isabelle, 701, 707
Pasolini, Pier Paolo, 223, 295
Passer, Ivan, 221, 375
Paudras, Francis, 708
Paul, Bernard, 257
Pauvert, Jean-Jacques, 406
Pauwels, Louis, 12
Pavarotti, Luciano, 160
Pavese, Cesare, 348
Paviot, Paul, 20, 126, 204
Pecas, Max, 401
Peckinpah, Sam, 34
Péguy, Charles, 21
Pélégri, Jean, 87, 144
Pellegrin, Raymond, 127
Penn, Arthur, 34, 222
Pennebaker, Donn-Allan, 120, 324, 332
Penzer, Jean, 176
Perec, Georges, 311, 472
Perez, Michel, 366
Pergaud, Louis, 163, 172
Perier, Étienne, 592
Perier, François, 252, 256, 470, 508
Perrault, Charles, 666, 746
Perrault, Gilles, 580
Perrier, Mireille, 490, 786, 787, 793
Perrin, Jacques, 252, 308, 799
Perry, Jacques, 580
Pesery, Bruno, 774, 799
Petrović, Aleksandar, 222
Peyrefitte, Alain, 149, 150, 402, 414, 415, 416
Philipe, Gérard, 123, 124, 187
Philippe, Claude-Jean, 540
Philippe, Pierre, 311
Philippon, Alain, 362
Phillips, Barre, 486
Piaf, Édith, 586
Pialat, Maurice, 104, 116, 195, 210, 292, 309, 311, 316, 370, 371, 372, 373, 374, 376, 377, 378, 447, 451, 454, 512, 513, 516, 529, 530, 590, 606, 610, 611, 612, 613, 645, 721, 732, 743, 744, 745, 747, 749, 752, 763, 777, 799, 800, 801, 805, 808
Picasso, Pablo, 223
Piccoli, Michel, 57, 78, 129, 130, 188, 227, 252, 256, 275, 276, 277, 291, 292, 295, 296, 302, 309, 310, 339, 341, 382, 385, 501, 556, 581, 592, 593, 616, 704, 734, 747, 748, 758, 788
Picq, Jean-Noël, 361, 362
Piéplu, Claude, 341, 382, 480, 581, 742
Pierre, Roger, 461, 474
Pierre, Sylvie, 328
Pignères, René, 187
Pinel, Vincent, 319
Pinheiro, José, 679
Pinoteau, Claude, 283, 311, 453, 454, 457, 458, 679
Pintilié, Lucian, 803
Pirès, Gérard, 306, 311, 452
Pisier, Marie-France, 50, 344, 345, 367, 377, 530, 587
Pividal, Raphaël, 363
Pivot, Bernard, 540
Pizzorno, Antonietta, 406
Placido, Michele, 502
Planchon, Roger, 194, 223, 588
Pleynet, Marcelin, 328

Pochat, Marie-Sophie : voir Marie-Sophie L.
Podalydès, Bruno, 796
Poe, Edgar Allan, 39, 180
Poiré, Alain, 146, 164, 186, 187, 308, 453, 456, 457, 458, 465, 523, 525, 532, 555, 645
Poiré, Jean-Marie, 173, 452, 453, 465, 534, 677, 693
Poiret, Jean, 148, 174, 461, 534, 545, 736
Poirier, Manuel, 801
Poitrenaud, Jacques, 165
Polac, Michel, 311
Polanski, Roman, 129, 232, 375, 452, 454, 479, 480, 538, 707, 761
Politoff, Haydée, 64, 500
Pollet, Jean-Daniel, 22, 103, 104, 105, 118, 223
Pommereulle, Daniel, 64, 365
Ponge, Francis, 105
Pons, Maurice, 580
Pontecorvo, Gillo, 25, 261
Ponti, Carlo, 117
Poulantzas, Nicos, 437
Poupaud, Chantal, 807
Poupaud, Melvil, 758
Powell, Bud, 708
Powell, Michael, 595
Preminger, Otto, 32, 40, 46, 223, 310
Presle, Micheline, 60, 742, 773
Presley, Elvis, 12
Prévert, Jacques, 85, 142, 144, 182, 226, 548
Price, Leontine, 160
Privat, Béatrice, 580
Prost, Georges, 564
Prou, Suzanne, 580
Prucnal, Anna, 403

Quéant, Gilles, 102
Queffélec, Henri, 111
Queneau, Raymond, 70, 107, 111, 174, 223, 350
Queysanne, Bernard, 311
Quignard, Pascal, 682

Rabier, Jean, 68
Rabourdin, Dominique, 618
Radiguet, Raymond, 156
Rado, James, 265
Radziwilowicz, Jerzy, 616
Ragny, Jerome, 265
Raimondi, Ruggero, 529
Raimu (Jules Muraire, dit), 179
Ralite, Jack, 410
Rappeneau, Jean-Paul, 107, 171, 179, 193, 194, 274, 283, 299, 300, 308, 309, 417, 449, 454, 534, 587, 681
Rassam, Jean-Pierre, 304, 308, 371, 374, 375, 376, 377, 521, 522, 523, 524, 525, 528, 529, 532, 533, 535, 537, 538, 612, 644, 683
Rassam, Paul, 304, 537, 649, 650, 683
Rauschenberg, Robert, 12
Ray, Nicholas, 32, 223
Ray, Satyajit, 34, 520
Ray-Gavras, Michèle, 799
Raygot, Alain, 103
Raymond, Georges, 647
Raysse, Martial, 11, 365
Réage, Pauline (pseudonyme), 403
Rebotier, Jean, 428
Recanati, Michel, 511
Régent, Benoît, 747, 766
Reggiani, Serge, 96, 160, 266, 275, 276, 283, 296
Régo, Luis, 303, 463
Régy, Claude, 447
Reich, Wilhelm, 221, 403
Reichenbach, François, 22, 116, 121, 123, 198, 292
Reisz, Karel, 34
Reitz, Edgar, 34
Remy, Dominique, 215
Renaud (Renaud Séchan, dit), 449, 680
Renaud, Line, 806
Renaud, Madeleine, 351, 405
Renoir, Claude, 159, 170
Renoir, Jean, 23, 28, 31, 34, 59, 79, 82, 89, 90, 91, 92, 113, 115, 126, 133, 142, 170, 182, 191, 202, 210, 223, 345, 359, 367, 374, 388, 491, 520, 536, 546, 548, 552, 671, 686, 703, 718, 785, 805
Réno, Jean, 677, 689, 690
Renucci, Robin, 736, 737, 786
Resnais, Alain, 19, 20, 22, 25, 26, 27, 28, 29, 30, 31, 34, 38, 40, 42, 58, 70, 71, 72, 73, 74, 75, 85, 100, 114, 116, 117, 128, 129, 130, 143, 144, 152, 170, 199, 209, 217, 218, 219, 223, 231, 232, 236, 238, 248, 268, 277, 282, 283, 299, 319, 323, 349, 447, 466, 473, 474, 475, 477, 481, 485, 499, 534, 537, 548, 565, 573, 590, 591, 647, 721, 734, 752, 770, 771, 773, 774, 797
Reverdy, Paul, 201
Rey, Fernando, 341
Rey, Frédéric, 580
Rey, Jean-Michel, 799
Reyer, Walter, 68
Riberolles, Jacques, 127
Ribes, Jean-Michel, 262
Riboud, Antoine, 226
Riboud, Christophe, 633, 648

Riboud, Jean, 230, 520, 521, 522, 523, 633
Riboud, Krishna, 520, 521
Rich, Claude, 75, 126, 129, 286
Richard, Jacques, 658
Richard, Jean-Louis, 50, 545, 797
Richard, Nathalie, 747
Richard, Pierre, 302, 303, 304, 306, 311, 457, 464, 534, 536
Richardson, Tony, 34, 349
Rigaud, Jacques, 416
Rinaldi, Gérard, 303
Risi, Dino, 525
Rissient, Pierre, 278
Rist, Christian, 268
Riva, Emmanuelle, 71, 73, 94, 109, 129, 489
Rivaud, famille, 652
Rivette, Jacques, 20, 23, 24, 25, 26, 27, 29, 39, 40, 42, 45, 58, 59, 60, 61, 85, 113, 114, 115, 117, 125, 149, 150, 151, 187, 199, 223, 227, 228, 238, 248, 316, 341, 342, 343, 344, 345, 346, 352, 358, 359, 363, 366, 369, 373, 377, 378, 394, 485, 486, 487, 488, 491, 492, 498, 499, 515, 516, 565, 575, 605, 606, 669, 721, 726, 734, 745, 746, 747, 748, 749, 750, 751, 752, 758, 777, 797, 801, 805
Rivière, Marie, 607, 725, 726
Robbe-Grillet, Alain, 19, 72, 74, 102, 215, 404
Robert, Yves, 77, 163, 171, 179, 180, 187, 283, 284, 303, 309, 456, 457, 465, 500, 599, 680, 681
Rocca, Alain, 668, 794, 795, 798, 801, 806
Rocha, Glauber, 222, 327
Rochant, Éric, 793, 794, 795, 798, 803
Roche, France, 32, 82
Roché, Henri-Pierre, 49, 128, 388
Rochefort, Jean, 279, 283, 303, 452, 456, 457, 534, 571, 697, 755
Rochereau, Jean, 147
Roger, Jean-Henri, 332, 515, 516
Rohmer, Éric (Maurice Scherer, dit), 20, 23, 24, 29, 34, 39, 40, 44, 58, 59, 61, 62, 63, 64, 65, 67, 87, 89, 90, 103, 112, 113, 114, 116, 117, 123, 125, 180, 195, 199, 200, 202, 203, 216, 223, 248, 265, 316, 343, 358, 359, 393, 394, 481, 482, 483, 484, 485, 490, 491, 492, 498, 499, 504, 506, 524, 548, 605, 606, 607, 608, 609, 669, 682, 721, 725, 726, 727, 728, 729, 730, 731, 734, 746, 752, 757, 764, 794, 795, 802
Rollin, Dominique, 580
Romains, Jules, 172
Romand, Béatrice, 608
Romans, Pierre, 797
Ronet, Maurice (Maurice Robinet, dit), 106, 107, 157, 180, 188
Roquevert, Noël, 174
Rosay, Françoise, 127, 228
Rosi, Francesco, 294, 527, 529, 661
Rosny, J.-H. aîné (Joseph-Henri Boex, dit), 584
Rossellini, Gil, 520
Rossellini, Renzo, 527
Rossellini, Roberto, 22, 26, 28, 33, 46, 59, 79, 133, 202, 210, 223, 263, 343, 365, 389, 395, 520, 521, 522, 523, 525, 528, 531, 717, 718, 754
Rostand, Edmond, 678, 681
Rósza, Miklós, 473
Rota, Nino, 157
Rotman, Patrick, 710
Rouch, Jean, 20, 85, 99, 100, 101, 102, 103, 116, 117, 121, 198, 223, 231, 323, 324, 371, 658
Roud, Richard, 520
Rouffio, Jacques, 215, 223, 257, 292, 310, 573, 592, 669
Rouland, Jacques, 311
Rouleau, Raymond, 454
Roullet, Serge, 232
Rousseau, Serge, 188, 533
Rousselet, André, 632
Rousset-Rouard, Yves, 403
Roussillon, Jean-Paul, 454
Roussopoulos, Carole, 321
Roustang, Pierre, 215
Rouvel, Catherine (Catherine Vitale, dite), 69, 90
Rouvre, Cyril de, 637
Roux, Ambroise, 226
Royer, Jean, 416
Rozier, Jacques, 29, 102, 103, 104, 117, 204, 358, 369, 371, 768
Rufus (Jacques Narcy, dit), 306, 448, 449
Ruspoli, Mario, 117

Sabatini, Stefania, 103
Sadoul, Georges, 28, 42
Sagan, Françoise, 11, 82, 248, 384
Saint-Cyr, Renée, 173
Saint-Geours, Jean, 658
Saint-Laurent, Cécil, 311
Saint Laurent, Yves, 11
Saint-Macary, Xavier, 499
Saint Phalle, Niki de, 11
Saint-Pierre, Isaure de, 580
Salinger, Emmanuel, 797, 798
Sallard, Roger, 428, 525
Saltzman, Harry, 324
Salvador, Henri, 273

Sanbar, Elias, 334
Sanchez, Manuel, 794, 795, 798
Sanda, Dominique (Dominique Varaigne, dite), 353, 354, 502, 556, 580
Sandrelli, Stefania, 470
Sarde, Alain, 480, 535, 637, 655, 678, 752, 760, 775
Sarraute, Nathalie, 447
Sarrazin, Albertine, 309
Sarrus, Jean, 303
Sartre, Jean-Paul, 11, 53, 110, 143, 223, 243, 385, 436, 507, 718
Sassard, Jacqueline, 70
Saulnier, Jacques, 176, 473, 771
Saura, Carlos, 231, 232, 233, 527
Saura, Dominique, 661
Sautet, Claude, 20, 143, 273, 274, 275, 276, 277, 278, 281, 282, 283, 288, 297, 299, 308, 310, 341, 447, 450, 454, 534, 592, 598, 599, 600, 707, 708, 711, 712, 713
Sauvy, Alfred, 12
Savary, Jérôme, 311
Saviange, Sonia, 515
Schell, Maximilian, 232
Schiffman, Suzanne, 549, 746
Schlöndorff, Volker, 34, 339, 527, 565, 661
Schlumberger, Éric, 149
Schlumberger, Jean, 529
Schneider, Maria, 295, 486
Schneider, Romy (Rosemarie Albach-Retty, dite), 188, 254, 275, 292, 293, 309, 310, 468, 534, 587, 596, 598
Schoendoerffer, Pierre, 116, 117, 118, 144, 679
Schroeder, Barbet, 102, 103, 113, 114, 264, 265, 344, 376, 524, 529
Schroeter, Werner, 765
Schulmann, Patrick, 462, 463
Schygulla, Hanna, 616
Scola, Ettore, 527, 565, 661, 677
Scorsese, Martin, 34, 537, 658
Scott, Helen, 39
Scott, Ridley, 666
Seban, Paul, 194, 319, 349, 363
Seberg, Jean, 53, 126, 210, 256, 489, 766
Sechan, Edmond, 20, 22
Sédouy, Alain de, 263, 416
Segalen, Victor, 84, 720
Ségogne, Henri de, 416
Seguin, Louis, 37
Sellers, Peter, 310
Sembene, Ousmane, 222
Semprun, Jorge, 19, 73, 74, 252, 253, 254, 255, 269, 275, 282, 311, 508, 534, 591, 670
Sergent, Jean-Pierre, 144
Séria, Joël, 416
Serrault, Michel, 146, 148, 171, 174, 290, 447, 451, 460, 461, 468, 478, 572, 592, 740
Serreau, Coline, 285, 449, 675, 676
Seydoux, Jérôme, 519, 521, 522, 523, 633, 645, 648, 649, 651, 652, 653, 803
Seydoux, Michel, 803
Seydoux, Mme, 645
Seydoux, Nicolas, 519, 522, 523, 524, 525, 528, 532, 633, 645, 646, 648, 649, 723, 803
Seydoux, René, 519
Seyrig, Delphine, 51, 72, 73, 129, 350, 367, 447
Shorter, Wayne, 708
Siclier, Jacques, 147
Siegel, Liliane, 385
Signoret, Simone (Simone Kaminker, dite), 227, 228, 252, 253, 266, 277, 299, 300, 301, 309, 368, 377, 469, 470, 508, 595, 603
Silberman, Serge, 339
Simenon, Georges, 95, 156, 161, 162, 278, 299, 697
Simon, Jean-Daniel, 257
Simon, Michel, 123, 126, 195, 227, 229, 290
Simonin, Albert, 172, 173
Simsolo, Noël, 406
Siritzky, Jo, 116, 191, 192, 371, 402, 422, 428
Siritzky, Léon, 191
Siritzky, Sammy, 116, 191, 192, 371, 402, 428, 429
Siritzky, Serge, 429, 563, 646
Sjöman, Vilgot, 221
Skolimowski, Jerzy, 34
Smolders, Olivier, 400
Solal, Martial, 93
Sollers, Philippe, 105, 223, 328
Soral, Agnès, 601
Sorel, Jean, 339
Sotha (Catherine Sotha, dite), 449
Souchon, Alain, 582, 600, 758
Soudet, Pierre, 416
Soupault, Philippe, 223, 597
Soutter, Michel, 264
Spielberg, Steven, 34, 448, 537, 692, 693, 725, 790, 807
Spiesser, Jacques, 262
Spinosa, Michel, 801
Stack, Robert, 366
Stanczack, Wadeck, 589, 762
Stelli, Jean, 44
Sternberg, Jacques, 19, 75
Sternberg, Josef von, 13, 691

Stevenin, Jean-François, 493, 513, 514, 515, 516, 769
Stevens, frères, 647
Stewart, Alexandra, 479
Stewart, James, 448
Straub, Jean-Marie, 5, 194, 248, 284, 316, 346, 347, 348, 352, 356, 363, 366, 367, 369, 374, 378, 427, 504, 541, 742, 769
Stravinski, Igor, 718
Streich, Rita, 73
Strick, Joseph, 180
Stritch, Elaine, 473
Stroheim, Erich von, 28
Sturges, Preston, 82, 83
Styron, William, 560
Subor, Michel, 55, 56
Surgère, Hélène, 515
Surman, John, 487
Sussfeld, Alain, 563
Swaim, Bob, 454, 579
Swanson, Gloria, 228
Sy, Brigitte, 766
Syberberg, Hans Jürgen, 527, 529
Szabo, Laszlo, 68, 124, 549, 609, 616, 746, 797
Szwarc, Jeannot, 695

Tabucchi, Antonio, 681
Tacchella, Jean-Charles, 311, 526
Tailleur, Roger, 37
Talbot, Dan, 526
Tanner, Alain, 264, 449, 527, 647
Tapie, Bernard, 305
Tarkovski, Andreï, 34, 118, 507, 565, 753
Tati, Jacques, 23, 32, 106, 123, 169, 175, 186, 207, 210, 211, 212, 213, 214, 223, 238, 768
Tatum, Art, 123
Tavernier, Bertrand, 227, 277, 278, 279, 280, 281, 288, 297, 308, 310, 311, 383, 451, 454, 460, 539, 548, 562, 595, 596, 597, 600, 654, 668, 707, 708, 709, 710, 711, 713
Taviani, Paolo et Vittorio, 647
Tchalgadjieff, Stéphane, 485, 486
Tchernia, Pierre, 308, 311, 461, 540
Téchiné, André, 216, 311, 316, 363, 366, 367, 368, 369, 377, 378, 383, 447, 450, 451, 454, 530, 534, 541, 601, 669, 721, 742, 746, 752, 760, 761, 762, 763, 764, 765, 787, 788, 797, 800, 804, 805, 806, 807, 808
Tendeter, Stacey, 388
Tenoudji, Edmond, 112, 113
Tensi, Anne-Marie, 401
Terrenoire, Louis, 54, 145
Ter Steege, Johanna, 766
Terzian, Alain, 677, 760
Terzieff, Laurent, 364
Teyssèdre, Anne, 728
Thalberg, Irving, 115
Théret, Max, 652
Thibault, Jean-Marc, 461
Thirard, Armand, 159
Thirard, Paul Louis, 37
Thom, René, 506
Thomas, François, 486
Thomas, John, voir Serge Korber
Thomas, Pascal, 307, 311, 548
Thomassin, Gérald, 759
Thome, Rudolf, 34
Thompson, Danièle, 168, 301, 457, 458, 526, 670, 804, 805
Thompson, Jim, 472, 597
Thorn, Jean-Pierre, 239, 322
Thulin, Ingrid, 74
Tinguely, Jean, 11
Tisot, Henri, 228
Tissier, Jean, 174
Todeschini, Bruno, 797
Tognazzi, Ugo, 295, 461
Topart, Jean, 736
Toscan du Plantier, Daniel, 522, 524, 525, 526, 527, 528, 529, 530, 531, 532, 535, 538, 544, 560, 583, 587, 627, 644, 645, 646, 647, 661, 677, 682, 689, 707, 718, 739, 743, 752, 775, 777, 791, 802, 813
Toubiana, Serge, 328, 329, 368, 605
Toublanc-Michel, Bernard, 453
Toubon, Jacques, 656, 665
Tourneur, Jacques, 703
Tourneur, Maurice, 703
Trauner, Alexandre, 689, 708
Treilhou, Marie-Claude, 514, 515, 516, 742
Trenet, Charles, 51
Trichet, 145
Trintignant, Jean-Louis, 64, 70, 160, 180, 197, 252, 256, 302, 307, 310, 311, 534, 553, 554, 580, 587, 592, 600, 762, 803
Trintignant, Marie, 472, 736, 737, 763, 786
Trintignant, Nadine, 257, 284, 285, 287
Triolet, Elsa, 77
Trotta, Margarethe von, 527
Troyes, Chrétien de, 484, 485, 609
Truffaut, François, 3, 19, 20, 21, 22, 23, 24, 27, 28, 29, 31, 32, 33, 34, 35, 37, 39, 40, 42, 43, 44, 47, 48, 49, 50, 51, 52, 53, 55, 57, 58, 59, 60, 62, 67, 81, 87, 103, 104, 113, 114, 115, 116, 117, 118, 120, 124, 125, 127, 128, 129, 143, 144, 147, 154, 172, 195, 196, 199, 223, 226, 227, 228, 229, 230,

231, 232, 233, 236, 238, 247, 248, 257, 274, 278, 283, 292, 305, 358, 365, 371, 375, 379, 384, 385, 386, 387, 388, 389, 390, 391, 392, 393, 394, 395, 405, 447, 454, 466, 490, 491, 492, 493, 494, 495, 496, 497, 498, 499, 503, 514, 515, 520, 534, 535, 536, 543, 544, 545, 546, 547, 548, 549, 550, 551, 552, 553, 554, 555, 557, 590, 600, 605, 606, 613, 618, 621, 644, 666, 667, 671, 704, 706, 709, 713, 718, 722, 734, 748, 758, 760, 761, 777, 780, 802, 813, 814
Turner, Ted, 669

Unia, Pierre, 404
Ustinov, Peter, 180

Vadim, Christian, 609
Vadim, Roger, 21, 22, 23, 24, 38, 44, 82, 123, 128, 129, 148, 161, 184, 231, 234, 238, 248, 292, 384, 404
Vailland, Roger, 83, 155, 257
Valenti, Jack, 636, 661
Valère, Jean, 20, 22
Valli, Alida (Alida von Altenburger, dite), 162, 349
Van Buren, Francis, 790, 791
Van Damme, Alain, 404
Van Damme, Charlie, 771, 803
Vaneck, Pierre, 237
Van Effenterre, Bertrand, 363
Vaneigem, Raoul, 221
Vanel, Charles, 95, 159, 477
Van Peebles, Melvin, 194
Varda, Agnès, 20, 27, 28, 29, 40, 75, 76, 77, 78, 80, 85, 87, 113, 114, 116, 117, 118, 129, 130, 179, 192, 193, 199, 204, 215, 216, 217, 223, 248, 265, 266, 284, 286, 371, 375, 446, 447, 536, 565, 668, 669, 730, 731, 732, 733, 734, 752, 790
Vasarely, Victor, 223
Vassilikos, Vassilis, 252
Vaugeois, Gérard, 752
Vautier, René, 143, 262, 319, 415
Vautrin, Jean, voir aussi Jean Herman, 248
Veber, Francis, 173, 303, 447, 461, 464, 534, 590, 670, 696, 703
Vecchiali, Paul, 193, 194, 405, 515, 516, 741, 742, 752
Ventura, Claude, 363
Ventura, Lino (Angelo Borrini, dit), 96, 127, 161, 162, 173, 182, 183, 187, 247, 266, 273, 301, 302, 303, 308, 309, 311, 453, 454, 468, 587, 598
Vercel, Pierre, 524, 553
Vercors, 223
Vergez, Gérard, 248, 589
Verley, Bernard, 799, 801
Verneuil, Henri, 155, 161, 169, 179, 182, 238, 251, 299, 417, 450, 453, 458, 534, 536, 670, 679
Vernier, Jean-Marc, 628
Vernoux, Marion, 801
Verrecchia, Guy, 410, 524, 563, 650
Vertov, Dziga, 329
Viansson-Ponté, Pierre, 220
Vienet, René, 331
Vierny, Sacha, 118, 170, 291, 473
Vigne, Daniel, 454, 587, 590
Vignet, Philippe, 790
Vigo, Jean, 28, 31, 37, 67, 202, 372, 492, 765, 778, 787, 792, 813
Vilar, Jean, 28, 75, 179, 223
Vilar, Jean-François, 289
Villain, Dominique, 329
Villeret, Jacques, 262, 455, 460, 465, 514, 533, 585, 676
Villiers, Philippe de, 656
Vincent, Christian, 793, 794, 795, 798
Vincent, Jean-Pierre, 368
Viot, Pierre, 408, 415, 419, 559, 656, 659
Virilio, Paul, 720, 815
Visconti, Luchino, 181, 184, 223, 310, 354, 531, 541
Vital, Claude, 458
Vitez, Antoine, 64
Vitti, Monica, 232
Viva, 266
Vlady, Marina (Marina de Poliakoff-Baïdaroff, dite), 74, 209, 210
Volonté, Gian Maria, 256
Vonnier, Fabienne, 648

Wajda, Andrzej, 46, 116, 339, 527, 565, 590
Wallon, Dominique, 522, 656, 802
Walsh, Raoul, 32, 223
Wargnier, Régis, 679
Warhol, Andy, 266
Warner, David, 473
Weber, Jacques, 262, 453, 533, 681
Weingarten, Isabelle, 354, 359
Welles, Orson, 32, 82, 92, 128, 133, 202, 223, 309, 474, 671
Wenders, Wim, 34, 118, 647, 654, 661, 805
Werner, Oskar, 51
Wiazemsky, Anne, 88, 213, 332, 377, 393, 489, 490
Wiener, Jean, 486
Wilder, Billy, 32, 133
Williams, Charles, 552
Wilson, Georges, 349

Wilson, Lambert, 762, 764, 786
Winters, Shelley, 480

Yanne, Jean (Jean Gouyé, dit), 171, 213, 255, 270, 290, 292, 302, 306, 307, 309, 311, 374, 376, 377, 380, 381, 465, 521, 523, 524, 538, 581, 682, 738, 762
Yared, Gabriel, 615
York, Michael, 309
Yoshida, Yoshishige, 34
Young, Terence, 232

Zarifian, Christian, 319, 768
Zeffirelli, Franco, 529, 682
Zeitoun, Ariel, 790
Zhang Yimou, 803
Zidi, Claude, 303, 304, 311, 447, 458, 459, 534, 536, 537, 575, 668, 677, 695, 696, 791
Zouzou, 364
Zucca, Pierre, 769
Zulawski, Andrzej, 263, 310, 454, 529, 601, 682
Zurlini, Valerio, 252

INDEX DES FILMS

A bientôt j'espère : 319
A bout de souffle : 29, 34, 37, 39-40, 42, 43, 44, 49, 52, 54, 55, 56, 57, 79, 93, 107, 117, 118, 122, 126, 127, 144, 154, 187, 210, 261, 435, 441, 505, 693
A chacun son enfer : 160, 259
A double tour : 30, 67, 68, 112, 124, 127, 199
A la belle étoile : 802
A mort l'arbitre : 740
A nos amours : 610, 613, 730, 743, 744, 799
A nous deux : 585
A nous deux, France : 264
A nous les petites Anglaises : 462
A nous quatre, Cardinal ! : 304
A. Constant : 768
A.K. : 754
Abysses (les) : 194
Accompagnatrice (l') : 706
Acrobate (l') : 105
Adieu l'ami : 248
Adieu Philippine : 29, 49, 103, 117, 358
Adieu poulet : 257
Adorable Menteuse : 176
Affaire de femmes (Une) : 658, 737
Affaire des divisions Morituri (l') : 768
Affaire Dominici (l') : 301
Affiche rouge (l') : 267
Afrique 50 : 143
Agatha et les lectures illimitées : 349
Age d'or (l') : 339
Age de fer (l') : 521
Agent trouble : 740
Agression (l') : 307
Aigle à deux têtes (l') : 183, 187
Aile ou la cuisse (l') : 459
Ailes de la colombe (les) : 502
Aîné des Ferchaux (l') : 95, 127
Alamo Bay : 703
Albatros (l') : 289, 290
Aldo et junior : 463
Alerte en Méditerranée : 187
Alexandre le Bienheureux : 172, 180, 302
Alexandre Nevski : 46
Alger la Blanche : 799
Algérie année zéro : 144
Algérie en flammes : 143
Alice ou la dernière fugue : 477-478, 479
Allemagne 90 neuf zéro : 776
Allemagne année zéro : 718
Allez France : 171
Alouette, je te plumerai : 769
Alpagueur (l') : 458
Alphaville : 57, 118
Amadeus : 683
Amant (l') : 687-688
Amant de Lady Chatterley (l') : 403
Amant magnifique (l') : 603
Amants (les) : 17, 44, 106, 128, 147, 270
Amant de cinq jours (l') : 187
Amants de Vérone (les) : 125
Amants du Pont-Neuf (les) : 790, 791, 792
Amants terribles (les) : 768
Amateur (l') : 814
Amélie ou le Temps d'aimer : 261
Américain (l') : 112
Amerika, rapports de classes : 347, 348
Amérique insolite (l') : 122
Ami de mon amie (l') : 727-728
Amis (les) : 366
Amour à la bouche (l') : 404
Amour à mort (l') : 476-477, 485
Amour à vingt ans (l') : 48, 50
Amour avec des si (l') : 196
Amour c'est gai, l'amour c'est triste (l') : 105, 118
Amour de poche (Un) : 81, 93, 125
Amour de Swann (Un) : 527, 590
Amour en Allemagne (Un) : 527
Amour en fuite (l') : 48, 497-498
Amour existe (l') : 369, 372
Amour fou (l') : 117, 342, 345, 366, 486

Amour l'après-midi (l') : 62, 65, 358
Amour nu (l') : 286
Amour par terre (l') : 745
Amour violé (l') : 286
Amoureuse (l') : 758, 764
Amoureuse : 759
Amoureux (les) : 805
An 01 (l') : 285, 323, 365, 451
Anatomie d'un rapport : 406
Anémone : 364
Ange (l') : 768
Ange bleu (l') : 79
Ange exterminateur (l') : 338, 340, 341
Ange noir (l') : 768
Ange passe (Un) : 364
Angélique et le sultan : 247
Angélique, marquise des Anges : 156
Anges du péché (les) : 546
Animal (l') : 459
Année dernière à Marienbad (l') : 72, 73, 75, 100, 101, 117, 129, 200, 474
Année prochaine si tout va bien (l') : 454
Année sainte (l') : 301
Annonce faite à Marie (l') : 769
Antigone : 769
Antonietta : 527
Août : 794, 801
Apocalypse Now : 538
Après après-demain : 742
Arbre et le Soleil (l') : 105
Arbre, le maire et la médiathèque (l') : 729
Arcandiers (les) : 794
Archipel des amours (l') : 742
Argent (l') (Bresson) : 593-594
Argent (l') : 591
Argent de poche (l') : 493, 495
Argent des autres (l') : 462, 539, 592
Aristochats (les) : 424
Arme à gauche (l') : 273
Armée des ombres (l') : 95, 98, 186, 266
Arrêtez les tambours : 173
Arrière-train sifflera trois fois (l') : 411
Arroseur arrosé (l') : 171
As des as (l') : 457, 555, 556, 564, 586
Ascenseur pour l'échafaud : 17, 29, 106, 125, 127, 128, 161, 180, 183
Assassin musicien (l') : 502
Assassinat de Trotski (l') : 299, 310
Assassins de l'ordre (les) : 257
Assassins et voleurs : 461
Association de malfaiteurs : 696
Astragale (l') : 247, 309
Atelier (l') : 764
Athanor (l') : 364, 747
Atlantic City : 703
Attentat (l') : 255, 282, 341
Attention bandits : 738, 762
Attention les yeux : 307
Au cœur de la vie : 123, 162
Au feu, les pompiers ! : 231, 375
Au hasard Balthazar : 88, 89, 118, 213
Au long de la rivière Fango : 285
Au Père-Lachaise : 105
Au revoir les enfants : 704
Au travers des oliviers : 803
Aurelia Steiner (Melbourne) : 352
Aurelia Steiner (Vancouver) : 352
Aurelia Steiner : 349
Aussi longue absence (Une) : 27, 349
Autant en emporte le vent : 693
Autopsie d'un meurtre : 46
Autour de minuit : 708
Autre homme, une autre chance (Un) : 585
Aux urnes, citoyens : 317
Aux yeux du monde : 795, 803
Avant-Veille du grand soir (l') : 509
Avare (l') : 460
Ave Maria : 658
Avec le sang des autres : 319
Aventure de Billy the Kid (Une) : 216
Aventures de Rabbi Jacob (les) : 298, 300, 306, 424, 457, 459
Aventuriers (les) : 162, 181
Aveu (l') : 253, 254, 277, 281, 282, 298
Avoir vingt ans dans les Aurès : 262, 416
Avventura (l') : 33

Babette s'en va-t-en guerre : 185
Baie des Anges (la) : 79, 128
Baisers de secours (les) : 766
Baisers volés : 48, 51, 129, 247, 384, 547
Bal du comte d'Orgel (le) : 156
Balance (la) : 579
Baleine qui avait mal aux dents (Une) : 602
Ballade pour un chien : 248
Balle au cœur (Une) : 105
Balle dans le canon (Une) : 176
Ballon rouge (le) : 686
Bananes mécaniques : 405
Bande à part : 57, 118, 123, 196
Bande des quatre (la) : 344, 746, 747
Banquière (la) : 293, 310, 587, 591
Bar des rails : 808
Barbarella : 248
Barbouzes (les) : 173, 187
Barocco : 530, 760
Barrage contre le Pacifique : 349
Bartleby : 180
Bas-Fonds (les) : 176
Bassae : 105
Bataille d'Alger (la) : 261
Bataille du rail (la) : 266

Baxter, Vera Baxter : 349
Boatnik et le Minet (le) : 446
Beau fixe : 795
Beau mariage (Un) : 62, 608
Beau Masque : 257
Beau Serge (le) : 17, 30, 66, 67, 124, 125, 365, 382
Beau temps mais orageux en fin de journée : 742
Beau-père : 439, 450
Bébert et l'Omnibus : 171
Bel Age (le) : 27, 83, 192
Belle Américaine (la) : 164, 171
Belle de jour : 129, 130, 339
Belle Equipe (la) : 164
Belle fille comme moi (Une) : 283, 390, 495, 553
Belle Histoire (la) : 739
Belle Noiseuse (la) : 747-748
Belle Vie (la) : 144, 162
Belles Manières (les) : 515, 742
Ben Hur : 162
Benjamin ou les mémoires d'un puceau : 129, 177, 215
Berceau de cristal (le) : 364
Bête (la) : 404
Bête humaine (la) : 91, 182
Béton dans la ville (le) : 609
Betty : 736, 737, 762
Biches (les) : 70, 180, 215
Bicots-Nègres nos voisins : 264
Bidasses en folie (les) : 298, 303, 424
Bidasses s'en vont en guerre (les) : 304
Bijoux de famille (les) : 404
Black mic-mac : 676
Black Moon : 479, 499
Black Panthers : 77, 265
Blanche : 404
Bleu des origines (le) : 364, 766
Blow-up : 160
Blue Jeans : 103
Bob le flambeur : 92, 94, 95, 96, 98, 339
Boccace : 70, 310
Bof, anatomie d'un livreur : 283, 291, 308
Bohème (la) : 529, 645, 682
Bon et les Méchants (le) : 269
Bon Plaisir (le) : 573
Bon Roi Dagobert (le) : 525
Bonheur (le) : 77, 129, 199, 286, 320
Bonjour sourire : 273
Bonne Année (la) : 306
Bonne Chance : 31
Bonne Occase (la) : 261
Bonnes Femmes (les) : 68, 124
Bonnie and Clyde : 222
Bons baisers de Bangkok : 108
Bons Vivants (les) : 186
Bonzesse (la) : 402, 404
Borderline : 650, 768
Boris Godounov : 529, 682
Borsalino : 298, 299
Bossu (le) : 167, 183
Boucher (le) : 380-381, 382-383
Bougnoul (le) : 257
Boulangère de Monceau (la) : 62, 63, 113, 359
Boulevard : 127
Boum (la) : 457, 793
Boum 2 (la) : 458
Bourgeois gentilhomme (le) : 588
Bourse ou la vie (la) : 174
Boy Meets Girl : 787-788
Brasier (le) : 802
Brigitte et Brigitte : 215-216
British Sounds : 331, 333
Bronzés (les) : 452, 463
Bronzés font du ski (les) : 453, 463
Buffet froid : 462, 572, 573

C'est la vie : 515
C'est pas moi c'est lui : 303
C'est pas parce qu'on n'a rien à dire qu'il faut fermer sa gueule : 451
C.G.T. en mai-juin 68 (la) : 319
Ça n'arrive qu'aux autres : 285
Café des Jules (le) : 742
Cage aux folles (la) : 461, 462
Calcutta : 216
Calmos : 451, 571, 698
Camarades : 305, 308
Camille Claudel : 682-683, 791
Camion (le) : 349, 351, 377
Camisards (les) : 368
Campagne de Cicéron (la) : 742
Canons de Navarone (les) : 162, 185
Cap Canaille : 516
Capitaine Fracasse (le) : 163, 183
Capitan (le) : 183
Caporal épinglé (le) : 91, 92, 126
Caprices de Marie (les) : 180
Captive du désert (la) : 769
Carabiniers (les) : 57, 117, 265
Carambolage : 146, 187
Carapate (la) : 457
Caravelle (la) : 262
Cardinal (le) : 310
Carmen : 527, 528
Carrière de Suzanne (la) : 62, 63
Carrosse d'or (le) : 89, 113, 548
Carte bleue : 305
Cartouche : 176, 178, 187
Casque bleu : 654
Casque d'or : 176, 309
Casse (le) : 298
Catherine ou une vie sans joie : 115
Cavaliers de l'orage (les) : 589

Ce répondeur ne prend pas de message : 499, 500, 755
Ce soir ou jamais : 125, 176
Cécilia : 329
Cela s'appelle l'aurore : 338
Céline : 768
Céline et Julie vont en bateau : 344, 345, 346, 352, 485-488
Celles qu'on n'a pas eues : 307
Cendres et Diamants : 46
Cent et Une Nuits (les) : 734
Cent Mille Dollars au soleil : 161, 187
Cent Un Dalmatiens (les) : 185
Cercle rouge (le) : 95, 170, 181, 186, 298
Certaines nouvelles : 511
Cerveau (le) : 187, 298, 300
César et Rosalie : 274, 275, 277, 283, 298, 308, 310
Césarée : 352
Cet obscur objet du désir : 340
Cézanne : 769
Chagrin et la Pitié (le) : 267, 268, 269
Chair de l'orchidée (la) : 603
Chair de poule : 156
Chamade (la) : 187, 248
Chambre en ville (Une) : 79, 555-557, 564
Chambre verte (la) : 494, 496, 497
Champ d'honneur : 769
Champignon des Carpathes (le) : 742
Change pas de main : 515
Chant du Styrène (le) : 71, 73
Charlot émigrant : 704
Charlots font l'Espagne (les) : 303
Charlotte et son jules : 125, 126
Charme discret de la bourgeoisie (le) : 340, 341
Chasse gardée : 742
Chat (le) : 301, 308
Chat et la souris (le) : 306
Château de ma mère (le) : 646, 678, 680
Chatte sur un doigt brûlant (la) : 411
Chaud lapin (le) : 307
Chemins de Katmandou (les) : 258
Cheval d'orgueil (le) : 477
Chèvre (la) : 464, 465
Chien andalou (Un) : 288, 339
Chienne (la) : 115
Chimère : 796
Chinois à Paris (les) : 270, 292, 299, 523
Chinoise (la) : 56, 118, 125, 192, 213, 331
Chobizenesse : 292
Chocolat : 806
Choix des armes (le) : 471, 590, 701
Choses de la vie (les) : 274, 275, 283, 297, 298, 308, 310, 341, 600, 711
Chouans ! : 679
Christ s'est arrêté à Eboli (le) : 527
Chronique d'Anna-Magdalena Bach : 248, 347
Chronique d'un amour : 33
Chronique d'un été : 99, 100, 101, 117
Chronique des années de braise : 263
Chut ! : 289, 290
Cicatrice intérieure (la) : 364, 766
Ciel de Paris (le) : 800
Cinéma de papa (le) : 305
588 rue de Paradis : 679
Cinq Hommes et un peuple : 143
53 Minutes d'avance : 317
Circulez, y a rien à voir : 463
Cité de l'indicible peur (la) : 175
Cité de la peur (la) : 695
Cité des femmes (la) : 527
Citizen Kane : 474, 507, 637
Clair de femme : 254, 310
Clan des Siciliens (le) : 161, 298, 299, 301
Clara et les chics types : 454
Classe tous risques : 273, 598
Cléo de 5 à 7 : 27, 29, 76, 117, 129, 192, 731
Clérambard : 172, 180, 283
Cochon (le) : 359, 378
Cocktail Molotov : 458
Cocorico monsieur Poulet : 102
Cœur battant (le) : 83
Cœur en hiver (Un) : 712
Cœur net (le) : 84
Cœur qui bat (Un) : 769
Cœurs verts (les) : 215
Collectionneuse (la) : 62, 63, 64, 114, 117, 199
Combat dans l'île (le) : 144, 180, 247, 309
Comédie ! : 758
Comédie du travail (la) : 768
Comme un cheveu sur la soupe : 164
Comme un torrent : 46
Comment ça va ? : 117, 187, 506, 509
Comment réussir quand on est con et pleurnichard : 302
Comment Yukong déplaça les montagnes : 322, 755
Communion solennelle (la) : 369
Compagnons de la Marguerite (les) : 174, 215, 461
Compartiment tueurs : 194, 252
Compères (les) : 464
Complot (le) : 262
Concentration (la) : 364
Concerto pour un exil : 264
Condamné à mort s'est échappé (Un) : 89, 106, 155
Condé (Un) : 255

Conformiste (le) : 295
Conte d'hiver : 729, 746
Conte de printemps : 728-729
Contes de la lune vague après la pluie (les) : 46
Contes érotiques (les) : 404
Contrebandières (les) : 216
Contrebandiers de Moonfleet (les) : 487
Contretemps : 105
Copains (les) : 172, 179
Copains d'abord (les) : 677
Coplan sauve sa peau : 194, 255
Corbeau (le) : 159
Corniaud (le) : 162, 166, 167, 168, 169, 170, 186
Corps à cœur : 515
Corps de mon ennemi (le) : 458
Coup de cœur : 576
Coup de foudre : 458
Coup de grâce (le) : 74
Coup de Sirocco (le) : 588
Coup de tête : 583
Coup de torchon : 597
Coup du berger (le) : 58, 115
Coup du parapluie (le) : 457
Coup pour coup : 320, 637
Couple (Un) : 174
Couple témoin (le) : 194
Courage fuyons : 457
Course à l'échalote (la) : 299, 304, 311
Courts-circuits : 770
Cousin, cousine : 526, 583
Cousins (les) : 30, 44, 66, 67, 112, 125, 147, 365
Crabe-Tambour (le) : 144
Crackers : 703
Cracks (les) : 187
Cran d'arrêt : 255
Créatures (les) : 78, 129, 130
Cri (le) : 33
Cri du cormoran le soir au-dessus des jonques (le) : 302, 447
Cri du hibou (le) : 735, 737
Crime de David Levinstein (le) : 215
Crime de Monsieur Lange (le) : 388
Crime et Châtiment : 87
Crime ne paie pas (le) : 164
Crin Blanc : 686
Crise (la) : 676
Cuba si : 116, 143
Cucaracha (la) : 20
Cuirassé Potemkine (le) : 508
Cuisine au beurre (la) : 163, 167, 186
Cuisine et dépendances : 682
Cul-de-sac : 129
Curée (la) : 161
Cyrano de Bergerac : 678, 681
Cyrano et d'Artagnan : 156
D'Est : 767
Daddy Nostalgie : 710
Daguerréotypes : 266
Dame aux camélias (la) : 587
Dames de la côte (les) : 550
Dames du bois de Boulogne (les) : 31, 58, 352, 502
Dandin : 588
Danse avec les loups : 650, 693
Danton : 527, 529, 590
De bruit et de fureur : 768
De la nuée à la résistance : 347, 348
Décade prodigieuse (la) : 341, 382
Déclic et des claques : 194
Deep Throat (Gorge profonde) : 404
Défense de savoir : 257, 285
Déjeuner sur l'herbe (le) : 86, 89, 90, 91
Delicatessen : 802
Délits flagrants : 769
Demain l'amour : 144
Demoiselles de Rochefort (les) : 79, 118, 129, 130, 252, 556, 731, 734
Demoiselles ont eu vingt-cinq ans (les) : 80, 734
Dénonciation (la) : 116
Dentellière (la) : 450
Dents de la mer (les) : 459
Dernier Amant romantique (le) : 403
Dernier Combat (le) : 689
Dernier Domicile connu : 309
Dernier Métro (le) : 385, 543-550, 553, 554, 615, 618, 704, 757
Dernier Saut (le) : 180
Dernier Tango à Paris (le) : 263, 295, 298, 401
Dernière tentation du Christ (la) : 658
Dernières vacances (les) : 32, 106
Des enfants gâtés : 280
Des femmes disparaissent : 161
Des journées entières dans les arbres : 349, 351
Des pissenlits par la racine : 164, 161
Désenchantée (la) : 769
Désordre : 808
Destin de Juliette (le) : 602
Détective : 774, 776
Détruire dit-elle : 349, 350, 386
Deux : 696
Deux Anglaises et le continent (Les Deux Anglaises) : 125, 388-389, 495
Deux heures moins le quart avant Jésus-Christ : 538
Deux Hommes dans la ville : 298, 301
Deux Hommes dans Manhattan : 86, 92, 93, 94, 95, 98
Deux Lions au soleil : 291
Deux Marseillaises (les) : 248, 317
Deux Mémoires (les) : 74, 282

Deux ou trois choses que je sais d'elle : 74, 118, 208, 209, 210, 213, 335
2001 Odyssée de l'espace : 448
Deuxième Souffle (le) : 95, 96
Diable et les dix commandements (le) : 164
Diable par la queue (le) : 284, 300
Diable, probablement (le) : 356, 486
Diaboliquement vôtre : 156, 181, 308
Diaboliques (les) : 461
Diabolo Menthe : 458
Dictateur (le) : 555
Diên Biên Phu : 144, 679
Dieu noir et le diable blond (le) : 222
Dieu sait quoi : 105
Dieu vomit les tièdes : 769
Dillinger est mort : 295, 296, 340
Dimanche à la campagne (Un) : 597, 709
Dimanche à Pékin : 117
Discrète (la) : 793
Distrait (le) : 302
Dites-lui que je l'aime : 449, 467
Diva : 574, 576, 583, 700
Divine enfant : 741
Dix heures et demie du soir en été : 349
Dix Mille Soleils : 222
Dix minutes pour John Lennon : 512
Dix-Septième Parallèle (le) : 216
Doc's Kingdom : 769
Docteur Jekyll et Mister Hyde : 90
Docteur Jivago : 162
Docteur M : 735, 737
Docteur Popaul : 298, 299, 382
Documenteur : 732, 733
Doigts dans la tête (les) : 365, 500
Dolce Vita (la) : 125, 191
Dom Juan : 130
Domicile conjugal : 48, 52, 384, 385-388, 495
Don Giovanni : 527, 528, 541, 578, 682
Dos au mur (le) : 161
Dossier 51 : 580
Double Messieurs : 514, 769
Doucement les basses : 299
Doulos (le) : 95, 96, 117, 127, 130, 178
Dragueurs (les) : 125, 174, 192
Drapeau noir flotte sur la marmite (le) : 302
Drôle d'endroit pour une rencontre : 769
Drôle de jeu : 83, 215
Drôle de paroissien (Un) : 167, 174, 289
Drôlesse (la) : 500
Du côté d'Orouët : 103, 358
Du mouron pour les petits oiseaux : 156
Duel : 807
Duelle : 485-488
Dupont-Lajoie : 256, 450
E.T. : 555
Eau à la bouche (l') : 21, 39, 83, 124-125, 127
Eau froide (l') : 808
Eaux profondes : 580
Eclairage intime : 221
Eclipse (l') : 181
Eden miseria : 768
Edith et Marcel : 586
Education sentimentale (l') : 81
Effrontée (l') : 705
Eldridge Cleaver : 416
Elena et les hommes : 89, 520
Eléphant, ça trompe énormément (Un) : 456, 457
Elise ou la vraie vie : 261
Elle a passé tant d'heures sous les sunlights : 490, 765-767
Elle boit pas, elle fume pas, elle drague pas... mais elle cause ! : 298, 302
Elle court, elle court la banlieue : 307
Elsa la Rose : 77
Emilienne : 404
Emmanuelle : 298, 309, 402-403, 410, 424, 428
Emmanuelle 2 : 411
Emmerdeur (l') : 298, 303, 306
Empire des sens (l') : 413
Empty Quarter (Une femme en Afrique) : 769
En haut des marches : 741
Enclos (l') : 27
Encore/Once more : 742
Enfance d'Ivan (l') : 34, 507
Enfance nue (l') : 196, 370-372
Enfant dans la foule (Un) : 366
Enfant de l'hiver (l') : 808
Enfant sauvage (l') : 52, 384, 387, 495
Enfant secret (l') : 488-489, 766
Enfant-lion (l') : 770
Enfants (les) : 768
Enfants des courants d'air (les) : 117
Enfants désaccordés (les) : 364, 766
Enfants du paradis (les) : 670, 693
Enfants du placard (les) : 502
Enfants jouent à la Russie (les) : 776
Enfer (l') : 160, 310, 735
Entrée des artistes : 43
Epais manteau de sang (Un) : 248
Epoque formidable (Une) : 654
Equipée sauvage (l') : 123
Erotissimo : 306
Essayeuse (l') : 412
Et Dieu créa la femme : 21, 38, 176, 180, 185, 435
Et la tendresse... bordel ! : 462
Et vogue le navire : 527
Etalon (l') : 289
Etat de grâce (l') : 573

Etat de siège : 253, 308
Etat sauvage (l') : 293
Etats d'âme : 574
Etau (l') : 180
Eté inoubliable (Un) : 803
Eté meurtrier (l') : 582
Eté sans histoire (Un) : 796
Etrange affaire (Une) : 592
Etrange voyage (Un) : 755
Etudiante (l') : 679, 793
Evénement le plus important depuis que l'homme a marché sur la Lune (l') : 79
Exhibition : 405, 406, 410
Exhibition 2 : 411
Extérieur nuit : 602

F. comme Fairbanks : 450
Faites sauter la banque : 164
Family Life : 473
Fanfan la Tulipe : 43, 187
Fanny et Alexandre : 527
Fantasia chez les ploucs : 307
Fantômas : 156, 187
Fantômas se déchaîne : 168, 187
Fantôme de la liberté (le) : 340, 341
Fantômes du chapelier (les) : 462, 478
Far West (le) : 305
Farceur (le) : 112, 176, 187
Farenheit 451 : 51, 57, 199, 385
Fatale : 705
Faubourg Saint-Martin : 742
Faustine et le bel été : 285, 453
Faut pas prendre les enfants du bon Dieu pour des canards sauvages : 187, 302
Faut pas rire du bonheur : 805
Faut-il aimer Mathilde ? : 801
Faute de l'abbé Mouret (la) : 110
Fée pas comme les autres (Une) : 686
Félins (les) : 157, 181
Femme à sa fenêtre (Une) : 282
Femme aux cent visages (la) : 105
Femme d'à côté (la) : 549-550, 552
Femme de Jean (la) : 286
Femme de l'aviateur (la) : 603-604, 608
Femme disparaît (Une) : 67
Femme douce (Une) : 353, 355
Femme du Gange (la) : 349, 350-351
Femme est une femme (Une) : 55, 117, 123, 125, 127, 128, 176, 199, 209, 210
Femme infidèle (la) : 180, 380-381
Femme mariée (Une) : 56, 57, 75, 210, 507
Femme qui pleure (la) : 365, 500
Femme-spectacle (la) : 196
Femmes, femmes : 515
Ferme du pendu (la) : 167
Fêtes galantes (les) : 156
Feu à volonté : 194
Feu follet (le) : 107, 108, 180, 704, 705
Fiancée du pirate (la) : 291
Fièvre monte à El Pao (la) : 338
Fille à la dérive (Une) : 284
Fille aux yeux d'or (la) : 155
Fille cousue de fil blanc (Une) : 462
Fille de d'Artagnan (la) : 654, 711
Fille de quinze ans (la) : 733, 758
Fille et des fusils (Une) : 196, 305
Fille pour l'été (Une) : 162
Fille prodigue (la) : 501
Film pas comme les autres (Un) : 239, 331
Flammes sur l'Adriatique : 82
Fleurs du miel (les) : 291
Fleuve : 520
Flic (Un) : 95, 97, 181, 186
Flic ou voyou : 458
Flic Story : 298, 299
Folie des grandeurs (la) : 170, 298, 300
Folies bourgeoises : 477
Folle à tuer : 256, 308, 309
Folle de Toujane (la) : 262
Fond de l'air est rouge (le) : 507-511
Fort Saganne : 588, 590, 600, 681
Fortini cani : 347
Fourberies de Scapin (les) : 588
Fous du stade (les) : 298, 303, 304
Fraises sauvages (les) : 46
Français si vous saviez : 268
France S.A. : 293, 308
France/Tour/Détour : 506, 507
Fugitifs (les) : 464, 696
Führer en folie (le) : 269

Gai Savoir (le) : 214, 331
Gala : 104
Galia : 173
Garçon ! : 277, 599, 600, 701, 712
Garde à vue : 310, 462, 467
Gaspards (les) : 308
Gauloises bleues (les) : 215, 232, 248, 305
Gendarme à New York (le) : 165, 168
Gendarme de Saint-Tropez (le) : 163, 165, 166, 169
Gendarme en balade (le) : 165, 298
Gendarme et les extraterrestres (le) : 165, 456, 460
Gendarme et les gendarmettes (le) : 165, 456, 460
Gendarme se marie (le) : 163, 165, 247
Gendarme se marre (le) : 187
Général della Rovere (le) : 46
Général Idi Amin Dada : 265, 376
Genou de Claire (le) : 62, 65, 125
Gens de la rizière (les) : 803

Gens normaux n'ont rien d'exceptionnel (les) : 801
Gentleman d'Epsom (le) : 164
Germinal (Y. Allégret) : 156
Germinal (C. Berri) : 680
Ghetto expérimental (le) : 328
Gifle (la) : 283, 298, 453, 454, 457
Gigolo (le) : 162
Girls : 403
Gitan (le) : 308
Glaive et la Balance (le) : 157
Glissements progressifs du désir : 404
Gloire de mon père (la) : 646, 678, 680
God's Country : 703
Godelureaux (les) : 68, 125
Goémons : 285
Goha le simple : 17
Golden Eighties : 767
Goldfinger : 162
Goodbye Emmanuelle : 403
Grand Amour (le) : 175
Grand Bazar (le) : 303
Grand Bleu (le) : 646, 678, 689-690, 691, 693
Grand Blond avec une chaussure noire (le) : 298, 303, 456, 457
Grand bonheur : 801
Grand Chemin (le) : 676
Grand Meaulnes (le) : 155
Grand Pardon (le) : 588
Grand Restaurant (le) : 164, 187
Grande Bouffe (la) : 296, 341, 359, 376, 401, 418, 521
Grande Evasion (la) : 162
Grande Frousse (la) : 167, 174-175, 295
Grande Illusion (la) : 91, 115
Grande Java (la) : 303
Grande Lessive (la) : 175, 248, 289
Grande Sauterelle (la) : 173, 187
Grande Vadrouille (la) : 162, 168, 169, 170, 186, 457, 677, 693
Grandes Gueules (les) : 162, 168, 187
Grandes Vacances (les) : 163
Grandeur et décadence, un petit commerce de cinéma : 740, 777, 813
Grands Chemins (les) : 308
Grands Moments (les) : 196
Grands soirs et petits matins : 239
Granges brûlées (les) : 308, 383
Graphique de Boscop (le) : 285
Greencard : 667
Greystoke : 786
Grisbi or not Grisbi : 173
Gross Paris : 269
Grosse fatigue : 803, 804, 806
Grosse Valse (la) : 164
Guépard (le) : 181
Guerre d'Algérie (la) 262
Guerre des boutons (la) : 162-163, 171
Guerre des étoiles (la) : 577, 578
Guerre du feu (la) : 58-584, 684
Guerre sans nom (la) : 710
Gueule ouverte (la) : 374, 377
Guichets du Louvre (les) : 268, 269, 270
Guignolo (le) : 458
Guy de Maupassant : 262
Gwendoline : 403

Hair : 265
Hanna K : 254
Harem : 678
Hatari : 125, 366
Haut, bas, fragile : 751
Hautes Solitudes (les) : 364
Havre : 516
Hélas pour moi : 774, 776
Héritier (l') : 257, 298
Héros (Un) : 20
Heureux Anniversaire : 175
Hibernatus : 164, 187, 298, 301
Highlander : 786
Hiroshima mon amour : 19, 20, 27, 29, 31, 42, 44, 52, 71, 72, 73, 74, 109, 129, 248, 349, 435, 474, 489
Histoire d'Adèle H. (l') : 454, 491-492, 495, 497, 498, 553
Histoire d'Adrien : 769
Histoire d'eau (Une) : 55
Histoire d'O : 298, 309, 403, 407-408, 410
Histoire de Paul : 369
Histoire du vent : 755
Histoire simple (Une) : 310, 598, 600, 711
Histoires d'A : 322, 323, 416
Histoires d'Amérique : 767
Histoires extraordinaires : 108, 231
Hitler, connais pas : 146, 439
Ho ! : 247
Hoa Binh : 264
Hold-up : 679
Homme à la mer (Un) : 759
Homme blessé (l') : 603, 700, 804
Homme de Rio (l') : 176, 179, 187
Homme de trop (Un) : 194, 215, 252
Homme et une femme (Un) : 180, 187, 196, 197, 306, 435
Homme et une femme : vingt ans déjà (Un) : 586
Homme qui aimait les femmes (l') : 494, 495, 496, 548
Homme qui dort (Un) : 311
Homme qui me plaît (Un) : 197, 305
Homme qui ment (l') : 215
Homme qui tua Liberty Valance (l') : 272
Homme sans visage (l') : 110

Homme-Atlantique (l') : 349, 352
Hommes de la baleine (les) : 117
Hommes préfèrent les grosses (les) : 465
Honneur d'un capitaine (l') : 144
Honneurs de la guerre (les) : 143
Horizon (l') : 215, 292
Horloger de Saint-Paul (l') : 278, 279, 296, 308, 383
Horse (la) : 301
Hôtel de France : 804
Hôtel de la plage : 462
Hôtel des Amériques : 760
Hôtel du Nord : 43
Hôtel Terminus : 770
Hurlevent : 746

I Want to Go Home : 772, 773, 774
Il Bidone : 46
Ibis rouge (l') : 289, 290
Ici et ailleurs : 334, 504, 509
Identification d'une femme : 527
Idoles (les) : 215
Il est génial, Papy : 262
Il était une fois un flic : 173, 298
Il gèle en enfer : 741
Il n'y a pas de fumée sans feu : 259, 416
Il pleut où c'est mouillé : 257
Il y a des jours et des lunes : 739
Impératrice Yang Kwei-fei (l') : 46
Important c'est d'aimer (l') : 263, 310
Impossible Monsieur Bébé (l') : 551
Imprécateur (l') : 592
Inconnus de la terre (les) : 117
Incorrigible (l') : 299
India : 202
India Song : 349, 350-351, 361, 732
Indiens sont encore loin (les) : 451
Indochine : 679
Innocents (les) : 763, 764 :
Innocents aux mains sales (les) : 382
Insoumis (l') : 148, 181, 247
Inspecteur la bavure : 459
Inspecteur Lavardin : 736
IP5 : 701
Ironie du sort (l') : 269
Ishtar : 683
Italien des roses (l') : 369
Itinéraire d'un enfant gâté : 738, 762
Ivan le Terrible : 46

J'ai huit ans : 144
J'ai pas sommeil : 805, 806
J'embrasse pas : 763, 764
J'entends plus la guitare : 766
J'irai cracher sur vos tombes : 146-147
J.L.G/J.L.G. : 774, 778
Jacques Rivette, le veilleur : 806
Jacquot de Nantes : 80, 733-734
Jamais plus toujours : 286
Jane B. par Agnès V. : 733
Janine : 196, 370
Jardin des délices (le) : 362
Jaune le soleil : 308, 349, 350
Java des ombres (la) : 768
Je sais rien mais je dirai tout : 303, 306
Je suis curieuse : 221
Je suis timide mais je me soigne : 303
Je t'aime, je t'aime : 73, 75, 118, 129, 231, 282, 474
Je t'aime, moi non plus : 293
Je te tiens, tu me tiens par la barbichette : 292
Je vous ai compris : 263
Je vous aime : 590, 600
Je vous salue Marie : 658, 774
Jean de Florette : 612, 648, 680, 701
Jean Galmot aventurier : 679
Jeanne Dielman, 23, quai du Commerce, 1080-Bruxelles : 767
Jeanne la pucelle : 749, 750, 777
Jeff : 181
Jetée (la) : 29, 84, 117
Jeu avec le feu (le) : 404
Jeu brutal (Un) : 768
Jeune Fille assassinée (la) : 404
Jeune Morte (la) : 194, 291
Jeune Werther (le) : 759
Jeunes Loups (les) : 156, 215
Jeux d'été : 33, 87
Jeux de l'amour (les) : 55, 112, 144, 187
Jeux interdits : 441
Johnny guitare : 637
Joli Mai (le) : 84, 85, 144, 209
Jonas qui aura 25 ans en l'an 2000 : 449
Jouet (le) : 303, 464
Joueur de flûte (le) : 79
Joueur de violon (le) : 803
Jouisseuses (les) : 404
Jour et l'Heure (le) : 158
Jour le plus long (le) : 162
Jour se lève (le) : 182
Journal d'un curé de campagne (le) : 86, 88
Journal d'une femme de chambre (le) : 128, 130, 339, 367
Journal d'une femme en blanc (le) : 157
Journal intime : 803
Jours tranquilles à Vichy : 416, 735
Joyeuses Pâques : 679
Judex : 110
Judith Therpauve : 603
Juge et l'assassin (le) : 279, 280, 308, 450
Juge Fayard, dit le « shérif » (le): 256
Jugement des flèches (le) : 46

Jules et Jim : 48, 49-50, 51, 55, 114, 118, 128, 147, 183, 200, 388, 440, 553
Juliette et Juliette : 306
Jument verte (la) : 144, 147
Jusqu'à la victoire : 334, 504
Juste avant la nuit : 381
Justice est faite : 258
Justine : 180
Justinien Trouvé ou le bâtard de Dieu : 679

Kapo : 25, 575
Kika : 654
King Lear : 774, 776
Koko, le gorille qui parle : 265
Kung Fu Master : 733

L'aventure c'est l'aventure : 298, 305
L.627 : 711
La Fayette : 155
La guerre est finie : 73, 74, 129, 130, 277, 282, 300, 474
La vie est un long fleuve tranquille : 676
La vie est un roman : 475, 476, 494, 772
Lacenaire : 679
Lacombe Lucien : 270, 271, 272, 298, 383, 479, 704, 737
Lady L. : 180
Lady Oscar : 79
Laisse aller, c'est une valse : 173
Lancelot du Lac : 355, 356, 376, 485, 523
Landru : 68, 69, 93, 117, 125
Leçon de piano (la) : 654, 803
Leçons d'histoire : 347, 348
Lectrice (la) : 580
Léon : 691, 703
Léon Morin, prêtre : 94, 95, 96, 117, 127, 178
Lesdites cariatides : 732-733
Letter to Jane : 332, 336, 506
Lettre de Sibérie : 117
Lettres pour L... : 768
Lévy et Goliath : 695
Liaisons dangereuses (les) : 44, 128, 147, 148, 161, 683-684, 745
Libera me : 757
Liberté la nuit : 489
Liens du sang (les) : 475
Ligne de démarcation (la) : 69, 117, 382
Ligne de mire (la) : 21, 104
Ligne droite (la) : 112
Lily, aime-moi : 450
Linceul n'a pas de poches (Un) : 289, 290
Lion's love : 265, 285
Lit de la vierge (le) : 364
Little Bouddha : 654
Livre de la Jungle (le) : 162
Liza : 295
Locataire (le) : 451, 454, 479
Loi du survivant (la) : 194
Loin de Manhattan : 742
Loin du Vietnam : 75, 208, 216, 219, 265, 286, 305, 319, 755
Lola : 27, 29, 30, 78, 117, 265, 731
Lola Montès : 79
Longue Marche (la) : 81
Lou n'a pas dit non : 770
Loulou : 451, 512, 529, 744
Lucien Leuwen : 157
Ludwig ou le crépuscule des Dieux : 310
Lune dans le caniveau (la) : 576, 577, 579, 700
Lune de fiel : 707
Lune de miel : 20
Luttes en Italie : 332, 333

M.A.S.H. : 463
Ma femme s'appelle reviens : 463
Ma nuit chez Maud : 62, 64, 116, 195, 728-729
Ma saison préférée : 761, 764
Ma sœur, mon amour : 221
Ma vie est un enfer : 654
Mabuse : 60
Machine (la) (de Paul Vecchiali) : 515
Machine (la) (de François Dupeyron) : 769
Machine à découdre (la) : 740
Madame Bovary : 679, 681, 735, 737
Madame Claude : 403
Made in U.S.A. : 209
Mado : 276, 310, 592, 598
Magiciens (les) : 477
Magnifique (le) : 299
Mai 68 par lui-même : 240
Main chaude (la) : 164
Maine-Océan : 768
Mains négatives (les) : 352
Mais ne nous délivrez pas du mal : 416
Mais où est donc passé la 7e compagnie ? : 269, 299, 304, 456
Mais qu'est-ce qu'elles veulent ? : 285
Maison des bois (la) : 373, 744
Maison des Bories (la) : 83
Maison du Maltais (la) : 176
Maître d'école (le) : 600
Maître du temps (le) : 105
Maîtres fous (les) : 99
Maîtresse : 265, 376, 524, 529
Mâle du siècle (le) : 305
Malevil : 462
Malheurs d'Alfred (les) : 303
Maman : 768

Maman et la Putain (la) : 269, 359-361, 376, 401, 418, 625
Man No Run : 806
Mandat (le) : 222
Mannequin de Belleville (le) : 359
Manon des Sources : 648, 680
Marche à l'ombre : 465, 791
Marche ou crève : 173
Marche triomphale (la) : 450
Marco Polo : 185
Marginal (le) : 660
Mari de la coiffeuse (le) : 697, 707
Mariage : 306
Marie Octobre : 182
Marie pour mémoire : 194, 364
Marie-Chantal contre le docteur Kha : 69, 117
Mariée était en noir (la) : 51, 125, 128, 390, 494, 495, 553
Mariés de l'an II (les) : 298, 299, 309, 417
Marin de Gibraltar (le) : 349
Maris, les Femmes, les Amants (les) : 307
Marquise d'O... (la) : 482-484, 524, 608
Marseillaise (la) : 367
Martin et Léa : 499
Masculin-Féminin : 56, 58, 118, 125, 208, 209, 309, 359
Masque de Fer (le) : 183
Masques : 736, 737
Matiouette (la) : 764
Mauvais Coups (les) : 155
Mauvais flic (Un) : 599
Mauvais garçon : 602
Mauvais sang : 788-789
Mauvaises Fréquentations (les) : 359
Mauvaises Rencontres (les) : 81
Max et Jérémie : 796
Max et les ferrailleurs : 274, 310, 341
Mayerling : 186
Mayrig : 679
Mazel Tov : 247
Méditerranée : 104
Meilleure façon de marcher (la) : 466, 467
Mekhtoub : 264
Mélo : 771, 774
Mélodie en sous-sol : 172, 182
Menace (la) : 470, 588
Mépris (le) : 33, 42, 56, 57, 75, 107, 117, 123, 130, 263, 615, 693
Merci la vie : 699, 700
Merry go round : 486, 746
Mes chers amis : 457
Mes meilleurs copains : 677
Mes petites amoureuses : 361, 371, 378
Messie (le) : 523
Métamorphoses du paysage : 609
Métropolis : 60
Meule (la) : 195
1275 âmes : 597
1492, Christophe Colomb : 648, 667
Milliardaire (le) : 277
Milou en mai : 704
Ministères de l'art (les) : 765, 766
Miquette et sa mère : 167
Miracle des Loups (le) : 183
Miraculé (le) : 740
Mirage (le) : 742
Miroir à deux faces (le) : 167
Mise à sac : 187, 215
Misérables (les) : 167, 587
Misérables du XXe siècle (les) : 739
Missing : 254
Mississippi Blues : 597
Mister Freedom : 180, 194, 293
Mistons (les) : 113, 124, 125, 144, 365, 390, 493
Model Shop : 79, 216, 265
Moderato Cantabile : 127, 12 : 8, 349
Moi y en a vouloir des sous : 292, 299
Moi, Pierre Rivière, ayant égorgé ma mère, ma sœur et mon frère : 368
Moine et la Sorcière (le) : 481
Moïse et Aaron : 347, 348
Molière : 588
Môme (le) : 680
Môme aux boutons (la) : 173
Moment d'égarement (Un) : 305
Mon amour, mon amour : 284
Mon cher sujet : 769
Mon oncle : 175, 210
Mon oncle Benjamin : 162, 187, 298, 309
Mon oncle d'Amérique : 474, 475, 499
Mon père ce héros : 667
Mona et moi : 770
Monde du silence (le) : 106
Monde sans pitié (Un) : 793
Monika : 33, 87
Monnaie de singe : 283
Monocle noir (le) : 173
Monocle rit jaune (le) : 173, 182
Monsieur : 179
Monsieur Hire : 697, 713
Monsieur Klein : 443-444, 539, 547, 704
Monsieur Verdoux : 69
Montparnasse : 19 125
Montserrat : 103
Moranbong : 143
More : 264
Morfalous (les) : 679
Mort aux trousses (la) : 46, 67
Mort d'Empédocle (la) : 347, 348, 769
Mort de Belle (la) : 162
Mort en ce jardin (la) : 130, 338

Mort en direct (la) : 310, 595, 710
Morte-Saison des amours (la) : 83
Mortelle randonnée : 462, 467, 705
Morutiers (les) : 105
Mouchette : 88, 118, 352
Mourir à trente ans : 511
Mourir d'aimer : 258, 259, 298
Moutarde me monte au nez (la) : 299, 304, 311
Mouton enragé (le) : 310-311
Mur murs : 732, 733
Muriel ou le temps d'un retour : 38, 72, 73, 74, 116, 117, 129, 144, 199, 209, 474
Musica (la) : 194, 349
My Beautiful Laundrette : 807
My Dinner with André : 703
My father ce héros : 667
Mystère Alexina (le) : 369
Mystère Kumiko (le) : 84
Mystères de Paris (les) : 183

Nada : 383
Nadja à Paris : 63
Naissance de l'amour : 766
Nana : 115
Napoléon : 197
Nathalie Granger : 349, 350, 447
Nation, l'Algérie (Une) : 143
Nausicaa : 265, 266
Navire Night (le) : 349, 351-352
Nazarin : 46
Ne nous fâchons pas : 182
Ne réveillez pas un flic qui dort : 679
Néa : 291
Neige : 515-516
Neige et le Feu (la) : 679
Netchaïev est de retour : 702
Ni vu ni connu : 164, 172
Nikita : 646, 678, 690, 691, 700
No smoking : 772, 773
Noce blanche : 768
Noces rouges (les) : 341, 382, 416
Nocturne indien : 681, 700, 707
Noir péché : 769
Noire de... (la) : 222
Noirs et Blancs en couleurs (la Victoire en chantant) : 583
Non réconciliés : 194
Nord : 801
Noroît : 485-488
Nosferatu, fantôme de la nuit : 454, 527
Notre histoire : 572-573, 590
Notre nazi : 768
Notte (la) : 128
Nous irons tous au paradis : 456
Nous ne vieillirons pas ensemble : 309, 373-374, 376, 377, 521, 529
Nous nous sommes tant aimés : 677
Nouveau Journal d'une femme en blanc (le) : 157
Nouvelle Société n°s 1, 2, 3 : 320
Nouvelle Vague : 181, 774, 776
Nouvelle vie (Une) : 808
Nuit à l'Assemblée nationale (Une) : 574, 741
Nuit américaine (la) : 386, 390-395, 454, 490, 491, 493, 497, 514, 546, 551, 554, 617-618
Nuit d'été en ville : 581, 700
Nuit de Saint-Germain-des-Prés (la) : 577
Nuit de Varennes (la) : 527, 529
Nuit des généraux (la) : 180
Nuit et Brouillard : 25, 70, 71, 117, 268, 770
Nuit et jour : 767
Nuits de la pleine lune (les) : 609, 610, 727-728
Nuits fauves (les) : 799-800
Nuits rouges : 110
Numéro deux : 117, 187, 406, 505
Numéros zéro : 359, 361, 512

O saisons, ô châteaux : 115-116
O Salto : 194, 308
Objecteur (l') : 144
Objectif cinq cents millions : 144
Octobre à Paris : 144
Odette Robert : 359
Œil de Vichy (l') : 735
Œil du malin (l') : 68, 117
Offre d'emploi : 363
Olivier (l') : 329
Oliviers de la justice (les) : 144
Ombre d'une chance (l') : 289, 290
On a retrouvé la 7e compagnie : 299, 304
On n'enterre pas le dimanche : 261
On n'est pas des anges, elles non plus : 462
On ne meurt que deux fois : 462
On purge bébé : 115
Oncle Yanco : 77, 265
One + One : 236, 331
Onze Mille Verges (les) : 404
Opération béton : 53
Opération Corned-Beef : 677
Opération Lily Marlène : 270
Ophélia : 68, 125
Orange mécanique : 424, 577
Ordonnateur des pompes funèbres (l') : 307
Ordre (l') : 105
Orfeu Negro : 19, 20, 44
Ornifle : 164
Os Fuzis : 222
Oscar : 162, 163, 164, 187

Othon : 347, 348
Oublie-moi : 798
Ours (l') : 678, 684-689, 691
Ours et la Poupée (l') : 177
Oursin dans la poche (Un) : 307
Out 1 : 342-346, 352, 485-488, 514

Pacha (le) : 187
Pactole (le) 740
Pagaille (la) : 307
Palombière (la) : 769
Paltoquet (le) : 581
Panique : 697
Papa, maman, la bonne et moi : 163
Papa, les petits bateaux : 291
Papillon : 186
Papy fait de la résistance : 465, 555, 677
Parapluies de Cherbourg (les) : 79, 118, 129, 199, 556
Pardonnez-nous nos offenses : 21
Parents terribles (les) : 183
Parfum d'Yvonne (le) : 697, 707
Paris brûle-t-il ? : 155, 158, 190, 263, 266
Paris la nuit : 117
Paris nous appartient : 29, 39, 42, 58-60, 70, 113, 125, 341, 487, 488, 746
Paris s'éveille : 808
Paris vu par... : 56, 63, 102, 103, 105, 114, 381
Paris vu par... vingt ans après : 489
Parking : 79
Parlez-moi d'amour : 262
Parole de flic : 679
Parrain (le) : 588
Parsifal : 529
Part du feu (la) : 592
Partie de campagne : 91, 115
Partie de plaisir (Une) : 383
Partir, revenir : 586
Pas très catholique : 742
Passage (le) : 679
Passage du Rhin (le) : 157
Passager de la pluie (le) : 298, 309
Passante du Sans-Souci (la) : 310
Passe du diable (la) : 116
Passe ton bac d'abord : 374, 375
Passé simple : 262
Passe-montagne : 513, 514
Passe-Muraille (le) : 167
Passion : 451, 592, 615, 617-618
Passion Béatrice (la) : 709
Pather Panchali : 34
Patriotes (les) : 803, 806
Paulina s'en va : 366, 764
Pauline à la plage : 608-609, 795
Pays de cocagne : 175
Peau d'Ane : 79
Peau de banane : 194, 267
Peau douce (la) : 50, 51, 129, 550
Peaux de vache : 768, 807
Pêcheurs d'Islande : 117
Pélican (le) : 366
Pentimento : 742
Pépé le Moko : 43
Peppermint frappé : 231
Perceval le Gallois : 482-484
Père Noël a les yeux bleus (le) : 359, 361
Père Noël est une ordure (le) : 465, 693
Péril en la demeure : 581
Permission (la) : 194
Persévérance : 816
Petit à petit : 102
Petit Baigneur (le) : 171, 186
Petit Bougnat (le) : 453
Petit Criminel (le) : 759
Petit Marcel (le) : 509
Petit Soldat (le) : 38, 42, 49, 54, 55, 56, 117, 122, 144, 151, 187
Petit théâtre de Jean Renoir (le) : 91, 202
Petite (la) : 703
Petite Allumeuse (la) : 768
Petite Amie d'Antonio (la) : 801
Petite Bande (la) : 581
Petite Voleuse (la) : 706
Petites Marguerites (les) : 221
Petites saintes y touchent (les) : 404
Petits arrangements avec les morts : 798, 805
Petits Câlins (les) : 452, 465
Peur dans la ville : 298
Peur de Paris (la) : 51
Photos d'Alix (les) : 362
Pickpocket : 31, 79, 86, 87
Pied (le) : 404
Piège à cons (le) : 290
Pierre et Djemila : 366
Pierre et Paul : 368
Pierrot le Fou : 56-57, 58, 75, 106, 117, 127, 146, 178, 179, 208, 209, 210, 399
Pinot simple flic : 465
Piparsod : 512
Pique-Assiette (les) : 164
Pirate (la) : 758, 765
Piscine (la) : 181, 187, 298, 299, 309
Pistonné (le) : 305
Plage (la) : 768
Playtime : 175, 210, 211, 212, 213, 435
Pleins Feux sur l'assassin : 109
Plein Soleil : 157, 158, 181, 188
Pleure pas la bouche pleine : 307
Pluie (la) : 755
Plus beau que moi tu meurs : 463

Plus belles escroqueries du monde (les) : 55
Plus vieux métier du monde (le) : 57, 208
Point de départ : 769
Pointe courte (la) : 27, 75, 76, 113, 179, 731, 733
Poisson d'avril : 167
Polar : 602
Police : 645, 743, 744
Police Python 357 : 469
Politikon : 317
Pont du Nord (le) : 488, 745
Pop' Game : 215
Portes de la nuit (les) : 277
Porteuse de pain (la) : 179
Portrait d'une jeune fille à Bruxelles à la fin des années soixante : 809
Possession : 601
Poudre d'escampette (la) : 283, 309
Pouic-Pouic : 163, 164
Poulet (le) : 195
Poulet au vinaigre : 736
Pourquoi pas ! : 285
Poursuite du bonheur (la) : 703
Pourvu qu'on ait l'ivresse : 104
Pravda : 332, 333
Première Fois (la) : 305
Prenez la queue comme tout le monde : 405
Prénom Carmen : 774, 776
Préparez vos mouchoirs : 450, 571, 572, 583
Prima della revoluzione : 295
Princesse de Clèves (la) : 155
Prise du pouvoir par Louis XIV (la) : 202, 263
Prisonnière (la) : 160
Procès (le) : 309
Procès de Jeanne d'Arc : 87, 89, 355, 502
Professionnel (le) : 458
Profil bas : 697
Proie pour l'ombre (la) : 81
Propre de l'homme (le) : 196
Providence : 473-474, 476, 478, 479, 499, 539, 732, 771-772
Pull-Over rouge (le) : 261
Punition (la) : 102
Puritaine (la) : 758

Q : 404, 405
Quai des Brumes : 42
Quand la ville dort : 471, 669
Quand les vautours ne voleront plus : 686
Quatre aventures de Reinette et Mirabelle : 726-727, 729
Quatre Cents Coups (les) : 13, 19, 23, 24, 27, 29, 30, 32, 34, 42, 44, 47, 50, 52, 113, 128, 176, 387, 435, 493, 706, 722, 763
Quatre Charlots mousquetaires (les) : 304
Quatre nuits d'un rêveur : 354
Que la bête meure : 371, 380, 382-383
Que la fête commence : 279, 308, 539
Quelle joie de vivre ! : 158
Quelque part, quelqu'un : 285
Quelques jours avec moi : 712, 713
Quelques messieurs trop tranquilles : 173
Querelle : 527
Question (la) : 262
Qui êtes-vous, Polly Magoo ? : 180, 194, 215, 293
Qui veut la peau de Roger Rabbit ? : 692

R.A.S. : 256
Rabia ma poule : 803
Race des seigneurs (la) : 257
Rak : 257
Rambo : 459
Ran : 339, 629, 754
Rapace (le) : 247
Raphaël ou le Débauché : 177
Rayon vert (le) : 725-729, 730
Rebelle (le) : 366
Réfugiés (les) : 144
Regarde les hommes tomber : 805
Régates de San Francisco (les) : 147
Règle du jeu (la) : 31, 58, 89
Reine blanche (la) : 654
Reine Margot (la) : 804, 805, 806
Religieuse (la) : 60, 149-151, 187, 199, 342
Remparts d'argile : 264
Rencontres du troisième type : 448
Rendez-moi ma peau : 463
Rendez-Vous de minuit (le) : 27, 117, 180
Rendez-vous : 762, 763
René la Canne : 292
Réponse de femmes : 286
Reprise du travail aux usines Wonder (la) : 318
Répulsion : 129, 480
Retour de Martin Guerre (le) : 587
Retour du grand blond (le) : 298, 303
Retour en force : 465
Révélateur (le) : 364, 766
Révolution française (la) : 679
Rideau cramoisi (le) : 81, 117
Rififi à Tokyo : 162
Rio Bravo : 46
Ripoux (les) : 696
Ripoux contre ripoux : 696

Risques du métier (les) : 157, 258
Robert et Robert : 585
Rocco et ses frères : 181, 184
Roi de cœur (le) : 176, 215
Roi Lear (le, voir King Lear)
Roi sans divertissement (Un) : 155
Rois du gag (les) : 696
Romantiques (les) : 768
Rome ville ouverte : 718, 780
Romuald et Juliette : 676
Rosa la Rose, fille publique : 741
Roseaux sauvages (les) : 807
Roselyne et les lions : 701
Rosière de Pessac (la) (1968) : 359, 378
Rosière de Pessac (la) (1979) : 362, 378
Route de Corinthe (la) : 69
Route One USA : 768
Rude journée pour la reine : 368
Rupture (la) : 381, 382
Rupture : 175
Ruses du diable (les) : 194

S'en fout la mort : 806
Sabotier du val de Loire (le) : 78
Sac de billes (Un) : 269, 365, 500
Safari diamants : 261
Saint-Tropez Blues : 23
Saisons du plaisir (les) : 741
Salaire de la peur (le) : 277
Sale comme un ange : 768
Sale histoire (Une) : 361, 362
Salut l'artiste : 283, 456
Salut les Cubains : 77
Samouraï (le) : 95, 96, 96, 181
San Clemente : 512
Sang d'un poète (le) : 81
Sang des autres (le) : 477
Sang des bêtes (le) : 109
Sans soleil : 117, 753
Sans toit ni loi : 730-731, 732-733
Saut de l'ange (le) : 255, 308
Sauvage (le) : 283, 299, 300, 308, 587
Sauve qui peut (la vie) : 451, 615, 776
Sauve-toi Lola : 262
Scandale (le) : 70
Scoumoune (la) : 308
Second souffle (Un) : 366
Secteur postal 89 098 : 144
Section spéciale : 267, 282, 308
Seins de glace (les) : 174, 308
Semaine de vacances (Une) : 596, 597
Sentence (la) : 21
Sentinelle (la) : 796, 798, 799, 800
Sept fois femme : 180
Sept jours ailleurs : 320
Sept Mercenaires (les) : 185
Sept Morts sur ordonnance : 257
7e Compagnie au clair de lune (la) : 304
Septième Juré (le) : 173
Série noire : 471, 472, 473
Sex Shop : 305
Sexe qui parle (le) : 404, 406
Shoah : 770
Si j'avais quatre dromadaires : 84
Si j'étais un espion : 439
Si loin si proche : 654
Signe du lion (le) : 29, 39, 61, 62, 67, 112, 113
Signé Arsène Lupin : 171
Silence de la mer (le) : 31, 92, 94
Silencieux (le) : 283, 311, 453
Simon du désert : 338
Simone Barbès ou la vertu : 514, 515
Singe en hiver (Un) : 161, 172, 178, 182
Sirène du Mississippi (la) : 52, 127, 129, 384, 387, 495, 514
Six fois deux : 506
Smic Smac Smoc : 305
Smoking : 772, 773
Snobs : 174
Socrate : 215
Sœurs Brontë (les) : 451, 530, 531, 541, 760
Soif de l'or (la) : 696
Soigne ta droite : 774, 776
Soleil trompeur : 803
Soleil O : 264
Solitude du chanteur de fond (la) : 277
Solo : 289, 290, 383
Son nom de Venise dans Calcutta désert : 349-351, 361, 732
Souffle au cœur (le) : 270, 298
Soupe aux choux (la) : 460
Soupirant (le) : 175
Souris chez les hommes (Une) : 165
Sous le soleil de Satan : 744, 763
Sous-Doués (les) : 459
Souvenirs d'en France : 367, 383, 530, 760
Spécialistes (les) : 697, 791
Spirale (la) : 510
Stalker : 753
Statues meurent aussi (les) : 70, 143, 151
Stavisky... : 282, 283, 299, 474, 591
Stratégie de l'araignée (la) : 295
Subway : 689-690, 700, 786
Sucre (le) : 592
Sultans (les) : 180
Surprise du chef (la) : 307
Suzanne Simonin, la religieuse de Diderot (voir Religieuse, la)
Sweet Movie : 263, 403

T'as de beaux escaliers tu sais : 733
Talons aiguilles : 654
Tandem : 697

Tango : 697, 707
Tant qu'on a la santé : 175
Tante Zita : 215
Tartuffe : 591
Tatie Danielle : 676
Tatoué (le) : 170, 172, 186, 247
Taxi pour Tobrouk (Un) : 155, 187
Taxi, roulotte et corrida : 164
Tchad 2 : 512
Tchad 3 : 512
Tchao Pantin : 460, 600, 680
Teenagers (les) : 215
Témoin dans la ville (Un) : 21, 161
Temps des doryphores (le) : 215
Temps des vacances (le) : 458
Temps détruit (le) : 768
Tendre voyou : 582
Tentation d'Isabelle (la) : 758
Tenue de soirée : 439, 698, 700
Terminator : 650
Terminator II : 655, 692
Terrain vague : 156
Terrasse (la) : 677
Tess : 538, 539, 578
Testament d'Orphée (le) : 32, 81, 125
Testament du docteur Cordelier (le) : 31, 89, 90-91
Tête contre les murs (la) : 27, 30, 109, 123, 125, 157, 174, 181
Théâtre des matières (le) : 515
Themroc : 291, 341
Thérèse : 756-757
Thérèse Desqueyroux : 109, 110, 179
Tigre aime la chair fraîche (le) : 69
Tigre du Bengale (le) : 46
Tigre se parfume à la dynamite (le) : 69
Tire-au-flanc : 115
Tirez sur le pianiste : 14, 23, 48, 116, 123, 157
To Be or Not to Be : 546
Toi le venin : 21
Toni : 31
Tonnerre de Dieu (le) : 182, 308
Tontons flingueurs (les) : 173, 174, 182, 187, 670
Totale (la) : 696
Touche pas à la femme blanche : 263, 296, 341, 376, 523
Touchez pas au grisbi : 182
Tous les matins du monde : 679, 680, 681, 707, 713
Tous vedettes : 462
Tout ça... pour ça ! : 738, 739
Tout feu, tout flamme : 454, 587, 701
Tout l'or du monde : 156
Tout le monde il est beau, tout le monde il est gentil : 292, 298, 521
Tout va bien : 299, 332, 335, 336, 376, 377, 386
Toute la mémoire du monde : 71
Toute révolution est un coup de dés : 347, 348
Toute une nuit : 767
Toute une vie : 306, 586
Toutes peines confondues : 581
Trafic : 186
Train (le) : 269, 308, 310
Trains étroitement surveillés : 221
Trans-Europ-Express : 215
Traversée de Paris (la) : 167, 670
Traviata (la) : 529, 682
Travolta et moi : 807
Treize Jours en France : 247
37°2 le matin : 700
36 fillette : 768
Tribulations d'un Chinois en Chine (les) : 176, 178, 179, 187
Tricheurs (les) : 158, 215
Trio infernal (le) : 292, 310, 341
Tristana : 129, 186, 338
Trois : 222
317e section (la) : 144
Trois chambres à Manhattan : 156
Trois couleurs/Blanc : 803
Trois couleurs/Bleu : 803
Trois couleurs/Rouge : 803, 806
Trois frères : 527
Trois hommes sur un cheval : 23
Trois hommes et un couffin : 675, 678, 680
Trois places pour le 26 : 79, 701
Trop belle pour toi : 698
Trop de bonheur : 808
Trop tôt trop tard : 347
Trou (le) : 31, 126, 339
Trous de mémoire : 741
Truite (la) : 527
Tu imagines Robinson : 105
Tu moissonneras la tempête : 401
Tu ne tueras point : 144, 157
Tueur (le) : 301
Tulipe noire (la) : 181
Twin Peaks : 654
Twist again à Moscou : 677

Ulysse : 732
1, 2, 3, Soleil : 700
Un nommé La Rocca : 582
Un soir un train : 194
Une chante, l'autre pas (l') : 286, 731
Une et l'Autre (l') : 180, 195, 215, 368
Une vie : 81
Univers de Jacques Demy (l') : 80
Uns et les Autres (les) : 586
Uranus : 678, 680

Vacances en enfer : 271
Vacances portugaises : 129

Vache et le Prisonnier (la) : 169
Valise (la) : 173
Vallée (la) : 265
Valmont : 683, 684
Valparaiso, Valparaiso : 257
Valseuses (les) : 285, 435, 439-441, 446, 447, 451, 453, 466, 571, 572, 691, 693
Van Gogh : 612, 744, 745
Vanille fraise : 696
Vécés étaient fermés de l'intérieur (les) : 451, 463, 465
Veillées d'armes : 711, 770
Vendetta (la) : 164
Vengeance d'une blonde (la) : 695
Vengeance d'une femme (la) : 759
Vengeance du serpent à plumes (la) : 587
Vent d'Est : 332, 333
Verdict : 259, 301
Vérité (la) : 44, 106, 158, 159, 160, 162, 185
Versailles rive gauche : 796
Vertiges : 768
Vertigo : 46, 67
Veuve Couderc (la) : 299, 308, 383
Veuves de quinze ans (les) : 102, 371
Viager (le) : 462
Vice et Vertu (le) : 129
Victoire en chantant (la) : 583
Vie conjugale (la) : 157, 158
Vie de château (la) : 179, 194
Vie de famille (la) : 758
Vie des morts (la) : 796
Vie et rien d'autre (la) : 709-710, 713
Vie privée : 107
Vie, l'amour, la mort (la) : 197
Vieil Homme et l'enfant (le) : 195, 304, 375, 538
Vieille Dame indigne (la) : 195, 368
Viens chez moi, j'habite chez une copine : 463, 464, 697
Vierges (les) : 125, 147
Vieux Fusil (le) : 269, 298, 310, 539
Villa Beausoleil : 802
Ville à vendre : 741
Ville nouvelle : 609
Villégiature : 802
Vincent, François, Paul et les autres : 274-276, 283, 298, 308, 341, 457
Viol (le) : 215
Violette Nozière : 451, 478
Violons du bal (les) : 261, 269
Viridiana : 147, 338, 340
Visage (le) : 46
Visiteurs (les) : 646, 676, 677, 678, 693
Viva la muerte : 401, 416
Viva la vie : 586
Viva Maria : 108, 170, 190, 263
Vive le Tour : 107
Vivement dimanche ! : 551-554
Vivre ensemble : 285
Vivre pour vivre : 197, 277
Vivre sa vie : 42, 56, 57, 74, 116, 147, 192
Vladimir et Rosa : 332, 333
Voie lactée (la) : 130, 340, 367
Voleur (le) : 107, 215, 270
Voleur de crime (le) : 285
Voleur de Tibidabo (le) : 180
Vos gueules les mouettes : 171
Vous n'aurez pas l'Alsace et la Lorraine : 452
Voyage au jardin des morts : 364
Voyage du père (le) : 180
Voyage en douce (le) : 580
Voyage en grande Tartarie : 311
Voyage en Italie : 33, 365
Voyeur (le) : 595
Voyou (le) : 298, 305

W.R. ou les mystères de l'organisme : 403
Week-End : 125, 138, 171, 213, 214, 288, 340
Week-End à Zuydcoote : 155, 161
West Side Story : 162
What's New Pussycat : 310
Wings of Courage (the) : 691

Y a-t-il un Français dans la salle ? : 574, 741
Yeux sans visage (les) : 109
Yoyo : 175

Z : 82, 298, 308
Zazie dans le métro : 107, 179
Zéro de conduite : 765
Zig-Zag Story : 463
Zizanie (la) : 459
Zozos (les) : 307

INDEX DES THÈMES ET NOTIONS

Arts plastiques : 11, 84, 113, 119, 120, 160, 355, 385, 389, 484-485, 597, 616, 682, 744-745, 747-748, 776.
Amérique : ***voir Hollywood.***
Avance sur recettes : 92, 111, 114, 485, 563, 790.

Censure : 49, 54, 57, 109, 142-161, 247, 256, 259, 294, 322-323, 382, 401-412, 415-416, 658-659.
Centre National du Cinéma (CNC) : 13, 112, 139, 234, 237, 415-420, 559, 635, 636, 656.
Circuits de salles : ***voir Exploitation.***
Critique : 24, 36, 40, 41, 76, 84, 85, 87, 91, 212, 295, 327-330, 345, 374, 389, 405, 556-557, 578, 605, 680, 680-684, 776, 778-781, 785.
Culture : 13, 139, 166, 201, 223, 225, 525, 527-531, 539, 552, 553, 560-561, 563, 566, 569, 575, 580, 584, 587, 606, 612, 629-630, 631, 634, 642-643, 661, 698, 776, 777-778, 788.

Distribution : 44, 112, 189-192, 425, 535-536, 537, 630, 644, 646, 648, 650, 654, 664.

Étranger (relations avec l') : 32-34, 46, 135, 138, 152, 216, 260-266, 526-527, 561, 565, 616, 628, 639, 645, 650, 651-653, 655, 664-665, 684, 685, 802-803, 813.
Europe : 10, 152, 651, 653, 659-664, 776, 803.
Exploitation : 45, 136-137, 138, 153, 190-192, 409-410, 420, 425, 428-429, 559, 562-563, 578, 639, 646, 647, 649-650, 672-673.

Festivals : 19, 22, 50, 64, 67, 71, 99, 112, 196, 231-233, 239, 359, 531, 561, 578, 627, 656, 695, 725, 730, 744, 756, 758, 765, 779, 785, 796, 802-809.
Fréquentation : 44, 136, 203, 298, 421, 533, 563, 589, 627-628, 657, 675.

Genres : 95-98, 154, 155, 161, 162-164, 169-171, 183, 244-245, 262, 266, 298-304, 306-307, 456-465, 469, 471, 486, 601-602, 657, 675, 678, 691, 711, 736, 743, 767, 768, 769, 788.
Grande forme : 108, 155, 158, 169, 170, 300, 306, 309, 525-533, 538, 543, 569, 583-592, 630, 666-667, 678-684, 738, 795, 802, 804.
Grand récit : 17, 72, 122-123, 209-210, 216-218, 252-254, 266-267, 269, 271-272, 334, 348, 357, 367, 393, 394-395, 437, 441-445, 469-473, 474-478, 493, 494, 507-508, 513, 525, 531-532, 534, 540, 541, 551, 554, 555, 560, 561, 569, 573, 574, 584, 595, 601, 612, 615, 617, 635, 664, 671-672, 699, 713, 718-719, 776, 796.

Hollywood : 31, 32, 51, 108, 121, 122-124, 186, 189-190, 200-201, 218, 254, 382, 470, 526, 528, 538, 557, 560, 564, 574, 577, 583, 585, 588, 589, 622, 628, 636, 646, 650, 652, 655, 661-664, 665-667, 684, 686, 693, 703, 773, 776, 815-816.

Image/son : 29, 170, 212, 325, 331-334, 347-349, 350-351, 361, 363, 371, 473-477, 479, 481-488, 491-492, 497, 498-499, 501, 504, 508-509, 515, 617-618, 732, 767, 776.

Législation : *voir Réglementation.*
Littérature : 19, 28, 49, 60, 63, 73, 105, 107, 111, 114, 349-350, 382, 483, 491, 533, 580, 680, 683, 687, 697, 744, 760, 770, 794.

Ministres, ministères : 13, 54, 139, 141, 145-151, 152-153, 224-230, 402, 414-416, 418, 420, 425, 558-559, 560-562, 566, 634, 636, 647, 652, 655-656, 657, 658, 659-660, 665, 777, 789-790.
Moderne, modernité : 24-30, 35-36, 72, 119, 210, 212, 219, 269-272, 315-316, 334, 494-500, 607, 617, 628-629, 686, 717-731.
Musique : 12, 160, 275, 347, 484-485, 485-487, 492, 497, 529, 575, 602, 615, 617, 682, 728, 776.
Mythe : *voir Grand récit.*

Personnage : 87, 124, 129, 165, 209-210, 212, 335, 341, 383-384, 390, 443-444, 472, 473, 475, 478, 483, 491, 494-495, 498, 501-502, 505, 515, 530, 534, 541, 555, 576, 691, 697, 702, 708, 726, 730, 737, 739, 743-745, 747-751, 756, 758-760, 760-764, 766, 769, 772, 776-777, 796, 797, 805, 806, 808.
Presse : 21, 41, 43, 72, 150-151, 220-230, 240, 295-296, 310, 384-385, 407, 419, 507, 540, 577, 680, 689-690, 732, 787.
Production : 26, 62, 67, 106, 112-118, 137-138, 175, 185-188, 193, 195, 197, 211, 247, 304, 307-308, 332, 352, 374, 375-377, 456, 458, 521, 533-537, 537-539, 542, 544, 564-565, 587, 591, 632, 639, 646, 647, 648, 653-654, 655, 657, 664, 666-684, 726, 729, 731, 735, 738, 740, 741, 743, 746, 756-757, 760, 773-774, 788-792, 794-795, 798-799, 806-807.

Réglementation : 111, 139-141, 145, 409, 416, 420, 537, 562-565, 630, 635, 636, 640, 651, 660-664, 665.

Salles : *voir Exploitation.*
Scénario : 63, 73, 172, 278, 281-284, 466-480, 572, 582, 611, 617, 670-672, 686, 746, 758, 766.

Technique : 118-122, 198-200, 218, 324-326, 424, 575, 576-578, 580, 640-642, 669, 672, 686-688, 692, 753-754, 764, 776.
Télévision : 11, 82, 83, 101, 110, 130, 136, 137, 148, 200-204, 237, 240, 265, 317, 342, 362, 373, 419, 426-427, 506-507, 510, 521, 527-529, 536, 538, 539, 540, 543, 549, 551, 559, 562, 565, 587, 621, 631-635, 639, 640-643, 644, 647, 648, 653, 655, 656, 658, 660, 663, 669, 674, 688, 693, 702, 732, 736, 776, 779, 786, 806-809.
Théâtre : 56, 194, 342-343, 346, 367-368, 447, 448-449, 451, 452, 484, 546, 548, 587, 588, 591, 603, 681, 682, 745-746, 747-748, 759, 772.

Vedettes : 12, 95-97, 107, 123-124, 126-128, 130, 163-164, 178-183, 277, 280, 299-302, 302-304, 309-311, 335, 341, 377, 440, 444, 453-455, 457, 458-460, 460-462, 469, 501, 530-531, 533-536, 573, 576, 588, 590, 666-667, 679-681, 683, 701, 739, 760-762, 776, 786, 804.
Vidéo : 319, 321, 326, 413, 536, 540, 635-637, 639, 640, 647, 660, 668, 677, 753-754.
Visuel : 400, 445, 448, 498, 512, 551, 553, 565, 569, 573-582, 583, 591, 594, 606, 607, 617, 670, 689, 693, 697, 700, 759, 764-765, 776, 802.

TABLE

Prologue
(Petit discours d'une méthode incertaine) 3

LIVRE PREMIER

D'un printemps l'autre (mai 1959-mai 1968) 7

Introduction. Un nouveau monde 9

Première partie. Avènement du cinéma moderne (1959-1962) 15

Chapitre 1. Cannes 1959 : bulletin de naissance 19
Profusion et confusion. – La Nouvelle Vague : un groupe et des idées. – Le Nouveau Cinéma. – Le cinéma moderne. – Ascendance... – ... et descendance.
Chapitre 2. Le cinéma moderne : une déclaration de guerre 35
Du rififi dans les revues. – La grande presse tourne casaque. – Les « pros » se rebiffent. – La distribution : un sacré goulot.
Chapitre 3. Figures d'un cinéma en marche (1). Les huit samouraïs 46
François Truffaut. – Jean-Luc Godard. – Jacques Rivette. – Eric Rohmer. – Claude Chabrol. – Alain Resnais. – Agnès Varda. – Jacques Demy.
Chapitre 4. Figures d'un cinéma en marche (2). Repères et lignes de fuite 81
Chris Marker. – Les trois mages : Robert Bresson, Jean Renoir, Jean-Pierre Melville. – Jean Rouch. – Jacques Rozier. – La bifurcation Pollet. – Les mutants : Louis Malle, Georges Franju.
Chapitre 5. L'argent, la technique, les corps 111

Solutions individuelles et solidarité. – Les trois parrains : Pierre Braunberger, Georges de Beauregard, Anatole Dauman. – Et pourtant, ils tournent. – L'œuf technique et la poule artistique. – Le corps américain. – Belmondo et Moreau mènent le bal.

Deuxième partie. Le cinéma, république une et divisée (1959-1967) 131

Chapitre 1. Etat des comptes, compter avec l'Etat 135
La fin d'un âge d'or. – L'Etat à la rescousse. – Censure, censures. – La très exemplaire histoire de La Religieuse. – *La fronde des « pro » (de la fronde).*
Chapitre 2. Les seigneurs de l'écran 154
« Qualité française » : bilan ou autopsie ? – La Vérité, *épreuve de mise en scène. – Une relève ? – Le rire-roi et le roi du rire : Louis de Funès. – Rires éclatés. – Un cinéma d'auteur comique ? – Badinage et libertinage.*
Chapitre 3. Nouvelles voix, nouvelles voies 178
Belmondo (suite), Noiret, Delon et les autres. – Où sont les femmes ? – Les producteurs. – Monsieur l'agent. – Les distributeurs et les circuits.
Chapitre 4. Au mitan des *sixties* 193
Une relève clairsemée. – Claude Lelouch en « Monsieur Plus ». – En couleurs et dans les grandes largeurs. – Small is powerfull ?

Troisième partie. Levez-vous, orages désirés (ou pas) (1967-1968) 205

Chapitre 1. 1967 : Ça sent le roussi 207
Godard et Tati à la lorgnette. – Air du temps et regards politiques. – Loin du Vietnam, *près du cinéma et du futur.*
Chapitre 2. Le temps des cerises, des marrons et des queues de cerises 220
La bataille de la Cinémathèque : Une situation explosive, Les arrière-plans du conflit, Le putsch avorté. – Le drôle de Mai du cinéma français : Cannes en rideau, Des Etats généraux très particuliers, Par ailleurs, le cinéma est une arme.

LIVRE DEUXIÈME

L'onde de chaleur (1968-1975) 241

Introduction. Les années politiques 243
Paysage après la manif

Première partie. Les belles histoires 249

Chapitre 1. Les plaideurs 251
Costa-Gavras. – Yves Boisset. – André Cayatte.
Chapitre 2. Ailleurs, avant 260
Rappel en Algérie. – Cinéma immigré, cinéma exotique. – Naissance du « rétro ».
Chapitre 3. Les témoins 273
Claude Sautet. – Bertrand Tavernier. – Scénaristes à la barre. – Des films de femmes.
Chapitre 4. Les provocateurs 288
Jean-Pierre Mocky. – Kaplan, Faraldo, Yanne, Girod, Corneau... – Le gang des Italiens. – Tout le monde est mort.
Chapitre 5. La politique hors circuit 298
Les valeurs sûres. – Un peloton de nouveaux comiques. – Les deux Claude en leurs bastions. – Rire en société. – Pour quelques producteurs de plus. – Jeux de dames. – Maigre relève.

Deuxième partie. Filmer politiquement ou Quand le cinéma n'est pas un dîner de gala 313

Chapitre 1. Le cinéma d'intervention 317
Les collectifs de production. – Deux films collectifs. – Construire politiquement.
Chapitre 2. Les théoriciens 327
Les Cahiers *et* Cinéthique, *Vincennes. – Godard, collectif et solitaire.*
Chapitre 3. Les galaxies de la différence 338
Don Luis en ses dédales. – Jacques Rivette, aventurier du possible. – Jean-Marie Straub et Danièle Huillet, les guerriers. – Marguerite Duras, écrivain. – Robert Bresson.
Chapitre 4. Une nouvelle Nouvelle Vague ? 358
Jean Eustache. – Quelques équipiers pour les temps difficiles. – Maurice Pialat. – Produire politiquement ? – Filmer qui ?
Chapitre 5. Le renard et le rêveur 379

La France au miroir maléfique du docteur Chabrol. – La diagonale Truffaut : L'ami des journaux, Truffaut versus Godard : deux tendances certaines du cinéma français, Un enfant, un mari, une tragédie, une belle fille, Le pays qui n'existait pas.

Troisième partie. Le cinéma des politiques et la politique des circuits (avec intermède cochon) 397

Chapitre 1. Sexe politique et économie du cul 399
L'écran sexué. – Hardi le hard ! – La conjuration des X.
Chapitre 2. Puissance publique, puissances privées 414
Responsabilité limitée. – Les multiplexes transforment les cinémas, et le cinéma. – Naissance d'un groupe. – Exit l'O.R.T.F. – Les anciens s'unissent pour attendre, les nouveaux agissent.

LIVRE TROISIÈME

Le cinéma tombé du ciel (1976-1983) 431

Première partie. Le conteur sans récit (1976-1980) 433

Introduction. Les années mascaret 435

Chapitre 1. Mettre les conteurs à l'heure 439
Les années Valseuses. *– Requiem pour le mythe.*
Chapitre 2. Donner acte aux acteurs. 446
Une nouvelle génération : Depardieu, Dewaere, Miou-Miou, Huppert. – La bande du Splendid. – Isabelle Adjani, Nathalie Baye. – Le « casting director ».
Chapitre 3. Anciens et nouveaux comiques 456
Un peu de changement dans beaucoup de continuité. – Michel Serrault dans ses œuvres. – Rires pressés. – La greffe du zygomatique.
Chapitre 4. Sarabande du conteur (1). Du côté du scénario 466
Claude Miller ou la chute de l'homme à l'intérieur de lui-même. – Alain Corneau ou l'anti-Prométhée. – Alain Resnais ou le conteur mis à nu. – Chabrol, 3/8. – Malle et Polanski, de passage à travers le miroir.
Chapitre 5. Sarabande du conteur (2). Du côté de la mise en scène 481

Eric Rohmer et le retour au texte. – La danse à tâtons de Jacques Rivette. – Philippe Garrel entre dans le champ. – La tentation des ténèbres de François Truffaut. – Repli général.

Chapitre 6. Deuil politique 503

Jean-Luc Godard, critique et autocritique. – Chris Marker prend la température de l'époque. – L'esprit, Santiago, Mai. – Maurice Pialat ou la lutte des classes quand même. – Quelques flibustiers du réel.

Deuxième partie. Les fastes du crépuscule (1976-1983) 517

Chapitre 1. Les grandes manœuvres 519

La prise de Gaumont par Louis-Philippe. – Les années Toscan. – Artmédia en position dominante. – Claude Berri promu major. – Des fêtes, des médailles et des musées. – Grandeur et solitude.

Chapitre 2. Le tout et les parties 543

Le sacre funèbre de François Truffaut. – Variante tragi-comique.

Chapitre 3. En haut lieu 558

L'Etat en retrait. – Jack Lang (il entre !). – Entrée en gare du premier train de réformes.

Troisième partie. Le Visuel et la Grande Forme, l'argent des uns et la tristesse des autres (1980-1983) 567

Chapitre 1. De si jolis cauchemars 571

Bertrand Blier, pile et face. – Jean-Jacques Beineix fait image. – La Balance *dans les tripes. – Les puzzles sophistiqués de Michel Deville.* L'Eté meurtrier *à fleur d'écran.*

Chapitre 2. En grande pompe 583

Jean-Jacques Annaud : performant. – Claude Lelouch : ad astra per alta. – Embouteillage sur la chaussée des géants. – C'est encore loin, l'Amérique ? – La « grande forme » change le cinéma. – L'argent, L'Argent.

Chapitre 3. Les compagnons de la nostalgie 595

Bertrand Tavernier. – Claude Sautet. – Claude Berri. – Blues nocturne.

Chapitre 4. Les microsystèmes d'auteurs contre le Visuel 605

Eric Rohmer prend du champ. – Pialat au tournant. – Jean-Luc Godard et Cie, une place sur la terre.

LIVRE QUATRIÈME

Une autre histoire (1984-1994) 619

Première partie. Eco et techno sont dans un chapeau 625

Chapitre 1. Le deuxième choc audiovisuel 627
La crise, toujours la crise. – Mesures de survie face au grand chambardement cathodique. – Cassettes et portefeuilles. – Le cinéma, quel cinéma ? – Leurres et malheurs des « nouvelles technologies ».
Chapitre 2. Avis de tempête sur le village d'Astérix 644
Gaumont change d'hommes, et de cap. – Mort d'un circuit, naissance d'un « éditeur ». – Naissance d'une « méta-major ». – Le cauchemar récurrent de la programmation. – La France manque de perdre un de ses fleurons, et gagne un imposant squelette. – La valse des poids lourds. – Le cinéma français, un bastion politique. – Faire l'Europe ou périr. – L'horizon international. – L'Amérique, ça les fait rêver. – Déplacement des centres de gravité : Le producteur, entre l'auteur et le financier, Scénaristes et scénarios, Les mégacomplexes.
Chapitre 3. Images dominantes, ou les mécanismes du succès ... 674
Les mirages du film moyen. – Grandeurs et pesanteurs de l'illustration. – Jean-Jacques Annaud et Luc Besson, les maîtres du monde. – Demandez le programme.
Chapitre 4. Décalages et recadrages 695
Glissements progressifs du sourire. – Bertrand Blier : de la référence à la déshérence. – Jean-Jacques Beineix lâche le Visuel pour l'ombre du sens. – La double disparition d'Yves Montand. – Louis Malle, le retour. – Claude Miller et ses demoiselles. – Impuissance de la chair et résistance de la pellicule. – Bertrand Tavernier rouvre les portes. – Claude Sautet, après la fin.

Deuxième partie. Les auteurs modernes : de la résistance à la nuée 715

Chapitre 1. Pour ne pas en finir avec la question moderne 717
Chapitre 2. L'archipel des amours (1). Les étoiles amarrées 724
Eric Rohmer, à sa main. – Agnès Varda fait feu de tout bois. – Claude Chabrol, le roi du camouflage. – Le pays franc de Claude Lelouch. – Mocky l'acrobate. – L'atome Vecchiali et ses électrons libres. – Maurice Pialat se met au vert. – Les détours de Jacques Rivette.
Chapitre 3. L'archipel des amours (2). Les étoiles errantes 752

Trois clandestins . Chris Marker, Joris Ivens, Alain Cavalier. – Jacques Doillon, obstinément. – André Téchiné à l'épreuve du romanesque. – Philippe Garrel sort du bois. – Chantal Akerman, fermetures et ouvertures du dispositif. – Spectrographie expéditive. – Alain Resnais, artisan artificier. – Jean-Luc Godard, poète et savant, cinéaste. – Serge Daney, héros mélancolique.

Troisième partie. C'est pas la fin du monde 783
Leos Carax, tous derrière et lui devant. – Rochant et Vincent, ou l'hypothèse intenable du romanesque postmoderne. – Arnaud Desplechin et Cyril Collard, si proches, si loin. – Une « dominante » Pialat. – « Le » cinéma français vu de Cannes 1994.

Épilogue. Du destin des palétuviers 813

ANNEXES 819

Trente-cinq ans de cinéma année par année 821
Tableaux des chiffres clés 851
Bibliographie 859
Remerciements 871
Index des noms 873
Index des films 895
Index des thèmes et notions 913
Table 915

Cet ouvrage a été réalisé par
MAURY EUROLIVRES S.A.
45300 Manchecourt
pour le compte des Éditions Flammarion
en janvier 1995

Imprimé en France
Dépôt légal : janvier 1995
N° d'édition : 15752 — N° d'impression : M5592